福建科技年鉴

FUJIAN SCIENCE AND TECHNOLOGY YEARBOOK

2014

福建省科学技术厅 编

科学技术文献出版社
SCIENTIFIC AND TECHNICAL DOCUMENTATION PRESS
·北京·

《福建科技年鉴》编委会

《福建科技年鉴》编辑部

2013年8月23日，福建省科学技术奖励大会召开之前，省委书记尤权（右二）、省长苏树林（右一）在福州会见为科技事业发展和现代化建设作出突出贡献的科技工作者代表

2013年8月23日，省委、省政府在福建会堂召开福建省科学技术奖励大会，隆重表彰2012年度国家科学技术奖、第十四届中国专利奖福建省获奖者、福建省第三届杰出科技人才、2012年度福建省科学技术奖和福建省专利奖获得者。省委副书记于伟国、省人大常委会副主任刘群英、省政府副省长洪捷序、省政协副主席郭振家等领导出席，并为获奖者颁奖。于伟国代表省委、省政府发表重要讲话

2013年2月26日下午，全省科技暨知识产权工作会议在福州召开。副省长洪捷序出席并讲话

2013年6月3日，科技部、财政部召开加强科技计划经费监管暨科技部2013年科研经费巡视检查工作启动视频会议。科技部部长万钢出席会议并讲话。图为视频会议福建省科技厅分会场

2013年5月19～25日，以“科技创新·美好生活”为主题的2013年福建省科技·人才活动周在全省范围举办。19日上午，2013年福建省暨福州市科技·人才活动周主会场活动在福州西湖文化广场举行，拉开了为期一周的全省群众性科技活动盛会的序幕。图为副省长洪捷序（左三）等省、市有关领导到现场视察和指导工作

2013年12月16～17日，国家知识产权局与福建省人民政府、福州市人民政府在福州召开共建“国家知识产权局专利局专利审查协作海西中心”合作框架协议商谈会

2013年9月8日，由科技部国际合作司、省科技厅、省信息化局共同举办的“第七届科技外交官论坛暨项目推介会”在厦门举行

2013年度国家自然科学奖二等奖

电催化剂的表面结构效应、设计合成和反应机理研究

（成果简介参见《科技成果与奖励》）

高活性铂二十四面体纳米催化剂

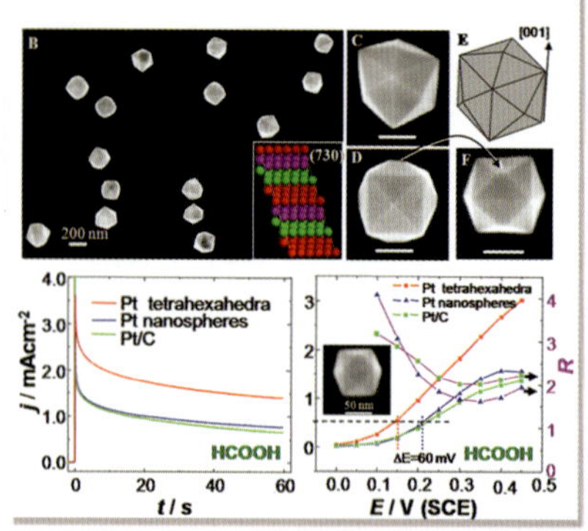

分子水平电催化反应机理

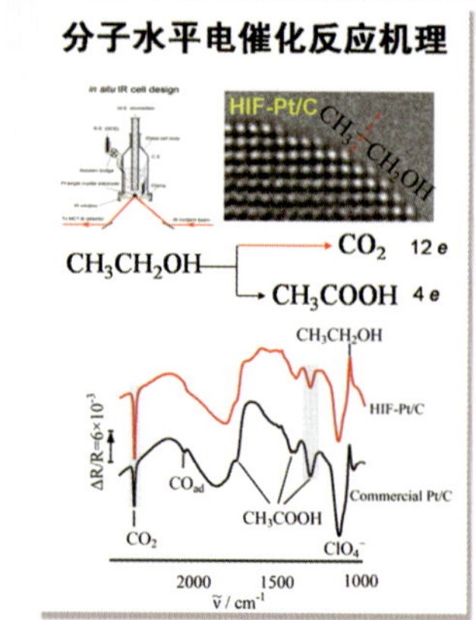

2013年度国家自然科学奖二等奖

TNF诱导的细胞坏死分子机制的研究

（成果简介参见《科技成果与奖励》）

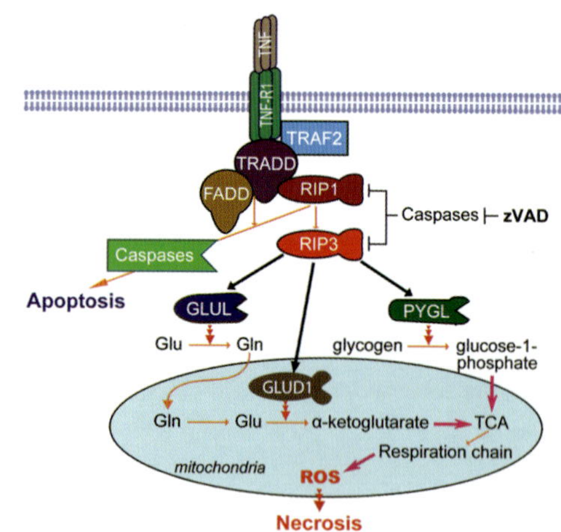

2013年度国家科技进步奖二等奖

石材高效加工用金刚石磨粒工具关键技术及应用

（成果简介参见《科技成果与奖励》）

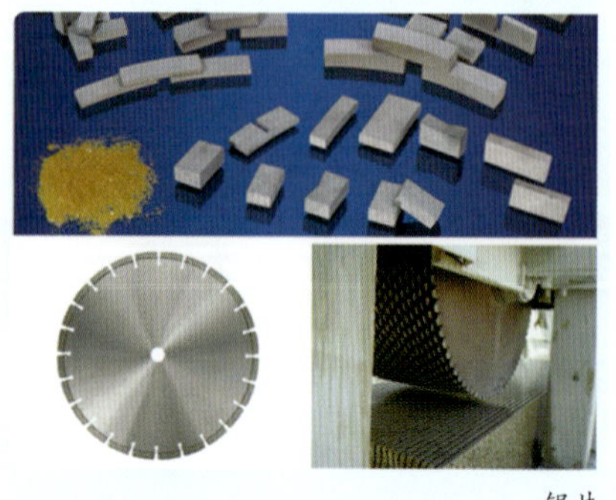

锯片

串珠绳

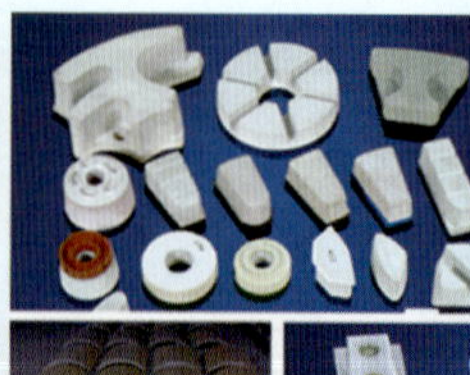
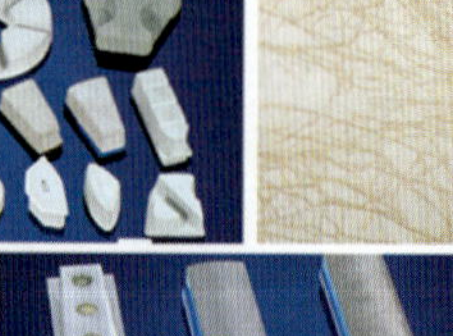

磨抛

2013年度福建省技术发明奖一等奖

乳仔猪肠道健康的营养和免疫调控技术研究与应用

（成果简介参见《科技成果与奖励》）

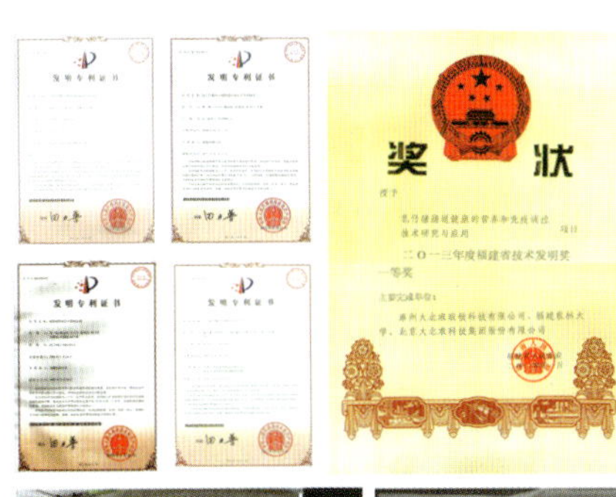

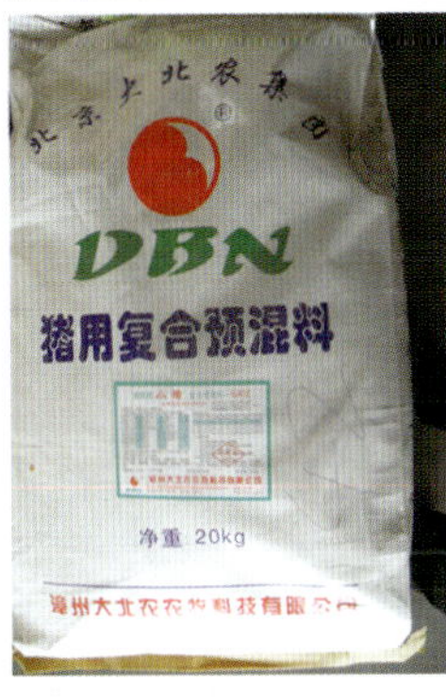

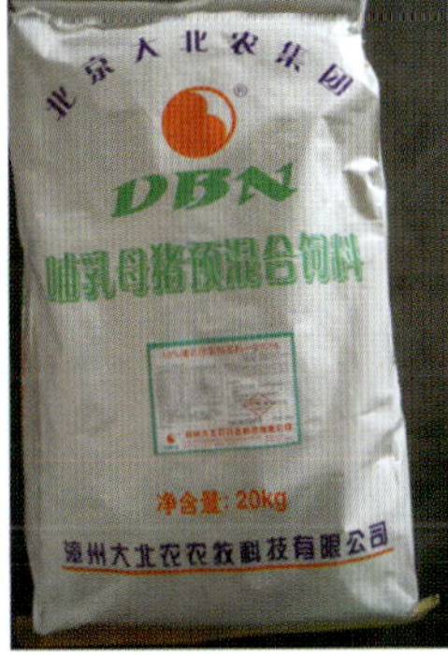

2013年度福建省科技进步奖一等奖

提高鱼糜制品品质关键及综合技术的研究与应用

（成果简介参见《科技成果与奖励》）

2013年度福建省科技进步奖一等奖

数字省政务信息与空间信息资源共享服务关键技术及应用

（成果简介参见《科技成果与奖励》）

2013年度福建省科技进步奖一等奖

石材高效加工用金刚石磨粒工具关键技术及应用

（成果简介参见《科技成果与奖励》）

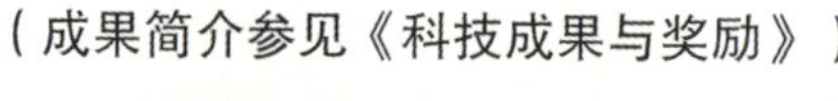

厦门恒力车间

平面圆筛机

风选机

手拣生产线

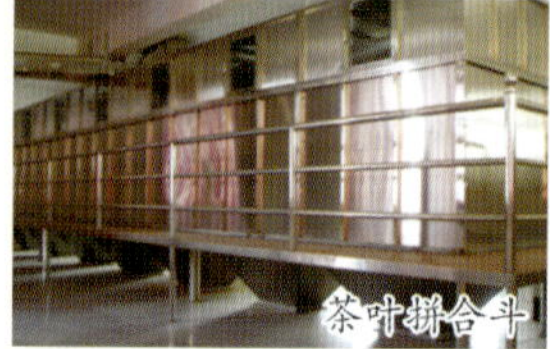
茶叶拼合斗

烘干机

匀堆生产线

2013年度福建省科技进步奖一等奖

角膜病诊断与治疗新技术的系列研究与临床应用

（成果简介参见《科技成果与奖励》）

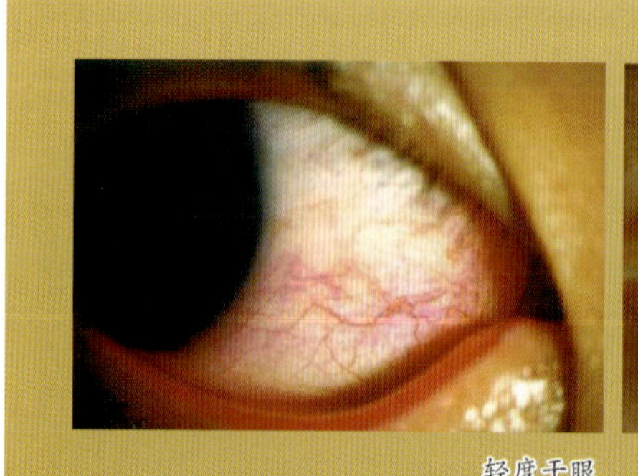
轻度干眼

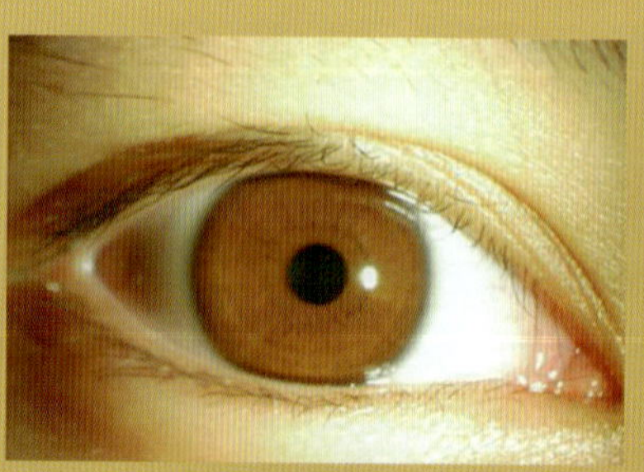
正常眼

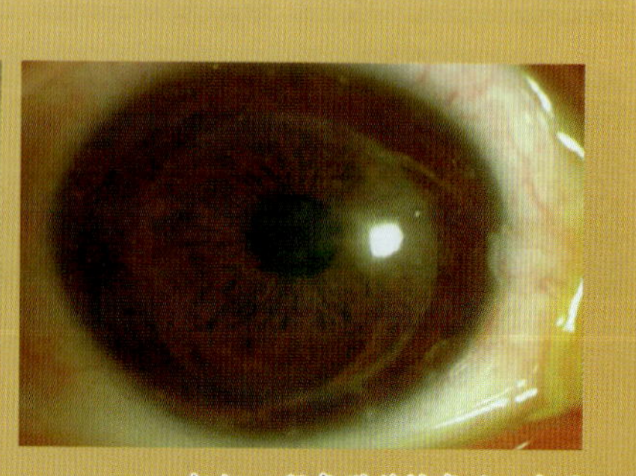
组织工程角膜移植术后30个月

2013年度福建省科技进步奖一等奖

多模态功能磁共振成像在脑损伤及康复中的临床研究

（成果简介参见《科技成果与奖励》）

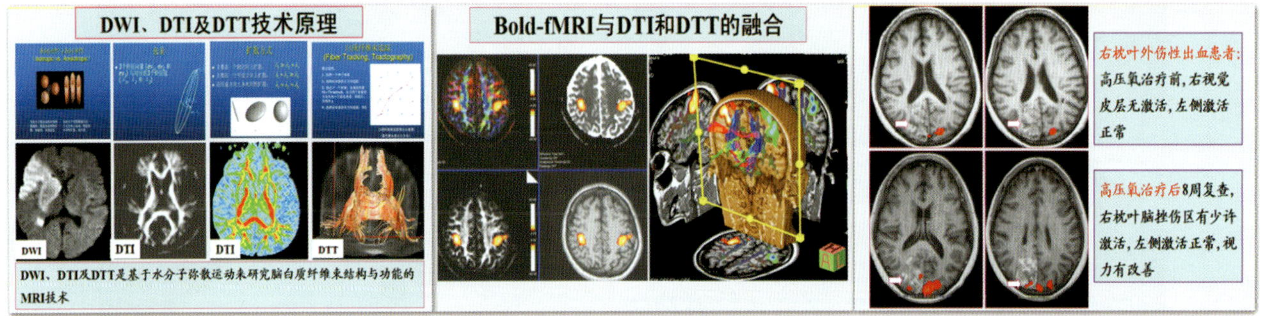

2013年度福建省科技进步奖一等奖

基于毒力因子的新型隐球菌感染的诊断及免疫学机制研究

（成果简介参见《科技成果与奖励》）

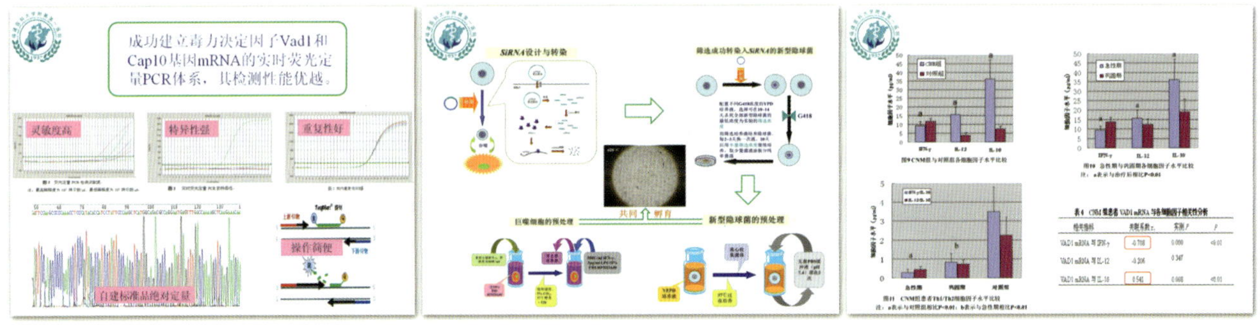

2013年度福建省科技进步奖一等奖

重要植物有害生物快速检测技术及试剂盒的研发与应用

（成果简介参见《科技成果与奖励》）

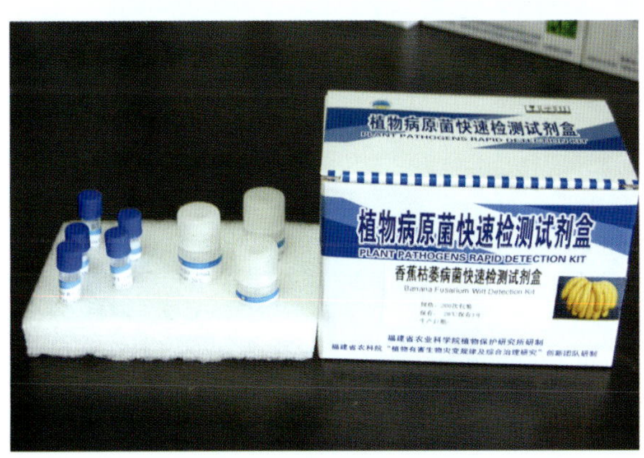

2013年省科技厅大力推进科技改革与创新。图为8月27～28日，省科技厅党组在龙岩市组织召开科技管理创新工作务虚会暨开展党的群众路线教育实践现场活动

2013年省科技厅切实加强科技工作调研与服务。图为12月11日，省科技厅领导带队到福建检验检疫局调研座谈

2013年省科技系统积极开展“讲文明、树新风”活动。图为4月28日，省科技厅机关在闽侯县白沙军博园开展义务植树活动

编 辑 说 明

一、《福建科技年鉴》是福建省科学技术厅主办的地方性专业年鉴，以求实存真、鉴往知来为宗旨，客观记载年度全省重要科技活动与事项，具有政府科技年报性质和资政存史与信息服务功能。《福建科技年鉴》也是一部大型、权威的资料性工具书，创办于2001年，以年为序，每年一卷，连续出版，公开发行。

二、《福建科技年鉴（2014）》主要反映2013年度福建科技情况，涉及全省科技事业发展的各个方面，由省直有关单位、在闽高等院校、科研院所、各设区市科技局及部分企业等单位供稿，并经有关单位领导和专家审定。本卷记载时限，除部分特载、图文专辑和特别注明的表彰奖励等资料跨年度选编外，其余内容截止时间均为2013年12月底。

三、《福建科技年鉴（2014）》主体内容分为类目、栏目、条目三个层次，以条目为基本单元，设有特载、大事记、科技管理与服务、科技创新体系、区域科技创新、高新技术产业、科技人才与队伍、科技成果与奖励、科技文献法规、科技统计资料、附录等11个类目，下设61个栏目、694个条目。

四、本年鉴主体内容采用语体文、记叙体，以第三人称书写；大事记采用纪事本末体，以时为序记述全省科技活动的大事、要事、新事；特载和科技文献法规原文登载。全书的标点符号、数字用法、计量单位和各种专业术语等，依照国家编辑出版规范和行业规定。

五、凡在福建省境内从事科技工作的省内外和国内外团体、单位和个人，其重要活动事项本年鉴均可选记；对福建科技事业和经济、社会发展作出重大贡献的科学家、企业家和科技工作者，本年鉴也以不同方式给予记载。

六、为避免交叉重复，部分稿件内容经综合归类合并后，采用联合署名；有的在编排时进行详略处理，注明参见某处；对部分机构、会议、文件等名称，在本栏目首次出现使用全称，再次出现用简称；由于统计口径调整，部分指标数据增幅与上卷年鉴基数不符，以本卷为准。

七、本年鉴除了目录、索引和页眉上的标注可供检索外，还配有电子光盘，便于在电脑上浏览、快速查询和下载使用，部分内容也将适时上网。电子光盘除了收录全书内容外，还特辑部分科技视频、访谈、图片新闻等资料。彩色印刷的科技风采图文专辑独立编排页码，以便查询。

八、本年鉴在征稿和编辑出版过程中，得到了有关单位、撰稿人员和审稿专家的大力支持，在此深表谢意。年鉴中疏漏和错误之处，敬请批评指正。

《福建科技年鉴》编辑部

目　　录

特　　载

重要论述

综合报告

大事记

科技管理与服务

科技计划管理

高新技术与工业科技管理

农业科技管理

星火计划管理

社会发展科技管理

基础科学研究与管理

软科学研究与管理

科技政策法规

知识产权工作

科技合作交流

科技经费管理

科学技术普及

科技社团管理

科技管理机构

科技创新体系

科技创新平台

可持续发展实验区

技术市场交易

科技投融资

企业技术创新

高校科技创新

科研机构科技创新

行业科技创新

区域科技创新

区域科技综述

福州市科技

厦门市科技

莆田市科技

三明市科技

泉州市科技

漳州市科技

南平市科技

龙岩市科技

宁德市科技

高新技术产业

高新技术产业发展综述

高技术制造业

高技术服务业

高新技术改造传统产业

高新技术企业

高新技术产业开发区

科技人才与队伍

人才培养与服务

两院院士风采

优秀科技人才

光荣榜

科技成果与奖励

科技成果奖励概述

科学技术奖

专利奖

其他科技成果奖

其他科技项目成果选介

科技文献法规

重要文献选登

重要文件辑目

科技统计资料

科技综合指标

高新技术产业发展情况

企业科技活动情况

研发机构科技活动情况

高校科技活动情况

科普与科技社团活动情况

附 录

科技计划项目

科技风采图文专辑

S 特 载

Special Articles

重要论述

中共福建省委副书记于伟国在全省科学技术奖励大会上的讲话

（2013年8月23日）

今天，我们隆重召开全省科学技术奖励大会，表彰为国家和我省科技事业发展和现代化建设作出突出贡献的科技工作者。会前，尤权书记、苏树林省长亲切会见了获奖代表，并发表了重要讲话，我们要认真学习领会，抓好贯彻落实。刚才，大会进行了表彰，两位获奖代表作了很好的发言。受尤书记和苏省长委托，我代表省委、省政府，向获奖者表示热烈的祝贺！

长期以来，全省广大科技工作者坚持围绕中心、服务大局，锐意创新、开拓进取，打造了“院士专家八闽行”等一批富有特色的品牌项目，取得了一批在国内外有较大影响的科技成果，为我省实施创新驱动战略、加快创新型省份建设、推进科学发展跨越发展作出了重要贡献。去年我省综合科技进步水平居全国第11位，科技促进经济社会发展指数居全国第5位，专利综合实力居全国第9位。这些成绩的取得，凝聚着全省广大科技工作者的智慧和汗水。我代表省委、省政府，向全省广大科技工作者表示衷心的感谢和崇高的敬意！

党的十八大明确提出，“科技创新是提高社会生产力和综合国力的战略支撑，必须摆在国家发展全局的核心位置”。习近平总书记指出：“科技兴则民族兴，科技强则国家强，要结合实际坚持运用我国科技事业发展经验，积极回应经济社会发展对科技发展提出的新要求，深化科技体制改革，增强科技创新活力，集中力量推进科技创新，真正把创新驱动发展战略落到实处。”尤权书记要求，要坚持把科技创新作为加快转变发展方式的核心动力和根本支撑，加快推进创新型省份建设，真正推动我省经济走上科技引领、创新驱动、内生增长的轨道，力争在未来竞争中占得先机、赢得主动。苏树林省长提出，科技工作也要抓大项目、抓龙头，有针对性地、有选择地支持那些实实在在需要的企业。全省广大科技工作者要认真学习贯彻党的十八大精神和习近平总书记重要讲话精神，按照尤书记、苏省长的讲话要求，切实增强责任感和紧迫感，进一步把创新驱动发展战略推向深入，使科技创新真正成为经济社会发展的内生动力，更好地服务全省发展大局、造福全省人民。

实施创新驱动发展战略，必须坚持以企业为主体，大力推进重大技术研发和突破。企业是市场经济的主体，也是自主创新的主体。要加快以企业为主体的创新体系建设，促进创新资源和要素向企业集聚，提高企业的自主创新能力。重点扶持具有增长潜力的科技型中小企业，完善激励企业创新的各项政策，支持企业加强研发机构建设和联合科技攻关，发挥高校和科研院所在源头创新中的重要作用，加快构建以企业为主体、市场为导向、产学研相结合的技术创新体系。要推动科技与经济相结合、科技与产业相结合，积极利用先进适用技术改造提升传统产业，加快培育信息技术、新材料、节能环保、高端设备、文化创意等战略性新兴产业，集中力量实施一批重大科技项目，更好地发挥科技在转方式调结构中的支撑引领作用，打造未来创新发展的技术新优势。

实施创新驱动发展战略，必须坚持以市场为导向，大力推进科技成果产业化。现代科技成果只有转化为新型的生产方式和产业，才能推动经济发展方式的根本转变。要通过规划引导、政策支持和项目推进，加快科技成果转化服务平台建设，拓宽技术转移渠道，强化产学研用对接合作，使创新活力最有效、最直接地转化为发展动力。要重点扶持创新水平高、产业带动性强的重大创新项目，汇聚境内外科技资源，集中力量建设一批重大创新平台，转化一批重大创新成果，提升企业和产业素质，增强市场竞争能力。要改革科研评价机制，完善科技成果转化激励机制，加大对科技推广应用的奖励力度，促进高校、科研院所职务发明成果的转化，引导科研人员深入基层或企业开展科技创新创业，实现技术与资本、成果与市场的有效对接，推进科技成果向现实生产力转化。

实施创新驱动发展战略，必须坚持以人才为根本，大力推进科技创新创业人才队伍建设。人才是第一资源，是创新的核心要素。要坚持人才优先发展战略，围绕人才培养、引进、使用三个关键环节，以产业布局为导向，以企业需求为重点，大力培育和集聚科技领军人才和高层次科技团队。要加快建立以科研能力和创新成果为导向的科技人才评价标准，提高知识产权保护能力，健全技术要素参与分配的激励机制，最大限度地激发科技人才创新创造活力。要充分发扬学术民主、倡导百家争鸣，鼓励创新、宽容失败，积极营造崇尚科学、尊重人才、鼓励创新的良好氛围，形成人才辈出、人尽其才、才尽其用的良好局面，为我省科技事业发展奠定坚实的人才基础。

实施创新驱动发展战略，必须加强组织领导，大力推进创新型省份建设。科技是第一生产力，科技创新是加快转变经济发展方式的重要引擎。各级党委、政府要进一步提高对科技创新必要性和紧迫性的认识，切实把科技摆在优先发展的战略位置，强化统筹协调，形成推进科技创新的整体合力。要进一步创新科技体制机制，优化科技资源配置，支持和鼓励各创新主体加大创新力度，推动科学研究、技术创新、产业发展、社会进步相互促进。要促进科技与金融结合，建立健全财政性科技投入稳定增长机制，引导社会资本参与企业科技创新。要落实和完善科技创新扶持政策，完善科技人员成果转化收益分配政策，解决好科技人才在工作、生活中的困难和问题，为科技进步和科技人才建功立业创造更好条件。

科技工作者是党和国家的宝贵财富。对取得重大科学发现和技术发明成果的科技人员进行奖励，是省委、省政府长期坚持的一项重要制度，也是全社会对科技工作者辛勤劳动的充分肯定和高度评价。希望全省广大科技工作者以这次大会为新的起点，大力弘扬心系祖国、无私奉献的爱国精神，求真务实、勇于创新的科学精神，不畏艰险、勇攀高峰的探索精神和团结协作、淡泊名利的团队精神，在科技创新创业的道路上不断创造新的业绩，为实现伟大的中国梦和推进福建科学发展跨越发展作出新的更大的贡献！

福建省人民政府副省长洪捷序
在全省科技暨知识产权工作会议上的讲话

（2013 年 2 月 26 日）

过去的一年，在省委、省政府的领导下，各级各部门和广大科技工作者认真贯彻全国科技创新大会和省委九届五次全会精神，全省科技工作和知识产权事业取得了长足进步。

一是科技综合实力进一步增强。据监测，去年我省综合科技进步水平居全国第 11 位、科技促进经济社会发展指数居全国第 5 位。我省完成的汽车玻璃深加工项目获国家技术发明二等奖，双孢蘑菇育种技术、杂交水稻恢复系明恢 63 获得国家科技进步二等奖。混合动力汽车驱动电机、翔安海底隧道成套技术、白光 LED 新型光源、特大型电袋复合除尘技术等 189 项成果获得省科学技术奖。重组戊型肝炎疫苗成为世界上第一个用于预防戊型肝炎的疫苗。全年共争取国家科技项目 1463 项，经费 11.41 亿元、比增 20.6%，再创历史最好水平，其中获国家自然科学基金资助经费 4.77 亿元、增长 42.8%。

二是科技对经济社会发展的支撑作用更加突出。组织实施 11 项科技重大专项和 57 项省区域科技重大项目、51 项高校产学合作科技重大项目、15 项产业支撑科技重大项目，引导企业与国内外科研团队开展产业关键技术联合攻关，重点支持战略性新兴产业领域技术研发和成果转化，培育和发展创新型产业集群。农业科技对农业增产的贡献率超过 50%，使我省农民在人均耕地不足半亩的情形下人均纯收入多年稳居全国第七。2012 年全省高新技术产业预计实现增加值 2715 亿元，占 GDP 比重为 13.8%。五年来，全省高新技术产业增加值年均增长达 24.3%，比同期 GDP 增速高 6.9 个百分点。

三是科技创新体系建设扎实推进。中科院海西研究院建设进展顺利，省生物医药研发公共服务平台（一期）等5个科技创新平台项目启动建设，莆田高新区升格为国家级高新区，省政府批准设立了龙岩省级高新区，思明区成为国家可持续发展实验区。我省获批成为国家创新驿站试点省份。厦门市全面部署和推进国家创新型城市建设，三明市创新科技招商成功引进建设机械科学研究总院海西分院，莆田、晋江、南安市开展省级科技创新型城市试点。全省新增省级（企业）工程技术研究中心70个、省级企业技术中心39个、企业重点实验室21个、科技企业孵化器11个。加快推进国家高新区非上市公司进入代办股份转让系统，共有41家企业与主办券商签约合作。2012年全省技术合同成交金额73.6亿元，比增37.8%。

四是企业技术创新主体地位日益显现。新增国家级创新型试点企业5家，新培育省级创新型企业89家，新认定高新技术企业260家，全省拥有国家级、省级创新型（试点）企业630家、高新技术企业1540家、知识产权试点示范企业1234家。2012年度全省企业实现研发费用税前加计扣除额27.3亿元、高新技术企业所得税减免25.6亿元，分别比增42.3%、32.4%。目前，全省89%的研发投入由企业完成，65.7%的省级科技获奖成果来自企业，60.9%的专利授权从企业产生。我省企业正逐步成为研究开发投入、技术创新活动、创新成果应用的主体。

五是知识产权战略有效实施，专利产出大幅提升。大力推进知识产权战略实施，各设区市全部制定出台贯彻战略纲要的实施意见，我省专利综合实力居全国第9位。知识产权管理和服务体系进一步健全。福州、泉州入选全国首批知识产权示范城市。开展企业专利权质押贷款贴息，累计有17家金融机构向54家企业提供专利权质押贷款，授信额度11.51亿元。11个项目荣获第十四届中国专利奖，其中专利金奖1项、专利优秀奖5项、外观设计优秀奖5项，获奖数量创历史新高。加大发明专利奖励扶持力度，推动更多的创新成果形成专利权。2012年，全省专利授权30461件、比增39.4%，其中发明专利授权2977件、增幅达53.1%。

在肯定成绩的同时，我们也要清醒地看到不足和差距：一是科技创新实力仍不强。2012年我省区域创新能力指数为26.48，位居全国第16位。原始创新能力和集成创新能力较弱，重要领域关键技术自给率较低，高水平科技成果较少，万人发明专利拥有量低于全国平均水平。二是企业创新能力仍较弱。企业主导产业技术研发创新的体制机制尚未确立，企业研发意识、研发投入和研发机构建设偏弱，2011年我省规模以上企业有R&D活动的1502家、建有研发机构1066家，仅占总数的10.6%和7.5%；全省规模以上工业企业R&D经费仅占主营业务收入的0.72%，发达国家和地区比例为2.5%～4%。三是科技领军人才较缺乏。与全国先进省市相比，我省不仅科技人才总量不足，而且高层次人才较少，尤其是高水平科研团队和领军人才十分匮乏。四是创新环境亟待改善。科技创新平台、服务体系有待完善，科技管理方式需进一步改进，科研导向和评价体系仍需向市场驱动转变。知识产权工作需进一步加强。这些问题需要我们下更大气力加以解决。

2013年是全面贯彻落实党的十八大精神的开局之年。我们要深入贯彻党的十八大和省委九届五次、六次全会精神，把尤权书记关于“深入实施创新驱动战略”的总体要求和苏树林省长《政府工作报告》的工作部署落实到科技工作的各个方面，进一步提升我省科技实力和创新能力，扎实推进创新型省份建设。关于今年的工作，刚才丛林和李冬根同志已作了具体安排，我着重强调七点意见：

一、全面落实《若干意见》，加快实施创新驱动发展战略

省委、省政府关于深化科技体制改革加快创新体系建设的若干意见，明确了我省科技改革和发展的目标任务，省委办公厅、省政府办公厅专门印发了《任务分工方案》，各级各部门要按照87项任务分工，切实负起责任，进一步细化相关政策和实施细则，狠抓各项任务落实。完善和落实各项激励创新的优惠政策。加大企业研发费用加计扣除、高新技术企业认定、技术交易税收优惠、研发设备加速折旧等政策的落实力度，激发企业技术创新和成果转化。税务部门要规范企业研发费用税前加计扣除范围和审批程序，让各地企业享受同等的政策优惠。省政府将把各项优惠政策的贯彻执行情况纳入督查范围，有关部门要自上而下狠抓落实。大力推进协同创新。加强科技、教育、经济部门的协同配合，围绕产业链部署创新链，推动高校和科研院所围绕产业和企业需求开展科研工作，促进基础研究、应用研究和成果转化的紧密衔接和各创新主体间的有效互动。加快推动科技体制和管理改革。进一步调整科技工作导向，加快构建以企业为主体、市场为导向、产学研相结合的技术创新体系，强化科技与经济的紧密结合。建立健全科技重大决策协调机制，完善部门之间、部门与地方之间的沟通渠道，加强规划部署和统筹组织，发挥市场机制作用，激发全社会创新创造活力。充分发挥企业家和企业在技术创新决策、研发投入、科研组织、成果转化中的主体作用。发挥政府协调实施有组织创新职能，推进跨部门、跨行业、跨领域的技术创新联合攻关，避免分散管理和重复投入。改进科技项目征集方法。完善竞争择优支持方式，加强科技项目过程管理和评估评价，进一步完善经费管理制度，切实提高资金使用效益。

二、抓重大科技项目，支撑引领产业转型升级

要按照苏树林省长的指示精神，集中优势科技资源和资金，组织实施若干科技重大专项，重点突破，引领发展。我们要围绕新一代信息、新能源、新材料、先进制造、生物医药等领域部署重大研发项目，促进战略性新兴产业、高新技术产业发展。各地要抓一批重大科技成果落地转化，加速高新产业发展，加快高新技术改造传统产业的步伐。针对我省传统制造业量大面广特点，要按行业共性技术需求，实施有组织创新。例如，中国工程院周济院长建议我省实施“数控一代”工程，对中小型制造业进行全面技术升级，这种全行业共性技术的突破和应用，必将带动整个行业的技术进步，我们要下大气力组织实施。围绕种业和现代农业技术，组织实施农业重大科技项目，促进我省现代农业发展和农业增效。

三、抓创新平台建设，提升企业技术创新能力

目前，我省科技研发平台建设依然薄弱，严重影响科技人才的聚集和企业技术创新能力的提升。各地要围绕产业发展，加快引进一批高层次研发机构或者建设面向企业的技术创新服务平台。今年要完成中科院海西研究院建设并投入使用，加快推进海西院稀土研究所和装备制造研究所、机械研究总院（三明）海西分院、海洋三所（漳州）科技兴海基地、泉州技术育成中心、莆田技术育成中心等一批项目建设。各地及有关部门要重视引导和支持行业骨干企业建立研发机构，增强技术研发、产品创新、成果转化能力。鼓励科研院所和高校与企业共建研发中心，发挥科研院所和高校对企业技术创新的源头支持作用。加快科技企业孵化器建设。各地要按照《省政府办公厅关于加快科技企业孵化器建设与发展若干措施的通知》要求和任务，突出优势特色，围绕产业分工，加快建设一批产业指向明确的科技企业孵化器，并完善创业服务、创新平台、投融资等服务功能。今年要抓好省生物医药项目研发孵化器等 30 个以上项目建设，确保到 2015 年实现全省孵化器达到 100 个以上的目标。

四、抓高新区建设，加快高新产业集聚发展

各地政府是高新区建设的责任主体，要坚持高起点、高标准，以国内外先进高新区为标杆，抓紧完善详细规划，特别是核心区的规划设计，高水准建设配套服务设施，引导各类创新要素向园区集聚。坚持高标准择商选资，做强做大战略性新兴产业，把高新区打造成高端产业集聚、创新要素集聚、现代服务业集聚、高层次人才集聚的城市新区，成为实施创新驱动发展的示范区。要创新管理体制机制，构建高新区精简高效的管理体制和运行机制。高新区管委会作为所在市人民政府的派出机构，可以授权赋予其行使同级人民政府的行政审批、经济协调与管理职能，推动高新区快速发展。要学习借鉴国内外先进经验和做法，研究出台加快高新区发展的若干政策措施，在项目审批、企业注册、用地指标、创新平台、股权激励、个人所得税奖励等方面扶持高新区发展。省科技厅要会同有关部门抓紧研究政策措施，各地也要制定完善扶持政策，先行先试，创造经验。加强高新区的考核督查，科技厅会同有关部门对高新区的发展情况进行考核。

五、抓对外科技合作，加速企业技术创新和成果转化

针对我省科技资源短缺问题，我们要解放思想，开阔视野，充分利用省外和境外创新资源，为我所用。各地要重视科技情报信息收集，了解国家有关科研院所、高校的重大科技成果和技术，组织企业登门拜访，主动对接，邀请合作。通过项目合作，引进高水平研发机构和团队，带动产业发展。三明市引进中机院建设海西分院、共建产业园区的创新模式值得各地学习借鉴。另一方面，我们要走出去，充分利用全球创新资源，加强与境外开展科技合作，抢占技术制高点。要发挥我们市场广阔、民营企业创新意识强有资本的优势，积极组织企业开展与德国、美国、以色列、俄罗斯、新加坡和中国香港、台湾等地研究机构合作，加快引进国际先进技术和成果。泉州、莆田等一批民营企业积极开展与以色列、俄罗斯等国外研究机构合作，取得良好成效，值得各地学习借鉴。开展对外科技合作，既要发挥政府组织、联系、协调作用，更要发挥企业的主体作用。政府主要为企业引进合作提供良好环境，为企业开展境外技术合作提供外事服务，协调我驻外使领馆提供帮助。企业作为合作方、技术需求方，要加强风险管理和知识产权管理。鼓励企业通过对外合作，引进技术和人才。

六、抓专利工作，推进知识产权战略深入实施

要充分认识专利事业发展是知识产权战略的核心任务，充分发挥专利战略的引领作用，实现重点突破，带动知识产权整体工作向纵深发展。要实施专利提升行动计划，围绕战略性新兴产业、创新型企业、高新技术企业，开展企业发明专利“清零”

行动；组织专利代理机构开展专利代理人“入园进企”行动；组织高校科研单位和知识产权示范单位，开展专利“倍增”行动；会同国资管理部门开展国有企业专利专项行动；引导创意设计产业开展专利突破行动；会同外经贸部门开展境外专利申请扶持行动。力争今年全省专利申请量和授权量增长率高于去年水平，特别要进一步提高发明专利拥有量，进一步缩小与全国平均水平的差距（2012年底，全国每万人发明专利拥有量为3.23件，我省为2.09件）。

要加大专利申请资助力度，开辟发明专利申请绿色通道，鼓励企业进行海外专利布局。推动知识产权试点示范工作深入开展，加快培育发展知识产权服务业，鼓励支持企业开展专利权质押贷款、知识产权托管等业务，全面提升知识产权综合能力。各地要以示范城市建设为指引，争创知识产权发展新优势。要把高新区等各类园区作为知识产权工作新的增长点。加强知识产权执法工作。深入开展专利执法专项行动，坚决查处侵权和假冒专利行为。推进知识产权信息服务工作。加快建设我省战略性新兴产业五个重点领域专题专利数据库，引导知识产权服务机构为企业开展专利信息服务。加强闽台知识产权交流合作，加快推进“福建省海西专利受理服务中心”建设，打造对台专利服务重要窗口。

七、改进工作作风，为科技事业发展提供有力保障

科技和知识产权工作面对各行各业众多的企业、高校和科研院所，面向广大科技工作者。我们必须切实把加强作风建设摆在更加突出的位置，不折不扣执行中央和省里关于改进工作作风密切联系群众的有关规定，加强调查研究，把握世界科技发展动态，了解实情，倾听科技人员和企业的心声，不断改进工作。加强战略谋划，提高执行力，有效推动各项工作落实。加强廉政建设。严格遵守廉洁从政有关规定，警钟长鸣、加强反腐倡廉教育，严禁领导干部利用职务之便谋取不正当利益，自觉维护科技系统良好形象。

做好今年科技和知识产权工作，任务十分繁重。我们在要省委、省政府的领导下，真抓实干，攻坚克难，为福建科学发展跨越发展提供强有力的科技支撑。

加强创新驱动 实现科技发展新跨越※

福建省科学技术厅党组书记、厅长 陈秋立

党的十八大提出，要把科技创新摆在国家发展全局的核心位置，深入实施创新驱动发展战略。习近平总书记最近指出：“科技兴则民族兴，科技强则国家强，要结合实际坚持运用我国科技事业发展经验，积极回应经济社会发展对科技发展提出的新要求，深化科技体制改革，增强科技创新活力，集中力量推进科技创新，真正把创新驱动发展战略落到实处。”

当前，福建正处在深入实施“三规划两方案”，推动科学发展、跨越发展的关键时期。破解经济发展深层次矛盾和问题，打造福建经济“升级版”，必须强化科技创新对经济社会发展的支撑引领，走创新驱动发展道路。尤权书记多次强调要深入实施创新驱动发展战略，要依靠创新增强竞争力、依靠创新实现新发展。8月23日在会见作出突出贡献的科技工作者代表时，尤权书记指出，科技创新能力是一个国家综合实力的象征，是推动经济社会向更高层次发展的主导力量。福建要实现科学发展跨越发展和“百姓富”、“生态美”的要求，必须持续推进创新型省份建设，把科技创新作为加快转变发展方式的核心动力和根本支撑。要进一步深化科技体制机制改革，充分发挥企业技术创新主体作用，推进创新型人才队伍建设，促进人才脱颖而出，形成鼓励创新的社会环境。苏树林省长指出，科技是第一生产力。要进一步推动营造崇尚科学、尊重人才、鼓励创新的良好氛围；进一步形成导向，引导全省广大科技人员积极创新创造，把成果写在田间地头、车间和市场上，让科研成果真正创造出价值；进一步完善政策机制，鼓励和支持创新，为产业发展提供科技引领和技术支撑，推动科学研究、技术创新与产业发展和社会全面进步相互促进。尤书记、苏省长的指示，为我们加快科技改革发展，走出一条

※发表于2013年第9期省委《调研内参》

具有福建特色的创新驱动发展道路指明了方向、明确了任务、提出了要求。根据中央和省委、省政府的部署，按照尤书记、苏省长的指示精神，省科技厅新一届班子经过深入调研，探索提出了“科技创新：驱动经济、服务民生”的基本思路。驱动经济，就是紧紧围绕转方式、调结构这条主线，加快建立以企业为主体、以市场为导向、产学研用紧密结合的技术创新体系，破解科技与经济“两张皮”问题，着力增强科技创新对全省经济的驱动力，着力提高战略性新兴产业在福建发展中的先导地位，着力发挥高新区在科技创新和新兴产业发展中的载体作用，引领福建经济转型升级、跨越发展。服务民生，就是坚持科技发展为了人、科技发展服务人的宗旨，坚持把改善和保障民生作为科技工作的出发点和落脚点，紧紧围绕群众需求，积极调整科技工作布局，实施科技惠民计划，让更多的科技资源投向“大民生”领域，推进人口健康、食品安全、人居环境、防灾减灾、生态保护等方面的科技进步与创新，使创新成果切实惠及广大人民群众。

“科技创新：驱动经济、服务民生”这一思路，核心是要以“踏石留印、抓铁有痕”的精神和韧劲，用更高远的眼界、更宽广的胸怀、更勤快的腿脚，做好科技创新的组织引导和服务工作。贴近经济发展和民生改善，树立“吃着碗里、盯住锅里、想到田里”的超前意识，在盯紧省内高校院所资源、发掘企业科研创新力量的同时，以更大的气魄引进“国字号”机构和人才，从更宽的视野吸收汇集境内外科技资源，下大力气解决制约科技创新的突出问题，为打造福建经济“升级版”提供强大动力。

落实“科技创新：驱动经济、服务民生”这一思路，要求全省广大科技工作者站在全局高度，准确把握经济社会发展对科技工作的新要求，进一步增强勇于担当的使命意识、时不我待的紧迫意识、不进则退的忧患意识，以更大的工作热情投入到创新驱动发展的实践中去，以更加扎实有效的工作，为福建科学发展跨越发展贡献力量。

按照这一思路，当前及今后一段时期，科技发展重点采取以下措施：

一、加快科技力量布局，启动一批支撑引领产业升级的大项目

按照调结构、促改革的要求，加强科技创新资源整合。从注重管理创新入手，通过加强科技平台、专家库、信息系统、科技金融、计划项目、园区集群等科技资源的高效整合，产生资源放大效应，提高科技管理的质量和效率。坚持企业主导实施重大科技项目，瞄准我省重大科技需求，加强顶层设计和项目凝练，集中优势科技资源和资金，重点支持促进经济发展方式转变、开辟新的经济增长点的科技领域，开发一批具有自主知识产权的重大战略产品，转化一批能够引领产业转型升级的先进技术成果，突破制约我省经济社会可持续发展的瓶颈问题，提高项目带动实效。当前，要聚焦新一代信息技术、新材料、节能环保、高端装备、农业育种、文化创意等重点领域，由企业牵头、产学研联合实施一批科技重大专项、科技重大项目和创新平台项目，加快创新驱动步伐，促进我省经济在快速发展中转型、在做大总量中优化升级产业结构。

二、加快现代农业发展，推动民生领域科技创新

按照省委、省政府《关于加快推进现代农业发展的若干意见》，研究制定进一步加强农业科技创新工作的具体措施。加强农业优良品种选育，推进生物种业发展。支持福建农民创业园发展，建设一批农业技术孵化器，加快农业科技成果转化推广。加大设施农业等现代农业技术的研发力度，开发一批智能化养殖设备和加工设备，提高农业智能化水平。重点新建宁德海洋、泉州茶叶 2 个国家级科技园区，建设 10 个省级农业科技园区。加大科技扶贫力度，深入推进科技富民强县工程、科技特派员行动，发展壮大一批农村区域特色优势产业。

聚焦生态文明建设和人口健康两大领域，启动实施科技惠民计划，建设一批民生科技示范工程。继续推进国家级、省级可持续发展实验区建设。启动实施“南方红壤水土流失治理技术研究与示范”省级科技重大专项，着力提高生态环境保护和修复、发展低碳经济和循环经济的科技水平。在重大疾病防治、新药创制、生物制品、医疗器械等方面研发一批具有自主知识产权的创新药物和先进医疗器械；加强食品安全领域核心技术、系统集成和重大装备研发，大力提升食品安全科技保障水平，有效提升民众幸福指数。

三、加快创新平台建设，健全完善区域创新体系

全面贯彻落实省委、省政府《关于深化科技体制改革加快创新体系建设的若干意见》，围绕产业链部署创新链，高起点谋划、高标准建设开放型的区域技术创新体系。分类指导、有序推进各类企业研发机构建设，在全省范围全面推进以企业技术创新为重点、服务于产品创新、市场创新和品牌创新的技术创新工作，营造创新型福建发展新格局。当前，一要着重加强与有关部门协作，高质量地建设虚拟高新研究院，以“6·18”为平台，以院（校）企对接为手段，以引进技术发展产业为目的，本着“不求所有，不求所在，但求所用”的宗旨，汇集国内外科技创新资源。二要加大技术转移力度，加快建设海峡技术转移中心，面向我省经济社会发展需求，借鉴先进地区做法，以灵活的机制和有效的方法，打通科技和经济转移转化通道。形成理论转化为技术、技术转化为产品的创新链，吸纳更多高端人才团队在我省创新创业，吸纳更多高新技术成果在我省落地和产业化。三要建立与驻外使领馆和科技外交官密切联系的便捷渠道，帮助企业拓展国际科技合作；深入开展与清华、同济等“985”高校以及中科院、工程院、电科院等国内一流科研院所及在闽国家科研机构的合作，借助“院士专家八闽行”、“蓝火计划”等活动，建立资源共享、优势互补、合作共赢的长效机制。四要发挥省内高校科研院所在承接转移技术中的中坚骨干作用，促进企业与境外省外科研机构的合作。对接成功的高新技术项目成果，优先在各高新区、科技企业孵化器给予承接落地孵化，比照我省重大科技成果购买资助政策给予支持，通过贷款贴息、再担保等手段给予融资帮助。

四、加快科技金融结合，服务科技型中小企业成长

一是进一步深化与金融机构合作，推动省内商业银行在各地设立科技支行或科技金融服务中心。上半年，福建海峡银行福州科技支行已设立运行并开展科技型中小企业授信业务，福建海峡银行泉州科技支行、交通银行漳州科技金融服务中心和兴业银行三明、莆田分行科技金融服务中心也即将设立。计划每年从省科技成果转化专项资金中安排2000万元、各设区市配套2000万元投入科技支行或科技金融服务中心，将带动相关银行提供科技型中小企业信贷专项授信额度24亿元。二是不断创新科技金融合作方式，建立科技贷款风险补偿机制，发挥风险补偿金池的杠杆作用和“滚雪球”效应，不断做大科技信贷总量。三是打造科技金融创新产品，继续推动科技保险和企业专利权质押融资。四是扶持发展科技创业投资，引导创投企业加大对科技型中小企业的投资。重点推进设立“福建省生物与新医药创业投资基金”，办好首届福建省创新创业大赛，引导更广泛的社会资源支持创新创业。五是加快建设福建省创新创业企业股权融资与交易市场，推进省内国家高新区非上市企业改制进入代办股份转让系统实现“新三板”上市，引导企业进入多层次资本市场。

近期要推动制定出台《关于促进科技与金融结合的若干措施》，依靠更大力度的政策供给和驱动，实现科技创新和金融创新紧密结合，加快培育一批科技型中小企业信贷专营机构，建立和完善科技型企业融资担保体系，拓宽科技保险业务领域，大力发展科技风险投资，有效破解中小企业创新创业融资难的问题。

五、加快制定落实激励创新政策，释放企业和科研院所潜能

加强科技政策的研究、修订、完善和落实，为推动科技创新提供良好政策环境。

一是强化科技工作的前瞻性研究。借鉴科技部等部门联合创办“香山科学会议”的做法，探索建立自由宽松的学术交流机制，近期组织启动首期“鼓岭科学会议”。遴选策划会议主题，邀集知名专家学者和行政领导，共同研究讨论区域发展的重大科学技术问题，共同启迪创新创业思维，共同商讨创新驱动发展大计。

二是以软科学研究为抓手，围绕科技管理工作重点难点问题，开展持续性政策研究，为科技创新驱动提供决策依据。

三是抓紧制定《福建省贯彻创新驱动发展战略的实施意见》，营造进一步强化科技创新引领经济社会发展的政策环境。力求在企业创新能力提升、成果转化、创新平台建设等方面突破一些政策，强化企业主导产业技术研发创新的体制机制，推动创新要素向企业集聚，激发企业自主创新的内生动力，引导更多的企业走创新发展之路。

四是开展高新技术企业所得税减免、企业研发费用税前加计扣除等政策落实情况督查评估，制定出台《福建省企业研究开发费用税前加计扣除实施办法》，促使各地企业享受同等的政策优惠。

五是认真落实《福建省人民政府关于进一步支持省属科研机构创新发展的若干意见》，进一步采取放权、松绑、搞活的政策措施，支持科研院所营造改革创新的发展环境，扩大科研管理自主权，创新科研组织模式，支持科研人员创新创业。

六、加快高新区和科技企业孵化器建设，促进高新产业集聚发展

把高新区建设作为科技工作的重要抓手，对国家级和省级高新区实行科技计划单列，推动高新区创新驱动和战略提升。制订出台《福建省人民政府关于加快高新技术产业开发区建设与发展的若干意见》，开展“科技入园”行动，以催生科技型企业和培育科技企业家为目标，推动项目、资金、人才、基地向高新区集聚，使高新区成为发展特色产业、培育经济增长点的重要基地，成为加快工业化、城镇化进程的重要载体。鼓励多元化主体投资建设科技企业孵化器，重点推进省生物医药项目研发孵化器建设。开展企业“加速器”调研，研究制订相关扶持政策措施，完善对企业不同发展阶段的支持方式，培育发展一批科技型企业，促其成长为高新技术企业、创新型企业。加快培育一批综合竞争力强的创新型企业、高新技术企业，突出培育一批创新型大型骨干企业，壮大我省科技型企业群。

七、加快高端人才培养，遴选激励创新创业领军人才

认真落实高层次创业创新人才引进、产业人才高地建设、创新英才培养等重要政策，打造人才创新创业基地和服务平台，以灵活的机制集聚和培养高端人才。加快修订《福建省科学技术奖励办法》，健全完善人才激励机制。加大海峡两岸科技合作联合基金支持力度，推进闽台人才合作和共同发展。落实省委提出的《福建省“海纳百川”高端人才聚集计划（2013～2017年）》，近期要联合省委组织部制定出台《福建省科技创新领军人才和科技创业领军人才遴选暂行办法》。在全省企事业单位中选拔一批引领我省学科建设和产业科技创新，能够代表全省一流水平的科技创新领军人才；在全省各类企业中选拔一批运用自主知识产权创建科技型企业，推动企业技术创新，加速科技成果转化落地，能代表全省本领域或本行业一流水平的科技创业领军人才，由省委、省政府授予荣誉称号，每人给予专项经费支持。省科技厅支持科技创新创业领军人才优先承担国家和省级科技计划项目，并滚动支持。对符合条件的入选对象，择优推荐申报科技部创新人才推进计划。

综合报告

2013年福建省科技工作基本情况

2013年，福建省科技系统全面贯彻党的十八大和十八届二中、三中全会及省委九届九次、十次全会精神，按照尤权书记、苏树林省长对科技创新的重要批示指示，以“科技创新：驱动经济、服务民生”为工作宗旨，进一步解放思想，锐意进取，深化科技体制改革，加快实施创新驱动发展战略，着力做好科技创新的组织引导和服务工作，大力提升自主创新能力，加快推进成果转化和产业化，进一步发挥科技对经济社会发展的重要支撑引领作用，科技事业取得了新成效。

全省共有4项主持完成和8项参与完成的项目获国家科技奖，其中主持完成的项目有2项获自然科学奖二等奖、1项获科技进步奖二等奖及1项国际科技合作奖。福州大学“能源与环境光催化国家重点实验室”和厦门大学“分子疫苗学和分子诊断学国家重点实验室”获科技部批准建设。漳州高新园区升级为国家级高新区。“番鸭呼肠孤病毒病活疫苗”获国家一类新兽药证书，为全球首创并具有自主知识产权的重大科技成果。厦门大学韩家淮教授增选为中国科学院生命科学和医学学部院士，在闽工作的两院院士增至18名。全省7个设区市、66个县（市、区）通过全国科技进步考核，泉州、龙岩等31个市（县、区）被评为科技进步考核先进市（县、区）。

一、企业技术创新主体地位更加巩固

进一步突出了以企业技术创新需求为导向的立项机制，除自然科学基金外，2013年新上省级科技项目中，由企业牵头或为主承担的项目经费占总经费比重达75.1%。全省认定登记技术合同5361项，合同成交总金额53.99亿元，其中企业完成的技术开发、转让合同3681项，合同成交金额43.6亿元，占总交易额的80.74%。全省89.5%的研发投入由企业完成，84.2%的R&D活动人员集中在企业。

全省新认定高新技术企业273家，备案科技型企业692家，新增89家省级创新型企业和274家省级创新型试点企业。新认定省级工程技术研究中心145个，其中省级企业工程技术研究中心134个。首次在高新技术企业中建设32家重点实验室。至2013年底，全省共有高新技术企业1638家、创新型（试点）企业904家（其中国家创新型企业14家）、省级重点产业技术创新战略联盟28个、科技企业孵化器48家、省级以上企业工程技术研究中心272个。

二、科技支撑产业发展能力明显增强

科技计划项目实施成效显著。突出发挥科技项目对产业发展的引领作用，集中1.2亿元省级科技经费，吸引和带动社会各界投入3.6亿元，组织实施北斗二代卫星导航应用、大型锂电池储能系统、

3D打印关键技术等10个省级科技重大专项。启动实施区域科技、产业支撑、高校产学合作等124项科技重大项目，着力解决新一代信息技术、高端装备、新能源、新材料等领域产业发展关键技术问题。全年各类科技计划项目共申请专利和软件著作权登记646项、专利授权523项，获得新产品、新品种、新药230项，建立新标准111项。2013年全省高新技术产业增加值预计达3086.28亿元、比增13.2%，占GDP比重为14.2%。

战略性新兴产业加快发展。共安排经费1.74亿元，组织实施137项战略性新兴产业科技重大项目，开展重点产业关键技术研发和科技成果转化。会同有关部门组织邮轮设计、装备制造等关键技术攻关，在汽车玻璃深加工、自动化IAP技术平台应用、海洋生物加工、数控机床五轴联动和功能复合化等领域取得重要成果。国家火炬福鼎化油器特色产业基地获批建设，闽东中小电机创新型产业集群成为国家创新基金创新型产业集群。2013年，全省战略性新兴产业增加值达1850亿元、增长25%。

科技创新推动现代农业发展。加快农业科技园区建设，对新获批建设的泉州、宁德2个国家级农业科技园区，以及平和等9个省级农业科技园区给予3300万元经费资助。着力抓好设施农业和种业创新的集成示范，品种选育和种质资源保护利用取得进展，在生物质能源、农产品精深加工、生态肥料、农业设施等方面取得了一批科技成果，海洋生物综合利用、环境友好型饲料、花卉品种创新等关键技术取得突破。培育农业新品种、新技术等126个(项)，推广面积10.67公顷，新增农业产量71.8万吨。科技特派员等农村创新创业行动深入开展，新增5个国家科技富民强县试点县，11条（个）国家级科技特派员创业链、创业基地和创业培训基地。服务现代农业发展，持续推进星火科技“12396”信息服务。

三、重大科技平台建设和科技成果落地转化成效突出

推动重大研发机构落地。省科技厅安排科技经费7720万元支持中科院海西研究院、中国机械科学研究总院海西分院、福建奔驰汽车研发中心、欧中现代农业技术研发中心等11家重大研发机构落地建设。机械科学研究总院海西分院为中央企业在福建落地建设的首家研发机构，福建奔驰汽车研发中心成为德国戴姆勒集团在海外唯一的商务车研发机构。中科院海西研究院建设进展顺利，已基本完成一期工程基建工作，组织了中科院系统350多项成果与全省50多家企业进行合作转化。

加快科技创新平台建设。省科技厅安排科技经费5300万元，支持“物联网云计算平台建设项目”等33个科技创新平台项目建设。批准建设45个省重点实验室，新增省级科技公共服务平台11家。目前全省共建成各类科技创新平台776个。出台科技企业孵化器新增孵化用房及科技创新平台补助办法，安排专项经费1500万元，加快推动全省科技企业孵化器建设。泉州微波研究院等新型科研机构快速发展。

推进科技成果落地转化。依托“6·18”平台，组织赴北京等地调研学习，研究制定福建虚拟研究院和海峡技术转移中心建设方案。与中国技术交易所签署合作备忘录，为福建省企业提供技术、资金、人才、信息、知识产权评估等一站式服务。落实重大科技成果企业落地转化资助办法，安排经费2500万元，对17个重大科技成果购买转化给予后补助。新增备案技术经纪机构2家、技术贸易机构206家。

加强对外交流合作。积极开展与俄、德、以、澳、新等国科技合作，13个国际科技合作项目获科技部立项支持。扎实推进与港澳台地区的科技合作交流，2013年度“促进海峡两岸科技合作联合基金”共11个项目，福建省全部参与并牵头承担其中10个项目。组织科技代表团赴台湾参加第二届海峡两岸科技论坛，并与台湾中华汽车、台湾机械行业同业公会等达成多个项目合作协议。依托北京科博会、“6·18”、“9·8”、深圳高交会等平台，成功举办福建省高新园区推介及项目招商会、第七届海西科技论坛、科技外交官论坛等多场对接活动，共对接项目254项，签约金额达30亿元。

四、科技服务民生效果显著

组织实施一批生态恢复和流域治理项目建设，承担“九龙江北溪流域生活垃圾无害化处理技术集成与示范”等国家科技惠民计划项目，启动“南方红壤水土流失治理技术研究与示范”等27个国家科技支撑计划。“福建省干细胞应用工程技术研究中心”建设取得成效。在人口健康、资源环境、食品安全领域组织实施省级各类科技计划项目，在资源综合利用等领域取得一批关键技术突破。漳平国家可持续发展实验区通过验收考察，新批准建设柘荣、将乐两个省级可持续发展实验区。组织实施49项省级科技计划项目，资助经费2670万元，加快省级扶贫开发重点县科技进步。继续做好对口帮扶平和县工作。推进新疆对口帮扶、科技拥军、科技强警等工作。

五、科技创新政策环境不断优化

完善自主创新政策体系。进一步推进省属科研机构改革创新，牵头制定了《省政府关于进一步支持省属科研机构加快创新发展的若干意见》。紧扣经济、科技与产业发展需求，出台了《福建省企业研究开发费用税前加计扣除实施办法》、《省科技厅关于进一步加强农业科技工作十条措施》等具体举措。每年安排基本科研专项4000万元，用于稳定支持省属公益类科研机构创新发展。2013年全省企业实现研发费用加计扣除额29.9亿元、高新技术企业所得税减免26.4亿元，形成创新投入一政策支持一再投入良性循环。

营造创新创业氛围。加大《福建省科学技术进步条例（修订）》的宣传贯彻力度。参照国家“香山科学会议”模式创建“鼓岭科学会议”机制，集中行政部门、专家、企业家智慧，研讨全省科技发展重大问题。推进厦门、福州国家创新型城市试点工作，指导莆田、晋江和南安创建省级科技创新型城市试点。启动全省遴选40名科技创新领军人才和80名科技创业领军人才。38家农业科技企业晋级第二届中国农业科技创新创业大赛复赛，居全国第二位。成功举办第二届中国创新创业大赛（福建赛区）暨首届福建创新创业大赛，吸引了370家企业和团队参赛，引导风险投资机构参与科技创新。举办“科技·人才活动周”等科普宣传活动。

六、科技金融文化结合加快推进

制订科技支行风险补偿金管理办法、科技支行虚拟风险池管理办法等，在福州、三明、漳州、泉州4个设区市设立科技支行（科技金融服务中心），已累计发放科技型中小企业信贷约1.3亿元。与进出口银行福建省分行签订战略合作协议，向10家企业发放贷款26.5亿元。组建“福建省生物与新医药创业投资基金”。开展38家高新技术企业科技保险补贴。红桥创投获得国家创业投资引导基金5000万元资金支持。推动“新三板”扩大试点工作，全省61家企业与主办券商签约合作，已有8家挂牌。

联合有关部门出台《关于加快推进文化和科技融合发展实施意见》。启动实施“闽西客家和红色双重文化遗产的数字化与文化旅游综合服务”等3个国家支撑文化科技创新示范工程。福州、厦门两市获批建设国家级文化和科技融合示范基地。

七、市县科技创新各具特色

坚持统筹协调，围绕各地特色产业加快创新发展，大力推动区域科技创新和技术进步。福州市加快发展高新技术产业，国家知识产权示范城市工作效果明显，连续十次蝉联全国科技进步考核先进市。厦门市重点培育发展生物医药、新材料、软件、IC产业4个千亿科技产业，规模以上高新技术企业产值对工业经济增长贡献率超过95%，荣获“国家知识产权示范城市”称号。漳州市成功举办海峡两岸（漳州）工业设计科技创新大赛，入选中欧绿色智慧城市合作中方试点城市，漳州高新园区升格为国家级高新区。泉州市全力助推民营企业“二次创业”，在全省率先实施产业创新转型“燎原计划”，中国科学院海西研究院装备制造研究所落地建设，引导民营资本建立新型研发机构。莆田市院地科技合作深入开展，海西研究院莆田中心建设进展顺利，与清华大学研究生院共建研究生实践基地。三明市市本级及12个县（市、区）全部通过全国县（市）科技进步考核，三明高新区获批扩区，设立全省首支科技型中小企业贷款风险补偿金。南平市围绕食品加工、旅游养生、机电制造和生物工程“三个千亿、一个五百亿”产业链强化科技创新，武夷新区科技创意产业园建设取得实质性进展。龙岩市建成科技信息服务、公共技术服务等“五大平台”，高新区创建、海西科技创业城等品牌项目成效明显，与清华大学共建龙岩紫荆创新研究院。宁德市大力争取国家和省级科技项目，农业科技园区等科技创新平台建设成效明显。

同时，全省科技工作也面临不少困难和问题：科技评价体系和机制还不完善，市场导向作用还未充分发挥；科技成果转化率不高，科研与产业需求结合的动力不强；原始创新能力和集成创新能力较弱，重要领域关键技术自给率较低；企业研发意识、研发投入和研发机构建设偏弱；科技管理方式与日益复杂的创新活动还不相适应，管理效率和质量有待进一步提升；科技领军人才缺乏，创新氛围和创新文化有待加强等等。

2013全国科技进步水平监测福建省排名情况

科技部全国科技进步统计监测课题组已连续多年对全国及各地区科技进步水平进行监测，并发布《全国科技进步统计监测报告》。该监测指标体系由科技进步环境、科技活动投入、科技活动产出、高新技术产业化、科技促进经济社会发展等5个一级指标、12个二级指标和34个三级指标组成。以下摘要简介全国科技进步监测福建省主要指标排名及其比较情况（注：文中2013监测值对应的是2012年度的统计数据，2012监测值对应的是2011年度的统计数据，其余类推）。

一、全国各地区综合科技进步水平分类

根据2013监测分析，科技部全国科技进步统计监测课题组将全国31个省、市、自治区的科技进步总体水平划分为五类。福建省综合科技进步水平指数低于全国平均水平（60.30%），但高于50%，属于第二类型。各类型划分情况如下：

第一类为综合科技进步水平指数高于全国平均水平（60.30%）的地区，为上海、北京、天津、江苏、广东和浙江，前3位位次与上年相同。

第二类为综合科技进步水平指数低于全国平均水平（60.30%），但高于50%的地区，包括辽宁、陕西、山东、湖北、重庆、福建、黑龙江和四川。

第三类为综合科技进步水平指数在50%以下，但高于40%的地区，包括安徽、吉林、湖南、内蒙古、山西和甘肃。

第四类为综合科技进步水平指数在40%以下，但高于30%的地区，包括宁夏、青海、河南、江西、河北、海南、广西、新疆、云南和贵州。

第五类为综合科技进步水平指数在30%以下的地区，只有西藏。

二、福建省科技进步主要监测指标在全国排名

2013全国监测结果显示，福建省综合科技进步水平指数为53.86%，排在全国第12位，比上年下降1位。与2012监测比较，提高了0.36个百分点，增幅排在第15位。进一步比较其5个一级指标，结果如下：

科技进步环境指数高于全国平均水平（全国科技进步环境指数为58.59%）的地区有7个，依次为上海、北京、天津、江苏、广东、浙江、山东。福建省排在第13位，其科技进步环境指数为51.89%，比上年下降3位。

科技活动投入指数高于全国平均水平（全国科技活动投入指数为63.81%）的地区有7个，依次为上海、江苏、天津、北京、浙江、广东、山东。福建省排在第9位，其科技活动投入指数为58.86%，比上年上升3位。

科技活动产出指数高于全国平均水平（全国科技活动产出指数为59.22%）的地区有6个，依次为北京、上海、天津、广东、江苏、陕西。福建省排在第15位，其科技活动产出指数为30.87%，比上年上升2位。

高新技术产业化指数高于全国平均水平（全国高新技术产业化指数为50.00%）的地区有10个，依次为天津、上海、北京、江苏、重庆、四川、广东、湖北、山东、福建。福建省排在第10位，其高新技术产业化指数为50.45%，排名与上年相同。

科技促进经济社会发展指数高于全国平均水平（全国科技促进经济社会发展指数为62.84%）的地区有10个，依次为广东、北京、上海、浙江、江苏、福建、辽宁、天津、黑龙江、吉林。福建省排在第6位，其科技促进经济社会发展指数为70.49%，比上年下降1位。

全国科技进步水平监测福建省排名位次及其变动情况

指标名称	福建省在全国排名	
	2013监测	2012监测
科技进步水平综合指数	**12**	**11**
一、科技进步环境指数	**13**	**10**
（一）科技人力资源指数	8	7
1. 万人研究与发展（R&D）人员数	7	7
2. 万人大专以上学历人数	24	8
（二）科研物质条件指数	25	14
1. 每名R&D人员仪器和设备支出	13	7
2. 科学研究和技术服务业新增固定资产占比重	30	24
（三）科技意识指数	9	13
1. 万名就业人员专利申请量	10	11
2. 科学研究和技术服务业平均工资比较系数	14	17
3. 万人吸纳技术成交额	11	17
4. 有R&D活动的企业占比重	10	12

续表

指　标　名　称	福建省在全国排名	
	2013 监测	2012 监测
二、科技活动投入指数	**9**	**12**
（一）科技活动人力投入指数	4	1
1. 万人 R&D 研究人员数	13	13
2. 企业 R&D 研究人员占比重	5	6
（二）科技活动财力投入指数	12	12
1. R&D 经费支出与 GDP 比值	14	14
2. 地方财政科技拨款占地方财政支出比重	10	10
3. 企业 R&D 经费支出占主营业务收入比重	9	11
4. 企业技术获取和技术改造经费支出占企业主营业务收入比重	14	18
三、科技活动产出指数	**15**	**17**
（一）科技活动产出水平指数	19	19
1. 万人科技论文数	18	19
2. 获国家级科技成果奖系数	25	26
3. 万人发明专利拥有量	12	12
（二）技术成果市场化指数	16	16
1. 万人输出技术成交额	18	17
2. 万元生产总值技术国际收入	10	9
四、高新技术产业化指数	**10**	**10**
（一）高新技术产业化水平指数	11	10
1. 高技术产业增加值占工业增加值比重	10	8
2. 知识密集型服务业增加值占生产总值比重	14	11
3. 高技术产品出口额占商品出口额比重	15	12
4. 新产品销售收入占主营业务收入比重	11	11
（二）高新技术产业化效益指数	12	5
1. 高技术产业劳动生产率	16	14
2. 高技术产业增加值率	24	26
3. 知识密集型服务业劳动生产率	6	6
五、科技促进经济社会发展指数	**6**	**5**
（一）经济发展方式转变指数	6	4
1. 劳动生产率	9	10
2. 资本生产率	11	3
3. 综合能耗产出率	6	6
（二）环境改善指数	11	17
1. 环境质量指数	4	4
2. 环境污染治理指数	12	22
（三）社会生活信息化指数	5	13
1. 百户居民计算机拥有量	7	7
2. 万人国际互联上网人数	4	4
3. 信息传输、计算机服务和软件业增加值占生产总值比重	15	15

2013全国科技进步水平监测福建省排名位次及其地区比较

地区	综合指数总排序	科技进步环境指数（A）				科技活动投入指数（B）			科技活动产出指数（C）			高新技术产业化指数（D）			科技促进经济社会发展指数（E）			
		科技人力资源指数	科研物质条件指数	科技意识指数	A排名	科技活动人力投入指数	科技活动财力投入指数	B排名	科技活动产出水平指数	技术成果市场化指数	C排名	高新技术产业化水平指数	高新技术产业化效益指数	D排名	经济发展方式转变指数	环境改善指数	社会生活信息化指数	E排名
上海	**1**	3	1	1	1	19	2	1	2	2	2	2	8	2	5	4	2	3
北京	**2**	1	2	4	2	23	1	4	1	1	1	1	20	3	2	10	1	2
天津	**3**	2	4	3	3	11	3	3	3	3	3	4	1	1	8	3	12	8
江苏	**4**	4	7	1	4	3	4	2	4	7	5	5	5	4	4	14	6	5
广东	**5**	6	13	6	5	2	6	6	7	4	4	3	19	7	1	5	3	1
浙江	**6**	5	27	5	6	5	5	5	6	15	9	14	21	16	3	25	4	4
辽宁	**7**	11	5	11	8	15	11	12	8	8	8	20	15	22	9	12	9	7
陕西	**8**	9	8	8	9	18	9	11	5	9	6	10	26	17	16	20	14	15
山东	**9**	7	3	13	7	1	7	7	15	17	14	18	2	9	7	27	24	12
湖北	**10**	10	18	12	11	14	10	10	9	10	10	9	3	8	14	16	18	14
重庆	**11**	14	12	7	10	13	14	14	10	14	12	6	9	5	21	1	16	16
福建	**12**	**8**	**25**	**9**	**13**	**4**	**12**	**9**	**19**	**16**	**15**	**11**	**12**	**10**	**6**	**11**	**5**	**6**
黑龙江	**13**	13	11	10	12	10	17	16	11	5	7	27	10	21	10	9	13	9
四川	**14**	17	14	14	16	20	15	17	18	6	11	7	4	6	20	7	20	21
安徽	**15**	12	9	19	14	8	8	8	21	18	19	19	22	24	23	8	30	27
吉林	**16**	15	19	24	17	17	24	22	13	21	16	21	14	20	11	23	15	10
湖南	**17**	24	17	26	23	12	13	13	14	23	20	16	23	23	22	15	23	23
内蒙古	**18**	16	21	23	18	6	27	21	28	12	17	31	7	25	12	6	27	19
山西	**19**	18	23	22	19	7	16	15	22	20	23	17	31	31	17	21	10	11
甘肃	**20**	23	15	21	20	22	18	20	12	11	13	25	24	26	28	26	21	26
宁夏	**21**	19	28	16	22	21	23	23	16	26	22	28	30	29	24	18	7	17
青海	**22**	21	6	15	15	26	29	27	30	13	18	29	29	28	26	19	8	20
河南	**23**	26	24	30	27	9	19	18	23	25	27	8	25	12	25	22	31	28
江西	**24**	25	16	28	26	24	25	25	24	22	24	13	17	13	18	13	28	24
河北	**25**	28	10	20	24	16	22	19	25	24	26	26	27	27	15	29	22	22
海南	**26**	20	30	18	25	30	28	30	17	29	25	12	18	11	19	24	11	13
广西	**27**	27	22	31	29	25	21	24	27	30	29	15	16	14	27	2	26	25
新疆	**28**	22	26	17	21	27	30	28	26	27	28	30	28	30	13	30	19	18
云南	**29**	29	20	25	28	29	26	29	20	19	21	22	13	19	29	28	29	31
贵州	**30**	30	31	29	30	28	20	26	29	28	30	23	11	18	31	17	25	30
西藏	**31**	31	29	27	31	31	31	31	31	31	31	24	6	15	30	31	17	29

（省科技厅科技年鉴社）

M 大事记

Major Events

2013 年度福建科技大事记

1 月

5 日 福建省第三届杰出科技人才评委会会议在省科技厅召开，省政府副秘书长张金铸主持会议，省科技厅厅长丛林汇报初选评审情况。

8 日 省科技厅厅长丛林会见宁夏彭阳县县长赵晓东一行。彭阳县党政代表团向福建省科技厅赠送了“闽宁合作结硕果、科技民生惠六盘”的牌匾。（图片资料参见光盘）

10 日 副省长洪捷序赴漳州征求对政府工作报告的意见建议，并赴漳州高新区调研。省科技厅厅长丛林陪同调研。（图片资料参见光盘）

16 日 省科技厅联合省委宣传部、省文改办、省发改委、省财政厅、省文化厅、省广电局和省新闻出版局等 8 个单位出台了《关于加快推进文化和科技融合发展实施意见》（闽文改办〔2013〕2 号）。

16 日 全省科技工作务虚会和省科技厅系统 2012 年度总结大会在福州召开。省科技厅厅长丛林主持会议并讲话。（图片资料参见光盘）

18 日 国家科学技术奖励大会在北京举行。2012 年度国家科学技术奖共授奖 330 个项目和 7 位科技专家。福建省有 3 项成果获奖，其中国家技术发明奖二等奖 1 项、国家科技进步奖二等奖 2 项。（视频资料参见光盘）

18 日 省科技厅厅长丛林会见科技部驻德国科技参赞孟曙光，并就进一步加强福建省与德国弗朗恩霍夫研究促进协会的合作进行探讨。

19 日 2013 年全国科技工作会议在北京召开，省科技厅厅长丛林参加会议并在讨论会上作交流发言。（图片资料参见光盘）

21 日 2013 年福建省文化科技卫生“三下乡”活动启动仪式在泰宁县朱口镇举行。省委常委、宣传部部长袁荣祥赴泰宁县出席活动并讲话。

21 日 中国工程院重大咨询项目——海西经济区生态环境安全与可持续发展研究课题总结汇报会在福州举行。省委书记尤权、省长苏树林、中国工程院院长周济出席会议并讲话。省领导叶双瑜、张志南、洪捷序，参加课题研究的中国科学院院士、中国工程院院士，以及来自省内外的专家学者出席了会议。

22 日 省科技厅厅长丛林会见福建海峡银行舒平副行长（主持工作）一行，双方就省科技厅支持福建海峡银行成立福州科技支行，缓解科技型中小企业融资难问题进行深入交流。（图片资料参见光盘）

25 日 省科技厅厅长丛林率福建省科技代表团访问新加坡国立大学，考察生命科学院、生命科学实验中心等单位，并在中国驻新加坡大使馆科技参赞张伟成的安排下，考察新加坡科技园和新加坡科技局分子与细胞生物研究院。（图片资料参见光盘）

28 日 省科技厅厅长丛林率福建省科技代表团访问中国驻德国大使馆，随后访问德国弗朗恩霍夫研究促进协会总部，并参加研讨会。厅长丛林和协会总部主任莫尼卡分别代表双方发表演讲。（图片资料参见光盘）

31 日～2 月 3 日 省科技厅厅长丛林率福建省科技代表团先后访问中国驻以色列大使馆、以色列瑞德通信集团及其子公司、以色列罗塞塔网络公司，并在中国驻以色列大使馆的安排下，与 TB 集团总裁兼总经理西格尔女士等进行座谈，大使馆科技参赞韩军、一等秘书王向社参加座谈。（图片资料参见光盘）

2 月

1 日 省政府办公厅通报表彰 2012 年度全省政府系统信息工作先进单位、先进个人和好信息。省科技厅办公室再次荣获“专题信息工作先进单位”。

17 日 省科技厅厅长丛林会见福州市政协副主席、科技局局长林治良一行，双方就进一步推动金融创新与科技创新有机结合，加大对科技型中小企业信贷支持，促进科技产业的全面可持续发展等问题进行深入交流。（图片资料参见光盘）

18 日 省知识产权局印发《福州代办处业务质量管理办法（暂行）》《福州代办处相关管理制度（暂行）》（闽知办〔2013〕12 号）。

20 日 省科技厅厅长丛林会见以色列驻广州总领事馆新任总领事安亚杰先生、商务领事陶丹尼先生一行。（图片资料参见光盘）

21 日 福建省首个“知识产权日”系列宣传活动全面铺开。全省知识产权各职能部门围绕“福建省知识产权日”活动主题，通过各种特色活动，深入宣传知识产权法律法规和方针政策，营造促进全省知识产权事业健康发展的舆论氛围。（视频资料参见光盘）

22 日 省纪委常委、省效能办副主任孙明忠率队到省科技厅开展绩效管理指标考核工作。省科技厅厅长丛林向考核组汇报 2012 年度绩效管理工作情况。省科技厅领导杜民、李堂杰、何静彦、周世举、马士敏，以及厅机关各处室及有关单位主要负责人参加汇报会。

22日　福建海峡银行福州科技支行签约仪式在福州举办。省科技厅厅长丛林出席并讲话。（视频资料参见光盘）

25～28日　科技部港澳台办公室副主任徐海等一行到闽考察调研。考察组先后调研福建新大陆科技集团、福建鸿博光电科技有限公司，漳州英格尔农业科技有限公司，泉州市科立信安防电子有限公司、石狮市飞通通讯设备有限公司、晋江宏基机械有限公司等单位和企业。省科技厅副厅长杜民陪同调研。（图片资料参见光盘）

26日　省科技厅厅长丛林会见科技部港澳台办公室副主任徐海一行，双方就福建省今后更有效地开展对港澳台的科技合作事宜进行深入探讨交流。

26日　全省科技暨知识产权工作会议在福州召开，副省长洪捷序讲话，省科技厅厅长丛林作全省科技工作报告。（视频资料参见光盘）

27日　中科院海西研究院建设领导小组和工作组第十三次会议在福州召开。会议由副省长洪捷序、中科院副院长施尔畏共同主持。省科技厅厅长丛林，副厅长何静彦出席会议。

3月

1日　新修订的《福建省科学技术进步条例》（2012年12月14日福建省第十一届人民代表大会常务委员会第三十四次会议通过）正式施行。

4日　为贯彻落实《福建省人民政府办公厅关于加快科技企业孵化器建设与发展若干措施的通知》，规范福建省科技企业孵化器新增孵化用房补助项目管理，省科技厅与省财政厅联合制定《福建省科技企业孵化器新增孵化用房补助办法（暂行）》（闽科计〔2013〕7号）。

5日　“福建省文化产业运行情况新闻发布会”在福州举行。省科技厅副厅长何静彦出席会议并接受记者关于“省科技厅在推动全省文化和科技融合工作方面有关举措”的采访。

12日　省委常委、教育工委书记陈桦到省科技馆新址察看新馆建设情况。

13日　副省长洪捷序、省科技厅厅长丛林等前往科技部汇报龙岩市创建国家高新技术产业开发区的有关工作。科技部副部长曹健林和科技部高新司、火炬中心负责人等听取工作汇报。（图片资料参见光盘）

15日　省人大常委会副主任刘群英、教科文卫工委主任宋闽旺等一行到省科技厅调研。省科技厅厅长丛林汇报工作。（图片资料参见光盘）

22日　省委尤权书记在省科技厅汇报材料上批示：“报告我认真看过了，对过去一年的总结‘进、升、新、特’概括的很好，今年工作五项重点也很好，依靠科技创新驱动关系福建发展长远大计，科技厅要扎扎实实把这件大事办好，为福建发展多做贡献。”

22日　福建省2013年两院院士候选人初选、遴选会议在福州召开。副省长洪捷序主持会议，省科技厅厅长丛林参加会议并汇报了2013年两院院士候选人初选和遴选前期工作情况。（图片资料参见光盘）

27日　由科技部高新司、火炬中心组织有关专家组成的高新区建设调研组一行到龙岩，就龙岩高新区升级创建工作进行调研。省科技厅副厅长何静彦陪同调研。（图片资料参见光盘）

28日　省科技厅厅长丛林、副厅长何静彦及相关处室负责人赴福州海西高科技园福建奔驰研发中心调研。（图片资料参见光盘）

28日　由福建省发改委、省科技厅、省经贸委、省教育厅、“6·18”组委会办公室共同举办的“6·18装备制造行业网上在线对接会”在福州召开。省科技厅组织中国创新驿站福建各站点单位参与活动，征集对接成果52项、技术需求9项。

4月

2日　省知识产权局在福州为通过2012年全国专利代理人资格考试的考生举行颁证仪式，部分代理机构和考生代表近40人参加仪式。省知识产权局副局长黄平出席仪式。

3日　省科技厅召开全厅系统干部大会，宣布省委关于省科技厅主要领导调整的决定。省委组织部副部长杨国豪宣读省委关于陈秋立、丛林职务任免的通知。（图片资料参见光盘）

3日　中国科协与福建省政府在福州正式签订了《落实全民科学素质行动计划纲要共建协议》。中国科协常务副主席、书记处第一书记陈希，福建省省长苏树林在共建协议上签字。协议签署前，省委书记尤权、省长苏树林会见了陈希一行。

8日　省科技厅召开2012年度机关处室主要负责人述职述廉大会。省科技厅党组书记、厅长陈秋立出席会议并讲话。会议由副厅长李堂杰主持，科技厅厅机关干部共68人参加会议。在述职述廉后，进行民主测评。（图片资料参见光盘）

12日　省科技厅厅长陈秋立赴科技部汇报有关高新区升级、省部会商和科技创新平台建设等工作。全国政协副主席、科技部部长万钢听取汇报。

12日　全国工业和信息化系统科技工作座谈会在泉州召开。会议举行了国家技术创新示范企业授牌仪式。福建省已有新大陆、星网锐捷和福耀玻璃等3家企业入选国家技术创新示范企业。工信部副部长杨学山，省委常委、常务副省长张志南出席会议。

18～19日　由国家科技奖励办和国家科技成果网主办、省科技厅承办的国家科技成果转化服务示范基地建设座谈会在厦门召开。国家科技奖励办副主任张木到会并讲话。来自北京、厦门、济南等12家国家科技成果转化服务示范基地单位代表和正在申请基地的重庆、贵阳、昆明的代表约60人参加会议。省科技厅副厅长杜民参加会议并致辞。

19日　《2012年度福建省知识产权发展与保护状况》白皮书在省知识产权局网站发布。

22日　省知识产权战略制定工作领导小组印发实施《福建省专利提升行动计划实施方案（2013～2015年）》，提出实施企业发明专利“清零”行动，专利代理人“入园进企”行动，高校、科研单位、高新技术企业和知识产权示范单位专利“倍增”行动，国有企业专利专项行动，创意设计企业专利突破行动，境外专利申请扶持行动6项专项行动计划。

22日 省委、省政府下发《关于表彰福建省第三届杰出科技人才的决定》（闽委〔2013〕8号），对王泽生、刘家富等27人进行表彰奖励，并授予“福建省第三届杰出科技人才”荣誉称号。

23日 省知识产权局在福州举办全省知识产权优势企业培育工作座谈会。各设区市知识产权局以及全省82家知识产权优势培育企业代表参加座谈会。

25日 副省长洪捷序一行调研指导机械科学研究总院海西（福建）分院建设工作。省科技厅厅长陈秋立陪同。（图片资料参见光盘）

26日 国家知识产权局发布《2012年全国专利实力状况报告》，福建省在专利综合实力排名中位居第9位，与上年持平，其中专利创造、运用、保护、管理、服务实力分别位居全国各省（市、区）第5、7、13、9和12位。

26日 福建省首个“知识产权服务工作站”在福建省高新技术创业服务中心（国家级科技孵化器）挂牌成立，福建省专利代理人“入园进企”行动正式启动。省知识产权局副局长黄平参加揭牌仪式。

5月

2日 省科技厅为纪念五四运动94周年，进一步开展中国梦的学习教育活动，组织厅机关青工委、厅直属单位团委召开“放飞中国梦·青春献科技”座谈会。省科技厅厅长陈秋立、纪检组长马士敏出席会议。

7日 省科技厅厅长陈秋立会见福建海峡银行副行长谢宝华一行。陈秋立厅长听取海峡银行福州科技支行成立以来的工作情况介绍后表示，成立科技支行是贯彻省委、省政府加大科技金融合作的新举措，下一步要结合泉州市金融服务实体经济综合改革试验区建设，支持成立海峡银行泉州科技支行，进一步推动全省科技金融合作试点工作，更好地为科技型中小企业创新创业服务。

7日 省科技厅厅长陈秋立在福州会见交通银行福建省分行副行长江涛（主持工作）一行，双方就今后加强省科技厅与交通银行福建省分行合作，为科技型中小企业创新创业服务进行深入探讨交流。

7日 国家知识产权局确定泉州高新技术产业开发区和厦门火炬高技术产业开发区为国家知识产权试点园区，试点工作时间从2013年5月至2016年5月，系全省高新区首次入选国家知识产权试点园区。

8日 中国知识产权培训中心批复同意在福建省知识产权远程教育平台下建设福州分站、厦门分站、泉州分站、莆田分站、龙岩分站，厦门大学分站和福建工程学院分站。

10日 省长苏树林、副省长陈荣凯赴省农科院调研。

13日 南平市第六届科技成果交易会在武夷山市举行。此次科技成果交易会作为第十六届海峡西岸武夷国际投资洽谈会重要活动之一，内容包括了科技成果展示、科技项目对接洽谈、中科院海西研究院科技成果对接会、高校科研院所科技成果推介、对接科技项目签约仪式等。会议由中科院上海分院、省科技厅、南平市政府主办。交易会共签约项目68项，签约资金10.5亿元。

15日 副省长洪捷序一行赴泉州市调研泉州高新区和中科院海西装备制造研究所建设情况。省科技厅厅长陈秋立陪同。（图片资料参见光盘）

15日 南平市政府制定出台《南平市专利奖评奖办法》，设立100万元的专利发展专项资金，并进行了首次的南平市专利奖评选活动，评选奖励项目18项。

16日 省科技厅发布《福建省科学技术厅关于组织申请2013年股份转让系统补助资金（第一批）的通知》（闽科计〔2013〕17号），启动2013年度股份转让系统补助资金项目的申报工作。

19～25日 以“科技创新·美好生活”为主题的2013年福建省“科技·人才活动周”在全省范围举办。2013年福建省暨福州市“科技·人才活动周”主会场活动在福州举行，拉开为期一周的全省群众性科技活动盛会的序幕。副省长洪捷序，省科技厅厅长陈秋立，福州市常务副市长陈大强，省直、福州市、鼓楼区有关领导、科普宣传服务人员以及广大市民参加主会场活动。（图片资料参见光盘）

21～26日 第十六届中国北京国际科技产业博览会在北京举行。省科技厅牵头组织福建省代表团参加。代表团团长由省科技厅厅长陈秋立担任。据统计，福建省参会参展企业达成合作、投资、产品购买等意向的有23家，成交金额约6000万元，通过网络平台洽谈达成省外境外对接项目32项，合资合作签约金额约21.3亿元。福建省代表团荣获大会“优秀组织奖”。（视频资料参见光盘）

28日 省政协副主席陈绍军一行到省科技厅调研。

30日 全省LED产业发展座谈会在福州召开。省科技厅副厅长杜民、何静彦出席会议。省经贸委、省质监局、省信息化局、中科院福建物构所等单位相关处室负责人以及省光电行业协会、泉州光电行业协会等方面的专家共20人参会。（图片资料参见光盘）

6月

2日 由中国农工党中央委员会和科技部、国土资源部、环保部等10个部（委、局）联合举办的“2013中国环境与健康宣传周启动仪式”在北京举行。省科技厅荣获“2012中国环境与健康宣传周突出贡献奖”。

4日 省科技厅与省财政厅联合制定《福建省科技企业孵化器科技创新平台补助办法（暂行）》（闽科计〔2013〕20号），以进一步加快福建省科技企业孵化器建设与发展，促进科技成果转化。

4日 省委常委、教育工委书记陈桦到省科协调研。

5日 国家知识产权局发布《2012年全国知识产权发展状况报告》，2012年福建省位列知识产权综合发展指数全国各省（市、区）第7位，列前10位的依次是广东、上海、北京、浙江、江苏、山东、福建、湖北、安徽和四川。

6日 省知识产权局与省外经贸厅联合举办全省汽车及

零部件出口企业贸易能力培训班，邀请国家知识产权局专利局初审及流程管理部 PCT 处老师到闽讲授《专利合作条约》（PCT）概述、PCT 申请实务及相关规定等内容。来自汽车相关企业近百人参加培训。

7 日　全省专利行政执法与维权援助工作会议在漳州召开。会议传达国务院办公厅、国家知识产权局相关文件精神，通报全省专利行政执法办案情况，听取各地开展执法“护航”行动情况汇报，探讨如何进一步提升专利行政执法和维权援助能力，并对全省执法维权工作做安排部署。

13 日　省科技厅、省统计局联合公布《2012 年度福建省高新技术产业发展情况统计公报》。2012 年全省高新技术产业产值达 10331.5 亿元、比增 15.7%，实现增加值 2726.67 亿元、比增 17.2%，利润总额 854.23 亿元、比增 7.8%。全省高新技术产业增加值占地区生产总值的比重为 13.8%，比上年提高了 0.6 个百分点；高新技术产业增长对经济增长的贡献率为 18.7%。

13 日　省知识产权局制定出台《关于促进专利代理行业发展的意见（暂行）》，主要对全省专利代理机构培育、专利代理人才培养、提升专利代理执业水平、规范专利代理市场秩序等 4 个方面的工作提出具体实施意见和相关优惠政策；对专利代理机构积极参与“入园进企”专项行动、企业发明专利“清零”等专项行动提出具体要求。

16 日　由科技部港澳台办公室、省科技厅主办的第七届海西科技论坛在福州召开。论坛邀请以色列、新加坡、海峡两岸生物技术、金融资本专家围绕生物医药孵化器管理、金融资本支撑生物医药技术创新与孵化、生物医药产业发展方向与前景等主题进行演讲。论坛征集省内生物与新医药产业 47 项技术需求进行现场技术对接。来自福建省生物技术与生物医药企业、研发机构和科技创业投资机构的代表，各设区市科技局、平潭综合实验区管委会经管局的代表 160 多人参加论坛。省科技厅厅长陈秋立出席论坛并致辞。（视频资料参见光盘）

16 日　省长苏树林在厦门调研海洋生物科技创新发展相关情况。

18 日　由国家知识产权局主办、省知识产权局承办的“6·18”优秀专利项目展馆，以“专利助推经济转型”为主题，重点展出战略性新兴产业相关的优秀专利技术 59 件，其中 70%以上参展项目获授权发明专利，大部分项目入选 2012 年度福建省专利奖乃至中国专利奖。

18 日　全省组织 20 件适合省内战略性新兴产业发展需要，涉及生物与新医药、高端装备制造、新一代信息技术等多个领域的专利技术参加福建省首届专利技术网上拍卖会。成交发明专利 1 件，成交金额 12.5 万元。

18 日　由国家知识产权局主办、省知识产权局承办、省知识产权协会和台湾工业总会协办的第六届“海峡两岸知识产权论坛”在福州举行。论坛主题为“创新驱动发展与企业知识产权战略”。来自海峡两岸的知识产权专家、企业家围绕主题作精彩演讲。（视频资料参见光盘）

18 日　省科技厅联合“6·18”组委会首次举办“生物医药行业技术网上在线对接会”线下观摩会。会上进行“灵芝抗肿瘤活性成分研究及应用项目”等 5 个项目的签约，签约金额达 2130 万元。同时科技部火炬中心为中国创新驿站福建区域站点和基层站点单位进行授牌。（视频资料参见光盘）

18 日　福建省首家“海峡两岸工业设计专家工作站”成立。

18～22 日　省人大常委会在三明和南平组织开展《福建省专利促进与保护条例（修订草案）》立法调研活动。

19 日　由教育部科技发展中心和泉州市政府主办的“国家高新区、国家大学科技园泉州产学研对接暨‘蓝火计划’项目推进大会”在泉州召开，省科技厅副厅长何静彦参加会议并致辞。

20～22 日　由省知识产权局、省知识产权协会主办的“福建省专利代理人实务技能培训班（机械）”在福建工程学院举办。这是全省首次面向省内执业代理人开展的实务技能培训，来自省内 15 家专利代理机构的 31 名执业专利代理人以及 2 名来自台湾的专利代理人参加培训并取得结业证书。

25 日　省科协第八次代表大会在福州召开。省委书记尤权、省长苏树林，中国科协党组书记、书记处第一书记申维辰出席会议。省领导袁荣祥、杨岳、陈桦、姜信治、叶双瑜、苏增添、徐谦、刘群英、洪捷序、郑兰荪、陈绍军出席会议。

25 日　“2013 年福建省战略性新兴产业发展工作厅际联席会议”在福州召开。联席会议由省科技厅、省财政厅等 19 个成员单位参加。会议总结交流 2012 年全省各有关部门推动战略性新兴产业发展所开展的工作和情况，并研究部署当年战略性新兴产业的推进工作。省科技厅副厅长何静彦出席会议并讲话。

26 日　福建省科协第八次代表大会在福州闭幕。省委常委、教育工委书记陈桦出席并讲话。

27 日　省科技厅党组召开党员干部大会纪念中国共产党建党 92 周年。省科技厅厅长陈秋立，省直机关工委委员、组织部长黄汉基出席会议并作报告。

27～30 日　省知识产权局在福州举办“2013 年福建省企业知识产权管理规范推广试点工作培训班”。省知识产权局副局长郑敏姜在开班仪式上致辞。来自全省各设区市知识产权局、服务机构、首批贯标试点企业近 150 名学员参加培训。

7 月

2 日　省科技厅厅长陈秋立在福州会见漳州市副市长赵静一行。

3 日　第二届中国创新创业大赛（福建赛区）暨首届福建创新创业大赛正式启动，大赛主题为“科技创新，成就大业”。期间，省科技厅厅长陈秋立接受媒体采访时表示：大赛主要体现了科技和技术的结合、科技和金融的结合、科技与文化的融合，也创新了评价的方式，使一些中小企业能够脱颖而出。（视频资料参见光盘）

4 日　中科院海西研究院建设领导小组和工作组第十四次会议在福州召开。会议由副省长洪捷序、中科院副院长施尔畏共同主持。省科技厅厅长陈秋立，副厅长何静彦参加了会议。

4～6日 省科技厅副厅长杜民率福建省代表团赴内蒙古自治区出席“第十届满洲里中俄蒙科技展暨高新技术产品展览会”。来自福建鸿博光电、澳蓝（福建）实业等8家企业15个项目参展。福建省代表团由福州市、厦门市、莆田市等设区市科技局、中介机构、企业代表共35人组成，并获得大会组委会颁发的“优秀组织奖”。（图片资料参见光盘）

8日 省科技厅党组召开会议，传达学习全省深入开展党的群众路线教育实践活动动员大会精神，研究部署省科技厅初步贯彻意见。省科技厅厅长陈秋立主持会议，并就开展好教育实践活动提出三点要求。

16日 省人大常委会副主任刘群英率常委会委员一行9人在福州开展《福建省专利促进与保护条例（修订草案）》立法调研视察活动。省科技厅副厅长周世举陪同调研。

17～19日 省科技厅举办厅机关离退休党员干部读书班。省科技厅厅长陈秋立看望参加读书班的30多位学员。

17～19日 省科技厅举办福建省第一期科技企业孵化器从业人员培训班，240名从业人员获得首批科技企业孵化器从业人员资格证书。

23日 福建省十二届人大常委会第四次会议审议《福建省专利促进与保护条例（修订草案）》，听取省科技厅厅长陈秋立受省政府委托所作的关于该条例的说明，听取省人大常委会教科文卫工委主任宋闽旺关于该条例的初步审查报告，并进行分组审议。省科技厅副厅长周世举、省知识产权局副局长李冬根列席有关会议。

23日 省科技厅厅长陈秋立作为在线访谈嘉宾，就“践行科技创新宗旨，着力驱动经济、服务民生”主题与网友进行交流。（访谈内容参见光盘）

26日 省科技厅召开党的群众路线教育实践活动动员大会。会议由省科技厅副厅长李堂杰主持。省科技厅厅长陈秋立作动员报告，省委第12督导组组长、省人大财经委副主任委员李德仁作讲话。第12督导组副组长、泉州市政协副主席李冀平及督导组其他成员，省科技厅机关全体干部、正式职工（含厅机关离退休人员中的党员）、各直属单位领导班子成员等近120人参加会议。

26日 国家自然科学基金委员会公布2013年度全国200名国家杰出青年资助名单。厦门大学陶军、杨朝勇，中科院福建物构所陈学元及福建农林大学魏太云入选，此4人均为福建省杰青项目培养的青年领军人才。

27日 应九三学社福建省委邀请，省科技厅厅长陈秋立在九三学社暑期读书班上作题为“增强创新驱动发展动力，开创福建科技工作新局面”的专题报告。

8月

2日 省科技厅厅长陈秋立率队前往福州高新技术产业开发区和闽清县调研，查找省科技厅在“四风”方面存在的突出问题。

5日 省科技厅党组召开会议，听取厅党的群众路线教育实践活动办公室主任、厅党组成员、纪检组长马士敏关于厅党的群众路线教育实践活动“学习教育、听取意见”环节近期工作情况汇报，研究审议省科技厅群众路线教育实践活动征求意见情况汇总及整改措施任务分解的初步建议。省科技厅厅长陈秋立主持会议，并就深入做好厅党的群众路线教育实践活动提出三点意见。

7日 国家知识产权局发布首批国家知识产权强县工程示范县（区）名单，全国共有22个县（区）入选，龙岩市新罗区位列其中，示范时限自2013年8月至2016年7月。

8日 省科技厅召开全省农业科技工作座谈会，征求对全省农业科技工作十条措施的意见和建议。省科技厅副厅长周世举出席会议并讲话。

8日 龙岩市科技局局长傅藏荣作为在线访谈嘉宾，就“科技服务项目建设，科技支撑产业升级”主题与网友进行交流。（访谈内容参见光盘）

8～9日 省科技厅厅长陈秋立带队赴北京调研中关村国家技术转移集聚区建设情况。北京市科委主任郑焕敏等陪同调研。省科技厅副厅长杜民，厅成果处、省技术转移中心、省创业中心等部门负责人参加调研。

9日 2013年促进海峡两岸科技合作联合基金管委会会议在北京召开。国家基金委主任杨卫、副主任高瑞平和国家基金委相关领域负责人，省科技厅厅长陈秋立，副厅长杜民参加会议。

13日 省科技厅联合交通银行股份有限公司福建省分行、漳州市科技局三方共同组建的漳州科技金融服务中心正式签订合作协议。漳州成为继福州之后在全省率先探索科技与金融紧密结合有效途径的地市，也是交通银行在福建省内开展此项工作的首个战略合作伙伴。中心将为漳州市内科技型中小企业提供人民银行同期基准利率的贷款优惠，预期可放大科技贷款资金规模10亿元。

14日 省科技厅向各设区市科技局转发《福建省知识产权服务工作站工作方案（试行）》（闽知法〔2013〕26号），要求各辖区有条件的高新技术产业园区和科技企业孵化器积极申报知识产权服务工作站点。

14日 南平市发改委下发《关于武夷新区科技创意产业园公共服务平台建设项目建议书的批复》（南发改审批〔2013〕76号），正式对公共服务平台项目建议书立项，确定公共服务平台项目建设地点为新区范围内，面积约为1.33公顷。

15日 泉州市科技局局长颜志煌作为在线访谈嘉宾，就“建设新型科研机构，构建更具活力的民营经济创新体系”主题与网友进行交流。（访谈内容参见光盘）

23日 国家知识产权局新确定一批县级国家知识产权试点城市，福建省南安市等19个县级城市入选，试点时限自2013年9月至2016年8月。

23日 在全省科学技术奖励大会召开前，省委书记尤权、省长苏树林在福州会见了为国家和福建省科技事业发展和现代化建设作出突出贡献的科技工作者代表。省领导于伟国、叶双瑜、刘群英、洪捷序、郭振家会见时在座。（视频资料参见光盘）

23日 省委、省政府在福州召开全省科学技术奖励大会，表彰2012年度国家科学技术奖、第十四届中国专利奖福建省获奖者、福建省第三届杰出科技人才、2012年度福建省科学技术奖和福建省专利奖获得者。省委副书记于伟国代表省委、省政府发表重要讲话，副省长洪捷序主持会议。省人大常委会副主任刘群英、省政协副主席郭振家，省科技厅厅长陈秋立出席大会。省直有关部门负责人，省科技厅班子成员，各设区市党委或政府分管领导，各设区市科技局、知识产权局负责人，受表彰的获奖者代表，部分高校、科研院所、驻闽部队有关单位负责人，部分科技机构和企业负责人等近300人参加大会。（视频资料参见光盘）

26日 省知识产权局召开局系统干部会议，宣布省委关于林伯德任省科技厅党组成员、省知识产权局局长的决定。省科技厅厅长陈秋立到会并讲话。会议由省知识产权局副局长李冬根主持，省科技厅人事处处长史斌宣读任命通知。

27～28日 省科技厅党组在龙岩市召开科技管理创新工作务虚会暨开展党的群众路线教育实践现场参观活动，共40多人参加会议，厅长陈秋立作总结讲话。（图片资料参见光盘）

27日 省科技厅副厅长李堂杰作为在线访谈嘉宾，就“科技创新，情报先行”主题与网友进行交流。（访谈内容参见光盘）

28日 福州市仓山区、厦门市思明区、厦门市湖里区、漳州市漳浦县、泉州市鲤城区、莆田市涵江区、龙岩市永定县等7个县（区）被确定为2013年国家知识产权强县工程试点县（区），试点时限自2013年9月至2015年8月。

28～29日 省科技厅厅长陈秋立率省知识产权局局长林伯德等一行在龙岩市开展专题调研活动。

29日 省科技厅副巡视员黄国柱作为在线访谈嘉宾，就“建设我省科技企业孵化器，加快科技型中小企业培育和战略性新兴产业发展”主题与网友进行交流。（访谈内容参见光盘）

29日 南平市出台《南平市人民政府关于发展专业产业园区培育行业龙头企业的若干意见》，对新认定的国家级、省级企业技术中心（工程技术研究中心、行业技术开发中心），分别给予50万元、20万元奖励。

31日 省科技厅完成全省首次科技企业孵化器备案普查，并对全省各类孵化服务机构进行登记建档，同时完成47家科技企业孵化器的备案及基础信息数据录入。

9月

3～6日 省科技厅副厅长杜民率福建省代表团赴南宁出席首届中国—东盟技术转移与创新合作大会。福建省代表团由企业、科研院所及科技主管部门代表共30人组成，获得大会组委会颁发的“优秀组织奖”。

5日 省科技厅副厅长周世举作为在线访谈嘉宾，就“加强农业科技创新，更好服务‘三农’”主题与网友进行交流。（访谈内容参见光盘）

8日 省科技厅厅长陈秋立出席主题为“科技合作服务信息与通讯产业发展”的第七届科技外交官论坛暨项目推介会并致辞。省科技厅副厅长杜民主持论坛活动。科技部国际合作司公使衔参赞阮湘平到会致辞。论坛遴选了信息与通讯产业技术需求和人才需求项目130多项，技术成果50多项参与项目对接活动。来自福建省内高校、科研机构、企业、行业协会及设区市科技局等单位代表约120人参加论坛活动。（视频资料参见光盘）

8日 中共中央政治局委员、国务院副总理马凯视察厦门ABB开关有限公司和宸鸿科技（厦门）有限公司。

9日 省委书记尤权到厦门大学、集美大学和国家海洋局第三海洋研究所，调研高校和科研院所工作，看望院士专家和教师学生，并向全省广大教师和教育工作者致以节日问候。

10～13日 省科技厅在福州召开2013年省级（企业）工程技术研究中心及科技公共服务平台评估会。全省共158家单位参评。

13日 省科技厅厅长陈秋立赴省武夷山生物研究所调研。

13日 省科技厅副巡视员黄国柱作为在线访谈嘉宾，就“培育发展高新技术企业，优化高新技术产业结构”主题与网友进行交流。（访谈内容参见光盘）

13日 2013年促进海峡两岸科技合作联合基金项目评审会暨管委会会议在武夷山召开。国家自然科学基金委主任杨卫、副主任高瑞平，省科技厅厅长陈秋立，副厅长杜民，以及来自全国的评审专家、项目答辩人员等100多人参加会议。

16日 第二届中国创新创业大赛（福建赛区）暨首届福建创新创业大赛在福州圆满落下帷幕。大赛组委会主任、省科技厅厅长陈秋立，科技部火炬中心副局级调研员段俊虎，中科院院士吴新涛等领导和专家出席颁奖仪式并为获奖企业及团队代表颁奖。来自全省电子信息、生物医药、新材料、光机电一体化、资源与环境、新能源与高效节能、农业等领域的370家企业和创业团队报名参赛，42家企业和团队分获大赛一、二、三等奖和优胜奖。其中福建慧翰微电子有限公司等13家企业和天创力生物能源创新团队等3个团队，将代表福建参加全国比赛。（图片资料参见光盘）

17日 省科技厅厅长陈秋立在福州会见三明市委副书记余红胜、市政府副市长陈瑞喜一行。（图片资料参见光盘）

18日 福建省实验动物管理委员会办公室和福建省实验动物学会联合主办的“福建省实验动物从业人员业务技能比赛”在福州举行。比赛由专业基础理论知识测试和动物实验操作两部分组成，来自全省从事实验动物工作的23名代表参赛。

18日 国家知识产权局公布第二批国家知识产权示范城市名单，18个城市入选，厦门市位列榜首。示范时限自2013年9月至2016年8月。

23日 省科技厅副厅长周世举作为在线访谈嘉宾，就“科技引领发展，创新推动进步”主题与网友进行交流。（访谈内容参见光盘）

23日 省科技厅厅长陈秋立深入福州高意科技集团调研重大科技成果企业落地转化工作情况，并听取企业对省科技厅开展党的群众路线教育实践活动的意见和建议。纪检组长马士敏，厅成果处负责人和厅教育办人员等参加调研。（图片资料参见光盘）

24日 省科技厅举行“我为科技管理创新献计策”大讨论活动。省科技厅纪检组长马士敏主持会议，副厅长李堂杰、周世举，副巡视员王洲及厅机关全体干部职工参加活动。

24日 省科技厅厅长陈秋立赴北京拜访科技部副部长曹健林，汇报福建省海峡技术转移中心筹建工作和漳州高新区升级有关事宜。

25日 省委常委、教育工委书记陈桦出席省科协第十三届学术年会。

26日 省科技厅厅长陈秋立赴中关村调研技术转移和成果转化先进经验，同时了解中关村与贵阳市合作事宜。

26日 莆田市科技局局长魏国庆作为在线访谈嘉宾，就“实施创新驱动战略，促进莆田经济社会发展”主题与网友进行交流。（访谈内容参见光盘）

27日 省科技厅厅长陈秋立在北京参加科技部组织召开的地方科技厅（委）主要负责人会议。

29日 漳州市科技局局长王继跃作为在线访谈嘉宾，就“专利质押贷款，服务企业发展”主题与网友进行交流。（访谈内容参见光盘）

30日 省长苏树林率领省政府秘书长刘道崎，省政府副秘书长、办公厅主任檀云坤及省政府副秘书长詹志洁一行莅临省科技厅调研并听取科技厅厅长陈秋立的工作汇报。（视频资料参见光盘）

30日 省长苏树林到省科技厅调研并看望干部职工。

10月

8日 副省长洪捷序一行赴中国技术交易所调研。省科技厅厅长陈秋立、副厅长杜民陪同调研。

9日 三明市科技局局长王立文作为在线访谈嘉宾，就“立足产业、借力发展，积极推动科技创新公共服务平台落地建设”主题与网友进行交流。（访谈内容参见光盘）

10～11日 省科技厅受科技部委托召开2010年度国家科技富民强县专项行动计划项目验收考评会，“诏安县海洋渔业支柱产业关键技术开发、集成与应用”“尤溪县金柑关键技术示范推广与产业培养”等5个科技富民强县专项行动计划项目通过验收。

10～12日 科技部组织对漳平市国家可持续发展实验区进行考察验收。省知识产权局局长林伯德陪同考察验收。验收组一行对漳平市国家可持续发展实验区六年多来的建设成就给予充分肯定，认为漳平市建立国家可持续发展实验区达到建区的目标。

11日 福建省高校、科研单位知识产权工作座谈会在福州召开。厦门大学、中科院福建物构所等高校、科研单位和国家专利技术（福建）展示交易中心代表参加会议。省知识产权局局长林伯德主持会议并讲话。

11日 国家知识产权局下发《关于表扬全国知识产权系统人才工作先进集体和先进个人的通知》，省知识产权局和厦门市、龙岩市知识产权局获先进集体称号，李晋阳、王金来、陈培颖等3人获先进个人称号。

15日 省科技厅厅长陈秋立作为在线访谈嘉宾，就“开展重大疾病防治技术研究，服务民生需求”主题与网友进行交流。（访谈内容参见光盘）

17日 福州市科技局与清华大学科技开发部签署共建产学研合作办公室协议书。福州市政协副主席、科技局局长林治良，清华大学科研院副院长郑永平、王治强，清华大学科技开发部主任刘嘉等出席签约仪式。

17～18日 国家知识产权局专利局初审及流程管理部副部长张景一行到省知识产权局调研国家知识产权局专利局海西专利受理服务中心筹建情况。

18日 省科技厅副厅长杜民作为在线访谈嘉宾，就“加强合作基地建设，服务科技产业对接”主题与网友进行交流。（访谈内容参见光盘）

18日 省知识产权局在厦门召开驻厦专利代理机构负责人座谈会。中华全国代理人协会会长杨梧、秘书长徐媛媛出席座谈会。

22日 国家知识产权局在厦门召开“国家知识产权示范城市工作会”。国家知识产权局副局长贺化出席会议并为厦门市国家知识产权示范城市授牌，省知识产权局林伯德局长、厦门市李栋梁副市长分别代表省知识产权局和厦门市政府在会议上发言。

24～26日 2013年国家星火计划南部片区协作网工作会议在福州召开。会议总结交流了“十二五”以来星火计划做法与经验、问题与建议，探讨了新时期加强改革创新、促进农村科技创新和加快现代农业发展的新思路、新举措。省科技厅副厅长周世举出席会议并致辞。

25日 经省政府批准，福建省知识产权战略制定工作领导小组调整为福建省知识产权工作领导小组，成员单位由原先34个调整为28个。领导小组办公室设在省知识产权局，办公室主任由省知识产权局局长林伯德兼任。

25日 宁德市科技局局长陈茂榕作为在线访谈嘉宾，就“加强产学研合作，促进科技创新和成果转化”主题与网友进行交流。（访谈内容参见光盘）

27日 首届“南南动漫产业合作论坛——发展中国家动漫产业发展与合作论坛”在厦门举行。论坛由联合国工业发展组织中国南南工业合作中心、联合国全球南南发展中心主办，福建省对外科技交流中心联合福建省动漫游戏行业协会、福州市软件园管委会共同举办。联合国工业发展组织高级顾问梁丹、联合国全球南南合作中心主任赵永利、福建省科技厅副巡视员黄国柱出席会议并致辞。来自菲律宾、越南、巴基斯坦、朝鲜、斯里兰卡、阿尔及利亚等6个国家的10多位动漫管理和技术人员、全国100多位动漫专家、企业代表参加论坛。（视频资料参见光盘）

28日 福建百宏聚纤科技实业有限公司等16家企业被认定为2013年国家火炬计划重点高新技术企业。

29日 全省9件专利荣获第十五届中国专利奖，其中中国专利优秀奖3件、外观设计优秀奖6件。省知识产权局获得优秀组织奖。

29日 “6·18”虚拟研究院首家产业技术分院——机械装备分院在三明高新区金沙园（沙县）挂牌成立。该分院将联合高校科研院所，以促进机械科学研究总院及其下属研究院所在海西地区的技术转移和成果转化为重点，对接“6·18”项目成果，打造集机械装备制造产业共性和关键技术研发、成果转化、企业孵化、技术服务、人才培养交流于一体的新型研发组织。（视频资料参见光盘）

29 日 福州市科技局局长林治良作为在线访谈嘉宾，就“提升企业自主创新能力，促进科技与经济紧密结合”主题与网友进行交流。（访谈内容参见光盘）

31 日 福建省第一次鼓岭科学会议在福州鼓岭召开，会议主题为“创新驱动，科学发展”。邀请科技部、清华大学、台湾地区等知名专家进行主题演讲，省内高校、科研院所、企业知名专家参加会议并展开讨论。会议秉承“科技创新：驱动经济，服务民生”的宗旨，以全省科技界探索科学前沿、促进创新为主要目标，重在营造一种宽松自由开放的学术氛围及跨学科、小规模、常设性的学术会议机制。省科技厅厅长陈秋立等厅领导参加会议。（视频资料参见光盘）

11 月

1 日 副省长洪捷序带队赴北京拜会科技部副部长陈小娅，汇报福建省“生物制品转化医学国家重点实验室”和“能源与环境光催化国家重点实验室”申报工作情况。省科技厅厅长陈秋立和厦门大学、福州大学有关负责人等随行。

2～3 日 2013 年全国专利代理人资格考试在全国 20 个考点同时进行。福州考点共有 513 名考生参加考试，参考率为 71%，其中台湾考生 211 名，为台湾考生最多的考点。

6～8 日 由国家知识产权战略实施工作部际联席会议办公室主办，省知识产权局承办的“全国知识产权战略信息和宣传工作研讨班”在厦门举行。研讨班邀请公安部、商务部、人民日报以及华为公司等单位领导和专家讲授知识产权服务业发展、专利保护、新闻宣传和企业知识产权创造等专题。

14 日 根据省委开展党的群众路线教育实践活动的部署要求，省科技厅党组召开专题民主生活会，厅长陈秋立主持会议，省委第 12 督导组组长李德仁参加会议并对民主生活会情况进行点评，省委第 12 督导组成员和省纪委、省委组织部、省直党工委有关领导到会指导。

14～16 日 由国家知识产权局主办、省知识产权局承办的“全国知识产权维权援助工作能力提升培训班”在福州举办。来自全国 76 个知识产权维权援助中心的 80 多名业务骨干及全省各设区市知识产权局的代表参加培训。

15 日 省政府召开科技务虚会，听取省科技厅厅长陈秋立关于科技工作情况的汇报，省长苏树林、副省长洪捷序分别对科技工作提出具体要求。

15 日 中国科协“弘扬科学道德、践行‘三个倡导’奋力实现中国梦”福建报告会在福州举行。省委常委、教育工委书记陈桦出席会议并讲话。

16～21 日 第十五届中国国际高新技术成果交易会在深圳举行。由省科技厅牵头，联合省发改委、教育厅等部门，共组织 39 家企业的 52 个项目参展。

20 日 科技部火炬中心通报国家高新区最新评价结果，厦门火炬高技术产业开发区综合排名由原来的第 25 位上升至第 22 位，其中，可持续发展能力排名第 7 位，产业升级和结构优化能力位居第 15 位。

21 日 南平市科技局局长何光松作为在线访谈嘉宾，就“科技创新驱动支撑闽北绿色发展”主题与网友进行交流。（访谈内容参见光盘）

21 日 国家知识产权局公布第一批国家级知识产权示范企业和优势企业名单。福耀玻璃工业集团股份有限公司、厦门宏发电声股份有限公司等 5 家企业成为示范企业，福建星网锐捷通讯股份有限公司、麦克奥迪实业集团有限公司等 56 家企业成为优势企业。

21～27 日 省知识产权局牵头组织第七届中国专利周福建地区活动。在全省范围内举办“中国专利周福建地区活动网上启动式”、知识产权专项执法行动、专利技术网上网下展示交易、知识产权培训、专利工作研讨等活动，并借助广播、电视、报刊、手机短信等新闻媒介，进行广泛宣传。

25～26 日 省科技厅厅长陈秋立带领福州市科技局局长林治良、泉州市科技局局长颜志煌、漳州市科技局局长王继跃、龙岩市科技局局长傅藏荣，以及省内软件、先进制造、LED 照明等领域的 7 家高新技术企业代表共 13 人，随同全国政协副主席、科技部部长万钢参加在台北召开的“第二届海峡两岸科技论坛”。期间，省科技厅厅长陈秋立一行还赴台湾工业技术研究院光电研究所洽谈考察。（图片资料参见光盘）

27 日 全省专利权质押融资工作座谈会在福州召开。人行福州中心支行、省银监局代表，工行福建省分行、农行福建省分行、中行福建省分行、建行福建省分行、交行福建省分行、兴业银行、招行福州分行、交行漳州分行、华兴创投等金融机构、评估机构业务部门负责人，各设区市知识产权局局长，部分企业负责人近 30 人参加会议。省知识产权局局长林伯德主持会议并讲话。

29 日 省十二届人大常委会第六次会议表决通过《福建省专利促进与保护条例》。该条例包括总则、专利促进、专利保护、法律责任及附则等五章共 46 条，于 2014 年 1 月 1 日起施行。2004 年 6 月 2 日福建省第十届人大常委会第九次会议通过的《福建省专利保护条例》同时废止。

30 日 以闽籍中科院院士、国家最高科学技术奖获得者吴孟超名字命名的“福建吴孟超科技教育发展基金会”在福州成立，吴孟超任理事长。基金会将医疗科研、教学和人才培养作为三大任务，促进科研成果转化。

12 月

1 日 由省科技厅主办、省知识产权局承办的澳大利亚“专利直通车”推介会在福州举行。新南威尔士大学专利成果转化办公室首席运营官吉姆·亨德森先生介绍开展“专利直通车”的做法和经验，在榕部分企业和高校代表参会。

2 日 科技部公布第三批国家火炬计划特色产业基地复核结果，莆田液晶显示基地、德化陶瓷产业基地通过复核。

4 日 福州特力惠电子有限公司等 78 家企业通过科技部高新技术企业认定，福州坤彩精化有限公司等 33 家高新技术企业通过科技部复审。

9 日 省科技厅召开全省农业科技园区工作通气会。副厅长周世举出席会议并讲话。

9 日 省科技厅召开科技进步考核先进县（市、区）工作会议。副厅长周世举出席会议并讲话。

12 日 科技部、中宣部、文化部、新闻出版广电总局印发《关于认定第二批国家级文化和科技融合示范基地的通知》，批准成立“福州国家级文化和科技融合示范基地”和“厦门国家级文化和科技融合示范基地”。

12 日 全省科技系统纪检监察工作座谈会在泉州召开。全省各设区市科技局纪检组长、监察室主任和泉州市各县（区、市）科技局局长、纪检组长参加会议。省科技厅厅长陈秋立出席会议并讲话，纪检组长马士敏作主题发言。

16～17 日 国家知识产权局副局长贺化率领考察组到闽实地考察“国家知识产权局专利局专利审查协作海西中心”预选地块情况，并就共建合作框架协议等事宜与福建省政府、福州市政府商谈。副省长洪捷序陪同考察并主持召开共建“国家知识产权局专利局专利审查协作海西中心”合作框架协议商谈会。省科技厅厅长陈秋立、省知识产权局局长林伯德等有关部门领导参加。（图片资料参见光盘）

19 日 副省长洪捷序一行到机械科学研究总院海西（福建）分院视察指导工作。省科技厅厅长陈秋立陪同调研。

20 日 国务院发文《关于同意漳州高新技术产业园区升级为国家高新技术产业开发区的批复》，批准漳州高新技术产业园区升级为国家高新技术产业开发区。

21 日 省委常委、常务副省长张志南在福州会见了海外科技专家顾问团，副省长郑晓松参加会见。

22 日 由省委组织部和省侨办主办、省科技厅承办的海外科技专家顾问团——汤友志博士专场对接会在福州召开。省科技厅副厅长杜民主持会议。省环境监测中心、神华（福建）能源有限责任公司等 20 多家单位参加项目对接会。

25 日 省政府召开福建省知识产权工作领导小组第一次成员会议。副省长洪捷序主持会议，领导小组办公室主任、省知识产权局局长林伯德汇报全省知识产权战略实施成效阶段性评估工作。

30 日 科技部批准福建省建立国家火炬福鼎化油器特色产业基地。

★2013 年中外十大科技进展新闻 2014 年 1 月 24 日，由中国科学院、中国工程院主办，中国科学院学部工作局、中国工程院办公厅、中国科学报社承办，“两院”院士评选出瀚霖杯“2013 年中国十大科技进展新闻和世界十大科技进展新闻”。

2013 年中国十大科技进展新闻 ①嫦娥三号月面软着陆开展科学探测。②神舟十号飞船发射成功。③首次在实验中发现量子反常霍尔效应。④禽流感病毒研究获突破。⑤天河二号蝉联世界超算冠军。⑥世界上“最轻材料”研制成功。⑦世界唯一实用化深紫外全固态激光器研制成功。⑧实现最高分辨率单分子拉曼成像。⑨世界最大单机容量核能发电机研制成功。⑩世界首台拟态计算机研制成功。

2013 年世界十大科技进展新闻 ①人类探测器历史性地飞出太阳系。②首次 3D 打印出“活体组织”。③世界第一台碳纳米管计算机建成。④首次发现人类 DNA 存在四链螺旋结构。⑤首次捕捉到太阳系外高能中微子。⑥成功培育出人类胚胎干细胞。⑦世界最大地面天文观测装置正式启用。⑧首张人脑超清三维图谱问世。⑨首次实现两个人脑之间的远程控制。⑩“一箭 32 星”发射创新纪录。

★国家高层次人才特殊支持计划 简称“国家特支计划”，“万人计划”。2012 年 8 月 17 日由中组部、人社部等 11 个部门联合印发，总目标是，从 2012 年起，用 10 年左右时间，遴选支持 10000 名左右自然科学、工程技术、哲学社会科学和高等教育领域的杰出人才、领军人才和青年拔尖人才，形成与引进海外高层次人才计划相互补充、衔接的国内高层次创新创业人才队伍开发体系。

S 科技管理与服务

Science and Technology Management and Service

科技计划管理

【科技计划管理创新】　2013年，省科技厅根据9月30日苏树林省长到科技厅调研的讲话精神，着力对现行省科技计划项目管理制度进行改革和修订，进一步深化科技体制改革、创新科技管理机制。提出《科技计划项目管理制度改革方案》，对现有科技项目计划管理体系和项目管理流程进行梳理和调整，进一步简化和优化科技计划项目管理程序，明确处室管理分工，规范项目管理办法，创新管理模式。同时，还在项目申报条件要求、减轻企业申报成本、统一发布指南时间、规范项目验收检查、强化业务处职能、建立项目资信制度等方面，提出一系列改革措施，如：对部分项目计划名称进行调整，将原来6大计划类别23个项目计划进行梳理、归并，突出以市场价值为导向配置科技资源；研究起草了《福建省科技计划项目验收管理办法》（征求意见稿），进一步规范各类计划项目的验收工作，力求科技计划管理更贴近广大科技工作者，更有利于科技创新。

【2013年省科技计划立项总况】　2013年，省级各类科技计划项目累计安排经费54686万元（包括2013年度科技计划项目预算43413万元，2012年结余的“科技创新与成果转化”专项资金11183万元和待安排经费90万元），年度科技经费预算全部安排完毕，其中：下达各类省级科技计划项目39批次1634项、年度经费48578.03万元，包括新上项目1369项、年度经费43096.53万元，结转项目265项、年度经费5481.5万元；下达其他专项资金6107.97万元，包括福建省生物与新医药创业投资基金5000万元、科技金融专项300万元、资助省属学院200万元、企业发明专利资助100万元等。

当年，新上的科技计划项目中：科技重大专项11项（含专题23项，包括“海西研究院科技专项”专题2项），年度资助经费7720万元；引进重大研发机构项目10项，年度资助经费7220万元；重大科技成果购买补助项目17项，年度资助经费2493万元；科技重大项目124项，年度资助经费8440万元，包括区域科技重大项目56项4170万元、高校产学合作科技重大项目45项2160万元、产业支撑科技重大项目23项2110万元；科技创新平台项目（含后补助项目）51项，年度资助经费6350.13万元；省自然科学基金项目536项，年度资助经费2531万元；工业科技重点项目64项，年度资助经费678万元；农业科技重点项目68项，年度资助经费1196万元；社会发展科技重点项目92项，年度资助经费913万元；科技合作重点项目18项，年度资助经费185万元；星火计划重点项目74项，年度资助经费1482万元；创意产业重点项目13项，年度资助经费500万元；对口帮扶重点项目4项，年度资助经费200万元；科技拥军重点项目11项，年度资助经费330万元；民生科技重点项目10项，年度资助经费177万元；科技型中小企业技术创新资金项目37项，年度资助经费1106.5万元；股份转让系统补助资金项目4项，年度资助经费40万元；创新型企业创新成果后补助项目95项，年度资助经费1000万元；软科学研究项目118项，年度资助经费534.9万元。（项目列表参见“附录”）

【2013年福建省获国家科技计划立项总况】　2013年，全省（含厦门市）共获国家科技计划项目立项1191项，计划资助经费13.06亿元（比2012年增长14.5%），2013年获得国家年度实际拨款8.39亿元（含往年立项项目873项、年度拨款1.71亿元）。新立项的国家科技计划项目资助情况列表如下：

序号	项目类别	项目数（项）	计划资助（万元）	年度经费（万元）
1	国家科技重大专项	2	570	341.55
2	国家科技支撑计划	27	20254	7296
3	国家创新基金	259	21857	17643
4	国家科技富民强县	9	945	945
5	国家863计划	10	6590	1426.1
6	国家973（前期）计划	18	4409	1508
7	国家农业科技成果转化资金	18	1440	1440
8	国家自然科学基金	760	56574.6	20625.36
9	国际科技合作计划	13	3948	3409
10	国家火炬计划	13	500	500
11	国家星火计划	13	680	680

续表

序号	项目类别	项目数（项）	计划资助（万元）	年度经费（万元）
12	国家重点新产品	30	410	410
13	国家软科学研究计划	4	30	30
14	国家科技惠民专项	1	2300	866
15	其他	14	10128.5	9676.6
合计		1191	130636.1	66796.61

【科技规划评估】 2013年，省科技厅积极开展科技规划评估工作。组织开展了《国家中长期科学和技术发展规划纲要（2006～2020年）》《福建省国民经济和社会发展第十二个五年规划纲要》《福建省“十二五”科技发展专项规划》等规划实施情况中期评估工作，并协助有关单位完成了推进产业结构优化升级、节能和循环经济发展、现代农业发展和两岸交流合作先行先试区域等专项规划的中期评估工作。按照省政府办公厅《深化五大战役重点计划任务分工方案》要求，围绕推动落实省产业转型升级行动计划，草拟《福建省科技创新驱动产业转型升级专项行动实施方案（送审稿）》报送省发改委汇总。

【科技系统信息化建设】 2013年，省科技厅统筹推进全省科技系统信息化建设，制定《福建省科技厅信息化建设工作方案》，拟重新构建办公自动化及会议系统、科技计划项目管理系统、科技创新平台管理系统、监督检查系统等业务管理系统，以及适应各项业务互通共享的项目库、专家（人员）库、机构（企业）库等信息资源数据，并计划将省科技厅各类信息系统延伸覆盖到市、县（区）科技局。至2013年底，已构建内外网两个系统运行平台，外网实现省级科技计划项目指南发布与申报受理、项目评审、任务书签订、项目验收等多项交互业务办理，内网实现项目立项方案起草、立项表及经费计划表编制等关键业务办理。所有省级科技计划项目管理业务均网上在线办理，主要项目管理环节和流程均实现公开。入库省级项目达2.4万项；注册科技人员10万多人，其中评审专家2.8万多人；注册企事业单位达6000多家。

【省科技重大专项立项与实施】 2013年，启动实施省科技重大专项11项，共23个专题项目（包括“海西研究院科技专项”2个专题），年度资助经费7720万元。主要围绕新一代网络与通信关键技术与应用、软件与信息技术应用、新材料及器件开发与应用、先进装备与制造技术开发与应用、新能源与节能技术开发应用、海洋生物资源高值化利用技术研究、农业良种选育及集约化种养技术研究与示范、东南丘陵地优质商品林生态林栽培技术集成与示范、重大疾病防治技术研究、区域环境保护与资源综合利用技术研究及应用等领域，开展产业发展关键技术研发和科技成果转化，推动全省战略性新兴产业和重点产业的发展壮大。

【省科技重大项目立项与实施】 2013年，启动实施科技重大项目124项，年度资助经费8440万元。其中：安排资助经费4170万元，组织实施区域科技重大项目56项，支持设区市企业与高校、科研单位合作，突破一批产业发展关键技术问题，转化一批省内外科技成果，提高产业核心竞争力；安排资助经费2160万元，组织实施高校产学合作科技重大项目45项，支持高等院校的科技人员联合企业，面向产业和市场需求，协同开展应用技术研发、科技成果和专利技术转化；安排资助经费2110万元，组织实施产业支撑科技重大项目23项，开展对台、对外科技合作，推动产业关键技术攻关，支撑省内相关产业发展。科技重大项目要求产学研结合共同承担，实现了企业牵头项目有高校院所作技术支撑、高校院所牵头项目有企业承接转化的协同创新政策导向。

（省科技厅发展计划处）

高新技术与工业科技管理

【概　述】 2013年，福建省大力实施创新驱动战略，扎实推进高新技术产业平稳发展，为加快全省经济结构优化升级提供科技支撑。全省实现高新技术产业主营业务收入11562.02亿元、比增12.8%（按现价计算），高新技术产业增加值3086.28亿元、比增13.2%，高新技术产业增加值占地区生产总值的14.2%；实现高新技术工业总产值10603.92亿元、工业增加值2603.17亿元；高新技术产业增长对经济增长的贡献率为17.5%。

【高新技术与工业科技项目立项与实施】 2013年，福建省新上高新技术与工业科技重大专项专题12项、计划经费6800万元，其中：涉及新材料领域2项，即“PBT合成树脂原位改性及合金化关键技术研发及产业化应用”“动力锂电池功能电解液的研制与产业化”；先进制造领域4项，即“86米平台供应船核心技术研发”“石材数控加工设备研发及应用”“半固态铝合金快速制浆及成形设备开发应用研究”“面向生产经营全过程的制造物联集成系统的研发与示范应用”；电子信息领域5项，即“北斗/GPS双模高精度定位技术研发及应用”“3D打印关键技术及示范应用研发”“用于企业产品设计的云平台关键技术研发与应用”“鞋服生产供应链中物联网关键技术研发与应用”“建设行业信息一体化软件核心技术研发及应用”；新能源与节能技术领域1项，即“大型锂电池储能系统的研发及产业化”。当年，全省高新技术与工业科技领域新上区域重大项目32项、计划经费2960万元、当年下达2440万元，高校产学合作科技重大项目25项、计划经费1210万元（当年全部下达），科技重点项目64项、计划经费678万元（当年全部下达），创意产业项目13项、计划经费500万元（当年全部下达）。（项目列表参见“附录”）

【高新技术企业认定】 2013年，全省有序开展高新技术企业认定和复审申报工作，新认定高新技术企业273家（其中厦门104家）。至2013年底，全省高新技术企业总数为1638家。当年，以培育和优化提升高新技术企业为重点，加强政策宣讲和培训辅导，组织对2010年认定的206家高新技术企业开展复审申报培训、辅导企业人员400多人次，组织高新技术企业认定申报培训2场、培训企业人员200多人次，组织中介机构专场培训、培训从业人员100多人次，培训评审专家近200人次；加强对专项审计报告的审查和现场核查力度，进一步提高认定工作中的审核质量；加强规范管理和考核承担专项审计的中介机构，对中介机构出现的出具不正确的专项审计报告、存在研究开发费用归集、核算错误等不符合《高新技术企业认定专项审计指引》要求的情形等进行记录，情形严重将取消其开展专项审计资格。（参见“高新技术产业”）

【制造业信息化】 2013年，福建省继续贯彻落实科技部“十二五”制造业信息化科技工程规划和“福建省制造业信息化2011～2015年行动方案”，培育一批精细化管理模式典型示范企业，推动各行业和区域的信息化应用水平。当年，组织开展福建省“十二五”制造业信息化科技工程（第一批）应用示范企业评估工作，经企业申请、部门推荐、专家咨询等评估程序，遴选了福州福大自动化科技有限公司等53家产品目标明确、信息化应用基础好、具有带动作用的制造业企业作为示范企业。同时，安排科技专项经费600万元，组织实施科技重大专项专题项目“面向生产全过程的制造物联集成系统的研发与示范应用”。

（省科技厅高新处）

【新兴产业技术研究开发项目实施】 2013年，省发改委共安排扶持资金3950万元，实施战略性新兴产业技术开发专项63项，即数字家庭多媒体信息中心、胃癌基因诊断芯片开发、高导热氮化铝粉体材料等，重点推动新一代信息技术、生物医药、新材料等领域的关键共性技术开发，为成果转化提供项目成果源。

2013年福建省新兴产业技术开发项目表

序号	项目名称	项目单位	主要研发内容简介	总投资（万元）
1	数字家庭多媒体信息中心技术开发	福建新大陆通信科技股份有限公司	集成无线WIFI、3G、VOIP等硬件模块技术，开发数字家庭多媒体信息系统产品	280
2	智能办公智能家居技术开发项目	福州锐成广和通讯技术有限公司	开发基于TCP/IP协议的智能化网络系统，实现用户与家用电器之间的智能控制	300
3	TD－SCDMA远控超声波热量表管理系统进一步开发研制	泉州七洋机电有限公司	采用TD－SCDMA平台，开发远控超声波热量表管理系统，满足各类供热相关行业用户的不同需求	280
4	海藻江蓠辅助降血脂保健食品产业化关键技术研究	福建省金燕海洋生物科技股份有限公司	研制高纯度高活性江蓠多糖及多糖保健品，进行产品的批量试生产	200
5	低温共烧微流介质陶瓷的研发	福州大学材料科学学院	开发具有低烧结温度的新型微波介电陶瓷，推动闽清陶瓷产业转型升级	150
6	面向服装行业物联网应用的RFID标签芯片设计及其产业化	福州大学物理与信息工程学院	开发低功耗、低成本服装专用RFID标签芯片，实现示范应用，替代国外通用产品	185
7	海洋生物毒素新型检测试剂盒的研发	福建农林大学生命科学学院	开发常见海洋生物毒素快速检测技术试剂盒	100
8	下一代高性能综合安全网关关键技术开发	福建师范大学数学与计算机科学学院	研发高性能综合安全网关技术支撑体系	192
9	挖掘机远程智能信息系统研制及产业化	华侨大学机电学院	在省内创立工程机械电控领域的新兴企业，加快实现工程机械产业升级	200

续表①

序号	项目名称	项目单位	主要研发内容简介	总投资（万元）
10	水产高效健康养殖虾青素饲料添加剂产业化关键技术开发	集美大学生物工程学院	研发水产高效健康养殖虾青素饲料添加剂产品，并在大黄鱼健康养殖中实现示范应用	180
11	千万像素高清日夜两用监控镜头开发	福建福光数码科技有限公司	主要开发和批量生产千万像素高清日夜两用监控镜头，产品实现1000万以上像素，且具备日夜两用功能	220
12	史氏鲟海水繁育与健康养殖产业化集成技术开发	福建省农业科学院中心实验室	研发高密度养殖技术，实现受精卵孵化率达95%，鱼苗成活率达85%以上，1～3年龄鱼成活率达75%，成鱼成活率达80%，年育苗量达20万尾	200
13	他克莫司胶囊制剂临床研究及产业化	福建省微生物研究所（微生物药物工程研究中心）	自主开发他克莫司胶囊制剂，实现产品的国产化	265
14	口腔种植体周围重建骨的稳定技术开发	福建省级机关医院	开发非细胞组织工程技术提升种植体周围重建骨的质量	196
15	基于物联网技术的锂离子储能电池管理芯片及应用系统的研发	福州福大海矽微电子有限公司	主要开发锂离子电池管理芯片及应用系统、大功率电池组工艺结构与基于物联网的分布式电池组管理系统	300
16	无水盐酸莫西沙星晶型F的研究	福建省福抗药业股份有限公司	无水盐酸莫西沙星晶型F制备工艺的确定、优化及中试验证，稳定性试验研究、药效研究	280
17	数字眼底相机技术开发项目	福建连城国通生物科技有限公司	研制和生产首创将视网膜断层扫描结合技术的“数字眼底相机”，可用于检查眼底动脉硬化和视网膜病变	260
18	硝酸纤维素基片产业技术的研发	龙岩市九健生物芯片有限公司	研发制作、生产具有自主知识产权的硝酸纤维素基片	950
19	缬氨酸高产菌选育和生产新工艺的研发	福建省建阳武夷味精有限公司	项目通过菌株选育，发酵工艺开发，开发出缬氨酸结晶新工艺	300
20	国家地理标志产品浦城薏米良种规模化繁育技术研发项目	浦城县农业科学研究所	建立薏米良种繁育试验基地20公顷，最终繁育成功抗病性好、单位产量增加10%以上、连作适应性强的“浦薏6号”优良株系群	180
21	微型锂电池规模化制备技术开发	福建华正新能源科技股份有限公司	主要研发适用于蓝牙耳机的体积小、循环寿命长、容量比高的微小型锂电池	280
22	DDQ盘鲍杂交选育与改良及规模化高效繁育项目	福建蓝鲸水产有限公司	开展DDQ盘鲍选育与改良，对品种的耐高温性、生长速度、抗逆性、成活率等进行技术改良	285
23	海水养殖酵素生产技术开发及产业化	平潭县敖东和富水产加工厂（台资）	研究开发海洋副产品如低值鱼类、水产品下脚料深加工生产技术，生产富含海洋有益微生物种群和生物营养素的海水养殖酵素，并在海水养殖中应用和示范	460
24	数字型超长多孔高精度轨道称重传感器产业化	福建省莆田市衡力传感器有限公司	开发用于铁路载货、矿车运载、冶金物料运输领域的轨道称重传感器，克服了国内同类产品无法实现不断轨动态整车称量的技术缺陷	289
25	同色异谱光变防伪薄膜关键技术研究与产业化	晋谱（福建）光电科技有限公司	项目主要研发用于高端防伪领域的同色异谱光变防伪薄膜，建立起一整套新型光变防伪薄膜材料从设计开发到工艺生产的技术方案	300
26	低温易洁中国白瓷泥新材料研发	福建省德化县中国白陶瓷有限责任公司	通过自主研发低温易洁陶瓷瓷土配方，降低陶瓷烧成温度和烧成周期	335

续表②

序号	项目名称	项目单位	主要研发内容简介	总投资（万元）
27	多通道导航射频信号采集回放仪研发	福建省晋江市兆亨科技有限公司	研发具有3个通道的导航射频信号采集回放系统，支持GPS、北斗、GLONASS、Galileo等四种民用导航信号以及其他各种射频信号	300
28	优质多花黄精规模化种苗繁育及其开发利用	三明市农业科学研究院	开发建设可年生产优质多花黄精种苗80万株的规模化繁育平台，开发1～2个黄精系列产品	149
29	高导热氮化铝粉体材料开发项目	福建六方氮化合成材料科技有限公司	购置安装卧式高温烧结炉、球磨粉碎机、分级筛分机、雾化制粉设备等设备，开发“氮化铝粉体的反应合成方法”发明专利技术，降低氮化铝合成成本	350
30	智能型多功能汽车万用表	漳州市东方智能仪表有限公司	开发出手持式检测设备、智能型多功能汽车万用表，使用户能够随时测量汽车电控参数、发动机运行状况等	300
31	铁皮石斛在龙眼树下仿野生栽培及菌根真菌研究及应用	福建省扬基生物科技有限公司	开展铁皮石斛龙眼树下仿野生栽培模式比较、移栽技术、田间管理、采收技术研究，制定铁皮石斛仿野生标准操作规程（SOP），建设示范基地8.33公顷	291
32	基于γ—谷氨酰转肽酶基因定向突变的茶氨酸生物炼制技术研发	福建师范大学生命科学学院	项目以基因定向突变为核心技术，研发茶氨酸生产优化过程，缩短生产周期30%，能耗降低30%	200
33	锂电池电极的硅表面修饰导致的比容量提升及其在产业化中的应用	福建师范大学物理与能源学院	基于具有自主知识产权的2件发明专利，研发锂离子电池的电化学性能修饰技术方案	200
34	植物源负离子发生器产业化的配套技术及其多类型样机的研制与示范	福建农林大学海峡两岸农业技术合作中心	研发出智能控制、小型化、超声波电子围栏技术等5项发生器产业化关键配套技术，并开展多类型样机的研制与示范	120
35	沉水樟替代牛樟培育樟芝的产业化研究	福建中医药大学康复技术协同创新中心科技服务分中心	比较沉水樟芝与牛樟芝的差异性，全面评价和评估沉水樟培育樟芝的品质及功效	60
36	抗重症感染及恶性肿瘤转移的重组纤维连接蛋白肝素结合域多肽的研制	福建医科大学附属协和医院	研制用于重症感染及晚期恶性肿瘤治疗的重组纤维连接蛋白肝素结合域多肽药物	300
37	胃癌基因诊断芯片开发	福建医科大学附属协和医院	开发商用胃癌PCR诊断试剂盒、胃癌相关基因芯片、DNA测序试剂盒、基因芯片诊断试剂盒等产品	400
38	优质纳米结构硅/碳膜废水处理技术与装置	中国科学院福建物质结构研究所	研制用于分离与净化的大比表面积、小孔径的硅/碳纳米结构复合膜及有机工业废水处理装置制备，搭建示范线	200
39	“闽恢3301”系列杂交组合规模化制种技术体系研究及产业化开发	福建省农业科学院生物技术研究所	审定2～3个配组杂交稻新组合，进行标准化、规模化制种关键技术研究及高产、优质、高效栽培配套技术研究；建立亲本繁殖基地6.67公顷及杂交稻制种基地667公顷	200
40	茄科与瓜类作物枯萎病防控生物菌剂的产业化技术及示范推广	福建省农业科学院农业生物资源研究所	建立固体生物菌剂中试生产线1条，建立茄科与瓜类作物枯萎病生物防治技术体系	100
41	面向智能配电网应用的物联网信息平台研制	福州大学数学与计算机学院	针对配电网信息化系统存在的先天缺陷，设计并研发新一代配电网信息集成方案	200

续表③

序号	项目名称	项目单位	主要研发内容简介	总投资（万元）
42	一体化 OGS 电容式触控玻璃开发	福建省平板显示技术工程实验室	本项目开展基于 AZO 透明导电薄膜核心材料研究，开发出低成本和高性能的一体化 OGS 电容式触控玻璃	290
43	基于北斗的公安应急勤务位置服务终端及应用系统	福建省空间信息工程研究中心	基于北斗卫星导航系统，研发由移动应急智能终端、应急勤务指挥与位置服务系统、综合应急主题数据库等部分组成的、一体化的公安应急勤务位置服务解决方案	181
44	高可靠性超薄灯驱合一LED 大屏幕全彩显示屏在线自动测试系统及产业化技术	厦门大学	开发新型 LED 全彩屏模组在线自动检测系统	150
45	多源数据融合环保数据监测设备研发及产业化	厦门大学	研发具有多源数据融合与智能分析能力的嵌入式环保数据综合采集与监测设备	200
46	高精度宽量程比的气体流量计量仪表及其远程集成系统的研究开发	华侨大学机电及自动化学院	联合研发基于精密罗茨霍尔磁感效应原理的高精度宽量程比的气体流量传感器及其数据远程集成系统	187
47	银杏叶微生物发酵剂在生猪肉品安全生产中的开发与应用	龙岩学院生命科学学院	项目主要研发以银杏叶中草药发酵制剂，并通过饲养试验，以评估银杏叶发酵前后的免疫增强效果以及对生猪生长性能等的影响	130
48	基于嵌入式（LINUX）系统的人像识别智能终端研发	福州海景科技开发有限公司	项目引进国际知名处理器平台，开发无卡化、非接触的智能人像生物识别终端	180
49	“联迪”物流领域嵌入式智能终端技术开发	福建联迪商用设备有限公司	主要研制具有二次开发功能的“联迪”物流领域嵌入式智能交易终端产品	476
50	糖尿病一类新药的临床前期研究	福建海西新药创制有限公司	设计具备自主知识产权的治疗糖尿病的药物分子，并完成药物临床前研究、制备和筛选	1500
51	基质血管组分技术研发与产业化技术开发	南京军区福州总医院	开发一种封闭式、无酶消化的自动化分离体系，建立基质血管组分制备、鉴定、保存与评估的标准技术方案	292
52	蜜蜂毒素药物的抗癌作用及其产业化技术研究	福建省天然生物毒素工程实验室	研发以蜜蜂毒为主体的“宝元灵”高效安全抗癌治癌系列新产品，形成新产业增长点	200
53	环孢素新型眼用乳剂的研发	福建省微生物研究所	购置进口国际先进技术设备高压乳均机，自主开发化药 3.1 类新药环孢素眼用乳剂，完成处方和生产工艺开发	200
54	福建省铁皮石斛资源收集与品种选育开发	福建农业职业技术学院	建立年繁育优良种苗 150 万株的组培中心，建立石斛种质资源保存库、完成铁皮石斛产品开发 2～3 个	250
55	新型车辆智能感知与信息交互系统的研制与产业化	福建师范大学光电与信息工程学院	开发具有全新功能的基于车辆自组织网络的智能感知与信息交互系统	200
56	稀土配位改性聚酯专用树脂的研发与产业化	福建师范大学环境科学与工程学院	主要研发稀土掺杂抗冲击聚酯材料、稀土表面处理玻纤增强聚酯材料、异相成核聚酯合金材料	150
57	基于巨磁阻抗效应的新型弱磁传感器系统开发	中船重工 725 研究所厦门材料研究院	主要开发用于地磁测量、航空陀螺的纳米晶复相磁性材料及集成化传感器，替代国外进口	230
58	基于物联网的农业有害生物预警监测智能装备研发	福建省农业科学院植物保护研究所	以农业重要害虫为对象，开展重要农业害虫预警监测地理信息系统开发与应用	217

续表④

序号	项目名称	项目单位	主要研发内容简介	总投资（万元）
59	智能家居物联网应用技术研发及其产业化	华侨大学计算机科学与技术学院	开展智能家居物联网节点嵌入式支撑软件、稀薄烟雾检测与监控、消回音等物联网技术研发	200
60	阿魏酸酯酶发酵浓缩料的研制及应用	华侨大学化工学院	开发具有自主产权的阿魏酸酯酶，添加用于发酵饲料浓缩料，减少养殖业对抗生素的使用	110
61	猪副嗜血杆菌多价灭活疫苗的开发与应用	龙岩学院生命科学学院	研制猪副嗜血杆菌多价油乳剂灭活疫苗	190
62	福矛高温大曲微生物宏基因组及太空诱变功能菌强化发酵技术研发	福建省建瓯黄华山酿酒有限公司	研究高温大曲中微生物菌群结构，定向培养选育功能菌与福矛高温大曲的产多酶体系的芽孢杆菌菌株，提升产品得率	296
63	药食兼用木豆良种选育与木豆叶活性成分提取利用产业化技术示范推广	平潭县开泰生态农业有限公司	建立木豆种质资源圃，选育高天然产物含量的木豆新品种，开展木豆新品种的种植技术研究，开发功能食品和药膳	200

【高技术产业成果转化项目实施】 2013年，省发改委安排专项资金1800万元实施高技术科技成果转化专项，扶持了福州迈新生物技术开发有限公司“系列单克隆抗体免疫组化检测试剂盒”等30项技术水平高、投资额大、示范带动作用强的科技成果转化项目。

2013年福建省高技术产业领域科技成果转化项目表

序号	项目名称	项目单位	建设规模或内容	总投资（万元）
1	系列单克隆抗体免疫组化检测试剂盒	福州迈新生物技术开发有限公司	建设生产车间800㎡，其中包括近300㎡符合GMP要求的洁净车间及其配套的制水系统、空气净化系统等	2000
2	具有自润作用的可生物降解塑料电子钟壳的研发及推广应用项目	福建瑞达精工股份有限公司	改造旧厂房500㎡，新增生产及检测设备30台，年生产具有自润滑作用的可生物降解塑料电子钟壳100万只	800
3	新型智能化高解析大字符喷码系统研发及产业化项目	福州三龙喷码科技有限公司	新建占地面积1200㎡、建筑面积2200㎡的生产大楼，内置建成高解析大字符喷码机及专用墨水生产流水线各2条，实现项目产品年产能喷码机1500台、墨水1000吨	1050
4	物联网技术在供水行业中的产业化应用项目	福建智恒电子新技术有限公司	改建生产车间600㎡，新增年产20万套复核式传感器生产线、年产18万套产品的装配线各5条，添置部分生产检测设备和仪器，新增配套的模具35套，新增1套服务器及后台管理系统	1420
5	生物全降解食品包装新材料及餐具产业化项目	厦门协和环保科技有限公司	建成聚乳酸改性材料造粒生产线1条，聚乳酸改性材料制片生产线2条，聚乳酸改性材料淋膜生产线1条，全自动化的聚乳酸生物降解餐具生产车间、聚乳酸淋膜纸质食品包装车间各1个	1395
6	高效率太阳能发电设备产业化项目	清源科技（厦门）股份有限公司	建成不锈钢机加工车间、铝合金机加工车间、光伏支架零配件组装车间、汇流箱组装测试车间、逆变器组装测试车间、电力电子实验室、支架产品实验室等，形成年产逆变器100MW、汇流箱200MW和支架1000MW的生产能力，年产值达5亿元的规模，年利润7500万元，年上缴税金2500万元	2449

续表①

序号	项目名称	项目单位	建设规模或内容	总投资（万元）
7	带前置高增益放大器的高精度（25位有效精度）模/数转换器芯片产业化项目	海芯科技（厦门）有限公司	购置自动测试分选机、半导体集成电路检测机、生化培养箱、全无油静音空压机等设备，建成1条高精度模数转化IC生产线，形成年产800万套产能，年产值达1200万元，年利润350万元，年上缴税额超过200万元	700
8	GJH新型环保过滤材料	厦门市超宇环保科技有限公司	项目设备投资600万元、土建投资250万元、铺底流动资金300万元。主要引进3条环保过滤材料生产线及检验设备、厂房改建，使产品在质量上可靠	1150
9	世界首创戊型肝炎疫苗的工艺创新和产能扩大	厦门万泰沧海生物技术有限公司	戊肝疫苗生产线的改建和产能提升，戊肝疫苗标准品的制备和认证，戊肝疫苗稳定性研究	1000
10	采用光催化多重复合技术的净水器产业化项目	漳州万利达生活电器有限公司	拟改建厂房1000㎡、库区500㎡、研发中心100㎡、产品检测实验室50㎡，购置30m整机双层流水线、生产模具、实验室、检验设备等设备10台（套），建设年产光催化净水器50000台的专业生产线	650
11	一种LED太阳能照明装置	闽能光电集团有限公司	项目占地面积9000㎡，改建生产车间12000㎡；项目建成后，实现年产20000套项目产品，新增年销售收入8000万元	4000
12	20吨/日DHA微生物油料连续浸出产业化项目	润科生物工程（福建）有限公司	建设预处理车间、浸出车间各1座，日处理20吨DHA微生物油料连续浸出成套设备1套	1050
13	节能环保光能电子钟	漳州市恒丽电子有限公司	主要建设节能环保光能电子钟生产线10条，检测生产线1条，购置高端仪器设备及研发中心改造等。项目达产后，年产200万只节能环保光能电子钟	2480
14	远洋渔业数字化技术研究及产业化项目	石狮市飞通通讯设备有限公司	新建生产车间3600㎡、无尘防静电车间1200㎡，自动贴片机及生产线3条，生产检测与产品老化实验室2个，形成年产量5万台套的产能，新增就业人员120人	1500
15	高清晰度有线数字电视机顶盒产业化项目	福建神州电子股份有限公司	项目建成后，年新增生产高清晰度有线数字电视机顶盒32万台，实现销售收入6400万元	3000
16	荷叶精深加工与综合利用项目	建宁县金科药业有限公司	建设生产车间1210㎡、仓库600㎡，年产荷叶膳食纤维添加剂系列产品150吨、荷叶黄酮精粉系列产品60吨	550
17	雷公藤叶提取雷公藤内酯醇新型生产项目	福建省汉堂生物制药股份有限公司	改造2500㎡洁净标准厂房，年产5千克雷公藤内酯醇	700
18	数字传感器接地AD模块产业化项目	锐马（福建）电气制造有限公司	建设2000㎡的数字传感器AD接地模块生产线，形成年产25万台的产能	1260
19	超高频六层印制电路板产业化项目	福建莆田南华电路板有限公司	项目整合原有的4000㎡生产车间，购置相关设备和仪器，建立1条超高频六层印制电路板的生产线；设计年产多种规格超高频六层印制电路板5000㎡	1462
20	OLED新型显示器用偏光片产业化项目	深圳市三利谱光电科技股份有限公司莆田分公司	项目主要是充分利用原有厂房2600㎡，购置位相差值测试仪、V偏光片磨边机等设备，建成OLED新型显示器用偏光片生产线1条；项目建成后，年新增销售收入8.4亿元	1200

续表②

序号	项目名称	项目单位	建设规模或内容	总投资（万元）
21	LED室内照明灯具产业化项目	福建省南平市三金电子有限公司	建设厂房2500㎡，购买全自动固晶机、全自动金丝球焊机等设备	700
22	化学效价测试方法在年产5000吨金霉素扩建项目中的应用项目	浦城正大生化有限公司	新增金霉素年产量为5000吨	2300
23	年加工1万吨钾长石生产线项目	龙岩市盛鑫矿业有限公司	年加工1万吨钾长石	3100
24	高自洁防污闪涂料的生产制备与应用项目	福建瑞森化工有限公司	新建厂房1440㎡及相关配套设施；建成1条年产100吨高自洁防污闪涂料生产线，建设高自洁防污闪涂料试验检测实验室	980
25	LED背光源整体调光技术及其产业化项目	福建泰德视讯数码科技有限公司	改造厂房2500㎡，建设LED背光源及模组生产线4条，形成年产LED背光源20英寸以下10万片、20英寸以上10万片及家用电器背光源6万片的产能	2200
26	蔬菜安全生产与溯源体系建设项目	福建高山农业发展有限公司	建立蔬菜安全生产与溯源体系，建设标准化计算机机房200㎡，系统总体框架主要由硬件平台、软件平台、基础支撑平台、系统安全性控制平台、蔬菜产品质量安全可追溯系统与数据交换接口六个子体系组成。项目覆盖管理无公害示范基地635公顷	560
27	胞磷胆碱钠片的产业化项目	福建省闽东力捷迅药业有限公司	对现有固体口服车间厂房进行改造，添置相应的仪器设备，实现胞磷胆碱钠片的产业化。建成一条年产胞磷胆碱钠片5000万片的生产线	1300
28	永磁数字变频单相双电压发电机产业化项目	福建亚南电机有限公司	对现有的3#、4#厂房（14400㎡）进行硬件改造，建设永磁数字单相双电压发电机生产流水线2条，配套必要的检验检测仪器，形成年产永磁数字单相双电压发电机及配套发电机组系列产品8万千瓦的生产规模	580
29	移动通信数字射频拉远系统产业化项目	福建邮科通信技术有限公司	在福州市仓山区科技园建成数字射频拉远设备生产线1条，新增产量设备年产能力1000套	2021
30	耐用型动力高容量镍氢电池	泉州劲鑫电子有限公司	装修改造现有厂房2000㎡，购置贴胶纸机、电池循环寿命测试仪等生产、检测装置，组建动力高容量镍氢电池生产线，形成年产项目产品200万个、产值1500万元的生产规模	1250

【国家高技术产业发展项目实施】 2013年，福建省共有18个重大产业化和示范项目获批列入国家高技术产业发展专项计划，主要集中在智能制造、信息安全、电子商务等领域，项目总投资83964万元。获资助项目包括：福建榕基软件股份有限公司榕基质检三电工程SAAS服务平台研发及产业化、福建国通信息科技有限公司基于智能引擎技术的新一代综合监控网络平台研发及产业化、福建新大陆通信科技股份有限公司数字电视发射覆盖产品研发及产业化、福建省三奥信息科技股份有限公司数字媒体智能交互平台、福建国光电子科技股份有限公司双阳极表面安装型电容器产业化、福建省光微电子科技有限公司宽带移动互联网及TD－LTE的微波射频小型化部件开发及产业化、福建泉州顺美集团有限责

任公司陶瓷制造业信息化公共服务平台建设、宁德市德天电子有限公司电子元器件研发及产业化、福建省国际电子商务中心——福州市国家电子商务示范基地公共信息服务试点项目、福建鼎天农业科技有限公司——海西新农村电子商务服务试点项目、福州永安电子商务有限公司——社区电子商务公共服务试点项目、福建星网锐捷网络有限公司云计算安全管理平台产业化、福建省基础地理信息中心卫星应用项目、福建新大陆科技集团企业技术中心创新能力建设项目、达利食品公司采购江苏新美星包装机械公司设备建设的无菌包装数字化车间、汇华集团东南汽车缸套公司采购郑州机械所生产设备建设的数字化示范车间、龙净集团为宝山钢铁承建的智能化烟气治理岛、南平德赛公司为河南森源电气公司承建的柔性智能数字化车间。

（省发改委高技术处　王东波）

【产学研联合】　2013年，省经信委共推介符合省内产业发展方向的项目成果2059项，企业技术需求及行业关键、共性技术需求426项，成功对接项目425项。同时，会同“6·18”组委会办公室、省直有关部门、各设区市政府和各行业技术开发基地，组织召开专场对接会15场，内容涉及功能材料、纺织、陶瓷等行业。在高端装备制造、高分子材料、电器、林产加工、合成树脂、钟表、陶瓷等7个领域开展企业技术提升诊断辅导、人才培训等各种形式的产学研联合活动。当年，组织实施一批产学研联合重点项目，下达省产学研联合开发资金2077万元，并重点支持了92项产业技术开发项目。

（省经信委技术进步处）

【工业投资】　2013年，全省工业投资增速保持较稳定增长的态势。全年完成工业投资5650.43亿元，超额完成5000亿元的目标，同比增长24.2%，增幅较上年提高1.3个百分点、比全国平均增速高出6.4个百分点。工业投资占全省固定资产投资的37.1%，其中制造业完成投资4645.75亿元、比增23.4%，电力、燃气及水的生产供应业完成投资764.73亿元、比增23.2%，采矿业完成投资239.95亿元、比增47.2%。工业投资主要特点：①制造业投资保持较快增长。全年完成投资4645.75亿元，占工业投资的82.2%（比上年低0.6个百分点）。31个分行业中有28个行业实现正增长，其中增幅超过50%的行业有“其他制造业”和“废弃资源综合利用业”，分别增长55%、57%；“烟草制品业”“有色金属冶炼和压延加工业”以及“金属制品机械和设备修理业”则分别比降31.6%、26.6%和11%。②石化、机械和电子三大主导产业完成投资1821.29亿元、比增16.6%（增幅较上年降低8.7个百分点），其中石化行业完成投资731.21亿元、比增21.4%（增幅较上年降低1个百分点），机械行业完成投资852.74亿元、比增9.6%（增幅较上年降低20.8个百分点），电子信息业完成投资237.34亿元、比增30.4%（增幅较上年提高15.3个百分点）。③轻工、纺织和建材分别完成投资1671.44亿元、636.47亿元和434.68亿元，分别比增36%、35.7%和22%，增幅分别较上年提高12.9、19.6和12.5个百分点；冶金（含采选）行业完成投资319亿元、比增1.5%，增幅较上年下降26.2个百分点。

（省经信委投资和规划处）

农业科技管理

【农业科技项目立项与实施】　2013年，省科技厅立项扶持农业科技计划项目114项，计划经费10106万元，当年下达6566万元，其中：重点科技计划项目68项、计划经费1196万元（含科技进步县条件建设项目26项780万元），高校产学科技重大项目12项、计划经费560万元，区域科技重大项目16项、计划经费1350万元，科技创新平台建设项目11项、计划经费3200万元（含省级农业科技园区建设项目9项2700万元），科技重大专项专题7项、计划经费3800万元。据不完全统计，全省企业、高校与科研院所共争取科技部立项农业项目39项，计划经费6612.9万元。当年，结题验收农业科技计划项目111项。

【农作物新品种与新组合审定】　2013年，福建省选育或引进通过省级审（认）定的农作物新品种共65个，名单如下：

2013年福建省选育或引进通过省级审（认）定的农作物新品种名单

品种名称	完成单位
1. 水稻新品种（15个）	
“夷优186”“泸优明占”	福建六三种业有限责任公司等选育
“谷优353”	宁德市农科所等选育
“钰优180”“夷A”“钰A”	南平市农科所等选育
“两优667”“泰丰优656”“繁源A”	省农科院水稻研究所等选育
“嘉浙优99”	福建金山都发展有限公司选育
“甬优15”	省种子总站等从宁波引进
“科A”	福建科力种业有限公司等选育

续表①

品种名称	完成单位
“天丰优316”	漳州市星月农业种植有限公司等从广东汕头引进
“圣优2396”	建阳市嘉禾农作物研究所选育
“Y两优1098”	福建建瓯市旺福种业有限公司等选育
2. 马铃薯新品种（1个）	
“川芋13号”	福建农林大学作物科学学院从四川引进
3. 甘薯新品种（5个）	
“龙薯24号”	龙岩市农科所选育
“泉薯17”	泉州市农科所选育
“莆薯20”	莆田市农科所选育
“金薯3号”	福建农林大学作物科学学院选育
“福宁紫3号”	宁德市农科所选育
4. 玉米新品种（5个）	
“金桂3号”	省种子总站从广西南宁引进
“黄甜168”	福建超大现代种业有限公司从台湾引进
“金皇甜一号”	福建省味民农业开发有限公司选育
“圣园231”	省种子总站从丹东引进
“华糯2号”	省种子总站从北京引进
5. 大豆新品种（2个）	
“闽豆6号”	省农科院作物研究所选育
“青酥6号”	省农科院作物研究所等从上海引进
6. 花生新品种（1个）	
“泉花551”	泉州市农科所选育
7. 草莓新品种（1个）	
“福莓一号”	福州市蔬菜科学研究所等选育
8. 瓠瓜新品种（1个）	
“榕瓠一号”	福州市蔬菜科学研究所选育
9. 菠菜新品种（1个）	
“榕菠一号”	福州市蔬菜科学研究所选育
10. 黄瓜新品种（3个）	
“寒育六号”	福州市蔬菜科学研究所从河南引进
“中厦6号”“中厦16号”	厦门中厦蔬菜种籽有限公司选育
11. 番茄新品种（1个）	
“倍盈”	福州市蔬菜科学研究所从山东寿光引进

续表②

品种名称	完成单位
12. 辣椒新品种（2个）	
“迅驰”	福州市蔬菜科学研究所从瑞克斯旺（中国）种子有限公司引进
“春葳线椒1号”	福建超大现代种业有限公司选育
13. 胡萝卜新品种（1个）	
“助农大根”	厦门市文兴蔬菜种苗有限公司从台湾引进
14. 萝卜新品种（1个）	
“金玉3号”	福建农林大学作物科学学院等选育
15. 苦瓜新品种（5个）	
“如玉33号”	省农科院农业生物资源研究所选育
“闽研3号”	省农科院作物研究所选育
“奇胜16号”	福州田美种苗科技有限公司选育
“漳绿1号”	漳州市农科所等选育
“如玉45”	省农科院甘蔗研究所选育
16. 小白菜新品种（1个）	
“金品1夏”	福州春晓种苗有限公司选育
17. 莱豆新品种（1个）	
“莆莱1号”	莆田市农科所选育
18. 茭白新品种（1个）	
“桂瑶早茭白”	安溪县龙门桂瑶蔬菜专业合作社选育
19. 南瓜新品种（1个）	
“南砧1号”	省农科院农业生物资源研究所等选育
20. 西瓜新品种（2个）	
“丽玲”	农友种苗（中国）有限公司选育
“新大美人”	省农科院农业生物资源研究所等选育
21. 梨新品种（1个）	
“翠玉”	省种植业技术推广总站等从浙江引进
22. 葡萄新品种（1个）	
“夏黑”	省农科院果树研究所等从日本引进
23. 黄皮新品种（1个）	
“丽光”	省农科院果树研究所从广西引进
24. 柚新品种（2个）	

续表③

品种名称	完成单位
“三红蜜柚”	福建省国农农业发展有限公司等选育
“黄金蜜柚”	省农科院果树研究所等选育
25. 金柑新品种（1个）	
“金秋早”	福建农林大学亚热带果树研究所等选育
26. 番荔枝新品种（1个）	
“吉夫纳”	省农科院果树研究所等选育
27. 茯苓新品种（1个）	
“闽苓A5”	省农科院食用菌研究所选育
28. 姬松茸新品种（2个）	
“福姬5号”“福姬77”	省农科院土壤肥料研究所等选育
29. 黑木耳新品种（1个）	
“南耳1号”	南平市农科所选育
30. 绣球菌新品种（1个）	
“闽绣1号”	省农科院食用菌研究所选育
31. 薏苡新品种（1个）	
“仙薏1号”	莆田市种子管理站等选育
32. 紫花苜蓿新品种（1个）	
“赛迪10”	省农科院畜牧兽医研究所从百绿（天津）国际草业有限公司引进

【种植业科研与示范】

粮油与综合科技 2013年，开展优质加工型花生高产栽培及创新加工工艺的示范推广，建立高产栽培示范片166.67公顷，采用间接循环烘烤新工艺，年均加工干烤和湿烤花生2.2万吨。构建红曲黄酒酿造用菌种库，形成3种微生态分析新技术，建立了快速测定黄酒中非糖固形物的方法、红曲霉液态发酵曲的生产方法以及混菌发酵酿造清爽型红曲黄酒新工艺。开展缓释抗病生态肥料生产关键技术集成与产业化研究，筛选出固氮（Klebsiella oxytoca）、溶磷（Bacillus cereus）、解钾（Bacillusmucilaginous）等菌种，生产出缓释生态肥料新产品3个，缓释肥效时间都达到80天以上。开展高效利用碎米生产高蛋白营养型方便米粉的技术研究，确定了利用碎米生产高蛋白营养型方便米粉的工艺技术，生产高蛋白营养型方便米粉得率达89.6%，所检指标符合行业标准《方便米粉（米线）》（QB/T2652—2004）的要求。开展杂交水稻两系不育系“福龙S2”系列组合选育与配套集成技术研究，配制出两系杂交水稻新品种“福龙两优863”“福龙两优3381”“福龙两优1031”，均通过省级审定，生产种子583吨。开展农产品加工废弃物提取蛋白、短肽及多糖等现代生物技术研究，采用高压剪切等物理办法配合植酸酶解工艺制备大豆蛋白，采用喷射蒸煮辅助酶法提取新工艺生产可溶性大豆多糖，利用内切酶和外切酶复配酶解和膜分级分离工艺制得大豆肽粉，产品主要技术达到合同规定的要求。开展新型抗植物病毒农药鸦胆子素结构改造及衍生物活性研究，得到目标单体化合物鸦胆子素及23种衍生化合物，初步完成构效关系和抗病毒机理研究。

经济作物 2013年，选育出下河蜜柚特早熟株型（系）2个、比原品种成熟期提早10天左右，用RAPD分子标记（DNA扩增多态性分析）技术进行柚类种质资源的分析、评价和鉴定。收集14个福鼎白茶茶树品种资源，建立机采茶示范基地8.33公顷，建成1条年产50吨的智能化复式萎凋白茶生产流水线。室内离体保存武夷名丛茶树种质资源18份，开发新产品18个，建立新品系示范园7.73公顷，示范推广40公顷。测出爱玉子花序挥发物51种，筛选出3种对小蜂具有显著吸引作用的化合物及最佳配方，可提高花序挂树率28.71%，瘦果干重增长率达27.43%。选育出蜂斗菜新品种“亚达1号”，示范推广40公顷。育成光钝感超高产杂交红麻新品种“福航优1号”“福航优2号”及“福红优2号”等，分别通过福建、河南及安徽等省级鉴定。开展漳州柑橘害虫可持续生物防控关键技术研究，建成一条昆虫信息素诱芯生产线，橘小实蝇诱捕率95.6%、潜叶蛾诱捕率93.3%、有翅蚜诱捕率88%、黑翅粉虱诱捕率91.3%，建立生物防控示范园38.67公顷。开展粘土矿物与生物综合修复重金属复合污染茶叶种植土壤的技术研究，改良后土壤pH值达到最宜值5.0～6.0，茶叶中Cd、Pb、Cu含量去除率分别达到53%、70%、71%，茶叶达到欧盟绿色食品标准体系，种植效益提高30%以上。筛选出耐盐碱火龙果品种（品系）3个，制订沿海围垦地火龙果优质高效栽培技术规程。设计合成8种新型“酪氨酸酶抑制剂”，并从植物提取了天然酪氨酸酶抑制剂，研究获得了3种可适用不同果蔬的保鲜配方。收集福州茉莉花茶种质资源5份，明确15种主要病虫害防治策略，建立有机茶园29公顷、绿色食品认证茶园166.67公顷。筛选出2个金柑常温保鲜剂和1个挂树保鲜剂，确定金柑果醋最佳生产工艺参数，研发金柑精油提取回添增香工艺，建立年产2500吨的金柑果醋生产线。开展建莲产业链延伸关键技术研究及产品开发，集成真空渗糖、冷冻干燥和微波真空干燥等技术，开发系列产品8个，建成年产500吨即食休闲莲子生产线，示范种植534.4公顷。筛选出抗氧化能力强的白茶产品，DPPH自由基的清除率达到66.75%，白茶提取物体外抗人乙型肝炎病毒（HBV）研究发现对HBsAg表达的抑制率最高可达40.7%，对HBeAg表达的抑制率最高可达39.94%。调查分析了漳州市香蕉园土壤Cd、Hg、As、Pb、Cr、Cu的污染状况，研究各种农药残留动态与降解规律，制定漳州市农业标准规范《绿色食品香蕉生产技术规程》，建立20公顷示范片，产品100%符合NY/T750—2011标准的要求。

【科技兴林】 2013年，全省通过项目建设带动科技兴林，促进林业产业发展。开展榕树蓟马对不同生防菌剂侵染的响应及其生产示范应用，初步明确蜡蚧轮枝菌的侵染过程，建立防控技术示范点2个，示范面积14.67公顷，推广66.67公顷。收集闽西马尾松速生型种质1397份，营建第二代种子园73.33公顷，首次在国内开展马尾松太空育种，建立高效轻质容器育苗技术体系，扦插成活率达78.3%。揭示了省内油茶林普遍发生的4种害虫发生规律，首次筛选出对黑褐盗毒蛾致病力强的球孢白僵菌菌株，建立综合防治示范林62.67公顷，防效超过83%。开展油茶皂素的高效提取研究，研制出油茶皂素清塘剂和混凝土引气剂等新产品，中试生产出油茶皂素原粉100吨、油茶皂素清塘剂20吨、油茶皂素混凝土引气剂50吨。收集乌桕种质材料84份，建立了DNA指纹图谱，获得6个优良无性系，推广面积400公顷；建立了乌桕鲜叶精油提取制备杀虫剂，抑菌成分提取制备灭菌剂的技术工艺，建立乌桕果壳、油粕混菌生物降解制备有机肥、生物乙醇技术工艺，提出乌桕梓油转化生物柴油优化工艺。明确雷公藤角斑病、炭疽病的病原菌及其生物学特性，筛选出抗病无性系“雷抗1号”，建立主要病害综合防控示范基地20公顷，防治效果超过80%。对长柄石杉种群遗传多样性进行研究，筛选高产石杉碱甲的内生菌株2株，明确福建中部地区或中部偏西、南地区的长柄石杉种群为首选种源。开发利用无患子核仁油脂制备生物柴油，建立年产1000吨的生物柴油生产线；利用无患子果皮，采用水提工艺，建立年产50吨的皂苷生产线。开展银耳菌用树种乌桕、油桐、苦楝、南酸枣、杜英、桤木、枫香、无患子、喜树的种子育苗，浙江润楠、刨花楠、红楠的扦插繁育以及红楠的组培试验，培育种苗190多万株，造林成活率达到90%以上，初选出3个优良菌用树种，开发出银耳新产品3个。分析改性酚醛树脂的中低温固化机理，提出竹重组材的较佳生产工艺，参与制定国家标准1项、地方标准1项。建立香菇dsRNA病毒RT－PCR快速检测方法，获得5株脱毒香菇菌株，育成香菇新品种“农香2号”通过省级认定，示范推广94万袋。筛选出叶黄素含量及产量较高的药用万寿菊品种2个，生产组培苗400多万株，优化叶黄素酯的提取和皂化工艺，叶黄素酯的含量达27.86%、叶黄素晶体（含玉米黄素）纯度达91.32%。培育太子参四倍体组培苗18万株，四倍体微块根20万个，移栽成活率80%以上；研发种胚离体诱导培养等新技术3项，建立良种繁育中心806平方米。收集保存草珊瑚优异种质55份，应用HPLC技术构建活性成分的指纹图谱，筛选2个优良种源通过福建省林木良种审定，林下仿生栽培846.67公顷，成功研制草珊瑚饮料。研发无菌透气塑料袋菌种保藏和无公害栽培技术，开发蘑菇浓缩液产品1个，建设食用菌预煮液浓缩生产线2条，日处理预煮液60吨；研发菌渣微生物堆肥发酵技术和专用菌渣复混肥生产工艺，产品符合国家标准（GB15063—1994）的要求。建立省内第一条真姬菇瓶栽生产线，日产真姬菇8吨，产品通过绿色食品认证，菌渣综合利用率达到100%。筛选出产自云南的铁皮石斛（DEDR0203）株系进行组培快繁，初步确定铁皮石斛多糖粗提工艺，生产销售组培苗400万株。

【科技兴牧】 2013年，全省通过“抗鸡球虫病苏云金芽孢杆菌的选育及应用研究”“微米银杏叶粉、银杏叶提取物在断奶仔猪上的应用效果研究”等项目建设，在科技兴牧方面取得重要进展。初选出一株柔嫩艾美耳球虫早熟系，建立用药评价体系，获得抗鸡球虫病苏云金杆菌BCR－WCB6菌株，进行形态学和生理生化指标研究。开展低温肉制品食用木薯变性淀粉的研究，通过交联酯化变性手段提升淀粉性能，开发醋酸酯淀粉、磷酸酯双淀粉、乙酰化二淀粉磷酸酯等产品，产品质量指标均达到DB35/T856－2008标准要求。开展新型低温香肠的研制贮藏技术研究，采用低温真空斩拌、真空滚揉工艺技术，开发玉米肠、亲亲肠、墨鱼肠等5个新产品，建成年加工1000吨香肠系列产品生产线。将拥有自主知识产权的阿魏酸酯酶及商品饲料酶“溢多酶”添加入肉鸡配合饲料中，提高饲料酶降解非淀粉多糖的效率，料肉比降低7.63%。在国内首次开展具有PPARs激动剂活性的中草药提取物的筛选和应用研究，建立抗免疫应激天然药物的体外筛选模型，提升仔猪的免疫力及生长性能。制备的银杏叶超微细粉粒径9.7μm，提高银杏叶中总黄酮的溶出量，研究确定可促进断奶仔猪生长，提高仔猪免疫力。制定出“49天繁育模式”，建成年供种兔5万多只的父母代种兔场1个、年出栏商品肉兔80多万只规模化肉兔养殖场1个、年加工6万吨颗粒饲料的饲料加工厂1座、年加工肉兔300万只的标准化屠宰线1条。研制具有自主知识产权的高产细菌素菌株——枯草芽孢后杆菌FB123，用作绿色饲料抗菌添加剂，优化发酵工艺并建立30升发酵罐中试生产线。

【海洋与渔业科技】 2013年，全省通过“尖刀蛏人工育苗技术研究”“大黄鱼软颗粒饲料与鲜料对主要环境因子影响的研究”等项目建设，不断推动海洋与渔业科技进步。在省内首次成功进行人工尖刀蛏批量育苗，培育出平均壳长1834微米的稚贝8892万粒。定量分析评价软颗粒饲料与杂鱼鲜料对大黄鱼养殖环境的影响，明确投喂软颗粒饲料对大黄鱼养殖水环境影响显著小于杂鱼鲜料。筛选出海带、菊花心江蓠和孔石莼等3种可作为平潭岛富营养化海区生物修复的经济海藻，建立生物修复区53.33公顷，海水水质主要指标提高Ⅰ～Ⅱ类，无机氮去除率约65%、无机磷去除率约57%。明确沸石粉吸附醋酸、白千层种子加生姜糜分别对甲藻（ATDH）和铜绿微囊藻抑制效果好，生态安全性高，确定这两种抑藻剂的适宜剂型。从美国引进绿鲍并驯化成功，培育出可进行规模化生产的鲍养殖新品系DF（皱纹盘鲍♀×绿鲍♂）1个，经过18个月的养殖，杂交鲍的平均壳长6.51cm，平均体重54.96g，养殖成活率为83.33%，养殖单产比已有品种提高115%。优选2株噬菌体配成混合制剂，发现该制剂可明显降低病鲍死亡率。研究四种海星粗提物，确定了罗氏海盘车海星的乙醇提取物具有较好的降糖活性。开展中华乌塘鳢良种选育，采集国内外13个地理群体样品共计586尾，首次发现中国东南沿海存在两个明显分化的类群，成功培育出耐高温、抗病力强、生长快的体长1.5cm以上一代选育系苗种250万尾，推广养殖面积23.33公顷。开展鲍多倍体规模化养殖，培育的三倍体鲍苗种倍化率达到64%，培育出壳长1.5cm的三倍体鲍苗种1039.4万粒，成活率提高20%～30%，养成7～8cm三倍体成品鲍112吨，推广养殖面积40公顷。建立微生物酶解龙须菜制备海藻寡糖的工艺，寡糖产量可达 3.37g/L，完成了藻寡糖在杨梅、圣女果等水果的保鲜实验，保鲜效率比同类产品提高约 30%。建立库容量 2 万份的海洋微藻种质资源库，收集并保藏海洋微藻 2000 多株、海洋微藻标本 200 多份，建立海洋微藻异养发酵工艺，开发了高 DHA 含量的水产营养强化剂。建立天然虾青素稳产发酵工艺，提取浓缩总得率达到 74%，微胶囊包埋率为 78.3%，发现在饲料中添加虾青素可显著提高大黄鱼的卵受精率。开发一套深水网箱养殖环境的数据采集、远程传输和信息显示综合监测系统，实现温度、湿度、pH 值等采集。建成海带良种种质库，年产海带良种苗 4500 片，推广养殖 300 公顷；建成年产盐渍海带系列产品 9000 吨、速食海带系列产品 600 吨、海带深加工系列食品 3000 吨生产线。提出西施舌渔排中间培育生产工艺和波纹巴非蛤人工育苗技术规范，培育平均壳长 3.7mm 西施舌幼贝 282 万粒、平均壳长 3.5mm 波纹巴非蛤稚贝 212.6 万粒，将 20 万粒平均壳长 6.05mm 的西施舌幼苗进行海区放流增殖。开展仿刺参与日本对虾、菲律宾蛤仔生态混养关键技术研究，仿刺参、菲律宾蛤仔、日本对虾平均“亩产”分别为 207.5kg、375.5kg 和 38.4kg。完成石狮市海洋生态养殖池建设和岩礁底海水浅水区海珍养殖池改造，改进鲣鱼加工工艺流程，“鲣节”和“抛光鲣节”产量达到预定指标，产品通过 HACCP 体系认证。

【动植物重大疫病防控】 2013 年，全省加强动植物重大疫病防控技术研究，取得新进展。①“防控高危性柑橘黄龙病美洲种病原入侵的检测技术体系研究”，制备了柑橘黄龙病病原（亚洲种）抗血清，测定效价，研发 PCR 检测试剂盒。②“抗腹泻杜洛克新品系选育及配套技术研究”，选育出 MUC13 纯合基因型的抗腹泻杜洛克新品系核心群（25 头公猪、250 头母猪），哺乳仔猪腹泻率降低 52.7%，制定了一套抗腹泻杜洛克种猪饲养管理技术规范，在 10 个规模化养猪企业和专业合作社推广应用。③“罗非鱼无乳链球菌病免疫防控技术研究”，建立双抗体夹心 ELISA 快速检测方法，进行罗非鱼免疫应答水平监测和疫苗免疫效果评价，制备罗非鱼无乳链球菌 sip 基因工程微胶囊口服疫苗，实验保护率为 66.67%，示范养殖 7.13 公顷。

【生物技术研发】 2013 年，全省积极开展生物技术研究，取得新进展。①“耐热纤维素酶、半纤维素酶工程菌的构建及产业化研究”项目，构建耐热高活性热稳定 β－葡萄糖苷酶、β－半乳糖苷酶、木聚糖酶和纤维素酶基因大肠杆菌工程菌，研究了热稳定酶工业化生产工艺。②“一种 WRKY 家族的转录因子对水稻库源关系的调控”项目，克隆得到的一个 WRKY 家族的基因 SUSIRI，研究得到较为完整 SUSIRI 基因的时空表达谱 1 个，确定 SUSIRI 基因是水稻调节源流库关系以及最终影响水稻库建成一个起关键作用的转录因子，改进一种利用蛋白磁珠的免疫共沉淀富集转录因子靶标基因的技术流程，获授权发明专利。③“R－藻红蛋白的荧光探针研制及其在肿瘤光动力治疗中的应用”项目，开展高纯度 R－型藻红蛋白分离和理化性质研究，制备藻红蛋白荧光标记探针应用于植物病毒 TMV 的检测，具有较好的特异性，藻红蛋白用于体外培养的肺癌细胞 A549 的光动力治疗，效果良好。④“防治假眼小绿叶蝉的丝孢类生防真菌筛选、产孢新技术及其在有机茶园中的应用研究”项目，建立丝孢类虫生真菌资源库，筛选出防治假眼小绿叶蝉高效菌种，提出可湿性粉剂研制技术和蜡蚧轮枝菌 V3450－U－P1 与小绿叶蝉寄生蜂协同控制假眼小绿叶蝉的技术。

【农业科技园区】 2013 年，福建省加快推进农村科技创新创业，全面落实科技部的“一城两区百园”建设工作。省科技厅组织宁德和泉州积极申报国家农业科技园区，并获科技部批准建设宁德国家农业科技园区和泉州国家农业科技园区。同时，启动省级农业科技园区建设，批准建立平和、永春等 9 个省级农业科技园区。至 2013 年底，全省共有 4 个国家农业科技园区、9 个省级农业科技园区。当年，漳州国家农业科技园区在科技部等六部门组织的园区全面评估中成绩优良，被列为“国家科技特派员农村科技创业基地”。

福建省农业科技园区建设情况表

园区名称	批建时间	批建单位	验收时间
漳州国家农业科技园区	2001 年 9 月	科技部	2010 年 1 月
厦门同安国家农业科技园区	2010 年 12 月	科技部	
宁德国家农业科技园区	2013 年 9 月	科技部	
泉州国家农业科技园区	2013 年 9 月	科技部	
平和省级农业科技园区	2013 年 12 月	省科技厅	
泉州省级农业科技园区	2013 年 12 月	省科技厅	
永春省级农业科技园区	2013 年 12 月	省科技厅	
永安省级农业科技园区	2013 年 12 月	省科技厅	
仙游省级农业科技园区	2013 年 12 月	省科技厅	
武夷山省级农业科技园区	2013 年 12 月	省科技厅	
邵武省级农业科技园区	2013 年 12 月	省科技厅	

续表

园区名称	批建时间	批建单位	验收时间
漳平省级农业科技园区	2013 年 12 月	省科技厅	
连城省级农业科技园区	2013 年 12 月	省科技厅	

【科技扶贫】 2013 年，全省各级科技部门积极开展科技扶贫工作。省科技厅做好挂钩帮扶的扶贫开发重点县，水土流失治理重点县、民族乡，以及 2 个挂钩扶贫重点村的科技扶贫工作；指导平和县和福安坂中畲族乡制订科技扶贫规划；与马尾区政府联合制订《福安市坂中畲族乡特色优势资源保护与开发建设项目实施方案》；成立以省科技厅主要领导为第一责任人的专门工作小组，召开联席会议研究挂钩帮扶工作，解决项目实施有关问题。扶贫工作取得重要成效，如：立项扶持“闽东山区特色经济作物高效栽培技术示范”项目，在柘荣田头洋村、洪坑村新建太子参种参繁育基地 13.33 公顷，并成功引种金观音新品种 26.67 公顷，同时在田头洋村完成造福工程配套道路硬化 700 平方米并示范引种“雄峰 1 号”金银花 2 公顷，在洪坑村示范引种“金太阳”“九丰 1 号”等金银花品种 4.67 公顷；立项扶持“扶贫开发重点村反季节花椰菜综合配套技术示范与推广”，在屏南县上楼村建立花椰菜中心示范基地 7.53 公顷，辐射带动周边菜农种植 90 多公顷。

【科技进步考核】 2013 年，根据科技部公布的全国县（市）科技进步考核结果，全省（不含厦门市）有 7 个设区市、66 个县（市、区）通过考核，其中泉州市等 5 个设区市、福州市马尾区等 26 个县（市、区）被评为“全国县（市）科技进步考核科技进步先进县（市、区）”，并有 122 人被评为“全国县（市）科技进步考核先进个人”。同时，省科技厅被评为“全国县（市）科技进步考核优秀组织单位”。

【科技特派员】 2013 年，福建省继续发挥省科技特派员培训基地作用，加大科技特派员培训力度，在云霄、政和等县分别举办主题为“淮山栽培储存及其系列产品加工生产技术”“茶叶营销管理与区域生态农业技术”的 2 期培训班，共有科技特派员、农民合作社（或协会）成员、种植户、农民技术员等共 220 多人参加培训。当年，省科技计划立项扶持的 2 项科技特派员相关项目通过结题验收，取得重要成效，其中：①“进一步推进科技特派员制度持续创新的研究与示范”项目，总结科技特派员制度的主要运行模式，研究提出推进福建省科技特派员制度持续创新的体制机制和对策建议；将“一乡一特色计划”与科技特派员创业示范基地建设和科技特派员培训工作有机结合，开展了七个“一乡一特色”典型示范，取得预期成效；形成 22 篇新华内参专稿和大量的新闻报道，为海西科技特派员工作营造良好的舆论环境。②“福建省一般发展水平县农村科技创新创业培训”项目，在省内一般发展水平县举办农业创业创新技能培训班 9 期，培训核心学员 1000 多人次；通过远程网络辐射培训学员 5000 多人次，建设培训辅助网站 1 个，上传培训教材、课件及视频资料 100 多份。此外，全省向科技部推荐申报国家级科技特派员创业链 3 个（食用菌、竹加工、白羽半番鸭），创业基地 4 个（漳州国家农业科技园区、宁德国家农业科技园区、南平邵武农业科技园区、龙岩连城农业科技园区），创业培训基地 2 个（福建农林大学、泉州市科技开发中心）。

（省科技厅农业处）

星火计划管理

【星火计划项目立项与实施】 2013 年，全省组织实施国家级、省级星火计划项目 97 项，计划经费总额 1967 万元，其中：国家级 23 项，获科技部资助 485 万元，包括“大黄鱼产业化集成与示范推广”“乌龙茶产业关键技术优化升级与示范推广”等项目；省级 74 项、下达省级经费 1482 万元。

当年，各级星火计划项目实施取得重要进展和明显成效。如：“鲍产业关键技术优化与示范推广”国家星火计划重大项目，建成了国内最多的鲍种质资源库；建立了西氏鲍与皱纹盘鲍种间杂交新品系，增强了抗逆性，显著提高养殖成活率；开发了“浮绳式网箱＋可旋转箱式鲍匍匐基”的新型养鲍网箱系统及海上养鲍远程监控系统，提高抗风浪性能，为实现网箱养鲍奠定基础；优化和集成了冷冻鲍、干鲍、调味即食鲍、鲍罐头、鲍调味品等加工技术与工艺，建设生产线 6 条；带动农户发展鲍养殖 2230 户，解决就业 6000 多人。

【国家科技富民强县专项行动】 2013 年，福建省有 7 个县（市、区）获国家科技富民强县专项行动计划项目支持、资助经费 930 万元，其中：平和县、浦城县、罗源县、连城县、建宁县为新上的国家科技富民强试点县，漳浦县的“优势花卉产品开发与标准化生产示范”、石狮市的“生态渔业与特色深加工技术示范与推广”等 2 个项目获得绩效考评后续奖励支持。

2005～2013年，全省共建设国家科技富民强县专项行动计划试点县39个，其中7个县（市、区）获得奖励续建，有46个重点项目获得国家科技富民强县专项行动计划经费支持。在国家科技富民强县项目示范带动下，各试点县（区）特色产业核心竞争力进一步提升。据2013年在研项目统计，全省通过科技富民强县专项行动，先后引进农业新品种234个，示范新技术、新工艺148项，有55项成果获得奖励，建立科技示范基地185个，推广良种面积1.7万多公顷，开发各类新产品271种，建立检验检测、信息服务、科技培训等平台132个，推进建立农民技术合作组织380个，累计举办各类培训班966期，培训人数近9万人次。

【五新成果示范推广】 2013年，福建省围绕扶持培育省内优势特色农产品，在水果、茶叶、食用菌、畜禽、笋竹、花卉、水产等领域，组织实施一批国家、省级星火计划项目，重点支持农业龙头企业引进农业“五新”成果，联合科研机构加强产业关键技术熟化和属地化改造，为发展现代农业、延伸产业链提供成熟的工程性技术，加快推进区域良种繁育、种植（养殖）、加工与物流等完整产业链的形成，支撑福建高产、优质、高效、生态、安全的现代农业发展。根据68项2013年度验收项目统计，共申请或授权发明专利17件，获授权实用新型专利20件、计算机软件著作权4件；开发新产品25个，推广新技术、新工艺43项，建立示范片4000公顷，辐射推广2.6万多公顷，累计产值达16亿元。

【城镇化与村镇建设技术应用示范】 2013年，福建省立足发挥科技对新农村建设的示范导向作用，加大国家、省级城镇化与村镇建设技术应用示范项目组织实施力度，引导高校院所与企业、村镇紧密合作，加强循环农业经济、农林废弃物高效综合利用、小城镇环境综合治理、传统村落规划改造与民居建筑功能综合提升等先进适用技术开发与集成应用。项目取得良好进展，如：中科院城市环境研究所针对上杭古田镇生活、旅游餐饮业废水排放规律与水质特征，开展多点进水串联A/O脱氮与生态滤床强化除磷的组合技术研究，开发了新型多点进水串联A/O反应器、餐饮垃圾好氧发酵反应器等装置，为福建及至周边省份商旅服务型村镇环境整治和修复提供了系统技术支持和示范。

【科技特派员创业示范基地】 至2013年底，科技特派员制度已覆盖除厦门市以外的8个设区市的77个县，有近4000多名科技特派员活跃在农业、农村生产流通一线，服务农民20多万户，辐射带动农民近100万人；全省共建有各级科技特派员创业示范基地405家，科技特派员培训机构229个，信息服务平台322个，孵化器33个；推动形成“科特派＋龙头企业＋农户”“科特派＋农业合作社＋农户”“科特派＋流通＋农户”等以科特派为中坚骨干、组织化程度高的农业技术推广有效运作模式，服务体系不断完善。

【农村科技信息化建设】 2013年，福建省按照“平台上移，服务下延”的基本原则和“资源整合，统一接入”的基本标准，加大农村科技信息资源开发和整合力度。健全了全省农村科技信息资源共享与服务平台，形成“语音、短信、视频、网络、手机”等多方式接入、覆盖“农产品展示、农业知识服务、农业专家系统、病虫害防治与预警、农业气象灾害、农资监管、农产品溯源”等系列面向群众的普适性信息服务系统，在全省建立了4个示范区、23个示范县、115个示范乡镇、605个示范村、2378个示范户，信息用户达10万户以上；开通了全省的集中式“12396”呼叫热线，组建了由251名专家组成的咨询专家团队、并形成1823人的农村信息员队伍，受理咨询电话突破3万次，初步形成功能完善、科学规范、服务全面的新型农村信息服务体系。

【星火培训】 2013年，全省安排各级星火培训项目292项，依托科技特派员创业基地、星火学校、“12396”服务平台等，共举办现场培训班906个、远程培训班452个，培训农民、进城务工人员、科技致富带头人、农村科技服务人员等各类人才22万多人次，壮大了省内农村实用科技人才队伍。

（省科技厅星火办）

社会发展科技管理

【概　述】 2013年，福建省积极争取国家支持，大力推动人口健康领域科技进步，加强资源与环境科技创新，提高公共安全科技保障能力，使科技进步切实惠及广大人民群众。当年，进一步强化社会发展领域科技计划项目的管理，以新上项目立项、到期项目结题、在研项目监督实施等三方面为重点抓好项目的管理，取得一定成效。

【社会发展科技计划项目立项与实施】 2013年，省科技厅立项扶持社会发展领域科技重大、重点项目139项、计划总经费5020万元，其中高校产学重大项目8项390万元、区域重大项目8项710万元、重点项目92项913万元、专项项目25项707万元、平台项目4项700万元、重大专项2项1600万元（项目列表参见“附录”）。组织会计师事务所财务专家和技术专家，对申请2012年重大科技成果（社会发展科技领域）购买补助的4个项目进行现场核查，立项3项。当年，获国家科技支撑计划和“863”计划立项9项、资助总经费8039万元，其中：国家科技支撑计划项目7项，即由省海洋预报台承担的“重点海域海洋环境精细化监测集成应用示范”，省空间信息工程研究中心承担的“南方红壤水土流失治理技术研究与示范”，中科院城市环境研究所承担的“不同类型城市可持续发展能力辨识集成技术研究”，福建中医药大学承担的“功能障碍的中医康复临床规范和评价研究”“脑卒中后认知功能障碍的中医康复临床规范和评价研究”和“颈型颈椎病肌肉功能障碍的中医康复临床规范研究”，南京军区福州总医院承担的“盆底重建关键技术及规范化应用研究”；国家“863”计划项目2项，即由福建龙净环保股份有限公司承担的“燃煤电站PM2.5新型湿式电除尘技术与装备”和“燃煤烟气循环流化床脱硫脱汞一体化及多污染物协同净化技术研究与示范”。

【新药研发】 2013年，福建省继续支持医药企业开展新药研发，进一步推动“肿瘤治疗药物与诊断试剂的研发”等重大专项实施，“福建省化学药物中试工程技术研究中心”等创新平台建设，并组织实施“重组人乳头瘤病毒16/18型双价疫苗的研制”等一批重大项目，推动恶性肿瘤治疗药物、乙肝治疗药物、新抗生素药物以及体外诊断试剂的研发，取得重要成果。如：科技重大专项专题“熊胆粉复方中药治疗脂肪肝的临床前研究”，获得熊胆粉复方中药治疗脂肪肝的临床前研究新药申请受理通知书1项（中药6类）、医疗机构制剂注册批件1项、申请发明专利1件；科技重大专项专题“甘草次酸酯制剂化学一类新药临床前研究”，研发的甘草次酸酯（原料药）和甘草次酸酯片均已申报国家药监局临床试验并获得受理、申请发明专利1件；科技重大专项专题“替诺福韦酯复合盐及其胶囊剂新药的临床前研究”，取得3项临床试验批件和4项临床注册受理通知书、申请发明专利3件、超额完成1项富马酸替诺福韦酯胶囊抗艾滋病适应症的临床注册申请并取得受理通知书；科技重大专项专题“基于骨痹治疗的雷公藤凝胶制剂临床前研究”，获得省食品药品监督管理局药品注册五类新药受理，申请发明专利2件，其中“治疗类风湿性关节炎的药物组合物及其制备方法和用途”已获授权；科技重大专项专题“泽泻降血脂抗脂肪肝新药的临床前研究”，获得省食品药品监督管理局药品注册五类新药受理，申请发明专利2件，其中“从泽泻中提取并富集泽泻总三萜酮醇类组分”已获授权；创新平台建设项目“福建省光动力治疗药物与诊疗工程技术研究中心”，建成用于光动力学治疗药物与诊疗实验室，已开发筛选出5个有应用前景的光敏剂，申请国家发明专利8件、美国发明专利1件，获授权发明专利5件，发表的论文被SCI收录8篇；高校产学合作重大项目“重组人乳头瘤病毒16/18型双价疫苗的研制”，完善了重组人乳头瘤病毒（HPV）16/18疫苗的工艺研究和质量控制体系，顺利进行III期临床试验，成功建立独特大肠杆菌表达体系的类病毒颗粒（VLP）疫苗技术平台，获国家食品药品监督管理局HPV16/18型双价疫苗的新药临床试验批件，建成每批次10万剂的中试生产线，获授权发明专利2件、申请发明专利4件，发表的论文被SCI收录3篇；高校产学合作重大项目“治疗心律失常莲心总碱滴丸的药学及其主要药效学研究”，完成了莲心药材的质量标准、有效部位莲心总碱的提取分离纯化工艺及质量标准研究，完成莲心总碱滴丸的制备工艺及质量标准、莲心总碱滴丸的中试放大研究，以及莲心总碱滴丸治疗心律失常的药效学研究，申请发明专利1件。

【疾病防治】 2013年，福建省围绕疾病防治工作，进一步推进省科技重大专项“糖尿病等重大疾病干细胞治疗关键技术研发与应用”项目研究和“福建省盆底医学工程技术研究中心”创新平台建设。同时，组织实施“急性髓系白血病相关新基因FAMLF特异性单克隆抗体制备及其临床应用的开发研究”“胎儿先天性心脏病形成中遗传和环境因素作用的研究”“帕金森病轻度认知障碍的脑功能网络影像学标记”“老年痴呆等重大老年性疾病护理治疗效果评价指标体系的建立和临床实证研究”等一批省科技重大、重点计划项目，着力提高疾病防控水平，建立健全公共卫生服务体系科技保障，取得重要成效。如：“福建省干细胞应用工程技术研究中心”项目通过专家验收，建立了功能完备的实验室与干细胞临床病区，建立了完备的干细胞实验室管理规程与临床级别干细胞制备标准流程、制定了各类干细胞临床研究基本程序与准则，开展干细胞相关基础与临床医学研究，进行了7个病种共1317个病例的临床研究，已获授权发明专利2件、实用新型专利3件，制定技术规范2项；“宁德畲族人群糖尿病流行病学调查与干预研究”项目，对5523名畲族人进行糖尿病流行病学调查，确定并建立畲族人群的糖尿病前瞻性研究队列的基线资料，建立了畲族人群DNA样本库，为探讨制定适合畲族人群的糖尿病预防与干预策略提供依据；“尘肺病的中西药联合治疗研究”项目，对180例I期尘肺患者分组治疗观察，采用老药新用，效优价廉，总有效率为87.93%，适合基层医疗机构推广应用；“闽西矿区污染与相关肿瘤高发关联性研究”项目，完成5年闽西地区常住人口的胃癌和结、直肠癌发病率统计，调查闽西矿区水源污染与发病的关系，结果认为尚无证据表明饮用矿区水源与闽西地区居民胃癌和结、直肠癌的发病率相关；“闽西矿区污染引发相关职业病的流行病学调查及其数据库建设”项目，完成了龙岩市疾控中心职业病信息管理系统的建设，系统技术先进，扩容性强、稳定实用。

【食品安全】 2013年，福建省围绕食品安全部署，加强食品安全检测关键技术科技攻关，组织实施省科技重大专项“食品中致癌物的检测技术研究与仪器研制”，以及“食品中致癌物检测关键技术及仪器设备研发”“海产品中重要生物毒素快速检测试剂盒的开发研究”等一批食品安全重大、重点项目，在一批关键技术上取得突破，并取得重要成果，为治理餐桌污染提供技术支持。如：“食品中致癌物检测关键技术及仪器设备研发”项目，建立偶氮类色素快速提取技术和方法，研制出苏丹红Ⅰ、碱性橙等偶氮染料的提取试剂、试剂盒和多功能食品安全检测箱，研制出多功能食品安全综合检测仪、茶叶分析仪和合成色素快速检测仪并实现批量生产，申请发明专利5件，成果已在福建、北京、上海、河南等多个省（市）推广应用；“食品接触产品中内分泌干扰物高通量快速检测与安全卫生评估系统研究”项目，建立了柱串联高效液相色谱同时检测塑料制品中18种邻苯二甲酸酯的方法、LC－MS/MS同时检测塑料食品接触材料中16种邻苯二甲酸酯类物质迁移量的检测方法、高效液相色谱法检测食品接触材料中三聚氰酸残留量的检测方法，研制出一套多功能模拟迁移实验装置，解决了板、盘、片状以及薄膜等食品接触材料在模拟迁移试验中无法盛装食物模拟液的难题，申请发明专利3件，获授权实用新型专利2件，制订行业标准2项；“食用油中己醛的顶空固相微萃取方法研究”项目，研究建立了食用油中己醛的顶空固相微萃取（SPME）—气相色谱测定方法，创新性地利用原位水热合成法，直接在不锈钢丝表面制备氧化锌纳米棒材料，研制出SPME涂层装置，申请发明专利1件，提交行业标准草案1项，研究成果为食用油的质量控制提供有效的技术支持。

【资源环境治理】 2013年，福建省围绕生态与环境保护，启动实施了“十二五”国家科技支撑计划项目“南方红壤水土流失治理技术研究与示范”和“重点海域海洋环境精细化监测集成应用示范”，着力提高全省水土流失治理和海洋环境监测技术水平。同时，组织实施“九龙江流域典型村镇生活污水综合治理技术与示范应用”“武夷山九曲溪上游小流域山地生态修复技术研究”等一批生态恢复和流域治理重大、重点项目，取得较好成效，为生态省及生态文明建设提供有力技术支持。如：“福建省滨海湿地保护与生态恢复工程技术研究中心”项目通过专家验收，构建并有效运行了集技术研发、成果转化、推广应用、人才培养于一体的科技创新平台，完成了濒危水鸟繁殖基地和红树植物繁育基地建设，建立了国内首个南方滨海耐盐植物繁育基地，保留滨海耐盐植物40多种，与厦门白鹭自然保护区合作建立濒危珍稀鸟类繁育基地，开展黄嘴白鹭等珍稀鸟类的养殖，建立水鸟繁殖生物学和栖息地生态数据库和福建省湿地植物资源数据库；“基于集水区动态模拟的水库水资源水环境管理平台开发”项目，以泉州山美水库为例，将集水区的陆域和水域作为一个整体，建立了流域分布式水文模型与库区水体二维水动力水质模型，实现集水区水量、水质模拟与分析的集成，为水库水资源和水环境的治理和保护提供了新的技术手段，获得计算机软件著作权2件，申请发明专利1件，发表论文6篇；“九龙江流域典型村镇生活污水综合治理技术与示范应用”项目，以龙岩市新罗区铁山镇洋美村为示范点，建立生物膜厌氧消化调节池＋两级潜流式人工湿地的村镇生活污水处理示范工程，日处理生活污水50立方米，处理后达到国家城镇污水处理厂排放一级B标准（GB18918－2002）。

当年，围绕低碳和循环经济发展，积极开展资源再生与循环利用技术、废弃物无害化处置与资源化利用技术研究，组织实施“金矿尾矿治理及废弃物资源化利用技术研究与开发”“利用农林废弃物/废旧塑料制备木塑复合材料的中试和产业化”“废橡胶资源化利用研究”“林木三剩物资源化利用生产木塑复合材料”“工业（印染）废水深度净化与回用的光催化中试工艺和设备新技术”等一批重大、重点项目，取得较好进展和成效，为全省发展低碳经济和提高循环经济水平提供技术支持。如：“废弃软饮料包装材料及铝塑复合膜边废料的综合回收开发利用”项目，开展了环保、节能、高效的纸塑、铝塑分离工艺技术和生产废水处理工艺研究，将不可降解的铝塑纸复合包装废料有效分离，生产出再生纸浆、再生铝屑、再生塑料膜和再生塑料颗粒等4种再生原料，获授权实用新型专利6件，建成日处理60吨纸塑分离生产线和100吨铝塑分离生产线，为废弃软饮料包装材料及铝塑复合膜边废料再生利用提供一条切实可行的解决方案；“粉煤灰资源化综合利用关键技术研发及产业化”项目，研发出CFB粉煤灰短流程制备精碳粉工艺、精碳粉制备煤质活性炭和脱碳后尾灰制备轻质保温免烧砖等成套技术，实现粉煤灰的高值化利用，获授权发明专利4件，建成年处理粉煤灰120万吨短流程浮选脱碳生产线、年产2万吨煤质活性炭生产线、年产2000万块轻质保温免烧砖生产线，实现粉煤灰资源综合利用率达90%以上，为发展循环经济提供了很好的示范。

【可持续发展实验区建设】 （参见“科技创新体系”）

【西部对口科技协作】 2013年，省科技厅结合中西部区域特点，积极开展帮扶工作，取得实效。①科技援疆。依托省产品质量和食品安全检测试剂与仪器工程技术研究中心，与昌吉市开展科技共建，帮助建设昌吉市农产品质量安全检验检测中心，提高当地农产品质量安全体系建设水平，促进昌吉绿色无公害农产业发展，为改善民生提供科技支撑。②科技对口帮扶万州库区。依托省果树所培育的优质枇杷良种和技术基础，建立万州库区优质枇杷新品种的苗木繁育基地、标准化栽培技术示范基地、滴灌系统示范基地和林下经济示范基地，并制定出地方枇杷栽培标准，提高库区枇杷生产水平。③闽宁科技帮扶。建立了利用工厂化栽培杏鲍菇、真姬菇等形成的废菌料，来栽培双孢蘑菇、巴西蘑菇等草腐生食用菌的模式，达到废菌料高效循环利用，有效提升宁夏栽培食用菌附加值和环境效益。探索彭阳县“基地＋公司＋农户”模式，进一步做大、做强彭阳食用菌产业，促进宁夏南部山区农民增产增收。④科技援藏。收集和引进国内外优良果树品种，通过区试与筛选观察，推广应用一批市场前景好、开发潜力大的高原果树新品种，并研究与之相适应的高优配套栽培技术措施，采取边研究、边示范、边推广的办法，建立新品种、新技术、新成果示范基地，开展当地野生光核桃改造和生态果园综合开发利用研究。

【科技强警】 2013年，省科技厅继续设立科技强警专项经费，按照注重创新的原则，深入推进科技强警战略的全面实施。当年，由明溪县公安局承担的“高清卡口人像抓拍技术研究应用”项目获立项，计划资助经费30万元，旨在实现视频分析、运动跟踪、人脸检测和识别技术在视频监控中的全新综合开发应用，构筑具备行人监控的现代治安卡口智能监控系统，打造平安明溪。

【科技拥军】 2013年，省科技厅科技拥军公益专项项目11项，并通过其他各类科技项目的实施，积极推进科技拥军工作。当年，支持南京军区福州总医院开展科研攻关32项、计划经费223万元，通过科技双拥共建活动促进其与地方进行联合科技攻关，大大提高科研能力和医疗水平，推进医学领域科技进步。同时，支持部队开展农业实用技术、军用装备、信息平台建设等技术应用，为部队后勤建设提供技术保障，共支持科研经费280万元，通过项目实施，向军营推广一批成熟、实用的技术，提高驻闽部队农副产品生产质量和效益，提升部队基础设施和装备建设能力。

（省科技厅社发处）

基础科学研究与管理

【自然科学基金计划项目立项】 2013年，全省受理申请省自然科学基金面上项目、青年创新项目、杰出青年科学基金项目1256项，正式立项资助507项2327万元，其中面上项目367项1560万元、青年科技人才创新项目124项372万元、杰出青年科学基金项目16项经费395万元。当年另资助生物医药专项29项200万元。获资助的申请者中，具有博士学位的占67.2%，45岁以下青年科技人员占86.4%。此外，全省获国家“973计划”立项18项、资助经费4409万元，获国家自然科学基金立项760项、资助经费5.66亿元。

【促进海峡两岸科技合作联合基金立项】 2013年，国家自然科学基金委员会—福建省人民政府促进海峡两岸科技合作联合基金，立项资助“基于闽台稻瘟病菌群体演化特点探讨水稻持久抗瘟生态防控策略”等11个项目，资助经费3150万元，涉及农业科学、资源与环境科学、材料与工程科学研究领域，其中由省内高校和科研机构主持承担的项目10项、经费2850万元，由省外高校主持、省内科研单位参与承担的项目1项、经费300万元。

2013年度国家自然科学基金委员会—福建省人民政府促进海峡两岸科技合作联合基金资助项目表

序号	项目批准号	项目名称	负责人	依托单位	批准金额（万元）
1	U1305211	基于闽台稻瘟病菌群体演化特点探讨水稻持久抗瘟生态防控策略	王宗华	福建农林大学	280
2	U1305212	闽台特色水禽重要病毒的致病机理研究	陈吉龙	福建农林大学	280
3	U1305231	极端天气下台湾海峡动力环境演变与生态响应	洪华生	厦门大学	300
4	U1305232	矿区铅镉复合污染农田土壤的钝化与低富集水稻联合修复技术研究	王　果	福建农林大学	260
5	U1305233	台湾海峡西部海域氮源汇过程与控制因子	高树基	厦门大学	300
6	U1305241	大尺寸蓝宝石衬底高效精密磨粒加工关键技术基础研究	徐西鹏	华侨大学	300
7	U1305242	H_2O和CO_2还原光催化材料的设计制备和结构调控研究	王绪绪	福州大学	280
8	U1305243	超高性能混凝土制备和应用基础研究	史才军	湖南大学	300
9	U1305244	稀土上转换荧光标记材料及其生物医学应用	陈学元	中国科学院福建物质结构研究所	300
10	U1305245	超高性能混凝土制备与工程应用基础研究	陈宝春	福州大学	290
11	U1305246	新型锂硫电池及关键材料研究	董全峰	厦门大学	260

【自然科学基金计划实施成效】 2013年，福建省通过自然科学基金计划的资助和引导，促进学科建设和人才培养，在材料科学、农业、医学、信息、资源与环境等领域取得一批重要研究成果。全省基础性研究项目获省自然科学奖11项，其中一等奖1项、二等奖4项、三等奖6项（参见“科技成果与奖励”）。全年结题的省自然科学基金计划项目470多项，发表论文2402篇，申请发明专利151件，获授权发明专利77件，培养博士123人。

同时，省杰出青年科学基金项目在高端人才培养方面成效明显，已资助项目中有11人成功晋级获得国家杰出青年科学基金项目资助。据2013年结题的28项省杰出青年科学基金项目统计：有7人获国家杰出青年科学基金项目资助，并获评教育部长江学者2人、国家中青年科技创新领军人才2人、教育部新世纪优秀人才3人、闽江学者4人，剔除重复部分，高端人才育成率达50%；获农业部农牧渔业丰收奖一等奖1项，省科学技术奖一等奖2项、二等奖4项、三等奖2项；发表的论文被SCI、EI收录229篇，获授权专利36件，新增获国家级和省部级立项项目95项、新增科研经费近7000万元。

（省科技厅基础研究处）

软科学研究与管理

【软科学计划项目立项与实施】 2013 年，全省受理省软科学计划项目 142 项，正式立项 118 项，围绕海峡西岸经济区建设和创新型省份建设需要，开展涉及科技、经济和社会发展的重大战略和热点难点问题研究。立项项目总投入经费 1036.29 万元，其中财政资助经费 534.9 万元。全省有 3 个软科学项目获国家立项，其中重大合作项目 1 项目、资助经费 20 万元，面上项目 1 项、资助 5 万元，出版项目 1 项、资助 3 万元。同时，组织省科技发展研究中心、福建工程学院和厦门理工学院，联合申报 2013 年国家创新方法专项，获资助经费 320 万元。当年，完成省软科学研究项目结题验收 123 项。

【软科学成果选介与应用】 2013 年，全省软科学研究项目发表论文 332 篇、其中被 SCI 或 EI 收录 43 篇，出版专著 23 部。"福建省科技服务业发展规划（2013～2015 年）""福建省实验动物科技宏观管理配套制度推进研究""提高省级重点实验室科研能力与辐射作用研究"等项目为政府决策部门提供了重要参考依据。如：省软科学项目"《福建省科学技术进步条例》修订立法论证"，为《福建省科学技术进步条例》通过福建省第十一届人大常委会第三十四次会议审定提供了重要支持；省软科学项目"低碳环境下我国企业供应链社会责任构成体系与影响评价研究——从可持续发展的视角"，研究成果被有关部门作为政协大会书面发言稿；省软科学项目"实施 ECFA 检验检疫政策研究"，提出的《建议纳入 ECFA 降税清单产品》《建议放宽 ECFA 原产地标准产品清单》和相关政策建议为省内企业充分利用 ECFA 协议享受关税优惠提供了重要支持，并且该项目形成的"ECFA 原产地政策智能查询及应用服务系统"也为两岸企业、社会公众提供免费查询 ECFA 相关优惠原产地政策信息。

（省科技厅政策法规处）

科技政策法规

【科技依法行政工作】 2013 年，省科技厅加大《福建省科学技术进步条例（修订）》宣传贯彻力度，印发《关于学习宣传和贯彻实施新修订的〈福建省科学技术进步条例〉的通知》，要求各级科技管理部门和有关单位将条例学习宣传纳入本地区、本部门普法规划，抓好学习贯彻；成立条例释义编写小组，完成了条例释义本（编纂稿）；印制宣传小册子 10000 册，发放给科技管理行政部门、高等院校、科研院所和企业等，营造良好学习宣传贯彻氛围。当年，组织对各类行政职权以及公共服务的规范进行补充完善，完善信息公开目录，梳理出行政职权事项 28 项、公共服务事项 28 项（其中管理服务事项 13 项、便民服务事项 15 项），进一步提升便民服务水平。组织开展全省科技系统行政执法资格考试考务工作，有 35 人通过考试。做好规范性文件清理工作，对 2012 年前所发布的规范性文件进行自查清理，形成初步意见：拟保留 8 项，拟适时修改 2 项，拟废止失效 1 项。

【科技政策】 2013 年，省科技厅紧扣经济、科技与产业发展需求，不断完善自主创新政策体系，出台了《企业研究开发费用税前加计扣除实施办法》等一批含金量较高、操作性更强的激励政策，并组织制定了《福建省科技进步目标责任制考核实施方案》（征求意见稿）。至 2013 年底，全省累计出台 59 项自主创新配套政策，涵盖财税激励、知识产权、科技金融和科技管理等各方面。当年，进一步加强宣传，提升科技政策显示度，与科技日报、福建日报等重点媒体合作，及时跟进加计扣除、院所创新等重点政策宣传报道；由省科技厅领导带头在科技厅网站分别就进步条例、创新政策等主题进行在线解读，与网友互动；借助政策辅导培训、网站宣传等多渠道，让广大创新主体理解好运用好政策。同时，完善沟通机制，促进政策有效落实，加强与税务、财政等部门协作沟通，研究解决加计扣除、高企税收减免等政策执行中的问题，并做好重点优惠政策督促反馈。2012 年全省企业研发费用加计扣除额 29.88 亿元，减免高新技术企业所得税 26.4 亿元，形成"创新投入—政策支持—再投入"良性循环。

2013年福建省新颁布实施的部分科技政策法规目录

序号	文件名称	文　号	发文机构
1	福建省科技企业孵化器新增孵化用房补助办法（暂行）	闽科计〔2013〕7号	省科技厅、省财政厅
2	福建省科技企业孵化器科技创新平台补助办法（暂行）	闽科计〔2013〕20号	省科技厅
3	加快推进文化和科技融合发展实施意见	闽文改办〔2013〕2号	省委宣传部、省科技厅、省文化厅等部门
4	进一步支持省属科研机构加快创新发展的若干意见	闽政〔2013〕28号	省政府
5	福建省企业研究开发费用税前加计扣除实施办法	闽政办〔2013〕93号	省政府办公厅
6	福建省科学技术厅关于推进现代农业发展的十条措施	闽科农〔2013〕45号	省科技厅
7	福建省科学技术厅关于印发《福建省科技创新领军人才遴选暂行办法》和《福建省科技创业领军人才遴选暂行办法》的通知	闽科基〔2013〕9号	省科技厅
8	贯彻研究开发费用税前加计扣除有关政策	闽财税〔2013〕33号	省财政厅、省科技厅、省国税局、省地税局
9	福建省专利促进与保护条例		省人大常委会

（省科技厅政策法规处）

知识产权工作

【概　述】　2013年，福建省知识产权工作以推进实施知识产权战略为着力点，促进专利转化运用，提升全省专利事业发展水平。当年，制定出台《福建省专利提升行动计划实施方案（2013～2015年）》，激励省内企业、高校、科研单位提高发明专利拥有量；制定出台《关于促进专利代理行业发展的意见》和《福建省知识产权服务工作站工作方案》，鼓励专利代理机构“入园进企”，引导中介机构服务创新主体；推行《企业知识产权管理规范》国家标准实施，提升企业知识产权综合管理能力。同时，各设区市大力支持企业开展专利权质押贷款，福州、厦门、漳州、泉州等4个设区市出台专利权质押贷款贴息政策。

当年，全省知识产权工作体系建设不断完善。省编办批复同意在省知识产权局规划发展处加挂“国家知识产权局专利局海西专利受理服务中心”牌子，并增加人员编制3名。福州市委编办批准在福州市科学技术情报所加挂福州市知识产权信息公共服务中心。龙岩市进一步提升知识产权管理水平，市知识产权局机构落实“三定”方案，人员编制增加到8人。南平市10个县（市、区）经南平市委编办先后批复同意独立设置知识产权局，并有9个县（市、区）知识产权局批复了正式编制，其中延平区、邵武市、建瓯市、浦城县任命了知识产权局局长。全省专利代理机构逐步发展壮大，新增专利代理机构3家、分支机构4家。至2013年底，全省共有专利代理机构21家，分支机构9家。

【专利申请与授权】　2013年，全省专利申请53701件（居全国第12位）、比增25.55%，其中发明专利9884件、比增16.39%，实用新型专利25769件、比增16.7%，外观设计专利18048件、比增47.93%。在三种专利申请中，职务申请32930件、比增18.39%，非职务申请20771件、比增38.85%。设区市专利申请量前三位的分别是泉州市（18470件）、厦门市（11160件）、福州市（9210件）。1985年至2013年，全省专利申请总量达到263828件，居全国第13位。

全省专利获授权37511件（居全国第9位）、比增23%，其中：发明专利2941件、下降1.21%，实用新型专利22152件、比增25.1%，外观设计专利12418件、比增26.56%。在三种专利授权中，职务授权23845件、比增17.26%，非职务授权13666件、比增34.49%。设区市专利授权量前三位的分别是泉州市（13267件）、厦门市（8255件）、福州市（6237件）。1985年至2013年，全省专利授权总量达到178752件，居全国第9位。至2013年底，全省共有有效发明专利10429件、比增34.33%，居全国第15位，每万人口拥有发明专利2.783件、居全国第11位。

当年，全省PCT国际专利申请368件、比增38.35%，居全国第7位。

【专利转化运用】　2013年，筛选确定省专利技术实施与产业化项目33项，下达经费495万元。当年，积极开展知识产权金融服务（参见“科技投融资”），推进专利权质押融资试点工作开展，共有55家企业获金融机构专利权质押贷款，质押金额约5.62亿元，共有11家企业获得贴息资金204.5万元；积极推动专利保险试点工作开展，为企业创新发展提供保障，于11月29日获省人大常委会表决通过《福建省专利促进与保护条例》，以地方法规形式明确提出保险机构应当依照国家相关规定开展专利保险业务。同时，组织开展第十一届“6·18”项交会优秀专利项目成果展，精选展示59项优秀专利技术项目，并现场通过互联网集中展示全省1个国家级、3个省级专利技术展示交易中心的专利项目共4900项。福建省专利技术网上拍卖平台于5月建成投入试运行，并在“6·18”项交会期间，举办福建省首届专利技术网上拍卖会，共有20件专利技术参加拍卖，最终以12.5万元金额成交1件专利技术。省知识产权局还作为福建省科技展团成员单位，组织10个优秀专利项目参展北京科博会。此外，进一步加强专利服务体系建设，指导龙岩市知识产权局建立福建省专利技术（龙岩）展示交易中心，为企业转型升级和促进专利技术转化实施提供服务。

【专利行政执法】 ①积极推动地方立法，配合省政府、省人大常委会等有关部门完成《福建省专利促进与保护条例》修订工作。2013年11月，福建省十二届人大常委会第六次会议表决通过《福建省专利促进与保护条例》。②部署深入开展专利执法维权“护航”专项行动，加大对药品、食品、建材、汽配等与群众生命安全、生产生活密切相关领域行政执法检查和办案力度。③积极参与“6？18”项交会、“9？8”投洽会、海峡两岸经贸交易会等展会专利执法服务工作，通过在会场设立知识产权维权援助与举报投诉咨询台、开通“12330”举报投诉电话等方式方法，及时高效维护专利权人的合法权益。④推进执法协作机制建设，与省法院签署《关于建立知识产权纠纷诉调对接机制的若干意见》，与省公安厅经侦部门签署打击侵犯知识产权犯罪合作备忘录。⑤全年受理专利侵权纠纷案件95件、比增93.9%，查处假冒专利案件431件、比增162.8%。在国家知识产权局2013年专利执法维权工作绩效考核评价中，福建省专利行政执法工作绩效考核结果位居全国省级知识产权局第8位。

【知识产权试点示范】 ①知识产权试点示范工作取得积极进展。厦门市以综合评分第一的成绩获批成为第二批国家知识产权示范城市；晋江市、福清市入选国家知识产权示范培育城市，南安市入选国家知识产权试点城市；龙岩市新罗区成为全省首个国家知识产权强县工程示范县（区），福州市仓山区等7个县（区）入选国家知识产权强县工程试点县（区）；厦门火炬高技术产业开发区和泉州高新技术产业开发区入选国家知识产权试点园区；福耀玻璃工业集团股份有限公司入选国家专利运营试点企业，并与厦门宏发电声股份有限公司等5家企业一同入选首批国家知识产权示范企业，福建星网锐捷通讯股份有限公司等56家企业入选首批国家知识产权优势企业；长乐市等8个县（市、区）被确定为福建省知识产权强县（市、区）；福建新大陆电脑股份有限公司等40家企业被确定为福建省知识产权优势培育企业；福州第四中学等16所中学、福清市城关小学等17所小学被确定为福建省知识产权普及教育试点中小学。培育并新增市级试点示范单位146家，至2013年底全省共有国家、省、市三级知识产权试点示范单位1501家。②开展知识产权试点单位总结验收工作。完成福州市和泉州市国家知识产权示范城市，晋江市国家知识产权试点城市，龙岩市新罗区、厦门市海沧区、福州市闽侯县国家知识产权强县工程试点县（区）以及2009年确定的13个省知识产权强县的考核验收工作。完成省内9家第二批全国企事业知识产权示范创建单位，以及2009年确定的20家省知识产权优势培育企业、51所省知识产权普及教育试点学校的考核验收工作。同时召开福建省知识产权优势企业培育工作座谈会，近百家企业参与交流。③积极推行《企业知识产权管理规范》国家标准实施。印发《关于开展企业知识产权管理规范推广试点工作的通知》，确定68家企业为全省首批贯标试点企业，确定福建万维管理技术培训中心等5家机构为贯标工作服务机构，推动各设区市知识产权局、服务机构、贯标试点企业按照工作实施方案认真组织实施。举办2013年福建省企业知识产权管理规范推广试点工作培训班，近160名学员参加培训。

【知识产权宣传培训】 ①2月21日，组织开展福建省首个知识产权日宣传活动。在《福建日报》刊登知识产权宣传专版；筹划制作知识产权专题宣传片《专利的力量》，深度报道省专利奖获奖企业在知识产权管理和运用方面的思路与举措；组织发动各设区市知识产权局开展形式多样的知识产权宣传日活动。②组织开展福建省知识产权宣传周活动。省知识产权战略制定工作领导小组办公室召开省知识产权宣传周活动新闻发布会，公布《2012年福建省知识产权发展与保护状况》白皮书，与省委党校、福建行政学院联合举办“知识产权与创新驱动战略”讲座，组织各设区市知识产权局开展形式多样的知识产权宣传周活动。③组织第七届中国专利周福建地区活动。通过组织全省知识产权系统开展形式多样的各类活动，促进专利有效运用。期间，召开全省专利权质押融资工作座谈会和部分高校科研单位知识产权工作座谈会，共谋加快专利转化运用对策措施。④支持德化县开展青少年知识产权普及教育专项行动。邀请国家知识产权培训（福建）基地及中国知识产权培训中心的骨干教师针对性地筛选教材、准备讲义，指导开展全县中学知识产权教育师资培训。⑤组织举办全省首期高校知识产权师资培训班。开设《知识产权基础理论》《专利法》《商标法》《著作权法》以及福建省专利、商标、版权现状与展望等7门课程，来自省内48所本科高校、公办高职高专、本科高校独立学院及成人高校的教师参加培训。⑥组建福建省知识产权远程教育平台下属7个分站，完成各分站的师资培训及软硬件建设并顺利开展培训工作。当年，福建平台及其各分站共开设远程培训班22期，培训达4526人次。⑦组织举办知识产权高校巡回讲座（福建专场）。邀请国家知识产权局专利管理司企业管理处领导，围绕企业知识产权标准化管理进行授课，厦门的部分高校及企业代表参加了会议。⑧组织承办全国知识产权战略信息和宣传工作研讨班。配合国家知识产权战略实施工作部际联席会议办公室，邀请公安部、商务部、人民日报以及华为公司等单位领导和专家就知识产权服务业发展、专利保护、新闻宣传和企业知识产权创造等专题进行授课。

【专利信息服务】 ①积极开展专利检索。协助做好年度省科学技术奖有关项目的专利情况核查工作，共核查51个项目，涉及234件专利；完成年度省专利奖项目涉及专利法律状态检索260项，出具专利权评价报告8份；完成“福建省专利技术实施与产业化项目”专利法律状态检索186项；为企业申请“2013年度资助向国外申请专利专项资金”出具检索报告18份等，为各类项目决策提供信息支持。②深入开展专利统计分析工作。逐月分析全省专利申请受理量和专利授权量及其在全国的排位，进行对比分析；完成了《2012年度福建省专利状况分析报告》；完成全省知识产权试点示范单位、高校、科研单位、创新型企业、高新企业专利授权量统计工作；配合全省专利提升行动，统计并测算发明专利倍增的目标数据；开展产业专利分析软课题研究，完成“国内外、福建省LED产业专利态势研究”软课题的研究任务，分析产业发展现状和国内LED行业政策，建立了LED行业专题专利数据库导航分类，完成专利态势研究分析报告撰写，为领导决策提供参考。

【知识产权交流合作】 2013年，省编办批复同意在省知识产权局规划发展处加挂“国家知识产权局专利局海西专利受理服务中心”牌子，受理台湾地区申请人提交的非PCT专利申请及专利费用收缴等工作。当年，组织举办第六届“海峡两岸知识产权论坛”，以“创新驱动发展与企业知识产权战略”为主题进行交流研讨。圆满完成2013年全国专利代理人资格考试福州考点的台湾考生报名查验及考试服务等工作，共有254名台湾考生获得考试资格，211人参加考试，其中66人成绩合格通过考试。同时，还组织相关人员赴台，加强与台湾专利师公会及相关专利代理机构沟通，拓展闽台专利代理行业的交流与合作。

（省知识产权局　徐文彬）

【商标管理】 2013年，全省商标申请96134件、比增13.8%，新核准注册商标52367件，有效注册商标总数36.97万件、居全国第5位。新增马德里国际注册商标159件，总数达1296件、居全国第4位。新认定福建省著名商标446件，省著名商标总数达3436件。新增驰名商标69件，驰名商标总数达370件、居全国第4位，其中新增地理标志驰名商标4件，地理标志驰名商标总数达21件、居全国第1位。全省累计注册地理标志商标203件、居全国第2位。当年，省工商局健全商标印制管理制度，建立了从源头上遏制商标侵权的长效机制。开展打击鞋服行业制售假冒伪劣商品和商标侵权专项整治行动，开展打击利用互联网平台从事制售假冒伪劣商品和商标侵权违法行为专项整治行动，成效明显。全省工商系统共查处商标违法案件4146件，罚没款总额2401.5万元。

【版权管理】 2013年，全省核准作品版权登记21038件、比增36%，作品版权登记数量继续位居全国前列，其中港澳台作品版权登记2345件。电子出版物境外委托复制备案10件。图书贸易引进版权76种，印数62.4万册，码洋2932.8万元、比增12.6%；输出版权127种，印数31.8万册，码洋384.6万元、比增15.4%。当年，省版权局联合公安、通信管理等部门开展为期4个月的打击网络侵权盗版专项治理“剑网行动”，主动监管全省65家音视频网站、11家网络服务提供单位，关闭侵权网站3家；接受公安、文化市场综合执法等部门申请，对28852种80458件涉嫌侵权盗版制品进行版权认定。全省版权行政执法部门共查处侵权盗版案件52起，查缴各类侵权盗版制品55万多件。同时，结合省知识产权日、知识产权宣传周开展版权宣传活动，如集中销毁侵权盗版及非法出版物、开展保护版权“绿书签”宣传、组织现场咨询、播放《版权知识宣传》系列动画片等。至2013年底，全省市县两级全面完成政府机关及党委、人大、政协、法院、检察院、民主党派、人民团体等机关软件正版化任务。

【知识产权海关保护】 2013年，福州海关加大重点敏感商品的风险分析和监控，提高打击侵权准确度。加大对药品、食品、汽车配件、手机以及机电产品等侵权易发商品的监管力度，共查处涉嫌侵犯知识产权案件132批次，查扣涉嫌侵权货物172万件，总案值1496.5万元。通过“12360”政务微博，大力宣传知识产权海关保护的基本知识、工作流程和执法成效，登录浏览达2万多人次，并依托媒体宣传海关在保护知识产权工作中取得的突出成效及打假典型案例。同时，与厦门海关、中国外商投资企业协会优质品牌保护委员会联合举办福建省内海关知识产权执法培训班，承办全国海关“定牌加工”执法问题研讨会。

厦门海关加大对服装、鞋、汽车配件和手机等侵权易发商品的监管力度，共查获各类涉嫌侵权案件820批次，总案值2236万元，向公安机关移送涉嫌侵权案件8起。当年，结合知识产权宣传周、海关法制宣传日、全国法制宣传日等重点活动，开展保护知识产权宣传，利用媒体开展典型案例宣传。举办知识产权海关保护讲座，定期召开关企例会，通报海关保护知识产权工作情况，促进企业守法经营。召开关区知识产权联络员业务研讨会，提高知识产权联络员的执法能力。

科技合作交流

【科技合作计划项目】 2013年，福建省整合国家级、省级科技合作计划项目资源，积极开拓对外科技合作的空间和内容。①国家级科技合作计划项目。“高性能金刚石工具超硬复合材料联合研发”等13个项目获科技部立项支持，扶持经费2629万元。②省级引进重大研发机构资助项目。资助宁德新能源科技有限公司宁德研究院、福建奔驰汽车工业有限公司研发中心、东南汽车研究院等首批5家研发机构，资助经费3750万元；资助光电集成一体化技术两岸联合研发中心、宁德市富发大黄鱼产业技术研究中心等第二批5家研发机构，资助经费3470万元。③省级产业支撑科技重大项目。共有“工业烟气净化装置气流和气固两相流数值模拟研究及应用”等21个项目获立项，涉及环保技术、光电、生物技术、电子信息等领域，资助总金额1810万元。④省级国际合作重点项目。全年新上省科技合作重点项目18项，计划资助经费185万元。(项目列表参见“附录”)

【国际科技交流合作】 2013年，省科技厅组织福建永恒能源管理有限公司、福建中海创集团等企业赴德国参加“中德先进制造合作研讨会”，与德国弗劳恩霍夫研究促进协会建立联系渠道，并向其提交了福建省的技术需求；组织省内企业参加“中英可持续先进制造合作研讨会”，就节能铸造、药物萃取、高价值制造、3D打印等当前先进制造领域热点，与英方面对面开展了技术咨询交流和洽谈对接；组织科技代表团赴新加坡、德国、以色列、澳大利亚、新加坡、马来西亚访问，着重开展微波通信技术、生物技术与生物医药技术、先进农业技术的引进与合作洽谈等工作，促进新加坡国立大学的“RNA干扰技术研发生物农药”、澳大利亚Biogrobal公司的“昆虫信息素迷向技术”等重大生物技术项目在福建省转化落地；组织生物医药企业赴以色列参加国际生物医药展，促成多项合作项目；组织科技孵化器建设管理培训班，赴以色列学习关于科技孵化器的先进建设和管理经验。

2013年，省科技厅积极争取培训、科技成果展示和洽谈等各类国际交流活动，共组织或参与18个团组，赴国（境）外开展科技合作与交流项目洽谈、培训、商务展览等，出访人员111人次，其中科技人员70人次、科技管理工作者41人次。

【省际科技交流合作】 2013年，省科技厅积极开展区域科技合作，参加了第十一次“泛珠三角”区域科技合作联席会，组织省内企业、高校和科研院所的35项科技成果、技术需求和合作项目参加第一次“泛珠三角”区域科技合作洽谈和签约会，福建的2个项目与海南企业对接签约；同时，中科院城市环境研究所代表福建参加由“泛珠三角”省区联合发起的“珠江流域水生态治理”联合课题。

【闽台科技交流合作】 2013年，福建省结合战略性新兴产业发展需求，重点推进闽台产业合作交流。省科技厅主要领导率福建省科技分团，赴台湾参加科技部在台湾举办的“第二届海峡两岸科技论坛”，并考察台湾工研院、李国鼎基金会、台湾车辆研究检测中心、中华汽车、台湾新大陆科技资讯股份有限公司、台湾机械行业同业公会等，促进4个合作研发项目、3个技术转移项目达成协议，推进福建省对台科技合作的窗口建设。当年，围绕福建省战略性新兴产业的培育发展和主导产业、传统优势产业的转型升级，支持信息通讯技术、光电、机械制造、生物农业科技等对台科技合作项目11项；促成省科技交流协会与台湾中华经济文化发展促进会合作，共同签署《关于加强两会合作促进闽台科技交流与合作的框架协议》；颁布并实施《闽台科技合作基地管理办法》，推进闽台科技合作基地建设；综合开展在闽台资企业数量、质量及其技术创新能力调研，提出台资企业开展技术创新、促进转型升级的建议；深入调研分析省内对台科技合作企业、高校、研发机构与台湾相关单位互建窗口的情况，推进双方研发机构互建窗口工作的持续发展。同时，在出境项目洽谈中着重与台湾的合作，共组织5个团组51人次赴台湾参加学术会议、培训、洽谈科技合作研发和技术转移项目。

【项目对接活动】 2013年，福建省先后组织科技展团参加“9·8”投洽会、“第十届满洲里中俄蒙科技展暨高新技术产品展览会”“第十届中国—东盟博览会农村先进适用技术暨高新技术展”等科技交流、科技项目成果展览展示等活动，组织省内企业、科研院所项目参加展览展示活动，借助展会优势资源以及对外吸纳和辐射功能，增进福建省与俄、蒙及东盟国家科技、经贸等多领域的交流与合作，为企业和产品“走出去”捕捉商机、开拓市场、增进对外合作交流提供良好的平台。

当年，成功举办“第七届海西科技论坛”，以“生物技术创新与生物医药产业”为主题开展产业对接，促成新加坡国立大学的研发项目与福建大北农科技有限公司、漳州英格尔农业科技有限公司、福建农业大学等成功对接，推进福建华兴创投与漳州英格尔、以色列TBN集团与福建梅生医疗的合作。同时，融合“9·8”投洽会科技展团工作，成功举办“第七届科技外交官论坛”，论坛由科技部国际合作司和省科技厅共同举办，以“科技合作服务信息与通讯产业发展”为主题，中国驻德国、新加坡、以色列、悉尼等科技外交官、独联体国际科技合作联盟秘书长等作演讲并开展有关项目推介，与会代表就如何充分利用国内国外两种资源、开拓国内国外两个市场进行深入交流，福建省长兴船舶重工有限公司代表与独联体国际科技合作联盟代表就“船舶机械手焊接专机技术”“水下焊接技术”等项目进行深入洽谈。

（省科技厅对外合作处）

【联合国南南合作】 2013年，福建省联合国南南合作网示范基地突出“科技创新、驱动经济、服务民生”的科技宗旨，圆满承担了国家援外培训任务、国际科技合作、技术转移等科技人员服务工作。承担完成2期援外培训任务，其中第一期“发展中国家花卉生产技术培训班”为期42天（4月16日至5月27日），来自乌克兰、越南、蒙古等14个国家的18名学员参加培训，第二期“发展中国家食用菌技术培训班”为期21天（6月19日至7月9日），来自斯里兰卡、印度尼西亚、南非等15个国家的15名学员参加培训。组织承担实施佩罗基金项目“食用菌技术区域合作项目”，积极准备为越南、菲律宾2国开展食用菌从业人员技术培训。开展与以色列合作交流，于12月组织赴以色列开展科技孵化器的建设与管理培训，借鉴其成功经验，培养科技管理人才。当年，积极承担并圆满完成各大展会福建代表团的相关组织工作。在北京科博会期间，福建省代表团获评优秀组织奖，有23家企业达成合作、投资、购买等意向、成交金额6000多万元，实现网上交易省外境外对接项目32项、共签订合资合作或投资意向21.3亿元。在第十届满洲里中俄蒙科技展暨高新技术产品展览会期间，福建省代表团获评优秀组织奖，有2家企业与俄罗斯等国家的企业达成合作协议。在“9·8”投洽会期间，完成福建代表团科技分团暨第七届外交官论坛项目推介会组织工作，邀请中国驻德国使馆孟曙光公使衔参赞、驻以色列使馆韩军参赞等嘉宾，对所在国信息与通讯产业政策环境、发展水平以及可供转化项目进行推介；同时，重点推介省内项目20项，成功对接10多项。在深圳高交会期间，组织39家企业、52个项目参加“福建高新技术成果展”，多家企业与国内外商家签订合作开发意向协议，福建代表团获评优秀组织奖、优秀展示奖和优秀产品奖9项。此外，承担开展省级（企业）工程技术研究中心及科技公共服务平台评估的事务性工作和国家火炬计划重点项目验收相关工作，并积极参与组建福建省技术转移中心。

（福建省联合国南南合作网示范基地）

科技经费管理

【全省公共财政科技支出】 2013年，全省公共财政科学技术支出60.62亿元，比上年增加12.15亿元、增长25%，其中省本级支出9.62亿元，比上年增加1.68亿元、增长21.2%。在全省公共财政科技支出中：技术研究与开发经费19.87亿元（省本级1.33亿元、9设区市18.53亿元），科技条件与服务经费7.35亿元（省本级1.6亿元、9设区市5.75亿元），科学技术普及经费2.49亿元（省本级4803万元、9设区市2.01亿元），科技重大专项经费3.67亿元（省本级5071万元、9设区市3.16亿元）。全省公共财政科学技术支出参见“科技统计资料”。

当年，省级财政继续加大科技经费投入力度，有力地推动科技创新与产业升级。①继续安排科技项目经费，推进科技与经济紧密结合。安排科技计划项目经费预算2.7亿元，其中重大专项资金1.5亿元。同时，创新资金管理方式，在省科技计划和专项中引入后补助管理机制，鼓励和引导企业按照国家战略和市场需求先行投入开展研发项目，推动企业真正成为科技创新投入、决策和成果转化的主体。②加快科技成果转化，支持企业加大研发投入。根据《福建省人民政府关于促进科技成果转化和产业化的若干意见》精神，设立科技创新与成果转化专项资金，2013年安排专项资金2亿元，支持企业加大研发投入，支持高校和科研机构加快成果转化，吸引社会资本投入，推动科技成果转移转化。省财政厅会同省科技厅研究制定《福建省科技创新与成果转化专项资金管理办法》，规定企业销售收入安排用于研发投入的比例应逐年提高，2013年不低于1.5%、2014年不低于1.8%、2015年不低于2.2%。③推进科技金融创新，助推科技型企业创新发展。省财政厅配合省科技厅出台《福建省科技支行风险补偿金管理办法（试行）》及《福建省科技支行虚拟风险池管理办法（试行）》，推动省内商业银行建设科技支行、科技金融服务中心，安排风险补偿金300万元，组织合作成立了福建海峡银行福州科技支行、交通银行漳州分行科技金融服务中心、兴业银行三明分行科技金融服务中心，专门开展科技型中小企业授信业务，累计为32家科技型中小企业发放贷款1.3亿元。④支持知识产权事业发展。安排知识产权专项资金2200万元，重点支持专利质押贷款贴息、专利宣传培训与合作交流、专利申请资助与专利保护执法、专利管理机构运行补助、知识产权战略专项和专利奖等，促进省内企业、高校和科研机构的知识产权技术产业化，提升科技成果转化能力。⑤引导和支持行业和地区科技工作。加大扶持力度，安排7090万元用于引导和支持行业及基层科技工作，其中：安排2150万元继续实施水稻、茶叶、生猪、蔬菜、鸡、食用菌等6个产业现代农业产业技术体系建设；安排930万元支持实施科技富民强县计划，推动县域经济持续发展，促进农民增收致富和缓解县乡财政困难；安排1610万元支持科普惠农兴村计划，专项用于奖励和补助先进单位和个人购置科普专用资料和设备费，面向农民、农村青少年和社区居民开展科普活动；安排2400万元用于各类人才生活津贴、博士后科研经费等，加快科技人才队伍建设。⑥促进全省社会科学事业繁荣发展。安排社会科学研究经费4100万元，重点支持全省哲学社会科学规划、全省社科科普、社科重大课题研究、社会科学奖等，活跃氛围，促进全省社会科学事业的繁荣发展。

（省财政厅教科文处）

【科技财务管理与制度建设】 2013年，省科技厅加强科技财务管理，出台《福建省科技厅关于加强厅机关委托工作经费管理的意见》《福建省科技厅加强机关和直属单位会议费管理的意见》《福建省科技厅加强机关和直属单位培训费管理的意见》，初步修订《福建省科技计划项目经费管理办法》，并组织编写了《企业研发经费会计核算工作手册》和《福建省科技厅直属单位会计集中核算工作手册》。

【科技经费使用管理与监督】 2013年，省科技厅完成2012年度部门决算、科技计划项目经费、固定投资财务决算等工作，下发2013年部门"二下"预算。省科技厅2013年部门公共财政预算支出5.69亿元，其中人员经费5540万元、公用经费757万元、专项经费50641万元。2012年度部门决算单位共19个，总收入2.7亿元、总支出2.5亿元。

2013年，完成"省科技重大专项""省科学技术奖励专项""省自然科学基金专项中的青年创新专项"3个类别专项财政支出绩效自评工作，涉及财政资金总量6745万元，占2012年度部门公共财政支出4.18亿元的16.15%。同时，公开"三公"经费预算情况：2013年省科技厅部门（含厅本级及18家二级预算单位）"三公"经费财政拨款预算数为408.88万元，其中因公出国（境）经费90万元、公务接待费136.24万元、公务用车购置及运行费182.64万元。

【国有资产管理】 2013年，省科技厅出台《福建省科技厅关于规范厅系统固定资产购置及处置工作的通知》，汇总完成厅系统国有资产报表。省科技厅系统17家行政事业单位2012年底的总资产额5.4亿元、总负债额1.05亿万元、净资产4.35亿元。

（省科技厅条件财务处）

【科技型中小企业技术创新资金管理】 2013年，福建省紧密围绕全省技术创新体系建设，积极寻求科技型中小企业技术创新资金管理工作创新点与突破点。①着力培育创新型产业集群，与地方加强联动促进技术创新，有效培育、壮大一批具有较强区域带动性的特色支柱产业。当年，新增国家创新型产业集群试点（培育）1个（福建省闽东中小电机产业集群）。全省累计有3个产业集群被列入科技部"创新型产业集群试点（培育）"，即厦门的海洋与生命科学产业集群、泉州的微波通信产业集群和宁德的闽东中小电机产业集群。②充分发挥国家创新基金和省创新资金的引导作用，通过项目带动，促进企业成为技术创新的主体。制定《2013年度福建省科技型中小微企业技术创新项目实施方案》和《2013年度福建省科技型中小企业公共技术服务机构补助项目实施方案》，提早部署启动国家创新基金项目申报工作。当年，全省推荐申报国家创新基金409项，其中技术创新项目362项、公共服务机构补助项目47项；获国家创新基金立项扶持167项、资助经费10950万元，其中技术创新项目137项9170万元、公共技术服务机构补助项目30项1780万元。同时，完成省创新资金项目立项37项、资助经费1106.5万元，涵盖新一代信息技术、生物与新医药、新材料、新能源、节能环保、高端装备制造、海洋高新产业等战略性新兴产业。③认真做好项目管理工作。加强国家创新基金项目、省创新资金项目的监督管理与验收结题，将项目验收管理成效作为各设区市科技局项目管理的重要评价指标之一。全年委托设区市科技局组织开展国家创新基金项目现场验收95项，审查上报国家创新基金项目验收54项。

（省创新资金管理中心）

科学技术普及

【全民科学素质工作】 2013年4月3日，省政府与中国科协在福州签署《落实全民科学素质行动计划纲要共建协议》，中国科协常务副主席、书记处第一书记、党组书记陈希，省政府省长苏树林在共建协议上签字，省委书记尤权，省领导陈桦、叶双瑜、洪捷序，省政协原副主席、省科协主席吴新涛，中国科协书记处书记徐延豪，省政府和中国科协有关部门负责人出席签署仪式。按照协议，明确到2015年福建省公民具备基本科学素质比例超过6%，省政府将实施《全民科学素质行动计划纲要》纳入政府工作重要议事日程，把公民科学素质建设作为推动经济社会发展的一项重要工作，纳入福建经济社会发展总体规划，将实施《全民科学素质行动计划纲要》的重点任务列入年度工作，进一步加强对全民科学素质工作的组织领导，建立健全公民科学素质建设的组织机构，根据财力情况和公民科学素质建设发展的实际需要，加大投入，为福建省公民科学素质建设提供有力保障。省科协开展"万名科技工作者服务百万民众"行动，引进大型系列科普讲坛类电视节目《科普新说》在25个县级电视台播出，参与组织科技·人才周、科技文化卫生"三下乡"、防灾减灾日、食品安全周等活动，推动科普宣传职能整合纳入农村“六大员”队伍统一管理。省科技馆“科普助学志愿服务”项目被评为“福建省优秀志愿服务项目”。当年，各级科协和省级学会共举办科普宣讲活动6347次（其中院士科普报告会占1.2%、专题展览占17.6%、流动科技馆巡展占4.2%、开展科技咨询占55.3%），受众人数455.86万人次；播放科技广播、影视节目6738.65小时（其中电台、电视台播放的占38.2%）；举办实用技术培训5274次（其中县级科协举办的占73.9%），培训人数41.91万人次；推广新技术、新品种974项（其中县级科协推广的占78.4%）；参加各类科普活动的科协和学会工作人员、志愿者、被邀请的专家和科技人员等8.2万人次（其中专家人数占20.1%）。

【基层科普行动计划实施】 2013年，福建省深入组织实施“基层科普行动计划”（由“科普惠农兴村计划”和“社区科普益民计划”两个子计划构成）。省级财政安排“农村科普平台和农民科技培训专项补助资金”500万元，用于补助县（市、区）科普惠农服务总站建设和农民科技培训等项目。有43个农村专业技术协会、10个农村科普示范基地、14个社区和15名农村科普带头人被中国科协、财政部评为基层科普行动计划奖补单位和个人，获奖补资金1415万元；有30个农村专业技术协会、24个农村科普示范基地、30个科普示范社区和25名农村科普带头人被省科协、省财政厅评为省“基层科普行动计划”先进单位和个人，获奖补资金470万元。省农函大积极开展农业“五新”技术培训，举办培训班1578个，发放教材52380册，培训农民4.9万人次。《无公害乌龙茶生产技术手册》被评为中国农函大优秀乡土科普教材，10个农函大分校、30名先进工作者获中国科协农村专业技术服务中心表彰。当年，全省各级财政投入科普惠农兴村奖补资金482.8万元，表彰奖励作出突出贡献的农村专业技术协会85个、农村科普示范基地85个、农村科普带头人79名；实施社区科普益民计划表彰的示范社区107个。

【青少年科技创新实践】 2013年，福建省继续组织开展青少年科技创新实践活动，持续举办高校科学营、国际英语科普夏令营、科技夏令营、青少年科学调查体验、青少年科学素质培训、少年科学家俱乐部等活动，为青少年体验科学、提升素质提供优质平台。在漳州举办第二十八届全省青少年科技创新大赛，来自全省九个设区市、平潭综合实验区和台湾地区部分学校的200多名中小学生和科技辅导员参加；大赛以“创新·体验·成长”为主题，共收到来自各地选拔推荐的学生科技作品629项（包括台湾7个科技项目），其中科技项目356项、科技实践活动项目41项、科幻画232幅；经评审，评出优秀科技项目一等奖54项、二等奖78项、三等奖155项，优秀科技实践活动一等奖5项、二等奖10项、三等奖15项，科幻画作品一等奖20项、二等奖45项、三等奖65项，优秀组织奖3个，优秀科技辅导员5人。在福州举办第十一届全省青少年机器人竞赛，来自全省九个设区市及平潭综合实验区的323支代表队、700多名选手参加，评出一等奖54队、二等奖77队、三等奖129队。举办全省中学生数学、物理、化学、信息学（计算机）、生物学五个学科奥林匹克竞赛活动。开展第十三届“福建省小科学家”评选表彰活动，经评审，决定授予79位同学“福建省小科学家”称号。组织开展青少年科学调查体验活动，2万多名学生提交数据。实施青少年科技创新拔尖人才培养计划，遴选36名优秀中学生到厦门大学与科学家共同开展为期一年的科研实践。组织选拔优秀选手参加第二十八届全国青少年科技创新大赛，福建省代表队在大赛上取得丰硕的成果：学生科技项目获一等奖4项、二等奖6项、三等奖9项、专项奖9项，获奖成绩位居全国第五位，其中福安市逸夫小学钟正航同学获得中国科协主席奖（大赛最高奖项，全国仅3人获得）；科技辅导员项目获一等奖1项、二等奖4项、三等奖7项、专项奖1项，其中柘荣县城郊中心小学梅永来老师被评为“全国十佳科技辅导员”；泉州师院附属小学、福州三中荣膺2013年度“全国十佳科技创新校”称号。组织参加第十三届全国青少年机器人竞赛，获一等奖9队、二等奖12队、三等奖2队，总成绩居全国第二位。组织参加第四届全国青少年科学影像节，获一等奖17项、二等奖44项、三等奖46项，总成绩居全国第一位。组织参加全国数学、物理、化学、生物、信息学（计算机）五个学科奥林匹克竞赛，获金牌6枚、银牌11枚、铜牌12枚，9名选手入选国家集训队。莆田市科协、市教育局、市科技局联合出台了《关于加强中小学科技教育工作的意见》。泉州市科协引导泉州贤銮福利基金会设立“泉州市青少年贤銮科技奖”，每年出资5万元奖励50个优秀学生科技创新项目、5名优秀科技辅导员和2个优秀科技教育学校。当年，各级科协和省级学会举办青少年科技竞赛436次，参赛人数56.57万人次，获奖人数1.92万人次；组织262人次青少年参加12次国际及港澳台地区科技交流活动；举办青少年科学营153次，参加人数9994人次；编印青少年科技教育资料209种，总印数39.19万册；举办青少年科技教育培训653次，培训人数5.78万人次。

【流动科技馆和科普大篷车巡展】 2013年，省科协和省财政厅在全省启动流动科技馆巡展工作。巡展以体验科学、提升素质为目的，旨在开阔青少年的视野，开拓青少年的思维，激发青少年爱科学、学科学的兴趣，促进青少年科学文化素质的提高，采用“展品统一标准、展板统一制作、巡展自行组织、评估表彰奖励”的方式。巡展及活动主要安排在县城，每县设一站，每站巡展时间一个月左右。当年省级财政投入专项资金936万元，补助福州、泉州、漳州、三明4个设区市购置流动科技馆巡展展品和制作展板及技术培训，全年巡展12个山区县，受益公众16万多人次。至2013年底，设区市、县级科协已配置科普大篷车11辆，全年下乡359次，行驶里程2.79万千米，受益人数19.02万人次。

【科普场馆平台建设】 2013年，全省进一步加强科普场馆平台建设，省级财政继续安排“科普场馆建设专项补助资金”500万元，用于支持设区市、县（市、区）科技馆、科普（技）活动中心展教展品购置及相关配套服务设施建设项目；安排“基层科普设施与阵地建设专项补助资金”100万元，用于补助设区市、县（市、区）科普宣传设备更新购置及科普画廊改造等项目。全省新启动或在建的科技馆、科普专业馆15个，新建社区青少年科学工作室23个（至2013年底累计已建132个）。省科技馆新馆建设取得重大进展，基建工程紧张施工，展教工程也全面启动，计划2016年国庆建成开放。福州市为省科技馆新馆配套建设266.67公顷湿地生态科普园。建筑面积3.4万平方米的莆田市科技馆完成主体建筑工程。积极推进福建数字科普教育基地、科普网络书屋、电子科普画廊等设施建设。福建数字科技馆全年游览人数101万人次，获评2013年度中国数字科技馆优秀二级子站点称号。省科技馆、厦门园林植物园等6个单位获评全国优秀科普教育基地。福州市、漳州市科协开通新浪微博、腾讯微信，利用网络平台开辟科普宣传阵地。至2013年底，全省拥有全国科普教育基地45个、全年参观人数201.68万人次，省级科普教育基地170个、全年参观人数448.90万人次。各级科协拥有所有权或使用权的科技馆16个（其中建筑面积8000平方米以上的3个），建筑总面积72170平方米（其中展厅面积34145平方米），全年参观人数68.25万人次；设立科普活动站（中心、室）9695个，全年参加活动（培训）人数172.46万人次；建有科普画廊（宣传栏、橱窗）建筑面积8.38万平方米，全年展示面积24.81万平方米；建立农村科普示范基地1089个。

【科技期刊与科技传播】　2013年，省科协组织开展第六届优秀科技期刊评选，《应用海洋学学报》等5种期刊获一等奖、《电力与电工》等10种期刊获二等奖、《福光技术》等11种期刊获三等奖、《福建气象》等6种期刊获鼓励奖。编辑出版《福建科普资源共建共享发展报告（2012）》。当年，各级科协和省级学会主办科技期刊71种，总印数615.79万册，发表论文1.12万篇，其中省级学会主办科技期刊63种（中文学术期刊48种、科普期刊9种、技术期刊6种）、占88.7%，总印数602.93万册、占97.9%，发表论文1.02万篇、占90.7%；编著科技图书160种（其中省级学会编著的占78.1%），总印数36.22万册；主办科技报纸7种，总印数500.9万份；制作科普挂图306种（其中省级学会制作的占83.4%），总印数102万张；制作科技广播影视节目119套，总播放时间223.38小时；制作科技光盘66套（其中省级学会制作的占80.3%），光盘总数10.34万张；制作科普动漫作品5套，总播放时间16.17小时；主办科技网站137个、浏览人数1829万人次。

【福建省“全国科普日”活动】　2013年9月14～20日，全省各地积极开展以“保护生态环境，建设美丽福建”为主题的福建省“全国科普日”活动，启动仪式在福建师范大学举行，省全民科学素质工作领导小组成员单位的领导和代表、各界专家、科技工作者、高校师生代表以及社区居民等2000多人参加，一群身穿用废旧环保袋、塑料袋、纸片制成的“服装”的大学生在节奏感很强的背景音乐中走上舞台向大家展示了低碳环保的生活理念。在全国科普日活动期间，全省各地组织开展高校科普开放日、科普教育基地开放日、科普文艺汇演、科技咨询、科普讲座、科普宣传、科普展览等丰富多彩的400多项重点科普活动，各级科协和省级学会举办院士科普报告会、专题展览、流动科技馆巡展、科技咨询等科普宣讲活动1331次、受众76.71万人次，播放科技广播影视节目390小时，举办实用技术培训899次、培训7.8万人次，推广新技术、新品种183项。省科协获中国科协授予“全国科普日”活动优秀组织奖。

（省科协　邱雪如、严建和）

【科技·人才活动周】　省科技厅、省委组织部、省委宣传部、省科协联合省有关部门以及各设区市，成功举办“2013年福建省科技·人才活动周”，活动周以“科技创新·美好生活”为主题。5月19日上午，“2013年福建省暨福州市科技·人才活动周”主会场活动在福州西湖文化广场举行。活动周期间，全省组织115所科研院所、高校对社会开放，其中包括21所高校和省级科研机构，让公众近距离接触科研活动，体验科技创新的魅力。各地各部门也突出区域特色和行业优势，开展了一系列丰富多彩的群众性科技活动。据不完全统计，全省共有2153个单位、4.2万名科技人员参加“科技·人才活动周”，投入经费595.3万元，组织各类活动1638场（次），参与群众达137.6万人次。通过活动周积极宣传科技政策、普及科技知识、推广科技成果、展示科技成就。

【文化科技卫生“三下乡”】　2013年，由省委宣传部、省文化厅、省科技厅、省卫生厅等8部门牵头，联合50家单位共同主办的“2013年全省文化科技卫生‘三下乡’活动启动仪式”在泰宁县朱口镇举行。省科技厅捐赠30万元活动款以及价值10万元的电脑，着力推动科技进村入户。

（省科技厅政策法规处）

科技社团管理

【科协组织建设】　至2013年底，省科协、9个设区市科协和84个县（县级市、县级区）级科协机关从业人员共有605人；省、设区市、县三级科协有直属单位68个、从业人员494人。全省有乡镇（街道）科协1109个、个人会员5.67

万人，高校科协42个、个人会员1.73万人，企业科协1734个、个人会员11.96万人，农村专业技术协会2141个（其中经民政部门注册的占35%）、个人会员16.6万人，基层科普员19408人。省、设区市、县（市、区）科协所属自然科学学会、协会、研究会2330个，其中：省科协所属学会、协会、研究会152个，拥有个人会员20.9万人、团体会员10100个、学会从业人员641人（其中社会聘用人员所占比例为35.4%）。省科协机关设有办公室（加挂“调研宣传部”牌子）、计划财务部、组织人事部（加挂“院士专家八闽行活动组委会办公室”牌子）、学会学术部、科学技术普及部、国际联络部和机关党委会等7个部（室），下辖10家直属单位，即省科技馆、省科技进修学院（福建科技职业技术学校）、省科学技术咨询服务中心、省青少年科技活动中心、省科协闽台科技交流中心、福建科技报社、《学会》杂志社、省技术经济与管理现代化研究会、省科普声像中心、省标本公司。省科协第八届委员会主席：郑兰荪，副主席：梁晋阳（专职）、吴瑞建（专职）、游建胜（专职）、林学理（专职）、洪茂椿、谢华安、付贤智、田中群、焦念志、陈元仲、孙世刚、郑金贵、刘波、徐西鹏、黄汉升、尤民生、陈立典、苏文金。

【省科协第八次代表大会召开】 2013年6月24～26日，省科协第八次代表大会在福州市召开。中国科协党组书记、书记处第一书记申维辰，中共福建省委书记、省人大常委会主任尤权出席开幕式并讲话；省委副书记、省长苏树林，省委常委、省委宣传部部长袁荣祥，省委常委、福州市委书记杨岳，省委常委、省委教育工委书记陈桦，省委常委、省委组织部部长姜信治，省委常委、省委秘书长叶双瑜，省委常委、省委政法委书记苏增添，省人大常委会党组书记、副主任徐谦，省人大常委会副主任刘群英，省政府副省长洪捷序，省政协副主席郑兰荪、陈绍军出席开幕式，来自全省各地的省科协八大代表、列席代表、特邀代表，以及省直有关单位主要负责人、各设区市分管科协工作的领导，省级学会、高校科协秘书长，省科协机关部室和直属单位干部、职工约900人参加了开幕式。大会审议通过了省科协七届委员会工作报告，明确了省科协未来五年的工作规划和目标任务，选举产生了由162名委员、59名常委、18名副主席和1名主席组成的新一届省科协领导机构，省政协副主席、中科院院士郑兰荪当选主席。省委常委陈桦在闭幕式上发表重要讲话。会后，各地党政主要领导听取了地方科协有关汇报，明确要求加强和改革对科协工作的领导，为地方科协及所属团体开展工作创造了良好的政策条件。

【学术交流活动】 2013年，省水产学会、省植物病理学会、省测绘学会、省光学学会等积极承办境内外学术会议，省医学会、省地震学会、省气象学会、省土木建筑学会、省花卉协会等参与举办港澳台地区学术会议。省港口协会、省航海学会、省交通运输协会、省铁道学会联合举办福建省交通运输学术年会，作为跨学科、交叉融合学术交流项目，得到中国科协重点资助。当年，各级科协和省级学会举办国内学术会议、境内国际学术会议和港澳台地区学术会议833次（其中高端前沿学术会议占14.6%、综合交叉学术会议占31.7%、学术服务会议占53.7%），参加人数11.19万人次（其中企业科技工作者占17.8%），交流学术论文26458篇（其中高端前沿类学术论文占15.8%、综合交叉类学术论文占27.3%、学术服务类学术论文占56.9%）。省级学会举办国内学术会议683次，参加人数81087人次，交流学术论文18204篇；举办境内国际学术会议18次，参加人数4704人次，交流学术论文2229篇；举办港澳台地区学术会议44次，参加人数11983人次，交流学术论文3140篇。

【省科协第十三届学术年会】 2013年9月25日，由省科协和泉州市政府联合主办的以“实施创新驱动，加快福建发展”为主题的省科协第十三届学术年会主会场在泉州市举行，省委常委、省委教育工委书记陈桦，省政协副主席、省科协主席、中国科学院院士郑兰荪，国家海洋局原局长孙志辉，中国科学院院士姚建年、欧阳钟灿，中国工程院院士马建章，以及300多名科技工作者出席主会场。陈桦在致辞中代表省委、省政府向年会的召开表示祝贺，指出经过十二届的成功举办，省科协学术年会已成为科技工作者增进交往、密切合作的一个重要桥梁，成为探索学术前沿、推动原始创新的一个重要平台，成为建言献策、共谋发展的一个重要渠道，在建设创新型省份、推动福建科学发展跨越发展中发挥了积极的促进作用。会上孙志辉、姚建年和国际食品科技联盟主席饶平凡分别作题为《国家海洋战略的思考》《学科交叉促进原始创新》《推进食品科技，造福人类社会》的专题报告。年会在全省各地设立分会场55个，8000多名科技工作者参加，提交学术论文3000多篇，举办海峡两岸专家报告会、区域经济发展座谈会、科普广场等活动。

【国际及对港澳台地区民间科技交流】 2013年，省科协积极拓展与国际和港澳台地区科技团体沟通渠道和合作领域，引进高端人才和高新项目，促成国家“千人计划”特聘专家陈忠苏博士入选福建省第三批百人计划，并与福州市软件园签约云计算合作项目；促成新西兰科学家高益槐创办的安发公司与谢联辉院士创新团队合作，签约生物病虫害防治等合作项目，并建立院士工作站。省科协“海智”工作入选中国科协联系服务群众先进典型案例。三明市科协为市政府与清华大学签订战略合作协议牵线搭桥，促成海智项目签约6项。省地质学会、省农学会、省护理学会等12个省级学会，与台湾有关科技社团联合举办地质灾害防治论坛、现代农业科技论坛、护理论坛、电子商务合作与发展研讨会、智慧城市与数字家庭论坛、移动云计算创新论坛等活动。泉州市湿地学会与台湾湿地学会建立合作伙伴关系。当年，各级科协和省级学会引进海外高层次人才34人，促成科技合作项目25项（其中引进优质科技资源14项、占56%）；参加国外科技活动149人次（其中省级学会参加的占92.6%），参加港澳台地区科技活动588人次（其中省级学会参加的占76.2%）；接待国外专家学者511人次（其中省级学会接待的占87.9%），接待港澳台地区专家学者1380人次（其中省级学会接待的占63.6%）。省级学会加入国际民间科技组织6个，在国际民间科技组织中任职专家7人；参加国际科学计划7项。

【海峡两岸“一赛三论坛”】 2013年，省科协牵头协调大陆7个省市科协，与台湾中华青年交流协会、台湾台中教育大学等单位，在台湾共同举办第十二届海峡两岸大学生辩论赛，辩论赛以“大学学费应不应以市场机制决定”“安乐死是否应当合法化”和“基因改造作物是弊大于利还是利大于弊”为辩题，两岸各8支高校代表队参赛，福州大学代表队获冠军，台湾大学代表队获亚军。主动融入国台办、省政府主办的第五届海峡论坛，协助中国科协在厦门市承办第五届海峡科技专家论坛，策划组织主会场及12个分会场活动，430名台湾地区代表和大陆20多个省区市的1300多名代表参加，提交论文500多篇，签约合作项目20项。组织大陆5个省区市的51名专家、学者赴台，与100多名台湾地区专家、学者和青年学生，共同参加第六届海峡两岸科普论坛，提交科普论文77篇。在厦门市举办第十二届海峡两岸科技与经济论坛，主题为“园区·伙伴·创新——两岸科技产业园协同创新与发展”，130多位两岸科技专家、企业家参加，提交论文46篇。

【科技决策咨询服务】 2013年，省科协评选颁发了第九届福建省科技工作者优秀建议奖10项，积极发挥科协界作为政协界别作用，组织科技工作者向省政协报送《福建省新型城镇化与生态文明建设协调发展研究》等提案41件，在《海峡科学》杂志发布20个福建省自然学科发展研究报告；组织专家、学者、企业家建言献策，形成专题报告2个报送省委、省政府；组织有关省级学会、高校科协、设区市科协，完成22个重点课题和37个一般课题研究。省委《八闽快讯》、省政府《今日要讯》刊载科协信息31篇。积极参与中国工程院重大咨询课题“海西经济区生态环境安全与可持续发展研究”，中国工程院院长周济院士、省委书记尤权、省长苏树林出席课题成果汇报会并提出重要意见。中国工程院将课题成果呈送中共中央、国务院，建议将福建建成全国生态文明示范省。配合中国工程院在闽开展“生态文明建设若干战略问题研究”项目调研，协调省直有关部门和各地政府为课题组深入各地调研提供服务保障，并吸纳生态文明建设调研成果。省医学会等30个省级学会，根据专业特长和资源优势，承担政府和社会职能78项。省水产学会接受省海洋渔业厅委托，参与对全省30多项重点项目评估论证、65个项目验收和成果鉴定。省能源研究会为省石化集团、地方政府提供能源项目咨询。当年，各级科协和省级学会提供决策咨询报告483篇（其中获上级领导批示的占27.3%），举办决策咨询活动413次（其中省级学会举办的占81.8%），参加活动专家2558人次；开展科技评价147项（其中省级学会开展的占98%），科技人才评价795人次（其中专业技术职称评定的占58.1%）；反映科技工作者建议1062条（其中获上级领导批示的占20%）。

【院士专家八闽行】 2013年，省科协全年邀请院士157人次、专家585人次参加“院士专家八闽行”活动，成功举办第十一届“6·18”项交会院士项目签约仪式，对接院士专家项目25项。承办中国科学院科学论坛、中国工程院工程论坛各2场，开展“航天院士八闽行”“纺织院士长乐行”“纺织·食品·环保院士泉州行”等活动12场，举办院士专家科普讲座、学术报告59场，聘请5名院士担任各地政府科技顾问。

【院士专家工作站建设】 2013年，福建省积极推进在企业设立院士专家工作站，为企业搭建技术创新服务平台，将院士专家个人及其团队和企业法人之间合作关系明确化、长期化、机制化，提升技术交易的质量和效率，加速创新要素向企业聚集。当年，省科协与省直有关部门联合，授牌省级院士专家工作站31家。至2013年底，省级院士专家工作站有95家，进站院士98名、专家414名，开展合作项目176项，总投资32.7亿元。各级科协在组织企业开展“讲理想、比贡献”活动中，有1266个企业、4.27万人次科技人员参加，被采纳合理化建议4936条，全省建立专家工作站291个，进站专家1483人次。

【科技工作者之家建设】 2013年，省科协全年走访慰问院士521人次、专家56人次，组织“委员之家”活动2次。组织开展福建省科技工作者状况调查，发放调查问卷2200多份，及时掌握科技工作者在就业方式、科研环境、生活状况、流动趋势、思想观念等方面出现新情况、新问题，完成《福建省科技工作者状况调查报告》初稿。省、设区市科协和省级学会开展科技人员继续教育培训308次（其中省级学会开展的占96.1%），培训结业人数2.59万人次；宣传科技工作者2679人次（其中省级学会宣传的占93.9%）。各级科协和省级学会看望走访慰问科技工作者4860人次。

【科技人才举荐表彰奖励】 2013年，省科协积极争取省委、省政府和省直有关部门支持，“福建青年科技奖”“福建省优秀科技工作者”获批列入福建省评选表彰保留项目。联合省委组织部、省公务员局、省科技厅，评选表彰第十二届福建青年科技奖获得者30名。评选表彰第二十届福建运盛青年科技奖获得者10名、第五届紫金创新科技奖获得者10名。福州市表彰首届福州青年科技奖。省医学会、省水利学会、省测绘学会、省地质学会、省农学会、省茶叶学会等省级学会相继设立学会科技奖，表彰奖励科技工作者915人次。泉州市科协引导推动文创科技股份有限公司设立“文创科技创新奖”，每年出资10万元奖励10名优秀科技工作者，连续奖励10年。当年，各级科协和省级学会表彰奖励科技工作者2598人次，其中女性科技工作者占27.4%，40岁以下科技工作者占42.8%。

【科学道德与学风建设】 2013年11月15日，省科协与中国科协联合在福州成功举办“弘扬科学道德，践行三个倡导，奋力实现中国梦”报告会，邀请著名科学家钱学森之子钱永刚，航天英雄、中国载人航天工程办公室副主任杨利伟，中华预防医学会会长王陇德院士分别作题为《钱学森的科学报国精神》《伟大的祖国，伟大的梦想》《严谨求实，提炼关键；服务民生，科学报国——为国民健康而探索》的主题报告，省直机关干部、高校师生、科研院所和省级学会科技工作者等1300多人听讲。

【科技社团党建工作】 2013年，省科协深入开展党的群众路线教育实践活动，及时制定《福建省科协党的群众路线教育实践活动实施方案》，确定以"建好科技工作者之家、广交科技工作者之友"为活动载体，先后召开党组中心组学习（扩大）会7次，组织专题讨论及辅导报告10次，召开座谈会37场，走访调研市、县（区）基层单位52个，发放征求意见函770份，采取"请进来，走出去"方式，广泛听取基层科协和科研一线科技工作者的意见建议，征集意见建议328条，召开开放式专题民主生活会，研究制定和落实整改方案。省科协开展教育实践活动的做法和成效，得到省委和中央第五督导组的充分肯定，并在福建省党的群众路线教育实践活动第一批总结暨第二批部署电视会议上介绍经验。省委活动办简报、福建日报、福建电视台、《八闽快讯》等，专题报道了省科协"坚持开门搞活动"的做法。积极开展文明单位和党建先进单位创建工作，认真落实"1263"党建工作机制和创先争优长效机制，严格落实中央"八项规定"。与中国科协机关党委联合举办学会党建专栏，组织汇编学会党建论文集。组织开展基层农技协党组织工作调研，完成《福建省农村专业技术协会党组织建设工作调查分析报告》。泉州市科协联合市委组织部出台《关于加强以党的建设带动科协建设的实施意见》。

（省科协 邱雪如、严建和）

科技管理机构

【福建省科学技术厅】

机关内设机构及人员编制 省科技厅机关内设办公室、政策法规处（科技创新体系建设办公室）、发展计划处、科研条件与财务处、基础研究处、高新技术与工业科技处、农业科技处、社会发展科技处、科技成果与技术市场处、对外合作处、人事处等11个职能处（室）和机关党委、监察室。2013年底，省科技厅机关干部行政编制85人（含纪检监察编制4人）、机关工勤人员事业编制12人，实际在编干部77人（含4位纪检监察工作人员）、工勤人员6人。

领导成员 2013年，省科技厅领导变动情况：陈秋立任厅党组书记（闽委干〔2013〕96号、2013年3月21日）、厅长（省第十二届人大常委会第二次会议2013年4月1日通过，闽常任〔2013〕11号）；2013年9月，张天明任党组副书记、副厅长（闽委干〔2013〕463号、闽政文〔2013〕340号）；2013年7月，林伯德任厅党组成员、省知识产权局局长，黄国柱、王洲任厅副巡视员，党组成员、副厅长何静彦调任福州市委（闽委干〔2013〕409号、闽政文〔2013〕304号）；2013年10月，党组成员、副厅长李堂杰退休（闽政文〔2013〕396号）。

2013年福建省科学技术厅内设机构及主要领导名录
（2013年12月31日在职者）

科技厅领导
党组书记、厅长：陈秋立
党组副书记、副厅长：张天明
党组成员、副厅长：杜　民
党组成员、副厅长：周世举
党组成员、纪检组长：马士敏
党组成员、省知识产权局局长：林伯德
副巡视员：黄国柱
副巡视员：王　洲

办公室
主　任：郑志锋
政策法规处（科技创新体系建设办公室）
处　长：郭运孝
副处长：陈　伟
发展计划处
处　长：郑怡彤
副处长：王志锋
科研条件与财务处
处　长：张秀谋
副处长：王　浦
基础研究处
处　长：吴立增
高新技术与工业科技处
处　长：叶碧海
副处长：周林平
农业科技处
处　长：程绍汉
副处长：李坚义
社会发展科技处
处　长：郭守尧
副处长：陈建林
科技成果与技术市场处
处　长：黄　威
副处长：郑群力

对外合作处

处　长：郑孝国

副处长：赖登颖

人事处

处　长：史　斌

副处长：张先斌

机关党委

专职副书记：刘　锋（正处长级）

监察室

主　任：陈永文

直属机构　至2013年底，省科技厅有直属企事业单位20个（含省知识产权局所属的省知识产权维权援助中心和省知识产权信息公共服务中心），其中：参照公务员法管理事业单位3个，即福建省知识产权局、福建省科技型中小企业技术创新资金管理中心、福建省科技厅星火计划办公室；财政核拨事业单位12个，即福建省科学技术信息研究所（福建省生产力促进中心）、福建省测试技术研究所（福建省分析测试中心）、福建省微生物研究所、福建海洋研究所、福建省武夷山生物研究所、福建省科技发展研究中心、福建省对外科技交流中心、福建省科技管理干部学校、福建省联合国南南合作网示范基地（亚太地区食用菌培训中心）、福建省知识产权维权援助中心、福建省知识产权信息公共服务中心、福建省科技档案馆；经费自给事业单位1个，即福建省科技厅农牧业科研中试中心；企业化管理的事业单位3个，即福建省科技开发中心、福建省科学器材中心、福建省高新技术创业服务中心；直属企业单位1个，即福建省科学器材进出口公司。

直属事业单位改革　2013年，省科技厅稳步推进事业单位实施绩效工资及厅属省属科研机构聘任制改革工作。完成厅属事业单位编制清理规范工作，配合开展事业单位分类改革调查摸底等相关工作。继续推进事业单位岗位设置管理，指导省科技开发中心、省知识产权维权援助中心、省知识产权信息公共服务中心完成岗位设置方案制定报批工作，以及部分直属单位工作人员岗位设置后聘用工作。

干部和人才队伍建设　2013年，省科技厅开展厅管干部选任、交流、调整和轮岗工作，新提任处级干部11名、科级干部2名，首次对拟提任的8名干部遵守党风廉政规定情况，书面征求驻厅纪检组意见。积极向省委推荐使用干部，厅机关共有4名处级干部被提任为副厅级干部（其中1名交流提任为省科协党组成员、副主席）。组织机关3名干部、直属单位2名主要领导进行交流轮岗。选派3人到省信访局、漳州市科技局和罗源县挂职；有5人顺利完成在县区、直属单位挂职，以及驻村和担任领队工作任务，其中1人被省委、省政府授予“先进工作者”（省劳模）称号，1人被三明市委、市政府记个人二等功一次。机关和参公单位通过面向基层遴选方式，共补充5名“80后”工作人员；机关还调人工作人员3名、调出1名。当年，建立健全科学的干部考核评价机制，组织开展机关干部述职述廉和年度考核工作，厅机关共有16人被评为2013年度考核优秀人员，其中4人连续3年年度考核优秀荣立三等功；开展直属单位领导班子、领导干部年度工作考核，对19个直属单位领导班子、42名领导干部进行民主测评。加强干部学习培训、教育管理，支持鼓励干部参加学历教育，采取面授、远程网络教育等形式，分类分级开展举办“创新方法”“科技政策与技术创新”等18期专题培训研讨班，选送安排24人（次）领导干部参加党校、高校、行政学院培训学习。同时，开展人才选拔、引进等相关工作，省微生物研究所公开招聘2名硕士研究生、1名博士研究生。推进省属科研机构聘任制改革，与省公务员局、省人力资源开发办公室共同研究出台《福建省属科研机构科技人员专业技术职务聘任制实施办法（试行)》。加强职称评审工作，对省自然科学研究人员高级职务评审委员库进行调整，由17个单位122名农业科学和自然科学研究方面的专家组成；先后组织开展2012年度自然科学研究系列高级职称、2013年度省自然科学研究系列中高级职称以及厅系统工程技术人员中初级专业技术任职资格评审工作，共有27人通过评审；委托其他厅局开展专业技术职务职称评审13人次，批准确认专业技术职务中级任职资格4人。

效能建设　2013年，省科技厅组织接受省绩效管理联合评估，根据省委办公厅、省政府办公厅通报及省效能办反馈意见，抓好工作整改。加大绩效管理制度推行力度，科学设置绩效目标，明确责任分工。加强绩效目标推进过程的监控，及时进行工作总结分析。强化内部管控和督促检查，两位厅领导带队到厅机关各处室和在榕直属单位，组织开展厅机关效能建设暨“门难进、脸难看、事难办”专项整治活动明查暗访工作。高度重视公众评议和察访核验，重新采集提供评议调查对象样本框，重新设计公众评议问卷内容，加强工作宣传报道，强化与社会各界的互动联动。抓好行政能力建设，对厅机关和厅属参公单位行政管理事项进行全面梳理，明确“马上就办”事项，建立目录清单，绘制流程图，推行“马上就办”工作制度。进一步加强电子政务，抓好厅门户网站建设，强化信息安全管理。

（省科技厅人事处）

督查督办　2013年，省科技厅坚持把抓落实放在更加突出的位置，加大检查和督促力度，杜绝拖拉、推诿现象，使重大决策、重要工作部署和领导批示事项得到有效落实；严格按照规定和程序，对上级部门督办事项、省领导批示件和人大、政协提案进行登记，并督促有关处室办理，及时将办理结果反馈上级部门。全年共收办省领导批示件70件，全部办理完结；承办省人大建议、政协提案83件，全部按时限办理，及时答复，做到“件件有反馈、件件有落实”，得到了上级有关部门和领导以及代表、委员的认可。

信息宣传　2013年，省科技厅信息宣传工作成效明显。一是及时通过省科技厅网站发布全省科技工作动态，做好内部简报《福建省科技工作情况》编发工作，不断提高信息发布量、覆盖面和传播面，累计发布工作动态信息2000多条，涵盖省科技厅工作、直属单位工作、市县科技、科技要闻、媒体报道、国内外科技进步新动态等，为社会各界提供了全面而及时有效的科技政务信息服务，取得良好成效。二是突出抓好向省委、省政府和科技部办公厅的政务信息报送工作，全面反映全省科技系统深化科技体制改革，推动创新型省份建设的实践和成效。同时，围绕全省科技工作的大事、要事，加大对重点信息、专报信息的挖掘力度，不断提高信息的层次和水平，及时整理报送了“福建省科技厅多措并举推动科技与金融结合”等一批重要信息，突出反映科技工作的重要举措、成效、亮点。初步统计，全年共上报政务信息200多条次，被科技部办公厅、省委办公厅、省政府办公厅采用100多条次，获得省领导批示1条。省科技厅再次被科技部评为年度科技部政务信息工作先进单位（省、自治区、直辖市科技管理部门中仅有7个获得），并荣获全省政府系统年度专题信息工作先进单位称号。

当年，继续高度重视科技新闻宣传工作，加强与省委宣传部有关处室的联系与协调，建立了“科技新闻宣传通气会制度”。积极开展形式多样的科技新闻宣传活动，精心策划，多方组织，开展北京科博会、“6·18”项交会、“9·8”投洽会、深圳高交会、首届福建创新创业大赛等大型科技创新主题活动宣传。创新宣传形式，在福建电视台《福建卫视新闻》开播“创新驱动力”专栏，播出“8个1”创新小故事反映创新大成效的系列电视新闻。拓宽宣传渠道，不仅加强在中央电视台、福建电视台、《科技日报》《福建日报》等传统媒体的宣传力度，还拓展人民网福建频道、新浪网等新兴媒体科技工作宣传平台，努力营造“科技创新：驱动经济、服务民生”社会舆论氛围，提升科技宣传工作的广度和深度。《科技日报》《福建日报》等主要媒体先后累计刊载、宣传报道全省科技工作的各类新闻稿件500多篇，其中头版100多篇；福建电视台等主要电视媒体播出各类电视节目160多期（条），新闻报道质量有明显提升，保持了良好的宣传态势。由省科技厅选送的“创新驱动的‘福建方略’”新闻作品被科技部评为年度“科技好新闻”。

政风行风建设 2013年，省科技厅继续深化民主评议政风行风工作，把开展民主评议政风行风工作作为贯彻党的群众路线教育实践活动部署，落实中央八项规定和福建省实施办法的一个重要抓手，进一步加强和完善厅主要领导负总责，分管厅领导亲自抓，厅民评办具体抓，各相关处室密切配合，省、市、县“三级联动”的全省科技系统民主评议政风行风工作格局。研究制定《福建省科技厅2013年度民主评议政风行风工作方案》，推动了民评4项基本原则、7项评议内容、3种评议方法、4项具体步骤、4项工作要求以及36项具体任务的落实。积极做好参与福建电视台“政风行风热线直播”节目的组织和服务工作，强化事前预案设计和事后观众问题的分解落实答复。充分利用“福建民评网”平台，积极整理上报省科技厅系统民评工作相关资料、图片、文件等，自觉接受群众监督。加强与民评代表和服务对象的联系，开展明察暗访、意见征集、座谈会等，广泛征求意见，并在此基础上扎实开展选题整改，推动政风行风建设取得新进展。

政务公开 2013年，省科技厅认真开展办事公开标准化建设自查，成立政务公开工作领导小组，健全落实政务公开责任制度、审议制度、评议制度、反馈制度、备案制度等五项制度，按照“群众看得到、看得实、看得清”的要求，完成向社会公开厅本级“三公”经费工作。严格按照《政府信息公开条例》要求，落实政府信息公开保密审查制度、主动公开工作制度和依申请公开工作制度，完善政府信息公开工作的监督和保障机制，认真做好政府信息公开工作。实行政府信息发布与制发文件同步审核制度，畅通政府信息的公开渠道，不断提高政府信息公开的规范性和时效性，全年按照规定时限上网发布主动公开信息181条，并及时向省图书馆、省档案馆报送相关纸质公开资料。加强政府信息公开电子监察系统的日常运维保障和信息采集，确保系统节点网络畅通，保证信息采集的及时性和完整性。

电子政务 2013年，省科技厅积极推进电子政务建设，不断提高工作效率和服务水平。一是牵头开展全省科技系统电子政务整体规划，按照顶层设计、横向到边、纵向到底的要求，启动建设一个囊括科技管理各块业务、覆盖市县科技部门的一体化电子政务系统。按照省纪委监察厅的部署，积极启动科技计划项目系统网上公开试点建设。二是抓好省科技厅门户网站建设，新开辟“办事服务资源目录”等6个专题专栏，组织开展17期在线访谈主题设计，并按要求进行长期预告，进一步充实和活跃网站内容；在厅网站开展8期民众意见征集和5期网上调查工作，加强厅网站公众咨询答复工作，全年完成近200条咨询信息的办理回复，促进网站公众参与度和互动服务水平的提升。三是推进网上行政审批，实现电子证照功能，申报材料和批文全部实现电子化，全年共收到有效办件5件，已经全部按时办结。四是继续推进OA办公系统建设和信息资源开发利用，实施OA软件系统的软硬件升级改造，重新搭建电子公文库，并与档案系统实现无缝集成。完善信息资源在线共享服务，与省法人基础数据库数据共享年访问量达300多次。五是切实强化信息安全管理，进一步完善信息系统安全等级保护，严格执行国家密码管理的有关规定；加强政务网终端和重要信息网络应用系统管理，防止违规外联；强化网络与信息安全应急处置，开展多次网络与信息安全自查和整改，多次通过省网安办、省数办等部门的现场检查。

国防科技动员 2013年，省科技厅积极配合省军区启动省国防动员委员会科技动员办公室机构调整改革，推进科技装备动员工作体制机制健全和完善。充分利用科技资源优势，积极推进军民通用科技成果的装备应用，将物联网等技术引入部队，协助省军区建立由视频监控、入侵报警、环境智能探测等高新科技装置构成的监控管理软件平台。依托马尾造船厂、福光数码、星海通信等科技型企业，分别建立船艇装备保障基地、高新技术装备维修中心、通用装备维修保障中心，并在厦门、泉州、福州、宁德地区遴选12家军民通用装备后备修理工厂与部队建立维修保障对口协作关系，建立军地互补、有机衔接的维修保障网络。不断推进科技动员保障队伍建设，从地方高科技产业、技术密集型企业、科研单位和大专院校优选专业精通、技术过硬人员200多人，进一步充实到新型火炮、雷达、光学、防化等科技装备专业保障队伍中。组织3批7个专业近200人的装备动员支前保障分队与驻军部队开展军地挂钩联训，有效提升保障能力。

（省科技厅办公室）

党建工作 2013年，省科技厅扎实推进机关党建科学化、规范化、制度化。①思想政治建设。开展专题教育，组织学习贯彻党的十八大和习近平总书记系列重要讲话精神；开展经常性思想教育，提高党员干部思想政治素质；发挥厅党组中心组的示范带动作用，不断推进学习型组织建设。②教育实践活动。坚持思想发动和理论武装，组织召开教育实践活动动员大会；坚持聚焦“四风”、标本兼治，征集意见建议101条，并针对各方建议和查摆出来的问题，制定《班子整改任务书》，提出全面加强作风建设常态化的14项规章制度。③基层组织建设。制定《中共福建省科技厅机关委员会关于推进“1263”机关党建工作机制建设实施意见》，并认真落实各级领导干部“一岗双责”和主要领导上党课制度。扎实做好“党建带三建”工作，省科技厅直属团委被评为省直机关五四红旗团委，并有1人被评为省直机关优秀共青团干部。全年发展新党员4人，转正预备党员6人。④深入“学雷锋”“学厦航”“学长汀”主题活动。组建7支志愿服务队，到福州火车站等场所开展志愿服务活动，并被评为巾帼志愿服务优秀单位。报送的《创新驱动，服务企业技术创新主体地位》计策在省直机关第二轮“十佳举措”评选中名列第四位。实施“水土流失初步治理区生态循环与产业提升技术研发与示范”科技重大专项，已建立治理与开发示范园8个、示范基地280多公顷。⑤文明创建活动。坚持文体活动常态化，开展游泳、羽毛球等兴趣小组活动，组织摄影、廉政书画征集活动，组织参加省直机关系列竞赛活动，获评“优秀组织奖”和“体育道德风尚奖”，并有2项团体赛分别获二、三等奖。开展“我为科技管理创新献计策”演讲和“放飞中国梦·青春献科技”座谈会，并参加省直机关业务技能比赛和青年主题演讲比赛（均获优秀奖）。开展讲文明树新风活动，积极推动创建省直文明单位，开展“文明大行动”，组织下基层结对帮扶、百人义务植树等活动，并组织全国道德模范、福建省道德模范网络推选工作，有1人被列为10月份“好人榜”候选人。组织无偿献血，有4人荣获“省直机关无偿献血文明志愿奖”。开展人文关怀，为干部职工办理医疗互助和省图书馆借阅卡，为厅系统31名党员群众申领省直机关工委困难补助12000多元，慰问机关工会会员16人次、慰问金近1万元。⑥作风纪律建设。做好新《党章》的学习宣讲；深入贯彻落实中央“八项规定”“六项禁令”、《党政机关厉行节约反对浪费条例》和省委《实施办法》，从简安排各种公务活动。组织收看廉政教育片，组织参观反腐倡廉图片展，组织学习违反“八项规定”典型案件的通报，严格落实党员领导干部个人重大事项报告和述职述廉等制度，严格执行“廉政准则”，规范权力运行。

（省科技厅机关党委）

纪检监察工作 2013年，省科技厅深入落实党风廉政建设责任制，进一步扎实推进惩治和预防腐败体系建设，进一步拓展从源头上防治腐败工作领域，不断推进党风廉政建设和反腐败工作。一是廉政宣传教育工作推新举措。开辟“科技清风”月月讲堂，在线播放廉政电教片累计约20小时；建立手机廉政短信群发平台，定期或不定期发送廉政短信1350条。二是监督检查工作上新水平。开展落实中央“八项规定”精神财务专项检查工作，完成对省信息所等4个单位的检查工作；开展推进生态省建设监督检查工作，完成2个相关的省重大科技项目的检查工作。三是预防腐败工作有新提升。制定下发《福建省科技厅岗位廉政风险排查与防控手册》，共查找确定154个廉政风险点，制定防范措施256条；深入推进电子监察平台建设，实现对省科技计划项目网上办理进行全过程的实时监控。四是案件查办工作有新突破。严肃查处了省科技信息所一科室虚报冒领套取财政专项经费违反财经纪律的问题；对省创业中心原负责人违反财经纪律错误行为进行后续处理，给予该负责人党内严重警告处分，并对另一责任人（经办会计）进行责任追究；同时，认真做好信访举报工作，全年共收到信访举报件9件，其中检举控告类6件、业务范围外的3件，均作相应处理，信访初核率达66.67%。五是干部队伍自身建设有新提高。坚持以建立一支忠诚可靠、服务人民、刚正不阿、秉公执纪的纪检监察干部队伍为目标，先后选派3人次参加省纪委组织的案件检查业务培训、1人次参与省纪委查办案件实战训练。

（省科技厅监察室）

【福建省各设区市科学技术局】 2013年，全省9个设区市均设立有科学技术局，各设区市所属县（市、区）也均设立了科技管理部门。至2013年底，全省84个县、市、区（不含金门县）科技管理部门中：有74个县（市、区）单独设立科学技术局，6个设立科技文体局，1个设立科技与信息化局，1个设立科技发展局，2个设立文体科技新闻出版局。此外，泉州市设立了泉州经济技术开发区科技经济发展局、泉州台商投资区科技经济发展局。

2013年设区市及所属县（市、区）科技局主要领导名录

（2013年12月31日在职者）

福州市科学技术局

局　长：林治良
党组书记：朱光华
党组成员、副局长：郑寿平
党组副书记：吴亚镛
党组成员、副局长：林　伟
党组成员、纪检组长：邱　一
党组成员、副局长：王建忠
党组成员、副局长：薛　博
党组成员、知识产权局局长：何朝晖

鼓楼区科学技术局
局　长：李巧琴

台江区科学技术局
局　长：许　强
副局长：陈　清

仓山区科学技术局
局　长：郑　仲
副局长：刘建平

马尾区科技发展局
局　长：毛翔云
副局长：王　宏、吴钦振、叶发键

晋安区科学技术局
局　长：王培棋
副局长：李健凌

闽侯县科学技术局
局　长：陈步强
连江县科技文体局
局　长：张建国
副局长：陈贺民
罗源县科技文体局
局　长：丁　枫
副局长：游　春
闽清县科技文体局
局　长：马昭峰
副局长：刘　云
永泰县科技文体局
局　长：陈振灯
副局长：郑榕清
福清市科学技术局
局　长：张在铁
副局长：林文平、陈传辉
长乐市科技文体局
局　长：陈舜敏
副局长：陈进旺
平潭县科技文体局
局　长：高　云
副局长：林　芳

厦门市科学技术局
党组书记、局长：沈灿煌
副局长：徐平东
党组成员、副局长、直属党委书记：白国华
党组成员、纪检组长：李建国
党组成员、副局长：康林斌
党组成员、副局长、知识产权局局长：卢琳兵
党组成员、地震局局长：毛松林
党组成员、副巡视员：李英华
思明区科学技术局
局　长：叶加河
海沧区科学技术局
局　长：冯凤岐
湖里区科学技术局
局　长：王太兴
集美区科学技术局
局　长：杨良杰
同安区科学技术局
局　长：陈艺萍
翔安区科学技术局
局　长：纪春林

莆田市科学技术局
党组书记、局长：魏国庆
党组成员、地震局局长：黄润生
党组成员、副局长：林若扬
党组成员、副局长：方金强
党组成员、纪检组长：许金寿
党组成员、知识产权局局长：王金来
党组成员、副局长：林成龙
党组成员、副局长：陈继宗
城厢区科学技术局
局　长：宋超英
副局长：何友武
涵江区科学技术局
局　长：潘淑贞
副局长：李　萍
荔城区科学技术局
局　长：黄国安
副局长：詹丽君
秀屿区科学技术局
局　长：曾万华
副局长：林应忠、阮维忆
仙游县科学技术局
局　长：陈明藻
副局长：黄元海、范碧泉

三明市科学技术局
党组书记、局长：王立文
党组成员、副局长：黄志平
党组成员、知识产权局局长：黄建明
党组成员、纪检组长：周永东
党组成员、副局长：杨金笔
梅列区科学技术局
局　长：陈首茂
副局长：陈天敏
三元区科学技术局
局　长：伊泽学
副局长：曾焕森
明溪县科学技术局
局　长：罗建文
副局长：刘秀英
清流县科学技术局
局　长：黄志明
副局长：范春香
宁化县科学技术局
局　长：雷建平
副局长：廖仕辉、管伙才
大田县科学技术局
局　长：陈永明
副局长：姚智蒙
尤溪县科学技术局
局　长：陈德荣
副局长：洪荣辉
沙县科学技术局
局　长：江先淦
副局长：夏友盛、吴杨全
将乐县科学技术局

局　长：肖兰平
副局长：林生华
泰宁县科学技术局
局　长：黄俐滨
副局长：刘　萍
建宁县科学技术局
局　长：吴发明
副局长：江家勇
永安市科学技术局
局　长：赖逊毅
副局长：薛正武、侯正举、陈光清

泉州市科学技术局
党组书记：吴中培
党组副书记、局长：颜志煌
党组成员、地震局局长：傅剑国
党组成员、副局长：张育凯
副局长：陈建兴
党组成员、副局长：黄珍霞
党组成员、纪检组长：郑兴波
党组成员、知识产权局局长：黄丹萍
鲤城区科学技术局
局　长：吕华元
副局长：杨丽萍
丰泽区科学技术局
局　长：郑向东
副局长：吴明山、章嵘坚
洛江区科学技术局
局　长：黄思伦
副局长：张志明、谢　滢
泉港区科学技术局
局　长：庄向阳
副局长：肖来章
惠安县科学技术局
局　长：江奕春
副局长：陈全胜、陈春芳、黄云阳
安溪县科学技术局
局　长：高周过
副局长：许彬彬
永春县科学技术局
局　长：刘双标
副局长：林建裕
德化县科学技术局
局　长：林耀心
副局长：陈仁捷
晋江市科技与信息化局
局　长：陈恩典
副局长：许榕凤、庄伏龙
纪检组长：王颖芳
石狮市科学技术局
局　长：林晓晖
南安市科学技术局
局　长：上官连昭
副局长：洪其升、林文智
纪检组长：陈金柱
泉州经济技术开发区科技经济发展局
局　长：吴志灵
副局长：王　洪
泉州台商投资区科技经济发展局
局　长：陈扬陆
副局长：曾志强、庄俊强

漳州市科学技术局
党组书记、局长：王继跃
副局长：赵月英
党组成员、副局长：蔡亚河
纪检组长：唐丽娜
党组成员：何朱龙
芗城区科学技术局
局　长：赖建河
副局长：黄惠民、康惠萍
龙文区科学技术局
局　长：黄志勇
副局长：林镇辉、郭建能
云霄县科学技术局
局　长：蔡权城
副局长：张玉林、张建杉
漳浦县科学技术局
局　长：杨长泰
副局长：蔡昭生
诏安县文体科技新闻出版局
局　长：林志坚
副局长：沈素贞
长泰县科学技术局
局　长：薛东文
副局长：叶文生、蔡水发
东山县科学技术局
局　长：许炳林
副局长：孙惠清
南靖县科学技术局
局　长：余明香
副局长：戴根涂、庄明浩、邹国智
平和县科学技术局
局　长：苏金树
副局长：庄孟斌
华安县文体科技新闻出版局
局　长：黄清文
副局长：林清源、林郭林、邹树枝
龙海市科学技术局
局　长：张碧兰
副局长：王金龙

南平市科学技术局

党组书记、局长：何光松

党组成员、副局长：张泽华

党组成员、副局长：官轮辉

党组成员、副局长：涂目弟

党组成员、知识产权局局长：范纪李

副局长：阮春菊

延平区科学技术局

局　长：洪安祥

副局长：姜小钢、黄涛

顺昌县科学技术局

局　长：李永飞

浦城县科学技术局

局　长：黄文生

光泽县科学技术局

局　长：卢福生

副局长：江燕华

松溪县科学技术局

局　长：陈全德

副局长：吴　飙

政和县科学技术局

局　长：龚小华

邵武市科学技术局

局　长：黄益生

副局长：傅贤忠、李为民

武夷山市科学技术局

局　长：应杭军

副局长：王成强

建瓯市科学技术局

局　长：林　辉

副局长：戴亚青

建阳市科学技术局

局　长：陈春旺

副局长：苏　东

龙岩市科学技术局

党组书记、局长：傅藏荣

党组成员、副局长、调研员、高新区管委会副主任：邓以昌

党组成员、副局长、调研员：修仰旭

党组成员、副局长、调研员：郭浠恒

党组成员、副局长、调研员：谢军忠

党组成员、纪检组长：廖玉标

副局长：蔡东阳

新罗区科学技术局

局　长：李锦光

党组书记：林逢春

副局长：陈有鸿、陈晓峰、钟建梅

永定县科学技术局

局　长：唐信章

副局长：苏长泰、郑初城

上杭县科学技术局

局　长：罗忠亮

副局长：华炳生、刘冠良

武平县科学技术局

局　长：何金平

副局长：兰东华、李新明

长汀县科学技术局

局　长：李文飞

副局长：刘　锟、丘跃生

连城县科学技术局

局　长：沈君锋

副局长：杨桂娥

漳平市科学技术局

局　长：连于川

副局长：陈仲鸣、蒋中峰、陆艳芳

宁德市科学技术局

党组书记、局长：陈茂榕

党组成员、副局长：蔡祖民

党组成员、副局长、调研员：汤梅秀

党组成员、副局长（正处级）：陈鸿基

党组成员、纪检组长：王永仁

蕉城区科学技术局

局　长：林　峰

副局长：陈家辉、谢宇飞

霞浦县科学技术局

局　长：房　翔

副局长：何建潮

古田县科学技术局

局　长：林　靖

副局长：刘苏生

屏南县科学技术局

局　长：周昌孝

寿宁县科学技术局

局　长：叶林清

周宁县科学技术局

局　长：傅陈举

副局长：郑立德

柘荣县科学技术局

局　长：杨伟雄

副局长：王树贵

福安市科学技术局

局　长：马培华

副局长：吴培祥、王玉华

福鼎市科学技术局

局　长：林守无

副局长：郑昌央

（各设区市科技局）

科技创新体系

cience and Technology Innovation System

科技创新平台

【重点实验室】 2013年，全省新增国家重点实验室2个，新设立企业重点实验室10个。当年，省科技厅安排省重点实验室运行经费300万元，依据考核结果分别拨给28个省级重点实验室。至2013年底，全省共有国家重点实验室8个，国家重点实验室省部共建培育基地3个，省级重点实验室93个，企业重点实验室31个。

据46个已验收的省级重点实验室统计：2013年，科研用房面积总量为15.55万平方米，平均每个3308.6平方米；仪器设备总值为14亿元，平均每个2978.77万元；固定人员1737人，其中院士9人，具有高级职称的技术人员1059人（正高职称559人、副高职称500人）、占固定人员总数的60.97%，中级职称的技术人员475人、占27.35%，初级职称的技术人员141人、占8.12%，其他人员53人、占3.05%；获得国家级荣誉、学术称号人员69人次，省级荣誉、学术称号人员109人次，其中包括长江学者4人、国家杰出青年13人、教育部新世纪人才20人、百人计划（中国科学院）14人、千人计划9人、新世纪百千万人才工程9人、闽江学者29人等；承担各类科研项目1859项，其中国家级项目446项（含国际合作项目15项）、省部级项目508项（含国际合作项目11项）、厅级项目457项、横向协作项目307项、其他项目141项；获得各类奖励68项，其中国家级二等奖1项，省部级一等奖8项、二等奖15项、三等奖26项，社会力量奖18项；通过评审的成果48项、验收103项；获评国家级新产品4项、省级新产品4项；技术开发、转让项目76项；制定标准46项，通过资质认证273项；获授权发明专利189件、实用新型专利77件；发表学术论文1878篇，其中国外期刊852篇、国内期刊1026篇，在国际国内会议发表论文532篇；被SCI收录论文768篇、EI收录176篇；在国内外出版专著38部；设立开放课题160个，课题经费总额1194.4万元；开展各类行业技术培训17750人次；召开各类交流培训、会议（场）189次，参加交流培训、会议（场）809次；获得科研经费与经济收入87471.8万元，其中科研课题研究当年到账经费为59188.6万元、咨询与服务收入14955万元、技术成果转让金额3731.7万元、新产品销售收入9596.5万元。

各类重点实验室积极加强科技成果转化，推动企业自主创新发展，取得重要成效。如：①省光子技术重点实验室，与福州福特科光电有限公司自主研发的“汽车后视消盲区离轴球面增效镜”，通过ISO/TS16949：2009质量管理体系认证（适用于汽车行业），成为光电行业中通过该认证的2家企业之一；项目产品已经顺利在市场上推广并成熟应用，已实现销售收入5000多万元、实现新增利润1000多万元、新增税收275万元、创汇743万美元、新增就业人数200多人，取得较好经济效益。同时，实验室完成的“嵌入式多协议数据采集与通讯终端”项目成果，已在福州闽邮吉星数码科技有限公司实现产业化，应用在环保、交通等领域，至2013年底已实现经济效益2200万元。②省防火阻燃材料重点实验室，承担完成的多项技术成功转化应用，帮助企业建成国家级高新技术企业，产生良好社会经济效益，其中“基于全干法技术的卫浴功能涂层研发及产业化”项目，合作单位为厦门建霖工业有限公司，获集美区科技计划项目立项，投产后将新增产值7230万元/年；“高端自润滑关节轴承的研发”项目，合作单位为福建龙溪轴承（集团）股份有限公司，项目将基于POSS/环氧杂化材料纳米构筑机理应用于制备纳米自润滑胶粘剂及其增强材料，并将其用于高端自润滑关节轴承的研发，在工程机械、载重汽车、水利设施、军工机械、航空航天等领域具有广泛的应用前景，投产后将形成年产1500万套关节轴承的生产能力；“阻燃聚醚多元醇研发与产业化”项目，合作单位为福建湄洲湾氯碱工业有限公司，投产后将形成万吨级阻燃聚醚多元醇生产能力，产品可广泛应用于交通运输、建筑、机械、电子设备、家具、食品加工、纺织服装、合成皮革、石油化工、水利、国防、体育、医疗等领域。

国家重点实验室名录（8个）

序号	重点实验室名称	依托单位	实验室主任	批建年份
1	固体表面物理化学国家重点实验室	厦门大学	谢兆雄	1987年
2	结构化学国家重点实验室	中国科学院福建物质结构研究所	曹　荣	1992年
3	近海海洋环境科学国家重点实验室	厦门大学	戴民汉	2005年
4	低品位难处理黄金资源综合利用国家重点实验室	紫金矿业	陈锦河	2010年
5	肉食品质量与安全控制国家重点实验室	厦门银祥集团有限公司	石桂秀	2010年
6	细胞应激生物学国家重点实验室	厦门大学	韩家淮	2011年
7	分子疫苗学和分子诊断学国家重点实验室	厦门大学	夏宁邵	2013年
8	能源与环境光催化国家重点实验室	福州大学	付贤智	2013年

省部共建重点实验室名录（3 个）

序号	重点实验室名称	依托单位	实验室主任	批建年份
1	福建省海洋生物遗传资源重点实验室	国家海洋局第三海洋研究所	邵宗泽	2003 年
2	福建省作物种质创新与分子育种重点实验室	福建省农业科学院	谢华安	2010 年
3	福建省湿润亚热带山地生态重点实验室	福建师范大学	杨玉盛	2010 年

福建省级重点实验室名录（93 个）

序号	重点实验室名称	依托单位	实验室主任	批建年份
1	福建省昆虫生态重点实验室	福建农林大学	侯有明	1990 年
2	福建省亚热带植物生理生化重点实验室	福建省亚热带植物研究所	苏明华	1991 年
3	福建省医学测试重点实验室	福建省医学科学研究院	徐榕青	1992 年
4	福建省农业测试重点实验室	福建省农业科学院	刘　波	1992 年
5	福建省人兽共患病研究重点实验室	福建省疾病预防控制中心	严延生	1993 年
6	福建省植物病毒学重点实验室	福建农林大学	魏太云	1994 年
7	福建省农业遗传工程重点实验室	福建省农业科学院	林天龙	1996 年
8	福建省公路、水运工程重点实验室	福建省交通科学技术研究所	彭怡希	1996 年
9	福建省森林培育与林产品加工利用重点实验室	福建省林业科学研究院	李建民	1996 年
10	福建省新药（微生物）筛选重点实验室	福建省微生物研究所	连云阳	1998 年
11	福建省信息网络工程重点实验室	福建省科技信息研究所	朱祥枝	1999 年
12	福建省环境工程重点实验室	福建省环境科学研究院	陈益民	2000 年
13	福建省心血管病重点实验室	福建省心血管病研究所此外	浦晓东	2000 年
14	福建省光催化重点实验室	福州大学	付贤智	2003 年
15	福建省海洋生物遗传资源重点实验室	国家海洋局第三海洋研究所	邵宗泽	2003 年
16	福建省光子技术重点实验室	福建师范大学	陈建新	2003 年
17	福建省亚热带资源与环境重点实验室	福建师范大学	杨玉盛	2003 年
18	福建省化学生物学重点实验室	厦门大学	黄培强	2003 年
19	福建省检验检疫技术重点实验室	福建出入境检验检疫技术中心和保健中心	郑振洪	2004 年
20	福建省海陆界面生态环境重点实验室	厦门大学	黄邦钦	2000 年
21	福建省高分子材料重点实验室	福建师范大学	刘海清	2006 年
22	福建省纳米材料重点实验室	中国科学院福建物质结构研究所	卢灿忠	2006 年
23	福建省特种先进材料重点实验室	厦门大学	张　颖	2006 年
24	福建省半导体材料及应用重点实验室	厦门大学	康俊勇	2006 年
25	福建省等离子体与磁共振重点实验室	厦门大学	陈　忠	2008 年
26	福建省水稻分子育种重点实验室	福建省农业科学院	谢华安	2008 年
27	福建省移植生物学重点实验室	南京军区福州总医院	谭建明	2008 年
28	福建省中西医结合老年性疾病重点实验室	福建中医药大学	刘献祥	2008 年
29	福建省医疗器械和医药技术重点实验室	福州大学	郭养浩	2008 年
30	福建省汽车电子与电驱动技术重点实验室	福建工程学院	黄　健	2008 年
31	福建省作物分子与细胞生物学重点实验室	福建农林大学	庄伟建	2008 年
32	福建省发育与神经生物学重点实验室	福建师范大学	张彦定	2009 年
33	福建省血液病学重点实验室	福建医科大学	陈元仲	2009 年
34	福建省运动功能康复重点实验室	福建中医药大学	陈立典	2009 年
35	福建省食品安全分析与检测技术重点实验室	福州大学	陈国南	2009 年
36	福建省网络计算与智能信息处理重点实验室	福州大学	陈国龙	2009 年
37	福建省船舶与海洋工程重点实验室	集美大学	于洪亮	2009 年
38	福建省防火阻燃材料重点实验室	厦门大学	戴李宗	2009 年
39	福建省神经退行性疾病及衰老研究重点实验室	厦门大学	许华曦	2009 年

续表①

序号	重点实验室名称	依托单位	实验室主任	批建年份
40	福建省仿脑智能系统重点实验室	厦门大学	周昌乐	2009年
41	福建省眼科与视觉科学重点实验室	厦门大学	刘祖国	2009年
42	福建省能源计量重点实验室	福建省计量科学研究院	许　航	2010年
43	福建省肿瘤转化医学重点实验室	福建省肿瘤医院、福建医科大学附属协和医院	叶韵斌	2010年
44	福建省绿色建筑技术重点实验室	福建省建筑科学研究院	侯伟生	2010年
45	福建省理论与计算化学重点实验室	厦门大学	吴　玮	2010年
46	福建省统计科学重点实验室	厦门大学	蔡宗武	2010年
47	福建省地质灾害重点实验室	福建省地质工程勘察院	王长明	2011年
48	福建省水土流失遥感监测评估与灾害防治重点实验室	福州大学	徐涵秋	2013年
49	福建省土木工程多灾害防治重点实验室	福州大学	卓卫东	2013年
50	福建省海洋酶工程重点实验室	福州大学	叶秀云	2013年
51	福建省金融科技创新重点实验室	福州大学、江夏学院	黄志刚	2013年
52	福建省污染控制与资源循环利用重点实验室	福建师范大学	钱庆荣	2013年
53	福建省量子调控与新能源材料重点实验室	福建师范大学	黄志高	2013年
54	福建省网络安全与密码技术重点实验室	福建师范大学	许　力	2013年
55	福建省农业生态过程与安全监控重点实验室	福建农林大学	林文雄	2013年
56	福建省特种淀粉品质科学与加工技术重点实验室	福建农林大学	郑宝东	2013年
57	福建省病原真菌与真菌毒素重点实验室	福建农林大学	王宗华	2013年
58	福建省作物设计育种重点实验室	福建农林大学	吴为人	2013年
59	福建省天然药物药理重点实验室	福建医科大学	许建华	2013年
60	福建省分子神经病学重点实验室	福建医科大学	陈晓春	2013年
61	福建省中药学重点实验室	福建中医药大学	褚克丹	2013年
62	福建省中医健康状态辨识重点实验室	福建中医药大学	李灿东	2013年
63	福建省中西医结合肾脏病重点实验室	福建中医药大学	郑　健	2013年
64	福建省新材料制备与成形技术重点实验室	福建工程学院	陈文哲	2013年
65	福建省土木工程新技术与信息化重点实验室	福建工程学院	张建勋	2013年
66	福建省海洋渔业资源与生态环境重点实验室	集美大学	黎中宝	2013年
67	福建省食品微生物与酶工程重点实验室	集美大学	蔡慧农	2013年
68	福建省能源清洁利用与开发重点实验室	集美大学	何宏舟	2013年
69	福建省功能材料重点实验室	华侨大学	吴季怀	2013年
70	福建省光传输与变换重点实验室	华侨大学	蒲继雄	2013年
71	福建省结构工程与防灾重点实验室	华侨大学	郭子雄	2013年
72	福建省绿色功能材料重点实验室	闽江学院	林　棋	2013年
73	福建省客车先进设计与制造重点实验室	厦门理工学院	黄红武	2013年
74	福建省光电信息材料与器件重点实验室	厦门理工学院	朱文章	2013年
75	福建省高电压技术重点实验室	厦门理工学院	陈丽安	2013年
76	福建省粒计算及其应用重点实验室	闽南师范学院	祝　峰	2013年
77	福建省现代分离分析科学与技术重点实验室	闽南师范学院	李顺兴	2013年
78	福建省海洋生物增养殖与高值化利用重点实验室	福建省水产研究所	黄种持	2013年
79	福建省大数据管理新技术与知识工程重点实验室	泉州师范大学	王晓东	2013年
80	福建省资源环境检测与可持续经营利用重点实验室	三明学院、福建农林大学	刘　健	2013年
81	福建省预防兽医学与兽医生物技术重点实验室	龙岩学院	杨小燕	2013年
82	福建省武夷茶资源创新利用重点实验室	武夷学院	杨江帆	2013年
83	福建省数学建模与高性能科学计算重点实验室	厦门大学	朱崇实	2013年

续表②

序号	重点实验室名称	依托单位	实验室主任	批建年份
84	福建省海岛与海岸带管理技术重点实验室	福建省海洋研究所	杨顺良	2013 年
85	福建省刑事科学技术重点实验室	福建省公安厅刑事技术总队	吴福顺	2013 年
86	福建省肿瘤生物治疗重点实验室	福建省肿瘤医院	应敏刚	2013 年
87	福建省纺织产品检测技术重点实验室	福建省纤维检验局	王明葵	2013 年
88	福建省农产品（食品）加工重点实验室	福建省农科院农业工程技术研究所	何志刚	2013 年
89	福建省红壤山地农业生态过程重点实验室	福建省农科院农业生态研究所、福建省农科院茶叶研究所	翁伯琦	2013 年
90	福建省慢性肝病肝癌重点实验室	厦门市中山医院、厦门大学	王效民	2013 年
91	福建省道地药材生物工程重点实验室	厦门医学高等专科学校	王　斌	2013 年
92	福建省数字化装备重点实验室	福建工程学院	蒋新华	2013 年
93	福建省孟超肝胆技术联合创新重点实验室	福州泰普生物科学有限公司、福州市传染病医院	刘景丰	2013 年

福建省企业重点实验室（31 个）

序号	实验室名称	承担单位	实验室主任	批建年份
1	福建省条码识别技术企业重点实验室	福建新大陆电脑股份有限公司	郭　栋	2012 年
2	福建省无线网络与新业务企业重点实验室	福建邮科通信技术有限公司	张健荣	2012 年
3	福建特种茶研究企业重点实验室	福建春伦茶叶集团有限公司、福建农林大学茶叶科技与经济研究所	张思伟	2012 年
4	福建省能量计量技术企业重点实验室	福建科能电子科技开发有限公司	陈永坤	2012 年
5	福建省乌龙茶质量与安全控制企业重点实验室	福建八马茶业有限公司	陈长友	2012 年
6	福建省运动鞋企业重点实验室（安踏）	安踏（中国）有限公司	丁世家	2012 年
7	福建省生物质能企业开发重点实验室	龙岩卓越新能源股份有限公司	叶活动	2012 年
8	福建省工业大气污染控制技术企业重点实验室	福建龙净环保股份有限公司	黄　炜	2012 年
9	福建省高端激光装备企业重点实验室	中科中涵激光设备（福建）股份有限公司、福建省莆田市中涵机动力有限公司	杨小君	2012 年
10	福建省一次性卫生用品企业重点实验室	福建恒安集团有限公司	张富山	2012 年
11	福建省关节轴承技术企业重点实验室	福建省龙溪轴承（集团）股份有限公司	曾凡沛	2012 年
12	福建省太子参资源开发利用企业重点实验室	闽东力捷迅药业有限公司	游奶寿	2012 年
13	福建省锂离子电池企业重点实验室	宁德市新能源科技有限公司	赵丰刚	2012 年
14	福建省大黄鱼企业重点实验室	福建省福鼎海鸥水产食品有限公司	韩坤煌	2012 年
15	福建省铝合金企业重点实验室	福建省南平铝业有限公司	陈　伟	2012 年
16	福建省汽车缸套企业重点实验室	福建汇华集团东南汽车缸套有限公司	黄德松	2012 年
17	福建省轮胎成型设备企业重点实验室	福建建阳龙翔科技开发有限公司	戴造成	2012 年
18	福建省高性能发电机企业重点实验室	福建亚南电机有限公司	卢友文	2012 年
19	福建省太阳能电池晶体硅企业重点实验室	南安市三晶阳光电力有限公司	郑智雄	2012 年
20	福建省废旧橡胶综合利用企业重点实验室	福建环科化工橡胶集团有限公司	林文森	2012 年
21	福建省生物基食品与日化添加剂企业重点实验室	福建科宏生物工程有限公司	陈子昂	2012 年
22	福建省工业控制信息安全技术企业重点实验室	福州福大自动化科技有限公司	郑　松	2013 年
23	福建省巨型工程子午线轮胎企业重点实验室	福建省海安橡胶有限公司	黄振华	2013 年
24	福建省纺织面料染整重点实验室	福建众和股份有限公司	陆素红	2013 年
25	福建省氧化锆材料企业重点实验室	三祥新材股份有限公司	叶旦旺	2013 年

续表

序号	实验室名称	承担单位	实验室主任	批建年份
26	福建省聚酯纤维材料改性企业重点实验室	福建百宏聚纤科技实业有限公司	叶敬平	2013年
27	福建省饮料用植物提取物企业重点实验室	大闽食品（漳州）有限公司	岳鹏翔	2013年
28	福建省设备供电保障技术重点实验室	漳州科华技术有限责任公司	陈四雄	2013年
29	福建省浮法玻璃新材料企业重点实验室	漳州旗滨玻璃有限公司	邵景楚	2013年
30	福建省客车安全与节能技术企业重点实验室	厦门金龙联合汽车工业有限公司	杨立慧	2013年
31	福建省节能照明企业重点实验室	福建省源光亚明电器有限公司	张和泉	2013年

（省科技厅基础研究处）

【工程技术研究中心】 2013年，福建省继续开展省级（企业）工程技术研究中心评估工作。经评估，新增授牌省级（企业）工程技术研究中心145个（其中依托企业的省级工程技术研究中心134个）。至2013年底，全省共建有国家级、省级工程技术研究中心321个，其中国家级5个、省级316个（含依托企业设立的省级工程技术研究中心271个）。

福建省国家工程技术研究中心名录（5个）

序号	工程技术研究中心名称	依托单位	批建年份
1	国家传染病诊断试剂和疫苗工程技术研究中心	厦门大学、养生堂有限公司	2005年
2	国家光电子晶体材料工程技术研究中心	中国科学院福建物质结构研究所	2005年
3	国家钨材料工程技术研究中心	厦门钨业股份有限公司	2005年
4	国家环境光催化工程技术研究中心	福州大学	2009年
5	国家菌草工程技术研究中心	福建农林大学	2011年

2013年新增的省级（企业）工程技术研究中心名录（145个）

序号	工程技术研究中心名称	依托单位	主管单位
1	福建省铝板带材料企业工程技术研究中心	中铝瑞闽铝板带有限公司	福州市科技局
2	福建省数字媒体计算企业工程技术研究中心	福建星网视易信息系统有限公司	福州市科技局
3	福建省鱼糜制品加工企业工程技术研究中心	海欣食品股份有限公司	福州市科技局
4	福建省数字化印刷企业工程技术研究中心	福建鸿博印刷股份有限公司	福州市科技局
5	福建省矿井物探技术与装备企业工程技术研究中心	福州华虹智能科技开发有限公司	福州市科技局
6	福建省纺织设备智能控制企业工程技术研究中心	福建睿能电子有限公司	福州市科技局
7	福建省公共财政管理软件开发企业工程技术研究中心	福建博思软件股份有限公司	福州市科技局
8	福建省特种水产配合饲料企业工程技术研究中心	福建天马科技集团股份有限公司	福州市科技局
9	福建省精密光电企业工程技术研究中心	福建福光数码科技有限公司	福州市科技局
10	福建省防灾减灾信息处理与应用企业工程技术研究中心	福建四创软件有限公司	福州市科技局
11	福建省兽用生物制品企业工程技术研究中心	福州大北农生物技术有限公司	福州市科技局
12	福建省精密光学元件企业工程技术研究中心	福建福特科光电股份有限公司	福州市科技局
13	福建省鲍鱼养殖加工企业工程技术研究中心	福州日兴水产食品有限公司	福州市科技局
14	福建省茉莉花茶精加工企业工程技术研究中心	福建敖峰闽榕茶业有限公司	福州市科技局
15	福建省珠光材料应用企业工程技术研究中心	福州坤彩精化有限公司	福州市科技局
16	福建省大豆油加工企业工程技术研究中心	福建康宏股份有限公司	福州市科技局
17	福建省节能环保型塑料管道企业工程技术研究中心	福建恒杰塑业新材料有限公司	福州市科技局
18	福建省微藻养殖与开发企业工程技术研究中心	福清市新大泽螺旋藻有限公司	福州市科技局
19	福建省鳗鱼加工企业工程技术研究中心	长乐聚泉食品有限公司	福州市科技局
20	福建省烟气净化企业工程技术研究中心	福建鑫泽环保设备工程有限公司	福州市科技局
21	福建省罗非鱼加工企业工程技术研究中心	福建福铭食品有限公司	福州市科技局
22	福建省动漫游戏软件制作企业工程技术研究中心	福建天晴数码有限公司	福州市科技局
23	福建省城市物联网能源综合管控企业工程技术研究中心	福建智恒电子新技术有限公司	福州市科技局
24	福建省塑胶新材料企业工程技术研究中心	福州市福塑科学技术研究所有限公司	福州市科技局

续表①

序号	工程技术研究中心名称	依托单位	主管单位
25	福建省特种管材企业工程技术研究中心	福建祥龙塑胶有限公司	福州市科技局
26	福建省白对虾加工企业工程技术研究中心	福清市东威水产食品实业有限公司	福州市科技局
27	福建省能源管控系统应用企业工程技术研究中心	福建华拓自动化技术有限公司	福州市科技局
28	福建省橄榄深加工企业工程技术研究中心	福州大世界橄榄有限公司	福州市科技局
29	福建省超细粉碎设备企业工程技术研究中心	福建丰力机械科技有限公司	龙岩市科技局
30	福建省高压开头研制企业工程技术研究中心	福建逢兴机电设备有限公司	龙岩市科技局
31	福建省真空绝热材料企业工程技术研究中心	福建赛特新材股份有限公司	龙岩市科技局
32	福建省数字化旋压设备开发企业工程技术研究中心	福建威尔特汽车动力部件有限公司	龙岩市科技局
33	福建省大功率固汞环保节能灯企业工程技术研究中心	福建省长天节能照明有限公司	龙岩市科技局
34	福建省轮胎成型设备企业工程技术研究中心	福建建阳龙翔科技开发有限公司	南平市科技局
35	福建省实木家具工艺设计企业工程技术研究中心	福建杜氏木业有限公司	南平市科技局
36	福建省纺织品应用企业工程技术研究中心	福建南纺股份有限公司	南平市科技局
37	福建省工业微生物生产企业工程技术研究中心	福建省建阳武夷味精有限公司	南平市科技局
38	福建省太阳能光电产品企业工程技术研究中心	福建圣元电子科技有限公司	南平市科技局
39	福建省活塞环与活塞设计制造企业工程技术研究中心	华闽南配集团股份有限公司	南平市科技局
40	福建省竹笋加工企业工程技术研究中心	福建明良集团有限公司	南平市科技局
41	福建省纳米二氧化硅应用企业工程技术研究中心	福建远翔化工有限公司	南平市科技局
42	福建省电动车用蓄电池企业工程技术研究中心	福建亚亨动力科技集团有限公司	南平市科技局
43	福建省锥栗加工企业工程技术研究中心	福建省青然食品股份有限公司	南平市科技局
44	福建省微生物发酵白酒企业工程技术研究中心	福建省建瓯黄华山酿酒有限公司	南平市科技局
45	福建省螺旋藻破壁企业工程技术研究中心	福建省神六保健品有限公司	南平市科技局
46	福建省环保型人造革企业工程技术研究中心	福建豪派实业有限公司	南平市科技局
47	福建省汽配减摩材料企业工程技术研究中心	福建华泰汽车零部件工业有限公司	南平市科技局
48	福建省新型齿轮制造企业工程技术研究中心	福建省建瓯精工齿轮（机械）有限公司	南平市科技局
49	福建省陶瓷封装材料企业工程技术研究中心	福建省南平市三金电子有限公司	南平市科技局
50	福建省陶瓷封装企业工程技术研究中心	福建闽航电子有限公司	南平市科技局
51	福建省模具特种钢企业工程技术研究中心	南平市双友金属有限公司	南平市科技局
52	福建省通机燃油供给系统开发企业工程技术研究中心	福鼎市华益机车部件厂	宁德市科技局
53	福建省闽东种猪育种企业工程技术研究中心	宁德市南阳实业有限公司	宁德市科技局
54	福建省闽东特色海产品加工企业工程技术研究中心	宁德市金盛水产有限公司	宁德市科技局
55	福建省大黄鱼和罗非鱼加工企业工程技术研究中心	宁德市夏威食品有限公司	宁德市科技局
56	福建省红曲黄酒酿造企业工程技术研究中心	福建惠泽龙酒业有限公司	宁德市科技局
57	福建省闽威花鲈加工企业工程技术研究中心	福建闽威实业有限公司	宁德市科技局
58	福建省稀土永磁材料企业工程技术研究中心	宁德市星宇科技有限公司	宁德市科技局
59	福建省兔肉即食食品深加工企业工程技术研究中心	福建乡下厨房食品有限公司	宁德市科技局
60	福建省大黄鱼加工与综合利用企业工程技术研究中心	福建岳海水产食品有限公司	宁德市科技局
61	福建省坛紫菜加工企业工程技术研究中心	福建申石蓝食品有限公司	宁德市科技局
62	福建省超高效电机制造企业工程技术研究中心	福建省鑫旺电机集团有限公司	宁德市科技局
63	福建省天文望远镜企业工程技术研究中心	福鼎市一雄光学仪器有限公司	宁德市科技局
64	福建省建筑装饰柔性壁材企业工程技术研究中心	福建欧诺漆科技有限公司	宁德市科技局
65	福建省高效电机铁芯企业工程技术研究中心	福安市中南电机电器有限公司	宁德市科技局
66	福建省新型刀剪企业工程技术研究中心	福建大吉刀剪五金有限公司	宁德市科技局
67	福建省异型液晶显示模块及软件开发企业工程技术研究中心	莆田市诺斯顿电子发展有限公司	莆田市科技局
68	福建省健康节能电器企业工程技术研究中心	莆田市清华园电器发展有限公司	莆田市科技局
69	福建省 LED 室内照明灯具企业工程技术研究中心	福建省万邦光电科技有限公司	莆田市科技局

续表②

序号	工程技术研究中心名称	依托单位	主管单位
70	福建省珠宝首饰加工企业工程技术研究中心	华昌珠宝有限公司	莆田市科技局
71	福建省特种陶瓷企业工程技术研究中心	福建省智胜矿业有限公司	莆田市科技局
72	福建省化学发光诊断产品企业工程技术研究中心	福建省洪诚生物药业有限公司	莆田市科技局
73	福建省冷轧取向硅钢企业工程技术研究中心	新万鑫（福建）精密薄板有限公司	莆田市科技局
74	福建省微电子器件企业工程技术研究中心	福建省安特半导体有限公司	莆田市科技局
75	福建省高精密线路板模具企业工程技术研究中心	莆田市城厢区星华电子模具有限公司	莆田市科技局
76	福建省海水池塘养殖企业工程技术研究中心	莆田市天然星农业开发有限公司	莆田市科技局
77	福建省运动功能面料企业工程技术研究中心	莆田市华峰工贸有限公司	莆田市科技局
78	福建省真鲷鱼制品企业工程技术研究中心	莆田市汇丰食品工业有限公司	莆田市科技局
79	福建省绿色建材装备企业工程技术研究中心	福建南方路面机械有限公司	泉州市科技局
80	福建省新型功能性卫生材料企业工程技术研究中心	福建恒安集团有限公司	泉州市科技局
81	福建省土石方机械企业工程技术研究中心	福建晋工机械有限公司	泉州市科技局
82	福建省沥青再生设备企业工程技术研究中心	福建铁拓机械有限公司	泉州市科技局
83	福建省陶瓷电介质材料企业工程技术研究中心	福建火炬电子科技股份有限公司	泉州市科技局
84	福建省陶瓷文化创意企业工程技术研究中心	福建泉州顺美集团有限责任公司	泉州市科技局
85	福建省茶叶加工机械企业工程技术研究中心	福建佳友机械有限公司	泉州市科技局
86	福建省多功能健康鞋企业工程技术研究中心	石狮蚂蚁城鞋服有限公司	泉州市科技局
87	福建省居家智能化控制企业工程技术研究中心	泉州佳乐电器有限公司	泉州市科技局
88	福建省织物涂层新材料企业工程技术研究中心	龙之族（中国）有限公司	泉州市科技局
89	福建省新型非织造材料企业工程技术研究中心	福建鑫华股份有限公司	泉州市科技局
90	福建省非织造复合材料企业工程技术研究中心	石狮特斯无纺布制衣有限公司	泉州市科技局
91	福建省输配电设备企业工程技术研究中心	福建省三星电气股份有限公司	泉州市科技局
92	福建省微棱镜反光材料企业工程技术研究中心	福建省晋江市夜光达反光材料有限公司	泉州市科技局
93	福建省药用植物种苗繁育企业工程技术研究中心	泉州市泉美生物科技有限公司	泉州市科技局
94	福建省智能交通产品研发企业工程技术研究中心	福建省视通光电网络有限公司	泉州市科技局
95	福建省民用爆破器材企业工程技术研究中心	福建海峡科化股份有限公司	三明市科技局
96	福建省半固态成型企业工程技术研究中心	机械科学研究总院（将乐）半固态技术研究所	三明市科技局
97	福建省瘦肉型种猪选育企业工程技术研究中心	福建光华百斯特生态农牧发展有限公司	三明市科技局
98	福建省免疫制剂药物开发企业工程技术研究中心	福建汇天生物药业有限公司	三明市科技局
99	福建省兵工装备企业工程技术研究中心	福建兵工装备有限公司	三明市科技局
100	福建省先进气缸套制造企业工程技术研究中心	福建汇华集团东南汽车缸套有限公司	三明市科技局
101	福建省辊切模具企业工程技术研究中心	三明市普诺维机械有限公司	三明市科技局
102	福建省竹重组材开发企业工程技术研究中心	福建省永林竹业有限公司	三明市科技局
103	福建省汽车安全气囊产气材料企业工程技术研究中心	三明科飞技术开发有限公司	三明市科技局
104	福建省植物蛋白饮料制品企业工程技术研究中心	三明市扬晨食品有限公司	三明市科技局
105	福建省酚醛塑料企业工程技术研究中心	沙县宏盛塑料有限公司	三明市科技局
106	福建省抗肿瘤原料药开发企业工程技术研究中心	福建南方制药股份有限公司	三明市科技局
107	福建省木本植物精油制品企业工程技术研究中心	福建森美达生物科技有限公司	三明市科技局
108	福建省工具酶开发企业工程技术研究中心	福建南生科技有限公司	三明市科技局
109	福建省废弃动植物油脂资源化利用企业工程技术研究中心	福建达安能源实业有限责任公司	三明市科技局
110	福建省鲜切花卉育种栽培企业工程技术研究中心	清流县鸿翔农庄农业发展有限公司	三明市科技局
111	福建省继电器设计制造企业工程技术研究中心	厦门宏发电声股份有限公司	厦门市科技局
112	福建省无线通信增值应用企业工程技术研究中心	厦门纵横集团科技股份有限公司	厦门市科技局
113	福建省营养强化剂企业工程技术研究中心	厦门金达威集团股份有限公司	厦门市科技局

续表③

序号	工程技术研究中心名称	依托单位	主管单位
114	福建省现代物流信息系统及设备企业工程技术研究中心	天海欧康科技信息（厦门）有限公司	厦门市科技局
115	福建省骨科医疗器械企业工程技术研究中心	厦门大博颖精医疗器械有限公司	厦门市科技局
116	福建省建筑节能产品与检测企业工程技术研究中心	厦门市工程检测中心有限公司	厦门市科技局
117	福建省林产加工企业工程技术研究中心	厦门涌泉集团、涌泉科技有限公司	厦门市科技局
118	福建省新型车轮研制企业工程技术研究中心	正兴车轮集团有限公司	漳州市科技局
119	福建省花洒系列产品企业工程技术研究中心	欣宇科技（福建）有限公司	漳州市科技局
120	福建省昆虫信息素开发应用企业工程技术研究中心	漳州市英格尔农业科技有限公司	漳州市科技局
121	福建省电子计时器件企业工程技术研究中心	漳州市恒丽电子有限公司	漳州市科技局
122	福建省太阳能 LED 路灯企业工程技术研究中心	漳州国绿太阳能科技有限公司	漳州市科技局
123	福建省工业开关设计与制造企业工程技术研究中心	三实电器（漳州）有限公司	漳州市科技局
124	福建省节水喷灌设施企业工程技术研究中心	漳州仂元工业有限公司	漳州市科技局
125	福建省蔬菜罐头制品企业工程技术研究中心	漳州市同发食品工业有限公司	漳州市科技局
126	福建省海洋微藻培育及功能成分开发企业工程技术研究中心	润科生物工程（福建）有限公司	漳州市科技局
127	福建省节水卫浴企业工程技术研究中心	漳州万佳陶瓷工业有限公司	漳州市科技局
128	福建省琯溪蜜柚深加工企业工程技术研究中心	福建省国农农业发展有限公司	漳州市科技局
129	福建省饲用微生物开发企业工程技术研究中心	漳州大北农农牧科技有限公司	漳州市科技局
130	福建省蛤类深加工企业工程技术研究中心	福建省丰盛食品有限公司	漳州市科技局
131	福建省环保金属电镀企业工程技术研究中心	宏正（福建）化学品有限公司	漳州市科技局
132	福建省生物肥料企业工程技术研究中心	福建三炬生物科技有限公司	漳州市科技局
133	福建省食品安全信息终端识别设备企业工程技术研究中心	福建思特电子有限公司	漳州市科技局
134	福建省空气品质调控电器企业工程技术研究中心	漳州万利达生活电器有限公司	漳州市科技局
135	福建省蜂产品开发工程技术研究中心	福建农林大学蜂疗研究所	福建农林大学
136	福建省油茶良种选育与应用工程技术研究中心	福建农林大学作物科学学院	福建农林大学
137	福建省粮油深加工工程技术研究中心	省粮油科学技术研究所	福建省粮食局
138	福建省丘陵地区循环农业工程技术研究中心	福建省农业科学院农业生态研究所	福建省农科院
139	福建省水产病害防治工程技术研究中心	福建省农业科学院生物技术研究所	福建省农科院
140	福建省陆地灾害监测评估工程技术研究中心	福建师范大学地理科学学院	福建师范大学
141	福建省环境友好高分子材料工程技术研究中心	福建师范大学材料科学与工程学院	福建师范大学
142	福建省生猪疫病防控工程技术研究中心	龙岩学院生命科学学院	龙岩学院
143	福建省半导体照明工程技术研究中心	厦门大学物理与机电工程学院	厦门大学
144	福建省陶瓷纤维工程技术研究中心	厦门大学材料学院	厦门大学
145	福建省激光技术集成与应用工程技术研究中心	中国科学院福建物质结构研究所	中国科学院福建物质结构研究所

当年，省级工程技术研究中心建设取得重要成果，如：①省丘陵地区循环农业工程技术研究中心建立了“水田循环农业技术体系研究平台”“山地循环农业技术体系研究平台”“秸秆菌业循环农业技术体系研究平台”“林下复合生态经济系统研究平台”“大中型畜牧场废弃物循环利用工程技术平台”“观光农业循环模式平台”“小流域经济循环模式平台”7个研究平台，获评省部级科技成果奖2项，审（认）定牧草新品种5个，获授权发明专利3件，研究示范新技术、新工艺7项。②省农作物品种抗性工程技术研究中心建成抗性鉴定圃2300 m²，农作物病原菌检测实验室500 m²，病原菌资源与抗性种质资源保藏室100 m²；制定了12种病害的抗病性鉴定技术及抗性评价体系；建立了3种作物病菌分子检测技术；分离、收集、保存作物病原菌菌株2130株；完成1631份福建省和国家作物新品种的抗性鉴定任务，鉴定出中抗以上品种819份、玉米多抗性品种16份；完成1443份育种材料的抗性测定，筛选并保存中抗以上材料355份；精细定位水稻抗稻瘟病基因1个；研制了香蕉枯萎病生防菌剂产品1个；选育了香蕉抗枯萎病新品系1个；制定并颁布地方标准1项，获授权发明专利5件。③省油茶工程技术研究中心建立了3个种质资源收集基地，面积10公顷，收集134份种质；新增

专用实验室 440 ㎡、温网室 150 ㎡、共享实验室 5600 ㎡，建立校内试验基地 3335 ㎡；承担了油茶农家品种种质资源收集与评价、分子标记、杂交品种子代测定、无性系筛选、苗木繁育、良种区域化试验示范等研究项目，示范推广 2333 公顷。④省蜂产品工程技术研究中心研发了高节能叠压式浓缩干燥系列新设备，4 个新产品获得国家与省级批号，7 条不同剂型生产线通过国家 GMP 认证。

（省科技厅发展计划处、农业处、社发处）

【工程研究中心和工程实验室】 至 2013 年底，福建省共有国家、省工程研究中心（实验室）35 个，其中国家级 4 个（“化肥催化剂国家工程研究中心”等）、国家地方联合共建 12 个（“工业微生物发酵技术国家地方联合工程研究中心”等）、省级 19 个（“光催化技术工程研究中心”等），分布在新型显示、下一代网络、生物工程、工业除尘等 20 多个不同行业。各平台总建筑面积 14.48 万平方米，总投资 10.42 亿元（其中省级预算内投资补助 1.33 亿元）；购置仪器设备 7640 台（套），总价值超过 7 亿元，部分技术装备水平达国际先进水平；共有工作人员 2469 人，其中研发人员 1890 人、占 76.54%；学术与技术带头人 352 人，其中院士 10 人；与 463 个国内外相关单位建立较为紧密的合作关系；累计成果转化数达 796 项。

当年，全省的国家、省工程研究中心（实验室）实现总收入 9.31 亿元，其中科研项目收入 3.76 亿元；在研科技项目 950 项；获授权发明专利 269 件，获省部级以上科技奖 67 项，研发新产品 145 个；主持和参与制定国家与行业标准 53 项。各平台建设取得重要成效。①产业技术研发成果显著。如：酶高效表达国家工程实验室的地衣芽孢杆菌表达系统对外源酶蛋白的表达水平已达到国际领先水平，“重大淀粉酶品的创制、绿色制造及其应用技术”获中国轻工业联合会科学技术发明奖一等奖；省纳米制备技术工程研究中心成功制备了阿霉素—超小钯片的联合抗癌体系，并申请国际专利；省光催化技术工程研究中心的印染废水光催化深度净化规模化装置研制取得突破，成功设计了处理量为 200 吨/日的规模化运行装置；省中药研究开发工程实验室的草珊瑚优良种质资源筛选及快繁技术研究项目获省科技进步奖三等奖；省微生物药物工程研究中心在国内率先开展免疫抑制剂研究，先后获得 3 个药物临床批件、4 本新药证书和 6 个药品生产批件。②产学研合作范围不断拓展。各创新平台与境内外 463 家企业、高校、科研院所建立科技研发、人才培训、技术共享等合作关系。如：化肥催化剂国家工程研究中心与中石油大庆研究中心、唐山开滦集团等 23 家龙头企业开展研发及产业化合作；醇醚酯化工清洁生产国家工程实验室与中海油公司、中国节能集团公司等 10 多家央企、民企和高校进行技术合作与交流；菌草综合利用开发技术国家地方联合工程研究中心在国内外新建立 19 个国家菌草中心示范推广基地，为 30 多家企业提供相关技术支持；省海洋生物制备技术工程实验室与华龙饲料有限公司等企业组成的饲料产业化研发团队，获国家“863”计划立项扶持 3 项、省重点科技研发合作项目立项 5 项。③科研成果转化取得新进展。实现科技成果转化 240 项，成果转化率 53%。如：分子诊断技术国家地方联合工程实验室承担完成的 PCR 反向点杂交技术构建有关乙型肝炎和丙型肝炎的相关技术平台，其试剂盒检测准确率、灵敏度等指标均达到国内一流水平；工业微生物发酵技术国家地方联合工程研究中心开发的含有漆酶和木聚糖酶的复合酶在福建建州竹业科技开发有限公司进行产业化生产；省康复技术工程研究中心与闽东力捷迅药业有限公司合作，完成一类新药红景天苷的化学全合成。④社会经济效益进一步提升。据不完全统计，2013 年，各创新平台为行业直接创造经济效益超过 50 亿元，其中：天然生物毒素国家地方联合工程实验室科研和产品总收入 3.15 亿元；药用菌栽培与深加工国家地方联合工程研究中心生产的新型灵芝孢子粉胶囊，产品年销售额突破 5000 万元，灵芝孢子粉高产抗病新品种带动农户种植面积 100 公顷；特色食用菌繁育与栽培国家地方联合工程研究中心的双孢蘑菇高产优质广适型杂交品种“As2796”已占全省用种量的 95%、全国的 80%，产值达 30 亿元；省生物农药工程研究中心完成茄科与瓜类枯萎病发生规律及其生物防治技术的研究与应用，平均防效达 75%以上，社会经济效益达 2.5 亿元；省水产品深加工工程研究中心在鱼糜制品生产方面一直处于国内领先地位，全省鱼糜制品年产量占全国总量的 26.4%，居全国首位；省植物病毒工程研究中心建立和完善水稻黑条矮缩病毒病控制技术体系 1 个、防治示范片 3 个、示范区 330 多公顷、辐射 1330 多公顷。

（省发改委高技术处）

【生产力促进中心】 2013 年，福建省组织推荐省生产力促进中心协会会员参评 2013 年全国“生产力促进奖”，获评“发展成就奖”1 家、“服务贡献奖”2 家，并有 1 人获评“服务精英奖”。当年，举办了“Autodesk2013 工业机械行业智能化创新设计研讨会”，召开了“2013 年福建省工业设计产业技术创新重点战略联盟会议”。至 2013 年底，全省共有生产力促进中心 101 家，其中国家级重点示范中心 1 家（泉州市生产力促进中心）、国家级示范中心 11 家、省级重点中心 24 家。据不完全统计（85 家生产力促进中心统计数据），全省生产力促进中心从业人员 1026 人，总资产 6.55 亿元，服务企业 9680 家，实现总收入 5416 万元。

（省科技厅高新处）

【企业技术中心】 2013 年，福建省新增国家认定的企业技术中心 1 个，即路达（厦门）工业有限公司。新认定省级企业技术中心 41 个，即国脉科技股份有限公司、福建宝利特集团有限公司、福建天马科技集团股份有限公司、福州坤彩精化有限公司、福州小神龙表业技术研发有限公司、福建春伦茶业集团有限公司、福建省长乐市金源纺织有限公司、华映科技（集团）股份有限公司、福州日兴水产食品有限公司、福建恒久集团股份有限公司、厦门松霖科技有限公司、厦门北大之路生物工程有限公司、厦门市美亚柏科信息股份有限公司、厦门建霖工业有限公司、福建安井食品股份有限公司、厦门强力巨彩光电科技有限公司、厦门永裕机械工业有限公司、远东电机（宁德）有限公司、福建省长兴船舶重工有限公司、福建大成电机集团有限公司、雀氏（福建）实业发展有限公司、福建晋工机械有限公司、泉州泽仕通科技有限公司、福建泉州顺美集团有限责任公司、晋江市龙兴隆染织实业有限公司、泉州市泉永机械发展有限公司、福建省百凯经编实业有限公司、福建省晋江协隆陶瓷有限公司、福建恒利集团有限公司、漳州国绿太阳能科技有限公司、安安（中国）有限公司、青蛙王子（中国）日化有限公司、上杭建润电业有限公司、福建省民爆化工股份有限公司、龙岩盛丰机械制造有限公司、东南新材料股份有限公司、浦城正大生化有限公司、福建省鑫森炭业股份有限公司、中铁二十四局福建铁路建设有限公司、福建省工业设备安装有限公司、厦门特房建设工程集团有限公司。

至2013年底，省级企业技术中心总数372个，其中国家认定的企业技术中心29个，即福耀玻璃工业集团股份有限公司、福建星网锐捷通讯股份有限公司、福建省新大陆科技集团有限公司、三棵树涂料股份有限公司、福建浔兴拉链科技股份有限公司、福建凤竹集团有限公司、福建七匹狼集团有限公司、福建恒安集团有限公司、安踏（中国）有限公司、福建百宏聚纤科技实业有限公司、漳州灿坤实业有限公司、福建龙净环保股份有限公司、紫金矿业集团股份有限公司、福建森宝食品集团股份有限公司、福建省南平铝业有限公司、福建南平南孚电池有限公司、厦门厦工机械股份有限公司、厦门华侨电子股份有限公司、厦门钨业股份有限公司、厦门夏新电子股份有限公司、厦门宏发电声股份有限公司、厦门通士达照明有限公司、厦门涌泉集团有限公司、厦门市三安光电科技有限公司、厦门金龙汽车集团股份有限公司、厦门翔鹭化纤股份有限公司、联想移动通信科技有限公司、福建中烟工业公司、路达（厦门）工业有限公司。此外，全省共有5家企业获评国家技术创新示范企业称号，即福建星网锐捷通讯股份有限公司、福建省新大陆科技集团有限公司、福耀玻璃工业集团股份有限公司、福建森宝食品股份有限公司（当年新增）、厦门市三安光电科技有限公司（当年新增）。

【行业技术开发基地】 2013年，全省新增行业技术开发基地4个，即：福建省光伏行业技术开发基地，以福州大学物理与信息工程学院为依托并整合学校相关学科的科技力量组建，是从事光伏材料、光伏器件、光伏组件、光伏应用系统等技术研究与开发，为光伏企业提供技术创新服务的公共服务平台；福建省精细化工行业技术开发基地，以厦门大学化学化工学院为依托并整合学校相关学科的科技力量组建，是为从事石油、氟硅、林产、海洋等相关精细化工企业提供技术创新服务的公共服务平台；福建省微生物及化学制药行业技术开发基地，以福建省微生物研究所为依托并联合国内相关学科科研院所的科技力量组建，是从事微生物药物和化学药物新产品开发研究，为企业提供微生物药物、化学仿制药及药品再评价服务的技术创新公共服务平台；福建省医疗器械行业技术开发基地，整合福州大学电气工程与自动化学院、物理与信息工程学院、机械工程及自动化学院、化学化工学院、数学与计算机学院中从事医疗器械相关学科的科技力量组建，是为医疗器械生产企业提供技术创新服务的公共服务平台。至2013年底，全省共有行业技术开发基地35个。

（省经信委技术进步处）

【科技公共服务平台】 2013年，福建省开展省级科技公共服务平台评估工作。经评估，新增授牌省级科技公共服务平台11个。当年，省级科技公共服务平台建设取得重要成效，如：省麻类种质资源共享平台，征集种质资源1000多份，进行主要农艺性状和产量性状鉴定，构建了35份黄麻和84份红麻核心种质的DNA指纹图谱；育成红麻细胞质雄性不育系3个，光钝感杂交红麻新组合3个，高亚油酸无刺红麻新品种1个、高产优质黄麻新品种1个，高钙高硒菜用黄麻新品种5个；建成麻类作物种质资源实验室240㎡，开展红麻造纸、碳化固体酒精燃料、麻秆基吸附材料、麻秆芯缓冲包装材料、麻秆粉栽培食用菌、红麻脱胶菌剂的筛选、高钙高硒高营养麻茶等的综合利用研究。

2013年新增的省级科技公共服务平台名录（11个）

序号	科技公共服务平台名称	依托单位	主管单位
1	福建省麻类种质资源共享平台	福建农林大学作物科学学院	福建农林大学
2	福建省武夷山生物多样性研究信息资源共享平台	福建省武夷山生物研究所	福建省科技厅
3	福建省海上环境调查监测技术公共服务平台	福建海洋研究所	福建省科技厅
4	福建省中药种质资源保护利用与共享平台	福建省农业科学院农业生物资源研究所	福建省农科院
5	福建省茶树种质资源共享平台	福建省农业科学院茶叶研究所	福建省农科院
6	福建省农村科技信息资源共享平台	福建省农业科学院数字农业研究所	福建省农科院
7	福建省知识产权科技公共服务平台	福建省知识产权信息公共服务中心	福建省知识产权局
8	福建省药物非临床安全性评价中心科技公共服务平台	福建医科大学药学院	福建医科大学
9	福建省汽车尾气排放检测技术公共服务平台	福州大学化学化工学院	福州大学
10	福建省特色水产品种种质资源保护利用与共享平台	厦门大学海洋与地球学院	厦门大学
11	福建省半导体材料检测及研究科技公共服务平台	中国科学院福建物质结构研究所	中国科学院福建物质结构研究所

（省科技厅发展计划处、农业处、社发处）

【产业技术创新联盟】 2013年，福建省积极做好省级产业技术创新重点战略联盟培育工作，在电子商务、数字安防、果树、竹加工等特色优势领域，新命名4个省级产业技术创新重点战略联盟。同时，配合科技部做好省级联盟备案工作，推荐食用菌联盟加入国家联盟梯队。至2013年底，全省共有省级产业技术创新重点战略联盟28个。

（省科技厅政策法规处）

【科技企业孵化器】 2013年，省科技厅制定出台《福建省科技企业孵化器管理办法（修订）》（闽科高〔2013〕8号）、《福建省科技企业孵化器新增孵化用房补助办法（暂行）》（闽科计〔2013〕7号）、《福建省科技企业孵化器科技创新平台补助办法（暂行）》（闽科计〔2013〕20号）等配套政策，积极推动全省孵化器快速发展。组织开展科技企业孵化器备案工作，对全省48个科技企业孵化器进行登记建档；组织开展科技企业孵化器新增孵化用房补助申报工作，对8个孵化器新增孵化用房补助98.2万元，补助面积合计72739.13平方米；组织开展省级科技企业孵化器评估工作，对6个获评优秀的科技企业孵化器补助项目经费300万元；对5个新建和扩建科技企业孵化器资助项目经费1400万元；牵头举办全省首期孵化器从业人员培训班，共有240人获得《科技企业孵化器从业人员资格证》。至2013年底，全省已备案的孵化器共48个，主要分布在福州、厦门、泉州等地，其中省级孵化器10个，国家级孵化器7个（福建省高新技术创业服务中心、福州市高新技术产业创业服务中心、福州863软件专业孵化器服务中心、厦门高新技术创业中心、厦门软件产业投资发展有限公司、厦门海峡科技创业促进有限公司、泉州市高新技术创业服务中心）。全省孵化器的孵化场地总面积为111.2万平方米，孵化器管理机构从业人员765人，在孵企业1589家，当年毕业企业160家。

（省科技厅高新处）

【实验动物管理】 2013年，省科技厅出台了《福建省实验动物科技“十二五”发展规划》和《实验动物设施运行绩效考核办法》，并组织完成省实验动物从业人员操作技能比赛和实验动物从业人员上岗培训。当年，向福建医科大学药物安评中心、福建省药品检验所、南京军区福州总医院、厦门大学等4个申请单位颁发实验动物使用许可证，并完成2012年度全省实验动物许可证年检工作。

【大型科学仪器设备共享】 2013年，省科技厅鼓励企业在科技创新中利用协作共用网资源开展分析测试活动。根据《福建省莆田市企业利用大型科学仪器设备平台资源补贴试点办法》，组织专家对莆田市19家企业申报的27个科技创新项目测试费补贴进行评审，涉及样品1048个，经评审，共有12家企业的18个科技项目的申报材料及测试项目符合补贴要求，根据补贴试点办法的规定，共发放测试费补贴11.21万元。同时，开展大型仪器设备动态信息收集，对实时掌握仪器设备运行情况进行试点。通过组织专家对入网单位提供的材料进行评审，完成全省第三次大型仪器协作共用绩效评估及奖补资金发放工作，共有20个入网单位、173台入网仪器获得奖补，共发放奖补资金57.35万元。

（省科技厅条件财务处）

【科技创业服务中心】 2013年，省高新技术创业服务中心积极推动体系网络化、服务专业化、平台标准化的科技创业孵化服务建设，在创业园经营管理、孵化服务拓展、促进科技成果转化等方面取得成效。①组织推荐园区企业参加“第二届中国创新创业大赛（福建赛区）暨首届福建创新创业大赛”，有2家企业获大赛优胜奖；推荐3家大学生孵化企业申报并获得高校毕业生创业省级资助项目立项扶持；组织企业参加“6·18项交会”“广交会”“北京科博会”“首届福建省知识产权日知识产权进企业活动”“企业团队建设特训营讲座”等；举办“营改增”专题培训、研发费用税前加计扣除、研发项目确认与申报、技术合同认定登记及税收减免、高新技术企业认定申报等系列活动。当年，园内在孵企业实现总收入6.7亿元，净利润8467万元，上缴税金3761万元，企业研发费用投入7015万元；从业人员2543人，其中博士26人、留学人员16人、大专以上人员2225人，应届毕业生211人；获得各类知识产权131件，其中发明专利10件，软件著作权95件；经认定的高新技术企业7家、软件企业17家；企业获国家级科技项目立项3项，获国家创新基金项目经费65.6万元。②利用创业中心门户网站、技术经纪人QQ群、技术经纪人培训班等平台，加大技术合同认定优惠和技术经纪专项资助政策宣传；努力培育技术经纪机构和打造专业化的技术经纪人队伍。新增2家通过审查备案的技术经纪机构，举办2期技术经纪人常规培训班、200多人参加；举办1期技术经纪人高级培训班。开展技术合同登记和技术经纪项目资助工作，认定技术合同1143份，其中技术开发合同646份、技术转让合同56份、技术咨询合同367份、技术服务合同74份，合同成交总金额7亿元；审核发放风险资助项目22项、激励资助项目15项，补助金额18.92万元。③做好海西工研院各研发平台项目的跟踪与管理，依托各地科技服务机构、高等院校及科研院所，开展技术咨询、技术转让、合作开发等技术转移服务。塑胶中心、纺织中心石狮分中心和长乐分中心、模具中心、激光中心等7个子平台项目及课题已通过专家组验收。

（省高新技术创业服务中心）

【科技档案馆】 2013年，省科技档案馆认真开展群众路线教育实践活动、加强党建和精神文明建设，继续开展“科技档案管理提高年”活动，调研学习省内外先进经验，研究制定省科技计划项目管理系统电子文件与档案管理系统对接归档的制度、流程和技术规范、归档标准，完成《福建省科技计划项目电子文件归档管理研究》课题研究并通过专家验收。当年，加强档案信息化建设，创新档案管理方式，进一步提高工作质量和效率。完成各类档案整理和建立目录数据库工作，其中有文书档案921件、科研档案572项、会计档案117卷。继续开展目录库数据核对工作。加强档案安全保护管理。积极开展档案学术研究，参加在宁德召开的“海峡两岸档案交流与合作研讨会”，并主持学术讨论。

（省科技档案馆　朱　文）

【首届福建创新创业大赛】 2013年，福建省积极承办"第二届中国创新创业大赛（福建赛区）暨首届福建创新创业大赛"，吸引来自全省电子信息、生物医药、新材料、光机电一体化、资源与环境、新能源与高效节能、农业等领域的370家企业和创业团队报名参赛。大赛创新了科技项目的评价方式，由富于商业运营的资本方介入评审，更加侧重对项目科技成果转化和市场前景的评估，紧密加强科技和金融的结合，共有42家企业和团队获奖。同时，推荐13家优胜企业和1个创业团队晋级第二届中国创新创业大赛，其中福建明明医疗辅助器具有限公司、日冠（福建）针纺织机械有限公司、福建慧翰微电子有限公司、天创力生物能源创新团队入围全国赛半决赛。推荐14家企业参加"第五届中国（深圳）创新创业大赛"决赛，其中福建明明医疗辅助器具有限公司获得初创企业组一等奖，福建侨龙专用汽车有限公司获得成长企业组二等奖，福建省泉州市味博食品有限公司、福建汇华集团东南汽车缸套有限公司和福建清景铜箔有限公司获得优秀企业奖。通过创新创业大赛平台，众多项目受到资本市场的关注和支持，如福建明明医疗辅助器具有限公司已得到北京、深圳等地的多家创投公司资本注入，为企业发展壮大提供强劲的支撑。

（省创新资金管理中心）

可持续发展实验区

【可持续发展实验区概况】 2013年，福建省进一步深入开展可持续发展实验区建设工作，取得成效。省科技厅组织有关专家对惠安县国家可持续发展实验区进行中期检查，对泰宁县省可持续发展实验区进行验收。当年，柘荣县、将乐县先后通过省科技厅组织的实验区创建工作专家现场考评，被列为福建省可持续发展实验区进行建设；漳平市国家可持续发展实验区通过科技部组织的验收考察，验收考察组一行对漳平市国家可持续发展实验区六年多来的建设成就给予充分肯定，认为漳平市建立国家可持续发展实验区达到建区的目标。至2013年底，全省共建有可持续发展实验区17个，其中国家可持续发展实验区5个、省可持续发展实验区12个，分别代表海岛生态型、老区工业生态型、沿海侨乡经济型、高新技术产业集约型、旅游生态型、老区资源生态型、山海结合型和城区乡镇型以及山区生态产业型等多种可持续发展模式，各具特色，有较强的典型示范意义。

福建省可持续发展实验区建设情况表

名称	批建时间	批建单位	验收时间
东山县（国家可持续发展实验区）	2001年12月	科技部	2010年1月
漳平市（国家可持续发展实验区）	2006年11月	科技部	
龙岩市（国家可持续发展实验区）	2009年4月	科技部	
惠安县（国家可持续发展实验区）	2011年2月	科技部	
厦门市思明区（国家可持续发展实验区）	2012年4月	科技部	
石狮市（省级可持续发展实验区）	1998年	省科技厅	2006年
武夷山市（省级可持续发展实验区）	2001年12月	省科技厅	2008年12月
南平市（省级可持续发展实验区）	2002年9月	省科技厅	2009年12月
龙岩市新罗区（省级可持续发展实验区）	2004年12月	省科技厅	2009年9月
泰宁县（省级可持续发展实验区）	2007年12月	省科技厅	2013年12月
龙岩市新罗区铁山镇（省级可持续发展实验区）	2008年6月	省科技厅	
永春县（省级可持续发展实验区）	2008年10月	省科技厅	
仙游县（省级可持续发展实验区）	2008年10月	省科技厅	
福州市鼓楼区（省级可持续发展实验区）	2009年12月	省科技厅	
永安市（省级可持续发展实验区）	2009年12月	省科技厅	
柘荣县（省级可持续发展实验区）	2013年12月	省科技厅	
将乐县（省级可持续发展实验区）	2013年12月	省科技厅	

（省科技厅社发处）

【东山县国家可持续发展实验区】 2013年，东山县通过国家可持续发展实验区建设工作，推动社会经济水平再上新台阶。连续第4年入选全省县域经济发展“十佳县”；财政支出管理绩效综合评价在全国排位进入150位，受财政部通报表扬；城乡一体化建设的做法在全省推广；成为首批国家级海洋生态文明示范区，开展的国家级生态县创建工作通过国家技术评估；荣获国家级卫生应急综合示范县称号。全县实现财政总收入15.4亿元、比增23.8%，相当于实验区建区前（2001年为1.4亿元）的11倍；农民人均纯收入突破1.3万元、比增13.4%，是实验区建区前（2001年为4200元）的3倍多，居漳州市首位。通过科技支撑促进基础设施建设和民生发展，取得实效，如：①城乡一体化建设。按照“一岛一城市”的发展理念，科学规划，从基础设施、公共服务、公共管理三个方面推进，进一步完善交通、照明、路网、供水等基础设施，改善城乡环境；抓好教育、文化、医疗、就业、保障等各项事业发展，提供更加全面、更加均衡的公共产品和服务，提升城乡居民生活水平；在规划、建设、土地及社会治理、安全生产等方面联动联通，完整地实现一体化。②沿海防护林景观生态效益更新改造。通过科技项目带动，加大沿海防护林更新改造建设，提高景观生态效益和社会经济效益。投入1.5亿元，建设3.6千米长的金銮湾海湾公园，包括100多公顷防护林的生态绿化、美化修复，使防护林旅游景观效益与生态效益紧密结合。引进适合沙碱地生长的景观生态林，更新改造沿海防护林，实现沿海防护林年轻化、景观生态化，有效提高防护能力和防护效益。建设农林复合系统，延伸防护林社会经济效益，在防护林林间带种植台湾黑珍珠莲雾、龙眼、芒果等高优水果，以林护果、果树成林，相辅相成，紧接林带后面是节水型高优农业，形成完整的农林复合系统。

（东山县科技局、漳州市科技局）

【漳平市国家可持续发展实验区】 2013年，漳平市国家可持续发展实验区通过了科技部等部委联合组织的检查验收，验收考察组一行对漳平市国家可持续发展实验区六年多来的建设成就给予充分肯定，认为漳平市建立国家可持续发展实验区达到建区的目标。漳平市国家可持续发展实验区建设主要成效：①建立起了可持续发展经济体系，在优化结构，提高效益和降低能耗基础上，经济总量得到快速增加。据统计，从2005年至2012年，三次产业比重从18.6∶34.4∶47调整至13.9∶47∶39.1，产业结构进一步优化；GDP从46.3亿元上升到141.3亿元，年均增长17.3%，人均GDP年均增长19.8%，地方财政收入年均增长达23.6%；城镇居民人均可支配收入达到19227元、年均增长12.7%，农民人均纯收入达到9471元、年均增长12.4%。②积极构建可持续发展社会体系，社会事业全面协调发展。连续12年顺利通过科技进步考核，科技创新能力持续增强，科技经费投入占当年财政支出比重从2005年的1.35%提升到2012年的1.73%，累计申请专利500多件，获授权近300件。通过师资双向流动，资源配置向农村学校倾斜等措施，推进学校硬件的标准化，促进教育均衡发展。全面实施社会化教育工程，被列入全国首批新型职业农民培育试点市，建立了适应山区的多层次农村教育平台。进一步完善卫生服务体系，疾病控制和处理突发事件应急能力明显提升，新型农村合作医疗制度实现全覆盖。组织实施《漳平市城市总体规划》，城镇化水平逐年提高，城镇基础设施配套工程不断完善，2012年城镇化水平为54.1%。③建立良好的环境保护机制，城乡生态环境明显改善。全市划定生态公益林面积4.12万公顷，列入国家森林公园总面积4000公顷，完成水土流失治理面积3500多公顷，森林覆盖率达到75.2%。率先推出林权制度改革，进一步解放和发展林业生产力。全市营造速生丰产用材林基地1.32万公顷，营建速生丰产毛竹林基地1.24万公顷。

（漳平市科技局）

【泰宁县省级可持续发展实验区】 2013年，泰宁县省级可持续发展实验区顺利通过省科技厅验收。建区后，认真组织实施《泰宁县可持续发展实验区总体规划》，规划确定的48项指标基本完成，其中43项指标达到或超过预定目标，有效促进全县经济、社会协调可持续发展。2007年至2012年间，泰宁县认真组织实施重点示范项目，规划确定的28个项目全部完成，并新增了12个重点项目。通过项目带动与科技支撑，有力促进了经济结构转型升级，初步形成了林产加工行业、硅与有色金属加工行业、新材料新能源行业、生物医药及生物行业、旅游商品加工行业5个重点工业产业。据2012年相关数据统计：全县82家规模以上工业企业共完成工业产值57.03亿元；同时，旅游产业一枝独秀，实现总收入17.8亿元，以旅游为主的第三产业约占GDP的40%，旅游收入在农民纯收入构成中占25%，旅游直接和间接从业人员占全县总劳动力的50%，实现了资源开发与环境保护的协调发展。2013年，泰宁县顺利通过全国县（市）科技进步考核，自2007年以来第三次获评“全国科技进步先进县”。

（三明市科技局）

【龙岩市新罗区铁山镇省级可持续发展实验区】 2013年，龙岩市新罗区铁山镇财政总收入20040万元，比2007年（6503万元）增长208.2%；农民人均纯收入12441元，比2007年（6902元）增长55.48%；村财政平均收入115.68万元，比2007年（41.3万元）增长180%。至2013年底，组织实施《可持续发展实验区建设规划》，确定实施的46个项目已完成，可持续发展能力得到进一步提升。太阳能热水器及太阳能路灯等一批节能减排项目的实施，推进全镇村庄“绿、亮、美”工程建设，农村生活环境显著改善；农村基本养老保险实现全覆盖，城乡统筹发展取得较快进展。先后获评“全国村务公开民主管理先进乡镇”“中国百佳节约型乡镇”“中国绿色名镇”“中国可持续发展百强镇”，以及省、市“科普先进乡镇”“市级文明单位”等荣誉。积极引进具有技术领先水平、与主导产业相配套、与新兴产业相对接的大项目，进一步拓展产业链的延伸与升级，已有11家产值超亿元骨干企业，二产在三次产业结构中的比重由2007年末的85.1%调整为2013年末的89.7%，高新技术产业产值占规模以上工业总产值的比重由17.8%提高到42.4%。大力发展近郊型农业和生态果蔬产业，“一村一特色”农业产业已渐成形，综合竞争力进一步提升。

【仙游县省级可持续发展实验区】 2013年，仙游县实现国内生产总值235.6亿元，比2008年增长150.2%；财政收入21.5亿元，比2008年翻三番多；农村居民人均纯收入9816元，比2008年增长80.7%。全年申请专利1599件，获授权670件，有力推动了产业优化升级。全县工艺美术等特色产业形成较强竞争力，已发展成为全国最重要的红木集散地之一，获评“中国古典工艺家具之都”“中国仙作红木家具产业基地”“中国古典家具收藏文化名城”称号。全年实现工艺美术产业产值300亿元，是2008年（30亿元）的10倍；生产厂家4000多家，从业人员达16万人。至2013年底，认真实施《仙游县可持续发展实验区总体规划》，规划确定的36项指标和14个项目全部完成。全县18个乡镇（街道）已全部被授予省级生态乡镇，12个乡镇（街道）已被授予国家级生态乡镇。木兰溪流域水环境整治效果显著，流域水环境质量经监测，Ⅲ类水质100%达标。

（省科技厅社发处）

技术市场交易

【2013年福建省技术合同交易额近54亿元】 2013年，受营业税改征增值税影响，福建省技术合同成交额有所下降。全省认定登记技术合同5361项、比降0.5%，成交金额53.99亿元、比降26.63%，平均每项技术合同成交额100.7万元、比降26.23%。其中：①技术开发合同3463项、比降5.23%，成交金额29.04亿元、比降4.97%，平均每份合同成交金额为83.86万元。在技术开发合同中，委托开发合同占95.08%，仍是主要形式；合作开发合同占4.92%。②技术转让合同218项、比增0.9%，成交金额14.55亿元、比降55.71%，平均每份合同成交金额为667.32万元、比降56.12%。在技术转让合同中，技术秘密转让合同占45.49%、专利实施许可转让合同占44.95%、计算机软件著作权转让合同占8.91%、专利权转让合同占0.47%、生物医药新品种权转让合同占0.09%，植物新品种权转让合同占0.1%。③技术咨询合同1135项，成交金额1.22亿元、比增34.18%，平均每份合同成交金额10.78万元、比增9.44%。④技术服务合同545项，成交金额9.17亿元、比降0.91%，平均每份合同成交金额168.34万元、比增8%。在技术服务合同中，一般性技术服务为主要形式，成交529项，成交金额9.11亿元、占99.26%。全省技术合同按照技术流向、所属区域等分类统计情况，参见“科技统计资料”。

2013年福建省技术合同构成

构　　成	登记合同数（项）	合同成交额		其中技术交易额（万元）
		金额（万元）	占比（%）	
全省技术合同总计	**5361**	**539868.35**	**100.00**	**505799.10**
1. 按合同类别分				
技术开发	3463	290407.40	53.79	280662.90
技术转让	218	145476.30	26.95	138290.90
技术咨询	1135	12237.16	2.27	12188.75
技术服务	545	91747.47	16.99	74656.65
2. 按计划来源分				
国家计划	9	369.87	0.07	261.87
部门计划	13	40714.29	7.54	40601.91
省、自治区、直辖市及计划单列市计划	32	2125.26	0.39	2027.76
地市县计划	32	1030.78	0.19	1023.70
计划外	5275	495628.20	91.81	461883.90
3. 按买方构成分				
机关法人	593	41421.18	7.67	34527.03
事业法人	718	19643.85	3.64	18397.43

续表①

构　　成	登记合同数（项）	合同成交额		其中技术交易额（万元）
		金额（万元）	占比（%）	
社团法人	15	293.28	0.05	292.66
企业法人	3980	473264.00	87.66	448667.60
自然人	15	93.43	0.02	92.71
其他组织	40	5152.63	0.95	3821.70
4. 按社会经济目标分				
环境保护、生态建设及污染防治	399	33431.41	6.19	25087.16
能源生产、分配和合理利用	79	65471.71	12.13	62598.06
卫生事业发展	171	17972.95	3.33	17831.91
教育事业发展	75	2639.76	0.49	2637.36
基础设施以及城市和农村规划	246	11724.43	2.17	10701.40
社会发展和社会服务	2895	281013.80	52.05	271221.20
地球和大气层的探索与利用	27	1406.03	0.26	1406.03
民用空间探测及开发	122	7666.65	1.42	7661.11
农林牧渔业发展	389	10556.26	1.96	10340.30
工商业发展	239	34707.92	6.43	27542.90
非定向研究	27	1272.33	0.24	1272.32
其他民用目标	670	70458.56	13.05	66080.39
国防	22	1546.56	0.29	1418.94
5. 按技术领域分				
电子信息技术	2957	309909.20	57.40	302208.90
航空航天技术	12	1667.41	0.31	1209.41
先进制造技术	128	31547.48	5.84	31492.48
生物、医药和医疗器械技术	209	20531.36	3.80	20242.44
新材料及其应用	79	14323.09	2.65	7585.55
新能源与高效节能	108	65575.30	12.15	62706.06
环境保护与资源综合利用技术	837	38626.80	7.15	30388.83
核应用技术				
农业技术	361	9490.04	1.76	9289.34
现代交通	123	5273.21	0.98	5074.83
城市建设与社会发展	547	42924.46	7.95	35601.27
6. 按知识产权分				
技术秘密	1165	196668.60	36.43	180016.50
专利	104	110981.30	20.56	96864.22
计算机软件	1736	98379.96	18.22	97128.03
动、植物新品种	2	161.81	0.03	161.81
集成电路布图设计	4	273.30	0.05	270.85
生物、医药新品种	9	760.03	0.14	742.03
未涉及知识产权	2341	132643.40	24.57	130615.70

【2013年福建省技术交易特点】 2013年，受营业税改征增值税影响，福建省技术合同成交额有所下降，主要特点：①技术开发和技术转让合同仍为技术交易的主要形式。技术开发合同成交金额为29.04亿元、比降4.97%，技术转让合同成交金额为14.55亿元、比降55.71%。两类技术合同占全省技术合同成交总金额的80.74%。②电子信息技术仍是技术交易的热点领域。电子信息技术产业继续保持活跃态势，高居各类技术领域之首，成交金额30.99亿元（下降42.31%）、占57.4%。③新能源和高效节能技术快速发展，在各类技术领域中仅次于电子信息技术，成交金额6.56亿元（比增752.3%）、占12.15%。④全省吸纳技术强于输出技术，企业是技术交易市场最大的主体。全省吸纳技术合同（包含全国范围内登记的合同）成交金额365.51亿元，其中企业吸纳技术合同成交金额334.89亿元，占全省吸纳技术的91.62%；全省输出技术合同成交金额44.69亿元，其中企业输出技术合同成交金额41.46亿元，占全省输出技术的92.78%。

2013年福建省各技术合同认定登记机构合同构成情况

单位：项、万元

机　　构	成交合同总量		技术开发合同		技术转让合同		技术咨询合同		技术服务合同	
	数量	金额	数量	金额	数量	金额	数量	金额	数量	金额
福建省高新技术创业服务中心	1143	70043.00	646	45294.94	56	20736.07	367	2578.70	74	1433.29
福建省科技咨询服务中心	772	7114.74					704	6838.89	68	275.85
福建省总工会经济技术部	5	190.09							5	190.09
福州技术市场	602	76030.78	346	44332.72	59	12679.40	51	1367.24	146	17651.41
厦门市科技局	2688	311019.20	2350	192745.20	83	45132.45	13	1452.33	242	71689.24
其中：厦门火炬园区	75	2771.52	75	2771.52						
厦门技术市场协会	2563	307088.10	2229	188913.00	81	45116.45	12	1449.45	241	71609.24
厦门常设技术市场	50	1159.55	46	1060.67	2	16.00	1	2.88	1	80.00
泉州市技术市场协会	62	55471.71	47	3454.74	6	51787.87			9	229.10
龙岩市科技局	28	2545.10	26	1645.10	2	900.00				
莆田市科学技术人才市场	28	3232.17	25	2290.04	3	942.13				
三明市生产力促进中心	1	6087.00			1	6087.00				
漳州市科技局	26	7814.60	17	324.69	8	7211.42			1	278.49
南平市技术市场管理办公室	6	320.00	6	320.00						
合计	**5361**	**539868.40**	**3463**	**290407.40**	**218**	**145476.30**	**1135**	**12237.16**	**545**	**91747.47**

【国家技术转移示范机构】 2013年，福建省新增国家技术转移示范机构2家。全省共有国家技术转移示范机构8家，分别是厦门海峡科技创业促进有限公司、福建省科学技术咨询服务中心、福州大学科学技术开发中心、福州技术市场、

福建省高新技术产权交易所有限公司、厦门中开信息技术有限公司、联合国南南合作网示范基地（当年新增）、中国科学院厦门产业技术创新与育成中心（当年新增）。省科技厅组织对5家（不含厦门市3家）国家技术转移示范机构2013年度工作进行调查，据不完全统计：5家示范机构总人数148人，其中从事技术转移101人、技术经纪人81人；获得知识产权270件（其中软件著作权30件）；促成技术转移543项，技术交易额30073万元；组织技术交易活动66次，组织技术转移培训3388次；服务企业360家，解决企业需求454项；实现年度总收入17196万元，利税总额15664万元。

【技术经纪】 2013年，全省有2家技术经纪机构备案，累计有技术经纪机构50家，其中企业法人30家、事业法人11家、内设机构8家、社会团体1家；有5家机构申请技术经纪专项资金，共获补助金额15.47万元，其中风险资助项目44项、补助金额2.67万元，激励资助项目27项、补助金额12.8万元。当年，省科技厅组织举办技术经纪人培训班2期、培训226人，其中206人获得《技术经纪人培训证书》；举办技术经纪高级培训班1期——“闽台技术转移专题培训”讲座，近70人参加。2009～2013年，共举办技术经纪人培训班10期，其中1013人获得《技术经纪人培训证书》；累计发放技术经纪专项资金6批60多万元，其中风险资助项目186项、补助金额11.51万元，激励资助项目110项、补助金额49.13万元。

（省科技厅成果处）

【福建省股权交易市场】 2013年，福建省积极推进股权交易市场建设，着力建设服务功能齐备、全面专业高效的一站式综合服务交易市场。通过参与举办“6·18生物医药行业技术网上在线对接会”“第二届中国创新创业大赛（福建赛区）暨首届福建创新创业大赛”“福建省创新创业企业股权融资与交易市场——生物医药专场对接会”“6·18装备制造行业网上在线对接会”“6·18虚拟研究院装备制造行业网上在线对接会”等，多渠道、多形式解决企业融资和技术需求。当年，共促成企业股权融资、项目融资14项，总金额1.94亿元；完成福建省重大科技成果购买补助首批申报的19个项目的复核备案工作。同时，积极推动中国创新驿站区域站点建设，进一步提升技术转移服务能力和手段，创新技术转移服务模式，推动科技与金融结合，促进科技成果转化。

（省高新技术创业服务中心）

科技投融资

【科技金融结合】 2013年，福建省出台了《福建省科技支行风险补偿金管理办法（试行）》及《福建省科技支行虚拟风险池管理办法（试行）》，支持海峡银行、兴业银行、交通银行福建省分行在福州、三明、漳州3个设区市设立了科技支行（或科技金融服务中心），作为当地科技型中小企业专营信贷机构，并积极推进其他设区市科技支行的筹建工作。科技支行采取单独的产品体系、准入体系、评审体系、授权体系、考核体系和信贷规模，营造适应科技型中小企业需求的融资环境。当年，省科技厅向社会公开征选创投机构组建“福建省生物与新医药创业投资基金”，选定福建阳明创业投资有限公司为普通合伙人，已落实了其他的基金发起人，并与省投资集团签订《参股设立福建省生物与新医药创投基金的省级预算内资金受托管理协议》。同时，省科技厅组织开展2013年度科技保险补贴资金申报，受理了38家高新技术企业申报，安排保费补助资金近150万元。

（省科技厅条件财务处）

【知识产权金融服务】 2013年，福建省积极开展知识产权金融服务，推进专利权质押融资试点工作开展。全年共有55家企业获金融机构专利权质押贷款，质押金额约5.62亿元。全省共有11家企业获得贴息资金204.5万元。各设区市知识产权局也积极推动专利权质押融资工作开展，泉州市制定《知识产权质押融资试点工作方案》，龙岩市知识产权局和龙岩银监分局联合制定了《龙岩市专利权质押贷款工作指导意见》，漳州市出台激励政策对专利权质押融资贷款的企业给予贷款贴息补助，最高可达20万元。同时，积极推动专利保险试点工作开展，为企业创新发展提供保障，积极争取人大代表的支持，于11月29日获省人大常委会表决通过《福建省专利促进与保护条例》，以地方法规形式明确提出保险机构应当依照国家相关规定开展专利保险业务。福州市制定《福州市专利保险试点工作方案》，并成立福州市专利保险试点工作领导小组，促成34家企业投保专利执行险，投保专利达94件，保费逾10万元，保障金额近170万元。

（省知识产权局　徐文彬）

【科技型中小企业信贷融资与上市培育服务】 2013年，福建省选择2家银行同国家创新基金技术创新项目承担企业开展合作试点，其中兴业银行制定了“国家级科技型中小企业技术创新基金项目的企业进行整体营销”方案，招商银行制定了“科技型小企业首贷通产品”方案并可由首贷通进阶授信，已成功在福州、泉州、漳州、宁德等国家科技型中小企业技术创新基金项目重点地区推介。银行根据国家项目立项公告，上门为企业推介产品与服务，企业可凭借财政资助额得到银行贷款支持，优先发挥财政资金效益。同时，深化与6家签订过科技与金融结合战略框架协议的银行进行合作，进一步加大对科技型中小企业信贷支持，重点推进兴业银行

“兴业芝麻开花”、招商银行“关于服务闽东中小电机产业集群工作方案”落实。此外，稳步推进全省国家高新区非上市企业改制进入代办股份转让系统（简称“新三板”）工作，开展“新三板”资金补助申报及业务培训工作，组织开展全国中小企业股份转让系统业务培训与调研。至2013年底，全省共50家企业与主办券商签约合作。

（省创新资金管理中心）

【科技创业投资】 2013年，福建省投资开发集团有限责任公司主动适应市场变化，采取积极稳妥的投资策略，优先投资高新技术企业、重点产业升级企业、“6·18”项目对接成果转化的企业、拟上市的股份制企业、省级技术中心所在企业、符合条件的创业投资企业和具有前瞻性、引领性的其他企业。全年共接洽新项目675项，完成项目投资23538万元。同时，积极拓展全省各设区市创投基金管理业务，争取和带动科技部、省科技厅、省经信委以及福州、三明、龙岩、漳州等地政府和民间资本，发起设立了多支创投基金，共同参与和扶持全省战略性新兴产业、“两高六新”中小企业发展，引导放大的创投基金资产规模已达16亿元，带动最广泛力量共同支持福建地区经济增长和产业优化升级。

（福建省创新创业投资管理有限公司　孙伟燕）

企业技术创新

【高新技术企业发展】 2013年，全省新认定高新技术企业273家，其中省科技厅认定的高新技术企业169家、厦门市认定的高新技术企业104家。至2013年底，全省经认定的高新技术企业总数为1638家，其中福州市342家、厦门市820家、漳州市97家、泉州市210家、三明市39家、莆田市26家、南平市19家、龙岩市59家、宁德市26家。当年，全省高新技术企业实现主营业务收入6183.12亿元、占全省高新技术产业主营业务收入的53.5%，实现增加值1611.05亿元、占全省高新技术产业增加值的52.2%。同时，通过税收优惠政策充分发挥新税制在优化产业结构方面的导向作用，积极培育兼具自主创新活力和产业化能力的高新技术企业，为全省区域创新和经济社会发展起到积极的引领和示范作用。2013年全省高新技术企业研发费用加计扣除减免税6.57亿元，累计享受所得税减免28.6亿元。

2013年福建省新认定的高新技术企业名单（273家）

序号	企业名称	所在地区
1	福州特力惠电子有限公司	福州市
2	福建信迈科技股份有限公司	福州市
3	福建格林生物科技有限公司	福州市
4	鸿博（福建）数据网络科技股份有限公司	福州市
5	福建先锐软件科技有限公司	福州市
6	福州海景科技开发有限公司	福州市
7	福建省明华信息科技有限公司	福州市
8	福建阳谷智能技术有限公司	福州市
9	福州博峰智能电器有限公司	福州市
10	福建永丰针纺有限公司	福州市
11	福建摩尔软件有限公司	福州市
12	福建和盛塑业有限公司	福州市
13	福建奥通迈胜电力科技有限公司	福州市
14	福州华昆电子科技有限公司	福州市

续表①

序号	企业名称	所在地区
15	澳蓝（福建）实业有限公司	福州市
16	福州迈可博电子科技有限公司	福州市
17	福建省瑞盛电力科技有限公司	福州市
18	福建慧翰微电子股份有限公司	福州市
19	福融辉实业（福建）有限公司	福州市
20	长乐力恒锦纶科技有限公司	福州市
21	九星通信设备（福州）有限公司	福州市
22	福州开发区华德赛计算机技术有限公司	福州市
23	福建蓝海汽车技术有限公司	福州市
24	福建巨力电子装备工业有限公司	福州市
25	福建能能信息科技有限公司	福州市
26	福建融音塑业科技有限公司	福州市
27	福州瑞华印制线路板有限公司	福州市
28	福建弘策信息有限公司	福州市
29	福建微水环保技术有限公司	福州市
30	福建邦信信息科技有限公司	福州市
31	福建物联天下信息科技有限公司	福州市
32	福州兆科智能卡有限公司	福州市
33	福建友通实业有限公司	福州市
34	福州汉晶电子科技有限公司	福州市
35	福州联迅信息科技有限公司	福州市
36	长乐恒申合纤科技有限公司	福州市
37	福建飞绚计算机技术有限公司	福州市
38	福建兴宇信息科技有限公司	福州市
39	福州金域医学检验所有限公司	福州市
40	福州迈新生物技术开发有限公司	福州市

续表②

序号	企业名称	所在地区
41	中源新能源（福建）有限公司	福州市
42	濠锦化纤（福州）有限公司	福州市
43	福建易联众电子科技有限公司	福州市
44	福建省神蜂科技开发有限公司	福州市
45	福建博士通信息有限责任公司	福州市
46	福州亿鑫海软件技术有限公司	福州市
47	福建凯特信息安全技术有限公司	福州市
48	福建海越汽车工业有限公司	福州市
49	福信富通（福建）网络科技有限公司	福州市
50	福州银达汇智电子科技有限公司	福州市
51	福建省亿力电力网络信息设备有限公司	福州市
52	福州凯普动力机械有限公司	福州市
53	福州雅德驰光电科技有限公司	福州市
54	福建一丁智能科技有限公司	福州市
55	福州铭林钢塔钢构制造有限公司	福州市
56	福州巨昂精密模具科技有限公司	福州市
57	福州固力工业成套设备有限公司	福州市
58	福建三元达软件有限公司	福州市
59	福建慧舟信息科技有限公司	福州市
60	福建福硕线缆有限公司	福州市
61	福州浩蓝光电有限公司	福州市
62	福州福讯软件有限公司	福州市
63	福建省交通规划设计院	福州市
64	福建天棣互联信息科技有限公司	福州市
65	福州捷泰机电有限公司	福州市
66	福建省马尾造船股份有限公司	福州市
67	龙岩市顺添环保科技有限公司	龙岩市
68	福建省民爆化工股份有限公司	龙岩市
69	福建省上杭县九洲硅业有限公司	龙岩市
70	福建富润建材科技有限公司	龙岩市
71	福建逢兴机电设备有限公司	龙岩市
72	福建诚德农业机械有限公司	龙岩市
73	龙工（福建）挖掘机有限公司	龙岩市
74	星河电路（福建）有限公司	龙岩市
75	福建瑞森化工有限公司	龙岩市
76	浦城正大生化有限公司	南平市
77	福建省世竹环保科技有限公司	南平市
78	福建长庚无纺新材料有限公司	南平市
79	福建省盛恒辉金属科技有限公司	南平市
80	福建华正新能源科技股份有限公司	宁德市
81	福建仙洋洋食品科技有限公司	宁德市
82	福建宁德中亿电子有限公司	宁德市
83	宁德市三富机电有限公司	宁德市

续表③

序号	企业名称	所在地区
84	福建华龙化油器有限公司	宁德市
85	莆田市华峰工贸有限公司	莆田市
86	福建省洪诚生物药业有限公司	莆田市
87	福建科创光电有限公司	莆田市
88	莆田市佳宜电子有限公司	莆田市
89	福建百达光电有限公司	莆田市
90	福建省卓越鸿昌建材装备股份有限公司	泉州市
91	本科电器有限公司	泉州市
92	福建荣盛钢结构实业有限公司	泉州市
93	晋江海纳机械有限公司	泉州市
94	鑫盛达控股集团有限责任公司	泉州市
95	泉州市安邦通信设备有限公司	泉州市
96	泉州七洋机电有限公司	泉州市
97	黑金刚（福建）自动化科技股份公司	泉州市
98	晋江福兴拉链有限公司	泉州市
99	泉州市东翔化工轻纺有限公司	泉州市
100	九牧厨卫股份有限公司	泉州市
101	福建永悦科技有限公司	泉州市
102	浩沙实业（福建）有限公司	泉州市
103	泉州隆盛精机有限公司	泉州市
104	泉州恒利达工程机械有限公司	泉州市
105	福建省晋江市夜光达反光材料有限公司	泉州市
106	福建省意科电气科技有限公司	泉州市
107	福建联拓科技有限公司	泉州市
108	泉州科牧智能厨卫有限公司	泉州市
109	泉州劲鑫电子有限公司	泉州市
110	泉州市华德机电设备有限公司	泉州市
111	福建归真堂药业股份有限公司	泉州市
112	泉州众志金刚石工具有限公司	泉州市
113	福建铂阳精工设备有限公司	泉州市
114	福诚（中国）有限公司	泉州市
115	福建群峰机械有限公司	泉州市
116	和谐光电科技（泉州）有限公司	泉州市
117	福建省海耀工程管道制造有限责任公司	泉州市
118	福建省金燕海洋生物科技股份有限公司	泉州市
119	泉州市东南光电股份有限公司	泉州市
120	安溪中闽魏氏生态茶业有限公司	泉州市
121	军鹏特种装备有限公司	泉州市
122	晋江市夜视明反光材料有限公司	泉州市
123	利洁（福建）卫生用品科技有限公司	泉州市
124	福建正亿实业有限公司	泉州市
125	泉州市协高微波电子有限公司	泉州市
126	福建省鼎泰光电科技有限公司	泉州市

续表④

序号	企业名称	所在地区
127	普立优高分子（福建）有限公司	泉州市
128	泉州市汉威机械制造有限公司	泉州市
129	福建省万旗科技陶瓷有限公司	泉州市
130	福建省劲牛重工发展有限公司	泉州市
131	雀氏（福建）实业发展有限公司	泉州市
132	福建博纯材料有限公司	泉州市
133	泉州市劲超针织实业有限公司	泉州市
134	福建七匹狼实业股份有限公司	泉州市
135	福建省白沙消防工贸有限公司	泉州市
136	泉州利达机器有限公司	泉州市
137	福建科立讯电子有限公司	泉州市
138	福建省石狮市通达电器有限公司	泉州市
139	晶彩（福建）光电有限公司	泉州市
140	福建省宇辰农林机械有限公司	三明市
141	福建畅联电子有限公司	三明市
142	福建省三明市东辰机械制造有限责任公司	三明市
143	清流县鸿翔农庄农业发展有限公司	三明市
144	福建兵工装备有限公司	三明市
145	福建省新达保温材料有限公司	三明市
146	福建国能光电科技有限公司	漳州市
147	福建点景集团有限公司	漳州市
148	福建科之杰新材料有限公司	漳州市
149	立达信绿色照明股份有限公司	漳州市
150	漳州惠智信息技术有限公司	漳州市
151	漳州市迈维软件有限公司	漳州市
152	漳州宝发光电科技有限公司	漳州市
153	福建省鑫海湾建材科技有限公司	漳州市
154	福建希源纸业有限公司	漳州市
155	漳州优耐特电子制造有限公司	漳州市
156	福建省中达光电科技有限公司	漳州市
157	福建万安实业有限公司	漳州市
158	福建路达交通设施有限公司	漳州市
159	福建华阳超纤有限公司	漳州市
160	漳州市天利达计时有限公司	漳州市
161	漳州市万诚粉体涂料有限公司	漳州市
162	漳州三德利油漆涂料有限公司	漳州市
163	漳州科晖专用汽车制造有限公司	漳州市
164	漳浦鸿群电器有限公司	漳州市
165	正新（漳州）橡胶工业有限公司	漳州市
166	漳州市长泰新麒麟机械有限公司	漳州市
167	漳州市利利普电子科技有限公司	漳州市
168	青蛙王子（中国）日化有限公司	漳州市
169	漳州永裕隆精密五金有限公司	漳州市

续表⑤

序号	企业名称	所在地区
170	厦门弘诚绝缘材料有限公司	厦门市
171	厦门中兰通电梯工业有限责任公司	厦门市
172	厦门锻压机床有限公司	厦门市
173	厦门保视丽无尘科技有限公司	厦门市
174	厦门市翔宏科技股份有限公司	厦门市
175	厦门福旺达信息科技股份有限公司	厦门市
176	冠捷显示科技（厦门）有限公司	厦门市
177	吉门保险丝制造（厦门）有限公司	厦门市
178	厦门市亨瑞生化有限公司	厦门市
179	厦门舜泰光电科技有限公司	厦门市
180	厦门京嘉光电科技有限公司	厦门市
181	厦门市盛达凯嘉机器有限公司	厦门市
182	厦门市成利吉智能交通科技有限公司	厦门市
183	厦门柏润氟材料科技有限公司	厦门市
184	厦门佰欧科技工程有限公司	厦门市
185	福建省能宝光电集团有限公司	厦门市
186	厦门易景软件工程有限公司	厦门市
187	厦门尚科网络科技有限责任公司	厦门市
188	厦门书生天下软件开发有限公司	厦门市
189	致微（厦门）仪器有限公司	厦门市
190	厦门一指通智能科技有限公司	厦门市
191	厦门天能电子有限公司	厦门市
192	厦门维觉创意软件科技有限公司	厦门市
193	厦门超宇环保科技股份有限公司	厦门市
194	厦门飓浪计算机软件有限公司	厦门市
195	厦门银旭工贸有限公司	厦门市
196	厦门网氏网络科技有限公司	厦门市
197	厦门欣鹭江机械设备有限公司	厦门市
198	厦门雅瑞光学有限公司	厦门市
199	厦门迈思微信息科技有限公司	厦门市
200	厦门中闽全球环保股份有限公司	厦门市
201	厦门市市政工程设计院有限公司	厦门市
202	厦门森格尔电子科技有限公司	厦门市
203	厦门鼎运软件有限公司	厦门市
204	厦门坤骑复材科技有限公司	厦门市
205	厦门力嘉诚防水工程有限公司	厦门市
206	厦门上古软件有限公司	厦门市
207	厦门市智联信通物联网科技有限公司	厦门市
208	厦门优赛科技有限公司	厦门市
209	厦门艾拓瑞环保科技有限公司	厦门市
210	厦门橙号软件科技有限公司	厦门市
211	厦门嘉联科技开发有限公司	厦门市
212	义德科技（厦门）有限公司	厦门市

续表⑥

序号	企业名称	所在地区
213	厦门誉昇数字技术有限公司	厦门市
214	厦门优胜卫厨科技有限公司	厦门市
215	厦门矽创微电子科技有限公司	厦门市
216	厦门佰明光电有限公司	厦门市
217	厦门银江智慧城市技术有限公司	厦门市
218	厦门鲲扬膜科技有限公司	厦门市
219	厦门高比特电子有限公司	厦门市
220	厦门固克涂料集团有限公司	厦门市
221	厦门市致创能源技术有限公司	厦门市
222	厦门市百贸网络科技有限公司	厦门市
223	厦门市永大农业技术有限公司	厦门市
224	厦门市顺和达软件有限公司	厦门市
225	厦门赛诺邦格生物科技有限公司	厦门市
226	厦门先德开关有限公司	厦门市
227	厦门市罗斯特感应科技有限公司	厦门市
228	厦门大禾众邦机械有限公司	厦门市
229	厦门华晟电子有限公司	厦门市
230	厦门福鑫耀工贸有限公司	厦门市
231	厦门大拇哥动漫股份有限公司	厦门市
232	厦门海旭东方智能科技有限公司	厦门市
233	厦门精研自动化元件有限公司	厦门市
234	泽海（厦门）科技有限公司	厦门市
235	厦门市瀚邦包装制品有限公司	厦门市
236	厦门纵网数码科技有限公司	厦门市
237	厦门金欣荣电子科技有限公司	厦门市
238	福建电子口岸股份有限公司	厦门市
239	合诚工程咨询股份有限公司	厦门市
240	厦门龙净环保节能科技有限公司	厦门市
241	厦门盈硕科机械制造有限公司	厦门市
242	宏泰集团（厦门）有限公司	厦门市
243	厦门福龙诚信息科技有限公司	厦门市
244	厦门名晶光电科技有限公司	厦门市
245	厦门翼讯科技有限公司	厦门市
246	厦门蓝海环科仪器有限公司	厦门市
247	厦门凯浦瑞电子科技有限公司	厦门市
248	厦门亿星软件有限公司	厦门市
249	厦门同步天成软件有限公司	厦门市
250	厦门极致互动网络技术有限公司	厦门市
251	厦门富力或姆光电技术有限公司	厦门市
252	厦门壹航网络科技有限公司	厦门市
253	厦门迈信电子科技有限公司	厦门市
254	厦门帅科卫浴电器有限公司	厦门市
255	许继（厦门）智能电力设备股份有限公司	厦门市

续表⑦

序号	企业名称	所在地区
256	厦门凯科信息科技有限公司	厦门市
257	帷森（厦门）建材工业有限公司	厦门市
258	厦门文创电子有限公司	厦门市
259	厦门万洲金属有限公司	厦门市
260	厦门众盛精密电路有限公司	厦门市
261	厦门胜嘉元自动化科技有限公司	厦门市
262	厦门纳诺泰克科技有限公司	厦门市
263	厦门圣王生物科技有限公司	厦门市
264	厦门永精诚橡塑科技有限公司	厦门市
265	厦门鑫河机电科技有限公司	厦门市
266	厦门易家网讯科技有限公司	厦门市
267	帝凯（厦门）电气有限公司	厦门市
268	厦门市科力电子有限公司	厦门市
269	厦门开捷塑胶制品有限公司	厦门市
270	厦门海普锐精密电子设备有限公司	厦门市
271	厦门盈瑞丰电子科技有限公司	厦门市
272	厦门动向信息科技有限公司	厦门市
273	厦门烯成新材料科技有限公司	厦门市

（省科技厅高新处、厦门市科技局）

【创新型企业】 2013年，全省加大创新型企业培育，新确认89家省级创新型企业、274家省级创新型试点企业。至2013年底，全省共有省级创新型（试点）企业904家，其中省级创新型企业302家（有14家为国家级创新型企业、15家为国家级创新型试点企业）、省级创新型试点企业602家。

第四批福建省创新型企业名单

序号	企业名称
	福州市企业（14家）
1	福建思嘉环保材料科技有限公司
2	福建仙芝楼生物科技有限公司
3	福建中能电气股份有限公司
4	福州思迈特数码科技有限公司
5	福建锐思软件开发有限公司
6	福建瑞达精工股份有限公司
7	福建星网视易信息系统有限公司
8	福州坤彩精化有限公司
9	福建实达数码科技有限公司
10	福建大昌生物科技实业有限公司
11	福州隆诚实业有限公司
12	福建睿能电子有限公司
13	福建实达资讯科技有限公司
14	福建创频数码科技有限公司

续表①

序号	企业名称
	厦门市企业（3家）
15	厦门松霖科技有限公司
16	天海欧康科技信息（厦门）有限公司
17	厦门聚富塑胶制品有限公司
	漳州市企业（6家）
18	漳州市长泰新麒麟机械有限公司
19	福建南海食品有限公司
20	福建省国农农业发展有限公司
21	漳州旗滨玻璃有限公司
22	福建吉邦电子有限公司
23	漳州翊峰机械工业有限公司
	泉州市企业（39家）
24	兴业皮革科技股份有限公司
25	福建省白沙消防工贸有限公司
26	福建省南安市巨轮机械有限公司
27	泉州海天材料科技股份有限公司
28	福建俊豪电子有限公司
29	泉州劲鑫电子有限公司
30	泉州梅洋塑胶五金制品有限公司
31	福建泉州顺美集团有限责任公司
32	福建省晋江市三力机车有限公司
33	安踏（中国）有限公司
34	晋江腾达陶瓷有限公司
35	福建宝通科技有限公司
36	泉州市一鸣交通电器有限公司
37	蜡笔小新（福建）食品工业有限公司
38	文创科技股份有限公司
39	泉州市协高微波电子有限公司
40	福建省万华电子科技有限公司
41	福建盛达机器有限公司
42	福建鸿星尔克体育用品有限公司
43	福建省泉州华鸿通讯有限公司
44	泉州众志金刚石工具有限公司
45	泉州天地星电子有限公司
46	泉州市汉威机械制造有限公司
47	福建纳川管材科技股份有限公司
48	泉州百来太阳能有限公司
49	泉州市东南光电有限公司
50	泉州市双塔汽车零件有限公司
51	新协志（福建）有限公司
52	福建省卓越鸿昌建材装备股份有限公司

续表②

序号	企业名称
53	福建省江南电器制造有限公司
54	泰亚鞋业股份有限公司
55	福建烟草机械有限公司
56	泉州时刻防盗电子有限责任公司
57	金冠（中国）食品有限公司
58	泉州佳乐电器有限公司
59	福建蓝蓝高科技发展有限公司
60	福建省泉州市味博食品有限公司
61	泉州利昌塑胶有限公司
62	泉州市三联机械制造有限公司
	三明市企业（4家）
63	福建海峡科化股份有限公司
64	三明市普诺维机械有限公司
65	福建畅联电子有限公司
66	福建科宏生物工程有限公司
67	福建省红太阳精品有限公司
68	莆田市涵兴食品有限公司
69	福建省仁德医械制造有限公司
70	福建省新威电子工业有限公司
	南平市企业（1家）
71	浦城正大生化有限公司
	龙岩市企业（4家）
72	德泓（福建）光电科技有限公司
73	福建威而特汽车动力部件有限公司
74	福建精艺机械有限公司
75	福建亿林节能设备股份有限公司
	宁德市企业（14家）
76	安发（福建）生物科技有限公司
77	福建广生堂药业股份有限公司
78	福建省闽东力捷迅药业有限公司
79	宁德市海洋技术开发有限公司
80	宁德市南海水产科技有限公司
81	福建省银象电器有限公司
82	宁德市夏威食品有限公司
83	福建岳海水产食品有限公司
84	福建惠丰电机有限公司
85	福建珠峰工业集团有限公司
86	福建大吉刀剪五金有限公司
87	福建蓝鲸水产有限公司
88	福建闽威实业有限公司
89	福鼎市华益机车部件厂

第六批福建省创新型试点企业名单

序号	企业名称
	福州市企业（65家）
1	福州辰星药业有限公司
2	福建福特科光电股份有限公司
3	福建天马科技集团股份有限公司
4	福建省鑫港纺织机械有限公司
5	福州金瑞迪软件技术有限公司
6	福州欣联达电子科技有限公司
7	福州华虹智能科技开发有限公司
8	福州大北农生物技术有限公司
9	福建柯宁环保科技有限公司
10	福建北讯智能科技有限公司
11	福建省大地管桩有限公司
12	福州阿石创光电子材料有限公司
13	福建金钱猫电子科技有限公司
14	福建省新泽尔资迅科技有限公司
15	福建鑫诺通讯技术有限公司
16	福州富莱仕影像器材有限公司
17	福建新农大正生物工程有限公司
18	福建安明斯智能科技有限公司
19	福州开发区星云电子自动化有限公司
20	福建华拓自动化技术有限公司
21	丽珠集团福州福兴医药有限公司
22	福建邦信信息科技有限公司
23	欧浦登（福建）光学有限公司
24	福建宏宇电子科技有限公司
25	福建庄讯环保科技有限公司
26	鸿博（福建）数据网络科技股份有限公司
27	鸿博股份有限公司
28	福州通安电子有限公司
29	福建省晨曦信息科技有限公司
30	圣力（福州）重工有限公司
31	福建东龙针纺有限公司
32	福建鑫威电器有限公司
33	福建龙生机械有限公司
34	福州福华纺织印染有限公司
35	福建索天信息科技有限公司
36	福建满堂香茶业股份有限公司
37	福清市新大泽螺旋藻有限公司
38	福建博思软件股份有限公司
39	福建省伟思国瑞信息技术有限公司
40	福州固力工业成套设备有限公司
41	福建凯邦锦纶科技有限公司
42	福州广辉环保卫生设备有限公司
43	福州依仕捷喷码系统科技有限公司

续表①

序号	企业名称
44	福州伟通机械设备有限公司
45	福州天虹电脑科技有限公司
46	中渔（福建）通信有限公司
47	福建省华澳环保科技有限公司
48	福清市东威水产食品实业有限公司
49	福州金和生物科技有限公司
50	福州永通电线电缆有限公司
51	福建友通实业有限公司
52	茶花现代家居用品股份有限公司
53	福州兆科智能卡有限公司
54	丽声助听器（福州）有限公司
55	福建先锐软件科技有限公司
56	福建省明华信息科技有限公司
57	福建省长乐市金磊纺织有限公司
58	福州顶点信息管理有限公司
59	福州市环天燃料科技有限公司
60	光隆精密工业（福州）有限公司
61	福建鸿博光电科技有限公司
62	福建考克电子科技有限公司
63	福建永动力弹簧科技有限公司
64	福州瑞华印制线路板有限公司
65	福州万升电器有限公司
	厦门市企业（16家）
66	爱德森（厦门）电子有限公司
67	厦门大博颖精医疗器械有限公司
68	厦门亿联网络技术股份有限公司
69	厦门威迪亚科技有限公司
70	厦门北大泰普科技有限公司
71	厦门思尔特机器人系统有限公司
72	罗普特（厦门）科技集团有限公司
73	厦门致力金刚石科技股份有限公司
74	厦门吉比特网络技术股份有限公司
75	厦门三优光电股份有限公司
76	厦门纵横集团科技股份有限公司
77	厦门恒坤精密工业有限公司
78	厦门强力巨彩光电科技有限公司
79	天医堂（厦门）生物工程有限公司
80	绿网天下（福建）网络科技有限公司
81	厦门市华益通机械设备有限公司
	漳州市企业（29家）
82	漳州市英格尔农业科技有限公司
83	福建省丰盛食品有限公司
84	润科生物工程（福建）有限公司
85	漳州市恒丽电子有限公司

续表②

序号	企业名称
86	漳州市金安机电有限公司
87	安安（中国）有限公司
88	漳州市锦达电子有限公司
89	漳州市芗城华润电子有限公司
90	正兴车轮集团有限公司
91	同溢堂药业有限公司
92	漳州升源机械工业有限公司
93	漳州仂元工业有限公司
94	南靖长青精密丝杆制造有限公司
95	漳州大北农农牧科技有限公司
96	漳州市美丽家香食品有限公司
97	福建一胜多砂轮有限公司
98	福建省鑫海湾建材科技有限公司
99	漳州宝发光电科技有限公司
100	漳州市远见信息技术有限公司
101	漳州市华威电源科技有限公司
102	漳州联合华鑫焊接自动化设备有限公司
103	福建二菱电子有限公司
104	漳州市兴方圆软件开发有限公司
105	漳州日高饲料有限公司
106	福建利利普光电科技有限公司
107	福建希源纸业有限公司
108	福建海大饲料有限公司
109	漳州毅宏游艇工业有限公司
110	漳州市灿华电子科技有限公司
	泉州市企业（107家）
111	福建佳友茶叶机械智能科技股份有限公司
112	泉州市科立信安防电子有限公司
113	福建恒安卫生材料有限公司
114	福建省闽安机械制造有限公司
115	泉州万华世旺超纤有限责任公司
116	福建省视通光电网络有限公司
117	福建省万旗非金属材料有限公司
118	泉州市丰泽福帆机械有限公司
119	福建省昇邦电子科技有限公司
120	石狮市振富针纺机械有限公司
121	福建省晋江万利瓷业有限公司
122	泉州佰源机械科技股份有限公司
123	石狮市快克体育用品有限公司
124	泉州市琪祥电子科技有限公司
125	福建百川资源再生科技有限公司
126	福建田中机械科技股份有限公司

续表③

序号	企业名称
127	福建泰德光电科技有限公司
128	福建冠兴皮革有限公司
129	泉州科力电气有限公司
130	福建水力消防成套设备有限公司
131	石狮市华宝明祥食品有限公司
132	福建华仁油脂有限公司
133	福建新文行灯饰有限公司
134	泉州市鲤城天力厨房用具厂
135	福建科达衡器有限公司
136	晋江市南星印染材料有限公司
137	福建省锐驰电子科技有限公司
138	泉州市天龙环境工程有限公司
139	福建省宏祥智能科技有限公司
140	福建泉成机械有限公司
141	晋江市新锋源机械有限责任公司
142	晋江市世创机械制造有限公司
143	伟顺（中国）机电设备有限公司
144	福建省好邻居食品工业有限公司
145	福建培新机械制造实业有限公司
146	雀氏（福建）实业发展有限公司
147	福建三宏再生资源科技有限公司
148	泉州市全通光电科技有限公司
149	福建省南安市华盛建材有限公司
150	福建欧联卫浴有限公司
151	福建省意科电气科技有限公司
152	福建雨丝梦洋伞实业有限公司
153	龙之族（中国）有限公司
154	茂泰（福建）鞋材有限公司
155	石狮市鑫达工业有限公司
156	乔丹体育股份有限公司
157	福建省足友体育用品有限公司
158	泉州市天发食品机械有限公司
159	中天（中国）工业有限公司
160	浩沙实业（福建）有限公司
161	三斯达（福建）塑胶有限公司
162	福建省鼎日光电科技有限公司
163	福建万泰兴化工发展有限公司
164	泉州市巨将防盗设备有限公司
165	福建福山轴承有限公司
166	福建中策光电股份公司
167	石狮市汇星机械有限公司
168	泉州市捷高电子技术有限公司

续表④

序号	企业名称
169	晋江连捷纺织印染实业有限公司
170	福建省德化县卓越陶瓷有限公司
171	晋江市维丰织造漂染有限公司
172	泉州万利得节能科技有限公司
173	泉州市明佳电子科技有限公司
174	泉州明恒纺织有限公司
175	泉州市泉永机械发展有限公司
176	黑金刚（福建）自动化科技股份公司
177	晋江市达胜纺织实业有限公司
178	福建天线宝宝食品股份有限公司
179	泉州市劲超针织实业有限公司
180	福建晋工机械有限公司
181	泉州宝峰鞋业有限公司
182	福建博纯材料有限公司
183	利洁（福建）卫生用品科技有限公司
184	泉州市丰泽区东方机械有限公司
185	石狮市万峰盛漂染织造有限公司
186	石狮市宝翔针织机械有限公司
187	福建省晋江市恒人鞋业有限公司
188	晋江市龙兴隆染织实业有限公司
189	石狮市鑫隆针织机械有限公司
190	泉州市海通电子设备有限公司
191	福建省泉州龙鹏集团有限公司
192	泉州斯达纳米科技发展有限公司
193	金维他（福建）食品有限公司
194	晋江恒盛玩具有限公司
195	石狮龙祥制革有限公司
196	晋江市凯嘉机器制造有限公司
197	泉州宝树包装有限公司
198	福建广汇龙环保科技有限公司
199	晋江市金威体育用品有限公司
200	石狮永峰电子有限公司
201	福建南安市南华鞋业有限公司
202	安记食品股份有限公司
203	福建尚锟齿轮箱制造有限公司
204	鹏程实业有限公司
205	福建军鹏特种装备科技有限公司
206	晋江市雅邦玻璃钢有限公司
207	泉州市安邦通信设备有限公司
208	福建清源科技有限公司
209	晋江市连盛液压机械有限公司
210	福建省文松彩印有限公司

续表⑤

序号	企业名称
211	野力体育（中国）有限公司
212	晋江力绿食品有限公司
213	石狮市鹏工汽车教学设备有限公司
214	福建凯达集团有限公司
215	福建隆上超纤有限公司
216	福建省艾而丹光电股份有限公司
217	泉州联冠光电科技有限公司
	三明市企业（17家）
218	福建省沙县金沙白炭黑制造有限公司
219	东南新材料股份有限公司
220	三明华健生物工程有限公司
221	永安市莲花山天然香料有限公司
222	三明市和众生物技术有限公司
223	福建省宇辰农林机械有限公司
224	福建省新创化建科技有限公司
225	福建省麦丹生物集团有限公司
226	福建达安能源实业有限责任公司
227	福建鑫鑫獭兔有限公司
228	福建和其昌竹业有限公司
229	福建省建宁县联丰造纸有限公司
230	福建省新达保温材料有限公司
231	福建长禾竹业有限公司
232	三明市丰润化工有限公司
233	永安市金声机械有限公司
234	永安市广益新型能源开发有限公司
	莆田市企业（8家）
235	莆田市荣兴机械有限公司
236	福建省闽中有机食品有限公司
237	福建省康辉食品有限公司
238	莆田市金日兴生物科技开发有限公司
239	锐马（福建）电气制造有限公司
240	莆田市上得利电子仪器有限公司
241	莆田市城厢区星华电子模具有限公司
242	全冠（福建）机械工业有限公司
	南平市企业（6家）
243	福建省青然食品股份有限公司
244	福建杜氏木业有限公司
245	福建省南平市三红电缆有限公司
246	福建省邵武市永晶化工有限公司
247	福建亚达集团有限公司
248	武夷山市鑫泰光电有限公司
	龙岩市企业（14家）

续表⑥

序号	企业名称
249	福建好日子食品有限公司
250	龙岩市顺添环保科技有限公司
251	福建侨龙专用汽车有限公司
252	福建茗匠竹艺科技有限公司
253	千百汇（漳平）工艺有限公司
254	福建永强岩土工程有限公司
255	福建龙岩精博化工科技有限公司
256	龙岩市方圆经济技术开发有限公司
257	龙岩阿赛特汽车零部件制造有限公司
258	中恒通（福建）机械制造有限公司
259	龙岩科力达橡塑有限公司
260	福建省长汀金龙稀土有限公司
261	福建逢兴机电设备有限公司
262	上杭祥辉电子有限公司
宁德市企业（12家）	
263	福鼎市佳磐通用部件有限公司
264	福建宏安电气有限公司
265	三禾电器（福建）有限公司
266	双悦（福建）动力机械有限公司
267	福建华日汽车配件有限公司
268	福建隽永天香茶业有限公司
269	东急电气（福建）有限公司
270	福建乡下厨房食品有限公司
271	寿宁县松燕电器有限公司
272	霞浦县新世纪农业科技开发有限公司
273	福建贝吃乐食品有限公司
274	宁德市白马山茶叶有限公司

（省科技厅政策法规处）

【2013年福建省企业科技活动情况统计】　包括“规模以上工业企业基本情况”“规模以上工业企业R&D人员情况”“规模以上工业企业R&D经费情况”“规模以上工业企业全部R&D项目情况”“规模以上工业企业办科技机构情况”“规模以上工业企业自主知识产权及相关情况”“规模以上工业企业新产品开发、生产及销售情况”“规模以上工业企业落实政府相关政策情况”“规模以上工业企业技术获取和技术改造情况”等相关统计资料，具体内容参见“科技统计资料”。

【漳州片仔癀药业股份有限公司科技概况】　漳州片仔癀药业股份有限公司（以下简称片仔癀药业）是国家高新技术企业、国家火炬计划重点高新技术企业、省创新型企业、省知识产权优势企业、中国中成药行业50强企业，并连续多年入选福建省工业主要行业竞争力10强等。主导产品片仔癀两度获国家质量金质奖，为国家中药一级保护品种，被国务院列为“国家级非物质文化遗产”，已连续20年位居中国中成药单项出口创汇第一名；注册的“片仔癀”商标被评为“中国驰名商标”、首批“中华老字号”，并入选中华老字号品牌价值20强、中华老字号品牌网络影响力10强。注册资金1.6亿元，拥有片仔癀（漳州）医药有限公司、福建片仔癀化妆品有限公司等16家控股子公司及4家参股子公司。

2013年，片仔癀药业实现合并营业收入139586万元、利润总额50953万元、净利润43109.8万元；母公司投入研发经费4032.87万元，占销售收入比重为4.79%。至2013年底，片仔癀药业总资产32.59亿元，职工近1200人，其中专业技术人员244人（具有中高级职称以上人员84人）；建有院士专家工作站、博士后工作站、省传统中药制药企业工程技术研究中心、省企业技术中心等技术创新研发平台。

科技项目与成果转化　2013年，片仔癀药业获授权发明专利11件、实用新型专利14件、香港标准专利1件。拥有有效专利39件，其中发明专利19件（含英国发明专利1件）。至2013年底，片仔癀药业先后承担了国家“863计划”项目、“十一五”国家科技支撑计划、“重大新药创制”科技重大专项、国际合作项目等15项国家级及省级科技项目，其中“片仔癀药业传统名优中药技术创新平台建设”项目获2011年度省科学技术进步奖二等奖；拥有国家一级中药保护品种1个、二级中药保护品种2个；主持或参与制定了9项国家标准、4项企业标准；11个品种获省自主创新产品证书，多个项目的开发分获地市级自主创新项目奖项；自主研发品种金糖宁胶囊，是国内首个天然糖苷酶抑制剂，同时获评国家重点新产品、中国国际高新技术成果交易会优秀产品、省优秀创新产品等多个奖项。片仔癀药业在东南亚等诸多国家和地区注册了商标，覆盖世界70个国家和地区，积极维护“片仔癀”在海外的知识产权。通过新产品、新技术的开发应用，形成了一系列在保肝护肝、治疗感冒、心血管、糖尿病等方面的高效产品。2011～2013年，累计新增销售收入4.22亿元，新增利润2.22亿元，税收3706万元，出口创汇2000万美元。

新技术新产品研发　至2013年底，在对传统名优中药进行技术创新的带动下，片仔癀药业已拥有片仔癀、片仔癀胶囊、复方片仔癀软膏、金糖宁胶囊、茵胆平肝胶囊、心舒宝片等11个独家品种。此外，片仔癀药业根据药食同源的特性，还开发出具有增加骨密度作用的增加骨密度片、增加骨密度胶囊，对化学性肝损伤有保护作用的双孢蘑菇珍华片、具有提高免疫等功能的蜂乳胶囊、花粉片、菇精糖片等保健食品。片仔癀药业还开发出仅供国外销售产品，包括龙江牌特效片仔癀暗疮膏、复方片仔癀肝宝、片仔癀活络油、片仔癀白花蛇解痒片、片仔癀润喉片、片仔癀跌打精等8个品种，并申报了16个仿制药品种。

（漳州片仔癀药业股份有限公司　张泽修）

【未名生物医药有限公司科技概况】　未名生物医药有限公司（以下简称未名医药）成立于1998年，注册资金1.3亿元，是集研发、生产和销售于一体的生物制药高新技术企业。主要生产经营恩经复®（注射用鼠神经生长因子），是中国生物制药30强企业、省生物制药龙头企业、省创新型企业，拥有北京科兴生物制品有限公司、北京未名西大生物科技有限公司、天津华利达生物工程有限公司等3家子公司。2013年，实现业务收入3.99亿元、净利润1.1亿元；母公司投入研发经费1669万元，占销售收入比重为4.17%。至2013年底，未名医药总资产9.3亿元；职工人数近400人，其中大专以上人员达85%以上，形成一支高学历、高素质团队。

未名医药在国内率先建成了1000万支规模神经生长因子制造基地，建成省级工程技术研究中心、省级企业技术中心、博士后科研工作站，是注射用鼠神经生长因子国家标准的起草单位。至2013年底，公司获授权发明专利8件，其中国际专利3件。未名医药产品研发涵盖细胞因子药物、多肽药物、抗体药物三大方向。

科技项目与成果转化 2013年，未名医药承担实施的“国家一类新药恩经复生产线扩建”项目被列入国家重点产业振兴和技术改造项目，“注射用神经生长因了产业化基地建设”获厦门市重大科技计划项目立项扶持，合计获扶持经费超过1000万元，公司总投资超过1亿元。当年，完成对北京科兴生物制品有限公司部分股权的收购，成为其最大独立股东；与欧洲脑研究所合作成立“欧洲脑研究所中国实验室”；与加拿大西安大略大学合作成立北京未名西大生物科技有限公司，开发神经系统药物。

新技术新产品研发 2013年，“恩经复”被评为国家重点新产品。未名医药神经生长因子规模化生产工艺进一步更新扩大，检验手段进一步完善，并获得国家食品药品监督管理总局、中国食品药品检定研究院认可；实施的15000AU规格新产品治疗视神经损伤完成II期临床研究并取得总结报告，显示效果良好。

（未名生物医药有限公司　付永超）

【福州海王福药制药有限公司科技概况】 福州海王福药制药有限公司（以下简称海王福药）是省高新技术企业、省百家重点工业企业、省战略性新兴产业骨干企业，控股福州海王金象中药制药有限公司、福州福药医药有限公司。注册资金7000万元，总资产5.5亿元；职工总数1100人，其中专业技术人员558人（具有中高级职称106人）。拥有大容量注射剂、小容量注射剂、片剂、胶囊剂、颗粒剂、口服液、酊剂、丸剂等17个中西药制剂剂型和6个具有高附加值的原料药品种，480多个药品批准文号，9个经GMP认证的现代化中西药生产车间和一个省级企业技术中心，是国家在福建省指定的麻醉品生产基地，并担负着国际药品援助任务。

“福药”“金象”牌商标同时被认定为福建省著名商标和福州市知名商标。“海王福药”“海王金象”分别被认定为福建省知名字号。2013年，海王福药完成产值7.5亿元，利税总额1.2亿元。专业生产基本药物中、西药200多种，含软袋输液、塑瓶输液、玻瓶输液、口服固体制剂、小容量注射剂及中成药制剂，主要有抗生素、抗肿瘤药物、心血管类用药和中药独家产品等品种。

科技项目与成果转化 海王福药先后承担实施各级各类科技项目研究，取得重要成果。2013年，海王福药研发的三类新药盐酸噻加宾原料药与片剂，获福州市产学研专项资金50万元，并获晋安区科技计划项目资金10万元；当年，获得国家三类新药抗癫痫药物盐酸噻加宾及其片剂的临床注册受理通知书；申请专利6件，其中发明专利3件。至2013年底，拥有有效专利23件，其中发明专利10件。2012年，公司研发的抗肿瘤新药卡莫氟片取得国家药品注册生产批件。2011年，公司承担实施的“替米沙坦原料药及其片剂的产业化开发”获国家火炬计划项目立项，获资助经费60万元；“氯法拉滨原料药及其注射剂的研究与开发”获省区域科技重大项目立项，获资助经费50万元，并获市、区配套资金48万元。

新产品研发 海王福药投入到新产品开发的科研经费占工业产品销售收入的3.5%以上，2013年研究开发经费总投入1780万元，其中：企业自筹1712万元，争取国家、省、市、区科技部门支持68万元。新产品开发工作已形成“研制一代、生产一代、储备一代”的良性循环，在主要的几个疾病治疗领域中形成了具有竞争优势的“福药”“金象”品牌，同时也使得公司产品结构更为合理，增强了企业的核心竞争力。2011年至2013年，主要研发的新产品共有37个，其中重大疾病中抗恶性肿瘤及其诊断试剂等用药11个，心脑血管疾病治疗药物7个，感染性疾病抗耐药菌用药5个，老年病用药、精神神经系统用药5个，其他疾病及急救用药物7个，独家医疗器械2个。

研发机构建设 海王福药已建有企业技术中心1个和专家工作站2个。企业技术中心的前身为福州医药工业研究所，成立于二十世纪六十年代，于2002年被认定为省级企业技术中心。依托公司的综合性生产优势，技术中心在原料药和各个制剂车间建立了配套的中试和放大生产线，拥有涵盖药物合成、药物制剂、中药学、药物分析、临床药学等相关专业的科技人员103人，设立了合成室、制剂室、检验中心、中试生产线以及新药选立项系统、设备和精密仪器，中心仪器设备原值2300万元，面积2000多平方米。海王福药与省微生物研究所、省农科院于2011年以合作项目为依托，建立了2个企业专家工作站。工作站所有的研发软硬件均与技术中心共享。

产学研合作 海王福药先后与中国药科大学、省微生物研究所、厦门大学等高等院校和科研院所建立广泛合作关系。海王福药和省微生物研究所的合作被列为重点产学研合作，两单位同属福建省微生物药物产业技术创新战略联盟的主要骨干成员单位，早在二十世纪八十年代，双方就合作成功开发了抗宫颈癌创新药新福菌素，现为海王福药独家产品；与省微生物研究所合作开发的品种有抗癫痫新药盐酸噻加宾原料药及片剂、晚期乳腺癌的治疗用药氟维司群原料药及其注射剂、肝癌病灶部位的核磁共振诊断用药钆塞酸二钠原料药与注射液等。与中国药科大学合作开发国家级一类新药抗肿瘤酪氨酸激酶抑制剂。金象中药与省农科院等强强联合，资源共享，优势互补，对加快研究成果共享与成果转化有独特优势。针对国内市场急需而产能不足的人品种新药进行合作开发，如依马替尼片、来曲唑片、卡培他滨片等。

新版GMP改造和第二生产基地建设 2013年，海王福药在原址投资8000万元进行大容量注射剂、小容量注射剂新版GMP改造，项目建成完全达产后，新增小容量注射剂2.5亿支，软袋输液3000万袋、塑瓶输液5000万瓶、玻瓶输液

7000万瓶的生产能力，项目申报国家产业振兴技改专项并获得国家发改委、工信部专项补助资金401万元，项目已竣工并投入试运行。海王福药成为省内第一家全面通过注射剂新版GMP的药品生产企业。海王福药在福州市连江县敖江镇幕浦村省级经济开发区内征地19.16公顷，总投资6亿元进行海王福药第二生产基地建设，项目建成达产后，年新增大容量注射剂3.5亿瓶（袋）、小容量注射剂3亿支、中西药片剂36亿片、中西药胶囊剂6亿粒以及口服液、糖浆剂等产品的总生产能力；项目已被列入福建省2012年工业转型创新百项千亿投资计划项目，主体工程建设周期两年。

（福州海王福药制药有限公司　陈　瑜）

【龙岩市海德馨汽车有限公司科技概况】 龙岩市海德馨汽车有限公司（以下简称海德馨公司）是一家专业从事应急专用车的研发、制造、销售的高新技术企业，成立于2000年，注册资金5010万元。设有完备的应急专用车技术、研发、生产、试验、检验、售后服务部门；拥有一支能为用户提供专业、高效、全面、安全服务的专业队伍，职工总数196人，其中大专以上人员有84人、占公司职工总数的43%，研发人员有33人、占公司职工总数的17%。先后承担了国家创新基金项目、省区域科技重大项目及多个市、区级科技项目，积累了大量的应急汽车生产、研发经验，产品技术领先于同行业。海德馨公司已通过ISO9000质量管理体系认证、3C国家强制性产品安全认证，拥有60多件专利技术，主导编制了《电源车》行业技术标准（QC/T911－2012）。

海德馨公司生产的应急专用车系列产品已在国内电力、通信、油田、核电、港口、航空、矿山、部队等行业广泛应用，解决大型活动、会议、展会、野外勘探、工程作业、酒店、影视拍摄等现场各种突发停电事故所需的紧急备用电源。如在冰灾、地震、奥运会等重大事件保电、供电工作中，发挥了重要作用。2013年，公司实现销售收入1亿元。

科技项目与成果转化　2013年，海德馨公司承担省发改委项目成果转化项目“多功能矿山应急救援装备”，获资助经费60万元。当年，公司申请专利19件，其中发明专利4件、实用新型专利14件、外观设计专利1件；获授权实用新型专利14件。

新技术新产品研发　海德馨公司始终贯彻执行“顾客至上、质量第一，技术创新、持续改进”的质量方针，加大力度研发其他功能用途的应急产品，系统策划和推进研发技术创新、制造技术创新、应用技术创新，积极推进建设应急汽车品牌。2013年，公司研制开发的新产品“抢险救援照明车”通过了省经信委的省级新产品鉴定。至2013年底，已研制开发出电源车、餐车、抢险救援照明车、救险车、警报车、指挥车、电力工程车、装备车、配电车、电源半挂车共10个系列、近60个车型。

（龙岩市海德馨汽车有限公司　苏丽芳）

【福建省福工动力技术有限公司科技概况】 福建省福工动力技术有限公司（以下简称福工动力）是一家专业从事新能源汽车电驱动系统生产的国家火炬计划重点高新技术企业，是福建省技术创新工程——新能源汽车产业技术创新重点战略联盟单位。成立于2009年，注册资金1300万元。2013年，福工动力总资产10556万元，职工95人；实现业务收入12911万元、利润总额2206万元，投入研发经费730万元、占销售收入比重为5.7%。

科技项目与成果转化　至2013年底，福工动力为主承担的“增程/插电式重型商用车动力系统总成开发”项目获国家高技术研究发展计划（“863”计划）立项；福工动力等单位承担的省科技重大专项专题“混合动力客车及其关键部件研发及产业化”通过专家验收。福工动力完成的“基于超级电容的混合动力系统”项目在第十二届深圳高交会上获“优秀新产品奖”。福工动力先后承担国家级科技项目3项、省级科技项目5项，获授权专利46件（其中发明专利2件、实用新型专利42件、外观设计专利2件）、计算机软件著作权证书8件，并与省汽车电子与电驱动技术重点实验室建立了“福建省客车混合动力总成产学研联盟”，获评“新能源大巴示范应用优秀企业”。

新技术新产品研发　至2013年底，福工动力掌握的核心技术有高回收率再生制动能回收技术、超级电容与电池组合控制技术、自动换挡调速控制技术、气控式行星齿轮变速器技术、纯电动系统匹配技术等。主要产品是各类、各系列新能源汽车动力总成，有适用于8M、10M、12M城市公交车的插电式混合动力总成，适用于6M、7M、8M、10M、12M城乡客车的纯电动动力总成，还有纯电动轿车、纯电动面包车、纯电动厢式物流车的动力总成；适配车种包括节能汽车、混合动力汽车、纯电动汽车及增程式汽车，适配车型包括轿车、轻型客车（面包车）、厢式货车及大中型公交车。福工动力主要客户有郑州宇通、厦门金龙、扬州亚星、厦门金旅、苏州海格、合肥安凯、上海申沃、南京金龙、重庆恒通、广州广汽、浙江青年、杭州东风、丹东黄海、福州东南、河南少林、福州康驰、江西百路达、香港汽车零部件研究及发展中心等。根据国内电动汽车权威机构——第一电动研究院统计，2011～2013年，全国共推广23638辆新能源客车，其中搭载福工动力系统车辆1611辆，市场占有率为6.82%，排名全国前列。根据电车汇网站统计，2013年福工动力系统市场占有率排名全国第二。

产学研合作　至2013年底，福工动力与清华大学汽车工程系、同济大学新能源工程中心、厦门理工学院、厦门污控中心等开展广泛的科技合作，多方合力，力图将福工动力建设成为具有一定国际影响力的动力系统总成集成供应商。福工动力与德国ARADEX公司合作改进新能源汽车整车控制器，并将德国ELENA新能源联盟引入中国。福工动力与香港汽车零部件研究及发展中心签订了“电动小巴”项目协议，研发出的纯电动小巴在爬坡度、最高车速、续驶里程三个方面超越美国技术。

（福建省福工动力技术有限公司　林丽金）

高校科技创新

【2013年福建省高校科技发展概况】　至2013年底，全省各类高等院校总数90所，其中：普通高等学校87所、成人高校3所。普通高等学校中，有本科高校32所（含普通高校创办的独立学院9所）、公办高职高专32所、民办高职高专23所。

2013年福建省高等院校名录

<table>
<tr><th colspan="2">高校类别</th><th>高校名录</th></tr>
<tr><td rowspan="4">普通高校</td><td>本科高校（23所）</td><td>厦门大学、华侨大学、福州大学、福建农林大学、福建医科大学、福建师范大学、集美大学、福建中医药大学、闽南师范大学、泉州师范学院、仰恩大学（民办）、福建工程学院、闽江学院、莆田学院、厦门理工学院、三明学院、龙岩学院、武夷学院、福建警察学院、闽南理工学院（民办）、福建江夏学院、宁德师范学院、福州外语外贸学院（民办）</td></tr>
<tr><td>公办高职高专（32所）</td><td>福建商业高等专科学校、泉州医学高等专科学校、厦门医学高等专科学校、福建船政交通职业学院、福建信息职业技术学院、福建水利电力职业技术学院、福建电力职业技术学院、福建林业职业技术学院、福建农业职业技术学院、福建生物工程职业技术学院、福建艺术职业学院、福建体育职业技术学院、福建对外经济贸易职业技术学院、福建警官职业学院、厦门海洋职业技术学院、厦门城市职业学院、泉州经贸职业技术学院、福州职业技术学院、黎明职业大学、漳州职业技术学院、闽西职业技术学院、闽北职业技术学院、湄洲湾职业技术学院、泉州工艺美术职业技术学院、三明职业技术学院、宁德职业技术学院、福建卫生职业技术学院、漳州卫生职业学院、漳州城市职业学院、泉州幼儿师范高等专科学校、福建幼儿师范高等专科学校、闽江师范高等专科学校</td></tr>
<tr><td>民办高职高专（23所）</td><td>福建华南女子职业学院、福州英华职业学院、厦门华厦职业学院、泉州纺织服装职业学院、泉州理工职业学院、泉州华光职业学院、泉州信息职业技术学院、厦门演艺职业学院、福州黎明职业技术学院、福州科技职业技术学院、福州海峡职业技术学院、福州软件职业技术学院、厦门软件职业技术学院、厦门兴才职业技术学院、厦门华天涉外职业技术学院、厦门南洋职业学院、厦门东海职业技术学院、漳州科技职业学院、漳州理工职业学院、武夷山职业学院、泉州海洋职业学院、泉州轻工职业学院、厦门安防科技职业学院</td></tr>
<tr><td>独立学院（9所）</td><td>厦门大学嘉庚学院、华侨大学厦门工学院、福州大学阳光学院、福州大学至诚学院、福建师范大学协和学院、福建师范大学闽南科技学院、集美大学诚毅学院、福建农林大学金山学院、福建农林大学东方学院</td></tr>
<tr><td colspan="2">成人高校（3所）</td><td>福建广播电视大学、厦门广播电视大学、福建教育学院</td></tr>
</table>

高校人才资源分类　2013年，全省高校从事科技活动人员31325人（高级职称11361人），其中自然科学研究18286人、人文社会科学研究13039人。拥有两院院士14人，约占全省两院院士的80%。全省高校拥有专任教师43368人，其中正高级职称4783人，副高级职称11989人。在校学生中，有博士生5059人、硕士生32676人、本科生457241人、专科生273269人；当年毕业学生中，有博士生1206人、硕士生11227人、本科生94450人、专科生92780人。

高校创新平台建设　至2013年底，全省高校拥有国家重点实验室3个、国家工程实验室1个、国家工程技术研究中心3个、国家工程研究中心1个、省部级重点实验室87个、省部级工程（技术）研究中心66个（新增2个）、教育部人文社科研究基地6个、省行业技术开发基地26个。

高校科技经费投入　2013年，全省高校科技活动投入经费 223131.3 万元（自然科学 192635 万元、人文社会科学 30496.3 万元），比增 10.9%；科技活动支出经费 218619.5 万元，其中 R&D 经费支出 123349.6 万元。全省高校承担各类科研项目 20642 项，其中自然科学 11414 项、人文社科 9228 项。承担国家级科研项目 2272 项（自然科学 1675 项、人文社科 597 项），其中国家“863 计划”项目 39 项、国家科技支撑计划项目 58 项、国家“973 计划”项目 55 项、国家自然科学基金项目 1660 项，国家社科规划项目 460 项。全年科技项目投入经费 167849 万元（自然科学 146909 万元、人文社会科学 20940 万元），科技项目支出 116479.8 万元（自然科学 101770 万元、人文社会科学 14709.8 万元），人员投入 7447.6 人年（理工科 5216.1 人年、人文社会科学 2231.5 人年）。

高校科技成果产出　全省高校获 2013 年度国家科学技术奖 5 项（省内高校主持 3 项、参与 2 项），其中：厦门大学孙志刚教授主持完成的“电催化剂的表面结构效应、设计合成和反应机理研究”、厦门大学韩家淮教授主持完成的“NF 诱导的细胞坏死分子机制的研究”获国家自然科学奖二等奖，华侨大学徐西鹏教授主持完成的“石材高效加工用金刚石磨粒工具关键技术及应用”获国家科技进步奖二等奖。全省高校获 2013 年度省科学技术重大贡献奖 2 人（尤民生、夏宁邵），省科学技术奖 62 项（含合作项目）、占全省 31.5%，其中一等奖 7 项、二等奖 18 项、三等奖 37 项。2013 年，全省高校申请专利 1989 件，获授权专利 1168 件。出版著作 798 部，其中科技著作 41 部；发表学术论文 18770 篇，其中自然科学 11680 篇、人文社科 7090 篇，被 SCIE 收录 2513 篇、EI 收录 994 篇、ISTP 收录 448 篇。主办国际学术会议 63 次，参加人员 3212 人次。

（省教育厅　刘心悦）

【2013 年福建省普通高校基本情况】　至 2013 年底，全省拥有普通本科高校 23 所（不含独立学院 9 所），其中：按类型分，列入国家“985 工程”高校 1 所（厦门大学），列入国家“211 工程”高校 2 所（厦门大学、福州大学）；按地域分布分，校址在福州 10 所、厦门 3 所、泉州 4 所、漳州 1 所、莆田 1 所、三明 1 所、南平 1 所、龙岩 1 所、宁德 1 所。在数量上，全省普通本科高校只有 23 所，仅占全省高校总数 90 所的四分之一强，却聚集了大量高层次科技人才，也基本囊括了所有的科研项目和获奖科技成果。普通本科高校科技人才资源与科研基础条件情况分别列表如下：

2013 年福建省部分普通本科高校科技人才资源情况表

单位：人

高校名称	队伍结构					优秀人才					
	教职工总数	专任教师	正高级职称	副高级职称	博士学位	在闽两院院士	长江学者	国家突出贡献专家	国家百千万人才工程人选	省百千万人才工程人选	享受政府特贴专家
厦门大学	5000	2678				12	29	13	16	26	208
华侨大学	2459	1376	213	388	669				2	17	50
福州大学	3089	1865	345	827	757	2	3	3	4		37
福建师范大学	2722	1746	348	587	651		1			2	
福建农林大学	2383	1600	290	557	515	1	1	6	9	74	148
福建医科大学	1722	1265	330	545	421			4	6	63	110
福建中医药大学	1307	882	149	191	175			2	2	30	7
集美大学	2432	1432	192	568	330				1	13	9
闽南师范大学	1261	877	86	277	198					8	1
仰恩大学	661	423	41	87	6						
福建工程学院	1977	1199	103	320	162					4	6
厦门理工学院	1484	896	111	242	299		1				2
闽江学院	1069	757	67	295	129		1			4	5
泉州师范学院	1132	761	96	228	70					4	3
莆田学院	1092	767	73	279	58					1	
龙岩学院	742	532	39	129	34						2
三明学院	939	674	49	188	31					1	1
武夷学院	791	603	41	149	28				1	1	4

资料来源：根据各单位供稿整理。

2013年福建省部分普通本科高校科研基础条件情况表

高校名称	图书馆		公开出版物		教学科研仪器设备		
	建筑面积（万平方米）	纸质藏书（万册）	自然科学类（种）	社会科学类（种）	总值（万元）	10万元以上（万元）	50万元以上（万元）
厦门大学	13.5	448	3	8	171900	95500	53218
华侨大学	5.5	220	1	2	43104.63	15929.81	5868.22
福州大学	3.88	238.97	2	2	94241.5	43419.47	22743.79
福建师范大学	4.75	328	3	2	42202.21	16282	7178
福建农林大学	4.98	246.29	5	2	43900	16355.22	4942.92
福建医科大学	2.5	113	3	1	25370.91	9096.64	3508.33
福建中医药大学	1.7	103.9	2		18862.31	11612.63	6838.73
集美大学	4.7	250.32	2	2	46180.13	16979.82	7038.14
闽南师范大学	3	204	1	2	13533	3479	815
仰恩大学	2	130.86			9502.79	5603.79	1398.26
福建工程学院	3.6	206.5	1		18700	10045	5829
厦门理工学院	1.8	130	1		34897	12649	3831
闽江学院	1.83	149.3	1	1	14147.43	3436.22	568.64
泉州师范学院	2.34	136.93	1	1	12816.4	2139.66	403.27
莆田学院	1.09	112	1	1	12136.23	5047.94	2496.02
龙岩学院	1.87	74.23			9034.37	3212.66	1016.17
三明学院	2.16	91.63	1	2	12010.27	2356.66	627.66
武夷学院	3.26	121	1	2	9172	2130	348.5

资料来源：根据各单位供稿整理。

【2013年福建省高等院校科技活动情况统计】 包括“高等院校理工科教学与科技人员情况”“高等院校理工科科技活动经费情况”“高等院校理工科科技活动机构情况”“高等院校理工科科技项目情况”“高等院校理工科国际科技交流情况”“高等院校理工科技术转让与专利情况”“高等院校理工科科技成果情况”“高等院校人文、社会科学活动人员情况”“高等院校人文、社会科学研究与发展经费情况”等相关统计资料，具体内容参见“科技统计资料”。

（省科技厅科技年鉴社）

【厦门大学科技概况】 厦门大学是一所拥有自然科学、工程与技术科学、管理科学、人文科学、社会科学、艺术教育科学、医学科学等学科的综合性大学，也是国内唯一地处经济特区的国家“211工程”“985工程”重点建设的高水平研究型大学。2013年，学校设有研究生院、27个学院（含76个系）和10个研究院，本科专业84个（当年新增3个）；拥有博士后科研流动站26个，一级学科博士学位授权点31个、二级学科博士学位授权点5个、博士专业学位授权点1个（共含博士研究生专业187个），一级学科硕士学位授权点50个、二级学科硕士学位授权点5个、硕士专业学位授权点22个（共含硕士研究生专业276个），一级学科国家重点学科5个、二级学科国家重点学科9个，并建有国家级人才培养基地9个。

2013年，学校新增中国科学院院士1人（韩家淮），“973计划”首席科学家1人（谢素原），国家“千人计划”入选者7人（其中青年“千人计划”入选者4人），“万人计划”首批科技创新领军人才2人、首批青年拔尖人才3人，“百千万人才工程”国家级人选1人，国家杰出青年科学基金获得者2人，教育部新世纪优秀人才支持计划人选20人，省新世纪人才计划人选28人，省“高校领军人才资助计划”入选者12人；新增“闽江学者”特聘教授4人、“闽江学者”讲座教授9人；新增享受政府特殊津贴专家5人。至2013年底，全校有教职工5000多人，其中专任教师2678人（教授、副教授1713人）；拥有两院院士12人，“973计划”首席科学家7人，国家“千人计划”入选者48人（其中青年“千人计划”入选者10人），“万人计划”科技创新领军人才2人、青年拔尖人才3人，“长江学者”特聘教授15人（焦念志、郑兰荪、田中群、林圣彩、韩家淮、刘祖国、吴玮、陈振明、王太宏、戴民汉、谢素原、白敏冬、郑南峰、周宁、刘海峰）、讲座教授14人，“闽江学者”特聘教授71人、讲座教授30人，国家杰出青年科学基金获得者38人，国家优秀青年科学基金获得者7人，“百千万人才工程”国家级人选16人、省级人选26人，教育部新（跨）世纪优秀人才培养计划人选151人，省新世纪人才计划人选162人，省高校领军人才21人，国家级教学名师5人，省教学名师26人；享受政府特殊津贴专家208人，国家突出贡献专家13人。

2013年，学校新增教育部创新团队1个（“谱学分析”教育部创新团队）、高校学科创新引智基地1个（“计量经济理论与应用”创新引智基地）。至2013年底，学校拥有国家自然科学基金委创新研究团体5个、教育部创新团队9个、高校学科创新引智基地5个。

2013年，学校实际到位科技项目经费总额7.5亿元。当年新增理工医科科技项目立项1064项，资助经费6.99亿元，其中：国家科技重大专项和“863计划”“973计划”及国家科技支撑计划项目30项，经费10033.86万元；科技部国际科技合作等其他项目5项，经费218万元；国家自然科学基金项目309项，包括面上项目135项、青年科学基金项目124项、重点项目9项、杰出青年科学基金项目2项、创新研究群体滚动项目1项、重大科研仪器研制专项项目1项、重大研究计划项目8项、重大项目2项（牵头1项、参与1项）、科学仪器基础研究专项基金项目3项、联合基金项目4项、国家基础科学人才培养基金项目3项、国际（地区）合作与交流项目11项、海外及港澳学者合作基金项目1项、其他专项基金项目5项，经费31162.4万元，居全国高校第10位（2012年为第17位）；教育部科技计划项目56项，经费475.5万元；国家其他部委项目34项，经费6296万元；省科技计划项目111项，经费1046万元；厦门市科技计划项目18项（含重大平台建设2项），经费1205万元；省、厦门市其他项目37项，经费4891万元。此外，新增人文社科项目立项645项（纵向项目350项、横向项目295项），其中：国家社科基金重大项目7项，立项数居全国高校第5位；国家社科基金项目37项，立项数居全国高校第6位；国家自然科学基金项目（管理学部）35项；教育部哲学社会科学重大课题攻关项目2项，教育部人文社会科学重点研究基地重大项目12项。

2013年，学校申请登记科技成果30项。获国家自然科学奖二等奖2项、国际科技合作奖1项；获教育部科学技术奖二等奖2项，省科学技术进步奖一等奖1项，厦门市科学技术奖一等奖2项、二等奖4项、三等奖4项；获中国科学十大进展1项、中国高校十大科技进展1项；获省重大科技贡献奖1人，厦门市科技创新杰出人才奖2人，厦门市突出贡献奖1人；获第六届谈家桢生命科学奖成就奖1人。全年发表的科技论文被国际三大检索系统收录2045篇，其中SCIE收录1160篇、EI收录611篇、ISTP收录274篇。有12篇高水平原创性学术论文发表在《Science》《Nature》《Cell》及其子刊上，5篇论文获全国优秀博士学位论文，7篇论文获省优秀博士学位论文一等奖。出版科技专著、编著17部。申请专利602件，其中：国内发明专利526件、实用新型专利70件，国际发明专利6件；获授权专利308件，其中：国内发明专利226件、实用新型专利78件，国际发明专利4件；获计算机软件著作权登记证书117件。当年，有10项知识产权转化（含专利转让6项、专利申请权转让4项），转化金额共136万元；有6件专利拟折价入股，拟折价金额4825万元。

2013年，“厦门大学产业技术研究院”在漳州校区揭牌。学校积极拓展与莆田市、邯郸市曲周县等校地科技战略合作，进一步加强与厦门市、福州市、龙岩市、吉安市、深圳市等地市的科技合作与交流；积极拓展与中国海洋石油总公司、中节能工业节能有限公司、招商局集团、国防科技大学等单位校企、校校科技战略合作。继续推动与中航工业集团的战略合作，与中航合作项目经费首批到位2000万元。大力推进成果转化与产业化，共组织、参加30多次各种形式的项目成果对接活动，其中：组织、筛选出400多项科研成果参展第十一届“6·18”项交会，并有5项产学研项目签约；与厦门市经济发展局共同举办校企对接会，6项项目达成签约，3个校企合作创新实验室获授牌；精心筛选近400项项目成果在第十五届中国国际工业博览会进行推介，信息科学与技术学院王博亮教授主持的“肝癌手术计划系统”项目获中国高校展区优秀展品一等奖，同时学校获中国高校展区优秀组织奖；与省发改委、集美大学、国家海洋局第三海洋研究所联合主办“6·18”海洋生物产业项目成果对接会，3项项目达成签约。

2013年，学校获批立项建设国家级科研平台2个，即：科技部、省政府、厦门市政府共建的“分子疫苗学和分子诊断学省部共建国家重点实验室”（国科发基〔2013〕721号），国家发改委（发改高技〔2013〕2064号）批准的“天然产物源靶向药物国家地方联合工程实验室”。“谱学分析与仪器教育部重点实验室”获准重建，“计量经济学教育部重点实验室”顺利通过教育部组织的验收。同时，获批建设省级科研平台4个，分别是：省科技厅（闽科基〔2013〕4号）批准的“福建省数学建模与高性能科学计算重点实验室”“福建省慢性肝病肝癌重点实验室”，省发改委（闽发改高技函〔2013〕318号）批准的“福建省海洋生物制品工程实验室”，省经贸委（闽经贸技术〔2013〕616号）批准的“福建省精细化工产业技术开发基地”。学校还获省教育厅（闽教科〔2013〕89号）正式批复成立“卫生技术福建省高校重点实验室”。至2013年底，学校拥有国家重点实验室4个，国家工程实验室2个，国家工程技术研究中心1个，科技部国际科技合作重点科研机构1个，教育部重点实验室5个，教育部工程研究中心3个，教育部人文社科重点研究基地5个，省重点实验室、中心28个，厦门市重点实验室、中心16个。

2013年，学校牵头成立的“医用生物制品协同创新中心”“海洋生物资源开发利用协同创新中心”“能源经济与能源政策协同创新中心”被省教育厅（闽教科〔2013〕51号）认定为省级“2011协同创新中心”，“海西信息通信产业技术协同创新中心”被列为省级“2011协同创新中心”培育对象。

学校拥有教学科研仪器设备总值17.19亿元，其中：单台（套）10万元以上的仪器设备2623台（套）9.55亿元，单台（套）50万元以上的仪器设备456台（套）53218万元。学校图书馆建筑总面积13.5万平方米，馆藏纸质图书448万册、电子图书39204GB。拥有公开出版刊物11种，其中自然科学类3种、社会科学类8种。校园高速信息网络建设的规模、水平居全国高校前列，并成为CERNET2的核心节点之一。

2013年，学校全年主办或承办“第九届大块金属玻璃国际会议”等20次国际会议，组织出国（境）科技考察、学术交流等1202人次；接待境外到访者430人次。当年，学校获得孔子学院“先进中方合作院校”称号，同时国家决定依托学校建设孔子学院院长学院。在对台交流方面，学校具有得天独厚的地理条件和难以替代的人文优势，已成为台湾研究的重镇和两岸学术交流的重要高校。

（厦门大学 庄燕燕）

【华侨大学科技概况】 华侨大学是一所涵盖哲学、经济学、法学、教育学、文学、历史学、理学、工学、农学、医学、管理学、艺术学等12个学科门类的国家重点建设综合性大学，也是面向海外开展华文教育的主要基地。2013年，学校设有研究生院、29个学院和88个研究院（所、中心），本科专业81个；拥有博士后科研流动站5个，博士学位授权点18个，硕士学位授权点107个，硕士专业学位授权点18个，国家重点学科1个，省部级重点学科40个。

至2013年底，学校有教职工2459人，其中专任教师1376人（具有正高级职称213人、副高级职称388人，博士学位669人），享受政府特殊津贴专家50人，双聘两院院士4人，国家杰出青年科学基金获得者1人，国家“青年千人计划”入选者1人，国家级“新世纪百千万人才工程”人选2人，教育部“长江学者和创新团队发展计划”创新团队1个，教育部“优秀青年教师资助计划”入选者1人，教育部“新世纪优秀人才支持计划”入选者13人，省“百千万人才工程”人选17人，“福建省高等学校新世纪优秀人才支持计划”入选者42人，“福建省高校杰出青年科研人才培育计划”入选者27人，“闽江学者”特聘教授12人、讲座教授10人，省优秀专家2人，省杰出科技人才1人，福建青年科技奖获得者7人，省海西产业人才高地创新团队领军人才1人，省引进高层次创业创新人才（“百人计划”）创新团队1个、创新人才3人。

2013年，学校获各类资助项目711项，科研项目经费10500万元，实际到位科技项目经费总额（包括当年新增项目已到位经费和往年项目滚动经费）5826.77万元。当年新增理工科类纵向科技项目293项5431多万元，其中：国家自然科学基金项目45项1932.3万元，国家软科学计划项目1项15万元，高校博士学科点专项科研基金项目5项64万元，教育部留学回国人员基金项目1项3万元；省高校产学合作科技重大项目5项230万元，省科技创新平台项目3项750万元，省科技计划重点项目17项118万元，省自然科学基金项目43项197万元，省发改委技术专项4项190万元，省教育厅A类科技项目15项24万元；国家卫生计生委共建科学研究基金等其他科技项目4项126万元，地市级科研项目39项279万元；横向科研课题197项，到位经费2000多万元。此外，新增人文社科类纵向项目203项556.7万元，其中：国家社科基金项目14项252万元，教育部人文社会科学研究规划项目13项116万元，国务院侨办科研课题8项64万元，省哲学社会科学规划项目43项58.5万元，中华全国归国华侨联合会课题8项8.6万元，文化部文化艺术科学研究项目1项3万元，获国家旅游局科研项目2项6万元，全国高等院校古籍整理研究工作委员会项目1项3万元。

2013年，学校获各类科技奖6项（第一完成单位3项，合作完成单位3项），其中：国家科学技术进步奖二等奖1项；省科技进步奖二等奖1项、三等奖1项，省自然科学奖三等奖2项；泉州市科技进步奖二等奖1项。此外，获首届泉州市文创科技创新奖1人，福建运盛青年科技奖2人。全年发表科技论文2000多篇，其中在国外刊物上发表318篇；被国际三大检索收录的科技论文509篇，其中SCIE收录203篇、EI收录197篇、ISTP收录109篇；被CSTPCD收录656篇。获2013年度国家科学技术学术著作资助1项。全年申请专利203件，其中发明专利121件、实用新型专利82件；获授权专利119件，其中发明专利27件、实用新型专利91件、外观设计专利1件。获得计算机软件著作权备案登记3件。

2013年，学校经省科技厅（闽科基〔2013〕4号）批准建设“福建省功能材料重点实验室”“福建省结构工程与防灾重点实验室”“福建省光传输与变换重点实验室”3个重点实验室。此外，省高校高效精密加工及快速制造技术重点实验室获评省高校自然科学类优秀科研创新平台；厦门软件园华侨大学嵌入式技术开放实验室顺利通过验收。至2013年底，学校已建成或在建各类市级以上重点实验室等科研平台30多个，其中省部级工程（技术）研究中心3个。全校教学科研仪器设备总值43104.63万元，其中：单台（套）10万元以上的仪器设备15929.81万元，单台（套）50万元以上的仪器设备5868.22万元。学校图书馆建筑面积5.5万平方米，纸质藏书220多万册。拥有公开出版物3种，其中自然科学类1种、社会科学类2种。

2013年，学校推进实施“2011计划”（高等学校创新能力提升计划），先后组织专家走访、接待近百家企事业单位寻求产学研合作。学校“石材产业加工技术与装备协同创新中心”被省教育厅（闽教科〔2013〕51号）认定为省级“2011协同创新中心”，“海外华文教育与中华文化传播协同创新中心”被列为省级“2011协同创新中心”培育对象。与省海洋与渔业厅、澳大利亚、中澳企业家联合会签订《共同推进全省海洋经济发展战略合作框架协议》，构建“政、产、学、研、用”联盟的协同创新体系。与上海航天技术研究院、清流县政府签订战略合作协议。与厦门聚富塑胶制品有限公司、飞虎（厦门）聚氨酯制品有限公司签署合作协议，共建企业研究生工作站。联合集美区政府主办了“集美区·华侨大学产学研科技项目成果对接会”，成功签约对接项目15项；组织参加“6·18”项交会、网上在线对接会等，推介科技成果近400项。

2013年，学校主办或承办第十二届切削与先进制造技术学术会议、第五届全国信息光学与光子学学术会议、第一届全国村镇综合防灾与绿色建筑技术研讨会、第十八届全国青年通信学术年会等近40次。邀请了姚建年、洪茂椿、吴硕贤、何祚庥、任南琪、久辉等知名院士、专家来校作科技类学术报告80多次。组织出国（境）开展学术交流229人次，接待国外代表团到访进行学术交流270人次。

（华侨大学 李 鹏）

【福州大学科技概况】 福州大学是国家“211工程”重点建设高校，省政府与教育部共建高校。创建于1958年，现已发展成为一所以工为主、理工结合，理、工、经、管、文、法、艺等多学科协调发展的重点大学。2013 年，学校设有本科专业 72 个；拥有博士后科研流动站 8 个，一级学科博士点 9 个、二级学科博士点 58 个，一级学科硕士点 35 个、二级学科硕士点 141 个，国家级重点学科 3 个，省级重点学科 23 个。

2013 年，学校新增国家“973 计划”首席科学家 1 人，国家有突出贡献中青年专家 1 人，国家杰出青年科学基金获得者 1 人，“百千万人才工程”国家级人选 1 人，国家中青年科技创新领军人才入选者 1 人，“长江学者”特聘教授 1 人（杨黄浩），教育部新世纪优秀人才计划入选者 1 人，福建省引进“高层次创业创新人才”（省“百人计划”）6 人，“闽江学者”特聘教授 4 人、讲座教授 1 人，省高校新世纪优秀人才支持计划入选者 4 人，省杰出青年基金获得者 3 人，省高校杰出青年科研人才培育计划入选者 5 人。当年，学校“光催化创新团队”入选首届国家创新人才推进计划“重点领域创新团队”，成为福建省地方高校唯一入选团队。至 2013 年底，全校有教职工 3089 人，其中专任教师 1865 人（具有正高级职称 345 人、副高级职称 827 人，博士学位 757 人）；拥有两院院士 2 人，享受政府特殊津贴专家 37 人，国家有突出贡献中青年专家 3 人，“973 计划”首席科学家 1 人，国家“千人计划”入选者 2 人，“长江学者”特聘教授 3 人（郑仕标、王应明、杨黄浩），国家杰出青年科学基金获得者 5 人，“百千万人才工程”国家级人选 4 人，省级“百人计划”专家 15 人，“闽江学者”特聘教授 28 人、讲座教授 8 人。

2013 年，学校获各级各类资助项目 1071 项，科技经费总额 25263.35 万元（纵向理工类资助经费 16001.05 万元），其中：国家自然科学基金项目 94 项 4732.5 万元，国家科技支撑计划项目 2 项 304 万元，国家“863 计划”项目 3 项 301.75 万元，国家“973 计划”课题 1 项 528 万元，科技部国际合作项目 2 项 265 万元，国家海洋局公益性行业科研专项项目 2 项 1429 万元，高校优势创新平台项目 4 项 1120 万元，军工项目 3 项 342 万元。

2013 年，学校获得省科学技术进步奖一等奖 1 项、二等奖 3 项、三等奖 4 项，省专利奖三等奖 1 项；获评省第三届杰出科技人才 3 人，福建青年科技奖 3 人，福建运盛青年科技奖 1 人，福州青年科技奖 2 人。全年发表科技论文 1854 篇，其中在国外刊物上发表 637 篇；被国际三大检索系统收录的科技论文 1014 篇，其中 SCIE 收录 480 篇、EI 收录 415 篇、CPCIS 收录 119 篇。出版科技专著、编著 58 部。全年申请各类知识产权 502 件，其中：发明专利 407 件、实用新型专利 68 件，PCT 专利 1 个，计算机软件著作权 26 件。获得各类知识产权授权 237 件，其中：发明专利 146 件、实用新型专利 64 件，计算机软件著作权 27 件。

2013 年，学校经科技部、省政府（国科发基〔2013〕720 号）批准建设省部共建“能源与环境光催化国家重点实验室”，该重点实验室的立项建设实现了学校国家级基础研究平台建设零的突破，填补了福建省地方高校国家重点实验室的空白，重点实验室主任为付贤智院士。当年新增 1 个国家级和 7 个省部级科技平台，即：新增“地理空间信息技术国家地方联合工程研究中心”（发改高技〔2013〕2064 号批准），新增 4 个省重点实验室（闽科基〔2013〕4 号批准）——“福建省水土流失遥感监测评估与灾害防治重点实验室”“福建省土木工程多灾害防治重点实验室”“福建省海洋酶工程重点实验室”“福建省金融科技创新重点实验室”，新增“海洋工程装备设计制造福建省高校工程研究中心”（闽教科〔2013〕5 号批准），新增 2 个省行业技术开发基地——“福建省医疗器械行业技术开发基地”（闽经贸技术〔2013〕617 号批准）和“福建省光伏行业技术开发基地”（闽经贸技术〔2013〕615 号批准）。至 2013 年底，学校拥有自然科学类省级以上科研平台达到 55 个，其中：国家重点实验室 1 个、省部共建重点实验室 5 个、省级重点实验室 14 个，国家工程（技术）研究中心 5 个、省级工程（技术）研究中心 18 个，省级行业开发基地 11 个。

2013 年，学校有 3 个已通过验收的省高校重点实验室（工程研究中心）参加省高校自然科学类优秀科研创新平台评估，其中离散数学及其应用重点实验室被认定为优秀创新平台；省汽车尾气排放检测技术公共服务平台通过初评，拟正式授牌为省级科技公共服务平台。有 3 个国家地方联合工程研究中心（工程实验室）参加国家第一次评价。省光动力治疗药物与诊疗工程技术研究中心、网络系统信息安全福建省高校重点实验室经过 3 年的建设，均顺利通过验收。

至 2013 年底，学校先后成立了海西环境与能源光催化、海西新型显示器件与集成、海西高端装备制造、海西食品安全检测与监控、海西可持续工程结构与多灾害防治、海峡特色生物制造 6 个校级协同创新中心。当年，学校“海西环境与能源光催化协同创新中心”“海西新型显示器件与集成协同创新中心”“福建省高端装备制造协同创新中心”被省教育厅（闽教科〔2013〕51 号）认定为省级“2011 协同创新中心”，“海西食品安全检测与监控协同创新中心”被列为省级“2011 协同创新中心”培育对象。

至 2013 年底，学校拥有教学科研仪器设备总值 94241.52 万元，其中：单台（套）10 万元以上的仪器设备 43419.47 万元，单台（套）50 万元以上的仪器设备 22743.79 万元。学校图书馆建筑总面积 3.88 万平方米，馆藏纸质图书 238.97 万册。拥有公开出版刊物 4 种，其中：自然科学类 2 种，社会科学类 2 种。

2013 年，学校继续坚持引导和鼓励科技人员以多种形式参与国内外学术交流活动，学术影响力日趋增强。全年主办或承办“院士论坛”“杰青论坛”“第十九届全国色谱学术报告会及仪器展览会”“2013 年国际云计算与大数据会议”“结构减隔震创新技术国际学术研讨会”“2013 中国地理信息科学理论与方法学术年会”“新型显示器件与系统集成 2013 学术年会”等 10 多次学术会议。共邀请 300 多名专家、学者到校作学术报告以及访问交流。

（福州大学　黄丹旗）

【福建师范大学科技概况】　福建师范大学是省政府与教育部共建高校，是国内建校最早的师范大学之一（前身为 1907 年由清朝帝师陈宝琛创办的福建优级师范学堂），是一所文、史、哲、理、工、教、经、法、管、农、艺等多学科协调发展的省属重点大学，也是国家中小学教师继续教育工程培训基地、全国重点建设职业教育师资培训基地、现代远程教育试点学校、面向东南亚开展对外汉语教学培训基地、国家单独招收台湾地区学生试点学校、支持周边国家汉语教学重点学校、中国政府奖学金来华留学生接受院校、中国——东盟教育培训中心、教育部高校辅导员培训和研修基地、教育部基础教育课程研究中心、省高校师资培训中心等人才培养和科学研究基地。2013年，学校设有本科专业76个；拥有博士后科研流动站15个，博士学位授权一级学科19个，硕士学位授权一级学科38个，硕士专业学位授权点12个，国家重点学科1个，省高校优势学科创新平台（含培育）3个，省特色重点学科9个，省级重点学科26个。

至2013年底，全校有教职工2722人，其中专任教师1746人（具有正高级职称348人、副高级职称587人，博士学位651人），拥有教育部"新世纪优秀人才支持计划"入选者1人，省高校新世纪优秀人才支持计划入选者2人，省杰出青年基金获得者1人，"长江学者"特聘教授1人（王晓德），"百千万人才工程"省级人选2人。

2013年，学校获得各类科研项目336项，到位经费6888万元（包括当年新增项目已到位经费和往年项目滚动经费），其中纵向科技项目116项、计划经费5512万元，到位经费3629万元（含国家自然科学基金项目40项、资助经费2015万元），横向科技项目到位经费3259万元。

2013年，学校获得省科学技术奖6项（第一完成单位4项，合作完成单位2项）；在CSCD和CSSCI收录的核心刊物以上发表论文1200多篇；自然科学论文被国际三大检索系统收录361篇，其中SCI收录59篇（一区13篇、二区46篇）、EI收录161篇、ISTP收录2篇。出版学术著作和教材120多部。申请专利163件，其中发明专利112件、实用新型专利51件；申请计算机软件著作版权23件。获授权专利103件，其中发明专利40件、实用新型专利63件。专利实施许可4项，许可金额108万元。技术合同认定登记26项，合同总金额894.7万元。

2013年，学校经教育部（教技函〔2013〕56号）批准建设"聚合物资源绿色循环利用教育部工程研究中心"；经省科技厅（闽科基〔2013〕4号）批准，新增3个省级重点实验室，即福建省污染控制与资源循环利用重点实验室、福建省量子调控与新能源材料重点实验室、福建省网络安全与密码技术重点实验室。学校"海西绿色生物制造技术协同创新中心""海峡两岸文化发展协同创新中心"被省教育厅（闽教科〔2013〕51号）认定为省级"2011协同创新中心"。至2013年底，学校拥有国家重点实验室培育基地1个、国家地方联合工程研究中心1个，省部级重点实验室、工程研究中心和省级行业技术开发基地15个（教育部重点实验室、工程研究中心各2个），国家科学研究和人才培养基地4个，国家级实验教学示范中心3个、省级实验教学示范中心12个，国家级人才培养模式创新实验区4个、省级人才培养模式创新实验区15个，教育部人文社科重点研究基地1个，省级"2011协同创新中心"2个，省高校人文社科研究基地14个，省高校重点实验室4个。同时，南方生物医学中心、泉港石化研究院、能源研究院的建设工作扎实推进，海洋研究院也适应海洋经济崛起而启动筹建。

至2013年底，学校拥有教学科研仪器设备总值42202.21万元，其中：单台（套）10万元以上的仪器设备16282万元，单台（套）50万元以上的仪器设备7178万元。学校图书馆建筑总面积4.75万平方米，纸质藏书328万册。拥有公开出版刊物5种，其中：自然科学类3种，社会科学类2种。

2013年，学校继续重视科技成果转化和产业化工作，积极组织参加各类成果交易会、对接会等。学校与省内各地市政府和企事业单位共签订300多份合作协议，建立了9个专家工作站。泉港石化研究院组建一年，落地服务，获得项目经费230万元。在第十一届"6·18"项交会上，学校推介参展项目726项，与企业签订8项，总投资1.7亿多元。全年主办或承办了127场学术讲座、5场国内学术会议、2场国际学术会议。

（福建师范大学　苏经江）

【福建农林大学科技概况】　福建农林大学是一所以农林为主，工、理、经、管、文、法等多学科协调发展的省重点建设大学，是省政府与国家农业部、国家林业局共建高校，是全国首批硕士学位授予单位和第二批博士学位授予单位之一，也是第二批实施国家大学生创新性实验计划高校之一。2013年，学校设有26个学院，下设本科专业76个、成人学历教育专业43个；拥有博士后科研流动站11个，一级学科博士点11个、二级学科博士点51个，一级学科硕士点23个、二级学科硕士点100个，专业硕士学位点7个，国家重点学科1个、国家重点（培育）学科1个、农业部重点学科2个、国家林业局重点学科1个，省高校优势学科创新平台（含培育项目）3个、省特色重点学科9个、省重点学科21个；同时，拥有国家级精品课程6门、省级精品课程55门，国家级双语教学示范课程1门，国家和省级实验教学示范中心13个，国家和省级特色专业建设点24个，教育部和农业部农科教合作人才培养基地3个，国家和省级校外实践教育基地9个，国家和省级教学团队13支，省级人才培养模式创新实验区16个，国家和省级专业综合改革试点17个。

至2013年底，全校有教职工2383人，其中专任教师1600多人（具有正高级职称290人、副高级职称557人，博士学位515人、硕士学位663人）；拥有中国科学院院士1人（谢联辉），全国杰出专业技术人才1人，享受政府特殊津贴专家148人，国家级有突出贡献的专家6人，国家"百千万人才工程"人选9人，国务院学位委员会学科评议组成员4人，国家"外专千人计划"1人，教育部"长江学者"讲座教授1人（明瑞光），国家杰出青年科学基金获得者1人，省杰出科技人才8人，省杰出人民教师3人，省引进高层次创业创新人才（"百人计划"）人选者11人，省"百千万人才工程"人选74人，"闽江学者"特聘教授15人，"闽江学者"讲座教授29人。

2013年，学校实际到位科技项目经费总额13719.95万元。当年新增科技项目541项，累计立项科研经费15305万元，其中：国家自然科学基金项目56项3223万元，国家社科基金项目3项56万元，国家"863计划"课题及任务4项1195万元、国家"973计划"课题1项248万元、国家科技支撑计划课题及子课题7项1702.5万元、科技部政策引导类计划项目课题2项105万元、科技部其他课题11项160.3万元，教育部“创新团队发展计划”专项经费300万元、高等学校博士学科点专项科研基金项目15项128万元、教育部人文社会科学项目9项48万元、教育部留学回国人员启动基金项目2项7万元，国家林业局林业公益性行业科研专项及子课题3项899万元、中央财政林业科技推广示范项目及子课题3项215万元、国家林业局其他项目9项102万元，农业部重点实验室建设项目1项533万元、产业体系专家项目17项1130万元、农业部其他项目14项953.19万元，其他部委项目10项804.4万元；省重大专项及专题6项1075万元，省高校产学重大项目6项280万元，省科技计划重点项目29项171万元，省自然科学基金项目38项182万元，省发改委项目14项452万元，省社科联等项目24项38万元，省现代农业产业技术体系建设专项项目7项230万元。

2013年，学校经省部级以上部门组织评审的科技成果36项。学校甘蔗综合研究所主持选育的“福农38号”“福农39号”和参与选育的“赣南02－70”（第二完成单位），通过全国甘蔗品种鉴定委员会鉴定。全校获各类科技成果奖26项，其中：国家科技术进步奖二等奖1项，农业部丰收奖2项，教育部2012年高等学校科学研究优秀成果奖（人文社会科学）2项，国家旅游局优秀旅游学术成果奖研究报告类1项；省重大贡献奖1项，省科学技术奖一等奖3项、二等奖3项、三等奖8项（含合作），省社科奖4项，省科技工作者优秀建议奖1项。全年发表各类科技论文840篇，其中国外刊物230篇；被国际三大检索系统收录的科技论文255篇，其中SCI收录154篇（含SCIE收录）、EI收录90篇、ISTP收录11篇。出版科技专著5部、编著等36部。申请专利198件，其中发明专利181件、实用新型专利17件；获授权专利206件，其中发明专利156件、实用新型专利50件。通过省级审（认）定作物新品种11个。当年，加大科技推广工作力度，组织参加第十一届“6·18”项交会，实现对接项目235项，总投资24.7亿元，其中现场签约48项，总投资1亿多元。

2013年，学校经国家林业局（林科发〔2013〕38号）批准组建“国家林业局杉木工程技术研究中心”；经省科技厅（闽科基〔2013〕4号）批准组建“福建省农业生态过程与安全监控重点实验室”、“福建省特种淀粉品质科学与加工技术重点实验室”、“福建省病原真菌与真菌毒素重点实验室”、“福建省资源环境监测与可持续经营利用重点实验室”（三明学院牵头共建）；经省科技厅（闽科基函〔2013〕41号）批准组建“福建省作物设计育种重点实验室”。学校“海峡两岸特色作物安全生产协同创新中心”“菌草生态产业协同创新中心”被省教育厅（闽教科〔2013〕51号）认定为省级“2011协同创新中心”，“海峡两岸红壤区水土保持协同创新中心”被列为省级“2011协同创新中心”培育对象。至2013年底，学校拥有国家工程技术研究中心1个，国家地方联合工程实验室1个，国家地方联合工程研究中心1个，国家现代农业产业技术研发中心1个，国家作物品种改良分中心2个，国家农产品加工专业分中心1个，联合国（中国）实蝇防控合作中心1个，教育部重点实验室2个，教育部工程研究中心1个，农业部重点实验室2个，农业部农业科学观测实验站2个，国家级农作物品种区域试验站1个，农业部海峡两岸农业技术合作中心1个，农业部甘蔗及制品质量监督检验测试中心1个，国家林业局工程技术研究中心1个，科技部国际科技合作基地1个，省级重点实验室20个，省级工程中心15个，省级工程实验室2个，部省级研发基地18个。

2013年，经科技部与教育部（国科发农〔2013〕716号）联合批准成立“福建农林大学新农村发展研究院”，该研究院将以福建农林大学为主体，以福建“生态美，百姓富”战略要求为方向，以体制机制改革和创新为抓手，探索建立农科教相结合、教科推一体的大学科技长效服务机制。根据建设方案，研究院将强化示范推广服务体系建设、信息化网络平台建设、决策咨询服务和机制体制改革四大重点工作，建设漳州、尤溪、南平、长汀4个现代农业综合示范基地，武夷山茶研究院、安溪茶学院、古田菌业研究院等17个特色产业示范基地和一批分布式服务站，新农村智库和“一网五路”新农村信息网络化平台，并协同地方政府、龙头企业和产业基地，创新人才培养模式、人事聘用管理制度和科技成果转化模式，形成有特色、能力强、服务好的区域农业技术推广体系。

至2013年底，学校拥有教学科研设备总值4.39亿元（当年新增7939.21万元），其中：单台（套）10万元以上的教学科研仪器设备585台（套）16355.22万元，当年新增115台（套）3721.77万元；单台（套）50万元以上的教学科研仪器设备有49台（套）4942.92万元，当年新增9台（套）1445.86万元。学校图书馆建筑总面积4.98万平方米，馆藏纸质图书246.29万册、电子图书104.9万册、Webof-Science等数据库46个。拥有公开出版刊物7种，其中自然科学类5种、社会科学类2种，即《福建农林大学学报（自然科学版）》《福建农林大学学报（哲学社会科学版）》《林业经济问题》《福建林学院学报》《亚热带农业研究》《生物安全学报》《武夷科学》。通过“福州地区大学城文献信息资源共享平台”（Fulink）可以共享福州地区大学新校区8所高校的电子资源和全国700多家图书馆各类资源。同时还可以通过访问“Dialog国际联机检索系统”在线检索Dialog中的600多个数据库。

2013年，学校在南非建立“中国国家菌草工程技术研究中心海外分中心”。学校与水利部综合事业局签署战略合作协议，共建“国家水利风景区研究中心”；与漳州市政府签订战略合作框架协议；与古田县签约共建海西首个菌业研究院，正式挂牌成立“福建农林大学（古田）菌业研究院”，该研究院由古田县投资建设硬件并提供100万元的运行经费，同时整合相关机构、设备和科技人力资源，学校派出院长和骨干科技力量，形成一个服务地方菌生产的产业技术创新与服务中心。学校、东方日升新能源股份有限公司与贝宁Songhai中心签订农业科技国际战略合作协议，在贝宁建设现代农业技术示范中心，开展红黄麻技术等援建服务。

2013年，学校主办或承办“中国林学会生物质材料科学分会暨第五届全国生物质材料科学与技术学术研讨会”“中国林学会森林公园分会第三次会员代表大会暨森林公园与生态文明建设学术研讨会”“首届国际蜂疗高峰论坛暨第二届海峡两岸蜂疗高峰论坛”“海峡论坛——第五届海峡两岸生物多样性与森林保护文化研讨会”“中国林业经济学会集体林经营研究专业委员会成立大会暨木本粮油发展研讨会”“第九届亚洲兰花多样性与保育国际学术研讨会”等8次学术会议。组织出国（境）科技考察、学术交流等146人次，接待境外到访进行学术交流321人次。

（福建农林大学　张　艳）

【福建医科大学科技概况】 福建医科大学是一所集教学、科研、医疗、预防和社会服务为一体的省属重点建设高校。2013年，学校设有本科专业24个；拥有博士后科研流动站2个，一级学科博士学位授权点2个、二级学科博士点27个，一级学科硕士学位授权点8个、二级学科硕士点55个，硕士专业学位授权点5个，省级重点一级学科9个，省级科研院所21个，校级科研院所57个。

2013年，学校新增教育部新世纪优秀人才支持计划人选者1人，省第二批高校百名领军人才人选者1人，省百千万人才工程人选1人，省“百人计划”入选者2人，“闽江学者奖励计划”特聘教授和讲座教授各1人，省高等学校新世纪优秀人才支持计划人选者3人，省高校杰出青年科研人才培育计划入选者3人。至2013年底，全校有教职医护员工9280人（含附属医院），其中专任教师1265人（具有正高级职称330人、副高级职称545人，博士学位421人）；拥有享受政府特殊津贴专家110人，国家突出贡献专家4人，“百千万工程人才”国家级人选6人、省级人选63人。

2013年，学校实际到位科技项目经费总额2900多万元。当年新增纵向科技项目244项，经费总额3603.40万元，其中：国家自然科学基金项目40项2026万元，教育部科技项目9项78万元（包含博士点基金3项10万元，新世纪人才支持计划1项50万元）；省自然科学基金项目52项279万元，省科技厅项目18项206.9万元（包含产学科技合作项目1项50万元），省社科规划项目2项2.5万元，省财政厅专项经费220万元，省教育厅项目37项70万元，省卫生厅项目84项721万元。此外，新增横向项目立项19项，合同经费总额271.95万元。

2013年，学校获省科学技术奖9项（其中省科技进步奖一等奖1项、二等奖4项、三等奖4项），福建医学科技奖（恒瑞杯）13项（其中一等奖1项、二等奖5项、三等奖7项）；获第五届紫金科技创新奖1人，第二十届福建运盛青年科技奖1人。全年发表科技论文831篇，其中学校为第一作者单位SCI收录论文211篇。申请专利27件，其中发明专利25件；获授权发明专利18件。组织20多项成果参加“6·18”项交会，在高校展区布展11项具有代表性的科技项目成果进行推介，在科技部展区推介4项科技项目成果和3项网上对接项目，现场对接并签署合作协议6项。

2013年，肿瘤转化医学重点学科、药剂学重点学科、基础医学实验教学中心、抗体药物研发平台、生物信息分析平台、“消化道恶性肿瘤”创新团队等6个建设项目获中央财政支持地方高校发展专项资金1600万元。经省科技厅（闽科基〔2013〕4号）批准立项建设分子神经病学实验室、天然药物药理学实验室等2个省重点实验室。省药物非临床安全性评价中心入选省级科技公共服务平台。脑老化与神经变性疾病重点实验室被省教育厅评选确定为省高校自然科学类优秀科研创新平台。学校“干细胞转化医学协同创新中心”被省教育厅（闽教科〔2013〕51号）认定为省级“2011协同创新中心”。至2013年底，学校拥有省部共建重点实验室3个、省级重点实验室3个，省级工程（技术）研究中心2个。

至2013年底，学校拥有教学科研仪器设备总值25370.91万元，其中：单台（套）10万元以上的仪器设备9096.64万元，单台（套）50万元以上的仪器设备3508.33万元。学校图书馆建筑总面积2.5万平方米，纸质藏书113万册。拥有公开出版刊物4种，其中自然科学类3种、社会科学类1种。

2013年，学校先后主办或承办“2013年海峡血液论坛”“2013年口腔病理学术研讨会暨第二届口腔颌面肿瘤病理诊断提高班”“首届海峡西岸胃肠肿瘤外科论坛”“第五届海峡国际心血管病学论坛”“第二届海峡西岸口腔种植与生物材料国际学术研讨会”等10多次学术会议。邀请国内外专家学者举办40多次专题学术讲座。全年教职工113人次出国（境）访问交流、进修学习或开展援外活动，接受24批次及51名境外院校的师生来校交流、学习、访问。

（福建医科大学　苏锦云、陈建济）

【福建中医药大学科技概况】 福建中医药大学是一所以中医药为主体，多学科协调发展的省重点建设高校。2013年，学校设有13个学院（部）、2个研究院，下设本科专业36个；拥有博士后科研流动站2个（中医学、中西医结合），博士学位授权一级学科2个（中医学、中西医结合），博士学位授权点15个，硕士学位授权一级学科6个，硕士学位授权点45个，硕士专业学位类别2个（临床医学、中药学），国家中医药管理局批准设立的重点学科20个，省教育厅批准设立的重点学科7个（均为一级学科）。

至2013年底，全校有教职工1307人，其中专任教师882人（具有正高级职称149人、副高级职称191人，博士学位175人、硕士学位445人）；拥有国家级有突出贡献专家2人，享受政府特殊津贴专家7人，“百千万人才工程”国家级人选2人、省级人选30人，省级教学名师13人，省名中医13人，“闽江学者奖励计划”资助的特聘教授3人、讲座教授1人；拥有国家级教学团队2个、省级教学团队7个。

2013年，学校实际到位科技项目经费总额（包括当年新增项目已到位经费和往年项目滚动经费）2058.6万元。当年新增科技项目539项3354.79万元，其中：国家级科研项目31项2262万元，省部级科研项目60项690.04万元，其他科研项目448项402.75万元。

2013年，学校经省部级以上组织鉴定的科技成果5项，申请成果登记6项。获省科学技术进步奖三等奖5项（其中合作2项），中国中西医结合学会科学技术奖三等奖4项（其中合作2项），福建医学科技奖（恒瑞杯）二等奖1项（合作）、三等奖2项，第二届陈可冀院士——片仔癀药业科研奖励基金（校级奖）专项奖1项、管理奖1项、一等奖1项、二等奖3项、三等奖4项。全年发表科技论文804篇，其中被SCI收录74篇、EI收录1篇。主编及参编论著共71部。申请专利18件，其中发明专利8件；获授权专利19件，其中发明专利7件。

2013年，学校经国家中医药管理局（国中医药科技函〔2013〕11号）批准组建中医康复研究中心；经省科技厅（闽科基〔2013〕4号）批准组建省级重点实验室（B类）3个，即福建省中药学重点实验室、福建省中医健康辨识重点实验室、福建省中西医结合肾脏病重点实验室。学校“康复技术协同创新中心”被省教育厅（闽教科〔2013〕51号）认定为省级“2011协同创新中心”。至2013年底，全校拥有教育部省部共建重点实验室1个（中医骨伤及运动康复实验室），国家中医药管理局批准设立的研究中心1个（中医康复研究中心），中医药科研三级实验室8个（病理生理学实验室、针灸生理实验室、骨重建生物力学实验室、中医康复技术实验室、分子生物学实验室、中药药理实验室、中药生药学实验室、细胞生物学实验室），文献检索中心1个（省中医药文献检索中心）。同时，拥有省科技厅批准设立的科技创新平台1个（闽产中药研发科技平台）、重点实验室5个（省中西医结合老年性疾病重点实验室、省运动功能康复重点实验室、省中药学重点实验室、省中医健康辨识重点实验室、省中西医结合肾脏病重点实验室）、技术服务基地1个（省兔类实验动物技术服务基地）、工程技术研究中心2个（省中药临床前研究与质量控制工程技术研究中心、省中药制剂与质量控制工程技术研究中心）、闽台科技合作基地1个（闽台中医药科研合作基地），省教育厅批准设立的高校重点实验室3个（省高校中西医结合基础重点实验室、省高校中药学重点实验室、省高校中医证研究重点实验室）、高校人文社科基地1个（省闽台中医文献研究基地），省经贸委批准设立的技术开发基地1个（省中药产业技术开发基地），省发改委批准设立的工程实验室1个（省中药研究开发工程实验室），省发改委批准建立的工程研究中心1个（省康复技术研究中心）。此外，拥有省级研究院1个（省中医药研究院），校级研究院1个（中西医结合研究院）、研究基地1个（中医证研究基地）、研发中心1个（生物医药研发中心）。

至2013年底，学校拥有教学科研仪器设备11443台（套）、总值18862.31万元，当年新增700台（套）2504.74万元，其中：单台（套）10万元以上的仪器设备11612.63万元，当年新增36台（套）1849.39万元；单台（套）50万元以上的仪器设备6838.73万元，当年新增7台（套）1164.76万元。学校图书馆建筑总面积1.7万平方米，纸质藏书103.9万册。拥有公开出版物2种（均为自然科学类）。

2013年，学校主办或承办“生物芯片与转化医学——知未病、防欲病、诊已病”“神经再生与神经功能重塑的基础与临床”等学术会议11次。组织出国（境）学术交流101人次，其中讲学9批13人次、学习进修10批11人次、访问学者2批2人次、交流访问及商谈合作16批49人次、参加学术会议13批22人次，招生教育展2批4人次；接待到校进行学术交流的海外专家和友人47批254人次。至2013年底，学校已与澳大利亚、马来西亚、新加坡、美国、日本、德国、奥地利、瑞典、芬兰、丹麦等国家和台湾、香港地区的院校、机构建立合作关系。

（福建中医药大学　李　菁）

【集美大学科技概况】　集美大学是一所以本科教育为主，覆盖经济学、法学、教育学、文学、理学、工学、农学和管理学等8个学科门类的省重点建设高校。2013年，学校设有20个学院，下设本科专业66个；拥有一级学科博士学位授权点2个，一级学科硕士学位授予点9个（覆盖二级学科硕士点61个），硕士专业学位点2个（覆盖10个领域），省级重点一级学科8个（其中2个一级学科为省级特色重点学科），省级重点二级学科11个；同时，拥有国家级特色专业建设点4个，国家级教学团队1个，国家级实验教学示范中心1个，国家级专业综合改革试点3个，省级特色专业建设点11个，省级专业综合改革试点11个，省级精品课程37门，省级教学团队7个。

至2013年底，全校有教职工2432人，其中专任教师1432人（具有正高级职称192人、副高级职称568，博士学位330人）；拥有享受政府特殊津贴专家9人，“百千万人才工程”国家级人选1人、省级人选13人，省高等学校新世纪优秀人才支持计划入选者16人，全国先进工作者1人，全国师德先进工作者1人，全国高校优秀思想政治教育工作者1人。

2013年，学校实际到位科技项目经费总额（包括当年新增项目已到位经费和往年项目滚动经费）7761.68万元。当年新增科技项目441项10076.52万元，其中：国家自然科学基金项目13项535万元，交通部科技计划项目2项40万元，教育部科技计划项目5项29.5万元，省科技高校产学合作科技重大项目3项150万元，省科技计划重点项目9项90万元，省自然科学基金项目20项90万元，省教育厅项目35项24.8万元，省海洋与渔业厅项目2项130万元，厦门市科技计划项目15项453万元，集美区科技局项目3项40万元。

2013年，学校经省部级以上部门组织评审的科技成果3项，验收的科技成果23项；申请登记科技成果23项。获省科学技术奖三等奖3项。全年发表科技论文1396篇，被国际三大检索系统收录的科技论文174篇，其中SCI收录78篇（含SCIE收录）、EI收录87篇、ISTP收录9篇。出版科技专著16部。申请专利49件，其中发明专利47件、实用新型专利2件；获授权专利36件，其中发明专利28件、实用新型专利7件、外观设计专利1件。当年，学校组织参加第十一届“6·18”项交会，征集科技成果162项，展板展示成果20项，精心设计展出“智能旅游系统”“基于B/S结构的动物疫病流行病学信息系统”等多项实物，现场对接签约4项，项目总投资6500多万元。

2013年，学校经省科技厅（闽科基〔2013〕4号）批准成立“福建省海洋渔业资源与生态环境重点实验室”“福建省食品微生物与酶工程重点实验室”“福建省能源清洁利用与开发重点实验室”；经省教育厅（闽教科〔2013〕34号）批准成立“福建省高校人文社会科学研究基地——海洋文化与创意产业研究中心”“福建省高校人文社会科学研究基地——海西社会建设与社会服务研究中心”。学校“福建游艇产业共性关键技术协同创新中心”被省教育厅（闽教科〔2013〕51号）列为省级“2011协同创新中心”培育对象。至2013年底，学校已建立重点实验室、工程技术中心和实验示范基地等一批科技创新与成果转化平台，主要有：国家级坛紫菜科技特派员创业链（基地）、鳗鲡现代产业技术教育部工程研究中心、农业部东海海水健康养殖重点实验室、农业部水产遗传育种中心、省水产品深加工工程研究中心、省船舶助导航工程研究中心、省船舶与海洋工程重点实验室、省清洁燃烧与能源高效利用工程技术研究中心、省游艇产业技术创新战略联盟、省船舶行业技术开发基地、省海洋渔业资源与生态环境重点实验室、省食品微生物与酶工程重点实验室、省能源清洁利用与开发重点实验室、省高校船舶与海洋工程工程研究中心、省高校水产科学技术与食品安全重点实验室、省坛紫菜种质资源库、省高校人文社会科学研究基地——海洋文化与创意产业研究中心、省高校人文社会科学研究基地——海西社会建设与社会服务研究中心、省水产生物技术研究所、福建航海技术研究所、厦门现代设计与制造工程技术研究中心、厦门市食品生物技术工程研究中心、厦门市饲料检测与安全评价重点实验室、厦门市能源开发与利用工程技术研究中心、厦门市射频识别（RFID）工程技术研究中心、厦门食品科技研发检测服务中心、厦门市无人机遥感工程技术研究中心、厦门市渔用药物工程技术研究中心、厦门市智能物联终端重点实验室、集美大学—杭州华源冰蓄冷空调技术研究实验室、集美大学—名萌 VTS 工程技术研究中心、天赐福燕燕窝研究中心、中海集装箱运输厦门有限公司产学研基地、船舶工程重点实验室、能源与动力研究所、食品与生物工程研究所、船舶助航技术研究所等。

至 2013 年底，学校拥有教学科研仪器设备总值 46180.13 万元（当年新增 4294 台 7804.32 万元），其中：单台（套）10 万元以上的仪器设备 522 台（套）16979.82 万元，当年新增 35 台（套）1177.98 万元；单台（套）50 万元以上的仪器设备 59 台（套）7038.14 万元，当年新增 7 台（套）518.26 万元。学校图书馆建筑总面积 4.7 万多平方米，馆藏纸质图书 250.32 万册、中外文现刊 2450 多种；拥有超星数字图书馆、维普全文数据库、中国知网、Springer 等中外文大型数据库 30 多种。拥有公开出版刊物 4 种，其中自然科学类 2 种、社会科学类 2 种，即《集美大学学报（自然科学版）》《体育科学研究》《集美大学学报（哲学社会科学版）》《集美大学学报（教育版）》。

2013 年，学校主办或承办“中国生态学学会海洋生态专业委员会 2013 年学术研讨会”“第九届‘世华会’”等学术会议 5 次。邀请国内外知名专家学者到校访问、讲学，并加强与国内外高校师生交流、竞赛等，接待到访团体与宾客 39 批 338 次；组织出国出境考察、交流、培训 135 人次，出访地有美国、英国、德国、南非、加拿大、俄罗斯、澳大利亚、新西兰等国家和香港、台湾地区。此外，学校与美国库克大学的工商管理和国际会计合作办学项目进展顺利，毕业生就业情况良好；与加拿大汉伯高级技术学院联合举办的物流管理专业运转顺利，已招生 8 届；与日本东京海洋大学加强学生联合交流培养；加强对台交流，成为与台湾地区教育、科技、文化交流最活跃的高校之一。

（集美大学　肖智强）

【闽南师范大学科技概况】　闽南师范大学是一所省重点建设的全日制普通本科院校，于 2013 年 4 月经教育部批准由漳州师范学院正式更名而成。2013 年，学校设有本科专业 60 个；拥有一级学科硕士点 4 个，二级学科硕士点 29 个，教育硕士学科领域 17 个，硕士专业学位点 3 个，省级重点一级学科 4 个。全校有教职工 1261 人，其中专任教师 877 人（具有正高级职称 86 人、副高级职称 277 人，博士学位 198 人），享受政府特殊津贴专家 1 人，入选省百千万人才工程人选 8 人。

2013 年，学校实际到位科技项目经费总额 896.72 万元。当年新增纵向科技项目 57 项 726.25 万元，其中：国家自然科学基金项目 8 项 297.25 万元（主持 6 项 285 万元、合作 2 项 12.25 万元），省产学合作科技重大项目 1 项 50 万元，省科技计划重点项目 4 项 40 万元，省自然科学基金面上项目 9 项 35 万元，省青年科技人才创新项目 2 项 6 万元，省软科学研究计划项目 2 项 7 万元，省属高校科研专项项目 2 项 6 万元，省教育厅 A 类科技项目 17 项 27 万元，省优秀科研创新平台 20 万元，省优势学科创新平台建设经费 4 项 225 万元，省科协决策咨询研究重点课题 1 项 2 万元，漳州市科技计划项目 6 项 11 万元。此外，新增横向项目 25 项，经费 170.47 万元。

2013 年，学校获省、市科学技术奖各 1 项。全年发表科技论文 281 篇；被国际三大检索系统收录的科技论文 138 篇，其中 SCI 收录 86 篇、EI 收录 52 篇。出版专著、译著等 8 部。申请专利 67 件，其中发明专利 4 件、实用新型专利？63 件；获授权专利 21 件，其中发明专利 2 件、实用新型专利 19 件。

2013 年，学校“海峡两岸农村教师教育协同创新中心”被省教育厅（闽教科〔2013〕51 号）列为省级“2011 协同创新中心”培育对象。至 2013 年底，学校拥有省级重点实验室 3 个。全校教学科研仪器设备总值 13533 万元，其中：单台（套）10 万元以上的仪器设备 3479 万元，单台（套）50 万元以上的仪器设备 815 万元。学校图书馆建筑面积 3 万平方米，纸质藏书 204 万册。拥有公开出版物 3 种，其中自然科学类 1 种、社会科学类 2 种。

（闽南师范大学　张成恕）

【仰恩大学科技概况】　仰恩大学是全国第一所具有颁发国家本科学历证书和授予学士学位资格的多科性私立大学，拥有经、管、理、工、文、法、哲七大学科门类，具有开放式、国际化的办学特色。2013 年，学校设有本科专业 33 个；拥有省级重点学科 2 个、校级专业综合改革试点 6 个。全校有教职工 661 人，其中专任教师 423 人（具有正高级职称 41 人、副高级职称 87 人，博士学位 6 人）。

2013 年，学校新增科技项目 243 项，实际到位科技项目经费总额 280.2 万元，其中省级及以上科研项目 57 项 215.1 万元、校级科研项目 186 项 65.1 万元。当年，学校投入学科建设经费 1000 万元；获评泉州市社科成果奖三等奖 1 项；全年发表科技论文 50 篇，其中被 SCI 收录 1 篇；出版学术专著 5 部；获授权专利 1 件。

至 2013 年底，学校教学科研仪器设备总值 9502.79 万元（当年新增 895.88 万元），其中：单台（套）10 万元以上的仪器设备 5603.79 万元，单台（套）50 万元以上的仪器设备 1398.26 万元。学校图书馆建筑面积 2 万平方米，纸质藏书 130.86 万册。

2013 年，学校组织开展“仰恩大学百科系列讲座”，邀请了厦门大学、中国政法大学、中国科学院大学、华侨大学、台湾大叶大学、台湾暨南国际大学、台湾实践大学等省内外高校的专家学者到校作学术讲座28次。邀请了中国高等教育学会、南开大学、美国布里奇波特大学等单位的专家、学者到校考察、交流和指导。当年，学校与美国国际教育（AVS）公司洽谈合作办学事宜，并与厦门大学签署了对口支援合作协议。学校与泉州市洛江区人民检察院签订了校检合作协议，与中宇建材集团有限公司、明达实业（厦门）有限公司、泉州汉威机械有限公司、福建宝德集团有限公司、富源茶业有限公司、福建乾进金属科技股份有限公司、泉州安科卫浴有限公司、中桥文化传媒（福建）股份有限公司等多家企业建立校企合作关系。

（仰恩大学科研管理部）

【福建工程学院科技概况】 福建工程学院是一所以工为主，涵盖工、管、文、理、经、法、艺等多学科的全日制普通本科高校，是入选教育部首批“卓越工程师教育培养计划”的试点高校之一。2013年，学校获批准增列为省重点建设高校，并获批准成为硕士学位授权单位。设有本科专业47个，拥有硕士学位授权一级学科3个（硕士研究生专业3个），省级重点学科14个。

2013年，学校新增“闽江学者”特聘教授2人，“闽江学者”讲座教授4人，省“百千万人才工程”人选1人，省高等学校新世纪优秀人才支持计划入选者2人，省高校杰出青年科研人才培育计划入选者2人，校苍霞杰出学者3人。至2013年底，全校有教职工1977人，其中专任教师1199人（具有正高级职称103人、副高级职称320人，博士学位162人）；拥有享受政府特殊津贴专家6人，省“百千万人才工程”人选4人，“闽江学者”特聘教授2人、讲座教授4人，省高等学校新世纪优秀人才支持计划入选者10人，省高校杰出青年科研人才培育计划入选者7人，全国优秀教师1人，省教学名师8人。

2013年，学校新增科技项目296项，实际到位科技项目经费总额4242万元，其中：国家自然科学基金项目9项260万元，国家“863计划”项目1项170万元，科技部基础性工作专项1项45万元，省高校产学合作科技重大项目3项130万元，省科技计划重点项目2项20万元，省自然科学基金、软科学研究等计划项目16项76万元，省经贸委企业技术创新公共服务平台建设专项项目2项145万元，省社科联项目10项16万元，省教育厅项目40项54万元，其他项目212项3326万元。

2013年，学校获省科技进步奖一等奖1项、二等奖1项，省社会科学优秀成果奖二等奖2项、三等奖1项；获紫金科技创新奖1人，福建运盛青年科技奖1人。全年发表科技论文473篇，被国际三大检索系统收录90篇，其中SCI收录17篇（含SCIE收录）、EI收录62篇、ISTP收录11篇。出版著作6部、编著5部。申请专利99件，其中发明专利53件、实用新型专利46件；获授权专利74件，其中发明专利16件、实用新型专利58件。获计算机软件著作权登记证书7件。主编省级标准1部。

2013年，学校经省科技厅（闽科基〔2013〕4号）批准组建“福建省新材料制备与成形技术重点实验室”“福建省土木工程新技术与信息化重点实验室”；经福州市政府（榕政综〔2013〕181号）批准在福州钜全汽车配件有限公司和福建联迪商用设备有限公司建立了专家工作站。学校“北斗导航与智慧交通协同创新中心”被省教育厅（闽教科〔2013〕51号）列为省级“2011协同创新中心”培育对象。至2013年底，学校拥有省级重点实验室5个，省级工程（技术）研究中心4个。全校教学科研仪器设备总值18700万元，其中：单台（套）10万元以上的仪器设备10045万元，单台（套）50万元以上的仪器设备5829万元。学校图书馆建筑面积3.6万平方米，纸质藏书206.5万册。拥有公开出版物1种，即《福建工程学院学报》。

2013年，学校与Esri、VMware、高德等联合共建教学与应用研究中心；与航天科技控股集团股份有限公司建立协同创新合作；与福建长江工业有限公司、北京理工大学、中宇建材集团有限公司、福建省福工动力技术股份有限公司、福建省二建建设集团有限公司、福信富通（福建）网络科技有限公司等建立合作关系。组织参加“6·18”项交会、南平市第六届科技成果交易会等大型项目成果对接活动，筛选出120多项科技成果在对接活动上推介。签订转让合同3项，转让金额24万元。邀请境内（外）知名专家、学者等举办各类学术讲座和专题报告会121场。组织3批次共12人出国科技考察、学术交流，分别派出教师74人次、学生623人次赴美国、英国、德国、澳大利亚等国家和台湾地区进行访学研修、学习，接待境内（外）代表团到访交流150多人次，接收印度留学生1人。与国（境）外5所高校签订了合作交流协议或意向协议。

（福建工程学院　杨明华）

【厦门理工学院科技概况】 厦门理工学院是一所以工科为主，文、理、经、管、艺等多学科协调发展的省属全日制普通高等学校，实行“省市共建、以市为主”的领导与管理体制。2013年，学校获批准增列为省重点建设高校。学校设有本科专业49个；拥有专业硕士点2个，省级重点学科5个。全校有教职工1484人，其中专任教师896人（具有正高级职称111人、副高级职称242人，博士学位299人、硕士学位415人），获“长江学者”奖励计划资助的特聘教授1人（黄国和）。

2013年，学校实际到位科技项目经费总额5445.6万元。当年新增纵向科技项目248项2371.55万元，其中：国家自然科学基金项目18项726万元，国家社科基金项目1项18万元，科技部闽台合作项目1项323万元，教育部人文社科研究项目4项38万元，全国教育科学规划项目1项3万元；省科技计划重点项目5项50万元，省自然科学基金项目14项49万元，省软科学项目3项13.5万元，省社科规划项目16项21万元，省教育厅A类项目31项26.2万元，省教育厅JK类项目4项12万元；厦门市科技计划项目10项235万元，市社科项目6项11万元。此外，新增横向项目171项，到位经费1336.1万元。

2013年，学校获厦门市科技进步奖8项，其中一等奖1项、二等奖1项、三等奖6项。全年发表科技论文538篇，被国际三大检索系统收录的论文89篇，其中SCI收录29篇（含SCIE收录）、EI收录59篇、ISTP收录1篇。出版专著23部。申请专利40件，其中发明专利33件、实用新型专利107件；获授权专利67件，其中发明专利7件，实用新型专利60件；累计拥有专利158件，其中发明专利14件、实用新型专利144件。积极推进产学研合作与项目成果对接，组织参加"蓝火计划""海峡两岸文化产业博览交易会""深圳高新技术交易会""6·18"项交会、"集美区产学研与项目成果对接会""湖里区产学研与项目成果对接会""思明·高校院所·企业·投资机构"科技项目推介会等一系列推介活动，召开"厦门市机械（汽车、材料、模具）技术与装备产学研合作对接会"。

2013年，学校加强科研平台建设，积极构建省、市、校三级科研平台。经省科技厅（闽科基〔2013〕4号）批准设立"福建省客车先进设计与制造重点实验室""福建省光电信息材料与器件重点实验室""福建省高电压技术重点实验室"。当年，厦门市粉末冶金技术与新材料重点实验室、厦门市膜技术研发与应用重点实验室顺利通过厦门市科技局验收；厦门市软件体系结构重点实验室、厦门市水资源利用与保护重点实验室在市级重点实验室评估中获评优秀，共获得145万元滚动支持经费。至2013年底，学校拥有科技部厦门创新工程师培养与实训基地、省客车先进设计与制造重点实验室、省光电信息材料与器件重点实验室、省高电压技术重点实验室、省高校现代汽车设计与制造技术工程研究中心、省高校光电技术重点实验室、省高校电子商务研究中心、省高校机器人工程研究中心、省高校物联网应用技术重点实验室、厦门市车辆现代设计与检测工程技术研究中心、厦门市高效精密智能制造工程技术研究中心、厦门市软件体系结构重点实验室、厦门市水资源利用与保护重点实验室、厦门市生态建筑材料工程技术研究中心等62个各级科研平台（其中经科技部批准设立1个、省科技厅批准设立3个、省教育厅批准设立5个、厦门市科技局批准设立12个、学校批准设立？36？个），并建有60多个各类型可对外开放的专业实验室和情境体现中心。此外，学校还与国内外科研院所等有关单位联合共建协同创新中心，与企业联合组建实验室或研发中心。学校牵头与国内外多家高校、企业协同共建"福建省客车与特种车辆协同创新中心"被省教育厅列为省级"2011协同创新中心"培育对象；与集美区科技局共建集美区工业设计公共服务平台；与厦门软件产业投资发展有限公司共建厦门市软件测评中心。

2013年，学校投入约400万元用于IPv6万兆校园网、大学生创新创业平台、短信平台、大学生职业测评与规划系统以及财务管理等系统的升级与建设。至2013年底，全校教学科研仪器设备总值34897万元（当年新增2142万元），其中：单台（套）10万元以上的仪器设备469台（套）12649万元，当年新增43台（套）1205万元；单台（套）50万元以上的仪器设备43台（套）3831万元，当年新增4台（套）356万元。学校图书馆建筑面积1.8万平方米，纸质藏书130万册，电子图书106.7万册。拥有公开出版物1种，即《厦门理工学院学报》。

2013年，学校主办或承办"福建省机械工程学会2013年学术年会""第二届高等学校软件工程人才培养高峰论坛""2013大数据与云计算国际学术会议""第一届记忆合金材料电力电器应用技术研讨会""2013两岸汉字论坛"等12场学术会议。学校重视与国外高校的教育文化交流，先后与美国德克萨斯大学奥斯汀分校、密苏里大学、英国纽卡斯尔大学、新西兰维多利亚大学等多所世界名校建立合作关系。与加拿大里贾纳大学签订战略合作伙伴协议，共同在厦门成立了一个国际科研综合平台；与英国纽卡斯尔大学共同在厦门成立轨道交通国际科研中心；与新西兰维多利亚大学开展校际互访，签订"科研合作、教师博士生奖学金"等多项协议，顺利启动合作办学的项目洽谈。注重政产学研互动，不断致力于集中优质资源办学，积极通过各种途径和形式与企业联办专业，实行研究生校企联合培养，与林德（中国）叉车有限公司、厦门金龙客车、松霖集团、厦门明翰、欧替埃工业公司等30多家福建知名企业形成紧密的对接关系，与企业共建研究生校企联合培养基地41个。

（厦门理工学院　黄晓茜）

【闽江学院科技概况】 闽江学院是一所涵盖经济学、法学、文学、历史学、理学、工学、管理学、艺术学等学科的公办全日制本科大学，是全国首批"服务国家特别需求专业硕士学位研究生教育试点"高校之一，是福建省硕士学位授予培育建设单位。2013年，学校设有本科专业44个（其中国家级特色专业2个、省级特色专业5个）；拥有全国首个创业与创新方向的工商管理硕士（MBA）学位点，省级重点学科3个，新建本科高校重点建设学科5个，省级科研所5个、校级科研所11个。全校有教职工1069人，其中专任教师757人（具有正高级职称67人、副高级职称295人，博士学位129人），拥有长江学者1人（林伯强），享受政府特殊津贴专家5人，入选省百千万人才工程人选4人。当年，引进调入或录用教师39人，其中教授1人、博士10人，有3人进修获得博士学位。

2013年，学校实际到位科技项目经费总额2198.06万元。当年新增科技项目290项1995.46万元，其中：国家自然科学基金项目2项46万元，国家重大科技专项1项20万元；教育部人文社科项目1项8万元，教育部现代职业教育体系建设相关重点研究课题1项3万元；中华全国归国华侨联合会课题2项3.8万元；省科技计划重点项目2项20万元，省软科学研究项目1项3.5万元，省自然科学基金项目5项18万元；省级工商发展资金项目1项6万元，省社科规划项目7项9万元，省中国特色社会主义理论体系研究项目2项1万元；省属高校科技项目4项12万元；横向开发合作项目45项373.56万元。

2013年，学校获省第十届社会科学优秀成果奖二等奖2项、三等奖2项，获福州市第八届社会科学优秀成果奖一等奖1项、二等奖2项、二等奖4项。全年发表科技论文920多篇；被国际三大检索系统收录的科技论文73篇，其中：SCIE收录26篇、EI收录42篇、ISTP收录5篇。出版学术著作31部。申请专利17件，其中：发明专利13件、实用新型专利4件；获授权发明专利3件、实用新型专利4件。当年，学校组织"基于DM6437的眨眼检测的实现"等20项优秀项目成果参加第十一届“6·18”项交会，与企业成功签约对接项目1项，中国工程院姚穆院士与学校签订了《关于功能性服装与纺织品设计项目合作协议书》，并在闽江学院纺织服装研究所设立了院士专家工作站。有多项建言获省市领导批示或被相关主管部门采纳。

至2013年底，学校拥有省级重点实验点1个、省级工程（技术）研究中心2个。全校教学科研仪器设备总值14147.43万元，当年新增1009台（套）1069万元，其中：单台（套）10万元以上的仪器设备3436.22万元、单台（套）50万元以上的仪器设备568.64万元。学校图书馆建筑面积1.83万平方米，纸质藏书149.3万册。拥有公开出版物2种，其中自然科学类1种、社会科学类1种。

2013年，学校举办“闽江论坛”学术讲座34次，其中福建省百场社科报告会2次，邀请中国工程院姚穆院士以及国内外专家学者到校讲学。主办或承办首届诺贝尔奖经济学家中国峰会、国际经营创新思维研讨会、2013年高等院校设计学科课程建设学术研讨会等大型学术会议。与台湾联合大学签订友好合作协议，设立福州民俗文化台湾研究基地。与中航国际、柒牌集团等知名企业磋商推进产学研合作。分别与晋江、永泰等市县政府签订战略合作协议，与晋江市政府联合举办“晋江市纺织服装本科人才定向班”。选派11名教师参加国内外交流访学。

（闽江学院　张似阳）

【泉州师范学院科技概况】　泉州师范学院是一所涵盖经济学、法学、教育学、文学、历史学、理学、工学、管理学、艺术学等九大学科门类的省属普通高校。2013年，学校获批成为福建省硕士学位授予培育建设单位。设有本科专业54个；拥有艺术硕士专业学位点1个，国家级特色专业建设点2个、国家级人才培养模式创新实验区1个、教育部教师队伍建设示范项目1个，省级精品课程25门、省级实验教学示范中心5个、省级人才培养模式创新实验区项目10个、省级特色专业7个、省级教学团队4个、省级专业综合改革试点项目8个、省级公共基础课实验平台5个、省级以上科研创新平台和人文社科研究基地9个。全校有教职工1132人，其中专任教师761人（具有正高级职称96人、副高级职称228人，博士学位70人），享受政府特殊津贴专家3人，入选省百千万人才工程人选4人、教育部新世纪优秀人才支持计划人选1人，获“闽江学者奖励计划”资助的特聘教授1人。

2013年，学校实际到位科技项目经费总额648.36万元。当年新增科技项目95项658.76万元，其中：国家自然科学基金青年项目1项25万元、国家自然科学基金专项基金项目1项10万元，厦门南方海洋研究中心海洋产业核心与关键技术攻关项目1项300万元，省高校自然科学类优秀创新平台项目1项20万元，省科技计划重点项目2项20万元，省自然科学基金面上项目3项13万元、省软科学研究项目2项8.5万元，省教育厅A类科技项目13项16万元，省属高校科研专项3项9万元，省海洋与渔业厅平台项目1项50万元，泉州市科技计划项目14项85万元，第十一届“6·18”项目成果转化扶持专项项目1项15万元，学校自选科技项目24项9.6万元、大学生基金项目22项2.6万元，横向项目6项75.06万元。

学校全年发表科技论文213篇，其中国外刊物11篇；被国际三大检索系统收录的科技论文44篇，其中SCIE收录11篇、EI收录21篇、CPCIS收录12篇。出版科技著作4部。申请专利10件，其中发明专利7件、实用新型专利3件；获授权专利4件，其中发明专利1件、实用新型专利3件。当年，组织“基于物联网的佩戴式林火信息模块”“金卤灯高频驱动电路”等59项优秀科技成果参加第十一届“6·18”项交会，并有“污泥转化有机肥及产业化技术研发”“高频金卤灯驱动电路”2项项目成果在高校科技项目成果对接签约仪式上签约。积极推动学校科研成果转化，搭建校企合作平台，推动地方经济发展，全年共有12项科研成果与企业等单位达成合作协议。

2013年，学校“南音文化传承与发展协同创新中心”被省教育厅（闽教科〔2013〕51号）认定为首批省级“2011协同创新中心”。至2013年底，学校拥有省重点实验室1个（福建省大数据管理新技术与知识工程重点实验室），省高等学校重点实验室3个（“近海资源生物技术福建省高校重点实验室”“智能计算与信息处理福建省高校重点实验室”“信息功能材料福建省高校重点实验室”），省高等学校工程研究中心1个（云计算物联网电子商务智能福建省高校工程研究中心）。全校教学科研仪器设备总值12816.43万元（当年新增1820.02万元），其中：单台（套）10万元以上的仪器设备90台（套）2139.66万元（当年新增688.34万元），单台（套）50万元以上的仪器设备6台（套）403.27万元（当年新增241.96万元）。

至2013年底，学校拥有各类重点学科12个，其中：省教育厅批准设立的省一级重点学科3个（音乐与舞蹈学、生物学、中国语言文学）、省二级重点学科4个（中国现当代文学、音乐学、凝聚态物理学、电磁场与微波技术）；校批重点学科8个（中国语言文学、管理科学与工程、化学、中国史、音乐与舞蹈学、应用经济学、物理学、生物学）。学校图书馆建筑面积23395平方米，纸质藏书136.93万册，中外文期刊1397种，电子图书145多万种，中外文电子期刊9815种。拥有公开出版刊物2种，即《泉州师范学院学报》《泉州师院报》。

2013年，学校主办或承办“海峡两岸特殊教育学术研讨会”“福建省教育学会2013年学术年会”“第十一届泉州市科协年会分会暨湿地与城市发展——海峡湿地论坛”“首届名城名校科技管理工作研讨会议”等国内学术会议4次。当年出国（境）学术交流15人次，接待到访进行学术交流1人次。

（泉州师范学院　翁祖英）

【莆田学院科技概况】　莆田学院是一所以工学、医学、管理学为主干的多学科综合发展的公立本科大学。2013年，学校设有本科专业39个，拥有省级重点学科6个。全校有教职工1092人，其中专任教师767人（具有正高级职称73人、副高级职称279人，博士学位58人），拥有省级教学名师7人、省优秀教师3人，入选省百千万人才工程人选1人、省高等学校新世纪优秀人才支持计划人选9人、省高校杰出青年科研人才培育计划人选4人。

2013年，学校获得相关部门批准立项科技项目113项，资助总经费1662.7万元，其中：国家级科研项目3项经费111万元，省部级科研项目27项经费108万元，厅级科研项目71项经费117.65万元，横向科技项目12项经费126.05万元，中央支持地方高校建设经费900万元，省重点学科建设专项经费300万元。此外，校内立项项目54项经费72.6万元。

2013年，学校获各类科技成果奖21项，其中：获省第十届社科科学优秀成果奖三等奖2项，莆田市科学技术奖4项，莆田市第七届社科优秀成果奖15项。全年发表科技论文462篇，其中被SCI收录7篇、EI收录30篇、ISTP收录2篇。出版专著、编著等著作15部（含参编）；获授权专利19件。组织26个项目参加第十一届“6·18”项交会，与企业成功对接项目1项。

2013年，学校获批准成立“中华全国台湾同胞联谊会妈祖文化研习交流中心”。加强省高校应用数学重点实验室、省高校生态环境及其信息图谱重点实验室、省高校枇杷种质资源创新与利用重点实验室（培育）、省高校CAD/CAM机电工程研究中心（培育）等4个科技创新平台建设和省高校人文社科研究基地——妈祖文化研究院、省宗教文化理论研究基地、省妈祖民俗体育文化研究基地等3个人文社科基地的管理与建设。当年，新成立了“莆田学院旅游文化创意产业研究中心”等13个校内科研机构，至2013年底，全校共有32个校级科研机构。

2013年，学校启动校级“2011协同创新中心”遴选与培育工作。以优势特色学科和创新团队为基础，以“高起点、高水准、有特色”为标准，整合人才、学科、科研资源，鼓励校际、校企、校所、校地深度合作，将择优遴选和建设若干个面向区域发展、面向文化传承、面向行业产业、面向科学前沿的协同创新中心。至2013年底，全校教学科研仪器设备总值12136.23万元（单价1000元以上），其中单台（套）10万元以上的仪器设备5047.94万元、单台（套）50万元以上的仪器设备2496.02万元。学校图书馆建筑面积10938平方米，纸质藏书112万册；拥有公开出版物2种，其中自然科学类1种、社会科学类1种。

2013年，学校举办莆田学院第十一届科技节主题活动——产学研对接会，共邀请23家企业参会，向企业推介95项科研成果、收集10多项企业技术需求，与政府部门、研究院所、企业共签订4份产学研合作协议。举办第七、八期“杨梅山论坛”，举办学术讲座114场。

（莆田学院　苏　婧）

【龙岩学院科技概况】 龙岩学院是一所以培养应用型专门人才和基础教育师资为主要目标的综合性本科院校。2013年，学校设有本科专业35个。全校有教职工742人，其中专任教师532人（具有正高级职称39人、副高级职称129人，博士学位34人），享受政府特殊津贴专家2人，入选省高等学校新世纪优秀人才支持计划人选1人。

2013年，学校实际到位科技项目经费总额818.9万元。新增科技项目144项518.9万元，其中：国家自然科学基金面上项目1项80万元，教育部人文社科项目1项8万元，省科技厅资助省属高校项目3项9万元，省科技计划重点项目3项30万元，省自然科学基金与软科学项目3项11.5万元，省发改委项目2项90万元，省教育厅项目32项25.5万元，省社科联项目4项4.5万元，省科协项目2项1万元，龙岩市科技计划项目9项74万元，龙岩市发改委项目1项20万元，横向项目3项29万元，其他项目80项136.4万元。

2013年，学校经省部级以上部门组织鉴定的科技成果2项。获各类科技成果奖5项，其中：获省社会科学优秀成果奖三等奖1项，获龙岩市科学技术奖一等奖1项、二等奖1项、三等奖1项，获龙岩市专利奖二等奖1项。全年发表科技论文283篇，被国际三大检索系统收录的科技论文25篇，其中SCI收录18篇、EI收录7篇。出版专著、编著等著作4部。申请专利4件，其中发明专利3件、实用新型专利1件；获授权专利2件（均为实用新型专利）。组织15项科技成果参加第十一届“6·18”项交会，与企业成功对接2项。

2013年，学校经省科技厅（闽科基〔2013〕4号）批准建设“福建省预防兽医学与生物技术重点实验室”；“福建省生猪疫病防控工程技术研究中心”通过省科技厅评估并授牌，“龙岩学院客家学研究中心”通过省教育厅验收并挂牌，学校通过市级第二批知识产权试点单位总结验收。至2013年底，全校教学科研仪器设备总值9034.37万元，其中：单台（套）10万元以上的仪器设备3212.66万元，单台（套）50万元以上的仪器设备1016.17万元。学校图书馆建筑面积18721平方米，纸质藏书74.23万册；拥有公开出版物1种，即《龙岩学院学报》。

2013年，学校主办或承办了“福建省高等学校教育技术研究会2012年会”“福建省语言学会2013年会暨‘语言与应用’国际学术研讨会”“福建省高校思想政治教育研究会学生工作委员会2013年年会”等学术会议，邀请国内外知名专家、学者等举办各类学术讲座和专题报告会69次。组织出国（境）科技考察、学术交流等36人次，接待国（境）外代表团到访75人次，同时与美国安德鲁斯大学、台湾云林科技大学、台湾明道大学、台湾稻江科技暨管理学院等高校建立校际合作关系。

（龙岩学院　苏　团）

【三明学院科技概况】 三明学院是一所多科性省属普通高等学校。2013年，学校设有本科专业36个，拥有省级重点学科6个、校级科学研究所12个。全校有教职工939人，其中：专任教师674人（具有正高级职称49人、副高级职称188人，博士学位31人），享受政府特殊津贴专家1人，入选省“百千万人才工程”人选1人。

2013年，学校实际到位科技项目经费总额1701.87万元。新增科技项目75项1567.57万元，其中：中央财政支持地方高校建设专项资金项目1项700万元，国家自然科学基金青年项目2项50万元，中国博士后科学基金项目1项5万元，省高校产学合作科技重大项目1项50万元，省科技计划重点项目3项30万元，省自然科学基金项目3项13万元，省软科学研究计划项目1项3.5万元，省科技厅资助省属高校专项项目3项9万元，省教育厅重点项目1项3万元，省教育厅A类科技项目11项15万元，省高校重点学科建设项目 1 项 300 万元，省卫生联合攻关项目 1 项 20 万元，省林业厅科技项目 4 项 75 万元，三明市科技项目 3 项 44 万元，三明市林业局项目 1 项 3 万元，横向科技项目 38 项 247.07 万元。

2013 年，学校获三明市科技进步奖二等奖 1 项。全年发表科技论文 311 篇，其中国外刊物 27 篇；被国际三大检索系统收录的科技论文 39 篇，其中 SCI 收录 14 篇、EI 收录 25 篇。出版科技专著 3 部。申请专利 6 件，获授权专利 12 件，其中发明专利 3 件、实用新型专利 7 件、外观设计专利 2 项。当年，组织多项科技成果参加“6·18”项交会，与企业成功对接 4 项，其中学校的“一步法控制合成亲水性超顺磁 Fe_3O_4 纳米颗粒/微球”“微型磁力驱动齿轮泵的开发与控制”2 个项目获评优秀项目。

2013 年，学校“福建省洁净煤气化技术协同创新中心”被省教育厅（闽教科〔2013〕51 号）列为省级“2011 协同创新中心”培育对象。至 2013 年底，学校拥有省级重点实验室 2 个、省级工程（技术）研究中心 5 个。全校教学科研仪器设备总值 12010.27 万元（当年新增 624.66 万元），其中单台（套）10 万元以上的仪器设备 2356.66 万元、单台（套）50 万元以上的仪器设备 627.66 万元。学校图书馆建筑面积 2.16 万平方米，纸质藏书 91.63 万册。拥有公开出版物 3 种，其中自然科学类 1 种、社会科学类 2 种。

2013 年，学校主办或承办“福建省物理学会第十四届年会”“福建省人工智能学会 2013 年学术年会”等学术会议 2 次，接待到访进行学术交流 11 人次。

（三明学院　李志刚）

【武夷学院科技概况】 武夷学院是一所省属公办全日制普通本科高校。2013 年，学校设有本科专业 33 个，当年新增建筑学、酒店管理和动画 3 个本科专业。全校有教职工 791 人，其中专任教师 603 人（具有正高级职称 41 人、副高级职称 149 人，博士学位 28 人），入选国家百千万人才工程人选 1 人、省百千万人才工程人选 1 人，享受政府特殊津贴专家 4 人。

2013 年，学校实际到位科研项目经费总额 1210.3 万元。当年新增科研项目 92 项 1415.3 万元，其中：中央财政支持地方高校科技创新平台建设专项项目 4 项 600 万元，教育部人文社科项目 1 项 10 万元，省高校产学合作科技重大项目 1 项 30 万元，省科技计划重点项目 1 项 10 万元，省自然科学基金项目 1 项 3 万元，省科技厅资助省属高校项目 3 项 9 万元，省社科规划项目 3 项 4 万元，省级“2011 协同创新中心”专项项目 1 项 200 万元，省高校服务海西建设重点项目 5 项 300 万元，省教育厅科技项目 26 项 19.2 万元，南平市科技计划项目 7 项 20 万元，横向项目 39 项 210.1 万元。

全年发表科技论文 478 篇，被国际三大检索系统收录的论文 37 篇，其中 SCI 收录 18 篇、EI 收录 15 篇、ISTP 收录 4 篇。出版学术著作 10 部。获省社科成果奖二等奖 1 项，南平市科技进步奖二等奖 1 项、三等奖 2 项。获授权专利 6 件。当年，学校立足“大武夷”县域产业发展需求，按照“一县一特色、对接有重点”的原则，实施校地协同合作计划，与光泽、南平工业园区等 16 个地方政府、园区展开合作并签订校地协作协议，重点在人才培养、科技支撑、员工培训等方面开展合作服务。

2013 年，经省教育厅（闽教科〔2013〕51 号）批准组建“中国乌龙茶产业协同创新中心”（省级“2011 协同创新中心”培育对象）；经省科技厅（闽科基〔2013〕4 号）批准建设“福建省武夷茶资源创新利用重点实验室”。至 2013 年底，全校教学科研仪器设备总值 9172 万元（当年新增教学科研仪器设备 1828 万元），其中单台（套）10 万元以上的仪器设备 2130 万元、单台（套）50 万元以上的仪器设备 348.5 万元。学校图书馆建筑面积 3.26 万平方米，纸质藏书 121 万册；拥有公开出版物 3 种，其中自然科学类 1 种、社会科学类 2 种。

2013 年，学校主办或承办了国家自然科学基金委员会促进海峡两岸科技合作联合基金评审会、世界遗产地旅游院校协作大会、第五届海峡论坛·朱子文化与现代文明高峰论坛、海西创意农业发展高峰论坛及第四届海峡两岸大学校长论坛等 7 个国内学术会议。全年组织出国（境）学术交流 13 人次，接待到访进行学术交流 78 人次；举办学术讲座 80 多场次。

（武夷学院　邓家耀）

科研机构科技创新

【2013 年福建省科研院所发展概况】 2013 年，福建省继续深化科技体制改革，在全面推进省属开发类科研机构的企业化转制和公益类科研机构分类改革，以及科研机构产权制度改革试点工作等方面继续加大力度，市场需求对研究开发的导向作用持续增强，科研机构面向市场的自我发展能力不断提高。据统计，全省纳入统计的县以上（不含县属）政府部门属科学研究与开发机构 93 个，其中自然科学类机构 77 个、社会与人文科学类机构 3 个、科技信息和文献机构 13 个；非政府部门属研究与开发机构和综合技术服务业有 R&D 活动的事业单位 15 个；转制机构 12 个。此外还有县属研究与开发机构 77 个，全省共计 197 个。全省县以上政府部门属科学研究与开发机构名录列表如下：

机构类别		机构名录
自然科学类机构（77个）	中央部门属（4个）	中国科学院福建物质结构研究所、国家海洋局第三海洋研究所、中国科学院城市环境研究所、国家海洋局海岛研究中心
	省级部门属（45个）	福建省光学技术研究所、福建省农业区划研究所、福建省冶金工业研究所、福建省人口与计划生育科学技术研究所、福建省安全生产科学研究院、福建省标准化研究院、福建省环境科学研究院、福建省测试技术研究所、福建省医学科学研究院、福建省武夷山生物研究所、福建省农业科学院甘蔗研究所、福建省农业科学院果树研究所、福建省农业科学院植物保护研究所、福建省农业科学院农业生态研究所、福建省农业科学院农业生物资源研究所、福建省农业科学院畜牧兽医研究所、福建省农业科学院土壤肥料研究所、福建省农业科学院农业工程技术研究所、福建省农业科学院作物研究所、福建省农业科学院水稻研究所、福建省农业科学院茶叶研究所、福建省农业科学院食用菌研究所、福建省农业科学院中心实验室、福建省农业科学院生物技术研究所、福建省水利水电科学研究院、福建省淡水水产研究所、福建省化学工业科学技术研究所、福建省微生物研究所、福建省亚热带园艺植物研究中心、福建省热带作物科学研究所、福建省计量科学研究院、福建省二轻工业研究所、福建省建筑科学研究院、福建省林业科学研究院、福建省电子技术研究所、福建省水产研究所、厦门市海洋与渔业研究所、福建省粮油科学技术研究所、福建省闽东水产研究所、福建省交通科学技术研究所、福建省机械研究所、福建省农业机械化研究所、福州木工机床研究所、福建省体育科学研究所、福建省工艺美术研究院
	计划单列市部门属（4个）	厦门市医药研究所、厦门华侨亚热带植物引种园、福建海洋研究所、福建省亚热带植物研究所
	地市级部门属（24个）	福建省龙岩市农业科学研究所、福建省龙岩市林业科学研究所、福建省龙岩市稀土科学研究所、福州市环境科学研究院、福州市海洋与渔业技术中心、福州市蔬菜科学研究所、福州市农业科学研究所、福建省漳州市医学科学研究所、漳州市农业科学研究所、泉州市环境保护科学技术研究所、福建省泉州市农业科学研究所、泉州市医药研究所、泉州市陶瓷科学技术研究所、福建省三明市农业科学研究所、福建省三明市环境保护科学研究所、莆田市工业技术研究所、莆田市生物工程研究所、莆田市科学技术开发服务中心、福建省莆田市医学科学研究所、莆田市农业科学研究所、莆田市环境保护科学研究所、莆田市水产科学研究所、福建省南平市农业科学研究所、宁德市农业科学研究所、福建省宁德市医药研究所
社会与人文科学类机构（3个）		福建省艺术研究所、福建社会科学院、福州市社会科学院
科技信息和文献机构（13个）		福建省科学技术信息研究所、福州市科学技术情报研究所、厦门市科学技术情报研究所、漳州市科学技术情报研究所、泉州市科学技术信息研究所、三明市科学技术情报研究所、莆田市科学技术情报研究所、南平市科学技术情报研究所、龙岩市科学技术情报研究所、宁德市科学技术情报研究所、福建省农业科学院农业经济与科技信息研究所、福建省质量技术监督信息技术中心、厦门市标准化研究院

科研机构的主要统计指标参见“科技统计资料”。从统计数据看，2013年虽然县以上政府部门属科学研究与开发机构的机构数只有93个，占全省各类科研机构数的47.2%，却集中了69.8%的科技活动人员、72.8%的大学本科及以上学历人员、86.6%的科技经费收入和88.3%的科技经费支出。以下主要简介县以上政府部门属科学研究与开发机构的发展状况：①人才资源。拥有科技活动人员5964人，其中高级职称1887人、中级职称2049人；博士732人、硕士1578人、本科2413人。R&D人员折合全时工作量3341人年。②仪器设备。拥有各类科研仪器设备总价131038万元，其中进口36961万元。③科研经费。全年科技活动收入总额203795万元，其中政府资金166954万元、占科技活动收入总额的81.9%；科技经费内部支出195608万元，R&D经费内部支出107754万元；开展研究课题3420个，课题经费支出83411万元，其中R&D课题经费支出66286万元；课题投入的人员3862人年，其中R&D课题投入人员2692人年。④类型分布。按隶属关系分，有中央部门属4个、省级部门属50个、计划单列市部门属5个、地市部门属34个；按行业分布分，有农、林、牧、渔业43个，采矿业1个，制造业12个，建筑业1个，交通运输、仓储和邮政业1个，科学研究、技

术服务和地质勘查业 20 个，水利、环境和公共设施管理业 5 个，卫生和社会工作业 7 个，文化、体育和娱乐业 2 个，公共管理、社会保障和社会组织 1 个；按从事科技活动人员的规模分，500～999 人的 3 个、200～299 人的 1 个、100～199 人的 7 个、50～99 人的 25 个、30～49 人的 15 个、20～29 人的 9 个、10～19 人的 21 个、0～9 人的 12 个；按地域分布分，福州市 49 个、厦门市 10 个、莆田市 8 个、三明市 3 个、泉州市 5 个、漳州市 6 个、南平市 3 个、龙岩市 4 个、宁德市 5 个。

部分中央属及省属科研院所科学研究与开发基本情况列表如下：

2013 年福建省部分科研院所人才队伍情况表

单位：人

科研院所名称	队伍结构						优秀人才					
	在职员工总数	科技人员	正高职称	副高职称	博士学位	硕士学位	两院院士	政府特殊津贴专家	国家级有突出贡献的中青年专家	国家杰出青年基金获得者	国家百千万人才工程人选	省百千万人才工程人选
中国科学院福建物质结构研究所	702	620	70	109	250	200	2	50	3	15	12	12
国家海洋局第三海洋研究所	413	404	53	73	115	167	1			1	2	3
中国科学院城市环境研究所	197	171	28	31	115	46		2	1	2	1	
福建省农业科学院	1070	819	128	240	110	380	1	14	3		5	39
福建省林业科学研究院	112	104	23	47	18	30				1		
福建省机械科学研究院	208	139	3	53		4		1				
福建省建筑科学研究院	1215	967	34	85	10	228		5				3
福建省中医药研究院	102	91	11	14	4	27						
福建省水利水电科学研究院	72	58	6	32		6						3
福建省环境科学研究院	101	89	4	18	2	28		2				1
福建省安全生产科学研究院	100	82	1	23		12						
福建省计量科学研究院	302	237										
福建省气象科学研究所	25	21	4	10		13						
福建省微生物研究所	95	75	6	15	7	29		1				
福建省科学技术信息研究所	127	113	3	28	2	21						1
福建省测试技术研究所	59	57		19		8						
福建海洋研究所	67	48	4	8	3	16		6	1			
福建省亚热带植物研究所	92	73	4	24	9							
福建省武夷山生物研究所	11			3		4						
福建省热带作物科学研究所	49	46	5	9		14		1				
福建省淡水水产研究所	52	46	3	20		32						2
福建省建筑材料工业科学研究所	77	58										
福建省体育科学研究所	24	18	4	2		6						

资料来源：根据各单位供稿整理。

2013年福建省部分科研院所科研基础条件情况表

科研院所名称	科研仪器设备（万元）			图书资料室（册）		公开出版物（种）	
	总值	其中		藏书	其中外文文献	自然科学类	社会科学类
		10万元以上	50万元以上				
中国科学院福建物质结构研究所	26204	20410	13074	43158	25762	1	
国家海洋局第三海洋研究所	38450	29155	19146	76694	29107	1	
中国科学院城市环境研究所	12011.77	7366.01	4411.91	6449	119		
福建省农业科学院	11775	3873.4	826	67631	250	7	
福建省林业科学研究院						1	
福建省机械科学研究院	1109.96	497.94	117.94	20190	1890	3	
福建省建筑科学研究院	5600	2240	900	3012		1	
福建省中医药研究院	1754	1044	316	50000	10000		
福建省水利水电科学研究院	540	290	148	3000		1	
福建省环境科学研究院	867.05	392.13	270.72				
福建省安全生产科学研究院	475	101	64				
福建省计量科学研究院							
福建省气象科学研究所	386	164	153	11100	2000		
福建省微生物研究所	2809.28	1800.08	421.99				
福建省科学技术信息研究所	782.55	252.56		1480		1	
福建省测试技术研究所	1364	976	717	10000	1200	1	
福建海洋研究所	1434.6	985.6	449	9481	3000		
福建省亚热带植物研究所	118.3	90.2				1	
福建省武夷山生物研究所	105	30		1000			
福建省热带作物科学研究所	277.4	111.6		25000		2	
福建省淡水水产研究所	1256.1	404.2	69.9				
福建省建筑材料工业科学研究所	500	150	58	13000	500	1	
福建省体育科学研究所	1032	589.55	52.54	2336	121	1	

资料来源：根据各单位供稿整理。

【2013年福建省科研院所发展主要特点】 据对县以上政府部门属科学研究与开发机构的发展状况进行分析，2013年福建省科研院所发展呈现以下特点：

一是科研机构数量减少，科技活动人员数量稳中有增。全省县以上政府部门属科学研究与开发机构共计93个。从业人员数比增5.9%，从事科技活动人员数比增5.7%，从事科技活动人员中大学本科及以上学历人员所占比重为79.2%，比上年提高了0.8个百分点。

二是科技经费筹集额略有下降，科技经费支出稳中有升。全年科技活动经费筹集额为203795万元、比降1.9%，科技经费内部支出达到195608.4万元、比增6.5%。政府投入科技经费比降4.3%。科技经费投入中政府资金达到81.9%，占到了绝大多数。在社会与人文科学领域，政府资金所占比重达到100%。

三是R&D投入持续增加，试验发展增长迅速。科研机构R&D课题数达到2401个、比增9.8%，R&D人员4382人、比增22.2%，R&D人员折合全时工作量为3341人年、比增15.7%，R&D经费内部支出达到107754.3万元、比增16.9%。R&D经费内部支出中，基础研究为29209.5万元、比增6.8%，应用研究为46799.2万元、比增2.9%，试验发展为31745.6万元、比增64%。R&D经费稳定增长，表明全省自主创新能力持续加强。

四是涉农、林、牧、渔业科研机构数居多，科学研究和技术服务业机构的科技经费筹集额较大。全省涉农、林、牧、渔业科研机构数最多，占46.2%；科学研究和技术服务业机构数次之，占21.5%。而农、林、牧、渔业科研机构科技经费筹集额比重占26.2%，科学研究和技术服务业的比重达到53.1%，科技活动最为活跃。水利、环境和公共设施管理业与公共管理、社会保障和社会组织业的科技经费筹集额分别占4.7%和4.3%，分列科技经费筹集额的第三、第四位。而采矿业和文化体育娱乐业两个行业的科技经费筹集比重不到1%，科技活动发展有待加快。

五是科研机构科技产出成果丰硕。2013年科学研究与开发机构专利申请数达到454件、比增19.8%，其中发明专利申请358件、比增23.4％。从国民经济行业划分来看，科学研究和技术服务业申请专利196件（占43.2％），农、林、牧、渔业申请专利174件（占38.3％），其他行业占18.5％。科研机构专利授权数为247件、比增14.8％，其中发明专利153件（占61.9％）、比增15.9％。发表科技论文3196篇，出版科技专著43种。

六是国家部门所属科研机构虽少，实力明显强于地方部门属的机构。2013年全省中央部门属科研机构有4个，均属于自然科学领域的研究与开发机构，仅占机构总数的4.3％，但却拥有全省20.2％的科技活动人员、25.6％的大学本科及以上学历人员、43.2％的R&D人员以及40.2％的科技活动收入、45％的科技经费内部支出。中央部门属科研机构的科技活动收入81977万元、比降19％，科技经费支出88117.3万元、比降3.4％。中央部门属科研机构拥有课题1137个，占课题总数的33.2％；拥有R&D课题1089个，占R&D课题总数的45.4％。在产出方面，4个机构获得专利授权82件、占总数的33.2％，其中获授权发明专利61件、占总数的39.9％。科技论文和专著占全省总数的比例也分别达到了31.6％和7％。以上各方面可以看出中央部门属机构数量虽然不多，但是拥有了较多的人力及财力资源，科研活动活跃程度大于地方机构，人员素质及创新能力明显强于地方机构。

七是科研机构规模普遍较小，科技资源高度集中于经济发达的沿海地区。全省93个县以上部门属研究与开发机构中，科技活动人员数大于100人的有11个（占11.9％），其中大于200人的仅4个；少于20人的有33个（占35.5％）。在科技活动人员大于100人的机构中，大学本科及以上学历人员占科技活动人员的比重为82.7％；科技活动人员小于100人的机构中，这一比重为75.6％。可见省内科技机构规模越大，科技活动人员相对的资历和文化程度也越高。同时，科研机构主要集中在经济较发达的沿海地区，仅福州和厦门两市的科研机构数就占了63.4％，科技活动人员数占85.6％，大学本科及以上学历人员数占88.1％，博硕士学位人员数占91.5％，科技活动经费筹集额占93.1％，科技经费内部支出占93.3％，R&D人员数占91％，R&D经费内部支出占95.7％。这些表明绝大多数的科技人才和科技经费都集中在经济较发达的小部分地区，科技资源的高度集中不利于全省科研水平的平衡发展。

【2013年福建省研发机构科技活动情况统计】 包括“县以上政府部门属科学研究与开发机构基本情况”“县以上政府部门属科学研究与开发机构人员和经费概况”“县以上政府部门属科学研究与开发机构经费收入”“县以上政府部门属科学研究与开发机构经费支出”“县以上政府部门属科学研究与开发机构课题概况”“县以上政府部门属科学研究与开发机构专利情况”“县以上政府部门属科学研究与开发机构论文、著作及其他科技产出”“县以上政府部门属科学研究与开发机构R&D人员”“县以上政府部门属科学研究与开发机构R&D经费支出”“自然科学研究与开发机构人员和经费概况”“自然科学研究与开发机构课题概况”“科技信息与文献机构人员和经费情况”“科技信息与文献机构课题概况”“社会人文科学研究与开发机构人员和经费情况”“社会人文科学研究与开发机构课题概况”“转制机构人员和经费情况”“转制机构课题概况”“县级政府部门属科学研究与开发机构人员和经费概况”“县级政府部门属科学研究与开发机构课题概况”等相关统计资料，具体内容参见“科技统计资料”。

（省科技信息所　郑隽毅）

【中国科学院福建物质结构研究所科技概况】 中国科学院福建物质结构研究所（以下简称福建物构所）是一所以物质结构基础研究和高技术创新为主的综合研究机构，已成为在国际上具有重要影响力的结构化学、新材料与器件集成和应用的综合研究基地。福建物构所围绕“注重原创基础研究，加强变革创新，促进成果转移转化”的战略定位，凝练科技目标，优化学科布局，重点开展了结构化学、能源催化、纳米材料、晶体工程、光电材料、激光技术集成与应用、电子信息、先进制造及动力工程等研究与开发，创建了“知识创新—技术创新—工程产业化”三者互动特色鲜明的科技创新链。至2013年底，福建物构所已建有结构化学国家重点实验室、国家光电子晶体材料工程技术研究中心、中科院光电材料化学与物理重点实验室、中科院煤制乙二醇及相关技术重点实验室、中科院功能纳米结构设计与组装重点实验室、福建省纳米材料重点实验室、福建省纳米材料工程实验室、福建省激光技术集成与应用工程技术研究中心、福建省光电子晶体材料与器件行业技术开发基地等9个科技创新平台，并建有结构化学基础研究室、纳米材料研究室、理论与计算化学研究室、晶体材料研究室、材料化学与物理研究室、激光工程研究室、化学生物学研究室、应用化学研究中心、水溶液晶体生长研发中心和先进材料研究中心等10个研究室（中心）。设有博士点、硕士点各6个（物理化学、无机化学、材料物理与化学、凝聚态物理、生物化学与分子生物学、有机化学），博士后科研流动站1个。

2013年，福建物构所获省杰出科技人才1人，第二十届福建运盛青年科技奖1人。至2013年底，先后引进海外人才75人，全所在职职工702人，其中科技人员620人（具有正高级职称70人、副高级职称109人，博士学位250人、硕士学位200人）；拥有中科院院士2人（吴新涛、洪茂椿），国家级有突出贡献的专家3人，省优秀专家12人，享受政府特殊津贴专家50人，国家“海外高层次人才引进计划”入选者2人，国家“青年海外高层次人才引进计划”入选者4人，国家“青年拔尖人才支持计划”入选者2人，国家杰出青年基金获得者15人，“百千万人才工程”国家级人选12人、省级人选12人，博士生导师55人、硕士生导师32人，“第三批国务院侨办重点华侨华人创业团队”2个。

2013年，福建物构所新增科技项目159项21813万元，其中：科技部、国家自然科学基金委等国家部委项目67项5694万元，中科院项目项8435万元，省级科技项目32项1480万元，横向开发项目18项1027万元，其他专项配套经费5177万元。

2013年，福建物构所经省部级以上部门组织的会议验收科研项目9项，各类科研项目结题149项。获各类科技成果奖4项，其中：国家技术发明奖二等奖1项，中国科学院王宽诚教育基金科技成果转移转化团队突出贡献奖1项，中国建筑材料联合会·中国硅酸盐学会建筑材料科学技术奖二等奖1项，省科学技术奖一等奖1项。全年发表各类科技论文419篇，其中国外刊物409篇；被SCI收录419篇（第一完成单位327篇）。其中SCI影响因子大于4.0的论文131篇、大于5.0的论文70篇、大于6.0的论文54篇。《掺钕钒酸盐激光单晶元件》（GB/T29420—2012）、《钒酸盐双折射光学单晶元件》（GB/T29420—2012）等2项国家标准经国家质量监督检验检疫总局、国家标准化管理委员会批准正式发布。申请发明专利105件；获授权专利56件，其中发明专利46件。至2013年底，拥有有效专利222件，其中发明专利193件。

2013年，福建物构所继续做好结构化学国家重点实验室、国家光电子晶体材料工程技术研究中心、中科院光电材料化学与物理重点实验室、中科院煤制乙二醇及相关技术重点实验室、福建省纳米材料重点（工程）实验室、福建省（海西工研院）激光技术集成与应用工程技术研究中心等现有科技创新平台建设和发展。中科院功能纳米结构设计与组装重点实验室正式获中科院批准成立，“海西工业技术研究院激光技术集成与应用工程技术研究中心”通过验收，“福建省激光技术集成与应用工程技术研究中心”“福建省半导体材料检测及研究科技公共服务平台”通过省科技厅组织的评估，并获正式授牌。至2013年底，福建物构所科研仪器设备总值26204万元（当年新增3987万元），其中：单台（套）10万元以上的仪器设备411台（套）20410万元（当年新增3231万元）；单台（套）50万元以上的仪器设备94台（套）13074万元（当年新增2428万元）。图书馆建筑面积2300平方米，藏书43158册（其中外文文献25762册）。年可供利用的全文外文电子期刊33329种、全中文电子期刊7916种。主办公开出版刊物《结构化学》（英文版），系国家一级刊物，被SCI全文收录。

2013年，福建物构所参股成立了福建中科芯源光电科技有限公司、厦门中烁光电科技有限公司2家企业。全年主办国际学术会议4次；出国（境）参加学术交流37人次，接待到访进行学术交流38人次。由国家自然科学基金委员会、中国化学会、中国科学院共同主办，福建物构所承办的第十八届固体激发态动力学国际会议在福州成功举办，来自亚洲、欧洲、北美洲、南美洲、大洋洲等26个国家和地区的专家学者、研究生和参展商等300多人参会；该会议是凝聚态物理、化学和材料领域顶级系列峰会，每隔三年在北美、欧洲和亚洲交替举办一次。至2013年底，福建物构所先后与20多个国家和地区的科研机构（或高校）建立了合作关系，形成全方位、宽领域、多层次的合作局面，提高在国内外的影响力和知名度。

（福建物构所　林授群）

【国家海洋局第三海洋研究所科技概况】 国家海洋局第三海洋研究所（以下简称国家海洋三所）是一所国家公益类综合型海洋科学研究机构。至2013年底，设有研究部门13个（含国家海洋局重点实验室2个、国家海洋局工程技术中心1个、依托国家海洋三所建设的APEC海洋可持续发展中心），涉及4大研究领域、16个研究方向，主要从事生物资源利用、海洋大气与全球变化、海洋环境保护、应用海洋学等的研究工作。设有硕士学位授予点4个、博士后科研工作站1个，并与清华大学、中国科技大学、厦门大学、中国海洋大学、中国地质大学等高校联合招收博士研究生。全所在职职工413人，其中科技人员404人（具有正高级职称53人、副高级职称73人，博士学位115人、硕士学位167人）；拥有中科院院士1人（徐洵），享受政府特殊津贴专家5人、“百千万人才工程”国家级人选2人、省级人选3人，国家杰出青年基金获得者1人，厦门市拔尖人才2人，博士生导师10人、硕士生导师79人。

2013年，国家海洋三所新增纵向科技项目合同200多项，获资助经费总额19620万元，其中：主持和参与海洋公益项目10多项1971万元、国家自然科学基金项目18项（面上项目7项和青年科学基金项目11项）785万元；省自然科学基金项目、国家海洋局青年基金项目和厦门市科技计划项目共24项305万元。当年，获国家、省、市支持基金类项目经费突破1000万元。

2013年，国家海洋三所牵头实施的“863计划”海洋领域深海专项“深海与极地探测获取与应用技术系统研究”、海洋公益性专项“水下文物探测保护体系与示范研究”进展良好。通过中期检查项目7项。加大与国家文物局水下文化遗产保护中心的合作，承担该中心委托的相关研究，拓展新的研究领域。“我国砂质海岸生境养护和修复技术示范与研究”项目通过国家海洋局科技司组织的验收，“海洋生物活性物质国家标准样品研制与研发技术体系构建”项目已取得重要成果。组织“深海（微）生物勘探与资源潜力评估”课题的立项实施，获资助项目2项，有2位青年科学家参加“蛟龙”号试验性应用航次，获取大量微生物样品。当年，大洋微生物菌种库建设与运行得到强化，资源共享影响力进一步提升，当年新增入库菌种1000多株。圆满完成“向阳红09号”船搭载“蛟龙”号试验性应用航次厦门靠泊补给接待工作。组织6人参加第29次南极科学考察，8人参加第30次南极科学考察。与中国环境科学研究院共同编制完成《九龙江——厦门湾海域环境容量评估与总量控制分配示范研究》初步报告，开发出九龙江——厦门湾海域入海污染物总量控制管理信息系统并试运行。《海洋生态损害评估技术导则》由国家海洋局发布在全国范围内实施。编制完成《生物多样性公约》第五次国家报告海洋专题报告、海洋生态红线划定方法及示范研究报告等，提出加强中国海洋环境保护政策措施的建议，为国家海洋局建立海洋生态红线制度提供重要技术支撑。

2013年，国家海洋三所经省部级以上部门组织鉴定（验收、评审）的科技成果24项。获国家海洋局海洋科学技术奖一等奖2项、二等奖2项，省自然科学奖二等奖1项，中国海洋工程咨询协会海洋工程科学技术奖一等奖1项、二等奖2项。申请专利51件，其中发明专利50件；获授权专利19件，其中发明专利16件。全年发表科技论文200多篇，其中被SCI收录70多篇；出版了《海洋气候动力学与海洋环境研究》《海洋大气化学与海洋生物地球化学过程研究》《海洋同位素、气溶胶化学与海洋技术研发》《中国近海海洋——海底地形地貌》《“全球变化与海气作用”专项海洋化学调查技术规程》《中国近海海洋图集——海洋化学》等专著，《福建省海洋资源与环境现状》获国家海洋局优秀海洋科技图书奖。

至 2013 年底，国家海洋三所拥有国内最大的灰鲸标本，建有国家海洋微生物菌种保藏管理中心、国家微生物资源平台（海洋专业平台）、中国大洋生物基因研发基地、国家海洋药源生物种质资源库、国家海洋天然产物化合物库、海洋三所仪器设备共享平台、“908”专项生物样品库等海洋研究基础设施，以及建造中的 4500t 级深海综合科考船。持有《中华人民共和国计量认证合格证书》，甲级《海域使用论证资格证书》、甲级《建设项目环境影响评价资格证书》、甲级《工程勘察证书（海洋工程勘察综合类）》、甲级《工程设计证书（海洋工程设计——沿岸工程）》、甲级《测绘资质证书》、乙级《地质勘查资质证书》、乙级《环境工程设计证书》、乙级《工程咨询单位资质证书》等各类技术服务证书，在海洋发展规划、环境保护规划和重大基础建设等方面的海洋管理和海洋经济发展提供了大量的基础性、支撑性技术服务，为国民经济建设、国家安全和海洋科学技术的发展做出了突出贡献。

至 2013 年底，国家海洋三所科研仪器设备总值 38450 万元（当年新增 5912 万元），其中：单台（套）10 万元以上的仪器设备 620 台（套）29155 万元（当年新增 4514 万元）；单台（套）50 万元以上的仪器设备 168 台（套）19146 万元（当年新增 3723 万元）。图书馆建筑面积 451 平方米，藏书 76694 册（其中外文文献 29107 册）。年可供利用的全文外文电子期刊 73 种。主办公开出版刊物 1 种，即《台湾海峡》，系中国自然科学核心期刊之一。

2013 年，国家海洋三所共派出 45 批次 108 人次出国（境）参加各类国际学术会议和合作研究；接待外国官员和专家到所考察、访问增多，共 26 批 129 人次。承办了 PICES 核素科学和北太平洋放射性环境质量研讨会、第四届海峡两岸海洋论坛、IAEA 海洋环境样品放射性分析方法国际培训班、2013 年环太平洋海洋空间规划高级培训班。积极推进与印度尼西亚科学院海洋研究中心共同承担实施的“中印尼海洋生态实验站建设及热带典型海洋生态系统生物多样性研究”合作项目，派出 13 名科研人员与印尼 19 名科研人员参加印尼比通海域的联合调查，获得了丰富的海洋生物样品和海洋化学样品；双方共同在厦门召开了“中——印尼海洋生物多样性研究 2013 年研讨会”，完成《中——印尼海洋生态实验站建设及热带典型海洋生态系统生物多样性调查研究报告》。与泰国合作开展海岸侵蚀机理与保护对策合作研究，圆满完成年度联合调查。组织专家赴毛里求斯开展相关养殖技术培训。与美国多所大学合作开展“中美合作印度洋和南大洋碳循环与气候变化再分析研究”“北冰洋酸化研究”“中美南大洋大气铁输入海洋通量研究”等项目。与美国、法国、德国、瑞典等国家有关大学、研究所在微生物资源调查研究及对虾病害研究方面，开展广泛交流与合作，联合开展科技部国际合作项目“深海微生物多样性与基因资源调查关键技术的合作研究”。在海洋活性物质研发、基因工程技术体系构建、种质资源保藏方面，已与美国几所大学与研究所就进一步合作达成共识，打下基础。与澳大利亚联邦科学与工业研究组织（CSIRO）下属海洋与大气研究中心（CMAR）在海洋环流动力学及海气相互作用开展了实质性学术合作研究。同时，与台湾多家科研单位围绕海岸养护和修复、珊瑚、海洋真菌和海洋生物活性物质分离技术、海洋生物多样性等方面开展广泛合作交流，共同开展台湾海峡鱼类数据库建设和应用研究，联合汇编《台湾海峡鱼类》。

（国家海洋三所　伍曼青）

【中国科学院城市环境研究所科技概况】　中国科学院城市环境研究所（以下简称中科院城环所）是中国科学院资源环境与高技术交叉领域的研究所，是科技部“国际科技合作基地”“国家级对台科技合作与交流基地”，以及国际科联“城市健康与福祉国际项目办公室”的落户单位。至 2013 年底，已建有“中国科学院城市环境与健康重点实验室”、“中国科学院厦门生物产业技术研究开发公共服务平台”（国家高新技术产业发展计划项目）、“厦门水环境安全与水质保障工程技术研究中心”、“厦门市危险废物鉴别和处置技术研发公共服务平台”、“厦门市城市代谢重点实验室”，设有“环境科学与工程”“生态学”专业一级学科博士、硕士学位授予点，以及“环境科学与工程”博士后科研流动站。学科方向为环境化学与分析化学、环境经济与环境管理、生态学、环境生物与生物技术、环境工程与环境材料；重点研究领域为城市生态健康与环境安全、城市环境污染控制与资源化技术、城市环境工程与循环经济、城市生态环境规划与管理；研究单元设置为城市生态健康与环境安全研究中心、城市环境污染控制与资源化技术研究中心、城市环境工程与循环经济研究中心、城市生态环境规划与管理研究中心、仪器设备实验中心，以及 2 个科学观测研究站。

2013 年，中科院城环所新增国家优秀青年科学基金获得者 1 人，省杰出青年科学基金获得者 1 人，省引进高层次创业创新人才入选者 2 人，厦门市“双百计划人才”入选者 3 人。至 2013 年底，中科院城环所在职职工 197 人，其中科技人员 171 人（具有研究员及正高级工程技术人员 28 人、副研究员及高级工程技术人员 31 人，博士学位 115 人、硕士学位 46 人）；拥有国家海外高层次人才引进计划“青年千人计划”入选者 1 人，中国科学院“百人计划”入选者 11 人，享受政府特殊津贴专家 2 人，国家有突出贡献的专家 1 人，国家杰出青年科学基金获得者 2 人，国家优秀青年科学基金获得者 1 人，国家“百千万人才工程”人选 1 人，省杰出青年科学基金获得者 4 人，省引进高层次创业创新人才入选者 3 人，厦门市“双百计划人才”入选者 3 人。

2013 年，中科院城环所获得新增科研项目 152 项，合同经费 7153.3 万元，到位经费 6436.81 万元，项目数量和到位经费总额比上年小幅增长，其中：国家自然科学基金项目 31 项 1361.4 万元，项目数创历史新高；科技部“863 计划”课题等项目 4 项 1703 万元，公益性行业科研专项项目子课题 3 项 167 万元；中科院重点部署项目 1 项 600 万元；省市级科研项目 54 项 1017.5 万元；横向项目 50 项 2164.5 万元；其他项目 9 项 139.9 万元。

2013年，中科院城环所发表科技论文300多篇，其中被SCI收录200篇、EI收录153篇、CSCD收录80篇。申请专利62件，其中发明专利52件、实用新型专利10件；获授权发明专利8件、实用新型专利10件；登记计算机软件著作权4件。牵头编制的国家标准《公共机构能源资源管理绩效评价导则》获得批准实施，城市电磁环境安全研究的相关建议获得中共中央政治局常委、国务院副总理张高丽的批示；牵头编制了《厦门经济特区生态文明建设条例》和《美丽厦门环境保护总体规划暨生态文明建设示范市规划》。

2013年，中科院城环所仪器设备实验中心新增仪器设备500多万元，设备总使用效率从2012年的68%提高到84%，共享率也从38%提高到49%。至2013年底，中科院城环所科研仪器设备总值12011.77万元，其中：单台（套）10万元以上的仪器设备7366.01万元，单台（套）50万元以上的仪器设备4411.91万元。图书馆藏书6449册，其中外文文献119册。

2013年，中科院城环所与宁波市北仑区政府签约共建的中科院宁波城市环境观测研究中心一期工程已竣工，首批10位科研人员在北仑落户并开展工作，23人获得宁波市自然科学基金，1个研究组获得宁波创新团队资助。中科院城环所与中国水电顾问集团中南勘测设计研究院、中国科学技术大学、福建省环科院、宁波北仑环保局等单位签署了战略合作协议，积极推动地方生态环境保护及可持续城市建设的全面科技合作。加强企业技术创新公共服务平台建设，与福建省贝思达环保投资有限公司共建“环境技术产业化研发中心”。当年新增孵化企业1家，以实用新型专利进行无形资产投资，投资成立中科同德（厦门）物联科技有限公司。至2013年底，中科院城环所共转化成立5家公司，总注册资本7080万元。

2013年，中科院城环所通过多种方式邀请世界知名专家学者到所交流并指导学生，开展联合研究。当年在学的外国留学生3人。全年因公出访68人次，涉及17个国家和地区。共接待来自美国、日本、澳大利亚、英国等国家和台湾地区的科研人员71人次，举办大型国际学术会议2次，与境外合作方签订了2个合作协议。11月27日，国际科联正式宣布“城市健康与福祉国际项目办公室”落户中科院城环所。

（中科院城环所　祁　建）

【福建省农业科学院科技概况】 福建省农业科学院（以下简称省农科院）是一所综合性农业科研机构。设有甘蔗研究所、水稻研究所、茶叶研究所、植物保护研究所、畜牧兽医研究所、果树研究所、作物研究所、土壤肥料研究所、农业生态研究所、生物技术研究所、农业工程技术研究所、农业经济与科技信息研究所、中心实验室、农业生物资源研究所、食用菌研究所以及科技干部培训中心（数字农业研究所）等16个研究（服务）机构；建有博士后科研工作站1个。全院共有142多公顷实验场（圃），保存珍贵作物种质资源13000多份。至2013年底，省农科院已建有国家与省级重点实验室、工程（技术）研究中心、科研基地、中试基地、服务平台等近80个。全院科研仪器设备总值11775万元，其中：单台（套）10万元以上的仪器设备147台（套）3873.4万元，单台（套）50万元以上的仪器设备9台（套）826万元。图书馆藏书67631册，其中外文文献250册。主办7种福建省内公开出版的农业科技期刊。

2013年，省农科院获得福建省第三届杰出科技人才奖4人，福建青年科技奖2人，福建运盛青年科技奖1人，福建紫金科技创新奖1人，大北农科技成就奖1人（谢华安），大北农科技奖2人，国家“友谊奖”1人。入选国家“千人计划”2人，入选省级“百千万人才工程”2人。至2013年底，全院在职职工1070人，其中科技人员819人（具有正高级职称128人、副高级职称240人，博士学位110人、硕士学位380人）；拥有中国科学院院士1人（谢华安），享受政府特殊津贴专家14人，国家有突出贡献的专家3人，“百千万人才工程”国家级人选5人、省级人选39人。

2013年，省农科院实际到位科技项目经费33420.69万元。新增省级以上科技项目195项，经费13431.1万元，其中：科技部、国家自然科学基金委等国家部委项目（课题、子课题）82项7901.2万元，省科技厅及有关厅局科技项目113项5529.9万元。当年，启动新一轮科技创新团队21个，其中院一级、二级创新团队各10个，院高层次引进人才科技创新团队1个，启动院重大专项2项。创新团队与重大专项共安排项目经费1305万元。以院“创新、创意、创业”三创大赛为依据选择科研项目，结合院导师制青年创新基金，设立院级科研项目32项，安排资金88万元。设立院测试基金项目30项，安排资金50万元。院级项目总投入超过1500万元。

2013年，省农科院为第一完成单位获得省部级奖20项，其中：省科学技术奖一等奖1项、二等奖4项、三等奖9项，省专利奖二等奖1项，中华农业科技奖一等奖1项、三等1项，农业部丰收奖三等奖1项，中国草业科技奖三等奖1项，国家环境保护科学技术奖三等奖1项。同时，获神农福建农业科技奖7项，其中一等奖1项、二等奖2项、三等奖4项。当年，评选出院科学技术奖21项（一等奖5项、二等奖16项）、院青年科学技术奖13项（一等奖2项、二等奖4项、三等奖7项）。此外，还有5项协作成果获得国家、省级科学技术奖励。

2013年，省农科院经本院组织评审的科技成果41项，完成科技成果登记25项；全年27个农作物新品种通过国家、省级及区域审（认、鉴）定。申请专利154件，其中发明专利107件、实用新型专利46件、外观设计专利1件；获授权专利115件，其中发明专利69件、实用新型专利45件、外观设计专利1件。申请农业植物新品种权4项，获授权1项。获计算机软件著作权11件。制订的11项地方标准获福建省质量技术监督局批准实施。出版专著8部，发表科技论文602篇，其中外刊及SCI等25篇。撰写科技报告2069份。

2013年，省农科院组织实施科技下乡“双百”行动，覆盖了全省85%的农业龙头企业和9个地市的主要县市。在福建粮食主产区建立“百亩”核心示范片10个、示范推广新品种60多个、示范面积100多公顷，辐射带动推广优质稻2万公顷；联系服务企业190家，扶持农民合作组织73家，完善建立企业联合技术创新中心37个，帮助企业申报项目64项，解决技术难题253个，编制技术手册（规范、规程、标准）

54件；推广新品种和新技术332项（次），建立规模化生产基地科技示范片158个，带动6.87万公顷；举办各类种养殖技术培训班246次，培训相关人员2.47万人次。

2013年，省农科院牵头组织实施的第一轮（2011～2013）福建省种业创新与产业化工程通过验收。该项目经过三年实施，建立研发中心、技术服务等平台29个；举办各类技术培训班224期，培训人员2.7万人次；建立种苗繁育、示范推广和健康养殖基地等190多个1911.9公顷，示范推广辐射带动7.3万公顷；取得社会经济效益56.3亿元。

2013年，省农科院“海峡现代农业示范园”建设投入经费5600万元，建设项目38项，一期工程基本完成；园区道路、水电设施、智能温室、果树苑、资源圃、花博园按设计要求验收完工；人工气候室、植物工厂建设进入尾声；茶博园、葡萄酒庄、以色列中心、现代农庄进入工程进入设计阶段。与以色列政府合作，建设国内第一个“中以示范农场”，总投资8000万元，其中以色列政府出资6200万元，重点建设智能温室蔬菜生产系统、智能化养鱼系统、智能化蛋鸡养殖系统、智能奶牛饲养系统四大项目，已进入设备安装阶段。“现代设施农业样板工程”引进、消化、再创新的设施农业在福清建立现代设施农业样板工程，占地14公顷；已建成微生物发酵床大栏养猪装备（年出栏4500头猪，投入300万元，年产值800万元）、自主研发智能温室蔬菜生产系统（10000平方米，投入300万元，年产值370万元）、生物基质自动生产线（年产10万立方米，投入600万元，年产值3000万元）等3个项目。“国家海西农业科技创新中心大楼”完成所有手续的审批，重新修编《项目可行性研究报告》获得省发改委批准，抗震专项获得省住建厅正式批复；按照福州市规划局的要求，修改项目单体红线图，施工图设计基本完成；完成了电信改道、网络改线、树兜大楼单位搬迁、大楼初期地质勘探等工作以及建设合作方的寻找等工作。“海峡现代农业研究院”经过两年的构建运营，形成了生物育种、食品创制、精准农业、创意农业、碳汇农业、现代国药为支撑的智慧型厦门都市农业的构架，逐步形成商贸物流产业（海峡商品交易所）、种苗产业（华安种业）、科技服务产业（农村科技服务综合体）、创意农业产业（新思路公司）和生物医药产业（海峡现代国药产业）等6大核心产业，获得授权专利60件。

2013年，依托省农科院食用菌研究所建设的“特色食用菌繁育与栽培国家地方联合工程研究中心”获国家发改委批准立项。当年，省农科院新增了2个省级重点实验室，即福建省农产品（食品）加工重点实验室、福建省红壤山地农业生态过程重点实验室，启动建设7个农业部专业实验室和科学实验站（水稻专业实验室和植保、微生物、生态、热作、土肥、作物等科学实验站）。完成“农业部农产品质量安全风险评估实验室虚拟实验室”筹建，组建了全国首个虚拟实验室群正式启动运营，涵盖“功能营养成分检测、农产品质量安全评价、土壤环境质量检测、农业生态与环境检测、微生物应用技术、显微观察技术、动物疫病防治、基因功能分析与检测、农药环境行为与毒理、作物品种抗性鉴定、农业生境规划、农业安全溯源”等12个领域。

2013年，省农科院与福建农业职业技术院、福建工程学院、省机械科学研究院等单位开展农业科技进校园和农艺农机合作研究；继续在各地市农科所实施“海西农作物引种中心区域引种圃建设”项目，在南平市农科所挂牌成立福建省农业科学院南平分院；继续深化加强与永泰县、宁化县合作。与福建广播电视大学合作组建了“福建省农场主学院”，农场主学院的家庭农场与经营管理专业（专科）已通过中央电大专家论证，列入全国范围招生专业目录，编写10本教材（初稿）。与深圳华大基因公司共建农业生物资源基因组学联合研究中心。当年，举办全省性远程培训和区域性培训12期，约100.86万人次参加培训；三农科技服务呼叫中心每天的咨询服务超过100多项；全年科技人员下乡累计达4167人次。

2013年，省农科院先后派出18批39人次赴以色列、南非、荷兰、澳大利亚和日本等国家访问交流。以色列大使、总领事2次考察省农科院的中以示范农场，深化中以科技经贸合作；与马拉维共和国农业研究中心签订了国际合作框架协议，建立合作机制；与荷兰瓦格宁根大学在生物种业、设施农业、农产品精深加工、食品安全和人才培养等方面草拟了科技合作框架协议，并商定2014年4月正式签订协议。派出7批22人次赴台湾地区进行农业科技考察、交流。接待台湾二十一世纪基金会、台湾农委会等管理人员、专家学者10人次。在与省科协共同主办的“海峡两岸水土保持技术与循环农业发展学术研讨会暨福建省农学会立体农业分会2013年会”上，签订了2项闽台技术合作研究协议：省农科院生态所、农经所与台中市社区营造协会签订水土保持与循环农业合作研究协议，省农科院生态所与台湾良农现代化农业科技股份有限公司签订农业科技人才技术引进合作协议。

（省农科院　张志杰）

【福建省林业科学研究院科技概况】　福建省林业科学研究院（以下简称省林科院）是一所公益型综合性科研机构。至2013年底，设有林业研究所、森林保护研究所、生态环境研究所、林业产业研究所、园林规划设计所、科技信息研究所、竹类研究所、花卉研究所、林业生物技术研究中心和林业生产力促进中心等10个研究所（中心）。全院在职职工112人，其中科技人员104人（具有正高级职称23人、副高级职称47人，博士学位18人、硕士学位30人）；拥有国家级有突出贡献的专家1人，享受政府特殊津贴专家8人，国家杰出青年基金获得者1人，省“百千万人才工程”人选11人。

2013年，省林科院主持承担科研、推广项目130项，总经费6273万元，实际到位项目经费总额2030万元，其中新立项科研、推广项目包括科技部政策引导类项目1项（竹木生物质资源加工产业科技创新服务平台），国家林业局林业公益性行业专项项目1项181万元（长汀红壤侵蚀区生态经济型植被恢复技术研究），“948计划”项目1项50万元（台湾牛樟、肖楠等优良用材树种种苗生物脱毒技术引进），中央财政林业推广项目4项600万元（“马尾松优良品种推广示范”等），林业专利项目1项30.7万元（林用专化性白僵菌菌剂产业化关键技术研发与示范），省农业“五新”项目1项25万元（突脉青冈等5种速生珍稀阔叶树丰产高效栽培技术示范），省自然科学基金项目1项5万元（金龟子绿僵菌对油茶象幼虫致病力的研究），省属公益类科研院所基本科研专项项目1项8万元（杉木优良无性系微枝瓶外生根技术研究），省林业科研、推广项目共21项155万元；横向科技项目11项65.4万元。

2013年，省林科院已通过验收（评审）科技项目32项（通过评审2项、验收26项、标准评审2项、简易验收2项），其中："油茶种质资源收集保存与良种选育""福建油茶主要害虫综合控制技术研究"通过验收评审，达国际同类研究先进水平；"木麻黄沿海防护林建设技术规程""杉木组织培养育苗技术规程"2项技术规程通过省地方标准评审；"绿竹优良种源中试与利用技术示范"等26项通过验收。当年，获省技术发明奖二等奖1项、三等奖1项。全年发表科技论文52篇，其中在国外刊物发表1篇；出版科技专著1部。申请发明专利2件，获授权发明专利2件。编印《福建省林业科学研究院简讯》4期，在院网站增设了林业人网上论坛和林院群，为院科技人员和信息共享搭建一个较好的平台。

2013年，省林科院以提升能力为重点，科研平台建设有新突破。"国家林业局杉木工程技术研究中心"挂牌成立，"国家林业局林产品质量检验检测中心（福州）"顺利通过国家林业局组织的复评审；组织编制《福建福州城郊森林生态系统定位研究站建设项目可行性研究报告》上报国家林业局；在省科技厅组织的全省重点实验室考评中，依托省林科院的省重点实验室名列科研院所第一名；依托省林科院的全国林业知识产权试点单位通过了国家林业局的验收。全院新增科研仪器设备76.4万元。至2013年底，省林科院拥有国家重点实验室1个、省级重点实验室1个。主办自然科学类公开出版物1种，即《福建林业科技》（系全国中文核心期刊）。

2013年，省林科院继续推进与有关县市技术合作，建立多种合作模式。与柘荣县政府签订合作协议，并承担完成的《柘荣县现代林业发展战略规划（2013～2020年）》等3个规划设计方案已通过专家评审，为地方林业建设和经济发展提供技术支撑。充分利用"6·18"项交会和"五新"科技项目对接平台，在强化对接、有效运作、提升质量方面取得较好成效。筛选20多项科技成果参加南平地区项目推介洽谈会和第十一届"6·18"项交会，多项科技成果与相关企业签订转化协议。结合重大、重点科研项目实施，在全省各地建立珍贵树种、杉木、油茶、桉树、竹子等推广示范基地330多公顷。

2013年，省林科院举办"海西森西论坛"等学术会议与讲座9次，先后邀请中国人民大学、南京林业大学、省科技信息研究所等专家到院作专题学术报告。当年，出国（境）参加学术交流2人次，接待日本森林综合研究所专家等到访进行学术交流8人次。

（省林科院）

【福建省机械科学研究院科技概况】 福建省机械科学研究院（以下简称省机械院）是一所从事机、电、仪研发、中试及产品检验的综合性科研机构。至2013年底，设有省农业机械化研究所、省机械研究所和福州木工机床研究所等3个研究所，田间作业装备部、农林产品加工装备部、养殖装备部、机电一体化部、制造工艺部、自动化装备部、汽车电器部、智能仪表部、行业信息部和检测中心等10个科研及中试生产科室，还建有农副产品加工实验室、省机械中试生产基地、省仪器仪表中试基地、省电机行业技术开发基地及CAD应用工程示范点等一批科技创新实验示范基地，拥有福建省奥克机电技术有限公司和福州安远汽车电器有限公司2个控股企业。全院在职职工208人，其中科技人员139人（具有正高级职称3人、副高级职称53人，硕士学位4人），享受政府特殊津贴专家1人。全院科研仪器设备总值1109.96万元（当年新增146万元），其中：单台（套）10万元以上的仪器设备497.94万元，单台（套）50万元以上的仪器设备117.94万元。

2013年，省机械院实际到位科技项目经费总额377万元（其中农机科研专项经费283万元）。在研科技项目15项、投入资金256万元（新增科技项目2项100万元），其中：省科技计划重点项目1项50万元，省科技型中小企业技术创新基金项目1项50万元，省属公益类科研院所基本科研专项项目8项84万元；省质监局标准制定项目1项（4个标准）；与省电力公司合作科研专项项目1项72万元。当年，省机械院承担的省科技厅公益类科研院所基本科研专项"节能节材深井潜水电泵""中国大陆—中国台湾木工机床与刀具产品的研究与比对""多级液压茶叶压揉机""满足中国和欧美需求的单相智能电表""中药材鲜泽泻清洗去皮设备""汽车空调控制器电性能参数综合检验台""高精度三轴数控柔性加工设备"7个科研项目进展顺利。"满足中国和欧美需求的单相智能电表"已完成样机试制并通过技术测试，取得合格证书；"中国大陆—中国台湾木工机床与刀具产品的研究与比对"项目已开展中国—台湾木工机床噪音参数等性能比对测试，为建立数据库采集数据；"多级液压茶叶压揉机"进入设计、安装、调试液压与电气系统；与福建中医药大学药学院合作研究的"中药材鲜泽泻清洗去皮设备"已完成泽泻抖土机、清洗机、脱皮机关键设备试制与电气控制系统程序开发，进行样机试验；"汽车空调控制器电性能参数综合检验台"即将完成样机试制工作，供用户生产线试运行；"高精度三轴数控柔性加工设备"将进行设备整机调试。

2013年，省机械院经省部级以上部门组织鉴定、验收的科技成果1项（福建泵产业技术提升公共服务平台）。全年发表科技论文19篇；申请专利6件，其中发明专利1件、实用新型专利5件；获授权专利6件，其中发明专利2件、实用新型专利4件。

2013年，省机械院加大公共服务平台建设力度。承担省经贸委"福建省装备制造业计量校准检测服务平台"建设，为福建省企业、事业单位提供非强制性仪器设备的校准服务，已做好该平台前期准备工作；承担"福建省农业机械化技术创新服务平台"项目，获得科技部科技型中小企业技术创新基金支持，主要开发与推广应用适应福建省蔬菜、食用菌、水果、茶叶等经济作物机械化生产的装备、农副产品精深加工技术设备等，推进农业机械化发展进程；继续加强"福建省工业项目成果和技术需求对接中心"公共服务平台建设，该平台为第十一届"6·18"项交会征集到2059项高校、科研院所项目成果，并从中筛选772项符合全省发展要求的项目成果进行汇编，整理出企业技术需求及行业关键共性技术需求476项进行推介汇编。在第十一届“6·18”项交会上实现对接项目540项。

2013年，省机械院继续加强检测机构建设。省机械院机电产品检测中心、机械工业农机及泵类产品质量检测中心（福州）顺利通过中国合格评定国家认可委员会（CNAS）组织的专家现场评审；福建省泵类产品质量监督检验站、福建省机械工业材料测试中心站、福建省农机质量监督检验站顺利通过福建省质量技术监督局组织的专家现场评审。全年共出具1132份检测报告，其中农机产品检测报告363份、泵类产品检测报告130份、物理试验报告256份、化学分析报告326份、木工机床与刀具报告57份。同时，继续加强标准检测工作。充分发挥设在该院的全国木工机床与刀具标准化技术委员会秘书处的作用，承担ISO木工机床与刀具国际标准的国内归口工作。完成《木工带锯机和跑车》《木工单头直榫开榫机》《多锯片纵剖木工圆锯机》等18项行业标准的修订、审查工作；与台湾木工机床制造企业开展交流研讨，完成与台湾木工机床与刀具术语和产品性能的比对工作；为企业提供标准化技术咨询服务，开展行业标准的宣贯工作；制订《农用大棚安装验收规范》省地方标准；与泉州市标准化研究所联合申报的《热熔胶喷涂机械通用技术要求》被列入2013年第一批省地方标准拟制修订计划项目。

2013年，省机械院积极开展产学研合作，有效推动产学研深度结合。采取多种形式促进科研成果推广转化，推动构建行业产业集群产学研结合的创新服务平台。承担省经贸委“福建泵产业技术提升公共服务平台”与“工业泵产品技术创新公共服务平台”产学研合作项目，与江苏大学流体机械工程技术研究中心、福建天工电机有限公司、毅飞泵业（福州）有限公司、宁德市经济贸易委员会、福安市电机工程学会等合作，促进企业开发新产品，提升国际竞争力，取得显著的经济效益和社会效益。帮助福州海霖机电有限公司研发的“50SZB35、80SZB25射流自吸式汽油机/柴油机—泵直联机组”通过省经贸委新产品鉴定，项目成果“射流自吸式柴油机/汽油机—泵直联机组的研究”通过中国机械工业联合会成果鉴定，“福建泵产业技术提升公共服务平台”也通过了省经贸委验收。此外，积极开展专业技能培训，采取集中培训、实际操作等方式，为企业培养科技人才。举办福建省饲料工业中央控制室操作工和维修工取证培训班2期，培训人员130多人。

2013年，省机械院充分发挥信息平台作用，重点办好“三刊三通讯一网站”。编辑出版发行自然科学类期刊《福建农机》《机电技术》《木工机床》。编印《福建机械行业通讯》《福建省食品和包装机械信息》《福建省台湾文献信息中心信息专报（工业动态）》，为企业、行业、政府部门决策提供参考；与台湾机械工业同业公会、台湾农机工业同业公会建立常态化交流渠道，协助收集台湾相关行业的内部资讯；做好福建省台湾文献信息中心工业信息库网站后台的资料更新、日常维护工作。进一步完善院网站建设，浏览量已有8万多人次。图书馆藏书20190册，其中外文文献1890册。开展科技查新近80项。

（省机械院　曹志青）

【福建省建筑科学研究院科技概况】 福建省建筑科学研究院（以下简称省建科院）是一所以应用研究和技术开发为主的省级综合性科研机构。至2013年底，设有地基基础研究所、岩土与地下工程研究所、结构研究一所、结构研究二所、建材研究所、绿色建筑与节能研究所、建筑环境设备与节能检测研究所、建筑设计研究所、建筑设计二所、结构检测研究所、建材检测研究所、市政交通所、建筑物可靠性鉴定与抗震研究所、结构加固研究所、路桥与市政工程研究所、厦门地基基础检测所、泉州地基基础检测所、装修工程部和监理公司等19个研究所（室）。全院在职职工1215人，其中科技人员967人（当年新增165人）。在科技人员中具有正高级职称34人、副高级职称85人，博士学位10人、硕士学位228人，享受政府特殊津贴专家5人，入选省“百千万人才工程”3人。

2013年，省建科院实际到位科技项目经费总额282.6万元。当年新增科技（资助）项目9项170万元，其中：省科技创新平台项目1项76万元，“6·18”虚拟研究院建筑建材分院补助项目1项50万元，省重点科技计划项目1项10万元，其他科研项目6项34万元。当年，经省部级以上部门组织鉴定的科技成果2项。获省科学技术进步奖二等奖1项、三等奖1项。全年发表科技论文91篇。申请专利6件，其中发明专利2件。

2013年，依托于省建科院的“福建省绿色建筑技术重点实验室”以及为主承担的省科技重大专题项目“建筑节能关键技术研究和应用示范”均正式通过验收，实验室与重大专题项目克服重重难关，取得相关绿色建筑技术成果，完善了福建省乃至全国建筑节能标准体系，对促进福建省建筑节能技术进步意义重大。省建科院在绿色建筑技术方面影响力的扩大，吸引了众多政府部门、各类社会团体和企业的关注，获批成立了“福建省6·18虚拟研究院建筑建材分院”“博士后科研工作站”等科技创新平台。至2013年底，省建科院拥有省级重点实验室1个、省级工程（技术）研究中心1个。全院科研仪器设备总值5600万元（当年新增800万元），其中：单台（套）10万元以上的仪器设备2240万元，单台（套）50万元以上的仪器设备900万元。纸质藏书3012册。主办自然科学类公开出版刊物1种，即《福建建设科技》。

（省建科院　李　嫣）

【福建省中医药研究院科技概况】 福建省中医药研究院（以下简称省中医药研究院）是一所省属公益类中医中药科研机构，也是国家食品药品监督管理总局药物临床试验机构、省青草药开发服务中心、省中医药特色技术和方药筛选评价中心、福建中医药大学保健食品研发中心。至2013年底，设有经络研究所、药物研究所、基础研究所、临床医学研究所、科技产品研发及成果转化中心、比较医学中心等，附设综合门诊部、福建大医本草医药科技开发有限公司、福州三利得营养保健品厂、职业技能鉴定站、台湾牛樟芝大陆研发中心及台湾产特色植物大陆研发中心等；拥有国家中医药管理局经络感传重点研究室和针灸生理三级实验室，并拥有针灸仪器、中药抗肿瘤的生物与化学评价、中医药防治老年脑功能障碍、骨质疏松证候基因组学重点研究室和福建特色青草药开发等5个省级重点研究室，以及神经病理生理、中药化学、中药药理、血流变学、生化免疫、临床药理等6个省级二级实验室。全院在职职工102人，其中科技人员91人（具有正高级职称11人、副高级职称14人，博士学位4人、硕士学位27人）。

2013年，省中医药研究院新增科技项目40项、资助经费245万元，其中：国家自然科学基金项目4项132万元，国家引智项目1项6万元，省自然科学基金项目1项4万元，省卫生教育联合攻关项目1项10万元，省卫生厅中医药重点项目9项32万元，省卫生厅青年基金项目5项4万元，省教育厅A类项目1项1万元、B类项目5项，福建中医药大学校管课题1项，院内自主选题12项56万元。

2013年，省中医药研究院经省级以上部门组织验收科技项目6项，各类科研项目结题12项。全年发表科技论文30篇，其中被SCI收录4篇；获授权专利1件（实用新型专利）。

至2013年底，省中医药研究院建有国家重点实验室2个、省级重点实验室6个。全院科研仪器设备总值1754万元，其中：单台（套）10万元以上的仪器设备1044万元，单台（套）50万元以上的仪器设备316万元。图书馆藏书5万册，其中外文文献1万册。

2013年，省中医药研究院科研人员积极参加学术交流和培训，共参加不同级别的学术会议61人次（其中参加国际学术会议2人次、全国性学术会议27人次、省级学术会议32次），参加各类培训班48人次。

（省中医药研究院　李德森）

【福建省水利水电科学研究院科技概况】 福建省水利水电科学研究院（以下简称省水科院）是一所省属公益类综合性技术研究服务机构。至2013年底，设有水利水电工程技术研究所、水资源与防洪减灾研究所、岩土工程研究所、材料工程研究所、水利水电工程检测与鉴定中心、水利科技信息中心、水利部科技推广中心福建省科技推广工作站等。全院在职职工72人，其中科技人员58人（具有正高级职称6人、副高级职称32人，硕士学位6人），拥有省“百千万人才工程”人选3人。全院科研仪器设备总值540万元（当年新增210万元），其中单台（套）10万元以上的仪器设备290万元、单台（套）50万元以上的仪器设备148万元。

2013年，省水科院实际到位科技项目经费总额253万元，新增科研项目6项、获资助经费218万元，其中水利部“948计划”项目1项145万元、水利部科技推广项目1项5万元、省科技计划项目1项38万元、省水利厅科技项目3项30万元。当年，与清华大学水利工程系配合开展水库底泥项目研究。

2013年，省水科院申请登记科技成果1项。获福建水利科学技术奖三等奖1项。全年发表科技论文5篇。参与起草的水利行业标准《防台风应急预案编制导则》（SL611－2012）经水利部批准发布实施。此外，承办了“2013年福建水利先进实用技术（产品）推介会”。

（省水科院　许必朝）

【福建省环境科学研究院科技概况】 福建省环境科学研究院（以下简称省环科院）是一所公益型的科研机构。至2013年底，设有环境影响评价研究所、环境规划研究所、环境工程技术研究所等3个研究所，下设福建省清洁生产中心、福建省环境工程重点实验室。全院在职职工101人，其中科技人员89人（具有正高级职称4人、副高级职称18人，博士学位2人、硕士学位28人）；拥有享受政府特殊津贴专家2人（当年新增1人），省“百千万人才工程”人选1人。

2013年，省环科院实际到位科技项目经费总额653万元。新增科技项目17项276万元，其中：省属公益类科研院所基本科研专项项目3项34万元，省环保厅科研指令性项目9项133万元，横向科研项目5项109万元。启动了环保部水专项子课题“汀江流域跨省生态补偿与经济责任机制试点研究”，申请并获批立项环保系统首个省科技重大专项专题“九龙江北溪综合治理技术研究与示范”。当年，通过环保专家评审验收的科技成果6项。获省科技进步奖二等奖1项。全年发表科技论文53篇，其中被SCI、EI收录4篇。

2013年，省环境工程重点实验室通过省质量技术监督局实验室资质认定扩项审核，检测分析能力由65项扩充为137项。申请并获批《福建省环境监管能力建设三年行动方案（2013～2015年）》专项补助资金500万元，用于实验室升级改造，提高研发能力。至2013年底，省环科院拥有省级重点实验室1个。全院科研仪器设备总值867.05万元（当年新增40万元），其中单台（套）10万元以上的仪器设备392.13万元、单台（套）50万元以上的仪器设备270.72万元。

2013年，省环科院主办国内培训会议1次；安排外出学术交流及培训180多人次，派出讲学5人次，邀请讲学10人次，接待到访进行学术交流的科技人员15人次。

（省环科院　陈巧俊）

【福建省安全生产科学研究院科技概况】 福建省安全生产科学研究院（以下简称省安科院）是一所公益型科研机构，是全省安全生产技术支撑单位，具有国家安全生产监督管理总局认可的安全评价机构甲级资质、安全生产检测检验机构乙级资质等。至2013年底，设有生产安全技术研究中心、矿山安全技术研究中心、安全生产技术推广促进协作中心、总工程师办公室（劳动防护用品检验站、综合实验室）、矿山安全检测检验中心、安全生产宣传教育培训中心、《安全与健康》杂志社等部门。全院在职职工100人，其中科技人员82人（具有正高级职称1人、副高级职称23人，硕士学位12人）。

2013年，省安科院实际到位科技项目经费总额37万元。全年发表科技论文21篇。全院科研仪器设备总值475万元（当年新增21万元），其中单台（套）10万元以上的仪器设备101万元、单台（套）50万元以上的仪器设备64万元。

2013年，省安科院组织实施的“全尾砂胶结充填技术研究”“六碳醇生产中氨和乙炔混合气安全回收技术研究”“新溶剂法再生纤维素纤维纺丝关键技术工艺安全性研究及应用”等3个项目通过国家安全监管总局组织的专家评审，入选《2013年安全生产重大事故防治关键技术科技项目目录》。

（省安科院　于新宇）

【福建省计量科学研究院科技概况】　福建省计量科学研究院（以下简称省计量院）是一所专门从事计量科学研究和技术服务的事业单位，也是依法设立的省级法定计量技术机构。至2013年底，设有长度、热工、力学、测力、流量、电学、化学、医学等8个专业实验室，建有全国首家国家级城市能源计量中心、国家蒸汽流量计产品质量监督检验中心、国家质检总局首批质检科技成果推广转化基地、全国首个国家光伏计量测试中心。全院在职职工302人，其中科技人员237人。

2013年，省计量院新增科技项目26项2503万元，其中：国家质检总局科技计划项目9项524万元，省科技厅科技创新平台项目1项1500万元，省质监局科技计划项目10项318万元，横向课题2项19.8万元，省地方标准1项2万元，省规程规范2项4万元。

2013年，省计量院获省科技进步奖二等奖1项。全年发表科技论文76篇，其中被SCI收录5篇、EI收录7篇。获授权专利9件，其中发明专利4件。获计算机软件著作权3件。组织推荐5个项目参加第十一届“6·18”项交会。“一种大型固定式电子衡器”“应用于大型衡器检定装置的可伸缩、旋转吊装装置”“用于叠加式力标准机的标准传感器更换装置”等6件专利与常州艾斯派尔电气科技有限公司实现对接，签订为期五年的技术转让（专利实施许可）合同，专利技术转让费共计676万元。

2013年，省计量院组织因公出国进修学习、考察、参加国际会议等出国（境）科技人员31人次，接待到访专家、学者4人次。当年，与台湾计量工程学院签订《呼出气体酒精含量探测器检定装置研制》技术合同书及《真实人体血压仿真系统建置》技术合同书，派出科技人员参加国际标准化组织ISO/TC108/SC3年会并在会上讨论国际标准委员会草案。

（省计量院　魏　群）

【福建省气象科学研究所科技概况】　福建省气象科学研究所（以下简称省气象所）是一所公益性科研机构，加挂“海峡气象科学研究所”“福建省卫星遥感应用中心”牌子。至2013年底，设有农业生态与遥感室、环境气象与人工影响天气室、开放研究室、办公室（含图书情报室）等4个科室。全所在职职工25人，其中科技人员21人（具有正高级职称4人、副高级职称10人，硕士学位13人）。

2013年，省气象所实际到位科技项目经费30.1万元。当年新增科研项目7项，合同经费34.1万元，其中：中国气象局项目1项14万元，省科技计划重点项目1项10万元，省自然科学基金项目1项4万元，省气象局项目3项5.3万元，省科协项目1项0.8万元。当年，经省级部门评审和验收的科技项目5项。全年发表科技论文18篇，其中被EI收录3篇。

2013年，省气象所以海峡气象为特色领域，以灾害性天气和特色农业为主要研究方向，以省部合作开拓海峡气象新契机，组建了“海峡气象科学研究所”。完成2项山洪地质灾害防治县级非工程项目建设，完成“福建农业气象服务业务系统”“福建山洪易灾区农业气象灾害风险评估预警平台”建设；建设人影综合业务平台，初步实现全省人工影响天气作业统一指挥、统一调度；建成了大屏幕可视会商系统。积极谋划人工影响天气工作，“福建省人工影响天气信息管理系统”获评“美丽桌面”二等奖；参与编制了《全国人工影响天气发展规划——东南部区域方案（2013～2020）》及相关可行性报告，并编制了《古田水库流域人工增雨效果检验试验基地项目建议书》。谋划人影效果评估基地的建设，已完成《中国古田水库人工增雨效果检验试验基地建设规划》和《福建古田水库流域混合云人工增雨随机试验效果检验方法研究（二期）》科研项目；在福建省南部地区成功开展了2013年首次跨区域飞机人工增雨作业，缓解了旱情、增加水库蓄水、降低森林火险等级、净化城市空气质量。谋划环境气象研究，参与编写的《近6年福建省酸雨变化特征及成因分析》受到省委、省政府领导的高度重视，尤权书记和苏树林省长亲自作了批示。谋划省级海峡气象防灾减灾建设，完成《新一代卫星系统接收与应用项目实施方案》。

至2013年底，省气象所科研仪器设备总值约386万元，其中单台（套）10万元以上的仪器设备2台共164万元，单台（套）50万元以上的仪器设备1台153万元。图书资料室建筑面积80平方米，藏书11100册（其中外文文献2000册）。

2013年，省气象所加强与国家气象中心、中国气科院、中国科学院大气物理研究所和南京大学等院所、高校的科研合作，邀请美国国家环境预报中心（NCEP）、中国气科院和南京信息大学等专家、教授到所授课。积极组织参加“海峡论坛·海峡两岸民生气象论坛”“2013年海峡气象防灾减灾专题研讨会”“2013年农业环境科学峰会会议”“福建省气象学会学术年会——应用气象与人工影响天气分会场”等国际、国内学术交流会，与台湾大学有关专家就“台湾海峡致灾大风”“台湾海峡大雾”等领域，联合开展科研达成共识，在申报项目上得到台湾气象界专家的积极响应和支持，促进了闽台两岸的气象防灾减灾与科研合作。

（省气象所　岳辉英）

【福建省微生物研究所科技概况】　福建省微生物研究所（以下简称省微生物所）是国内成立较早的从事抗生素和微生物药物，工业、农业和环境微生物应用研究的专业科研机构之一。至2013年底，建有国家新药（微生物）筛选实验室（福建）、福建省新药（微生物）筛选重点实验室、福建省药品再评价研究公共服务平台、福建省微生物药物试验中心、福建省微生物药物工程研究中心、福建省微生物及化学制药行业技术开发基地、福建省微生物自动发酵平台、福建省微生物分析检测技术服务中心、福建省药物制剂技术研发平台、福州市生物制药行业技术创新中心等10个科技创新平台和1个产业化基地——福建科瑞药业有限公司，设有新药筛选、药物合成、应用微生物技术、公共技术服务、mTOR抑制剂等

5个研究室（10个课题组）。全所在职职工95人（科技人员75人），其中具有正高级职称6人、副高级职称15人，博士学位7人、硕士学位29人，享受政府特殊津贴专家1人。

2013年，省微生物所实际到位科技项目经费总额1885万元。当年新增科技项目16项，到位经费872万元，其中：国家级项目1项450万元，省科技计划重点项目6项60万元，省发改委战略性新兴产业技术开发专项项目2项140万元，省自然科学基金项目2项11万元，省部级科技创新平台项目2项176万元，市级科技计划项目3项35万元。

2013年，省微生物所有8项省级以上科技项目通过结题验收。“十一五”国家重大新药创制专项“微生物药物技术创新与新药创制产学研联盟”项目顺利通过国家卫计委、科技部的结题验收，省微生物所作为联盟项目的主要参加单位之一，较好地完成了分工任务。在新药筛选方面，承担的“十二五”国家重大新药创制专项子课题“稀有放线菌、海洋微生物库及免疫抑制剂药物筛选”进展顺利。推进抗肿瘤抗生素卡里奇霉素、抗艰难梭菌抗生素非达霉素等微生物来源的临床重要药物品种的创仿研究，取得阶段性进展。广泛开展产学研合作，服务企业技术创新，为地方经济建设服务，新签横向合作项目11项820万元。全年横向收入730多万元。

2013年，省微生物所全年发表科技论文10篇，其中在国外刊物发表2篇；被国际三大检索系统收录的科技论文2篇，其中被SCI收录2篇（含SCIE收录）。申请专利6件，获授权专利4件，其中发明专利2件。

至2013年底，省微生物所建有国家重点实验室1个、省级重点实验室1个，省级工程（技术）研究中心1个。全所科研仪器设备总值2809.28万元（当年新增187.53万元），其中：单台（套）10万元以上的科研仪器设备66（套）1800.08万元（当年新增116.29万元）；单台（套）50万元以上的科研仪器设备5台（套）421.99万元。

2013年，省微生物所接待到访进行学术交流7人次；组织数十人次分别参加第十二届全国抗生素学术会议等国家级学术会议。至2013年底，省微生物所先后与意大利帕多瓦大学、意大利维诺拉大学、美国麻省理工学院、美国乌拉哥大学、俄罗斯工业微生物遗传育种研究所、西班牙奥维耶多大学、英国纽卡斯尔大学、德国慕尼黑大学等高校或科研机构建立合作关系，还先后与多家国际知名制药企业建立合作关系，与中国医药工业研究总院、中国医学科学院医药生物技术研究所、国家新药筛选中心、中科院上海药物研究所、中科院上海有机化学研究所、中科院物质结构研究所、天津药物院、四川抗菌素工业研究所、厦门出入境检验检疫局检验检疫技术中心、厦门大学、沈阳药科大学、南京药科大学、华侨大学等科研机构和高校建立合作交流关系。

（省微生物所）

【福建省科学技术信息研究所科技概况】 福建省科学技术信息研究所（以下简称省科技信息所）是福建省最大的社会公益型综合性科技信息研究与服务机构，加挂“福建省生产力促进中心”牌子。省生产力促进中心通过ISO9001质量管理体系年度监督审核和科技部组织的国家级示范生产力中心绩效评价工作。至2013年底，设有科技发展情报研究室（《情报探索》编辑部）、产业发展情报研究室（检索查新室）、科技文献情报室（文献馆）、网络资源室、科技声像室、企业信息化室、软件测试研究室、监理技术研究室、信息技术研究室、信息宣传室等业务科室。全所在编职工127人，其中科技人员113人（具有正高级职称3人、副高级职称28人，博士学位2人、硕士学位21人），省“百千万人才工程”人选1人。

2013年，省科技信息所实际到位科技项目经费总额149万元。当年新增科技项目9项39万元，其中省科技计划重点项目1项10万元、省科技计划软科学项目8项29万元。当年，通过验收的省科技计划项目3项。全年发表科技论文18篇。

2013年，省科技信息所研究撰写并编印《科技要情专递》（动态版）23期，整理编撰各类综述稿件54篇，涉及新能源、海洋高新、装备制造、节能环保、现代农业以及科技创新和民生等多个领域。苏树林省长对《科技要情专递》动态版第131期《比利时虚拟生物技术研究院的成功模式》作出重要批示，洪捷序副省长也根据苏省长批示作出具体指示；研究撰写并编印《科技要情专递》（专题版）11期，其中《聚焦台湾纺织工业》受到省领导关注；编辑出版《台湾科技文献通报》12期，加工收录数据9374条数据，并及时上网，供网上浏览、检索。编印《福建省台湾文献信息中心信息专报（科技动态版）》12期，与三明市科技情报研究所合办《台湾现代农业科技信息》，已编辑出刊12期，当年新合作创办《台湾先进制造科技信息》12期。

2013年，省科技信息所共完成国内、国外查新报告780项（其中国内708项、国外72项），检索报告7项。指导、审核福州市情报所等8个查新工作站的查新项目329项。完成中国科技信息研究所委托的共建科技查新项目数据库，当年已上传科技查新项目1574条。

2013年，省科技信息所组织开展福建省“十二五”制造业信息化科技工程（第一批）应用示范企业评估工作。依托省生产力促进中心建立的福建省工业设计产业创新重点战略联盟，组织召开福建省工业设计产业技术创新重点战略联盟会议；引导会员单位采取多种形式为中小企业开展服务，结合联盟成员的人才和技术优势，与联盟成员共同合作建立了3个行业创新设计服务中心，推动工业设计创新成果转化40项，服务企业167家。福建省工业设计产业创新重点战略联盟联合漳州市科技局共同承办了“海峡两岸（漳州）工业设计科技创新大赛”；该次大赛受到福建日报、海峡都市报、东南网等众多媒体的关注与报道。组织福建省机械行业相关专家，深入企业现场为福建省冠华创建设备有限公司开展企业诊断分析。省生产力促进中心积极搭建高校、研究院所及软件开发商与企业合作交流平台，在福州、三明等地举办了“公司治理与企业战略创新”“工业机械行业智能化创新设计研讨会”“装备制造工业设计研修班”等交流培训会9场，参加交流培训人员778人次。

2013年，省科技信息所共承接软件测试项目128项，服务福建省机关、企事业单位53家。通过了省技术监督局组织的CMA资质认定复评审。接受委托负责监理在建信息系统建设项目46项，其中签订监理合同项目11项，建设规模

6992万元，监理合同额为82.83万元。完成省质监局的《福建省信息工程监理规范》地方标准的审核稿的撰写工作，并提交给合作单位省经济信息中心审核。

至2013年底，省科技信息所拥有省级重点实验室1个。全所科研仪器设备总值782.55万元，其中单台（套）10万元以上的仪器设备12台（套）252.56万元。纸质藏书1480册。年可供利用的全文外文电子期刊2种、全中文电子期刊4种。当年，省科技信息所积极提高《情报探索》的办刊质量与管理水平，从当年第1期起新增“英文摘要与关键词”内容，并实施新的版式和编辑校对流程；召开杂志管理平台升级方案讨论会，拟定系统升级设计方案；《情报探索》刊物质量明显提升，获省科协第六届优秀科技期刊奖二等奖。

（省科技信息所　张　平）

【福建省测试技术研究所科技概况】　福建省测试技术研究所（以下简称省测试所）是一所从事测试技术研究与为社会各界提供测试技术服务的公益型科研服务机构，加挂“福建省分析测试中心”牌子，也是农业部认可授权的绿色食品、无公害农产品的产地与产品指定检测实验室。至2013年底，设有有机分析室、无机分析室、无损分析室、信息安全检测室（仪器维修研制室）、研发室等5个研究室，建有省金银饰品质量监督检验站、省金银珠宝首饰检测中心、省科学仪器服务中心、省科证司法鉴定所、省火灾物证司法鉴定中心等检测机构及“福建省大型科学仪器协作共用平台”等科研平台。全所在职职工59人，其中科技人员57人（具有副高级职称19人，硕士学位8人）。

2013年，省测试所实际到位科技项目经费总额（含当年新增项目已到位经费和公共技术服务补助）80万元，其中：新增省科技计划重点项目2项20万元，“环境安全成分分析检测技术服务”继续获得科技部中小企业创新基金管理中心支持补助60万元。当年，通过验收的科技项目4项，并完成在研项目的执行检查工作和科研档案的归案工作。全年发表科技论文6篇。

2013年，省测试所完成了CNAS扩项复评审的现场评审和CMA的现场评审，两次现场评审期间，有机分析室完成50份现场检测报告，无机分析室完成92份现场检测报告，结果得到评审专家认同。

至2013年底，全所科研仪器设备总值1364万元（当年新增35万元），其中：单台（套）10万元以上的仪器设备976万元；单台（套）50万元以上的仪器设备7台（套）717万元。纸质藏书10000册（其中外文文献1200册）。年可供利用的全中文电子期刊1种。主办自然科学类公开出版物1种，即《福建分析测试》。

2013年，省测试所以服务海峡西岸经济区建设为中心，利用测试技术创新平台优势，努力为中小企业技术创新提供优质高效的分析测试技术服务。全年共对外接收样品4700个，出具报告1996份，服务对象涵盖中小企业、高校、科研单位、环保、公安、司法、铁路、消防、农业、渔业等行业和部门。当年，新增测试服务对象30家，签订委托合同3家，金额20多万元。继续推广绿T农残速测试剂产品，努力提高品牌知名度，向全国各地提供酶试剂近2700套，提供零散测试试剂12810瓶（包）。

2013年，省测试所继续搭建公共技术服务平台，组织起草了“福建大型科学仪器设备协作共用平台中长期发展规划”“组建综合专家服务团工作方案”，完成了企业研发项目入网测试补助的评审与发放工作，以及2012年度的运行考核奖补工作，共有20个入网单位、173台入网仪器获得奖补，发放奖补资金57.35万元。共用网全年共发布各类新闻、通知96条。另外，福建省生物医药科研创新平台，已获省科技厅立项扶持，并签订项目任务书。

（省测试所　姜能座）

【福建海洋研究所科技概况】　福建海洋研究所（以下简称福建海洋所）是一所公益型综合性海洋科研机构。至2013年底，设有海洋生物、海洋化学、海洋地质、海洋工程技术中心等4个研究室，建有“延平2号”海洋科学考察船和国际交流培训中心。全所在职职工67人，其中科技人员48人（具有正高级职称4人、副高级职称8人，博士学位3人、硕士学位16人）；拥有国家级有突出贡献的专家1人，享受政府特殊津贴专家6人，省优秀专家1人。

2013年，福建海洋所新增科技项目130项，经费总额3338.66万元，其中：国家级科技项目3项266.4万元，商务部下达的培训项目6项395.8万元，省科技计划项目4项32万元，省海洋与渔业厅委托项目13项288万元，厦门市海洋渔业局委托项目14项78.2万元，其他地市政府委托项目6项211万元，高校及科研院所委托项目15项260.25万元，企业委托的技术服务项目69项1807.01万元。

2013年，福建海洋所通过验收的科技计划项目及技术服务项目共63项。“台湾海峡渔业资源可持续利用研究”获中国海洋工程咨询协会海洋工程科学技术奖二等奖。全年完成技术报告66份，发表科技论文6篇。申请发明专利2件，即“线纹海马人工繁育方法”“一种线纹海马生态养殖方法”。

2013年，福建海洋所获省科技厅（闽科基〔2013〕4号）批准建设“福建省海岛与海岸带管理技术研究重点实验室”；该重点实验室围绕福建省海岛与海岸带可持续发展管理相关问题，服务于福建省建设海洋强省战略；发展方向为海岛与海岸带管理及其相关技术理论与方法研究；应用多学科交叉的方法，借助海洋数值模拟和信息化等技术，重点开展资源环境评估技术、区划与规划技术、管理政策法规等研究，促进海岛与海岸带的可持续化管理。

2013年，福建海洋所“福建省海上环境调查监测技术公共服务平台”通过省科技厅评估（闽科计〔2013〕80号），成为正式授牌的省级科技公共服务平台；该平台通过整合CTD、ADCP、GPS、测深仪、气象仪等船载仪器设备资源，对海上环境调查监测进行网络化建设，构建陆域海上调查数据中心等信息基础建设，初步实现海上调查的设备与信息资源共享，建成海上环境调查监测网络化基础信息应用示范平台；项目首次开展海洋调查船与空中无人机相结合的监测技术研究，为台湾海峡的海洋环境自动监测提供了一种新的应用模式。

至 2013 年底，福建海洋所建有省级工程（技术）研究中心 1 个。全所科研仪器设备总值 1434.6 万元，其中：单台（套）10 万元以上的仪器设备 985.6 万元；单台（套）50 万元以上的仪器设备 449 万元。纸质藏书 9481 册（其中外文文献 3000 册）。

2013 年，福建海洋所执行完成 6 个国家援外培训项目（包括 1 个部级研讨班、4 个官员研修班、1 个技术培训班），来自非洲、亚洲、拉美和南太平洋地区 41 个滨海发展中国家和葡萄牙的 113 位官员与技术人员参加；巴拿马、利比亚、葡萄牙等 3 个国家首次派人到闽参加海洋领域培训项目。至 2013 年底，已有全球五大洲 88 个国家和地区、阿盟秘书处和葡萄牙的 1028 位官员与技术人员（1060 人次，包括 6 位部长与 12 位副部级官员）到闽参加海洋领域技术与管理培训交流，较好地服务国家外交及南南科技合作交流。此外，承办了省科协第十三届学术年会分会场暨福建省海洋学会 2013 年学术年会会议。

（福建海洋所　张　影）

【福建省亚热带植物研究所科技概况】 福建省亚热带植物研究所（以下简称省亚植所）是福建省唯一专门从事热带、亚热带植物科研及技术开发的公益型科研机构。至 2013 年底，设有生物化工产业研发部、生物育种产业研发部、园艺产业研发部 3 个研究科室，并设有分析测试部、信息与咨询部 2 个技术支撑科室，建有科技部对台科技交流合作基地、厦门市对台科技交流合作基地、省亚热带植物生理生化重点实验室、闽台（厦门）花卉高科技园等科研平台。全所在职职工 92 人，其中科技人员 73 人（具有正高级职称 4 人、副高级职称 24 人，博士学位 9 人）。

2013 年，省亚植所实际到位科技项目经费总额 1306 万元。当年新增各级政府下达的纵向项目 12 项、横向委托项目 3 项，新增研发经费总额 2398 万元，其中：国家自然科学基金项目 2 项 100 万元，国家科技成果转化项目 1 项 60 万元，厦门市科技计划项目 5 项 1665 万元。当年，结题验收科技项目 6 项。“三角梅天然色素的制备及稳定性研究”项目获厦门市科技进步奖三等奖。全年发表科技论文 36 篇。申请发明专利 5 件；获授权发明专利 5 件。

至 2013 年底，省亚植所建有省级重点实验室 1 个。全所科研仪器设备总值 118.3 万元，其中：单台（套）10 万元以上的仪器设备 90.2 万元。主办自然科学类公开出版物 1 种，即《亚热带植物科学》。当年，派出 40 人次参加中国植物生理学会年会、中国园艺学会学术讨论会、省植物学会学术讨论会等。

（省亚植所　李　影）

【福建省武夷山生物研究所科技概况】 福建省武夷山生物研究所（以下简称省武夷山生物所）是一所立足武夷山、面向全省开展生物资源的调查、利用和开发的研究机构。至 2013 年底，设有武夷山科学考察工作站、研究室（含实验室）、开发室和办公室。全所在职职工 11 人，其中具有副高级职称 3 人、硕士学位 4 人。全所科研仪器设备总值 105 万元，其中单台（套）10 万元以上的仪器设备 1 台（套）30 万元。纸质藏书 1000 册。

2013 年，省武夷山生物所实际到位科技项目经费 90.5 万元。新增科技项目 2 项，其中：环保部生物多样性保护监测示范基地建设项目 1 项 81.5 万元，国家科技支撑计划项目“生物多样性保护与濒危物种保育技术研究及示范”相关课题 1 项 27 万元（当年到位 9 万元）。

2013 年，省武夷山生物所经省科技厅组织专家验收的科技成果 1 项。发表科技论文 2 篇。当年，围绕“中国福建武夷山生物多样性研究平台”“武夷山生物多样性监测样地”两条科研主线，分重点、分步骤开展相关科研项目，扎实有序推进武夷山生物多样性研究。武夷山是全国首批开展生物多样性保护监测示范基地之一，省武夷山生物所联合国内有关科研院所，持续进行野外科研作业，建成具有国家区域特色优势的武夷山生物多样性保护监测示范科研样地，样地面积 9.6 公顷。新设置的样地群落典型、物种丰富，具有很强的代表性，是研究中亚热带常绿阔叶林群落动态的理想场所，将为今后开展生物多样性保护监测研究、参与构建全国生物多样性监测网络积累宝贵经验并打下坚实基础。组织实施“福建武夷山生态保护区生物多样性信息系统研究”项目，联合福州大学空间信息中心及武夷山景区管理委员会对武夷山生态保护区最近 10 年的水文、气象、植物、动物及土壤等综合数据资源进行整理、归类，开发信息系统、制作影像地图；充分利用遥感影像具有生动、直观、快捷的特点，通过叠加矢量化边界，加入位置、水文、水环境质量、污水、噪声、土壤等数据，赋予遥感影像以特殊的“语言”符号，完成了武夷山生态保护区专题图和遗产自然本底植被监测图等影像地图制作；还采用地图服务引擎 SircMapv2.5，使得浏览的速度更快，空间信息表达更美观、直观。武夷山生态保护区生物多样性信息系统的建成能很好地提供生态监测数据服务，主要包括监测数据导入、查询、导出下载服务，能够在指定的站点位置空间内对监测数据进行统计、分析，为管理人员或决策者提供科学、及时、直观的信息平台，为广大科技工作者提供方便实时的数据查询、分析，提高研究工作效率。2013 年 11 月，该项目通过了专家组验收，专家组认为武夷山生态保护区生物多样性管理信息系统的建成，丰富了武夷山生物多样性信息平台的内涵，技术达到国内同类研究先进水平。

（省武夷山生物所　徐　辉）

【福建省热带作物科学研究所科技概况】 福建省热带作物科学研究所（以下简称省热作所）是一所应用型、社会公益类科研机构。至 2013 年底，设有科研开发部、花卉研究室、品种资源研究室、果蔬研究室、生物技术中心、实验中心和科管信息科等 7 个业务部门，建有农业部实验示范基地—福建省南亚园艺作物良种苗木繁育基地，以及中国花协会的观叶基地和中国南方脱毒苗木中心等科研平台。全所在职职工 49 人，其中科技人员 46 人（具有正高级职称 5 人、副高级职称 9 人，硕士学位 14 人）；拥有享受政府特殊津贴专家 1 人。

2013 年，省热作所实际到位科技经费总额 67 万元。当年新增科技项目 8 项 64 万元，其中：省属公益类科研院所基本科研专项项目 4 项 35 万元，省自然科学基金项目 1 项 2 万元，省发改委“五新”项目 1 项 20 万元，其他科技项目 2 项 7 万元。

2013 年，省热作所经省部级以上部门组织鉴定的科技成果 2 项。获各类科技成果奖 2 项，其中：省科技进步奖三等奖 1 项，农业部丰收奖三等奖 1 项。全年发表科技论文 30 篇。主办学术会议 1 次。

至 2013 年底，省热作所科研仪器设备总值 277.4 万元（当年新增 11.8 万元），其中单台（套）10 万元以上的仪器设备 111.6 万元。纸质藏书 25000 册。编辑出版、公开发行农业专业期刊《福建热作科技》。

（省热作所　徐晓新）

【福建省淡水水产研究所科技概况】　福建省淡水水产研究所（以下简称省淡水水产所）是一所开展淡水水产养殖及鱼虾病害防治技术研究、承担鱼虾饵料的研制，引进选育淡水水产良种、推广应用水产科技成果的水产研究机构，具有农业部渔业污染事故调查乙级资质。至 2013 末，设有养殖育种研究室、水生生物疫病防控研究室、鱼类营养研究室、渔业资源与环境研究室、基地管理办公室等 5 个业务科室。全所在编职工 52 人，其中科技人员 46 人（具有正高级职称 3 人、副高级职称 20 人，硕士学位 32 人）；拥有享受政府特殊津贴专家 1 人，省“百千万人才工程”人选 2 人。

2013 年，省淡水水产所实际到位项目金额 1405 万元。全所在研项目 57 项，新增科研及其他专项项目 4 项、经费总额 120 万元。当年，完成验收项目 7 项，其中省种业项目“罗非鱼优良品种培育、推广及产业关键技术集成与创新”研究水平达国际先进。全年发表科技论文 29 篇，参编并出版著作 1 部。申请发明专利 5 件，获授权专利 3 件，转让专利 1 件；制定 2 个地方标准并已正式发布。获省科技进步奖三等奖 1 项。为第十一届“6·18”项交会推荐优秀项目成果 2 项，提供展品 3 件，征集技术难题 6 项，对接项目 4 项。

2013 年，省淡水水产所进一步加强榕桥中试基地和省淡水养殖良种繁育科研中试基地、省淡水渔业资源与生态环境监测站、省淡水鱼鱼病防治服务中心、省黑脊倒刺鲃良种场、省级水产良种场等科研平台建设。至 2013 年底，全所科研仪器设备总值 1256.1 万元，其中：单台（套）10 万元以上的仪器设备 15 台（套）404.2 万元；单台（套）50 万元以上的仪器设备 1 台（套）69.9 万元。

2013 年，省淡水水产所派出参加各类学术交流、产业体系交流会等 26 人次，结合两个综合试验站工作的开展，组织派遣科技人员参加 5 场产业体系交流会研讨会及相关交流合作会。1 人参加中国国际化人才外语考试并获中共福建省委组织部选派赴国外研修。

（省淡水水产所　卓玉琛）

【福建省建筑材料工业科学研究所科技概况】　福建省建筑材料工业科学研究所（以下简称省建材科研所）是一所建筑材料研究开发及固体废弃物资源化综合利用研究开发与产品检测的应用型科研检测机构。至 2013 年底，设有建材研究室、工程材料室、水泥理化室 3 个专业研究科室，建有福建省建筑材料质量监督检验站、福建省水泥质量监督检验站 2 个省级产品监督检验机构和 1 个建材产品中试基地及 1 个省级科技创新/研究开发协作平台。全所在职职工 77 人，其中科技人员 58 人（具有高级工程师 19 人）。

2013 年，省建材科研所新增横向科研开发项目 6 项；与协作单位开展的“利用南安石材业废大理石粉生产通用硅酸盐水泥”项目被列为泉州市科技局重大项目，“高档水性多彩涂料”项目被列为省经贸委技术创新项目；主编的省地方标准“管桩单位产品能源消耗限额”已获准立项，参编的 2 项省地方标准已完成。全年横向开发项目创收 102 万元。完成各类委托检验业务 42000 多个检测样品，为企业培训检验人员 330 人。全年发表科技论文 6 篇，申报发明专利 2 件。

2013 年，省建材科研所经省科技厅（闽科计〔2013〕78 号）批准成立“福建省固体废弃物资源化综合利用研究中心”科技创新/研究开发协作平台。至 2013 年底，省建材科研所拥有省级工程技术研究中心 1 个。全所科研仪器设备总值 500 多万元，其中单台（套）10 万元以上的仪器设备 9 台（套）150 万元、单台（套）50 万元以上的仪器设备 1 台（套）58 万元。纸质藏书 13000 多册（其中外文文献 500 多册）。主办自然科学类公开出版物 1 种，即《福建建材》。

2013 年，省建筑材料质量监督检验站通过了中国合格评定国家认可委员会组织的 CNAS 实验室监督评审，继续保持省质量技术监督局的计量认证/审查认可资质检测能力 176 项，继续保持省住房和城乡建设厅建设工程专项检测六大项资质。

（省建材科研所　李　鼎）

【福建省体育科学研究所科技概况】　福建省体育科学研究所（以下简称省体科所）是一所以开展竞技体育、全民健身科研攻关和科技服务为主要任务的省级公益型科研机构。至 2013 年底，设有全民健身研究室、运动选材训练研究室、运动医学研究室、体育信息研究室、康复中心等。全年在职职工 24 人，其中科技人员 18 人（具有正高级职称 4 人、副高级职称 2 人，硕士学位 6 人）。

2013 年，省体科所在运动员选材、运动员机能评定，运动员训练过程监控、运动康复医疗、体育信息追踪等方面广泛开展科研攻关和科技服务。承担的省科技计划项目“青少年骨密度与体质相关性研究”已完成结题，撰写了《福建省青少年骨密度与体质相关的研究》课题报告。承担的省属公益类科研院所基本科研专项项目“优秀武术运动员着地稳定性的研究”已完成撰写综述，进入测试分析报告等相关工作。定期为重点运动员开展生理生化监测并制定营养处方，进行中医调理，全年为各运动队重点队员完成机能测试约 890 人次，中医调理 30 多人次。为游泳、羽毛球、跳水等运动员进行 S—E—T 悬吊训练，提高运动员的核心力量。为运动队在训练和比赛中提供营养、机能、体能等多方面的保障工作。完成全省国民体质指导站的培训工作，陆续到三明、泉州、厦门等地市进行后期的培训工作。

至2013年底，省体科所科研仪器设备总值1032万元，其中：单台（套）10万元以上的仪器设备589.55万元；单台（套）50万元以上的仪器设备52.54万元。纸质藏书2336册（其中外文文献121册）。主办自然科学类公开出版物1种，即《福建体育科技》。

2013年，省体科所为了满足运动队选拔优秀苗子的需要，完成了各中心运动员的报调测试工作共计221人次（包含乒羽网、篮排、重竞技、射击射箭、游泳、田径、体技等项目运动员）。抽调人员承担了省青少年儿童体育竞赛骨龄裁判工作，共计完成骨龄测评上千人。全年共完成80份食用肉留样及抽样送检工作，并针对工作中存在的问题及时调整工作方式，向各方反馈检测结果，努力保障运动员食用肉的安全。在跟队科研攻关服务中，为武术运动员的难度动作编排提供科学数据。在武术运动员训练和比赛过程中，应用摄像、心率、血乳酸等仪器进行测试和分析，协助武术运动队合理编排难度动作，使难度动作顺畅、稳定；一般摄像分析1000多人次，高速摄像分析120多人次，生化指标测试分析1000多人次。10月，省体科所康复中心正式启用，已接受康复治疗的运动员（跆拳道、跳水、蹦床等10个运动队）120多人次，并与省立医院康复中心和福建中医药大学康复医院建立合作关系，选送4名专业人员到福建中医药大学康复医院短期进修，邀请了省立医院康复中心主任医师及专业人员到中心讲课和指导工作。

（省体科所　邱惠晶）

行业科技创新

【农业科技概况】 2013年，全省农林牧渔业完成总产值3277.98亿元，比增4.5%；农民人均纯收入11184元，实际增长9.7%。粮食种植面积120.2万公顷，总产量664万吨。茶、菌、菜、果等特色产品在全国占据重要位置，茶叶面积23.2万公顷、产量34.7万吨，总产量、出口量、面积分别居全国第1位、第5位、第5位；食用菌产量96万吨，工厂化生产企业285家，栽培种类、人均占有量、出口创汇均居全国第一；蔬菜面积70.6万公顷、产量1634万吨，其中设施蔬菜面积7.33万公顷，出口居全国第2位；水果面积57.6万公顷，产量744万吨、居全国第8位。肉蛋奶总产量251.55万吨，比增4.1%。生猪、肉鸡、奶牛、蛋鸡规模化率分别达55%、91.9%、76.46%、90.65%，位居全国前列。落实农机购置补贴4.37亿元，补贴新购置农业机械33.8万台（套），安装节水灌溉设备0.68万公顷，农业机械总动力1336万千瓦，农作物耕种收综合机械化水平为37.7%。农业科技进步贡献率为55%。当年，省委、省政府出台《关于加快推进现代农业发展的若干意见》（闽委发〔2013〕9号），提出将从加快推进现代农业示范园区建设、促进农业科技创新与推广、大力发展设施农业、提升农产品质量安全、积极培育新型经营主体、稳妥推进农村土地流转、完善农产品市场体系、强化金融服务支持等8个方面推进福建现代农业发展，并提出了到2015年的发展目标。

农业科技项目与成果 2013年，全省获农业部“948计划”立项2项、资助经费120万元，获省属公益类科研院所基本科研专项立项6项、资助经费58万元，获省农业科技跨越计划立项9项、资助经费94万元。获2011～2013年度全国农牧渔业丰收奖农业技术推广成果奖16项（其中一等奖1项、二等奖5项、三等奖10项）、农业技术推广贡献奖14人、农业技术推广合作奖1项。省种植业技术推广总站主持完成的“柑橘叶脉开裂症病因诊断与矫治”项目获省科技进步奖二等奖。当年，组织开展“邮储银行杯”2011～2012年度神农福建农业科技奖评选工作，评出一等奖1项、二等奖6项、三等奖11项。

农业科技创新 2013年，审定通过农作物新品种64个，建成国家级核心种猪场6个，标准化改造畜禽规模养殖场156个，初步建成集电话、电脑、手机于一体的“12316农业服务热线”公共平台。继续开展现代农业产业技术体系建设，有24个产业列入国家建设范围，受聘专家24名（其中首席科学家1名、岗位科学家23名），设立综合试验站31个；省级同时开展水稻、茶叶、生猪、蔬菜、食用菌、鸡等6个产业技术体系建设，聘请首席专家6名、岗位专家18名，设立综合试验站60个。继续实施农业“五新”入户工程，推广新品种76个、新技术43项、新农（兽）药38种、新肥（饲）料24种、新机具2.66万台（套），建立核心示范片场290个，示范推广农作物2.27万公顷、畜禽33万头羽。继续实施粮油高产创建，在52个县（市、区）建立“万亩”粮油高产示范片150片，面积7.8万公顷。全省主要粮油作物良种覆盖率达98.9%；拥有国家级、省级茶树良种47个，无性系良种推广率96%以上，居全国领先地位。

农业科技推广服务 2013年，继续实施乡镇农技推广机构条件建设项目，2011～2013年预算内总投资20478万元，用于70个县（市、区）871个乡镇的农技推广机构业务用房建设和推广服务设备购置。继续实施全国基层农技推广补助项目，下达资金7000万元，覆盖全省70个农业县（市、区），连江、福鼎、南靖等3个县（市）被列为全国农技推广示范县（市），罗源、福安、蕉城、仙游、城厢、永春、德化、华安、云霄、上杭、武平、明溪、沙县、顺昌、松溪等15个县（市、区）被列为全省农技推广示范县（市、区）。全省县、乡两级共有农技推广机构2337个，农技推广人员10520人（其中拥有高级专业技术职称1307人、中级4246

人、初级 3026 人）。此外，共聘用村级种植业技术员 19011 人、动物防疫员 15098 人。

“一区两园”建设　继续创建福清、漳浦、上杭、永安、仙游等 5 个国家级现代农业示范区，累计投入财政资金 7.62 亿元，引导企业投入 11.1 亿元。继续建设漳浦、漳平永福、仙游、福清、清流、惠安等 6 个国家级台湾农民创业园，数量居全国首位，累计吸引 507 家台资企业入驻，引进台资 8.7 亿美元。省财政安排 1.6 亿元专项资金，创建 9 个福建农民创业园和 64 个农民创业示范基地，覆盖全省涉农县（市、区），并从税费、用地、用电、金融等方面制定政策予以扶持，已实施 135 个重点建设项目，总投资 47.58 亿元。

新型职业农民培育　2013 年，启动实施年万名新型职业农民素质提升工程，采取财政买单方式，首次选送 2000 名参加大专学历、10000 名参加中专学历学习的中青年农民，到涉农专业大中专院校接受为期 3 年的成人函授教育，对学习期满、成绩合格的学员将颁发大中专学历证书、农业职业资格证书和贷款信用证书。同时，通过农民田间学校、雨露计划、农村实用技术远程培训等方式，培训农民 100 多万人次。

（省农业厅　陈建达）

【林业科技概况】　2013 年，全省林业科技工作紧紧围绕生态林业、民生林业和“美丽福建”建设科技需求，积极开展科学研究，加速科研成果转化，强化科技指导服务，有力支撑和促进了全省林业建设发展，林业科技进步贡献率提高到 53%。全省累计培育供应各类苗木 4.86 亿株，新建良种基地 179.93 公顷；完成造林绿化总面积 22.56 万公顷，占计划任务的 112.8%；森林覆盖率由 63.1%提高到 65.95%，持续保持全国第一，森林蓄积净增 12359.87 万立方米，提前实现省第九次党代会和“十二五”规划确定的森林资源“双增”目标；全省林业产业总产值 3610 亿元，比增 17%。至 2013 年底，全省拥有林业科技管理机构 80 个，在职人员 367 人，其中具有高级专业技术职称 90 人。

林业科技项目与成果　2013 年，全省累计争取国家和省级林业科技项目资金 6536 万元，组织实施了国家“948 计划”、国家林业公益性行业专项、中央财政林业科技推广示范等国家级科研重点项目 32 项、省级科研项目 50 多项，涉及生态建设与修复、森林培育与经营、林产品精深加工、森林病虫害防治等重点领域。由福建农林大学和省林业科学研究院联合申报的国家林业局杉木工程技术研究中心建设项目获得立项批复，长乐闽江河口湿地和长汀红壤丘陵生态系统定位观测站进入国家林业局陆地生态系统定位观测站网序列。当年，全省林业系统获省科学技术奖 13 项，其中省技术发明奖三等奖 2 项、省科技进步奖二等奖 5 项、三等奖 6 项。通过第十一届“6·18”项目成果交易会平台，成功对接林业项目成果 87 项、总投资近 10 亿元。继续组织开展第四期林木种苗科技攻关研究和省政府种业创新与产业化工程项目建设，首次启动实施花卉苗木品种引进与研发创新项目，取得明显成效。收集保存种质资源 1070 份，引进 41 个种源 250 家系，初选出优良家系 102 个、优良无性系 7 个、优良杂交组合 11 个、优良单株 273 株、优树 359 株，木麻黄、芳樟、楠木、鄂西红豆树等树种育苗快繁技术取得新突破，培育杉木、珍贵树种良种优苗 6596 万株，进一步提升了福建省林木、花卉良种选育水平。大力推进林业标准化工作，《石竹笋用林栽培技术规程》等 10 项项目纳入 2013 年省地方标准制修订计划，《厚朴栽培技术规程》等 6 项省地方标准获得省质监局批准发布；中央财政林业标准化示范区项目实施进展顺利，尤溪、连城、永泰等地共营建油茶标准化示范基地 333.33 公顷，辐射带动企业和农民开展油茶标准化生产 800 多公顷。

林业科技推广与服务　2013 年，福建省进一步加强林业科技成果的示范推广，建设丰产竹林、杉木大径材、福建柏、香樟等一批区域性资源培育科技示范基地以及油茶、锥栗、黄栀子等特色经济林科技示范基地 1666.67 公顷，带动了广大林农增收和特色林业产业基地的建设。同时，大力开展科普宣传和科技服务，组织开展林业科技报告会、林业科技“三下乡”、科技·人才活动周、林业知识产权保护、植物新品种权保护等系列科普宣传活动，选派 105 名林业科技特派员，举办农村实用技术、中央财政林业科技推广示范资金项目管理、农林职业技能等科技培训，并且通过“96355”林业服务热线、网络、发放技术手册等方式，为林农和林业生产经营者提供林业科技、信息、政策、法规等服务。当年，全省共举办科技报告会、科技展览、科技培训、科技下乡进企（社区、校园）等活动 500 多场（次），培训人员 70 多万人次，发放《油茶实用技术》《森林病虫害防治》等适用技术手册及宣传资料 5 万多份，有效促进林业增产增收，得到广大林农的充分肯定。

（省林业厅　张文元）

【水利科技概况】　2013 年，福建紧紧围绕“强水利、美生态、富百姓、保安全、建队伍”的民生水利建设中心工作，着力推进水利研究中心和基层水利科技推广示范基地的建设工作。“福建省水工程水动力研究中心”于 7 月 25 日正式挂牌成立。省水利水电科学研究院与武警 8710 部队农副业基地签订了警地共建水利科研试验基地的协议，已完成基地建设规划与设计。制定了福建省（长汀）水土保持研究中心科研计划，并推进开展水利部重点研究推广项目“福建长汀红壤丘陵区水土流失综合治理关键技术应用示范”的相关研究与推广工作。完成了第二批 15 个基层水利科技推广示范基地的申报审批工作，省级财政下达专项资金 200 万元支持 25 个基地的建设（含第一批 10 个基地），组织各地开展第一批示范基地成效的总结及第三批示范基地的推荐工作。与水利部科技推广中心联合举办了 2013 年福建省水利先进适用技术（产品）推介会，共推出 70 多项水利先进技术（产品）进行展示，8 家企业与省内水利单位现场签约，协议金额约 1.2 亿元。加强水利中青年科技学科带头人的培养，组织中青年科技学科带头人赴加拿大进行可持续流域水资源管理培训。

科技项目与成果　2013 年，省水利厅组织开展水利科研专项督查，确保项目规范执行。通过自查与抽查相结合的专项检查，组织实施水利部公益性科研专项 1 项、“948 计划”技术引进项目 2 项、重点推广计划项目 1 项，省水利科技项目30项；组织完成水利部公益性科研专项项目验收1项。当年，全省水利部门获省科学技术奖4项，其中二等奖1项、三等奖3项。评选出2012年度福建水利科学技术奖15项，其中一等奖2项、二等奖5项、三等奖8项。组织印发2013年度福建省水利先进实用技术推广指南及产品目录20项。

“数字水利”建设 2013年，全省水利部门按照“数字水利”建设目标，大力推进信息化技术在防汛、水利各项工作中的应用。组织实施2013～2015年度福建省山洪灾害防治项目建设，重点开展15个重点县的山洪灾害调查评价、74个县级计算机网络及会商平台、省市监测预警信息管理与共享系统的建立及4条山洪沟的治理等工作；稳步推进福建省中小河流水文监测系统建设及水资源管理系统建设，制定了《福建省水资源管理系统建设项目资金管理办法》，编制了《福建省水资源管理系统（一期）项目建议书》及《福建省水资源管理系统实施方案（2012～2014）》；开展国家防汛抗旱指挥系统二期工程福建部分的项目建设工作，构建了集卫星云图、雨情、水情、防汛信息警报、防汛物资调度管理、抢险队伍组织管理、山洪地质灾害地理信息、洪水预报和水库群联合调度、防汛远程视频会商等21个子系统组成的防汛信息综合应用平台；升级改造了福建省防汛指挥决策支持系统，采用最新的信息技术，提高全省防汛抢险救灾的现代化水平，为福建经济社会又好又快发展提供强有力支撑。

科技专家决策咨询 2013年，积极发挥水利科技专家的技术和决策咨询作用，围绕全省民生水利中心工作开展专项考察、调研和咨询，为领导提供决策咨询和参考意见。组织召开了省水利厅科学技术专家委员会全体会议，在抓好现代农田水利化示范工程建设、推动基层水利科技推广示范基地建设、参与谋划评议重大水利工程项目建设、推进福建省水生态文明建设等方面提出了许多很有价值的咨询意见，并形成重要建言。组织顾问、委员赴长乐市、福清市、莆田荔城区进行农村水利建设与管理专题调研；赴泉州市、惠安县、永春县、安溪县开展水资源管理与水生态文明建设调研；撰写了《加强水资源监管力度，促进水生态文明建设》等2个调研报告，形成了《关于加强小型农田水利设施建设的建言》等4个建言，为福建省农村水利改革与发展和水生态文明建设提供决策咨询。

（省水利厅　陈国忠、许瑞鹏）

【海洋与渔业科技概况】 2013年，福建省继续实施《福建海峡蓝色经济试验区发展规划》和《福建省海洋新兴产业发展规划》。省财政厅、省海洋与渔业厅联合出台《福建省海洋高新产业发展专项资金管理暂行办法》（闽财农〔2013〕57号）和《福建省海洋与渔业科技体系建设专项资金管理暂行办法》（闽财农〔2013〕74号）。积极开展海洋与渔业科技的自主创新工作，不断创新科技成果管理方式，按照应用基础研究、重大技术攻关、高新技术产业化、成果转化、技术引进等五大领域，建立和完善科技项目储备库。同时，针对行业关键技术，积极培植海洋与渔业科技创新成果。完成了国家“908专项”领导小组办公室对福建省“908专项”任务的档案验收，组织专项档案运送天津中国海洋档案馆入馆。当年，全省海洋生产总值约5900亿元，占全省地区生产总值的比重为27.1%，总量保持全国第五位；全省渔业经济总产值2197.5亿元；渔民人均纯收入13324元，高于全国平均水平，比全省农民纯收入高出2140元；水产品出口创汇达51.09亿美元，跃居全国首位。

科技项目与成果 2013年，大力实施重点项目建设，加强对在研的国家海洋公益性行业科研专项、海洋经济创新发展区域示范、省海洋高新产业发展专项等重大项目的跟踪和监管，对项目执行情况、取得成效、经费使用、支持保障措施、存在问题等进行检查指导，确保项目按任务书要求顺利执行。围绕福建海洋产业发展的关键性和紧迫性技术问题，安排省海洋高新产业发展专项、海洋与渔业科技体系建设专项资金2140万元，组织实施科技兴海项目36项，并积极争取国家、省级专项资金对5项海洋科技创新项目的扶持，其中“福建特色海洋生物资源高值化利用研究和示范”项目获国家海洋公益专项补助资金1230万元，将于2014年启动实施。注重提升科研成果的总体水平，有8项成果获省科学技术奖、国家行业科技奖，有3件专利获省专利奖。

科技创新平台建设 2013年，大力推进实施科技兴海平台建设，“6·18”虚拟研究院海洋分院正式挂牌成立；厦门南方海洋研究中心基本进入正常运行状态，当年组织实施73个技术开发、产业化及公共服务平台建设项目；国家海洋局海岛研究中心建设加快，一期科研楼已封顶，9项海岛保护与开发项目有序实施；集美大学船舶助导航工程研究中心等一批科研平台获中央财政资金支持。推进政用产学研联盟共建，省海洋与渔业厅与厦门大学共建的“海洋事务东南基地”正式揭牌运作，将为国家、地方海洋经济发展、沿海区域合作、海洋环境与生态系统保护等方面提供科技支撑和决策咨询。

海洋科技成果转化 2013年，精心布置第十一届“6·18”项交会海洋馆，并成功举办海洋与渔业科技成果推介会暨项目签约仪式，充分展示福建省乃至全国海洋产业、海洋科技、海洋综合管理等领域的重大成果，共促成项目对接111项，总投资约183.3亿元、比增816.5%，创历史新高。不断创新科技成果转化与服务机制，设立了海洋与渔业科技成果转化贡献奖和海洋与渔业科技成果转化专项资金，在全省隆重推出“金牡蛎1号”“海极鲜”两大科技成果，有力促进科技成果向现实生产力转化。

海洋与渔业科技推广 2013年，继续争取农业部专项资金，扩大基层水产技术推广补助项目覆盖范围，项目县从2012年的33个增加至2013年的54个。按照农业部的统一部署，在全省范围内开展“送科技下乡、带推广工作、促增产增收”活动，遴选推广大黄鱼、鲍鱼、石斑鱼等主导品种，有效提高水产技术推广服务效能。实施“五新”推广项目19项，示范推广异育银鲫、条斑紫菜等水产优质高效新品种、生物膜低碳养殖新技术等无公害循环利用和节本增效新技术。至2013年底，全省共设置各级水产技术推广机构824个（其中省级站1个、设区市级站9个、县级站76个、乡镇站738个），在职人员1206人。

海洋高新技术产业发展 2013年，福建省加大投入扶持海洋高新技术新兴产业。当年，安排省海洋高新产业发展专项资金项目30项，支持经费2100万元，重点扶持海洋生物医药、海洋功能食品、海洋休闲食品、海水综合利用等海洋高新技术新兴产业的技术开发及产业化项目建设。省海洋与渔业厅联合厦门市政府、省发改委编制完成《厦门国家海洋高技术产业基地实施方案》，并于11月底上报国家发改委、国家海洋局，厦门市将重点发展海洋医药与生物制品、海洋生物育种与健康养殖、海洋高端装备制造和海洋高技术服务等产业，努力把厦门建设成为国内一流、国际知名的海洋高技术产业研发、孵化和生产基地。诏安金都海洋生物产业园、石狮市海洋生物科技园被认定为首批省现代渔业产业园区(基地)。此外，2012年立项扶持的29个海洋高新产业项目按既定进度要求实施，5条海参精深加工自动化生产线建设项目通过验收，对稳定全省海参收购价格、增加海参从业者收入发挥了重大作用。

闽台渔业科技交流合作 2013年，随着海峡两岸经贸合作日益频繁，双方渔业经济与技术交流也日趋活跃，并在产业合作发展方面取得突破。根据《闽台水产学会学术交流与合作备忘录》的精神，福建省水产学会和台湾水产学会于当年10月在台湾联合举办第三届闽台水产学术研讨会——2013海峡两岸水产食品安全与贸易学术研讨会，海峡两岸水产食品专家学者就闽台水产食品安全及贸易等合作领域进行了交流与探讨。厦门海洋职业技术学院与台湾海洋大学签订了教学与学术交流合作协议书。

（省海洋与渔业厅）

【烟草科技概况】 2013年，福建省烟草商业系统加快实施创新驱动发展战略，健全完善创新体系，加强人才队伍建设，在重点课题、关键技术、管理创新方面取得新突破。省烟草专卖局（公司）进一步完善以“省烟科所—龙岩三明南平3家地市级烟叶生产技术中心—烟叶产区9家基层技术推广站”为主体的烟叶生产技术创新与技术推广体系，实行“双重领导，项目管理”体制；在非烟叶产区市公司明确科技管理部门并指定科技联络员，完善全省行业科技工作体系；召开第三届科学技术委员会第一次会议，聘请行业外5位专家教授担任委员，其中包括2位院士；修订了《中国烟草总公司福建省公司科学技术奖励办法及实施细则》，在注重精神奖励的同时加大物质奖励，其中对获得国家级和省部级奖励的给予3倍和同等奖金的配套奖励，同时增设杰出贡献奖；召开全省烟草商业系统科技工作表彰大会，对全省2009～2013年五年内取得的46项科技成果（其中特殊贡献奖1项、一等奖9项、二等奖14项、三等奖20项、优秀奖2项）、5家科技工作先进单位、19名科技工作先进个人和20名技术创新能手进行表彰奖励，同时对获得国家授权的发明专利和实用新型专利的发明人也进行了奖励。至2013年底，全省烟草商业系统在烟叶生产、打叶复烤、营销、专卖岗位的工作人员中，持有职业资格证书的人员占88%；具有专业技术职称人员比例为17.1%。

烟草科技项目与成果 2013年，省烟草专卖局（公司）下达科技项目计划19项，其中与科研院校合作开发项目9项，共投入经费1651万元，重点在可拆卸移动密集烤房、土地整理后土壤养分修复、废弃烟秆再利用、绿色植保、卷烟精准营销、两烟物流一体化等方面加强研究；组织鉴定科技成果40项，内容包括烟草病虫害防治、烟草碳氮代谢机理、打叶复烤热能供应、卷烟营销策略、烟草物流信息化、专卖智能化管理、“母子”企业文化新模式等方面。全省烟草商业系统获得国家授权专利19件，其中发明专利1件。三明市烟草专卖局（公司）承担的国家局重点项目“卷烟品牌导向的三明烟叶生产体系研究”获得国家烟草专卖局科技进步奖三等奖。

烟草科技成果推广应用 2013年，全省烟草商业系统进一步加强科技成果转化应用，已通过鉴定的科技成果在全省得到全面推广应用，如自动计量移动式烟叶打包机、密集烤房非金属复合材料散热器、烤烟育苗桥式剪叶器、一次成型现浇砼渠技术等，其中自动计量移动式烟叶打包机已推广应用到全国各个烟叶产区，打包烟叶重量占全国烟叶产量一半以上；一次成型现浇砼渠技术成果也在湖南、湖北、广西等多个省份的烟基建设中广泛推广应用。管理类成果如卷烟营销“驻店助销”工作新方法、“制度+科技”廉政风险防控新模式、烟草物流信息化建设、深度融合的“母子文化”新模式等也在全省范围内得到全面转化应用。

（省烟草专卖局）

【质量技术监督科技概况】 2013年，福建省继续推进质量强省、质量强市、质量兴（强）县、质量兴园四个层次的质量管理工作。新增2个区政府出台开展质量强区活动，实现了省、9个设区市、84个县（市、区）政府全部出台开展质量强省、质量强市、质量强（兴）县（市、区）活动文件，新增8个（累计53个）县（市、区）在原来开展“质量兴县”活动的基础上进一步提升，开展质量强县（市、区）活动。“质量兴园”活动进一步深化，全省累计109个工业园区开展了“质量兴园”活动，其中省级以上园区76个，占省级以上园区数的95%。争创“全国质量强市示范城市”活动取得突破性进展，厦门市委、市政府全力推进质量强市建设，市政府先后出台《厦门市创建全国质量强市示范城市工作方案》及《目标任务分解表》，发布《厦门市质量发展规划(2013～2020年)》；经国家质检总局严格审核和验收，厦门市成为福建省首个获评全国首批5个“全国质量强市示范城市”之一。学习借鉴厦门市经验，福州市政府调整充实质量强市工作领导小组，由市长担任组长，市政府印发《关于贯彻质量发展纲要建设质量强市的实施意见》，参加了国家质检总局组织的创建“全国质量强市示范城市”答辩会。

2013年，全省质监系统扎实推进质量管理基础工作，共完成质量分析报告318篇，其中获党政领导批示189篇；组织评选表彰2011～2012年度优秀质量分析报告23篇并汇编成册印发各地学习；审定批准授予159家企业“福建省质量管理先进企业”称号，编印《福建省质量管理先进企业经验汇编》2册，让更多企业分享先进质量管理经验；围绕“打造海西经济升级版，实现福建质量强省梦”主题扎实开展“质量月”活动，共组织大型宣传活动110场次，参与部门279个，省部级领导参与7人次；召开质量分析会286场，开展QC小组活动215次；对外开放实验室41个，开展送服务“五进”活动696家次；在报刊发表文章和新闻报道393

篇，播放广播电视专题节目及新闻报道83篇，制作播放公益广告1424次。厦门、莆田作为两个国家试点市共采集录入5321家企业7711条信用记录，960家企业开展质量诚信承诺。厦门、福州两市政府分别印发《关于推行企业首席质量官制度的实施意见》，泉州、莆田、龙岩、南平、宁德等市均在部分大中型企业设立首席质量官，全省累计有200多家企业设立首席质量官。国家半导体发光器件（LED）应用产品质检中心、厦门金牌橱柜股份有限公司等2家（累计4家）单位获批国家级中小学质量教育社会实践基地，有13家单位获批省级中小学质量教育社会实践基地。加强博士后科研工作站建设，积极支持进站的博士后申报科研项目，已培养出2位博士后。在抓好博士后科研工作站、省能源计量重点实验室和省院士专家工作站建设的同时，新获省科技厅批准建立纺织产品检测技术福建省重点实验室。至2013年底，全省质监系统共有博士研究生80人（含在读博士39人），硕士研究生1079人（含在读硕士476人）；享受研究员、教授级高级工程师待遇55人，高级工程师576人，工程师975人。

质监科技项目与成果 2013年，福建省质量技术监督系统积极争取承担国家和省部级科研项目，获批立项的项目有：科技部质检公益性行业科研专项项目4项（创历年新高）；国家质量监督检验检疫总局科技计划项目33项（连续三年立项数居各省市质监系统第一）；省科技计划项目7项（其中省重点科技项目4项、省自然科学基金项目3项）；省质监局科技项目56项。按照《福建省质量技术监督系统科技项目管理办法》有关规定，规范科技项目管理，加强科研合作，认真组织项目实施，不断提升项目的研究水平，积极开展对项目的督促检查，项目按时结题率达到90%以上，研究成果70%以上达到国内先进水平。全省质量技术监督系统获省科技进步奖二等奖1项、三等奖1项。组织开展2013年度福建省质监局“科技兴检奖”评审工作，评出一等奖1项、二等奖2项、三等奖8项。加强科技成果的知识产权保护工作，申报技术专利36件，已获国家授权专利20件（其中发明专利6件、实用新型专利14件）。抓好设在福建省的“国家质检总局质检科技成果推广转化基地”建设项目，全省科技成果推广转化工作得到国家质检总局和省政府领导的充分肯定。

质监技改技装 2013年，福建省质量技术监督系统争取国家质检总局技改经费1584万元（为历年之最），并完成设备招投标工作，其中：获批科技技改技装专项18项，得到中央财政支持180万元；获批质量技术监督储备项目15项，得到中央财政支持554万元，全部用于支持设区市质检所、计量所和设在县级的省质检中心项目；获批食品安全检（监）测能力提升项目经费850万元。完成省质监局对4个直属检测机构、省质检中心和基层计量技术机构的技改项目，共安排技改专项补助经费2000万元。

名牌工作 2013年，组织修订《福建名牌产品管理办法》和《福建名牌产品评价实施细则》；加强福建名牌产品管理，对全省获得福建名牌产品企业组织专项检查，妥善处理2010年528项“福建名牌产品”包装物使用问题，明确其使用期限延长到2014年3月底；积极开展品牌价值测算工作，共向国家质检总局推荐30家企业进行品牌价值测算；争创“全国知名品牌创建示范区”，全省共有10个市县政府（园区管委会）提出申请，国家质检总局批准南安市、仙游县政府分别筹建“全国水暖卫浴知名品牌创建示范区”“全国红木古典家具知名品牌创建示范区”；厦门鼓浪屿风景名胜区申报的“全国中外文化艺术交融知名品牌创建示范区”通过国家质检总局专家评审论证，其他县（市、园区）政府申报材料符合要求，已获国家质检总局正式受理。至2013年底，全省拥有福建名牌产品1146项。

政府质量奖 2013年，全省共有10家企业申报首届中国质量奖组织奖或个人奖（其中4家企业由全国行业协会推荐）。2013年3月29日，副省长倪岳峰主持召开福建省质量奖评委会议，同意《福建省质量奖管理办法（送审稿）》并报请省政府常务会议审定，修改后的名称为《福建省政府质量奖管理办法》，总章节从七章增加到八章，总条数从31条增加到36条，实现9个设区市均评出市政府质量奖，共计39家企业获奖。

质检中心建设 2013年，福建省经国家质检总局批准筹建国家工业锅炉质量监督检验中心（福建）和国家石材建陶产品质量监督检验中心。国家低压开关电器产品质量监督检验中心（福建）和国家建筑装饰装修产品质量监督检验中心（福建）完成筹建并以国内领先水平通过国家质检总局组织的专家验收。在国家质检中心年度考核工作中，福建省有3个质检中心达到国家A级中心能力水平。积极做好省质检中心筹建工作，服务地方经济发展。省水果（蜜柚）加工产品质检中心和省木雕古典家具产品质检中心完成筹建任务通过验收并投入运行；省食品质检中心和省水产品质检中心已完成筹建工作；省不锈钢产品质检中心和省矿山机械及冶铸产品质检中心基本完成筹建任务；省无机硅化物产品质检中心、省工业用布（革基布）产品质检中心和省化纤产品质检中心等正在建设中；省竹产品质检中心、省有色金属质检中心、省香产品质检中心和省电磁陶瓷质检中心（福州）4个中心，根据产业集聚状况和地方政府的支持力度，通过可行性调研，也正在积极建设中。

标准化工作 2013年，福建省标准化工作努力做到“抓质量、保安全、促发展、强质检”，不断强化标准作用、提升标准水平，全面推进实施标准化战略，为经济社会发展提供标准支撑，取得一定成效。新获批成立全国标委会1个（累计44个），新批准成立2个省级标委会（累计15个）。积极指导和跟踪16项国际标准的制定工作，新制修订国家标准48项、行业标准58项、地方标准117项，累计制修订国际标准20项、国家标准924项、行业标准891项、地方标准1174项（现行有效）。完成第七批14个国家级和第六批20个省级农业标准化示范区的验收工作，完成第七批43个省级农业标准化示范区建设项目的中期检查；新获批第八批12个国家级农业综合标准化示范项目、2个国家级农业综合标准化示范县、1个国家级地理标志保护产品示范园区（清流）；新获批4个国家级服务业标准化试点项目，完成1个国家级服务业标准化试点项目的评估验收。办理企业采用国际标准和国外先进标准27项；7家企业通过“省级标准化良好行为试点企业”确认工作。新增连江鲍鱼、郑湖水柿、吉山老酒、龙岩沉缸酒等4个国家地理标志保护产品，全省累计有国家地理标志保护产品62个；新增96家企业使用地理标志产品专用标志（累计1096家）；配合中央电视台“农耕中国”栏目完成对全省地理标志保护产品的专题拍摄，推介宣传福建地方土特产品，福州脱胎漆器、建瓯锥栗、古田银耳、南日鲍、清流鲜切花、永春芦柑、永春篾香、尤溪金柑、建阳橘柚、浦城桂花等特色产品参加了拍摄工作。

计量工作 2013年，继续对部分强检计量器具实行免费检定，对企业部分计量器具实行减免30%检定费，全省共免费或减征检定计量器具67.8万台件，累计为企业节省1611多万元。强化大米（面）、食用油、肉制品等10类商品监督抽查，全省共抽查生产和经销企业1184家、商品2582批次，合格2467批次，净含量检验平均抽样合格率95%，较上年提高2个百分点。开展水表、称重传感器、压力表等8种计量器具省级监督抽查，共抽查47家获证企业113批次，合格102批次，批次合格率90.3%。检查安全防护用强检计量器具3783台件，其中具有有效期内检定证书的计量器具3717台件，检查合格率98.26%。全省共引导并培育诚信计量自我承诺示范单位1359家。新建社会公用计量标准50项，其中省计量科学研究院新建的热电偶标准装置，准确度相当于工作基准，其技术水平达到了大区级所建的计量基标准。制定省地方计量校准规范3项。开展水表、百分表、电子计价秤量值比对，进一步规范计量技术机构的检测行为，提高工作质量。新增46家重点耗能企业在线数据采集联网，比增19.3%，完成28家水泥企业能源审计工作。完成重点排污企业污染源连续监测设备强检工作，新增总磷、重金属项目参数检测，全省完成124家企业243台水质监测仪器，合格率为95.1%；完成44家企业105台烟气设备的强检工作，合格率为98.1%。能源计量中心数据公共平台被列为福建省物联网“能源应用示范”建设项目；“基于能源消费的温室气体排放量在线监测核算系统”通过省发展和改革委员会申报中国清洁发展机制基金赠款项目。省计量科学研究院申报的“国家光伏产业计量测试中心”“国家天平型式评价实验室（福建）”正式获批筹建。

行政执法 2013年，全省质监系统开展“双打”（打击生产领域侵犯知识产权和制售假冒伪劣商品）春季战役，组织机动稽查支队统筹执法稽查力量，在全省范围采取跨级、跨地区机动执法打假，分批前往制假制劣问题多发区，开展集中执法行动。开展“质检利剑行动”，实施化肥、食品酒类、儿童用品、汽配、建材等打假“五大战役”。全年执法打假工作中，共查办各类违法案件2371件，货值6472.84万元，查处大案要案61起，涉嫌刑事犯罪移送公安的案件23起。“12365”投诉举报平台有效运作，制定并印发《福建省质量技术监督12365举报处置指挥中心申（投）诉举报办理流程》，全省质监系统共受理质量申（投）诉、举报和咨询16748件，其中受理咨询总量14868件、申（投）诉916件、举报964件，办结率达99%，省质监局“12365”指挥中心获得2012～2013年度省级“青少年维权岗”荣誉称号。贯彻落实《家用汽车产品修理、更换、退货责任规定》，出台《福建省质量技术监督局贯彻“汽车三包规定”试行办法》，成立“福建省汽车三包工作调处委员会”，下设调处办公室和调处中心；对质监系统内及汽车生产企业和4S店相关人员进行了培训，逐步建立汽车三包专家库，认真履行汽车三包规定赋予质监系统的职能，配合做好汽车三包争议处理工作。缺陷产品召回管理工作稳步推进，明确了汽车生产企业要落实“五个备案”、4S店要做好“四个做到”，召回中心已完成对全省汽车生产企业和4S店进行摸底。

特种设备安全监管 至2013年底，全省共有在册特种设备31.6万台（套），比增17.9%，其中锅炉21661台、压力容器90845台、电梯118631台、起重机械70833台、场（厂）内专用机动车辆13466辆、大型游乐设施610台、客运索道7条；另有压力管道5859千米、气瓶614.4万只。全年共出动检查人员32510人次，检查单位14146家，发出安全监察指令书3744份，立案402起，行政处罚913.53万元，强制拆除隐患特种设备101台（土锅炉、土压力容器28台）。特种设备检验机构监督检验特种设备13.73万台、压力管道657.72千米；定期检验各类特种设备15.44万台、压力管道1006.92千米、水（油）质监测18799项、安全阀校验56523个、锅炉设计文件鉴定（节能审查）106套、锅炉定型产品能效测试54台、在用锅炉能效测试1133台。开展公共领域电梯安全整治，联合13个部门开展为期8个月的公共领域电梯安全整治，共出动安全监察及检验人员10994人次，发出安全监察指令书745份，对全省10949台公共领域电梯进行逐台排查，5795台不符合要求的电梯得到整改，促成687家使用单位的2826台电梯由非制造单位维保转为制造单位或其委托授权的单位进行维保，对173台使用年限超过15年且故障多发的电梯进行安全评估整改。组织开展特种设备安全大检查和重点整治百日行动，开展以沿海码头港口起重机械、小型锅炉、快开门式压力容器和烘缸（筒）、公共领域电梯为重点的特种设备“打非治违”工作，配合相关部门对餐饮场所燃气安全专项整治、液氨从业单位安全专项检查，组织对重点使用单位进行监督检查等，全省共检查液氨从业单位763家，发出安全监察指令书280份，责令整改隐患949条。服务重点项目建设，在古雷、江阴、泉港等重点项目设立了115个特种设备服务组，在古雷、泉港设立办事处，开展“靠前服务”，组织150多名检验骨干参加福建联合石化大检修和“脱瓶颈”改造，提前完成检验任务，为该公司创下规模空前、时间较短、一次投产复产成功的大修改造新纪录做出了贡献，全年在重点项目中发现并督促消缺338项，为企业减少经济损失20多亿元。抓好电梯施工维保质量，严格控制新增电梯施工单位，维护电梯安装维保市场秩序，根据《福建省电梯施工单位监督管理办法》，对电梯安装维保单位进行量化评级管理，依法注销3家的电梯安装维修许可证，清退21家电梯施工单位分支机构，加强电梯施工质量建设，强化维保责任。

工业生产许可证管理 2013年，福建省通过严格把关生产许可准入，强化获证企业后续监管，着力提升队伍监管能力，工业产品生产许可证管理工作有效性得到进一步提升。一是严格把关生产许可准入，进一步优化内部流程，提高审查质量和效率，共受理许可申请367家，组织实地核查171

家，发放生产许可证289张，不予行政许可59家，注销生产许可证192家，办理委托加工备案109家，至2013年底，全省累计有982家企业获得生产许可证1228张（有效期内）。二是强化获证企业后续监管，结合全省产业结构特点，突出水泥、人造板、钢筋、电线电缆、化肥、建筑防水卷材等产品，共出动人员1824人次，现场检查企业683家次，组织省级飞行检查32家企业，督促企业整改58个问题，在上年验配眼镜分类监管基础上，按照国家质检总局要求对全省42类1192家获证企业全部实施了分类监管，其中8家企业被国家质检总局核准为AA类。三是着力提升队伍监管能力，培训基层监管人员、审查人员100人次，组织2场审查观摩，67名审查员参与观摩、学习。

（省质量技术监督局 程建军、黄 蓁）

【检验检疫科技概况】 2013年，福建出入境检验检疫局围绕“抓质量、保安全、促发展、强质检”的工作方针，持续推进科技质检建设，大力深化科技体制机制改革，不断提升科技创新能力。出台《福建检验检疫局国际标准提升行动计划（2013～2017）》，将精油、鞋及鞋材、食品、机电4个领域列为全局国际标准项目重点发展领域，力求通过国际标准化工作带动全省国际标准化工作水平的进一步提升。发布《福建检验检疫局科技实力量化评价办法》，为全国质检系统内首个科技工作量化评价办法。与平潭综合实验区加强沟通，努力促成双方开展水仙和石斑鱼研究。首次主持承担国家自然科学基金面上项目1项，获资助经费78万元；新主持承担国家质检总局质检公益性行业科研专项1项，获资助经费达300多万元；主持承担的福建省首个鞋类舒适性研发公共服务平台获正式立项；新主持承担国家质检总局科技计划项目14项，首次实现专业全覆盖，年度获得资助经费首次突破200万元，继续在全国质检系统排名靠前；新主持承担国家标准12项、检验检疫行业标准20项，继续名列全国质检系统和全省前茅；新承担省科技计划项目7项，全年获得省地方科研资助经费310.5万元，创八年来最高水平。当年，获国家质检总局科技兴检奖3项、省科技进步奖1项，获中国标准化十佳研究者称号1人、省标准化十佳管理者称号1人。全年累计申请各类专利37件，获授权专利28件。主持完成的标准项目《鞋类和鞋类部件抗细菌性能评估试验方法》（ISO16187：2013）获得国际标准化组织（ISO）正式发布，标志着全球第一个通用鞋类抗细菌试验方法的诞生。该标准由省科技计划重点项目《鞋类抗菌性能检测方法的研究》转化形成，是中国主导制定的第一个鞋类国际标准。着力研发快速检测方法，检测速度明显提升，检测项目更加全面，在帮助辖区企业各类突发事件中发挥重要作用。技术中心系列实验室经国家认可的检测产品数达612类、标准数3551个，保健中心系列实验室认定的检测项目达9大类、108项。积极推进实验室建设，经国家质检总局批准着手筹建国家化学品分类鉴别与评估重点实验室，使化学品检测业务可以覆盖多个省市；全国制鞋标准化技术委员会在福建检验检疫局国家鞋类检测中心实验室设立鞋类化学性能工作组，是全国检验检疫系统为数不多的工作组；全年投入实验室仪器设备、食品安全专项以及口岸核心能力建设专项资金共计5611万元，完成2个重点实验室、3个区域中心实验室和4个常规实验室的核查验收。实验室新增检测能力标准数519个，重点业务检测周期平均缩短10%以上。至2013年底，拥有国家检测重点实验室16个、区域中心实验室14个、常规实验室28个，重点实验室数量列全国检验检疫系统第6位，其中技术中心系列已建成覆盖食品、动物检疫、植物检疫、危险品与包装、机电、化矿、金属材料、纺织、轻工等各个检测领域，形成具有以食品、植物检疫等为主要特色的实验室40个；保健中心系列已建成覆盖生物安全、毒品、医学媒介监测（虫媒传染病、媒介生物）、HIV检测、结核病检测等领域的18个实验室。全局系统拥有实验室建筑总面积2.7万平方米，检测仪器设备4374台（套）、总值3.5亿元。促进实验室与国际接轨，先后获得CNAS、ISO9001和ISO/IEC17025等10多项国内外权威资质认可。建成福建省公共检测技术服务平台17个，共有39台大型仪器设备加入全省大型科学仪器设备协作共用网。充分发挥人才、技术、信息及实验室设备等资源优势，服务区域经济发展，主持承担的省科技计划重点项目“商品化食品检测试剂盒评价技术研究”已接受试剂盒评价申请项目46项，正式签订评价协议29个，其中16个已完成评价实验与审核，对提升中国标准化工作领域试剂盒质量，提高检测准确度发挥重要作用；主持承担的“多用途微量成分快速检测装置的开发及应用技术”项目采用相关化学试剂及其原理，实现对农副产品中拟除虫菊酯农药残留的快速检测，并已在全省获得推广应用，对国内进一步开展用于食品农产品农药残留量的检测工作具有积极的参考意义；研制完成的“含呋喃唑酮代谢物AOZ的鳗鲡肌肉冻干粉基体标准物质”，较好解决了合适浓度的自然基体动物阳性候选材料难以自由获取、动物肌肉原浆基体标准样品容易腐败变质的问题，相关产品已在包括政府、行业、社会与企业等各类实验室得到推广应用。至2013年底，全局系统共有在编人员1238人，其中行政编制人员741人、事业编制人员497人，研究生以上学历306人（含博士22人）。事业编制人员中具有正高级职称14人、副高级职称78人，入选国家质检总局百千人才工程人选4人，享受政府特殊津贴12人。全局高级职称人员、研究生以上学历、享受政府特殊津贴专家、福建省优秀人才、国家质检总局百千人才工程人选等合计423人，占专业技术人员总数的34.5%。

2013年，厦门出入境检验检疫局深入实施“科技兴检”战略，全面加强科技质检建设，努力提升科技创新能力，着重抓好科技制度建设、科研制标、实验室和仪器设备管理以及科技情报等方面重点工作，做好对台科研制标项目的研究。新增科技计划项目16项，获资助经费总额178万元，其中国家质检总局科技计划项目10项142万元、省重点科技计划项目1项10万元、省自然科学基金项目2项8万元、厦门市科技计划项目3项18万元。同时，承担标准制修订计划项目9项。当年，通过国家质检总局组织鉴定验收的科技成果14项，首次组织承办国家质检总局科技计划卫生检疫及信息化专业领域项目集中验收会，完成检验检疫行业标准报批稿及有关上报审批材料19份。获省科技进步奖一等奖1项（参与完成的“重要植物有害生物快速检测技术及试剂盒的研发和应用”）、二等奖1项（主持完成的“钨精矿及钨硬质合金检测技术”）、三等奖1项（主持完成的“食品及食品接触材料中邻苯二甲酸检测技术及应用”）；获厦门市科技进步奖一等奖1项（海峡两岸食品农产品快速验放检验检疫技术体系的建立）、二等奖2项（“黄瓜绿斑驳花叶病毒等4种检疫性病毒检测技术建立及应用”“氧化铁皮检测鉴定技术及风险评估研究”）、三等奖3项（“高通量质谱蛋白组学检测和鉴定食品微生物技术的应用”“溶藻弧菌和副溶血弧菌快速检测试剂的研制与应用” “快速智能闸口集装箱毒系统的研发及产业化”）；获国家质量监督检验检疫总局科技兴检奖三等奖4项（“口岸甲型流感检测模式的建立与应用研究”等）。

（福建出入境检验检疫局　闫　诚、
厦门出入境检验检疫局　周　昱）

【国土资源科技概况】 2013年，全省国土资源系统高度重视科技创新，以“保发展、保耕地、保和谐、保环境、保资源、保廉洁”为目标，加强国土资源科技创新体系建设，进一步发挥科技的支撑和引领作用；优化国土资源监管方式，借助信息化手段和平台，注重发挥“一张图”和综合监管平台的作用，切实把责任与权力放下去，把服务和监管抓起来。土地资源方面，全省累计下达土地整治资金16.27亿元，批准建设用地2.18万公顷，国有建设用地供应2.1万公顷，出让国有建设用地10621.21公顷，出让合同价款1578.6亿元。地质矿产勘查方面，全省地质勘查投资总额为46338.7万元，圈定8处新的可供进一步勘查矿产地。地质灾害防治方面，争取中央财政地质灾害防治补助资金7974万元，下达省级地质灾害防治专项补助资金7477万元。矿山地质环境方面，全省缴存矿山生态环境恢复治理保证金矿山数量为2441个，返还保证金1044万元；全年中央财政投入矿山地质环境治理资金14244万元，省级财政投入废弃矿山“青山挂白”治理资金3000万元，带动地方财政及矿山业主投入8000万元，完成废弃矿山复绿32个。广义地质方面，省级财政共投入2500万元，安排项目24项。

科技项目与成果 2013年，开展实施的国土资源公益性行业科研专项项目“海西区地质灾害监测预警与环境地质问题研究”，到位专项经费682万元。成功组织“国土资源展馆”参展第十一届“6·18”项交会；组织开展福建省首批国土资源专业技术带头人遴选工作，选拔51名担负科技攻关重任的中青年专业技术骨干和领军人才；组织“福建省双旗山矿业有限责任公司双旗山金矿”“福建省永安煤业有限责任公司仙亭煤矿”2家矿山企业成功申报第三批国家级绿色矿山试点单位；推荐“福建省煤田地质博物馆”成功申报第三批国土资源科普基地；“宁化行洛坑钨矿”“南平市闽宁钽铌矿”“龙岩东宫下高岭土矿”3家矿山企业被国土资源部评为全国矿产资源节约与综合利用先进适用技术推广应用示范矿山称号并授牌；“提高高岭土淘洗率及可塑性的技术”“复杂难处理钨细泥高效选矿新工艺研究及应用”2项先进技术入选全国矿产资源节约与综合利用先进适用技术推广目录和汇编（第二批）；推荐2人入选“国土资源高层次创新型科技人才培养工程”。

国土资源信息化 2013年，以福建省“一张图”18个核心数据库为基础，集成国土资源部备案系统和省国土资源厅国土资源政务管理业务系统各类信息，构建综合监管平台（一期），实现对基础、地政、矿政、地质灾害等数据统一浏览，实现对国土资源监管地政核心指标的实时统计分析，实现对建设用地“批、供、补”的在线跟踪管理；完成福建省地质灾害信息与预警系统建设并顺利通过验收，该系统分别获第一届中国信息化（国土资源领域）成果奖一等奖、地理信息科技进步奖二等奖；在建设用地报件网络审查系统的基础上开展的建设用地报件市县自检系统建设，实行智能化检查和格式化审查；完成了旧村复垦和城乡建设用地增减挂钩系统开发，实现旧村复垦项目网上申报和增减挂钩指标核定、交易和结算的全流程信息化管理。

（省国土资源厅　杨生吉）

【地质勘查科技概况】 2013年，组织开展各类地质勘查项目222项，其中：中央财政投入项目46项、地方财政投入项目82项、社会资金投入项目86项（合作勘查项目10项、地质市场项目76项）。当年，获中国地质调查成果奖二等奖1项，省科学技术进步奖三等奖1项，中国黄金协会颁发的科学技术特等奖1项。1个地勘单位获得“全国百强地质队”荣誉称号，4个地勘单位和5位项目成员被国土资源部授予全国矿产资源利用现状调查工作先进集体和先进个人。

地质找矿 2013年，积极贯彻落实国务院和福建省找矿突破战略行动部署，全年提交大中型矿产地10处（大型4处、中型6处），新增煤炭和铁、金等矿种资源量10种，超额完成“358”战略找矿突破第一阶段“3年有重大进展”的找矿目标，其中德化大型东洋金矿详查探明金金属量21.95吨，得到省政府领导的肯定。

海洋地质 2013年8月21日，台湾海峡油气资源勘探开发部省联席第三次会议在北京召开，国土资源部出台多项支持福建省开展油气地质、海洋地质工作的政策措施。组织开展台湾海峡西部盆地油气资源调查评价、天然气水合物资源勘查、台湾海峡及邻区基础地质研究以及福建近海矿产资源调查等项目。当年，海峡两岸石油天然气油气资源学术研讨会在台湾苗栗举办，进一步密切两岸地质交流合作。省地矿局和同济大学海洋与地球科学学院签订人才培养和项目合作协议，重点培养海洋地质和油气地质方面人才，为拓展地勘工作领域提供人才保障。

广义地质 2013年，富硒土地勘查成果转化为产业发展优势取得实质性进展，诏安县成功申报“海峡硒都”，引进资金超过60亿元。福州、泉州城市地质工作顺利实施，厦门城市地质调查顺利完成，成果优秀。全省地热资源调查、重点区域环境地质调查取得一批成果，其中在福州螺洲打出一口日出水量1655吨（孔口温度76℃）的地热深井。省地灾防治重点实验室基本建成，初步完成“滑坡勘查技术规范”“滑坡防治设计技术规范”等2个地灾防治工程地方标准。公益性行业科研专项“典型红壤区农业生态地质研究”通过国土资源部论证和科技部审核。省地矿局与地方政府和有关部门对接广义地质工作初见成效，获得地方政府配套支持开展广义地质项目。

（省地质矿产勘查开发局）

【测绘科技概况】 2013年，全省具有测绘资质单位426家，其中甲级21家、乙级52家。全年测绘地理信息服务总值19.28亿元，其中测绘系统服务值1.73亿元。全省测绘专业技术人才5621人，其中高级技术人才656人、中级技术人才1928人。省测绘地理信息局拥有国家测绘地理信息局青年学术和技术带头人3人、省测绘地理信息局青年学术和技术带头人10人。福建省海洋测绘工作获国家测绘地理信息局贯彻落实科学发展观考评特色创新奖。标准化工作取得新突破，《福建省1∶500、1∶1000、1∶2000基础数字地形图测绘规范》《三维地理信息系统技术规范》等2个地方标准及《测绘行业专用钢卷尺检定规程》1个计量标准获省质监局立项。2013年1月，经省科技厅批准，省测绘学会设立“福建省测绘地理信息科学技术奖”。

科技项目与成果 2013年，围绕福建省连续卫星定位综合运行系统（FJCORS）安全服务关键技术、地理国情普查统计分析、移动GIS应用、三维模型数据建库等生产关键技术问题，组织开展科技攻关和技术开发项目共40项，发表论文51篇。参与或承担国家及省部级科技项目8项，其中国家高技术研究发展计划（863计划）项目2项、国家卫星及产业发展专项项目1项、国家测绘地理信息局青年学术和技术带头人科研计划课题1项、省科技重大专项1项、省科技计划重点项目2项、省科协决策咨询研究一般课题1项。省测绘地理信息局投入科技专项经费110万元，用于资助局属单位科技创新。省基础地理信息中心完成的省科技计划重点项目“省级地理信息共享服务技术研究”，为省国土资源厅、省交通运输厅、省地震局、省发改委等32个共享单位43个应用系统提供技术标准统一、数据内容丰富、现势性强的地理信息服务支撑。省电力有限公司、厦门亿力吉奥信息科技有限公司联合完成的“电力地理信息系统（EPGIS）平台研发与应用”项目获2013年度省技术发明奖三等奖，福州大学、福建省地质测绘院联合完成的“南方丘陵区土地利用多尺度监测、评价与规划的关键技术及其应用”项目获省科学技术进步奖三等奖。全省共有21个测绘地理信息项目获中国测绘学会等社会团体设立的奖项，其中省基础地理信息中心、泉州市国土资源局联合完成的“数字泉州地理空间框架建设”项目获2013年全国优秀测绘工程奖金奖，省基础地理信息中心完成的国家测绘地理信息局项目“基于位置服务的应用技术研究”获2013年国家测绘地理信息局地理信息科技进步奖二等奖。组织开展2013年省测绘地理信息科学技术奖评选活动，其中优秀测绘地理信息工程奖评出一等奖7项、二等奖10项、三等奖29项，测绘地理信息科技进步奖评出一等奖1项、二等奖2项、三等奖8项。省基础地理信息中心开发的软件“福建省防汛三维地理信息系统V1.0”“福建省位置服务平台”“基础地理信息数据库管理系统”“‘天地图·福建’公共服务平台［简称：‘天地图·福建’］V1.0”等4项项目分别获得计算机软件著作权。

“三大平台”建设 2013年，数字城市、“天地图·福建”、地理国情监测等“三大平台”建设全面推进。①数字福州通过预验收，数字龙岩、数字三明、数字南平通过验收；数字莆田、数字泉州成果应用拓展到警务、地名地址、人防、国土巡查执法、数字城管等领域；数字晋江、数字永定、数字永春全面实施。②“天地图·福建”全年更新2次全省公共地理框架数据、交通路网等数据；基于该平台新开发省地震应急避难场所公共服务系统、文物信息服务、旅游公共服务等11个专题应用系统，平台成果得到广泛应用；平台的运行维护、数据融合和节点建设在国家测绘地理信息局测评中获得5颗星的好成绩。③地理国情普查工作顺利开展，省政府印发《关于开展福建省第一次地理国情普查的通知》（闽政〔2013〕36号），成立“福建省第一次地理国情普查领导小组”，省政府副省长洪捷序担任组长；开展对省内参与普查的700多名作业人员进行培训；完成约3万平方千米普查任务和7万多平方千米1∶10000正射影像图的制作。

科技交流与合作 2013年，福建省测绘学会、台湾测量技师工会在台湾举办“闽台测绘技术交流研讨会”，福建省专家、学者共30多人赴台湾就空间信息分析技术整合应用、空载光达及地面雷射扫描系统应用等方面进行交流。省测绘地理信息局与福建师范大学、闽江学院联合开展“福建省自然灾害综合风险评估与制图”“地理要素变迁识别模型研究与开发”等项目研究；与厦门大学、厦门精图信息科技有限公司、福建星海通讯科技有限公司等高校、企业联合开展产学研合作，积极参与国家“863”计划、省科技计划等项目申报。

（省测绘地理信息局 吴晓琴）

【煤炭工业科技概况】 2013年，全省生产原煤1657万吨，比上年减少近300万吨，调入煤炭8300万吨，比上年增加1400万吨。全省煤炭行业经济效益下降，煤炭企业亏损面进一步扩大。当年，全省煤炭工业在技术服务与技术咨询方面，共推广新技术、新产品、新设备、新工艺58项，累计为企业创造经济效益3638万元。由省煤炭学会和省煤炭工业协会联合举办的福建省煤矿顶板防治学术交流会，共收到论文70篇，有18位论文作者在会上进行了论文交流。组织科技人员参加皖赣湘苏闽五省煤炭学会联合学术交流会。全年共举办专业技术（技能）培训160次，受训人员3627人次；共举办各种安全培训221次，受训人员17280人次。

科技项目与成果 2013年，开展科技攻关与推广项目56项（地质找煤技术攻关项目22项、矿井防治水项目4项、采掘方法及支护工艺技术项目7项、机电运输技术应用与改进项目11项、信息化应用、通风安全技术研究等其他项目12项），投入科研费用3000万元，其中列入重点科技攻关项目9项、配套科研费用459万元。当年，获授权发明专利1件、实用新型专利3件。集美大学的“煤矿瓦斯低温提纯——液化防爆关键技术研究”等17项被国家安全监管总局列入安全生产重大事故防治关键技术科技项目，福建煤电公司的“南方煤矿信息化综合集成研发与应用”与永安煤业公司的“煤矿企业员工安全意识教育与测评系统”被列入全国煤炭行业软件课题项目。福建能源集团公司的7项项目被国家发改委、能源局、安监局、煤监局列入煤矿安全改造项目计划，并获得中央预算内投资1301万元。福建各煤矿按国家要求建成井下永久避难硐室或临时避难硐室并投入运行。丰海煤矿安装完成全省连线最长、垂高最深的原煤输送皮带，形成从井下四水平－330m到地面＋230m水平一条2600多米长的原煤运输链，日输送原煤量可达2000吨以上。

信息化建设 2013年。福建能源集团公司加快推进信息化建设进程。一是启动集团信息化整体规划项目，与用友软件公司建立了信息化建设战略合作，借助用友专业领先的优势，进行整体的IT规划，制订信息化建设方案。在此基础上，将进一步建立和完善以协同办公、财务管理、人力资源、企业风险防控等为核心的集团信息化管控体系，优化资源配置，实现信息互动和共享，提高管理效率和水平。二是与福建移动公司签订战略合作协议，借助移动公司信息平台和专业服务，加快推进信息化建设，进一步提升管理决策效率和内部管控水平。三是进一步完成权属中小企业信息系统的建设，完成了邵武煤业公司投入信息系统、漳平煤业公司OA自动化办公等系统的建设。

采掘机械化 2013年，福建煤矿掘进机械化取得较大进展。在龙潭煤矿开展福建煤矿掘进机械化装备应用研究，试用掘进液压钻车和履带式扒渣机获得成功，迈出了福建煤矿掘进机械化的一大步。该两套设备的组合应用，在掘进巷道断面6平方米以上的石门、主巷、车场施工中具有传统手工作业不可比拟的优势，可大大提高巷道掘进速度，极大减轻作业人员劳动强度，巷道成形较好，有利于安全生产。丰海煤矿－130m水平中央泵房完成自动化控制改造，建成了福建煤矿首个无人值守自动控制的井下泵房。同时，在半罗山等煤矿试用链式割煤机，积极寻找研究适合福建省不稳定薄煤层的采煤机械。

（省能源集团公司　吴淑灿）

【冶金工业科技概况】 2013年，福建省冶金行业坚持结构调整，努力促进企业转型升级，做到营销服务进一步优化，对标挖潜进一步深入，科技创新进一步增强，实现稳健发展。至2013年底，全省冶金行业拥有规模以上工业企业537家(其中钢铁工业企业289家、有色工业企业230家、黄金工业企业18家)，从业人员15.5万人，资产总额约2261.94亿元。全年完成现价工业总产值2969.32亿元、比增13.4%，完成出口交货值92.74亿元、比降9.4%，实现销售额2832.06亿元、比增11.3%，实现利税201.48亿元、比降9.43%，实现利润113.05亿元、比降20.3%。全年累计产销率95.38%、低于上年1.74个百分点。全年完成工业投资319亿元，比增1.5%；省重点投资项目共有20项。当年，全省冶金行业获省科学技术奖7项，其中“流态化（沸腾层）自蔓延制造高性能超细钴粉新技术及其应用”获省技术发明奖一等奖，“难处理金精矿焙烧新工艺研究与工程化”“复杂多金属银金矿及尾矿资源综合利用技术研究与应用”获省科技进步奖二等奖，“$22SiMn_2TiB$工程机械用高强度耐磨钢板”“高性能新型导电轨用铝合金型材研发”“南铝铝产业链全维管理信息化系统集成平台”“特种无机非金属材料技术创新工程”等4项获省科技进步奖三等奖。至2013年底，全省冶金行业共有国家高新技术企业12家、国家级企业技术中心3家、省级企业技术中心9家。

企业技术进步 2013年，全省各冶金企业始终把科技创新作为应对市场困难，增强竞争实力，提升发展质量的重要法宝，矢志不渝推进企业技术进步。三钢坚持开展技术攻关活动，确定并实施“焦炉荒煤气（上升管）显热回收技术开发与应用”等18项重点技术攻关项目，产生积极成效；试点并推广实施职工改善提案和改善成果奖励办法；全年有3项技术成果获省、市科技进步奖；三钢闽光通过第二批国家高新技术企业复审。南铝建设省铝合金重点实验室，所承担的技术创新能力建设等多项项目通过政府科技部门验收；科技项目立项100项，结题率86%；开发和优化数控车床加工工艺，使工作效率提高近50%；自行设计制造可倾翻式焊接平台，属国内首创；“铝型材生产技术创新”项目获批为国家重点引智项目；“航空用超强高韧7075铝合金挤压材开发及应用”等5项项目入列省重大科技计划；申报专利12件，其中发明专利5件；已获授权专利358件，其中发明专利6件，专利拥有量居国内行业前列，再次获评国家高新技术企业。厦钨承担国家、省、市科技计划（重大、专项）项目13项，有3项成果完成项目验收和科技成果鉴定，其中流态化燃烧合成高性能超细钴粉新技术及其应用和130纳米晶硬质合金的制造技术取得国际领先水平，高性能三基色荧光粉的研发取得国内领先水平；“一种高性能纳米级及超细钨的制备方法”获厦门市专利奖二等奖；申请专利48件，其中发明专利29件、实用新型19件；已获授权专利33件，其中发明专利10件、实用新型专利23件。双旗山矿业自行研发的“一种对含硫金矿物才进行微波等离子焙烧和非氰浸金的方法”等3项技术获授权发明专利，“一种金精矿磨矿机”等3项技术获授权实用新型专利，累计拥有授权专利8件，其中发明专利4件、独占许可发明专利1件、实用新型专利3件。

技术装备升级改造 2013年，三钢建成35MW余热发电机组、5♯高炉大修、优质圆棒（一期）、煤气送三化公司制合成气、焦化煤调湿与捣固焦等项目；三安钢铁完成球团烟气系统脱硫改造、铁路改造项目。南铝完成630T挤压线及厂房改造工程、铸造部50吨均热炉配套料台及自动堆料系统土建工程、熔铸三线北侧圆锭库房工程、铝材公司搬迁工程；成都公司完成A1期收尾项目，启动A2期熔铸等项目建设；通过技术改造提升设备潜能，完成“305锯床夹锭系统改造”等16项项目改造。厦钨九江金鹭硬质合金生产基地粉末生产线和硬质合金生产线投产；金鹭公司硬质合金项目进展顺利，其中年产3800万支PCB工具扩产项目基本完成，达到产能目标；金龙稀土公司3000吨磁性材料生产线和1000吨荧光粉项目的设备填平补齐工作基本完成；虹鹭公司旋压钼坩埚产品生产线建成投产，并完成项目验收，大尺寸钨钼电极及深加工项目的主体设备安装调试完毕，并开始试生产，部分产品已经大批量销售；麻栗坡公司APT生产新工艺取得成功，正在优化调整生产技术指标，每月产能达到150吨。潘洛铁矿、阳山铁矿完成安全避险“六大系统”建设。

企业信息化建设 2013年，三钢强力推进表单信息化工作，已开发完成各类表单762项，表单信息化比例达95%，ERP建设稳步推进。南铝坚持完善全流程信息化集成平台，形成可执行的工作页面约4000个，表单超过1万份；将流程管理与表单结合，运用信息技术优势实现流程程序化、模块化控制，用计算机网络对所有输入和输出的表单进行管理，提高制度执行效率。厦钨完成全集团ERP上线，并建立数据中心，进行集团ERP数据的分析统计；费用预算已全部导入ERP系统的预算编制模块，实现季度累控；启动BI项目，建设智能报表系统；开发ERP系统采购比价报表，实现采购信息公开、透明；以金鹭公司作为试点，在ERP系统中初步完成运输商、销售发货费用的登记和对账功能。华侨实业基本建成人力资源、财务与资产管理、房产租赁管理、行政后勤管理、贸易管理等信息化系统，特别是财务与资产管理系统的成功运行，使公司实现每月1日出财务月报表、每月3日出财务分析，同时各系统模块间的数据流、资金流、工作流实现实时联动，提高了工作效率。

对标挖潜增效 2013年，三钢三明本部通过使用性价比高的低品位印尼高铬矿、烧结生白云石替代菱镁石、高炉喷吹混合煤等一系列举措降低工序成本，其中使用印尼高铬矿和以烧结生白云石替代菱镁石，节约费用8457多万元；全年冶金焦成本同口径对比降低524.24元/吨，入炉烧结矿同比降低34.98元/吨，生铁同比降低275.96元/吨，连铸坯同比降低373.56元/吨，钢材（综合）成本同比降低387.81元/吨；吨钢工序加工费同比降低131.71元；全年自发电9.7亿kWh、同比提高2.87亿kWh，自发电比例47.2%、同比提高12.45个百分点；节电1.38亿kWh；对标挖潜、节能节电创效5亿元以上；三安钢铁余压、余能和余热发电2.01亿kWh，创造效益4000多万元，煤气回收总量2.42亿立方米；龙海矿微粉公司通过做好炉渣和外排料等废渣的综合利用等措施，全年降本491万元。南铝通过加强圆铸锭库存管理、优化订单计划管理、加强质量过程管控、推广使用非均热铸锭加通氮生产工艺等措施，在生产工序流程实现降成本1451万元；同时，推进电解余热回收利用等节能项目技改，年综合节能超过1000吨标煤；利用峰谷差节约电费408万元；回收金属309吨。厦钨成立回收产业项目组，通过工艺改造，解决了常年只吃“精粮”的瓶颈问题，对原料适应性大幅增强。潘洛铁矿加强生产勘探，新增矿石资源43万吨。

新产品开发 2013年，全省冶金行业经省经信委确认为省新产品2项，其中鉴定为国际水平1项、国内领先水平1项。三钢成功开发10B21线材、ML40Cr线材、Q345qCZ15桥梁板、Q390GJC高建板等新产品并投放市场；根据JIS认证要求，开发SS400（490）、SM400（490）、SN400（490）系列钢种日标板，并一次性通过JIS认证。南铝瞄准市场需求，开发高等级圆棒、MPE扁管铸锭、冲压制品用板、印刷电路板用铝、窗帘料用铝和辊涂产品、34种圆铸锭合金品种，6201铝合金焊丝用铝合金杆、8030铝合金电缆用铝合金杆及稀土铝杆等新产品并投放市场；试制成功多种合金手机外壳工业材，手机IT工业材销量大幅增长；试制成功笔电等2款新产品，销量达5000吨以上；开发澳洲汽车仪表盘支架等4款新产品；华银公司“闽铝＋图形”牌铸造铝合金锭、“闽鑫＋图形”牌一般工业用铝及铝合金挤压型材获评“福建名牌产品”。厦钨数控刀片和精密刀具分别完成330和544个规格的系列化开发，PCB工具完成30多个规格的系列化产品，实现量产量销，性能稳定，获得十几家长期稳定的客户；研发的LAP产品，质量达到世界领先水平，低铕、低铽、长波等高性能荧光粉产品获得三蒲、飞利浦、松下等国内外知名企业的认证。连城锰矿加大高纯硫酸锰研发力度，增强企业后续竞争力。

（省冶金工业协会　陈华宇）

【机械工业科技概况】 至2013年底，全省规模以上机械工业企业2758家（其中大中型企业510家），拥有总资产4000.28亿元，从业人员63.76万人。全年实现工业增加值1358.13亿元、比增13.7%，占全省工业增加值的比重为15.2%，占三大主导产业工业增加值的比重为45.5%；完成工业总产值5293.24亿元、比增13.4%，完成工业销售产值5128.55亿元、比增13.4%，产销率为96.9%、较上年同期低0.3个百分点，完成出口交货值1108.96亿元、比增7.2%，产品出口率为21.6%。全省主要机械产品中，汽车、环保设备、压路机、阀门、光学仪器、摩托车、高压开关设备等产品产量呈现增长态势，其中汽车产量20.6万辆、比增10.3%，改装汽车产量20388辆、比增26.3%，装载机产量28920台、比增8.5%，压路机产量1388台、比增36.2%，高压开关设备产量35255面、比增24.5%；但金属集装箱、民用钢质船舶、叉车、电力电缆、轴承等10种产品产量呈不同程度下降。

科技项目与成果 2013年，福建龙净环保股份有限公司的“烧结机智能化多组分污染物烟气治理岛”（制造商）、南平德赛技术装备有限公司的“开关设备制造企业柔性智能数字化车间”（制造商）、福建达利食品集团公司的“高效节能型PET瓶液态奶无菌包装数字化车间”（示范用户）和福建汇华集团东南汽车缸套有限公司的“年产100万只离心铸造气缸套数字化示范车间”（示范用户）等4项项目被列入智能制造装备发展专项项目。当年，全省机械行业获省科学技术奖20项，其中：福建龙溪轴承（集团）公司的“长寿命高可靠性重载卡车推力杆关节轴承”和爱德森（厦门）电子有限公司的“手套式传感器及EMT电磁检测系统”获省技术发明奖二等奖，群峰智能机械股份公司的“高效超规格环保大型自动化砌块成型机”、福建省莆田市中涵机动力有限公司的“轴向柱塞式高压共轨泵”等3项获省技术发明奖三等奖，福建龙净环保股份有限公司和东南大学联合开发的“塔内氧化—钙基强碱—石膏湿法烟气脱硫装置”获省科技进步奖一等奖，厦门金龙联合汽车工业有限公司的“金龙客车系列智慧校车”、龙工（福建）机械有限公司的“5吨D系列节能型装载机”等6项获省科技进步奖二等奖，福建晋工机械有限公司的“轮胎式叉装机”、福建逢兴机电设备有限公司的“高分断高压真空负荷开关—熔断器组合电器”等8项获省科技进步奖三等奖。同时，获省专利奖10项，其中：福建龙净环保股份有限公司的“一种电袋复合除尘器”获一等奖，福建侨龙专用汽车有限公司的“大流量排水抢险车”等2项获二等奖，福建佳友茶叶机械智能科技有限公司的“一种茶叶摔沫机”、邵武市振达机械制造有限责任公司的“双立轴圆木锯切机”等7项获三等奖。另外，福建龙马环卫装备股份有限公司的“环卫车道路刷洗装置”和泉州市天龙环境工程有限公司的“双循环锅炉烟气脱硫除尘装置”获第十五届中国专利奖优秀奖，厦门金龙联合汽车工业有限公司的“客车(XMQ6129Y)”获第十五届中国外观设计优秀奖。

新产品开发 2013年，全省机械工业企业通过自主或与高校、科研机构联合开发等多种方式，在高效、节能装备、环保装备、智能装备、新能源装备等方面开发了一系列具有自主知识产权的产品和技术，全年经由省经信委组织鉴定并被确认为省新产品的项目有39项，其中福建龙净环保股份有限公司的“新型干法水泥旋窑SNCR脱硝技术和装置”、福建省东南造船厂的“75m平台供应船”等6项被鉴定为国际水平，福建省闽安机械制造有限公司的“BKS12.5×40A数控高速刨槽机”、福建省威诺数控有限公司的“WN－LF6016七轴龙门式复合加工中心”等28项被鉴定为国内领先水平，福建天工电机有限公司的“TS65－40单级单吸离心式电泵”、南安市正冠机械有限公司的“ZGFL－40自动仿形栏杆切割机”等5项被鉴定为国内先进水平。

科技创新平台建设 2013年，全省机械工业以企业为主体的科技创新平台加快构建，戴姆勒集团在海外唯一的商用车研发基地“福建奔驰研发中心”正式投入使用，填补了福建省国际品牌汽车研发地产化的空白；福建省超高效电机制造企业工程技术研究中心、福建省茶叶加工机械企业工程技术研究中心等26家企业工程技术研究中心被省科技厅列为省级（企业）工程技术研究中心，全省机械工业省级（企业）工程技术研究中心增至57家；远东电机（宁德）有限公司技术中心、福建晋工机械有限公司技术中心等7家企业技术中心被确认为第十七批省级企业技术中心，路达（厦门）工业有限公司技术中心被确认为国家认定企业技术中心。至2013年底，全省机械工业共拥有72家省级企业技术中心（占全省企业技术中心的19.4%），其中国家认定企业技术中心5家。

（省经信委　陈丽香）

【轻工业科技概况】 至2013年底，全省规模以上轻工业企业6149家（其中食品工业企业1940家、制鞋生产企业993家、塑料制品加工业企业596家、造纸生产企业478家）、比增8.47%，职工总数174万人、比增1.4%；资产总额6557亿元、比增15.7%；全年完成现价总产值11230亿元、比增15.5%，占全省规模以上工业总产值的33.3%；完成销售产值10937亿元、比增15%；完成出口交货值2669亿元、比增14.3%，占全省规模以上工业企业出口交货值的41.5%；实现利税964亿元、比增15.7%；实现企业主营业务收入11418.75亿元、比增14.37%，占当年全国轻工企业主营业务收入总额的5.12%。轻工业是福建省传统工业，全省轻工业总产值、销售产值和企业主营业务收入总额均位列全国第6位，出口交货值位列全国第3位。农副食品加工业、皮革及制鞋业和塑料制品业产值超过千亿元。食品工业企业出口产品以罐头、蔬菜水果及坚果加工制品和水产品制品为主，这三类产品出口额占全省食品工业出口额的85%以上。制鞋生产企业拥有数十个“中国驰名商标”和上百个“福建名牌产品”“福建省著名商标”，创建了国家级、省级鞋业行业技术中心和20多个省级企业技术中心。福建是中国鞋业产业重要基地，其中旅游运动鞋产量居全球前列。塑料制品加工业企业工业总产值多年来均保持全国第6位。

2013年，全省轻工行业获省科学技术奖9项，其中福建农林大学、福建安溪先锋茶叶机械有限公司、福建省建瓯市龙兴茶叶有限公司的“乌龙茶清洁化自动化精加工关键技术及产业化”获省科技进步奖一等奖；福建省晋江福源食品有限公司、中国农业大学、浙江大学、天津科技大学、北京农业信息技术研究中心、吉林大学的“即食食品质量安全控制技术及产业化”，福建亚通新材料科技股份有限公司、福建恒杰塑业新材料有限公司、福建师范大学、福建祥龙塑胶有限公司、福建振云塑业股份有限公司的“塑料管道材料制造装备节能降耗技术研发及应用”，泉州万华世旺超纤有限责任公司的“环保、高涩感、耐磨型篮球用合成革的研制”项目获省科技进步奖二等奖；泉州华祥纸业有限公司的“再生浆生产拷贝纸”，福建省晋江优兰发纸业有限公司的“一种新型静电复印纸的生产方法”，福建师范大学、福建永春顺德堂食品有限公司、永春县永春老醋有限责任公司、福建省永春县岵山津源酱醋厂有限公司的“福建红曲醋酿造新工艺研究”，瑞之路（厦门）眼镜科技有限公司的“采用多段式合模注射压缩成型工艺及模具生产PC光学镜片”，福建省德化县宁昌陶瓷有限公司的“废弃陶瓷再生利用工业化新技术研发及应用”获省科技进步奖三等奖。此外，福建冠福现代家用股份有限公司的“高耐热陶瓷煲”获评省新产品。

2013年，全省轻工业企业继续推进以企业技术中心为依托的技术创新体系建设，增强企业技术开发和创新能力，有9家轻工企业的技术中心被认定为省级企业技术中心，即：福建宝利特集团有限公司、福州小神龙表业技术研发有限公司、福建春伦茶业集团有限公司、福州日兴水产食品有限公司、福建安井食品股份有限公司、雀氏（福建）实业发展有限公司、福建恒利集团有限公司、安安（中国）有限公司、青蛙王子（中国）日化有限公司。

【纺织工业科技概况】 至2013年底，全省规模以上纺织企业2125家、比上年增加158家，从业人数59万人、减少1.6万人；全年完成工业产值4120亿元（居全国第5位）、比增16.8%；实现税金总额87.51亿元、比增10.3%；实现利润总额214.09亿元、比降2.3%。全年产销率达96.4%。全年出口值突破200亿美元，居全国第5位。全年规模以上工业企业出口交货值634.18亿元、比增9.2%。全年实际完成投资额643.06亿元、比增35.78%，增长幅度位列全国沿海省份首位。福建南纺股份有限公司的“一步法水刺超干爽卫生护垫卷材”获省科技进步奖三等奖；泉州红瑞兴纺织有限公司的“远红外/负离子/抗菌功能织物”获评省新产品。

2013年，福建省纺织工业多种产品产量居全国前列。化纤纱产量158万吨、比增28.3%，居全国第1位；棉混纺布22亿米、比增29.7%，化纤布29亿米、比增22%，均居全国第2位；针织服装22亿件、比增2%，居全国第2位；印染布49亿米、比增3.3%，居全国第3位；化纤377万吨、比增28.3%，居全国第3位。晋江、厦门等地已集聚发展针织大圆机五六十家，规模能力达到1万多台，销售量占国内80%以上，佰源、卜硕、凹凸等优势企业产品已出口东南亚、中东、北美、南美等国家和地区。

纺织工业是福建省国民经济的支柱产业和重要的民生产业。全省纺织工业主要产业集群有晋江、石狮、长乐、永安、尤溪、长汀等地。①泉州晋江、石狮地区是中国重要的休闲服装基地，2013年规模以上纺织企业1031家，完成工业总产值1944.33亿元、比增13%，完成出口交货值452.27亿元、比增10.3%；自主创新能力居全国同行业前列，拥有国家级企业技术中心4家、省级企业技术中心30多家和中国驰名商标30项；晋江市已经形成深沪中国内衣名镇、龙湖中国织造名镇、金井纺织服装名镇、英林休闲服装名镇等一批纺织名镇。②福州长乐地区拥有规模以上纺织企业312家，完成工业总产值1262.11亿元、比增23.4%，占全省纺织工业总产值的30.6%，居全省第2位；长乐市是中国纺织基地市，规模以上纺织工业产值已达1068亿元，占全省纺织工业总产值的26%，拥有纺纱规模600万锭以上，年产化纤短纤、长丝、混纺纱近330万吨，锦纶民用丝年产能达60万吨以上，经编产品占全国市场份额的五分之三，全市85%棉纺企业的设备水平和产品质量达国内领先水平，是全国最大的化纤混纺纱生产基地和锦纶民用长丝切片生产基地。③三明永安是新兴纺织产业基地市，拥有纺织企业106家，其中规模以上50家，2013年工业总产值133.9亿元、比增24.5%；尤溪是中国革基布名城，2013年全县规模以上纺织企业达到105家，完成工业总产值118亿元、比增36.5%，占全县规模工业总量的56%。④龙岩长汀地区2013年规模以上纺织企业工业总产值实现66.95亿元，其中产值上亿元的企业有23家，产值达5亿元的企业有2家；全年固定资产投资达25.02亿元。

2013年，全省有4家纺织企业的技术中心被认定为省级企业技术中心，即福建省长乐市金源纺织有限公司、福建泉州顺美集团有限责任公司、晋江市龙兴隆染织实业有限公司、福建省百凯经编实业有限公司。至2013年底，全省纺织行业共有省级企业技术中心55家、国家级企业技术中心5家。

（省经信委消费品工业处）

【建设科技概况】 2013年，全省住房和城乡建设系统获省部级科技奖7项，其中：省科学技术进步奖二等奖3项、三等奖4项。成功举办第七届海峡绿色建筑与建筑节能博览会（简称“绿博会”），参展单位125家，参展项目236个，参观人数22.3万人次，推广建设科技成果项目191项。当年，下达建设行业科技研究开发项目42项、示范工程项目37项。

绿色建筑发展 2013年，福建省大力发展绿色建筑，构建绿色建筑发展政策体系。全省共有15个项目获得绿色建筑星级，建筑面积达150万平方米，其中厦门万科海沧万科城一期1号楼等2个项目获三星级。省政府办公厅出台《福建省绿色建筑行动实施方案》（闽政办〔2013〕129号），明确了绿色建筑发展主要目标、重点任务和保障措施，并将任务分解到各设区市和平潭综合实验区。该方案提出：“十二五”期间完成新建绿色建筑1000万平方米，新增可再生能源建筑应用面积3000万平方米；2014年起全省政府投资的公益性项目、大型公共建筑、10万平方米以上的住宅小区以及厦门、福州、泉州等市财政性投资的保障性住房全面执行绿色建筑标准；推进武夷新区、福州海峡奥体片区、平潭金井湾片区、漳州碧湖生态园和三明贵溪洋新区等绿色生态城区示范建设；实施绿色建筑行动百项重点工程，总投资1153亿元，示范面积1950万平方米。

工程建设标准化 2013年，福建省组织审定《城市桥梁养护维修管理标准》等工程建设地方标准20部，下达《全装修住宅工程技术规程》等标准制修订计划50部；组织审定《大型楼宇智能照明系统施工工法》等省级施工工法84部。

（省住房和城乡建设厅 黄勤钲）

【交通科技概况】 2013年，福建省交通运输科技工作以科学发展观为统领，围绕转变发展方式、建设现代交通运输业主线，按照建设全国交通运输强省的总体目标和“大港口、大通道、大物流”发展战略，突出科技创新能力建设、重大科技研发、成果推广应用、标准化建设四大重点，坚持“需求引导、强化创新、注重推广、增强协作”基本原则，优化科技资源配置，完善法规体系，健全科技和节能减排管理机制，为打造畅通高效、绿色安全交通运输体系提供强有力支撑保障。当年，立项开展《高速公路弯梁桥爬移机理与对策研究》等59项科技攻关项目。全省交通运输系统获省科学技术奖9项，其中二等奖2项、三等奖7项。组织编制完成《公路隧道照明用LED灯具》等6项省地方标准。

交通运输信息化 2013年，按照全省一盘棋的总体要求，继续推进交通信息化建设，重点开展云平台等7大系统建设，提升交通运输行业管理和公众服务水平，年度计划投资4370万元，当年完成3920万元，完成计划90%。其中：建成交通运输云计算平台并投入使用，已为全省道路客运信息系统、驾培学时系统、普通公路路网管理平台等系统提供统一的服务器资源及网络安全环境；全面推进交通物流公共信息平台推广应用，已对接福建省盛丰物流集团有限公司等11家物流企业，在三明兄弟公路港、建宁闽赣物流园等9家物流园区推广应用平台服务，平台日平均单据交换量2万条、交易成交量40条/天、电子运单500条，年底前完成全省半数以上的物流园区信息化部署和应用；省交通综合行政执法信息系统在6个支队和56个大队、8个超限站推广应用，应用软件二期建设全面展开；建成省道路客运联网售票系统，在漳州市长运集团下属14个车站，5个外售票点上线使用；省交通运输厅行政服务中心信息化工程建成运行，交通综合业务管理信息系统完成初步设计，农村公路建设计划管理系统开工建设；普通公路路网管理平台、福建省港航暨地方海事、湄洲湾港口信息化支持保障系统等信息化项目继续推进或试运行。福州港口管理局信息化项目、综合执法车载信息化系统完成招标，城市公交智能管理系统完成招标文件编制；安全畅通与应急处置系统工程工可通过专家评审，公路水路建设与运输市场信用信息服务系统工程完成初步设计。

绿色低碳交通 2013年，全省绿色低碳交通运输体系建设顺利推进，组织厦门开展低碳交通运输体系建设区域性试点，开展绿色低碳城市公共交通工程、绿色低碳港区建设工程、绿色低碳智能交通工程等6项重点工程。推广节能技术设备，引导企业节能降耗。推广应用隧道LED灯具，编制完成省地方标准《公路隧道照明用LED灯具》，至2013年底，已在高速公路安装了2.5万套LED灯具，比传统照明节能35%。推广清洁能源车辆，已新增2613辆天然气公交车、181辆油电（油气）混合动力公交车、7912辆CNG出租车、458辆天然气客运车辆、85辆货运车辆，节省燃料消耗成本3亿元，减少二氧化碳排放13万吨。积极推广港口“油改电”技术，累计已有86台港口集装箱门式起重机“油改电”，实现节能8千吨标准煤，二氧化碳减排2万吨。积极推广ETC技术，已建成290个ETC车道，用户达12万辆，ETC通行量占收费站总通行量的16.2%。开展专项行动，引导企业主动节能减排。组织31家企业参加交通运输部实施的“车船路港”千家企业低碳运输专项行动，引导企业充分发挥责任主体的作用。

（省交通运输厅）

【外经贸科技概况】 2013年，全省高新技术产品进出口302.5亿美元、比增11.1%，占全省外贸进出口总额的17.9%，其中：出口155.1亿美元、比增10.9%，进口147.4亿美元、比增11.4%。全省技术进出口登记总额14.3亿美元、比增59.7%，其中：引进技术和进口设备合同登记266项，合同金额11.8亿美元、比增66.6%；技术出口合同登记861项，合同金额2.5亿美元、比增33.7%。

高新技术产品出口 2013年，全省高新技术产品出口155.1亿美元、比增10.9%，占全省外贸出口总额的14.6%，增幅比全国高新技术产品出口高出1.1个百分点，占比低于全国平均水平15.3个百分点。①出口市场。香港是福建省高新技术产品第一大出口市场。当年，对香港出口40.2亿美元、比增2.3%，对欧盟出口24.7亿美元、比增27.7%，对美国出口20.3亿美元、比降7.5%，对日本出口14.5亿美元、比增20.2%，对东盟出口11.8亿美元、比增5.5%，对墨西哥出口7.5亿美元、比增62.3%，对韩国出口6.4亿美元、比增15%，对巴西出口6.2亿美元、比增23.2%，对台湾省出口6.1亿美元、比降14.9%，对印度出口3.2亿美元、比增5.6%。②出口区域。全省高新技术企业主要集中在福州、厦门两市，区域分布不平衡。当年，福州市出口32.6亿美元、比降7.3%，厦门市出口111.8亿美元、比增13.4%，两市合计占全省出口比重高达93.1%。泉州市出口4.6亿美元、比增82.8%，漳州市出口3.9亿美元、比增168.5%，其他地市出口均未突破1亿美元。③商品结构。航空航天技术、光电技术、电子技术产品、生命科学技术、计算机集成制造技术出口增长较快，生物技术、材料技术、计算机与通讯技术出口下降，其他产品出口保持稳定增长，全省出口的高新技术产品以计算机与通讯技术产品为主。当年，航空航天技术产品出口6.7亿美元、比增68.8%，光电技术产品出口42.2亿美元、比增38.7%，电子技术产品出口8.1亿美元、比增28.4%，生命科学技术产品出口8亿美元、比增7.2%，计算机集成制造技术产品出口2.5亿美元、比增7%，生物技术产品出口31.5万美元、比降31.1%，自动数据处理设备及其部件出口40.5亿美元、比降8%，材料技术产品出口1.3亿美元、比降3.2%，计算机与通讯技术产品出口86.3亿美元、比降1.9%。出口较多的产品有：液晶显示板出口41.5亿美元、比增39%，通讯设备出口20.9亿美元、比增72.4%，电视机及投影机出口11.7亿美元、比降22.9%，电视、收音机及无线电讯设备的零附件出口6.1亿美元、比降20.9%，医疗或外科用仪器、设备及其零附件出口6亿美元、比增4.2%。④贸易方式，以加工贸易出口为主。当年，加工贸易出口110.9亿美元、比增0.7%，占全省高新技术产品出口总额71.5%；一般贸易出口32.5亿美元、比增53.3%；其他贸易方式（主要是保税仓库进出境货物和保税区仓储转口货物）出口11.8亿美元、比增35.7%。⑤出口主体。全省高新技术产品出口额超过千万美元以上的企业共115家，合计出口144.1亿美元、比增13%，占全省高新技术产品出口额的92.9%；出口上亿美元的企业23家，合计出口115.9亿美元、比增10.4%，占比74.7%。

技术引进 2013年，福建省技术引进主要特点：①以外资企业为主体。当年，外资企业技术引进合同金额9.4亿美元、比增49.4%，占全省技术引进合同总额的79.8%；民营企业技术引进合同金额1.6亿美元、比增241.1%，占比13.3%；国有企业技术引进合同金额0.1亿美元、比降40.9%，占比0.8%。②以专有技术许可、技术咨询、技术服务和计算机软件等方式为主。当年，专有技术许可或转让合同金额达5.4亿美元、比增78.6%，占全省技术引进合同总额的45.7%；技术咨询、技术服务合同金额达4.3亿美元、比增157.6%，占比36.6%；计算机软件进口合同金额1.1亿美元、比降6.3%，占比9.7%。③以日本、美国和荷兰等国家为主要来源地，其中日本为技术引进最大来源地。当年，从日本引进技术合同金额4亿美元、比增100.9%，占全省技术引进合同总额的34.1%；从美国引进技术合同金额3.8亿美元、比增56.8%，占比32.1%；从荷兰引进技术合同金额0.9亿美元、比增1550.3%，占比7.4%。④技术引进行业主要集中在制造业和计算机应用服务业领域。当年，全省制造业技术引进登记合同170项，合同金额8.6亿美元、比增73.8%，占全省技术引进合同总额的72.9%；社会服务业项下的信息传输、计算机服务和软件业引进合同14项，合同金额2.3亿美元、比增58.3%，占比19.8%。

技术出口 2013年，福建省技术出口以计算机软件出口和技术咨询、技术服务为主要方式。当年，软件出口合同数594项，合同金额达1亿美元，占全省技术出口合同总额的40.1%；技术咨询、技术服务出口合同数94项，合同金额0.9亿美元，占全省技术出口合同总额的34.9%。

（省商务厅 邓建新、崔 毅、珍晨妮）

【卫生科技概况】 2013年，全省卫生系统以《福建省“十二五”卫生事业发展专项规划》的主要内容和重点任务为指导，围绕深化医药卫生体制改革，着力创新，科学规划，为切实提高医疗服务能力、推动卫生事业发展提供科技支撑。当年，在省科技·人才活动周和全国科普日期间，组织各医疗卫生单位开展一系列形式多样、内容丰富的宣传活动，组织义诊咨询、科普讲座及科学使者下基层活动100多次，参与活动专家200多人次，受益群众、听众50000多人次，制作流动字幕、宣传栏、宣传海报，发放医学科普书籍、手册和宣传单等40000多份。

科技项目与经费 2013年，组织推荐、受理科研项目855项，其中组织推荐国家、省部科技项目97项；受理并组织第三轮卫生教育联合攻关项目、省卫生系统中青年骨干人才培养项目、省卫生厅青年科研课题、适宜推广技术项目等758个项目的评审、遴选立项工作。获立项科技项目338项，资助总额1861万元，其中：第三轮卫生教育联合攻关项目38项951万元、省卫生系统中青年骨干人才培养项目60项780万元，省卫生厅青年科研课题210项100万元，面向农村和基层推广项目30项30万元。

科技成果与转化 2013年，全年评审（鉴定）科技成果65项。由省卫生厅推荐申报省科学技术奖33项，全省卫生系统共获2013年度省科学技术奖40项，其中：省科技进步奖一等奖3项、二等奖13项、三等奖24项。从相关适宜技术与项目中遴选出“鼻咽通气道在肥胖合并高血压患者内镜诊疗麻醉中的应用”等30个项目作为全省面向农村和基层推广的新技术新成果推广项目。

实验室生物安全管理 2013年，开展全省实验室生物安全专项检查工作，重点做好安全生产工作及全省人感染H7N9禽流感防控工作的总体部署，做好二级生物实验室备案管理，先后举办2期福建省实验室生物安全培训班，规范了各级医疗卫生机构病原微生物实验活动。结合安全生产大检查，对泉州、三明、南平等地三甲综合医院的有关病原微生物实验室开展实验室生物安全大检查，要求迎检单位立即抓好问题整改。全省共备案病原微生物实验室615个。

（省卫计委科教处）

【数字福建建设概况】 2013年，福建省认真落实《工业和信息化部、福建省人民政府关于合作推进数字福建建设实施方案》，积极与央企合作建设公共服务平台，加快构建先进的信息基础设施，提升电子政务整合应用水平、公共服务和便民服务信息化水平，强化各项保障工作。

在集约建设上谋效益。遵循大平台、大整合、大共享的建设应用理念，推行平台化、集约化建设，按照平台上移、服务下移的思路，部署推进基于云计算技术的公共平台建设。完成全省电子政务公共平台顶层设计。制定印发《关于推进全省电子政务公共平台建设应用的通知》和《福建省电子政务公共平台建设服务实施指南》，规范推进全省电子政务公共平台建设应用工作。推进一批公共平台建设和应用。完成水环境统一监测平台建设规划设计，以及水环境统一监测管理平台信息化项目和水环境监测技术公共服务平台立项工作。启动建设北斗卫星综合应用平台，先期将在车联网智能位置服务及海洋渔业信息服务开展示范应用，再逐步扩展到其他应用领域。建成了省级电子政务移动云平台，满足各部门提出的移动办公需要。依托政务内外网云平台，采用“省级部署、三级应用”模式，建设覆盖全省三级政府执法单位的网上行政执法平台，实现行政处罚案件的网上运行、网上公开和电子监察。拓展政务云平台应用，2013年新建项目全部依托该平台进行部署建设。推进福建省超级计算中心二期建设。借助中国联通在福建省筹建东南计算基地的契机，与联通公司合作建设福建省超级计算中心二期，拟将超算中心建设成为数字福建云平台的重要组成部分，实现资源的高度利用并提升传统云计算中心的盈利能力，并由联通和福州大学共同出资，合作成立一个运营实体，进行建成后的市场化运营。

在为民服务上谋创新。积极探索现有政策法规信息化条件下的适应性改造，利用网络平台开展政民互动，推行文件证照电子化应用，逐步构建信息化条件下政务工作新模式。率先在全国建成覆盖所有市县的“12345”政务服务热线，形成了统一平台、统一受理、统一监察的机制，为解决群众诉求、促进政民互动开辟了渠道。推广文件证照电子化应用服务，已建成省级电子证照共享服务系统，完成42个部门系统对接改造，实现在业务办理过程中同步生成证照。至2013年底，省直25个厅局200类证照正式开通使用。建成高速公路长下坡安全预警系统，在沈海高速公路B道2003千米至2015千米试点路段投入使用，实现了高速公路一次事故“早发现、早预警、早作为”，从而大幅降低该路段二次事故。该系统经过国庆长假的考验，系统成效显现。省政府批复同意将该经验推广到省内高速公路其余5条长下坡。

在共享协同上谋突破。贯彻落实国家七部委《关于进一步加强政务部门信息共享建设管理指导意见》。联合省委编办等七部门，结合数字福建建设和电子政务深化应用的需要，在项目管理、应用创新以及机制保障等方面提出5点贯彻落实意见，以推动部门间政务信息共享。同时，向各厅局征集第一批信息共享目录以及信息共享需求，为下一步展开具体工作打下基础。启动建设省救助申请家庭经济状况核对平台。通过政务信息共享平台，抽取省公安厅、省住建厅等六部门的个人经济数据，开展低保、教育医疗救助、廉租房、经济适用房等各类救助服务的信息核对工作，提高救助家庭经济状况核对水平，确保政府财政惠及真正困难群体。开展社区信息整合工作。针对当前多个部门延伸到社区的系统相互独立，无法互联互通，导致了数据重复采集录入以及信息孤岛问题，通过调研，形成福建省社区信息整合初步方案，拟通过横向整合各部门延伸到社区的业务系统，形成社区统一的数据采集和业务受理门户。建设省行政执法与刑事司法衔接信息共享平台。依托政务内外网云平台，统一部署全省两法衔接信息共享平台，实现全省各级行政执法机关、侦查机关、检察机关、审判机关之间执法、司法信息的互联互通。

在发展前沿上谋布局。把握物联网、大数据等新一代信息技术应用的趋势，以及智慧城市建设带来的新的发展空间，积极布局发展前沿，推动数字福建由数字化向智慧化阶段迈进。统筹布局全省智慧城市建设。牵头组织编制福建省推进智慧城市建设指导意见，会同有关部门积极组织设区市申报国家首批基于云计算的电子政务公共平台建设和应用试点，已有福州市、三明市、龙岩市、南平市、莆田市5个设区市及10个县区列入试点。启动大数据应用工作。研究起草推进福建省大数据应用和产业发展行动方案，已形成初步成果，并开展相关研讨论证工作。开展福建省视频安防产业发展调研，联合省信息化局开展调研工作，形成了调研报告，提出扶持建议。

在日常管理上谋保障。强化安全保障工作。积极推进信息安全等级保护和分级保护工作。在开展电子政务外网安全调研基础上，制定了《电子政务外网安全管理办法》。开展2013年度电子政务绩效考核工作。会同有关部门印发了年度电子政务绩效考核实施方案，对考核工作进行部署和指导。通过考核，全省电子政务基础工作持续加强，促进电子政务应用不断深化。完善规章制度，印发了《加快福建省下一代互联网“十二五”发展建设的实施意见》《数字福建宽带网络建设实施方案》《推进文件证照电子化应用创新行政审批模式的实施意见（暂行）》《福建省电子文件证照共享服务技术指南》《福建省社会保障卡标准》等文件。加强项目管理，开展项目评审，新建项目全部要求在云计算平台上建设和部署，节省了资金。从项目的有效使用、资源管理和复用的角度做好验收工作。

（省数字办　王爱萍）

【邮政科技概况】　2013年，福建省邮政系统坚持以科学发展为主线，加强科技工作。全省邮政实现收入34.9亿元，比增12.55%。完成编报《福建省邮政公司重点领域建设专项规划（2013～2015）》《福建省邮政公司三年滚动规划（2013～2015）》；根据业务发展、基础设施布局的需要，设立软科学研究项目，出台《福建邮政便民服务平台规划（2013～2015年）》，并对《厦门邮政设施专项规划》进行修编。

2013年，省邮政公司直管科技开发项目投资预算200万元，主要用于：省内监督检查与安全保障管理系统研发；便民服务平台规划、厦门邮政设施规划等软科学研究；延伸性开发项目投资等。通过抽检、送检、责任处罚等措施，加强对邮政专用设备和用品用具的质量监督检查；同时，通过组织邮政用品用具、邮政制服等全省集中采购，加强对入网邮政专用设备和用品用具的达标情况监管，继续加强对全网性基础代码的维护管理。

2013年，福建省邮政系统加强对内投资计划管理。当年，下达两批固定资产投资计划、一批调整计划，全省下达固定资产投资计划16550万元（含中国邮政集团公司投资658万元），其中基建投资计划1764万元、技改投资计划14786万元（含中国邮政集团公司投资658万元、省邮政公司投资14128万元）。同时，下达一批农村邮政普遍服务基础设施网点整修项目专项投资计划，共安排资金1338万元，用于70个乡镇邮政网点整修。根据省内普遍服务所需设备实际情况，完成了2014～2015年计划建设的中央预算建设项目的调整工作，共调整项目116项，涉及投资5444万元，并已编制上报2014年投资计划需求。此外，下达一批服务“三农”场所建设项目专项投资计划，共安排资金404万元，用于13个区域仓储配送中心、33个直营店仓储建设及改造。

2013年，福建省邮政系统主要工程项目建设进展顺利。福州邮件处理中心（二枢纽）建设项目通过公开招标确定了土建勘察设计单位，已进入土建及工艺初步设计；省邮政广场建设项目通过公开招标确定了桩基施工单位，于9月3日开工；厦门邮件处理中心散件接收系统完成安装调试并投入运行。空白乡镇邮政局所补建项目已竣工65项；农村邮政普遍服务基础设施网点整修已有70项项目全部完成方案审查及批复并基本完工。在邮政服务“三农”仓储场所建设项目方面，下发《关于2013年“邮政服务三农”专项投资计划项目的若干实施意见》，进一步加强项目管控，已完成9个地市“三农”仓储中心项目的方案批复，部分项目已建成。在市、县局本部及支局所局屋建设方面，泉州台商投资区邮政综合大楼进入施工图设计，完成上报审批；东山邮政局大楼、福州台江邮政支局已通过公开招标并确定开工日期；商函封装打印设备二期更新改造项目已完成设备询价及定向采购的签报并完成采购合同签订。省内启动立项的福建邮政11185客户服务中心改造工程、福建邮政信息网市级节点网络改造工程完成竣工验收；福建邮政商务投递系统工程、福建邮政商务数据管理系统工程、福建邮政电子商务网站工程、福建邮政便民服务平台工程已基本完成项目实施并投入试运行；还完成了福州、泉州、漳州、龙岩、三明、南平等地区的19个二、三类现金业务库以及宁德等地区62个四类库改造的总体设计批复，各项目建设工作有序开展。此外，还开展了福州、泉州、龙岩、三明邮政监控中心项目建设，其中三明、龙岩、泉州邮政局远程监控中心已完成建设任务。省邮政公司积极与平潭综合实验区管委员沟通，经对当地气候环境、地方政府规划以及处理中心定位的分析论证，初步确定平潭对台邮件处理中心征地选址意见和征地规模。

（省邮政公司　杨文振）

【广播影视科技概况】　2013年，全省进一步加强广播电视安全播出技术保障，组织实施全省广播电视监测网安全同步转播及前端监测等技改项目，改造完善供配电系统，进一步提高监测网的稳定性和可靠性，圆满完成春节、全国“两会”、敏感日、国庆、台风、十八届三中全会等重要保障期间的广播电视安全播出任务，全年全省无重大安全播出停播事故。当年，省级广电监管系统项目建设分别通过省发改委、省财政厅组织的专家论证评审，东南卫视和厦门卫视捆绑上星项目通过国家新闻出版广电总局验收。同时，积极推进三网融合试点工作的开展。省广播影视集团负责建设省级IPTV集成播控平台，完成平台的技术规划、核心技术的研究和测试，厦门市完成当地监测机房改造。省新闻出版广电局科技委联合上海百事通公司举办了OTTTV技术讲座，有关专业委分别召开技术研讨会，开展前沿技术交流。全省获评国家新闻出版广电总局科技创新奖5项，有4个单位获评全国广播电视安全播出先进集体、4人获评全国广播电视安全播出先进个人，获全国广播电视技术能手竞赛二等奖1人、三等奖2人。

广播电视“村村通”工程　2013年，完成全省21510个村、600095户广播电视“村村通”工程建设任务的验收，完成全省40座“十二五”广播电视“村村通”工程高山无线发射台基础设施建设项目审批，向国家发改委申请2013年动工的16个高山台建设经费2000万元并全部到位。

农村有线广播应急预警系统建设 2013年，省委、省政府将“推进全省农村有线广播应急预警系统建设”列入为民办实事项目，安排省级建设补助资金1396万元，全省广电系统大力推进工程建设。一是抓协调，省广电局、省发展改革委、财政厅联合印发《福建省农村有线广播应急预警系统实施方案》，明确了工程实施的有关事项；积极协调福建广电网络集团，要求各地网络分公司配合当地广电行政主管部门，提高广播信号传送质量，确保网络畅通和项目建设有效开展。二是抓试点，确定16个试点建设县（市、区），完善建设方案并对工程建设存在问题督促整改落实。三是抓建设，各地广电局认真组织实施，至2013年底，完成77个县（市、区）机房和884个乡镇广播室的全部建设任务，基本实现福建省农村有线广播县乡村三级联播联控。

（省新闻出版广电局　彭　征）

【气象科技概况】 2013年，福建省全面推进气象现代化建设和基层气象机构综合改革，认真抓好台风等灾害性天气的监测、预报、预警和服务工作，大力推进两岸气象交流合作，不断加强气象科普宣传的力度和覆盖面，增强公众的防灾避险能力，在气象防灾减灾、科技服务发展、科研和人才建设等方面取得一定成效。至2013年底，全省气象队伍共有硕、博士181人，本科及以上学历人员达70%；高级专业技术人员224人，中级以上职称人员超53.8%；入选中国气象局“双百人才”2人。

科技项目和成果 2013年，省气象局自立科技项目70多项，科研经费投入约百万元。牵头申报全国气象行业专项重点项目、面上项目各1项，参与申报2项，获得中国气象局关键技术项目立项资助1项，参与研究1项，预报员专项立项3项；获得省科技厅重点科技计划立项资助3项、省自然科学基金立项资助1项；项目成果“福州市县预报服务业务平台”建立了具有综合气象信息产品共享、预报服务产品制作、预报预警信息一键式发布等多种功能的集约一体化综合业务平台；项目成果“福建省山洪灾害风险评估方法”研制出的山洪灾害风险评估方法适用于资料条件最苛刻的小流域，在国内外属首创；项目成果“雷电临近预警应用系统”在通信行业推广应用，成功地保障了雷电敏感设备的安全运行。

科技创新平台建设 2013年1月18日，由省政府和中国气象局共建的“海峡气象科学研究所”正式揭牌成立。研究所的成立是落实2011年3月省政府和中国气象局共同签署的《共同推进气象服务海西建设合作协议》，旨在为海峡地区气象业务服务提供强有力的科技支撑，提升海峡气象防灾减灾能力。研究所将以海峡地区灾害性天气和福建特色农业气象为研究方向，建立海峡气象开放实验室，积极推动两岸灾害性天气会商、预警、联防、联动和气象探测资料的共享，加强对台风、暴雨等灾害性天气和海峡大风、海雾等海洋气象灾害的研究，加强厦门—金门、马尾—马祖、泉州—金门、平潭—台中等海上客运航线实时气象资料采集和气象服务；举办海峡民生气象论坛；开展果树、茶叶、烟草、花卉等特色农业气象保障研究。当年，省气象局启动高性能计算中心建设，该业务系统峰值运算速度将达80万亿次每秒，并提供300T的存储容量，将大大提高模式分辨率、资料同化技术和模式解释应用能力，提升福建省气象预测预报的技术支撑能力；建成福建省级气象业务平台并正式上线运行，实现了全省各类业务信息的有效整合和实时共享；加快海洋气象预报业务系统建设，加强对岸基、海岛区域自动站等多源精细化探测资料的分析和运用。

科技交流与合作 2013年，加强与国内各大高校、科研院所的合作。省气象局与中科院大气所签订《气象科技合作协议》，与台湾大学大气科学系签署《海峡两岸气象交流合作框架协议》等，共同在科学研究与交流、资源共享、人才培养等方面开展合作。发挥闽台“地缘相近、气缘相通”优势，加强闽台科研与学术交流，举办“海峡民生气象论坛”。

（省气象局　马　清）

【环保科技概况】 2013年，全省环保系统深入贯彻落实科学发展观，扎实推进各项环保工作。在全省经济社会快速发展的同时，环境质量继续保持在优良水平。12条主要水系和集中式生活饮用水源地水质状况继续保持优良，23个城市空气质量均达到二级标准，城市声环境质量继续保持稳定，辐射环境质量总体保持良好，森林覆盖率继续位居全国首位，生态环境状况指数继续保持在全国前列。当年，经省政府批准，省环保厅与省质监局联合发布《福建省制浆造纸工业水污染物排放标准》(DB35/1310－2013)、《福建省水泥工业大气污染物排放标准》（DB35/1311－2013）等2项地方排放标准。

2013年，省农科院完成的“南方现代循环农业技术集成创新与示范推广”项目获环保部环境科学技术奖三等奖。福建龙净环保股份有限公司等单位完成的“塔内氧化——钙基强碱——石膏湿法烟气脱硫装置”获度省科技进步奖一等奖；省环境科学研究院等单位完成的“海峡西岸经济区（福建省）重点产业发展战略环境评价”获省科技进步奖二等奖；另有8项环保类科技成果分获省科技进步奖二、三等奖（其中二等奖3项、三等奖5项）。省环境科学研究院等单位承担的“九龙江北溪综合治理技术研究与示范”项目列入省科技重大专项。全省获得国家重点环保实用技术8项、示范工程8项，省级先进环保实用技术6项；5个产品通过国家环保产品认证，4个产品通过绿色之星产品认证，6个产品推荐为省级环保产品；8家企业获得环境污染治理设施运营资质证书。

2013年，科技部、省政府批准建设省部共建“能源与环境光催化国家重点实验室”，该实验室依托福州大学建设，主要开展光催化科学基础和应用基础研究和光催化能源和环境新技术创新研究。省环境科学研究院与中国科学院城市环境研究所签署战略合作协议。环保部作为主办单位参与举办第十一届“6·18”项交会环保展，省内外40多家环保企业共展示污染治理技术成果60项、环保技术需求25项，展会同期还举办了挥发性有机物污染治理技术推介会及现场签约仪式等活动。

2013年，积极组织开展环境教育基地创建和培训工作，省核与辐射环境安全教育基地启动建设，厦门市科技馆、厦门大屿岛白鹭自然保护区、漳州东山县二中青少年海洋生物标本馆被教育部和环保部确定为首批全国中小学环境教育社会实践基地。组织开展核应急宣传周活动，提高公众对核安全、核应急的认识，为核能事业健康安全可持续发展提供更加良好的环境。组织开展科普宣传进社区活动，省环境科学学会联合宁德市环境科学学会、宁德师范学院绿点环保协会，在宁德市东侨华庭小区举办关于PM2.5知识科普宣传活动，通过入户宣传及摆点宣传等方式向市民展示环保科普挂图、发放《PM2.5产生原因及其防治措施》等环保科普宣传手册，普及PM2.5相关知识，累计发放科普宣传手册500册、入户宣传50户。

（省环保厅）

【防震减灾科技概况】 2013年，福建省不断提升地震科技创新能力，提高应急救援和震害防御水平，创新地震科普宣传与教育形式，促进闽台地震科技交流合作。承担的国家科技支撑计划项目——“地震预警与烈度速报系统的研究与示范应用”课题通过中国地震局和科技部验收，率先在福建和首都圈进行示范应用；承担的国家科技支撑计划项目“地震预警技术实用化与示范应用”中“地震预警数据处理技术的集成融合研究”通过科技部评审；承担的2项2011年度地震科技星火计划项目通过中国地震局验收；参与编写《国家烈度速报与预警工程》项目已完成立项评估工作；组织实施“福建及近海地区深部地壳结构人工探测实验”，成功改造“延平二号”科考船物探平台，实施海上气枪实验，获得珍贵海底观测记录，为实施福建海洋强省战略提供基础资料。

2013年，修订《福建省地震应急预案》并由省政府办公厅下发执行；参与组织在福州举行的“华东联动—2013”地震应急救援协作演练，中国地震局副局长修济刚、副省长徐钢等领导出席演练大会；举行省抗震救灾指挥部应急指挥桌面推演，副省长徐钢亲自主持推演；完成省地震灾害紧急救援队二期3357万元装备采购；修订《福建省防震减灾条例》，将地震预警系统建设等内容纳入地方法规，为全省防震减灾工作今后十年的发展奠定法制基础；制定《福建省防震减灾工作纲要（2013～2017）》，提出今后五年全省防震减灾工作的指导思想、总体目标、主要任务和保障措施；为应对四川芦山7.0级地震，根据中国地震局要求，派出3名专家赴川支援，及时总结芦山地震应急经验和教训，向省委、省政府提出工作建议；应对仙游4.8级地震，召开会商会作出震后趋势判断，第一时间派出工作组奔赴震区开展现场处置工作，为政府决策和震区救灾重建等提供依据，得到省长苏树林、副省长徐钢的充分肯定；对全省126项能源、交通等重大建设项目依法进行地震安全性评价，开展福州琅岐岛地震小区划工作，规范化管理抗震设防工作。

2013年，完善“福建省数字地震科普馆”工作，在省地震局门户网站和官方微博上建立数字地震科普馆链接，网民登录浏览量已超过3万人次；在“5·12”防灾减灾日、“科技·人才活动周”、“科技三下乡”、“7·28”唐山地震纪念日、全国科普日等期间，在省、市、县电视台播出《蟾童》《防震减灾社会宣教公益广告》《应对地震灾害——公众自救互救常识》等防震减灾科教片；组织开展“5·12”微访谈工作，在1小时的微访谈中，网民访问人数近2万人次；派出科技人员20人次，赴省煤田地质局、榕城监狱、省电力公司、省粮食局、福建师范大学等进行防震减灾科普宣讲活动，组织开展17场科普宣传，举办防震减灾科普讲座6场，进社区11次、校园6所，办展览9次、知识竞赛2场，发放科普宣传材料、宣传品等近5万份，受众达3万多人；组织数字电影院深入社区、学校、乡村，流动放映防震减灾科普电影《今天·明天》《乐乐熊历险记》40场次；协调组织开放参观活动，向民众开放省地震局监测中心、应急指挥与宣教中心及地震台站，共计1000多人前来参观；加强门户网站的信息发布和专题制作，至2013年底，省地震局门户网站共发布信息777条，访问人数达19.22万人次；拓展局官方微博工作，全年共发布5个栏目，微博550条，视频9个，图片202张；编印《防震减灾科普常识》册子2万份，与福建科技出版社合作出版《地震灾害防御知识》科普挂图1万套共4万张，印制防震减灾科普扑克牌2万盒，制作《福建省数字地震科普馆》《蟾童》光盘各1万张，分发《防震减灾科普常识》《地震群测群防手册》《农村地震安全手册》《机关企事业单位（社区）防震减灾手册》等地震科普材料共20多万册；制作分发农居地震安全宣传挂图1万份，在广大农村地区张贴宣传；制作《2013年桌面推演宣传片》《气枪震源系统介绍片》《台湾海峡西部地壳结构深部探测纪录片》《台湾海峡西部地壳结构深部探测汇报片》等宣传片。

2013年，在福州召开闽台地震科技合作交流研讨会。以台湾地区王乾盈教授为团长的来自台湾“中央大学”、台湾“中研院”、台湾大学、台湾东华大学、台湾科技大学等单位的地震专家一行9人到省地震局访问交流。闽台双方在扩大实时交换观测数据的地震台数量、联合建设地震探测数据资料库、深化两岸海陆联测及其研究合作、加强两岸在地震前兆观测和地震预报方面合作研究以及加强人才培养等方面签订了合作意向书。派出科技人员随团赴台与台湾地震机构签订“海峡两岸地震合作协议”，为省地震局与台湾地震机构顺利开展项目合作交流奠定基础；在泉州外海海域完成“2013年度台湾海峡西部地壳深部结构探测工作”，项目实验期间，台湾海洋大学、台湾“中央大学”地球科学学院等机构参与台湾海峡中线以东的观测，中国地震局对此次震测实验给予充分肯定。

2013年，福建地震活动水平较上年度明显增强，最大地震为M_L5.0级。台湾海峡地区地震活动水平较上年度有所增强，10月28日台湾海峡中部M_L4.4级地震打破了自2007年8月29日海峡南部M_L4.0级地震后的4级地震平静现象。台湾地区地震活动水平明显增强，且陆地上的地震活动较为活跃，有别于往年的地震活动主要发生在东部海域的现象。最大地震为6月2日南投M_S6.7级和10月31日花莲M_S6.7级。

（省地震局 郑小菁、王 林）

厦门大学管理学院工程硕士（ME）教育中心

厦门大学由著名爱国华侨领袖陈嘉庚先生于1921年创办，是中国近代教育史上第一所华侨创办的大学，也是国家“211”工程和“985”工程重点建设的高水平大学。

厦门大学管理学院ME中心创建于2004年，2005年1月开始招生。目前拥有工程管理专业(双证)学位培养项目和项目管理、物流工程2个领域的工程硕士专业培养项目，每年招生人数150人左右。

ME中心依托管理学院的学科优势和师资优势，在工程管理、项目管理和物流工程领域始终走在国内同行的前列。

ME中心同时拥有2个一级（3个二级）专业学位硕士培养项目，其中物流工程专业获得ILT（Institute of Logistics and Transport，英国皇家物流与运输学会）专业资质互认资质，项目管理专业获得IPMP（International Project Management Profession，国际项目管理协会）资质互认资质；以及国内权威认证机构——中国物流与采购联合会的“物流师职业资格认证”和“注册采购师职业资格认证”授权，成为福建省唯一的全国物流师职业资格认证和注册采购师职业资格认证考试中心。

联系方式

招生联系人：何老师、陈老师　电　话：0592-2187818

地　址：厦门大学管理学院工程硕士教育中心　邮　编：361005

网　址：meem.xmu.edu.cn　电子邮箱：me@xmu.edu.cn

分子疫苗学和分子诊断学国家重点实验室(厦门大学)

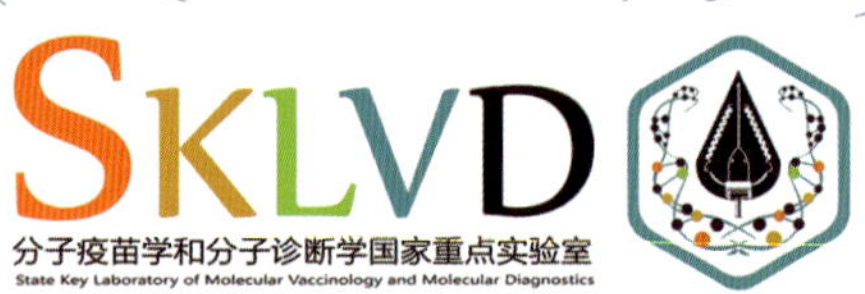

State Key Laboratory of Molecular Vaccinology and Molecular Diagnostics

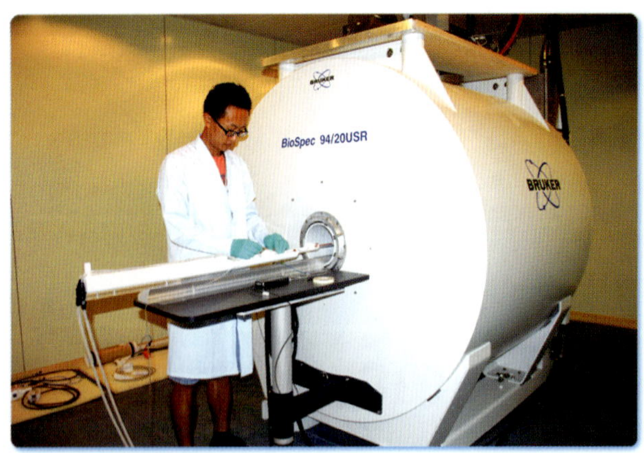

省部共建分子疫苗学和分子诊断学国家重点实验室（厦门大学）于2013年12月获科技部、福建省人民政府、厦门市人民政府联合发文批准启动建设，依托厦门大学公共卫生学院组建。首任重点实验室主任为夏宁邵教授，学术委员会主任为曹雪涛院士。

实验室建设将主要围绕区域发展的战略布局与区域特色开展高水平基础研究和应用基础研究，引领区域科技创新，服务地方经济社会发展。

实验室现有固定人员70多人，其中包括“千人计划”学者2人、“万人计划”创新领军人才2人、国家杰出青年科学基金获得者2人、科技部中青年科技创新领军人才1人、教育部跨(新)世纪优秀人才培养计划4人、“闽江学者”1人。

实验室承担“973”、“863”计划等国家级省级重大科技项目70多项，近年来在Lancet、Science、Cell Reports、PNAS、Gut等学术刊物上发表论文130多篇。实现了全球第一个戊肝疫苗及一大批重大疾病诊断试剂的成功转化，取得国内外发明专利授权20多件。实验室实行“开放、流动、联合、竞争”的运行机制，与美国国立卫生研究院、哈佛大学、台湾大学、英国卫生局、法国赛诺菲巴斯德公司、美国默克公司等国际一流的机构有着重要的科研合作。

厦门大学眼科研究所

厦门大学眼科研究所全体人员合影

厦门大学眼科研究所是一个集眼科临床与基础研究、人才培养、眼科新技术与新产品开发于一体的专业研究机构，是福建省眼科与视觉科学重点实验室依托单位。研究所基础研究基地位于厦门大学翔安校区，临床研究基地设在厦门大学附属厦门眼科中心。

眼科研究所现有基础研究团队50多人，临床研究团队70多人。拥有包括中组部千人计划特聘专家、长江学者特聘教授、国家及福建省杰出青年基金获得者、闽江学者讲座教授、外籍讲（客）座教授等一大批高水平专家学者，人才梯队完整，结构合理，是一个朝气蓬勃，充满激情，勇于创新的研究团队。

眼科研究所目前主要研究方向包括泪液与眼表面疾病、眼部新生血管性疾病、近视眼的发生机理与治疗，角膜组织工程、角膜上皮干细胞的基础与临床研究。目前承担包括国家重点基础研究发展计划（973）项目、国家重大科学仪器项目、国家高科技计划（863）重点项目、国家自然科学基金重点项目、卫计委临床重点项目等重大项目的研究。近3年共获得科研资助20多项，科研经费2000多万元。

近3年来，眼科研究所在基础与临床研究方面成果显著。在国内外杂志发表论文40多篇，其中被SCI收录30多篇；参与撰写5部专著；申请国家专利10多件；获得省科学技术奖一等奖2项、厦门市科学技术奖一等奖2项以及中华医学科技奖、运盛青年科技奖等。

眼科研究所的目标是建设一个向国内外高水平眼科和视觉科学研究人员开放的国际性研究平台，一个推动中国眼科基础与临床研究水平提升的教育平台，一个促进中国眼科界与国际间广泛交流的合作平台。眼科学人秉承厦门大学“自强不息，止于至善”的校训，发扬“严谨，求实，自由，创新”的科学精神，力争在较短时间内把厦门大学眼科研究所建设成为国内一流、国际知名的眼科基础和临床研究机构。

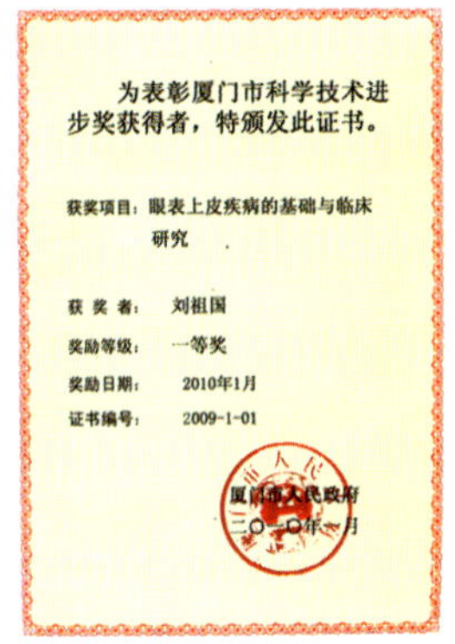

为表彰厦门市科学技术进步奖获得者，特颁发此证书。

获奖项目：眼表上皮疾病的基础与临床研究

获 奖 者：刘祖国

奖励等级：一等奖

奖励日期：2010年1月

证书编号：2009-1-01

厦门市人民政府

二〇一〇年一月

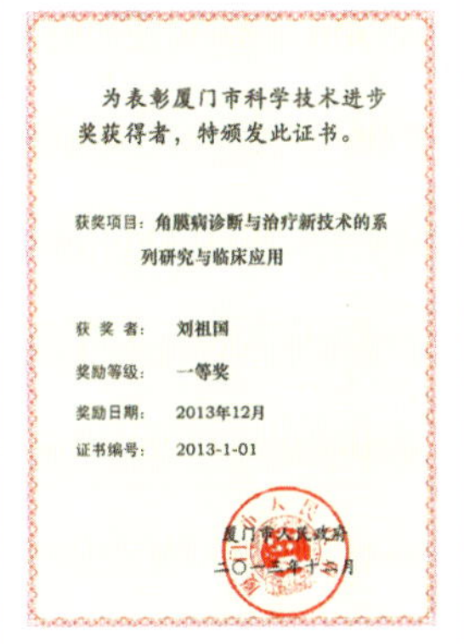

为表彰厦门市科学技术进步奖获得者，特颁发此证书。

获奖项目：角膜病诊断与治疗新技术的系列研究与临床应用

获 奖 者：刘祖国

奖励等级：一等奖

奖励日期：2013年12月

证书编号：2013-1-01

厦门市人民政府

为表彰福建省科学技术进步奖获得者，特颁发此证书。

获奖项目：眼表上皮疾病的基础与临床研究

获 奖 者：刘祖国、李 炜、梁凌毅、林 辉、王 华、董 诺、杨文照、胡皎月、陈文生、刘 靖

奖励等级：一等奖

奖励日期：2011年1月15日

证书编号：2010－J－1－009－1

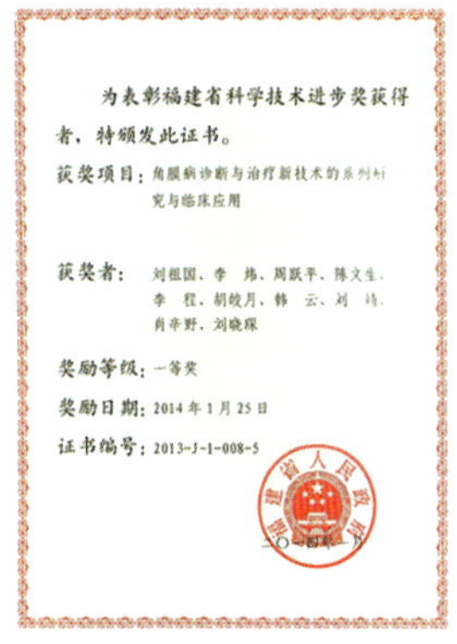

为表彰福建省科学技术进步奖获得者，特颁发此证书。

获奖项目：角膜病诊断与治疗新技术的系列研究与临床应用

获奖者：刘祖国、李 炜、周跃平、陈文生、李 程、胡皎月、韩 云、刘 诗、肖辛野、刘晓琛

奖励等级：一等奖

奖励日期：2014 年 1 月 25 日

证书编号：2013-J-1-008-5

福建师范大学

聚合物资源绿色循环利用教育部工程研究中心

副校长汪文顶到中心考察指导

聚合物资源绿色循环利用教育部工程研究中心依托福建师范大学，2013年获批建设，研究中心由静脉产业规划和清洁生产、固体废物绿色循环和高质化利用、绿色合成工艺和功能助剂制备、改性技术和专用料制备、回收聚合物产品设计和技术集成、环境修复和性能测试等6个工程实验室组成，建设了绿色功能助剂合成、废旧聚合物功能化改性、拆解清洗节能节水一体化等3条中试生产线。

工程研究中心依托资源循环利用与工程、高分子材料与工程、复合材料、化学工艺与工程、环境工程等本科专业，环境科学与工程、材料科学与工程、化学、塑料加工工程等硕士学位点和化学、生态学等博士学位点，形成了完整的本硕博人才培养体系；与福建省污染控制与资源循环利用重点实验室、福建省高分子材料重点实验室、福建省环境友好高分子材料工程技术研究中心、福建省改性塑料技术开发基地、福建师大泉港石化研究院等创新平台形成互动，构建了人才培养培训—应用基础研究—产业关键技术研发—产业化技术推广—示范基地建设的政产学研用创新体系，形成了有特色的研究方向，在合成树脂功能化、绿色化工助剂、改性塑料、涂层材料方面取得了一系列工程化关键技术成果，特别在废旧塑料、橡胶、农林废弃物等聚合物资源的“城市矿产”圈区管理、高质化无害化处置方面开展了卓有成效的工程技术研发，可为相关行业提供科技与技术支撑。

反应型挤出机组

高分子材料激振流变工作站

高效应力溶液流变测试仪AR2000

举办改性塑料与资源绿色循环利用学科建设人才培养暨产学研合作论坛

教育部科技创新团队

福建省光子技术重点实验室
医学光电科学与技术教育部重点实验室

福建省光子技术重点实验室（医学光电科学与技术教育部重点实验室）设立于福建师范大学光电与信息工程学院内，2003年和2005年重点实验室相继批准立项建设，2007年和2008年先后通过验收。主要研究方向：生物组织光学、医学光谱与成像技术、光诊断与光保健技术、信息光学及其生物医学应用等。实验室总面积3300平方米，主要仪器设备原值4038万元。实验室主要学术带头人是谢树森教授，拥有“光学工程”和“物理学”专业一级学科博士学位授予权，拥有“光学”、“生物医学工程”和“光学工程”等8个硕士学位授予权，拥有教育部科技创新团队。

福建省光子技术重点实验室现有固定人员31人，其中，高级职称24人，具有博士学位17人，51%的教师具有海外留学经历。重点实验室成员获得多项国家级、省级荣誉，实验室已拥有一支稳定的可持续开展本领域前沿科研的学术梯队。

2013年度，重点实验室获得国家自然科学基金重点项目立项1项；获得省市级科学技术奖3项，1人获得福建省杰出科技人才荣誉称号。重点实验室投资近1000万元，建成单分子光学探测与操纵实验室和光电工程实训中心，加大与企业合作，开展联合技术攻关。在开放运行和服务海西建设方面：为企业等提供技术咨询5项；技术服务18项；与企业共同承担2项，成果以非专利技术转让1项，为企业或相关单位提供人才培训5批，共计321人。

实验室学术委员会主任为中科院半导体研究所原所长王启明院士，学术委员会常务副主任为福建师大激光与光电子技术研究所所长谢树森教授，医学光电科学与技术教育部重点实验室主任为陈荣教授，省光子技术重点实验室主任为陈建新教授。

联系人：雷晋萍
地　址：福州市仓山区上三路32号福建师范大学光电与信息工程学院
邮　编：350007
电　话：0591-83405818
传　真：0591-83465373
Email：jplei@fjnu.edu.cn

光电工程实训中心

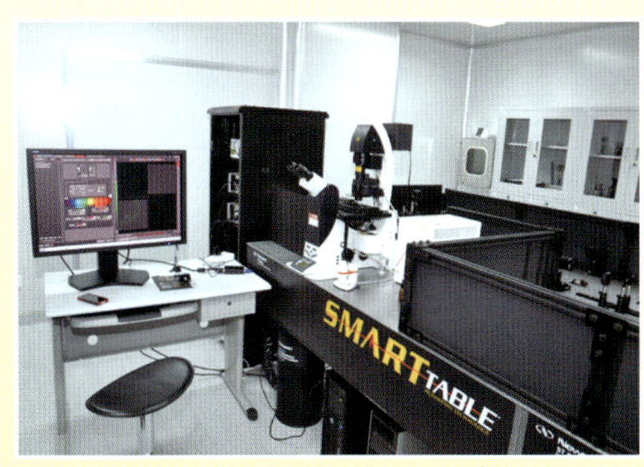

分子光谱 & 纳米显微光学成像

汽车后视盲区增效镜

光纤熔接机高清晰显微镜头

超小型二维条码解码引擎新产品

大靶面高分辨远心机器视觉镜头

福建师范大学

实验室大楼

福建省网络安全与密码技术重点实验室

参加网络安全与密码技术重点实验室验收会领导和专家合影

福建师范大学网络安全与密码技术实验室成立于2005年3月，2006年6月入选首批福建省高等学校重点实验室建设名单，2013年3月入选福建省重点实验室建设名单。实验室研究内容涉及计算机科学、数学、信息与通信工程等学科及其相结合形成的交叉学科，拥有“异构网络安全通信技术”、“多媒体数据挖掘与监控关键技术”2个福建省高校创新团队，现有研究人员36人，其中教授11人（闽江学者讲座教授3人），副教授14人，具有博士学位22人。近年来，实验室主办和承办国内外学术会议10场。

实验室近年来承担了“面向异构物联网的安全融合理论及关键技术研究”、“基于视频技术的视频篡改取证研究”、“跨层协作的可编程无线mesh网络及安全关键技术研究”、“群通信中多对多会员认证协议研究”、“面向软件行为鉴别的事件序列挖掘方法”、“大规模网络安全身份认证协议若干问题研究”、“噪声环境下的量子保密通信研究”、“无线传感器网络位置信息的安全研究”、“公共平台中个人健康记录的安全保障技术研究”和“两类隐私保护密码方案的研究与应用”等国家自然科学基金（含重点）以及“云存储服务中保障数据安全的关键技术研究”等省部级科研项目共48项；发表学术论文200多篇，其中SCI、EI、ISTP检索100多篇次。与企业开展“下一代高性能综合安全网关关键技术开发”、“涉密信息存储与备份系统关键技术的研发及产业化”、“数据库安全监管综合平台关键技术研究与产业化”、“基于RFID和无线传感器网络的定位系统”、“移动良性蠕虫研究”等产学研项目18项；申请网络与信息安全领域的专利125件，其中获批“无线传感器分簇多跳通信方法”、“基于信标校验机制的传感器网络定位方法”、“一种基于光流法与数字全息的视频水印”等发明专利12件，“基于无线传感器网络技术和RFID技术的物流管理装置”、“基于GPS的运输行业监控装置”等实用新型专利77件，“电子商务聚焦搜索引擎系统”、“文档操作安全审计管理平台”等软件著作产权34项。

实验室愿与国内外学术科研单位和企事业开展联合学术研究和产品开发。

高性能服务器机群

无线 mesh 网络与物联网实验平台

承办第六届可信计算与信息安全学术会议

福建师范大学闽南科技学院

福建师范大学闽南科技学院是2001年经省政府、教育部批准成立，是一所实施全日制本科教育的独立学院。学院实行"董事会决策，院长负责"的管理体制，董事长为菲律宾著名侨领、菲华各界联合会名誉主席、实业家戴宏达先生；名誉院长为中国科学院著名数学家、中国数学会生物数学分会理事长陈兰荪教授，现任院长为福建师范大学邱永渠教授。学院坐落于福建泉州南安市，有康美、美林两个校区，校园环境宜人，办学条件完善。学院主要培养经济建设和社会发展急需的应用型高级专门人才，拥有理、工、文、管、经等学科门类，在校生8500多人。

学院积极推动教学科研上水平、上台阶，先后承担省部级各类科研项目95项，其中教育厅A类9项，国家级项目9项，泉州社科项目2项，横向项目7项。拥有国家发明专利2件、实用新型发明专利4件。在国内外期刊上发表论文375篇，其中被SCI收录4篇、被EI收录2篇；出版教材专著25部，其中有2部教材入选全国普通高校"十二五"规划教材。

电　话：0595-68978081
邮　箱：bgs@mnkjxy.com.cn
学院网址：www.mnkjxy.com/

闽江学院 科研平台选介

福建省绿色功能材料重点实验室是2013年经福建省科技厅批准依托闽江学院立项建设的省级科技创新平台。

实验室主要研究方向：功能有机分子材料的绿色合成与应用研究、高分子材料的绿色合成及其应用研究及生物质综合利用。研究重点是：功能有机分子的绿色合成、光电聚合物器件、药物固态化学、高分子服装材料、光电聚合物、生物质能开发利用、纤维素与木质素分离技术、木质素开发利用、纤维素功能化材料。

年轻有为的科研团队

实验室现有研究人员31人，其中教授7人，副教授16人，具有博士学位13人；入选福建省高等学校新世纪优秀人才支持计划2人，入选福建省高校杰出科研人才培育计划1人，学校"闽都学者"特聘岗位3人。该实验室团队以青年博士为骨干，知识结构与年龄结构合理，学术思想活跃，能够把握学科发展前沿，开展高水平基础及应用研究，解决相关产业关键技术问题。

立德固本 成人成己

福建农林大学公共管理学院

福建农林大学公共管理学院秉承“明德诚智、博学创新”的校训，倡导“立德固本、成人成己”的院训，努力建成在省内外同类院系中具有较强影响力的教学研究型学院。学院现有省级重点学科1个、二级学科博士点1个、一级学科硕士点1个、二级学科硕士点5个、公共管理（MPA）专业硕士学位点1个、省软科学研究基地1个、省人文社科研究基地3个、校级研究所3个、公共管理类科研与教学实践基地36个、农村固定观测点21个。学院现有专任教师40多人，位其中：教授7人，副教授9人，博士（含在读博士）19人，校“金山学者”讲座教授3人；享受国务院政府特殊津贴1人，省教学名师1人，省优秀教师1人；校严家显最高奖教金获得者2人；“福建省高等学校新世纪优秀人才支持计划”人选3人，“福建省高校杰出青年科研人才培育计划”人选4人。来自公共管理部门的兼职教授50多人；在校生1000多人。

学院在农村公共政策、农村社会管理、农村城镇化、科技创新管理、资源环境管理和公共人力资源管理等方面形成了明显的特色和优势。近年来主持国家级项目15项，国际合作项目4项，省部级项目70多项，项目经费年均100多万。获教育部高等学校科学研究优秀成果奖（人文社会科学）三等奖1项、福建省社科优秀成果奖8项；6篇案例入选中国专业学位教学案例中心案例库；1项研究成果被中宣部专期呈报中央政治局常委同志等有关领导参考，35项成果被省级及以上政府部门决策咨询采纳。

福州金山水土保持科教园

福州花园小学水土保持生态科普活动

《水土保持》课程直观教学

福州金山水土保持科教园成立于1999年，占地面积34平方千米，其中主园区占地0.54平方千米，位于福建农林大学校内，由福建农林大学、福建省水利厅、福州市水利局与中华（台湾）水土保持学会合作共建，是集人才培养、科学研究、科普教育、示范推广于一体的水土保持科教园地。科教园被水利部命名为“水土保持科技示范园”，被教育部和水利部命名为“全国中小学水土保持社会实践基地”，被福建省有关单位命名为“福建省科普教育基地”、“闽台农业合作示范基地”。

近5年来，福建农林大学依托科教园共培养了博士、硕士、本科生230人，主持国家自然科学基金、国家科技支撑等项目，开展了崩岗侵蚀成因机理及防治、丘陵红壤侵蚀劣地生态恢复、果园生草的效益及作用机制等研究，每年接待中小学生及非水土保持专业学生2500人。科教园建设得到了上级领导及专家的关心和指导，吸引许多国内外专家学者前来参观考察。

福建医科大学

省领导莅临学校指导工作

福建医科大学创建于1937年，经过70多年的建设发展，学校已形成学士、硕士、博士人才培养体系和“勤奋、严谨、求实、创新”优良校风，成为一所集教学、科研、医疗、预防和社会服务为一体的省属医科大学。2003年，被省政府确定为重点建设高校。学校现有上街、台江2个校区，占地面积100多公顷。学校先后被评为全国教育系统抗震救灾先进集体、省党建和思想政治工作先进高校、省文明学校等。

学校现有学院（部）20个，本科专业25个，一级学科博士点2个，二级学科博士点27个，一级学科硕士点8个，二级学科硕士点55个，硕士专业学位授权点6个。在校生23500多人，其中全日制的本科生13000多人、博士研究生240多人、硕士研究生2100多人，本科专业面向全国招生，并招收港澳台侨生和外国留学生。

学校现有教职医护员工9492人（含附属医院），其中校本部952人。在1265名专任教师中，具有研究生学位占68.70%，高级职称占69.17%。博士生导师112人，硕士生导师610人。国家“千人计划”人选1人，“南丁格尔”奖章获得者1人，国家有突出贡献中青年专家4人，“新世纪百千万人才工程”国家级人选6人，教育部新世纪优秀人才支持计划人选3人，卫生部有突出贡献中青年专家5人，教育部优秀青年教师资助3人，教育部骨干教师资助8人，全国高校优秀骨干教师1人，享受国务院政府特殊津贴专家110人，省“百人计划”人选6人，省“外专百人计划”人选1人，省高校领军人才1人，“闽江学者奖励计划”人选9人，省优秀专家23人，“省百千万人才工程”人选63人，省第一批特支人才和优秀人才人选8人。

学校现有博士后科研流动站2个，省国家重点学科培育建设学科1个，国家临床重点专科10个，省级临床重点专科14个，省“211工程”重点学科2个，省特色重点学科4个，省级重点学科9个，国家中医药三级实验室1个，教育部重点实验室1个，省级重点实验室4个，省部共建重点实验室2个，省级工程研究中心1个，省工程技术研究中心1个，省中医药二级实验室2个，省高校重点实验室5个，省高校优势学科创新平台（培育）1个，承担着大量的科研任务，成果显著。学校现有直属附属医院4所，附属第三医院正在建设中，同时在省内设有非直属附属医院和临床医学院12所。此外，有临床教学医院32所，形成了比较完善的临床教学与实践教学基地网络，有效保障了临床实践教学的需要。

学校正在实施“十二五”发展规划，实现学校新一轮发展，努力成为海峡西岸医药卫生人才培养中心、医学科学研究中心和医疗预防保健中心，跨入国内同类高校先进行列。

闽南师范大学 科技创新平台选介

福建省现代分离分析科学与技术重点实验室

省现代分离分析科学与技术重点实验室验收会

福建省现代分离分析科学与技术重点实验室以服务海峡西岸经济区建设发展为己任，以化学一级学科硕士点、福建省化学类研究生教育创新基地、"分析化学"福建省重点学科、"现代分离分析科学与技术"福建省创新团队为依托，现已获得国家自然科学基金、教育部新世纪优秀人才支持计划项目、福建省杰出青年科学基金和福建省高校服务海西建设重点建设项目等资助。建设目标：追踪分析化学及其相关学科的国内外研究前沿，立足闽台交流及闽西南地区高等教育和社会经济发展需要，以形态分析与生物可给性评价、精细化学品分离分析、生物活性物质分离分析为研究重点，为精细化学品、生物制药、菌物深加工、分析检测、污染治理等相关产业提供关键共性核心技术、研发平台、创新产品，实现"重点实验室、政府产业主管部门、行业龙头企业、分离分析科学与技术高层次人才培养"协同创新。

闽南师范大学菌物产业工程技术中心

闽南师范大学菌物产业工程技术中心充分发挥校内外优秀专业科研人才资源优势，紧密结合国家、地方政府的产业导向，积极推动产学研三位一体发展，促进区域菌物产业的产品创新与经济增长，成果显著。中心长期与漳州片仔癀药业股份有限公司、福建科能集团、福建海山食品有限公司、香港中文大学、北京大学医学部、厦门大学、荷兰的Scelta-mushroom 、美国的乔治公司等多家知名校企合作。

菌物产业工程技术中心主任潘裕添教授指导研究生

香港中文大学姚大卫院士受聘为菌物产业工程技术中心教授

厦门理工学院

厦门理工学院创办于1981年，2013年被福建省人民政府批准为“福建省重点建设高校”。学校现有全日制在校生21000多人，专任教师976人，其中双聘院士和长江学者共3人。

学校以建设重点学科和创新平台为抓手，深化政产学研工作，注重成果运用转化。学校拥有机械工程、光学工程、材料科学与工程、电气工程、计算机科学与技术等5个省重点学科，客车先进设计与制造、光电技术、高电压技术等3个省级重点实验室，以及“福建省客车及特种车辆协同创新中心”。学校响应厦门市委市政府深化“山海协作”指示精神，在龙岩市建设“龙岩工程技术研究院”，为地方产业服务。

包括IRICP 3D打印核心技术、干冰清洗和冷藏技术等多项学校自主研发成果已转入生产，功率型高容量锂离子电池等10多项科研成果已与企业成功对接。2014年，校长陈文哲教授及其科研团队的科研成果“汽车玻璃深加工的关键制造技术及应用”荣获2013年度福建省科学技术奖一等奖。

学校秉持“以学生为本，为产业服务”的办学理念，在“省重点建设高校”的新起点上，以培养实践性、创新型人才为宗旨，以提升科技服务能力和水平为核心，努力建设成亲产业、国际化、开放式的高水平应用技术大学。

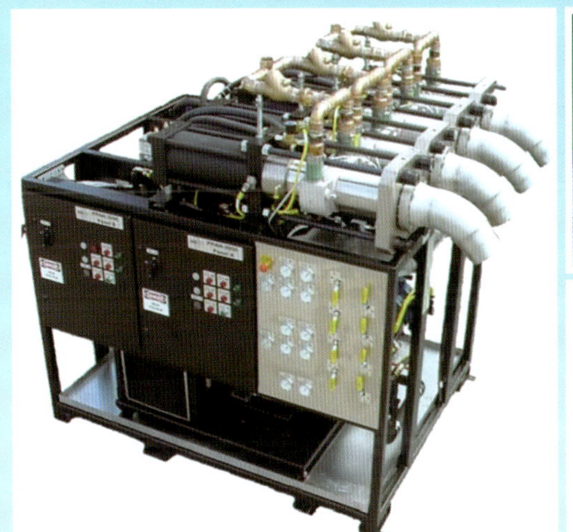

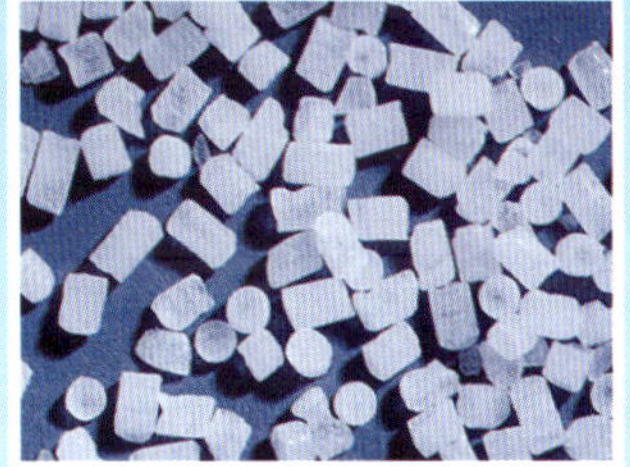

▲ 拥有自主知识产权的IRICP 3D打印核心技术，该技术解决了3D打印领域的一系列技术难题，极具创新性，即可以适用于FDM\SLS\SLA\LOM等主流3D打印技术，也可以适用于3DP\ SOM\MJS\MJM\LMP\DSPC\LNES3D打印技术。

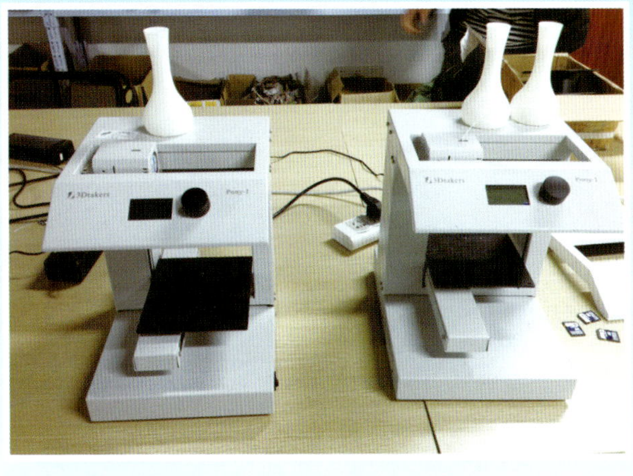
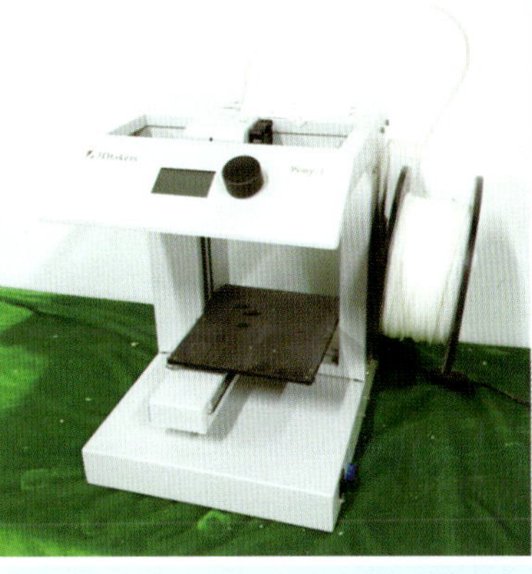

◀ 通过校企产学研的广泛合作，目前已形成全面的产品系列，主要产品包括颗粒干冰制造机、块状干冰制造机、块状干冰压缩机、干冰自动包装机、制冰清洗一体机和干冰清洗机器人等3大类共11个产品，已被厦门和丰利除污设备有限公司、杭州励贝电液科技有限公司、中船重工第718研究所等单位采用，产品自动化水平居国内同类产品的领先地位。

厦门理工学院
福建省客车先进设计与制造重点实验室

自主研制的新型安全客车

自主研制的电动导览车

汽车检测与试验中心

福建省客车先进设计与制造重点实验室（厦门理工学院）主要研究方向：①客车轻量化设计及CAE分析——承载式车身轻量化结构强度刚度分析研究；②汽车安全技术研究——汽车碰撞安全性CAE分析与主动安全装备研究；③汽车电子与试验检测技术应用研究——客车电子系统研发与整车性能测试；④车辆关键零部件及子系统CAE分析——零部件及子系统仿真分析、设计优化。

实验室主要设备、软件有：ANSYS工程仿真软件、LS-DYNA非线性动力学有限元结构分析软件、有限元分析前处理软件Hyperworks、Pro/E二次开发及Windchill管理软件、动态应变仪、高速摄像系统、汽车电子EMC测试系统、汽车CAN总线设计分析系统、dSPACE系统、便携式电磁辐射分析仪、碰撞试验假人、电动汽车电机测试系统、底盘测功机、侧翻侧倾试验台、摆锤试验台等；设备总价值2000多万元。

实验室现有研究人员45人，其中高级职称20人，博士21人，有海外学习或工作经历的8人，有企业工作经历的24人。依托实验室，近3年共获得国家、省、市、企业科技项目30多项（其中国家级项目6项），申请专利20多件，发表论文60多篇。

实验室负责人：黄红武教授
实验室联系人：方遒副教授
联系电话：0592-6291072
传　真：0592-6291386
邮　箱：fangq@xmut.edu.cn

侧翻侧倾试验台

摆锤试验台

福建省高电压技术重点实验室
厦门市电力电器公共研发检测平台高压电力试验中心

与企业成立联合实验室

福建省高电压技术重点实验室2010年由厦门理工学院开始建设，目前拥有国内高校电压等级最高的工频无局放1200千伏试验变压器、3000千伏冲击电压发生器、100千安冲击电流发生器、10000A大电流温升试验等比较齐全的高压试验设备仪器仪表和110千伏高压电力设备，拥有先进的高压试验安全控制与保护装置。可以开展电力设备气体放电试验、工频交流耐压试验、局部放电试验、雷电和操作波冲击试验以及雷电截波、冲击电流、大电流温升等试验，实验室仪器设备总值1838.6万元。实验室除承担为地方电力电器企业公共服务职责外，还支撑厦门理工学院电气工程省重点学科、电气领域专业学位硕士点、电气工程专业教学科研工作。实验室现有固定人员28人，其中院士1人，教授10人，副教授6人，博士15人。2010年以来已承担各类科研课题55项，科研经费1495.9万元。其中承担国家“863”计划项目2项，国家自然科学基金项目3项，省级项目6项、市厅级25项、横向23项，发表论文68篇， SCI＼EI收录40篇，获得授权专利25件，为企业提供高压电力试验技术服务１００多天次，实现技术成果转让４项。

实验室研究方向：

①电力电器新产品新技术研究开发试验；②电力设备绝缘在线监测与诊断技术研究；③高压智能电器研究；④高压检测技术在环保、建筑等其他领域应用技术。

实验室负责人：陈丽安教授
实验室联系人：陈天翔教授
联系电话：0592-6291305
传　真：0592-6291396
邮　箱：chentx@xmut.edu.cn

与企业联合举办新技术研讨会

为师生和企业技术人员举办学术报告

为企业新产品提供高压试验服务

与企业技术人员联合进行中压断路器试验

正在建设中的厦门电力电器高压试验中心

泉州师范学院陈守仁工商信息学院

2013年第11届中国·海峡项目成果交易会期间，省长苏树林参观泉州市云计算物联网公共服务中心项目

2013年第11届中国·海峡项目成果交易会期间，泉州市委书记黄少萍、市长郑新聪参观泉州市云计算物联网公共服务中心项目

陈守仁工商信息学院系泉州师范学院下属公办二级学院，由泉州籍著名爱国侨领陈守仁博士与泉州师范学院合作创办，特聘哈佛大学博士、旅美学者欧阳钟辉为院长。

学院设有电子商务、国际经济与贸易、外贸会计、市场营销、物流管理、服装设计与工程等本科专业，在校生1600多人。拥有国家级特色专业1个、省级特色专业2个、省级本科专业综合改革试点1个、省级人才培养模式创新试验区1个、省级实验教学中心1个。

创院10多年来，在全国高校大学生电子商务挑战赛、服装设计比赛、“挑战杯”创业大赛等赛事中，学生屡获佳绩。累计向社会输送2900多名高素质应用型人才，并涌现不少自主创业有成者。

学院以新一代信息技术为支点，多学科交叉融合，重点建设管理科学与工程学科，省级以上科研平台有：信息集成与应用技术研发基地、现代化港口大物流信息化创新示范平台、云计算物联网电子商务智能福建省高校工程研究中心。近3年，承担省部级重大重点科研课题20多项，获批软件著作权15项。所开发的“泉州房地产市场信息系统”获2011年度泉州市科学技术奖；所组建的泉州市云计算物联网公共服务中心成功运行，并作为2013年第十一届中国·海峡项目成果交易会重要推介对接项目之一，受到省市领导的关注。

2013年4月陈守仁工商信息学院创办10周年庆典上，香港联泰国际集团董事长陈守仁博士捐资仪式

泉州市云计算物联网公共服务中心 泉州市云计算物联网公共服务中心

泉州师范学院物理与信息工程学院

学院与鲤城区人民政府签订校地合作协议

学院院长杨惠山教授当选为泉州市物理学会第四届理事长

泉州师范学院物理与信息工程学院现有物理学（师范类）、电子信息科学与技术和通信工程3个本科专业，在校学生834人。现有专任教师38人，其中教授6人、副教授10人、高级工程师1人、高级实验师3人，具有博士、硕士学位23人；现有闽江学者讲座教授1人，入选“省高校杰出青年科研人才培育计划”1人，入选“福建省高等学校新世纪优秀人才支持计划”2人。学院拥有1个福建省科技创新平台（培育）——信息功能材料福建省高校重点实验室（培育）、2个省级重点学科——凝聚态物理学、电磁场与微波技术，1个省级实验教学示范中心——福建省物理实验教学示范中心，1个省级人才培养改革创新实验区，1个福建省一般本科院校校企合作实践教学基地——“物信学院-蓝蓝高科电子信息实践教学基地”，1个硕士点立项建设支撑学科——“电子科学与技术”。

近3年来学院获批市级及以上科研项目49项，其中省科技厅重点项目8项，一般项目8项，省教育厅14项；学院教师在核心及以上期刊发表论文144篇，其中被SCI收录26篇，EI收录70篇，ISTP/CPCI收录5篇；申请专利10件，其中发明专利5件、实用新型专利5件；计算机软件著作4件；2013年学院获批国家大学生创新创业训练计划项目4个、省级大学生创新创业训练计划项目4个、校级大学生科研基金项目11个。近年来，学院在各级各类大学生科技竞赛中取得优异成绩，其中，参加全国大学生电子设计竞赛 4个团队获国家二等奖、10个团队获省一等奖、15个团队获省二等奖、22个团队获省三等奖；参加第五届福建地区“盛群杯”单片机应用设计竞赛荣获一等奖1项、二等奖3项、三等奖6项，并获优秀组织奖。

学院与企业合作研发生产的光电产品与双向防盗报警器主机

网箱养殖现场

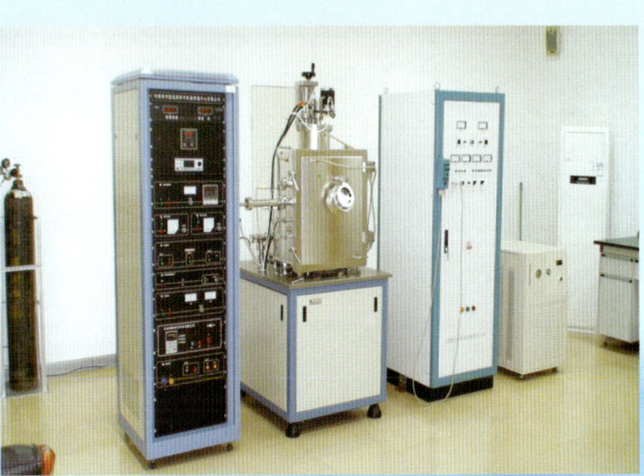

大型电子束蒸发与电阻蒸发复合镀膜仪器

泉州师范学院
福建省大数据管理新技术与知识工程重点实验室

福建省大数据管理新技术与知识工程重点实验室由泉州师范学院数学与计算机科学学院承担建设。实验室围绕大数据管理新技术与知识工程的国际研究前沿，根据数据密集型科学与工程发展需要，在海量Web数据管理技术、大数据智能决策引擎、大数据管理与知识工程技术、分布式与云计算等方面展开研究。自筹建以来，实验室根据自身学科发展的优势和特色，积极投身国家经济建设和社会发展主战场，参加和承担了一大批基础、应用基础和关键技术攻关项目以及科技成果转化型项目。目前实验室主持各级别科技项目及横向项目20多项，同时在国际和国内重要刊物上发表100多篇学术论文，有多项研究课题通过国家及省级鉴定，取得了一系列较高水平的研究成果。

实验室第一届学术委员会

实验室目前已投入1000多万元用于软硬件建设，建设完成后的大数据计算平台与大数据云服务平台包含大数据计算及虚拟化云服务两大集群，两个集群的资源在平台控制下能够灵活调度。其中，虚拟化云服务集群由10台刀片服务器组成，每台刀片服务器配置两颗十核CPU，存储系统采用分布式分级存储。大数据计算集群由24台高性能机架式服务器构成，每台服务器配置两颗十核CPU，整个集群的存储容量达到PB级别，平台提供HADOOP/SPARK等多种大数据计算模式。

数据中心机房

目前，实验室在以下几个方面提供社会服务：①通过大数据商业智能分析有效帮助企业提升竞争能力，如研发的企业网络舆情监测服务平台、企业信息的个性化推荐服务平台、企业绩效智能分析平台等，都将为企业的二次创业发展产生积极的效果。②大数据在政府和公共服务领域的应用，有效推动政务工作开展，提高政府部门的决策水平、服务效率和社会管理水平，产生巨大社会价值。③大数据在运营领域的应用，通过大数据系统实现产业重构与流程再造，提高大数据集成创新能力，加强运营过程智能化。

已开发项目

已开发项目

已开发项目

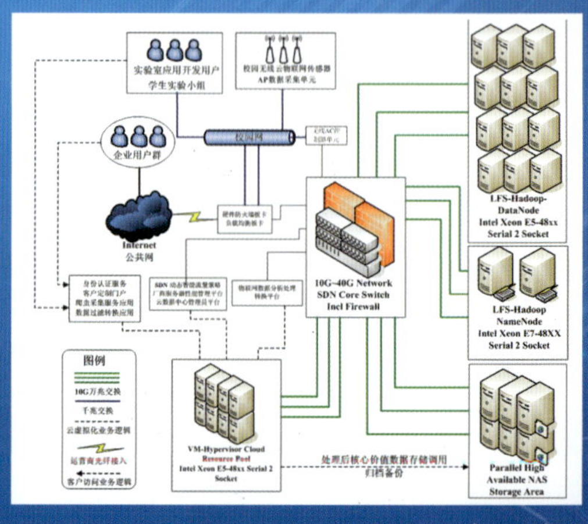

数据中心业务图

武夷学院茶与食品学院

2013年10月26日，北京大学校长王恩哥院士、贵州大学校长郑强教授、福建省教育厅厅长鞠维强等一行人参观武夷学院茶叶加工与分析实验室

武夷学院茶与食品学院由茶学（茶文化经济方向）、食品质量与安全、食品科学与工程三个本科专业组成。“茶界泰斗”张天福和“当代茶圣”吴觉农曾在此创办“崇安县初级茶叶学校”、“中央财政部贸易委员会茶叶研究所”。茶学现为“国家特色专业”，有“福建省重点学科（茶学）”、“福建省武夷茶资源创新利用重点实验室”、“福建省高校茶叶工程研究中心”、“福建省茶学实验教学示范中心”、“中国乌龙茶产业协同创新中心（培育）”等平台。现任院长为茶学专家李远华教授/博士。

学院获批国家自然科学基金项目、国家级大学生创新创业训练计划项目、中国博士后科学基金资助项目、福建省人民政府教学改革项目、福建省科技厅重大科研项目等。获得第二届中国茶叶学会科技奖、福建省第七届高等教育教学成果特等奖、福建省第十一届自然科学优秀学术论文奖等。主编了《中国茶产业发展报告》（蓝皮书）及“十二五”规划本科教材《茶文化学》（第三版）、《茶叶企业经营管理学》等。承办了“第六届海峡两岸茶业学术研讨会”、“中国毒理学会食品毒理学专业委员会学术会议”、“吴觉农茶学思想暨我国首家茶叶研究所迁至武夷山七十周年学术研讨会”和“国际茶叶大会——武夷山世界红茶、乌龙茶寻根之旅”，与国际茶叶委员会主席Michael J Bunston及欧盟茶叶委员会主席William Gorman等各国茶叶巨头共同发出《武夷倡议》。

2013年6月10日，吴觉农茶学思想学术研讨会在武夷学院举行

福建商业高等专科学校

福建省高校领导干部办学治校能力专题研讨会

福建商业高等专科学校是一所拥有百年办学历史的省教育厅直属高校，2007年获教育部高职高专人才培养工作水平评估“优秀”等级，2008年被评为福建省首批省级示范性高等职业院校。

学校师资力量雄厚，专任教师中正高职称26人，副高级职称87人，硕、博学位教师208人，其中享受国务院政府特殊津贴专家3人，国家级教学名师1人，省级教学名师11人，省青年杰出人才1人。学校建有省级示范专业7个，省级精品专业6个，省级精品课程19门，省级优秀教学团队3个，国家级教学成果奖1项、省级6项，省级教育教学改革综合试验项目4项，省级生产性实训基地2个，教育部、财政部“高等职业学校提升专业服务产业发展能力”项目2项。

截至2014年，学校承担国家、省部级研究项目31项，其中国家社科项目1项、教育部人文社科项目3项、省自科和社科项目27项；科研成果分获第九、十届省社科优秀成果奖一等奖1项、二等奖1项、三等奖2项；主编的10多部教材列入国家“十一五”、“十二五”规划教材。

香港公开大学“工商管理专业”（专接本）签约仪式

地　址：福建省泉州市通港西街298号
电　话：0595-22900160　　网　址：www.lmu.cn

全国职业教育先进单位　全国高职高专科研工作先进单位　全国高等教育学籍学历管理工作先进集体　全国大中专院校“三下乡”社会实践先进集体　全国高职高专人才培养工作水平评估优秀院校　闽台教育交流合作先行先试校　福建省文明学校　福建省首批示范性高职院校　福建省大中专毕业生就业工作先进集体　福建省高职院校科技联盟理事长单位

黎明职业大学创办于1984年，是泉州市人民政府主办的公办全日制高等职业院校、福建省首批示范性高职院校、全国高职高专院校科研工作先进单位。现有8个学院、43个专业，在校生近万人。办学30年来培养了4万多名优秀人才，其中八成以上扎根泉州创业发展。30年来，获省级科技奖7项，市级科技奖5项、市级社科奖16项；拥有国家发明专利7项、实用新型专利13项和外观设计专利3项；获艺术奖16项，其中国际艺术奖3项。10人次在省市优秀科技人才评选中获殊荣，其中泉州市优秀人才1人、福建省高校“杰青”1人、泉州市青年拔尖人才1人。

厦门医学高等专科学校

福建省道地药材重点实验室

厦门医学高等专科学校是一所公办医学类普通高等专科学校，前身是鼓浪屿救世医院于1900年附设的医学专门学校，1953年整合成立福建省厦门卫生学校，2007年3月升格为厦门医学高等专科学校。

学校近2年共承担科研任务100多项，包括国家自然科学基金1项、省市级课题47项、横向课题3项，并以合作形式参与国家“973”专项、“863”专项、国家自然科学基金资助项目、国家海洋局公益性项目及厦门市重大科技发展项目等。每年科研经费约400万元，累计发表论文200多篇。开发出金线莲系列、枇杷花系列、明目草系列和太子参系列产品；研发出植物组织悬浮培养、牡蛎原代细胞培养研究等多项研究成果。

2014年，学校在省级道地药材生物工程重点实验室、省卫生厅中药精加工重点实验室的基础上，新成立药物制剂工程技术研发中心、天然化妆品工程技术研发中心和海洋生物活性物质与细胞工程实验室，为学校科研实力的提升奠定了基础。

博学楼

校园风景

福建省水产研究所

褐毛鲿人工繁育技术与产业化应用

福建省水产研究所是一个公益型、多学科、综合性的省级海洋与渔业研究机构，主要从事海洋渔业生物遗传育种与种质资源保存开发、生物技术与水产品综合加工利用、水产健康养殖与病害防控等多方面的应用技术与应用基础研究。

2013年，省水产研究所承担并完成了国家和福建省下达的多项科研项目，取得较好成绩。其中，“褐毛鲿人工繁育技术与产业化应用”项目首次突破褐毛鲿人工繁育技术，率先实现全人工育苗，解决了自然海区褐毛鲿资源稀少、亲鱼来源困难问题，并首创一整套褐毛鲿仔鱼室内高密度培育和稚幼鱼土池培育相结合的育苗工艺，建立了完整的技术体系，实现了褐毛鲿苗种产业化生产，研究成果在国内东南沿海得到广泛推广应用，取得了显著的经济、社会效益，项目技术总体居国际领先水平，获2013年度福建省科学技术奖二等奖；“台湾海峡渔业资源可持续利用研究”项目在台湾海峡渔业资源利用与养护的基础理论及应用技术、开发新作业渔场、利用潜在渔业资源等方面都取得了突出的成绩，研究成果达到国际领先水平，获得2013年度海洋工程科学技术奖二等奖；“石斑鱼种业创新与产业化工程建设”项目系统构建了石斑鱼苗种规模化培育的技术体系、多种石斑鱼的种质资源库和信息资源数据库，建立了石斑鱼公共信息化服务平台，编制完成了《斜带石斑鱼人工育苗技术规范》等6个地方标准，建立了石斑鱼产业化技术培训体系以及专家在线咨询、远程病害诊断在线服务系统，推动了石斑鱼养殖产业化的发展。

石斑鱼种业创新与产业化工程建设

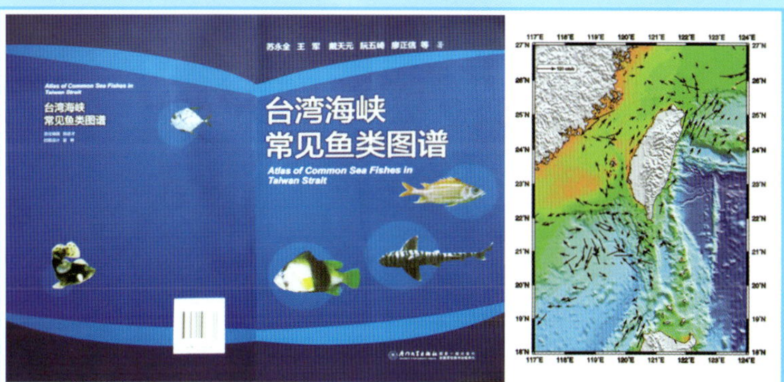

台湾海峡渔业资源可持续利用研究

福建省地质调查研究院

福建省地质调查研究院于1999年10月经省编办批准设立，加挂福建省资源遥感中心、福建省台湾海峡地质研究所两块牌子。主要负责国家和地方公益性、基础性地质调查和战略性矿产资源勘查，开展水文地质、工程地质、环境地质勘查及物探、化探勘查，开展地质遥感、地质测绘、探矿工程和地质遗迹调查；负责岩矿鉴定与测试、选冶试验、矿山开采设计等工作，为国土资源的规划、管理、保护和合理利用提供技术支撑。

福建省地质调查研究院是国土资源部地方公益性地质调查队伍能力建设评估首批A级单位，拥有国土资源部核定的区域地质调查、液体矿产勘查、固体矿产勘查、水工环地质调查、地球物理勘查、地质灾害危险性评估和地质灾害治理工程勘查等7个甲级资质，地球化学勘查、遥感地质调查、地质钻探等3个乙级资质和测绘丙级资质；通过ISO9001质量管理体系认证。

福建省地质调查研究院是福建省省级文明单位，先后获得“全国地质勘查行业先进集体”、“全国模范地质勘查单位”、“国家西部大开发突出贡献集体”、“福建省五一劳动奖状”、“福建省模范职工之家”、“全国工人先锋号”等荣誉称号，并荣获国家科学技术进步奖特等奖。

西藏矿产勘查

地质公园调查

地热（温泉）调查

富硒土地调查

联系电话：0591-88065012　　传　真：0591-88065111

地　址：福州市晋安区南平东路815号　　邮　编：350013

网　址：www.fjddy.com

福建省体育科学研究所

◀ 2014年省体科所引进新的训练器材和训练手段，有针对性的提高运动员的动作稳定性。图为科研人员到运动队指导运动员训练

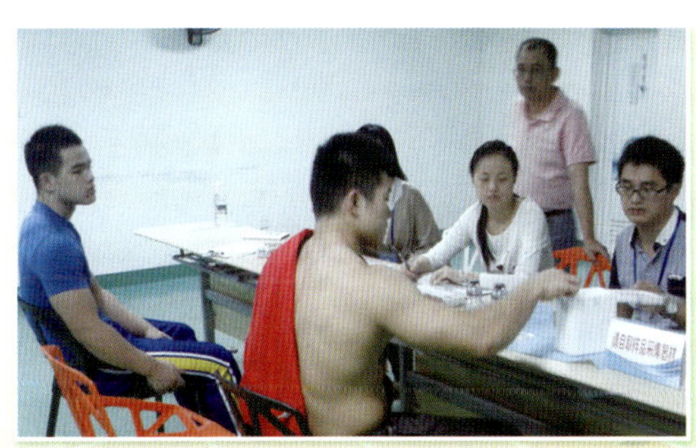

▶ 2014年福建省第十五届运动会在漳州举办，省体科所检测中心承担了赛会的反兴奋剂工作。为保证比赛的公平竞争，保障青少年的身体健康，在省体育局领导的高度重视下，加大反兴奋剂工作力度，8月份赴各地市完成赛外检查75例，9月至10月完成赛内检查275例，共计完成350例，这是历届以来完成数量最多涉及项目最广的一届，同时也为2015年的第一届青运会反兴奋剂工作奠定基础

◀ 2014年福建省国民体质监测，监测对象为福州、厦门和三明三地市3至69周岁常住居民，每地市2520人，共计7560人接受监测。分为幼儿（3～6岁）、成年人（20～59岁）和老年人（60～69岁）三个年龄段。监测内容包括体质监测和问卷调查两部分。监测持续近2个月时间，通过监测，对不同人群的个体形态、机能和身体素质进行评定，使广大群众能够清楚了解自己目前的体质健康状况，为群众的身体健康和有针对性的体育锻炼提供科学依据

福建省计量科学研究院

省长苏树林参观省计量院科技项目成果展

60MN 叠加式力标准机

福建省计量科学研究院始建于1960年，隶属于福建省质量技术监督局，是福建省量值溯源中心和省级法定计量检定机构，属社会公益型科研单位，主要承担省级计量标准及社会公用计量标准建立、福建区域量值传递、强制计量检定、计量测试校准、型式评价、能源计量、计量科学研究、仪器设备研发等多项任务。全院职工310人，内设8个专业实验室和科研中心等8个职能部门。拥有6个科研平台：国家城市能源计量中心、国家蒸汽流量计产品质量监督检验中心、国家质检科技成果推广转化基地、国家光伏产业计量测试中心、福建省能源计量重点实验室、福建省计量器具型式评价技术公共服务平台。

2008年以来，全院先后承担科研项目153项，其中科技部重大专项2项（其中子课题1项），国际标准制修订1项，省部级科研项目67项。科研成果获省部级科技成果奖10项。全院获得授权专利46件，其中发明专利7件，台湾实用新型专利1件；获得软件著作权3项，作品著作权1项。实现科研成果向产品转化16项，成果推广转化收益累计达1207万元，国家重大科学仪器项目进入成果转化运行轨道，一批重点科研项目即将实现产品化并推广运用。

福建省水利水电勘测设计研究院

福建省水利水电勘测设计研究院创建于1958年，现有在职职工545人（全国设计大师1人、教授级高工49人、高工148人、注册工程师211人），是省内规模大、人数多、专业门类齐全、技术装备先进的综合性勘测设计科研单位。

研究院具有水利、电力、市政、建筑、园林、工程勘察/测绘等17个甲级/10个乙级/2个丙级资质。经营范围涵盖水利、水电、市政、岩土、环评、水保、新能源等领域；承揽水库、堤防/道路、引调水、海上/陆上风电、河道治理、围垦、城市排涝、水生态水景观、自来水/污水处理、光伏发电、潮汐发电、抽水蓄能、建筑/园林/景观、环境评价、水资源论证、地质灾害评估、岩土、水库蓄水/大坝安全鉴定、河道及海岸数值/实物模型、机械及钢结构等规划、勘测、设计、试验研究、咨询、总承包等业务。

研究院荣获国家科技进步奖一等奖、大禹奖、国家优秀勘察设计奖、省部级科学技术奖/优秀勘察设计奖等200多项，先后获评“全国水利水电系统先进集体”、“中国勘察设计综合实力百强单位”、“全国建筑企业科技创新先进企业”、“福建省高新技术企业”、“福建省建筑业龙头企业”、“全国工程建设管理先进单位”、“全国文明单位”、“水利部文明单位”、“福建省文明单位”及“全国精神文明建设先进单位”等。

地　址：福州市鼓楼区东大路158号
电　话：0591-87551980、87605150
网　址：www.fjsdy.com

常务副省长张志南到研究院调研

研究院办公大楼

研究院设计的泉州市金鸡拦河闸重建工程获中国水利优质工程大禹奖

研究院设计的东山岛奥仔山风电场

福建省产品质量检验研究院

福建省产品质量检验研究院是集检验、认证、验货、质量鉴定、技术咨询、科学研究等一站式服务的技术机构，通过中国合格评定国家认可委员会（CNAS）认可的标准达4900多个、产品2500多类，涉及食品、生物、化学、化工、机械、轻工、电气、电子、建材与建筑、塑胶、无损检测、电磁兼容、工程检测、消防、环保产品等领域。现有在职员工461人，其中博士18人（博士后1人），教授级高工10人，拥有一批高水平的专业技术带头人和熟悉国际标准、国内标准及准则的技术人才，科研队伍100多人。

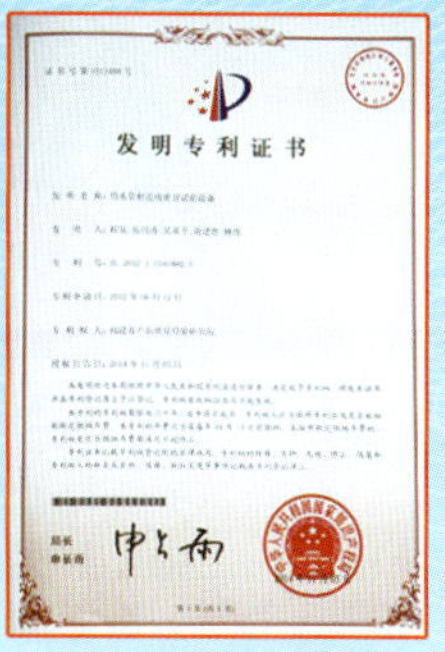
发明专利证书

给水管材连接密封实验设备发明专利证书

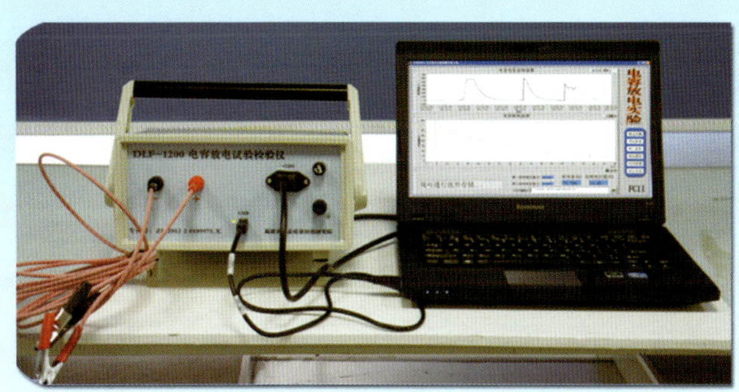
电容放电试验检测仪获实用新型专利

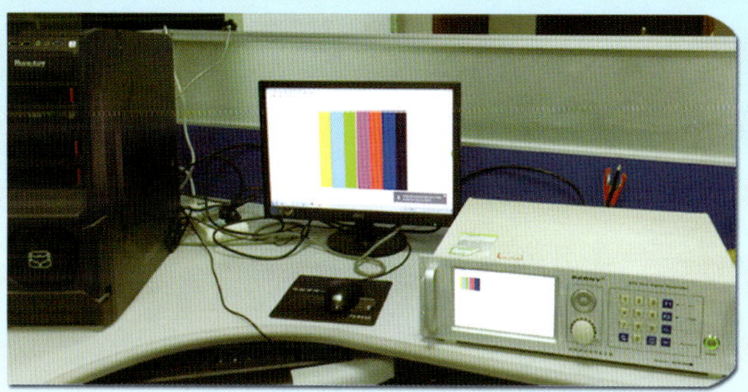
用于平板电视能耗测试的视频图像APL分析装置获实用新型专利

福建省闽东水产研究所

福建省闽东水产研究所是一所开展海洋水产增养殖科研、病害防治、水产种质资源引进和良种开发的公益科研机构。内设海洋研究室、渔业研究室、病害研究室、水产养殖生物病害防治实验室、海域使用动态监管中心等6个研究室。现有在职人员21人，其中专业科研人员19人；拥有高级职称7人、中级职称9人。

研究所全体科研人员积极发挥自身水产科研长处，立足宁德、辐射闽东，长期为当地多家企业派出科技特派员，为闽东海洋水产企业提供了重要的技术指导，为闽东水产业发展作出了重要贡献。

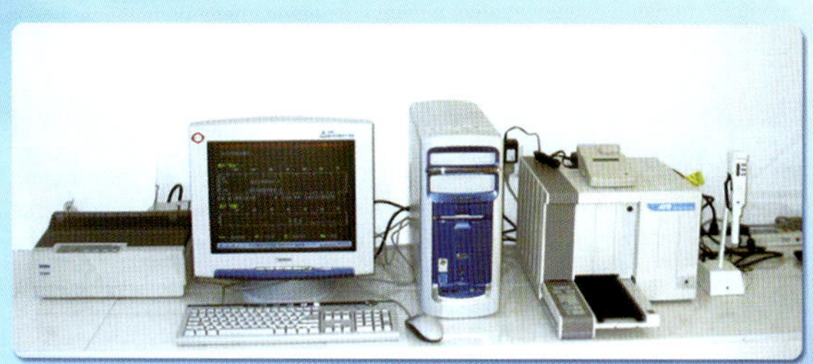
自动细菌鉴定仪

福建省闽东水产研究所大楼

机械科学研究总院（将乐）半固态技术研究所

Institute of Semi-Solid Metal Technology (Jiangle) Co.Ltd

机械科学研究总院（将乐）半固态技术研究所是一家混合所有制机构，由机械科学研究总院、福建省瑞奥麦特轻金属有限公司、将乐县国有资产营运有限公司按股权比例45%：40%：15%三方共同出资，2012年11月在福建省三明市将乐县注册成立，是海西分院四个组成部分之一。依托机械科学研究总院央企广阔的平台及强大的技术装备优势，以国际先进的半固态专利技术为基础，以金属产品轻量化为主要方向，开发具有自主知识产权的金属半固态成形技术应用于汽摩零部件、地铁和动车零部件、纺织机械配件、电子通讯配件、军工产品部件等领域；开展半固态技术应用产品及设备的研发、完成半固态技术应用的研发成果的转化，并将研究所建设成为国内权威的轻量化技术与产品的自主创新的研发基地、创新人才的培养基地和科技产业的孵化基地。研究所建有半固态技术应用研发中心（属省级工程技术研究中心）、公共技术服务中心和孵化中心，拥有一支含5名研究员、1名高级工程师组成的专家团队，一批博士、硕士组成的研发队伍。该团队成员均为流体传统与控制、液压传动、材料科学和材料加工工艺、自动化控制、机电一体化设备及精密塑性成形设备方面的专家，曾主持或参加国家科技攻关项目数十个，为研究所提供了强大的技术支撑。

半固态研究所大楼

厦门市特种设备检验检测院

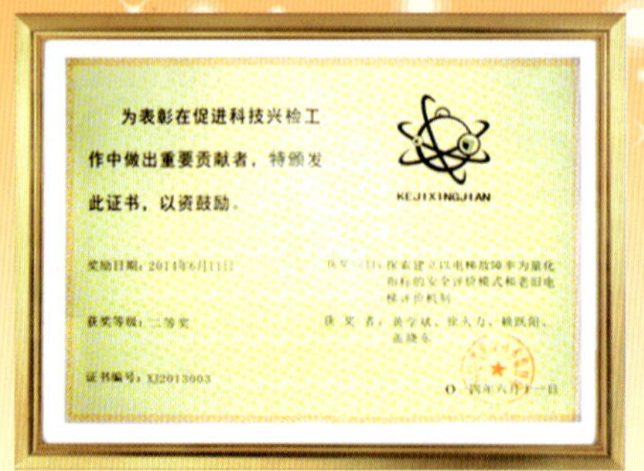

厦门市特种设备检验检测院（简称厦门特检院）隶属于厦门市质量技术监督局，是经国家质量监督检验检疫总局核准的特种设备综合检验机构，具有独立的法人地位，是完全独立的第三方、公正的社会公益型事业单位。

建院以来，厦门特检院依靠严格管理，通过能力提升、科技创新、升级服务等多项举措，检验综合服务能力和技术保障能力得到显著增强，特检事业实现跨越发展。建立了先进的锅炉效能实验室、锅炉水（介）质实验室、安全阀校验站，并获批筹建海峡两岸特种设备安全与节能交流合作基地等。主导或参与国家及省级科技项目15项，制修订标准10项，其中《探索建立以电梯故障率为量化指标的安全评价模式和老旧电梯评价机制》填补了国内老旧电梯安全评价的空白，获得省质量技术监督局2013年度“科技兴检奖”二等奖。基于“电梯安全物联网公共服务平台技术规范”的电梯物联网项目具有电梯运行状态实时监测、日常维护保养管理、故障远程报警、应急救援联动等功能，已列入厦门市科技创新项目。

长期以来，厦门特检院认真执行有关法律、法规、规程和标准，积极服务省市重点建设项目，为保障地方经济持续健康发展方面做出了重要贡献。近5年共检验各类特种设备28.5万台，压力管道94.6万米，经检验合格的特种设备从未发生过一起安全质量责任事故，确保了厦门市特种设备的安全运行，多次受到国家、省、市有关部门的好评和表彰。

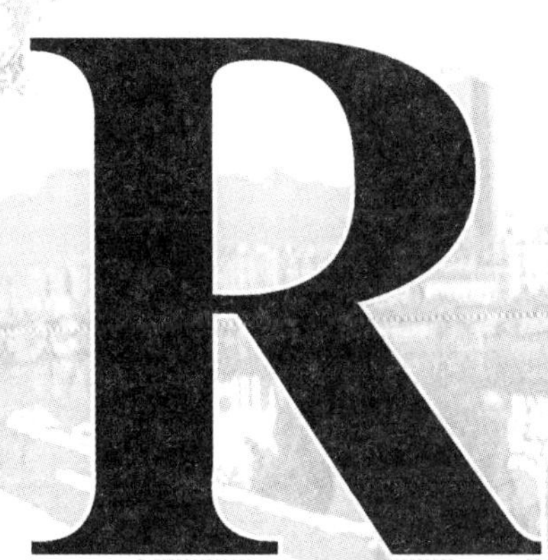

区域科技创新

egional Science and Technology Innovation

区域科技综述

【福建区位与经济社会发展概况】　福建省位于中国东南沿海，地处北纬23°32′～28°19′、东经115°51′～120°52′之间，与台湾省隔海相望。全省地跨中亚热带和南亚热带两个自然地理带，陆域面积12.4万平方千米，约占全国土地总面积的1.3%。全省地形以山地丘陵为主，河网密度大，森林覆盖率达65.95%，海域面积13.6万平方千米，海岸线长达3751.5千米。按照行政区域划分，福建省辖福州、厦门、漳州、泉州、三明、莆田、南平、龙岩和宁德等9个设区市。2013年末全省常住人口约3774万人，实现地区生产总值（GDP）21759.64亿元，农林牧渔业总产值3281.96亿元，规模以上工业总产值33853.36亿元，公共财政总收入3430.35亿元，地方财政收入2119.45亿元，地方财政支出3068.8亿元。（参见“科技统计资料”）

【各设区市科技发展重要指标】　2013年，全省财政科技投入606228万元，其中省本级96213万元、各设区市510015万元。各设区市R&D人员数、R&D经费、科技活动产出、高新技术产业产值等指标是反映福建区域科技发展状况的重要科技指标（参见“科技统计资料”），部分指标列表如下：

地　区	R&D人员折合全时人员（人年）	R&D经费内部支出（亿元）	R&D经费内部支出占GDP比重（%）	发明专利拥有量（件）	技术合同成交额（万元）	高新技术产业增加值（亿元）	地区生产总值（亿元）
全　省	122544	314.06	1.44	10429	539868.35	3086.28	21759.64
福州市	38241	80.35	1.72	4172	153378.61	777.22	4678.49
厦门市	36443	87.37	2.89	3364	311019.20	976.86	3018.16
莆田市	3505	12.32	0.92	155	3232.15	121.18	1342.86
三明市	4826	14.11	0.95	190	6087.00	134.15	1477.59
泉州市	18970	57.59	1.10	1321	55471.71	588.07	5218.00
漳州市	8365	25.28	1.13	427	7814.60	224.44	2236.02
南平市	3221	8.36	0.76	225	320.00	68.43	1105.82
龙岩市	5012	18.52	1.25	332	2545.10	111.93	1479.90
宁德市	3963	10.17	0.82	243		84.01	1238.72

【各设区市科技资源分布】　2013年，福建省高校和研究开发机构等科技资源分布情况：全省拥有普通高校87所，其中校址在福州34所、厦门16所、泉州17所、漳州7所、莆田2所、三明3所、南平4所、龙岩2所、宁德2所。拥有县以上政府部门属科学研究与开发机构（不含县级）93所，其中分布在福州49所（有国家级2所、省级42所）、厦门10所（有国家级2所、省级3所）、莆田8所、三明3所、泉州5所、漳州6所（有省级3所）、南平3所（有省级1所）、龙岩4所、宁德5所（有省级2所）。拥有由规模以上工业企业开办的科研机构1448个，其中分布在福州171个、厦门311个、莆田107个、三明78个、泉州316个、漳州143个、南平50个、龙岩155个、宁德117个。全省从事科技活动人员242094人，其中福州68934人、厦门68713人、莆田9247人、三明8241人、泉州44651人、漳州16412人、南平6471人、龙岩11396人、宁德8029人。

（省科技厅科技年鉴社）

福州市科技

【2013年福州市科技概况】 福州市是福建省省会，辖鼓楼区、台江区、仓山区、晋安区、马尾区、闽侯县、连江县、罗源县、闽清县、永泰县、平潭县、福清市、长乐市等5区6县2市。2013年末全市常住人口734万人，实现地区生产总值（GDP）4678.49亿元，其中第一产业增加值402.26亿元、第二产业增加值2133.6亿元、第三产业增加值2142.63亿元；规模以上工业总产值6786.33亿元；地方财政收入453.97亿元，地方财政支出533.84亿元。

2013年，福州市紧紧围绕创新驱动发展战略，以创新产业化为主线，不断完善科技创新和公共服务体系建设，按照市委、市政府"全力推进福州新区开放开发，在更高起点上加快建设闽江口金三角经济圈的意见"的战略部署，以"国家创新型试点城市"和"国家知识产权示范城市"建设为标准，先后修订、出台《福州市加快科技企业孵化器建设与发展实施意见》《福州市级科技企业孵化器管理办法（试行）》等一系列促进科技创新的政策文件，为福州市创新型城市建设顺利实施提供良好的政策保障。大力发展高新技术产业，扶持科技型中小企业的技术创新活动，连续第十次被评为全国科技进步先进市，被认定为国家级文化和科技融合示范基地。

2013年，福州市科学技术支出8.63亿元（市本级2.69亿元、各县区5.93亿元），其中技术研究与开发经费2.81亿元（市本级3097万元、各县区2.5亿元）、科技条件与服务经费1.56亿元（市本级9774万元、各县区5798万元）、科学技术普及经费5381万元（市本级1284万元、各县区4097万元）。当年，安排市级各类科技计划项目130项2265万元，其中市级区域项目41项1230万元、农业科技计划项目31项310万元、国家火炬计划项目配套经费5项225万元。全年共获得国家和省级科技计划项目立项扶持103项6402万元，其中国家创新基金项目27项1690万元、省级科技计划项目76项4712万元。

2013年，福州市获省科学技术奖13项，其中二等奖4项、三等奖9项。评出市科技进步奖60项，其中一等奖4项（详见列表）、二等奖14项、三等奖42项。据统计，2010～2012年，获奖成果累计新增产值831780万元（新增产值亿元以上的有17项），新增利润126794万元，新增税收54388万元。

2013年度福州市科技进步奖一等奖获奖成果情况表

序号	项目名称	主要完成人	主要完成单位
1	锐捷安全计费管理解决方案（RG－SAM）	林伟俊、汪　奇、赵　敏、刘福能、林雁敏	福建星网锐捷网络有限公司、北京星网锐捷网络技术有限公司
2	移动互联网应用软件《91手机助手》	刘德建、陈宏展、郑　晟、潘运武	福州博远无线网络科技有限公司、福建博瑞网络科技有限公司、福建博动文化传播有限公司
3	XGHF43/1/26全电脑多梳栉带压纱板高速提花经编机	郑春华、谢春旺、赖秋玉、郑依福、郑春乐	福建省鑫港纺织机械有限公司
4	乙肝肝衰竭临床治疗优化方案及发病机制的研究	潘　晨、林明华、李　芹、高海兵、甘巧蓉	福州市传染病医院

2013年，福州市完成技术合同认定登记2522项、合同成交总额15.34亿元，其中：技术开发合同992项、合同金额8.96亿元，技术转让合同115项、合同金额3.34亿元，技术咨询合同1122项、合同金额1.08亿元，技术服务合同293项、合同金额1.96亿元。

2013年，福州市新认定的高新技术企业66家。全市高新技术企业总数为342家（其中产值上亿元的138家、上10亿元的17家），实现主营业务收入1507.5亿元、增加值389.02亿元，实现工业总产值1095.67亿元。全市高新技术产业实现主营业务收入3046.48亿元，产业增加值777.22亿元，利润总额192.33亿元。至2013年底，福州市共有国家创新型企业3家、国家创新型试点企业4家、省级创新型（试点）企业186家（当年新增65家）。全年确认研究开发项目529项，核定225家科技型企业的研发费用所得税前抵扣额10.28亿元。

【福州市加强企业自主创新】 ①培育企业技术中心。捷星显示科技等17家企业技术中心被认定为市级企业技术中心，国脉科技等10家企业技术中心被认定为省级企业技术中心。至2013年底，全市共有市级以上企业技术中心205家，其中国家级3家、省级77家、市级125家。②推动企业实施技术创新。有22项新产品通过了省经贸委新产品、新技术鉴定，其中国际水平4项、国内领先14项；星网锐捷、福耀玻璃2家国家企业技术中心创新能力建设项目分别获国家资金补助500万元；海西新药等28个技术创新项目获得省级专项扶持资金2330万元。③组织企业参加国内外工业设计大赛和工业设计评选活动。15项成果入围展示，1项作品荣获“海峡杯”福建（晋江）工业设计大赛专业组银奖，2项作品荣获海峡工业设计大赛银奖，1项作品荣获海峡两岸（漳州）工业设计科技创新大赛三等奖。④加强产学研交流合作。积极落实市政府与清华大学、福州大学、厦门大学、福建师范大学等高校签订的战略合作协议，定期跟踪合作进展情况并多次组织企业与高校进行交流对接。推动125项重点产学研合作项目实施，对星网锐捷网络等31个项目给予680万元产学研专项资金扶持。⑤建立海峡工业设计专家工作站。首批加入工作站的专家30人，其中台湾专家15人。出台工业设计产业扶持政策，支持工业设计公共服务平台建设、品牌建设，鼓励制造业与工业设计融合等项目，扶持金额139万元。⑥鼓励和培育企业创建省级以上工业设计中心，瑞达精工等3家企业工业设计中心被认定为省级工业设计中心。有115项产品被评为2012年度“福建名牌产品”，49项产品被评为2012年度福州市产品质量奖。连江鲍鱼获批国家地理标志产品保护，全市地理标志产品保护总数共计9个。⑦加强企业品牌建设，鼓励企业开展学习实践“质量标杆”活动。树立省级质量标杆企业2家（东南汽车、三元达通讯）；培育国家级工业企业品牌培育试点企业4家（瑞达精工、亚通新材料、恒杰塑业、淘帝服饰），省级工业企业品牌培育试点企业3家（祥兴箱包、祥龙塑胶、海王福药）。当年，全市参与制定国际标准2项、国家标准85项、行业标准91项、地方标准29项；完成制修订国家标准20项、行业标准22项、地方标准13项；新立项国家标准3项、地方标准7项；企业产品标准备案265项；引导企业采用国际标准或国外先进标准6项。

【福州市全面推进农业科技进步】 ①开展现代农业技术创新基地认定工作。2013年，重新认定了福州百洋海味食品有限公司等57家企业为市现代农业技术创新基地，新认定福州金和生物科技有限公司等22家企业为市现代农业技术创新基地。②继续推进“五新”推广工作。全年引进、试验、示范推广农作物新品种73333.33公顷，建立新品种示范片2420公顷，展示点92个，展示新品种430个。主要粮食作物良种覆盖率99.1%，蔬菜良种覆盖率94.6%，主要粮油作物优质专用率84.6%。在全市建立13个部级“万亩”粮食高产示范片、总面积8920公顷，建立水稻、马铃薯、花生等粮油作物高产示范片5000公顷。新增各类农业机械11778台，新建市级水稻机械化育插秧技术推广示范片1个，新建6个农机专业合作社。③开展农村实用技术远程培训8万人次，农村“六大员”培训5.1万人次。全市共举办各类农牧业村级农民技术员培训班524期，培训2.6万多人次。④推进海峡农业试验区新一轮建设，共启动12项重点项目，发展茶叶、食用菌加工产业、观光休闲农业产业，新增台资项目8项，总投资1.8亿元。引进台湾新品种127个，推广示范面积400公顷。台资农业企业获得30项市级以上“名牌产品”“驰名商标”和“龙头企业”等荣誉称号。⑤农业产业化龙头企业建设。全市231家市级以上农业产业化龙头企业实现年总销售收入（含交易额）573亿元、比增12.3%，其中产值亿元以上89家，10亿元以上10家，带动农户97.6万人。与高校、科研院所开展合作177项，开发新产品251个，申请专利65件，全市有34家企业荣获首批院士（专家）工作站授牌，其中挂牌院士工作站4家、专家工作站30家；有6家企业被认定为“国家农产品加工技术中心”。⑥农业科技信息服务体系建设。建立较为完善的市县乡三级联动的农业推广体系，其中市级农业科研所3个、农技推广站14个，县级农业科研所11个、农技推广站68个，乡级各类服务组织500多个。共有农村实用技术推广带头人才8327人。通过“‘969155’农业便民服务热线”“168农业声讯台咨询电话”“‘96355’林业科技便民服务热线”“农业专家大院”等，为农民提供信息服务。⑦现代农业创新基地建设。新筛选认定22家市现代农业创新基地，总数共计57家。

【福州市行业技术创新中心达41家】 2013年，福州市新增3家行业技术创新中心，总数共计41家，其中依托单位为高校、科研院所的有28家，有效集成高校、科研院所的成果在福州市落地转化。据不完全统计，当年全市行业技术创新中心为企业完成检测及成型服务约5.5万批次，举办培训班146期，培训各类人员9000多人次，引进、推荐各类人才近700人，举办专项研讨会83场，获市级以上各类奖项109项。如：材料与模具行业技术创新中心与福耀玻璃工业集团合作项目获国家技术发明奖二等奖、第七届国际发明展览会金奖和发明者协会国际联合会（IFIA）光荣奖；工业控制集成应用行业技术创新中心获得全国“工业机械手与智能视觉应用”职业技能竞赛一等奖、省“自动化生产线安装与调试”职业技能竞赛二等奖；水产品深加工、纺织服装、汽车机电、工业控制集成应用等20家行业技术创新中心获市科技计划项目资金扶持200多万元。

2013年福州市新增行业技术创新中心名录

序号	行业技术创新中心名称	依托单位
1	福州市生物制药行业技术创新中心	福建省微生物研究所
2	福州市电子政务安全行业技术创新中心	福州大学数学与计算机科学学院、福建省闽保信息技术股份有限公司
3	福州市橄榄行业技术创新中心	福建农林大学园艺学院、福州市经济作物技术站

【福州市知识产权工作成效显著】 2013年，福州市申请专利9262件，其中发明专利3258件、实用新型专利4227件、外观设计专利1777件。获授权专利6280件，其中发明专利1159件、实用新型专利3821、外观设计专利1300件。至2013年底，全市有效发明专利4157件，居全省首位，每万人有效发明专利拥有量为5.7件。当年，福州市1家企业（福耀集团）入选国家专利运营试点企业和首批国家知识产权示范企业，11家企业（星网锐捷通讯等）入选首批国家知识产权优势企业，6家企业（新大陆电脑等）入选福建省知识产权优势企业，新增27家市知识产权示范企业（国光电子等）。获得第十五届中国外观设计优秀奖2项，获得第四届省专利奖8项，组织评选出福州市专利奖金奖2项、优秀奖21项。6个项目列入省专利技术实施与产业化计划项目，获得90万元资金支持。4家企业获得省企业专利权质押贷款贴息项目，共贴息71.5万元。专利保险取得突破，全市共有34家企业91件专利投保，保障金额近170万元。3所中小学入选省知识产权试点学校。至2013年底，全市已拥有各级各类知识产权试点示范企业242家，其中国家级30家、省级76家、市级136家，在列入省级以上试点示范（优势）的企事业单位中，福耀玻璃等15家企业被列入全国首批《企业知识产权管理规范》国家标准的推广行列。市知识产权局全年共受理发明专利资助1186件，资助金额551万元；共受理发明专利奖励1144件，奖励金额752万元。开展高新技术企业发明专利“清零”行动，有19件发明专利获得奖励资金19万元。市知识产权局分别与中国银行福州市市中支行、福建海峡银行科技支行签订战略合作协议，共有10家企业累计获得银行专利权质押贷款9000多万元。此外，继续推动知识产权强县工程建设，有1个县（市）区进入国家知识产权示范城市培育阶段，2个县（区）列为国家知识产权强县工程试点县（区），6个县（市）区列为省知识产权强县（市）区。

2013年，福州市深入开展知识产权执法维权“护航”专项行动，组织深入批发市场、大型商场超市、医药商店开展专项执法行动30多场，出动人员300多人次，检查了商品2万多种，查获假冒专利案件66件，受理调解纠纷案件1件、侵权纠纷案件8件。深入“5·18”海交会、“6·18”项交会开展现场执法维权工作，设立知识产权维权服务咨询台。开展入园进企知识产权维权服务工作，市知识产权局与市法院联合挂牌设立市首家“知识产权法律服务站”，帮助企业答疑解难。市知识产权局与市公安局、市科技局共同签署《打假维权合作机制备忘录》，创新信息共享机制，完善办案协作机制，形成联合执法常态；建立专利联络员制度，全市共有17家大型商场、超市、医药连锁商店和4家新闻媒体62名专利联络员，市知识产权局与市法院多次联合举办专利联络员知识产权保护培训班。进一步加强地区间专利执法协作与沟通，签署《闽粤沿海十二城市共同查处假冒专利行为协作备忘录》。同时，通过“2·21”首届福建知识产权日、“4·26”世界知识产权宣传日、中国专利周等宣传日开展系列知识产权宣传活动，通过多媒体信息平台广泛宣传知识产权。首次通过遍布全市社区的270多面LED阅报栏播放知识产权公益广告；与移动通讯公司签约，通过移动彩信与短信平台发送知识产权宣传信息20多万条；当年，共有1293个单位62927人次参加公职人员知识产权考试。举办第二届大学生知识产权竞赛，提高学生知识产权认知度，在福建农林大学开设大学生知识产权选修课程，市知识产权局与福建工程学院共同签订了建设知识产权教学科研基地协议。实施企业知识产权培训网络化。开设中国知识产权远程教育平台福州分站，并组织了2期1000多人次参加了远程教育培训。举办了多场全市专利权质押融资、专利保险、发明专利“清零”、专利保护等知识产权实务培训班。企业专利分析利用培训被列入全市专业技术人员继续再教育培训课程，首批60多人参加了培训活动。开展商场超市专利联络员知识产权培训。邀请市法院法官以案说法，提高商品流通领域从业人员知识产权保护意识。结合“四个万家”主题实践活动，赴40多家企业开展知识产权工作现场指导服务。国家专利技术（福建）展示中心全年举办省优秀专利展等展示活动4场，新增展品112件；主办或合作承办各类专利交易活动6场次，促进专利转让9项，成交金额132.3万元；通过“中心”平台实现专利交易额1300多万元。“中心”承接了省首届专利技术网上拍卖会，成交金额12.5万元。

【福州市积极推进科技交流合作】 2013年，福州市举办了CAE Molding Conference 2013巡回研讨会，旨在促进制造业行业水平的整体提升，推动制造业转型升级，协调推动与台湾地区、日本的技术交流；承办了澳大利亚技术转移“专利直通车”推介会；举办了发展中国家动漫技术开发与应用培训班，与发展中国家动漫界技术人员共同分享福建在动漫技术开发与应用领域取得的成果与经验；邀请世界无线通信领域权威专家布兰卡·切帝奇教授等在福州软件园为部分高新企业科技人员举办“物联网——智能电网”专题讲座。当年，福州市举办或承办了中国（福州）国际汽车博览会、中国（福州）国际汽车配件及后市场博览会、“6·18”项交会现代农业博览会暨高峰论坛、海峡智慧城市与物联网产业博览会暨高峰论坛等一系列国际科技性展会，吸引了大批国际、国内企业参展。组织企业参加了中国国际塑料橡胶工业展览会、中国国际高新技术成果交易会、“9·8”贸洽会、满洲里中俄蒙科技展暨高新技术产品展览会、中国—东盟博览会，签订了多项合作意向。

在对台科技合作交流方面，福州海西高新技术产业园积极引进对台科技合作重大研发机构，东南汽车与台湾中华汽车股份有限公司共建的“东南汽车研究院”、立达信绿色照明股份有限公司与台湾晶圆光电股份有限公司共建的“光电集成一体化两岸联合研发中心”，获得省科技厅经费支持1630万元。当年，召开了“海峡两岸科技与经济论坛”“海西科技论坛”等一系列研讨会和论坛。国家专利技术（福建）展示交易中心与福清市知识产权局合作承办“海洋生物技术科技成果及专利技术推介会”。福州软件园等科技产业园区与台湾新竹、台南、台中高科技园区实现对接，有力地推动了榕台科技经贸交流合作和人才集聚，为全市全面开展对台科技交流与合作起到积极的推动作用。占地65平方千米的闽台（福州）蓝色经济产业园总体规划亦已获批将成为榕台交流合作的新平台。福州与台湾企业科技交流进一步推进。福州泰普生物科学有限公司等3家企业与台湾企业合作建立的闽台科技合作基地获得省科技厅的批准，为海峡两岸的创意产业的合作、交流，牵线搭桥，促进海峡两岸科技产业的深度对接和互惠双赢。福州与台湾高校合作交流进一步加强。闽江学院与台湾联合大学签订友好合作协议，设立福州民俗文化台湾研究基地；福州职业技术学院与台湾大华科技大学、和春技术学院等5所台湾合作院校开展应用电子技术、旅游管理、物流管理、广告设计与制作、金融保险等5个专业合作；台湾铭传大学、台湾海洋大学、台湾东吴大学与福州大学围绕海洋工程、海洋科学、海洋人文社会科学等领域开展合作，实施“3＋1”的人才培养模式，培养适应海洋产业发展需要的人才。

【福州市科普事业稳步发展】　2013年，福州市科普设施建设稳步推进，新建标准科普画廊22座、电子科普画廊17座、社区科普大学26所、青少年科学工作室7个。出版《全民科学素质系列科普丛书——科学生活·科学保健系列》3000套、《生活中的科学（八）》10000本，编印《榕城科普读本》之《福州温泉》、《健康体检指标解读》各5000本。开展“爱科普、爱讲座——科普讲座进社区”活动。启动省流动科技馆巡展（福州）活动，相继在闽侯县、马尾区、长乐市巡回展出，惠及广大城、乡的青少年。投资近200万元的福州科技馆球面科学展示系统投入运行，成为公众特别是青少年学习和探索“天文与地球科学”的“知识宝藏”和“生态教室”。

组织参加以“科技创新·美好生活”为主题的“科技·人才活动周”，全市组织各类科技宣传活动410场（次），参与的科技人员、科普志愿者2100多人，受惠城乡群众28万多人次，投入活动经费130多万元。与媒体合作制作宣传节目26期，在新闻媒介刊出报道近210篇。为庆祝全国科普日活动开展十周年，福州市举办以“保护生态环境，建设美丽福州”为主题的“全国科普日”活动，动员、组织380多个部门和单位，2200多名科普工作者、志愿者开展近百场科普活动，发放科普资料24万多份，受益城乡群众25万多人次。结合各类“纪念日”，引导全市城乡各类科普志愿者开展志愿服务活动。福州科技馆继续与在榕高校和科技型企业合作，共同举办多个主题科普活动，全年到馆观众超过10万人次。全年举办科普大篷车展教活动32场，受众3.9万多人次。当年，依托各县（市）区持续开展“三下乡”活动，开展科普宣传、咨询、服务等活动近30场（次）。实施基层科普行动计划，安排专项经费60万元，评选表彰市级科普惠农先进单位17个、个人9名，其中6个单位、3名个人获全国表彰、奖补经费135万元，6个单位、3名个人获省级表彰、奖补经费35万元。率先在全省组织开展“市级社区科普益民计划”先进评选工作，安排专项经费30万元，评选表彰市级科普益民先进社区10个；开展2012～2013年度福州市科普先进乡镇（街道）评选，23个乡镇（街道）通过评估认定、命名授牌。

组织参加第28届省青少年科技创新大赛，50个项目获奖，其中一等奖18项；晋级全国青少年科技创新大赛的6个项目全部获奖。举办第29届市青少年科技创新大赛，参赛项目（作品）336个（其中台湾马祖11个），评出优秀项目219项，优秀实践活动30项，优秀科幻画作品160幅，优秀科教作品20件，优秀科技教师10名，优秀组织单位10个。举办市青少年电脑机器人竞赛，全市53所中小学组成144支代表队参加竞赛，评出一等奖24队、二等奖45队、三等奖69队。承办省青少年机器人竞赛，市代表队夺得一等奖11项，其中10支代表队晋级全国竞赛并全部获奖。举办全市青少年科学素养竞赛，获得网络在线知识竞答一等奖9名、二等奖25名、三等奖43名，科普绘画比赛二等奖、三等奖各1名，市科协获得优秀组织奖。参加全国青少年信息学奥林匹克联赛福建赛区比赛，共有71名选手获奖（其中一等奖47人、二等奖17人、三等奖7人）。

【福州市加快高新技术产业开发区发展】　2013年，福州高新技术产业开发区着力深化科技体制改革，理顺县区托管新体制运行，强化三维项目对接，加快海西高新技术产业园、生物医药和机电产业园的开发建设，以及南屿新城的整合提升。全年完成工业总产值700亿元、总收入683亿元、利润35亿元、出口40亿美元、纳税21亿元，同比分别增长11.1%、12%、7.9%、5.8%、8.8%，其中海西高新技术产业园完成固定资产投资28.5亿元、生物医药和机电产业园完成固定资产投资24.2亿元。（参见“高新技术产业”）

【福州软件园】　2013年，福州软件园完成技工贸总收入300亿元、比增20%，税收7.8亿元、比增23%。园区荣获“海峡国家数字出版产业基地”“国家广告创意产业示范园”“国家文化和科技融合示范基地”称号。全园共有入驻企业450家，其中上市企业4家（福晶科技、三元达、榕基软件、富春通信），另有11家上市公司在园区设立了分支机构，产值超亿元的企业31家，产值超2000万元的企业41家，全国软件收入百强企业2家，国家重点软件企业8家，集聚各类技术人才27000多名。当年，园区共引进企业79家。积极推进海峡软件新城的招商对接和落地工作。软件园区动漫企业屡获殊荣，全年完成原创产量28872分钟，居全国第三位；开办全省电视动画创作培训班，邀请国内一流专家为企业授课，进一步提高企业原创能力；及时兑现政策，全年共兑现扶持资金1700万元。

持续建设公共技术服务平台，为60多家小微企业提供服务器托管等网络技术服务，在园区骨干企业实现互联互通的基础上，依托TPARK平台，为企业提供无线上网服务；联合共建实验室，分别与中国电信联合运营动漫渲染一期服务平台，与光通共建“云存储”公共服务平台，与金桥通信共建移动互联网信息技术联合实验室，与盈通公司联合共建人才培训实验室等，提高综合服务水平，降低企业运营成本；推动“智慧园区”试点，依托新产品体验中心等平台，推动产业链上下游资源共享，联合园区企业，开展智能车闸、智能快递终端等试点。全年引进中央“千人计划”专家1人；推荐高端人才3人参加中央“千人计划”答辩，其中1人已入围公示；1个创业团队入选第三批国务院侨办重点华侨华人创业团队；成功举办“第三届海峡两岸信息服务创新大赛暨福建省第七届计算机软件设计”大赛，共有215支队伍入围决赛并在现场展示作品，近2万人到现场观赛；业务培训不断增强，为企业举办各类政策培训和沙龙论坛 6 期，约 300 家企业参加培训，同时还携手北京大学等开设 EMBA 培训课程，累计培训 180 多人次。

【福州农业科技园】 2013 年，福州农业科技园区进一步发挥区位优势，积极构建闽台农业合作和农业科技示范两个平台，园区现代农业建设和农业综合生产能力迈上新台阶。园区全年实现工业总产值 131.5 亿元（其中规模工业产值 106.3 亿元），出口交货总值 11850 万美元，粮食总产量 4164 吨，农民人均收入 11337 元。至 2013 年底，共有台商投资农业项目 37 项，实际到资 2.6 亿元，新增投资 2000 万元，新增项目 3 项，协议投资额 3000 万元。园区管委会全年为企业无偿办理各类证件 10 项，获批市级闽台农业合作项目 4 项 20 万元。园区内台资农业企业与台湾 5 所科研院所建立科技协作关系，与 3 所大陆科研院所建立科技协作关系。全年结题验收科技项目 2 项，组织实施省、市、县科技项目 5 项，共引进台湾良种 18 种，推广面积 63.33 公顷，新增引种示范基地 2 处，面积 23.33 公顷。福州富水食品有限公司引进台湾中兴大学的技术成果建立了国家级农药检测实验室，将农药检测标准由定性提高到定量，2 项蔬菜加工技术获得国家级专利；福州雪峰文武茶场获国家茶展金质奖章，成功引种台湾翠玉、红玉茶叶新品种 20 公顷，改造旧茶园 20 公顷基本完成；台湾珍稀物种爱玉果和蜂媒传粉繁育技术、红宝柚丰产栽培技术在园区内推广。至 2013 年底，累计引进国内外农业良种 150 多个，其中台湾良种 100 个；农业新技术 50 多项，推广面积 233.33 公顷，受益农户 3 万多户。

【福州市科技企业孵化器】 2013 年，福州市经考核备案的科技企业孵化器有 6 家：福州金山科技企业孵化器、福州海峡工业设计创意园、福州 863 软件专业孵化器、闽台 AD 创意产业园、福建工程学院科技创业园、福州活力孵化器，总面积近 20 万平方米，在孵企业 258 家。闽台 AD 创意产业园等 4 家被确定为市级科技企业孵化器，获补助资金 33.2 万元。市高新技术产业创业服务中心（福州金山科技企业孵化器）和福州 863 软件专业孵化器服务中心被授予省级科技企业孵化器称号并获 50 万元奖励，福州金山科技企业孵化器、福州 863 软件专业孵化器和福建工程学院科技创业园获省科技厅孵化器新增孵化用房补助 33.7 万元。

福州金山科技企业孵化器 位于金山金洲北路 7 号，成立于 2003 年 12 月，由福州市高新技术产业创业服务中心负责管理运营。2013 年孵化面积 6.6 万平方米，在孵企业 123 家，毕业企业 10 家，入驻企业 9 家，在孵企业产值 29637 万元，上缴利税 5823 万元。

福州 863 软件专业孵化器 位于福州软件园园区内，成立于 2005 年 12 月，是福州市软件园管委会的直属单位，是“国家级科技孵化器”。总建筑面积 2.4 万平方米，由福州 863 软件专业孵化器服务中心运营和管理。2013 年孵化面积 2.15 万平方米，在孵企业 55 家，毕业企业 5 家，在孵企业产值 6824 万元，上缴利税 400 多万元。

福州海峡工业设计创意园 位于福马路 504 号，于 2010 年 9 月投入运营，由福州市高新技术产业创业服务中心负责园区的管理及运营，是全市首个重点扶持工业设计与创意产业的园区。2013 年孵化面积 1 万平方米，在孵企业 34 家，毕业企业 5 家，入驻企业 2 家，在孵企业产值 11374 万元，上缴利税 1835 万元。

闽台 AD 创意园 位于晋安区秀峰路 188 号，于 2012 年 5 月投入运营，规划总占地面积 14 公顷，2013 年底主体已基本完工。该园由众杰投资有限公司投资建设，并组建福建闽台广告创意产业园运营管理有限公司负责运营管理。2013 年孵化面积 3 万平方米，在孵企业 22 家，在孵企业产值近 2.4 亿元，上缴利税 737 万元。

福州活力孵化器 坐落于国家级高新区福州仓山科技园区内，成立于 2013 年 4 月，是福建省首家民营企业投资建设的科技企业孵化器。一期建筑总面积 2.2 万平方米。2013 年孵化面积 2.2 万平方米，在孵企业 11 家，在孵企业产值 4818 万元。

福建工程学院科技创业园 位于晋安区浦乾路 44 号，成立于 2013 年 5 月，由福建工程学院科学技术开发有限公司运营管理，是由福建工程学院利用空置房改建而成的孵化器。2013 年孵化面积 3.6 万平方米，在孵企业 13 家，在孵企业产值 2.03 亿元，上缴利税 1458 万元。

【福州市防震减灾工作取得新成效】 2013 年，福州市防震减灾工作扎实推进。①在监测预报方面：开展地震应急流动观测系统和强震观测台阵改造建设。该项目是福州市防灾减灾“十二五”规划的重要项目，也是“数字福州”建设项目；更新升级改造地下流体地震台网。将原先靠调制解调器拨号传输的方式改造为数字电路，实现了从原有的电话拨号定时收数到光纤时时传输的转变，使前兆地下流体观测数据的传输达到实时、稳定的效果，保障了观测数据的实时、有效。②在震灾预防方面：开展地震安全性评价监督管理工作与地震小区划工作，并做好防震减灾科普基地前期准备工作。③在应急救援体系建设方面：高效应对地震，加强地震灾害紧急救援队建设，进一步完善地震应急指挥系统建设，加强地震应急预案管理和修订工作。④在防震减灾科普宣传方面：充分发挥新闻媒体的作用，做好地震科普知识和法律法规的宣传普及；深入社区、学校，以点带面地开展地震科普知识宣传活动；向市民免费开放福州市地震局、罗源青少年活动中心等 5 个防震减灾科普宣教基地，展出的内容有地震是怎样形成、地震活动规律、地震监测、地震预报、防震避震、自救互救等供市民、学生参观学习；向市民分发《防震减灾科普常识》《家庭防震减灾常识》《青少年防震减灾科普读物》等地震宣传材料。

【数字福州建设】 2013 年，福州市共安排信息化重点建设项目 145 项，其中在建重点项目 71 项，计划新开工项目 67 项，预备、前期建设项目 7 项。2013 年建成或基本建成信息化重点建设项目 20 项。①“中国福州”门户网站群。“中国福州”门户网站月均访问量 8100 多万次，在“第五届（2013）中国政府网站绩效评估暨第八届特色政府网站评选”中位居全国 32 个省会城市及计划单列市政府门户网站第 3 位，并荣获“政府透明度领先奖”。新建环保、安全生产等专栏以及第一届全国青年运动会福州赛区官网。全年共举办访问市直部门主要领导的“在线访谈”节目9期，开展“政风行风”媒体直播节目70期，开展“让人民满意”媒体直播民主评议政风行风活动10期。②行政权力阳光运行平台。全年网上行政审批系统受理审批申请181995件，办结176987件，时限内办结率为99.8%。网上行政处罚系统，公开全市46个执法部门共5181项行政处罚事项、处罚依据、处罚标准、处罚结果以及执法人员资格等信息，加强行政处罚监督。网上公共资源交易系统，完成建筑工程网上招投标项目1321项，总标的金额436.99亿元，中标金额391.7亿元，降低率10.3%。市场中介组织信用信息系统，全年在网上统一发布福州地区中介组织信用（包括基本信息、良好信息、不良信息等）、企业资质许可、企业年检、从业人员等信息2.17万条，网站访问量201.8万人次。③市便民呼叫中心“12345”系统。至2013年底，全市共有市、县、乡三级1442个单位加入系统服务，全年受理诉求件26.06万件，及时回复率99.19%，电话系统为市民服务69.6万次。④空间地理基础数据库。市数字城管系统、市灾害应急平台消防通信调度系统、市环境监测及污染源管理地理信息系统、市地震信息处理和应急指挥系统等一批基于全市空间地理基础数据库建设的应用系统已建成并投入使用。⑤数字化城市管理系统。系统全年共立案、派遣城市管理案件145344件，结案率为94.22%，该系统在城市管理与城市环境综合整治中的作用开始显现，改变了以往城市管理“被动出击、突击检查”的局面，实现了“四个转变”，即从粗放到精细、从静态到动态、从开放到闭环、从分散到综合的转变。⑥城市数字化综合管理服务平台。至2013年底，该项目建设已取得阶段性进展，完成了项目招投标，市级指挥大厅已建设完成，综合管理平台软件已进入调试阶段。⑦政务云计算平台。主要建设内容包括政务内网、政务外网两大部分。该项目通过“数字福州”专家评审，完成公开招投标，并已进入建设阶段。⑧市直党政部门办公自动化系统。全市共注册用户4741个，实现网上办理发文8万多份，收文133719份；通过电子公文传输系统发文57803份，收文311085份。⑨电子政务网络。积极推进东部办公区中心机房建设。同时，采用云计算技术，组织虚拟化条件下的软硬件资源按需分配、动态管理。东部办公区中心机房建设已经完成，基本满足运行条件。全力做好技术保障工作。全年共完成86场电视电话会议的技术调试、现场值守，同时，完成省应急视频会商指挥系统（福州节点）的升级改造。加强170家接入政务内网、82家接入政务外网的市直单位网络管理，及时做好政务网络新增接入、迁移，保障市直各应用系统的网络线路畅通。同时，强化政务内、外网安全保密工作，全力维护网络信息安全。

【福州市县域特色科技工作】 2013年，福州市所辖各县（市）区在推进科技进步方面各具特色，并取得了明显成效。台江区加快海峡电子商务产业基地建设，除产业聚集功能之外，突出的是育成、指导、服务等特色功能，重点建设“九大中心、三个平台、一支基金”，即构建“931”核心工程。至2013年底，基地已启动构建了电子商务培训中心、海峡电子商务呼叫中心、海峡电子商务育成中心、海峡电子商务物流运筹中心；晋安区围绕果蔬、茶叶、花卉、中药材等特色产业，培育示范户85户，带动农户1100多户，推广示范56.67公顷，农民人年均增收800多元。依托农业专家大院、中试基地，在省农科院数字培训中心的协助下，组织实施了省级科技项目“晋安区农业科技创新服务平台项目建设”，特色农业日趋凸显。福清市加大对企业专利工作的指导和服务，继续培植知识产权优势企业、知识产权示范企业。全年专利申请量856件，授权专利653件，4家企业通过福州市知识产权示范企业认定，福州市专利技术奖2个金奖专利都出自福清市，至2013年底，全市共有全国企事业知识产权示范企业2家，省知识产权优势企业2家，省知识产权试点企业3家，福州市知识产权示范企业24家。福耀集团还被国家知识产权局确定为在福建省设立的2个国家级专利工作交流站之一。长乐市积极鼓励、组织和引导企业技术创新工作，促进科技成果转化，转变经济增长方式，调整优化产业结构，发展高新技术，提升发展水平。全市共有高新技术企业13家；长乐力恒锦纶科技有限公司等15家企业获得省科技型企业认定。同时，积极引导企业与高等院校、科研单位的合作，鼓励高校、科研单位带技术、带项目、带人才来长乐市进行科研攻关、技术推广等合作。锦江科技有限公司、福建雪人股份有限公司设立的博士后科研工作站获得认定。长乐市长源纺织有限公司等企业设立的院士（专家）工作站也获得认定。闽侯县2013年共有15个项目获得省、市级科技部门立项。其中，东南（福建）汽车工业有限公司“东南汽车DX5车型CAN网络总线开发”等4个项目获得省科技厅立项，获扶持资金277万元；福建胜亚模具有限公司的“汽车部件检具关键技术攻关及产业化”等3个项目获得市科技局立项，获扶持资金50万元。全年全县安排县级科技项目98项999万元。至2013年底全县共有14家高新技术企业，高新技术产业实现产值320亿元。积极开展校地合作共建活动。罗源县重点强化知识产权工作，落实知识产权战略，提升全市自主创新能力。先后邀请福州鼎新知识产权代理有限公司、福州博深专利代理事务所专家来罗授课，在罗源湾开发区举办知识产权业务培训班5期，企业参训人员350多人次。组织福州市专利代理机构3家，深入11个乡镇及罗源湾开发区20多家企业，辅导企业专利申请工作，当年，全县共申请专利144件，其中发明专利14件、实用新型专利95件。闽清县继续强化“科教兴县”战略，加大科技扶持力度，推进科技平台建设。在省科技厅以及科技部和国家发改委450多万元资金支持下，闽清县与景德镇陶瓷学院、国家咸阳陶瓷设计研究院、福州大学、武汉理工大学材料学院等高校院所建立战略合作关系，完善陶瓷行业公共技术平台建设，健全陶瓷产品、材料和煤炭检测中心。完成闽清陶瓷技术孵化器（云龙）建设。完成“节能灯用磁性材料技术”等3项科技项目研究，对接科技项目11项。

（福州市科技局 王朝春）

厦门市科技

【2013年厦门市科技概况】 厦门市地处福建省东南部，辖思明、海沧、湖里、集美、同安、翔安等6个区。2013年末全市常住人口373万人，实现地区生产总值（GDP）3018.16亿元，其中第一产业增加值25.99亿元、第二产业增加值1434.79亿元、第三产业增加值1557.38亿元；规模以上工业总产值4716.21亿元；地方财政收入500.56亿元，地方财政支出534.09亿元。

2013年，厦门市紧紧围绕“美丽厦门”战略规划，加快推进国家创新型城市和国家知识产权示范城市建设，科技创新工作取得新成绩。一是创新机制，科技投入方式向贷款贴息、股权投入、风险补助和提供担保转变，成立科技支行、科技担保公司，科技与金融结合更加紧密。二是建新阵地，加快推进微电子产业园筹建工作，进一步增强海沧生物医药港、同安国家农业科技园等科技园区产业集聚效应，成为国家级文化和科技融合示范基地。三是抓新产业，启动建设一批产业化基地、科技创新平台和产业化项目，重点培育发展生物医药、新材料、软件、IC产业4个千亿科技产业的思路方案基本形成。当年，在全国县市科技进步考核中，厦门市海沧区、思明区被确定为科技进步考核先进区，湖里区、集美区、同安区为科技进步考核通过区，郑云峰、游文昌等8人为科技进步考核先进个人。

2013年，厦门市科学技术支出16.19亿元（市本级11.24亿元、各区4.95亿元），其中技术研究与开发经费5.59亿元（市本级4.24亿元、各区1.35亿元）、科技条件与服务经费2.02亿元（市本级1.67亿元、各区3451万元）、科学技术普及经费2204万元（市本级1184万元、各区1020万元）。当年安排市科技计划项目326项4亿元，包括重大科技项目39项15289.4万元、企业项目120项4706.2万元、高校科研院所项目63项1301万元等。在厦门市的部属、省属及市属相关科研单位和科技企业获科技部等部门立项项目884项，比上年增加36项，获得资金4.24亿元，其中获科技部项目165项1.92亿元，国家自然科学基金委项目432项1.98亿元，国家知识产权局专利补助资金286.97万元，省科技计划项目287项3107万元。

2013年，厦门市评出市科学技术奖54项，其中科技进步奖一等奖5项（详见列表）、二等奖20项、三等奖29项。市科技重大贡献奖2人，市科技创新杰出人才奖9人。获省科学技术奖36项，其中省自然科学奖二等奖1项、三等奖4项，技术发明奖一等奖1项、二等奖1项、三等奖1项，科技进步奖一等奖2项、二等奖9项、三等奖17项。获省科技重大贡献奖1名，省杰出科技人才奖7名。获国家科学技术奖4项，其中自然科学奖二等奖2项、科技进步奖二等奖1项、国际科技合作奖1项。当年，全市登记科技成果252项，其中企业完成147项（占58.3%），大专院校完成22项，医疗机构30项，独立科研机构22项，其他31项。据统计，252项科技成果共申请827件知识产权（其中发明专利257件），已获授权专利551件，其中由企业获得的授权专利468件、占比84.9%。

2013年厦门市科技进步奖一等奖获奖成果情况表

序号	项目名称	主要完成人	主要完成单位
1	肿瘤个体化基因诊断系列试剂产品的研制及产业化	郑立谋、阮　力、宋庆涛、江风阁、肖桃英、饶国寿、罗　琼、乐慧英	厦门艾德生物医药科技有限公司
2	角膜病诊断与治疗新技术的系列研究与临床应用	刘祖国、李　炜、周跃平、李　程、刘　靖、陈文生、胡皎月、杨文照	厦门大学
3	利用废旧锂电池生产高性能汽车动力电池材料的关键技术	杨金洪、马跃飞、钱文连、魏国祯、孟　笑	厦门钨业股份有限公司
4	梅毒系列检测技术的创建及其临床诊断研究	杨天赐、林丽蓉、刘莉莉、童曼莉、刘桂丽	厦门大学附属中山医院
5	海峡两岸食品农产品快速验放检验检疫技术体系的建立	周　昱、黄蓬英、徐敦明、张志刚、曾　琪、吴　敏、林立毅、陈鹭平	厦门出入境检验检疫局检验检疫技术中心

2013年，厦门市新认定技术贸易机构96家，累计有技术贸易机构591家。受营业税改增值税影响，厦门市部分现代服务业技术开发合同未能享受相关税收优惠政策，技术合同认定登记积极性受挫。当年，全市认定登记技术合同2688项、比降13.5%，技术合同成交总额31.1亿元、比降47.5%，平均单项技术合同成交金额115.71万元、比降

39.31%。技术合同成交总额占全省技术合同成交额的57.61%，虽仍居全省首位，但占比下降了近23个百分点。技术合同中：输出技术（指提供技术方为在厦注册机构）为25.54亿元、比增18.88%，占技术合同成交总额的82.12%；技术引进（指厦门市企业接受国内外技术）5.56亿元、比降74.48%，仅占技术合同成交总额的17.88%。

2013年，厦门市新认定高新技术企业104家，并有59家企业通过复审，10家企业通过国家火炬计划重点高新技术企业认定（总数达28家）。全市资格有效的高新技术企业820家，实现主营业务收入2308.74亿元、增加值608.9亿元，实现工业总产值2161.99亿元，其中规模以上高新技术工业企业实现总产值2098.84亿元、占全市规模以上工业总产值的44.78%，对全市工业经济增长的贡献率29.9%，拉动工业总产值增长3.9个百分点。全市高新技术产业实现主营业务收入3757.34亿元，产业增加值976.86亿元，利润总额215.87亿元。全年共有11家企业的40项高新技术产品通过认定。

【厦门市推进区域创新体系建设】 2013年，厦门市新增省级创新型企业3家、试点企业16家，市级创新型企业15家、试点企业20家，省级工程技术研究中心7家，省部共建实验室1家、省级重点实验室9家、市级重点实验室4家，省级企业技术中心8家、市级企业技术中心13家，博士后工作站3个。至2013年底，全市共有国家级创新型企业7家、试点企业7家，省级创新型企业22家、试点企业50家，市级创新型企业59家、试点企业125家。国家级工程技术研究中心2家，省级工程技术研究中心27家，市级工程技术研究中心61家；国家级重点实验室4家，省部共建实验室2家，市级重点实验室36家；国家级企业技术中心12家，省级企业技术中心41家，市级企业技术中心103家；企业博士后工作站23家；企业内部研发机构备案59家；科技企业孵化器12个；国家特色产业基地6个。此外，共建立光电子、RFID、电力电气、电子元器件、船舶、水暖卫生洁具及橱柜、运动器材、绿色食品、卫星导航、智能输配电设备等12个产业创新联盟。

2013年厦门市新增市级重点实验室名录

序号	重点实验室名称	依托单位
1	厦门市天然药物研究与开发重点实验室	厦门市医药研究所
2	厦门市消化系统肿瘤转化医学重点实验室	厦门大学附属中山医院（厦门市消化疾病诊治中心）
3	厦门市亚热带植物生理生化重点实验室	福建省亚热带植物研究所
4	厦门市心血管重点实验室	厦门市心脏中心、厦门大学（生命科学院）

2013年厦门市新增省级工程技术研究中心名录

序号	工程技术研究中心名称	依托单位
1	福建省继电器设计制造企业工程技术研究中心	厦门宏发电声股份有限公司
2	福建省无线通信增值应用企业工程技术研究中心	厦门纵横集团科技股份有限公司
3	福建省营养强化剂企业工程技术研究中心	厦门金达威集团股份有限公司
4	福建省现代物流信息系统及设备企业工程技术研究中心	天海欧康科技信息（厦门）有限公司
5	福建省骨科医疗器械企业工程技术研究中心	厦门大博颖精医疗器械有限公司
6	福建省建筑节能产品与检测企业工程技术研究中心	厦门市工程检测中心有限公司
7	福建省林产加工企业工程技术研究中心	厦门涌泉集团、涌泉科技有限公司

【厦门市加快农业科技成果转化】 2013年，厦门市以项目为载体提升农业科技含量，推动物联网、高端物流等现代服务业与农业产业的结合，形成农业新业态，同时不断完善农业科技创新体系，提升农业产业化和农产品加工业整体科技水平，全力推动厦门农业科技创新，培育农业科技产业。当年，获国家农业科技成果转化资金项目立项4项、资助经费280万元，其中厦门北化生物产业研究院有限公司承担的“千吨级以生物基为基础新型多功能植物促生长保水增效材料中试与应用示范”项目获得国家100万元资助，省亚热带植物研究所、厦门银祥油脂有限公司、厦门好年东米业有限公司承担的项目分别获得60万元的资助。同时，厦门市扶持涉农科技项目32项，资助金额4332万元，涉及种植业、畜牧业、水产业、植物保护、资源高效利用、农林生态环境、农业装备、农产品深加工、生物技术与制品、种植基地建设等农业技术领域。

【厦门市知识产权保护成效突出】 2013年，厦门市首次召开全市知识产权工作会议，进一步明确知识产权事业发展方向；火炬高新区被批准为国家知识产权试点园区；思明区、湖里区入选国家知识产权强县工程试点区；厦门以总分第一位居“国家知识产权示范城市”榜首。全市申请专利11160件、比增12.01%，首次突破万件，其中发明专利2969件（比增18.23%）、实用新型专利5775件、外观设计专利2416件。获授权专利8255件、比增10.41%，其中发明专利890

件、实用新型专利5413件、外观设计专利1952件。PCT国际专利申请248件，占全省同期的67.39%。至2013年底，全市有效发明专利3364件，每万人口有效发明专利拥有量9.17件。当年，全市发放专利扶持资金1656万元；新增驰名商标15件，总数达82件；新增省著名商标70件，总数达613件；新增市著名商标96件（其中台湾地区商标4件），总数为783件（其中台湾地区商标19件）。市知识产权局立案受理专利侵权纠纷案件40件、比增74%，结案48件（含往年）；立案查处假冒专利案件105件，发出责令改正通知书105份；立案查处侵权和假冒伪劣商品案件327件，结案355件、结案案值8345.55万元，移送案件7件。

【厦门市多层次开展科技交流合作】 ①开展重大国际科技合作项目。2013年获科技部国际科技合作专项项目2项、资助金额1096万元；获科技部港澳台科技合作专项项目1项、资助经费223万元。②开展国际科技交流合作。组织出国（境）开展科技合作与交流活动1253人次，其中考察访问412人次、合作研究171人次、国际会议557人次、科技培训21人次、科技展览3人次、其他89人次。接待国际科技来访1248人次，其中考察访问873人次、国际会议192人次、合作研究15人次、培训8人次、其他160人次。③开展对台科技交流合作。资助对台科技合作与交流基地项目14项460.8万元。引进西安电子科技大学和台湾高雄应用科技大学合作的LED驱动芯片和驱动电源项目在厦研发和产业化，推动厦门立达信光电有限公司与台湾晶元光电股份有限公司联合共建“LED光电集成一体化技术两岸联合研发中心”。举办两岸产业技术论坛，论坛期间，13项两岸科技合作项目举行了签约仪式。④推进市校院地深度合作。与复旦大学、西安电子科技大学等签订市校科技合作协议，推动西安电子科技大学在厦设立技术转移机构。通过两岸产业技术论坛、厦门企业与北京高校科技成果对接会等产业对接平台，全年推动科技产业项目对接109项，其中市校科技合作项目60项，院地科技合作项目20项，产业对接项目7项，对台科技合作项目22项。厦门大学国家传染病诊断试剂与疫苗工程技术研究中心与国际著名制药巨头、世界500强企业、全球最大的疫苗生产商法国赛诺菲巴斯德公司就“通用新流感疫苗研究”合作项目签约。

【厦门市社会科技发展与科学普及情况】 2013年，厦门市设立市级科技惠民计划推广成果库和项目库，开展人口与健康、资源与环境、食品安全等领域科技惠民先进科技成果、备选项目征集，推进市科技惠民示范工程建设。全年共实施市级科技惠民项目61项，资助金额388万元。推进区域科技协调可持续发展，5个区通过2011～2012年度全国科技进步考核，思明区、海沧区荣获科技进步考核先进区荣誉称号。加快科技与文化融合，厦门市成为国家级文化和科技融合示范基地。以“科技创新·美好生活”为主题，举办“科技·人才活动周”，组织开展活动120项。开展科技咨询7场，举办报告会120场、开展科技下乡活动25次。活动周参与单位79个，参与公众人数、科技人员分别为3万人次、300人，发放资料4.2万份、科普光盘2000套、科普图书3万册。当年，厦门市组织参加第28届省青少年科技创新大赛，获一等奖14项、二等奖26项、三等奖27项，并获评优秀科技辅导员1人；组织参加第28届全国青少年科技创新大赛，获一等奖2项、二等奖6项、三等奖6项，并有1家单位被评为“基层赛事优秀组织单位”。此外，举办了第29届厦门市青少年科技创新大赛，共吸引141所学校的8536名学生参赛，申报项目677项。

【厦门市信息化建设成效明显】 2013年，厦门市获评“中国十大智慧城市”，入选“国家信息消费试点城市”，荣获“国家下一代互联网示范城市”和“全国首批电子社保示范城市”称号。全年软件和信息服务业实现业务收入602.7亿元，占全省60%，比增30.6%。当年动漫游戏产业实现业务收入超过50亿元。中国移动手机动漫基地实现收入10.1亿元，中国电信动漫运营中心实现收入超过1.5亿元。全市光纤入户数为43.7万户，比增30%；互联网宽带用户超过120万户。全市开通近3万个无线AP（互联网无线接入点），比增40%。至2013年底，全市建成TD－LTE基站1171个，实现厦门岛内99%以上区域的网络覆盖。全市政务外网交换能力由千兆升级为万兆，政务云资源池运算能力达到1088.6GHz、3136G内存，运算能力提升了近1倍。存储资源为162T，增长超过20%。全市70%以上信息化项目已部署到政务云上，业务应用虚拟机272个，比增74.36%。完成了医疗云硬件资源池搭建工作，医疗云为全市330万人建立了个人电子健康档案，每月就诊健康信息共享调阅2万多次。建成智慧交通云平台，提供实时公交、实时路况查询、失物查找和出租车召车服务等。交通云微信用户超过26万人。先后在同安、翔安开展教育云试点项目。当年，出台了《厦门市信息化和工业化深度融合示范企业认定管理办法（试行）》，认定了10家企业为市信息化和工业化深度融合示范企业。加强组织实施国家科技支撑计划“厦门优势产业的制造业信息化综合集成应用示范”课题。同时，市科技计划项目申报指南明确支持制造业信息化科技工程工作。

【厦门市推进国家创新型城市建设】 2013年，厦门市科技工作坚持创新驱动发展战略，紧扣“创新机制、建新阵地、抓新产业”的工作方针，不断深化科技体制改革，加快完善区域创新体系，持续推进国家创新型城市建设。创新财政科技资金投入方式。市科技计划项目的主要资助方式由无偿资助向贷款贴息、风险补助和提供担保转变。通过项目贷款贴息，投入政府科技资金2.04亿元，带动企业投入39.74亿元。成立科技支行或科技金融业务部等专门机构，提供总额60亿元的科技型中小企业信贷专项授信额度。市科技担保分公司审批通过53家科技型中小企业科技担保贷款3.04亿元。设立市科技成果转化与产业化基金，首期注资5000万元，用于扶持初创期企业开展科技成果转化。出台《厦门市促进企业研发机构建设办法》《厦门市科技企业孵化器认定与管理办法》等科技扶持政策，推进企业成为技术创新主体。围绕高新技术产业化，市科技局与海沧区共建厦门生物医药港，与翔安区共建厦门微电子产业园，与同安区共建国家农业科技园，实现创新成果孵化、转化和产业化。新支持建设海西植物天然产物提取纯化中试基地、厦门通信终端产业链集成服务公共平台等14个重大科技创新平台和产业化基地。全年推动科技产业项目对接109项。支持高等院校、企业在厦设立研究机构或技术转移机构。重点培育发展生物医药、新材料、软件、IC产业4个千亿科技产业。

【厦门市火炬高技术开发区成效突显】 2013年，根据科技部公布的全国高新区最新评价结果，厦门火炬高技术产业开发区在全国105个国家级高新区的综合排名由第25位上升至22位，其中可持续发展能力排在全国第7位、产业升级和结构优化能力位居全国第15位。厦门高新区实现规模以上工业总产值1910.84亿元、比增20.6%，占全市规模以上工业总产值的41%；实现规模以上工业增加值425.09亿元、比增20.7%，占全市的37%；完成固定资产投资103.84亿元，比增6.67%；出口创汇184.73亿美元，比增8.25%；完成合同外资3.07亿美元，实际利用外资2.7亿美元。（参见“高新技术产业”）

【厦门市科技与金融结合创新步伐加快】 2013年，厦门市科技局加快科技与金融结合创新，改善科技型中小企业融资环境。至2013年底，共有53家企业获得3.04亿元科技担保贷款审核，已发放担保贷款2.04亿元。在已审批的科技担保中，共有1.4亿元为企业以信用为反担保方式、占比为45.3%；以抵押物价值计算，企业的抵押物放大比例达到179.8%；通过科技担保，首次获得贷款的企业共21家，户数占比为39.6%，缓解了部分科技型中小企业“融资难、融资贵”的问题。正式设立厦门市科技成果转化与产业化基金，首期投入5000万元，当年到位3000万元。

【厦门市生物与新医药产业发展迅猛】 2013年，厦门市科技局联合市发改委、海沧区政府联合编制了《厦门市推进生物与新医药产业发展工作方案》，全面调查、分析了产业现状与国内国际地位、存在问题，进一步明确了厦门市生物与新医药产业的发展目标、重点方向、发展路径及保障措施，从领导机制、财税政策、审批优化、创业环境等方面营造产业发展的良好大环境。当年，市科技局启动“生物与新医药企业倍增计划”，面向全市生物与新医药企业开展“企业科技需求”调查，全面了解生物与新医药企业科技需求和遇到的发展难题，并遴选优势、潜力企业，通过一对一的个性化支持与服务，助力企业倍增发展。至2013年底，全市共有生物医药企业374家，全市生物与新医药产业实现工业总产值210亿元。市科技局继续深化“市区共建机制”，积极推进“一十百千工程”（即1万平方米的生物医药孵化器，10万平方米的中试产业化基地，100万平方米的生物医药园区，1000万平方米的生物医药港），构筑起“孵化器—中试基地—产业园区”的梯次产业化发展体系，努力将厦门打造成全国生物医药产业发展的“第五极”。据统计，海沧区集聚了生物与新医药企业157家，占全产业企业总量的42%，全年实现工业总产值103亿元，占全产业总产值的近一半。全市已建、在建21个生物医药产业公共技术服务平台，科技创新资金资助金额2.4亿元，拉动全社会科技投入10.62亿元，科技经费的倍增效应超过4倍。当年，市科技局通过科技部、卫计委、厦门大学等有关方面的支持，会同海沧区初步建立了产业储备项目库，已入库潜力项目1349项，与全国99家重点龙头医疗器械企业、117家台湾生技企业建立了联系渠道，收集了219项台湾生技类科技成果。海沧区政府作为全国唯一的政府部门加入全国“传染病诊断试剂产业技术创新战略联盟”，并成为副理事长单位，多途径拓展产业招商引资渠道。

【厦门市创新驿站建设】 2012年，厦门市获科技部批准成为第二批中国创新驿站试点区域，厦门中开信息技术有限公司获批成为中国创新驿站厦门区域站点的承建单位，厦门中小在线信息服务有限公司获批成为基层站点。至2013年底，创新驿站拥有23万条可交易成果项目、6万名技术专家、1000家国内外深度合作院所及来自国家科学技术奖励工作办公室的大量优质国内科技资源。共举办网上在线技术对接会85场，参展人数88万人次，参展项目1.7万项，挖掘需求4600多项，实现技术对接1.5万次，达成意向3500多次。

【国家科技成果转化服务（厦门）示范基地建设】 2013年，由厦门市科技局与国家科技奖励工作办公室合作，共同建设的国家科技成果转化（厦门）示范基地（以下简称“示范基地”），积极服务厦门企业，针对厦门市企业在技术创新和成果转化中遇到的三大难题，建立了破解企业三大难题技术方案。一是针对企业“想投资找不到好项目、有难题找不到好专家”这一难题，示范基地建立了拥有23万条可交易化成果项目、6万名各领域技术专家、1000家国内外深度合作院所。该基地既可为企业免费提供与专家或项目方进行在线对接洽谈，又可使企业通过平台发布技术难题需求，帮助企业吸引专家主动提供解决方案，从而解决中小企业技术信息来源少、质量差等难题。示范基地已为厦门几千家企业提供各类科技服务。二是针对企业“对接洽谈机会少、参与展会成本高”的难题，示范基地开通“多对多”的网上“在线展会”，和“一对多”的“技术鹊桥会”，使企业足不出户即可与相关单位或专家轻松谈项目谈合作。三是针对“项目转化启动难、收尾难、纠纷多”的问题，开发了全国首创的“科易宝”系统，重点解决企业在技术引进过程中，涉及资金往来、技术信息、技术服务这三大核心问题，并为交易双方提供全程配套服务支撑。“科易宝”已应用在“思明网上知识产权交易平台”上，该平台先后在厦门科技型企业中发展企业科技专员103位，深度撮合项目108项，促成在思明区落地项目9项，实现技术交易合同金额457万元。

【厦门市同安国家农业科技园区建设】 2012年，同安区政府成立厦门同安国家农业科技园区管理委员会，同安区政府分管副区长任主任，区科技局、农业局等十多个职能部门组成成员单位，并下设办公室，成立专职机构。园区已初步形成全面对接台湾精品农业、高附加值农业的“一园五区一院”格局。2013年，厦门市科技局立项支持园区内企业9个涉及农业的重大产业化项目，支持1800多万元建设的同安国家农业科技园区配套项目——厦门轻工食品科技孵化园和食品科技研发检测中心，也已完成验收工作，并投入使用。继续加大支持海峡现代农研院建设，发挥其科研实力强的优势，协调该院结合同安国家农业科技园的规划，开展共建合作、产学研合作、两岸合作，重点支持已起动的创意农业、碳汇经济研究、立体观光农业等项目。至2013年底，园区已有厦门银祥集团、厦门古龙食品有限公司、厦门中盛粮油集团有限公司、如意情集团有限公司、厦门百利种苗有限公司等知名企业270家、台资企业54家、农业合作社417家。园区企业实现年总产值165.37亿元，比增12.9%；核心区企业产值145.56亿元，比增13.4%；示范区企业产值19.81亿元。

【厦门市重要科技事项与活动】 2013年1月5日，国家知识产权局批准厦门设立国家知识产权局地方专利信息服务中心。1月11日，科技部在北京宣布，由厦门大学、养生堂万泰公司联合研制的"重组戊型肝炎疫苗（大肠埃希菌）"已获得国家一类新药证书和生产文号，成为世界上第一个用于预防戊型肝炎的疫苗。1月29日，厦门市"科技与金融结合签约仪式"在厦门市文化艺术中心举行，标志着厦门科技金融结合进入实质性阶段。6月20日，两岸产业技术论坛在厦门举办。9月18日，厦门市荣获"国家知识产权示范城市"称号。10月18日，国内首个网上知识产权交易平台暨"思明网上知识产权交易平台"（www.haixia.gov.cn)〗开通仪式在思明区政府隆重举行。

（厦门市科技局　郭燕妮）

莆田市科技

【2013年莆田市科技概况】 莆田市地处福建省东南沿海，辖荔城区、城厢区、涵江区、秀屿区、仙游县等4区1县，以及湄洲岛、湄洲湾北岸2个管委会。2013年末全市常住人口283万人，实现地区生产总值（GDP）1342.86亿元，其中第一产业增加值114.58亿元、第二产业增加值783.46亿元、第三产业增加值444.82亿元；规模以上工业总产值2008.92亿元；地方财政收入94.92亿元，地方财政支出144.16亿元。

2013年，莆田市抢抓机遇、先行先试，以自主创新推进产业结构优化升级，加快发展方式转变，有效推进经济社会发展。全市科学技术支出2.6亿元（市本级6647万元、各县区1.94亿元），其中技术研究与开发经费1.44亿元（市本级3855万元、各县区1.05亿元）、科技条件与服务经费1290万元（市本级979万元、各县区311万元）、科学技术普及经费1013万元（市本级436万元、各县区577万元）。当年，下达市级科技计划项目82项，安排经费877万元，其中工业类计划项目34项347万元、农业类计划项目35项268万元、社会发展类计划项目13项125万元。安排省区域科技重大项目配套经费170万元，科技小巨人企业奖励经费1150万元。全市有16个项目被列入国家政策引导类科技计划，获经费资助979万元；获省级各类科技计划项目立项41项、资助经费2387万元，其中区域科技重大项目7项、科技计划重点项目9项、科技型中小企业创新资金项目8项、自然科学基金项目3项、科技合作项目5项、创新型企业创新成果后补助项目4项、科技创新平台项目3个、闽港澳合作签约项目2项。完成科技成果项目评审27项，科技成果登记12项。莆田市连续第五次被评为全国科技进步先进市，仙游县、城厢区、涵江区被评为全国科技进步先进县（区）。

2013年，莆田市评出市科技进步奖28项，其中一等奖3项（详见列表）、二等奖7项、三等奖18项。当年，全市获评国家科技进步奖二等奖1项，由福建省华隆机械有限公司参与完成；获评省科学技术奖3项，其中二等奖1项、三等奖2项（含参与完成1项）。

2013年度莆田市科技进步奖一等奖获奖成果情况表

序号	项目名称	主要完成人	主要完成单位
1	腰椎微创相关技术的基础和临床研究	林海滨、陈宣煌、吴长福、李荣义、郑祖高、蔡涵华、张国栋	莆田学院附属医院
2	轴向柱塞式高压共轨泵	王九如、陈　忠、鲍城斌、张　伟	莆田市中涵机动力有限公司
3	优质专用型号花生新品种选育及标准化栽培技术研究与示范	黄金堂、陈海玲、李清华、郑国栋、邱国清、李淑萍、谢志琼	莆田市农业科学研究所

2013年，莆田市完成技术合同认定登记28项、合同成交总额3232.15万元，其中：技术开发合同22项、合同金额1132.15万元，技术转让合同6项、合同金额2100万元。当年，莆田市新认定高新技术企业5家，通过复审2家。全市高新技术企业总数为26家（其中国家火炬计划重点高新技术企业3家），实现主营业务收入89.95亿元、增加值23.87亿

元，实现工业总产值 41.45 亿元。全市高新技术产业实现主营业务收入 361.77 亿元，产业增加值 121.18 亿元，利润总额 48.1 亿元。

【莆田市推进区域创新体系建设】 2013 年，莆田市新增省市级企业技术中心 8 家，并首次评选出市科技小巨人企业 23 家，包括华峰工贸、中涵机动力、威诺数控等科技型企业。至 2013 年底，全市建有省级重点实验室 3 家，省级企业工程技术研究中心 23 家，国家级企业技术中心 1 家、省级企业技术中心 27 家、市级企业技术中心 80 家；拥有省级创新型企业 22 家。

【莆田市加强农业与农村科技工作】 2013 年，莆田市争取到科技部农业科技成果转化资金项目 1 项、经费 60 万元；省星火计划项目 6 项、经费 115 万元，省区域重大项目 3 项、经费 260 万元。下达市级农业科技计划项目 35 项，其中签订市属单位项目 16 项、院地合作项目 11 项、星火计划项目 8 项，共下达项目经费 268 万元。市东南香米业发展有限公司承担完成的 2011 年科技部农业科技成果转化资金项目通过验收。当年，组织科技服务团 8 个小组下基层、到企业、进村庄、入农户，以科技咨询、科技培训、网络服务、下乡巡回等各种服务方式开展科技服务活动。据统计，举办各类科技培训班 520 多次，培训农民 16 万多人次，发放科技小册子、科技书籍、培训教材 25 万多册；下派 12 名科技特派员进驻农业产业化龙头企业，极大地增强企业科技创新能力。

【莆田市知识产权保护工作成效突出】 2013 年，莆田市申请专利 3112 件、比增 163.06%，其中发明专利 280 件、比增 45.08%，实用新型专利 653 件、比增 41.34%，外观设计专利 2179 件、比增 312.69%。获授权专利 1705 件、比增 42.44%，其中发明专利 51 件、比增 2%，实用新型专利 481 件、比增 3.22%，外观设计专利 1173 件、比增 72.25%。全市发明专利拥有量 155 件。全年办理专利申请费用减缓证明 87 份，向国家知识产权局申请专利减缓费用 150 多万元；受理专利申请资金资助 935 件，资助金额 65.13 万元。三棵树等 3 家企业被确定为第一批国家知识产权优势企业，中涵机动力等 3 家企业被确定为省知识产权优势企业，涵江区通过创建国家知识产权强县工程验收。闽中有机食品有限公司“无糖型姜味黑木耳粒饮料成果产业化”等 3 个专利项目成功入选省专利技术实施与产业化项目，获得项目补助经费 45 万元。华昌首饰有限公司有 1 人被评为国家知识产权战略实施工作先进工作者。莆田市获评中国专利外观设计优秀奖 1 件，即由力天红木艺雕有限公司完成的“组合家具”（CB18B 云龙纹八件套）；获评省专利奖二等奖 3 件、三等奖 3 件。当年，针对流通环节和生产环节，组织市、县、区知识产权局开展联合专利行政执法检查工作，共出动执法人员 146 人次，检查商店 50 多家，商品 2000 多种。全年查处假冒专利案件 50 件，受理专利侵权纠纷案件 5 件，其中年内办结 3 件。接受社会各界人士咨询 912 人次，办结维权援助、申请代理、问题“诊断”等专利事务 867 项。建立了中国知识产权远程教育福建省知识产权远程教育平台莆田分站，利用远程教育平台开展知识产权基础知识和实务技能培训，开办培训班 3 期，培训人员 266 人。

【莆田市科技交流合作取得新进展】 2013 年，莆田市院地对接活动进展顺利，实现院地密集互访和项目的有效对接，接待中科院专家 20 人次，企业、院校洽谈 12 次，取得良好成效。“中科院—莆田市科技项目·人才对接会”在莆田举行，新签院（校、所）地合作项目 42 项，其中与中科院研究所签订对接项目 6 项，与高校、院所签订合作项目 36 项，签约项目涉及机械制造、工艺美术、农产品加工、新品种选育与栽培等不同行业和领域，技术含量高、创新性强、专业领域广。至 2013 年底，莆田市先后从中科院南海所、西安光机所等 20 多家研究所引进创业创新团队 8 个、高级人才 100 多人到政府、企业、高校，肩负起成果推广、人才交流的重任。此外，积极组织参加“6·18”项交会、“9·8”投洽会、深圳高交会、东盟博览会等各类项目成果交易活动，其中“6·18”项交会期间，组织 25 项成果、40 项技术需求参加活动，并有 12 项成果参加展览。

【莆田市科技宣传与普及】 2013 年莆田市科技·人才活动以“科技创新·美好生活”为主题，突出科技实现美好生活、科技驱动科学发展、科技促进文化创新的重要作用，围绕科技创新型城市建设，开展了科普文艺演出、科普知识竞答、科普知识现场咨询、科普资料免费发放、科普挂图展示、企业科技创新图片展等科普宣传系列活动，以及利用 LED 宣传车、LED 广告屏、手机短信、《湄洲日报》等载体，进行科普宣传。演出科普文艺节目 8 个，科普知识有奖竞答 60 题，发放宣传资料 10000 册，气象、环保、防灾减灾、计生、疾病预控、知识产权、水利、生物、水产、科技政策解读等方面 20 多位专家现场咨询，展示科普挂图（展板）50 个，参与活动群众 1000 多人次。

【莆田市信息化建设】

制造业信息化 2013 年，莆田市把制造业信息化作为利用高新技术改造和提升传统产业的重点。当年，完成《新型 TCU 鞋底的研究》《鞋底耐磨性能检测标准物质的研究》《我国皮革、毛皮及制品中有毒有害物质限量的研究和应用》项目研究工作，为进一步推进“鞋革产业公共技术服务平台建设”奠定技术基础。平台建设期间，依托莆田出入境检验检疫局综合技术服务中心，积极开展出口鞋检验检测公共技术服务，全年累计为市鞋革企业提供优惠检测服务 400 多批次；免费为企业提供标准查询 20 多次、质量咨询 30 多项、检测培训 20 多家。通过聘请行业专家到场授课、进厂现场指导等方式，积极开展鞋革产业专业技术培训服务，全年累计培训企业 28 家，人员 120 多人次。并建成高水平复合式鞋革产业信息服务平台“中国鞋业研发设计中心”（网址：www.cfrd.cn），加快市鞋革产业技术服务信息化进程，巩固市鞋革产业在行业内的领先地位。

农村科技信息化 2013 年，成立三个莆田市地方特色数据库（《莆田市五新数据库》《莆田科技型企业数据库》《莆田市农业专家数据库》），进一步升级完善“12396”农村信息服务平台，并使该平台在市科技信息服务平台应用。开发基于移动智能终端（Android）的移动专家系统，实现用户通过智能终端方便快捷地搜索、查询和获取农业生产管理、种植和养殖等方面知识，对作物病虫害进行辅助诊断。

【莆田市科技项目在线申报系统建设】 2013年，莆田市深化科技体制改革，建立科技计划项目管理信息系统，对科技计划项目与经费的申报、评审、立项、执行和结题实行全过程规范管理。“莆田市科技计划项目在线申报及监控信息系统”融合了Internet信息管理与数据库技术，前台业务模块和后台管理全部采用B/S结构体系，通过先进的平台技术和设计构架，建立市科技局各科室与各科研单位和专家之间网上项目申报管理的通道，实现项目网上申报、查询、申请、审批、验收等业务功能，从而提高办事效率，进一步规范项目申报、审批程序，树立市科技局的良好形象。该系统实现项目申报的规范化管理，有效地防止重复申报，提高申报项目的质量，系统为项目申报单位、专家、推荐单位建立了资信档案。现有的系统在优化完善后，可推广到市内各县区科技局、企事业单位、高校及科研院所，最终实现县区科技局、高校项目管理工作的联网管理与审批。

【莆田市推进高新技术创业服务】 莆田产业技术研究院在莆田高新区建设中科院海西研究院莆田中心，全新规划建造孵化基地，将较大幅度地扩大全市孵化器的场地面积，改善基础设施，强化服务功能，更好地为进驻的孵化企业服务。根据莆田市产业特点，选取若干对市产业发展起主导作用的领域为主攻对象，走专业化发展的道路，突出孵化产业特点，打造1～2个有明显特色的专业化孵化基地。2013年，全市在孵科技型企业5家，已孵毕业企业10家。在孵企业实现销售收入约1182万元，从业人员177人，申请专利3件。

【莆田市国家级高新区建设】 2013年，莆田高新区共有各类入驻的工业企业339家，实现规模以上工业产值456.25亿元，外贸进出口额5.8亿美元，实际利用外资1.5亿美元。（参见“高新技术产业”）

【莆田市水产科技成效突出】 2013年，莆田市提出了“海上建牧场”和“风行海西，鲍打天下”的思路，大大推动了沿海渔业发展，全市渔业产值69.27亿元、比增5.0%，水产品总量达到78.87万吨、比增5.5%。大力推进南日岛海洋牧场建设，将在莆田南日群岛海域建成面积约10万公顷、产值超千亿级北纬26°黄金海洋牧场。与中国水产科学院、海洋三所、中国海洋大学等单位合作，搭建海洋牧场建设产学研平台，培育本土实用型技术人才。计划每年安排5000万元用于发展“两核一带”，打造省级海洋经济综合开发试验区。通过“政府＋科研＋信贷＋公司＋基地＋农户”模式，建立多元化投入机制，政府、企业、渔民共同参与建设、管理。南日鲍、莆田花蛤被评为“福建十大渔业品牌”。在南日岛海域开展双线紫蛤和泥东风螺苗种各30万粒的增殖放流活动，在平海海域开展中国鲎增殖放流活动。

（莆田市科技局　林茂盛）

三明市科技

【2013年三明市科技概况】 三明市地处福建省西北部，辖梅列区、三元区、尤溪县、沙县、将乐县、泰宁县、建宁县、宁化县、清流县、明溪县、大田县、永安市等2区9县1市。2013年末全市常住人口251万人，实现地区生产总值（GDP）1477.59亿元，其中第一产业增加值230.97亿元、第二产业增加值771.92亿元、第三产业增加值474.70亿元；规模以上工业总产值2574.75亿元；地方财政收入89.85亿元，地方财政支出187.36亿元。

2013年，三明市深入实施创新驱动发展战略，坚持跳出科技抓科技、突出企业抓创新、立足产业搞服务、围绕发展引人才，全面推进创新型城市建设。启动市科技型中小企业风险补偿机制试点和市级专利申请资助工作，在全省首创实行了“创新助理”外包服务，设立了2000万元的工业企业转型升级产品开发资金，科技创新环境得到明显改善，有效激发了全社会创新活力。市本级及12个县（市、区）均通过全国市县科技进步考核，永安、沙县、泰宁等3个县（市）荣获全国县（市）科技考核进步先进县（市）；建宁县被确定为省知识产权强县，将乐县获批建设省级可持续发展实验区，泰宁县顺利通过省级可持续发展实验区验收，永安市获批建设三明首个省级农业科技园。同时，加大重大研发机构引进建设力度，推动机械科学研究总院海西分院升格为省市院合作项目，引进中国重汽技术发展中心设立海西分中心，国家花卉工程技术中心与将乐金森公司设立紫薇研发与推广中心。

2013年，三明市科学技术支出3.39亿元（市本级5747万元、各县区2.82亿元），其中技术研究与开发经费1.96亿元（市本级946万元、各县区1.86亿元）、科技条件与服务经费1948万元（市本级1590万元、各县区358万元）、科学技术普及经费2261万元（市本级928万元、各县区1333万元）。当年，安排市级各类科技计划项目42项578万元，其中高新技术与工业科技项目21项220万元；农业科技项目11项165万元；社会发展科技项目8项81万元。组织申报国家、省级各类科技计划项目124项，获国家科技项目立项33项1380万元，其中国家创新基金12项760万元；获省级科技计划项目立项46项4398万元，其中机械科学研究总院海西（福建）分院获省重大研发机构后补助1000万元、省科技重大专项2项1200万元、省区域科技重大项目8项740万元、省星火计划项目16项350万元。

2013年，三明市组织评审鉴定的科技成果21项，其中“新一代TMCP工艺减量化中厚板生产技术的研究与应用”经中国工程院专家组评审认定达到国际领先水平。获省科学技术奖10项，其中二等奖3项、三等奖7项；获省专利奖三等奖1项；评出市科技进步奖20项，其中一等奖2项（详见列表）、二等奖8项、三等奖10项。当年，三明市加大国家、省、市激励自主创新政策的落实力度，新设立新产品开发资金2000万元和专利发展资金100万元，共兑现科技创新奖励资金376.2万元，办理企业研究开发费加计扣除额2622.11万元、高新技术企业所得税减免1884.41万元。

2013年度三明市科技进步奖一等奖获奖成果情况表

序号	项目名称	主要完成人	主要完成单位
1	甘露醇和西甲硅油对胶囊内镜检查的影响的临床试验	陈宏斌、黄　跃、陈素玉、宋惠雯、李小林、代东伶、谢家泰、何　松、赵园园、黄　淳	福建医科大学附属三明第一医院
2	炼钢系统稳态化研究与应用	陈伯瑜、黄标彬、蔡常青、方宇荣、彭建昌、汪灿荣、张启诚、罗源奎、许英华	福建省三钢（集团）有限责任公司、福建三钢闽光股份有限公司

2013年，三明市新认定高新技术企业7家。全市高新技术企业总数为39家，主营业务收入317.98亿元、增加值70.29亿元。全市高新技术产业实现主营业务收入520亿元，产业增加值134.15亿元、占GDP比重为9.08%，利润总额16.51亿元。全市认定技术合同1项、合同成交额6087万元，由三钢集团引进的“中板厂ADCOS－PM系统和工艺技术开发”项目获得省重大科技成果购买补助156万元。

【三明市强化企业自主创新能力】 2013年，三明市加大科技创新投入，不断完善区域创新体系建设。新增省级企业工程技术研究中心16家（福建海峡科化股份有限公司等），省级企业技术中心1家（东南新材料股份有限公司）、省级创新型企业4家（福建海峡科化股份有限公司等）、省级创新型试点企业17家（福建省沙县金沙白炭黑制造有限公司等）、省制造业信息化科技工程应用示范企业5家（福建汇华集团东南汽车缸套有限公司等），228家企业备案为省科技型企业。组织34家企业参加中国创新创业大赛（福建赛区）暨首届福建创新创业大赛，7家企业获奖，其中二等奖1家、三等奖3家、优胜奖3家；福建省瑞奥麦特轻金属有限责任公司和福建汇华集团东南汽车缸套有限公司成功晋级第二届中国创新创业大赛。同时，围绕三明主导产业和特色产业发展需求，加快推进机械先进制造、节能减排、纺织染整、生物医药、林化产品检测等一批公共技术服务平台建设，“三明节能与清洁生产”“将乐先进汽配制造业”“梅列金属新材料”等4家产业技术公共服务平台获国家创新基金中小企业技术服务机构专项补助资金。以培育科技型企业和创新人才团队为目标，鼓励多元化投资主体建设一批科技企业孵化器建设，市高新技术创业服务中心等5家科技企业孵化器获省科技厅组建备案。加强重点产业技术创新战略联盟建设，组织新创化建、三明学院等7家企业和高校牵头成立了市第8家产业技术创新战略联盟——三明市资源综合利用产业技术创新联盟。1人入选国家特聘专家，2人入选全国科技创新创业人才，1人被评为省杰出科技人才，1人、2个团队入选省第三批引进高层次创业创新人才（团队）。

【三明市加强农业科技创新工作】 2013年，三明市启动实施千亿现代农业产业跨越发展行动计划，积极开展高优品种选育、高效栽培技术和高值化加工技术研发和示范推广。永安竹产业科技园入选省首批农业科技园。“永安竹类资源培育与综合开发”“尤溪县金柑关键技术示范推广及产业培育”2个国家科技富民强县专项行动计划完成验收工作，通过专项实施，获得发明专利2件、实用新型专利25件，推广新技术、新工艺14项，建设示范基地11个，有效提升了竹林和金柑产业的集约化水平，极大提高了竹材、金柑生产加工的科技含量与产品附加值。“建莲产业关键技术集成与示范推广”列入国家科技富民强县专项行动计划，新立丰竹业和永林竹业申报的3个竹材加工项目被列入国家星火重大专项“竹材高效利用关键技术开发与示范”盘子，“红掌‘火焰’种苗组培快繁及产业化开发”等11个项目入选科技部“十二五”农村领域星火计划面上科技计划预备项目库，占全省立项数的57.9%；“高含量、高生物量、耐旱、抗病草珊瑚植株的培育”等16个项目获省星火计划立项，累计获立项金额350万元，立项金额及立项项目数位居全省设区市首位。同时，加强农业实用技术培训，以三明市科教中心、永安市竹子科技开发中心、沙县小吃发展服务中心3家国家星火学校为骨干，14家省级科技特派员创业示范基地为依托，通过课堂培训、现场指导等形式举办花卉种植技术、油茶种植技术、毛竹林丰产栽培技术等各类农村实用技术培训46期，培训各类农村科技带头人及农民5000多人次。

【三明市深入实施知识产权战略】 2013年，三明市深入开展专利“清零”“倍增”行动，组织专利代理人开展“四进四提升”工程，着力推动专利“一条龙”服务进园区、进企业、进院所，有效提升全市专利总量。全市申请专利1082件、比增16.47%，其中发明专利167件、实用新型专利611件、外观设计专利304件。获授权专利837件、比增38.81%，其中发明专利 57 件、实用新型专利 602、外观设计专利 178 件。全市发明专利拥有量为 190 件，有 18 家企业实现发明专利“清零”。扎实开展知识产权试点示范工作，新增国家级知识产权优势企业 4 家（厦工集团三明重型机器有限公司等）、省知识产权优势培育企业 3 家（福建华橡自控技术股份有限公司等）、省知识产权普及教育试点中小学 3 所（沙县第三中学等）。加强国家（三明）知识产权维权援助中心能力建设，开展专利执法维权“护航”行动，加大专利侵权纠纷调处和假冒专利查处力度，全年共出动执法人员 98 人次，检查商业场所 37 次，检查商品 1000 多件，立案查处假冒专利案件 54 件。

【三明高新技术产业开发区】 2013 年，三明高新区内规模以上企业达 109 家，实现规模以上工业总产值 323.17 亿元（比增 18.8%）、销售额 316.17 亿元（比增 18.3%）、出口创汇 6.58 亿元。当年，加快高新技术产业化基地建设，三明国家大型机械装备高新技术产业化基地顺利通过科技部考核。同时，积极推进金沙园、尼葛园基础设施建设，取得重要成效：①金沙园规划面积获省政府批准，由 18 平方千米扩大至 26.37 平方千米，全年完成基础设施投资 4 亿元；引进了智能精锻、智能起重等 18 个高新技术项目（总投资达 21.4 亿元），新开工项目 19 个，竣工项目 20 个，按计划顺利推进海西分院、金杨科技、金煌能源、华汇通信等 30 个省、市、县重点项目建设，完成项目固定资产投资 34.11 亿元；组建了设备租赁公司，择优对一批项目进行重点培育；新增宇辰农机、东辰机械等 2 家高新技术企业，新增汽车安全气囊产气材料、酚醛塑料等 2 家省级企业工程技术研究中心；华橡自控入选省级知识产权优势企业，沙县金沙白炭黑、宇辰农机、麦丹生物等 3 家企业入选第六批省级创新型试点企业，沙县佳丰食品有限公司的“佳丰”调味品获省著名商标，亿力森达公司 10KV 高压开关柜获省名牌产品称号。②尼葛园规划开发面积已全部开发完毕，启动了北部工业新城建设工程，完成固定资产投资 18 亿元、比增 28.2%；加快推进土地平整、道路建设、污水处理工程和供水、供电、供汽管网建设；新开工 LOW－E 玻璃、贝辰生物、恒丰电气开关等 9 个项目，并积极抓好科宏生物、宝华林实业、浩宇纺织、金声机械等企业的技改扩能项目。

【机械科学研究总院海西（福建）分院建设】 机械科学研究总院海西分院（以下简称海西分院）是 2012 年“9·8”贸洽会期间三明市与机械科学研究总院开展对接的重要成果，于 2013 年挂牌成立，是中央企业在福建省设立的首家研发机构，列入省政府重点引进建设的研究机构。至 2013 年底，海西分院已累计完成投资 4.28 亿元，“四个一”建设总体顺利，共申报国家、省科技计划项目 9 项，获立项 4 项，获扶持经费 3300 万元；半固态技术应用研究所与南京康尼等 4 家企业签订了研发协议，已完成沉降片、凸轮摆臂等 2 个新产品研制并投放市场；先进制造技术服务平台已建成数字化无模铸造等 10 个子平台，挂牌成立省虚拟研究院机械装备分院，形成了辐射福州、龙岩、厦门等省内地市的创新服务能力；先进制造科技企业孵化器入驻孵化的 5 个项目中，“精密锻压制造”是国际首创工艺生产线项目，获省区域科技重大项目立项扶持，“精密冲压制造”是国内首条自主知识产权的全自动生产线项目，“铸造废旧砂再生”是首届省创新创业大赛三等奖项目；高端装备产业园已有智能化建筑起重设备等入园建设项目 5 项，其中“离心铸造气缸套数字化示范车间”项目入选国家智能制造装备发展计划。

【三明市开展科技型中小企业贷款风险补偿机制试点工作】 2013 年，三明市科技局与省科技厅、兴业银行股份有限公司签订业务合作协议，率先在三明市开展科技型中小企业贷款风险补偿机制试点工作。由省科技厅、三明市政府共同出资 600 万元设立全省首支科技型贷款风险补偿金——三明市科技型中小企业贷款风险补偿金，兴业银行以风险补偿资金池内资金总额为基数，按 62.5 倍杠杆比率配比授信，专项用于支持市辖区内经国家和省级科技行政管理部门认可或备案的高新技术企业、创新型（试点）企业、知识产权优势企业、知识产权试点企业、省科技型企业融资发展。至 2013 年底，共帮助 10 家企业办理风险补偿金项下贷款 3800 万元，撬动了兴业银行发放其他商业贷款 4700 万元。

【三明市积极开展科技交流合作】 2013 年，三明市持续深化与中国工程院、清华大学、北京大学等高校、科研院所科技交流合作，市政府与北京林业大学举行校地合作座谈会，福建金森林业股份有限公司与北京林业大学签订紫薇产业化项目合作协议。市政府与清华大学举行全面合作协议签字仪式，共签订合作建设研究生社会实践三明基地协议等 5 项科技合作协议。市政府与省农科院签订战略合作框架协议，并举行项目技术需求对接活动。市政府与福建农林大学举行战略合作框架协议签约和对接洽谈活动，永安市、沙县、尤溪县政府、扬晨食品有限公司、绿都生物科技有限公司分别与福建农林大学有关学院签订合作协议。组织三明学院到 12 个县（市、区）开展科技交流和成果对接，不断增强区域协同创新能力。

【三明市加强科技宣传与普及】 2013 年，三明市举办知识产权宣传周大型宣传活动，广泛开展知识产权宣传、现场咨询、知识产权投诉现场受理、专利信息免费检索等服务，宣传“尊重知识、崇尚创新、诚信守法”的知识产权理念，不断提高全社会的知识产权保护意识。在全市范围内举办以“科技创新·美好生活”为主题的“科技·人才活动周”，共有 312 个单位、1700 多名科技人员参加科技周活动，组织各类活动 226 场（次），参与活动的群众 19 万人次，发放科普图书 18 万册、科技资料 10 万份，播放科技专题电视节目 15 期。当年，举办三明市青少年科技创新大赛，并推荐优秀选手参加第 28 届福建省青少年科技创新大赛，获评一等奖 11 项、二等奖 13 项、三等奖 35 项，并获评科技辅导员科教创新成果一等奖 3 项、二等奖 4 项、三等奖 6 项，获评卢嘉锡“青少年科技创新奖”3 项、“优秀科技辅导员奖”1 项。组织参加第 28 届全国青少年科技创新大赛，获评创新大赛科技辅导员创新项目三等奖 1 项，青少年科技实践活动奖一等奖 1 项并获十佳科技实践活动奖，创新大赛少年儿童科学幻想绘画一等奖1幅、二等奖2幅、三等奖2幅，基层赛事优秀组织单位1家（清流县第一中学）。

【三明市各个省级可持续发展实验区建设取得成效】 至2013年底，三明市共获批建设3个省级可持续发展实验区，各具特色，发展成效明显。①泰宁县省级可持续发展实验区，于2007年12月被省科技厅批准列入省级可持续发展实验区，2013年顺利通过省科技厅验收；泰宁县2013年顺利通过全国县（市）科技进步考核，并获评“全国科技进步先进县”称号（参见“科技创新体系”）。②永安市省级可持续发展实验区，于2009年12月被省科技厅批准列为省可持续发展实验区，2012年通过省可持续发展实验区中期验收。建区后，把可持续发展放在优先发展的战略地位，转变发展方式、调整经济结构、推进城乡统筹、着力改善民生。2013年，实验区GDP总量270.2亿元，城镇居民人均可支配收入25353元，农村居民人均纯收入11245元，经济综合实力位居全省十强县（市）。全年获立项国家、省、市科技计划项目18项，有32家企业被列入省级科技型企业，新增省级创新型企业2家、试点企业5家；申请专利145件（其中发明32件、实用新型84件、外观设计29件），获授权专利137件（其中发明11件、实用新型90件、外观设计36件），均比上年同期增长15%以上。③将乐县省级可持续发展实验区，是2013年新批建设的省级可持续发展实验区。当年通过省级生态县创建验收。将乐县山多地少、水系发达，森林覆盖率达到76.68%，境内生物种类繁多，有多种国家重点保护的动植物，在全省的生态功能区划中属于主要生态环境保护范围，具有重要地位。2013年，实验区GDP总量88.27亿元、比增13.3%；全年实施项目242项，完成投资107亿元，竣工或试投产项目达115项，并全面建成《将乐县可持续发展实验区建设规划（2013～2017）》中的7项优先建设项目；建成省级企业技术中心1家、省级工程研究中心1家、市级企业技术中心8家、院士工作站2家、博士后创新实践基地1家；有1人入选国家“千人计划”，在新材料、生物制药、绿色农业等领域吸纳各类专业技术人才7000多人。

（三明市科技局　马炳文）

泉州市科技

【2013年泉州市科技概况】 泉州市地处福建省南部沿海，辖鲤城区、丰泽区、洛江区、泉港区、惠安县、安溪县、永春县、德化县、金门县、石狮市、晋江市、南安市等4区5县3市（以下经济、社会和科技等统计指标均不含金门县），以及泉州经济技术开发区、泉州台商投资区。2013年末全市常住人口836万人，实现地区生产总值（GDP）5218亿元，其中第一产业增加值171.03亿元、第二产业增加值3227.03亿元、第三产业增加值1819.94亿元；规模以上工业总产值9379.11亿元；地方财政收入346.91亿元，地方财政支出422.21亿元。

2013年，泉州市科技创新各项工作取得较好成效：推动国家高新区建设发展，加快创新型产业集群建设步伐，数字微波通信创新型产业集群被纳入国家级工作试点；创新探索建设新型科研机构，组织实施“137科技创新平台计划”，引进泉州市首个国家级科研院所——中国科学院海西研究院泉州装备制造研究所落地建设；开展重点培育科技小巨人行动；创新科技金融融合模式，建成全省首个国家高新区科技金融服务中心；深化科技管理服务体制机制改革，发展农业和民生科技，增强基层科技发展和服务能力，国家农业科技园区、国家级科技特派员创业培训基地正式获批建设；推进国家知识产权示范城市工作，提升知识产权创造、运用、保护和管理水平，知识产权质押融资被纳入国家级工作试点；实施产业创新转型“燎原计划”，全力助推民营企业“二次创业”。当年，泉州市本级和所属11个县（市、区）均通过了全国县（市）科技进步考核，考核通过率100%。泉州市连续第九次获评全国科技进步先进市，鲤城区、丰泽区、洛江区、泉港区、晋江市、石狮市、南安市、安溪县8个县（市、区）被评为科技进步先进县（市、区），并有36人获评全国县（市）科技进步考核先进个人。

2013年，泉州市科学技术支出9.23亿元（市本级1.83亿元、各县区7.4亿元），其中技术研究与开发经费2.79亿元（市本级8147万元、各县区1.97亿元）、科技条件与服务经费4445万元（市本级343万元、各县区4102万元）、科学技术普及经费3294万元（市本级1011万元、各县区2283万元）。当年，获得各级各类科技项目支持资金14068.18万元，其中国家级科技项目立项58项2965万元、省级科技计划立项126项4896.25万元，安排市级各类科技计划项目403项6206.93万元。

当年，完成科技成果登记126项，其中申请登记省级科技成果31项。华侨大学等单位承担完成的“石材高效加工用金刚石磨粒工具关键技术及应用”项目荣获国家科技进步奖二等奖。获省科学技术奖26项，其中：科技进步奖一等奖1项、二等奖5项、三等奖14项，自然科学奖三等奖2项，技术发明奖三等奖4项。评出市科技进步奖一等奖3项（详见列表）、二等奖17项、三等奖35项，市专利奖27项。

2013 年度泉州市科技进步奖一等奖获奖成果情况表

序号	项目名称	主要完成人	主要完成单位
1	生物酶脱墨再生浆生产拷贝纸	陈长兴、廖春祥、陈　彪、甘木林、帅亮明	泉州华祥纸业有限公司
2	基因修饰树突状细胞诱导抗白血病作用的研究	朱雄鹏、李纯团、辛鹏亮、肖慧芳、黄远玲	泉州市第一医院
3	龙眼加工技术研究与应用	高俊杰、黄美香、郑　洪、廖苑腾、蔡金福	泉州市龙眼行业协会

2013 年，泉州市新增省级重点实验室 5 家、市级以上行业技术中心和工程技术研究中心 34 家、企业研发机构 75 家。新增科技型备案企业 2074 家、国家火炬计划重点高新技术企业 6 家、高新技术企业 53 家、省级创新型企业 39 家。全市高新技术企业总数为 210 家，实现主营业务收入 1069.62 亿元、增加值 286.63 亿元。全市高新技术产业实现主营业务收入 1945.91 亿元，产业增加值 588.07 亿元，利润总额 226.55 亿元。全年完成技术合同登记 62 项、成交总金额 55471.71 万元，其中：技术开发合同 47 项、合同金额 3454.74 万元，技术转让合同 6 项、合同金额 51787.87 万元，技术服务合同 9 项、合同金额 229.1 万元。

【泉州市鼓励企业加强自主创新】 2013 年，泉州市进一步强化企业创新主体地位，聚焦引领民营企业加快创新转型，企业核心竞争力不断增强。大力培育产业龙头科技小巨人企业。出台《泉州市重点培育科技小巨人企业的若干意见》等政策文件，聚焦支持 12 个产业领域，培育认定了首批 316 家科技水平高、竞争实力强的产业龙头、骨干型科技小巨人，评选十大最具成长力科技小巨人企业，加快促进全市产业转型升级，助推民营企业“二次创业”。大力加强科技惠企政策宣传和落实。举办“企业研究开发费用税前加计扣除”等科技政策运用培训 11 期，吸引科技型企业 1000 多家参加培训活动。组建“科技服务宣讲团”深入企业，进一步帮助广大企业更深透更便捷地掌握和运用相关科技创新政策。组织开展首届市政府企业创新奖。对获评“泉州市政府企业创新奖”荣誉称号的企业，在全市千人企业家大会上进行表彰并一次性给予 50 万元奖励。当年，评出市政府企业创新奖 7 项，其中科技重大贡献奖 1 项（福建百宏聚纤科技实业有限公司），市政府企业创新奖 3 项（峰安皮业股份有限公司、福建鑫华股份有限公司、天广消防股份有限公司），科技创业奖 3 项（福建纳川管材科技股份有限公司、福建晋工机械有限公司、福建湄洲湾氯碱工业有限公司）。持续推进科技创新“五清零、六提升”专项行动。745 家企业实现一项以上“清零”，201 家企业实现五项“清零”，纳入“清零提升”的企业技术成果转化资金、企业研发投入增长 18%。持续深入推进企业自主创新第三年行动，取得较好成效。

【泉州市加强知识产权保护】 泉州市印发《2013 年推进泉州市国家知识产权示范城市工作计划》，扎实推进国家知识产权示范城市工作，深入组织实施知识产权战略。当年，晋江市被列入国家知识产权示范培育城市（县级市）、南安市被列入国家知识产权试点城市（县级市）、鲤城区被列入国家知识产权强县工程试点县（区），泉州高新技术产业开发区所属的鲤城高新区、石狮高新区被列为国家知识产权试点园区。全市新增国家级知识产权示范企业 1 家、国家级知识产权优势企业 9 家，省知识产权优势培育企业 6 家，省知识产权普及教育试点中小学 5 家。同时，扎实推进知识产权质押融资试点工作，出台《泉州市企业专利权质押贷款贴息暂行规定》，对专利权质押贷款进行贴息。市知识产权局与泉州银行、泉州农商银行等签订了知识产权质押融资战略合作协议，并开展专利权质押融资需求企业征集工作，全年向有关银行推荐有专利权质押需求的企业 2 批 54 家，共有 22 家企业（占全省的 59.5%）与银行签订专利权质押贷款协议，授信额度 2.57 亿元（占全省的 53%）。

2013 年，全市申请专利 18470 件，其中发明专利 1850 件、实用新型专利 9284 件、外观设计专利 7336 件。获授权专利 13267 件、比增 36.14%，其中发明专利 399 件（比增 18.4%）、实用新型专利 7566 件、外观设计专利 5302 件。全市发明专利拥有量为 1321 件，每万人发明专利拥有量为 1.58 件、比增 46.94%。有 1 件专利获评中国专利优秀奖，2 件专利获评中国专利外观设计优秀奖；2 件专利获得省专利奖；49 家首获发明专利授权的企业分别获得省发明专利清零奖励资金 1 万元。全年受理发明专利申请资助 343 件，发放资助资金 82.18 万元；奖励 2011 年 5 月以来的授权发明专利，发放奖励资金 81.2 万元；对 2011、2012 年度通过全国专利代理人资格考试有关人员进行奖励，发放资金 8000 元。

当年，泉州市在全省率先设立专利行政执法支队。印发《关于建立专利行政执法“市带县”工作机制的通知》。市知识产权局共受理各类专利违法案件 62 件，其中侵权纠纷 15 件、假冒专利 38 件、其他专利案件 9 件，结案 60 件，中止处理 1 件。有效运行“12330”知识产权维权援助与举报投诉服务平台，深化分中心和工作站建设，新增鲤城高新区和安溪 2 个分中心。市知识产权维权援助中心通过电话、网络信件、来访等方式接收社会公众、知识产权权利人的维权援助与举报投诉咨询 537 人次，接收维权援助与举报投诉案件 52 件，其中维权援助案件 28 件，符合受援条件的 11 件；举报投诉案件 24 件，符合立案条件并移送举报投诉案件 13 件。

【泉州市推动高新技术产业开发区建设发展】 2013 年，泉州市出台了《泉州高新技术产业开发区发展规划纲要》（泉政文〔2013〕249 号），下发《关于加快泉州高新区建设近期工作意见》，加强对各园区的建设指导，并启用泉州高新区门户网站。泉州高新区实现工业总产值1334.41亿元、比增14%，营业总收入1317.55亿元、比增15%，净利润160.69亿元、比增24%。（参见“高新技术产业”）

【泉州市继续强化科技服务体系建设】 2013年，泉州市科技局强化科技服务体系建设，区域创新工作水平不断提升。推进中科院海西研究院泉州装备制造研究所筹建工作。在中科院海西研究院建设领导小组和工作组第十四次会议上，市政府与中国科学院海西研究院正式签约，共建泉州首个国家级科研院所——中科院海西研究院装备制造研究所。中科院海西研究院泉州装备制造研究所正式落地建设。编制完成研究所科技发展规划及《泉州市人民政府支持中国科学院海西研究院泉州装备制造研究所建设发展若干意见（送审稿）》。积极引导社会民营资本转为创新资本，推动民营骨干企业联合重点高校、科研院所按“实体办院、投管分离、市场化运营”等创新方式，围绕新一代数字通信技术、物联网、工业设计和高端装备制造等重点领域，扶持建设新型科研机构，首期投入扶持资金390万元，重点扶持微波技术研究院等6家新型科研机构建设发展。成立全省首个国家级联盟——数字微波通信产业技术创新战略联盟，新组建产业技术创新战略联盟3家，全市累计组建联盟27家。

组织实施“137科技创新平台计划”。针对泉州市科研平台载体比较薄弱的状况，征集确定137个科技创新平台作为市级重点项目建设（其中科技孵化器项目19个，企业研发中心项目64个，实验室项目17个，研究院所项目18个，检测中心项目8个，院士专家工作站、博士后工作站项目9个等），实行重点项目管理服务和动态监督，为产业、企业转型升级、创新发展提供高层次技术平台，已投入建设资金5.1亿元。建成海峡（泉州）技术转移中心。以虚拟组合方式设立海峡（泉州）技术转移中心，实施泉州科技创新产品应用推广计划，建立科技创新技术产品推介发布机制，举办科技创新技术产品发布会多期，举办在线技术对接会3期，累计实现技术对接213次，产生意向128次，达成意向33次。全年全市技术合同交易成交金额新增5.5亿元，比增49.2倍。制定出台《关于加快科技企业孵化器建设与发展若干措施的通知》，重点支持建设和发展数字微波通信产业技术科技孵化器、育成基地科技孵化器等8个具有明确产业指向和区域特色的专业孵化器，推动3家孵化器获得省级孵化器称号，共获得省科技厅补助资金166.93万元。

【泉州市强化科技金融融合发展】 2013年，泉州市创新科技金融融合发展，致力破解企业科技融资瓶颈。建成全省首个国家高新区科技金融服务中心。已有包括海峡科技银行在内的20多个科技金融机构进驻运营，与兴业银行泉州分行等金融机构展开合作，对全市高新技术企业授信50亿元，为高新技术企业提供各类融资和服务产品。扎实推进知识产权质押贷款试点工作，引导推动10多家企业与银行签订专利权质押贷款合同，授信贷款额度8840万元。积极支持红桥、深创投等科技型创投机构以股权投资的方式支持企业成果转化和技术创新。制定出台《关于推动泉州高新技术产业开发区非上市企业进入全国中小企业股份转让系统挂牌工作的若干意见》，积极推动民营科技企业进入全国中小企业股份转让系统挂牌上市。

【泉州市深入实施农业科技计划】 2013年，泉州市科技局组织申报国家、省、市级农业领域科技计划项目161项，共获立项129项、下达科技经费2723万元，其中：“石狮生态渔业与特色深加工技术示范与推广”项目被列入国家科技富民强县专项行动后续计划，获资助经费105万元；石狮市水产育苗场承担的“南非中间鲍的引种驯化及其规模化人工育苗技术”项目被列入国家农业科技成果转化资金项目，获资助经费60万元；福建八马茶业有限公司承担的“乌龙茶连续化智能化精加工技术集成研究与应用”、南安市华兴面粉有限公司承担的“应用生物工程技术研发食品系列专用粉及产业化”被列入省区域重大项目，获资助经费150万元；被列入省农业科技计划项目10项，获资助经费840万元；被列入省星火计划重点项目9项，获资助经费180万元；下达市级农业科技计划重大项目8项、资助经费325万元，农业科技计划重点项目65项、资助经费513万元，行业技术开发中心补助项目33项、资助经费550万元。当年，全市育成一批农作物新品种（系），花生新品种“泉花551”、甘薯新品种“泉薯10号”通过国家品种鉴定，樱桃番茄杂交一代新品种“金灿灿1号”、水稻不育系“桐A”（原名“泉9A”）、“祥A”（原名“泉7A”）通过省品种审定，有5个新品种参加国家级区试，10个新品种参加省级区试。

2013年，泉州市被科技部列入国家农业科技园区建设单位，组织完成“福建泉州国家农业科技园区总体规划”；泉州台商投资区农业科技园区、永春县农业科技园区获省科技厅批准列入省级农业科技园区立项建设。当年，进一步落实《泉州市科技特派员工作实施方案》，出台扶持农业小微企业、科技型农民专业合作社等配套政策；市科技开发中心被科技部批准列为福建泉州国家科技特派员创业培训基地；组织13个单位申报市科技特派员示范基地，组织22个单位申报市科技型农民专业合作社；下达科技特派员示范项目2项，安排市级科技经费20万元；开展行业技术开发中心评估工作，组织对已授牌的150家市级行业技术开发中心进行复评，下达行业技术开发中心补助项目33项、安排市级科技经费550万元；依托市农业科学研究所，联合省内以及台湾地区的高校，创立市泉台果蔬产业技术创新战略联盟；依托省安溪铁观音集团承建的省级工程技术研究中心，联合中国农科院茶叶研究所、福建农林大学、省农科院等高校、科研院所和台湾地区的茶叶企业，申报组建国家茶叶质量安全工程技术研究中心。同时，不断充实完善市星火科技“12396”多媒体信息远程服务平台建设，开展农村实用技术远程培训与咨询服务17期培训约5.7万人次。摄制乌龙茶清洁化加工等农村科教片3部，制作图文并茂的多媒体课件17个，争取科技部农村中心“星火科技30分”视频节目20多小时，更新视频节目、图文信息4000多条，网络电视“星火科技”频道新增视频节目80多部，发布各类农村综合短信8万多条次，为农民群众解答农村实用技术问题200多个。

【泉州市积极拓展科技交流合作】 2013年，泉州市继续加强对外科技交流合作。香港生产力促进局智力资本发展部首席顾问刘竞明率领该局项目组一行5人来泉进行前期调研，旨在进一步推动双方在重塑生产力中心、重点产业调研、企业转型升级一站通和闽港跨区域培训等方面展开具体合作与交流。市政府与香港生产力促进局在泉州举行跨区域科技合作推介会暨合作备忘录签字仪式。会上，双方签订《泉州市科技局与香港生产力促进局合作备忘录》与《推进国家级科技公共服务平台项目合作意向书》。举办白俄罗斯、俄罗斯、乌克兰等独联体国家电子信息项目推介会，共推介54项符合泉州企业技术需求的项目，5家企业提出合作需求并达成合作意向。积极引进台湾精密机械中心等台湾诸多产业技术研发单位，以及台湾海洋大学等8所大学育成中心来泉设立联合办事处，开展创新技术推展工作，助推泉州中小企业转型升级。国家高新区、国家大学科技园泉州产学研对接暨“蓝火计划”推进大会在泉州举行。会议期间，举行了“中国高校技术转移中心泉州中心”揭牌仪式和产学研项目合作对接签约仪式。大会共收到科技成果1001项、专利技术176项，全市共对接项目127项，投资金额13.99亿元，其中签订合同项目25项、投资金额6.85亿元。现场代表签约项目13项，合同金额5亿多元。当年，全国纺织产业科技创新发展战略研究研讨会在泉州召开。福建先创电子有限公司和普天信息技术研究院有限公司举行合作签约仪式。

当年，市科技局先后共组织企业参加各类展会、论坛6场，推荐各类项目66项，其中：参加“6·18”项交会科技展团、“6·18”项交会生物医药行业技术网上在线对接会、第七届海西科技论坛，推荐科技成果展览展示项目5项、技术需求项目22项，技术成果推介对接项目13项，生物医药对接项目4项；参加“9·8”投洽会科技展团、科技外交官论坛，推荐信息与通讯项目成果5项，信息与通讯领域企业需求6项，科技合作项目2项，参会企业18家；参加深圳高交会，推荐科技成果展览展示项目5项、科技成果对接项目4项。

【泉州市加大科学普及宣传力度】 2013年，泉州市科技局向市“两办”报送信息182篇（条），录用105篇（条），2篇专报被省政府办公厅《政讯专刊》采用，其中1篇得到省领导批示肯定，获评市直单位信息工作先进单位。在《泉州晚报》上刊发科技类新闻报道113篇（条）、专版13个，在泉州电视台播报科技新闻402条、制作2个专题宣传片（总时长750分钟），还在《新华网》《科技日报》等媒体刊发科技宣传报道20多篇（条），进一步加大对科技重点工作和政策的宣传力度。全年出版《侨乡科技报》50期，与菲律宾《商报》合作编印出版《侨乡科技报》专版52期，编辑刊发《泉州科技》手机版37期。

当年，组织开展以“科技创新·美好生活”为主题的“科技·人才活动周”。据不完全统计，全市343个单位、5800名科技人员参加，开展各类科技周活动256项，参与活动的群众20多万人次，其中举办科技报告会50场、科技咨询会20场、科技知识竞赛5场、科技培训135期，分发科普图书4.76万册、科技资料7.05万份。在全国科普日期间举办主题科普活动，分发科普资料74种8000多册（本），受益公众5000多人次，各县（市、区）也积极举办各种形式的科普活动。同时，通过“省知识产权日”“知识产权宣传周”“中国专利周”等时机，开展现场咨询和网络在线咨询、知识产权进校园、进企业等活动，发送知识产权宣传手机信息15万条、播放电视公益广告9次、印制知识产权宣传环保购物袋1000个、印发宣传材料近1.5万份。此外，组织参加省青少年科技创新大赛，获得一等奖12项、二等奖13项、三等奖12项，获奖项目总数和一等奖项目数均位居全省第二，分别有6个学生创新项目、1个科技实践活动、3个科技辅导员创新项目、1名优秀科技辅导员获得卢嘉锡科学教育基金奖；有5个学生创新项目、1个科技实践活动、3幅科幻画、3个科技辅导员创新项目入选全国青少年科技创新大赛，并获得二等奖7项、三等奖4项。成功举办市青少年科技创新大赛，参赛学生1万多人，评出科技创新项目一等奖42项、二等奖62项、三等奖87项，科技实践活动一等奖6项、二等奖14项、三等奖20项，科幻画作品一等奖25幅、二等奖32幅、三等奖44幅。参加全国机器人竞赛，获得一等奖4项、二等奖2项；组织71支代表队参加省青少年机器人竞赛，获一等奖14项、二等奖21项、三等奖27项。组织参加“熊博士”全国青少年科学影像节活动，获一等奖4项、二等奖5项、三等奖7项。

【泉州市县域特色科技工作】 2013年，泉州市所辖各县（市、区）继续促进科技资源有效集聚、整合利用，不断提升区域科技创新水平。鲤城区成立全市首家海峡银行科技支行，科技金融服务中心正式投入运营；丰泽区加大推进科技创新平台建设，与日本寿技研工业株式会社合作成立固废资源化装备研发中心；洛江区以建设科技强区为目标，市级以上科技进步奖项取得较大增长；泉港区设立专项资金激励科技型企业自主创新，专利申请和授权量“翻番”增长；晋江市深化产学研用合作，加强与哈尔滨工业大学机器人研究所等科研院所合作，加快建设中科院海西研究院泉州装备制造研究所晋江分部，不断提升自动化技术创新水平；石狮市加快建设“石狮纺织服装创新发展云”等创新平台，服务助推质量石狮建设；南安市深入开展创新发展奋进年活动，荣获国家知识产权试点县级市；惠安县全面实施国家可持续发展实验区规划建设，扎实推进科技创新平台建设；安溪县主动融入泉州国家农业科技园建设，多个研发项目获“863”计划立项支持；永春县着力建设省级农业科技园区，促进传统农业向现代生态农业转型发展；德化县建成全国首个陶瓷电子商务孵化园，在全省率先开展青少年知识产权普及教育专项行动；开发区财政科技支出大幅增长，有效促进每万人发明专利拥有量等创新指标大幅提升；台商投资区扎实推进中科院海西研究院泉州装备制造研究所分部征地拆迁等各项建设，取得明显进展。

（泉州市科技局　林峰龙）

漳州市科技

【2013年漳州市科技概况】 漳州市地处福建省最南部，辖芗城区、龙文区、华安县、东山县、南靖县、诏安县、平和县、长泰县、漳浦县、云霄县、龙海市等2区8县1市。2013年末全市常住人口493万人，实现地区生产总值（GDP）2236.02亿元，其中第一产业增加值345.53亿元、第二产业增加值1091.71亿元、第三产业增加值798.78亿元；规模以上工业总产值3259.21亿元；地方财政收入154.86亿元，地方财政支出262.25亿元。

2013年，漳州市以创新、产业化为主线，大力发展高新技术产业，扶持科技型中小企业技术创新活动，以务实创新的精神，扎实推进全市科技工作，取得新成效。漳州高新技术产业开发区获国务院批准升格为国家级高新区。漳州市入选中欧合作智慧城市试点城市，成功举办了首届海峡两岸（漳州）工业设计科技创新大赛。漳州市连续第四次被评为全国科技进步先进市。

2013年，漳州市科学技术支出4亿元（市本级6982万元、各县区3.3亿元），其中技术研究与开发经费1.82亿元（市本级4091万元、各县区1.41亿元）、科技条件与服务经费6768万元（市本级438万元、各县区6330万元）、科学技术普及经费2069万元（市本级816万元、各县区1253万元）。当年安排市级科技计划项目96项2000万元，其中工业及科技与文化融合项目44项464万元，农业科技和社会发展项目38项353万元，科技专项14项1183万元。获国家级科技项目立项42项3165万元，其中工业项目35项2500万元，农业项目7项665万元。获省科技计划项目立项43项4269万元，省信息产业项目立项15项405万元，省专利技术产业化项目立项4项60万元。

2013年，漳州市申请登记的省科技成果29项，市级科技成果43项。组织38项成果申报市科技进步奖，授奖25项，其中一等奖2项（详见列表）、二等奖7项、三等奖16项。推荐28项成果申报省科学技术奖，获奖13项（一等奖1项、二等奖5项、三等奖7项），其中由漳州大北农农牧科技有限公司承担完成的“乳仔猪肠道健康的营养与免疫调控技术研究与应用”项目，系全市首次获评省技术发明奖一等奖。组织推荐福建三宝钢铁有限公司“80万t/a棒材控冷控轧项目合作开发”、闽能光电集团有限公司“蓝宝石晶体项目技术合作”申报省重大科技成果购买补助项目，获得经费补助210万元。全年完成网上技术合同认定登记26项，合同成交总金额7814.6万元，其中技术开发合同17项、合同金额324万多元，技术转让合同8项、合同金额7211万多元，技术服务合同1项、合同金额278万多元。

2013年度漳州市科技进步奖一等奖获奖成果情况表

序号	项目名称	主要完成人	主要完成单位
1	低于0.8mg微汞环保型节能灯	李江淮、李永川、李其灵、伍　旭、蔡志民	立达信绿色照明股份有限公司
2	医疗设备专用高性能不间断电源系统（UPS）	苏瑞瑜、黄　詹、江　勇、张　忠、黄正义、林艺成	漳州科华技术有限责任公司

2013年，漳州市认定（复审）高新技术企业33家。全市高新技术企业总数为97家（其中产值上亿元的35家），实现主营业务收入459.66亿元、增加值119.17亿元，实现工业总产值484.53亿元、占全市工业总产值的21.1%。全市高新技术产业实现主营业务收入781.38亿元，产业增加值224.44亿元，利润总额105.34亿元。当年，漳州市制定企业“科技型企业——高新技术企业——创新型企业”成长路线图，建立政府资金引导、创业投资机构和社会资本共同支持的扶持机制，培育一批科技型企业。全年完成市级科技型企业备案352家，其中192家获省级备案。

【漳州高新区由省级升格为国家级】 漳州高新区原名“福建南靖高新技术产业园区”，是2003～2005年全国开发区整顿期间，由省级漳州高新技术产业开发区和省级南靖高科技工业园整合成立的省级高新技术产业园区；经过三年的创建，于2013年12月29日获国务院批准（国函〔2013〕141号）升级为国家高新技术产业开发区，定名为“漳州高新技术产业开发区”，核批面积为3.29平方千米。至2013年底，漳州高新区以电子信息、现代装备制造、生物科技、新能源、新材料为主导产业，先后被批准成为“国家科技兴贸创新基地”“国家智能家电高新技术产业化基地”，在核心区内共有入驻企业31家。当年，高新区实现工业总产值756.16亿元、工业增加值216.18亿元、出口创汇6.31亿美元。

【漳州市全面推进农业科技进步】 2013年，漳州市积极组织实施国家星火科技计划、农业科技成果转化、省区域重大专项、省星火科技重点项目等国家、省科技计划项目17项，获国家、省科技经费扶持1257万元。安排市级农业科技项目37项，扶持科技经费350万元。平和县和漳浦县被科技部列入国家科技富民强县专项行动计划，分别获科技经费175万元和90万元资助；省安新食品有限公司承担的“特色食用菌优质干制加工新技术的开发与示范”列入国家农业科技成果转化资金项目，获资助经费100万元；福建扬基生物科技有限公司承担的“农业科技园区花果良种选育及集约化种植技术研究与示范”等2项被列入省科技重大专项专题项目，获资助经费600万元；福建哈龙峰茶业有限公司承担的“华安乌龙茶业转型升级关键技术集成示范及产业化应用”等9项被列入省星火计划项目，获资助经费182万元；大闽食品（漳州）有限公司承担的“天然植物中香气成分提取分离的生产技术研究”列入省区域重大科技项目，获资助经费80万元。项目的实施培育壮大了一批重点科技型农业产业龙头企业，有力提升漳州市农业科技的整体水平，促进农业增效、农民增收。

【漳州市积极推进企业工程技术中心建设工作】 2013年，漳州市新增获认定的省级企业工程技术研究中心17家（正兴车轮集团有限公司等），省级创新型企业6家（漳州市长泰新麒麟机械有限公司等）、省级创新型试点企业29家（漳州大北农农牧科技有限公司等）、省企业重点实验室3家（科华技术、大闽食品、旗滨玻璃）。至2013年底，全市共有省级工程技术研究中心28家，省级创新型企业20家，省级创新型试点企业37家，省企业重点实验室5家。

【漳州市知识产权工作成效明显】 2013年，漳州市专利申请量、授权量持续增长，全市申请专利4410件，其中发明专利444件、实用新型专利1814件、外观设计专利2152件。获授权专利3148件、比增54.69%，其中发明专利129件、实用新型专利1550件、外观设计专利1469件。全市发明专利拥有量为427件。当年，漳州市持续推进建设国家知识产权质押融资试点城市，有14家企业得到银行审批授信专利权质押贷款3.1亿元，连续两年居全省首位，实际放贷1.67亿元，完成专利权质押登记1.49亿元。办结专利侵权纠纷案件4件，查处假冒专利及专利标识不清等案件51件。以市知识产权工作领导小组办公室的名义下发《关于推进县（市、区）制定知识产权战略或实施意见的通知》，要求各县（市、区）制定出台地方知识产权战略或实施意见；出台“关于贯彻《福建省专利申请资助办法》的实施意见”。制定印发《漳州市专利提升行动计划实施方案》和《漳州市知识产权局2013年专利事业发展推进计划组织实施方案》。全市有6家企业入选国家级知识产权优势企业，4家企业入选省级知识产权优势企业，2所中学入选省级知识产权普及教育试点学校，并确定市第三批知识产权试点单位23家。获省专利奖三等奖2项。

【漳州市积极推进对外科技交流合作】 2013年，漳州市积极推进国际科技合作交流。组织“盆栽花卉保鲜贮运关键技术研究”和“茶叶绿色防控系列产品联合开发”申报国家国际科技合作专项；推荐“LED光电集成一体化技术”“应用IC技术研发健康指数手表及产业化”“农药残留生物降解技术联合研究与示范推广”等3项申报省产业支撑重大项目（科技合作）；组织推荐申报省引进重大研发机构资助项目，“南方医科大学肿瘤干细胞研发中心漳州市分中心”获得立项、资助经费300万元，“光电集成一体化技术两岸联合研发中心”获得资助经费630万元，“欧中现代农业技术研发中心”获得资助经费500万元；组织推荐申报省国际科技合作基地2家，其中漳州开发区欧中农业技术研发有限公司获批“福建省现代农业技术研发国际科技合作基地”。当年，组织7家企业的优秀成果参加北京科博会，组织3家企业、8项技术需求参加海西科技论坛，组织15家企业、20项技术需求参加“6·18”项交会，组织9家企业、20项技术需求参加科技外交官论坛及项目推介，组织企业参加深圳高交会。

【漳州国家农业科技园区】 2013年，漳州国家农业科技园区顺利通过科技部组织的专家评估，成绩优良，被列为“国家科技特派员农村科技创业基地”（国科发农〔2013〕386号），将作为星火计划项目组织单位给予重点支持，并入选国家农业科技园区协同创新战略联盟。当年，漳州国家农业科技园区继续实施科技项目带动战略，引领经济转型升级，获各级科技项目立项16项、资助经费1040万元，其中国家级4项、省级3项，主要有国家农业园区项目“食用菌标准化生产关键技术研究与示范”获资助60万元、国际科技合作项目“盆栽花卉保鲜贮运关键技术合作研究”获资助270万元、国家富民强县项目“漳浦县优势花卉产品开发与标准化生产示范”获资助90万元、国家中小企业创新基金项目“马铃薯速冻果蔬加工”获资助60万元、省科技重大专项“农业科技园区花果良种选育及集约化种植技术研究与示范”获资助500万元。此外，平和农业科技园区获省科技厅批准列为省级农业科技园区，建设期3年，扶持科技经费300万元。

【漳州市科技企业孵化器建设稳步推进】 2013年，漳州市高新技术创业孵化基地引进入驻企业4家，总投资1500万元，分别是福建谷川计算机科技有限公司、漳州市逗号信息技术有限公司、漳州沃得特机械设备研发有限公司、厦门奥尔特光电科技有限公司。入驻的企业研发、生产经营状况良好。当年毕业的企业有福建亿泓达环保科技有限公司、漳州市台美技术研究所有限公司、漳州惠智信息技术有限公司、省翠林环保科技有限公司4家。

【漳州市电子信息产业健康发展】 2013年，漳州市规模以上电子信息产业产值为200亿元，形成智能小家电、数字视听产品、数字化仪器仪表、光电产业等4大特色行业。当年，积极加强电子信息产业招商及交流工作，组织电子信息企业参加“6·18”项交会、“9·8”投洽会等重大经贸活动，大力宣传提高企业知名度；组织多家光电骨干企业参加深圳高交会，取得良好效果。参加了在北京召开的“中欧合作绿色智慧城市试点城市”论坛。市光电行业成为全市最具活力和后劲的行业之一，全市拥有国家科技兴贸创新基地1个（漳州光电产业基地）和省级光电产业园2个（云霄县云陵工业开发区光电产业园、华安县工业集中区）。

【东山县国家可持续发展实验区建设】 2013年，东山县通过国家可持续发展实验区建设工作，推动社会经济水平再上新台阶。全县财政总收入达15.4亿元、比增23.8%，农民人均纯收入突破1.3万元、比增13.4%，居漳州市首位；旅游、海洋水产、玻璃三大产业持续提升，获批国家级外贸转型升级示范基地以及出口海捕水产品质量安全示范区。（参见“科技创新体系”）

【漳州市“蓝火计划”成效明显】 2013年，漳州市共组织“蓝火计划”产学研活动46场次，较大型的技术项目对接洽谈会17场，其中北京大学、清华大学、西北工业大学、合肥工业大学、中国石油大学、中国海洋大学等21所高校、科研院所的34批次近300位专家教授先后到漳州现场指导，先后组织市企业9批次123人次分赴清华大学、西北工业大学、天津科技大学、福州大学、福建师范大学洽谈对接，达成初步合作意向58项（“门禁视频信息采集发送终端”等），新选派科技特派员41名，新建立“福建农林大学漳州研究院”“中国种苗研发中心南方分中心”“海峡（漳州）多功能农业研究中心”等11个产学研合作公共平台。漳州灿坤实业有限公司等14家企业分别与相关高校合作共建“漳州灿坤台湾工业设计及创意产业研究中心”等14个工业设计创新平台。

【漳州市成功举办首届海峡两岸（漳州）工业设计科技创新大赛】 2013年，漳州市成功举办了首届“海峡两岸（漳州）工业设计科技创新大赛”，大赛由市政府、省科技厅、省信息化局等主办，由市科技局承办，共有1500多件工业设计产品（作品）参赛。大赛促成灿坤集团等14家企业与高校共建了工业设计创新中心，促进创新创意成果在漳州落地转化；邀请10多位两岸著名工业设计专家，为漳州特色产业出谋划策；引进了高校、专业设计机构和台湾先进的工业设计理念，加快了闽台工业设计交流与合作，有力地提升了漳州工业设计创意创新的层次与水平，推进“漳州制造”向“漳州智造”转型。

（漳州市科技局）

南平市科技

【2013年南平市科技概况】 南平市地处福建省北部，辖延平区、顺昌县、浦城县、光泽县、松溪县、政和县、邵武市、武夷山市、建瓯市、建阳市1区5县4市。2013年末全市常住人口262万人，实现地区生产总值（GDP）1105.82亿元，其中第一产业增加值257亿元、第二产业增加值481.13亿元、第三产业增加值367.69亿元；规模以上工业总产值1317.29亿元；地方财政收入71.62亿元，地方财政支出178.12亿元。

2013年，南平市全面落实深化科技体制改革，以发展高新技术产业、提高自主创新能力、加速科技成果转化、推动产业结构调整、优化创新发展环境为重点，量化目标、强化责任、细化措施、优化服务，为全市经济社会发展提供科技支撑。当年，进一步改革市级科技计划项目管理及项目资金补助方式，构建公开透明的科技资源管理和项目评价机制。全市科学技术支出1.72亿元（市本级3457万元、各县区1.37亿元），其中技术研究与开发经费6197万元（市本级1031万元、各县区5165万元）、科技条件与服务经费425万元（市本级105万元、各县区320万元）、科学技术普及经费1168万元（市本级154万元、各县区1014万元）。全年安排市级科技计划项目33项638万元，其中市创新资金项目10项132万元。获国家级科技项目立项13项920万元，其中国家创新基金项目8项550万元、国家星火计划项目1项170万元、农业科技成果转化资金项目2项160万元、国家创新基金补助资金项目2项40万元。获省级科技项目立项36项2103万元，其中省区域重大项目5项410万元、省星火计划重点项目9项195万元、省创新资金项目5项150万元、省自然科学基金项目6项320万元、省专利技术实施与产业化计划项目4项60万元、省创意产业科技项目1项40万元、知识产权专项资金项目3项28万元、平台项目3项900万元。

2013年，南平市组织评审鉴定的科技成果24项，其中国内领先水平5项、国内先进水平8项；申请登记省级科技成果13项、市级科技成果33项。当年，获省科学技术奖6项，其中省科技进步奖二等奖2项、三等奖4项。评出市科技进步奖20项，其中二等奖6项、三等奖14项。

2013年，南平市新认定高新技术企业5家。全市高新技术企业总数为19家，实现主营业务收入79.15亿元、增加值21.44亿元，实现工业总产值81.68亿元、占全市工业总产值的5.72%。全市高新技术产业实现主营业务收入282.12亿元，产业增加值68.43亿元，利润总额22.46亿元。当年，全市完成技术合同认定登记6项、合同成交总额320万元，均为技术开发合同。

【南平市区域创新体系建设】 2013年，南平市新增省级创新型企业5家、省级创新型试点企业6家、新认定省级（企业）工程技术研究中心18家。至2013年底，全市共有国家级创新型企业1家，省级创新型企业16家、创新型试点企业41家，国家级企业技术中心2家，省级（企业）工程技术研究中心31家，市级企业技术中心26家。开展省科技型企业备案工作。申报省科技型企业124家，获得认定120家。组织了18家企业参加福建创新创业大赛，其中武夷山捷安医疗器械制造有限公司的“一次性使用麻醉穿刺包”等8个项目进入复赛。组织推荐福建元力活性炭股份有限公司等6家企业申报省“十二五”制造业信息化科技工程应用示范企业。

【南平市武夷新区科技创意产业园服务中心建设】　南平市武夷新区科技创意产业园服务中心是2011年在南平市科技开发中心基础上成立，隶属于南平市科学技术局，为省级备案科技孵化器。由武夷新区科技创意产业园服务中心负责建设及管理“武夷新区科技创意产业园公共服务平台（科技孵化服务中心）建设项目”，该项目是武夷新区规划建设的重点启动项目之一，位于武夷新区高新技术园区内，项目用地面积约为1.3公顷，建筑面积为25000平方米，其中主楼建设面积为20000平方米（包括产业技术服务平台5000平方米，公共事务服务平台15000平方米），附属楼5000平方米。武夷新区科技创意产业园公共服务平台是以服务入园企业为核心，致力于为入驻企业提供一个由软硬环境有机组成的、系统的、集成的平台。构建武夷新区创意产业园科技公共服务平台，形成产业技术服务和公共事务服务并举的服务体系，为产业的发展提供支撑能力，增强企业自主创新能力，营造适合产业发展所需的环境。

【南平市知识产权工作】　2013年，南平市出台《南平市人民政府关于印发南平市专利奖评奖办法的通知》（南政综〔2013〕117号），当年评出市专利奖18项（“一种液晶屏的偏光板”等），其中一等奖3项、二等奖6项、三等奖9项。全年申请专利1316件、比增24%，其中发明专利206件、比增11.4%，实用新型专利502件、比降2%，外观设计专利608件、比增67%。获授权专利841件、比增8.1%，其中发明专利61件、比增1.7%，实用新型专利427件、比增7.8%，外观设计专利353件、比增9.6%。全市发明专利拥有量为225件。

全市10个县（市、区）均独立设置知识产权局，除武夷山市外，9个县（市、区）知识产权局都设立了正式编制；延平区、邵武市、建瓯市、浦城县等4个县（市）由政府任命了知识产权局局长；邵武市、武夷山市、建阳市、顺昌县、浦城县、光泽县、松溪县、政和县等8个县（市）政府出台了专利授权奖励政策，有力推动全市专利工作。延平区被评为省知识产权强县，累计有延平区、邵武市、武夷山市、建瓯市、建阳市5个省知识产权强县。建阳武夷味精有限公司、福建南纺股份有限公司、福建南电股份有限公司、福建圣农发展股份有限公司等4家企业新入选省知识产权优势培育企业。南平第一中学、建阳第一中学、松溪县渭田中心小学、政和南门小学、光泽县实验小学等5所中小学新入选省知识产权普及教育试点中小学，累计有省知识产权普及教育试点中、小学各6所。“木质车用活性炭及其制备方法”等2件专利获省专利奖三等奖。武夷山市捷安医疗器械制造有限公司获得向国外申请专利资助资金50万元。南平市三金电子有限公司、武夷山市永兴机械制造有限公司、建阳龙翔科技开发有限公司、长庚无纺新材料有限公司等企业以专利权为质押，获得中国银行南平分行授信贷款3520万元，实现全市专利权质押贷款业务零的突破。在“2·21”省知识产权日、“4·26”世界知识产权日等活动期间，全市积极开展知识产权咨询和宣传活动，并在医疗机构、科研院所、工业园区等企事业单位举办知识产权讲座10多场，提高广大企业和民众的知识产权意识。全年开展专利执法检查300人次，立案10件，结案10件。

【南平市举办第六届科技成果交易会】　2013年，中科院上海分院、省科技厅、南平市政府联合举办“南平市第六届科技成果交易会”。期间，组织开展科技成果展示、科技成果推介会、高校与企业洽谈对接、对接科技项目签约仪式等活动，国内外36所高校、科研院所和研究机构带来1000多项最新科研成果，与市内100多家企业进行项目对接洽谈，中科院、清华大学、北京大学、上海第二军医大学等多家知名高校、院所与企业达成合作协议。交易会共收集技术需求215项，对接签约科技成果68项，其中35个重点对接科技项目现场签约、签约资金10.5亿元，项目涉及生物技术、光电、机械制造、化工、节能环保、食品加工、现代农业和林产工业等领域。

【南平市推进科技宣传与普及工作】　2013年，南平市委宣传部通过“三下乡”活动，利用农家书屋、图书流动点等，向广大群众赠送、借阅科普书籍，发放科普宣传册，推介优秀科技图书，促进民众科学素质的提高。市公务员局依托市属企业，以南铝、南纺、闽航、华闽南配和朝日网络等企业作为活动点，聘请美国、德国、日本、新加坡等多位外国专家，以现场生产技术指导、技术咨询、讲课培训等方式开展活动，达到宣传推广科技知识，解决生产技术难题，培养科技人才的目的，中方参加人员约百人。市科技局开展星火科技“12396”信息与技术服务，组织木竹、果树、茶叶、粮油作物、瓜菜、食用菌、畜牧、兽医、水产、葡萄、锥栗、食品加工、油茶、花卉、中药材、土肥、植保、农村能源、烟草、休闲农业等20个专业的专家服务团队轮值座席，进行远程科技咨询、远程科技培训，结合农时农事制订和发布生产流通、气象、科技、病虫害预警与防治短信息等服务。

在开展“科技·人才活动周”期间，由各县（市、区）科技局牵头，相关单位、科技协会参与，开展科普广场系列活动，包括发放优秀科技图书、现场义诊、防震减灾自救常识科普等活动。组织开展各类活动290场（次），开展重点活动99项，参加活动群众近20万人次。期间，开展科技进社区80个、进社区科学使者350人，进校园45个、进企业25家；举办科技报告会110场、科技展览40个、科技知识竞赛8场，开放科技实验室20个，播放科普影视55场；科技培训130期（其中农技培训班110期），受训人数3650人次；开展科技下乡活动，涉及100个乡（镇），举办科普大集70次，参加活动的农民总人数6.8万人次；组织科技下乡服务团33支，组织科学使者下乡1500人次；组织科技特派员120人次；制作宣传栏目、节目26期（其中农村栏目节目21期）；在新闻媒体上刊登宣传报道28篇；赠送科普图书1.5万册，科普挂图800套，科技录像片69部，科普光盘230套。

【南平市推进农业科技进步】 2013年，南平市以农业、星火科技项目为抓手，结合星火培训、科技特派员示范基地建设、科技进步县考核等工作，积极推动农业科技进步。全年组织申报国家农业成果转化资金计划项目3项、省区域科技重大项目3项、省科技特派员示范基地建设项目2项、国家科技富民强县专项行动计划项目1项、国家星火计划项目1项、省科技富民强县专项行动计划项目2项、省星火计划项目7项，共获得立项扶持16项，下达科技经费705万元；安排市级农业科技项目6项，下达经费72万元。开展各类星火技术培训班363期，培训学员18829人次，其中妇女5331人次，实现就业和再就业农民工人数2986人；同时积极推进南平“智慧城市”国家试点工作，由省农科院、南平市科技局、中国电信南平分公司共同开发推广的农业科技实时服务软件“慧农信”已投入运行，并开始覆盖乡镇。当年科技特派员创业示范基地项目新上1项，南平市已拥有建阳市沃野水果专业合作社等省科技特派员创业示范基地15个，主要分布在果树栽培、食用菌栽培、茶叶加工、种猪繁育、中药材栽培、农作物良种繁育与栽培等领域。当年，延平区、邵武市、武夷山市、建瓯市、建阳市、浦城县、松溪县、政和县等8个县（市、区）参与并全部通过了全国县（市）科技进步考核。组织福建亚达集团有限公司、福建金山都发展有限公司等10多家科技企业参与国家农业科技创新创业大赛，其中5家成功入围复赛。

【南平市推进省级农业科技园区建设】 2013年，省科技厅在邵武市、武夷山市立项建设两处省级农业科技园区，项目建设期限为2013～2015年。①邵武市省级农业科技园区以中药材为主导产业，园区划分为核心区、示范区、辐射区3个功能区，运用“核心园区带动示范区，示范区拉动辐射区，形成互通互动技术传播体系”的模式，带动产业发展；园区具“本地区、跨地区、跨省份”的特点，“核心区”为水北、城郊、大埠岗3个相连乡镇，规模533.33公顷，重点建设“闽北中药材科技创新创业服务平台、闽北中药可追溯生产加工基地、闽北优质中药材种子种苗繁育基地、闽北林下珍稀药材仿生态栽培基地、药博园”5大项目；“示范区”分布各乡镇，规模800公顷，是园区科技成果示范和产业化的重要基地；“辐射区”涵盖南平市辖区10县市，并辐射接壤的泰宁、将乐以及江西省黎川、资溪等地域，规模1300多公顷，是园区技术传播辐射和推广应用的重要产业区域。当年，邵武省级农业科技园区被科技部列为“第一批国家级科技特派员创业基地”。②武夷山市省级农业科技园区立足于武夷山市自然环境、农业资源特点和产业发展需求，以“政府引导、企业运作、社会参与、农民受益”为基本原则，围绕武夷山市茶叶、莲子等优势特色产业，着手在五夫镇建立白莲新品种引进、繁育及标准化生产示范基地，逐步有序引进推广名优食用莲、观赏莲等新品种；依托武夷学院科研、信息能力搭建武夷山市特色农业科技创新平台；联合武夷星茶业有限公司、武夷山市香江茶业有限公司等当地科技企业建立茶树良种繁育基地、武夷山特色有机茶园，着手建设茶树种质资源保护圃6.67公顷，茶树良种繁育基地13.33公顷，高标准生态茶园333.33公顷。

【南平市开发“慧农信”软件】 2013年，南平市积极推进“智慧城市”国家试点工作，为促进信息通讯技术在现代农业发展中的综合应用，提升星火科技“12396”信息服务水平，开发了一套“慧农信”软件。按照求实效、重服务、广覆盖、多模式的要求，由省农科院、市科技局、中国电信南平分公司共同研发出一套基于Android平台手机的APP应用软件，让农民群众用得上、用得好、用得起、普遍受益。该软件设有9大核心功能：问专家、看视频、逛集市、学技能、看行情、搜百科、发微博、知政策、公告栏。在此基础上还设有3大辅助模块：专家工作室、用户中心和系统设置。农业专家可将“慧农信”作为与农民沟通的一个“空中桥梁”，通过手机终端应用服务系统为广大农业生产者提供农业信息咨询和技术服务。

【南平市科技特派员示范基地建设】 2013年12月，南平国家科技特派员创业基地被科技部评为第一批国家科技特派员创业基地，创业基地以“邵武省级农业科技园区”为平台，以中药材为主导产业，坚持为区域现代农业发展构建科技集成创新的公共平台，为科技特派员提供创业的政策支持和咨询服务。南平国家科技特派员创业基地总投资3000万元，重点建设“产业服务平台”“初创企业培育”两大功能内容，资金来源包括企业投资、个人融资和国家经费投入三部分，其中福建瑶理药业有限公司投资1000万元、协作单位邵武市南武夷中药材种植专业合作社投资1500万元、申请国家经费500万元。

【南平市县域特色科技工作】 2013年，南平市各县（市、区）积极发挥科技职能，助推经济、社会发展。邵武市、武夷山市、光泽县、顺昌县出台专利授权奖励政策，其中邵武市、武夷山市发明专利每件奖励25万元。建瓯市依托国家火炬计划——“建瓯笋竹科技特色产业基地”，以打造产业科技优势为重点，采取招商引“制”的方式，创新山海科技合作，有效促进竹产业发展方式转变，被列为第一批“福建省山海协作共建产业园区”，同时积极推进建瓯竹产业科技孵化园和省级笋竹产品质检中心建设。政和县着力提升企业技术创新能力，获科技部科技型中小企业公共技术服务平台项目立项1项，即“政和县竹工艺品产业技术服务平台”，获扶持资金50万元。

（南平市科技局）

龙岩市科技

【2013 年龙岩市科技概况】　龙岩市地处福建省西部，辖新罗区、永定县、上杭县、武平县、长汀县、连城县、漳平市等 1 区 5 县 1 市。2013 年末全市常住人口 258 万人，实现地区生产总值（GDP）1479.9 亿元，其中第一产业增加值 177.81 亿元、第二产业增加值 796.04 亿元、第三产业增加值 506.05 亿元；规模以上工业总产值 1488.43 亿元；地方财政收入 117.21 亿元，地方财政支出 199.42 亿元。

2013 年，龙岩市按照“强化科技引领创新，推进创新龙岩建设”和“科技创新：驱动经济、服务民生”的要求，以开展“科技服务项目建设，科技支撑产业升级”活动为载体，制定出台了《推进农业科技创新和扶贫工作的若干措施》《龙岩市企业科技项目经费贷款贴息补助管理办法》等一系列扶持科技发展政策。当年，龙岩市及所辖 7 个县（市、区）全部通过全国科技进步考核，其中龙岩市被评为全国科技进步先进市，新罗区、永定县、上杭县、武平县被评为全国科技进步先进县（区），并有 4 人被评为“全国科技进步工作先进个人”。

2013 年，龙岩市科学技术支出 35047 万元（市本级 11028 万元、各县区 24019 万元），其中技术研究与开发经费 10000 万元（市本级 1986 万元、各县区 8014 万元）、科技条件与服务经费 4203 万元（市本级 434 万元、各县区 3769 万元）、科学技术普及经费 1486 万元（市本级 344 万元、各县区 1142 万元）。安排市级各类科技计划项目 151 项 2690 万元，其中科技计划项目 130 项 2240 万元，中小企业创新资金项目 21 项 450 万元。获国家级科技项目立项 14 项，其中国家创新基金项目 6 项 390 万元、国家科技支撑项目 2 项 2580 万元、国家“863”计划项目 2 项 786 万元、国家科技惠民项目 1 项 866 万元、国家科技富民专项行动计划 1 项 1400 万元、国家农业科技成果转化项目 1 项 60 万元、国家新产品计划项目 1 项。获省级科技计划立项 35 项，其中区域科技重大项目 7 项 660 万元、重点科技计划项目 9 项 240 万元、科技创新平台项目 4 项 700 万元、省创新资金项目 1 项 30 万元、创新型企业成果后补助项目 4 项 45 万元、成果转化和产业化项目 1 项 200 万元、省星火计划项目 8 项 145 万元、孵化器用房补助 1 项 31 万元。

2013 年，龙岩市组织评审鉴定的科技成果 53 项，其中国际先进水平 2 项、国内先进水平 46 项；申请登记省级科技成果 12 项、市级科技成果 41 项。当年，获省科学技术奖 12 项，其中一等奖 1 项、二等奖 6 项、三等奖 5 项。评出市科技进步奖 30 项，其中一等奖 4 项（详见列表）、二等奖 7 项、三等奖 19 项。

2013 年度龙岩市科技进步奖一等奖获奖成果情况表

序号	项目名称	主要完成人	主要完成单位
1	复杂低品位银金铜多金属矿高效选矿关键技术研究与应用	巫銮东、邱廷省、陈兴章、孙忠梅、方夕辉、张千新、甘永刚	武平紫金矿业有限公司、紫金矿业集团股份有限公司
2	紫芝新品种武芝 2 号选育及栽培新技术示范	钟礼义、邱东方、李永城、陈体强、邱福平、邓　琳、李　晔、刘新锐	武平县食用菌技术推广服务站
3	龙岩市生猪主要疫病防控关键技术的研究	杨小燕、黄其春、戴爱玲、黄翠琴、郑新添、李晓华、尹会方	龙岩学院生命科学学院
4	企业异构数据分类编码与集成交换管理平台的研究与应用	黄晓东、井福荣、史玉杰、古发辉、李小春、曾传璜、李国斌	紫金矿业集团股份有限公司、江西理工大学

2013 年，龙岩市新认定高新技术企业 9 家。全市高新技术企业总数为 59 家（其中产值上亿元的 29 家），实现主营业务收入 219.6 亿元、增加值 55.47 亿元。全市高新技术产业实现主营业务收入 500.81 亿元，产业增加值 111.93 亿元（占全市 GDP 的 7.56%），利润总额 78.71 亿元。

2013 年，龙岩市共有技术贸易机构 11 家。当年认定登记的技术交易合同 28 项，合同总金额 2545.1 万元，其中技术开发合同 26 项、合同金额 1645.1 万元，技术转让合同 2 项、合同金额 900 万元。

【龙岩市培育创新主体服务企业自主创新】　①组织申报科技型企业 3 批共 239 家，推荐 220 家，通过备案 206 家；申报高新技术企业认定 14 家，新认定 9 家（累计 59 家），福建龙净环保股份有限公司被评为国家火炬计划重点高新技术企业；申报省级创新型企业4家，新增4家（累计17家），同时新增创新型试点企业14家。②启动建设科技企业孵化器3家。龙腾新能源汽车研究院孵化总面积2.55万平方米，采用政府主导、企业主体、市场化运作的模式，由龙腾新能源汽车研究院有限公司负责运行；海峡光电产业孵化器正在建设并初具规模，总建筑面积11万平方米，设立了海峡（连城）光电产业技术研究院，与上海杨浦科技创业中心建立了长期的战略合作关系；市稀土产业孵化器占地2.67公顷，完成6幢共计2.7万平方米的标准厂房建设并投入运行。已成功引进福建劳勃特科技有限公司等2家企业进入孵化。③启动建设的五大科技公共服务平台建设基本完成。科技信息服务平台：以服务市特色产业为目标，内容全面、功能强大，涉及包括工程机械制造产业等共19个产业专题馆，为服务市企业技术创新和产业升级发挥积极作用。知识产权交易平台：包括市知识产权服务中心、福建专利技术（龙岩）展示交易中心、市知识产权维权援助中心及福建知识产权远程教育平台龙岩分站均已正式建成，并吸纳4家专利中介服务机构入驻服务，可为企业提供专利申请、专利奖及产业化项目申报、专利预警和分析等全方位服务。公共技术服务平台：全市新增加省工业大气污染控制、生物质能、预防兽医学与兽医生物技术等省级重点实验室3家，累计4家（国家级1家）；新增加省高压开头研制、真空绝热材料、数字化旋压设备开发、大功率固汞环保节能灯、超细粉碎设备等省级（企业）工程技术研究中心5家，累计16家；新增市级以上企业技术中心28家，累计178家（国家级3家、省级22家、市级153家）；新增华锐硬质合金有限公司等博士后科研工作站3家，累计10家。金融创投平台：与省科技厅、建设银行福建分行达成共建建设银行科技支行协议，由省科技厅、市财政分别出资600万元对市高新技术企业、科技型企业进行贷款贴息和融资担保。人才支撑平台：结合市科技项目管理系统建立了科技人才库、专家库网络信息系统。市政府与清华大学紫荆控股公司签订合作协议，双方合作成立龙岩紫荆创新研究院，并完成注册登记。④组织90家企业参加第二届中国创新创业大赛（福建赛区）暨首届福建创新创业大赛，2家工业企业获二等奖（取得参加全国创新创业大赛资格）、3家企业获得优胜奖；8家农业企业通过复赛，1家企业进入全国总决赛。

【龙岩市全面推进农业科技进步】 2013年，龙岩市安排市级农业科技计划项目40项，年度下达经费390万元。当年，争取涉及农业的国家级科技项目2项，获资助经费200万元；争取涉及农业的省级科技计划项目17项，获资助经费1110万元。通过科技支撑，促进全市农业经济发展，实现农业产值18.96亿元，农民人均增收427元。同时，省级农业科技园创建成效显著，漳平台湾农民创业园、连城农业科技园区获批立项为省级农业科技园区，获得省科技厅补助经费各300万元。

【龙岩市强化科技服务民生】 2013年，龙岩市通过项目实施，进一步提升科技服务民生的能力。①在生态环境治理方面。“九龙江北溪农村生活生产污水处理技术应用示范”获国家科技惠民项目立项（系全省首个）扶持866万元，项目总投资2100万元，重点针对九龙江北溪流域的农村生活污水开展治理技术集成与示范，实施期限三年。“九龙江北溪流域畜禽养殖业污染综合治理技术集成与示范”获省区域科技重大项目立项扶持100万元，项目总投资365万元，采用美国固化微生物净化系统对生猪排泄物进行生物净化处理，使废水达标排放。②在生态修复方面。由福州大学牵头的国家科技支撑项目“南方水土流失治理技术研究与示范”在长汀县实施。龙岩市林科所牵头实施的“翅荚木种质材料选育与高效培育关键技术”项目被列入省重大专项子课题，项目在翅荚木种源区选择速生耐寒的优良单株，并建立种质资源圃、种子园、采穗圃，同时在省内多点营建翅荚木子代林，作出适应性评价，为长汀水土流失工作提供技术示范。③在公共安全方面。组织实施市级科技项目“矿山井下避难所关键技术产业化研究”，主要用于矿山井下灾难发生时，提供给井下工作人员一个临时避难的场所和多个移动式救生舱，并提供与外界通讯的设施，为外部救援提供信息。④在科技兴农富民方面。“甘薯产业化关键技术开发与应用示范”获国家科技富民强县项目立项扶持140万元，项目总投资2000多万元，包括甘薯新品种引进与高产优质栽培技术示范、鲜薯恒温恒湿贮藏保鲜技术的开发与推广、甘薯加工新技术开发与产业化示范、甘薯产业社会化科技服务体系建设等内容。⑤在人口健康方面。组织龙岩市第一医院实施“高血压个体化治疗与药物疗效相关基因检测的临床研究”项目，组织龙岩人民医院实施“超声胃镜对粘膜下病变的诊断价值研究”项目，组织龙岩市中医院实施“自拟附子救心方治疗慢性心力衰竭的临床研究”项目。

【龙岩市知识产权工作扎实推进】 2013年，龙岩市出台《专利技术实施与产业化计划项目管理办法》《专利权质押贷款工作指导意见》等政策文件6个，积极推进专利工作。全市申请专利3119件、比增29.31%，其中发明专利371件、实用新型专利1965件、外观设计专利783件。获授权专利1882件、比增16.89%，其中发明专利114件、实用新型专利1439件、外观设计专利329件。全市发明专利拥有量为332件，每万人发明专利拥有量为1.29件、居全省第四位。获省专利奖4项（一等奖1项、二等奖2项、三等奖1项），评出市专利奖25项（一等奖2项、二等奖8项、三等奖15项），并获中国专利奖优秀奖1项（环卫车道路刷洗装置），填补了全市空白。当年，结合知识产权日开展普及宣传和咨询服务，开展各类培训活动30多次，服务企业100多家，培训相关人员2000多人。新罗区获批成为全省唯一的首批国家知识产权强县工程示范县（全国22个），永定县被列为国家知识产权强县工程试点县，武平县被列为省知识产权强县工程试点县；有2家企业列为国家知识产权优势企业、4家企业新入选省知识产权优势企业培育工程、4所中小学入选省知识产权普及教育试点中小学；34家企业实现发明专利零的突破，其中15件发明专利获省发明专利清零奖励。同时，建立了知识产权维权援助中心，开通“12330”举报热线，开展知识产权执法专项行动12次，检查超市、药店50多家，检查专利标识产品1000多件，核验涉嫌假冒专利案件30件，调解处理专利纠纷3件。

【龙岩市积极推进科技交流合作】 2013年，龙岩市充分利用“6·18”项交会、北京科博会、深圳高交会等科技成果转化平台，通过征集和推介技术需求，开展形式多样的科技成果转化对接活动，有效推动了全市科技成果转化和产业发展。全市累计对接项目866项，总投资140.2亿元；通过专场推介会，共推介技术难题271项，促成项目对接634项。利用海峡两岸科技合作论坛，与台湾科技界和企业界在电子信息与新能源、新材料等方面开展务实有效的科技合作。与厦门大学、中科院城环所等签订科技合作协议，组建厦门理工学院龙岩产业技术研究院。启动市科技创新创业人才遴选、科技突出贡献奖评选工作。紫金矿业集团股份有限公司邹来昌、市农业科学技术研究所兰华雄获得科技突出贡献奖。龙净环保公司王建春、福建赛特新材料公司汪坤明通过科技部中青年科技创新领军人才、科技创新创业人才评选答辩。注重35岁以下青年科技人员培养，申报实施市青年人才创新资金项目7项、省杰出青年人才项目2项、国家自然科学基金项目1项。

【龙岩市科普事业稳步发展】 2013年，龙岩市共有300多个单位（团体）、3600多名科技工作者、科普志愿者参加年度全国科普日活动。全年共举办科普报告会、培训班142场，科普展览83场（次），更新城乡村科普画廊、宣传栏1078座，张贴科普挂图5415张，发放科普书籍、手册、资料约25万册（份），播放科普电影（录像）、电视节目56场（次），发送移动通信科普短信15000多条，直接受众人数超过48万人（次）。成功举办市青少年科技创新大赛，收到参赛作品393件，评出优秀科技竞赛项目一等奖29项、二等奖41项、三等奖49项，优秀科技实践活动项目一等奖5项、二等奖8项、三等奖11项，优秀少儿科幻画作品一等奖17幅、二等奖27幅、三等奖36幅。组织参加省青少年科技创新大赛，获一等奖8项、二等奖20项、三等奖33项，其中11个项目（作品）被推荐参加全国创新大赛，有7个项目获卢嘉锡科学教育基金会奖励。认真实施科普惠农兴村计划，全市共有6个农技协、1个科普示范基地和1名农村科普带头人获全国表彰；5个农技协、2个科普示范基地和4名农村科普带头人人选省基层科普行动计划优秀项目（个人）；同时评选出13个农技协、8个科普示范基地为市科普惠农兴村先进单位，7人为市农村科普带头人。全市已拥有6家院士（专家）工作站。长汀水保院士工作站项目“南方红壤水土流失治理技术研究与示范”入选“十二五”国家科技支撑计划，获专项经费1758万元。全年组织开展学术交流活动30多次，参加人员3000多人次。

在“科技·人才活动周”期间，全市开展丰富多彩的科技宣传、培训和服务活动，共有186个部门、单位和团体、450名科普志愿者参与，展出各类科普展板、挂图600多块（张），赠阅科普小册子、宣传资料超过6.5万册（份），开展广播宣传40次，播放电视宣传片12片（计40小时），悬挂条幅标语105条，并更新城乡科普宣传栏650个，直接受众人数超过80多万人（次）。期间，全市各个县（市、区）开展科普宣传一条街活动或举办科普晚会，展出“食品安全防范”“防震减灾”等图片展板300多块。赠送科普图书及科普资料20000多份（册）。组织专业技术人员、农业科技人员、科技特派员、科普志愿者深入各地开展技术指导、培训、讲座等活动，共举办科技培训10期、科普讲座5场，培训指导1000多人次，发放科普资料5000多份。

【龙岩市高新技术产业开发区建设】 2013年，龙岩高新区实现工业产值418.5亿元、财政收入12.6亿元，完成固定资产投资85.2亿元，拥有高新技术企业32家（高新技术企业营业收入168亿元），主要集中在工程机械、汽车产业、环保装备制造业领域。

【龙岩市国家可持续发展实验区建设】 2013年，龙岩市科技局按照《龙岩国家可持续发展实验区总体规划》要求，大力实施“经济发展与生态保护良性互动、环境优美与群众致富共赢”“百姓富·生态美”的可持续发展战略，实验区总体规划在人口生态、资源环境、经济社会、科技教育等领域确立的33个总体发展指标，有31个指标实现预期值；在发展与交通建设、资源环境、社会事业、科技创新、宣传教育与公众参与等领域确立的59个优先示范建设项目，全面完成或较好地完成规划任务要求有58个，占项目总数98.31%，促使全市经济持续较快发展，经济结构进一步改善，运行质量趋稳，主要经济指标增幅、城乡居民收入增幅、单位生产总值能耗降幅均高于全省平均水平，规模工业经济效益综合指数连续9年居全省首位，单位生产总值能耗降幅和淘汰落后产能总量居全省首位，全市森林覆盖率连续38年居全省首位。

【龙岩市县域特色科技工作】 2013年，龙岩市所辖各县（市、区）紧紧围绕当地经济社会发展重点，解技术难题、抓创新示范、促产业升级，涌现出许多亮点。新罗区坚持品牌战略，提高科技工作影响力；荣获“全国科技进步考核先进区”和“国家知识产权强县（区）工程示范区”称号；有效发明专利占全市总量的59%，每万人口发明专利拥有量为2.76件，高于全省2.72件水平。永定县再次获评全国科技进步先进县，获评国家知识产权强县工程试点县；实施的“闽西客家和红色双重文化遗产的数字化与文化旅游综合服务”获国家科技支撑计划立项，系全县首次；德泓光电公司被确定为省级创新型企业，卫东实业公司工程技术研究中心通过省级认定，均为全县首家。上杭县注重项目带动，为企业争取项目资金扶持393万元，居全市前列；紫金矿业集团股份有限公司获立项国家“十二五”科技支撑计划项目子课题1项，并获立项省区域科技重大项目1项（低品位硫化铜矿生物堆浸提铜产业化技术研究）；上杭县儒溪槐猪有限公司承担的“槐猪保种扩群技术示范与推广应用”项目获科技部农业成果转化资金支持；福建清景铜箔有限公司参加中国创新创业大赛，获福建赛区二等奖、全国赛区优秀企业奖。武平县首次被评为全国科技进步先进县，被确定为省知识产权强县；获市科技进步奖一等奖2项、三等奖1项；建立县级领导挂钩联系重点项目制度和科技干部挂钩服务企业制度，积极构建“武平县不锈钢公共技术服务平台”。连城县启动海峡光电产业孵化器建设，创建福建龙岩国家级科技特派员创业基地和连城省级农业科技园区，成立国家级博士后科研工作站、省级企业工程技术研究中心1家，市级以上企业技术中心20家；科技型企业16家；高新技术企业3家。长汀县发挥科技在水土流失治理中的作用，实施“水土流失初步治理区生态循环与产业提升技术研究与示范”和“长汀县水土流失遥感监测与群测群防信息系统”2个项目；与福建森辉农牧发展有限公司开展全方位合作，积极探索长汀种养结合治理水土流失生态模式，构建长汀生态经济型现代林业示范区。漳平市国家可持续发展实验区通过验收（参见“科技创新体系”），成为全省第二个通过验收的国家可持续发展实验区；漳平台湾农民创业园被批准为省农业科技园区。新罗区与漳平市共同实施的“福建省龙岩市九龙江北溪流域农村生活污水处理技术应用示范”项目为全省首个获立项的国家科技惠民计划项目。

（龙岩市科技局 刘伟荣）

宁德市科技

【2013年宁德市科技概况】 宁德市地处福建省东北部，辖蕉城区、古田县、屏南县、周宁县、寿宁县、柘荣县、霞浦县、福安市、福鼎市等1区6县2市。2013年末全市常住人口284万人，实现地区生产总值（GDP）1238.72亿元，其中第一产业增加值223.65亿元、第二产业增加值627.59亿元、第三产业增加值387.48亿元；规模以上工业总产值2323.12亿元；地方财政收入88.69亿元，地方财政支出185.95亿元。

2013年，宁德市坚持以提高自主创新能力为核心，以促进科技和经济紧密结合为重点，加快构建具有宁德特色的区域科技创新体系，为经济社会更好更快发展提供强有力的科技支撑。全市科学技术支出1.74亿元（市本级6917万元、各县区1.05亿元），其中技术研究与开发经费5025万元（市本级1740万元、各县区3285万元）、科技条件与服务经费2643万元（市本级2505万元、各县区138万元）、科学技术普及经费1255万元（市本级263万元、各县区992万元）。当年，古田、屏南两县通过全国科技进步县（市、区）考核工作。

2013年，宁德市认真把握科技项目政策导向、挖掘企业项目源、搞好项目材料把关。全年争取国家级科技项目立项39项2585万元，其中国家创新基金项目36项2300万元、农业科技成果转化资金项目2项120万元、星火计划重大项目1项165万元。另外，宁德新能源科技有限公司“锂离子动力电池的开发”项目获工信部、财政部、科技部项目支持经费1.5亿元，已到位6000万元。获省级科技项目立项23项3071.5万元，其中区域科技重大项目6项500万元、星火项目9项175万元、引进重大研发机构项目1项1000万元、科技重大专项计划2项1250万元、科技型中小企业创新资金项目5项146.5万元。安排市级科技计划项目58项487万元。

2013年，宁德市组织评审鉴定的科技成果5项，均为国内领先水平；申请登记省级科技成果27项、市级科技成果5项。当年，获省科学技术奖7项，其中科技进步奖二等奖1项、三等奖5项，技术发明奖三等奖1项。评出市科技进步奖30项，其中一等奖2项（详见列表）、二等奖8项、三等奖20项。获省专利奖三等奖3项。

2013年度宁德市科技进步奖一等奖获奖成果情况表

序号	项目名称	主要完成人	主要完成单位
1	喷雾干燥法制备炎琥宁	吴晓华、乐运焱、李传标、游奶寿、宋　涵	福建省闽东力捷迅药业有限公司、福州聚英医药有限公司
2	多频宽电压单三相无刷同步发电机技术	卢友文、林玉祥、简缵道、梁泊山、陈　刚、孙玉凤、邱兆娟	福建福安闽东亚南电机有限公司

2013年，宁德市新认定高新技术企业6家。全市高新技术企业总数为26家（其中产值上亿元的16家），实现主营业务收入130.91亿元、增加值36.25亿元。全市高新技术产业实现主营业务收入366.21亿元，产业增加值84.01亿元，利润总额44.98亿元。

【宁德市区域创新体系建设】 2013年，宁德市坚持把增强企业自主创新能力作为科技工作的突破口，深入实施技术创新工程。组织6家高新技术企业申报国家火炬计划重点高新技术企业；开展三批次共224家省科技型企业的备案工作，其中第一批105家已获得证书；新增创新型企业14家，新申报高新技术企业7家。积极组织企业参加中国创新创业大赛（福建赛区）暨首届福建创新创业大赛，获得成长组优胜奖和初创组优胜奖各1项。

至2013年底，全市共有省级重点实验室5家、省级企业工程技术研究中心27家。国家火炬福鼎化油器特色产业基地获科技部火炬中心批准认定，成为继福建福安中小电机特色产业基地获批后的第二个国家火炬特色产业基地。闽东电机电器省级高新区的申报工作已全面开展；闽东中小电机产业集群已通过国家评审，被科技部火炬中心列入“创新型产业集群试点（培育）”。宁德市科技服务中心、福安经济开发区电机电器孵化器、三祥新材股份有限公司新材料孵化器、食用菌科技企业创业服务中心、宁德市生物医药孵化器等5个科技孵化器也启动筹建工作。

【宁德市科技特派员工作上新台阶】 至2013年底，宁德市共有省级科技特派员创业示范基地15个。当年，承担省级星火计划项目4项，共安排经费65万元，参与项目实施的科技特派员有10多人。全市在基层服务的科技特派员共有500多人，服务期间各种项目总投资3690万元，实现年利润2000多万元，上缴税收400多万元，带动农户发展特色种养业3000多户。通过科技特派员的创业项目，实现了农村资源开发、产业带动和新农村建设事业的快速发展。

【宁德市加强民办非企业的规范管理】 2013年，宁德市加强民办非企业的规范管理，根据《社会团体管理条例》和《民办非企业单位登记管理暂行条例》规定，新增科技类民办非企业单位2家，即宁德市金不换畲药技术研究所、宁德市恒春农业研究开发中心。至2013年底，全市共审批成立科技类民办非企业单位24家。

【宁德市推进国家农业科技园区建设】 2013年，科技部正式批准宁德市为国家农业科技园区。园区建设围绕“一园两中心四基地”展开，即海洋文化产业园、海洋渔业研发与合作交流中心、综合配套服务中心、海水良种繁养基地、海洋渔业研发与修造基地、海洋生物高值化精深加工基地和海产品冷链物流基地。园区以“政府引导、中介参与、项目带动、企业运营、基地示范、农渔民受益”为基本原则，结合国家产业政策及园区产业布局和控制性规划，充分发挥宁德市的独特资源环境和海洋渔业产业优势，以现代海水养殖业、水产精深加工及配套服务、海洋生物医药、渔业装备、滨海旅游与海洋文化等产业为重点，通过项目带动和资源整合，密切企业与科研院所、高校的技术合作，实现海洋渔业产业链拓展延伸。

【宁德市农业科研项目成效明显】 2013年，宁德市积极推进各级农业科技计划项目实施，取得重要成果。如：①省区域科技重大项目“福鼎白茶产业提升关键技术研究与示范”，通过专家验收。建成了种质资源圃2公顷，收集福鼎大白茶、福鼎大毫茶、金观音、黄观音、安吉白茶等茶树种质资源14个；建立名优茶机采示范基地8.33公顷、有机茶示范基地66.67公顷，通过GAP认证的生态茶园253.33公顷，保护福鼎生态环境；建立一条产能50吨的智能化、自动化、连续化白茶生产流水线；开发白茶新产品“品品香花香白茶”“品品香返璞归真系列”等；项目实施期间还获授权发明专利1件、实用新型专利2件；带动茶农72户建设有机茶园，茶农实现增收35%～40%，大大带动茶农对有机茶园的开发积极性。②省区域科技重大项目“鲍多倍体规模化生产及养殖技术示范推广”，通过技术引进，开展鲍多倍体规模化生产及养殖技术示范推广，并针对南方海区鲍的养殖现状进行相应养殖工艺及设施的自主研发。培育三倍体鲍鱼苗种1039.4万粒，平均壳长1.64cm，苗种综合成活率为72.2%；建立高效健康养殖示范基地7.33公顷，养成7～8cm的三倍体成鲍112吨，养殖综合成活率71.3%。项目实现育苗产值623.64万元、利润187.09万元，养殖实现产值1060万元、利润222.6万元。建立产业化高效养殖示范平台，示范推广面积40公顷，同时开展三倍体皱纹盘鲍规模化生产技术及高效健康养殖技术的培训工作，累计培训相关人员96人。通过项目实施，解决了鲍鱼南方度夏的问题，改善了鲍鱼的抗病能力、提高养殖效率。③省区域科技重大项目“闽东蜜饯安全优质生产关键技术开发”通过专家验收。建成芙蓉李、东魁杨梅、丁香橄榄及穆阳水蜜桃等水果为主的无公害果园34.67公顷，引进蜜饯真空渗糖生产线一条，年产低糖蜜饯1000吨，加工茶香蜜饯食品500多吨，并试制芙蓉李蜜饯产品200千克，产品经检测各项指标达到国家蜜饯标准。带动当地果农发展果品生产基地，直接受益农民2000多户，人年均增收600多元，辐射带动周边农户5000多户，促进增产增收3800多万元，社会效益显著。

【宁德市着力推进知识产权战略】 2013年，宁德市以“全国中小企业知识产权战略推进工程首批试点城市”为抓手，积极推进企业专利提升年活动，加大专利申请和授权力度。全市申请专利1763件，其中发明专利338件、实用新型专利936件、外观设计专利489件。获授权专利1293件、比增23%，其中发明专利81件（比增6.6%）、实用新型专利852件、外观设计专利360件。全市发明专利拥有量为243件。当年，新增省级知识产权优势企业4家，省知识产权普及试点学校3所。全市有100多个专利技术成果申报国家创新基金项目，有3个项目获省专利奖。组织指导安发生物科技有限公司等4家企业的发明专利申报“省专利技术实施和产业化”项目，获得60万元项目经费支持。此外，积极抓好专利申请资助、专利行政执法能力建设及知识产权的宣传与培训工作。

【宁德市开展科技人才活动周】 2013年，宁德市在“科技·人才活动周”期间，举行了主题挂图展、医疗卫生专家下乡义诊、农业科技咨询、培训、环境保护科普宣传、防震减灾科普宣传、气象防灾减灾科普宣传、禽流感防控科普宣传、科技图书赠送及展销、发放地震等科普材料等一系列活动。赠送科技图书150多册、义诊药品5000多元、禽畜类疫控消毒剂3000多元，发放农业、气象、环保、地震、禽流感防控小册、计划生育知识手册等科普材料9000多份，接受群众咨询2000多人次。

（宁德市科技局　许羽洁）

H 高新技术产业

igh-tech Industry

高新技术产业发展综述

【福建省高新技术产业发展概况】　2013年，全省高新技术产业实现主营业务收入11562.02亿元、比增12.8%，完成增加值3086.28亿元、比增13.2%，高新技术产业增加值占地区生产总值的比重为14.2%、比上年提高0.4个百分点，高新技术产业增长对经济增长的贡献率为17.5%。据科技部监测结果显示，福建省高新技术产业化指数居全国第10位。高新技术产业的平稳发展，为加快福建提质增效转型升级步伐提供科技支撑。当年，全省高新技术工业总产值为10603.92亿元、高新技术工业增加值为2603.17亿元，其中高技术制造业工业产值3769.49亿元、增加值866.14亿元，高新技术改造传统产业工业产值6834.42亿元、增加值1737.02亿元。

2013年福建省高新技术产业主营业务收入分布情况

行　　业	主营业务收入（亿元）	占全省比重（%）
总　计	**11562.02**	**100.0**
高技术制造业	**3748.18**	**32.4**
医药制造业	223.47	1.9
航空、航天器及设备制造业	86.11	0.7
电子及通信设备制造业	2404.16	20.8
计算机及办公设备制造业	869.70	7.5
医疗仪器设备及仪器仪表制造业	123.17	1.1
信息化学品制造业	41.57	0.4
高技术服务业	**1070.07**	**9.3**
信息服务	713.84	6.2
电子商务服务	3.39	0.0
检验检测服务	11.92	0.1
专业技术服务业的高技术服务	169.35	1.5
研发与设计服务	36.94	0.3
科技成果转化服务	92.36	0.8
知识产权及相关法律服务	3.55	0.0
环境监测及治理服务	9.52	0.1
其他高技术服务	29.19	0.3
高新技术改造传统产业	**6743.78**	**58.3**

【高新技术产业发展特点】　一是高新技术企业占据"半壁江山"。高新技术企业是发展高新技术产业的重要基础，是转方式调结构、推动战略性新兴产业发展和改造提升传统产业的生力军。国家创新战略目标的提出，赋予了高新技术企业新的历史使命。近年来，在福建省委、省政府的正确领导下，经多年持续地培育和优化，生成了一批技术创新能力较强的高新技术企业，在新材料、新一代信息技术、节能环保、高技术服务业和传统优势产业等领域，涌现出如宸鸿科技、厦门钨业、星网锐捷、龙净环保、安踏等龙头企业，带动示范作用显著。至2013年底，全省经认定的高新技术企业1638

家，比上年增加 110 家，实现主营业务收入 6183.12 亿元、增加值 1611.05 亿元，占全省高新技术产业的比重均超过一半，分别为 53.5%和 52.2%。2013 年，全省首次在高新技术企业中建设重点实验室，推动高新技术企业研发投入不断加大，创新产出明显提高。全省高新技术企业 R&D 经费投入 167.7 亿元，占全省高新技术产业的 65%；全年有效发明专利申请 3491 件，占专利申请总量的 30.6%，全省高新技术产业中 74.4%的发明专利申请来自高新技术企业。

二是高新技术改造传统产业“一枝独秀”。全省高新技术产业行业集聚特征突出，主要集中在高新技术改造传统产业、电子及通信设备制造业、计算机及办公设备制造业。2013 年，高新技术改造传统产业主营业务收入所占比重为 58.3%，其次为电子及通信设备制造业，所占比重为 20.8%；计算机及办公设备制造业 7.5%。高新技术改造传统产业总量优势明显，为福建加快产业结构升级奠定了良好基础。

三是高技术服务业“崭露头角”。当前中国经济进入发展新常态，增长动力实现转换，经济结构实现再平衡，高技术服务业将成为经济增长的新亮点。2013 年，全省高技术服务业实现主营业务收入 1070.07 亿元、增加值 483.11 亿元，分别占高新技术产业的 9.3%和 15.7%；高技术服务业增加值率达 45.1%，比高新技术产业高 18.4 个百分点。其中信息服务业最为突出，实现主营业务收入 713.84 亿元、增加值 353.48 亿元，成为高技术服务业的主力军，是全省高新技术产业中的第四大行业。

四是高新园区蓬勃发展。全省各级政府加大了高新区建设力度，先后出台了加快高新区发展的政策措施，促进各类资源向高新区集聚，使高新区成为科技成果、创新人才的集聚地并形成向区域扩散辐射的态势，高新区已成为发展高新技术产业的重要基地、发展战略性新兴产业和培育创新产业集群的重要载体。2013 年，漳州高新区升级为国家级高新区。全省已有福州、厦门、泉州、莆田和漳州 5 个国家高新园区，三明、龙岩 2 个省级高新园区，高新区战略布局进一步优化。全年国家级和省级高新园区高新技术产业主营业务收入 3622.54 亿元，占全省的比重为 31.4%；实现增加值 878.3 亿元，占全省的 28.4%。

五是地区发展各具特色。各地围绕特色产业，坚持统筹协调，加快创新步伐，推动高新技术产业发展。福州市加快发展高新技术产业，国家知识产权示范城市工作效果明显，连续第十次获评全国科技进步考核先进市。厦门市重点培育发展生物医药、新材料、软件、IC 产业 4 个千亿科技产业，规模以上高新技术企业产值对工业经济增长贡献率超过 95%，荣获“国家知识产权示范城市”称号。漳州市成功举办海峡两岸（漳州）工业设计科技创新大赛，入选中欧绿色智慧城市合作中方试点城市，漳州高新园区升格为国家级高新区。泉州市全力助推民营企业“二次创业”，在全省率先实施产业创新转型“燎原计划”，中国科学院海西研究院装备制造研究所落地建设，引导民营资本建立新型研发机构。莆田市院地科技合作深入开展，海西研究院莆田中心建设进展顺利，与清华大学研究生院共建研究生实践基地。三明市市本级及 12 个县（市、区）全部通过全国县（市）科技进步考核，三明高新区获批扩区，设立全省首支科技型中小企业贷款风险补偿金。南平市围绕食品加工、旅游养生、机电制造和生物工程“三个千亿、一个五百亿”产业链强化科技创新，武夷新区科技创意产业园建设取得实质性进展。龙岩市建成科技信息服务、公共技术服务等“五大平台”，高新区创建、海西科技创业城等品牌项目成效明显，与清华大学共建龙岩紫荆创新研究院。宁德市大力争取国家和省级科技项目，农业科技园区等科技创新平台建设成效明显。

【高新技术产业及产品调查统计】 包括“高新技术产业主要经济指标情况”“高新技术工业主要经济指标情况”“高技术服务业主要经济指标情况”“高新技术产业科技活动人员情况”“高新技术产业 R&D 活动经费支出情况”“高新技术工业科技产出情况”“高新技术工业技术获取、改造和政策落实情况”等统计资料，具体内容参见“科技统计资料”。

（省统计局、省科技厅）

高技术制造业

【高技术制造业概况】 2013 年，全省高技术制造业实现主营业务收入 3748.18 亿元（占全省高新技术产业的 32.4%），其中医药制造业占 5.96%、航空、航天器及设备制造业占 2.3%、电子及通信设备制造业占 64.14%、计算机及办公设备制造业占 23.2%、医疗仪器设备及仪器仪表制造业占 3.29%、信息化学品制造业占 1.11%。全省高技术制造业实现工业总产值 3769.49 亿元，其中医药制造业占 5.95%、航空、航天器及设备制造业占 2.29%、电子及通信设备制造业占 64.16%、计算机及办公设备制造业占 23.19%、医疗仪器设备及仪器仪表制造业占 3.3%、信息化学品制造业占 1.12%。全省高技术制造业实现工业增加值 866.14 亿元，其中医药制造业占 8.96%、航空、航天器及设备制造业占 2.01%、电子及通信设备制造业占 61.43%、计算机及办公设备制造业占 22.09%、医疗仪器设备及仪器仪表制造业占 4.25%、信息化学品制造业占 1.26%。

2013年福建省高技术制造业经济指标情况

行　业	单位数（个）	从业人员年平均人数（人）	工业总产值（万元）	工业增加值（万元）	主营业务收入（万元）	利润总额（万元）
高技术制造业	**3549**	**438605**	**37694935**	**8661446**	**37481769**	**1777359**
医药制造业	391	37543	2241902	775935	2234714	262589
航空、航天器及设备制造业	9	5775	862938	174218	861121	17581
电子及通信设备制造业	2314	304704	24184248	5321118	24041564	1086080
计算机及办公设备制造业	194	61193	8739928	1913433	8696986	301249
医疗仪器设备及仪器仪表制造业	603	26412	1245445	367826	1231700	81761
信息化学品制造业	38	2978	420473	108916	415683	28096

【医药制造业】 2013年，福建省医药制造业实现主营业务收入223.47亿元、占全省高新技术产业主营业务总收入的1.9%，实现工业产值224.19亿元、占全省高新技术工业总产值的2.11%，实现工业增加值77.59亿元、占全省高新技术工业增加值的2.98%。全省医药制造业科技活动人员合计3908人，其中R&D人员3106人，R&D人员折合全时当量2252人年；R&D经费内部支出合计5.28亿元，其中R&D经常费支出4.51亿元；R&D经费外部支出合计6006万元。全年申请专利218件，其中发明专利139件。

2013年福建省医药制造业经济指标情况

行　业	单位数（个）	从业人员年平均人数（人）	工业总产值（万元）	工业增加值（万元）	主营业务收入（万元）	利润总额（万元）
医药制造业	**391**	**37543**	**2241902**	**775935**	**2234714**	**262589**
化学药品制造	111	12577	950228	329330	948531	80599
中药饮片加工	34	3437	229544	79623	229307	20607
中成药生产	58	8445	527480	182357	525174	94027
兽用药品制造	24	2983	154022	53307	153520	14630
生物药品制造	104	7696	318222	109652	315787	48269
卫生材料及医药用品制造	60	2405	62407	21666	62395	4457

【航空、航天器及设备制造业】 2013年，福建省航空、航天器及设备制造业实现主营业务收入86.11亿元、占全省高新技术产业主营业务总收入的0.7%，实现工业产值86.29亿元、占全省高新技术工业总产值的0.81%，实现工业增加值17.42亿元、占全省高新技术工业增加值的0.67%。全省航空、航天器及设备制造业科技活动人员合计504人。

【电子及通信设备制造业】 2013年，福建省电子及通信设备制造业实现主营业务收入2404.16亿元、占全省高新技术产业主营业务总收入的20.8%，实现工业产值241.84亿元、占全省高新技术工业总产值的22.81%，实现工业增加值532.11亿元、占全省高新技术工业增加值的20.44%。全省电子及通信设备制造业科技活动人员合计25801人，其中R&D人员19559人，R&D人员折合全时当量16447人年；R&D经费内部支出合计42.6亿元，其中R&D经常费支出37.82亿元；R&D经费外部支出合计4.46亿元。全年申请专利2679件，其中发明专利1127件。

2013年福建省电子及通信设备制造业经济指标情况

行　业	单位数（个）	从业人员年平均人数（人）	工业总产值（万元）	工业增加值（万元）	主营业务收入（万元）	利润总额（万元）
电子及通信设备制造业	**2314**	**304704**	**24184248**	**5321118**	**24041564**	**1086080**
电子工业专用设备制造	216	4025	109364	27221	108981	206
光纤、光缆制造	12	516	18243	4979	18216	542
锂离子电池制造	57	27872	1533322	417052	1525790	140091
通信设备制造	233	26422	3250790	703801	3234100	77506
广播电视设备制造	65	12061	624376	135817	624106	47355
雷达及配套设备制造	3	15	248	43	197	
视听设备制造	77	20637	2546160	552216	2537536	124454
电子器件制造	465	110775	11769992	2548513	11711910	386165
电子元件制造	764	86397	3797924	815890	3749584	280331
其他电子设备制造	422	15984	533830	115586	531140	29430

【计算机及办公设备制造业】　2013年，福建省计算机及办公设备制造业实现主营业务收入869.7亿元、占全省高新技术产业主营业务总收入的7.5%，实现工业产值873.99亿元、占全省高新技术工业总产值的8.24%，实现工业增加值191.34亿元、占全省高新技术工业增加值的7.35%。全省计算机及办公设备制造业科技活动人员合计9857人，其中R&D人员8776人，R&D人员折合全时当量8452人年；R&D经费内部支出合计18.03亿元，其中R&D经常费支出17.21亿元；R&D经费外部支出合计484万元。全年申请专利531件，其中发明专利371件。

2013年福建省计算机及办公设备制造业经济指标情况

行　业	单位数（个）	从业人员年平均人数（人）	工业总产值（万元）	工业增加值（万元）	主营业务收入（万元）	利润总额（万元）
计算机及办公设备制造业	**194**	**61193**	**8739928**	**1913433**	**8696986**	**301249**
计算机整机制造	18	10208	3788126	823823	3785622	109702
计算机零部件制造	52	7568	568710	120435	553422	25568
计算机外围设备制造	26	23767	3213295	697009	3202890	67870
其他计算机制造	49	10510	542646	115403	530391	53503
办公设备制造	49	9140	627150	156762	624662	44606

【医疗仪器设备及仪器仪表制造业】　2013年，福建省医疗仪器设备及仪器仪表制造业实现主营业务收入123.17亿元、占全省高新技术产业主营业务总收入的1.1%，实现工业产值124.54亿元、占全省高新技术工业总产值的1.17%，实现工业增加值36.78亿元、占全省高新技术工业增加值的1.41%。全省医疗仪器设备及仪器仪表制造业科技活动人员合计2684人，其中R&D人员2082人，R&D人员折合全时当量1908人年；R&D经费内部支出合计4.37亿元，其中R&D经常费支出4.04亿元；R&D经费外部支出合计356万元。全年申请专利421件，其中发明专利105件。

2013年福建省医疗仪器设备及仪器仪表制造业经济指标情况

行　业	单位数（个）	从业人员年平均人数（人）	工业总产值（万元）	工业增加值（万元）	主营业务收入（万元）	利润总额（万元）
医疗仪器设备及仪器仪表制造业	**603**	**26412**	**1245445**	**367826**	**1231700**	**81761**
医疗仪器设备及器械制造	190	7932	438496	108050	432276	33136
仪器仪表制造	413	18480	806949	259776	799424	48625

【信息化学品制造业】 2013年，福建省信息化学品制造业实现主营业务收入41.57亿元、占全省高新技术产业主营业务总收入的0.4%，实现工业产值42.05亿元、占全省高新技术工业总产值的0.4%，实现工业增加值10.89亿元、占全省高新技术工业增加值的0.42%。全省信息化学品制造业科技活动人员合计201人，其中R&D人员180人，R&D人员折合全时当量167人年；R&D经费内部支出合计4360万元，其中R&D经常费支出2553万元；R&D经费外部支出合计92万元。全年申请专利26件，其中发明专利19件。

（省统计局、省科技厅）

高技术服务业

【高技术服务业概况】 2013年，福建省高技术服务业实现主营业务收入1070.07亿元、占全省高新技术产业主营业务总收入的9.3%，实现增加值483.11亿元、利润总额149.45亿元。全省高技术服务业科技活动人员合计14793人，其中R&D人员7482人，R&D人员折合全时当量6597人年；R&D经费内部支出合计8.98亿元，其中R&D经常费支出8.39亿元；R&D经费外部支出合计6.2亿元。

2013年福建省高技术服务业主要经济指标情况

行　业	单位数（个）	从业人员年平均人数（人）	主营业务收入（万元）	增加值（万元）	利润总额（万元）
高技术服务业	**8715**	**247582**	**10700667**	**4831096**	**1494548**
信息服务	3973	130579	7138413	3534758	1467785
电子商务服务	29	437	33900	15630	847
检验检测服务	215	5732	119239	49090	
专业技术服务业的高技术服务	1770	55704	1693494	697208	
研发与设计服务	1023	14566	369372	164124	
科技成果转化服务	1211	22399	923646	227856	
知识产权及相关法律服务	117	1001	35529	11507	1355
环境监测及治理服务	160	4506	95153	47303	18766
其他高技术服务	217	12658	291921	83621	5795

【高技术服务业区域分布】 2013年，全省高技术服务业实现主营业务收入1070.07亿元，其中福州市占41.64%、厦门市占24.27%、泉州市占13.08%、其他6个设区市合计占比为21.01%。全省高技术服务业实现增加值483.11亿元，其中福州市占36.11%、厦门市占26.84%、泉州市16.54%、其他6个设区市合计占比为20.51%。

2013 年各设区市高技术服务业主要经济指标情况

地　区	单位数（个）	从业人员年平均人数（人）	主营业务收入（万元）	增加值（万元）	利润总额（万元）
全　省	**8715**	**247582**	**10700667**	**4831096**	**1494548**
福州市	3270	98122	4455947	1744680	516300
厦门市	2423	75142	2596796	1296567	352157
莆田市	247	4786	355773	205521	68996
三明市	364	8406	305432	154333	24344
泉州市	1231	31715	1399593	799184	310068
漳州市	305	7105	501381	265909	115616
南平市	250	6399	280927	106786	24091
龙岩市	354	9164	373539	132117	40874
宁德市	271	6743	431279	125999	42102

【高技术服务业科技活动人员】　2013 年，全省高技术服务业科技活动人员 14793 人，主要集中在信息服务业，信息服务业科技活动人员 14573 人、占比高达 98.51%。全省高技术服务业 R&D 人员折合全时当量 6597 人年，其中信息服务业 6515 人年、占比高达 98.76%。

2013 年福建省高技术服务业科技活动人员情况

项　目	科技活动人员（人）		R&D人员折合全时当量（人年）			
		R&D人员		基础研究人员	应用研究人员	试验发展人员
全　省	**14793**	**7482**	**6597**		**97**	**6500**
一、按行业分						
信息服务	14573	7394	6515		97	6418
电子商务服务	35					
检验检测服务						
专业技术服务业的高技术服务						
研发与设计服务						
科技成果转化服务						
知识产权及相关法律服务						
环境监测及治理服务	132	73	70			70
其他高技术服务	53	15	12			12
二、按地区分						
福州市	7506	6252	5451		97	5353
厦门市	7088	1171	1108			1108
莆田市						
三明市						
泉州市	167	32	11			11
漳州市	32	27	27			27
南平市						
龙岩市						
宁德市						

【高技术服务业R&D科技活动经费支出】 2013年，全省高技术服务业R&D科技活动经费内部支出89821万元，主要集中在信息服务业，信息服务业R&D科技活动经费内部支出88984万元、占比高达99.07%。全省高技术服务业R&D科技活动经费外部支出61970万元，其中信息服务业61932万元、占比高达99.94%。

2013年福建省高技术服务业R&D活动经费支出情况

项　　目	R&D经费内部支出（万元）	按支出用途分			按活动类型分			R&D经费外部支出（万元）
		R&D经常费支出	#人员劳务费	资产性支出	基础研究支出	应用研究支出	试验发展支出	
全　省	**89821**	**83879**	**67915**	**5942**		**1001**	**88819**	**61970**
一、按行业分								
信息服务	88984	83104	67304	5880		1001	87983	61932
电子商务服务								
检验检测服务								
专业技术服务业的高技术服务								
研发与设计服务								
科技成果转化服务								
知识产权及相关法律服务								
环境监测及治理服务	682	621	532	61			682	37
其他高技术服务	154	154	79	1			154	
二、按地区分								
福州市	72983	67597	54401	5386		1001	71982	13829
厦门市	16331	15826	13191	505			16331	48084
莆田市								
三明市								
泉州市	270	220	169	50			270	57
漳州市	236	236	153				236	
南平市								
龙岩市								
宁德市								

（省统计局、省科技厅）

高新技术改造传统产业

【高新技术改造传统产业概况】 2013年，福建省高新技术改造传统产业实现主营业务收入6743.78亿元、占全省高新技术产业主营业务总收入的58.3%，实现工业产值6834.42亿元、占全省高新技术工业总产值的64.45%，实现工业增加值1737.02亿元、占全省高新技术工业增加值的66.73%。全省高新技术改造传统产业科技活动人员合计113720人，其中R&D人员84562人，R&D人员折合全时当量64324人年；R&D经费内部支出合计178.4亿元，其中R&D经常费支出150.31亿元；R&D经费外部支出合计7.09亿元。全年申请专利12688件，其中发明专利2934件。

【高新技术改造传统产业区域分布】 2013年，全省高新技术改造传统产业实现主营业务收入6743.78亿元，其中福州市占24.42%、厦门市占20.88%、泉州市占23.71%、其他6个设区市合计占比为30.99%。全省高新技术改造传统产业实现工业总产值6834.42亿元，其中福州市占25.31%、厦门市占21.13%、泉州市23.43%、其他6个设区市合计占比为30.13%。全省高新技术改造传统产业实现工业增加值1737.02亿元，其中福州市占21.92%、厦门市占22.01%、泉州市占26.32%、其他6个设区市合计占比为29.76%。

2013年各设区市高新技术改造传统产业主要经济指标情况

地　区	单位数（个）	从业人员年平均人数（人）	工业总产值（万元）	工业增加值（万元）	主营业务收入（万元）	利润总额（万元）	出口交货值（万元）
全　省	**2130**	**1041634**	**68344237**	**17370236**	**67437753**	**6236529**	**12733280**
福州市	363	175524	17295668	3806926	16469478	892841	2734870
厦门市	393	216288	14443652	3822594	14081480	1144735	4543288
莆田市	114	60499	1661406	620375	1605384	354741	1002249
三明市	154	49292	4555346	1064345	4496998	115387	156237
泉州市	481	302732	16013917	4571706	15991017	1765401	1806741
漳州市	183	99254	5667562	1628248	5863226	751759	1054677
南平市	65	45961	2349121	473621	2188110	172426	206310
龙岩市	165	44147	3787567	885053	4249307	720707	199469
宁德市	212	47937	2569998	497368	2492755	318532	1029440

【高新技术改造传统产业科技活动人员】 2013年，全省高新技术改造传统产业共有科技活动人员11.37万人，其中福州市占14.14%、厦门市占29.05%、泉州市占25.01%、其他6个设区市合计占比为31.8%。全省高新技术改造传统产业R&D人员折合全时当量为6.43万人年，其中福州市占16.28%、厦门市占30.67%、泉州市占23.05%、其他6个设区市合计占比为29.99%。

2013年福建省高新技术改造传统产业科技活动人员情况

地　区	科技活动人员（人）	#R&D人员	R&D人员折合全时当量（人年）	基础研究人员	应用研究人员	试验发展人员
全　省	**113720**	**84562**	**64324**	**36**	**172**	**64115**
福州市	16085	12790	10475		7	10468
厦门市	33030	23906	19730			19730
莆田市	5029	3646	2260		7	2253
三明市	5504	4650	3681			3681
泉州市	28439	20305	14826	35	39	14752
漳州市	10942	8374	5928	1	30	5897
南平市	3630	2585	2126		84	2042
龙岩市	7197	5428	3556		3	3554
宁德市	3864	2878	1740		2	1738

【高新技术改造传统产业R&D活动经费支出】 2013年，全省高新技术改造传统产业R&D经费内部支出178.4亿元，其中福州市占16.46%、厦门市占23.5%、泉州市占24.52%、其他6个设区市合计占比为35.52%。全省高新技术改造传统产业R&D经费外部支出7.09亿元，其中福州市占38.21%、厦门市占30.07%、泉州市占17.81%、其他6个设区市合计占比为13.92%。

2013 年福建省高新技术改造传统产业 R&D 活动经费支出情况

地　　区	R&D 经费内部支出（万元）	按支出用途分			按活动类型分			R&D 经费外部支出（万元）
		R&D 经常费支出	#人员劳务费	资产性支出	基础研究支出	应用研究支出	试验发展支出	
全　省	**1784046**	**1503098**	**471665**	**280948**	**569**	**4579**	**1778897**	**70921**
福州市	293719	238219	73435	55500		251	293468	27096
厦门市	419186	376476	129943	42710			419186	21324
莆田市	92172	78157	21639	14015		98	92074	892
三明市	117714	109206	31750	8508			117714	2730
泉州市	437471	349168	117671	88304	511	656	436304	12630
漳州市	173059	141698	43804	31361	58	1599	171401	1211
南平市	52924	47478	11328	5445		1853	51071	739
龙岩市	129385	106412	26891	22972		63	129322	2451
宁德市	68417	56284	15204	12133		60	68357	1848

【高新技术改造传统产业科技产出】 2013 年，全省高新技术改造传统产业实现新产品产值 2231.18 亿元，其中福州市占 21.59%、厦门市占 21.81%、泉州市占 27.04%、其他 6 个设区市合计占比为 29.55%。全省高新技术改造传统产业实现新产品销售收入 2214.65 亿元，其中福州市占 20.88%、厦门市占 21.2%、泉州市 27.26%、其他 6 个设区市合计占比为 30.66%。全省高新技术改造传统产业共申请专利 12688 件，其中福州市占 13.38%、厦门市占 25.71%、泉州市占 29.1%、其他 6 个设区市合计占比为 31.81%。

2013 年福建省高新技术改造传统产业科技产出情况

地　　区	新产品产值（万元）	新产品销售收入（万元）	#出口	专利申请数（件）	#发明专利
全　省	**22311787**	**22146511**	**3727740**	**12688**	**2934**
福州市	4817982	4623152	894799	1698	496
厦门市	4865722	4695142	1632506	3262	860
莆田市	827253	812617	80632	980	138
三明市	1115314	1079210	90520	192	41
泉州市	6033897	6037746	448871	3692	723
漳州市	1742684	1997199	310021	938	272
南平市	512617	494823	81704	518	93
龙岩市	1488612	1531842	61677	932	210
宁德市	907707	874780	127012	476	101

【高新技术改造传统产业技术获取、改造和政策落实】 2013 年，全省高新技术改造传统产业技术改造经费支出 54.21 亿元，其中福州市占 15.77%、厦门市占 23.62%、泉州市占 18.86%、三明市占 20.93、其他 5 个设区市合计占比为 20.82%。全省高新技术改造传统产业引进国外技术经费支出 10.6 亿元，其中福州市占 7.55%、厦门市占 71.63%、泉州市 10.32%、其他 6 个设区市合计占比为 10.5%。全省高新技术改造传统产业购买国内技术经费支出 8.4 亿元，其中厦门市占 35.7%、龙岩市占 33.32%、其他 7 个设区市合计占比为 24.32%。全省高新技术改造传统产业获得研究开发费

用加计扣除减免税 4.29 亿元，其中福州市占 35.36%、厦门市占 26.37%、泉州市 11.67%、其他 6 个设区市合计占比为 26.6%。

2013 年福建省高新技术改造传统产业技术获取、改造和政策落实情况

地　　区	技术改造经费支出（万元）	引进国外技术经费支出（万元）	引进技术的消化吸收经费支出（万元）	购买国内技术经费支出（万元）	研究开发费用加计扣除减免税（万元）
全　省	**542115**	**105954**	**12833**	**83969**	**42934**
福州市	85508	8002	2762	5591	15182
厦门市	128068	75891	1625	29977	11323
莆田市	14299	33	2072	4672	1633
三明市	113445	1459	1504	2115	1427
泉州市	102221	10937	1412	7477	5011
漳州市	34687	1492	471	1220	4105
南平市	19390	1010	222	518	1334
龙岩市	34339	6229	1589	27980	2851
宁德市	10160	902	1175	4420	69

（省统计局、省科技厅）

高新技术企业

【高新技术企业发展概况】 2013 年，全省高新技术企业 1638 家，实现主营业务收入 6183.12 亿元，占全省高新技术产业主营业务收入的比重为 53.48%；实现增加值 1611.05 亿元，占全省高新技术产业增加值的比重为 52.2%；实现利润总额 431.96 亿元，占全省高新技术产业利润总额的 45.43%。

2013 年福建省高新技术企业主要经济指标情况

地　　区	单位数（个）	从业人员年平均人数（人）	增加值（万元）	主营业务收入（万元）	利润总额（万元）
全　省	**1638**	**705545**	**16110505**	**61831215**	**4319583**
福州市	342	136204	3890241	15075014	871411
厦门市	820	308421	6089071	23087410	1424778
莆田市	26	9816	238680	899469	54148
三明市	39	22539	702909	3179834	47397
泉州市	210	125686	2866267	10696244	999490
漳州市	97	54836	1191718	4596636	522453
南平市	19	12092	214381	791549	29914
龙岩市	59	19122	554740	2196001	206009
宁德市	26	16829	362497	1309057	163983

【高新技术企业科技活动人员】 2013年，全省高新技术企业科技活动人员合计119262人、占全省高新技术产业科技活动人员的69.55%，其中R&D人员87949人、占全省高新技术产业R&D人员的69.94%。R&D人员折合全时当量为72905人年，其中试验发展人员72824人年。

2013年福建省高新技术企业科技活动人员情况

地　区	科技活动人员（人）	R&D人员	R&D人员折合全时当量（人年）	基础研究人员	应用研究人员	试验发展人员
全　省	**119262**	**87949**	**72905**	**31**	**49**	**72824**
福州市	31169	26496	23815		31	23784
厦门市	50633	33200	28348			28348
莆田市	1788	1548	971			971
三明市	1574	1341	933			933
泉州市	17246	12059	8622	31		8590
漳州市	8028	6419	4826		13	4813
南平市	1911	1599	1362		5	1357
龙岩市	4265	3118	2292			2292
宁德市	2648	2169	1736			1736

【高新技术企业R&D活动经费支出】 2013年，全省高新技术企业R&D经费内部支出合计167.7亿元、占全省高新技术产业R&D活动经费内部支出的64.98%，其中基础研究支出544万元、应用研究支出1068万元、试验发展支出167.54亿元。在R&D经费内部支出中，R&D经常费支出147.31亿元、土建工程支出20.4亿元。全省高新技术企业R&D经费外部支出合计12.5亿元，占全省高新技术产业R&D活动经费外部支出的67.78%。

2013年福建省高新技术企业R&D活动经费支出情况

地　区	R&D经费内部支出（万元）	R&D经常费支出	#人员劳务费	#土建工程支出	按活动类型分			R&D经费外部支出（万元）
					基础研究支出	应用研究支出	试验发展支出	
全　省	**1677041**	**1473052**	**535426**	**203989**	**544**	**1068**	**1675428**	**125002**
福州市	462265	414218	181177	48047		466	461799	6795
厦门市	665173	603306	199212	61866			665173	106334
莆田市	29916	25191	8294	4725			29916	549
三明市	20562	18488	5404	2074			20562	502
泉州市	244127	193387	74127	50740	544	1	243582	5960
漳州市	132997	114408	38967	18589		451	132546	2473
南平市	24375	21787	5704	2588		151	24223	431
龙岩市	63551	55557	13187	7994			63551	379
宁德市	34076	26710	9354	7366			34076	1578

【高新技术企业科技产出】 2013年，全省高新技术企业申请专利11422件、占全省高新技术产业专利申请数的

68.96%，其中申请发明专利3491件、占全省高新技术产业发明专利申请数的74.36%。全省高新技术企业实现新产品产值2341.74亿元、新产品销售收入2305.75亿元，占全省高新技术产业的比重分别为67.68%、67.06%。

2013年福建省高新技术企业科技产出情况

地区	新产品产值（万元）	新产品销售收入（万元）	出口	专利申请数（件）	发明专利
全省	**23417416**	**23057458**	**7991637**	**11422**	**3491**
福州市	4846803	4654929	713585	2067	975
厦门市	11778825	11620374	5992529	4085	1335
莆田市	305028	301590	35668	215	107
三明市	295854	278132	63966	106	19
泉州市	2896767	2856592	226201	3181	588
漳州市	1433548	1447349	504030	759	188
南平市	300326	293644	69755	243	48
龙岩市	880835	930815	50219	553	120
宁德市	679430	674033	335684	213	111

【高新技术企业技术获取、改造和政策落实】 2013年，全省高新技术企业技术改造经费支出39.56亿元，占全省高新技术产业技术改造经费支出的55.63%；引进国外技术经费支出10.09亿元，占全省高新技术产业引进国外技术经费支出的54.31%；引进技术的消化吸收经费支出1.34亿元，占全省高新技术产业引进技术的消化吸收经费支出的54.05%；购买国内技术经费支出7.37亿元，占全省高新技术产业购买国内技术经费支出的49.59%；研究开发费用加计扣除减免税近6.57亿元，占全省高新技术产业研究开发费用加计扣除减免税的86.13%。

2013年福建省高新技术企业技术获取、改造和政策落实情况

地区	技术改造经费支出（万元）	引进国外技术经费支出（万元）	引进技术的消化吸收经费支出（万元）	购买国内技术经费支出（万元）	研究开发费用加计扣除减免税（万元）
全省	**395574**	**100942**	**13378**	**73716**	**65655**
福州市	67762	2341	1285	3666	21401
厦门市	202888	85055	3693	50448	28767
莆田市	3417	8	566	327	1487
三明市	28709	18	39	220	1401
泉州市	36884	9386	480	5345	3509
漳州市	28026	619	336	156	4771
南平市	8617		14	219	704
龙岩市	14164	325	248	8951	2198
宁德市	5109	3190	6717	4386	1417

（省统计局、省科技厅）

高新技术产业开发区

【高新技术产业开发区概况】 至2013年底，全省共有福州、厦门、泉州、莆田、漳州5个国家级高新技术产业开发区，三明、龙岩2个省级高新技术产业园区。当年，5个国家高新技术产业开发区实现高新技术产业主营业务收入3323.67亿元，占全省高新技术产业的比重为28.8%；实现高新技术产业增加值801.33亿元，占全省高新技术产业的比重为25.9%。2个省级高新技术产业园区实现高新技术产业主营业务收入298.87亿元，占全省高新技术产业的2.6%；实现高新技术产业增加值76.97亿元，占全省高新技术产业的2.5%。

2013年福建省高新技术产业开发区主要经济指标情况

高新区	等级类型	主营业务收入		增加值	
		总量（亿元）	占全省高新技术产业比重（%）	总量（亿元）	占全省高新技术产业比重（%）
福州高新技术产业开发区	国家级	685.79	5.9	172.75	5.6
厦门火炬高技术产业开发区	国家级	1869.80	16.2	419.95	13.6
泉州高新技术产业开发区	国家级	504.29	4.4	142.29	4.6
莆田高新技术产业开发区	国家级	184.33	1.6	47.22	1.5
漳州高新技术产业开发区	国家级	79.46	0.7	19.12	0.6
三明高新技术产业园区	省级	144.73	1.3	38.81	1.3
龙岩高新技术产业园区	省级	154.14	1.3	38.16	1.2

【高新技术产业开发区科技活动人员】 2013年，全省5个国家高新技术产业开发区科技活动人员为37297人，占全省高新技术产业的比重为21.75%；R&D人员折合全时当量23610人年，占全省高新技术产业的比重为23.58%。2个省级高新技术产业园区科技活动人员为4033人，占全省高新技术产业的比重为2.35%；R&D人员折合全时当量2257人年，占全省高新技术产业的比重为2.25%。

2013年福建省高新技术产业开发区科技活动人员情况

高新区	科技活动人员（人）	R&D人员	R&D人员折合全时当量（人年）	基础研究人员	应用研究人员	试验发展人员
国家级高新技术开发区	**37297**	**27213**	**23610**		**7**	**23603**
福州高新技术产业开发区	13976	12513	11721		7	11714
厦门火炬高技术产业开发区	12738	7741	7290			7290
泉州高新技术产业开发区	7900	5084	3442			3442
莆田高新技术产业开发区	1358	706	523			523
漳州高新技术产业开发区	1325	1169	634			634
省级高新技术开发区	**4033**	**2941**	**2257**			**2257**

【高新技术产业开发区 R&D 活动经费支出】 2013 年，全省 5 个国家高新技术产业开发区 R&D 经费内部支出 60.79 亿元，占全省高新技术产业的比重为 23.55%；R&D 经费外部支出 48791 万元，占全省高新技术产业的比重为 26.45%。2 个省级高新技术产业园区 R&D 经费内部支出 61634 万元，占全省高新技术产业的比重为 2.39%；R&D 经费外部支出 553 万元，占全省高新技术产业的比重为 0.3%。

2013 年福建省高新技术产业开发区 R&D 活动经费支出情况

高新区	R&D 经费内部支出（万元）				按活动类型分			R&D 经费外部支出（万元）
		R&D 经常费支出	# 人员劳务费	# 土建工程支出	基础研究支出	应用研究支出	试验发展支出	
国家级高新技术开发区	**607939**	**511418**	**196486**	**55663**		**120**	**607819**	**48791**
福州高新技术产业开发区	199160	158351	84066	13620		120	199040	4984
厦门火炬高技术产业开发区	235596	202973	58228	18955			235596	42881
泉州高新技术产业开发区	131933	114834	40327	17099			131933	893
莆田高新技术产业开发区	17849	15701	5002	2148			17849	4
漳州高新技术产业开发区	23401	19559	8864	3842			23401	29
省级高新技术开发区	**61634**	**56299**	**13940**	**5335**			**61634**	**553**

【高新技术产业开发区科技产出】 2013 年，全省 5 个国家高新技术产业开发区实现新产品产值 955.48 亿元，占全省高新技术产业的比重为 27.61%；实现新产品销售收入 936.22 亿元，占全省高新技术产业的比重为 27.23%；申请专利 3494 件，占全省高新技术产业的比重为 21.1%。2 个省级高新技术产业园区实现新产品产值 84.29 亿元，占全省高新技术产业的比重为 2.44%；实现新产品销售收入 88.57 亿元，占全省高新技术产业的比重为 2.58%；申请专利 284 件，占全省高新技术产业的比重为 1.71%。

2013 年福建省高新技术产业开发区科技产出情况

高新区	新产品产值（万元）	新产品销售收入（万元）		专利申请数（件）	
			出口		发明专利
国家级高新技术开发区	**9554812**	**9362192**	**4126178**	**3494**	**1517**
福州高新技术产业开发区	1425886	1314482	135413	968	685
厦门火炬高技术产业开发区	6074387	6050294	3621107	1101	470
泉州高新技术产业开发区	1440879	1424768	85900	1245	330
莆田高新技术产业开发区	255783	231788	24230	79	18
漳州高新技术产业开发区	357878	340860	259528	101	14
省级高新技术开发区	**842850**	**885654**	**65389**	**284**	**71**

【高新技术产业开发区技术获取、改造和政策落实】 2013 年，全省 5 个国家高新技术产业开发区技术改造经费支出 99067 万元，占全省高新技术产业的比重为 13.93%；引进国外技术经费支出 81136 万元，占全省高新技术产业的比重为 43.65%；引进技术的消化吸收经费支出 3305 万元，占全省高新技术产业的比重为 13.35%；购买国内技术经费支出 14124 万元，占全省高新技术产业的比重为 9.5%；研究开发费用加计扣除减免税 26176 万元，占全省高新技术产业的比重为 34.34%。2 个省级高新技术产业园区技术改造经费支出 32509 万元，占全省高新技术产业的比重为 4.57%；引进国外技术经费支出 283 万元，占全省高新技术产业的比重为 0.15%；引进技术的消化吸收经费支出 266 万元，占全省高新技术产业的比重为 1.08%；购买国内技术经费支出 6215 万元，占全省高新技术产业的比重为 4.18%；研究开发费用加计扣除减免税 2412 万元，占全省高新技术产业的比重为 3.16%。

2013年福建省高新技术产业开发区技术获取、改造和政策落实情况

高新区	技术改造经费支出（万元）	引进国外技术经费支出（万元）	引进技术的消化吸收经费支出（万元）	购买国内技术经费支出（万元）	研究开发费用加计扣除减免税（万元）
国家级高新技术开发区	**99067**	**81136**	**3305**	**14124**	**26176**
福州高新技术产业开发区	17535	273	147	1129	10370
厦门火炬高技术产业开发区	49204	71695	2417	10549	13393
泉州高新技术产业开发区	22518	8670	51	251	1859
莆田高新技术产业开发区	7514	297	655	1170	
漳州高新技术产业开发区	2296	200	36	1025	555
省级高新技术开发区	**32509**	**283**	**266**	**6215**	**2412**

（省统计局、省科技厅）

【福州高新技术产业开发区】 2013年，福州高新技术产业开发区加快海西高新技术产业园、生物医药和机电产业园的开发建设，以及南屿新城的整合提升。全年完成工业总产值700亿元、总收入683亿元、利润35亿元、出口40亿美元、纳税21亿元，同比分别增长11.1%、12%、7.9%、5.8%、8.8%，其中海西高新技术产业园完成固定资产投资28.5亿元、生物医药和机电产业园完成固定资产投资24.2亿元。当年，福州高新区集中优势资源，深入推进产学研和人才合作，深化海峡两岸技术合作和技术对接，构建以新一代信息技术产业为特色主导产业，以装备制造、生物技术、新材料三大产业为重点培育产业，以现代服务业为支撑产业的“131”产业发展格局。至2013年底，福州高新区入驻企业96家、总投资289.25亿元，其中海西高新技术产业园签约64家、总投资136.54亿元，生物医药和机电产业园签约32家、总投资152.71亿元。高新区内共有高新技术企业78家、国家重点实验室2家、省级以上企业技术中心10家、院士工作站6个、博士后工作站8个，聚集了海西研究院、福汽集团研究基地、福州大学等一批与本地产业契合度较高的创新源头。

2013年，福州高新区引进国家LED国际创新园、神骑航空、华扬盛鼎、庄民实业等购地自建项目15个、储备项目41个，促成北京迪生、万润新能源、中科农业等孵化培育项目落地5个，总投资52.55亿元；新增外资企业3家，投资总额177.5万美元。重点项目选介：①清华启迪项目。启迪控股公司拟投资170亿元，在福州高新区海西高新技术产业园、生物医药机电园和仓山科技园合作开发建设福州清华启迪科技园，包括科技产业园区、精品住宅区、文化创意及商业服务区等3个主要功能区域。②国家LED国际创新园项目。福建鸿博集团建设的“福州国家半导体照明国际创新园”被认定为国家国际科技合作基地（国际创新园），并于11月30日正式授牌，项目由科技部、福建省会商共建，有助于推进省市LED产业的更新换代、产业集群的集聚和产业链的前端延伸，并实现可持续发展。

（福州高新区管委会、福州市科技局）

【厦门火炬高技术产业开发区】 2013年，根据科技部火炬中心公布的全国高新区评价结果，厦门火炬高技术产业开发区在全国105个国家级高新区的综合排名由第25位上升至22位，其中可持续发展能力排在全国第7位、产业升级和结构优化能力位居全国第15位。厦门高新区实现规模以上工业总产值1910.84亿元、比增20.6%，占全市规模以上工业总产值的41%；实现规模以上工业增加值425.09亿元、比增20.7%，占全市的37%；完成固定资产投资103.84亿元，比增6.67%；出口创汇184.73亿美元，比增8.25%；完成合同外资3.07亿美元，实际利用外资2.7亿美元。高新区继续做大做强做优相关产业，其中光电产业实现年产值949.38亿元、占高新区工业总产值的49.68%，计算机及通讯设备产业年产值719.39亿元、占高新区工业总产值的37.65%，输配电及控制设备产业年产值128.09亿元、软件产业年收入达170亿元。推进载体项目建设，招商引资取得新成果：引进外资新项目33个、增资项目24个，其中合同利用外资超千万美元的项目10个；引进新设内资企业270家，其中5000万元以上企业14家；内资增资企业226家。新引进及增资项目有祥达光学、宸鸿科技、玉晶光电等。当年，积极组织企业申报国家、省、市等各类项目扶持，获各类扶持资金3亿元，其中获立项科技部火炬计划创新型产业集群项目2项、国家海洋局海洋生物产业发展专项3项、国家科技型中小企业技术创新基金项目43项、国家“863计划”项目2项、重点制造业技改项目14项。同时，鼓励企业改制上市，积极培育上市后备企业，在全省8家提交挂牌申请的企业中有6家来自厦门火炬高新区；积极参与区域性股权交易市场的筹建工作，投资参股厦门两岸股权交易中心有限公司。

2013年，厦门高新区大力实施人才带动战略，加强国家海外高层次人才创业创新基地建设，积极创建福建省产业人才聚集基地，鼓励和支持企业建设创新平台或研发机构，成立厦门市高层次人才发展中心火炬分中心，获批成为国家级知识产权试点园区、国家级文化和科技融合示范基地，获评福建省首批博士后创新实践基地（乾照光电公司）。积极申报对接国家“千人计划”、省“百人计划”、市“双百计划”人

才项目，新增人才项目27项，入选国家“千人计划”创业人才2人，入选科技部首批“创新人才推进计划”2人，入选中国留学人员创业园百家企业之“十大创业领军人物”1人，入选第三批国务院侨办重点华侨华人创业团队1个。当年，高新区新增产业化类科技研究开发机构2家，高新技术企业39家，省名牌产品11件，省著名商标4件，厦门市著名商标5件。至2013年底，共有高新技术企业292家，建有国家级企业技术中心2家、省级企业技术中心11家、市级企业技术中心24家、省级工程技术研究中心7家、市级工程技术研究中心15家、博士后工作站8家，拥有中国驰名商标3件、中国名牌产品2件、省著名商标34件、省名牌产品50件、厦门市著名商标41件。此外，园区企业获评“中国印制电路行业优秀民族品牌企业”“‘中国芯’最具投资价值企业”“中国最具潜力上市企业百强”“半导体联盟‘最具影响力企业’”等荣誉称号。

（厦门火炬高新区管委会、厦门市科技局）

【泉州高新技术产业开发区】　2013年，泉州市出台了《泉州高新技术产业开发区发展规划纲要》（泉政文〔2013〕249号），下发《关于加快泉州高新区建设近期工作意见》，加强对各园区的建设指导，并启用泉州高新区门户网站。泉州高新区实现工业总产值1334.41亿元、比增14%，营业总收入1317.55亿元、比增15%，净利润160.69亿元、比增24%。高新区突出产业集聚和创新型产业集群发展，在微波通信、纺织鞋服、先进装备制造三大主导产业稳定发展的基础上，培育了新一代信息技术、新材料、太阳能光伏、轨道交通装备等战略性新兴产业，并加大力度推进现代金融服务业发展，各园区产业集聚特点明显。如：大力推进数字微波通信国家创新型产业集群建设，培育先创、雷克、泰克等一批国内知名的龙头骨干企业和450多家微波通信企业，集群年产值达710多亿元；已形成了“新材料—功能模块—通信整机—系统优化”的微波通信产业链，通信设备功能模块销售额占全国市场总量的70%，片状独石电容、瓷质电容、碳膜电阻三种元件产量在全国排在第二位，示范效应明显，成功承办了“2013年全国数字微波通信创新型产业集群发展工作座谈会”。

2013年，泉州高新区组织区内企业、产业技术创新战略联盟组成多个科技招商小分队赴各地高校、科研院所开展招商对接活动，促成对接项目168项、总投资额18亿元，有效提升科技创新整体实力。建成全省首个国家高新区科技金融服务中心，已有包括海峡科技银行在内的20多个科技金融机构进驻运营，与兴业银行泉州分行等金融机构展开合作，对全市高新技术企业授信50亿元，为高新技术企业提供各类融资和服务产品；扎实推进知识产权质押贷款试点工作，引导推动10多家企业与银行签订专利权质押贷款合同，授信贷款额度8840万元。同时，泉州高新区作为海峡两岸科技交流合作的重要载体，成功吸引创辉光伏太阳能、铼士达光电照明科技、晶蓝光电等一批台资高新技术项目落地，成为海峡两岸科技交流合作的先行先试平台，成效明显，如：南安光电信息园与台湾电机电子工业同业公会共建南安海峡两岸科技产业合作基地，构建海西光电信息产业资讯服务平台，与台湾“中央大学”共建海西光电技术研发中心，园区被认定为“国家级海峡两岸科技产业合作基地”。当年，启动建设晋江创新创意创业园、国际信息园数据中心等大型产业载体项目，其中晋江创新创意创业园占地240公顷，计划总投资150亿元，已有中纺院泉州分院、清控科创公司、诺亚时装设计等8家机构入驻；国际信息园数据中心总投资20亿元，由国际信息技术行业巨头HP、IBM公司提供人才技术设备及管理支撑。

（泉州市科技局）

【莆田高新技术产业开发区】　2013年，莆田高新区共有各类入驻的工业企业339家，其中规模以上企业112家、年产值超亿元企业68家。当年，高新区实现规模以上工业产值456.25亿元、比增25.6%，贡献财政收入12.6亿元，外贸进出口额5.8亿美元、比增5.1%，实际利用外资1.5亿美元、比增2.5%。高新区注重引导产业聚集，培育龙头企业，形成以电子信息、精密机械制造为主导的两大产业集群，实现了从“制造”到“创造”跨坎转型升级，共聚集电子信息液晶显示配套企业97家（规模以上企业49家、年产值超亿元企业22家），实现规模以上工业产值129.6亿元、比增15.2%；集聚机械装备制造企业72家（规模以上企业22家、年产值超亿元企业15家），实现规模以上产值93.5亿元、比增20.5%，约占全市机械装备制造业的45%。同时，以实施科技计划项目和“6·18”推介会为契机，鼓励企业开展“校企合作”和“院地合作”，由高新区管委会牵头达成多个合作项目，积极联系、指导企业做好2013年国家、省、市科技项目申报工作，共获立项扶持13项。至2013年底，高新区进一步加强发展整体规划，明确功能定位，先后出台了《涵江区扶持高新技术企业发展暂行办法》《涵江区科技孵化器种子基金使用扶持办法》《莆田高新技术产业开发区科技企业孵化器管理办法》《涵江区扶持国家级研发机构暂行办法》《莆田高新技术产业开发区人才引进培养奖励暂行办法》等多项优惠政策，并先后与中科院长春分院、厦门大学、福州大学、莆田学院等高等院校、科研院所建立稳固的合作关系，加强人才交流，与湄洲湾职业技术学院和各中职学校联合实行定向培养，积极筹建高新区劳动服务中心和专家人才库。

（莆田市科技局）

【漳州高新技术产业园区】　漳州高新区原名“福建南靖高新技术产业园区”，是2003～2005年全国开发区整顿期间，由省级漳州高新技术产业开发区和省级南靖高科技工业园整合成立的省级高新技术产业园区；经过三年的创建，于2013年12月29日获国务院批准（国函〔2013〕141号）升级为国家高新技术产业开发区，定名为“漳州高新技术产业开发区”，核批面积为3.29平方千米。至2013年底，漳州高新区以电子信息、现代装备制造、生物科技、新能源、新材料为主导产业，先后被批准成为“国家科技兴贸创新基地”“国家智能家电高新技术产业化基地”，在核心区内共有入驻企业31家。当年，高新区实现工业总产值756.16亿元、工业增加值216.18亿元、出口创汇6.31亿美元。

（漳州市科技局）

S 科技人才与队伍

Science and Technology Talents

人才培养与服务

【概　述】　2013年，全省各级人力资源和社会保障部门解放思想、改革创新，着力培养、引进、集聚高端人才。至2013年底，全省在闽两院院士18人，全国杰出专业技术人才5人，国家有突出贡献中青年专家83人，“百千万人才工程”国家级人选71人，享受国务院政府特殊津贴专家2390人，高技能人才27人，“百千万人才工程”省级人选940人。设立博士后科研流动站、工作站158个，其中在高校、科研院所设立博士后科研流动站72个，在各类企业、高新技术园区、从事科学研究和技术开发的事业单位设立博士后科研工作站86个，累计招收博士后1551人。

【人才工作】　2013年，福建省人才工作取得新进展：①高端人才聚集计划有序推进。召开全省人才办主任会议，对计划的实施进行专题部署；举办申报者答辩培训班，当年福建省入选第十批国家“千人计划”22人，首批国家“万人计划”19人，遴选出第三批“百人计划”120人（团队）。同时，组织各遴选责任单位全面启动了第一批省特支人才“双百计划”和省优秀人才“百人计划”遴选工作；继续做好引进生工作，从清华大学、北京大学、中国人民大学、同济大学、中国海洋大学等5所高校优势学科中，选拔引进42名智慧城市、旅游经济、城市规划、金融、海洋产业等专业方向的博士、硕士到县乡或开发区任职。②人才工作平台作用进一步发挥。举办第十一届“6·18”两岸人才交流合作大会及台湾专才八闽行，甄选邀请50名台湾专才与120名省内外人才服务机构代表开展对接洽谈活动，达成项目合作39项；成立中国海峡人才市场台湾联络处，并举行挂牌仪式；组织对特聘台湾专才、平潭综合实验区管委会副主任进行考核；先后组织2次北京大学医学部医学人才参访团来闽参访，在中国人民大学举办2期党政领导干部研修班，组织近150名清华大学、中国人民大学学生来闽参加社会实践；累计共有70家省外高校、科研院所与福建省各地建立人才战略合作关系；创建人才项目与资本对接平台；组织省发改委、省经信委、省科技厅、省国资委、省公务员局、省工商联、中国海峡人才市场等单位，联合举办“福建省第一届人才项目与资本对接会”，促成158名高层次人才与246个国内著名投资机构“联姻”，当天实际签约融资项目2.5亿元、达成合作意向7.5亿元。构建人才服务地方产业发展平台，采取多种形式选派人才到一线开展服务，推动当地重点产业和重大工程建设，先后选派52名专业技术人才组成产业服务团，分赴8个设区市开展为期2年的产业技术攻关服务；选派第二批23名专业技术人才到武夷新区进行为期3年的挂职服务；持续选派干部和专业技术人才到平潭综合实验区挂职服务，研究起草《福建省赴平潭综合实验区挂职干部和人才管理办法（试行）》，进一步规范挂职干部和人才管理。做好院士专家工作站考核工作，对符合条件的31家进行授牌，并促成14名院士签约17个项目、总投资24.7亿元。③人才强县（市、区）工作取得新进展。在晋江、长汀、古田等3个县（市）开展人才强县（市、区）试点，并在晋江召开了全省人才强县（市、区）推进会进行总结推广。先后深入到15个县（市、区）总结提升人才工作经验，引导各县（市、区）根据人才特区、特色人才聚集区和产业人才基地的整体布局，制定和实施相关人才工程。累计有23个县（市、区）明确提出了重点产业人才聚集基地建设计划；研究制定《关于加强省级扶贫开发工作重点县人才和干部队伍建设的意见》，提出加强专业人才对口帮扶、教育帮扶、医院对口帮扶等政策措施，引导各类人才向欠发达地区流动、向基层流动、向农村流动。从省人才工作经费中安排首批240万元补助资金，支持三明、南平、龙岩、宁德等共8个省级扶贫开发工作重点县人才工作。④人才政策制度不断完善。制定出台《关于实行人才工作目标责任制的意见（试行）》，采取定性和定量两种方式，从组织领导、重大工程落实、经费投入、队伍建设、发挥人才作用、环境营造等6个方面对各设区市党政领导班子进行考核，从组织领导、履行职责、工作成效等3个方面对省委人才工作领导小组成员单位进行考核；起草印发了《福建省科技创新领军人才等6类特殊支持高层次人才和福建省文化名家等5类优秀人才的遴选办法》、《福建省人才聚集区（人才特区）、产业人才聚集基地、企事业人才高地评选暂行办法》；制定出台《福建省“海纳百川”高端人才聚集计划专项资金管理暂行办法》，明确省“百人计划”、省特支人才“双百计划”、省优秀人才“百人计划”及留学人员来闽创业启动支持计划等四类专项资金及其支出范围。⑤统筹协调工作力度加大。举办“中国·福建海外人才创业周”活动，邀请122名海外人才参会，促成项目合作意向223项、人才智力引进意向78项；开展高层次人才和技术项目需求征集和发布活动，共征集高层次人才岗位需求1405个、需求人数2395名，分别比上年增长25.3%、29.5%；组织95家用人单位和16家北京高校在京举办“2013年福建省人才招聘会”，达成来闽就业意向891人、合作项目10项；举办海外科技专家顾问团来闽对接会，达成合作意向78项，其中29名专家成为福建省“虚拟研究院”首批特聘专家；支持中国海峡人才市场建立覆盖北美等发达国家的引才工作站10个、与台湾人才中介机构合作成立人才工作联络站；支持莆田市在北京成立首个驻外人才工作站。

【2013年福建省科技副职配备名录】

序号	姓名	性别	单位职务	任职时间
			福州市	
1	林聪仁	男	福清市融侨开发区管委会副主任	2013.05～
2	林在明	男	福清市元洪投资区管委会副主任	2013.05～
3	郑天助	男	福清市江阴工业区管委会规划建设处副处长	2013.05～
4	张　帆	男	福州市规划局科技副局长	2013.05～
5	丁中文	男	福州市农办科技副主任	2013.05～
6	汤　浩	男	福州市农业局科技副局长	2013.05～
7	范国成	男	市林业局科技副局长	2013.05～
8	宋春华	男	罗源湾开发区管委会科技副主任	2013.06～
9	林琼华	女	闽侯县科技副县长	2010.09～
10	吴晓凡	男	福清市科技副市长	2010.03～
11	林　实	男	永泰县科技副县长	2010.03～
12	刘用场	男	罗源县科技副县长	2010.03～
			厦门市	
13	初良勇	男	厦门航运交易所副主任	2013.05～
			莆田市	
14	郑建生	男	莆田市经贸委科技副主任	2013.05～
15	曾伟民	男	莆田市荔城经济开发区管委会科技副主任	2013.05～
16	俞文胜	男	莆田市黄石工业园区管委会科技副主任	2013.05～
17	郑新建	男	莆田市涵江区科技局科技副局长	2013.05～
18	何友武	男	莆田市城厢区科技局科技副局长	2013.05～
19	尧　云	男	莆田市规划局科技副局长，兼任莆田市高新技术产业园区管委会科技副主任	2013.07～
20	孙　光	男	莆田市湄洲湾北岸管委会科技副主任	2013.07～
21	尹　辉	男	莆田市湄洲岛国家旅游度假区管委会科技副主任	2013.07～
22	杨　清	男	仙游县科技副县长	2013.07～
23	卓雨晴	女	莆田市城厢区凤凰山街道科技副主任	2013.07～
24	徐　凯	男	莆田市荔城区科技副区长	2012.07～
25	于晓栋	男	莆田市城厢区科技副区长	2012.07～
26	林错错	男	莆田市荔城区拱辰街道办科技副主任	2012.07～
27	林志钦	男	莆田市城厢区华亭镇科技副镇长	2012.07～
28	郑杰斌	男	城厢区龙桥街道办科技副主任	2012.07～
29	陈剑峰	男	莆田市涵江区涵西街道办科技副主任	2012.07～
30	李　钧	男	莆田市市长科技助理	2010.03～
31	高增法	男	莆田市经贸委科技副主任	2010.03～
32	周伦江	男	仙游县科技副县长	2010.03～
33	林　实	男	莆田市秀屿区科技副区长	2010.03～
34	杨小君	男	莆田市涵江区科技副区长	2009.01～

续表①

序号	姓名	性别	单位职务	任职时间
			三明市	
35	旷　戈	男	三明市经贸委科技副主任	2013.05～
36	吴传荣	男	永安浦岭汽车工业园科技副主任	2013.05～
37	黄　键	女	永安浦岭汽车工业园科技副主任	2013.05～
38	郑永标	男	三明市三元区林业局科技副局长兼生物医药办科技副主任	2013.05～
39	王连登	男	将乐县经贸局科技副局长兼瑞奥麦特轻金属有限公司科技副总经理	2013.05～
40	施明光	男	三明市水利局科技副局长兼三明生态工贸区管委会科技副主任	2013.07～
41	余志伟	男	将乐县科技副县长	2013.07～
42	彭平刚	男	清流县科技副县长	2013.07～
43	苗雨润	男	三明市经贸委科技副主任兼市国有资产投资经营公司科技副主任（在电力办工作）	2013.07～
44	周　琳	女	三明市住房和城乡建设局城建科科技副科长兼梅列区建设局副局长	2013.07～
45	李　腾	男	永安市科技副市长	2012.07～
46	缑泽昆	男	大田县科技副县长	2012.07～
47	赵振华	男	沙县科技副县长	2012.07～
48	杨　斌	男	永安市燕南街道办科技副主任	2012.07～
49	夏祖奎	男	三明市三元区莘口镇科技副镇长	2012.07～
50	欧　棣	男	尤溪县西城镇科技副镇长	2012.07～
51	詹先辉	男	沙县青州镇科技副镇长	2012.07～
52	马　骕	男	泰宁县杉城镇科技副镇长	2012.07～
53	周　杰	男	将乐县古镛镇科技副镇长	2012.07～
54	童　良	男	三明市梅列区陈大镇科技副镇长	2012.07～
55	傅玉聪	男	三明市三元区科技副区长	2011.05～
56	陈建国	男	三明市梅列区科技副区长	2011.05～
57	孙　端	女	尤溪县科技副县长	2011.05～
58	李航晖	女	宁化县科技副县长	2011.05～
59	李红勋	男	三明市林业局科技副局长	2011.09～
60	黄宇翔	男	清流县科技副县长	2010.03～
61	王联德	男	明溪县科技副县长	2010.03～
62	翁定河	男	将乐县科技副县长	2010.03～
			泉州市	
63	林　源	男	泉州市经贸委科技副主任	2013.05～
64	林子雨	男	晋江市发改局科技副局长	2013.05～
65	苏文土	男	泉州市台商投资区洛阳镇科技副镇长	2013.05～
66	林少丹	男	泉州市台商投资区张坂镇科技副镇长	2013.05～
67	洪朝群	男	安溪县龙门镇科技副镇长	2013.05～
68	王　洪	男	泉州市经济技术开发区科技局科技副局长	2013.05～

续表②

序号	姓名	性别	单位职务	任职时间
69	张云泉	男	泉州市台商投资区惠南工业园区副总经理	2013.05～
70	郭　宁	男	南安市科技副市长	2013.07～
71	徐　悦	男	泉州市金融工作局科技副局长，兼泉州开发区管委会科技副主任	2013.07～
72	陈　希	女	泉州市住建局科技副局长、兼泉州台商投资区管委会科技副主任	2013.07～
73	徐寅生	男	泉州市丰泽区科技副区长	2013.07～
74	孙甜甜	女	石狮市祥芝镇科技副镇长	2013.07～
75	吕俊宏	男	泉州市泉港区前黄镇科技副镇长	2013.07～
76	施金洋	男	安溪县科技副县长	2012.07～
77	黄敬前	男	晋江市科技副市长	2011.05～
78	刘暾东	男	泉州市丰泽区科技副区长	2010.03～
79	陈养元	男	泉州市洛江区科技副区长	2010.03～
80	吴　勇	男	南安市科技副市长	2010.03～
			漳州市	
81	宗瑞良	男	漳州市经贸委科技副主任	2013.05～
82	许家辉	男	漳州市农业局科技副局长	2013.05～
83	陈文海	男	漳州市科技局科技副局长	2013.05～
84	黄志云	男	云霄光电产业园科技副主任	2013.05～
85	戴天贵	男	云霄县光电办科技副主任	2013.05～
86	陈　林	女	漳浦县科技副县长	2013.07～
87	远　洋	男	东山县科技副县长	2013.07～
88	林阒希	女	龙海市九湖镇科技副镇长	2013.07～
89	利锦标	男	漳州市芗城区石亭镇科技副镇长	2013.07～
90	房立平	男	漳州市芗城区科技副区长	2012.07～
91	赵　丰	男	漳州市龙文区科技副区长	2012.07～
92	岳英超	男	长泰县科技副县长	2012.07～
93	陈艺章	男	漳州市古雷开发区管委会科技副主任	2012.07～
94	高　樱	女	漳州市芗城区芝山镇科技副镇长	2012.07～
95	彭　兰	女	漳州市台商投资区角美镇科技副镇长	2012.07～
96	宋　欣	女	漳州市龙文区蓝田镇科技副镇长	2012.07～
97	邓春梅	女	漳州市海洋渔业局科技副局长	2012.08～
98	陈　志	男	诏安县科技副县长	2011.05～
99	戴艺民	男	龙海市科技副市长	2010.03～
100	朱大庆	男	云霄县科技副县长	2010.03～
101	詹朝曦	男	华安县科技副县长	2010.03～
			南平市	
102	林贵民	男	南平市林业局科技副局长	2013.05～
103	雷　雯	男	南平市旅游局科技副局长兼武夷山旅游度假区管委会副主任	2013.05～

续表③

序号	姓名	性别	单位职务	任职时间
104	张建福	男	南平市农业局科技副局长	2013.05～
105	汤国荣	男	南平市文化局科技副局长	2013.05～
106	韩光明	男	武夷山国家旅游度假区管委会副主任兼武夷山市旅游局副局长	2013.05～
107	方　霞	女	荣华山产业园区管委会资本运营科科技副科长	2013.05～
108	林西湖	男	荣华山产业园区管委会经济运行科科技副科长	2013.05～
109	官轮辉	男	南平市科技局科技副局长	2013.05～
110	郑　佳	男	南平市政府办公室科技副主任	2013.06～
111	蔡剑生	男	南平市水利局科技副局长	2013.06～
112	游如平	男	南平市信息化局科技副局长（正科级）	2013.06～
113	林祥晨	男	南平市信息化局科技副局长（正科级）	2013.06～
114	肖文静	女	武夷新区管委会经济发展部科技副部长	2013.07～
115	张嘉明	男	南平市工业园区管委会科技副主任、延平新城建设指挥部产业发展部科技副部长	2013.07～
116	王　杨	男	顺昌县科技副县长	2013.07～
117	张　华	男	南平市城乡规划局科技副局长兼延平新城建设指挥部规划建设部科技副部长	2013.07～
118	朱丰超	男	浦城县临江镇科技副镇长	2013.07～
119	沈晓文	男	武夷新区经济发展部科技副部长、建阳市科技副市长	2012.07～
120	袁德良	男	延平区科技副区长	2012.07～
121	张　杰	男	武夷山市五夫镇科技副镇长	2012.07～
122	刘昌雨	男	建阳市水吉镇科技副镇长	2012.07～
123	万　超	男	武夷新区管委会规划建设部综合科科技副科长	2012.07～
124	颜海青	女	武夷新区管委会经济发展部综合科科技副科长	2012.07～
125	郑　翔	男	邵武市下沙镇科技副镇长	2012.07～
126	黄中伟	男	武夷新区管委会经济发展部总经济师	2012.08～
127	张治良	男	邵武市科技副市长	2011.05～
128	范东辉	男	光泽县科技副县长	2011.05～
129	陈端良	男	松溪县科技副县长	2011.05～
130	刘国文	男	南平市水利局科技副局长	2010.03～
131	陈小辉	男	武夷山市科技副市长	2010.03～
132	胡习斌	男	建瓯市科技副市长	2010.03～
133	蓝贺胜	男	建阳市科技副市长	2010.03～
134	方少勇	男	顺昌县科技副县长	2010.03～
135	林仲友	男	政和县科技副县长	2010.03～
龙岩市				
136	林诗锋	男	龙岩市经济贸易委员会科技副主任	2013.05～
137	邓升贵	男	龙岩市财政局科技副局长	2013.05～
138	戴淑庚	男	龙岩经济技术开发区管委会科技副主任	2013.05～

续表④

序号	姓名	性别	单位职务	任职时间
139	游祖烟	男	龙岩市教育局科技副局长	2013.05～
140	魏　勇	男	福建（龙岩）稀土工业园区管委会科技副主任	2013.05～
141	林明坤	男	龙岩市永丰新区管委会财税金融局科技副局长	2013.05～
142	郑清华	男	龙岩市龙雁新区管委会建设局科技副局长	2013.05～
143	樊学双	男	福建（龙岩）稀土工业园区管委会科技副主任	2013.07～
144	林泽梁	男	龙岩市新罗区科技副区长	2013.07～
145	王　波	男	龙岩市永丰新区管委会科技副主任，兼龙岩市汽车产业办科技副主任	2013.07～
146	蔡东阳	男	龙岩市科技局科技副局长，兼龙雁新区管委会科技副主任	2013.07～
147	杨鹏飞	男	龙岩市发改委科技副主任，兼龙岩高新技术产业开发区管委会科技副主任	2013.07～
148	岳绍峰	男	龙岩市规划局工程规划科科技副科长，兼城市规划研究中心科技副主任	2013.07～
149	漆　添	男	龙岩市古蛟新区财税金融局科技副局长	2013.07～
150	华逸龙	男	龙岩市新罗区曹溪街道办事处科技副主任	2013.07～
151	黄　峰	男	龙岩市第二医院科技副院长	2012.03～
152	张国防	男	长汀县科技副县长	2012.03～
153	丁国昌	男	长汀县林业局科技副局长	2012.03～
154	韦　红	男	长汀县水保局科技副局长	2012.03～
155	刘民杰	男	永定县科技副县长	2012.07～
156	徐　峰	男	上杭县科技副县长	2012.07～
157	陈　雷	男	连城县科技副县长	2012.07～
158	吕少荣	男	龙岩市新罗区雁石镇科技副镇长	2012.07～
159	陈观连	男	龙岩市新罗区白沙镇科技副镇长	2012.07～
160	郭　蔚	男	漳平市菁城街道办科技副主任	2012.07～
161	兰　光	男	永定县高陂镇科技副镇长	2012.07～
162	梁　宇	男	上杭县古田镇科技副镇长	2012.07～
163	廖翰卿	男	长汀县策武镇科技副镇长	2012.07～
164	唐礼智	男	龙岩市发改委科技副主任	2011.05～
165	张祖柱	男	漳平市科技副市长	2011.05～
166	苏志堃	男	龙岩市国土资源局科技副局长	2011.05～
167	林兆武	男	龙岩市城乡规划局科技副局长	2011.05～
168	钟通德	男	长汀县科技副县长	2011.05～
169	邓朝胜	男	龙岩市第一医院科技副院长	2011.05～
170	刘丹峰	男	龙岩市经贸委科技副主任	2010.03～
171	蔡海松	男	龙岩市新罗区科技副区长	2010.03～
			宁德市	
172	朱鹏颐	男	宁德市外经局科技副局长	2013.05～
173	傅　林	男	宁德市政府办科技副主任	2013.05～

续表⑤

序号	姓名	性别	单位职务	任职时间
174	李碧珍	女	宁德市发改委科技副主任	2013.05～
175	吴正善	男	宁德市经贸委科技副主任	2013.05～
176	刘俊雄	男	宁德市国土资源局科技副局长	2013.05～
177	孙长安	男	宁德市住房和城乡建设局科技副局长	2013.05～
178	林向阳	男	宁德市蕉城区海洋与渔业局科技副局长	2013.05～
179	胡荣炊	男	福鼎市海洋与渔业局科技副局长	2013.05～
180	江冬英	女	柘荣县经贸局科技副局长	2013.05～
181	邵明松	男	福安市政府科技副市长	2013.07～
182	张宇飞	男	宁德市蕉城区政府科技副区长	2013.07～
183	梁兆国	男	周宁县政府科技副县长	2013.07～
184	徐　康	男	屏南县政府科技副县长	2013.07～
185	王　斌	男	霞浦县政府科技副县长	2013.07～
186	张沧海	男	福安市发改委科技副主任	2013.07～
187	李生勇	男	宁德市人民政府科技副秘书长	2013.07～
188	周　伟	男	古田县科技副县长	2012.07～
189	党　帅	男	柘荣县科技副县长	2012.07～
190	王建华	女	福鼎市科技副市长	2012.07～
191	曹　亮	男	宁德市蕉城区飞鸾镇科技副镇长	2012.07～
192	吕　游	女	宁德市蕉城区城南镇科技副镇长	2012.07～
193	陈长串	男	福安市赛岐镇科技副镇长	2012.07～
194	连俊成	男	福鼎市太姥山镇科技副镇长	2012.07～
195	陈道炬	男	霞浦县牙城镇科技副镇长	2012.07～
196	徐　飙	男	寿宁县科技副县长	2011.05～
197	王仁谦	男	东侨经济开发区管委会科技副主任	2011.05～
198	张林洪	男	宁德市发改委科技副主任	2010.03～
199	何甦奇	男	宁德市经贸局科技副局长	2010.03～
200	黄俊英	男	宁德市财政局科技副局长	2010.03～
201	黄晓中	男	宁德市劳动和社会保障局科技副局长	2010.03～
202	黄国毅	男	宁德市国土资源局科技副局长	2010.03～
203	王福升	男	宁德市林业局科技副局长	2010.03～
204	刘　华	女	宁德市安监局科技副局长	2010.03～
205	陈聪文	男	蕉城区科技副区长	2010.03～
206	何志刚	男	蕉城区科技副区长	2010.03～
207	郑　源	男	福安市科技副市长	2010.03～
208	郑翔锋	女	屏南县科技副县长	2010.03～
209	傅建炜	男	周宁县科技副县长	2010.03～
210	许志红	女	宁德师范学院科技副校长	2010.03～
211	刘　伟	男	宁德师范学院校长助理	2010.03～
212	黄东红	女	宁德市电视台科技副台长	2010.03～

续表⑥

序号	姓名	性别	单位职务	任职时间
213	林瑞全	男	福安市科技副市长	2009.04～
			平潭综合实验区	
214	卓高松	男	平潭综合实验区规划局科技副局长	2013.07～
215	郑梦婕	女	平潭综合实验区财政金融局经济建设处科技副处长	2013.07～
216	于槚槚	女	平潭综合实验区经济发展局海洋渔业处科技副处长	2013.07～
217	汤志林	男	平潭县科技副县长	2012.07～
218	程　波	男	平潭县潭城镇科技副镇长	2012.07～
219	谢永生	男	平潭县澳前镇科技副镇长	2012.07～
220	陈淑卿	女	平潭县流水镇科技副镇长	2012.07～
221	念华明	男	平潭县医院科技副院长	2012.12～
222	徐顺贵	男	平潭县中医院科技副院长	2012.12～
223	陈晓光	男	参与平潭广播电台筹建工作	2012.12～
224	马冬根	男	平潭综合实验区经济发展局科技副局长	2011.05～
225	沈超英	女	平潭综合实验区经济发展局科技副局长	2011.05～
226	甘　来	男	平潭综合实验区环境与国土资源局科技副局长	2011.05～
227	徐志远	男	平潭综合实验区环境与国土资源局科技副局长	2011.05～
228	杨　洋	女	平潭综合实验区交通和建设局科技副局长	2011.05～

（省委人才工作领导小组办公室）

【人才政策环境建设】　2013年，福建省、福州市积极推进中国福州海西引智试验区建设，制定出台《关于建设中国福州海西引智试验区的意见》，成立全国首个“外国人工作管理局”、“台港澳专家管理办公室”，制定全国首个《台港澳专家证的认定办法及待遇》，启动实施试验区五项引智计划和四大引智工程，成功举办国家“外专千人计划”专家福州行活动，国家软件与集成电路国际人才培训（福州）基地获国家外专局正式批准。试验区建设作为典型经验在全国引智工作会议上交流推广，得到人社部副部长、国家外专局局长张建国等领导肯定和诸多省市关注。完善人才评价工作，先后研究制定了《福建省属公立医院卫生专业技术职务聘任制实施办法（试行）》、《福建省属科研机构科技人员专业技术职务聘任制实施办法（试行）》等文件，下放职称评审权给各省属公立医院和科研机构，实现评聘合一，推进省属公立医院和科研机构专业技术职务聘任制改革；制定出台《福建省制茶高级工程师职务任职资格评审条件（试行）》，探索区域特色行业人才评价标准，就制茶高级工程师的评审范围、专业要求、业绩要求等方面作出了专门规定，解决大部分制茶人员技术水平过硬但学历达不到评审要求的矛盾；下发《关于印发福建省药学（非临床）专业技术初中级资格考试实施办法（试行）的通知》，从2013年开始全省药学（非临床）专业技术初中级资格实行全省统一考试，进一步规范非临床企事业单位药学专业技术人员的职称资格考评工作，提高药学专业技术人员队伍素质和能力，保障广大人民群众用药安全；继续部署开展海外高层次人才和有重大贡献的专业技术人才职称评审“绿色通道”工作，曹海平等13位同志通过评审。完成中小学教师职称制度改革试点工作，7月成立了深化中小学教师职称制度改革试点工作领导小组，省政府副省长李红担任组长；11月全省试点工作基本完成，近10万中小学、幼儿园教师完成了职称过渡，评审了首批25名正高级教师、近700名高级教师、1600多名中级教师；首次开展了申报一级教师教育教学能力水平考试，全省共3.4万人参加考试，其中2.8万人取得合格及以上成绩，合格率为82%。试点工作取得了预期成效，初步建立了符合中小学教师职业特点、符合教师成长规律的职称制度，提高了中小学教师的职业地位，树立了正确的用人导向，有利于中小学教师合理流动。出台支持省级扶贫开发工作重点县人事工作措施：根据省委、省政府《关于进一步扶持省级扶贫开发工作重点县加快发展的若干意见》精神，出台《关于支持省级扶贫开发工作重点县人事工作八条措施的通知》，在引进高层次紧缺急需人才、提高人才待遇等方面予以政策倾斜和重点扶持；及时研究支持省级扶贫县开展专业技术岗位设置和专业技术人员职称评聘工作，提高省级扶贫县专业技术岗位结构比例，出台长期在乡镇工作专业技术人员直接聘任政策，放宽县级以下卫生专业技术人员晋升副高职称的学历要求，有效促进省级扶贫县专业技术人才队伍建设。完善落实高校毕业生就业创业政策，省政府先后召开省大中专毕业生就业工作领导小组会议、全省高校毕业生就业工作电视电话会议，专题研究部署2013年毕业生就业工作。省政府出台《关于做好2013年高校毕业生就业工作的通知》（闽政〔2013〕24号），进一步明确2013

年高校毕业生就业创业政策和工作任务。省大中专毕业生就业工作领导小组出台《贯彻落实国务院办公厅〈关于做好2013年全国普通高等学校毕业生就业工作有关问题的通知〉的通知》（闽毕办〔2013〕10号）从“制定配套政策和实施办法，加强高校毕业生就业工作经费保障，组织实施离校未就业高校毕业生就业促进计划，鼓励高校毕业生自主创业，加强就业创业政策宣传，营造公平就业环境”等方面提出贯彻意见。优化机关事业单位工勤人员技能等级考核有关政策，一是进一步下放审核工作权限，将省属、中属设在设区市、县的资格审核报名工作下放至设区市、县，同时简化审核手续；二是调整了工种名称，促进岗位与技能相衔接。对全省机关事业单位部分工种名称作了适当调整，工种名称、技能考核与岗位相对接；三是在国家政策允许的基础上对部分工种增设技师等级的考核，提升了高技能人才队伍建设，调动工勤人员工作的积极性；四是改进考核方法，根据国家职业标准，加大技能实际动手能力及综合处理能力标准化的考核。

【事业单位人事制度改革】 2013年，事业单位岗位设置管理制度基本入轨，全省已完成岗位设置的单位数2.3万个、岗位数68.7万个，分别占单位总数的95%和岗位总数的96%。全省推行聘用制度的事业单位数和签订聘用合同人员数分别占总数的96%和95%，聘用制度基本实现全覆盖。

【高层次人才管理与服务】 2013年，根据人社部工作部署，福建省开展博士后科研工作站申报工作。经人力资源和社会保障部、全国博士后管理委员会批准，全省新增博士后科研工作站16个（名录见下表）。新增中国科学院院士1人、国家百千万人才工程领军人才1人。组织开展2013年“百千万人才工程”国家级、省级人选的推荐选拔工作，新增国家级人选7人、省级人选52人。发放两院院士和“百千万人才工程”人选科研经费合计288万元。发放1994年以前享受国务院政府特殊津贴1780人次，共计636万元。整合并实施“百千万人才工程”人选、博士后人员、青年高层次专业技术人才海外研修工作，共选送87名高层次专业技术人才到中国境内和香港、台湾地区知名高校、科研院所和重点实验室访学进修，其中“百千万人才工程”人选21人、博士后研究人员12人、青年高层次人才54人。

2013年福建省新增博士后科研工作站（16个）

序号	工作站名称
	福州（2个）
1	福建锦江科技有限公司博士后科研工作站
2	福建雪人股份有限公司博士后科研工作站
	厦门（3个）
3	厦门乾照光电股份有限公司博士后科研工作站
4	厦门市美亚柏科信息股份有限公司博士后科研工作站
5	厦门产业技术研究院博士后科研工作站
	漳州（1个）
6	南靖万利达科技有限公司博士后科研工作站
	泉州（4个）
7	泉州鲤城高新技术产业开发区博士后科研工作站
8	福建先创电子有限公司博士后科研工作站
9	福建火炬电子科技股份有限公司博士后科研工作站
10	福建欧美龙体育用品有限公司博士后科研工作站
	三明（1个）
11	福建科宏生物工程有限公司博士后科研工作站
	龙岩（3个）
12	龙岩华锐硬质合金工具有限公司博士后科研工作站
13	福建省长汀金龙稀土有限公司博士后科研工作站
14	福建鑫晶精密刚玉科技有限公司博士后科研工作站
	中央属（1个）
15	福建中烟工业有限责任公司博士后科研工作站
	省属（1个）
16	福建省建筑科学研究院博士后科研工作站

【专业技术职务评聘】 2013年，福建省各系列高级职称评审工作有序开展。完成中小学教师、中专学校教师、会计、农业、艺术、土建等20多个系列（专业）高级职务任职资格评审工作，批准确认各类高级职称10284人。完成首批享受教授研究员待遇高级会计师评审工作，黄晞等6人成为福建省首批享受教授研究员待遇高级会计师。认真做好各类专业技术职业资格考试工作，全年顺利完成职称外语、建造师、卫生、会计、计算机技术与软件专业技术资格（水平）考试等54项考试任务，报考人数超过32万人。

【专业技术人员继续教育】 2013年，福建省认真贯彻《福建省专业技术人员继续教育条例》和《福建省中长期人才发展规划（2010～2020年）》，以知识更新和能力建设为核心，推进专业技术人员继续教育。一是开展专业技术人员公共课培训。下发《关于在全省专业技术人员队伍中开展信息化能力建设公共课培训的通知》（闽人函〔2013〕204号），以国家行政学院出版社《专业技术人员信息化能力建设教程》为公共课培训基础教材，改革培训组织方式，充分调动设区市和省直部门积极性，各地各部门根据实际情况，采取网络培训、举办培训班、专题讲座和研讨等多种方式开展培训，全省参加公共课培训专业技术人员8万人。二是推进专业技术人才知识更新工程。在积极申报的基础上，经人力资源和社会保障部审核，福建省承办实施“水体污染控制与治理”、“EDA（multisim软件）数字系统设计”、“海峡两岸物流行业合作新途径”、“空间信息技术及其在区域行业信息化中的应用”等全国高研班4期，培训全国各省区相关专业技术领域高层次专门人才200多人，资助经费80万元；组织申报全省专业技术人员高级研修项目计划，审定下发2013年全省专业技术人员高级研修项目计划，其中高研示范班计划55期、高研普通班计划151期，实施省级高级研修示范项目40期，资助经费30万元；全年全省实施各类专业技术人员专业课继续教育培训3万多人。三是积极组织开展在职学历学位教育。下发《关于鼓励机关企事业单位工作人员参加公共管理硕士在职学历学位教育的通知》（闽人函〔2013〕190号），鼓励在职人员参加厦门大学、福建师范大学、福建农林大学、华侨大学公共管理硕士及其他学历学位教育。四是加强专业技术人员继续教育基地建设。指导厦门理工学院国家级专业技术人员继续教育基地加强基础设施建设，大力推进师资队伍、管理服务队伍、培训课程和日常工作制度建设，积极开展各类培训，不断拓展国家级基地的影响力。开展省级继续教育基地年审工作，共有72家省级继续教育基地通过年审。

【人才智力引进】　2013年，大力引进国（境）外高层次人才智力，支持省内重点企事业单位实施国家和省重点引智项目计划356项、资助引智经费4258万元，引进国（境）外高层次或急需紧缺专家1578人次，其中，国家“外专千人计划”专家累计9名（为全国入选数量较多的省份之一），国家“高端外国专家项目计划”专家8名，省“外专百人计划”专家10名、省“高端外国专家团队引进计划”10个共54名团队成员，荣获2013年度中国政府“友谊奖”3名（为全国获奖数量最多的省份），荣获福建省“友谊奖”5名（占全省获奖总数1/3）。

成功举办第十一届“6·18”重大引智活动，征集1000多个国（境）外高端人才与项目信息，组织开展100多场次推介对接活动，组织邀请凯业必达等8个国际知名猎头机构和60多名有合作意向的国（境）外高层次专家来闽参加“6·18”活动，促成63个国（境）外高端人才项目与省内50多个重点企事业单位达成对接合作，8个高端外国专家团队（共33名高端外国专家成员）来闽工作或服务，40多名国（境）外知名专家学者（含5名外国院士）参加“海外大师海西行”活动，推动福建省企事业单位与海外大师建立合作关系。省长苏树林、常务副省长张志南及国家外专局副局长张亚力等领导亲临国（境）外专家与项目馆视察、指导，充分肯定“6·18”引智工作成效。组织省内重点企事业单位赴深圳参加第12届中国国际人才交流大会，推介100多个福建省重点产业、重点学科人才和项目需求，与19家国际知名高端机构新建立了人才项目交流合作关系，促成23个人才智力与项目技术需求与以、德、法、英、美、意等多个外国专家组织以及海外留学生组织、高校、科研机构达成对接合作意向。荣获大会组委会颁发的“突出贡献奖”（全国共8家获奖）。

2013年，福建省（含厦门）获国家外专局批准立项的出国培训项目67项（其中审批类项目13项、审核类项目54项），省内1001名各类人才获准出国（境）培训，共获国家外专局经费资助199万元，比上年增加12%，项目涉及科技创新与新兴产业发展、突发事件应对与处置、城市规划建设与管理、都市现代农业生产与管理技术培训、工程项目建设与管理、社会管理及信息化建设、高层次人才的评价与培养等福建省经济社会发展重点领域。根据中央、省里和国家外专局的一系列加强因公出国（境）管理的新规定、新要求，认真开展清理压缩出国培训项目工作，同时加强计划执行项目的审批把关、预培训以及培训成果的总结、推广。全省共清理压缩出国培训项目30项；执行出国培训项目37项。绝大部分培训团组已圆满完成国外培训学习任务，顺利回国并取得较好学习成效。其中，省委书记尤权、省委常委秘书长叶双瑜在“全省党委系统办公厅（室）主任培训班赴美国学习培训情况报告”上分别作出重要批示。尤权书记重要批示：“学习有收获，报告也写得好，美国经济发展过程中的一些做法，值得大家在产业转型升级过程中借鉴”。叶双瑜秘书长重要批示：“建议送省委各位常委同志阅”。

制定实施2013年度紧缺急需人才引进指导目录，主要涉及27个重点产业（行业）、80个领域、192个岗位、760个专业，全省共认定引进高层次人才1000多人。征集发布1405个高层次人才岗位需求、需求人数2395人（其中海外需求1824人）。为留学人员提供身份认定服务，引进留学人员800多人。组织150多家（次）高新技术企业、高校和科研机构赴北京、武汉、西安等地开展人才招聘活动，共接洽各类求职人才3390人，达成初步意向1677人。落实福建省人民政府与中国人民大学人才合作协议，在中国人民大学举办专场招聘会，聘请中国人民大学等16所北京高校有关负责人担任福建省引才顾问。实施人才居住证制度，为10名高层次人才（含家属）发放人才居住证，给予享受相应待遇。配合推进平潭综合实验区“四个一千”人才工程，落实引才优惠政策，将实验区人才需求纳入年度紧缺急需人才引进指导目录予以单列发布。

【人才市场建设】　2013年，围绕农村经济社会发展，进一步加强农村人力资源服务体系建设，扶持新建10个农村实用人才服务站，并组织境内外专家到服务站开展技术指导、技术培训和成果转化。新批准福建省士联人才教育培训中心、福建省山海人力资源开发有限公司、福建成就人力资源服务有限公司、福建博达企业管理咨询服务有限公司等机构从事人才服务。加强人才服务机构能力建设，举办全省人才服务机构从业人员资格培训班、全省人才交流服务业务培训班，培训200多人；组织有关人员参加人社部组织的人力资源服务机构经营管理人员培训班。支持有关部门和人才服务机构举办大中专毕业生供需见面双向选择大会、福建省中高级人才招聘会、IT人才交流会、建设人才交流会等各类招聘活动。落实人才市场信用信息发布制度，做好人才服务机构信用信息的记录归档和发布，完善人才市场信用体系建设。完成2012年度全省344家人才服务机构年度验证工作，做好人才服务许可证项目变更和人才服务机构实地巡查等工作。印发《关于进一步做好全省人才市场供求信息定期发布工作的通知》，进一步提升人才市场信息化和人才公共服务水平。适应新《劳动合同法》实施要求，及时出台规范人才派遣业务的办法。

【毕业生就业】　2013年，福建省内高校和省外高校福建生源高校毕业生总量24.2万人，至12月31日，全省非师范类高校毕业生就业率为92.8%，同比提高0.1个百分点；毕业生就业签约率达到57.6%，同比提高0.6个百分点。在求职服务方面，全省举办综合性、区域性、行业性招聘会和大型校园招聘会72场，1.5万多家（次）用人单位提供29.9万个岗位。其他各类大型校园招聘会和用人单位宣讲会超过百场，提供30万多个就业岗位。举办就业网络联盟春、夏、秋、冬联合招聘周、民营企业招聘周、网络招聘周、就业服务周等7场网络招聘会。开展2013年全国高校毕业生各季度网络招聘月和民营企业招聘周、就业服务月等求职专项活动，提供就业岗位77800多个。对开展高校毕业生免费就业服务的机构审核发放专项补贴179.16万元。研发启用离校未就业毕业生实名登记管理服务系统。部署开展技能就业培训专项活动，对离校未就业毕业生提供定向培训或定岗培训。在自主创业方面，加大高校毕业生自主创业扶持力度，省财政安排1300万元用于开展大学生创业培训、加强创业孵化基地建设和扶持高校毕业生创业项目。依托29个省级高校毕业生创业培训基地和3所开展大学生创业培训工作成效较好的高校，完成278个班次10468名大学生创业培训工作；遴选确定泉州市大学生电子商务创业孵化基地等10个孵化基地列入2013年支持建设项目，每个基地给予20万元扶持资金；面向全省征集大学生创业项目185个，遴选确定60个高校毕业生创业省级资助项目，每个项目给予3至10万元扶持资金。随着福建省高校毕业生自主创业扶持政策效应逐步显现，自主创业毕业生增幅较大，至8月31日，全省高校毕业生自主创业、灵活就业2689人，占就业总人数1.5%。在见习援助方面，继续推进实施万名高校毕业生就业见习计划，完成省级就业见习计划1000名，发放省级千名就业见习计划生活补贴和三明、南平、龙岩、宁德等4个欠发达地市高校毕业生就业见习计划经费补助458.64万元，新增2个国家级见习单位。出台全省高校毕业生求职补贴发放办法，自2013年起，按1000元/人的标准，对享受城乡居民最低生活保障家庭的高校毕业生给予一次性求职补贴。引导毕业生面向基层和生产一线就业，统筹实施"三支一扶"计划、选调生计划、大学生村官计划、志愿服务欠发达地区计划和服务社区计划等项目，招募2393名毕业生服务基层和欠发达地区。进一步落实服务基层就业优惠政策，全年发放"三支一扶"高校毕业生生活补贴1493.86万元，安排经费859.7万元为在岗的"三支一扶"毕业生办理社会保险；全年安排400个公务员专门职位面向服务基层毕业生定向招考。当年全省非师范高校毕业生共有136134人面向基层就业，占就业总人数的81.1%，同比上升3.7个百分点。开展第六届全省大学生职业规划大赛，35所院校选送99件作品，评选出一等奖3名、二等奖3名、三等奖4名。举办2期福建省毕业生就业公共网操作使用培训班，共组织80所高校144名毕业生就业工作人员参训。开展2013年全省高校毕业生就业工作评估自查工作。部署开展2013年全省毕业生就业工作优秀论文评选表彰活动和重点课题研究申报工作等活动。

【高技能人才培养】 2013年，福建省深入实施中长期人才发展规划，推进实施高技能人才培养工程。当年，全省累计建立高技能人才培训基地63个，其中国家级高技能人才培训基地12个；新增省级产业技工培养基地2个，产业技工培养基地总量达到24个；新建省级技能大师工作室48个，省级技能大师工作室总量达到247个，国家级技能大师工作室已达10个。按照省委人才工作领导小组"海纳百川"人才遴选的工作部署，会同省委组织部、省经贸委等部门，开展福建省技能大师的遴选工作，遴选福建省技能大师人选30人。

2013年，福建省继续开展机关事业单位工勤人员考核工作，实行网络化报名、缴费，完成16555人的报名审核，确认了13728人的缴费，实现了38个工种等级的技能实操现场测试，3513人取得初级、中级和高级的资格并按时发放证书。完成45个工种的技师等级答辩工作，779人取得技师任职资格，13人取得高级技师任职资格。继续完善工勤人员岗位继续教育网络平台，提升系统维护人员的管理素质，按照国家职业技能标准规范培训内容，省、市、县（区）、乡镇同步学习，超过7.5万人次参加2013年的继续教育培训学习。

【福建留学人员创业园】 举办2013年"中国·福建海外人才创业周"活动，共征集到453名海外留学人员提交的512个项目，建立全省1500家企事业单位推介名录，举办9场专场推介会，收到省内121家企事业单位对接反馈622项初步对接意向，并从中邀请122名海外人才来闽洽谈对接，吸引300多家企事业单位参与，促成项目合作意向223项、人才引进意向78项（其中21人拟来闽创办企业）。举办2013年"海外留学人员福建（福州）创业项目竞赛"，共邀请45名海外留学人才携高新创业项目来闽参加答辩，并开展项目对接与智力服务洽谈。此次创业项目竞赛活动采取按专业领域分组、专家团评审的方式，分为生物医药，电子信息，新能源、新材料及机械装备等三大组别，经由行业专家、投资专家和成功创业的海外留学人才组成的评审委员会严格评审，评选出优秀留学人员创业项目一等奖2名、二等奖6名、三等奖12名。会同有关部门举办"2013年海外留学博士海西行——海洋经济人才与项目对接洽谈会"，征集到来自全球88位高层次海外留学人才提交的96项涉及海洋信息服务、海洋工程装备、船舶制造、邮轮游艇、海水淡化与综合利用、海洋能源、海洋生物医药、港口物流等方面的项目。重点邀请了其中24名层次较高、所携项目较好、对接意向较明确的海外人才到福建省实地考察并与有关单位开展对接，达成人才项目合作协议6项、意向62项，落地创业意向3项。至2013年，"海外留学博士海峡西岸行"活动连续四年入选人力资源和社会保障部实施的"海外赤子为国服务行动计划"。福建省留学人员创业园管理中心组织20名优秀留学人员创业人才参会，并推荐8个优秀留学人员企业项目参加路演，最终有4个入选融资重点项目参加路演，推动了优秀留学人员创业项目和资本的有效对接。开展2013年度"留学人员来闽创业启动支持计划"评选活动，共资助19个创业项目530万元。开展2013年度留学人员科技活动择优资助项目申报、筛选工作，5个项目通过人社部评审获资助20万元。

加强福建留学人员创业园建设，大力开展招才引智工作，通过主动走访入园企业，关注企业发展动态，提供良好服务，采取减免房租，推荐申报创业启动支持计划等措施，协助园区企业解决发展问题，助推园区留学人员企业孵化成长。园区入驻的留学人员企业项目主要涉及电子信息、网络通讯、生物工程、新能源等领域。2013年，留学人员企业技工贸总收入合计达5598万元。园区现有1名国家“千人计划”专家，2个福建省引进高层次创业创新人才（百人计划）海外创业团队和1名外专百人计划专家，已孵化国脉科技股份有限公司等5家留学人员企业，其中上市1家。

【闽台人才交流合作】　2013年，福建省首次开展在闽台湾地区居民工程专业技术人员职称评审工作，共12人参加土建专业高级工程师职称评审；对到闽从事建设工程项目总承包、施工管理工作的台湾地区专业技术人员，开展二级建造师考核认定工作，促进闽台建设人才交流合作。依托中国·海峡项目成果交易会、海峡两岸人才交流合作大会等平台，会同有关部门积极推进两岸人力资源机构开展合作洽谈、人才招聘等活动，举办了“福建省第一届人才项目与资本对接会”，两岸风投、金融机构和企业246家参会，参会人员500多人；举办“第五届海峡两岸大学生创业项目对接洽谈会”，参展的创业项目127项，其中台湾项目19项。

【人才发展科研成果】　2013年，福建省参与完成国家人力资源和社会保障部组织编写的《公共部门人力资源开发与管理》教材；完成和出版了《海峡西岸经济区产业发展的人才研究》。由省人事人才研究所承担完成省软科学重点项目“海峡西岸经济区产业发展与高层次人才队伍建设”、省社科规划项目“海峡西岸经济区建设的人才资源支撑体系研究”，通过结题验收；还完成了“台湾地区社会工作人才的培养与发展问题研究”“基层公务员绩效考核体系研究报告”“大学生就业中的市场与政府关系研究——以福建省为例”“军转干部教育培训工作研究——关于进一步做好福建省计划安置军转干部公共类教育培训工作的研究”“加快福建人才市场服务业发展的若干对策研究”等人才发展课题研究，并联合泉州市科技开发中心共同完成《泉州市科技人才队伍现状调查及发展对策》课题报告。同时，“海西战略背景下两岸高层次人才集聚过程中政府行为研究”“海西建设中充分开发海外闽籍人才资源研究”“海峡西岸经济区产业发展的人才集聚和创新型人才培育研究”“福建省非公有制企业人才队伍建设研究”4项省人事人才软科学综合类课题通过验收结题。此外，组织参加中国人事科学研究院主办的“政府人才管理职能研究课题评审交流会”，报送19篇人才体制机制改革论文，其中获评二等奖4篇（《福建省社科人才队伍建设问题探讨》等）、三等奖1篇。举办“福建促进实现更高质量就业论坛”，围绕加快全省就业制度建设和社会保障事业发展，实现更高就业质量的制度建设等问题进行研讨。

（省人事人才研究所　黄珍珍）

两院院士风采

【概　述】　中国科学院院士和中国工程院院士统称“两院院士”，是国内最高学术权威，也是科技人才的杰出代表。2013年，在福建省工作的两院院士共有18人，其中：中国科学院院士15人（化学部10人、生命科学和医学学部4人、地学部1人）；中国工程院院士3人（化工、冶金与材料工程学部2人、农业学部1人）。在省外工作的闽籍两院院士100人（含5位港台和国外的闽籍院士，其中香港2人、台湾1人、美国2人），其中：中国科学院院士67人、中国工程院院士32人、双院士1人。至2013年底，在闽和闽籍两院院士实有数为147人（含逝世47人、双院士1人），总人数居全国第3位。

【在闽两院院士名录】　至2013年底，在闽工作的两院院士共有18人，详见下表：

姓名	性别	籍贯	出生年月	工作单位	研究领域	当选时间	所在学部
韩家淮	男	安徽淮南	1960.1	厦门大学	细胞生物学	2013年当选中国科学院院士	生命科学和医学学部
焦念志	男	山东潍坊	1962.12	厦门大学	生物海洋学	2011年当选中国科学院院士	地学部
付贤智	男	福建邵武	1957.07	福州大学	光催化	2009年当选中国工程院院士	化工、冶金与材料工程学部
谢华安	男	福建龙岩	1941.08	福建省农科院	植物遗传育种学	2007年当选中国科学院院士	生命科学和医学学部
田中群	男	福建福州	1955.12	厦门大学	电化学	2005年当选中国科学院院士	化学部

续表

姓名	性别	籍贯	出生年月	工作单位	研究领域	当选时间	所在学部
洪茂椿	男	福建莆田	1953.09	中国科学院福建物质结构研究所	无机化学	2003年当选中国科学院院士	化学部
郑兰荪	男	江苏吴江	1954.10	厦门大学	原子团簇、激光化学、分子反应动力学等	2001年当选中国科学院院士	化学部
徐洵	女	福建建瓯	1934.10	国家海洋局第三海洋研究所	海洋生物基因工程	1999年当选中国工程院院士	农业学部
吴新涛	男	福建石狮	1939.04	中国科学院福建物质结构研究所	硫化学	1999年当选中国科学院院士	化学部
万惠霖	男	湖北武汉	1938.11	厦门大学	理论化学	1997年当选中国科学院院士	化学部
魏可镁	男	福建福清	1939.08	福州大学	化肥催化剂	1997年当选中国工程院院士	化工、冶金与材料工程学部
黄本立	男	广东新会	1925.09	厦门大学	原子光谱分析	1993年当选中国科学院院士	化学部
赵玉芬	女	河南淇县	1948.12	厦门大学	有机化学	1991年当选中国科学院院士	化学部
唐崇惕	女	福建福州	1929.11	厦门大学	寄生虫研究	1991年当选中国科学院院士	生命科学和医学学部
谢联辉	男	福建龙岩	1935.03	福建农林大学	植物病毒	1991年当选中国科学院院士	生命科学和医学学部
张乾二	男	福建惠安	1928.08	厦门大学	配位物理化学、分子轨道图形分法等	1991年当选中国科学院院士	化学部
田昭武	男	福建福州	1927.06	厦门大学	电化学	1980年当选中国科学院院士	化学部
蔡启瑞	男	福建同安	1914.01	厦门大学	催化化学	1980年当选中国科学院院士	化学部

（省人事人才研究所、省科协）

【新当选的在闽和闽籍两院院士】 2013年新当选的在闽和闽籍院士4人（中国科学院院士2人、中国工程院院士2人）。其中：在闽工作的院士1人，即厦门大学教授韩家淮（中国科学院院士）；在省外工作的闽籍院士3人，即北京大学物理学院教授龚旗煌（中国科学院院士）；第二军医大学长海医院教授夏照帆（中国工程院院士）、中国医学科学院教授林东昕（中国工程院院士）。

韩家淮　细胞生物学专家，男，汉族，1960年1月出生，籍贯安徽淮南，教授、博士生导师。1985年毕业于北京大学生物化学专业，获化学专业硕士；1990年获得布鲁塞尔大学分子生物学专业博士。1990～1992年在美国德克萨斯大学西南医学中心做博士后。现任厦门大学生命科学学部（医学部）主任、细胞应激生物学国家重点实验室主任、细胞应激与稳态协同创新中心主任、厦门大学实验动物中心主任。他长期从事应激反应的细胞信息传导的研究，在细胞坏死的研究上也有引导性工作。至2013年底，先后主持科技部“973计划”项目（首席）和重大专项、国家自然科学基金重点项目和重大计划项目等课题10多项，发表论文230多篇，先后获比利时Jean Stas奖、国家自然科学技术奖二等奖、国家自然科学基金杰出青年奖（B类）、教育部自然科学奖一等奖、“药明康德生命化学研究奖”一等奖。此外，还获美国心脏协会成熟研究员奖、长江学者成就奖、卢嘉锡优秀导师奖等荣誉称号。2013年当选中国科学院院士。

龚旗煌　非线性光学与超快光子学专家，男，汉族，1964年8月出生，籍贯福建莆田。1983年毕业于北京大学物理系，1989年获北京大学物理系博士（中英联合培养）。现任北京大学物理学院长江学者特聘教授、人工微结构和介观物理国家重点实验室主任。他长期从事非线性光学前沿与时空小尺度光学研究。提出通过电荷快速转移获得超快响应和大系数的三阶非线性光学材料的新方法，实现了高性能超快低阈值全光开关；开拓飞秒/纳米时空高分辨光学测量，实现纳微结构超快光调控及电子态的人工调控。发表论文200多篇，授权发明专利16项。获2011年国家自然科学奖二等奖1项。此外，还获香港求是科技基金会“杰出青年学者奖”等荣誉称号。2013年当选中国科学院院士。

夏照帆　烧伤外科专家，女，1954年3月出生于福建福州，籍贯江苏泰兴。主任医师、教授、博士生导师。1976年毕业于第一军医大学；1988年获第二军医大学医学博士；1991年赴美国德克萨斯大学医学分院烧伤研究所作博士后研究，1994年学成学成4于第二军医大学，获医学博士学位。委员会主任委员。科研领域为回国。现任第二军医大学长海医院烧伤外科主任、全军休克与器官损伤防治重点实验室主任，全军烧伤所所长。兼任教育部“长江学者”特聘教授，美国Texas大学、香港中文大学、福建协和医院客座教授，中华医学会烧伤外科分会副主任委员、全军烧伤专业委员会副主任委员、《中国外科年鉴》专业主编等职。她长期从事烧伤医疗、教学和科研一线工作，揭示影响烧伤休克延迟复苏取得成功的关键因素，提出了序贯细胞保护概念和以减轻内源性损伤为目的的临床救治策略；研制一批用于烧伤修复的新材料、技术、药品和康复器具，解决临床上烧伤修复中的疑难问题。主持国家科技支撑计划项目、国家自然科学基金重大国际合作研究项目和重点项目等20多项。先后获国家科技进步奖一、二、三等奖等多项奖励；国家优秀中青年人才专项基金和国家杰出青年科学基金获得者。2013年当选中国工程院院士。

林东昕　肿瘤遗传学及分子流行病学专家，男，汉族，1955年10月出生，籍贯福建福州，研究员、教授、博士生导师。1980年毕业于上海第一医学院，1986年获北京医科大学医学硕士。现任中国医学科学院北京协和医学院肿瘤医院肿瘤研究所研究员，肿瘤病因及癌变研究室主任，兼任中国抗癌协会肿瘤病因学专业委员会主任委员。他长期从事恶性肿瘤发生发展的分子机制及其遗传易感性研究，揭示并阐明中国食管癌、胰腺癌、肺癌等肿瘤的易感基因及基因——环境交互作用、遗传变异对肿瘤放化疗疗效及预后的影响。发表科学论文210多篇，其中13篇发表在遗传学领域顶级期刊Nature Genetics。先后获国家自然科学奖二等奖1项、国家科技进步奖二等奖1项、教育部自然科学奖一等奖1项。此外，还获国家杰出青年科学基金获得者、卫生部有突出贡献中青年专家、政府特殊津贴专家等荣誉称号。2013年当选中国工程院院士。

优秀科技人才

【概　述】　优秀科技人才栏目，以选介年度获奖人物为主，同时选介部分著名专家。著名专家主要指：获得省级以上政府表彰的各类科技功臣、标兵、杰出人才；省级以上重大工程项目的首席科学家；省级以上各种学会、协会、研究会的主要领导；其他全国范围内有影响的知名专家等。以下选介2013年度国家自然科学奖二等奖以上、国家科学技术进步奖二等奖以上、中华人民共和国国际科学技术合作奖、省科学技术奖一等奖获奖项目的第一（或主要）完成人及省科学技术重大贡献奖获得者。

【2013年度福建省科学技术重大贡献奖获得者选介】

尤民生　男，汉族，1954年10月出生，籍贯福建泉州。教授、博士生导师。1987年6月在华南农业大学获博士学位，1988～1990年曾在加拿大多伦多大学林学院与魁北克林业中心做访问学者和博士后。现任福建省科协副主席、农业部亚热带农业生物灾害与治理重点开放实验室主任；兼任省省昆虫学会理事长，省农学会副理事长。他长期从事农业害虫生态控制的教学和研究工作，围绕“食品安全与环境保护”这一国家重大需求，系统开展了生物多样性与害虫综合治理的研究和应用，在小菜蛾等重要农业害虫灾变机理和生态控制的理论、技术和方法等方面做出了突出成绩。以第一作者或责任作者在Nature Genetics等刊物发表研究论文180多篇，被国内外学术期刊他引2500多次，出版全国统编教材4部、学术著作4部；培养博士20人、硕士56人，指导博士后6人。先后获国家科技进步奖二等奖1项；省科学技术奖一等奖1项、二等奖4项；省标准贡献奖一等奖1项。此外，还获全国优秀教师、全国优秀农业科技工作者、全国优秀科技工作者、首批“百千万人才工程”国家级人选、政府特殊津贴专家、省杰出科技人才、省高校领军人才、“十佳优秀科技工作者提名奖”等荣誉称号。2013年，获省政府授予的“福建省科学技术重大贡献奖”。

夏宁邵　男，汉族，1964年7月出生，籍贯湖南邵阳，教授、博士生导师。现任厦门大学公共卫生学院院长、分子疫苗学和分子诊断学国家重点实验室主任、国家传染病诊断试剂与疫苗工程技术研究中心主任。他长期从事医学病毒相关基因工程重组抗原、疫苗、诊断试剂的研究与开发，以及相应病毒分子生物学、免疫学基础研究。主要科研成果有：发现并阐明戊型肝炎病毒中和表位结构，利用独创的大肠杆菌类病毒颗粒疫苗技术体系研制出全球首个重组戊型肝炎疫苗并于2012年上市。基于该技术体系又研制出国内首个进入Ⅲ期临床试验的宫颈癌疫苗（HPV16/18）和国内首个进入

Ⅰ期临床试验的尖锐湿疣疫苗（HPV6/11）。发现了高致病性禽流感病毒（H5N1）的广谱中和表位并研制出广谱治疗性单抗。针对艾滋病、病毒性肝炎等重大传染病，率先研制出中国艾滋病第三代、第四代诊断试剂、快诊试剂、确证试剂等多种艾滋病诊断试剂，以及戊肝、乙肝、丙肝、丁肝系列诊断试剂。在全国历次新发、突发传染病防控工作中承担应急攻关任务，研制出高致病性禽流感病毒快速诊断试剂盒、手足口病免疫诊断试剂盒、新甲流免疫诊断试剂盒等，为中国传染病应急防控提供了重要的技术支撑。发表的论文被SCI收录100多篇。获授权专利23件，其中5件国际专利分别获得9个国家/地区的授权。获新药/械证书49项、国家一类新药III期临床研究批件2项。先后获国家技术发明奖二等奖1项、国家科技进步奖二等奖1项、省科学技术奖一等奖1项。此外，还获国家杰出青年基金获得者、中组部“万人计划”第一批科技创新领军人才入选者、“新世纪百千万人才工程”国家级人选、教育部跨世纪优秀人才、全国先进工作者、福建省杰出科技人员等荣誉称号。2013年，获省政府授予的“福建省科学技术重大贡献奖”。

【2013年度国家自然科学奖福建省获得者选介】

孙世刚　男，汉族，1954年7月出生，籍贯重庆。1982年毕业于厦门大学化学系获学士学位，1986年获法国巴黎居里大学国家博士学位。曾任厦门大学物理化学研究所副所长、化学系系主任、校长助理、副校长等；现任厦门大学特聘教授，博士生导师；兼任国家“973”计划能源科学领域咨询专家组成员、教育部科学技术委员会委员、化学化工学部常务副主任、中国化学会常务理事、副秘书长等职。他二十多年来始终坚持在第一线从事教学、科研和人才培养工作，专长电催化、谱学电化学和能源电化学等方面的研究。曾主持国家自然科学基金委“界面电化学”创新研究群体项目、国家重大科研仪器设备研制专项“基于可调谐红外激光的能源化学研究大型实验装置”等项目。发表论文210篇，被SCI收录130篇；申请国家发明专利6件（2件获授权）。先后获国家科技进步奖二等奖、国家自然科学奖二等奖、教育部科技进步奖二等奖、国家级教学成果奖一等奖、中国光华科技基金奖二等奖等奖项。此外，获政府特殊津贴专家、全国高等学校优秀骨干教师、福建省优秀专家等荣誉称号。他主持承担的“电催化剂的表面结构效应、设计合成和反应机理研究”项目，获2013年度国家自然科学奖二等奖。

韩家淮　男，汉族，1960年1月出生，籍贯安徽淮南，教授、博士生导师。现任厦门大学生命科学学部（医学部）主任、细胞应激生物学国家重点实验室主任、细胞应激与稳态协同创新中心主任、厦门大学实验动物中心主任。他主持承担的“TNF诱导的细胞坏死分子机制的研究”项目，获2013年度国家自然科学奖二等奖。（个人简介参见本栏目“新当选的在闽和闽籍两院院士”条目）

【2013年度国家科学技术进步奖福建省获得者选介】

徐西鹏　男，汉族，1965年6月出生，籍贯浙江温州，教授、博士生导师。1992年毕业于南京航空航天大学，获工学博士学位，同年12月到华侨大学任教；1998年9月至1999年9月在美国麻省大学从事研究工作。现任华侨大学副校长、脆性材料加工技术教育部工程研究中心主任。他是福建省及国务院侨办重点学科（机械制造及其自动化）带头人，“脆性材料加工技术与装备”教育部科技创新团队学术带头人，“精密高效加工与快速制造”福建省高等学校创新团队带头人。主要从事难加工材料高效磨削技术、石材高效加工新技术、新型金刚石工具、加工过程监控技术以及加工过程摩擦学等方面的教学与研究。长期致力于泉州及至福建省的石材产业及金刚石工具产业的发展，为地方经济发展提供了强有力的支持。先后主持国家和省部的科研项目30多项。发表学术论文200多篇，其中SCI和EI收录120多篇次。编辑出版论文专集6部。申请专利21件，获授权专利12件。先后获国家科学技术进步奖二等奖1项；教育部科技进步奖一等奖1项、自然科学奖一等奖1项；省科学技术奖一等奖1项、二等奖2项；部级科技进步奖三等奖1项。此外，还获政府特殊津贴专家、国家杰出青年科学基金获得者、全国优秀科技工作者、入选首批新世纪百千万人才工程国家级人选、首批教育部新世纪优秀人才支持计划、省劳动模范（先进工作者）、省杰出科技人才奖、“海西产业人才高地创新团队领军人才”、福建青年科技奖、运盛青年科技奖、王丹萍科技奖等多项荣誉。他主持承担的“石材高效加工用金刚石磨粒工具关键技术及应用”项目，获2013年度国家科技进步奖二等奖。

【2013年度中华人民共和国国际科学技术合作奖福建省获得者选介】

王中林　男，1961年11月生，籍贯陕西蒲城，教授，中国科学院外籍院士和欧洲科学院院士。1982年本科毕业于西北电讯工程学院（现西安电子科技大学），并于同一年考取中美联合招收的物理研究生（CUSPEA）。1987年获亚利桑那州立大学物理学博士。从1987年到1994年，曾在纽约州立大学石溪分校，英国剑桥大学卡文迪许实验室，美国橡树岭国家实验室和美国国家标准和技术定量局从事过研究工作。现任美国佐治亚理工学院高塔（Hightower）终身讲席教授、终身校董事教授和工学杰出讲席教授，国际纳米科技领域著名科学家；是世界创新基金会院士，美国物理学会、科学发展协会、材料学会、显微学会会员，以及10多种期刊和杂志的编委和编辑。主要从事纳米科学、材料科学及电子显微学研究，取得了多项有国际重要影响力的原创性研究成果，多次荣获国际学术奖励，并成功地组织和担任过20多次学术会议的主席。2004年《科学》以他作为在美国任教的外国人成功的典型进行了专访和报道。自1992年以来，他利用其突出的学术与技术专长与中国的多所教育和科研机构（包括厦门大学、北京大学、国家纳米科学中心等）进行了高水平的深度科研和教育合作。强强联手共同攻克科学难题，获得了一批重大原创性的科研成果。先后发表论文480多篇，其中14篇发表在《科学》和《自然》期刊上。获授权专利12件，出版专著4部和编辑书籍和会议文集20本。被邀请做过450

多次学术讲演和大会特邀报告。学术论文已被引用1.6万次以上。论文被引用的H因子（h－index）是117。通过多种形式、多种渠道积极推动中国科技人才培养和高等教育改革，促成中美联合办学，利用国外雄厚的研究设施为中国培养了一批高层次的科研人才。推动国内前沿科学研究中心及平台基地建设，参与国家纳米科学中心等多家国家级研究平台、基地建设工作，帮助中科院物理所完成了透射显微镜中进行原位实时纳米微测量装置等大型仪器设备的研制。由厦门大学推荐，获2013年度国家国际科技合作奖。

【2013年度福建省科学技术奖一等奖获得者选介】

郭国聪　男，回族，1965年8月出生，籍贯福建惠安，研究员、博士生导师。1986年7月毕业于厦门大学化学系，获学士学位；1999年4月毕业于香港中文大学化学第，获博士学位。现任中科院福建物质结构研究所所长助理、海西院福建物构所所长。兼任结构化学国家重点实验室主任等职。在银复盐化学及红外非线性、白光、光致变色等光功能材料化学领域取得了丰硕的研究成果：从实验上支持了氮分子结合于固氮酶中心的观点，提出了阴离子最高配位数的新概念，为化学固氮模拟和超分子化学提供新思路；提出了结合复杂阳离子和复杂阴离子设计合成红外非线性光学材料的新思路；首次实现了配合物的纯白光输出和硼酸盐的自激活发白光，发展出新体系单相白光LED材料；从实验上验证了40多年前理论预测的紫精离子在光致变色过程中的结构演变规律，提出利于光致变色的结构设计新策略，发展出光致变色材料新体系，并获得有望应用于工业探伤和医疗领域的新颖X射线感光胶片材料、可光学控制CO_2吸附和释放的多孔材料及二阶NLO可调的体相材料。承担国家重大科学研究计划、国家科技支撑计划项目、国家基金重点、科学仪器专项和面上项目、中科院知识创新工程重要方向和中科院九五重点项目、省重大和重点项目等研究课题近50项。在国际影响力刊物上发表SCI论文310多篇（H因子34，他引3300多次）。获授权发明专利20多件。先后获省科学技术奖二等奖2项；省第五届自然科学优秀学术论文一等奖1项。此外，还获政府特殊津贴专家、国家杰出青年基金、“新世纪百千万人才工程”国家级人选、中国化学会青年化学奖、第八届运盛（福建）青年科技奖等荣誉称号。他主持承担的“无机－有机杂化光功能材料的设计和调控”项目，获2013年度福建省自然科学奖一等奖。

吴冲浒　男，汉族，1945年10月出生，籍贯福建泉州，教授级高级工程师。1968年毕业于福建师范大学物理系。现任国家钨材料工程技术研究中心主任、厦门钨业股份有限公司副总裁、厦门金鹭特种合金有限公司董事长。他作为企业的技术负责人，主导着厦钨集团的技术发展，使厦门钨业和金鹭公司成为国内钨冶炼和硬质合金产品的旗舰企业、仲钨酸铵和钨粉末材料生产基地。主持国家及省、市、企业科技项目50多项。先后获国家科技进步奖二等奖1项，省科学技术奖一等奖1项、三等奖1项，厦门市科技进步奖一等奖1项、二等奖2项、三等奖1项。此外，还获政府特殊津贴专家、全国“九五”技术改造先进工作者、全国有色金属行业劳动模范、省杰出科技人才、省科学技术重大贡献奖、省劳动模范、省五一劳动奖章、厦门市科技重大贡献奖、厦门市十大产业功臣、厦门市劳动模范等荣誉称号。他主持承担的“流态化（沸腾层）自蔓延制造高性能超细钴粉新技术及其应用”项目，获2013年度福建省技术发明奖一等奖。

黄一帆　男，汉族，1954年10月出生，籍贯福建闽清，教授、博士生导师。1982年毕业于福建农学院兽医专业。现任福建农林大学党委常委、副校长。兼任中国绿色食品咨询委员会委员、中国畜牧兽医学会理事、中国中兽医学分会常务理事、中国兽医药理学与毒理学分会常务理事、福建省畜牧兽医学会副理事长、福建省中兽医学分会理事长等。从事兽医学教学、科研工作30多年，主持国家自然科学基金等部、省级课题20多项。出版著作4部，发表科研论文90多篇，其中SCI收录7篇、EI收录2篇。获授权专利5件。获省技术发明奖一等奖1项（排名第1位）；省科学技术奖二等奖4项（3项排名第1位，1项排名第4位）、三等奖1项（排名第2位）；省优秀教学成果奖一等奖1项。此外，还获政府特殊津贴专家、“新中国60年畜牧兽医科技贡献奖（杰出人物）”、省优秀教育工作者、省高校重点学科兽医学学科带头人、省“百千万人才工程”人选等荣誉称号。他主持承担的“乳仔猪肠道健康的营养和免疫调控技术研究与应用”项目，获2013年度福建省技术发明奖一等奖。

王乾廷　男，汉族，1977年8月出生，籍贯河南南阳，教授。2004年毕业于合肥工业大学，获工学博士学位。现任福建工程学院材料科学与工程学院科研处处长。兼任全国塑性工程学会理事、福建省机械工程学会理事等职务。他主要从事材料加工工程领域研究与开发，主持或参与国家自然科学基金、省科技重大专项专题、省产学重大专项等项目15项。获授权发明专利3件，软件著作权1件，发表论文32篇，其中被SCI、EI等收录16篇。获国家技术发明奖二等奖1项，省科学技术奖一等奖1项、三等奖1项。此外，还获省新长征突击手、省运盛青年科技奖、省青年科技奖、省委教工委优秀共产党员等荣誉称号。他主持承担的“汽车玻璃塑料包边精密高品质成型关键技术及应用”项目，获2013年度福建省科技进步奖一等奖。

张　怡　女，汉族，1975年10月出生，籍贯湖北鄂州，副教授、硕士生导师。2009年7月毕业于福建农林大学农产品加工及贮藏工程专业。现任福建农林大学食品科技研究所副所长；兼任福建省食品科学技术学会副秘书长、福建省食品营养学会理事、福建省食品添加剂工业协会常务理事。主要从事食品科学与工程、天然产物分离与功能、食品加工技术与装备等方面的教学研究工作。主持和参与完成国家级、省部级科技攻关项目和横向课题15项，获授权发明专利9件，其中3件为第一发明人。发表论文20多篇，其中SCI收录4篇，EI收录1篇。先后获省科学技术奖一等奖2项、二等奖4项、三等奖1项。此外，还获省“五一”巾帼标兵、第18届运盛青年科技奖，第十一届福建青年科技奖、第六届紫金科技创新奖、首届“福州青年五四奖章”，福建农林大学首届严家显最高奖教金，福建农林大学首届杰出青年基金项目获得者等荣誉称号。她主持承担的“提高鱼糜制品品质关键及综合技术的研究与应用”项目，获2013年度福建省科技进步奖一等奖。

吴 升 男，汉族，1972年1月出生，籍贯福建松溪，2001年6月毕业于解放军信息工程大学测绘学院地图制图学与地理信息工程专业，获工学博士学位。现任福州大学教授、博士生导师，省空间信息工程研究中心副主任。兼任中国地理信息产业协会理论与方法工作委员会副主任委员、中国测绘学会地图学与GIS专业委员会委员、中国交通地理信息系统技术委员会委员、数字福建专家委员会委员。先后主持多项国家科技支撑计划、国家“863”计划、福建省科技重大专项等项目或课题。获省科技进步奖一等奖1项、二等奖1项，军队科技进步奖二等奖1项、三等奖1项。他主持承担的“数字省政务信息与空间信息资源共享服务关键技术及应用”项目，获2013年度福建省科技进步奖一等奖。

李向东 男，汉族，1969年8月出生，籍贯福建仙游。1992年毕业于清华大学无线电电子学系，获工学学位。现任联想移动通信科技有限公司高级总监、首席工程师。他主要从事移动终端设计和产品开发工作。主持过多项移动终端，智能手机和平板电脑的产品项目开发。获厦门市科技进步奖一等奖1项。此外，还获厦门市劳动模范等荣誉称号。他主持承担的“联想乐OS操作系统平板电脑（IdeaTab S2）”项目，获2013年度福建省科技进步奖一等奖。

陈泽民 男，汉族，1959年9月出生，工程师。现任福建龙净环保股份有限公司董事、上海龙净环保科技工程有限公司总经理。他通过不断开发新技术新产品，成功突破了烟气超洁净排放和PM2.5深度治理的技术难关。2010年，带领团队研发了“石灰湿法脱硫技术”，具有吸收效果好、主要设备选型小、石膏品质高、系统压降低、系统电耗低及性价比较高等特点。该套系统获授权实用新型专利8件，发明专利3件，达到国际先进水平。2013年，推出针对脱硫提效和减排PM2.5的新一代技术“单塔双区高效脱硫技术”，该技术应用在沙洲电厂1＃和2＃两台630MW机组中，实现了98.5％～99％的脱硫效率和22～32mg/Nm^3 排放浓度，成为业内奇迹。在他的带领下，上海龙净实现年净利润8000万元。他主持承担的“塔内氧化—钙基强碱—石膏湿法烟气脱硫装置”项目，获2013年度福建省科技进步奖一等奖。

金心怡 女，汉族，1957年4月出生，籍贯福建福州，教授、博士生导师。1982年2月毕业于福建农学院农机专业，获学士学位。现任福建农林大学园艺学院党委书记、副院长；兼任国家茶产业工程中心委员、中国茶叶学会茶机专委会委员、福建农机学会茶机委员会主任等职。从事茶叶机械与茶叶加工工程教学科研33年，主要致力于茶叶加工机械化、标准化、连续化、自动化等茶叶加工工程技术研究。主持完成国家“十一五”科技支撑项目子课题“台湾优质茶加工关键装备合作创新研究”，主持多项省级重大和重点科研项目，获得省级科技奖三等奖2项，市级科技进步奖3项，省级成果鉴定3项，获授权发明专利2件，实用新型专利7件，出版专著1部，主编和副主编全国规划教材2部，发表论文70多篇。她主持承担的“乌龙茶清洁化自动化精加工关键技术及产业化”项目，获2013年度福建省科技进步奖一等奖。

刘祖国 男，汉族，1962年11月出生，籍贯湖南衡阳，教授、博士生导师。1996年7月毕业于中山医科大学中山眼科，获医学博士学位。先后于1992年和1997年两次赴美进行博士后研究。现任厦门大学医学院院长、眼科研究所所长，省眼科与视觉科学重点实验室主任；兼任国际眼表疾病协会理事、亚洲角膜病协会理事、中华眼科学会角膜病学组副组长。他长期从事眼科研究，主要科研成果有：提出了全角膜厚度彩色编码图形的分类方法及标准，并建立正常人角膜后表面形态的正常值及正常人全角膜厚度正常值；发现及提出干眼可引起视力改变的新概念；提出的中国干眼分类方法及诊断参考标准，以及不同类型干眼的治疗原则；发现核质转运受体蛋白Importin13可以作为一种新的角膜缘上皮干细胞标志物。发表论文100多篇，其中被SCI收录10多篇。主编及编写了《角膜地形图学》、《眼表疾病学》、《干眼》等专著近10部。获国家科技进步奖二等奖3项；省部级科技进步奖一等奖7项、二等奖5项。此外，还获教育部“长江学者”特聘教授、国家杰出青年基金获得者、政府特殊津贴专家、“百千万人才工程”国家级人选、第八届中国青年科技奖、宝钢教育奖优秀教师奖及卫生部有突出贡献的中青年专家等荣誉称号。他主持承担的“角膜病诊断与治疗新技术的系列研究与临床应用”项目，获2013年度福建省科技进步奖一等奖。

陈自谦 男，汉族，1957年11月出生，籍贯安徽庐江，主任医师、教授、硕士研究生导师、博士后指导导师。1989年毕业于第二军医大学，获硕士学位。现任南京军区福州总医院医学影像中心主任、《功能与分子医学影像杂志（电子版）》主编；兼任全军分子影像与核医学会副主任委员、全军放射诊断设备质量安全控制专业委员会副主任委员，第二军医大学、厦门大学、福建医科大学等8所大学教授，硕士和博士研究生导师等职。他从事医学影像学诊疗工作30年，具有较高的学科管理、影像综合诊疗及科研教学水平。承担军区及省级重大科研课题数十项，获各类科研资助资金100多万元。培养研究生20多人，博士生5人。发表论文160多篇，其中SCI收录17篇。主编著作8部、副主编3部、参编20多部。先后获省部级及军队科技进步成果一等奖1项，二等奖3项，三等奖10多项。此外，还获南京军区干部保健工作杰出专家、第二军医大学教学先进个人、南京军区百佳优秀科主任、厦门大学医学院科研先进个人等荣誉称号。他主持承担的“多模态功能磁共振成像在脑损伤及康复中的临床研究”项目，获2013年度科学技术进步奖一等奖。

欧启水　男，汉族，1970年7月出生，籍贯福建南平，主任技师、教授、博士生导师。2001年毕业于上海第二医科大学免疫学专业，博士学位。现任福建医科大学医学技术与工程学院副院长、福建医科大学附属第一医院检验科主任。兼任福建省医学会检验分会主任委员、福建医科大学医学检验系主任、福建医科大学第一临床医学院实验诊断学教研室主任、福建医科大学基因诊断研究室主任。主要研究领域为临床免疫学检验和临床分子生物学检验，主持开展肿瘤化疗（靶向）药物、乙型（丙型）病毒性肝炎、耳聋等疾病的个体化诊疗新项目。主持完成国家级、省级课题10多项，资助金额超过200万元。发表论文60多篇。获授权发明专利2件。主编参编《临床免疫学检验》、《实验诊断学》、《临床分子生物学检验》、《实用检验医学》、《诊断学》、《实用临床实验室管理学》等国家高等医学院校“十一五”、“十二五”规划教材。先后获省科学技术奖一等奖1项；省医学科技奖二等奖1项。此外，还获省青年科技奖、第十四届运盛青年科技奖等荣誉称号。他主持承担的“基于毒力因子的新型隐球菌感染的诊断及免疫学机制研究”项目，获2013年度科学技术进步奖一等奖。

光荣榜

【2013年福建省科学技术重大贡献奖获得者名单】

（省政府闽政文〔2014〕16号）

尤民生　福建农林大学
夏宁邵　厦门大学

【2013年国家百千万人才工程入选人员福建省名单】

（人力资源和社会保障部人社部发〔2013〕80号）

福建省新增国家百千万人才工程领军人才（1人）

杨玉盛　福建师范大学

福建省新增百千万人才工程国家级人选（7人）

陈立典　福建中医药大学
王应明　福州大学
林　璋　福建物质结构研究所
陈　玲　福建物质结构研究所
谢小青　厦门水务集团有限公司
林圣彩　厦门大学
陈新华　国家海洋局第三海洋研究所

【2013年福建省百千万人才工程省级人选名单】

（省人力资源和社会保障厅闽人社函〔2013〕131号）

方　奇　厦门钨业股份有限公司
冯　淦　瀚天泰成电子科技（厦门）有限公司
高　浩　福建汇华集团东南汽车缸套有限公司
黄　辉　华侨大学
赖克中　福建邮科通信技术有限公司
李福山　福州大学
李诗勤　福州瑞芯微电子有限公司
林大富　福建南平南孚电池有限公司
林仕供　福建尤迪电机制造有限公司
刘光明　集美大学
麻秀星　厦门市建筑科学研究院集团股份有限公司
孙　玮　武夷学院
吴　波　福建工程学院
吴庆雄　福州大学
熊雨前　福州福昕软件开发有限公司
叶　宁　中国科学院福建物质结构研究所
张韵东　福州中星电子有限公司
彭栋梁　厦门大学
李登峰　福州大学
王应明　福州大学
陈　玲　中国科学院福建物质结构研究所
李广社　中国科学院福建物质结构研究所
林　璋　中国科学院福建物质结构研究所
杨黄浩　福州大学
陈淑红　漳州师范学院
晏卫根　集美大学
邱思鑫　福建省农业学院作物研究所
魏太云　福建农林大学
许旭明　三明市农业科学研究院
杨　广　福建农林大学
曾　辉　福建省农业科学院食用菌研究所
陈新华　国家海洋局第三海洋研究所
刘　健　三明学院
詹家绥　福建农林大学
阮晓莺　闽江学院
温敬元　中共福建省委党校福建行政学院
张　莉　福建师范大学
张学文　福建社会科学院

陈祖芬　　莆田学院
魏远竹　　宁德师范学院
宋建丽　　厦门大学
陈作松　　福建师范大学
李　晖　　宁德一中
谢宗贵　　福建日报
陈　伟　　福建医科大学
孙蓬明　　福建省妇幼保健院
陶　静　　福建中医药大学
温俊平　　福建省立医院
尹震宇　　厦门大学附属中山医院
张　军　　厦门大学
袁水平　　紫金矿业集团股份有限公司
卢长宝　　福建省晋江市华宇织造有限公司

【第十三届福建省青少年科技教育突出贡献奖】
（省科协、省教育厅、省科技厅闽科协发〔2013〕105号文件）

优秀科技辅导员

陈　颖　　福州第一中学
林泳许　　福建师范大学附属中学
林　华　　福州市鼓山中心小学
阙锦南　　厦门双十中学
许长熊　　晋江市实验小学
陈思鑫　　泉州市第七中学
华丕功　　连城县姑田镇下堡小学
朱元杰　　永安市第一中学
邱守雄　　建阳第一中学
郑鸣珍　　福安市潭头中心小学

优秀科技教育工作者

张礼朝　　福州第一中学
谢宗辉　　莆田市科学技术协会
蔡育树　　晋江市科学技术协会
吴添根　　长泰县青少年科技辅导员协会
金福同　　柘荣县教育局

科技教育先进集体

福州市教育局中等教育处
厦门外国语学校
泉州市科学技术协会
永安市第一中学
福安市第一中学

【第十三届福建省小科学家名单】
（省科协、省教育厅、省科技厅闽科协发〔2013〕143号文件）

王　晨　　福州第一中学
张瑞喆　　福州第一中学
李泽龙　　福州第一中学
陈　轲　　福州第一中学
陈嘉闽　　福州第一中学
郑天镭　　福州第一中学
侯冠豪　　福州第一中学
林旸焜　　福州第一中学
黄豪硕　　福州第一中学
温柔嘉　　福州第一中学
冯　雍　　福建师范大学附属中学
陈涵冬　　福建师范大学附属中学
念　诚　　福建师范大学附属中学
林位麟　　福建师范大学附属中学
柯嵩宇　　福建师范大学附属中学
张逸韬　　福州第三中学
李哲舟　　福州第三中学
杨芳斐　　福州第三中学
肖炜熠　　福州第三中学
邱泽宇　　福州第三中学
陈天圭　　福州第三中学
林姗姗　　福州第三中学
练　舒　　福州第三中学
范浩正　　福州第三中学
俞君文　　福州第三中学
夏诗皓　　福州第三中学
徐达意　　福州第三中学
陈熹德　　福州铜盘中学
韩陈睿　　福州三牧中学
刘定峰　　厦门第一中学
王逸凡　　厦门第一中学
许璀杰　　厦门第一中学
吴　凡　　厦门第一中学
吴艺杰　　厦门第一中学
吴南燕　　厦门第一中学
张欣窈　　厦门第一中学
李　响　　厦门第一中学
李玮祺　　厦门第一中学
李宣林　　厦门第一中学
杨一滨　　厦门第一中学
沈家丞　　厦门第一中学
陈李丽奇　厦门第一中学
陈思航　　厦门第一中学
陈子尧　　厦门第一中学
陈睿超　　厦门第一中学
林梓楠　　厦门第一中学
施颉昌　　厦门第一中学
柯竞怡　　厦门第一中学
黄志超　　厦门第一中学
傅文渊　　厦门第一中学
詹子贤　　厦门第一中学
蔡子熙　　厦门第一中学
颜康平　　厦门第一中学

冯　哲	厦门双十中学
许　悦	厦门双十中学
张　挺	厦门双十中学
李　响	厦门双十中学
胡澜川	厦门第六中学
杨鸢飞	厦门第六中学
陈　坎	厦门市英才学校
庄哲明	同安第一中学
余逸琳	泉州市实验中学
刘家昌	泉州市第一中学
赖泽华	泉州第五中学
王宇恒	晋江市第一中学
吴明锋	晋江市南侨中学
施祉鑫	晋江市南侨中学
李文鑫	晋江市实验小学
游诗韬	晋江市实验小学
李宏约	安溪第一中学
陈志坤	安溪第一中学
黄剑英	安溪第一中学
廖延江	安溪蓝溪中学
蒋屹莛	莆田第一中学
李君诚	龙岩第一中学
黄同舟	宁德市民族中学
李琳杰	福安市德艺学校
钟正航	福安市逸夫小学

【第九届福建省科技工作者优秀建议奖获奖项目】
（省科协闽科协发〔2013〕103 号文件）

1.《关于加快我省渔业发展的五点建议》建议者：省老科学技术工作者协会
2.《关于福建省高速公路施工标准化管理的建议》建议者：省高速公路有限责任公司
3.《关于福建省小城镇综合改革建设试点考核指标体系构建的建议》建议者：郑庆昌等 8 人
4.《关于推进马尾新城建设的思路与建议》建议者：福州市科协
5.《关于确保省花卉产业走在全国前列的建议》建议者：柴喜堂
6.《关于加强农村卫生人才队伍建设的几点建议》建议者：林实
7.《关于促进我国稀土工业可持续科学发展的提案》建议者：骆沙鸣
8.《关于在我省水土流失治理区推广种植木豆的建议》建议者：郑开斌等 5 人
9.《关于建设大坝远程监控与健康诊断系统的建议》建议者：陈瑞兴等 11 人
10.《关于大力发展创意产业，促进经济发展方式转变的建议》建议者：李琦等 3 人

【第二十届运盛青年科技奖】　根据《福建运盛青年基金会奖励条例》规定，经第二十届运盛青年科技奖专家评审委员会评选，2013 年 8 月 8 日运盛（福建）青年基金会理事会批准授予王乾廷等 10 人“第二十届运盛青年科技奖”。

王乾廷	福建工程学院科研处、研究生处处长、教授、博士
刘剑萍（女）	福州大学数学与计算机科学学院副教授、博士
李　娟（女）	福建省农业科学院土壤肥料研究所副研究员、硕士
杨建红	华侨大学机电及自动化学院检测与控制工程系副主任、副教授、博士
杨朝勇	厦门大学化学化工学院化学生物学系副主任、教授、博士生导师、博士
郑庆东	中国科学院福建物质结构研究所研究员、博士
黄　辉	华侨大学机电及自动化学院教授、博士生导师、博士
龚振宇	南京军区福州总医院口腔科副主任、副主任医师、博士
曾绍校	福建农林大学食品科学学院营养与食品安全系主任、副教授、博士
潘晓东	福建医科大学附属协和医院副主任医师、博士

【第五届紫金科技创新奖】　2013 年 8 月 12 日，经网上专家初评、评审委员会评审、网上公示以及紫金科技创新奖理事会审核通过，刘波等 10 人所申报的科技创新成果荣获“第五届紫金科技创新奖”。

刘　波	福建省农业科学院 院长 研究员
刘家富	宁德市水产技术推广站 研究员
孙亚力	福建新大陆电脑股份有限公司 总经理
李　芹（女）	福州市传染病院 副院长
陈　刚	福建省立医院科研处 处长 主任医师
陈文哲	福建厦门理工学院院长教授
陈发兴	福建农林大学园艺学院 研究员 博导
沈建箴	福建医大附属协和医院主任医师、教授、博导
杨明杰	福建省永林竹业有限公司 副总经理
黄六莲（女）	福建农林大学材料工程学院 教授

科技成果与奖励

Achievements and Awards of Science and Technology

科技成果奖励概述

【科技成果登记】 2013年，福建省采用科技部统一的《国家科技成果登记系统》进行科技成果登记，实行数字化管理，通过信息网络上报科技成果数据，并进入国家科技成果库定期公报。全年登记科技成果509项，其中：按成果性质分，应用技术成果475项（占93.32%）、基础理论成果24项（占4.72%）；按成果完成单位分，由企业完成175项（占34.38%）、医疗机构完成90项（占17.68%）、独立科研机构完成112项（占22.01%）、大专院校完成64项（占12.57%）、其他单位完成68项（占13.36%）。

在475项应用技术成果中：①按技术水平分布，居国际领先水平的成果16项（占3.37%）、国际先进水平的成果72项（占15.16%）、国内领先水平的226项（占47.58%）、其他161项（占33.89%）。②按不同属性完成单位分布，居国际领先水平的16项成果中，由企业完成的5项、其他单位11项；在居国际先进水平的72项成果中，由企业完成32项、独立科研机构15项、医疗机构10项、其他单位15项；在居国内领先水平的226项成果中，由企业完成的95项、独立科研机构36项、医疗机构30项、大专院校27项、其他单位38项。③从应用情况看，已应用的有458项，占应用技术成果的96.42%，依次是企业完成的172项、独立科研机构89项、大专院校52项、医疗机构83项、其他单位62项。未应用的有5项、占1.05%。

【科技成果奖励】 2013年，福建省进一步完善评审程序，充实评审内容，实现评审工作全过程信息化，有效地促进了科技奖励工作的健康发展。当年，共有487项申报奖励项目符合条件，进入评审。经初评、复评及省科技奖励委员会评审表决，省政府决定授予2人省科学技术重大贡献奖、197项科技成果获2013年度省科学技术奖，其中一等奖13项（自然科学奖1项、技术发明奖2项、科技进步奖10项），二等奖66项（自然科学奖4项、技术发明奖2项、科技进步奖60项），三等奖118项（自然科学奖6项、技术发明奖10项、科技进步奖102项）。当年，全省共有12项成果获2013年度国家科学技术奖，其中主持完成项目4项、参与完成8项。

（省科技厅成果处、省科技奖励办公室）

科学技术奖

【2013年度国家科学技术奖福建省获奖情况】 2013年度国家科学技术奖（国务院国发〔2014〕2号）共评出：国家最高科学技术奖2人（张存浩、程开甲），国家自然科学奖54项（一等奖1项、二等奖53项），国家技术发明奖71项（一等奖2项、二等奖69项），国家科学技术进步奖188项（特等奖3项、一等奖24项、二等奖161项），中华人民共和国国际科学技术合作奖8名（均为外籍科学家）。其中：福建省获2013年度国家自然科学奖2项、国家技术发明奖二等奖3项（均为合作完成）、国家科学技术进步奖6项（含合作完成5项）、中华人民共和国国际科学技术合作奖1名。（主要获奖者简介参见“科技人才与队伍”）。

【2项成果获2013年度国家自然科学奖】 获奖名单如下：

福建省获2013年度国家自然科学奖情况表（2项）

项目名称	主要完成人	主要完成单位	获奖等级
电催化剂的表面结构效应、设计合成和反应机理研究	孙世刚、周志有、田　娜、陈声培、姜艳霞	厦门大学	二等奖
TNF诱导的细胞坏死分子机制的研究	韩家淮、张端午、谢昌传、周化民、张　娜	厦门大学	二等奖

【电催化剂的表面结构效应、设计合成和反应机理研究】 获2013年度国家自然科学奖二等奖，由厦门大学孙世刚等承担完成。电催化剂是电化学能源转换等重要领域的核心，其性能主要取决于表面结构。该项目二十多年来系统研究原子排列结构明确的金属单晶模型电催化剂，揭示了电催化的构效规律，提出椅式结构活性位模型；建立电化学原位红外光谱等先进的界面研究方法，阐明了电催化反应机理；进而创建高指数晶面/高表面能金属纳米晶结构控制合成的电化学方法，制备出具有高密度活性位的铂二十四面体等一系列高表面能纳米晶，实现纳米催化剂的设计合成和性能调控，被Science专文评价为“纳米催化剂合成的重大突破”。

【TNF诱导的细胞坏死分子机制的研究】 获2013年度国家自然科学奖二等奖，由厦门大学韩家淮等承担完成。该项目利用一系列细胞和分子生物学方法，找到了细胞坏死和凋亡的分子转化开关－RIP3，发现它对细胞能量代谢的调控作用、在控制细胞的死亡方式上，起着重要作用。项目组用逆转录病毒介导细胞内随机整合诱导基因突变，建立了一个$>4\times10^4$的突变库，然后分离抗TNF诱导坏死的基因，再对被整合的基因进行分析，从而确定那些与细胞坏死相关的基因。项目建立了一个用培养细胞做材料的遗传学研究新方法，找到了一些与细胞坏死相关的基因。

【3项成果获2013年度国家技术发明奖】 获奖名单如下：

福建省获2013年度国家技术发明奖情况表（3项）

项目名称	主要完成人	主要完成单位	获奖等级
重大淀粉酶品的创新、绿色制造及其应用	王正祥、路福平、郭庆文、石贵阳、叶秀云、刘逸寒	江南大学、天津科技大学、山东隆大生物工程有限公司、福建福大百特科技发展有限公司、天津科技大学	二等奖
KBBF族晶体深紫外非线性光学特性的发现、晶体生长与激光应用	陈创天、许祖彦、王继扬、王晓洋、李如康、唐鼎元	中科院理化技术研究所、中科院物理研究所、山东大学、中科院福建物质结构研究所	二等奖
新型自密实混凝土设计与制备技术及应用	余志武、谢友均、田　倩、郑建岚、李化建、龙广成	中南大学、江苏省建筑科学研究院有限公司、福州大学、中国铁道科学研究院	二等奖

【6项成果获2013年度国家科技进步奖】 获奖名单如下：

福建省获2013年度国家科技进步奖情况表（6项）

项目名称	主要完成人	主要完成单位	获奖等级
两系法杂交水稻技术研究与应用	袁隆平、石明松、邓华凤、卢兴桂、邹江石、罗孝和、王守海、杨振玉、牟同敏、王　丰、陈良碧、贺浩华、覃惜阴、刘爱民、尹建华、万邦惠、李成荃、孙宗修、彭惠普、程式华、潘熙淦、杨聚宝、游艾青、曾汉来、吕川根、武小金、邓国富、周广洽、黄宗洪、刘宜柏、冯云庆、姚克敏、汪扩军、王德正、朱英国、廖亦龙、梁满中、陈大洲、粟学俊、肖层林、尹华奇、廖伏明、袁潜华、李新奇、童　哲、周承恕、郭名奇、阳庆华、徐小红、朱仁山	湖南杂交水稻研究中心、湖北省农业科学院粮食作物研究所、江苏省农业科学院、安徽省农业科学院水稻研究所、华中农业大学、武汉大学、广东省农业科学院水稻研究所、湖南师范大学、江西农业大学、广西壮族自治区农业科学院水稻研究所、中国水稻研究所、袁隆平农业高科技股份有限公司、江西省农业科学院水稻研究所、华南农业大学、福建省农业科学院水稻研究所、贵州省水稻研究所、北京金色农华种业科技有限公司、湖南省气象科学研究所	特等奖

续表

项目名称	主要完成人	主要完成单位	获奖等级
石材高效加工用金刚石磨粒工具关键技术及应用	徐西鹏、黄　辉、李　远、郭　桦、许晓旺、梁志鹤、李小松、沈剑云、黄国钦、林天华	华侨大学、福建万龙金刚石工具有限公司、泉州金山石材工具科技有限公司、泉州众志金刚石工具有限公司、福建省华隆机械有限公司	二等奖
杨梅枇杷果实贮藏物流核心技术研发及其集成应用	陈昆松、徐昌杰、孙　钧、孙崇德、李　莉、张泽煌、江国良、郑金土、张　波、王康强	浙江大学、浙江省农业厅经济作物管理局、四川省农业科学院园艺研究所、福建省农业科学院果树研究所、全国农业技术推广服务中心、宁波市林特科技推广中心、仙居县林业特产开发服务中心	二等奖
农林剩余物多途径热解气化联产炭材料关键技术开发	蒋剑春、应　浩、张　锴、黄　彪、邓先伦、刘　勇、卢元健、许　玉、孙　康、孙云娟	中国林业科学研究院林产化学工业研究所、华北电力大学、福建农林大学、合肥天焱绿色能源开发有限公司、福建元力活性炭股份有限公司	二等奖
混凝土裂缝分龄期防治新材料和新技术及其应用	钱春香、钱觉时、蒋亚清、孙　伟、麻秀星、王瑞兴、高桂波、郭景强、叶德平、李　敏	东南大学、重庆大学、河海大学、西卡（中国）有限公司、科之杰新材料集团有限公司、山东省建筑科学研究院、南京派尼尔科技实业有限公司	二等奖
主要农业入侵生物的预警与监控技术	万方浩、张润志、王福祥、徐海根、郭琼霞、李志红、赵　健、冯　洁、张绍红、周卫川	中国农业科学院植物保护研究所、中国科学院动物研究所、全国农业技术推广服务中心、环境保护部南京环境科学研究所、福建出入境检验检疫局检验检疫技术中心、中国农业大学、福建省农业科学院	二等奖

【石材高效加工用金刚石磨粒工具关键技术及应用】 获2013年度国家科技进步奖二等奖，由华侨大学徐西鹏等承担完成。该项目针对天然岩石加工过程中存在的技术和工艺难题，研发了一系列新型金刚石工具及相关工艺技术。项目从基础研究出发，寻找到石材加工中金刚石磨粒失效的主要根源和解决方法；以保证单颗磨粒最佳切削载荷为约束，研发了一系列具有自主知识产权的金刚石磨粒工具制备新技术；开发成功一系列基于新型金刚石工具的石材加工新工艺与新技术。项目成果在国内外石材加工领域得到广泛应用，实现了石材的高效率、低成本、低岩屑排放和低能耗加工。该项目相关技术获授权发明专利12件，发表论文215篇。推动了石材加工整体技术水平的提升。项目在福建省多家企业得到应用，经济与社会效益显著。

【2013年度福建省科学技术奖概况】 2013年，省科技厅共收到申请评选福建省科学技术奖的推荐项目493项；经过形式审查、公示等程序，共有487项申报奖励符合条件。经省科技奖励委员会评审表决，省政府批准（闽政文〔2014〕16号），共有2人获省科学技术重大贡献奖、197项科技成果获2013年度省科学技术奖，其中一等奖13项（自然科学奖1项、技术发明奖2项、科技进步奖10项），二等奖66项（自然科学奖4项、技术发明奖2项、科技进步奖60项），三等奖118项（自然科学奖6项、技术发明奖10项、科技进步奖102项）。获奖项目中，自然科学奖11项，占5.58%；技术发明奖14项，占7.11%；科技进步奖172项，占87.31%。

获奖项目任务来源 获奖项目的成果分别通过国家科技计划、福建省科技计划、单位自选课题等实施产生。其中，科技部科技计划项目16项，占获奖项目的8.12%；国家自然科学基金项目8项，占4.06%；国家其他部委项目4项，占2.03%；省科技厅项目43项，占21.83%；省其他厅局科技计划项目 23 项，占 11.68%；设区市科技局项目 12 项，占 6.09%；自选项目 76 项，占 38.58%；其他项目 13 项，占 6.6%。

2013 年度省科技奖获奖项目按任务来源和完成单位类型统计情况表

单位：项、%

任务来源	科研单位	高等院校	企业单位	其他	合计	比例
A. 科技部科技计划	2	6	6	2	16	8.12
B. 国家自然科学基金		6		2	8	4.06
C. 国家其他部委科技计划	1		2	1	4	2.03
D. 省科技厅科技计划	10	9	7	17	43	21.83
E. 省其他厅局科技计划	4	2	7	10	23	11.68
F. 设区市科技局科技计划		1	6	5	12	6.09
G. 其他单位委托		1		1	2	1.02
H. 自选	4	6	40	26	76	38.58
I. 其他		3	7	3	13	6.60
总计	**21**	**34**	**75**	**67**	**197**	**100**

获奖项目成果分类情况 获奖项目中，基础理论成果 11 项，占获奖项目的 5.58%；应用技术成果 186 项，占 94.42%。

2013 年福建省科技奖获奖项目按成果分类和完成单位类型统计情况表

单位：项、%

获奖项目成果分类	科研单位	高等院校	企业单位	其他	合计	比例
基础理论	2	8		1	11	5.58
应用技术	19	26	75	66	186	94.44
合计	**21**	**34**	**75**	**67**	**197**	**100**

获奖项目行业分布 2013 年度省科技奖获奖项目中，应用技术成果 186 项，分布在 9 个国民经济行业中。其中制造业、农林牧渔业和卫生（社会保障和社会福利业）三个行业的获奖项目数居前三位，分别为 56 项、42 项和 40 项，分别占应用技术成果的 30.11%、22.58%、21.51%。从国民经济行业分布看，获奖项目中属于民生行业的农林牧渔业、卫生（社会保障和社会福利业）和水利、环境和公共设施管理业项目共有 90 项，占应用技术成果的 48.39%。

2013 年度省科技奖获奖项目（应用技术成果）按国民经济行业和完成单位类型统计情况表

单位：项、%

国民经济行业	科研单位	高等院校	企业单位	其他	合计	比例
A. 农、林、牧、渔业	15	9	1	17	42	22.58
B. 采矿业			1		1	0.54
C. 制造业	1	5	44	6	56	30.11
D. 电力、燃气及水的生产和供应业		1	6		7	3.76
E. 建筑业	2	1	1	2	6	3.23
F. 交通运输、仓储和邮政业		1	6	2	9	4.84
G. 信息传输、计算机服务和软件业		2	11		13	7.00
H. 批发和零售业						
I. 住宿和餐饮业						

续表

国民经济行业	科研单位	高等院校	企业单位	其他	合计	比例
J. 金融业						
K. 房地产业						
L. 租赁和商务服务业						
M. 科学研究、技术服务和地质勘查业		2		2	4	2.15
N. 水利、环境和公共设施管理业	1		4	3	8	4.30
O. 居民服务和其他服务业						
P. 教育						
Q. 卫生、社会保障和社会福利业		5	1	34	40	21.51
R. 文化、体育和娱乐业						
S. 公共管理和社会组织						
T. 其他						
总计	**19**	**26**	**75**	**66**	**186**	**100**

获奖项目成果情况　获奖项目中，授权国内发明专利198件，授权实用新型、外观设计、计算机软件著作权等其他知识产权429件；发表国内论文1504篇、国外论文469篇，其中被SCI、EI收录571篇，被他人引用15356次；出版国内著作64部，国外著作3部。

获奖项目第一完成人情况　从获奖项目的第一完成人年龄结构来看，共有193位第一完成人，其中年龄在46～50岁以上的人数最多，比重占24.35%；41～45岁的占22.8%，51～55岁的占18.13%，56～60岁的占16.06%。这4种类型人是所有年龄结构中最多的。

2013年度省科技奖获奖项目按完成人年龄和完成单位类型统计情况表

单位：项、%

年龄区间	科技进步奖	技术发明奖	自然科学奖	贡献奖	合计	比例
30岁以下						
31～35	4		1		5	2.59
36～40	15		1		16	8.29
41～45	39	4	1		44	22.80
46～50	43	2	2		47	24.35
51～55	33	1	1		35	18.13
56～60	24	4	2	1	31	16.06
61～65	6		2	1	9	4.66
66～70	2	1	1		4	2.07
70岁以上		2			2	1.04
合计	**166**	**14**	**11**	**2**	**193**	**100**

注：企业创新类4项未列入

【11项成果获2013年度福建省自然科学奖】　共评出2013年度福建省自然科学奖11项，其中一等奖1项、二等奖4项、三等奖6项，获奖名单如下：

一等奖（1项）

项目名称	主要完成单位	主要完成人员
无机一有机杂化光功能材料的设计和调控	中国科学院福建物质结构研究所	郭国聪、洪茂椿、王明盛、陈　莲、徐　刚

二等奖（4 项）

项目名称	主要完成单位	主要完成人员
豆科植物种子中系列生物防御蛋白的研究	福州大学	汪少芸、叶秀云、饶平凡
量子纠缠与幺正操作及其在量子信息处理中的应用	福建师范大学、中国科学技术大学	叶明勇、张永生、林秀敏
北冰洋碳循环及其对气候变化的响应	国家海洋局第三海洋研究所	陈立奇、高众勇、余　雯、王伟强
病理性疼痛机制与疼痛治疗新靶点的基础研究	福建师范大学	洪炎国、王冬梅、黄　键、陈雅娟、张彦定

三等奖（6 项）

项目名称	主要完成单位	主要完成人员
圆叶决明抗逆机理与营养调控	福建省农业科学院农业生态研究所	翁伯琦、黄毅斌、王义祥、徐国忠、应朝阳
生物炼制关键酶的分子设计及生物催化	华侨大学	方柏山、张光亚、陈宏文
神经网络全局收敛性及多重稳定性研究	集美大学	黄振坤、宾红华
连续全局优化和非线性整数规划的算法研究	福州大学	朱文兴、傅清祥
海洋桡足类滞育生物学研究	厦门大学	王桂忠、李少菁、吴荔生、姜晓东
光束整形与变换新技术	华侨大学	蒲继雄、陈子阳、王　涛

【无机—有机杂化光功能材料的设计和调控】 获 2013 年度省自然科学奖一等奖，由中国科学院福建物质结构研究所郭国聪等承担完成。该项目采用“无机－有机杂化”的结构设计理念，围绕三类光功能材料的体系开发和性能调控开展了系统研究。主要技术特点及创新点：①建立光致变色材料设计和合成新方法、揭示光致变色机制、合成了系列无机－有机杂化光致变色材料。②通过结构设计发现了两种新型单基质白光材料、研制了系列无机－有机杂化单基色发光材料。③针对无机和有机 NLO 材料的优缺点，结构设计和定向合成了系列无机－有机杂化 NLO 材料。发表 SCI 论文 126 篇（他引 3272 次）。部分研究结果被评审为“国际领先水平”。

【豆科植物种子中系列生物防御蛋白的研究】 获 2013 年度省自然科学奖二等奖，由福州大学汪少芸等承担完成。该项目利用色谱、质谱、电泳、氨基酸序列分析、微生物、细胞检测，结构生物学等科学实验手段从豆科植物种子中发现具有抗真菌、抗细菌和抗肿瘤活性的系列生物防御蛋白。主要技术特点及创新点：①通过构建高效分离方法，发现了豆科植物种子中存在系列生物防御蛋白，同时还展现它们独特的活性。②建立豆科植物中的系列植物防御蛋白之间的协同作用体系。③创造性地发现植物防御蛋白的空间结构和构效关系。通过培养防御蛋白晶体，解析其空间结构，阐明了构效关系和作用机理。该发现利用食品生物化学和结构化学的研究方法，大胆创新，成功培养了蛋白质晶体并进行了 X 射线衍射、结构解析和机理研究，在科学方法、技术手段上有重大创新和发现。编写著作 1 部，发表学术论文 50 篇，被 SCI 收录的论文 27 篇，8 篇代表作论文共被引用 157 次，其中被他引 121 次。

【量子纠缠与幺正操作及其在量子信息处理中的应用】 获 2013 年度省自然科学奖二等奖，由福建师范大学叶明勇等承担完成。该项目研究内容包括量子纠缠的性质与应用研究、幺正操作的性质与应用研究、量子纠缠与幺正操作间的关系研究。主要技术特点及创新点：①利用纠缠态在辅助经典通信的局域操作下的转换方法以及数学上的 Heine－Borel 定理率先证明：即使不使用最大纠缠态，也可以实现任意量子态确定性地远程忠实制备，且仅需有限的经典通信量，而这是广为人知的量子隐形传态方法不可能实现的；通过联系 SU（N）群生成元，不涉及量子纠缠度量，提出了两粒子或多粒子正交量子态能够在局域测量与经典通信下被区分的必要条件，解决了之前所获得的必要条件由于多粒子纠缠的度量不容易计算难以应用到多粒子情形问题；指出刊登在物理学顶级期刊 Phys. Rev. Lett. 96，060502（2006）上新发现的四粒子纠缠态经局域幺正操作后等价于四粒子的矩形图态，并可用于检验量子力学基本原理。②发现一类两量子比特幺正操作，在单量子比特幺正操作的辅助下使用 3 次就能够构造出任意的两量子比特幺正操作，而之前仅知两量子比特受控非幺正操作（CNOT）具有这种能力；通过编码的方法，提出在具体物理体系用较易实现的全局磁场替代局域磁场实现基本幺正操作的量子计算方案；给出了绝热近似下量子系统态演化的误差与总演化时间之间的关系表达式。③在给定初态纠缠情况下，探讨了当一个两比特幺正操作作用在两比特纯态上，其末态最大纠缠与初态纠缠以及幺正操作参数间的依赖关系，并得到了解析的结果，该结果可用来表征两比特幺正操作改变纠缠的能力；采用正定算子值测量，讨论了两比特纠缠态产生幺正操作的能力，结果表明该种测量方法提高了成功几率。该项目已发表论文13篇，研究成果达到国际先进水平。

【北冰洋碳循环及其对气候变化的响应】 获2013年度省自然科学奖二等奖，由国家海洋局第三海洋研究所陈立奇等承担完成。该项目利用自1999年以来的中国历次北极科学考察，对西北冰洋进行了深入的调查研究。对北冰洋碳循环过程和海—气通量对气候的变化进行了长期时空系列（1999～2010）研究，对白令海及西北冰洋 CO_2 体系及其相关参数进行细致的分析整理，详细研究了表层海水 CO_2 分压（pCO_2）时空变异、全球变化中的北极碳汇——现状与未来等问题。主要技术特点及创新点：①发现白令海入流水能够显著影响楚科奇海 pCO_2 值而产生异常，造成了白令海峡西部的Anadyr水体的 pCO_2 低值，而主控东部的Alaskan沿岸流有相对高值。同时，研究发现白令海入流水能够携带高营养盐进入北冰洋，并对北冰洋的生态系统产生影响，这种影响将使北极对全球变暖具有重要的反馈潜能。②2008年中美合作的北冰洋考察率先报道了海冰融化的加拿大海盆区海表 pCO_2 的高精度观测结果。通过比较1999年夏季在观测区域南部的历史数据，以及1994年夏季于海冰覆盖的海盆区观测的历史数据，发现海表 pCO_2 在这十几年中迅速增大，其升高速率大于大气 pCO_2 的升高速率。由此导致海—气 CO_2 分压差减小，从而降低海—气 CO_2 交换的能力。模型的分析结果表明，大气 CO_2 迅速侵入海表、混合层阻止海—气 CO_2 的进一步交换、低生物吸收与海表升温过程共同导致加拿大海盆海冰融化后的海表高 CO_2 分压。进一步预测在未来一定时期内，随着海冰的进一步融化，北冰洋作为大气 CO_2 汇的能力将进一步增强。然而，其作为大气 CO_2 强汇的潜在能力将最终消失。获授权发明专利1件，实用新型专利1件。已发表论文41篇。该研究在北冰洋获得了大量的碳体系参数的高精度的测量数据，获取了北冰洋碳循环在全球气候变化认知上的突破，取得了许多新的科学发现。

【病理性疼痛机制与疼痛治疗新靶点的基础研究】 获2013年度省自然科学奖二等奖，由福建师范大学洪炎国等承担完成。该项目以疼痛的临床治疗为导向，从两方面入手解决疼痛治疗难题。一是研究痛觉机制，以寻找合理的疼痛治疗靶点。二是研究吗啡耐受机制，以采取措施保持吗啡的镇痛效力，因中、重度（如创伤、癌症痛）疼痛的治疗至今仍然依赖以吗啡为代表的阿片类药物，为确立治疗疼痛的新靶点奠定了理论基础。主要技术特点及创新点：①证实外周5—羟色胺2A受体在炎性痛和神经病理性痛的发生中起重要作用；提出外周炎症病灶5—羟色胺致痛的新的机制，是抑制炎症所启动的机体自我保护活动（释放阿片肽）。②揭示了脊髓肾上腺髓质素上调引发级联反应，是导致慢性炎性痛发生发展的新机制。③提出了慢性应用吗啡使肾上腺髓质素产生增加而引发的级联反应，是导致吗啡耐受形成的新理论。④揭示了感觉细胞特异性受体抑制吗啡耐受的神经生物学机制。获授权中国发明专利2件，美国发明专利1件。发表论文13篇。

【14项成果获2013年度福建省技术发明奖】 共评出2013年度福建省技术发明奖14项，其中一等奖2项、二等奖2项、三等奖10项，获奖名单如下：

一等奖（2项）

项目名称	主要完成单位	主要完成人员
流态化（沸腾层）自蔓延制造高性能超细钴粉新技术及其应用	厦门钨业股份有限公司、厦门金鹭特种合金有限公司	吴冲浒、吴其山、林高安、李凌祥、肖满斗
乳仔猪肠道健康的营养和免疫调控技术研究与应用	漳州大北农农牧科技有限公司、福建农林大学、北京大北农科技集团股份有限公司	黄一帆、张玳华、宋维平、宋洪芦、马玉芳

二等奖（2项）

项目名称	主要完成单位	主要完成人员
手套式传感器及EMT电磁检测系统	爱德森（厦门）电子有限公司	林俊明、林发炳、张开良、林春景、何宜东
长寿命高可靠性重载卡车推力杆关节轴承	福建龙溪轴承（集团）股份有限公司	何国辉、庄鸿鸣、高　莹、陈志雄、戴新琦

三等奖（10 项）

项目名称	主要完成单位	主要完成人员
电力地理信息系统（EPGIS）平台研发与应用	福建省电力有限公司、厦门亿力吉奥信息科技有限公司	蔡师民、林　韩、李功新、刘建明、刘金长
两亲型改性木质素水煤浆添加剂及产业化	福州大学、福建清源科技有限公司、石狮市清源精细化工有限公司	刘明华、郑福尔、刘以凡、林兆慧、苏千德
射频手机用户识别卡（2.4GRF－SIM）	厦门盛华电子科技有限公司	邵威烈、赵成武、蓝先春、范绍山、游鸿东
中波红外侦察跟踪及两档视场一体化热成像系统	福建福光数码科技有限公司	肖维军、林春生、屈立辉、周宝藏、郑炜亮
高效超规格环保大型自动化砌块成型机	群峰智能机械股份公司	徐金山、林初仁
轴向柱塞式高压共轨泵	福建省莆田市中涵机动力有限公司	王九如、陈　忠、鲍城斌、张　伟
菌草技术及其应用	福建农林大学	林占熺、林冬梅、林　辉、林占森、林应兴
麻竹笋增值深加工关键技术	福建农林大学、南安市乐峰印山林场	庞　杰、罗自生、吴先辉、温成荣、潘泽川
轮椅式免脱穿粪便自动清理机	福建明明医疗辅助器具有限公司	黄春明、骆晓真、黄燕伟
新型脊柱微创内固定系统的设计与临床应用	宁德市闽东医院、厦门大博颖精医疗器械有限公司	王　春、林永绥、林志雄、刘成招、刘清平

【流态化（沸腾层）自蔓延制造高性能超细钴粉新技术及其应用】 获 2013 年度省技术发明奖一等奖，由厦门钨业股份有限公司吴冲浒等承担完成。该项目研究了草酸钴沸腾层、自蔓延机理，实现反应均衡、过程可控、稳定连续的目标；丰富了沸腾层过程和自蔓延的理论和实践。研究了高性能超细钴粉在高端超细晶、超粗晶硬质合金制造中的应用，发明了多种应用技术。主要技术特点及创新点：①在国内外率先提出：将“动态、连续的沸腾层过程”应用于自蔓延燃烧反应，变燃烧合成过程中物料固定、燃烧波移动的传统模式为物料移动、燃烧波相对固定的新模式。②发明了一种连续、动态可控的自蔓延燃烧合成超细四氧化三钴新方法及装置，并将自蔓延产物经氢还原成近球形超细钴粉，实现过程的高效节能；技术处于国际领先水平。获授权发明专利 1 件。发表论文 22 篇，其中被 SCI、EI 收录 11 篇。项目实施单位建成 500 吨/年的沸腾层自蔓延法钴粉生产线，2010～2012 年，共生产钴粉 706 吨（产值 2.1 亿元），应用沸腾层自蔓延法钴粉，生产高端硬质合金 5883 吨（产值 24.5 亿元），新增销售收入 23.5 亿元，新增利润 3.3 亿元，新增税收 1.9 亿元。该项目发明的超细钴粉生产技术及开发的高端硬质合金，满足西飞、成飞和军工建设重要部门对切削加工刀具的要求；变进口为出口，成为美国最大的硬质合金国际供应商，并且占领了欧洲和日本市场。该项技术具有优质、高效、节能、低耗的特点，三年共节约用电 317 万度、节约氢气 141 万立方米，节约稀缺的钴资源 25 吨。该项目制造的超细钴粉在制造高端超细、超粗晶硬质合金中，有效减少或消除组织缺陷，提升合金性能，推动了全国硬质合金行业的整体技术进步和产品结构升级。推广该项技术，在中国钴粉生产领域（以年产 1.85 万吨计）可节约成本 16.2 亿元，并可形成硬质合金产值 210 亿元。

【乳仔猪肠道健康的营养和免疫调控技术研究与应用】 获 2013 年度省技术发明奖一等奖，由漳州大北农农牧科技有限公司与福建农林大学等单位共同承担完成。该项目开展了乳仔猪肠道健康的营养和免疫调控技术研究与应用，开发出含微生态制剂和中药预混剂的系列饲料产品，研究成果在促进乳仔猪肠道健康的关键点上取得突破。主要技术特点及创新点：①率先分离选育出具有耐热、耐酸和耐胆盐等优良特性的粪肠球菌（CGMCCNo.2386）为核心的系列菌株，并研发出微胶囊包被的系列微生态制剂。经生产应用试验，使乳仔猪日增重提高 7.3%、饲料转化率提高 5.5%、腹泻率降低 67.3%。②率先集成使用高密度发酵工艺和双层（内层为阿拉伯胶、β－环糊精、蔗糖等；外层为明胶、羧甲基纤维素钠、麦芽糊精等）微囊包被工艺、二次干燥技术（冷冻干燥和喷雾干燥）。包被产品的活菌数≥300 亿 CFU/g，菌体得率达到 90%以上，菌体微囊包被效率 75%以上，菌体包被产率 85%以上。③创新运用中兽医“未病先防”“母安子安”理论，研制出专利配方芪苓散和黄白痢散，国内外查新未见报道。试验表明，芪苓散具有提升免疫机能、抗氧化、抗应激、促生长等功效；黄白痢散通过母服给药途径，显著降低了仔猪黄白痢发病率，增加了断奶窝重，提高了乳仔猪免疫力和抗氧化能力。研究成果解决了哺乳仔猪开食前给药困难、容易应激等生产问题。获授权专利 4 件。该成果在福建恒祥农牧集团有限公司、南平市鑫汇农业发展有限公司、福清市渔溪屿兴畜禽场、漳浦县佛昙镇建龙猪业专业合作社、厦门泰枫牧业科技有限公司等福建省各大生猪养殖场和饲料厂应用，推广头数达乳仔猪10.2万头，母猪1.1万头，新增产值超过30亿元，新增利税超过2亿元，增收节支总额超过3亿元，产生了重大的经济效益和社会效益。

【手套式传感器及EMT电磁检测系统】 获2013年度省技术发明奖二等奖，由爱德森（厦门）电子有限公司林俊明等承担完成。该项目针对航空、核工、电力、石化、铁路关键复杂零部件结构表面缺陷的精确定量，配合EMT多功能集成电磁检测系统，研制了一种以手指触觉为辅助手段的电磁检测新方法及设备，包括手套式阵列系列柔性传感器。主要技术特点及创新点：①手套式传感器的研制：采用柔性印刷电路板工艺制成电磁传感器；采用多个柔性电磁传感器工作于多通道模式；轻，薄，柔的电磁传感器内嵌于手套中，确保手指对被检测件表面状态非常敏感，手套的细节设计更适合于现场检测。②具有阵列涡流能力的EMT电磁检测仪的研制：涡流检测模块具有4个独立可选频率（可扩展到128个），4个检测通道（可扩展到128个），可实现变阵列涡流检测；金属磁记忆检测模块具有8个检测通道（可扩展到128个）。涡流/金属磁记忆检测同屏实时显示模块。这种以手指触觉为辅助手段的崭新的电磁检测方法及装置，将能够用来实现电磁检测的传感器制作在柔性电路板上，形成可弯曲的小传感器，然后套在手指上。利用人体触觉的灵敏性与手指的灵活性，配合专门研制的EMT多功能电磁检测系统，可方便地在金属结构件的被测面扫查，不受各种障碍如凹陷、焊瘤等的影响，能够利用手指的触觉及电磁的高灵敏度检测特性来进行缺陷定位和判断，提高检测结果的准确性和方便性。获授权发明专利7件，实用新型专利6件。发表论文9篇，其中被SCI、EI收录1篇。

【长寿命高可靠性重载卡车推力杆关节轴承】 获2013年度省技术发明奖二等奖，由福建龙溪轴承（集团）股份有限公司何国辉等承担完成。该项目研制了上球座关节轴承和直球座关节轴承两种结构形式的载重汽车悬挂系统V型推力杆用交叉油槽向心关节轴承，满足在环境恶劣的工况条件下耐冲击、耐磨损和长寿命等要求，同时具有调节偏斜、缓冲振动、少维护等性能。主要技术特点及创新点：①上球座关节轴承：外圈采用轴承钢，淬火，磷化，内球面带有交叉油槽；内圈采用40Cr，心部调质，表面高频淬火，磷化。技术关键点有：外圈交叉油槽的设计；交叉油槽的加工技术研究；内圈球面的高频淬火技术研究；内圈与外圈配套工艺技术研究。②直球座关节轴承：直球座关节轴承有两种结构形式：第一种结构形式：外圈采用轴承钢，淬火，磷化，外圈外径硫化聚氨酯；球头销采用40Cr，心部调质，表面高频淬火，磷化。技术关键点有：外圈交叉油槽的设计及加工技术研究；球头销的精密锻造技术研究；球头销球面的高频淬火技术研究；球头销的加工技术研究；球头销与外圈配套工艺技术研究；硫化技术研究；直球座关节轴承疲劳性能研究。第二种结构形式：外圈采用中碳钢，球形表面衬有双金属自润滑材料，内圈采用40Cr，心部调质，表面高频淬火，外球面镀硬铬，外圈球形表面通过专用模具挤压成形，使双金属衬垫与内圈外球面之间形成一良好的偶合摩擦副。技术关键点有：外圈挤压前结构设计与成形技术研究；专用挤压模具的设计与制造；双金属自润滑材料的摩擦磨损性能研究；游隙处理技术。获授权发明专利1件、实用新型专利3件。该项目研制具有自主知识产权的重载卡车V型推力杆专用关节轴承，并在国内各大载重卡车上大量应用，不仅对提升中国关节轴承设计与制造水平具有较大的促进作用，同时对提高载重汽车推力杆的整体产品质量也具有较大的促进作用。该成果的使用成功也可推广到载重汽车下推力杆和高铁扭力杆使用。

【172项成果获2013年度福建省科技进步奖】 共评出2013年度福建省科技进步奖172项，其中一等奖10项、二等奖60项、三等奖102项。获奖名单如下：

一等奖（10项）

项目名称	主要完成单位	主要完成人员
汽车玻璃塑料包边精密高品质成型关键技术及应用	福建工程学院、福耀玻璃工业集团股份有限公司、福建宏达模具塑料厂	王乾廷、刘贤平、陈文哲、章　武、郑和坦、李思铿、沈俊龙、王火生、俞建钊、陈鼎宁
提高鱼糜制品品质关键及综合技术的研究与应用	福建农林大学	张　怡、曾绍校、谢三都、郑宝东、田玉庭、郑亚凤、庄玮婧、郭泽镔、曾红亮、卢　旭
数字省政务信息与空间信息资源共享服务关键技术及应用	福州大学、中国科学院地理科学与资源研究所、福州福大经纬信息科技有限公司	王钦敏、吴　升、涂　平、肖桂荣、施友连、朱勤东、陆　锋、林　中、卢毅敏、梁娟珠

续表

项目名称	主要完成单位	主要完成人员
联想乐 OS 操作系统平板电脑（IdeaTabS2）	联想移动通信科技有限公司	李向东、陈建成、梁　超、林志雄、张　龙、林昌辉、刘　姗
塔内氧化—钙基强碱—石膏湿法烟气脱硫装置	福建龙净环保股份有限公司、东南大学	陈泽民、阎　冬、何永胜、景建平、陈天光、刘晓琴、温卿云、高继贤、吴景辉、仲兆平
重要植物有害生物快速检测技术及试剂盒的研发与应用	福建省农业科学院植物保护研究所、福建省农业科学院作物研究所、福建省农业科学院果树研究所、厦门泰京生物技术有限公司、厦门出入境检验检疫局检验检疫技术中心	翁启勇、陈庆河、李本金、邱思鑫、范国成、黄蓬英、兰成忠、赵　健、陈　涵、陈　军
乌龙茶清洁化自动化精加工关键技术及产业化	福建农林大学、福建安溪先锋茶叶机械有限公司、福建省建瓯市龙兴茶叶有限公司	金心怡、张敬强、郝志龙、孙　云、陈济斌、陈寿松、于国锋、郭玉琼、吴光兴、李天习
角膜病诊断与治疗新技术的系列研究与临床应用	厦门大学	刘祖国、李　炜、周跃平、陈文生、李　程、胡皎月、韩　云、刘　靖、肖辛野、刘晓琛
多模态功能磁共振成像在脑损伤及康复中的临床研究	南京军区福州总医院、中国科学院心理研究所	陈自谦、倪　萍、杨熙章、肖　慧、翁旭初、臧玉峰、陈贤明、许尚文、钱根年、毛春丽
基于毒力因子的新型隐球菌感染的诊断及免疫学机制研究	福建医科大学附属第一医院	欧启水、江凌、杨　滨、林　旎、苏晓霁、戴琳孙、李　雯、肖玉鹏、杨福坤

二等奖（60 项）

项目名称	主要完成单位	主要完成人员
难处理金精矿焙烧新工艺研究与工程化	福建金山黄金冶炼有限公司、紫金矿业集团股份有限公司	廖元杭、吴在玖、衷水平、黎志栋、申开榜、张新振、林鸿汉
高光效功率型绿光 LED 芯片制造技术产业化	厦门市三安光电科技有限公司	徐宸科、李水清、潘群峰、叶孟欣、蔡伟智、黄少华
绿色生态混凝土的研究与工程应用	福建省建筑科学研究院	郑敏升、张　蔚、陶新明、周　敏、陈　锋、林生凤、张炜霖
电网设备在线监测与状态检修系统工程的关键技术及应用	福建省电力有限公司、福建省电力有限公司电力科学研究院、福建和盛高科技产业有限公司、福州百榕软件有限公司、福建省电力有限公司福州电业局	李功新、郑佩祥、吴文宣、朱忠勇、陈　新、林国贤、应宗明
移动互联网应用软件《91 手机助手》	福州博远无线网络科技有限公司	刘德建、陈宏展、郑　晟、潘运武

续表①

项目名称	主要完成单位	主要完成人员
既有高速公路2扩4特大跨径超小净距隧道CD工法施工技术研究	福建省交通建设质量安全监督局、中铁十六局集团第四工程有限公司、华侨大学	林作雷、郑宏利、林从谋、陈言同、戴俊搴、杨继全、苏　涛
信息不完备下结构状态监测与安全评价关键技术	福州大学、华中科技大学、东南大学	姜绍飞、朱宏平、卓卫东、万春风、吴兆旗、方圣恩、沈　圣
即食食品质量安全控制技术及产业化	福建省晋江福源食品有限公司、中国农业大学、浙江大学、天津科技大学、北京农业信息技术研究中心、吉林大学	陈　芳、张　英、胡小松、吴松青、王开义、方国臻、袁　媛
金龙客车系列智慧校车	厦门金龙联合汽车工业有限公司	谭鸿迅、陈晓冰、苏　亮、王利平、高　扬、白玉美、黄长硕
静液压行驶驱动系统在工程机械中的产业化应用	福建工程学院、厦门大学、厦门厦工机械股份有限公司、厦门厦工重工有限公司	江吉彬、侯　亮、郭　涛、廖清德、叶建华、冯勇建、黄鹤艇
5吨D系列节能型装载机	龙工（福建）机械有限公司	蓝福寿、张寒杉、颜晓云、陈世清、邱明哲、吴承鑫、张　骞
高精度特性阻抗挠性印制电路板	厦门弘信电子科技有限公司	李毅峰、续振林、陈妙芳、何耀忠、陈嘉彦、陈文辉、李怡峰
塑料管道材料制造装备节能降耗技术研发及应用	福建亚通新材料科技股份有限公司、福建恒杰塑业新材料有限公司、福建师范大学、福建祥龙塑胶有限公司、福建振云塑业股份有限公司	陈　鹤、姚忠亮、陈庆华、王存奇、莫晨杰、林真源、陈黎星
节能高效公路养护专用成套设备	泉州市闽盛交通科技有限公司、福建省三明市公路机械修造厂	赖杰民、刘跃进、刘祖希、高榕平、何伟庆、许爱民、许德海
在线Low－E镀膜玻璃工业制备成套技术与应用开发	漳州旗滨玻璃有限公司	侯英兰、杨　斌、兰明雄、沈阮顺、徐海滨、江亚聪、吴剑波
洪口高坝易碎岩体建基面研究	福建省水利水电勘测设计研究院、河海大学	黄健华、孙少锐、周先前、唐新华、王燕儒、林　琳、吴树延
环保、高涩感、耐磨型篮球用合成革的研制	泉州万华世旺超纤有限责任公司	颜　俊、李　革、蔡鲁江、李少正、李　杰、李寿光、曲　岗
基于暂态信息与分布式智能的配电网故障自愈技术研究及应用	福建省电力有限公司、山东理工大学、中国石油大学（华东）、厦门电业局、山东科汇电力自动化有限公司	李天友、徐丙垠、薛永端、李伟新、王敬华、黄春红、杨建平
钨精矿及钨硬质合金检测技术	厦门出入境检验检疫局检验检疫技术中心	普旭力、王鸿辉、董清木、蔡鹭欣、邹建龙、赖　莺、潘忠厚
复杂多金属银金矿及尾矿资源综合利用技术研究与应用	紫金矿业集团股份有限公司、山西紫金矿业有限公司	鲁　军、廖新华、巫銮东、吴开荣、甘永刚、焦国华、林辉能

续表②

项目名称	主要完成单位	主要完成人员
海峡西岸经济区（福建省）重点产业发展战略环境评价	福建省环境科学研究院、上海市环境科学研究院、国家海洋局第三海洋研究所	刘　建、黄沈发、高　晶、徐　波、陈益明、江家骅、吴耀建
半导体照明评价测试系统和新技术及推广应用	厦门大学、厦门爱的科技有限公司、厦门华联电子科技有限公司、厦门强力巨彩光电科技有限公司	陈　忠、吕毅军、刘宝林、王亚军、沈亚锋、谢俊秋、高玉琳
Foxit Phantom PDFV5.0	福州福昕软件开发有限公司	熊雨前、黄　鹏、孟庆功、穆　菁、徐　明
汽车转向节经济型锻造技术与装备	福建畅丰车桥制造有限公司、北京机电研究所	王灿喜、杨金文、赖凤彩、张兴禄、陈左安、张福燕、张红艳
内网安全监控平台研制及其产业化	福州大学、福建伊时代信息科技股份有限公司	陈国龙、陈羽中、郭文忠、许元进、刘延华、曾　勇、张　伟
HFE19 磁保持继电器	厦门宏发电力电器有限公司	张青年、钟叔明、王从军、纪代锋、李连勇
pH/离子计自动检定方法的研究与应用	福建省计量科学研究院	方　辉、杨志斌、魏　鹏
大坝远程监控与健康诊断系统研究	福建棉花滩水电开发有限公司、河海大学、国电南京自动化股份有限公司	陈瑞兴、杨为城、丁勇明、徐世元、郑东健、王为胜、洪　云
基于数字预失真技术的移动通信接入网设备	福建邮科通信技术有限公司	赖克中、张健荣、陈群峰、许乔丹、许祥政、谭金生、翟红光
立达信光电照明产品技术创新平台建设	立达信绿色照明股份有限公司	
工业 VOCS 有机废气治理回收技术创新工程	福建省利邦环境工程有限公司	
雷公藤良种繁育和 GAP 关键技术研究	福建农林大学、福建林业职业技术学院、福建省汉堂生物制药股份有限公司	郑郁善、黄　宇、荣俊冬、魏佰兴、何天友、陈礼光、郑　林
柑橘叶脉开裂症病因诊断与矫治	福建省种植业技术推广总站	施　清、黄镜浩、吴兴明、谢文龙、杨建榕、李　健、范新单
优质、抗稻瘟病水稻雄性不育系全丰 A 的选育	福建省农业科学院水稻研究所	游年顺、黄利兴、张以华、蔡巨广、雷上平、秦光才、陈善杰
油茶遗传改良与良种推广应用	福建省林业科学研究院、中国林业科学研究院亚热带林业研究所、福建省闽侯桐口国有林场、福建省林木种苗总站、福建省沙县水南国有林场	李志真、姚小华、黄　勇、谢一青、徐永兴、鲍晓红、齐清琳
杂交水稻新组合Ⅱ优 125 的选育与应用	福建省南平市农业科学研究所	江文清、刘瑞华、周仕全、应薛养、谢冬容、吴作灿、陈泳和
鱼类黏膜免疫关键技术研究与应用	福建省农业科学院生物技术研究所、福建省农业科学院畜牧兽医研究所	龚　晖、许斌福、林天龙、方勤美、刘晓东、杨金先、陈　强

续表③

项目名称	主要完成单位	主要完成人员
福建牛、羊、兔地方品种种质资源创新与利用	福建农林大学、宁德市畜牧站、宁德市农业科学研究所、福安市畜牧站	刘庆华、梁学武、林上槐、王金宝、凌喜生、林洁荣、池春梅
柑橘新品种岩溪晚芦选育与应用推广	长泰县农业局经济作物站、长泰县岩溪镇青年果场	钟连生、叶水兴、李　健、陈高棠、叶水龙、王福祥、陈炳隆
菜用型马铃薯新品种闽薯1号选育	福建省龙岩市农业科学研究所、福建省农业科学院作物研究所	汤　浩、梁金平、罗文彬、曾　军、纪荣昌、张志勇、吴文明
大球盖菇高值化加工及综合利用关键技术研究与应用	福建省农业科学院农业工程技术研究所	陈君琛、沈恒胜、赖谱富、李怡彬、肖胜刚、翁敏劼、张永佳
泉州湾河口湿地保护与修复技术	惠安县林业科技推广站、江苏大学、福建农林大学、中国科学院地球化学研究所、福建省林业科学研究院	吴沿友、兰思仁、刘荣成、洪志猛、付为国、麦秋桂、刘继龙
褐毛鲿人工繁育技术与产业化应用	福建省水产研究所	曾志南、陈朴贤、陈　木、宁　岳、巫旗生、刘　波、李雷斌
新品种浦城丹桂产业化栽培关键技术	福建省浦城县林业科技推广中心、福建省林业科学研究院、南京林业大学桂花研究中心	江淑萍、李建民、洪志猛、徐文斌、罗金旺、范辉华、吴建华
珍贵用材红豆树优良种质选择与无性繁殖技术研究	福建省林业科学研究院	范辉华、张　蕊、郑天汉、陈柳英、王志洁、马丽珍、李乾振
南方集约化养猪场粪污高效分离与循环利用集成技术	福建省农业科学院农业工程技术研究所、龙岩市顺添环保科技有限公司	林代炎、杨　菁、吴飞龙、叶美锋、黄惠珠、翁伯琦、朱明龙
柠檬酸盐抗凝剂对机体骨代谢影响及钙剂保护作用的研究	福建省血液中心、福建省立医院	陈　颖、侯建明、陈国龙、林　豪、褚晓凌、曾　嘉、林洪铿
福建省HIV－1遗传特征分析及其防控应用研究	福建省疾病预防控制中心	严延生、吴守丽、刘建芳、黄海龙、颜苹苹、陈　舸、谢美榕
经胸微创房、室间隔缺损封堵术的临床研究	福建医科大学附属协和医院	曹　华、陈良万、陈　强、张贵灿、陈道中、张　蕙、徐　帆
颅内复杂动脉瘤的外科治疗研究	南京军区福州总医院	刘　峥、王守森、魏梁锋、荆俊杰、张小军、赵清爽、洪景芳
臂丛损伤对脊髓运动神经元的影响及促进神经再生的研究	福建医科大学附属第一医院、香港大学医学院	张文明、苏焕兴、张立群、林建华、吴朝阳、吴武田、朱维钦
糖尿病血管并发症多通路发病机制探讨及黄酮类药物多靶点防治研究	南京军区福州总医院、第二军医大学	陈　频、徐向进、俞世冲、史道华、林忆阳、胡宏岗、郭　雯

续表④

项目名称	主要完成单位	主要完成人员
自洁性透气膜用树脂研制及其应用	福建恒安集团有限公司、福建恒安卫生材料有限公司	张富山、翁文伟、刘榕城、孙晓丽、罗梅芳、蔡增雄、李凯华
有关胆管癌的基础与临床研究	厦门大学、解放军总医院全军肝胆外科研究所、北京航空航天大学宇航学院、上海市第一人民医院	李文岗、陈永亮、陈清西、俞春东、姜志国、黄志强、沈东炎
体外诱导骨髓间充质干细胞分化为视网膜细胞的研究	福建医科大学附属第一医院	徐国兴、谢茂松、郭　健、郑学栋、王婷婷、杨　娟、徐　巍
自动负压活检枪的发明及其在儿童肾脏疾病中的推广应用	南京军区福州总医院	陈　建、余自华、黄　隽、陈新民、谢福安、郑　丰、高信祥
抗内毒素策略防治烧伤脓毒症的基础与临床研究	中国人民解放军第一七五医院、第三军医大学第一附属医院	郭毅斌、郑　江、郑庆亦、曹红卫、王　宁、蔡少甫、陈锦河
内源性抗炎介质——脂氧素抑制子宫内膜异位症的分子机理	厦门大学附属第一医院、华中科技大学同济医学院附属同济医院、厦门大学	陈琼华、濮德敏、陈清西、苏志英、周卫东、黄乾生、李　天
福建省广州管圆线虫病的系列研究	福建省疾病预防控制中心、中国疾病预防控制中心寄生虫病预防控制所	李莉莎、杨发柱、张榕燕、周晓农、陈宝建、林陈鑫、张　仪
冠状动脉微栓塞系列研究	福建医科大学附属协和医院	陈良龙、张飞龙、李淑梅、王伟伟、傅发源、孙旭东、叶明芳

三等奖（102 项）

项目名称	主要完成单位	主要完成人员
再生浆生产拷贝纸	泉州华祥纸业有限公司	陈长兴、廖春祥、吴晓曦、陈守镇、甘木林
基于 SOA 的全民医保 IDT 平台	易联众信息技术股份有限公司	黄文灿、施建安、郭骁昌、沈晋安、张赐恩
化学镀镍废液的综合处理与回收新技术	埃梯星（厦门）电子科技有限公司	刘景祥、刘　政、林东兴、李　兵、刘　超
高效节能灯用新型磁性材料	福建省福晶磁性材料有限公司、闽清县陶瓷科学研究所	许翊从、康明山、裴谐第、陈根荣、刘小燕
福建电网大型水库短期径流预报调度研究	福建省电力有限公司、大连理工大学	张世钦、胡永洪、武新宇、周　瑛、张永树
复杂环境条件下城市小间距渐变隧道设计施工技术研究	福建省厦门市公路局、中铁第四勘察设计院集团有限公司、西南交通大学、福建省公路管理局	王巨创、郑宏扬、刘大刚、郭明华、邱云峰
高分断高压真空负荷开关—熔断器组合电器	福建逢兴机电设备有限公司	苏太育、邓逢锌、钟占兴、苏　荣、苏体坤
低碳环保型毛竹复合土钉墙基坑支护技术及应用	福建省建筑科学研究院、福州大学、福州市第三建筑工程公司、福建省绿色建筑技术重点实验室	郑桂心、龚　义、戴自航、施　峰、侯伟生

续表①

项目名称	主要完成单位	主要完成人员
高速非接触式自动喷胶机	厦门特盈自动化科技股份有限公司、厦门华天涉外学院、厦门理工学院制造与控制工程学部	林建燕、黄清文、韩昱、杨大鹏、汪甜田
酸性集料沥青混凝土路用关键技术研究	龙岩永武高速公路有限公司、福建省交通科学技术研究所（福建省公路水运工程重点实验室）	沈锦洪、陈锦辉、邱晓静、卜力平、张超
可移动式静止无功补偿器技术研究和示范	福建省电力有限公司电力科学研究、中电普瑞科技有限公司、福建省电力有限公司泉州电业局	林韩、吴文宣、陈金祥、郑建辉、张明龙
一种新型静电复印纸的生产方法	福建省晋江优兰发纸业有限公司	陈彪、杨晓日、史静荣、甘木林
电力污染源危害评估技术及应用	福州大学、福建省电力有限公司电力科学研究院	邵振国、吴丹岳、林焱、朱少林、张嫣
道路智能视频监控管理系统	福建平安报警网络有限公司	洪新煌、宋建中、张兆平、郑欣、张忠华
建筑渣土填筑路基技术研究	福州绕城高速公路有限责任公司、福建省交通科学技术研究所	郑志东、姚志雄、陈荣刚、陈治伙、陈永锋
3万吨/年1，4—丁二醇项目	福建湄洲湾氯碱工业有限公司	姜文峰、周志军、刘建忠、高小超
南方丘陵区土地利用多尺度监测、评价与规划的关键技术及其应用	福州大学、福建省地质测绘院	邱炳文、高建阳、陈崇成、黄姮、陈楠
郑和一号船舶引航系统	集美大学、厦门港引航站	柯冉绚、彭国均、张杏谷、陈伯雄、徐力
大型烧结机干法烟气脱硫及多组份污染物协同净化技术与装置	福建龙净脱硫脱硝工程有限公司	郑进朗、赖毅强、饶益龙、林春源、林驰前
基于WEBGIS和多媒体技术的高速公路养护应用系统	福建省高速公路有限责任公司、福建新大陆电脑股份有限公司	陈永平、陈士俊、陈祥杰、韦建华、吴耀斌
福建省城镇污水处理运行标准技术研究与应用	厦门水务集团有限公司、福建省城市建设协会、厦门水务中环污水处理有限公司、厦门市排水监测站	兰邵华、谢小青、黄珍艺、戴兰华、杨建强
22SiMn2TiB工程机械用高强度耐磨钢板	福建省三钢（集团）有限责任公司、福建三钢闽光股份有限公司	陈军伟、胡真明、王明娣、程凯群、汪灿荣
高性能新型导电轨用铝合金型材研发	福建省南平铝业有限公司	郑云鹏、吴世文、林光磊、胡俊强、李泽贤
福建红曲醋酿造新工艺研究	福建师范大学、福建永春顺德堂食品有限公司、永春县永春老醋有限责任公司、福建省永春县岵山津源酱醋厂有限公司	黄祖新、陈由强、黄镇、林育民、张晓强
FLG5140TPS52E大流量排水抢险车	福建侨龙专用汽车有限公司	林志国、张功元、阙彬元
LB1500+RLBZ（M）1000沥青厂拌热再生成套设备	福建铁拓机械有限公司	苏原豊、高岱乐、揭文忠、刘万、豆凯
高品质智能IP电话终端	厦门亿联网络技术股份有限公司	王伟廷、赖志豪、艾志敏、廖昀、张建程
采用多段式合模注射压缩成型工艺及模具生产PC光学镜片	瑞之路（厦门）眼镜科技有限公司	周贤建、邱森源、周菲、邱伟佳

续表②

项目名称	主要完成单位	主要完成人员
利用铁矿尾渣生产低温多彩陶瓷	福建省泉州龙鹏集团有限公司	苏建堆、苏康福、曾海波、洪泉泉、徐华龙
南铝铝产业链全维管理信息化系统集成平台	福建省南平铝业有限公司、广州市方策企业管理顾问中心	林作鉴、张　策、吴世文、刘智慧、陈英武
深大基坑顺/逆作复合支护关键技术研究	厦门市市政建设开发总公司、中铁一局集团有限公司	李斯海、李宏涛、丁　毅、赖允瑾、李世清
一步法水刺超干爽卫生护垫卷材	福建南纺股份有限公司	叶寿兴、叶长辉、方国恩、聂祖宝、黄族健
轮胎式叉装机	福建晋工机械有限公司	邵远鹏、李小锋、胡　炜、张文中、李景灿
三超技术在紫芝子实体与灵芝孢子粉有效成分提取中的研究与应用	福建省农业科学院食用菌研究所、福州元生泰医药科技有限公司、福建省农业科学院植物保护研究所、福建中医药大学	陈体强、吴锦忠、毛景华、毛方华、吴建国
电子产品面板控制芯片及系统控制软件	福州福大海矽微电子有限公司	施隆照、王仁平、陈传东、江　浩、刘伟城
汽车后视盲区增效镜	福建福特科光电股份有限公司	郭少琴、黄木旺、林勇杰、王　敏、林孝同
钢衬铜管的研究与产业化	福建省京泰管业有限公司	柳圣武、李海燕、张鸿宾、李　强、黄佳城
福泉厦漳高速公路扩建工程—特殊桥梁拼宽关键技术研究	福建省高速公路建设总指挥部、福州大学、福建省交通规划设计院、福建省福泉高速公路有限公司	赵宣宪、宗周红、陈礼彪、黄　萍、夏樟华
强台风作用下跨海连续刚构桥（平潭海峡大桥）长悬臂施工安全研究	福州平潭海峡大桥有限公司、同济大学、中交第二航务工程局有限公司、山东省交通工程监理咨询公司	翁卫军、陈艾荣、丁玉仁、何益勇、熊建兴
太阳能光伏发电系统逆变器	漳州科华技术有限责任公司、福州大学、厦门科灿信息技术有限公司	陈四雄、蔡逢煌、阮　星、曾奕彰、林金水
废弃陶瓷再生利用工业化新技术研发及应用	福建省德化县宁昌陶瓷有限公司	苏友谊、苏自艺、苏友吉、曾宪春
继电保护状态检修研究与决策系统开发应用	福建省电力有限公司	黄文英、李功新、黄　巍、林日晖、吴晨阳
基于SOA&BPM的证券金融投资者营销与服务平台——FCRM	福建顶点软件股份有限公司	严孟宇、雷世潘、徐传秋、赵　林、戴小戈
综合信息服务平台	福建邮科通信技术有限公司	江奕华、吴学慧、唐建光、林　宇、江秀清
深厚淤泥爆炸挤淤工程质量综合评价方法研究	福建省交通建设质量安全监督局、华侨大学岩土工程研究所、福建可门港物流有限责任公司、中交第三航务工程局有限公司	程李凯、林同钦、王惠民、翁榕寿、林　泉
GIS专用电流、电压互感器	厦门大一互科技有限公司	李　静、管清波、贾建华、吴家旺、刘　松
中小河流纳污能力计算耦合模型研究	福建省宁德水文水资源勘测分局	李克先、佘里红、林成勇、刘若秀

续表③

项目名称	主要完成单位	主要完成人员
多属性风险决策方法在峰头水库防洪调度中的应用研究	福建省水利水电勘测设计研究院、漳州市峰头水库管理局	陈能志、黄　燕、刘建锋、蔡英明、郑建忠
城乡商贸流通信息化服务平台	福建鑫诺通讯技术有限公司	陈　奇、钱光洪、何则锐、廖尚春
富顺光电 LED 应用产品技术创新平台建设	富顺光电科技股份有限公司	
特种无机非金属材料技术创新工程	三祥新材股份有限公司	
磺化隔膜、镍硫化物包覆技术应用在镍氢电池的生产工艺	泉州劲鑫电子有限公司	陈端典
TD—SCDMA 超声波热量表新技术的研发及应用	泉州七洋机电有限公司	蒋韵坚
桉树焦枯病的研究	三明市森林病虫害防治检疫站、福建农林大学、永安市森林病虫害防治检疫站、福建省森林病虫害防治检疫总站	朱建华、郭文硕、冯丽贞、陈红梅、吴建勤
闽西北松竹主要害虫成灾机理及无公害防治关键技术	福建农林大学、武夷山市森林病虫防治检疫站、沙县森林病虫害防治检疫站、龙岩市新罗区森林病虫害防治检疫站	陈顺立、陈德兰、张思禄、郑　宏、余培旺
籼粳交偏籼型杂交稻恢复系明恢 1259 选育与应用	福建省三明市农业科学研究所、福建六三种业有限责任公司	张受刚、许旭明、卓　伟、马彬林、杨腾帮
重要入侵害虫刺桐姬小蜂的防控技术及应用	福建农林大学、福建省热带作物科学研究所	梁光红、陈振东、钟景辉、武　英、卢松茂
球根花卉小苍兰新品种选育及配套技术研究	福建省农业科学院作物研究所、福建省农业科学院生物技术研究所	黄敏玲、陈诗林、吴建设、叶秀仙、罗远华
观赏型南方红豆杉培育及重塑关键技术研究与应用	明溪县林业科技推广中心、福建农林大学园林学院	欧建德、张卫明、周东雄、董建文、潘　军
外来有害生物检测与防范技术体系研究	福建出入境检验检疫局检验检疫技术中心、福建省农业科学院植物保护研究所、福建省植保植检站	郭琼霞、陈乃中、黄可辉、邱荣洲、沈建国
受控密闭舱内闭合循环技术研究	福建省农业科学院农业生态研究所	陈　敏、黄毅斌、杨有泉、邓素芳、林营志
新型鸭呼肠孤病毒病病原学及防治技术研究	福建省农业科学院畜牧兽医研究所	陈少莺、陈仕龙、王　劭、林锋强、程晓霞
产蛋异常种（蛋）禽 H9 亚型禽流感研究与应用	福建省农业科学院畜牧兽医研究所、厦门大学生命科学学院	黄　瑜、傅光华、万春和、陈　亮、施少华
杉木第 2 代种质资源持续选择及良种生产力评价	福建省沙县官庄国有林场、福建省林业科学研究院、福建省三明市郊国有林场	李林源、苏顺德、许鲁平、肖　晖、林文龙
杉木马尾松人工林近自然林业经营技术的应用	福建师范大学、福建省林业科学研究院、福建省沙县水南国有林场、福建省仙游溪口国有林场	张鼎华、李宝福、张俊钦、潘琼蓉、王青天
加快抽水蓄能电站上水库初期蓄水技术研究	福建省水利水电勘测设计研究院	邱昌锴、林　阑、林诚魁、周祥光、严良平
鳗鲡爱德华氏菌病免疫学检测与防治技术研究及应用	福建省水产技术推广总站、福建省淡水水产研究所	吴　斌、苏跃中、王　凡、张新艳、樊海平

续表④

项目名称	主要完成单位	主要完成人员
早熟红柿品种‘早红’选育及其关键配套技术	福建省农业科学院果树研究所、永定县经济作物技术推广站	金　光、沈清标、尹兰香、吴万泳、廖汝玉
闽威花鲈新品系健康养殖模式示范与技术推广	集美大学、福建闽威实业有限公司	黎中宝、方　秀、李文静、陈　强、李元跃
杂交糯稻育种技术体系建立及超级杂交糯稻选育与应用	福建农林大学	黄荣华、张书标、章清杞、杨仁崔、程祖锌
大豆新品种泉豆7号的选育与应用	福建省泉州市农业科学研究所	林荣辉、吕美琴、庄卫东、刘灿洪、李明松
厚朴高效培育与收获预测技术研究	福建省光泽县林业科学技术推广中心	周俊新、罗金旺、李宝银、林小青、张海燕
福州市古树名木保护与管理集成技术	福州市园林科学研究院、福建农林大学园林学院	徐　炜、薛秋华、刘向国、邹润玲、李　宏
绣球菌工厂化栽培工艺	福建省农业科学院食用菌研究所、福建省农业科学院植物保护研究所	林衍铨、李开本、何锦星、应正河、江晓凌
食品及食品接触材料中邻苯二甲酸酯检测技术研究及应用	厦门出入境检验检疫局检验检疫技术中心、中国检验检疫科学研究院	徐敦明、孙　利、周　昱、彭　涛、陈鹭平
优化遮荫改善夏暑乌龙茶品质的机理及关键调控技术	福建省农业科学院茶叶研究所、安溪县茶叶科学研究所、福建省春辉茶业有限公司	张文锦、张应根、李慧玲、尤志明、陈常颂
特早熟温州蜜柑技术体系及标准综合体	龙岩市农情科教管理站、龙岩市新罗区经济作物技术推广站	胡来华、林育健、陈庆生、王建丽、张洪昆
慢性肾衰的分子病理机制及益肾降浊中药的干预研究	福建医科大学附属第一医院、福建中医药大学附属人民医院、福建中医药大学	许艳芳、万建新、丘余良、吴小南、郑　京
粗叶悬钩子抗肝损伤的作用及其机制研究	福建中医药大学	洪振丰、赵锦燕、林久茂、周建衡、李天骄
喷雾干燥法制备炎琥宁	福建省闽东力捷迅药业有限公司、福州聚英医药有限公司	吴晓华、乐运焱、李传标、游奶寿、宋　涵
脊肌萎缩症临床分子诊断体系的建立及其应用	南京军区福州总医院	曾　健、兰风华、黄惠娟、涂向东、林炎鸿
腹膜前修补术（Kugel技术）修补腹股沟疝	福建医科大学附属协和医院	黄鹤光、陈燕昌、陆逢春、林贤超、林荣贵
核苷类抗乙肝病毒一线用药——拉米夫定原料及其片剂	福建广生堂药业股份有限公司	杨喜鸿、张燕华、苏　葳、陈仕魁、陈国华
听力重建术内耳功能保护和利用的应用研究	福建省立医院、福建师范大学	叶　青、王晓燕、张先增、陈　新、郑燕青
儿童哮喘早期诊断及规范化治疗系列研究	福建省福州儿童医院	唐素萍、华云汉、陈辉清、郭依华、陈瑞月
子痫前期脂质代谢异常的临床应用研究	福建省妇幼保健院	颜建英、罗美瑜、陈文祯、刘青闽、崔小妹
福建省甲型H1N1流感病原学与流行病学特征研究	福建省疾病预防控制中心	郑奎城、沈晓娜、谢剑锋、欧剑鸣、杨式芹
儿童病毒性脑炎发病与流行的病原学及流行病学研究	福建省龙岩市疾病预防控制中心、福建省疾病预防控制中心	陈前进、杨秀惠、严延生、何春荣、吴水新

续表⑤

项目名称	主要完成单位	主要完成人员
多模态功能磁共振成像早期诊断隐匿性脑创伤及其对治疗决策的影响	中国人民解放军第一七五医院	欧阳林、郑潜新、何　平、王文浩、陈　懿
颈椎病治疗技术筛选的临床研究	福建中医药大学附属康复医院、福建中医药大学附属第二人民医院、福建中医药大学	王诗忠、陈少清、仲卫红、宋红梅、陈水金
野外应急救援手术护理保障技术研究与应用	中国人民解放军第一七五医院	谢玮娜、卢承志、于美华、郭彩云、王　媛
Notch信号通络在同种异体器官移植外周免疫中作用与机理研究	南京军区福州总医院	郑　凯、孙星慧、谭建明、吴卫真、杨顺良
宫腹腔镜联合中医多靶点治疗不孕症	福建省南平市人民医院	潘丽贞、王　英、王泽青、蔡柳芽、周丽娟
超声造影在乳腺癌及腋窝淋巴结评价中的应用价值	福建中医药大学附属第二人民医院、中国人民解放军总医院	赵红佳、陈立武、游　涛、欧阳秋芳、许　荣
经纤维支气管镜治疗复杂性气道疾病	南京军区福州总医院	柳德灵、赖国祥、林庆安、郑溢声、王爱民
大肠息肉向大肠癌演进过程中内镜干预及生物学基因芯片分析	中国人民解放军第一七四医院	戴益琛、陈章兴、林园园、朱小三、谢军培
癫痫灶的手术定位及损伤性癫痫的致痫机制系列研究	福建医科大学附属第一医院、南方医科大学珠江医院、福建医科大学附属第二医院	林元相、康德智、徐如祥、柯以铨、林若庭
腹腔镜技术在胃癌根治术中应用的临床系列研究	福建医科大学附属协和医院	黄昌明、郑朝辉、林建贤、李　平、谢建伟
射频消融术对原发性肝癌肝脏功能和免疫系统变化的研究	厦门大学附属第一医院、北京肿瘤医院	张志明、陈敏华、卢传辉、范智慧、刘　静
围术期应用鼻咽通气道保障呼吸道通畅的作用研究	福建省立医院	陈彦青、吴晓丹、邹聪华、傅少雄、蒋俊丹
中国Brugada综合征患者心源性猝死的预测	厦门大学、武汉大学人民医院	黄峥嵘、李卫华、谢　强、张丽娟、吴　钢
危险分层理论应用于高血压病社区护理干预模式的研究	福建省级机关医院	郑翠红、李华萍、林艺森、赵　敏、曾丽华

【汽车玻璃塑料包边精密高品质成型关键技术及应用】 获2013年度省科学技术进步奖一等奖，由福建工程学院王乾廷等承担完成。该项目成功研发了塑料包边玻璃的材料、工艺、模具等相关主要技术，突破了国外的技术壁垒，实现了包边玻璃的批量生产。主要技术特点及创新点：①自主研发了玻璃柔性定位夹紧的技术和装置。针对传统包边注塑中采用真空吸盘而无法精准定位夹紧玻璃的难题，创新地设计开发双囊强磁柔性夹持技术，突破处于“悬空”状态的自由曲面玻璃精准定位和可靠夹紧难题，保证玻璃不压碎，不移动，不变形，不划伤，满足包边精密注塑成型的要求。②发明了精密包边成型的流道设计方法。创新地提出“变间隙分布”设计原理，建立了窄长受限空间内注塑的流道设计方法，解决了包边注塑不均匀、不饱满、缺陷多、废品率高的难题，实现了高品质塑料包边的精密成型。③创新设计“控制熔体粘弹体的流动场分布”的包边注射成型技术和工艺，突破了脆硬玻璃材料和柔软塑料的包边注塑异质粘合难题，满足了塑料包边玻璃对撕裂强度、玻璃与包边材料间粘结力、最大承受载荷的精密高品质要求。申请专利11件，获授权7件。整体技术自2009年起在福耀玻璃工业集团股份有限公司应用，生产的包边玻璃达到欧盟、美国、日本等汽车安全玻璃优质产品要求，取得了世界八大汽车厂商的认证，不仅为路虎、宝马、奔驰等一线品牌汽车配套，而且实现了向汽车生产主机厂配套高档汽车包边玻璃，形成高附加值玻璃技术创新能力持续提升。至2013年，福耀集团包边玻璃新增产值超12亿元，利税2.5亿元，创汇超过1亿美元，节约成本3000多万元。项目开展中，还参与起草《汽车玻璃零配件安装要求》等多项国家行业标准，创造了显著的经济效益和社会效益。

【提高鱼糜制品品质关键及综合技术的研究与应用】 获2013年度省科学技术进步奖一等奖，由福建农林大学张怡等承担完成。该项目针对传统鱼糜制品——鱼丸经放置或冷冻后色泽发暗，凝胶强度减弱，口感变差等技术瓶颈，特别是低值鱼加工鱼糜制品普遍存在凝胶化速度慢，凝胶强度弱且易出现凝胶劣化的问题，开展臭氧技术和转谷氨酰胺酶酶解技术对提高鱼糜制品品质的研究。主要技术特点及创新点：该项目在研究不同单元操作进行臭氧处理对鱼糜品质影响的基础上，优化转谷氨酰胺酶酶解条件，开发出在擂溃期先经臭氧处理后再经转谷氨酰胺酶酶解的新工艺和技术，显著改善鱼糜持水性、色泽、质构特性及其凝胶强度，且臭氧无残留，实现鱼糜制品的安全优质生产，项目技术达国内同类研究领先水平。该技术的应用极大推动传统食品工业化，实现高品质鱼糜制品加工与生产，提高鱼糜制品的国际市场竞争力，同时拓展低值鱼高值化利用新途径，促进水产业的可持续发展。获授权发明专利 1 件。项目成果在福建 3 家规模食品企业（福建腾新食品股份有限公司、宁德市金盛水产有限公司、福建国泰沙利食品有限公司）成功应用，加工增值 6.5 倍以上。

【数字省政务信息与空间信息资源共享服务关键技术及应用】 获 2013 年度省科学技术进步奖一等奖，由福州大学王钦敏、吴升等承担完成。该项目针对区域信息资源开发利用急需解决的科技难题，结合“数字福建”对“信息共享和服务”的重大需求开展创新性研究。主要技术特点及创新点：①创新性地提出“信息应用基础设施”的理论和技术框架，建立了有效联系信息拥有方和使用方的系统性技术体系，开创性地把技术创新和机制创新有机结合解决信息化建设的核心问题。②创新性地设计和建立了省级电子政务建设低成本、集约化、可持续的信息共享与服务技术体系，形成了信息共享与业务协同一体化解决方案，为建立省市二级政务信息资源目录与交换体系，打通信息共享全环节提供关键技术支撑。③创新性地研发了政务信息与空间信息资源集成共享与综合应用、信息资源再造与增值服务等成套关键技术，开发了省级政务信息共享平台、地理空间信息网络服务平台等系列软件产品，为数字福建开展跨部门、跨行业、跨层级的信息共享和业务协同提供了统一的底层构架和支撑平台，有力推动了信息资源开发、优化配置和有效利用，并成功组织实施了重要行业和领域的应用示范工程，建立了 50 多个信息化应用系统。④率先开展了省级信息共享软环境研究。修订了《福建省政务信息共享管理办法》；编制省级政务信息资源目录——《福建省级政府信息总体目录》和《福建省部门业务信息目录》；发布了《电子政务信息数据交换》等相关地方标准 3 项；出版专著 2 部、发表论文 45 篇（其中 SCI/EI 收录 10 篇），计算机软件著作权 18 件。项目间接经济效益与社会效益显著，仅节约政府信息化投入资金和提高信息资源应用效益一项就超过 2 亿元。

【联想乐 OS 操作系统平板电脑（IdeaTabS2）】 获 2013 年度省科学技术进步奖一等奖，由联想移动通信科技有限公司李向东等承担完成。该项目研发了自主创新的平板电脑操作系统、中间件、应用平台，构建了多层次的安全架构，设计和实现了云服务平台，在 ID、节能设计、系统稳定性、移动互联网应用方面创新成果。主要技术特点及创新点：①在产品形态小型化方面，采用了集成度高的基带和射频芯片，增加 PCB 板的层数进行高密度走线，0201 封装尺寸的被动元器件，创造良好的 Layout 布局。②在实现系统低功耗方面，独创电源管理策略，自适应节能的方法和系统，引入省电设计；选用制造工艺先进、高集成度、低功耗硬件方案；优化电源管理方案。③在系统稳定性方面，分别在主板上和系统连接器中引出了 JTAG 调试口和串口信号，同时在主板上设置 Flash 和 SDRAM 控制信号的测试点，可以方便地测试相关信号和信号间的时序。④在操作系统方面，秉承了开放、共享的思想，以“双内核”（网络应用管理内核＋设备资源管理内核）为核心设计新型网络操作系统体系架构，其计算资源管理已从终端系统扩展到全网络系统，其功能形态已从本地延伸到基于网络的服务，使用户随时随地获得无所不在的应用服务。⑤在系统安全架构设计方面，以 Android 安全框架为基础，对新型移动互联网操作系统主要从应用防盗版、应用权限管理、VPN、远程擦除、端口访问控制、SD 卡硬件认证等方面构建安全功能体系，以充分满足消费者、企业用户、开发者和内容提供商等用户的安全需求。⑥在推送技术方面，实现基于新型移动互联网操作系统的云服务平台，实现新型互联网应用、服务和内容的统一管理、递送、用户管理、计费、支付等，开发一系列监控、运维、安全工具，支持移动互联网云服务平台的部署和持续运营。获授权发明专利 6 件。联想平板电脑上市后，市场表现优异，累计销售 17 亿元，新增利税 2 亿元。

【塔内氧化—钙基强碱—石膏湿法烟气脱硫装置】 获 2013 年度省科学技术进步奖一等奖，由福建龙净环保股份有限公司陈泽民等承担完成。该项目开发出具有自主知识产权、达到国际先进水平的塔内氧化—钙基强碱—石膏湿法烟气脱硫技术，解决了钙基强碱技术在应用中的无法塔内氧化、结垢、脱水困难等严重问题。主要技术特点及创新点：①采用工业废料电石渣作为吸收原料，不仅实现了以废治废的循环经济特点，而且大幅降低电石渣堆放对环境的污染。②创造性地设计了氧化自动隔离器，吸收塔浆池中实现浆液 pH 值沿高度方向上的分区，上部较低，下部较高，率先实现在单塔内对钙基强碱类吸收剂的强制氧化，效果优良。③吸收塔浆池采用特有的射流搅拌装置，配合 pH 分区效果的同时起到对底部浆液搅拌的效果，基本消除传统的塔内磨损问题，极大提高系统可靠性。④设计出分级的石灰浆液制备系统，系统分为二级：第一级为化灰工艺，第二级为成品工艺，该设计避免了采购专用的石灰湿式消化器，同时消化设备和工艺又极为简单，为钙基强碱法脱硫系统节省了投资。⑤通过 CFD 软件进行吸收塔整体建模、计算和仿真分析，首创性地设计了斜切顶矩形吸收塔出口烟道，同时降低了最低喷淋层的高度，优化了吸收塔的结构设计，有效地降低了系统阻力和运行能耗。⑥副产品石膏纯度很高，可达到 92%以上，更适合后续利用。⑦提出系统运行控制和调试方案。采用优化的多闭环控制回路软件，可实现 pH 值控制供浆系统的回路、吸收剂的浆液密度的自动控制、脱硫效率的自动控制以及运行最优化的控制，使脱硫装置能够更加稳定，并正常运行，同时使客户的物料消耗降至最少，从而节约成本。获授权发明专利2件，实用新型专利7件。发表论文1篇；制定企业标准1项。新增合同额65968万元，新增销售收入41371.88万元，新增利润3094.86万元，新增税收2246.4万元。已投运钙基强碱项目年平均减排SO_2约8.55万吨，经济社会效益显著。

【重要植物有害生物快速检测技术及试剂盒的研发与应用】 获2013年度省科学技术进步奖一等奖，由福建省农业科学院植物保护研究所翁启勇等承担完成。该项目以福建省重要植物有害生物及检疫性外来有害生物为研究对象，利用现代分子生物学及免疫学技术，研发了包括植物病原真菌、细菌、病毒、昆虫等5大类的12种有害生物的快速检测技术。主要技术特点及创新点：①从12种有害生物的特异基因片断序列中开发具有自主知识产权的检测靶标位点，并建立了相应的快速检测技术，其中香蕉枯萎病菌等4种重要外来有害生物的快速检测技术为国内外首次建立；②多位点开发出具有特异性更高的番茄枯萎病菌、西瓜细菌性果斑病菌、辣椒疫霉菌及香蕉枯萎病菌等4种有害生物检测新的靶标位点；③率先在西瓜细菌性果斑病菌中建立了EMA与巢式PCR相结合的检测技术，准确检测病菌活菌细胞，降低检测过程中由于死菌DNA影响造成的假阳性；④应用环介导恒温扩增（LAMP）技术研发出的试剂盒，实现了检测只需简易恒温设备，费用低，更简便，更快速、更灵敏，增强了实用性，促进了检测技术的推广应用；⑤应用普通PCR、套式PCR、多重PCR、实时定量PCR、酶联免疫及环介导恒温扩增（LAMP）等技术，建立了五大种类有害生物的快速检测技术及平台，可为开发其他同类有害生物的快速分子检测技术提供强有力支撑。获授权发明专利8件；发表论文21篇，被SCI记录2篇；制定标准5项。累计应用18万多公顷，使病害得到及时有效控制，降低农药使用量，减少损失，增加了企业效益；该项目实施共创经济效益3.43亿元，并取得了显著的生态与社会效益。

【乌龙茶清洁化自动化精加工关键技术及产业化】 获2013年度省科学技术进步奖一等奖，由福建农林大学金心怡等承担完成。该项目从精加工技术理论、精加工生产线关键技术、茶厂除尘降噪技术、生产线自动控制技术、乌龙茶精加工标准化等方面进行集成创新研究。主要技术特点和创新点：①率先开展“茶叶物性及其应用技术”“茶叶水分在线检测技术”“CFD技术在茶厂除尘的应用”等茶叶精加工技术理论研究。②创建“色选、静态目视拣剔、静电拣剔、动态目视拣剔、磁力拣剔、风力选别、金属探测、烘焙”等8道乌龙茶净化工艺流程，集成创新和建立了6CWCT－11－800型乌龙茶清洁化自动化精加工生产线。③率先在生产上专配自主研发的“脉冲滤筒除尘器”，显著降低车间粉尘；改进平面圆筛机动平衡结构，车间噪声指标＜82DB（A）合格率100％。④研发茶叶含水率在线快速检测技术，率先实现精加工茶叶水分在线检测与可追溯。⑤开展“风选参数对茶叶拣剔质量的影响”“光照条件对目视拣剔效果的影响”“烘焙工艺对茶叶灭菌效果的影响”“拼配对闽北乌龙茶品质的影响”等闽北乌龙茶精加工生产线工艺试验。申请专利3件，获授权发明专利1件，实用新型专利1件；出版专著1部，发表论文6篇。制定福建省地方标准《乌龙茶精加工成套设备》，制定实施企业标准《出口乌龙茶精加工操作技术规程》、《乌龙茶精加工成套设备》，填补乌龙茶精加工技术标准空白。成果已在福建八马等30多家省内外茶叶重点企业推广应用，其中福建省8家重点乌龙茶企业从2008年至2012年累计新增产值10.82亿元，新增利税7510万元，年增收节支900万元。

【角膜病诊断与治疗新技术的系列研究与临床应用】 获2013年度省科学技术进步奖一等奖，由厦门大学刘祖国等承担完成。该项目针对角膜病的诊断与治疗新技术进行了一系列研究。主要技术特点及创新点：①发现角膜上皮细胞、基质细胞、内皮细胞以及免疫炎症细胞在多种原因引起的角膜炎症反应中的改变，为角膜炎症性病变早期诊断以及炎症严重程度的判断提供科学依据；②在全国最早系统性开展角膜地形图在圆锥角膜诊断中的应用研究，提出圆锥角膜的角膜地形图诊断标准；建立了接触镜相关性角膜病变与圆锥角膜的鉴别诊断方法，并在临床广泛使用；③对单疱病毒性角膜炎的角膜病理生理、机体免疫功能状态进行了深入观察，提出了单疱病毒性角膜炎的免疫学分类诊断方法，被列入眼科百科全书；建立了单疱病毒性角膜炎手术时机选择标准，并广泛应用于眼科临床；④发明了新的脱细胞方法构建猪板层组织工程角膜，并采用板层组织工程猪角膜，在全世界率先成功实施了猪向人的异种角膜移植手术，在组织工程领域产生较大影响；⑤发明了低氧条件下的液气界面培养技术体外构建角膜组织工程上皮，提高了角膜上皮干细胞的体外扩增效率，为体外组织工程角膜上皮移植技术的临床应用与发展奠定了坚实的基础；⑥发现了SERPINA3K，Netrin－1，Kringle5在角膜炎症以及角膜新生血管中的治疗作用，为角膜炎症与新生血管的治疗提供了新的治疗方法。发现了表皮生长因子对结膜杯状细胞以及角膜上皮细胞增殖的促进作用，扩大了该药物临床应用的适应症。获授权发明专利4件，发表论文61篇，被SCI收录论文16篇，参与中英文专著及教材的编写14部。

【多模态功能磁共振成像在脑损伤及康复中的临床研究】 获2013年度省科学技术进步奖一等奖，由南京军区福州总医院陈自谦等承担完成。该项目运用了多模态功能磁共振的成像新技术，对脑损伤及其康复过程中的重大问题开展了一系列研究。主要技术特点及创新点：①在国内外率先真正系统地开展了Bold－fMRI研究过程的质量控制研究；②在国内外率先将Bold－fMRI与DTI技术结合起来一体化评价视觉通路病变及其高压氧治疗过程中视觉通路结构和视觉皮层的功能变化；③在国内外率先开展了听觉皮层Bold－fMRI的激活结果强度和体积定量分析并对研究过程开展质量控制研究；④在国内外率先采用语义辨别任务来观察小脑区域的激活，提出小脑参与语义辨别活动，在脑损伤康复过程中有其特殊的临床意义；⑤在国内率先开展了耳鸣和耳聋患者听觉皮层Bold－fMRI和MRS研究；⑥在国内较早开展了Bold－fMRI和DTI联合应用于缺血性脑卒中患者皮质运动功能和脑白质纤维束方面的研究。该研究为多模态功能磁共振成像技术在脑损伤及其康复中的联合应用研究积累了丰富经验，具有重大理论意义和临床应用价值。发表论文 34 篇，其中 SCI 收录 7 篇。自 2005 年以来，该研究开展了 Bold－fMRI700 多例，弥散张量成像 7000 多例，磁共振波谱研究 100 多例，共检查了 7800 多人次，产生直接经济效益 1170 多万元。

【基于毒力因子的新型隐球菌感染的诊断及免疫学机制研究】 获 2013 年度省科学技术进步奖一等奖，由福建医科大学附属第一医院欧启水等承担完成。该项目基于 Vad1 和 Cap10，对 CN 感染的诊断、干预及免疫学机制进行了系列研究。主要技术特点及创新点：①成功建立 Vad1、Cap10 mRNA 的 real－timeFQ－PCR 定量测定体系。该定量体系有如下特点：特异性强，其他细菌和真菌不产生干扰；重复性好；与抗原检测相比，mRNA 能够反应其活力状态；与 CN 的培养相比，耗时少，速度快。该体系是简单、实用的，能够在一般的 PCR 实验室广泛推广，是 CN 实验诊断领域的新的突破。②深入评价 Vad1、Cap10 mRNA 定量的临床意义，明确其实验诊断价值。Vad1 mRNA（96%）和 Cap10 mRNA（95.6%）的诊断灵敏度显著高于传统方法；Vad1 和 Cap10 mRNA 与抗真菌治疗效果有关，急性期显著高于巩固期。该研究实现了 CN 毒力的定量评估，为 CN 感染的诊断、治疗与预后提供客观、定量的指标。③以 Cap10 为靶标的 CN 感染的干预。体外研究 Cap10 在 CN 致病过程中的生物学功能，为 CN 感染的 RNA 干扰靶向基因治疗做出初步探索。④毒力因子在宿主与 CN 相互作用中的免疫学机制研究。该研究表明 Vad1 mRNA 与 IFN－γ 呈显著负相关，与 IL－10 呈显著正相关。Vad1 可能与上述细胞因子相互作用，互相调节，共同参与 CN 感染的发病过程。发表论文 11 篇，其中被 SCI 收录 3 篇。

【难处理金精矿焙烧新工艺研究与工程化】 获 2013 年度省科学技术进步奖二等奖，由福建金山黄金冶炼有限公司廖元杭等承担完成。该项目通过对现有两段焙烧系统的研究、优化，使得现有的二段焙烧炉同时具备一段焙烧炉及二段焙烧炉的功能，满足处理含砷又能处理含铜、含碳难处理金精矿的要求，实现金、铜的高效回收及无废渣示范工程。主要技术特点及创新点：①创造性地提出并开发了一段高温过氧焙烧及二段低温欠氧焙烧的切换技术及装备，使现有的二段焙烧炉既能处理高含砷又能处理高含铜和高含碳难处理金精矿，无须新增主体设备及厂房投入。②开发的具有自主知识产权的沸腾炉双环式雾化进料技术确保料枪持续稳定雾化给料，从源头保证了焙砂质量的均一、稳定，且装置简单、易于操作、维护工作量小。③开发集成热料输送、高温（93±℃）酸（18～20g/L）浸技术，在保证铜的高效浸出的同时，选择性溶出部分铁，在废水处理时砷铁形成砷酸铁，实现以废治废。④调整萃取剂醛肟、酮肟配比，实现复杂溶液萃取－电积过程杂质平衡与控制技术，形成从复杂溶液制备高纯阴极铜的成套工业技术。⑤研究开发的综合配矿技术充分利用了不同金精矿之间矿物组成、元素品位、粒度、比重等物理差异以及焙烧反应时产生能量和形式的不同化学性质，满足多功能一体化焙烧的要求，有效提高综合回收率。该项目申请发明专利 4 件，获授权实用新型专利 4 件，发表论文 6 篇。项目成果 2011 年在福建金山黄金冶炼有限公司完成转化。2011～2012 年累计成功处理该类物料 8.1 万吨，多回收金 160.32 千克，多回收铜 384.18 吨，累计新增产值 6730.5 万元，新增利润 4623.04 万元，新增税收 1901.63 万元，经济效益显著。

【高光效功率型绿光 LED 芯片制造技术产业化】 获 2013 年度省科学技术进步奖二等奖，由厦门市三安光电科技有限公司徐宸科等承担完成。该项目在传统结构氮化镓基发光二极管芯片工艺技术基础之上，通过导入自主研发的新式外延结构和芯片结构及其制作工艺，对高光效功率型绿光 LED 芯片核心技术进行攻关，进一步提高现有功率型绿光 LED 芯片性能，实现国际先进水平 130lm/W 功率型绿光 LED 芯片年产 2600 万粒的生产规模。主要技术特点及创新点：三安功率型绿光 LED 芯片已实现指标：正向电压≤3.1V（IF＝350mA），光功率＞265mW，光功率效率＞250mW/W，封装后发光效率大于 130lm/W。申请发明专利 12 件，获授权发明专利 7 件。该项目已于 2010 年建成生产线并投入市场销售，产品从 2010 年 10 月至 2013 年已累计实现销售收入 13148 万元，利税 4599 万元，上缴税金 1417 万元。该项目的实施将带动了全国的 LED 产业技术水平、攻关能力的提高，促进上下游企业之间的协作配合和技术沟通，加快 LED 产业链的成熟，为地方经济带来一定的效益。

【绿色生态混凝土的研究与工程应用】 获 2013 年度省科学技术进步奖二等奖，由福建省建筑科学研究院郑敏升等承担完成。该项目所研究的绿色生态混凝土是以建筑垃圾生成的再生骨料和工业废料为主要原材料、适应植物生长的多孔混凝土，具有生态与环保双重特点。主要技术特点与创新点：①利用建筑工程中废弃的混凝土块、砖块，通过加工合成再生骨料，研究分析确定再生骨料粒型、级配、吸水率及保水性等对 GEC 产生的影响；②研究再生骨料种类、粒径、级配、胶凝材料种类、水灰比、灰骨比等因素对 GEC 有效空隙率和抗压强度这二个重要性能的影响，总结出采用不同粒径、级配的再生骨料配制 GEC 时，有效空隙率及抗压强度均满足设计要求的水灰比及灰骨比选用表；③研究水泥强度等级、灰骨比、水灰比、骨料种类、工业废料取代率、外加剂等因素对绿色生态混凝土强度、碱环境、耐久性等方面的影响，最终确定出满足要求的高强度、高有效空隙率、低碱、具有良好的耐久性能的绿色生态混凝土；④根据陡坡、石壁坡、河岸等不同地形的要求，通过实际种植试验，创新性地提出了上置式、中置式、下置式三种种植构造，并根据不同构造的特点研究相应营养土的配制；从福建省地域、气候、植物自身特性出发，选择适合 GEC 生长的草本、藤本和花卉三类植物，有效解决了绿化问题；⑤结合实际工程，采用不同种植构造方式，研究 GEC 特殊的搅拌、浇注、养护等施工工艺，使其在实际应用中实现高强度和高有效空隙率的要求。获授权专利 1 件，发表论文 7 篇。成果已在福州市南江滨东段C标护坡工程、泉州市东海隧道B标护坡工程等项目上进行推广应用，已使用绿色生态混凝土约10万立方米，降低造价约300万元，通过提供施工和技术咨询服务，创造产值1400多万元，实现利润90多万元，并与福建建工集团总公司、马来西亚建材开发有限公司等新签署施工和技术咨询服务合同，总合同金额约260万元，其中创收外汇30万美元。

【电网设备在线监测与状态检修系统工程的关键技术及应用】 获2013年度省科学技术进步奖二等奖，由福建省电力有限公司李功新等承担完成。该项目的总体框架由两大模块构成：输变电设备在线监测系统（含软、硬件）和输变电设备状态检修分析与辅助决策系统，是一套基于在线监测新技术而全面开展输变电设备状态检修的体系。主要技术特点及创新点：①输变电设备在线监测系统通过容性设备绝缘特性检测与校验、GIS及主变局放检测的现场应用技术等一系列关键技术的研究，开发了新的传感技术、信息处理技术及融合诊断技术，在硬件上解决了原有的在线监测传感器现场检测灵敏度与抗干扰问题；同时制定了在线监测开放式的接入标准与规范，并通过数据总线技术研制出开放式的输变电设备在线监测系统，实现了输变电设备在线监测现场传感器的大整合，解决了不同厂家硬件的接入应用问题。②输变电设备状态检修分析与决策系统是在在线监测系统提供的数据基础上，结合设备的台账、修试、运行巡视、设备缺陷等数据，采用数据挖掘技术提取有用信息；根据对相关输变电设备状态检修导则的建模与分析，结合相关的风险经济及设备全寿命周期因子等专家诊断技术，一键式自动给出相关要评判设备的检修策略及其相应的风险，实现了对输变电设备状态检修的分析与决策管理。获授权发明专利1件。参与制定了国家电网公司的《输变电设备状态检修试验规程》《变电设备在线监测装置检验规范》等32项相关技术标准和导则。已在福建、广东、广西、四川、宁夏等省安装了18套的省、地区或县级电网设备在线监测与状态检修系统主站系统（软件），站端子系统（含软件、现场的在线监测硬件）在全国共安装了370套，直接经济效益产值总计达到4亿多元。同时，系统运行起，共发现输变电设备故障隐患42起，为保障电网安全发挥了极大的作用。

【移动互联网应用软件《91手机助手》】 获2013年度省科学技术进步奖二等奖，由福州博远无线网络科技有限公司刘德建等承担完成。该项目产品是一款全平台应用系统，涵盖iOS（iPhone/iPad/iPod Touch），Android，OMS，Symbian S60，Window Mobile（Wince）多个应用平台，可提供多种移动设备PIM数据管理，主题、壁纸、铃声等资源的下载应用，程序管理和安装，以及第三方应用的接入等应用服务。主要技术特点及创新点：①项目自主研发了PC操作系统与智能手机操作系统间交互的方法，通过设备分析、驱动下载、数据转换技术，成功将移动设备与计算机进行连接；②通过智能移动设备上的守护程序来执行计算机的指令，解决了用户通过计算机操作系统无法自由地管理智能移动设备操作系统的困难，扩展了计算机可操作智能移动设备操作系统的功能，方便了用户的操作；③通过连接设备操作系统自动识别设备型号，过滤并显示适合的各种资源，操作简便、安全，为用户提供准确丰富的手机资源，实现手机资源一键应用。申请发明专利14件，获授权发明专利3件。至2012年底，项目累计实现收入5649.46万元，上缴税收收入677.93万元，取得净利润1694.84万元。已有用户数已突破1亿，整个平台资源的累计总下载量达到100亿次，覆盖国内80%的iPhone用户和50%的安卓用户，已成为中国移动互联网领域首个用户数过亿的第三方应用分发平台。

【既有高速公路2扩4特大跨径超小净距隧道CD工法施工技术研究】 获2013年度省科学技术进步奖二等奖，由福建省交通建设质量安全监督局林作雷等承担完成。该项目通过研究开发形成一套完整的、实用性强的特大跨度超小净距软弱围岩隧道施工技术，经济、安全、合理解决了特大跨度、超小净距、软弱围岩、精细爆破、行车等关键技术难题。主要技术特点及创新点：①通过CD工法的理论研究和实际应用，形成一套完整、实用性强的大跨度小净距软弱围岩隧道施工技术。②率先通过对特大跨径超小净距隧道2扩4CD法施工各阶段进行仿真模拟，研究了CD工法中三种开挖、支护方案引起的围岩应力、位移、塑性区、稳定性及支护结构力学响应特性，系统分析对邻近隧道结构的影响，确定了合理的施工方案和施工参数。③确定了爆破荷载对四车道特大断面隧道进出口段软弱围岩段上覆围岩的影响范围，提出基于现场监测和数值仿真的隧道微震动精细爆破技术。④研究中夹岩爆破振动特征、变化规律及对运营隧道的影响，针对性提出超前支护技术和中夹岩加固技术。⑤在掘进爆破的施工过程中，运用施工力学的计算手段，确定合理的开挖顺序；合理布置监测系统，从既有隧道二衬拆除、围岩开挖和支护中获得围岩的稳定性及支护设施的工作状态信息，取得最佳的工程安全保障。实现零伤亡施工安全目标，加快了施工进度，节约工期183天，节省各项经费8514万元。

【信息不完备下结构状态监测与安全评价关键技术】 获2013年度省科学技术进步奖二等奖，由福州大学姜绍飞等承担完成。该项目运用智能信息处理技术和分布式光纤传感技术，结合概率统计、模型修正及故障诊断
采集与
与优化
统集成
键技术
光纤应
了4种
和传感器
方法；
(KPCA)
传算法
曲率”和
工程结构
完备条件
国家软件
发表学术

成果已经在建筑结构、桥梁和隧道中进行了应用，取得近6500万元的经济效益和显著的社会效益。

【即食食品质量安全控制技术及产业化】　获2013年度省科学技术进步奖二等奖，由福建省晋江福源食品有限公司陈芳等承担完成。该项目在丙烯酰胺和油脂氧化控制技术、有害物快速检测技术、HACCP管理平台和全程追溯体系方面突破了多项关键技术，取得了多项研究成果。主要技术特点及创新点：①明确了甘氨酸参与美拉德反应对丙烯酰胺形成的竞争性抑制途径，率先分离鉴定出四种丙烯酰胺与甘氨酸的反应产物，提出了甘氨酸通过Michael加成反应以及氧化－加成反应抑制丙烯酰胺生成的新途径。提出了以低场核磁弛豫图谱、介电常数以及p－茴香胺值等化学参数为一体的煎炸油脂品质联合表征方法，开发了以茶多酚、植酸、维生素E复配的天然抗氧化剂，使油脂氧化速度比原来降低了30%以上。②建立了即食食品中三种主要化学危害物的快速检测技术，为实现加工过程中危害物的实时监测提供了有效手段。发明了特异性快速检测5－羟甲基糠醛的酶联免疫方法，制定了快速检测技术规程。基于分光光度法建立了油脂过氧化值快速检测技术及规程，开发了试剂盒；建立了即食食品中丙烯酰胺UPLC－MS/MS检测方法，分析速度显著提高。③建立了HACCP管理信息系统和全过程追溯体系，实现了全程可控和信息无缝连接。突破了基于支持向量机（SVM）的HACCP关键控制点智能识别技术，提出遗传算法优化SVM模型和增量学习型SVM方法，提高关键控制点发现的准确性和速度，自主开发HACCP管理平台软件；突破了轻量级内部溯源流程引擎技术、多视图外部溯源信息协同技术等多项关键技术，自主开发了马铃薯片安全生产管理系统和马铃薯片质量安全溯源系统，该软件与HACCP系统协同应用，构建了食品安全全程保障体系。申请发明专利7件，获授权4件；获授权软件著作权4件；发表学术论文29篇，其中被SCI收录14篇，EI收录2篇。累计新增产值361416.6万元，新增利润31321万元，新增税收14579.9万元，出口创汇639万美元。

【金龙客车系列智慧校车】　获2013年度省科学技术进步奖二等奖，由厦门金龙联合汽车工业有限公司谭鸿迅等承担完成。该项目除了开发满足各种市场需求的不同米段符合国家校车安全技术标准的校车之外，还开发基于车联网技术的智[illegible]校车，打造校车运营管理平台。主要技术特点及创新点：[illegible]用校车技术特点：在校车上安装了专为校车研发的自动[illegible]；车内安装实时视频监控，安装电子显示屏；采用[illegible]架，车身结构安全性能增强，座椅布局和设计更[illegible]的身材特点。②海外校车特点：车身骨架设[illegible]车身骨架，全车侧翻试验通过澳大利亚[illegible]门下方设计有安全门下挡板，在紧急状[illegible]逃生口面积最大化。在安全门下方[illegible]门上设计有安全脚蹬，便于乘客[illegible]的车内风道上设计有紧急逃[illegible]紧急情况时逃生。同时配[illegible]美式校车的长头设计：可以在车辆发生整面碰撞时最大限度吸收撞击能量，有效增强校车安全性能，保护司机及学生安全。高地板设计：发生侧面碰撞时有效保护车上学生安全。配备停车示意臂：可通过司机驾驶区操控自动打开，提醒后方车辆注意，最大限度保证学生上下车安全。配备停车示意灯：前后各两个红色和两个黄色停车示意灯，提醒过往车辆避让。此外，采用强化的底盘与车身结构，360°全景环视系统、侧面防撞报警系统、内饰软化设计，专用学童座椅配置，每个座位上均配装安全带，无盲区倒车镜，停车信号牌、安全报警器、监护人座椅等设施一应俱全。共取得计算机软件著作权5件，发明专利1件。至2012年8月，国内共销售各类车型393台，实现销售总额12499多万元，出口销售40台，实现销售收入4090万元。

【静液压行驶驱动系统在工程机械中的产业化应用】　获2013年度省科学技术进步奖二等奖，由福建工程学院江吉彬等承担完成。该项目突破了在工程机械上应用静液压系统的关键技术问题，为工程机械的主机产品实现整机性能提升、节能减排，提供了有效的解决方案。主要技术特点及创新点：①提出基于知识驱动的产品平台创新和演进模式，开展创新设计体系和技术方法研究，开发基于专利分析的产品创新设计系统，为集成应用现有专利技术实施产品创新、突破国外专利技术壁垒提供技术平台。②建立静液压驱动系统的多参数优化匹配模型，通过自主研发的静液压驱动系统实验台进行半物理仿真，实施模型有效性验证，为系统集成、元件的匹配选型提供设计方法。③在国内率先研发静液压驱动设计与仿真优化系统，构建静液压系统的标准化设计流程、计算模型和方法，实现计算机辅助静液压驱动系统设计。④开展静液压系统健康检测技术研究，通过监测数据的特征分析揭示故障固有特性，开发在线健康检测和故障诊断系统，实现对静液压驱动系统的动态性能趋势分析和故障预测，提高系统应用的可靠性。⑤开发静液压行驶驱动、作业驱动等工程机械用模块化系列功能部件产品，实现在环卫用车、矿车等工程机械上的产业化应用；基于项目成果转化的静液压装载机和全液压清扫车，整机技术性能达到国内领先水平，打破国外相关产品在中国的垄断。⑥开展再制造评价模型和再制造回收方法研究，对静液压泵、阀进行再制造实践，解决静液压元件的回收和资源再利用问题，也为突破国外绿色贸易壁垒，实现中国工程机械产品进入国际市场提供技术支持。获授权专利6件、软件著作权1件，发表论文12篇，其中被EI收录8篇。该项目的技术成果从2009年起陆续开始投产应用，已在厦门厦工机械股份有限公司、厦门厦工重工有限公司等企业中应用，至2013年1月累计新增销售额30617万元，新增利润1458万元，新增税金1153万元。

【5吨D系列节能型装载机】　获2013年度省科学技术进步奖二等奖，由龙工（福建）机械有限公司蓝福寿等承担完成。该项目的研发以5吨装载机为研究对象，以结构创新为手段，以解决工程机械中装载机的燃油消耗及排放等普遍问题。主要创新点：①动力匹配创新，采用龙工专用的潍柴WD10G210E24低转速柴油机（1900rpm），运用动力匹配原

则选配专用的双涡轮变速器，通过分析柴油机与变矩器共同工作特性曲线，形成低转速柴油机与大能容变矩器的最佳匹配曲线，将柴油机的工作区域由高油耗区向低油耗区平移，从而获得与通用（2200rpm）发动机相近的动力输出特性。②车辆结构创新，该系列机型在设计中，对车架结构、油缸铰接等方面进行了重大改进，提出了翼箱的“双L型”结构、不等截面的目梁结构，改善了车架的应力状况，减少焊缝开裂故障；提出了支撑座内陷、增加支撑销的结构，降低了油缸维修成本；采用人机学原理，合理开设后加力泵加液窗口等。③应用创新，在制动系统中采用双管路钳盘式制动、第四代膜片式加力泵，前桥刹车盘增加防护罩，采用美国卡莱驻车制动器，完全满足驻车和紧急制动要求；加装了储气筒排水引出装置等。获授权实用新型专利10件。自2009年研发以来，5吨D系列节能型装载机已累计销售4618台，实现销售产值96382万元，新增销售利润5975万元，新增税收1494万元。

【高精度特性阻抗挠性印制电路板】 获2013年度省科学技术进步奖二等奖，由厦门弘信电子科技有限公司李毅峰等承担完成。该项目开发具有精度极高的阻抗特性（可达到±5Ω），可满足信号传输阻抗匹配的要求，可更好地保证信号传输质量的“高精度特性阻抗挠性印制电路板”产品。主要技术特点及创新点：通过对图形制造转移技术的创新（改变传统曝光工艺，获得精确的导线图形）、结合自主研发的精密蚀刻技术的应用（通过采用AQUA－611系统和CVS系统精确控制蚀刻液、添加液溶渡），以及公司特有的选择性电镀工艺、精细表面处理技术（采用特殊阴极挡板改变电力线获得均匀的镀层）等工艺和技术，使镀铜均匀性≥98%、曝光均匀性≥95%、蚀刻均匀性≥95%，成功实现产品的特性阻抗精度达±5Ω，达到国际先进水平。获授权发明专利2件，实用新型专利2件。该项目产品已被联想、天马微、比亚迪、欧菲光等公司广泛采用，2012年项目累计实现利润2356.9万元，上缴税收1190万元。

【塑料管道材料制造装备节能降耗技术研发及应用】 获2013年度省科学技术进步奖二等奖，由福建亚通新材料科技股份有限公司陈鹊等承担完成。该项目以塑料管道生产中的节能降耗技术研发为主线，将管道材料配方与塑料管道制造装备的传动系统、集中配料系统、集中供料系统、重力称重计量加料系统、管道制造装备辅助系统等塑料管道生产全流程节能降耗技术研发及应用与配方体系改进研究有机地联系在一起，解决了生产全流程和产业集群所面临的高能耗和粗放型发展的行业关键技术问题，实现了“节能降耗”的核心目标。主要技术特点及创新点：①集成创新了一系列塑料管道生产的节能降耗技术成果，研发了新型的集中配料、集中供料和重力计量加料系统并配合三位一体的数据化管理模式对生产前端进行节能降耗；②采用振动式螺杆等新兴技术对塑料管道制造装备的主机系统进行节能改造，降低了塑料管道制造系统电能耗用；③研发新型塑料管道制造装备辅助系统的节能降耗技术，从而达到降低塑料管道制造装备辅助系统节能的目标；④研究开发高流变性能的管道材料配方，配合塑料模具流道型腔改造和螺杆结构组合等技术，从而提高塑料管道生产速度，达到节能降耗的目标。项目成果在合作单位间相互共享，已实现产值5.38亿元。

【节能高效公路养护专用成套设备】 获2013年度省科学技术进步奖二等奖，由泉州市闽盛交通科技有限公司赖杰民等承担完成。该项目根据现有普通公路和农村公路养护班站的生产实际，经过多年来的深入研究，从路面日常养护的重点、难点工序入手，研发并推广应用适用性强、具有多项自主知识产权的集清扫、除线、路面摊铺、灌缝等公路养护成套机械设备。①摊铺机：针对水泥道路开发。工作装置以一上下分布的双螺旋摊铺器为核心，配合支撑于钢轨上可进退自如的滚轮组，实现对被摊铺料的分上下层面的摊铺功能，操作简便，可代替人工完成堆料摊铺并解决人工摊铺存在着的“摊铺料离析”难题。②拖扫机：无需专设动力，由公路道班现有的养护车直接拖挂带动，采用轮胎驱动车桥带动立式刷盘转动的刷扫技术，三个立式刷盘呈斜线状布局，可将垃圾直接扫到路沿或边沟，简便实用，节能安全，使用成本低，可作为大型清扫车的补充保洁机具。③灌缝机：采用螺杆挤压加热和发动机尾气预热技术，并将所有工作装置组合在一手扶式行走单元上，彻底解决烧坏灌缝料难题，结束长期存在人工提壶灌缝的历史，路面使用寿命可延长1年左右，且每年可节约公路养护经费约1.2元/延米；④除线机：采用卧式蜗壳式铣鼓除线装置和通风式刀体结构，配以多组高强度耐磨合金刀头焊接及变径合金刀杆，整机工作平稳，高效耐用，作业安全，替代人工除线，节省公路养护经费约2元/平方米。获授权专利5件。该项目成套养护设备分别开发成功后，很快在泉州、三明、宁德、莆田、福州、龙岩公路系统以及福建省高速公路养护单位得到推广应用。其中灌缝机和除线机已成为福建普通公路灌缝作业和标线施工的主力设备，占有全省公路系统85%的市场，并在广东、重庆、山东、内蒙古、新疆等省区得到应用；摊铺机、扫路机也在福建公路系统得到广泛应用。

【在线Low－E镀膜玻璃工业制备成套技术与应用开发】 获2013年度省科学技术进步奖二等奖，由漳州旗滨玻璃有限公司候英兰等承担完成。该项目采用自主开发的在线Low－E镀膜玻璃技术，实现了在线Low－E镀膜玻璃新产品的规模化稳定生产。主要技术特点及创新点：①自主开发了在线Low－E镀膜玻璃膜层设计软件，形成独特的“SnO_2：F/$SnxSiyO_2$或SiCxOy/玻璃”膜层结构。②采用线性多进多排在线镀膜装置，通过优化设计实现高效沉积技术，获得板宽3660mm的均匀稳定低辐射膜层。其技术指标：可见光透射比80.16%，可见光反射比10.55%，辐射率0.184和色差E^{*}_{ab}0.93CIELAB。经国家玻璃质量监督检验中心和国家安全玻璃及石英玻璃质量监督检验中心的检测，产品符合国家标准和企业标准《在线Low－E镀膜玻璃》（Q/QBBL002－2011）的要求，性能指标达到国际水平。累计新增销售额16259.21万元；新增利润5702.85万元；新增税收2764.07万元。

【洪口高坝易碎岩体建基面研究】 获2013年度省科学技术进步奖二等奖，由福建省水利水电勘测设计研究院黄健华等承担完成。该课题应用大量原位测试成果和数值分析方法，对影响坝基稳定的各种因素进行系统分析，进行了洪口高坝易碎岩体建基面研究。研究了易碎岩体的性状和物理力学特性；研究坝址区岩体风化空间分布特征，确定以多元分割法进行最优风化分带；对岩体参数的垂直分布特征采用线性函数和二项式函数进行参数相关分析，研究坝基弱风化易碎流纹岩岩体可利用性，为充分利用弱风化岩体及建基面优选提供了重要的理论依据；在施工阶段进行了坝轴线微调、大坝结构优化，确定了坝基开挖最优合理建基面，并在施工过程中进行施工工艺研究、坝基地质缺陷的处理及现场测试验证；大坝建成后进行抬高建基面后的大坝稳定性复核计算和几年来运行监测成果分析。主要技术特点与创新点：实现了高坝易碎岩体可利用性及建基面优选的研究；解决了易碎岩体参数的选择难题；系统地进行了高坝坝基易碎岩体的性状及力学特性研究；在国内率先实现了高坝易碎岩体建基面全过程试验研究。发表论文5篇（其中被SCI/EI收录1篇）。课题研究立足工程实际，研究成果指导了洪口水电站抬高建基面后的高坝工程设计施工，解决了高坝易碎岩体建基面优选难题，减少了坝基开挖量约23000立方米和大坝砼浇筑量约83000立方米，减少了弃渣、征地、水土保持及环保措施，缩短了工期6个月，节约直接投资1323万元，间接效益约8790万元。

【环保、高涩感、耐磨型篮球用合成革的研制】 获2013年度省科学技术进步奖二等奖，由泉州万华世旺超纤有限责任公司颜俊等承担完成。该项目以细旦尼龙短纤、涤纶短纤，以非织造布技术制造无纺布，通过湿法加工成为聚氨酯合成革基布或涂覆后的超细纤维基布，经整饰表面加工制成高涩感耐磨型篮球革。重点开发下列关键技术：适合于环保、高涩感、耐磨型篮球用合成革原材料的复配技术；环保、高涩感、耐磨型篮球用合成革的无纺布加工技术及处理技术；环保、高涩感、耐磨型篮球用合成革基布的湿法加工技术；协调产品涩感与耐磨性能的加工技术；产品柔软程度的控制技术；满足产品性能要求后的成本控制。在解决篮球革涩感高、耐磨性好、不含重金属的同时，较好地解决了篮球革的柔软问题，使篮球革的基布加工和表面加工技术达到了一个新的水平。主要技术特点及创新点：该项目在很好保持篮球革的基本性能的基础上，解决了涩感和耐磨这一关键矛盾组，解决了不粘手及吸湿排湿性，增加了运动员握球的舒适感并且便于运动员抓握，通过对生产原料、助剂、溶剂以及生产过程的控制使得产品不含重金属。该项目的实施可增加销售收入3000万～5000万元/年，培育、锻炼相关技术人员，并增加30～50个就业岗位。

【基于暂态信息与分布式智能的配电网故障自愈技术研究及应用】 获2013年度省科学技术进步奖二等奖，由福建省电力有限公司李天友等承担完成。该项目围绕减少故障停电次数与停电时间的总目标，开发出一系列配电网故障自愈技术：①利用暂态信息实现小电流接地故障选线和定位；②基于配电终端之间对等交换实时数据实现分布式智能控制；③通过构建广域测控系统，作为配电网保护控制与自动化应用的统一支撑平台，解决了保护控制设备单独布置造成的重复投资、管理维护工作量大等问题。主要技术特点及创新点：①提出新型小电流接地故障暂态分析等值电路，改正了传统等值电路结构不正确、参数不明确等缺陷；②提出基于暂态功率方向以及暂态电流波形比较的接地故障选线与定位方法，利用瞬时性接地故障信息实现配电网绝缘的在线监测，具有灵敏度和置信度高的优点；③提出基于分布式智能的闭锁式电流保护、电流差动保护方法，解决传统电流瞬时速断保护越级跳闸的问题，利用故障信号自同步技术克服传统差动保护需要专用通道的缺点；④提出基于配电终端接力查询的配电网实时拓扑自动识别方法，解决了分布式智能控制应用的关键技术问题，以此为基础的保护和控制方法具有适应性强、通用性好的优点。获授权发明专利5件、计算机软件著作权2件。已开发配电网自动化、小电流接地故障选线两个系列产品，应用于国内绝大多数省市自治区，覆盖国家电网、南方电网以及铁路、石化、煤矿等多个行业。已总计销售2.5万余台（套），销售额约6.3亿元，利税约2.5亿元。应用后已缩短故障停电时间约5万小时，减少社会停电损失30亿元以上，其中为福建省缩短故障停电时间约1.3万小时，减少社会停电损失8亿元以上。

【钨精矿及钨硬质合金检测技术】 获2013年度省科学技术进步奖二等奖，由厦门出入境检验检疫局检验检疫技术中心普旭力等承担完成。该项目开发了钨精矿及钨硬质合金检测方法和装置。主要技术特点及创新点：①建立玻璃熔片X射线荧光光谱法同时检测钨精矿中WO_3、Mn、Fe、CaO、SiO_2、Sn、Mo、Cu、Bi、Pb、Sb、Zn、Cd、Cr等14个组分的新方法，可同时适用于黑钨矿和白钨矿的测定。②建立钽内标X射线荧光光谱法测定钨精矿中WO_3的新方法，可对WO_3含量17%以上的钨精矿进行检测。（出入境检验检疫行业标准）③建立采用"酸溶－沉淀－灼烧－熔片"流程的新型制样技术的硬质金属合金X射线荧光光谱检测方法。④提出一种适用于电热蒸发进样的固相微萃取装置。获授权发明专利1件，实用新型专利1件。制定出入境检验检疫行业标准1项。发表论文4篇。该项目成果于2008年7月在项目承担单位应用，并于2009年1月推广应用至厦门钨业、厦门嘉鹭、洛阳豫鹭等企业和辽宁、泉州、龙岩等出入境检验检疫部门。2009年至2012年共检测钨精矿近3万批次，货物总重超40万吨，货值约300亿元。初步估算，该成果应用单位节省检测成本约800万元，另外，在促进货物快速通关、资金快速结算、产品质量控制等方面所取得间接经济效益超过2000万元。

【复杂多金属银金矿及尾矿资源综合利用技术研究与应用】 获2013年度省科学技术进步奖二等奖，由紫金矿业集团股份有限公司鲁军等承担完成。该项目针对复杂多金属硫化银金矿矿石成分复杂、共生关系密切、综合回收难度的矿石特性，研发原矿石尼尔森预先重选－金/铅（铜）等可浮－抑硫浮锌－金精矿氰化－氰渣铅铜锌依次优先浮选的组合选矿流程和堆存尾矿再磨再选技术，与现有其他工艺技术相比，金银回收指标高，对其他共伴生元素和废弃尾矿资源也实现了综合回收。主要技术特点及创新点：①由金预选、等可浮、高碱度、低浓度、组合分散抑制剂、新型捕收剂、新型调整剂、多次精选等关键技术组合的原矿石金尼尔森预先重选－金/铅（铜）等可浮－抑硫浮锌－金精矿氰化－氰渣铅铜锌依次优先浮选工艺流程。尼尔森重选获取含金＞1000.0g/t、回收率＞37.0%的金精矿。重选＋浮选金总回收率＞95.0%，银总回收率＞85.0%。金尾矿选锌具有锌品位＞47.0%、回收率＞80.0%的锌精矿。高粘度微细粒氰渣选矿获得铅精矿品位66.78%、回收率85.37%，铜精矿品位24.0%、回收率72.36%和锌精矿品位46.60%、回收率83.53%的指标。②堆存尾矿再磨再选工艺。堆存尾矿综合利用得到含金＞15.0g/t、回收率＞85.0%金精矿和锌品位＞52.0%、回收率＞78.0%的锌精矿指标。③流程中回水循环使用，大幅度减少了污水处理量和排放量。该项目研究成果已直接应用于山西繁峙义兴寨难选多金属银金矿。2011～2012年，原矿石选矿综合回收和堆存尾矿综合利用共计新增产值48930万元，新增利润17840万元，新增税收8990万元。极大提升了义兴寨金矿资源化利用的整体水平。

【海峡西岸经济区（福建省）重点产业发展战略环境评价】 获2013年度省科学技术进步奖二等奖，由福建省环境科学研究院刘建等承担完成。该项目是“海峡西岸经济区重点产业发展战略环境评价”的重点子项目，旨在推动环境保护优化经济发展新格局的形成，实现区域经济可持续发展，确保中长期生态环境安全。主要技术特点及创新点：①在复杂系统分析理论基础上提出了大尺度区域战略环境评价的技术路线和方法。研究涵盖全省9个设区市和平潭综合实验区，国土面积12.4万平方千米，涉及石化、装备制造、电子信息、能源、冶金和林浆纸等6大重点产业。较好地解决了大尺度区域环境因素的累积性、宏观性、复杂性问题。②对区域性、累积性环境问题和关键性制约因素进行了辨识和分析。在全面分析区域资源环境禀赋、重点产业发展特征、生态环境演变趋势，深刻把握重点产业发展与资源环境耦合关系的基础上，系统地评估了区域资源环境综合承载能力及其空间分异特征，科学预测了重点产业发展的中长期环境影响和潜在生态风险。③提出了重点产业优化发展的调控方案和对策建议。基于自然生态约束和资源环境承载能力，针对产业的布局、规模和结构三大核心问题，按照“沿海地区重点开发，内陆山区适度开发，推动集聚发展、优化发展，加快建设成为中国东部沿海地区先进制造业重要基地”的总体目标，提出了支持引导湄洲湾等产业集聚发展，优化调整环三都澳等空间布局和产业结构，推进引导内陆山区重污染行业结构调整、技术升级并逐步向条件较好地区集中发展的调控意见，以及促进重点产业与资源环境协调发展的对策机制。发表论文6篇。

【半导体照明评价测试系统和新技术及推广应用】 获2013年度省科学技术进步奖二等奖，由厦门大学陈忠等承担完成。该项目开发出具有自主知识产权的新结构瓦级LED芯片，建立了高水平的LED评价测试体系和研发平台。主要技术特点及创新点：在半导体照明材料外延、器件工艺优化、检测技术等方面取得一系列创新性研究成果。有效提高了芯片的发光效率、波长稳定性、可靠性和寿命。建立新的LED器件测试方法和光谱优化算法，促进了LED可靠性和失效机理的研究。获授权专利10件，其中发明专利3件、获软件著作权1件。发表研究论文15篇（均被SCI或EI收录）。高亮度光机电一体化LED系统在厦门爱的科技有限公司实现了成果转化，大功率LED照明芯片的封装和检测关键技术已在厦门华联电子有限公司获得推广应用。新型LED全彩屏模组在线自动检测技术已在厦门强力巨彩光电有限公司应用。产品销往30多个国家和地区，项目成果2012年度新增产值超过5500万元。近五年来，已为承担科技部“十城万盏”“夜景工程”和海峡两岸测试比对等项目提供了800多批次优质的检测和分析服务，获得了广泛的社会效益。

【Foxit PhantomPDF V5.0】 获2013年度省科学技术进步奖二等奖，由福州福昕软件开发有限公司熊雨前等承担完成。该项目产品是一款集创建、阅读、打印、编辑、设计表单、填表、加/解密PDF文档、页面管理等多功能为一体的完整的PDF解决方案，适用于政府、企业、个人等类型的用户对PDF文档进行综合处理。该产品启动速度快速、界面友好易用、功能丰富实用，支持的Windows操作系统有Windows2000、XP、Server2003、Vista、Windows7、Windows8，其核心技术与PDF最新标准1.7完全兼容。主要技术特点及创新点：①解析技术有效解决国内外同类产品解析速度慢、解析占用资源大等技术难题；②显示技术有效解决国内外同类产品在PDF数据显示方面存在的技术瓶颈；③转换技术避免了国内外同类产品在对PDF文档转换后，原始版面结构及字符信息易丢失等问题；④交互技术为项目软件在交互功能方面的开发及系统丰富功能的集成，奠定了坚实的基础；⑤基于国际先进的跨平台应用技术，实现系统的多平台支持等产品特色和技术创新。相比之前的版本，该版本技术更成熟，创新点更多、性能更突出、功能更丰富，为各客户群体提供编辑、加工、显示及打印等一整套处理流程的PDF文档技术解决方案，主要应用领域包括：电子政务、OA、数字版权管理、档案管理、电子出版行业、电子商务、办公管理、教育培训领域、电子文档管理、电子表单、移动及嵌入平台应用等领域。

【汽车转向节经济型锻造技术与装备】 获2013年度省科学技术进步奖二等奖，由福建畅丰车桥制造有限公司王灿喜等承担完成。该项目成功开发出一种经济型的汽车转向节锻造技术和自动锻造生产线设备。主要技术特点及创新点：①突破了摩擦螺旋压力机不能多模膛锻造的限制，率先开发出多工位摩擦螺旋压力机新型锻造装备及整体式锻造模具，并采用多关节机器人进行自动化操作。通过压力机结构优化设计，合理选择滑块高宽比和螺杆导套间隙，解决了多工位锻造时螺杆的偏心负载弯曲问题；②在工艺设计上提出多工位摩擦压力机成形负载均衡设计和多模膛布置优化技术，有效降低模具应力，提高了整体模具寿命；③研制的机器人夹持器适应了各工序坯料的形状和多工位流程需要，保证了锻件质量的稳定性和锻造规模效益，提高了自动化程度，同时大幅改善了锻造生产的劳动环境和安全条件。获授权发明专利1件，实用新型专利1件。已建成了年生产能力10万件的包括锻造、热处理、机加工等全过程的汽车转向制造企业，解决新就业人数400多人，同时每年可为国家和地方增加税收几百万元，取得了较为显著的社会经济效益。项目投产以来，已经陆续进行了华菱汽车7.5吨转向节、二汽153转向节、一汽457转向节等多个产品的批量生产。产品性能完全达到或超过技术标准的要求。成功为东风汽车、柳州汽车、华菱汽车等主流汽车批量配套供货。

【内网安全监控平台研制及其产业化】 获2013年度省科学技术进步奖二等奖，由福州大学陈国龙等承担完成。该项目针对日益严重的内网安全问题深入分析内网所面临的各种安全威胁，从身份认证、网络接入控制、数据保护、移动存储设备监控以及网络访问监控等关键问题入手开展内网安全关键技术的创新开发。主要技术特点及创新点：①针对内网的身份认证问题，研发了基于USB安全锁、手掌静脉识别、用户名与密码的统一身份认证平台，采用多因子身份认证方式，解决内网用户身份的合法性和真实性验证问题；②针对内网的接入认证问题，研发了一种高安全性的内网安全综合管理的网络接入控制方案，整合统一身份认证平台进行接入控制时的身份认证，从而通过内网综合安全管理系统、统一身份认证平台、802.1x交换机和Radius服务器间的联动实现对网络接入终端的身份认证和接入控制；③针对数据保护问题，研发了基于微过滤驱动模型的内核态文件系统中间层驱动，与内网综合安全管理系统的安全策略联动，通过IRP过滤，解决文件的访问控制问题，并创新集成了内嵌加密标识的动态加解密技术，进一步提高关键数据的安全性；④针对移动存储设备监控，研发了基于IRP过滤的内核态驱动，与内网综合安全管理系统的安全策略联动，实现移动存储设备的接入控制、访问方式控制以及操作权限控制；⑤针对网络访问监控问题，研发了基于新一代WFP模型的主机端数据包过滤引擎，设计了一种融合防病毒和入侵检测功能的多功能综合网关。项目在内网安全的核心技术和解决方案方面有所创新和突破。相关内网安全监控平台实现了产业化。获授权发明专利2件，实用新型专利1件，软件著作7件。2010年来总计新增产值8000多万元，社会和经济效益显著。

【HFE19磁保持继电器】 获2013年度省科学技术进步奖二等奖，由厦门宏发电力电器有限公司张青年等承担完成。该项目开发了一款负载能力大、体积小、抗短路能力强的磁保持继电器。主要技术特点及创新点：①继电器通过对机械结构进行创新，设计出具有抗大电流冲击能力的接触机构，既满足了电气设计要求，又减小了体积，节约了材料，降低了制造成本。②线圈架、底座及外壳、动簧片、触点的选择均综合考虑耐热性、机械性能、耐电磨损、抗粘接等因素，能满足大负载、抗短路等要求。③通过电磁系统与接触系统之间特定布局和传动方式的设计，提高电气参数的稳定性；采用磁保持技术，达到长期低功耗运行的目的；改变动簧片结构，提高了负载能力，降低了功耗。获授权发明专利1件、实用新型专利1件。至2012年12月，已累计实现销售收入6.23亿元，利税总额1.37亿元，产生了巨大的经济效益。HFE19磁保持继电器开发成功，在产品性能和可靠性方面取得技术突破，完全达到国内外智能电网对该类继电器的性能要求，打破了国外公司的市场垄断局面。

【pH/离子计自动检定方法的研究与应用】 获2013年度省科学技术进步奖二等奖，由福建省计量科学研究院方辉等承担完成。由于“苏丹红”，“三鹿奶粉”还有“塑化剂”等，接连不断发生的恶性食品安全事故引发了人们对食品安全的高度关注。食品安全与否，首先要对其进行化验与检测，pH计、离子计是一种重要的食品安全和产品质量检测仪器，列入了国家强制检定的计量仪器。主要技术特点及创新点：①pH/离子计标准信号模拟发生器的研究，对pH计和离子计的计量性能的检定的核心是应用模拟pH电极和离子电极的标准电信号，进行pH计和离子计的计量性能的检定和校准。因此高准确度pH/离子计标准电信号模拟发生器的研制是项目研究的核心技术之一，标准信号模拟发生器主要功能是输出高准确度及具有高阻抗内阻的微伏级电压标准信号，按照Narst原理转换为与pH电极或离子电极对应的标准电信号。该项目重点解决了微伏级电压信号输出信号的高准确度和稳定性技术难题，以及模拟pH玻璃电极高达109Ω内阻对信号的抗干扰技术难题，其主要技术指标和性能居国内领先。②虚拟仪器技术在pH/离子计检定仪的应用研究，在实际检定过程中的检定数据多，传统仪器不具备数据存储和数据处理的功能。该项目利用虚拟仪器技术，使计算机的强大数据处理和存储功能力与计量检测仪器融为一体，研制出了国内首创的“虚拟仪器式的电脑型pH/离子计检定仪”，实现了pH/离子计检定的自动化，并对检定数据自动处理、自动判别计量仪器等级、自动出具检定证书，有效地提高了工作效率和计量检定质量。③仪器示值图像的采集、处理和识别方法的研究，实现pH/离子计检定的自动化，需要解决pH/离子计读数的图像采集和识别方法，该项目在pH计、离子计检定领域，首次研制“应用图像识别技术的全自动pH计/离子计检定装置”，利用CCD代替人眼读数，将CCD摄入的图像传输到计算机，计算机再进行图像处理，自动识别pH计或离子计的显示值，实现检定数据的自动采集，从而达到自动检定的目的。获授权专利2件。已发表论文2篇。该项目研制的PC系列pH/离子检定仪已推广应用到230多家各省市企事业单位计量部门，比传统计量检定提高工效5倍以上。为保证企业生产的食品安全和产品质量，以及政府计量监管发挥重要作用，取得良好的经济效益和社会效益。

【大坝远程监控与健康诊断系统研究】 获2013年度省科学技术进步奖二等奖，由福建棉花滩水电开发有限公司陈瑞兴等承担完成。该项目针对水电站大坝管理特点和难点，依托福建棉花滩和白沙两座电站，建立大坝观测数据实时采集和分析、远程监控和健康诊断，研究成果提高了大坝安全管理水平和效率。主要技术特点及创新点：①大坝安全性态评价和有限元仿真分析。对大坝监测资料进行全面分析，结合三维弹塑性有限元仿真，应用规范法和强度储备法，分析大坝变形、强度和稳定状态，对大坝安全性态及变化趋势进行评价。②建立大坝自动化远程监测和自管理系统，实现大坝安监测数据智能采集。③建立确定性和不确定性大坝安全监测信息的评价模型，拟定大坝安全监控指标和预警值实现多种模型和方法的在线评价。④基于 web 技术，采用分布式多线程模板开发方式，建立开放式大坝群长效管理和安全监控提供信息平台数据库。⑤建立多坝远程并行健康诊断和预警系统。通过开发大坝群远程监测系统实时采集软件实现大坝监测数据信息远程实时采集和远程管理分析与预警，在线发布大坝安全监测信息及分析结果。⑥建立大坝安全监控远程技术支持中心，实现网上会诊和技术咨询等功能。系统先后在福建棉花滩、白沙、古田溪梯级、池塘等大型水电站大坝推广应用，拟在双口渡、南盘石、贡川等水电站继续推广。应用表明：系统运行稳定，实现了大坝远程监控与健康诊断功能。在报表编制、资料管理、安全评价等方面节省了大量的人力、物力，减少了差错率。该系统的使用，掌握了棉花滩大坝的实际工作性态，预测了大坝工作性态的变化规律和大坝运行的不利工况。

【基于数字预失真技术的移动通信接入网设备】 获 2013 年度省科学技术进步奖二等奖，由福建邮科通信技术有限公司赖克中等承担完成。该项目属于电子与通信科学技术，主要涉及无线通信领域中的移动通信接入网设备。研究内容涉及数字预失真、数字中频、数字基带、嵌入式软件、同步技术、组网技术等多项自主研发的核心技术。术创新点就在于采用数字预失真的线性化技术，从本质上提升了设备的射频性能，设计了一个具有开放性、标准化的通用硬件平台，支持多种通信网络制式，研制出的移动通信接入网设备具有高度灵活性、开放性、可扩展性。获授权发明专利 4 件、实用新型专利 3 件、软件著作权 1 件。该项目成果已应用在全国 12 个省市（分别在福建省、四川省、陕西省、江西、江苏等地区）。

【立达信光电照明产品技术创新平台建设】 获 2013 年度省科学技术进步奖二等奖，由立达信绿色照明股份有限公司承担完成。该项目成功开发出稀土全光谱节能灯、低光衰长寿命植物生长灯、紧凑型大功率 17 全螺旋节能灯、保健型照明节能灯、三端开关型高压集成驱动电路 LED 灯、高显色性智能绿色照明产品、无积粉螺旋管涂粉机及其工艺、适用于宽电压的电子节能灯、基于散热优化设计的高功率 LED 照明灯、荧光灯灯管仿真电路模型、自动稳压式电子镇流器、分布式无线智能公共道路照明控制系统等产品。获授权发明专利 7 件，实用新型专利 46 件，外观专利 106 件；参与制定了 2 套 ZHAGA 国际标准化组织 LED 模块国际标准。自 2010 年至 2012 年累计开发新产品 65 种。新产品三年共新增利润 18581 万元，税收 8899 万元，创汇 7603 万美元。

【工业 VOCS 有机废气治理回收技术创新工程】 获 2013 年度省科学技术进步奖二等奖，由福建省利邦环境工程有限公司承担完成。该项目坚持不断创新、研发新的不同的 VOCs 的回收处理技术及装备，切实有效实现各种 VOCs 的减排、实现资源化回收利用，为各行业实现清洁生产、资源回收提供行之有效的新技术。主要技术特点及创新点：率先成功开发了喷涂漆有机废气、溶剂汽油废气、三氯乙烯溶剂废气等工业 VOCs 的回收治理技术，改变了这些废气的治理现状，达到治污、减排、资源循环利用等多重效果。获授权专利 7 件，其中发明专利 2 件。近三个年销售收入比增为 256.64%、201.89%、49.48%；资产增长率为 6.69%、63.68%、80.75%。

【雷公藤良种繁育和 GAP 关键技术研究】 获 2013 年度省科学技术进步奖二等奖，由福建农林大学郑郁善等承担完成。该项目评价筛选雷公藤优良种源及优良家系，进行遗传多样性研究，构建核心种质 DNA 指纹图谱库，选育高药用价值优良品种，配套组培、扦插繁殖、高产优质栽培、病虫害防治、采收初加工等关键技术，并对雷公藤 GAP 示范基地环境综合评价。主要技术特点及创新点：①雷公藤良种选育：研究出雷公藤内酯醇的最佳提取工艺；筛选出泰宁、大田、景宁等 5 个优良种源，优良种源内进一步评价选择出 TN3 等 10 个优良单株；利用分子标记技术分析了雷公藤遗传多样性；建立核心种质的 DNA 指纹图谱库。②优良无性系快繁技术：研究雷公藤扦插时间、穗条选择、扦插基质、激素处理等技术；建立雷公藤优良无性系最优再生体系；研究了雷公藤组培生根机理，研究出能提高组培苗中内酯醇含量最佳的前体物质种类、浓度以及培养条件，内酯醇提高 1.74 倍以上。③高产优质雷公藤栽培技术：研究了雷公藤光和特性，低温胁迫、盐胁迫下雷公藤幼苗的生理响应。研究出不同月份合理灌溉量有利于大田种植雷公藤内酯醇的积累。分别对雷公藤专用肥和叶面肥进行 DIRS 营养诊断。④病虫害防治技术：分析鉴定了雷公藤主要病虫害种类，制定防治策略，以生物农药为主符合中药材 GAP 要求。⑤雷公藤采收初加工：确定 6～7a 生雷公藤采收利用；挖根的最佳时期在秋末冬初，叶采摘在 7～8 月。60℃烘干雷公藤内酯醇最高，应烘干箱干燥或混合交叉干燥。⑥雷公藤 GAP 基地环境质量评价：分析雷公藤 GAP 基地土壤养分年动态变化，无重金属污染；基地灌溉水各项污染物的单项污染指数均小于 1；大气环境各项监测项目的单项污染指数均小于 1，符合中药材 GAP 要求。研究成果已在三明、龙岩、南平等地市进行大面积的推广应用。

【柑橘叶脉开裂症病因诊断与矫治】 获 2013 年度省科学技术进步奖二等奖，由福建省种植业技术推广总站施清等承担完成。该项目一是开展柑橘叶脉开裂症（或木栓化症）与矿质营养的关系研究，二是开展缺 Mg、缺 B 诱发柑橘叶片维管组织变化的差异研究，三是缺镁引起的柑橘叶脉开裂症矫治技术研究与应用。主要技术特点及创新点：①开展柑橘叶脉开裂症发病果园普查与发病单株调查。通过对柑橘叶脉开裂症状与柑橘品种、土壤养分、叶片营养、土壤类型等分析研究，明确了柑橘叶脉开裂症属于多病因的病症。②开展不同病因的柑橘叶脉开裂症的症状差异研究。对缺 Mg、缺 B、缺 Mg 并缺 B 的 3 类典型缺素症橘园进行田间实地观察研究，提出了用叶色区别缺 Mg 或缺 B 初步判断柑橘叶脉开裂症的病因的方法。③开展缺 Mg 与缺 B 诱发柑橘叶脉开裂症的细胞学诊断研究。为柑橘 Mg、B 缺乏引起的叶脉开裂症状鉴别提供有力的解剖学证据。④开展硫酸镁叶面喷施矫治柑橘缺镁症效果研究与浓度筛选。研究了叶面喷施 $MgSO_4$ 浓度与矫治柑橘缺镁症（叶脉开裂症）的效果试验，提出了 $MgSO_4$ 在纽荷尔脐橙叶面施用的安全浓度：在花期与抽梢期≤5%，在其他季节≤8%。⑤柑橘叶面喷施硫酸镁（$MgSO_4$）矫治柑橘叶脉开裂症技术的推广应用。在福建省的柑橘产区用叶面喷施 4%～5%的 $MgSO_4$ 的方法矫治柑橘叶脉开裂症，取得了显著的成效。2011～2012 年累计推广面积 9.42 万公顷，新增产量 169 万吨，新增产值 3.8 亿元，增收 2.9 亿元。

【优质、抗稻瘟病水稻雄性不育系全丰 A 的选育】 获 2013 年度省科学技术进步奖二等奖，由福建省农业科学院水稻研究所游年顺等承担完成。该项目针对三系不育系存在资源少，稻瘟病抗性、异交特性及米质差等问题，进行了 B 系改良计划，取得了系列成果。主要技术特点及创新性：①创新性地提出“微效恢复基因理论及其排除方法”“七项育种目标”“四个配组模式”，建立了具有全国领先水平的三系不育系综合育种技术体系。②通过挖掘与利用有利基因，达到种质创新，培育高起点的杂交稻亲本。③以有性杂交，稻瘟病抗性经病区胁迫选择，在回交转育过程中，做到育性、品质、抗性、配合力等多性状同步筛选，选育优质、抗稻瘟病水稻雄性不育系，配制优质、抗稻瘟病杂交水稻新品种应用于生产，为杂交稻安全高效生产提供科技支撑。全国有 13 个省份 83 家科研单位和企业利用全丰 A 作为重要亲本进行配制杂交稻，良种覆盖 8 个省份。已育成 11 个品种 24 次通过审（认）定，另有 1 个进入国家审定程序，3 个参加生产试验，18 个参加区试。在通过审定的品种中有 9 个（12 次）区试平均产量比对照增产 3%以上。累计推广 119 万公顷，新增稻谷 39.3 万吨，新增社会效益 13.04 亿元。种子企业共生产经营全优系列杂交稻种子 1.86 万吨，实现销售收入 3.34 亿元，新增利润 5032 万元。

【油茶遗传改良与良种推广应用】 获 2013 年度省科学技术进步奖二等奖，由福建省林业科学研究院李志真等承担完成。该项目从小果油茶遗传多样性与良种选育、油茶种质资源调查收集保存与长期评价、油茶良种配置与扩繁推广等方面全面系统地开展了油茶遗传改良与良种推广应用研究。主要技术特点及创新点：①运用表型标记和 SRAP 标记系统研究了中国全分布区 19 个小果油茶居群的遗传多样性，率先阐明了小果油茶不同居群在种实、花叶、含油率、脂肪酸组分、分子等方面的遗传变异特点，揭示了不同性状在居群间和居群内的变异规律。利用 SSR 标记分析了同域分布的小果油茶与普通油茶居群间亲缘关系。开展了小果油茶不同层次的良种选育，选育出优良农家品种 1 个，优良个体 22 个、优良无性系 2 个，阐明了小果油茶实生群体产量结构特点，提出了小果油茶育种策略。②对早期收集的油茶农家品种、无性系、杂交品系等进行持续多年的跟踪观测及评价，揭示了不同材料在初产期和盛产期生长结实的遗传变异规律，全面调查了福建省油茶种质资源，收集保存了省内外优良特异种质材料 412 份，营建种质资源库和良种试验林 45.33 公顷。③共选育出 97 份油茶优良材料其中通过省林木品种审定委员会审（认）定的良种 41 个（处）。研究成果为福建省油茶产区提供了大批高产良种，解决了全省油茶良种短缺问题；确定了油茶闽 43 等良种的适宜种植区域和配置品系，保障了良种丰产稳产，对油茶产业发展有重要的推动作用。自 2000 年以来一直在生产上推广应用，已在福建省各地广泛推广种植，效果显著。其中柘荣县林业局、闽清县林业局等主要的 15 家单位培育良种苗木 7062 万株，推广良种造林 3.2 万公顷，累计新增产值 23.98 亿元，取得重大的经济效益。该成果的应用提高了福建省油茶产量和种植效益，改善生态环境，提供优质食用油，保障国家粮油安全，促进农民增收致富和农村经济发展，生态和社会效益显著。

【杂交水稻新组合Ⅱ优 125 的选育与应用】 获 2013 年度省科学技术进步奖二等奖，由福建省南平市农业科学研究所江文清等承担完成。该项目以遗传育种学为原理，采用“选择生产上大面积应用的具不同地理和生态远缘遗传背景的高起点强恢复系，利用多亲本复合杂交，丰富遗传基础，拉大遗传距离，创造变异类型，聚合更多有益基因；优良株型与高产特性结合，主攻大穗，扩大库容，提高产量基础；不同生态条件的穿梭选择与抗瘟鉴定同步进行，强化适应性和抗逆性”的技术路线，以水稻品种的丰产性和广适性筛选为重点，培育出高产、抗病、适应性广的水稻新品种。主要技术特点及创新点：①通过选用高配合力、属不同生态类型的具丰富遗传背景的地理远缘材料，通过高代材料复交方式，创制水稻新材料。②选择稻瘟病重病区，适当增施 N 肥，创造良好发病条件，高压筛选抗病单株后代材料，在不同季节、异地多年多点环境中培育和选择，筛选和培育水稻新恢复系“南恢 125”。③“南恢 125”配合力和杂种优势的测定。④进行“Ⅱ优 125”适应性、高产潜能测定和生产试验、示范。⑤探索和完善“Ⅱ优 125”高产高效的制种技术方案。⑥建立生产、示范基地，开展技术培训，育繁推一体化，加快成果推广转化。“Ⅱ优 125”于 2006 年 7 月获国家植物新品种权保护专利；2006 年通过福建省审定；2008 年通过国家品种审定。2009～2012 年在福建、江西、安徽、湖南、湖北累计推广面积 87.99 万公顷，增创社会经济效益 11.26 亿元。其中 2010～2012 年累计推广面积 81.34 万公顷，增创社会经济效益 10.39 亿元。2011～2012 年该品种连续 2 年当年推广面积居福建省单个水稻品种第一位。

【鱼类黏膜免疫关键技术研究与应用】 获 2013 年度省科学技术进步奖二等奖，由福建省农业科学院生物技术研究所龚晖等承担完成。该项目以免疫刺激复合物（Immune－stimulatingcomplexes，ISCOMs）技术为核心，结合免疫方式、免疫评价、抗原制备、抗原筛选等技术创新，掌握了鱼类黏膜免疫关键技术。主要技术特点及创新点：①率先将 ISCOMs 技术用于鱼类口服和浸浴免疫，提高了受免鱼淋巴细胞增殖转化能力（$P<0.05$）和抗体水平（$P<0.05$），介导的相对免疫保护率可达 80%以上。突破了鱼类黏膜免疫的瓶颈。②建立了 ISCOMs 组装技术，证明了 ISCOMs 技术适用于可溶

性和颗粒性抗原。证实了以ISCOMs技术组装的纳米级颗粒具有良好的安全性、抗原性、吸收性和稳定性。③创新性地用ISCOMs技术组装牛血清白蛋白（BSA），在鳗鲡和大黄鱼上应用，受免鱼表现出良好的免疫力，相对保护率可达60%。④建立了免疫评价体系，应用自主制备的鳗鲡黏膜免疫球蛋白单抗等鱼类免疫球蛋白单抗建立了抗体水平检测方法，应用淋巴细胞增殖转化技术建立了T细胞免疫应答检测方法。⑤掌握了抗原批量制备技术，在国内率先采用嗜热四膜虫表达技术表达了多子小瓜虫抑动抗原；采用大肠杆菌表达系统表达的菌体功能蛋白含量占蛋白总量35%～65.5%；经GMP车间测试的病原菌发酵工艺，每批次产能可满足1000万尾鱼病害防控的需要。⑥建立了病原检测和抗原筛选方法，为鱼类免疫防治提供了候选抗原，确保了鱼类免疫的精准性。获授权发明专利3件。发表论文19篇。成果已在1740万尾以上鳗鲡和大黄鱼等鱼类的田间口服免疫中应用。降低发病率30%～35%，提高商品率10%～13%，创造直接经济效益2120万元以上，间接经济效益2900万元以上。

【福建牛、羊、兔地方品种种质资源创新与利用】 获2013年度省科学技术进步奖二等奖，由福建农林大学刘庆华等承担完成。该项目系统完成了福建省内闽南黄牛、福清山羊、戴云山羊、闽东山羊、福安水牛、福建兔品种数量规模和基本结构、体形外貌、体尺和体重、产肉性能、役用性能、繁殖性能等的调查，形成了调查报告并作为中国畜禽遗传资源志内容收录。主要技术特点及创新点：①项目在福建省牛、羊、兔地方品种现有生产分户经营体制下，通过组建核心繁育群，成立良种繁育场，种公畜集中与分散培育相结合方式，分别建立福安水牛、闽南黄牛、闽东山羊、福清山羊、戴云山羊、福建黄兔良种繁育基地，为地方品种资源保护和后续产业发展创立了新的途径。②项目对闽东山羊这一新品种进行挖掘与选育。闽东山羊新品种获得农业部1278号公告认定。依据闽东山羊品种育种目标，采用群体继代选育法选育闽东山羊。③利用分子生物学手段，采用微卫星标记对闽南黄牛、福安水牛、福清山羊、戴云山羊、福建兔地方品种的等位基因频率、多态信息含量、杂合度和有效等位基因数等指标进行统计分析，并在此基础上对其进行聚类分析和分类研究，从而揭示其遗传多样性程度和进行较为合理的类型划分。④采用PCR产物直接测序的方法对福安水牛的线粒体DNA（mtDNA）D－LOOP区全序列进行了测定，并对所得数据进行了比对和分析。结果显示福安水牛存在两个母系血统来源。成果在福建省福州市、宁德市、龙岩市等地保种场和繁育场推广应用，累计新增产值4.43亿元，新增利税7700万元，增收节支7950万元，经济、生态、社会效益十分显著。同时，该成果对于促进福建省牛、羊、兔产业健康持续发展，调整畜牧业产业结构，增加农民收入，建设新农村意义重大。

【柑橘新品种岩溪晚芦选育与应用推广】 获2013年度省科学技术进步奖二等奖，由长泰县农业局经济作物站钟连生等承担完成。该项目建立了岩溪晚芦选育种技术体系并研究制定晚熟椪柑无公害的标准化生产技术体系。主要技术特点及创新点：①选育首个具有重大意义的椪柑（芽变）晚熟品种。该品种成熟期比普通芦柑推迟2个月，且具有速生、丰产、优质等特性，其晚熟性状相当稳定。该品种是福建省第一个省级和全国农作物新品种审定的品种。②采用共砧高接法检测柑橘无性后代成熟期的遗传稳定性。验证岩溪晚芦无性后代晚熟性状的可靠性和稳定。③高接换种、固定优良性状。根据柑橘植株分生组织的某些细胞的遗传基础可能发生变异的理论、采用无性繁殖方法固定其良性变异的性状。对所选晚熟芦柑优株采用高接换种法鉴定其果实的晚熟性状的稳定性、以证明该性状的变异是遗传基础发生变化，通过无性繁殖可遗传给无性后代，同时也缩短了选育研究的年限。④做好该母株植物学性状及果实特征，物候期，生长结果习性，抗逆性，无性后代果实晚熟性状遗传稳定性观察；母株及无性后代果实品质的观测。1991～2012年全国推广种植面积达10073公顷，年产值3.15亿元。

【菜用型马铃薯新品种闽薯1号选育】 获2013年度省科学技术进步奖二等奖，由福建省龙岩市农业科学研究所汤浩等承担完成。该项目开展了马铃薯育种、栽培、种薯繁育等研究，选育出了适应性广、高产、抗病的新品种“闽薯1号”，建立了脱毒种薯繁育体系，制定了良种良法配套的集成技术。主要技术特点及创新点：①创新了福建省马铃薯育种思路，选育出了福建省第一个自育的菜用型马铃薯新品种闽薯1号。2008年3月项目组自育的第一个马铃薯品种通过审定，并成为福建省菜用型马铃薯主推品种。②集成建立了高产、优质、高效、生态的闽薯1号栽培技术体系。针对生产上“单一技术的应用”的缺陷，项目组以闽薯1号为技术载体，将稻草包芯、地膜覆盖、水肥管理、密度控制、种薯处理、病害防控以及霜冻前后处理等技术进行集成，实现了马铃薯高产、优质、高效、生态种植。③构建了马铃薯脱毒繁种技术体系；创新了闽薯1号的推广方式，加速了该品种的产业化，为福建省马铃薯品种的推广提供了模板。在省内率先系统地调查了福建省马铃薯病毒的种类，开展了闽薯1号茎尖组织培养、脱毒快繁、试管薯生产以及高海拔山区繁种等技术研究，形成了马铃薯脱毒快繁技术和具有福建特色的高山繁种栽培技术。2009～2011年在福建、云南、贵州、浙江、湖南、广西、广东等省累计推广新品种9.96万公顷，总增经济效益4.71亿元。其中福建省累计推广闽薯1号新品种2.42万公顷（推广配套高产高效技术1.45万公顷），净增经济效益1.37亿元。

【大球盖菇高值化加工及综合利用关键技术研究与应用】 获2013年度省科学技术进步奖二等奖，由福建省农业科学院农业工程技术研究所陈君琛等承担完成。该项目从提高菇品质的栽培技术入手，集成菇鲜除涩等精深加工以及高值化产品开发综合利用技术。主要技术特点及创新点：①率先研发了提高大球盖菇黄酮类含量的优质栽培专利技术。研发50%稻草加50%谷壳为主要基质的提高菇黄酮类成分的栽培技术，为其高值化加工提供优质原料。②研发了提高大球盖菇多糖与总黄酮提取率的优化技术。通过提取过程动态调整溶剂极性，优化大球盖菇多糖、黄酮类化合物高效提取技术参数；

探讨菇多糖分子量分布及单糖组成，为多糖构效研究奠定基础；明确多糖及黄酮的抗氧化、抑菌功能，为开发菇功能食品及精深加工提供技术依据。③率先采用漂洗去沙、杀青除涩、烘焙促香技术集成，研发出菇蛋白营养饼干加工技术。开发了“菇的酥”牌菌蛋白营养饼干，蛋白质含量≥100g/kg，开拓了菇精深加工产业的新领域。④率先研发大球盖菇漂烫液精粉及高值化加工专利技术。针对生产盐渍菇的废弃漂烫液，采用减压控温旋转技术，实现同步浓缩、灭菌，优化β—环糊精微胶囊包被活性成分及喷雾干燥技术，开发出菇漂烫液精粉、胶囊和片剂的加工技术，制定产品企业标准；拓展了菇高值化加工利用新途径。⑤创新研发菌糠代料栽培与立体循环生产模式。研发菌糠60%代料栽培大球盖菇，降低成本30%；建立“葡萄园种菇—残料回田”和“冬种菇—春套烟—轮茬种水稻”的资源循环模式。缓解“菌烟争田”的矛盾，达到节能减排、低碳化生产的目标。获授权发明专利件，实用新型专利件。发表论文15篇，制定产品企业标准3项。研发的大球盖菇优质栽培专利技术、高值化加工及综合利用技术在三明、宁德等10多个县市推广，三年共新增产值1.35亿元，有效提高大球盖菇生产的经济效益，增加菇农收入。

【泉州湾河口湿地保护与修复技术】 获2013年度省科学技术进步奖二等奖，由惠安县林业科技推广站吴沿友等承担完成。该项目开展了泉州湾河口湿地植物的环境适应性、泉州湾河口湿地大规模红树林生态修复的限制和决定因子，以及泉州湾河口湿地红树林生态修复原则和大规模生态修复实践的研究。主要技术特点及创新点：①分别从植物的动态生长发育、个体植物的光合特征以及植物一土壤系统三个角度来研究植物的环境适应性。②通过分析不同红树植物对高度异质化的高程、养分、潮汐及盐分的响应，阐明不同植物生存和发展的环境限制和决定因子。③利用泉州湾湿地保存完整的红树林种群特征，探索桐花树种群空间分布格局，揭示桐花树、秋茄种群发生规律。依据不同植物对不同微环境的适应性的差异以及泉州湾河口湿地高程、淹水、盐分、pH、养分等的时空分布，选择和布局适生树种，开展不同滩涂立地、造林方式、栽植不同密度下红树林的生态恢复试验，因地制宜、“适地”种植红树林，大规模修复该湿地。申请发明专利2件，获授权发明专利1件。发表论文15篇，其中SCI收录2篇，EI收录1篇。项目已在滨海湿地红树林生态恢复中得到广泛应用。三年新增经济效益3860万元。应用该项目成果，对惠安县原人工营造的244公顷红树林进行修复和改造，指导新植红树林176公顷。420公顷人工恢复的红树林，成为全国湿地保护与恢复的4个典型范例之一。泉港区在湄洲湾海域红树林种植工程中，也应用该成果，人工修复了红树林32.53公顷。泉州市海洋与渔业局应用该成果，在洛阳江清除互花米草188公顷，人工恢复红树林134公顷，并利用该成果营建173公顷红树林滨海公园特色湿地景观，改善洛阳江河口生态环境，美化沿岸景观，提升生态旅游功能价值。

【褐毛鲿人工繁育技术与产业化应用】 获2013年度省科学技术进步奖二等奖，由福建省水产研究所曾志南等承担完成。该项目开展了褐毛鲿全人工繁育和大面积规模化育苗技术研究。主要技术特点及创新点：①在国内外率先突破褐毛鲿全人工繁育技术，首创一整套褐毛鲿室内仔鱼高密度培育和池塘（土池）稚幼鱼培育相结合的大面积规模化育苗工艺，建立了完整的技术体系，实现了褐毛鲿苗种产业化生产，为褐毛鲿养殖产业化发展奠定了重要的种苗保障基础。②率先系统开展褐毛鲿胚胎及仔稚幼鱼发育形态研究，对褐毛鲿人工繁殖和育苗生产实践起重要指导作用。③率先开展盐度对褐毛鲿胚胎发育、早期仔鱼存活率及稚鱼的影响研究，阐明了盐度变化与褐毛鲿胚胎发育、孵化率和仔稚鱼存活率之间关系，确定了褐毛鲿胚胎孵化和仔稚鱼发育适宜盐度条件，对褐毛鲿育苗生产实践具有重要指导作用。④应用分子标记技术对福建东山和广东阳江褐毛鲿养殖群体遗传多样性进行了分析。揭示了福建和广东褐毛鲿养殖群体遗传多样性均处于较低水平，两群体间具有典型的地理特征，且出现了一定程度的遗传分化。研究结果为南方沿海褐毛鲿种质资源保护、遗传育种及人工增养殖提供科学依据。获授权发明专利1件、实用新型专利2件。发表论文7篇。项目研发的褐毛鲿室内与池塘相结合的育苗技术和工艺已在南方沿海大面积推广应用，实现了褐毛鲿苗种产业化生产。2001～2012年该项目成果应用企业8个，累计推广褐毛鲿池塘育苗面积1.21万公顷，培育出全长6～10厘米褐毛鲿苗种9.083亿尾，共计新增产值13.62亿元，新增利润10.9亿元，取得显著经济和社会效益。

【新品种浦城丹桂产业化栽培关键技术】 获2013年度省科学技术进步奖二等奖，由福建省浦城县林业科技推广中心江淑萍等承担完成。该项目通过系统调查和收集浦城桂花种质资源，开展浦城丹桂新品种栽培技术与综合利用技术研究。主要技术特点及创新点：①通过对浦城桂花分布区域进行全面系统调查，选育特征明显、形态稳定和表征一致的桂花新品种——浦城丹桂，建立规范化栽培体系，为浦城丹桂栽培提供示范。收集省内外观赏性强、花期长和综合性状优良的种质资源，建立桂花种质资源基因库。②通过开展不同生长阶段浦城丹桂栽培关键技术研究，提出浦城丹桂扦插苗木生产技术规程，开展不同阶段栽培试验，建立浦城丹桂高效的水肥管理技术，建立集约化、标准化栽培技术体系。③总结浦城丹桂花采集方式及处理技术，并分析浦城丹桂和小叶丹桂花粉成分，根据不同加工需要，探讨浦城丹桂产品加工工艺流程及生产线建设，延长丹桂产业链，提升浦城丹桂产业价值。获木樨属新品种国际登录证书2件，省地方标准1份。2010年开始在浦城全县推广使用，年产1～2年生浦城丹桂扦插苗达20000万株以上，同时辐射浦城周边区、县应用该成果中的浦城丹桂新品种扦插苗木繁育技术。据统计四个成果使用单位总育苗面积124.67公顷，总产值达17752万元，利润11889.2万元，比传统技术增收节支3963.1万元。并解决了1700多人的就业。

【珍贵用材红豆树优良种质选择与无性繁殖技术研究】 获2013年度省科学技术进步奖二等奖，由福建省林业科学研究院范辉华等承担完成。该项目在通过对多地点人工林进行干材和心材的测定分析，阐明了红豆树人工林生长特性、优质干材和心材形成的规律，筛选、收集保存优良种质；系统开展根插和枝插试验研究，并建立无性繁殖技术体系，大幅度地提高了属难生根树种的红豆树扦插繁殖成苗率；攻克并熟化红豆树优良种质组培快繁技术。主要技术特点及创新点：①全面调查了福建省、浙南山区等多地点红豆树天然林资源状况，利用ISSR分子标记研究揭示了6个自然保留种群的遗传多样性和遗传分化，基因多样性程与种群大小及受干扰程度相关。②提出红豆树人工林选优方法和标准，从全省16个县市的红豆树天然林和人工林筛选出优树或优良单株41株，其中天然林优良单株25株，人工林优树16株，收集保存了13个种源和7个优树种质共20个230份。③通过对闽、浙等多地点红豆树人工林开展干材和心材的调查分析，阐明了红豆树人工林生长特性、优质干材和心材形成的规律，为制定配套栽培技术和优质杆材培育技术提供依据。④通过系统开展扦插试验研究，探索扦插最佳技术组合，使属难生根树种的红豆树枝插成苗率从10%左右提高到40%以上，根插成苗率达到75%以上，建立了红豆树根插和枝插无性繁育技术体系。⑤以红豆树优树根蘖苗移栽促萌形成半木质化茎段为外植体的平均诱导率达52.05%；建立优树无菌培养系4个。申请发明专利1件。已在福建省建瓯市林业技术推广中心、将乐金森林木种苗有限公司、沙县金德苗木有限公司、顺昌县林业科学技术中心、三明市三元区岩前林业工作站等8家单位推广应用，累计培育红豆树优良种质苗木35.8万株、已创苗木产值358万元，推广造林127公顷，林木长势好，预计到主伐时可新增产值27432万元，取得了显著的经济、社会和生态效益。

【南方集约化养猪场粪污高效分离与循环利用集成技术】 获2013年度省科学技术进步奖二等奖，由福建省农业科学院农业工程技术研究所林代炎等承担完成。该项目针对南方集约化养猪场废水粪便污染及废物资源化再利用的突出问题，深入开展了粪便污水处理新设施与新工艺以及废物循环利用关键技术集成研究。主要技术特点及创新性：①研制并定型生产新型固液分离技术设备。该设备创新集成了以振动系统、挤压系统和自动清洗系统为一体的固液分离机，具有高效性与简便性。②研究并发明了畜牧场污物装卸方法，并根据不同生产规模和环境条件，在国内率先突破了“半动态好氧发酵技术”，为有效实施农业固体有机废物循环利用提供了新的处理工艺与技术。③利用固液分离后的猪粪渣完全替代牛粪栽培蘑菇、姬松茸和代替麦麸栽培黑木耳，改进现有传统栽培技术与工艺，为福建省蘑菇、姬松茸生产提供新原料资源。④研究并提出大型养猪场粪便污水3段优化处理的技术工艺，创立了富有南方特色的集约化养猪场粪便污水的多途径降污的资源化高效循环技术模式。获授权专利6件，其中发明专利3件。发表学术论文20篇，累计他引86次。制定了1项企业标准，该标准被福建省质量技术监督局修订为福建省地方标准；取得福建省肥料正式登记证。项目研制并定型生产的固液分离机已在全国2500多个养猪场广泛应用，取得良好的成效，得到用户的好评。仅统计系统技术集成推广的15家大中型畜牧场与2家相关企业，除养猪之外，年产沼气365.8万立方米，集中供气2550户，年发电45万度；年产有机专用肥9.8吨；年产菇32万千克；年产鱼102吨。实现年处理粪污94.9万吨，年减少COD排放1.6万吨，减少BOD排放0.78万吨。项目从2005年起开始推广应用，仅2009～2012年累计新增产值70494.2万元，新增利税17151.4万元，经济、社会、生态效益显著。

【柠檬酸盐抗凝剂对机体骨代谢影响及钙剂保护作用的研究】 获2013年度省科学技术进步奖二等奖，由福建省血液中心陈颖等承担完成。该项目就机采血小板技术应用中柠檬酸盐抗凝剂对健康献血者骨代谢潜在影响的问题开展了系统研究，并就应用钙剂补充作为干预保护手段的作用效果进行了评价。主要技术特点及创新点：①系统性地就机采血小板技术应用中柠檬酸盐抗凝剂对健康献血者骨代谢潜在影响的问题开展了研究，通过临床观察性研究和对照性试验研究证实了机采血小板技术应用中柠檬酸盐抗凝剂的使用是导致献血者骨代谢发生变化的主要原因，根据有关的推论针对性地开展了献血者保护性干预措施的研究。②创新性地就应用钙剂补充作为干预保护手段的作用效果进行了评价，分析了不同补钙方式拮抗柠檬酸盐副反应的效果。在结合机采血小板日常工作特点的基础上，提出了具可操作性的保护性干预措施建议。③通过对该代谢副反应在不同种族及性别人群中的数据比较分析，得出了该成果具有在不同种族人群普遍推广应用前景的推论，特别是女性机采献血者。发表论文8篇。项目成果有助于完善现有的采供血指南；同时也有助于针对性地做好机采献血者的保护工作，减少潜在新增骨质疏松人群的发生。该成果不仅有利于无偿献血事业的可持续发展，还有利于节约有限的社会资源，其社会及经济效益巨大。

【福建省HIV－1遗传特征分析及其防控应用研究】 获2013年度省科学技术进步奖二等奖，由福建省疾病预防控制中心严延生等承担完成。该项目应用分子生物学技术和流行病学方法相结合，阐析福建省HIV－1遗传特征并探索其在防控中的应用。主要技术特点及创新点：①率先对福建省不同流行阶段及MSMHIV毒株遗传特征进行系统分析比较，从而掌握福建省HIV病毒流行特征背景资料及其动态变异规律，揭示MSM人群与其他人群的感染关系，进而指导艾滋病防治工作的开展。同时，也为今后HIV病毒相关免疫学研究以及诊断试剂盒和疫苗的研制提供丰富的材料和基础数据。②率先成功运用亚型序列分析法进行HIV传播链追踪调查。③率先在国内系统开展HIVCRF01－AE全基因组克隆及序列分析，以此为平台构建出具有自主知识产权的感染性克隆及假病毒检测系统，并应用于艾滋病实验室生物安全评估及耐药表型监测。该系统的成功构建为开展HIV相关基础和应用研究提供新的技术平台。④率先在全省范围内开展抗病毒治疗前后人群及MSM人群的HIV耐药监测，掌握福建省HIV耐药本底资料及耐药流行情况，有效地指导福建省临床抗病毒治疗。⑤建立HIV早期快速核酸诊断方法，并率先开展干血斑样本应用研究。该方法将为全省HIV疑难病例诊断提供技术支持，同时也解决了婴幼儿采血难及血样保存和运输等实际应用问题。发表论文13篇（其中被SCI/EI收录

4 篇)。该项目获得全省绝大部分 HIV 感染者和治疗病人的系列样本，建立相应的标本库，为开展 HIV 相关研究提供资源保障。

【经胸微创房、室间隔缺损封堵术的临床研究】 获 2013 年度省科学技术进步奖二等奖，由福建医科大学附属协和医院曹华等承担完成。该项目分别总结探讨了经胸膜周部室间隔缺损封堵术、经胸干下型室间隔缺损封堵术、经胸婴幼儿室间隔缺损封堵术、经胸心脏彩超引导室间隔缺损封堵术、经胸婴幼儿房间隔缺损封堵术、经胸下腔型房间隔缺损封堵术、经胸老年房间隔缺损患者封堵术等的临床应用，初步总结了合并重度肺动脉高压房缺患者封堵术后处理、房室缺封堵术后出现完全性房室传导阻滞的机制及处理。主要技术特点及创新点：①完全避开体外循环，术后恢复快。②前胸小切口基本迎合了广大患者的美观目的，达到微创的效果。③手术径路短，与缺损平面近乎垂直，容易建立输送轨道，术中对封堵伞的移动可控性强，可以应用较大的封堵伞；④对部分特殊类型的房、室间隔缺损也可完成封堵。⑤完全避开 X 射线辐射，不需要昂贵的器械。⑥一旦封堵失败，能及时在手术室快速转为体外循环手术，尤其适用于国内杂交手术室尚未普及的现状。该技术的应用及普及，能使全省大部分地市级单位能独立完成该手术，使得今后绝大多数来自边远农村地区的该类患者能就近就医，获得和省级医院一样的医疗效果，并且最大限度节省医疗费用和生活费用，使患者能得到切身的实际利益。同时在项目推广后，也能缓解省级医院先天性心脏病就诊困难的局面，减少省级医院的就医压力。

【颅内复杂动脉瘤的外科治疗研究】 获 2013 年度省科学技术进步奖二等奖，由南京军区福州总医院刘峥等承担完成。该项目创新性地改进了颅内复杂性动脉瘤手术方法，系统总结了一系列新的诊断和手术理念，使颅内复杂性动脉瘤死亡率（20.1%）显著低于当前国内外水平。主要技术特点及创新点：①率先在国内阐述颈内动脉床突上段复杂性动脉瘤及特殊形态动脉瘤，特别是血泡样动脉瘤、瘤壁菲薄型及钙化巨大动脉瘤，并率先创造性提出改良手术要点，降低手术风险。②率先在国内提出了脑血管造影可能误判动脉瘤形态，导致治疗方案选择的错误，并据此提出鉴别要点及处理意见，提高了脑血管造影对复杂性动脉瘤判断的准确性。③率先在国内指出动脉瘤术后早期继发性术区出血的原因，并对大脑中动脉动脉瘤合并继发性颅内血肿的手术方法进一步改进。④率先在国内阐述前颅底硬脑膜动静脉瘘形成的病理性“动脉瘤”，并将其命名为“动脉瘤样静脉瘤”，系统描述其诊断要点和手术治疗方法。⑤在省内率先开展椎动脉夹层动脉瘤的介入血管治疗，并指出手术关键点。⑥率先在国内将虚拟现实技术应用于动脉瘤的术前评估，提高了复杂性动脉瘤术前诊断水平。发明论文 11 篇，其中被 SCI 收录 4 篇。该项目研究整体技术在 22 家医疗单位推广应用，效果良好，有力推动了中国颅内动脉瘤手术治疗水平的提高，取得了社会效益和经济效益。

【臂丛损伤对脊髓运动神经元的影响及促进神经再生的研究】 获 2013 年度省科学技术进步奖二等奖，由福建医科大学附属第一医院张文明等承担完成。该项目研究了臂丛损伤对脊髓运动神经元的影响、氯化锂联合神经干细胞移植对受损神经元的保护、神经寄养技术预防肌萎缩、促进神经再生等。主要技术特点及创新性：①研究大鼠臂丛不同类型根性损伤对脊髓运动神经元的影响。证实臂丛神经根性撕脱伤导致大量脊髓运动神经元死亡，且一氧化氮合酶参与损伤后脊髓运动神经元死亡的过程。②研究臂丛神经根性撕脱伤后神经干细胞移植对脊髓运动神经元的保护作用，氯化锂对移植后的神经干细胞的影响及其机制，以及氯化锂促进周围神经再生的作用及机制。③研究臂丛损伤后神经根直接回植和远端神经移位寄养对神经再生和预防远端肌萎缩的作用。臂丛损伤后，将损伤神经根直接回植或其他神经移位端侧吻合寄养损伤神经远端，其远端肌肉湿重、肌肉纤维横截面积、肌肉运动诱发电位恢复率均有显著恢复，能有效地预防损伤神经所支配肌肉发生萎缩和退变，两种方法联合应用治疗效果更好，明显促进臂从损伤后神经功能的恢复。发表论文 20 篇，被 SCI 收录 4 篇。培养了 4 名硕士研究生和 1 名博士研究生。研究成果在省内数家医院得到不同程度的推广应用，取得了良好的经济效益和社会效益。

【糖尿病血管并发症多通路发病机制探讨及黄酮类药物多靶点防治研究】 获 2013 年度省科学技术进步奖二等奖，由南京军区福州总医院陈频等承担完成。该项目在前期开展糖氧化产物 Pentosidine 和脂质过氧化产物丙二醛和 HNE 加合物荧光产物测定等研究基础上，围绕中国 2 型糖尿病，其慢性血管并发症的发病机制和安全有效的防治措施进行探索。主要技术特点及创新点：①以体外培养原代平滑肌细胞、肾小球系膜细胞、骨骼肌细胞和 SD 大鼠为实验对象，分别制备糖尿病前期胰岛素抵抗和糖尿病模型，对氧化应激、缺氧诱导因子－1α 活性、一氧化氮信号通路、泛素蛋白酶体介导的核因子－κB 炎症通路及胰岛素信号转导通路等多方面的异常及相互关系率先以整体观点进行全面系统研究，证实上述错综复杂的多通路调控机制是以氧化应激为核心环节，互相作用、共同演绎着血管病变的发生和发展；②从多个作用靶点评价槲皮素、丹参、水飞蓟素、小豆寇明、芒果苷类化合物、复方丹参滴丸等多种黄酮类药物及植物具有提高胰岛素敏感性、改善糖脂代谢、减轻糖尿病血管病变进展的作用。③基础研究结果向临床转化，开展病例对照研究证实复方丹参滴丸对糖尿病前期糖耐量异常和初诊断糖尿病患者糖脂代谢的影响；证实联用黄酮类药物对 2 型糖尿病合并各类血管并发症患者具有良好地改善患者糖脂代谢状况和血管病变预后的作用。申请发明专利 1 件；发表论文 21 篇，其中被 SCI 收录 5 篇。主编专著 1 部；主办全国继续教育学习班 3 次，培训人数近千人。在各级专业学术会议交流 10 多次。项目研究成果得到同行认可，已在省内外 15 家以上知名三甲医院推广应用，普遍评价该方法简便、经济、安全、疗效肯定，取得良好社会效益。

【自洁性透气膜用树脂研制及其应用】 获 2013 年度省科学技术进步奖二等奖，由福建恒安集团有限公司张富山等承担完成。其主要研究内容：碳酸钙表面改性研究；含氟聚合物应用研究；碳酸钙粒径影响研究；聚烯烃共混改性研究。该项目所产透气膜已成功应用于卫生巾、卫生护垫、纸尿裤等一次性使用卫生用品。项目产品批量投产至今，用户反馈良好。透气膜可广泛用于卫生巾、纸尿裤、创口贴等一次性使用医疗卫生用品及运动鞋、保暖服等民生领域。获授权发明专利1件。公司自2008年起批量生产自洁性透气膜用树脂，并采用该树脂制备透气膜。至2012年12月，自洁性透气膜用树脂实现产值18249万元；透气膜产品实现产值32999万元，利润11348万元；与进口同类产品价格比较，节约成本约30%；合计经济效益20976万元。对促进中国防水透气材料的技术进步及节能降耗、资源节约具有重要意义。

【有关胆管癌的基础与临床研究】 获2013年度省科学技术进步奖二等奖，由厦门大学李文岗等承担完成。该项目从四个方面对胆管癌发病的分子机制及骨骼化手术在入肝血流重建方面所面临的问题进行了深入研究。主要技术特点及创新点：①系统地研究了胆管癌发生发展及其耐药性分子机理，发现了转录辅激活因子AIB1可通过激活Akt和Nrf2信号途径增强胆管癌细胞增生和耐药机制，这为选择治疗胆管癌的靶向药物提供了有力的证据，也为寻找有效治疗胆管癌的化疗手段提供新思路。②通过对抗癌药物进行筛选，发现某些海洋活性物质、植物提取物、化疗药物等具有体外抗胆管癌细胞增殖的活性，这为今后研究高效、副作用少的抗胆管癌新药提供实验依据。对胆管癌患者与健康志愿者血清样品蛋白质表达进行差异分析，鉴定出10个有意义的差异蛋白，这些蛋白可能成为鉴别胆管癌的肿瘤标记物，为进一步的临床应用研究提供依据。③探讨了在肝门部胆管癌骨骼化根治术中，失去肝动脉血供及动脉化门静脉对胆管及肝脏病生理学影响。率先利用计算机可视化三维重建和墨汁灌注方法对肝门部胆管周围血管丛、肝外胆管壁构筑形态进行了初步研究，进一步揭示了完全失去肝动脉后肝门部胆管周围血管丛形态学改变，以及这种改变对胆管上皮细胞增殖和雌激素表达的影响。④利用计算机可视化和门静脉动脉化技术对肝门部胆管癌术式进行了应用研究，对术前深入了解肝门部胆管癌临床分型、以及与毗邻血管关系，指导实际手术及降低手术风险，具有一定的临床应用价值。发表论文33篇，被SCI收录9篇。

【体外诱导骨髓间充质干细胞分化为视网膜细胞的研究】 获2013年度省科学技术进步奖二等奖，由福建医科大学附属第一医院徐国兴等承担完成。该项目研究联合采用接触法、非接触法，视网膜片、正常视网膜色素上皮细胞，光照射的视网膜片、视网膜色素上皮细胞、光感受器细胞，完全培养液、完全培养液中添加全反视黄酸（RA）、牛磺酸、碱性成纤维细胞生长因子（bFGF）、表皮生长因子（EGF）、脑源性神经营养因子（BDNF）等多种条件诱导骨髓间充质干细胞（MSC）分化为视网膜样细胞，进而应用拉曼光谱和蛋白质组学物质结构分析技术检测不同诱导微环境间的蛋白差异，指导构建体外诱导分化的微环境，体外诱导MSC定向分化成视网膜样细胞。主要技术特点及创新点：①率先在国内外采用多种条件诱导MSC分化成视网膜细胞，进而应用物质结构分析技术检测不同诱导微环境间的蛋白差异，指导体外构建诱导分化的微环境，诱导自体MSC定向分化成视网膜样细胞。解决了直接将MSC细胞体内移植分化方向不确定的问题，避免发生增殖性玻璃体视网膜病变；也解决了人视网膜细胞来源匮乏，应用异体的人视网膜片诱导时可能引发排斥反应等问题。为临床应用骨髓间充质干细胞移植治疗视网膜变性疾病和视神经损伤疾病提供重要的基础研究数据，为临床治疗视网膜变性疾病和视神经损伤疾病开辟新的治疗途径。②在国内率先发现褪黑素对体外培养的视网膜色素上皮细胞氧化损伤具有保护作用，缬沙坦对体外培养视网膜色素上皮细胞的生长具有抑制作用，可防止PVR的发生。发表论文11篇，其中SCI收录2篇，Medline收录3篇。研究的理论和实践在福建中医药大学附属人民医院、南京军区四七六医院、宁德市医院、泉州市妇幼保健院的临床诊治、教学工作和科学研究中推广，获得良好的效益。

【自动负压活检枪的发明及其在儿童肾脏疾病中的推广应用】 获2013年度省科学技术进步奖二等奖，由南京军区福州总医院陈建等承担完成。该项目研发了用于肾脏活检的原创医疗器械新产品，自动负压式活检枪是利用弹簧运动产生负压的同时自动穿刺，负压恒定，避免了负压过早过晚及过大过小等问题。仅需单手操作，简捷易行、成功率高、一次取材优秀、并发症少，经济实用。主要技术特点及创新点：①关键技术是将自动穿刺和同时负压抽吸组织科学巧妙地融为一体。实现了单人单手操作自动穿刺法。②专用穿刺针：双峰外磨套管针和单峰内磨薄壁穿刺针相结合，用双峰外磨针穿刺皮肤，不必切割皮肤；单峰薄壁内磨针穿刺肾脏，损伤小，取材满意。③螺旋式可调固定器：可调节穿刺深度。发表论文44篇，其中被SCI收录1篇。肾活检是肾脏病最常用的诊断、指导治疗、判断预后的重要手段。应用该发明解决了儿童肾活检的难题，且价格低廉，比较美国自动切割枪为每一例肾活检患儿节省经费320元，为医院多赢利80元。共举办培训班17期，336家医院的466名医护人员参加学习，产品推广到23个省市的139家医院，填补了西藏自治区儿童肾活检技术的空白。

【抗内毒素策略防治烧伤脓毒症的基础与临床研究】 获2013年度省科学技术进步奖二等奖，由中国人民解放军第一七五医院郭毅斌等承担完成。该项目采用“五早”方案（早期的切痂、改进的液体复苏方式、胃肠道营养、气管切开及功能疗法）综合救治策略，使大面积烧伤后脓毒症患者的内脏并发症减少，生存率提高，在严重烧伤的救治中获得满意疗效。主要技术特点及创新点：①采用“五早”方案等抗内毒素策略救治严重烧伤后脓毒症，获得了满意的疗效。②建立以LPS的生物活性中心lipidA为靶点的快速、高效的生物传感技术筛选与检测平台。③筛选获得高亲合力结合lipidA的阳离子多肽MP－1并深入研究其体外抗LPS活性。④借助MP－1从整体、器官、细胞和分子水平进行系统研究，证实脓毒症动物内毒素血症的减轻，有助于抑制TNF－α和IL－6等主要炎症介质的表达与释放，进而减轻炎症介质对内脏器官的损伤，降低脓毒症动物的死亡率。发表论文16篇。项目明显提高了烧伤脓毒症的救治水平，降低烧伤后脓毒症内脏器官并发症的发生率，提高救治成功率，有力地维护了社会的和谐，具有明显的社会效益。研究成果已在第二军医大学第一附属医院（长海医院），上海瑞金医院、福建医科大学附属协和医院等10家医院推广应用，取得满意的疗效。

【内源性抗炎介质——脂氧素抑制子宫内膜异位症的分子机理】 获2013年度省科学技术进步奖二等奖，由厦门大学附属第一医院陈琼华等承担完成。该项目以“炎症主动消退”的新型抗炎理念为内异症的研究另辟新径。采用多种现代分子生物学手段，从巨噬细胞的吞噬分泌功能；从炎性介质的基因、蛋白、酶活力水平；从体内外不同层面研究了脂氧素抑制内异症的分子机理。主要技术特点及创新点：①率先成功构建内异症BALB/c小鼠的体内模型和人子宫内膜异位症的体外细胞模型；继而通过对人异位内膜、在位内膜及正常子宫内膜的研究发现，内异症患者的在位内膜和异位内膜中的高MMP－2、MMP－9、VEGF的分子生物学特质，说明内异症患者的在位内膜和异位内膜的血管生长能力和侵袭性均增强，支持了“在位内膜决定论”。②利用上述动物和细胞模型，从体内外两方面证实了内异症与炎症之间的内在关系，率先揭示内异症小鼠术后不同时间内腹腔中炎性介质IL－1β、TNF－α、VEGF、MCP－1、MMP－2和MMP－9的变化特征，并提出内异症小鼠腹腔巨噬细胞吞噬功能的变化规律，为探索内异症发展过程中巨噬细胞的吞噬和分泌功能的协调统一提供研究基础。③率先将脂氧素应用到内异症发病机制的研究中，发现脂氧素能有效抑制内异症小鼠异位病灶的生长，且不会影响小鼠的性周期、也没有其他副作用。另外，通过对内异症小鼠差异蛋白组学研究，发现61个差异明显的蛋白，为进一步探索内异症发病机制、寻找该病早期诊断的标志物和治疗靶点提供了理论依据。发表论文14篇，其中被SCI收录6篇。该研究率先将内源性的抗炎脂质体——脂氧素应用于内异症的研究中，为探讨内异症发病机制和防治策略提供了新思路，具有乐观的应用前景和社会效益。

【福建省广州管圆线虫病的系列研究】 获2013年度省科学技术进步奖二等奖，由福建省疾病预防控制中心李莉莎等承担完成。该项目应用现代生物学、分子生物学和流行病学等多学科技术，对广州管圆线虫病传播特征、监测技术与诊断方法进行系列研究。主要技术特点及创新点：①首推用匀浆法直接检测螺体内广州管圆线虫幼虫，缩短检测时间，虫体活力强，该法于2003年推出，广泛应用于国内外调查研究和食品安全风险监测；②创建“肺检法”，快速检测螺体内广州管圆线虫幼虫，方法快速、简便，已在全国的广州管圆线虫自然疫源地调查和现今的调查研究中推广应用；③建立了用RT—PCR法检测福寿螺体内广州管圆线虫幼虫，能检测出相当于1条广州管圆线虫3期幼虫感染的螺蛳；④确定福建省广州管圆线虫疫源地的分布范围；⑤发现广州管圆线虫5种新中间宿主和1种新转续宿主。特别是餐桌上常见的食用螺一铜锈环棱螺作为中间宿主的发现，为开展食品安全风险监测提供科学依据。⑥发现螺类等中间宿主感染广州管圆线虫秋季最高，春季最低，为预防和控制广州管圆线虫病提供科学依据。⑦阐明不同发育期福寿螺和休眠期的福寿螺在广州管圆线虫病传播中的重要作用。发表论文26篇，其中被SCI收录1篇。建立的广州管圆线虫溯源技术，为构建医院症状监测与预警系统框架提供基础。应用该研究成果制定的溯源技术和制定的广州管圆线虫病症状监测与预警试点方案被卫生部采纳，在全国广州管圆线虫监测试点中应用。制订的“广州管圆线虫病诊断标准”，已作为国家卫生行业标准颁布；为全国及福建省培养了一批应对广州管圆线虫病暴发的应急处置专业人员。

【冠状动脉微栓塞系列研究】 获2013年度省科学技术进步奖二等奖，由福建医科大学附属协和医院陈良龙等承担完成。该项目从冠脉微栓塞（CME）模型构建、冠状动脉微栓塞的心肌损害机制以及冠脉微栓塞的防治方面进行了深入的研究。主要技术特点及创新点：①在“新型大鼠冠状动脉微栓塞模型构建”的研究中，在国内率先采用左心室内注射自体微血栓、同时短暂夹闭升主动脉方法，成功建立了大鼠CME模型，该模型符合CME病理生理改变，是一种稳定、重复性好且模拟人体病变的大鼠CME模型。②在“炎症反应在冠状动脉微栓塞后心肌损害中的作用”的研究中，率先发现CME心肌炎症反应不仅局限于微梗灶及周围，同时在许多非梗塞血管也出现炎症细胞明显激活；炎症反应是CME急性期心功能恶化的重要机制，NF－κB是炎症反应的关键性调控因子；CME早期抑制NF－κB的激活，减少炎性细胞因子的表达可能是减少损伤的关键点之一。在“冠脉微栓塞对心肌细胞凋亡及左心室重塑影响”的研究中，通过免疫组化、Westernblot等方法，证实在CME慢性期，心肌胶原纤维含量显著增加，小血管密度减少，细胞凋亡率显著升高，导致心室发生重塑，心功能持续恶化；③在微栓塞防治方面，在“NF－κB抑制剂PDTC对冠状动脉微栓塞后心肌炎症反应及心功能的影响”研究中发现PDTC明显抑制炎症因子的表达，可改善左室收缩、舒张功能，其疗效在一定范围内具有剂量依赖性。在“冠脉微栓塞慢性期干预”的研究中，分别采用卡维地洛、G－CSF、通心络早期干预大鼠心肌CME可以达到修复微栓塞心肌、减少心肌细胞凋亡，促进微血管再生，改善心功能的治疗效益。发表论文10篇，其中被SCI收录1篇。该项目成果推广应用到全国多家三级甲等医院，提高了PCI术后无复流、围手术期心肌损伤及晚期心室重构的诊断水平，并将血运重建技术结合抗炎、抗重塑治疗冠心病无复流及心梗后心力衰竭，提高了临床疗效，改善病人预后，创造了可观的社会效益。

专 利 奖

【专利奖概况】 经福建省专利奖评审委员会评审，省政府（闽政〔2014〕17号）决定授予“2013年度福建省专利奖”特等奖1项、一等奖3项、二等奖10项、三等奖29项。同时，根据《福建省专利奖评奖办法》和《福建省专利奖评奖办法实施细则（试行）》的规定，对福建省2013年获第十五届中国专利奖的项目给予奖励，其中获中国专利优秀奖3项按省专利奖一等奖给予奖励、获中国外观设计优秀奖的6项外观设计专利按省专利奖二等奖给予奖励。

【3项专利获第十五届中国专利优秀奖】 获奖名单如下：

福建省获第十五届中国专利优秀奖名单（3项）

专利名称	专利号	专利权人	发明人
环卫车道路刷洗装置	200710009232.3	福建龙马环卫装备股份有限公司	李小冰
电容式触控电路图形及其制法	200910129503.8	宸鸿科技（厦门）有限公司	刘振宇、王净亦
双循环锅炉烟气脱硫除尘装置	200710009628.8	泉州市天龙环境工程有限公司、中科同创（厦门）环境科技有限公司	傅太平

【6项专利获第十五届中国外观设计优秀奖】 获奖名单如下：

福建省获第十五届外观设计优秀奖（6项）

专利名称	专利号	专利权人	发明人
面盆水嘴（121118）	201130357321.4	辉煌水暖集团有限公司	李建民、阙福文
手表（11E003）	201130198008.0	陈祖元	陈祖元
削笔机（自动进笔）	201130080274.3	福建新代实业有限公司	王新富
组合家具（CB18B云龙纹八件套）	201030521729.6	莆田市力天红木艺雕有限公司	曾荣仙
淋浴器（0001）	201230163237.3	九牧厨卫股份有限公司	林孝发、林孝山
客车（XMQ6129Y）	200730028360.3	厦门金龙联合汽车工业有限公司	高宗立、陈 文、高 岚、王好强

【43项专利获2013年度福建省专利奖】 获奖名单如下：

特等奖（1项）

专利名称	专利号	专利权人	发明人
一种高性能纳米级及超细钨粉的制备方法	03139228.8	厦门金鹭特种合金有限公司	吴冲浒、吴其山、林高安、张庆国

一等奖（3 项）

专利名称	专利号	专利权人	发明（设计）人
一种电袋复合除尘器	201110272423.5	福建龙净环保股份有限公司	黄　炜、林　宏、郑奎照、朱召平、赖碧伟
POS 文件认证的方法及认证证书的维护方法	200910112787.X	福建联迪商用设备有限公司	孟陆强、黄水香、刘世英
一种扩增低含量基因突变 DNA 的引物设计方法及其应用	200910111500.1	厦门艾德生物医药科技有限公司	阮　力、何东华、郑立谋

二等奖（10 项）

专利名称	专利号	专利权人	发明（设计）人
喷涂漆有机废气净化回收治理方法及装置	200710144075.7	蔡志煌	蔡志煌
采用呼吸塑料袋制作大袋蘑菇栽培种	200910111583.4	福建省农业科学院食用菌研究所	曾　辉、戴建清、程　翊、廖剑华、王泽生、杨　雷、梁　栋、陈　军、杨　辉、黄小菁
一种改良电流扩展层结构的高效发光二极管及其制造方法	200810072027.6	厦门乾照光电股份有限公司	蔡建九、张银桥、张双翔、王向武
一种在常温下运行的多梳栉经编机	200910111544.4	郑依福	郑依福
大流量排水抢险车	201010157839.8	福建侨龙专用汽车有限公司、天津水利电力机电研究所	林志国
一种放电单元模块化结构的臭氧发生器	200710137824.3	福建新大陆环保科技有限公司	陈　健、王　涛
金矿堆浸中的自流静态吸附方法	03111976.X	福建紫金矿业股份有限公司	陈景河、杨云忠、曾宪辉
一种高发光效率的 LED 封装方法	200910111922.9	福建省万邦光电科技有限公司	何文铭
生态鳖配合饲料	201210003245.0	福建正源饲料有限公司	姜才根
替代人体升主动脉根部的带瓣管道	200810072366.4	陈良万、戴小福、吴锡阶、杨国锋	陈良万、戴小福、吴锡阶、杨国锋

三等奖（29 项）

专利名称	专利号	专利权人	发明（设计）人
一种航标遥测终端的三线串入式接口方法	200710009152.8	福建师范大学	吴允平、李汪彪、蔡声镇、陈聪慧、苏伟达、吴进营、卢　宇、刘华松
污水循环利用式道路清扫车给水装置	201010184796.2	福建龙马环卫装备股份有限公司	黄秋芳、李小冰
一种茶叶摔沫机	200810172486.1	福建佳友茶叶机械智能科技股份有限公司	陈加友
单片式轮毂实心轮胎轮子的制作方法	200910111275.1	厦门连科工业有限公司	龚　毅
静态无泄漏的高压共轨喷油器	201110281471.0	福建省莆田市中涵机动力有限公司	王九如、陈　忠、张　伟、赵承跃、宇学礼、肖裕善
框架式立柱四导轨运动结构的铣床的侧加工装置	201110231984.0	福建省威诺数控有限公司	翁　强

续表①

专利名称	专利号	专利权人	发明（设计）人
玻璃板压制成型机	200710008846.X	福耀玻璃工业集团股份有限公司	福原康太、张小荣
双立轴圆木锯切机	200910310853.4	邵武市振达机械制造有限责任公司	杨　华、吴庆勋
一种鼓轮式多工位数控复合机床	200910110941.X	洪清德	洪清德
一种新型减反射膜太阳能盖板玻璃及制作方法	201010149083.2	漳州旗滨玻璃有限公司	俞其兵、邵景楚、刘力武、李　箐、唐树森、兰明雄
一种羊毛棉或羊绒棉印染布的前处理、染色和整理工艺	200910113098.0	福建众和股份有限公司	高炳生、张俊峰、许　漪
电熔氧化锆生产锆铁红色料的方法	201110031090.7	三祥新材股份有限公司	程诗忠、刘少名、叶旦旺、陈康宁、朱忠雄
木质车用活性炭及其制备方法	03125474.8	林鹏	林　鹏
一种1，1，1，3，3，3－六氟异丙基甲醚的合成方法	200910050644.0	三明市海斯福化工有限责任公司	王陈锋
碱木素－磺化丙酮－甲醛缩聚物水煤浆添加剂	200810070587.8	福州大学	刘明华、叶　莉
一种玻璃钢管道生产线的工艺流程及连续自动化生产线	200910266632.1	福建祥龙塑胶有限公司	姚忠亮、李基安、戴永顺、林厚永、万　勇
一种低密度纤维板的制备方法	201110024865.8	福建省永安林业（集团）股份有限公司、福建汇洋林业投资股份有限公司	吴景贤、林　青、吴祖顺、陈建新、叶新强、王永闽
存储策略控制列表、策略搜索方法和三态寻址存储器	200810005218.0	福建星网锐捷网络有限公司	周驰原
一种超薄型电磁继电器	200810072011.5	厦门宏发电声股份有限公司	谭忠华
电力配电线传输方式及其传输系统中的信号取样装置	01108169.4	国家电网公司，福建省电力有限公司，福建省电力有限公司电力科学研究院	王东方、黄　瀛、林　勇
介质纠正机构	200610037779.X	福建实达电脑设备有限公司	曾光贤、胡森炯、林艳青、肖　锋
多路延迟开关启动荧光灯用电子镇流器仿真电路的方法	200610171092.5	立达信绿色照明股份有限公司	李江淮
双光电传感器联合控制太阳跟踪方法及其装置	201010247212.1	集美大学	许志龙、黄仲明、刘菊东、谢志武、张建一、许顺孝、侯达盘、刘伟钦、林忠华
一种曼氏无针乌贼规模化全人工养殖方法	201110276175.1	宁德市南海水产科技有限公司	苏跃中、周绍锋、周瑞发、谢长喜、程　菲、张通隆
一种具有香叶风味的速冻烤鳗加工工艺	201110047817.0	福建福铭食品有限公司	杨宗铭、杨　新、郑梅芳、黄大松
脱苦蜜柚果脯及其制作方法	200810156414.8	福建南海食品有限公司	顾景林、胡文星、林顺发、杨清泉
一种有机红曲黄酒的制备方法	201110271144.7	福建惠泽龙酒业有限公司	邱允滔、邱允炜、邱兴杯、郑常旭、韦信象、甘乾耀、郑　莉

续表②

专利名称	专利号	专利权人	发明（设计）人
一种重组人粒细胞刺激因子的纯化方法	201010170700.7	厦门特宝生物工程股份有限公司	孙　黎、蔡慧丽、何　艳、杨美花、裴广强、林　菘、余东新
一种桉叶油单塔连续精馏方法	201010244977.X	福建森美达生物科技有限公司	邱安彬

【一种高性能纳米级及超细钨粉的制备方法】　获2013年度省专利特等奖。专利号：ZL03139228.8。专利权人：厦门金鹭特种合金有限公司。该技术产品是国际、国内唯一工业化产品，用于生产纳米、超细晶钨合金，纳米、超细晶碳化钨和纳米、超细晶硬质合金。以普通APT为原料，创造性采用纳米紫钨原位还原方法，抑制气相迁移效应，制造出相成分单一的纳米、超细钨粉。该技术生产的钨粉粒度根据工艺条件控制，可在50纳米～0.5微米之间。解决行业关键技术，推动产业技术进步，开创了中国超细钨材料工业化制造技术的先河，填补了国内空白。解决中国航空航天、汽车、动力、电子等行业对优质的超细晶精密工具材料的急需，改变了依赖进口的格局；促进了高效、高精度硬质合金加工刀具在全国的推广应用。

【一种电袋复合除尘器】　获2013年度省专利一等奖。专利号：ZL201110272423.5。专利权人：福建龙净环保股份有限公司。该项发明技术是一种兼具电除尘和袋式除尘技术优点的高效除尘技术，是燃煤烟气除尘技术的又一次重大突破。其核心是充分利用除尘器空间，在后级滤袋区下部设一个电场区，使流经滤袋区下部的气流的粉尘再次荷电，形成独特的荷电粉尘过滤特性，在滤袋表面形成蓬松的粉饼，透气性高，易于清灰，有利于降低滤袋阻力，延长滤袋的清灰周期和滤袋寿命；粉尘在经过该电场区时产生的“电凝并”效应能使细颗粒粉尘凝并成大颗粒的“粉尘团”，从而有效减少细颗粒粉尘及PM2.5的排放；同时该电场除尘区能够捕集滤袋清灰时落下的灰尘，有效减少二次扬尘和滤袋再吸附，降低过滤负荷，减少过滤阻力。每年可减排放粉尘2081万吨，可节电2.56亿度，为中国大气污染除尘行业整体技术进步作出了积极贡献，解决了300多人就业问题的同时还带动加工行业的发展。

【POS文件认证的方法及认证证书的维护方法】　获2013年度省专利一等奖。专利号：ZL200910112787.X。专利权人：福建联迪商用设备有限公司。该专利提出了一套基于二级证书管理的POS数字签名方案及管理流程。POS文件认证采用的是基于二级证书管理的POS数字签名方案，第一级为根证书，第二级为工作证书，通过使用PC端签名工具对下载的软件进行数字签名以及POS端对签名后的软件进行完整性及合法性认证，大大提高了电子交易的安全性，提升了福建省移动支付技术开发企业的自主创新能力。它有利于推动信息化与工业化的深度融合，提升传统产业推动经济结构战略性调整和发展方式的深刻转变；有利于提升终端数据的移动智能化管理水平；有利于带动全省移动支付产业形成完整的产业链，促进相关产业的发展同时缓解就业压力；项目产品经济效益显著，可促进地区经济的发展。

【一种扩增低含量基因突变DNA的引物设计方法及其应用】　获2013年度省专利一等奖。专利号：ZL200910111500.1。专利权人：厦门艾德医药生物科技有限公司。该引物用于检测基因突变时，在其靶序列识别区的3′端或内部进一步设计一个突变识别区。是中国唯一具有知识产权的用于基因稀有突变检测的原始性专利，解决了分子诊断领域的一大难题，为临床检测肿瘤稀有突变提供极为精确、敏感、高效、可靠的手段。不仅填补了国内个体化诊断试剂的空白，而且打破了国际生物医药公司在这一领域的垄断地位，在出口创汇和替代进口方面发挥了积极的作用。2011年荣获科技部国家火炬计划项目证书及国家重点新产品。

【喷涂漆有机废气净化回收治理方法及装置】　获2013年度省专利二等奖。专利号：ZL200710144075.7。专利权人：蔡志煌。该项目针对喷漆行业有机废气难回收治理的难题，采用吸附、在线脱附再生、溶剂回收的方法，变污染源为可回收资源，达到经济和社会效益的双赢。投放市场运行的44套装置在治理污染达标排放的同时又给企业创造良好的经济效益。2011年获福建省科学技术发明奖二等奖。

【采用呼吸塑料袋制作大袋蘑菇栽培种】　获2013年度省专利二等奖。专利号：ZL200910111583.4。专利权人：福建省农业科学院食用菌研究所。该专利创新应用抽、破真空技术于菌种高压灭菌和冷却工艺，以缩短高压与冷却时间，并确保灭菌彻底和安全，减少破损和染菌。首次脱离传统的作坊式瓶装蘑菇制种工艺，促进了蘑菇菌种工厂化生产，实现了蘑菇制种工艺的更新换代。该专利的核心技术作为“蘑菇菌种工厂化制种关键技术研究及示范”主要成果组成部分，获得了2011年度福建省技术发明二等奖；作为“双孢蘑菇育种新技术的建立与新品种As2796等的选育及推广”重要成果组成部分，获得了2012年国家科技进步奖二等奖和2010～2011年度中华农业科技二等奖。

【一种改良电流扩展层结构的高效发光二极管及其制造方法】　获2013年度省专利二等奖。专利号：ZL200810072027.6。专利权人：厦门乾照光电股份有限公司。该专利发明提出了一种改良的电流扩展层结构，该结构集GaP和AlxGa1－xAs材料的优点于一体，避免材料的氧化，保证电流扩展和器件具有良好的可靠性和稳定性。发光二极管（LED）具有体积小、固体化、寿命长、功耗低等优点。通过与国内外厂商该产品性能的比较，该产品性能已达到国内领先、国际先进水平。有助于摆脱中国LED封装产业使用的芯片受国外垄断及操纵的被动局面，完善全国自主的LED产业链，提升中国在半导体照明这个核心技术领域的国际竞争力。

【一种在常温下运行的多梳栉经编机】 获2013年度省专利二等奖。专利号：ZL200910111544.4。专利权人：郑依福。该专利技术主要通过油路循环控制新技术和碳纤维材料应用新技术，确保常温环境下多梳栉经编机的机体、恒温摆轴与转动、梳栉横移三大部分的热胀冷缩一致性，实现生产车间无需空调，设备即可在常温环境下正常编织运行。该技术有效提高中国纺织机械行业的总体实力，推动纺织装备制造业产业升级；性价比优势明显，减少下游经编企业的投资成本；大大降低了下游企业的生产成本，提升其核心竞争力，总体技术达到国际领先水平。

【大流量排水抢险车】 获2013年度省专利二等奖。专利号：ZL201010157839.8。专利权人：福建侨龙专用汽车有限公司、天津水利电力机电研究所。该车将液压系统、控制系统、排水系统、冷却系统、润滑系统、照明系统等优化于二类底盘车上，实现高效排水，机动灵活、应急性强、效率高和制造使用成本低。大流量排水抢险车是与民生需求密切相关的应急抢险救灾装备，无论是洪水还是旱灾，当情况危急或严重，固定泵站无法发挥作用时，该车可提高抗洪抢险的应急处置能力，迅速、高效、有序地开展紧急抢险行动，最大限度地减少人员伤亡和财产损失。

【一种放电单元模块化结构的臭氧发生器】 获2013年度省专利二等奖。专利号：ZL200710137824.3。专利权人：福建新大陆环保科技有限公司。该专利技术是放电室包含多级放电模块，每个高一级放电模块由若干个低一级子放电模块和用于安装低一级子放电模块的固定盘构成，其中最低一级的子放电模块包含若干个放电单元和放电单元固定板，每个放电单元包含内电极、绝缘套管及外电极各一个并相套安装，自内向外依次为内电极、绝缘套管和外电极，内电极与外电极间有气隙。有利于促进臭氧发生器产品升级换代，促进技术进步，提高中国国产大型臭氧发生器在国际市场的竞争地位，可实现出口创汇；有利于全国环境污染特别是水和空气污染的治理，消除公害污染，保障国家和公共安全、提高人民物质文化生活水平。

【金矿堆浸中的自流静态吸附方法】 获2013年度省专利二等奖。专利号：ZL03111976.X。专利权人：紫金矿业集团股份有限公司。该发明技术创造出了一种无动力、无炭损、大规模从堆浸法含金富液中吸附提金的选矿方法。有效解决了低品位金矿堆浸技术后续含金富液提金过程中的多种难题，保证了紫金山极低品位金矿通过低成本集成技术、规模效益实现综合高效开发。解决150多人劳动就业，并推动了上杭县乃至龙岩市矿业开发、人才集聚、技术创新及矿业发展延伸产业等。

【一种高发光效率的LED封装方法】 获2013年度省专利二等奖。专利号：ZL200910111922.9。专利权人：福建省万邦光电科技有限公司。该发明采用回字型芯片以替代使芯片表面粗糙化和芯片倒置安装技术，LED芯片底部采用图案衬底的方法制作出规则化图案，能将芯片内部发光的光很好地利用及发射出去，以提高光的取出效率。采用在LED芯片内、外侧均置入高折射玻璃珠，使LED芯片内部所产出的光通过高折射玻璃珠的折射取出，可使芯片的光取率增加15%以上，较荧光节能灯节电65%以上。该项目前景可观，效益节能减排明显，为国家可多增加财政与税收收入。

【生态鳖配合饲料】 获2013年度省专利二等奖。专利号：ZL201210003245.0。专利权人：福建正源饲料有限公司。该专利产品主要用于替代传统中华鳖喂养方式，专利方法所制造的高效配合饲料不仅可降低养殖成本，还可提高饲养中华鳖的成活率，有效减少饲料对水体污染。通过协调非蛋白类能源物质增加饲料利用率，填补了国内外学者在这方面研究的空白。该产品降低了饲料总磷水平，有效减少了磷的排放，从而保护环境。并可提高中华鳖免疫力和抗病力，减少病害发生。项目产业关联度强，可带动捕捞业、养殖业等相关行业发展。

【替代人体升主动脉根部的带瓣管道】 获2013年度省专利二等奖。专利号：ZL200810072366.4。专利权人：陈良万戴小福吴锡阶杨国锋。该专利技术裙边构思巧妙、结构设计合理、临床操作简单、手术步骤简化，极大地缓解了血源紧张的社会问题。对于接受该手术的心脏病例，可以缩短手术时间，减少临床用血量，缓解国内血源紧张的社会问题，提高手术的成功率，加快了床位周转，节约了医疗费用。随着该专利在全社会范围内的推广，越来越多的升主动脉疾病的患者接受该类手术，为更多的心脏疾病患者服务。

其他科技成果奖

【32项成果获2013年福建医学科技奖】 根据《福建医学科技奖奖励办法》、《福建省医学会关于推荐申报2013年福建医学科技奖的通知》规定，经专家初审和医学科技奖评审委员会终审，授予32项医药卫生科技成果为2013年福建医学科

技奖（恒瑞杯），其中一等奖 2 项、二等奖 9 项、三等奖 21 项。获奖名单如下：

一等奖（2 项）

项目名称	主要完成单位	主要完成人
糖尿病血管并发症多通路发病机制探讨及黄酮类药物多靶点防治研究	中国人民解放军南京军区福州总医院、福建医科大学附属第二医院、中国人民解放军第二军医大学	陈　频、施琦阳、徐向进、张胜利、郭　雯、俞世冲、林忆阳、史道华、王爱民
经胸微创房、室间隔缺损封堵术的临床研究	福建医科大学附属协和医院	曹　华、陈良万、陈　强、张贵灿、陈道中、张　蕙、徐　帆、王齐敏、黄忠耀、邱罕凡

二等奖（9 项）

项目名称	主要完成单位	主要完成人
基于毒力因子的新型隐球菌感染的诊断及免疫学机制研究	福建医科大学附属第一医院	欧启水、江　凌、杨　滨、林　旎、苏晓霁、戴琳孙、李　雯
血液肿瘤基因甲基化异常及干预治疗的实验研究	福建医科大学附属协和医院	沈建箴、付海英、周华蓉、沈松菲、范丽萍、吴淡森、徐成波
多模态功能磁共振成像在脑损伤及康复中的临床研究	中国人民解放军南京军区福州总医院、中国科学院心理研究所	陈自谦、倪萍、杨熙章、肖　慧、翁旭初、臧玉峰、陈贤明
腹腔镜技术在胃癌根治术中应用的临床系列研究	福建医科大学附属协和医院	黄昌明、郑朝辉、林建贤、李　平、谢建伟、王家镔、陆　俊
体外诱导骨髓间充质干细胞分化为视网膜细胞的研究	福建医科大学附属第一医院	徐国兴、谢茂松、郭　健、郑学栋、王婷婷、杨　娟、徐　巍
慢性肾衰进展的分子病理机制及益肾降浊中药的干预研究	福建医科大学附属第一医院、福建中医药大学附属人民医院、福建中医药大学	许艳芳、阮诗玮、万建新、丘余良、吴小南、郑　京、张喜奎
福建省 HIV－1 遗传特征分析及其防控应用研究	福建省疾病预防控制中心	严延生、吴守丽、刘建芳、黄海龙、颜苹苹、陈　舸、谢美榕
微创介入诊疗技术在罕见气道疾病诊治中的应用	福建省立医院	谢宝松、陈愉生、郑冠英、岳文香、李瑞慧、林　明、许能銮
早产儿动脉导管未闭发病机制及防治研究	福建省妇幼保健院、厦门市妇幼保健院	陈涵强、杨长仪、杨文庆、林新祝、林云峰、石惠英、任艳丽

三等奖（21项）

项目名称	主要完成单位	主要完成人
缺血后处理及骨髓干细胞治疗心肌梗死系列研究	福建医科大学附属协和医院	陈良龙、方　军、范　林、吴黎明、陈湘琦
用RNAi技术研究高血糖和高游离脂肪酸对血管内皮细胞的损伤机制	福建省立医院	陈　刚、朱鹏立、姚　瑾、林　苗、游婷婷
造血干细胞移植并发症防治的基础与临床研究	福建医科大学附属协和医院	杨　婷、陈鑫基、祝亮方、吴雪梅、陈志哲
干细胞移植和运动训练靶向修复脑缺血后神经损伤	福建医科大学附属协和医院	刘　楠、陈荣华、张逸仙、杜厚伟、林小惠
围术期应用鼻咽通气道保障呼吸道通畅的作用研究	福建省立医院	陈彦青、吴晓丹、邹聪华、傅少雄、蒋俊丹
臂丛损伤对脊髓运动神经元的影响及促进神经再生的研究	福建医科大学附属第一医院、香港大学医学院	张文明、苏焕心、张立群、林建华、吴朝阳
抗内毒素策略防治烧伤脓毒症的基础与临床研究	中国人民解放军第一七五医院、中国人民解放第三军医大学第一附属医院	郭毅斌、郑　江、郑庆亦、曹红卫、王　宁
双球囊导管促进阴道分娩的应用及推广	中国人民解放军第一七四医院	郑剑兰、张小琼、马钦玲、余水兰、付景丽
超声评估胎儿炎症反应综合征、心脏畸形与胸腺发育及其相关研究	福建医科大学附属第二医院	吕国荣、李伯义、李丽雅、陈秋月、王振华
超声造影在乳腺癌及腋窝淋巴结评价中的应用价值	福建中医药大学附属第二人民医院、中国人民解放军总医院	赵红佳、陈立武、游　涛、欧阳秋芳、许　荣
人纤溶酶原K5抑制糖尿病视网膜病变的作用和机制	中国人民解放军南京军区福州总院四七六医院	马建芳、马　晔、过贵云、曲　强、冯福英
家蚕逆转2型糖尿病胰岛素抵抗的作用机制及活性成分研究	厦门市医药研究所	黄亦琦、杨　辉、曹　育、赵艳丽、康小红
福建省1962年以来霍乱弧菌系列分子生物学研究	福建省疾病预防控制中心、中国疾病预防控制中心传染病预防控制所	陈爱平、严延生、郑金凤、阚　飙、陈拱立
依托型急救中心对急性中毒事件的优化救治策略探讨	福建省立医院、福建省急救中心	陈　锋、林才经、柯　俊、林庆明、王晓萍
癫痫灶的手术定位及损伤性癫痫的致痫机制系列研究	福建医科大学附属第一医院、南方医科大学珠江医院、福建医科大学附属第二医院	林元相、康德智、徐如祥、柯以铨、林若庭
活血化瘀中药促进激素性股骨头缺血坏死相关细胞因子表达的研究	福建中医药大学	齐振熙、陈　磊、杜传宝、康靖东、李树强
福建省广州管圆线虫病的系列研究	福建省疾病预防控制中心、中国疾病预防控制中心寄生虫病预防控制所	李莉莎、杨发柱、张榕燕、周晓农、陈宝建

【**18项成果获2013年度福建水利科学技术奖**】　“福建水利科学技术奖”经省科技厅、省水利厅批准，福建省水利学会设立，作为福建省水利系统最高奖项。经福建水利科学技术奖评审委员会会议评审，评出2013年度福建水利科学技术奖项目18项，其中一等奖3项、二等奖6项、三等奖9项。获奖名单如下：

一等奖（3 项）

项目名称	主要完成单位	主要完成人
软硬互层地基高碾压砼坝关键技术研究	福建省水利水电勘测设计研究院	李祖发、江信敬、韦传恩、林　琳、郑敬军
福建省水情会商系统	福建省水文水资源勘测局、福州福大经纬信息科技有限公司	董爱红、邵建敏、徐会军、卢毅敏、林光荣
沿海丘陵山区水资源规划与水量调控关键技术研究	福建省水利规划院、南京河海科技有限公司	陈　斌、黄新华、张开荣、张行南、屈　博

二等奖（6 项）

项目名称	主要完成单位	主要完成人
霍童溪流域水库群防洪信息系统研究开发	宁德市洪水预警报中心、水利部南京水利科学研究院	郑华锋、陈　鸣、郑兴发、唐彤芝、林剑云
基于 SharpMap 的水务管理信息集成系统	福建省供水有限公司、福州鑫陆计算机技术有限公司	朱金良、陈大东、彭　伟、林朝同、连秀兰
复合式支护技术在大型土质调压井中的研究与应用	福建省水利水电勘测设计研究院	胡志英、吴树延、黄文洪、林天缙、王志强
人为干预强烈河段穿江地铁极限冲刷深度研究	福建省水利水电勘测设计研究院	杨首龙、何承农、何光同、陈济斌、叶丽清
水电站水闸舌瓣门启闭联动机构技术研究	福建省水利水电勘测设计研究院	陈孟权、张子坚、郭　立、林　庚、林德真
大中型水利工程综合自动化系统技术研究	福建省水利水电勘测设计研究院	吴　健、陈　怡、詹国英、李　明、韦　东

三等奖（9 项）

项目名称	主要完成单位	主要完成人
水库涵（遂）洞管道机器人检测应用研究	福建省水利管理中心	陈文清、黄院生、林　红、林宇航、陈香湍
砼四脚空心方块在海堤工程的应用及研究	福建省水利建设中心、河海大学	刘　震、郑东文、张闽生、陈德春、谢清海
碾压堆石体技术在高挡墙护岸的应用研究	福建省水利水电勘测设计研究院	林诚魁、陈维枢、韦传恩、陈荣辉、吴树延
南方红壤山地果园优化免耕保持水土关键技术研究	将乐县水土保持委员会办公室	倪炳卿、陈远辉、谢启庚、钟连顺、陈茂顺
福建省河湖开发现状与水资源可持续利用研究	福建省水利水电科学研究院	李孝成、许必朝、黄新华、郑　怡、何　捷
永临结合支护系统在排涝站中的研究与应用	福建省水利水电勘测设计研究院	何建进、林翠萍、林　渠、黄建萍、李祖发
仙游抽水蓄能电站库岸防护处理研究	福建省水利水电勘测设计研究院	林诚魁、游允越、翁宇华、姚秀梅、陈荣辉
水下浅地层剖面探测技术应用研究	福建省水利水电勘测设计研究院	薛云白、黄斌彩、何光同、唐新华、李建来
智能超站仪滑坡安全自动监测技术研究与应用	福建省水利水电勘测设计研究院	黄美满、巫礼明、王增强、吴树延、何文兴

【46 项成果获 2013 年福建省优秀测绘地理信息工程奖】“福建省优秀测绘地理信息工程奖”经省科技厅批准，由省测绘地理信息局、省测绘学会设立的福建省测绘地理信息最高奖项。经福建省测绘地理信息科学技术奖励委员会组织评审，评出 2013 年福建省优秀测绘地理信息工程奖 46 项，其中一等奖 7 项、二等奖 10 项、三等奖 29 项。获奖名单如下：

一等奖（7项）

序号	项目名称	主要完成单位
1	福建省连续运行卫星定位服务系统建设	福建省测绘院
2	数字泉州地理空间框架建设	泉州市国土资源局、福建省基础地理信息中心
3	“天地图·福建”应用示范工程	福建省基础地理信息中心
4	厦门港主航道E'～G6航段浅地层剖面测量及旁扫声纳扫测	厦门地质工程勘察院
5	福州市灾害应急平台消防通信调度系统	福州市勘测院
6	龙岩市区地形图及地籍图测绘编绘工程	龙岩市国土资源局、福建省地质测绘院
7	泉州浦西万达广场商业综合体房产测绘	泉州市房地产测绘队

二等奖（10项）

序号	项目名称	主要完成单位
1	宁德市高精度三维控制网的建立及似大地水准面精化	宁德市国土资源局
2	龙岩市规划区地形图重测、修测工程	福建省测绘院、龙岩市土地勘测规划所
3	龙海市城市及周边地区1∶1000数字化地形图测绘	福建省地质测绘院
4	福建省地图集	福建省制图院
5	厦门市首级控制网改造	厦门市测绘与基础地理信息中心
6	泉州市数字城管部件普查及建库项目	泉州市城乡规划勘测大队
7	平潭综合实验区农村土地整治项目1∶1000地形图测绘	福建山水测绘地理信息有限公司
8	武夷新区1∶1000数字地形图测绘	南平市国土资源局、福建省测绘院
9	福建省村庄规划编制1∶1000地形图测绘（二期）	泉州市城乡规划勘测大队
10	福州市琅岐闽江大桥及接线工程	福州市勘测院

三等奖（29项）

序号	项目名称	主要完成单位
1	泉州湾湾口浅区侧扫及多波束扫测	福建省港航管理局勘测中心
2	泉州市总体规划区测量控制网建设工程	泉州市国土资源局、福建省测绘院
3	泉州市房地产基础地理信息管理系统	泉州市房地产测绘队
4	营配供电服务一体化应用研究	厦门亿力吉奥信息科技有限公司
5	莆田市1∶500数字地形图测绘（B标段/合同包4）	福建省国土测绘院
6	福建省公开版地图数据库	福建省制图院
7	厦门市个人住房信息系统测绘数据整理B标段	福建省国土测绘院
8	温福铁路福建段地籍测绘	福建所思达国土规划咨询有限公司
9	漳州市现代测绘基准框架体系建设	漳州市国土资源局、福建省测绘院
10	2011年厦门市影像（航摄）数据处理及挂图制作	福建省地质测绘院
11	观音山国际商务营运中心启动区A1地块	福建省国土测绘院
12	福建省防汛三维地理信息系统	福建省基础地理信息中心
13	福建省公共地理框架数据更新与生产	福建省基础地理信息中心
14	仙游金钟水利枢纽工程大坝外部变形测量	福建省水利水电勘测设计研究院
15	福建省1∶5000缩编1∶10000DLG（漳州、龙岩、三明、宁德、莆田）	福建省制图院
16	福州市轨道交通2号线地下管线探测	福州市勘测院
17	龙岩市城北片区铁山测区1∶500地形图测绘	龙岩市勘察测绘大队

续表

序号	项目名称	主要完成单位
18	莆田市木兰溪两岸 1：500 数字地形图测绘项目（西片区）	莆田市城乡勘测设计研究院
19	厦门港主航道扩建三期工程近期实施工程扫海测量	厦门地质工程勘察院
20	漳州招商局经济技术开发区综合管线管理信息系统	厦门精图信息技术股份有限公司
21	2011 年 1：500 全野外数字化测图同安合同包	厦门闽矿测绘院
22	平潭环岛公路 1：1000 比例尺全数字化测图	福建山水测绘地理信息有限公司
23	惠安县黄塘镇 1：1000 航测数字化图测绘工程	厦门银据空间地理信息有限公司
24	漳州市南靖县、漳浦县村庄规划编制 1：1000 地形图测绘	漳州市测绘设计研究院
25	厦门配电 GIS 电子地图更新工程	厦门亿力吉奥信息科技有限公司
26	莆田忠门风电场工程工程测量	福建省海陆勘测有限公司
27	古田县城区地籍测量工程	福建所思达国土规划咨询有限公司
28	龙岩财富中心房产测绘	龙岩市经纬测绘有限公司
29	《中国·长乐旅游地图》	福建绎天数字城市信息科技有限公司

其他科技项目成果选介

【概　述】　其他科技项目成果选介栏目，主要选介 2013 年度经省科技厅验收结题的科技计划项目阶段性成果，包括省科技重大专项、省科技重大项目、省重点科技计划项目、省基础性研究计划项目、省科技创新平台建设计划项目等。

【熊胆粉复方中药治疗脂肪肝的临床前研究】　该重大专项专题（2010YZ0001－1）牵头单位福建中医药大学中西医结合学院，项目负责人洪振丰，起讫年限 2010 年至 2013 年，项目计划经费 300 万元，专题于 2013 年 11 月 1 日通过（鉴定）验收。该专题完成了复方熊胆茵陈颗粒组方药材的质量检测；复方熊胆茵陈颗粒的制备工艺及质量标准、中试放大、制剂的稳定性研究；开展了复方熊胆茵陈颗粒主要药效学及安全性评价研究并制定了复方熊胆茵陈颗粒的临床研究方案。复方熊胆茵陈颗粒临床前研究申报资料已获得福建省食品药品监督管理局药品注册新药受理。申请发明专利 1 件，发表论文 9 篇。

【甘草次酸酯制剂化学一类新药临床前研究】　该重大专项专题（2010YZ0001－3）牵头单位福建天泉药业股份有限公司，项目负责人秦怀国，起讫年限 2010 年至 2013 年，项目计划经费 250 万元，专题于 2013 年 9 月 29 日通过（鉴定）验收。该专题完成了甘草次酸酯原料的合成和纯化工艺、结构鉴定；完成了制剂制备工艺、质量标准、稳定性研究，以及药效学和毒理等临床前研究。项目获得了甘草次酸酯原料及制剂化学一类新药临床注册受理通知书。申请专利 1 件。

【花卉品种创新与产业化配套技术研究】　该重大专项（2010NZ0003）牵头单位福建省农业科学院作物研究所，项目负责人黄敏玲，起讫年限 2010 年至 2013 年，项目计划经费 200 万元，项目包括 2 个专题，其中花卉品种创新与高效栽培技术研究、花卉产业化配套技术研发等专题于 2013 年 12 月 20 日分别通过（鉴定）验收。蝴蝶兰等品种创新与种苗工厂化繁育技术研究，鲜切花品种引进选育与配套技术研究，文心兰等种质创新与高效栽培技术研究，卉种苗种球新品种选育与产业化生产技术研究，盆栽花卉国际标准化生产技术研究，盆栽花卉病虫害防治技术研究等。主要技术特点及创新点包括：分子标记辅助育种技术，花色相关调控基因的获得；建立常规杂交与分子生物学相结合的育种技术体系，选育新品种（系）；无性系的建立，芽的诱导与分化等技术关键点研发，解决无性系获得率低等难点；提高扩繁过程增殖倍率、生根壮苗的培育；率先开展中国水仙花色形成功能基因的研究；人参榕 GAP 培植场的建立、产业化应用于示范；以蝴蝶兰企业为重点，建立育种、育苗、应用产业链；将多种病虫害防控新技术有效集成应用于大宗盆栽花卉的病虫害防治，形成新的防控方案，制定病虫害标准化防控规程。建立了观赏向日葵、文心兰等生产示范基地 6 个，盆栽花卉病虫害防控示范基地 3 个，示范种植 24.13 公顷，辐射推广 703.33 公顷；示范生产蝴蝶兰、观赏向日葵、非洲菊、文心兰及鹤望兰种苗（子）1726 万株（粒），推广种植 1570 万株，新增产值 6360 万元，同比增长了 8～10%，增加出口创汇超过 350 万美元；新建花卉温室 9900m^2，可年产蝴蝶兰种苗 300 万株、年增收 1600 万元；培训相关企业人员、核心农户等 3816 人次。获得授权国家发明专利 5 项、实用新型专利 5 项；培养花卉科技人才 16 名；发表论文 50 篇。

【花卉品种创新与高效栽培技术研究】 该重大专项专题（2010NZ0003－1）牵头单位福建省农业科学院作物研究所，项目负责人黄敏玲，起讫年限2010年至2013年，项目计划经费100万元，专题于2013年12月通过（鉴定）验收。该专题收集保存种质资源133份，筛选出优良品种（品系、无性系）20个，选育出3个观赏向日葵新品种，通过省级品种审（认）定；选育出蝴蝶兰新无性系6个、文心兰无性系1个，克隆了蝴蝶兰、观赏向日葵、鹤望兰及文心兰花色形成关键酶基因全长8条、片段10条；制定4项规模化繁育技术规程和2项切花栽培技术规程，示范种植24.13公顷，辐射推广50公顷；生产种苗（子）1726万株（粒），推广种植1570万株，新建花卉温室4500m^2。新增产值6360万元。获得了授权国家发明专利1项、实用新型专利3项；培养花卉科技人才8名；发表论文32篇。

【花卉产业化配套技术研发】 该重大专项专题（2010NZ0003－2）牵头单位漳州森晖兰花产业有限公司，项目负责人庄西卿，起讫年限2010年至2013年，项目计划经费100万元，专题于2013年12月通过（鉴定）验收。该专题选育蝴蝶兰“天宝红”、多花水仙“黄花水仙2号”和“云香水仙”等3个新品种，通过省级审（认）定，构建了水仙花朵全长cDNA文库和7号染色体单染色体文库；制定人参榕、散尾葵、仙人球“金琥”等生产技术规程3项和人参榕GAP标准技术体系；新建花卉温室5400m^2，可年产蝴蝶兰种苗120万株、年增收800万元；盆栽花卉病虫害防控示范基地3个。培训相关人员2680人次，推广面积653.33公顷，增加出口创汇超过350万美元。获得授权国家发明专利4项、实用新型专利2项；发表论文18篇；培养博士1名，硕士7名。

【环境友好型饲料关键技术集成及其产业化开发】 该重大专项（2010NZ0002），牵头单位福建省华龙集团饲料有限公司，项目负责人曾丽莉，起讫年限2010年至2013年，项目计划经费300万元，项目包括3个专题，其中动物营养免疫调控技术集成及功能性饲料开发、利用生物技术进行饲料原料预处理的研究及应用、环境友好型畜禽、水产配合饲料的研究及其产业化开发等专题于2013年11月22日通过（鉴定）验收。该项目是动物营养免疫调控技术集成及功能性饲料开发，基于ISCOMs技术，建立80吨的产能功能性卵黄粉生产线，运用生物发酵工程技术制备生物源抗菌肽，完成抗菌肽的水产养殖中间试验；利用生物技术进行饲料原料预处理的研究及应用，新建或改建3以上条发酵饲料生产线，满足年产6500吨发酵饲料生产的需要，开展发酵豆粕在畜禽配合饲料中的应用研究；利用酶解技术进行植物蛋白源生物预处理的研究及应用，新建或改建1条酶解饲料生产线，满足年产2000吨酶解饲料的需要；开展复合L－色氨酸发酵饲料的研究与应用；环境友好型畜禽、水产配合饲料的研究及其产业化开发，研发出环境友好型生长肥育猪、肉鸡系列配合饲料配方，开发出环境友好型肉鸭系列配合饲料配方，新建或改建畜禽配合饲料生产线，满足年产48.5万吨畜禽配合饲料的需求；环境友好型水产配合饲料的研究及其产业化开发，新建或改建水产配合饲料生产线，满足年产7.5万吨水产配合饲料的需求；建立与鳗鲡、大黄鱼和对虾养殖相配套生产技术体系。基于ISCOMs技术及生物发酵工程技术，制备功能性卵黄粉系列产品及抗菌肽中试产品，进行δ－氨基乙酰丙酸和琼胶寡酶高产菌株筛选及发酵工艺的优化；优化不同的发酵工艺，有效降解大分子蛋白质和去除抗营养因子，并获得大量的生物活性物质；系统评价发酵豆粕对生长肥育猪、肉鸡的饲用价值，为开发环境友好型畜禽配合饲料提供技术支持；通过酶解显著改善了饼粕类饲料的适口性，开发出的产品可作为水产配合饲料的新型蛋白源；首次提出L－色氨酸产生菌和多种微生物制剂复合发酵，研制开发新型的蛋白质饲料；在畜禽、水产“低蛋白质＋功能性饲料”的日粮中，综合应用功能性饲料添加剂及发酵饲料原料，产业化开发出环境友好型畜禽、水产系列配合饲料。生产了功能性卵黄粉66吨、发酵豆粕15309吨、酶解豆粕3000吨和环境友好型畜禽、水产配合饲料78.55万吨；建立了8个健康养殖示范基地；新增产值36.3亿元，新增利润11621万元，新增税金3128万元。获国家授权发明专利15项、实用新型专利5项，申报国家发明专利12项、实用新型专利1项；出版著作1部，发表论文52篇；发布行业标准1项、地方标准1项、企业标准10项；培育了知名品牌1个，省级农业产业化重点龙头企业1家，省级企业工程技术研究中心1个，培养人才40人，其中项目组成员中专业技术职称晋升16人，培养硕士研究生20人、博士研究生3人，博士后1人；开展专业技术培训达1500多人次。

【利用生物技术进行饲料原料预处理的研究及应用】 该重大专项专题（2010NZ0002－1）牵头单位福建农林大学动物科学学院，项目负责人王长康，起讫年限2010年至2013年，项目计划经费100万元，专题于2013年11月通过（鉴定）验收。该专题建立液－固两阶段多步发酵生物反应和酶解豆粕生产技术体系，建立半固态发酵生产L－色氨酸发酵饲料的生产技术体系；开展环境友好型饲料在中华鳖、黄羽肉鸡、生猪、鳗鲡等的饲养研究；获授权发明专利5件，建成4条发酵豆粕生产线，生产发酵豆粕15309吨；建成1条酶解饲料原料生产线，生产酶解豆粕3000吨；项目总计实现销售收入10160万元，创利税1448万元。

【环境友好型畜禽、水产配合饲料的研究及其产业化开发】 该重大专项专题（2010NZ0002－2）牵头单位福建省华龙集团饲料有限公司，项目负责人陈婉如，起讫年限2010年至2013年，项目计划经费100万元，专题于2013年11月通过（鉴定）验收。该专题开展低蛋白质配合饲料在肉鸡、肉鸭、生猪和鳗鲡中的饲养研究，提高饲料利用率，降低排泄物中氮含量；建立了一套环境友好型畜禽、水产饲料生产技术体系，生产配合饲料78.55万吨，建立8个健康养殖示范基地，获授权发明专利7件，发布行业标准1项、地方标准1项、企业标准4项。新增产值29.3亿元，新增利润5743万元，新增税金2230万元。培育了知名品牌1个，省级农业产业化重点龙头企业1家，培养人才13人，开展专业技术培训达1000多人次。

【动物营养免疫调控技术集成及功能性饲料开发】 该重大专项专题（2010NZ0002－3）牵头单位福建省农业科学院生物技术研究所，项目负责人宋铁英，起讫年限2010年至2013年，项目计划经费100万元，专题于2013年11月通过（鉴定）验收。该专题建立猪和水产动物病原分离检测方法和病原菌种库，筛选出适用于蛋鸡的免疫佐剂和特异性猪源及水产病原多价保护性抗原；建立功能性卵黄粉技术体系，减少生猪临床抗生素应用30%以上，优化抗菌肽、δ－氨基乙酰丙酸（ALA）和琼胶酶的发酵制备工艺，建立年产80吨功能性卵黄粉生产线一条。获授权发明专利3件，制定3项企业标准。生产功能性卵黄粉配制的4种环境友好型配合饲料10万吨，总产值为59998.6万元，新增利润4799.89万元，新增税金527.99万元。

【海洋生物综合利用及活性物质提取技术研究与应用】 该重大专项（2010NZ0001）牵头单位福建农林大学食品科学学院，项目负责人陈锦权，起讫年限2010年至2013年，项目计划经费500万元，项目包括5个专题，其中海洋功能食品技术研究与应用，鱼鳞、鱼皮废弃物开发胶原复合膜及医用敷料，藻类高值产品开发技术研究与应用，抗病毒、抗衰老海洋制品研制与中试，微藻提取DHA的技术开发等专题于2013年4月8日通过（鉴定）验收。该项目建立了鲍鱼内脏多糖的提取、纯化工艺和甾醇类化合物初步提取工艺；从废弃的鲍鱼内脏提取胶原蛋白，并制备分子量相对均一的胶原蛋白多肽；建立了鲢鱼皮胶原蛋白的提取工艺，制备了具有良好脏器止血作用的胶原/壳聚糖复合海绵医用敷料和具有治疗糖尿病溃疡作用的负载缓释表皮生长因子微球的胶原基医用敷料；以省内丰富的坛紫菜等藻类为原料，建立了高纯度和食品级藻红蛋白的生产工艺，研发了天然藻红素食品添加剂；开发了5种藻红蛋白免疫诊断试剂；以海带为原料，建立了植物生长促进剂的生产工艺；研发了以氨基葡萄糖盐酸盐为原料，制备去氧葡萄糖的新工艺，年制备能力达到“百公斤级”；采用遗传育种技术获得高产DHA裂殖壶藻菌株，建立了裂殖壶藻发酵生产DHA的75吨发酵罐示范生产线；构建了毕赤酵母基因工程菌高效表达脂肪酶菌株，并开发利用脂肪酶催化转酯化微藻油脂制备生物柴油的技术。主要技术特点及创新点，鲍鱼性腺、肠腺组织为原料，将其开发成鲍鱼多糖功能食品和天然性激素功能产品，运用非热力手段——高压脉冲电场技术进行多糖及性激素的提取，提高得率和保持提取物的生理活性；利用水产废弃物，采用涂膜干燥法制备成可食膜，通过添加各种天然高分子材料，改良胶原蛋白可食膜的性能；从鱼鳞、鱼皮等水产废弃物中提取胶原蛋白，建立高品质高得率水产废弃物胶原蛋白提取工艺；确定胶原蛋白可食性食品包装膜和生物医用敷料的制膜配方和工艺；通过现代生化分离技术高效制备高纯度藻红蛋白，并与多种诊断抗体等偶联制备免疫荧光探针，开发高灵敏度免疫荧光诊断试剂；应用膜分离技术、生物酶技术高效率提取海带中植物生长促进剂，降低能耗、提高资源的利用率。首创以海洋生物甲壳质为原料，创新应用结构修饰技术、膜分离技术和柱层析分离技术研制海洋糖工程高活性新制品；首次深入研究培养基中各个组分对裂殖壶藻细胞生长和DHA积累的影响，系统研究发酵罐规模裂殖壶藻高产DHA的培养条件和底物流加工艺；对不同微生物来源的脂肪酶酯化能力进行筛选，通过分子改造，构建高效表达脂肪酶B的基因工程菌，为实现脂肪酶催化微藻藻油生产生物柴油的工业化奠定研究基础。授权发明专利7件，发表相关论文26篇；获国家三类医疗器械注册证2个。

【鱼鳞、鱼皮废弃物开发胶原复合膜及医用敷料】 该重大专项专题（2010NZ0001－1）牵头单位福州大学科技处，项目负责人张其清，起讫年限2010年至2013年，项目计划经费100万元，专题于2013年4月通过（鉴定）验收。该专题建立鲢鱼皮胶原蛋白提取工艺，制备具有抗氧化和抗菌活性的可食性胶原蛋白复合膜，具有良好脏器止血作用的胶原/壳聚糖复合海绵医用敷料和具有治疗糖尿病溃疡作用的负载缓释表皮生长因子微球的胶原基医用敷料，获国家三类医疗器械注册证2个。申请专利8项，发表相关论文15篇。

【抗病毒、抗衰老海洋制品研制与中试】 该重大专项专题（2010NZ0001－2）牵头单位国家海洋局第三海洋研究所，项目负责人洪碧红，起讫年限2010年至2013年，项目计划经费100万元，专题于2013年4月通过（鉴定）验收。该专题研发以氨基葡萄糖盐酸盐为原料，制备去氧葡萄糖的新工艺，样品纯度98%；攻克氨基糖类脱氨基过程不易控制，收率低等共性关键技术；首创以海洋生物甲壳质为原料，创新应用结构修饰技术、膜分离技术和柱层析分离技术研制海洋糖工程高活性新制品，实现低值下脚料资源的高值化利用；突破水溶性结构相似单糖类物质分离纯化共性关键工艺技术，构建高纯去氧葡萄糖清洁生产新工艺。进行了去氧葡萄糖抗病毒、抗氧化功能性试验研究，为开发海洋抗病毒、抗衰老新药源提供了研究基础；申请发明专利1项，发表相关论文3篇。构建去氧葡萄糖中试试验平台，年制备能力达到百千克级。

【藻类高值产品开发技术研究与应用】 该重大专项专题（2010NZ0001－3）牵头单位集美大学食品与生物工程学院，项目负责人曹敏杰，起讫年限2010年至2013年，项目计划经费100万元，专题于2013年4月通过（鉴定）验收。该专题建立高纯度和食品级藻红蛋白的生产工艺，研发天然藻红素食品添加剂和5种藻红蛋白免疫诊断试剂，以海带为原料，建立了植物生长促进剂的生产工艺。采用特殊裂解工艺，提高了细胞破碎过程中藻红蛋白的溶出率，蛋白回收率高；藻红蛋白的应用研究。主要包括藻红蛋白作为食品添加剂的研究以及藻红蛋白与抗体的偶联标记；高效率提取海带中植物生长促进剂系应用膜分离技术、生物酶技术等降低能耗、提高资源的利用率。以及取得的社会经济效益。申请发明专利3项，发表相关论文4篇。

【微藻提取DHA的技术开发】 该重大专项专题（2010NZ0001－4）牵头单位厦门大学化学化工学院，项目负责人卢英华，起讫年限2010年至2013年，项目计划经费100万元，专题于2013年4月通过（鉴定）验收。该专题建立裂殖壶藻超高密度发酵生产DHA的75吨发酵罐示范生产线，菌体的生物量达到180克/升以上，DHA发酵单位达到50克/升；开发微藻破壁提取油脂的新工艺及高效分离提纯DHA技术，和脂肪酶催化转酯化微藻油脂制备生物柴油的技术。获授权发明专利2件。生产的微藻DHA精油产品已经开始在市场上销售并产生经济效益，年销售达到2000万元以上。

【海洋功能食品技术研究与应用】 该重大专项专题（2010NZ0001－5）牵头单位漳州欧圣食品有限公司，项目负责人陈锦权，起讫年限2010年至2013年，项目计划经费100万元，专题于2013年4月通过（鉴定）验收。该专题建立鲍鱼内脏多糖提取、纯化工艺和甾醇类化合物初步提取工艺，鲍鱼多糖具有无毒、抗氧化、降血脂、提高免疫力及抑菌的功效，从废弃的鲍鱼内脏提取胶原蛋白，具有降血压、抗氧化等功能，建立并优化以水产品加工鱼糜下脚料和鱼鳞、鱼皮、鱼骨胶原蛋白提取工艺，建立了胶原蛋白膜的实验室制备工艺，进行了性能改良和中试试验生产；获授权发明专利5件。发表相关论文4篇。

【粉煤灰资源化综合利用关键技术研发及产业化】 系省重大项目（2011Y3006），由福建省龙岩龙能粉煤灰综合利用有限公司章新喜等承担完成。该项目研发出CFB粉煤灰短流程制备精碳粉工艺、精碳粉制备煤质活性炭和脱碳后尾灰制备轻质保温免烧砖等成套技术，实现了粉煤灰的高值化利用，已获授权发明专利4件。建成了年处理粉煤灰120万吨短流程浮选脱碳生产线、年产2万吨煤质活性炭生产线、年产2000万块轻质保温免烧砖生产线；粉煤灰资源综合利用率达到90%以上，实现销售收入8200多万元，利税1300多万元，取得了较好的经济和社会效益，为解决粉煤灰的污染问题，发展循环经济提供了很好示范。

【废弃软饮料包装材料及铝塑复合膜边废料的综合回收开发利用】 系省重大项目（2011Y3003），由漳州市陆海环保产业开发有限公司王玉灵等承担完成。该项目开展了环保、节能、高效的纸塑、铝塑分离工艺技术和生产废水处理工艺研究，将不可降解的铝塑纸复合包装废料有效分离，生产出再生纸浆、再生铝屑、再生塑料膜和再生塑料颗粒等4种再生原料，获授权实用新型专利6件。建成了日处理60吨的纸塑分离生产线和100吨的铝塑分离生产线；实现新增产值3310万元、利税648万元，取得了较好的经济和社会效益，为废弃软饮料包装材料及铝塑复合膜边废料再生利用提供一条切实可行的解决方案，同时有利于生态环境的保护。

【土楼科学保护关键技术研究与应用】 系省重大项目（2011Y3005），由福建省永定富家文化传播有限公司沈永雄等承担完成。该项目进行了土楼抗风、抗雨、抗火和抗震研究，提出了针对福建土楼特点的气动抗风、原色涂料雨蚀喷涂、木料防火涂料喷涂等保护技术措施，申请发明专利2件，获授权发明专利1件、实用新型专利1件。发表了论文10篇。项目成果得到初步应用，对土楼建筑的科学保护具有良好的推广应用前景。

【双孢蘑菇多糖系列产品的研发】 系省重大项目（2010Y3005），由漳州片仔癀药业股份有限公司洪绯等承担完成。该项目完成了高纯度双孢蘑菇多糖提取纯化工艺和中试放大研究；完成了高纯度双孢蘑菇多糖在化妆品、原料药、辅助肿瘤用药的临床前初步研究；完成了双孢蘑菇多糖保健品（保肝）的研发及注册申报，通过保健品GMP认证，获得保健品注册批件。通过项目的实施，完成开发新产品2项、新工艺1项、申请发明专利3件，技术标准2项，条件建设1项。项目实施过程中，企业引进回国人员2名，包括博士1名，硕士1名，完成2人专业技术职称晋升。新增利润150万元，新增税收100万元，创造了良好的经济和社会效益。

【宁德畲族人群糖尿病流行病学调查与干预研究】 系省重大项目（2010Y3012），由福建省宁德市医院林应华等承担完成。该项目对5523名畲族人进行糖尿病流行病学调查，确定并建立畲族人群的糖尿病前瞻性研究队列的基线资料；通过留取畲族人群血液DNA样本，建立了畲族人群DNA样本库；这些研究结果为探讨制定适合畲族人群的糖尿病预防与干预策略提供了依据，值得在全国少数民族地区推广应用。

【无菌注射级原料药炎琥宁的生产新工艺】 系省重大项目（2011Y3011），由福建省闽东力捷迅药业有限公司游奶寿等承担完成。该项目对炎琥宁的传统生产工艺进行了改进，用喷雾干燥法替代原有生产工艺，避免使用丙酮、乙酸乙酯有机溶剂，提高了药品质量标准，有效保护了环境。新工艺批生产时间节约了2/3；产品收率由60%提高到95%；年生产能力达到3吨，节约电能60万度。项目成果获得宁德市科技进步奖一等奖，获授权发明专利1件，实用新型专利1件，炎琥宁制剂药品GMP认证证书1项，药品补充申请批件1项。取得一定的经济和社会效益。

【基于集水区动态模拟的水库水资源水环境管理平台开发】 系省重大项目（2010Y4001），由福建师范大学地理科学学院陈兴伟等承担完成。该项目以泉州山美水库为例，将集水区的陆域和水域作为一个整体，建立了流域分布式水文模型与库区水体二维水动力水质模型，实现了集水区水量、水质模拟与分析的集成，为水库水资源和水环境的治理和保护提供了新的技术手段，具有一定的创新性。研究成果获得计算机软件著作权2件，申请发明专利1件，发表论文6篇。

【食品中致癌物检测关键技术及仪器设备研发】 系省重大项目（2010Y4007），由福州大学食品安全与环境监测技术研究所谢增鸿等承担完成。该项目建立了偶氮类色素快速提取技术和方法，研制出“苏丹红Ⅰ”、“碱性橙”等偶氮染料的提取试剂、试剂盒和多功能食品安全检测箱；创新性地建立了偶氮类合成色素多组分快速分析模型，实现了多种色素的快速检测，应用磺化技术实现了苏丹红多组分的同时检测，并研制出多功能食品安全综合检测仪、茶叶分析仪和合成色素快速检测仪。研究成果已申请发明专利5件，所研制的仪器已进行了批量生产，已在福建省和北京、上海、河南等多个省（市）工商、质监、食药监等部门和食品企业中成功应用。

【重组人乳头瘤病毒16/18型双价疫苗的研制】 系省重大项目（2010Y4008），由厦门大学福建省医学分子病毒学研究中心顾颖等承担完成。该项目完善了重组人乳头瘤病毒（HPV）16/18疫苗的工艺研究和质量控制体系，HPV16/18疫苗的III期临床试验正在顺利进行中，已为该疫苗的产业化奠定了良好的基础。同时，通过成功开发的宫颈癌疫苗以及在该领域内长期的基础研究积累，已经成功建立独特大肠杆菌表达体系的类病毒颗粒（VLP）疫苗技术平台。已获得国家食品药品监督管理局HPV16/18型双价疫苗的新药临床试验批件；获得可用于临床试验的合格疫苗；建成每批次 10 万剂的中试生产线；申请发明专利 4 件，获授权发明专利 2 件；发表的论文被 SCI 收录 3 篇。

【治疗心律失常莲心总碱滴丸的药学及其主要药效学研究】 系省重大项目（2010Y4004），由福建中医药大学药学院褚克丹等承担完成。该项目完成了莲心药材的质量标准、有效部位莲心总碱的提取分离纯化工艺及质量标准研究；完成了莲心总碱滴丸的制备工艺及质量标准、莲心总碱滴丸的中试放大研究；完成了莲心总碱滴丸治疗心律失常的药效学研究。申请发明专利 1 件。

【植物基高倍甜味剂——三氯蔗糖的制备工艺研究和产业化】 系省重大项目（2011N3020），由福建科宏生物工程有限公司陈子昂等承担完成。该项目优化了蔗糖－6－乙酸酯的制备、三氯蔗糖－6－乙酸酯的氯代、中和以及三氯蔗糖的结晶等工艺参数，使三氯蔗糖产率达到 32％；自主设计了多效离心萃取、溶剂回收系统等工业化生产设备；开发了生产过程在线检测与控制技术；设计开发了降膜闪蒸技术、连续萃取技术，实现了产品能耗降低 5.5％的目标。申请发明专利 2 件，获授权美国发明专利 1 件，建立年产 300 吨生产线一条，产品符合美国 FCC6 标准和 GB25531－2010 标准的要求，产品大部分出口到欧美地区。项目执行期累计新增产值 12089 万元，出口创汇 1806 万美元，税金 1700 万元，利润 1413 万元，增加社会就业 110 人。

【应用于太赫兹激光技术的双波长激光晶体的研制】 系省重点科技计划项目（2010I0015），由中国科学院福建物质结构研究所涂朝阳等承担完成。该项目针对应用于太赫兹激光技术的双波长激光晶体基质及其 Yb 激活离子掺杂浓度的优化、大尺寸优质晶体生长、光谱性能和～1.0μm 双波长激光输出等关键科学技术问题开展了深入的研发。主要技术特点及创新点：①优选并生长出优质、尺寸大于 30mmYb^{3+} 掺杂的七种基质晶体，晶体的质量和尺寸均超过项目合同规定的技术指标。②测试研究了晶体的物化性能和光学光谱性能。根据所获得的物化性能与光学光谱参数，优化设计出双波长激光器件参数。对晶体开展了双波长激光实验测试研究，双波长激光输出功率超过项目合同规定的技术指标。项目申请发明专利 3 件，发表的论文被 SCI 收录 19 篇。该项目所研制的双波长激光晶体能够应用于差频产生太赫兹激光技术，不仅能够带动国内光电子器件行业的发展，而且可应用于信息、交通、测量、医疗、环境等各个重要领域，将促进所涉及领域的技术提升和新产品研发，提升竞争力。

【脑卒中认知功能障碍的中医康复治疗】 系省重点科技计划项目（2010I0007），由福建中医药大学康复医学院陶静等承担完成。该项目从卒中后功能障碍的重点及难点——认知功能障碍入手，通过梳理古今文献，建立中医有关卒中后认知功能康复文献数据库，形成初步方案，对所制定的方案加以临床验证，并运用功能核磁共振（fMRI）、相关事件电位（ERP）评价其疗效，最后形成疗效显著且规范的卒中后认知功能障碍的康复方案。主要技术特点及创新性：文献研究发现认知障碍的针灸治疗主要从督脉、心经、肾经入手。其中百会穴出现频率最高，且单穴治疗即有改善健忘、痴呆等症状的功用，可作为临床治疗认知功能障碍的基本穴。借助功能核磁功能成像技术、事件相关电位检查（P300）、康复评定量表等检测手段，借助合作单位台湾元培大学的技术支持，并通过功能核磁共振、事件相关电位的疗效评价，发现了穴位刺激能够加强大脑认知相关脑区之间的连接，降低听觉事件相关电位 P300 潜伏期，增高 P300 波幅。最终通过开展大样本、高质量的中医康复方案随机对照临床研究，证明其临床疗效，对改善疾病导致的功能障碍，提高患者的生活质量，减少医疗支出和家庭负担提供了依据，为进一步临床推广打下坚实基础。发表论文 4 篇，其中被 SCI 收录 1 篇。申请实用新型专利 2 件。

【锂离子电池低廉绿色磷酸亚铁锂正极材料的中试及产业化】 系省重点科技计划项目（2010I0005），由福建师范大学化学与材料学院（材料科学与工程学院）童庆松等承担完成。该项目在优选系列磷酸亚铁锂正极材料制备体系的基础上，采用浆料处理一固相烧结工艺制备出锂离子电池用的磷酸亚铁锂正极材料，制备的材料具有可控的振实密度、2C 充放电容量高、循环稳定性好，形成了大于 100 千克级的生产规模。获授权专利 8 件，发表论文 6 篇。产品已经销往美国、韩国、香港；广州、深圳、北京、福建、湖南、河北等地，在产生较好经济效益的同时，获得很好的社会效益。已经建立了月产 8 万只 40Ah 的磷酸亚铁锂动力电池生产线，2010 年至 2012 年的 3 年中新增产值 2.62 亿元、税收 5969 万元。制备的电池每月可装备 5700 辆电动摩托车（每辆车用 48V40 只 40Ah 的磷酸亚铁锂动力电池）或可装备 57 辆电动小轿车。制备的磷酸亚铁锂材料制备的动力电池已经在南靖万利达视听有限公司、上海中星电动车科技有限公司、天津富士达科技有限公司及天津美丽行工贸有限公司等得到了应用。用户证明制备的动力电池的性能优异，取得了良好的经济效益。

【福建优质稻蔬良种入台示范种植】 系省重点科技计划项目（2010I0001），由福建农林大学农产品品质研究所郑金贵等承担完成。该项目组织福建省优质杂交稻组合 7 个、功能性黑米品种 2 个、高萝卜硫素青花菜品种 1 个分别在台湾南部、中部、北部进行试种示范，筛选出适宜在台湾种植的优质稻蔬良种 3 个，分别是优质杂交水稻“嘉糯 1 优 2 号”、功能型黑米“福紫糯 1 号”及高萝卜硫素青花菜“福青 1 号”。其中杂交稻“嘉糯 1 优 2 号”产量比台湾推广良种“台中 192”高 27.3％；黑米“福紫糯 1 号”的花色苷和总黄酮含量分别是对照品种“黑珍米”的 5.8 倍和 2.0 倍；青花菜“福青 1 号”的萝卜硫素含量是对照品种“优秀”的 9.6 倍。发表学术论文 6 篇，出版专著 1 部。筛选出的优质稻蔬良种在台湾各地累计示范种植 38.67 公顷，在台湾开展现场技术培训累计 110 人次。杂交稻“嘉糯 1 优 2 号”不仅产量比推广品种高 27.3％，且抗台风、不倒伏、宜机械收获，在台湾水稻生产上将具有良好的推广前景。青花菜“福青 1 号”的商品性状优良，花球的抗癌功能成分“萝卜硫素”含量特别高。萝卜硫素提取物的市值约为 0.3 万元/克，以青花菜种子为提取原料，而种子的价格昂贵（0.4 万元～1 万元/千克），“优秀”种子更高达 1 万元/千克。若以“福青 1 号”鲜花球做为提取原料，将可大大节约提取成本。功能型黑米“福紫糯 1 号”

产量高、米质优，米饭口感显著优于一般黑米，且富含具有重要保健功能的花色苷和黄酮，深受台湾消费者的青睐。

【微型数控刀具产业化】 系省重点科技计划项目（2011I0013），由福建新世纪电子材料有限公司刘玉莲等承担完成。该项目采用自主研发的专用高频焊机，实现不锈钢和碳化钨合金异种材料焊接；使用CNC开槽工艺和精磨技术，制造出焊接式硬质合金刀具，其强度、耐磨性、寿命能满足数控钻、铣加工的需要；利用回收刀具材料，降低刀具的生产成本，在技术上具有创新性。主要技术特点及创新性：①完成原材料的筛选，通过一系列对比试验和分析测试，综合考察刃部材料、刀柄部材料的物理力学性能、焊接条件、生产成本等因素，筛选出最适合的刃部材料和刀柄部材料，充分利用回收的碳化钨硬质合金棒料、白铁、银焊料等原材料。②完成生产工艺的改进该项目开发出具有瞬间脉冲电流的无缝焊接技术，以无心端面磨、无缝焊接和CNC开槽三个核心工艺为中心，形成自主创新的技术，研发出焊接式微型数控刀具及其生产工艺。获得授权实用新型专利3件。该项目建成了年产150万支微型刀具的生产线，年产值960万元，创利税135万元，实现了项目产品的产业化。产品经用户使用反映良好，经济与社会效益显著，市场前景良好。项目的成功实施，提供了60多人的就业机会，大大提高了国内PCB用微型刀具产业的技术创新能力和核心技术竞争力，降低了PCB用微型刀具产业核心技术的国外依赖度，降低PCB的加工成本，推动PCB和刀具产业的快速发展，对行业技术进步具有重大显著的推进作用，且项目产品的市场前景广阔。

【SWP高精度多功能热工参量现场校验仪】 系省重点科技计划项目（2011I0006），由福州昌晖自动化系统有限公司张善明等承担完成。该项目开发的产品SWP高精度多功能热工参量现场校验仪，设计了可编程精密模拟电阻发生电路，及多组低纹波的DC/DC隔离电源。采用自校正、引线电阻及热电势的自动消除等设计技术，进一步提高了测量、输出性能，产品精度达到0.03%，经过福建省计量科学研究院测试，各项技术指标符合项目任务书要求。该产品方便用于热工仪表的现场信号调校、检定，也可用于实验室仪器仪表的校准。获得实用新型专利1件，及软件著作权1件。

【猴头菇良种引进与高优栽培技术示范推广】 系省重点科技计划项目（2011S0087），由福建省古田县回回菌果药材研究所与龙峰境猴头菇专业合作社等承担完成。该项目引进了优良猴头菇品种2个，开展了培养料配方优化、标准化菇房建造以及配套栽培管理技术研究，在吉巷乡前垅村建立猴头菇标准化生产示范基地1个，示范推广560万袋，单产比传统栽培提高15.38%，产品质量达到无公害食品标准。制定猴头菇标准化生产技术规程，培训菇农332人次，辐射带动全县猴头菇标准化生产2300万袋。

【武夷岩茶大红袍标准化生产示范基地建设及加工示范】 系省重点科技计划项目（2010S0105），由武夷山市永生茶业有限公司与星村镇科技特派员工作站等承担完成。该项目引进先进的茶叶加工生产线设备，改进原有的茶叶初精加工生产流水线，实现了茶叶清洁化、标准化生产规范管理。研究开发智能做青的专家系统和模糊控制系统，提高茶叶质量和效益。建立无公害绿色食品武夷岩茶标准化生产示范和培训基地86.67公顷，可年产茶叶50吨，年产值达820万元，辐射推广面积达333.33公顷以上，培训技术人员200人次。

【优质恢复系双抗明占配制的系列组合配套技术熟化与示范推广】 系省重点科技计划项目（2011S0059），由三明市农业科学研究院等承担完成。该项目总结出谷优明占、赣优明占的高产栽培和制种关键技术，发表学术论文1篇。谷优明占和赣优明占分别通过海南、云南省审定。项目组在尤溪县管前镇鸭墓村分别建立了谷优明占和赣优明占“百亩”高产栽培示范片2个，在建宁县、将乐县建立谷优明占和赣优明占制种基地70公顷，共计生产谷优明占和赣优明占杂交稻种子42万千克，累计推广面积16780公顷，增产稻谷1133.66万千克，新增产值3355万元。

【九龙江流域典型村镇生活污水综合治理技术与示范应用】 系省重点科技计划项目（2011Y0054），由龙岩市新罗区铁山镇企业管理站张凯松等承担完成。该项目以铁山镇洋美村为示范点，建立了生物膜厌氧消化调节池＋两级潜流式人工湿地的村镇生活污水处理示范工程，日处理生活污水50m^3，运行良好。生活污水经处理后达到国家城镇污水处理厂排放一级B标准（GB18918－2002）。项目的实施为九龙江流域沿江村镇生活污水综合治理提供了技术示范，对铁山镇建设省级可持续发展实验区具有积极的推动作用。

【食品接触产品中内分泌干扰物高通量快速检测与安全卫生评估系统研究】 系省重点科技计划项目（2011Y0001），由福建出入境检验检疫局检验检测技术中心李小晶等承担完成。该项目研究建立了柱串联高效液相色谱同时检测塑料制品中18种邻苯二甲酸酯的方法、LC－MS/MS同时检测塑料食品接触材料中16种邻苯二甲酸酯类物质迁移量的检测方法和高效液相色谱法检测食品接触材料中三聚氰酸残留量的检测方法；研制了一套多功能模拟迁移实验装置，解决了板、盘、片状以及薄膜等食品接触材料在模拟迁移试验中无法盛装食物模拟液的难题。申请专利5件，获授权实用新型专利2件；制订行业标准2项。

【食用油中己醛的顶空固相微萃取方法研究】 系省重点科技计划项目（2011Y0007），由福建省粮油质量监测所黄建立等承担完成。该项目研究建立了食用油中己醛的顶空固相微萃取（SPME）一气相色谱测定方法，创新性地利用原位水热合成法，直接在不锈钢丝表面制备氧化锌纳米棒材料，研制出SPME涂层装置。优化了氧化锌纳米棒制备条件以及影响SPME萃取效率和气相色谱分离效率的条件。结合气相色谱FID检测器，将氧化锌纳米棒涂层应用于食用油样品中醛类的检测。申请发明专利1件，提交行业标准草案1项，研究成果为食用油的质量控制提供有效的技术支持，具有较好的社会效益和应用价值。

【流域－河口－近海系统水环境模型组及其耦合技术研究】 系省重点科技计划项目（2010Y0064），由厦门大学海洋与环境学院洪华生等承担完成。该项目研发了可模拟和预测九龙江—厦门湾—台湾海峡近海水文水质变动的模型组。该模型组在预设的输入输出接口基础上，可自动获取调查、观测数据，并调用后台数值计算服务，实现流域、河口和近海模型的集成与耦合。在GIS平台上构建了模型耦合与集成应用系统。该系统集成流域、河口、近海模型计算成果，可提供直观、可视化的模型产品。与高精度的现场监测结果相结合，率先实现了九龙江—厦门湾—台湾海峡近海模型耦合，研究成果可为福建省乃至全国流域—河口—近海水环境的管理和决策提供支持。

【福建地震构造环境深部探测实验】 系省重点科技计划项目（2011Y0003），由福建省地震局黄昭等承担完成。该项目完成了福建平潭—邵武（FJ1）人工地震宽角反射/折射剖面观测工作，探测长度350km，5次吨级爆破激发，共获得590张地震记录。数据有效率为92.5%，观测资料达到一类质量标准。通过资料处理及解释，得到了观测剖面的二维速度结构模型。结果显示，该剖面具有华南地区的典型地壳结构特征，地壳及上地幔顶部存在C1、C2、C3和M界面4个速度间断面，以C2界面将地壳划分为上、下两层。综合利用福建区域三维网格化的八条人工地震测深资料，由线性内插构建了福建区域地壳上地幔准三维速度模型。反映出福建沿北西方向由东向西地壳厚度逐渐增加，沿北东方向地壳厚度变化不明显。在核心期刊上发表论文1篇，培养研究生1名。项目成果可以为大型建设项目抗震设防、城市规划、制定防震减灾方案提供基础资料。

【市政污泥蛋白质提取、产氢/产甲烷厌氧发酵多元梯级资源化开发研究】 系省重点科技计划项目（2011Y0018），由福建师范大学地理科学学院刘常青等承担完成。该项目实现对污泥蛋白质的提取，同时实现污泥产氢/产甲烷，从而达到对污泥进行多元梯级资源化开发的目标：污泥通过预处理，蛋白质提取率可达到30%以上；产氢反应器连续稳定运行170h，每天处理量达50kg，平均氢气浓度达到20%以上；产甲烷反应器连续稳定运行100d以上，沼气中甲烷含量在50%以上。提出了市政污泥厌氧梯级资源化过程工艺，拓展其高值资源化利用途径；开发废弃生物质作为污泥厌氧发酵的调质剂；改变传统两相厌氧消化技术，把污泥厌氧发酵产酸装置用于产氢，大幅度提高污泥能源转化率，实现污泥产氢产甲烷一体化；开展了沼液、沼渣在绿化方面的综合利用研究。取得的成果对于实现市政污泥和餐厨垃圾的减量化、无害化和资源化目标具有现实意义，应用前景良好。

【平潭岛沿海赤潮预警与决策支持系统研究】 系省重点科技计划项目（2011Y0004），由福建省海洋预报台林法玲等承担完成。该项目基于平潭岛沿海历年赤潮及相关的水文气象监测数据，建立了赤潮信息数据库；在平潭岛海域布设了一个生态浮标，实时获取赤潮监测数据；研发了平潭岛沿海赤潮发生预测模型和漂移模型，漂移模型预报偏移方位精度达到了18°；利用GIS技术开发了平潭岛沿海赤潮预警与决策支持系统软件一套，实现了赤潮预测的快速分析、制作和发布，以及赤潮资料的规范化管理，为赤潮防灾减灾决策提供技术支持。研究成果已在2013年赤潮发生期间实际监测预警中得到应用，具有推广价值；并在国内核心期刊上发表相关论文2篇。

【福建省常见α、β地中海贫血的筛查、基因类型和产前诊断的研究】 系省重点科技计划项目（2010Y0009），由福建省妇幼保健院（福建省妇儿医院）徐两蒲等承担完成。该项目通过对18～64岁健康人群的地中海贫血筛查，高危对象进行基因诊断，了解福建省地中海贫血基因携带率及地贫基因突变类型。同时通过产前诊断，应用于临床，阻断重度地中海贫血患儿的出生，提高了福建省人口素质，值得进一步推广和应用。发表论文7篇，其中被SCI收录2篇。

【福建省干细胞应用工程技术研究中心】 系省科技创新平台项目（2010Y2006），由南京军区福州总医院谭建明等承担完成。该项目完成了福建省干细胞应用工程技术研究中心项目的建设内容，建立了功能完备的实验室与干细胞临床病区，建立了完备的干细胞实验室管理规程与临床级别干细胞制备标准流程，制定了各类干细胞临床研究基本程序与准则；开展干细胞相关基础与临床医学研究，进行了7个病种共1317个病例的临床研究，实现了从实验基础研究到临床应用医学的转化；制定了干细胞临床应用研究规范，制定了治疗方案，为国内相关管理部门制定干细胞管理条例奠定了基础；申请发明专利5件、实用新型专利4件，获授权发明专利2件、实用新型专利3件，制定技术规范2项。同时，面向社会提供临床与科研检测服务，各类仪器设备进行开放共享，取得明显的经济效益和社会效益。

【福建省光动力治疗药物与诊疗工程技术研究中心】 系省科技创新平台项目（2009Y2004），由福州大学化学化工学院薛金萍等承担完成。该项目建成了用于光动力学治疗药物与诊疗实验室，配置研究所需的仪器设备，并为国内光动力诊疗研究提供公共服务。项目已开发筛选出5个有应用前景的光敏剂；申请国家发明专利8件、美国发明专利1件，获授权国家发明专利5件；发表的论文被SCI收录8篇。

【福建省滨海湿地保护与生态恢复工程技术研究中心】 系省科技创新平台项目（2010Y2007），由厦门大学生命科学学院林光辉等承担完成。该项目针对福建省滨海湿地退化、珍稀水鸟资源的濒危、滨海水域污染、滨海城市建设等生态环境问题，积极研发滨海湿地保护和生态恢复的相关技术，构建并有效运行了集技术研发、成果转化、推广应用、人才培养于一体的科技创新平台。完成了濒危水鸟繁殖基地和红树植物繁育基地建设；建立了国内首个南方滨海耐盐植物繁育基地（1.33公顷），保留40多种滨海耐盐植物；与厦门白鹭自然保护区合作，在保护区大屿岛的实验区内建立濒危珍稀鸟类繁育基地，开展黄嘴白鹭等珍惜鸟类的养殖；以红树植物繁育基地、濒危水鸟繁殖基地工作为基础，通过广泛数据收集、监测工作，建立水鸟繁殖生物学和栖息地生态数据库和福建省湿地植物资源数据库，向社会发布数据库信息和使用途径。

【肿瘤的早期诊断新方法研究】 系省自然科学基金项目（2010J06004）。该项目针对多种肿瘤蛋白、肿瘤细胞进行核酸适体筛选，获得了多条特异性强、结合力高的核酸适体分子；将得到的核酸适体应用在医学成像、细胞捕获等方面；建立了甄定肿瘤标志物平台；提出了光激活偶联的核酸适体肿瘤标志物甄定方法；获得核酸适体与靶标结合的结合位点、识别能力，初步甄别出1种肿瘤标志物蛋白；发展了多种高灵敏的检测方法和便携式检测平台。建立了核酸适体水凝胶一个人用血糖计联用的便携式定量检测平台，实现了靶标分子触发生成葡萄糖的信号转变机制，成功地利用简单、低成本、易用的血糖计定量检测生物体系里的小分子。该项目研究发表的论文被SCI收录25篇，申请专利8件、获授权1件。

【不同构象Aβ（1－42）对小胶质细胞功能的差异性影响及其机制】 系省自然科学基金项目（2010J05063）。该研究在国际上率先发现代表老年性痴呆早期阶段的病理物质——Aβ寡聚体比晚期的Aβ凝聚体更能够诱导神经小胶质细胞产生免疫炎症反应并抑制其吞噬能力，初步揭示了长期以来AD研究领域中胶质细胞清除淀粉样病理物质功能障碍的机制，并在国际上率先报道，寡聚态Aβ抑制小胶质细胞对凝聚态Aβ的吞噬清除能力是启动认知障碍发生的最重要早期病理事件，修正了凝聚态Aβ发挥其核心作用的传统观点。发表的论文被SCI杂志他引14次。

【解毒消癥饮协同APRILsiRNA基因沉默效应对肝癌细胞凋亡机制的研究】 系省自然科学基金项目（2010J01197）。该项目主要从APRILsiRNA协同中药复方含药血清这一全新的角度研究解毒消癥饮抗肿瘤细胞增殖的分子机制，从基因、蛋白层面深入研究解毒消癥饮调控肝癌细胞NF－κB信号通路的作用机制。研究中成功构建靶向APRIL的siRNA干扰重组体，筛选出抑制HepG2肝癌细胞APRIL表达效果最好的Pgenesil－1－APRIL－1质粒，为以APRIL为靶点的肝癌治疗后续实验研究奠定了基础，为该药的临床前基础研究开创了新思路。发表的论文被SCI收录3篇；获得相关专利授权1件。

【分子印迹搅拌棒固相微萃取技术及其在酚类雌激素污染物监测中的应用研究】 系省自然科学基金项目（2010J01047）。该项目以一系列酚类雌激素目标物（包括双酚A、己烯雌酚、硝基酚）为模板分子，利用整体材料的“原位”合成技术，制备了分子印迹固相萃取搅拌棒（SBSE），并与包括HPLC/DAD与HPLC/MS的其他高灵敏分离检测手段联用，建立了可用于复杂环境水样和食品中痕量及超痕量酚类雌激素的高选择、高灵敏和环境友好的分离分析体系。该研究有效地将分子印迹聚合物（MIP）的高选择性与SBSE的简便性和环境友好的特性相结合，为复杂环境样品中痕量及超痕量酚类雌激素污染物的监测提供了简便、高萃取效率和高选择性的样品制备技术。发表的论文被SCI收录7篇。

【可循环回用的环保处理纳米材料的制备、污染物作用机制及应用】 系省自然科学基金项目（2010J06006）。该项目围绕环保处理纳米材料的“循环回用”的目标，针对国内氯酸盐行业典型纳米铬渣的环保难题，利用表界面调控的手段，通过对吸附CrO_4^{2-}的$Mg(OH)_2$实现相变，有效分离六价铬与镁盐，并在企业进行中试示范线的建设及完善；针对低浓度CrO_4^{2-}废水，以CO_2为矿化剂，探讨了镁基纳米材料在聚集诱导的相变过程中与低浓度CrO_4^{2-}的脱吸附和分离规律，并将此CO_2矿化方案拓展到镁基插层纳米材料对电镀废水的10千克级小试实验。探明了$Mg(OH)_2$对含有低浓度铀离子的模拟水溶液的吸附热力学和动力学规律，通过促进纳米吸附剂快速生长的办法实现了铀的完全脱附和至少40倍的浓缩富集。项目实施期间，发表的论文被SCI收录11篇，申请发明专利7件。

【沸石分子筛对特定分子高效降解的光催化作用本质及其对复杂体系的选择性研究】 系省自然科学基金项目（2010J01035）。该项目主要研究卤代烃、醛、酮等探针分子在TiO_2及沸石分子筛表面的迥异光催化行为，阐释了分子筛材料（钛硅沸石为主）的光催化活性明显优于TiO_2并保持长效稳定的光催化作用本质，并通过沸石分子筛对探针分子所表现的不同光催化特性选择性降解多元体系内的特定污染物。该项目发表研究论文5篇；获授权发明专利3件；培养了2名硕士，1名博士。项目相关内容及其拓展研究已成功升级为1项国家“973”计划前期专项项目及1项国家自然科学基金项目。

【1.5微米波段声光调Q脉冲固体激光器件研究】 系省自然科学基金项目（2011J01375）。该项目对Er^{3+}和Yb^{3+}激活的$RAl_3(BO_3)_4$（RAB，R＝Y和Lu）晶体的生长工艺、激活离子浓度优化、光谱和连续激光性能、激光腔设计、调Q器件参数等方面开展了深入的分析和研究，实现了1.5μm波段声光调Q脉冲激光的高效输出：当吸收泵浦功率为13.5W和重复频率为1kHz时，在Er：Yb：LuAB晶体中实现了脉冲宽度为110ns，脉冲能量为580μJ，峰值输出功率为5.27kW的1560nm脉冲激光，光－光转换效率在1kHz～30kHz范围内为7％～19.4％。在国际上率先实现了腔内倍频780nm和自倍频800nm的声光调Q脉冲固体激光运转。此外，项目组采用主动调Q技术也实现了1520nm的脉冲激光运转。发表的论文被SCI收录4篇，申请发明专利3件。

【IC工艺条件下高频软磁薄膜的制备及与电感整合的关键问题研究】 系省自然科学基金项目（2010J06001）。该项目主要以集成电路（IC）和微波器件用高频铁磁薄膜材料为研究对象，从材料体系的选择、IC兼容性制备工艺、高磁各向异性获得、材料微结构和磁性能、铁磁薄膜与芯片电感整合的关键问题等诸多方面展开深入系统的研究。发明了成分梯度溅射、反铁磁耦合和磁电耦合效应三种IC工艺兼容性的高频软磁薄膜制备工艺；实现了软磁薄膜宏观磁各向异性的人工设计和剪裁；攻克了软磁薄膜与电感整合的关键问题和关键技术，获得了电感量增量高达400％的Solenoid型电感；获得了铁磁共振频率近17GHz的高性能软磁材料；制备了频率可重构的多铁复合材料，其铁磁共振频率接近12GHz，频率调节范围高达6.6GHz以上。这些材料和技术储备为微波材料和器件的设计和制造奠定了坚实的基础。发表的论文被SCI收录13篇、EI收录20篇；申请发明专利3件；培养硕士研究生 5 人。该项目获得省自然科学奖二等奖 1 项、新增国家自然科学基金项目 1 项。

【应用 SSH 和 RACE 技术克隆甘蔗抗黑穗病关键基因】 系省自然科学基金项目（2010J01078）。该项目选用国际公认的两种极端抗性类型材料进行研究，成功构建 SSH 文库；利用 SSH 文库筛选并探讨甘蔗抗感黑穗病品种接种黑穗病菌前后的基因表达谱变化，获得差异表达基因；通过 Northern 杂交和定量 PCR 分析，结合生物信息学手段，推测差异表达基因的表达特性及其在甘蔗抗黑穗病分子机理中的作用，确定了多个甘蔗抗黑穗病关键基因。选取甘蔗抗黑穗病关键基因，通过 cDNA 末端快速扩增技术（rapid amplification of cDNA ends，RACE）结合电子拼接技术克隆该基因全长并进行功能鉴定；初步阐明甘蔗抗黑穗病性是有多基因协同作用的分子机理，有望为甘蔗黑穗病的控制提供新思路或新手段；筛选到 3 条甘蔗与黑穗病菌互作过程中发挥关键作用的基因。该研究发表论文 3 篇。2011、2013 年项目升级为国家自然科学基金项目“甘蔗抗黑穗病分子机理及关键基因克隆和功能研究”，“基于 RNAi 技术改良甘蔗品种抗黑穗病性的研究”。

【叶蝉细胞中水稻矮缩病毒专化性受体的鉴定】 系省自然科学基金项目（2010J01075）。该项目研究了 P2 蛋白的分子结构，通过低温电镜技术明确了 P2 蛋白可以形成长约 20nmdeL 型蛋白结构，包含伸出病毒表面的易弯曲结构 B 和位于病毒外壳的伸展区 A。通过 GST－pulldown 的方法筛选与 P2 的 B 区蛋白序列互作的介体叶蝉蛋白，获得了若干介体昆虫的候选互作膜蛋白，并扩增到上述蛋白的全序列，并对其功能进行验证，其研究结果将有助于进一步明确 RDV 侵入介体昆虫细胞的分子机理。从组织水平明确了 RDV 在介体昆虫体内的侵染循回过程，为选择合适的作用位点阻断病毒在介体昆虫体内的扩散，从而阻碍病毒的传播奠定基础；同时对病毒在介体内的扩散方式进行了研究，明确了 RDV 通过包裹病毒粒子的小管实现其在介体昆虫体内的扩散。该项目完成期间，培养 1 名博士和 3 名硕士，发表的论文被 SCI 收录 5 篇。该项目升级为国家自然科学基金重点项目“南方水稻黑条矮缩病毒适应于白背飞虱传毒的致灾机制与调控新策略”和面上项目“水稻矮缩病毒利用 Pns10 小管突破介体侵染屏障的机制研究”。

【闽南地区浅水湖库水体颗粒物对浮游生物生态过程的影响及其响应】 系省自然科学基金项目（2010J01043）。该项目应用流式细胞术对福建省厦门坂头－石兜水库微型颗粒物的类群及空间分布特征和泉州山美水库、东、西湖，厦门市华侨大学白鹭湖等浮游植物群落结构、各赋存形态硅迁移转化、氮、磷分布规律、释放潜能等进行研究，阐明了闽南地区浅水湖库水体浮游生物优势种类组成、时空分布动态变化，分析了不同特性、不同粒径级微型颗粒物动态变化对浮游生物时空分布动态过程的影响；不同浓度、不同粒径颗粒物对浮游植物生理生态过程的影响；浮游生物动态变化对颗粒物环境效应的响应。研究成果揭示了颗粒物与浮游生物物理、化学与生物过程及相互作用，颗粒物及浮游植物在水环境中的各自作用和对水体富营养化的贡献，为深入探讨人类活动对湖库变化的影响与压力及富营养化过程与机理提供了科学依据。发表的论文被 SCI、EI 收录 12 篇，获授权专利 1 件，培养硕士生 11 名。

【反二次特征值问题及其应用】 系省自然科学基金项目（2010J06002）。该项目结合数值代数和数值最优化技巧对结构动力学和振动中出现的重要结构化反二次特征值问题进行了深入探讨，取得的主要创新性成果如下：①为基于部分特征信息的正定反二次特征值问题提出一类交替方向法。②为仿射参数化反奇异值问题提出了一类 ULM 数值方法和一类基于方向导数的正则化牛顿算法。③为基于部分特征对基础上的非负矩阵反特征值问题提出了一类非光滑牛顿法和一类交替方向法。④为基于抗反射边界条件下的全变差图像恢复提出快速迭代法。⑤为时滞多输入部分二次特征值配置问题提出一种多步混合法和最小范数解。发表的论文被 SCI 收录 9 篇；负责人入选“教育部新世纪优秀人才支持计划”；获得 2013 年国家自然科学基金面上项目资助。

【早产儿动脉导管未闭发病机制及防治研究】 该项目由省妇幼保健院陈涵强等承担完成。项目研究的动脉导管未闭（PDA）是早产儿常见并发症，也是影响早产儿存活率和后遗症发生率的主要原因之一。通过对早产儿 PDA 的发病机制及防治进行系列研究，揭示了可能影响早产儿 PDA 发生的部分发病机制：发现小胎龄、低出生体重、出生窒息、败血症是主要危险因素，而母亲产前用激素、吸氧是主要保护因素；发现出生低血清皮质醇水平是早产儿 PDA 的危险因素，而早产儿发生 PDA 后不影响血清皮质醇水平；发现孕母产前应用硫酸镁可能增加早产儿发生 PDA 的风险，且硫酸镁累积量、早产儿血清镁水平越高，早产儿发生 PDA 的风险越大。同时，深入探究关于早产儿 PDA 的一些防治方法：提出动态监测 cTnT 和 CK－MB 有助于 PDA 并发心肌损伤的早期诊断和及时干预；提出口服吲哚美辛可有效关闭动脉导管，胸腔镜钳闭动脉导管可作为药物治疗失败后的一种选择；发现长疗程消炎痛治疗早产儿 PDA 的疗效与传统治疗方法相当，但降低了少尿的发生率，且未增加坏死性小肠结肠炎发生率，血浆 6－酮－前列腺素 F1α 水平在应用消炎痛后降低；发现小胎龄、呼吸窘迫综合征、败血症是影响消炎痛治疗效果的不利因素，而母亲产前用激素是有利因素；发现动脉导管持续开放可使早产儿相关并发症增加，对呼吸支持的要求增多，也增加了住院时间和费用；发现早期口服布洛芬，可以提高极低出生体重早产儿动脉导管关闭率，减少部分近期早产儿并发症的发生率，缩短住院时间，且未发现明显不良反应。该项目发表论文 12 篇，被国内引用 60 篇次（含他引 43 篇次）；成果获得 2013 年省医学科技奖二等奖，已在省内外推广应用，对提高早产儿存活率和降低后遗症发生率发挥了重要作用。

科技文献法规

ocuments and Regulations of Science and Technology

重要文献选登

福建省专利促进与保护条例

（2013年11月29日福建省第十二届人民代表大会常务委员会第六次会议通过）

第一章 总 则

第一条 为鼓励发明创造，促进专利运用，加强专利保护，提高创新能力和水平，根据《中华人民共和国专利法》等法律、法规，结合本省实际，制定本条例。

第二条 本条例适用于本省行政区域内的专利促进与保护及其相关活动。

第三条 专利促进与保护应当遵循激励创造、有效运用、依法保护和科学管理的原则。

第四条 县级以上地方人民政府应当加强对专利工作的领导和扶持，将专利工作纳入国民经济和社会发展规划，健全技术创新激励机制，发展专利交易市场，促进专利实施与产业化，推动专利事业的发展。

县级以上地方人民政府应当加大专利促进与保护的资金投入，多渠道筹集资金，用于资助专利申请和专利技术开发推广。

第五条 县级以上地方人民政府管理专利工作的部门负责本行政区域内的专利促进与保护工作。

县级以上地方人民政府财政、工商、公安等有关部门应当依照各自职责做好专利促进与保护工作。

第六条 县级以上地方人民政府及其管理专利工作的部门应当加强专利知识的宣传普及工作，提高公众的专利意识，推动形成促进与保护专利的良好社会氛围。

第七条 管理专利工作的部门以及有关行业协会，对在专利申请公布或者公告之前的发明创造内容，应当履行保密义务。

第二章 专利促进

第八条 县级以上地方人民政府应当设立专利发展专项资金，用于专利奖励、专利实施与产业化、专利保护和管理等方面。

第九条 省人民政府设立专利奖，表彰在本省行政区域内产生显著经济社会效益的专利项目专利权人和发明人、设计人。

设区的市、县（市、区）人民政府应当对在本地区产生较好经济社会效益的优秀专利项目或者专利工作成绩突出的单位和个人给予奖励。

第十条 县级以上地方人民政府应当支持企业通过自主研发、购买、兼并、特许经营、许可、联盟等方式，获得企业发展所需的专利。

引导和支持企业实施知识产权管理国家标准，提升企业核心竞争力。

第十一条 县级以上地方人民政府及其有关部门应当加强专利人才队伍建设。鼓励和支持企业、科研机构、高等院校和其他组织培养专利人才，开展专利人才培养的对外合作，引进国内外高层次专利人才。

企业应当加强职工创新意识的培养，鼓励职工立足本职岗位，开展技术创新和发明创造。

第十二条 政府采购及其他使用财政性资金进行采购的，应当在同等条件下优先购买专利产品。

第十三条 鼓励单位和个人依法通过专利申请权转让、专利权转让、专利实施许可或者专利权质押、入股等方式促进专利运用。

专利申请权转让合同、专利权转让合同、专利实施许可合同经依法登记或者备案的，可以依法享受税收优惠。

第十四条 鼓励和支持高等院校、科研机构与企业事业单位开展多渠道、多形式的合作，促进专利的开发与运用。

第十五条 鼓励企业、事业单位增加研究开发专利的投入。企业为开发专利的投入费用和所取得的符合条件的技术转让所得，可以依法享受税收优惠。

第十六条 金融机构应当依照国家有关规定，支持专利实施与产业化，开展专利权质押贷款，为专利实施与产业化项目提供信贷支持。

保险机构应当依照国家有关规定，开展专利保险业务。

第十七条 发明人、设计人的发明创造获得专利授权的，可以作为相关专业技术职务任职资格评定的依据；获得省级以上专利奖的，可以作为破格申报相关专业技术职称的条件之一。

第十八条 被授予专利权的单位应当依照法律、法规的规定给予职务发明创造的发明人、设计人奖金。转让专利权的，应当给予职务发明创造的发明人、设计人报酬。

奖金和报酬可以现金、股份、股权收益或者当事人约定的其他形式给付。给付的数量、时间和方式等，由当事人依法约定。

第十九条 省人民政府管理专利工作的部门应当建立专利信息服务平台，为专利交易和运用提供公共服务，促进专利信息的传播和利用，推动专利交易和运用。

鼓励单位和个人在技术开发和新技术、新产品进出口时进行专利检索。

第二十条 管理专利工作的部门应当加强对企业、高等院校、科研机构等单位专利工作的指导，协助其建立、健全专利管理制度；为社会提供专利信息、专利申请、专利实施、专利权保护等方面的服务。

第二十一条 有下列情形之一的，国有专利资产占有单位应当按照国家有关规定对专利资产进行评估：

（一）转让专利申请权、专利权的；

（二）以专利资产作价出资的；

（三）变更或者终止前需要对专利资产作价的；

（四）与其他企业、经济组织或者个人合资、合作实施专利的；

（五）其他法律、法规规定应当评估的。

第二十二条 县级以上地方人民政府管理专利工作的部门以及行业组织应当加强重点领域的专利预警研究，对国内外专利状况、发展趋势、竞争态势等信息进行收集、分析、发布；引导扶持企业建立专利预警应急机制，提高应对专利纠纷的能力，维护产业安全。

第二十三条 省人民政府管理专利工作的部门可以聘请有关专家组成专利鉴定咨询委员会，依照有关法律法规进行专利鉴定的咨询服务。

第二十四条 有关行业协会应当鼓励会员申请和实施专利，支持会员依法维护自主专利权，督促会员尊重他人专利权。

第二十五条 鼓励发展独立公正、规范运作的专利代理机构。

从事专利代理的机构或者个人应当依照有关法律、法规取得执业资质或者资格。

专利代理机构及其专利代理人应当独立、客观、公正地开展中介服务，不得出具虚假检索、评估报告；不得以不正当手段承揽业务；不得损害当事人和其他社会公众的利益；在专利申请公布或者公告之前，不得泄露被代理人的发明创造内容。

管理专利工作的部门依照职责对专利代理机构实施监督管理。

第二十六条 县级以上地方人民政府应当根据当地实际，采取有效措施促进闽台专利交流与合作，支持台湾地区专利代理机构在本地区设立分支机构，鼓励取得大陆专利代理人资格的台湾地区居民在本地区专利代理机构实习或者执业。

第三章 专利保护

第二十七条 任何单位或者个人不得假冒专利或者非法实施他人专利；不得为假冒专利或者非法实施他人专利提供便利条件。

第二十八条 未经专利权人许可实施其专利，引起侵权纠纷的，当事人可以协商解决；当事人不愿协商或者协商不成的，专利权人或者利害关系人可以请求管理专利工作的部门处理，也可以向人民法院起诉。

第二十九条 请求管理专利工作的部门处理专利侵权纠纷的，应当提交专利侵权纠纷处理请求书和有关证据，并且符合下列条件：

（一）请求人是专利权人或者利害关系人；

（二）有明确的被请求人以及具体的请求事项、事实和理由；

（三）当事人双方均未向人民法院提起诉讼；

（四）属于管理专利工作的部门受理管辖范围。

第三十条 管理专利工作的部门自收到专利侵权纠纷处理请求书之日起五个工作日内，对符合条件的，应当作出受理决定；对不符合条件的，不予受理并书面说明理由。

管理专利工作的部门应当自受理之日起五个工作日内，将请求书副本送达被请求人。被请求人应当自收到请求书副本后十五日内提交答辩书和有关证据。被请求人未提交答辩书和有关证据的，不影响处理程序的进行。

第三十一条 管理专利工作的部门应当自立案之日起四个月内作出处理决定。情况特别复杂，不能在规定的期限内做出处理决定的，经管理专利工作的部门负责人批准，可以适当延长期限，并书面告知请求人和被请求人，但是延长期限不得超过三十日。

被请求人在答辩期内提出宣告专利权无效请求的，可以向管理专利工作的部门提出中止处理的书面申请。是否中止处理，由管理专利工作的部门审查后书面通知当事人。

案件处理过程中的公告、中止、鉴定期间不计算在专利侵权纠纷处理期限内。

当事人不服处理决定的，可以依法申请行政复议或者提起行政诉讼。

第三十二条 管理专利工作的部门在处理专利侵权纠纷或者查处涉嫌假冒专利案件时，可以行使下列职权：

（一）询问当事人和证人；

（二）查阅、复制与案件有关的合同、证照、图纸、账册、档案等资料；

（三）现场检查、摄录与案件有关的产品、专用工具、设备等物品和相关软件；

（四）对有证据证明是假冒专利的产品，可以依法查封或者扣押。

管理专利工作的部门依法行使前款规定的职权时，有关单位和个人应当予以协助、配合，不得拒绝、阻挠。

第三十三条 管理专利工作的部门认定专利侵权成立，作出处理决定的，可以采取下列措施制止侵权行为：

（一）对未经专利权人许可制造其专利产品的，责令停止制造并销毁或者拆解用于制造专利产品的模具、专用设备；责令停止使用已经制造的专利产品，并不得以任何形式将该产品投放市场；

（二）对未经专利权人许可使用其专利方法的，责令停止使用该专利方法或者依照该专利方法直接获得的产品，并不得以任何形式将该产品投放市场；

（三）对未经专利权人许可销售其专利产品或者依照其专

利方法直接获得的产品的，责令停止销售，并不得转移尚未出售的专利产品或者依照其专利方法直接获得的产品；

（四）对未经专利权人许可许诺销售其专利产品或者依照其专利方法直接获得的产品的，责令不得进行任何实际销售行为；

（五）对未经专利权人许可进口其专利产品或者依照其专利方法直接获得的产品的，责令停止进口、销售、使用该产品，并不得以任何形式将该产品投放市场。

采取前款措施不足以制止侵权行为的，管理专利工作的部门可以责令侵权人销毁或者拆解侵权产品。侵权人拒不停止侵权行为的，管理专利工作的部门可以依法申请人民法院强制执行。

第三十四条 管理专利工作的部门根据当事人的请求调解专利纠纷时，应当遵循自愿、合法的原则，促成当事人和解或者达成调解协议。达成调解协议的，双方当事人可以依法向有管辖权的人民法院申请司法确认。

第三十五条 管理专利工作的部门应当建立、健全专利维权援助机制，加大维权援助力度，拓宽维权援助渠道，依法开展专利维权服务，为公民、法人和其它组织提供专利维权的信息、法律、技术等帮助。

鼓励专利维权援助机构、专利代理机构、高等院校、科研机构、社会团体为公民、法人和其他组织提供专利维权援助。

第三十六条 任何单位和个人有权向管理专利工作的部门举报涉嫌假冒专利等违法行为。

接受举报的管理专利工作的部门对举报人及举报内容应当保密并及时调查处理，对查证属实的，应当给予举报单位和个人奖励。

第三十七条 广告主发布涉及专利的广告，应当提供该专利权有效证明。

广告发布者应当查验广告主提供的专利权有效证明，对未能提供的，不得发布涉及专利的广告。

第三十八条 展览会、推广会、交易会等会展的举办单位，对标注专利标记和专利号的参展产品或者技术，应当要求参展者提供专利证书或者专利许可合同等有效证明；对不能提供有效证明的，禁止其以专利的名义参展。

管理专利工作的部门负责对展览会、推广会、交易会等会展中涉及专利的监督管理。

第四章　法律责任

第三十九条 认定专利侵权成立的行政处理决定或者民事判决生效后，侵权人就同一专利权再次作出相同类型的侵权行为，专利权人或者利害关系人请求处理的，管理专利工作的部门可以直接作出责令立即停止侵权行为的处理决定，没收违法所得，并处以违法所得一倍以上五倍以下的罚款；没有违法所得的，处以一万元以上五万元以下的罚款。

第四十条 违反本条例第二十五条第二款规定，未依法取得专利代理执业资质或者资格，以营利为目的从事专利代理服务的，由管理专利工作的部门责令改正，没收违法所得，并处以违法所得一倍以上五倍以下的罚款；没有违法所得的，处以一万元以上五万元以下的罚款。

第四十一条 违反本条例第二十五条第三款规定，出具虚假检索、评估报告或者在专利申请公布或者公告之前泄露发明创造内容的，由管理专利工作的部门没收违法所得，并处以五千元以上三万元以下的罚款；情节严重的，责令停业整顿。

第四十二条 违反本条例第二十七条规定，假冒专利的，除依法承担民事责任或者行政责任外，管理专利工作的部门可以将违法事实在新闻媒体上予以公告；为假冒专利或者非法实施他人专利的行为提供便利条件的，由管理专利工作的部门没收违法所得，并责令限期改正；逾期不改的，处以五千元以上三万元以下的罚款；构成犯罪的，依法追究刑事责任。

第四十三条 违反本条例第三十二条规定，有关单位或者个人拒不提供或者隐瞒、转移、销毁与案件有关的合同、证照、图纸、账册、档案等资料或者转移、销毁被查封扣押的物品，由管理专利工作的部门对有关单位或者个人处以五千元以上五万元以下的罚款。

第四十四条 拒绝、阻碍专利行政执法人员依法执行职务，违反《中华人民共和国治安管理处罚法》的，由公安机关给予治安管理处罚；构成犯罪的，依法追究刑事责任。

第四十五条 管理专利工作的部门的工作人员有下列情形之一的，依法给予处分；构成犯罪的，依法追究刑事责任：

（一）利用职务便利，索取、收受他人财物的；

（二）查封扣押不当，给当事人合法权益造成损失的；

（三）包庇、放纵假冒专利的单位或者个人，或者通风报信帮助其逃避查处的；

（四）在专利申请公布或者公告之前泄露发明创造内容的；

（五）其他不依法履行职责的情形。

第五章　附　则

第四十六条 本条例自2014年1月1日起施行。2004年6月2日福建省第十届人民代表大会常务委员会第九次会议通过的《福建省专利保护条例》同时废止。

福建省科技创新领军人才遴选暂行办法

（2013年10月9日省科技厅闽科基〔2013〕9号文件）

第一条 根据《国家高层次人才特殊支持计划》（中组发〔2012〕12号）和《福建省“海纳百川”高端人才聚集计划

(2013—2017年)》(闽委办发〔2013〕3号）要求，结合我省科技工作实际，制定本办法。

第二条　在企事业单位和其他社会经济组织中，选拔具备较强创新能力，引领我省学科建设和产业科技创新，在原始创新、集成创新、引进消化吸收再创新，组织重大科技任务、推动产业发展和关键技术研发中业绩突出，能够代表全省一流创新水平的科技创新领军人才。

第三条　遴选工作坚持公开、公正、竞争、择优的原则，注重创新精神与科研能力的结合、个人创新与团队建设的结合。

第四条　福建省科技创新领军人才应具备以下条件：

(一）在科技前沿或战略性新兴产业领域取得高水平创新性成果，具有较大创新发展潜力。

(二）具备较强的领军才能和团队组织能力。近5年内，有主持承担省级科技重大专项或国家级科技项目的经验；或是省部级二等奖以上科技奖励项目的主要完成人（排名前3名）；或是国家发明专利、植物新品种权和软件著作权的主要完成人（排名前3名）；或是省级以上科技创新平台、创新基地的主要负责人。

(三）原则上应拥有博士学位或副高级以上职称。同等条件下，50周岁以下人才优先入选。

第五条　福建省科技创新领军人才的遴选由福建省科技厅组织实施。主要程序：

(一）申报

1. 实行网上公开申报，申报人在指定的网站上进行注册与填报；申报人所在单位负责核实本单位申报人材料。

2. 各设区市科技局、省直有关部门、高校、科研院所和中央驻闽科研机构负责对本地区或本单位所属机构申报人材料进行复核，并汇总报送省科技厅。

3. 同一申报人仅限申报1项“海纳百川”高端人才聚集计划，且只能通过一个渠道申报。

4. 近年来，已入选省级以上优秀、杰出等人才计划的，有新的突出的创新业绩，且符合申报条件的，也可以申报。在企事业单位中不再从事科研工作的省管领导干部，参照公务员管理的事业单位工作人员，原则上不能申报。

5. 已入选“国家高层次人才特殊支持计划”和科技部创新人才推进计划的科技创新领军人才、获得国家科学技术奖二等奖以上项目的第一完成人，符合条件的自然入选福建省科技创新领军人才。

(二）评审

福建省科技创新领军人才遴选采取专家初选、会议答辩、实地考察等综合评审方式进行。省科技厅根据综合评审结果提出人选名单。

第六条　人选名单按有关程序报省委人才工作领导小组审定、公示，由省委、省政府审批、公布。

第七条　福建省委、省政府授予入选人选“科技创新领军人才”称号，并给予专项经费支持。支持科技创新领军人才优先承担省级科技计划项目，优先配置科技创新平台资源，优先推荐申报国家各类科技计划项目。对符合条件的入选对象，优先推荐申报科技部创新人才推进计划。

第八条　科技创新领军人才申报人选或已入选人选，若有弄虚作假、学术不端、违法违纪等不良行为的，一经发现，取消其申报资格或称号，并追回获得的支持经费。

第九条　本办法由福建省科技厅负责解释。

第十条　本办法自公布之日起执行。

福建省科技创业领军人才遴选暂行办法

(2013年10月9日省科技厅闽科基〔2013〕9号文件）

第一条　根据《国家高层次人才特殊支持计划》(中组发〔2012〕12号）和《福建省“海纳百川”高端人才聚集计划(2013—2017年)》(闽委办发〔2013〕3号）要求，结合我省科技工作实际，制定本办法。

第二条　在科技型企业中，选拔具有创新创业精神，运用核心技术或自主知识产权创建科技型企业，推动企业技术创新，提升企业集成创新、引进消化吸收再创新能力，加速科技成果转化落地，能代表全省本领域或本行业一流创业水平的科技创业领军人才。

第三条　福建省科技创业领军人才应具备以下条件：

(一）申报人为企业主要创办人或创业团队中的核心研发人员（主要创办人拥有20%以上企业股份，核心研发人员拥有10%以上企业股份）。

(二）有较强的创新意识、市场开拓能力和经营管理能力，具备较强的领军才能和团队组织能力。

(三）企业拥有核心技术或拥有自主知识产权，开发的产品技术先进或服务模式创新，具有较强的市场潜力和竞争力，实现产业化。

(四）所创办的企业在福建省内注册，依法经营，无不良记录，具有良好的经营业绩、纳税记录和高成长性。

创新型企业、高新技术企业的主要创办人，国家科技型中小企业技术创新基金项目主要承担人，科技特派员项目负责人，国家创新创业大赛一等奖及以上获得者，同等条件优先入选。

第四条　福建省科技创业领军人才的遴选由福建省科技厅组织实施。主要程序：

(一）申报

1. 实行网上公开申报。申报人在指定的网站上进行注册与填报；申报人所在单位负责核实本单位申报人材料。

2. 各设区市科技局、省直有关部门、高校、科研院所和中央驻闽科研机构负责复核本地区或本单位所属机构申报人材料，并汇总报送省科技厅。

3. 同一申报人仅限申报1项“海纳百川”高端人才聚集计划，且只能通过一个渠道申报。

4. 近年来，已入选的省级以上优秀、杰出等人才计划的，有新的突出的科技创业业绩，且符合科技创业领军人才申报条件的，也可以申报。

5. 已入选“国家高层次人才特殊支持计划”和科技部创新人才推进计划的科技创业领军人才、获得国家科学技术奖二等奖以上项目的第一完成人，符合条件的自然入选福建省科技创业领军人才。

（二）评审

福建省科技创业领军人才遴选采取专家初选、会议答辩、实地考察等综合评审方式进行。省科技厅根据综合评审结果提出人选名单。

第五条 人选名单报省委人才工作领导小组审定、公示，由省委、省政府审批、公布。

第六条 福建省委、省政府授予入选人选“科技创业领军人才”称号，并给予专项经费支持。支持科技创业领军人才优先承担省级科技计划项目，优先配置科技创新平台资源，优先推荐申报国家各类科技计划项目。对符合条件的入选对象，优先推荐申报科技部创新人才推进计划。

第七条 科技创业领军人才申报人选或已入选人选，若有弄虚作假、学术不端、违法违纪等不良行为的，一经发现，取消其申报资格或称号，并追回其获得的支持经费。

第八条 本办法由福建省科技厅负责解释。

第九条 本办法自公布之日起执行。

福建省科技创新与成果转化专项资金管理办法

（2013年1月24日省科技厅、省财政厅闽科财〔2013〕7号文件）

第一条 为贯彻《福建省人民政府关于促进科技成果转化和产业化的若干意见》，发挥财政资金对自主创新和成果转化的激励引导作用，增强我省自主创新能力，省财政设立科技创新与成果转化专项资金（以下简称：专项资金），为加强资金管理，制定本办法。

第二条 省科技厅会同省财政厅优化资金投向，突出扶持重点，引导企业增加研发资金投入，推动科技创新和成果转化。

第三条 专项资金来源为省级预算。省财政厅根据全省国民经济和社会事业发展总体规划和促进企业自主创新的客观需要，以及省级财力状况，每年安排一定规模专项资金。

第四条 省科技厅负责组织专项资金申报和评审，会同省财政厅安排资金资助，对项目实施和资金使用情况进行监督管理。

第五条 专项资金分配应遵循如下原则：

（一）贯彻国家和省的宏观调控政策，促进经济发展方式转变；

（二）优化投向，突出重点，择优扶强，重在实效；

（三）坚持公开、公平、公正的原则，由企业和项目单位按公开发布的申报通知要求自主申报，逐级审核，部门评审，按资助类别下达资金。

第六条 根据《福建省人民政府关于促进科技成果转化和产业化的若干意见》和当年全省国民经济和社会发展计划安排确定专项资金的扶持范围，专项资金主要扶持以下7个方面的内容：

（一）引进高水平的研发机构；

（二）科技创新平台建设和认定资助；

（三）重大科技成果在福建转移转化；

（四）引进培育高水平的企业技术创新团队；

（五）专利生产运用与产业化；

（六）科技与金融结合；

（七）其他有利于科技创新与成果转化的项目。

第七条 专项资金资助对象为在福建省境内（计划单列市除外）注册的具有法人资格的各类企业事业单位。

第八条 专项资金资助单位应符合以下条件：

（一）引进高水平的研发机构

1. 研发方向符合我省产业发展规划和要求。

2. 来闽设立的高水平研发机构是指国（境）内外大企业、大集团、世界500强跨国公司、国家重点高校、重点科研院所等来闽建立或与在闽法人单位合作创办的研发机构。

3. 必须具备完成科技项目必备的人才条件和基础技术装备。具有硕、博士研究生以上学历或中级及以上职称的科技人员占研发机构总人数的比例不低于40%。

4. 总投资在1亿元以上，其中科研用房面积不低于5000平方米，科研仪器设备价值不低于2000万元（软件研发机构500万元以上）。

5. 企业销售收入安排用于研发投入的比例应逐年提高，2013年不低于1.5%、2014年不低于1.8%、2015年不低于2.2%。企业的自筹经费（提供列入福建省财政厅公布的福建省会计师事务所优选库名单或科技部公布的‘十二五’期间具有科技经费审计资格名单的在闽会计师事务所鉴证的年度审计报告）应达到项目总经费70%以上。

6. 申请企业的上年度所纳税经费总额不少于100万元。

（二）科技创新平台建设

1. 科技创新平台建设项目是指经科技部立项、省科技厅评估认定或当年立项新建（续建）的国家级、省级（企业）工程技术研究中心和重点实验室、科技企业孵化器、生产力促进中心、创新驿站、技术转移示范机构等。创新平台建设项目必须符合我省产业发展规划和要求。

2. 申请企业的销售收入安排用于研发投入的比例应逐年提高，2013 年不低于 1.5%、2014 年不低于 1.8%、2015 年不低于 2.2%。

3. 申请企业的上年度所纳税经费总额应不少于 100 万元。

（三）重大科技成果在福建转移转化

1. 申请重大科技成果在福建转移转化资助的主体是企业，优先资助高新技术企业和战略性新兴产业的企业。

2. 申请企业的销售收入安排用于研发投入的比例应逐年提高，2013 年不低于 1.5%、2014 年不低于 1.8%、2015 年不低于 2.2%。

3. 申请重大科技成果购买补助的项目技术交易总额应超过 200 万元。

4. 申请企业的上年度所纳税经费总额应不少于 100 万元。

（四）引进培育高水平的企业技术创新团队

企业技术创新团队必须符合《海西产业人才高地建设实施办法》规定的企业人才条件，申报研发项目资助的企业技术创新团队原则上应从近三年的海西企业人才高地中产生。引进国内外企业技术创新团队必须是国内外知名专家或某领域学科带头人担任首席专家。

（五）专利生产运用与产业化

申请专利产业化计划项目的企业必须获得与其申报项目有关的授权发明专利；申请专利权质押贷款贴息的企业必须产生专利权质押贷款的实际利息；申请发明专利清零资助经费的企业，必须是首次获得发明专利授权。

第九条 企业的销售收入安排用于研发投入的比例证明应由列入福建省财政厅公布的福建省会计师事务所优选库名单或科技部公布的“十二五”期间具有科技经费审计资格名单的在闽会计师事务所及具有高新技术企业认定专项审计资格的中介机构，提供鉴证的专项审计报告或由税务部门提供鉴证。

第十条 专项资金的使用执行《福建省科技计划项目经费管理办法》（闽财教〔2007〕85 号）规定的列支范围。

第十一条 专项资金主要采取后补助为主，结合常规项目资助的方式。

第十二条 专项资金的具体申请程序：符合条件的单位按照本办法及有关通知规定向省科技厅提出申请。

第十三条 专项资金的审批程序：省直主管部门和各设区市科技局负责审核后，将申报材料集中报送省科技厅，省科技厅组织有关人员进行材料核实、实地察看和必要的专家评审后会同省财政厅联合审批下达资金。

第十四条 省财政厅根据项目立项情况，按照财政资金支付管理的有关规定，将专项资金拨付到有关企业研发经费专户。

第十五条 受资助的单位使用专项资金应严格执行财政资金管理的有关规定，单独核算，按照本办法规定资金使用范围支出，专款专用，严禁超范围超标准开支，切实提高资金使用效益，并接受专项审计。

第十六条 对弄虚作假、截留、挪用等违反财经纪律的行为，按照《财政违法行为处罚处分条例》等有关法律法规进行查处，并按国家规定对单位和有关部门负责人给予行政处分和经济处罚外，限期收回已拨付的专项资金并取消该单位三年内申报专项资金的资格。情节严重构成犯罪的，依法追究有关法律责任。

第十七条 受资助单位应当在年末上报科研投入及专项资金使用情况。

第十八条 本办法自印发之日起施行。

第十九条 本办法由省财政厅、省科学技术厅负责解释。

重要文件辑目

闽委组干〔2013〕73 号	省委组织部关于漳州市新兴产业科技服务团成员任职的通知
闽委编办〔2013〕161 号	省委机构编制委员会办公室关于调整省知识产权局及其直属事业单位机构编制事项的批复
闽委人才〔2013〕1 号	省委人才工作领导小组关于调整充实中共福建省委人才工作领导小组成员的通知
闽常办综〔2013〕1 号	省人大常委会办公厅关于表彰省十一届人大代表建议办理工作先进单位和先进个人的决定
闽政〔2013〕4 号	省政府关于 2012 年度省科学技术奖励的决定
闽政〔2013〕28 号	省政府关于进一步支持省属科研机构加快创新发展的若干意见
闽文改办〔2013〕2 号	省委宣传部、省科技厅、省文化厅等部门关于加快推进文化和科技融合发展实施意见
闽科办〔2013〕1 号	省科技厅转发省委办省政府办关于 2013 年“无会周”安排的通知
闽科办〔2013〕2 号	省科技厅关于召开全省科技工作务虚会和省科技厅系统 2012 年度总结大会的通知
闽科办〔2013〕3 号	省科技厅关于成立省科技厅机关社会治安综合治理（平安建设）领导小组的通知
闽科办〔2013〕9 号	省科技厅关于组织开展档案普法知识测试活动的通知
闽科办〔2013〕10 号	省科技厅印发关于开展“调查研究年”活动方案的通知

闽科办〔2013〕12号	省科技厅转发省政府办公厅关于洪捷序副省长在全省科技暨知识产权工作会议上的讲话的通知
闽科办〔2013〕14号	省科技厅关于印发2013年保密工作要点的通知
闽科办〔2013〕15号	省科技厅转发省政府办公厅关于有序做好支援四川芦山地震灾区抗震救灾工作的通知
闽科办〔2013〕16号	省科技厅关于同意省科技管理干部学校创建福建省创意产业科技企业孵化器的批复
闽科办〔2013〕17号	省科技厅关于印发省科技厅系统2013年民主评议政风行风工作实施方案的通知
闽科办〔2013〕18号	省科技厅关于成立“道德讲堂”建设领导小组的通知
闽科办〔2013〕19号	省科技厅关于清理省级考核检查评比表彰项目的通知
闽科办〔2013〕20号	省科技厅关于建立全省科技系统服务对象评议员库的通知
闽科办〔2013〕22号	省科技厅贯彻省政府办公厅关于切实履行突发事件信息报告职责的通知
闽科办〔2013〕23号	省科技厅关于报送厅网站2013年“在线访谈”和“民意征集”主题等有关事项的通知
闽科办〔2013〕26号	省科技厅关于进一步加强厅机关和直属单位网络防范工作的通知
闽科办〔2013〕28号	省科技厅关于省科技厅网站2013年“在线访谈”活动安排的通知
闽科办〔2013〕29号	省科技厅关于认真做好厅网站2013年“民意征集”工作的通知
闽科办〔2013〕30号	省科技厅关于印发2013年民评工作选题评议实施方案的通知
闽科办〔2013〕31号	省科技厅关于做好集中开展安全生产大检查工作的通知
闽科办〔2013〕33号	省科技厅关于印发2013年度宣传工作实施方案的通知
闽科办〔2013〕38号	省科技厅关于报送2013年工作总结和2014年工作计划的通知
闽科计〔2013〕1号	省科技厅关于发布2012年科技计划项目结题情况的通知
闽科计〔2013〕2号	省科技厅关于征集2014年省自然科学基金计划备选项目的通知
闽科计〔2013〕3号	省科技厅关于2012年度全省获国家科技项目经费支持情况的报告
闽科计〔2013〕4号	省科技厅关于科技部、省政府2012年部省会商有关任务分解的通知
闽科计〔2013〕5号	省科技厅关于印发省政府与央属企业合作协议议定事项任务分解落实方案的通知
闽科计〔2013〕6号	省科技厅关于组织申报2013年度省实验动物研究科技计划重点项目的通知
闽科计〔2013〕7号	省科技厅关于印发《福建省科技企业孵化器新增孵化用房补助办法（暂行）》的通知
闽科计〔2013〕8号	省科技厅关于印发福建省“十二五”控制温室气体排放实施方案厅系统分工方案的通知
闽科计〔2013〕9号	省科技厅关于组织申报科技企业孵化器新增孵化用房补助项目的通知
闽科计〔2013〕10号	省科技厅关于印发《福建海峡蓝色经济试验区发展规划》厅内任务分解方案的通知
闽科计〔2013〕11号	省科技厅、省科技厅关于下达2013年省高校产学合作科技重大项目计划和经费（新上省级第一批）的通知
闽科计〔2013〕12号	省科技厅、省财政厅关于下达2013年省战略性新兴产业技术应用基础研究科技项目计划和经费（新上省级第三批）的通知
闽科计〔2013〕13号	省科技厅、省财政厅关于下达2013年省自然科学基金科技项目计划和经费（新上市级第二批）的通知
闽科计〔2013〕14号	省科技厅、省财政厅关于下达2013年省科技型中小企业技术创新资金项目计划和经费（新上市级第四批）的通知
闽科计〔2013〕16号	省科技厅关于变更智能调光大功率电子镇流器等项目承担单位名称的通知
闽科计〔2013〕17号	省科技厅关于组织申请2013年股份转让系统补助资金（第一批）的通知
闽科计〔2013〕20号	省科技厅关于印发《福建省科技企业孵化器科技创新平台补助办法（暂行）》的通知
闽科计〔2013〕21号	省科技厅、省财政厅转发科技部、财政部关于开展2013年科技基础条件资源调查工作的通知
闽科计〔2013〕22号	省科技厅、省财政厅关于下达2013年科技成果转化和产业化项目等计划项目经费（结转省级第一批）的通知
闽科计〔2013〕23号	省科技厅、省财政厅关于下达2013年科技成果转化和产业化项目等计划项目经费（结转市级第一批）的通知
闽科计〔2013〕24号	省科技厅、省财政厅关于下达2013年科技成果转化和产业化项目计划和经费（新上市级第一批）的通知

文号	标题
闽科计〔2013〕25号	省科技厅、省财政厅关于下达2013年科技成果转化和产业化项目经费（结转省级第二批）的通知
闽科计〔2013〕26号	省科技厅、省财政厅关于下达2013年科技成果转化和产业化项目经费（结转市级第二批）的通知
闽科计〔2013〕29号	省科技厅、省财政厅关于下达2013年省自然科学基金科技项目计划和经费（新上省级第二批）的通知
闽科计〔2013〕30号	省科技厅、省财政厅关于下达2013年省工业、农业、社会发展、科技合作重点项目和软科学研究科技项目计划和经费（新上省级第四批）的通知
闽科计〔2013〕31号	省科技厅、省财政厅关于下达2013年省农业科技、科技合作和星火科技重点项目计划和经费（新上市级第三批）的通知
闽科计〔2013〕32号	省科技厅关于组织申报2013年省创意产业科技项目的通知
闽科计〔2013〕33号	省科技厅关于组织申报2013年省重大科技成果购买补助项目的通知
闽科计〔2013〕34号	省科技厅关于开展2013年有关科技创新平台评估工作的通知
闽科计〔2013〕35号	省科技厅关于发布2013年科技计划项目结题情况的通知
闽科计〔2013〕36号	省科技厅、省财政厅关于下达2013年省科技拥军专项项目计划和经费（新上省级第五批）的通知
闽科计〔2013〕37号	省科技厅关于组织申报2014年度国家重点新产品计划项目的通知
闽科计〔2013〕38号	省科技厅关于组织申报2013年省科技重大专项专题备选项目的通知
闽科计〔2013〕39号	省科技厅关于组织申报2013年福建省引进重大研发机构资助项目的通知
闽科计〔2013〕40号	省科技厅关于组织申报2014年省区域科技重大项目的通知
闽科计〔2013〕41号	省科技厅关于组织申报2014年高校产学合作科技重大项目的通知
闽科计〔2013〕42号	省科技厅关于组织申报2014年度省工业、农业、社会发展科技计划重点项目和软科学研究项目的通知
闽科计〔2013〕43号	省科技厅关于组织申报2014年度省科技合作计划重点项目的通知
闽科计〔2013〕44号	省科技厅关于组织申报2014年度省星火计划和科技型中小企业技术创新资金项目的通知
闽科计〔2013〕47号	省科技厅关于组织申报2013年创新型企业创新成果后补助项目的通知
闽科计〔2013〕48号	省科技厅关于组织申请2013年股份转让系统补助资金（第二批）的通知
闽科计〔2013〕49号	省科技厅关于组织申报2014年省产业支撑科技重大项目（科技合作）的通知
闽科计〔2013〕50号	省科技厅关于组织申报2013年省产业支撑科技重大项目（与同济大学科技合作）的通知
闽科计〔2013〕51号	省科技厅、省财政厅关于下达2013年省实验动物研究科技项目计划和经费（新上省级第六批）的通知
闽科计〔2013〕52号	省科技厅、省财政厅关于下达2013年省实验动物研究科技项目计划和经费（新上市级第六批）的通知
闽科计〔2013〕53号	省科技厅、省财政厅关于下达2013年省社会发展科技重点项目计划和经费（新上省级第七批）的通知
闽科计〔2013〕54号	省科技厅、省财政厅关于下达2013年省社会发展科技重点项目计划和经费（新上市级第七批）的通知
闽科计〔2013〕55号	省科技厅、省财政厅关于下达2013年科技项目经费（结转省级第三批）的通知
闽科计〔2013〕56号	省科技厅、省财政厅关于下达2013年科技项目经费（结转市级第三批）的通知
闽科计〔2013〕57号	省科技厅关于印发《福建省“十二五”科技发展专项规划》中期执行情况评估报告的通知
闽科计〔2013〕58号	省科技厅转发科技部关于2013年度有关国家科技计划项目的通知
闽科计〔2013〕60号	省科技厅关于下达脂氧素对子宫内膜异位症局部雌激素代谢的影响及其作用机制研究等科技计划项目的通知
闽科计〔2013〕63号	省科技厅关于开展2013年省科技重大专项/专题监理工作的通知
闽科计〔2013〕64号	省科技厅关于公示2013年省级（企业）工程技术研究中心及科技公共服务平台评估结果的通知
闽科计〔2013〕68号	省科技厅关于召开2013年度全省科技统计工作会议的通知
闽科计〔2013〕69号	省科技厅关于开展2013年度全省科技统计调查工作的通知

闽科计〔2013〕70号	省科技厅、省财政厅关于下达2013年科技成果转化和产业化项目计划和经费（新上市级第十批）的通知
闽科计〔2013〕71号	省科技厅、省财政厅关于下达2013年科技成果转化和产业化项目计划和经费（新上市级第十三批）的通知
闽科计〔2013〕72号	省科技厅、省财政厅关于下达2013年科技成果转化和产业化项目计划和经费（新上市级第十四批）的通知
闽科计〔2013〕73号	省科技厅、省财政厅关于下达2013年科技项目计划和经费（新上市级第十五批）的通知
闽科计〔2013〕74号	省科技厅、省财政厅关于下达2013年产业支撑科技重大项目（科技合作）计划和经费（新上市级第十六批）的通知
闽科计〔2013〕75号	省科技厅、省财政厅关于下达2013年科技成果转化和产业化项目计划和经费（新上省级第九批）的通知
闽科计〔2013〕76号	省科技厅、省财政厅关于下达2013年省科技项目计划和经费（新上省级第十批）的通知
闽科计〔2013〕77号	省科技厅关于2013年度我省获国家科技项目经费支持情况的报告
闽科计〔2013〕78号	省科技厅、省财政厅关于下达2013年省科技创新平台、重点项目和软科学项目计划和经费（新上省级第十一批）的通知
闽科计〔2013〕79号	省科技厅、省财政厅关于下达2013年省科技创新平台、重点项目计划和经费（新上市级第十七批）的通知
闽科计〔2013〕80号	省科技厅关于公布2013年省级（企业）工程技术研究中心及科技公共服务平台评估结果的通知
闽科财〔2013〕1号	省科技厅关于召开参选基金管理机构评审会的通知
闽科财〔2013〕2号	省科技厅转发省政府机关事务管理局关于印发省直行政事业单位国有资产进场交易业务规则的通知
闽科财〔2013〕3号	省科技厅关于做好2012年度科技计划项目经费决算编制工作的通知
闽科财〔2013〕4号	省科技厅转发省财政厅关于非贸易非经营性用汇管理问题的通知
闽科财〔2013〕5号	省科技厅、省财政厅关于承担省科技重大项目的企业设立研发经费账户的通知
闽科财〔2013〕6号	省科技厅关于填报2012年度部门决算等有关报表的通知
闽科财〔2013〕7号	省科技厅关于印发《福建省科技创新与成果转化专项资金管理办法》的通知
闽科财〔2013〕8号	省科技厅关于转发财政部、发展改革委、人民银行、银监会关于制止地方政府违法违规融资行为的通知
闽科财〔2013〕9号	省科技厅关于加强厅机关委托工作经费管理的意见
闽科财〔2013〕10号	省科技厅关于加强机关和直属单位会议费管理的意见
闽科财〔2013〕11号	省科技厅关于加强机关和直属单位举办或受托举办各类培训会（培训班）的意见
闽科财〔2013〕12号	省科技厅关于印发省实验动物科技“十二五”发展规划的通知
闽科财〔2013〕13号	省科技厅转发财政部关于编报2012年度固定投资决算报表的通知
闽科财〔2013〕14号	省科技厅转发科技部关于下达2012年政策引导类计划专项项目课题预算的通知
闽科财〔2013〕15号	省科技厅关于《米曲霉优良菌株选育及其在高品质酿造酱油生产中的应用》省星火重点项目中止的通知
闽科财〔2013〕16号	省科技厅关于《环十五酮产业化合成新工艺的研究与开发》省区域科技重大项目中止的通知
闽科财〔2013〕17号	省科技厅关于《生物合成麝香环十五内酯》创新资金项目中止的通知
闽科财〔2013〕18号	省科技厅关于下达2013年度单位预算的通知
闽科财〔2013〕19号	省科技厅转发省政府机关事务管理局关于加强公务用车使用管理的通知
闽科财〔2013〕20号	省科技厅关于组织申报2013年科技保险补贴资金的通知
闽科财〔2013〕21号	省科技厅转发省财政厅关于省科技厅2011年度部门预算执行情况检查处理意见的函
闽科财〔2013〕22号	省科技厅转发省财政厅关于省科技厅2011年度部门预算执行情况检查处理意见的通知
闽科财〔2013〕23号	省科技厅关于报送科技行政事业单位及科研机构非企业单位财务情况表的通知
闽科财〔2013〕24号	省科技厅转发省财政厅关于福建省省级政府采购货物和服务项目邀请招标操作规程的通知
闽科财〔2013〕25号	省科技厅关于落实福建省泉州市金融服务实体经济综合改革试验区总体方案的实施意见有关工作任务分解的通知

闽科财〔2013〕26号	省科技厅关于落实2013年深化重点领域改革实施方案有关工作任务分解的通知
闽科财〔2013〕27号	省科技厅关于公开征选创投机构组建福建省生物与新医药创业投资基金的通知
闽科财〔2013〕28号	省科技厅关于使用“国家实验动物行政许可管理服务平台”的通知
闽科财〔2013〕29号	省科技厅关于公布2012年度福建省实验动物许可证年检结果的通知
闽科财〔2013〕30号	省科技厅关于召开参选基金管理机构评审会的通知
闽科财〔2013〕31号	省科技厅关于做好科技部巡视组来闽巡视检查2013年科研经费工作的通知
闽科财〔2013〕33号	省科技厅关于撤销“福建省元创科学器材有限公司”的通知
闽科财〔2013〕34号	省科技厅关于编制2014年单位预算的通知
闽科财〔2013〕36号	省科技厅转发财政部关于政府机关办公通用软件资产配置标准（试行）的通知
闽科财〔2013〕37号	省科技厅、省财政厅关于下达三明市科技型中小企业贷款风险补偿金经费的通知
闽科财〔2013〕38号	省科技厅关于批复2012年度部门决算的通知
闽科财〔2013〕39号	省科技厅转发省财政厅关于追缴财政资金的通知
闽科财〔2013〕40号	省科技厅关于报送部门整体支出绩效情况的通知
闽科财〔2013〕41号	省科技厅关于下达2013年科技保险保费补贴资金的通知
闽科财〔2013〕42号	省科技厅关于印发《福建省实验动物设施运行绩效考核办法（试行）》的通知
闽科高〔2013〕1号	省科技厅关于组织开展2013年度高新技术企业认定和复审工作的通知
闽科高〔2013〕2号	省科技厅关于调整福建省高新技术企业认定管理工作领导小组成员的通知
闽科高〔2013〕3号	省科技厅关于开展2013年福建省科技型企业备案工作的通知
闽科高〔2013〕5号	省科技厅关于公布2012年第四批更名高新技术企业名单的通知
闽科高〔2013〕6号	省科技厅关于组织开展高新技术企业专项检查的通知
闽科高〔2013〕7号	省科技厅关于开展“十二五”福建省制造业信息化科技工程第一批应用示范企业评估工作的通知
闽科高〔2013〕8号	省科技厅关于印发《福建省科技企业孵化器管理办法（修订）》的通知
闽科高〔2013〕9号	省科技厅转发省安委会办公室关于切实做好全国“两会”期间安全生产工作的通知
闽科高〔2013〕10号	省科技厅关于开展科技企业孵化器备案工作的通知
闽科高〔2013〕11号	省科技厅关于认定福建省2012年第二批复审高新技术企业的通知
闽科高〔2013〕12号	省科技厅、龙岩市政府关于龙岩高新区“以升促建”工作情况的报告
闽科高〔2013〕13号	省科技厅关于认定福建省2012年第二批高新技术企业的通知
闽科高〔2013〕14号	省科技厅关于公示福建省2013年第一批拟更名高新技术企业的通知
闽科高〔2013〕15号	省科技厅关于撤销冠科（福建）电子科技实业有限公司高新技术企业资格的处理决定
闽科高〔2013〕16号	省科技厅关于撤销冠林电子有限公司高新技术企业资格的处理决定
闽科高〔2013〕17号	省科技厅关于撤销福建省泉州市味博食品有限公司高新技术企业资格的处理决定
闽科高〔2013〕18号	省科技厅关于撤销福建英特莱信息技术咨询有限公司高新技术企业资格的处理决定
闽科高〔2013〕19号	省科技厅关于撤销福州永德吉光电有限公司高新技术企业资格的处理决定
闽科高〔2013〕20号	省科技厅关于撤销辉煌重工集团有限公司高新技术企业资格的处理决定
闽科高〔2013〕21号	省科技厅关于撤销泉州锦兴皮业有限公司高新技术企业资格的处理决定
闽科高〔2013〕22号	省科技厅关于撤销龙岩毅丰香料有限公司高新技术企业资格的处理决定
闽科高〔2013〕23号	省科技厅关于撤销申鹭达集团有限公司高新技术企业资格的处理决定
闽科高〔2013〕24号	省科技厅关于撤销石狮市华联服装配件企业有限公司高新技术企业资格的处理决定
闽科高〔2013〕25号	省科技厅关于福建省2013年第一批更名高新技术企业申请备案的函
闽科高〔2013〕26号	省科技厅关于印发2012年度福建省高新技术产业发展情况统计公报的通知
闽科高〔2013〕27号	省科技厅关于公示2013年第一批拟备案福建省科技型企业名单的通知
闽科高〔2013〕28号	省科技厅关于开展福建省科技企业孵化器从业人员培训的通知
闽科高〔2013〕29号	省科技厅关于公布“十二五”福建省制造业信息化科技工程（第一批）应用示范企业名单的通知
闽科高〔2013〕30号	省科技厅关于撤销冠林电子有限公司等十家企业高新技术企业资格的通知
闽科高〔2013〕31号	省科技厅关于公布2013年第一批更名高新技术企业名单的通知
闽科高〔2013〕32号	省科技厅关于开展科研单位危险化学品使用管理安全隐患排查的通知
闽科高〔2013〕33号	省科技厅关于公布2013年第一批科技型企业备案名单的通知

闽科高〔2013〕34号	省科技厅关于组织开展省级科技企业孵化器评估工作的通知
闽科高〔2013〕35号	省科技厅、省教育厅关于恳请认定福州大学科技园为国家大学科技园的请示
闽科高〔2013〕36号	省科技厅关于公示福建省2013年第一批拟通过复审高新技术企业名单的通知
闽科高〔2013〕37号	省科技厅关于公示福建省2013年第一批拟认定高新技术企业名单的通知
闽科高〔2013〕38号	省科技厅关于公示福建省2013年第二批拟更名高新技术企业的通知
闽科高〔2013〕39号	省科技厅关于撤销福建敏讯信息技术有限公司等13家企业高新技术企业资格的通知
闽科高〔2013〕40号	省科技厅关于公示福建省2013年第二批拟通过复审高新技术企业名单的通知
闽科高〔2013〕41号	省科技厅关于福建省2013年第一批通过复审高新技术企业申请备案的函
闽科高〔2013〕42号	省科技厅关于福建省2013年第一批高新技术企业申请备案的函
闽科高〔2013〕43号	省科技厅关于福建省2013年第二批更名高新技术企业申请备案的函
闽科高〔2013〕44号	省科技厅关于公布2013年第二批更名高新技术企业名单的通知
闽科高〔2013〕45号	省科技厅关于福建省2013年第二批通过复审高新技术企业申请备案的函
闽科高〔2013〕46号	省科技厅关于授予省级科技企业孵化器称号的通知
闽科高〔2013〕47号	省科技厅关于公示福建省2013年第二批拟认定高新技术企业名单的通知
闽科高〔2013〕48号	省科技厅关于公示福建省2013年第三批拟更名高新技术企业的通知
闽科高〔2013〕49号	省科技厅关于召开新能源汽车推广应用调研会议有关事项的通知
闽科高〔2013〕50号	省科技厅转发科技部火炬中心关于2013年国家火炬计划重点高新技术企业评选结果的通知
闽科高〔2013〕51号	省科技厅关于认定福建省2013年第一批高新技术企业的通知
闽科高〔2013〕52号	省科技厅关于认定福建省2013年第一批复审高新技术企业的通知
闽科高〔2013〕54号	省科技厅关于请求支持泉州实施“数控一代”机械产品创新应用示范工程的报告
闽科高〔2013〕55号	省科技厅关于再次申请国家科技支撑计划“新溶剂法再生竹纤维纺丝关键技术研究”项目验收的函
闽科高〔2013〕56号	省科技厅关于福建省2013年第二批高新技术企业申请备案的函
闽科高〔2013〕57号	省科技厅关于福建省2013年第三批更名高新技术企业申请备案的函
闽科社〔2013〕1号	省科技厅关于进一步做好社会发展领域科技项目结题工作的通知
闽科社〔2013〕2号	省科技厅关于中止牛磺熊去氧胆酸钠单体原料药和制剂的创制及作用机理研究项目的批复
闽科社〔2013〕3号	省科技厅转发科技部关于进一步加强人类遗传资源管理工作的通知
闽科社〔2013〕4号	省科技厅关于同意将柘荣县列为福建省可持续发展实验区建设的通知
闽科社〔2013〕5号	省科技厅关于同意将将乐县列为福建省可持续发展实验区建设的通知
闽科农〔2013〕1号	省科技厅转发科技部农村司关于开展2013年全国县市科技进步考核的预备通知
闽科农〔2013〕2号	省科技厅、省财政厅关于组织申报2013年度国家农业科技成果转化资金项目的通知
闽科农〔2013〕3号	省科技厅关于举办2013年科技特派员淮山栽培储存及其系列产品加工生产技术培训班的通知
闽科农〔2013〕4号	省科技厅转发科技部关于开展2013年全国县市科技进步考核的通知
闽科农〔2013〕10号	省科技厅关于莆田市秀屿区科技进步考核扣除专项转移支付收入的批复
闽科农〔2013〕11号	省科技厅关于永春县科技进步考核扣除专项转移支付收入的批复
闽科农〔2013〕12号	省科技厅关于建阳市科技进步考核扣除专项转移支付收入的批复
闽科农〔2013〕13号	省科技厅关于尤溪县科技进步考核扣除专项转移支付收入的批复
闽科农〔2013〕14号	省科技厅关于建瓯市科技进步考核扣除专项转移支付收入的批复
闽科农〔2013〕15号	省科技厅关于罗源县科技进步考核全县科学技术支出和财政一般预算支出视同本级科学技术支出和本级财政一般预算支出的批复
闽科农〔2013〕16号	省科技厅关于浦城县科技进步考核扣除专项转移支付收入的批复
闽科农〔2013〕17号	省科技厅关于莆田市荔城区科技进步考核全区科学技术支出和财政一般预算支出视同本级科学技术支出和本级财政一般预算支出的批复
闽科农〔2013〕18号	省科技厅关于云霄县科技进步考核全县科学技术支出和财政一般预算支出视同本级科学技术支出和本级财政一般预算支出的批复
闽科农〔2013〕19号	省科技厅关于三明市科技进步考核扣除专项转移支付收入的批复

闽科农〔2013〕20 号	省科技厅关于清流县科技进步考核扣除专项转移支付收入的批复
闽科农〔2013〕21 号	省科技厅关于平和县科技进步考核扣除专项转移支付收入的批复
闽科农〔2013〕22 号	省科技厅关于武夷山市科技进步考核扣除专项转移支付收入的批复
闽科农〔2013〕23 号	省科技厅关于邵武市科技进步考核扣除专项转移支付收入的批复
闽科农〔2013〕24 号	省科技厅关于漳平市科技进步考核扣除专项转移支付收入的批复
闽科农〔2013〕25 号	省科技厅关于诏安县科技进步考核扣除专项转移支付收入的批复
闽科农〔2013〕26 号	省科技厅关于政和县科技进步考核扣除专项转移支付收入的批复
闽科农〔2013〕27 号	省科技厅关于古田县科技进步考核扣除专项转移支付收入的批复
闽科农〔2013〕28 号	省科技厅关于泰宁县科技进步考核扣除专项转移支付收入的批复
闽科农〔2013〕29 号	省科技厅关于安溪县科技进步考核扣除专项转移支付收入的批复
闽科农〔2013〕30 号	省科技厅关于长乐市科技进步考核全市科学技术支出和财政一般预算支出视同本级科学技术支出和本级财政一般预算支出的批复
闽科农〔2013〕31 号	省科技厅关于华安县科技进步考核扣除专项转移支付收入的批复
闽科农〔2013〕32 号	省科技厅关于明溪县科技进步考核扣除专项转移支付收入的批复
闽科农〔2013〕33 号	省科技厅关于松溪县科技进步考核扣除专项转移支付收入的批复
闽科农〔2013〕34 号	省科技厅关于龙海市科技进步考核扣除专项转移支付收入的批复
闽科农〔2013〕35 号	省科技厅关于宁化县科技进步考核全县科学技术支出和财政一般预算支出视同本级科学技术支出和本级财政一般预算支出的批复
闽科农〔2013〕36 号	省科技厅关于南平市科技进步考核扣除专项转移支付收入的批复
闽科农〔2013〕37 号	省科技厅关于福清市科技进步考核扣除专项转移支付收入的批复
闽科农〔2013〕38 号	省科技厅关于东山县科技进步考核扣除专项转移支付收入和重新确认科学技术支出的批复
闽科农〔2013〕39 号	省科技厅关于龙岩市科技进步考核扣除本级一般预算支出中上年结余的批复
闽科农〔2013〕40 号	省科技厅关于开展 2013 年县（市）科技进步实地考核的通知
闽科农〔2013〕41 号	省科技厅转发科技部关于举办第二届中国农业科技创新创业大赛的通知
闽科农〔2013〕42 号	省科技厅关于 2013 年度农业科技成果转化资金项目立项的通知
闽科农〔2013〕44 号	省科技厅关于推荐 2013 年全国市、县（区）科技进步工作先进个人候选人的通知
闽科农〔2013〕45 号	省科技厅关于进一步加强农业科技工作十条措施的通知
闽科农〔2013〕46 号	省科技厅关于举办“茶叶营销与管理、区域生态农业技术”培训班的通知
闽科农〔2013〕47 号	省科技厅关于申报省级农业科技园区的通知
闽科农〔2013〕49 号	省科技厅关于我省通过全国县市科技进步考核名单的通报
闽科农〔2013〕50 号	省科技厅转发科技部关于公布 2013 年全国县市科技进步考核先进县市先进个人和优秀组织单位名单的通知
闽科农〔2013〕51 号	省科技厅关于平和等九个省级农业科技园区立项建设的通知
闽科农〔2013〕5 号	省科技厅关于召开省 2013 年市、县（区）科技进步考核培训会的通知
闽科农〔2013〕6 号	省科技厅关于征集水土保持技术需求和适于示范推广的科技成果与先进实用技术的通知
闽科农〔2013〕7 号	省科技厅关于认真做好全省 2013 年市、县（区）科技进步考核工作的通知
闽科农〔2013〕8 号	省科技厅关于统一科技进步考核申请扣除专项转移支付收入和统一科学技术支出口径的通知
闽科农〔2013〕9 号	省科技厅关于仙游县科技进步考核扣除专项转移支付收入的批复
闽科成〔2013〕1 号	省科技厅关于组团参加 2013 年中国北京国际科技产业博览会的通知
闽科成〔2013〕2 号	省科技厅关于第十一届中国海峡项目成果交易会项目征集工作的通知
闽科成〔2013〕4 号	省科技厅、省教育厅关于举办福建省第九期技术经纪人培训班（泉州专场）的通知
闽科成〔2013〕5 号	省科技厅关于组织参加第十一届中国海峡项目成果交易会科技展团活动有关事项的通知
闽科成〔2013〕6 号	省科技厅关于邀请参加第十五届中国国际高新技术成果交易会的通知
闽科成〔2013〕7 号	省科技厅关于组织参加第十五届中国国际高新技术成果交易会的通知
闽科成〔2013〕8 号	省科技厅、省教育厅关于举办福建省第十期技术经纪人培训班的通知
闽科基〔2013〕1 号	省科技厅关于做好 2013 年我省“两院”院士推荐和提名工作的通知
闽科基〔2013〕4 号	省科技厅关于同意建设 43 个福建省重点实验室的通知
闽科基〔2013〕7 号	省科技厅关于做好中国工程院 2013 年院士增选有效候选人材料公示的通知

闽科基〔2013〕8号	省科技厅关于中国工程院2013年有效院士候选人材料公示情况的报告
闽科基〔2013〕9号	省科技厅关于印发《福建省科技创新领军人才遴选暂行办法》和《福建省科技创业领军人才遴选暂行办法》的通知
闽科基〔2013〕11号	省科技厅关于开展2013年度福建省科技创新领军人才和科技创业领军人才遴选工作的通知
闽科奖〔2013〕1号	省科技厅关于准予"福建省测绘地理信息科学技术奖"登记的通知
闽科监〔2013〕2号	省科技厅关于印发《岗位廉政风险排查与防控手册》的通知
闽科人〔2013〕10号	省科技厅转发省委编办关于省科技厅所属事业单位清理规范方案批复的通知
闽科人〔2013〕14号	省科技厅转发省公务员局省人力资源开发办公室关于进一步规范省属事业单位公开招聘面试工作的通知
闽科人〔2013〕15号	省科技厅转发省公务员局省人力资源开发办公室关于所属省知识产权维权援助中心岗位设置方案核准意见的通知
闽科人〔2013〕20号	省科技厅转发省公务员局省人力资源开发办公室关于省知识产权信息公共服务中心岗位设置方案核准意见的通知
闽科人〔2013〕25号	省科技厅转发省公务员局、省人力资源开发办公室关于省科技厅农牧业科研中试中心岗位设置方案核准意见的通知
闽科人〔2013〕26号	省科技厅转发省公务员局、省人力资源开发办公室关于同意调整省科学技术信息研究所等2个单位岗位设置方案复函的通知
闽科人〔2013〕27号	省科技厅转发省公务员局省人力资源开发办公室关于同意省科技开发中心调整岗位设置方案复函的通知
闽科人〔2013〕28号	省科技厅转发省公务员局省人力资源开发办公室关于同意调整省微生物研究所岗位设置方案复函的通知
闽科人〔2013〕30号	省科技厅关于做好机关工作人员2013年度考核工作的通知
闽科人〔2013〕33号	省科技厅转发省公务员局省人力资源开发办公室关于同意福建省知识产权维权援助中心岗位设置调整方案复函的通知
闽科人〔2013〕36号	省科技厅关于首批"马上就办"事项的通知
闽财指〔2013〕395号	省科技厅、省财政厅关于下达2013年资助省属高校科研专项经费的通知
闽财指〔2013〕773号	省科技厅、省财政厅关于下达引进重大研发机构资助项目计划和经费（省级单位）的通知
闽财指〔2013〕1358号	省科技厅、省财政厅关于下达2013年省科技项目计划和经费（新上省级第八批）的通知
闽财（教）指〔2013〕42号	省科技厅、省财政厅关于下达2013年科技成果转化和产业化项目计划和经费（新上市级第五批）的通知
闽财（教）指〔2013〕49号	省科技厅、省财政厅关于下达科技成果转化和产业化项目计划和经费（重大科技成果购买补助）的通知
闽财（教）指〔2013〕59号	省科技厅、省财政厅关于下达科技成果转化和产业化项目计划和经费（"一事一议"重大科技成果购买补助）的通知
闽财（教）指〔2013〕87号	省科技厅、省财政厅关于下达引进重大研发机构资助项目计划和经费（市级单位）的通知
闽财（教）指〔2013〕135号	省科技厅、省财政厅关于下达2013年省创新型企业创新成果后补助项目计划和经费（新上市级第九批）的通知
闽财（教）指〔2013〕160号	省科技厅、省财政厅关于下达2013年科技项目计划和经费（新上市级第十一批）的通知
闽财（教）指〔2013〕165号	省科技厅、省财政厅关于下达2013年省科技型中小企业技术创新资金项目等计划和经费（新上市级第十二批）的通知
闽财（教）指〔2013〕179号	省科技厅、省财政厅关于下达2013年科技项目经费（结转市级第四批）的通知
闽财（教）指〔2013〕180号	省科技厅、省财政厅关于下达2013年产业支撑科技重大项目（科技合作）计划和经费（新上市级第八批）的通知
闽人发〔2013〕88号	省公务员局、省人力资源开发办、省科技厅关于印发《福建省属科研机构科技人员专业技术职务聘任制实施办法（试行）》的通知
闽妇〔2013〕73号	省妇联、省科技厅、省农业科学院关于开展"全国巾帼科技特派员"选派工作的通知

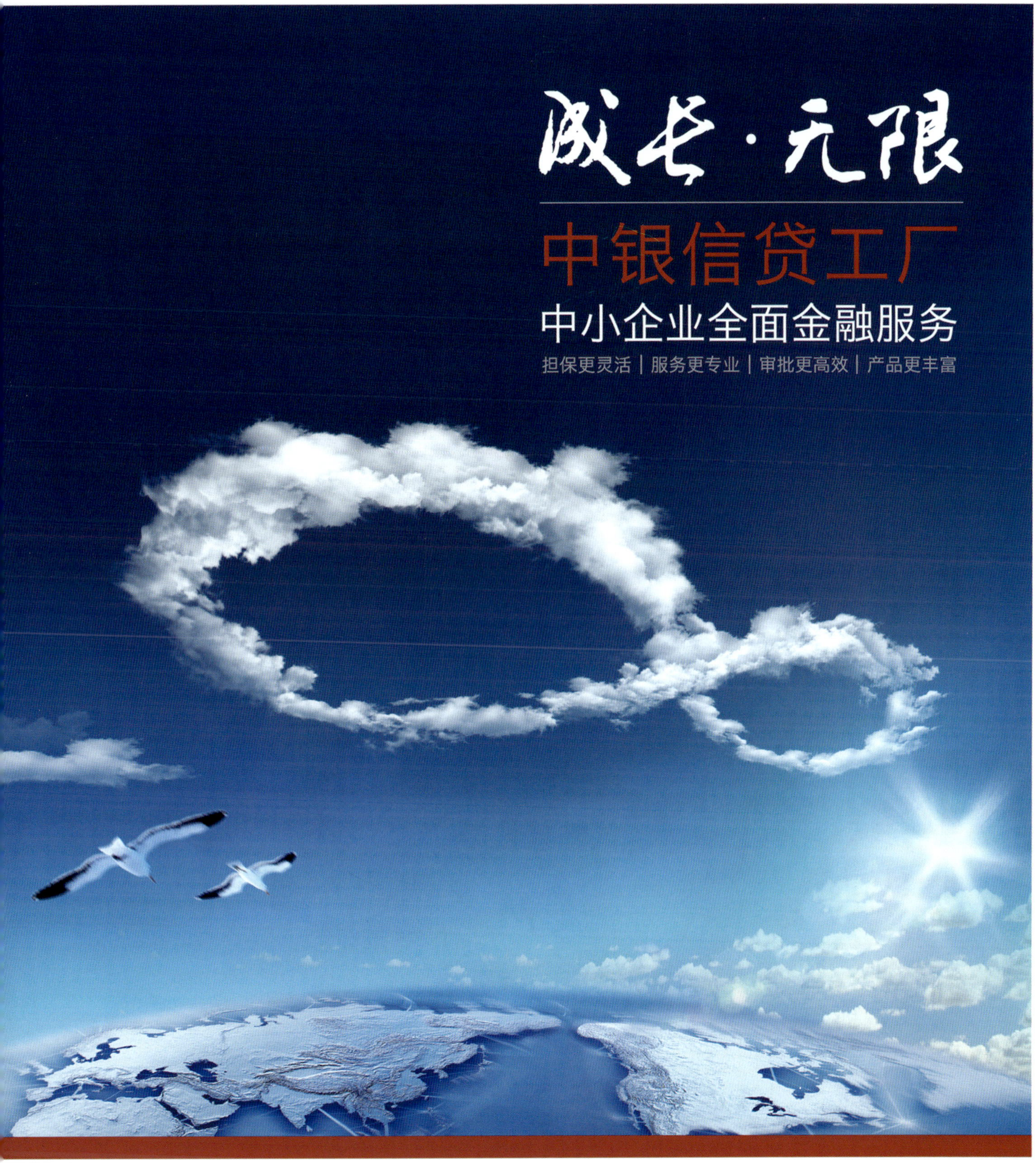

中国银行
BANK OF CHINA

FUJIAN HAIXIA BANK
福建海峡银行

太平洋保险 CPIC 中国太平洋财产保险股份有限公司福建分公司

中国太平洋财产保险股份有限公司福建分公司坚持"诚信天下，追求卓越，稳健一生"的核心价值观，坚持以客户需求为导向，关注客户需求，改善客户界面，提升客户体验，以实践引领转型，以转型促发展，打造客户经营升级版。2014年，福建分公司实现保费收入22.86亿元，同比增加18.22%，实现承保利润6826万元。

2014年，福建分公司累计赔款12.37亿元，未决估损3.44亿元。

公司完成了中石化森美、国网福建省电力有限公司、翔鹭石化、福建联合石化、福建奔驰汽车、中国移动福建有限公司等重点项目的续保；成功中标了福平铁路及南龙铁路项目、福清核电1-2号机组运营期保险项目、国投湄洲湾项目、九景衢铁路项目等重大项目；全年重大客户保费收入1.28亿元。

福建分公司构建大数据经营的基础平台，运用智慧网站、移动终端、可视电话、社交媒体等3G新技术、新应用，优化业务流程，缩短端到端的距离，实现线上线下一个客户、多个产品、多个界面，有力推动传统理赔服务模式的优化，提升理赔专业能力和工作效率，让客户切实体验到"操作流程易、理赔速度快、互动烦恼省"的优质理赔服务。

太平洋保险始终以"做一家负责任的保险公司"为己任，秉承"结果导向，对标市场，优化过程，责任到人"的宗旨，专注保险主业，推动和实现可持续的价值增长，做到"用心承诺、用爱负责"。

坚持铸就卓越

中国太平洋保险 蝉联财富世界500强

名列384位

分担出口风险
保障收汇安全
SINO SURE
中国信保
中国出口信用保险公司
CHINA EXPORT & CREDIT INSURANCE CORPORATION
中国出口信用保险公司 福建分公司
CHINA EXPORT & CREDIT INSURANCE CORPORATION Fujian Branch
地　　址：福州市五四路环球广场A区25层、B区12层
联系电话：0591-28486788

省长苏树林率队到公司调研

福建东南造船有限公司

福建省东南造船厂

中国工业企业品牌竞争力

2013年度评价前百名

荣登"中国工业企业品牌竞争力2013年度评价前百名"

福建东南造船组建于1956年，系福建省船舶工业集团旗下骨干造船企业，位于马尾天然良港，占地面积约21万平方米，现有职工3000多人。

企业通过了ISO9001质量管理体系和OHSAS职业健康安全管理体系认证，获得英国UKAS质量管理体系证书。历经十多年的不懈努力，公司在竞争激烈的海工船制造领域取得了令人瞩目的发展速度，2009至2014年连续六年产值超过20亿元，企业经济指标逐年攀升，被授予"国家船舶出口基地"称号，在造船业界树立了"东南造船"的良好品牌形象，其中2014年，公司实现产值34.5亿元，交船32艘，利润2亿元的优良业绩，主要经济指标位居集团公司权属企业首位，并提前两年实现"十二五"规划总目标。

由于经营业绩斐然，公司曾荣获国家发改委授予"最具成长性全国100强企业"；"2012年度福建省海洋产业十佳龙头企业"；荣登"中国工业企业品牌竞争力2013年度评价前百名"，位列第46名；福建省名牌产品——59M操锚供应拖船、75M平台供应船分别荣获2012年度、2014年度福建省科学技术奖二等奖。人民日报、中国船舶报等多家媒体对公司进行了报道，2014年9月，省长苏树林率队到公司调研，他充分肯定了公司在资源紧张和船市疲软的严峻形势下取得的成绩，并勉励公司再接再厉、乘势而上、攻坚克难、科学发展，不断取得新的更大的成绩。

75M平台供应船

UT755CD平台供应船

85M海底支持维护船

中国重型汽车集团有限公司技术发展中心海西分中心

中国重型汽车集团有限公司技术发展中心海西分中心（以下简称“海西分中心”）成立于2011年5月6日，是中国重汽集团福建海西汽车有限公司与中国重型汽车集团有限公司技术发展中心合作成立的非独立法人研发机构。

海西分中心目前已投资10040.41万元，建有办公楼、汽车检测线、试制工厂等基础设施，其中科研用房面积7941.84平方米，开发仪器设备2863.0198万元，已建立起1条用于产品排放、车速、侧滑、灯光、喇叭、轴重、制动检测的检测线和1间淋雨试验房。即将建设商用车试验场和试验中心。

海西分中心目前有设计人员93人，高级职称19人、中级职称22人；其中，福建省第二批引进高层次创新人才1 人，工程技术应用研究员1人。

海西分中心具有开展商用汽车整车和零部件研发、总成零部件试验检测以及新技术、新材料、新工艺的基础研究、应用研究和工程化研究等能力。

近几年来，海西分中心承担市级科技计划项目3项，申请专利46件，其中发明专利3件、实用新型36件、外观设计7件；已获专利授权41件。海西分中心开发的ZZ1318M60DB0型载货汽车轻量化技术达到国内领先水平，获得三明市2013年度科技进步奖三等奖。

NFLG|南方路机

福建南方路面机械有限公司

福建南方路面机械有限公司(简称南方路机)创建于1991年，是集矿山开采设计、建筑工程材料的开采与破碎、机制砂生产线、固体废弃物处理机械、工程搅拌设备产业链综合解决方案的提供商。是福建省重点工业企业，国家级高新技术企业。

公司总部坐落于历史文化名城——泉州，拥有泉州高新产业园、台资开发区和武汉经济开发区三个生产基地和泉州东海科研楼技术研发基地，总占地面积60万平方米，拥有现代化的标准厂房和生产制造设备，以及覆盖全国各省市及海外28个国家的完备销售中心和售后服务网络体系。

为打造成建材综合制品整体解决方案提供商，南方路机在不断创新、做专做精的道路上辛勤耕耘了20多年。主营产品为移动和固定破碎筛分设备、机制砂生产线、固体废弃物（含建筑垃圾）处理成套设备、水泥混凝土搅拌设备、沥青混合料搅拌设备、干混砂浆搅拌设备等六大系列产品。

企业口号：成长，源自不断的自我超越！

企业电话：0595-22903333

企业网址：www.nflg.com

移动履带式破碎筛分设备

全环保混凝土搅拌设备

干式制砂设备

干混砂浆搅拌设备

建筑垃圾分类处理设备

沥青混合料搅拌设备

NFLG 南方路机

福建绿色建材装备研究院

福建绿色建材装备研究院成立于2013年，总投资约1000万元，下设有研发中心、创新基地（高校导师团队、企业技术小组、企业导师）和博士后工作站。建有现代化的办公场所，并配备一流的多功能材料实验中心、测试中心。研究院目前有教授博导2人、副教授2人、副教授硕导5人、高级工程师4人，国外技术专家顾问1人，拥有工程师30多人。

研究院整合行业内优质资源，以中国科学院海西研究院、同济大学、武汉理工大学、长安大学等国内外知名高校及知名研究院为依托，帮助客户辨别最具价值的发展机会，应对至关重要的挑战，并协助客户进行业务转型升级。为客户量身定制解决方案，确保客户能够获得可持续竞争优势，致力于成为一个为绿色建材企业提供全面高端技术服务的平台。

NFLG 南方路机

南方路机/寿技研固废资源化装备研发中心

由于环境问题和自然资源的日渐枯竭，天然砂的供应将越来越少，机制砂的需求将会不断增加；同时，由于环境和空间的限制，再加上湿式制砂后的污水必须进行最低限度的处理，使得干式制砂设备应运而生；而随着越来越激烈的市场竞争，制造业血拼的发展方式已经走到尽头，南方路机及时进行产业转型升级，2010年8月与世界移动破碎大王——美国特雷克斯合资生产移动破碎筛分设备，2012年6月再花巨资引进日本顶尖机制砂设备公司——寿技研的制砂专利技术，在福建泉州基地进行研发并投入生产，从而为进军各种矿山破碎、尾矿深加工处理、建筑垃圾的再生处理等领域打下坚实的技术和装备基础，形成了一个从源头到终端的绿色建材循环再利用系统产业链的经营模式，为社会节能减排及为用户带来更大的经济效益。

干式制砂设备广泛应用于矿山破碎领域、尾矿再处理项目、建设工程领域（包括核电项目、水利工程、风电、高速铁路、高速公路、市政道路、城市建设工程）、建筑垃圾再生破碎处理项目等；同时，与南方路机的水泥混凝土搅拌站、干混砂浆搅拌站、沥青搅拌站、稳定土拌合站及制砖机设备配套使用，形成以分类—破碎—堆置—拌合为一体的南方路机绿色建材系统产品。

福建奔驰汽车工业有限公司

福建奔驰汽车工业有限公司（简称福建奔驰）成立于2007年，由福建省汽车工业集团有限公司、戴姆勒轻型汽车（香港）有限公司各出资50%组建而成。

福建奔驰位于福州市闽侯县青口投资区内，注册资本2.87亿欧元。工厂导入梅赛德斯-奔驰生产系统（MPS），推行严格的质量管理体系，配套设施完备，是一座世界级水平的现代化工厂。公司汇聚了来自中国、德国、西班牙等地的专业人才，优势互补，造就了一支年轻、自律、敬业、高效的国际化团队。

作为戴姆勒集团在亚洲及大洋洲唯一的商务车生产基地，也是产品线最全的基地，福建奔驰秉承梅赛德斯百年造车之精义，导入戴姆勒旗下的梅赛德斯-奔驰中高档商务车唯雅诺Viano、威霆Vito、凌特Sprinter，为国内客户提供全方位公商务出行解决方案。该系列产品以其乘坐的舒适性、功能的实用性、空间的灵活性、驾驶的安全性及操控的动力性而闻名于世。唯雅诺、威霆与凌特分别于2010年5月与2011年11月全面上市。

福建奔驰肩负着“致力于世界级奔驰商务车的生产、销售、服务”的使命，竭诚为广大用户提供性能卓越、安全可靠的汽车产品与优质全面的服务。

焊接车间

涂装车间

总装车间

中国大地财产保险股份有限公司

China Continent Property & Casualty Insurance Company Ltd.

中国大地财产保险股份有限公司是经国务院同意，中国保监会批准成立的全国性财产保险公司，是中国再保险集团公司旗下唯一的直保公司。公司成立于2003年10月20日，总部设在上海。注册资本金64.3亿元人民币。

中国大地财产保险股份有限公司福建分公司成立于2004年7月20日，业务经营范围涵盖非寿险业务的各个领域，包括企业财产保险类、机动车辆保险类、工程险类、责任险类、信用保险类、保证保险类、家庭财产保险类、货物运输保险类、船舶险类、农业保险类以及短期健康保险和意外伤害保险类等。10年来，分公司保持了持续快速发展，市场份额居全省第六，成为福建财险市场一支重要力量，各项服务指标连续多年名列行业前茅，公司的品牌和服务得到社会认可，影响日益扩大。

针对科技型企业，大地保险公司推出了科技型企业短期贷款履约保证保险，其保险责任为在保险期间内，投保人未履行与被保险人签订的借款合同约定的还款责任已达到本合同约定的天数或期数的，对该投保人未偿还的借款本金余额和利息（不含逾期利息、罚息、复利，下同），保险人按照本合同的约定负责赔偿。

福建分公司地址：福州市六一北路558号金三桥大厦A座九、十、十一层

联系电话：0591-87553295

CHEMCHINA

福建华橡自控技术股份有限公司

福建华橡自控技术股份有限公司是中国化工集团直属企业，归属中国化工装备总公司管理，是国内最成功的的橡胶机械装备制造企业之一。公司的前身是建于1958年的原机械工业部重点骨干企业——福建省三明化工机械厂。

公司位于福建省三明高新技术产业开发区金沙园，占地面积33.3万平方米，拥有主要生产设备300多台，其中精、大、稀设备70多台，具有年产3000万千克机械产品的生产能力。主要产品有：高等级子午线轮胎硫化机、胶囊硫化机、立式硫化罐等橡胶机械，经编机（贾卡提花）等纺织机械。

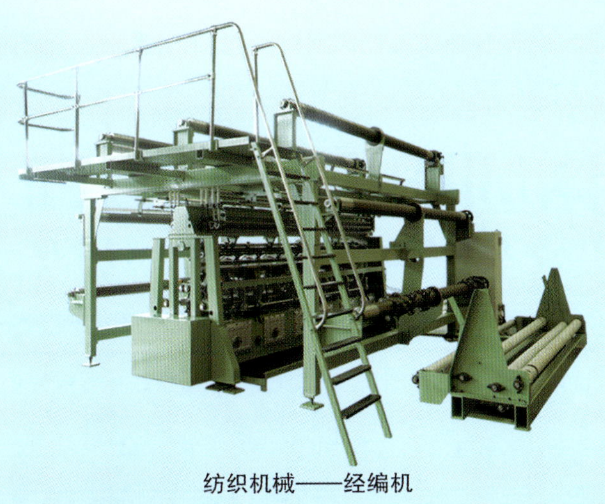

纺织机械——经编机

公司系国家级高新技术企业、省创新型试点企业，被授予省级企业技术中心和橡塑机械企业工程技术研究中心。经过近60年的发展，公司走出了一条自主创新开发之路，目前拥有专利57件，多个产品列入国家重大技术装备项目。“双轮”牌子午线轮胎硫化机已成为具有完全自主知识产权的“中国造”产品，先后创下30项中国第一，代表了国内轮胎硫化机制造领先水平，被授予“中国名牌产品”等荣誉称号。产品销往包括欧、美、日等发达国家在内的30多个国家和地区，进入世界轮胎10强企业中的9家，75强企业中的42家。根据欧洲橡机杂志（ERJ）公布的世界橡机企业30强排名，公司位列第15位。

公司以整体搬迁技改为新的发展平台，致力于打造世界著名橡机制造强势企业，为橡胶工业的发展做出更大的贡献！

橡胶机械——轮胎硫化机

乘用胎，液压式轮胎硫化机

载重胎，液压式轮胎硫化机

载重胎，机液混合轮胎硫化机

工程胎，平移式轮胎硫化机

大北农集团

国务院副总理汪洋视察金色农华种业科研基地

大北农集团是以邵根伙博士为代表的青年学农知识分子创办的农业高科技企业。自1993年创建以来，大北农始终秉承“报国兴农、争创第一、共同发展”的企业理念，致力于以科技创新推动现代农业发展。

集团产业涵盖饲料、动保、疫苗、种猪、生物饲料、种业、植保等方向，拥有25000多名员工、1500多人的核心研发团队、100多家生产基地和160多家分子公司，在全国建有10000多个基层科技推广服务网点。自2010年在深圳证券交易所挂牌上市以来，集团实现了飞速发展，成为中国农牧行业上市公司中市值最高的农业高科技企业。

获福建省技术发明奖一等奖

集团拥有3家农业产业化国家重点龙头企业、12家国家级高新技术企业，是国家认定企业技术中心、国家创新型企业，是中国饲料工业协会副会长单位、中国畜牧业协会副会长单位、中国兽药协会副会长单位、中国种业协会副会长单位、中关村农业生物技术产业联盟理事长单位、中关村经济20强企业，拥有饲用微生物工程国家重点实验室和作物生物育种国家地方联合工程实验室，建有中关村海淀园博士后工作站分站和北京市首家民营企业院士专家工作站，与国内外近百家科研院所建立长期合作。

福耀玻璃工业集团股份有限公司

FUYAO GLASS INDUSTRY GROUP CO., LTD.

福耀玻璃工业集团股份有限公司，1987年在中国福州注册成立，是一家专业生产汽车安全玻璃和工业技术玻璃的中外合资企业，大型跨国工业集团。

福耀现代化的浮法玻璃生产线

自创立以来，福耀集团便立志为中国人做一片属于自己的高质量玻璃，当好汽车工业的配角，秉承“勤劳、朴实、学习、创新”的核心价值，坚持走独立自主、应用研发、开放包容的战略路线。经过不断地探索与努力，福耀集团现已取得卓越的成绩，在福建、吉林、上海、重庆、北京、广东、湖北、河南、内蒙古、俄罗斯等地建立了现代化的生产基地，还在中国香港、美国、日本、韩国、澳大利亚、德国及西欧、东欧等国家和地区设立了子公司和商务机构。产品被全球顶级汽车制造公司宾利、奔驰、宝马、奥迪、通用、丰田、大众、福特、克莱斯勒等选用，产量及实际供货量均位列全球同行业前列，已成为全球第二、中国最大的汽车玻璃专业供应商。

Low-E 防晒节能镀膜玻璃

地　址：福建省福清市福耀工业区　　邮　编：350301
电　话：0591-85383777　　传　真：0591-85363983
网　址：www.fuyaogroup.com

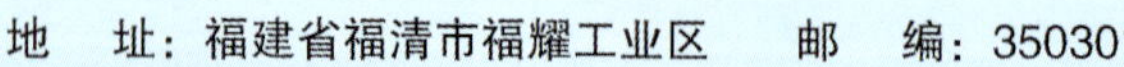

福建龙腾新能源汽车研究院

研究院办公楼

福建龙腾新能源汽车研究院（龙腾研究院）是省内唯一的省级新能源汽车专业孵化器，研究院的建设定位是建成集技术研发、产品检测、生产中试、技术转移、成果转化、科技融资为一体，国内领先的新能源汽车核心技术公共服务平台及产业化基地。

研究院总投资2亿元，占地面积3.67公顷，包含20000平方米的专业孵化器，4000平方米研发、测试中心，500平方米的综合服务用房。建立了包含5个研究所、6个测试中心的科研服务平台。依托6个专业测试中心平台，建立专业的科技服务团队；以5个研究所为依托，吸引新能源汽车领域的科技创业人才；同时吸引专业管理人员加强研究院管理，建成科学、高效的产业技术公共服务平台。

研究院采取政府引导、企业化运营管理的创新模式，聚焦新能源汽车领域，围绕新能源汽车三大核心技术及整车集成技术，建设集技术研发与服务、成果转化和企业孵化等功能为一体的产业发展平台，力争成为龙岩汽车产业转型升级的引擎和汽车高新技术企业的摇篮。

召开龙岩市汽车产业发展顾问工作会议及项目对接会

研究院鸟瞰图

福建广生堂药业股份有限公司
FUJIAN COSUNTER PHARMACEUTICAL CO.,LTD.

福建广生堂药业股份有限公司是目前国内唯一能够同时生产阿德福韦酯、拉米夫定、恩替卡韦三大抗乙肝病毒优选用药的企业，迄今已在乙肝抗病毒领域申请国家专利49件。

作为国家发改委、财政部、工信部重点扶持的“国家抗乙肝病毒药物高新科技产业化重点示范项目”、“国家火炬计划重点高新技术企业”，公司拥有一支实力雄厚、极具前瞻性的研发队伍和通过GMP认证的现代化厂房。

国家一类新药——阿甘定阿德福韦酯以其技术和价格的优势奠定了其在同类产品中的领先地位，销量位于全国前三名。

贺甘定拉米夫定是唯一入选国家“十二五”科技重大专项、“重大新药创制专项”的国产拉米夫定。

恩甘定恩替卡韦，作为全国首家胶囊剂型恩替卡韦，工艺先进、质量稳定，成为国家“十二五”课题甄选的课题研究用药，它是目前国内乙肝抗病毒治疗领域最先进的药物之一。

目前，公司又在全国率先申报了新一代抗乙肝病毒药物“替诺福韦”的研发项目，启动了全球首个以恩替天韦为对照的替诺福韦非劣效Ⅲ期临床实验研究，再次站到了国际抗乙肝病毒药物研发的前沿。

“让中国每一个乙肝患者都用得起乙肝抗病毒药物”。广生堂正是怀着这样一个梦想一路前行，专注于乙肝抗病毒药物的研发和生产，致力于成为中国领先的肝药生产企业。

参加第十三次全国感染病学术会议

参加第九届全国肝脏疾病临床学术会议

参加第十六次全国病毒性肝炎及肝病学术会议

生产车间

研发中心

展示大厅

福建鑫晶精密刚玉科技有限公司

福建鑫晶精密刚玉科技有限公司成立于2009年5月，位于福建连城工业园区内，注册资本13333.333万元，是一家专业从事大尺寸人造蓝宝石单晶研发、生产和加工的高科技企业。公司采用具有自主知识产权的“顶部籽晶温度梯度法（TSTGT）”技术进行研发、生产。规划建设的鑫晶光电信息产业园，占地面积26.7公顷，建筑面积20万平方米，建有晶体生长车间、晶体加工车间、维修车间、研发中心、办公楼、员工宿舍及体育娱乐设施等。

2-4-6 英寸蓝宝石晶棒

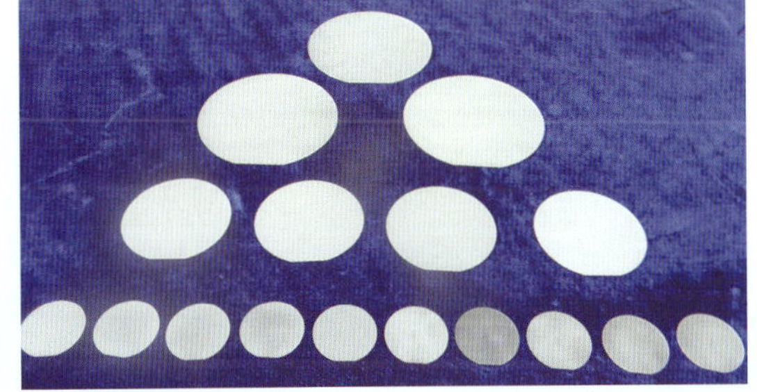

2-4-6 英寸蓝宝石晶片

65Kg、100Kg、150Kg级蓝宝石晶体

人造蓝宝石晶体项目已被列入《福建省电子信息产业调整和振兴方案》重点项目、福建省科技厅重大项目、福建省重点项目、福建省光电龙头企业、《福建省“十二五”建设海峡两岸先进制造业基地专项规划》重点项目、福建省“十二五”重点培育的十四条产业链中LED产业链。项目总投资7.6亿元，分四期建设，建成后将拥有528台蓝宝石生长设备及配套设备，并形成年产1000颗军用人造蓝宝石整流罩和1970万片直径2～8英寸人造蓝宝石衬底片的生产能力。四期工程完成后，将占到全球蓝宝石单晶材料供应量的30%以上，年产值10亿元。

未来5年内，公司将在进一步完善硬件的基础上，不断提升自身技术水平，加强经营管理能力，力争建设成为全球最大的蓝宝石单晶研发、生产和加工基地之一。

加工车间

厂区鸟瞰图

晋江市塘塑合成材料有限公司

晋江市塘塑合成材料有限公司占地面积2.13公顷，生产厂房面积1.8万多平方米，拥有先进的研发和生产仪器设备58台（套），固定资产4350多万元，主要从事功能性塑料包装薄膜和功能性农用塑料薄膜的生产和销售。公司通过ISO9001：2000质量管理体系和ISO14001环境管理体系认证，获得食品包装薄膜卫生许可证、印刷许可证和食品包装薄膜生产许可证（QS认证）。公司十分重视与高校合作研究开发新技术、新产品，其中，与福建师范大学合作开发的“高光效可驱虫环境友好塑料薄膜”荣获2006年度泉州市科学技术奖二等奖和2007年度省科学技术奖二等奖，2008年荣获晋江市科学技术创业奖；“环境友好抗菌保鲜聚乙烯包装薄膜”荣获2011年度省科学技术奖三等奖；“三层共挤抗菌保鲜聚烯烃包装材料的研究开发”荣获2012年度省科学技术奖二等奖。

地　址：晋江市新塘街道塘市工业区
网　站：www.tansox.com
电　话：0595-88182838
传　真：0595-88187838

金域医学检验中心

金域检验创立于1994年，是中国最早获得《医疗机构执业许可证》的医学独立实验室，也是目前中国最具规模和实力的第三方医学检验机构。总部设于广州，目前在广州、香港、上海、南京、西安、沈阳、福州等地开设了22家综合性检测中心，形成了覆盖全国的现代生物技术外包服务网络。

业务领域

医学检验、病理诊断、新药临床试验、科研开发、卫生检验、健康体检。目前，可开展1000多项的检验项目，通过ISO15189及医学实验室的最高标准美国CAP的认可，出具的检验报告在欧美等发达国家和地区均获承认，是目前国内通过认可学科最多的医学独立实验室。

人才梯队

拥有超过3000名员工，其中享受国务院特殊津贴教授2人，外籍医学顾问8人，国内知名专家顾问30多人，专业医学技术人才1000多人，形成了以高精尖为方向、老中青合理搭配、产学研结合的复合型人才团队。

产学研一体化

与广州医学院、南方医科大学、中南大学湘雅医学院、重庆医科大学、安徽医科大学、大连医科大学等10多所知名医学院校建立合作关系，与部分院校共同培养研究生，近两年先后承担省、市课题13项，申报国家专利2件，发表科研论文150多篇。

国际发展平台

与罗氏、梅里埃、西门子-德普、雅培、QIAGEN、VIRION、赛迪等国际知名公司进行战略合作，并成为罗氏及梅里埃在中国地区新技术与新产品的合作与示范基地，加速了金域检验国际化的发展进程。

福建建阳龙翔科技开发有限公司

项目验收现场

福建建阳龙翔科技开发有限公司，中外合资企业，创办于1997年，是国内橡胶机械工业高新技术知名企业，主要从事高端橡胶机械的开发和生产，年产值近亿元。公司现有员工320人，其中大中专学历的68人。拥有3个生产实体：龙翔科技一厂(原建阳橡胶机械厂扩建)、龙翔科技二厂和全钢轮胎设备厂。建设中的龙翔科技园二期工程将建设橡胶硫化设备厂和龙翔科技总部大厦及全钢轮胎设备厂。

公司先后获得全国企事业知识产权试点单位、省高新技术企业、省科技成果转化重点企业、省创新型企业、省著名商标等荣誉。此外，公司还被认定为“南平市市级企业技术中心”。2012年公司被省科技厅认定为福建省企业重点实验室——“福建省轮胎成型设备重点实验室”，也是国内首家轮胎成型设备实验室；2013年被省科技厅认定为“福建省轮胎成型设备企业工程技术研究中心”。

公司主导产品有全钢巨型工程子午胎成型机、胶囊反包轮胎成型机、半钢轻卡及农用子午胎成型机、一次法全钢载重轮胎成型机、橡胶硫化设备及空气弹簧专用设备等。产品除畅销国内各大中型轮胎生产企业外，还出口美国、意大利、印度、韩国等22个国家和地区，出口比例已超过50%。公司科技立足自主创新、依靠科技进步，开发的产品已获国家专利36件，其中发明专利5件。

董事长兼总经理戴造成（高级工程师）任中国化工学会理事、中国橡胶工业协会理事、中国科技研究交流中心研究员、（香港）世界经济研究中心研究员、全国橡胶机械标准化分技术委员会委员、全国橡胶塑料信息站高级顾问，先后获得全国劳动模范、全国五一劳动奖章和优秀企业管理者、国务院政府特殊津贴专家等国家级荣誉。

试制现场

LCZ-3054型两段一次法联动式农用半钢子午胎成型机

胎体移送装置

福州植物园

福州植物园（福州国家森林公园）位于福州市北郊，经营总面积2891.3平方千米，距离市中心7千米；其地理座标为：东经119° 11′ 7″ ~ 119° 40′ 56″，北纬25° 57′ 16″ ~ 26° 24′ 49″，属典型的中亚热带海洋性季风气候，年平均气温19.4° C，年均降雨量1413.7毫米，是一个集植物收集保存、引种驯化、生态旅游、科学研究、科普教育、度假休闲于一体的综合性植物园（森林公园）。

福州植物园三面青山环抱，南临八一水库，龙潭溪自北向南流贯园中。园区内植被丰富，植物种类繁多，青山耸峙，飞瀑争流，构成了这里优美的自然环境；历史悠久的古驿道、古墓、古寺庙和摩崖石刻点缀其间，形成了别具一格的人文景观。特别是利用建园以来引种驯化的7000多种各类植物，建成了榕树园、珍稀植物园、苏铁园、桃花园、樱花园、棕榈园、紫薇园、竹类观赏园、树木观赏园、阴生植物园、豆目山茶园等13个各具特色的植物专类园区，福州植物园已成为园林景观优美、科学内涵丰富的南亚热带植物大观园。

联系人：张晓萍　晏琴梅

地　址：福州市晋安区新店上赤桥　　　邮　编：350012

网　址：www.fzzwy.cn

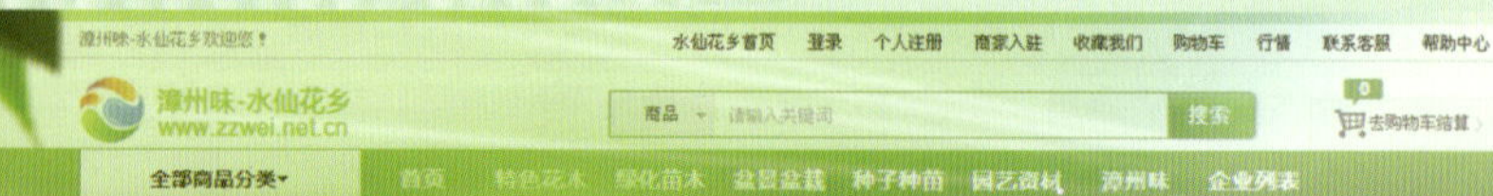

海峡生物科技有限公司

海峡生物科技有限公司前身为海峡（福建漳州）花卉集散中心有限公司，2009年3月经国台办批复设立，同年8月6日由国有企业福建漳龙实业有限公司出资3000万元成立。2012年8月更名为海峡生物科技有限公司，成为集花卉苗木科研、生产、贸易、市场、物流、检验检疫、绿化工程为一体化的公司。

公司现拥有7家子公司，拥有生产基地约1333公顷，现代生产温室8万平方米，出口加工、包装车间6万平方米。获得“省级重点后备上市企业”、“省级农业产业化重点龙头企业”、“省级守合同重信用企业”、“省级诚信市场”、“新国标安全生产标准化三级企业（商贸商场）”等荣誉称号。

公司以“公司+资源”为依托，创立“海峡生物科技”品牌，逐步形成以集散中心为花卉苗木实体交易市场和“漳州味——水仙花乡”花木电子商务平台网上交易市场，打造线上线下互动的贸易大平台；以城市园林绿化建设，花卉苗木进出口贸易，温室花卉、名贵中草药研发生产，花卉苗木进出口检验检疫一体的全产业链条。通过科技创新、产品创新和制度创新，构筑海西花卉苗木新平台，强化福建省农业产业化龙头企业地位，做国家一流的花卉产业综合服务商。

福建清源科技有限公司

福建清源科技有限公司成立于2003年，是一家集印染、化工、能源生产和燃料业务为一体的大型外商独资企业，也是福建省第二批循环经济示范试点企业、省创新型试点企业、省战略性新兴产业骨干企业。旗下拥有石狮市清源印染发展有限公司、石狮市清源热电厂、石狮市清源水煤浆厂、石狮市永丰印染有限公司、石狮市清源精细化工有限公司和石狮市清锋燃料贸易有限公司等6家分公司。公司根据国家产业政策，充分发挥自身的科技实力，积极推进资源节约型企业建设，依照循环经济发展模式，发展节能减排项目，形成了一条发展循环经济的链条式体系，为海峡西岸经济区建设和节能减排作出了积极贡献，树立起了高新技术和循环经济示范型企业的良好形象。

★公司和多家高校、科研院所合作成立研发机构，如省级企业技术研发中心、省级企业工程技术研究中心、省级院士专家工作站、省水煤浆研发与生产应用示范基地、国家水煤浆工程技术研究中心福建分中心等。

★公司因注重技术创新和节能减排，多次获得国家、省、市级荣誉（中国产学研合作创新奖、省技术发明奖、泉州市科学技术奖、石狮市科学技术奖、泉州市知识产权示范企业、泉州市节能先进企业）。

★公司生产的高档纺织面料赢得国内外各大服装厂商的青睐及订购，产品多次荣获“中国流行面料优秀奖”。

★公司生产的高效环保化工产品（高效环保水煤浆添加剂、环利粉等）获得产品质量免检证书，通过省新产品新技术鉴定。

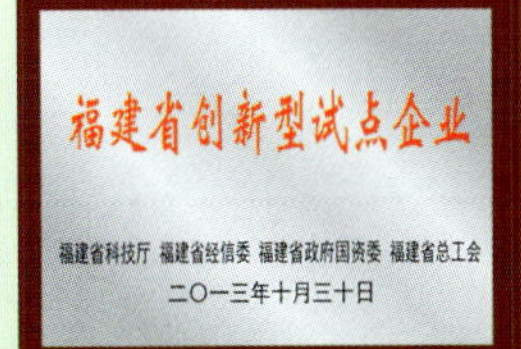

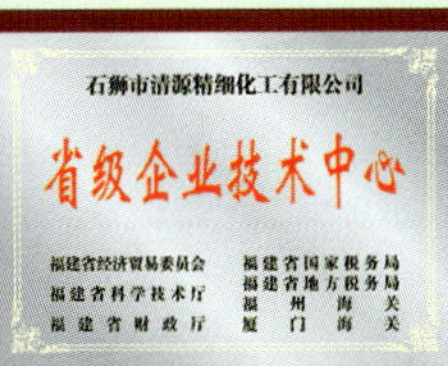

高效环保水煤浆添加剂

◆技术来源：3件国家发明专利。

◆技术保障：清源——福州大学环保材料清洁生产技术研发中心、福州大学专家团队。

◆性能特点：①具有两亲性，可显著提高水煤浆的分散性和稳定性；②成本较低，对煤种的适应性强；③使用方便，具有良好的工艺适应性。

◆荣誉：省技术发明奖、泉州市科学技术奖、石狮市科学技术奖、中国产学研合作创新成果奖、“6·18”海峡两岸职工创新成果展览会金奖、省新产品新技术鉴定。

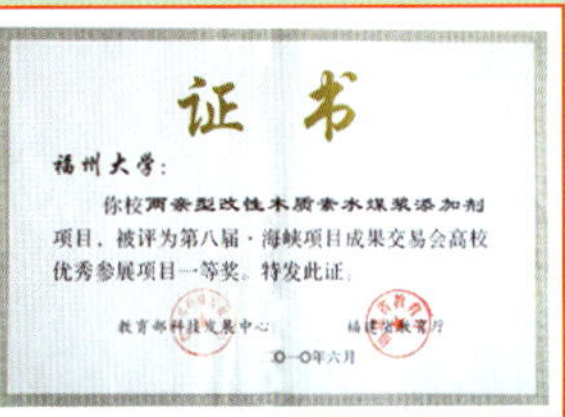

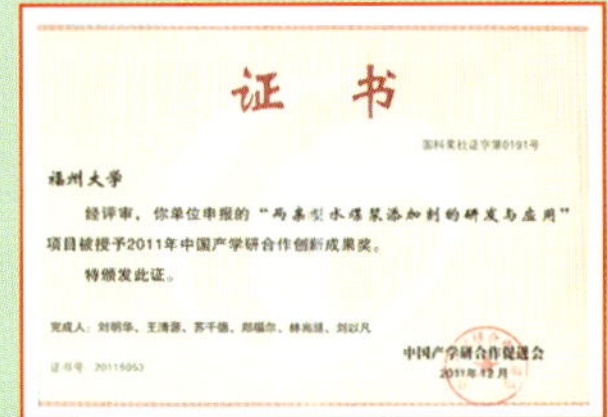

福建火炬电子科技股份有限公司

福建火炬电子科技股份公司始创于1989年，主要从事电容器及相关产品的研发、生产、销售、检测及服务业务。公司依托20多年的专业经验，拥有多项具有知识产权的核心技术，是国家高新技术企业，福建省“十一五”规划电子元器件发展支柱企业，福建省第二批创新型企业。目前已通过GJB9001军工产品质量体系认证、ISO9001质量管理体系认证、ISO14001环境管理体系认证以及OHSAS18001职业健康安全管理体系认证。

公司生产的“火炬牌”陶瓷电容器产品主要包括片式多层陶瓷电容器、引线式多层陶瓷电容器和多芯组陶瓷电容器，以其高可靠性、高质量等级、高技术含量附加值先后获得国家重点新产品、福建名牌产品、福建自主创新产品称号，在航空、航天、船舰、兵器、电子对抗等武器装备军工市场，以及通讯、电力、汽车等民用高端领域广泛应用，并与国内外知名高科技企业建立了良好的战略合作伙伴关系和共赢模式。

未来，火炬电子将持续秉承“诚信专精”的核心理念，全力推进电容器核心技术的研发，不断提升自身运营管理水平和服务能力，努力成为产业供应链中最为优质高效的一环，为振兴民族电子产业的发展做贡献。

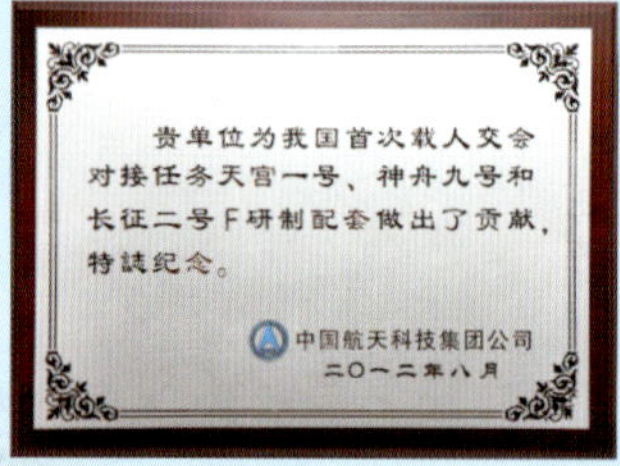

火炬天宫一号、神州九号、长征二号配套奖牌

神箭奖牌

天宫一号对接奖牌

国宝名药—片仔癀 宫廷秘方 传神奇
质量金奖—国家级 福建三宝 原产地
一级保护—双绝密 天然麝香 珍贵稀
制作工艺—入非遗 出口创汇 排第一

明代御方传颂百年济天下
今朝国药扬名四海泽苍生

漳州片仔癀药业独家生产的传统名贵中成药片仔癀，选取麝香、牛黄、蛇胆、田七等药材，采用被列为国家级非物质文化遗产的绝密工艺制成。片仔癀是国家一级中药保护品种，其独特的清热解毒、凉血化瘀、消肿止痛等功效，使这一具有数百年历史的传统名贵中成药更加熠熠生辉。

地址:中国福建省漳州市上街 网址:www.zzpzh.com
电话:0596-2301158 2305453 传真:0596-2302993

www.zzpzh.com

人力资源社会保障服务自助服务一体机

将民生信息服务延伸到社会的“最后一公里”，实现公共服务方式多样化和简便化。

部署在社保大厅、职介大厅、街道、社区。

典型应用

- 福建省本级、下属各地市
- 吉林省本级
- 无锡市
- 苏州市
- 成都市
- 武汉市

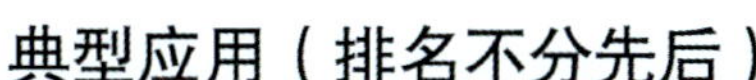
银医自助服务一体机

缓解医院就诊“三长一短”问题，为患者提供医疗卫生、社会保障、金融等民生公共服务。

部署在医院门诊大厅、住院部、科室及楼层通道。

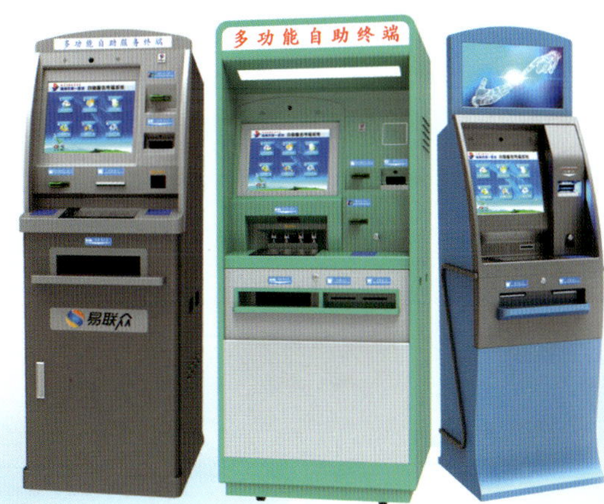

典型应用（排名不分先后）

- 福建省省立医院
- 福建医科大学附属协和医院
- 福建医科大学附属第一医院
- 中国人民武装警察部队福建省总队医院
- 厦门大学附属中山医院
- 绍兴市人民医院
- 浙江大学医学院附属第二医院
- 北京大学国际医院
- ……

地址：厦门市思明区软件园二期观日路18号502
总机：0592-2517033/030　传真：0592-2517008

易联众信息技术股份有限公司
YLZ Information Technology Co.,Ltd
http://www.ylzinfo.com

福建省诺希新材料科技有限公司

福建省诺希新材料科技有限公司由福建诺希集团全资兴建。公司成立于2011年11月2日，注册资本为9000万元，建筑面积9万平方米，总投资5.7亿元。坐落在国家级开发区——福清融侨经济技术开发区光电科技园内。

诺希科技依托清华大学及国内一流高校的科研成果，引进台湾地区高端的研发、制程和管理团队，可持续自主创新能力强，产学研用紧密结合，为目前国内规模最大、品种最全的靶材生产基地之一。公司依托日本、德国和台湾先进的生产工艺和设备，为客户提供陶瓷、合金和金属等多种新型功能性镀膜材料，产品主要应用在触控显示屏、光伏太阳能、LOW-E玻璃、半导体和电阻等领域。

公司自成立以来，突破多项靶材制备新技术，带动了国内相关配套产业和技术发展，已形成具有自主知识产权的技术体系和产品品牌，拥有核心专利15件，为国内新能源、新材料产业的发展中发挥了重要的作用。

福州海王福药制药有限公司

海王福药 NEPTUNUS FUYAO

福州海王福药制药有限公司是深圳海王集团股份有限公司的控股子公司。公司是福建省高新技术企业，福建省战略性新兴产业骨干企业，拥有480多个药品批准文号，9个通过国家新版GMP、ISO9000和ISO14000认证的现代化中西药制剂车间，6个具有高附加值的原料药品种。拥有1个省级企业技术中心和2个企业专家工作站，是国家在省内唯一指定的麻醉品生产基地，国家及中国人民解放军总后勤部在省内唯一的战备药品储备生产企业。

公司是国家火炬计划、省市区域科技重大项目的承担单位。2013年公司在研项目30项，拥有授权的发明专利10件，开发的国家级抗肿瘤新药替吉奥片、卡莫氟片已获得新药证书和注册生产批件，实现了产业化转化。公司与福建省微生物研究所合作开发的三类新药盐酸噻加宾原料药与片剂申请注册临床已获得受理通知书。

总经理徐燕和

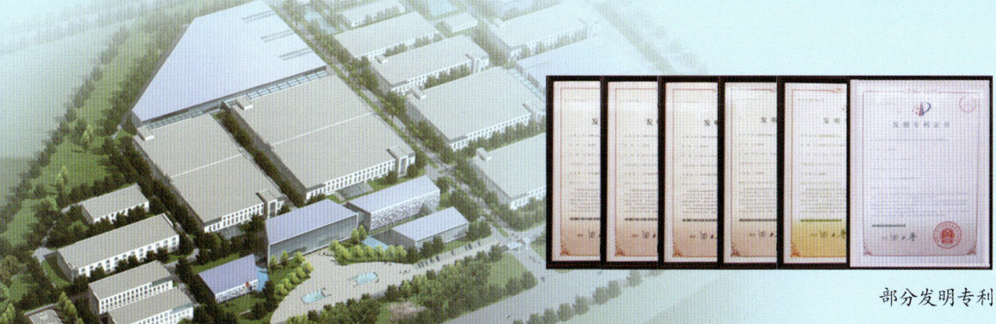

部分发明专利

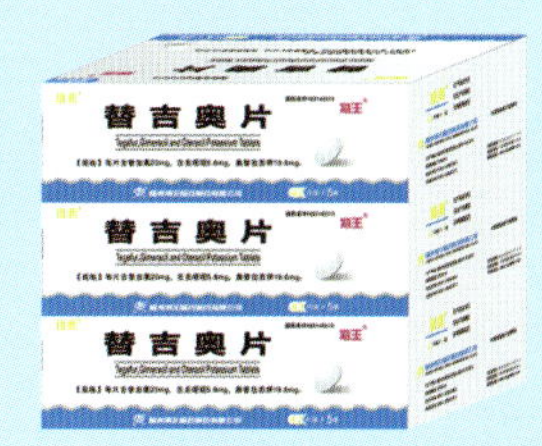

替吉奥片

黑金刚（福建）自动化科技股份公司

黑金刚（福建）自动化科技股份公司成立于2007年，是一家集设备制造、软件研发、产品销售、智能制造整体解决方案运营商，形成以“智能工业，智能机器人”为核心的两大板块。公司于2012年9月在天津股权交易所成功挂牌。公司拥有一支实力雄厚、经验丰富的包含电气、机械、视觉、机器人等专业的研发队伍，成功研发超过10款自动化设备，设备广泛应用于鞋服及相关制造领域。目前公司拥有国家发明专利3件、实用新型专利71件、外观专利1件、软件产品登记证书2项、软件著作权证书4项，先后被认定为福建省高新技术企业、省科技型企业、省创新型试点企业等。

使命：改变传统固有模式，让工作生活更简单

愿景：智能工业、智能生活

经营哲学：审时敢先 、质高价廉

管理理念：以人为本、科学管理 、团队协作 、高效执行

展厅一角

石狮海星食品有限公司

十万级洁净生产车间

检测

石狮海星食品有限公司是一家集研发、生产、销售海洋生物制品、水产精深加工的科技型企业。主要生产海洋生物胶原蛋白活性肽系列产品，主要应用于美容、食品、保健品、食品添加等众多领域。现已成功开发鱼鳞鱼皮提取胶原蛋白肽系列产品。

公司按照HACCP标准建设生产车间，按照GMP标准建设保健食品生产车间，车间面积有2000多平方米，同时公司还拥有冷冻库1座。工厂采用全自动化生产线流程，严格按照GMP程序要求对整个原料采购、生产、检测、销售等全过程进行跟踪和管控。研发中心配备精密仪器，建立检测中心确保产品质量。公司自成立以来，依靠科技创新自主研发，开发新产品、新工艺，不断为用户提供满意的安全无污染的海洋生物保健产品。公司以一流的产品质量和完善的售后服务体系，为客户提供优质全方位的服务。

地址：福建省石狮市永宁镇外高工业区　传真：0595-88483889

电话：4009188998　0595-88798338/88484899

网址：www.haixingswkj.com　邮箱：haixing-998@163.com

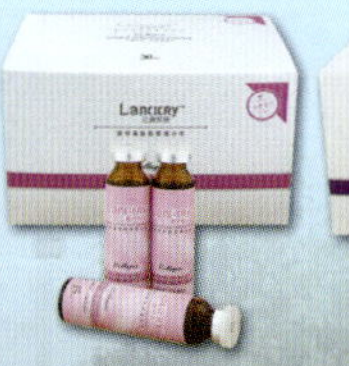

福工动力厂房

福建省福工动力技术有限公司

福建省福工动力技术有限公司（以下简称“福工”）成立于2009年，是专业从事新能源汽车驱动系统总成生产的国家火炬计划重点高新技术企业。

作为国内最早一批专业从事新能源汽车驱动总成研发、生产、销售、服务为一体的公司，搭载福工深混动力系统的客车多次获得“中国新能源客车节油大赛”、“中国新能源客车综合性能大赛”、“中国国际客车大赛”冠军，被住建部中国城市公共交通协会评为“新能源大巴示范应用优秀企业”。

2012年，福工“增程/插电式重型商用车动力系统总成开发”项目获得国家“863”计划立项，成为省内首家获得该项目立项的汽车企业。公司与郑州宇通、苏州海格、厦门金龙、扬州亚星、厦门金旅、东风杭汽、合肥安凯等20多家客车企业建立了良好的合作关系。截止2014午，搭载福工深混动力系统的客车销往全国40个城市，累计销售近4000套，行驶54000万千米，连续两年国内市场占有率超过13%。搭载福工五代混合动力系统的新能源公交车，标准路况实际节油率超过35%。

福工累计申请国家专利80多件，软件著作权8项。获得国家火炬计划重点高新技术企业、省著名商标、省战略新兴骨干企业、省知识产权优势企业、福州市产品质量奖等荣誉，被中央电视台新闻联播、福建东南卫视、福建日报等媒体多次报道。

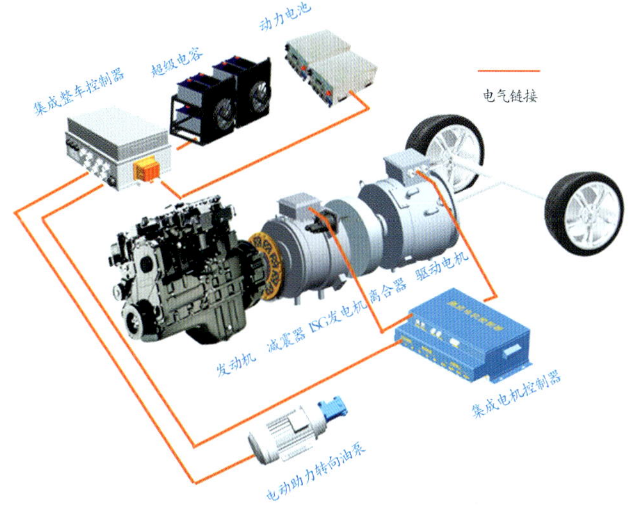

福工ISG插电式混合动力系统原理图

福建省恒祥渔业有限公司

福建省恒祥渔业有限公司成立于1987年。自成立以来，公司特别重视引进先进技术，注重科技创新。1993年引进台湾捕捞飞鱼卵和笼捕螃蟹类先进技术，产品全部销往台湾，带动当地渔民增收；1997年引进台湾精深加工水产品；2006年引进台湾反季节菊花心海藻在平潭养殖，解决当地鲍鱼养殖户夏季高温紧缺海藻饵料的燃眉之急，减少养鲍饵料成本；2010年公司2项科技成果达到国内领先水平；2011年承担了国家南方沿海岸藻类退化修复子项目；在2011年引进台湾“恒茳”牌“鱼类下脚料、废弃物生物处理生产鱼酵素”产品，该产品通过多种益生菌转化生态有机肥能改良土壤促进植物根部吸收各种养分，净化水产养殖水质，变废为宝，用途广泛，得到广大农户及水产养殖户的认可。

2014年在北京召开的第五届中国科技创新发展论坛上，恒祥渔业有限公司受邀发言，介绍公司科技创新经验；由科技部主管、海峡两岸科技交流中心主办的《海峡科技与产业》杂志第10期刊登公司创新与发展鱼酵素的专访。

公司总经理林恒贵接受新闻采访

参加“6·18”科技成果对接

参加“5·18”闽台农业合作

福建钢泓金属科技有限公司

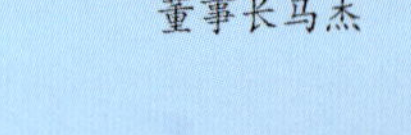

福建钢泓金属科技有限公司是国内领先的，集设计、研发、制造与服务为一体的新型不锈钢行业整体解决方案服务商，是中国不锈钢协会副会长单位、中国五金制品协会厨房设备分会理事单位、福建省橱柜商会理事单位，是龙岩市级企业技术中心、市知识产权试点单位，CCTV.com央视网——中国不锈钢精品装饰板高端品牌战略合作伙伴。

公司注册资金3000万元，占地面积6067公顷，拥有5万平方米的生产厂区，3000多平方米的科研中心大楼，4000多平方米的员工生活馆和8000多平方米的职工文体广场。现有员工135人，其中：中高级职称6人，研发人员10人，操作技师32人。公司拥有完整的生产工艺流程及配套设施，在彩色不锈钢、抗菌不锈钢、远红外线不锈钢以及橱柜制造等领域拥有多项核心技术，是亚太地区领先的不锈钢企业。

永安市金声机械有限公司

永安市金声机械有限公司位于永安市尼葛高新技术产业开发区，是中国内燃机工业协会会员企业，省创新型试点企业，省知识产权优势企业，省知识产权管理规范贯标试点企业，是省内唯一专业研发、生产发动机曲轴、连杆和凸轮轴等零部件的科技型企业。其商标获三明市知名商标、福建省著名商标。公司已通过ISO9001质量体系认证，是三明市民营企业“纳税大户”和永安市“先进企业”。

公司设有铸造、热处理、曲轴加工、连杆及通用机械加工四个车间，现有机械设备300多台（套）。铸造车间生产的优质球墨铸铁和高牌号灰口铸铁在省内铸造行业中处于领先水平。机械加工车间有数控磨床和数控车床等各种机加设备，热处理车间有中频、超音频、高频、等温等热处理淬火设备。公司还有长度计量、理化分析、金相分析、无损探伤等检测手段。

公司引进开发美国、日本通用汽油机的曲轴、连杆、凸轮轴，与国内外几家大企业配套，填补了省内小型汽油机曲轴、连杆、凸轮轴产品的空白。近年来，公司不断进行技术创新，并承担了市、省、国家等多项科技项目，曲轴等温淬火加超音频淬火复合技术处于国内领先水平。

公司以“造就精深品质，创立卓越信誉”的宗旨，真诚地为国内外用户提供优质的产品。

福建万龙金刚石工具有限公司

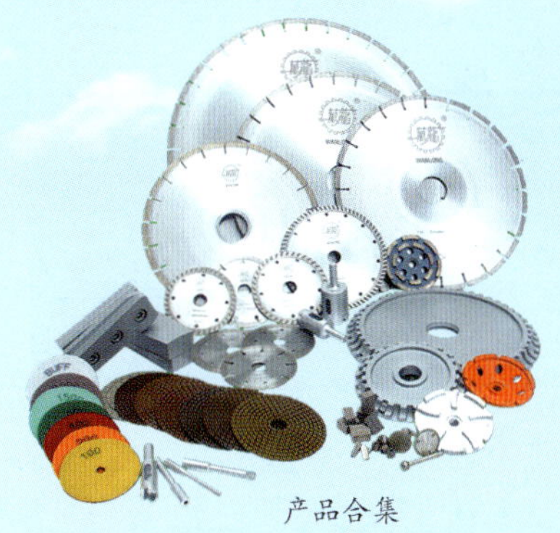
产品合集

福建万龙金刚石工具有限公司成立于1993年9月，坐落于福建省泉州经济技术开发区智泰路13号。公司自创立之初就笃定于石材工具、石材机械、石材复合板等超硬材料应用领域的研发、生产、出口销售经营运作，秉承“以高性价比产品提供商”兼顾“技术支持和服务承包”的独特发展模式，努力实现“在金刚石工具行业成为世界范围内的领先者”的璀璨愿景。公司占地面积1.72公顷，总建筑面积32000平方米，拥有“激光粒度分布仪”、“电子万能实验机”、“脉冲红外定氧仪”、“红外碳硫分析仪”、“超硬磨料冲击试验仪”、“电子震筛仪”、“金相显微镜”、“手持合金分析仪”、“C型超声波”、“扫描电镜”等金刚石制品行业最先进的研发和实验设备。现有员工近600人，其中研发人员64人，教授级工程师2人，博士后2人，硕士3人。经过20年的不懈努力，公司已成为集研发、生产、出口销售及服务为一体的现代化高科技集团，先后两次获得国家科学技术奖。公司自主品牌“万龙”旗下金刚石切割工具、金刚石磨削工具、金刚石钻进工具品种丰富规格齐全，适合石材、陶瓷、混凝土等其他建筑、工程材料的切割、磨削和钻进，以锋利耐用、质量稳定和高性价比享誉国内外市场，远销欧洲、美洲、南亚、中东等地区的108个国家，年产值4亿多元，年出口创汇4000万美元以上，年纳税1000万元以上。

福建天宏电气有限公司

福建天宏电气有限公司是一家集配电设备、电力电子设备、工业自动化仪器仪表等产品研发、制造、销售和服务为一体的省高新技术企业。是原机械工业部、电力工业部整顿验收合格的定点企业，也是国家经贸委为全国城乡电网建设与改造所需主要设备产品的推荐企业。

公司现有职工200多人，其中大专以上员工及科技研发人员占87%。公司与西安高压电器研究所、北京电子科技学院、天津电气科学研究院及华北电力大学等科研院校合作，以提升公司技术开发能力。公司拥有恒温恒湿车间及原装进口剪、冲、弯等数控设备，同时配备各种先进的工艺装备及先进准确的检验检测设备。

公司建有完善科学的管理体系并采用ERP管理软件及OA办公管理软件，通过ISO9001国际质量管理体系认证和CCC强制性认证。多年来公司连续评为守合同重信用企业、纳税信用A级纳税人、省级先进企业、高新技术企业、省级质量管理先进企业、中国最佳信誉企业、省百颗星企业及泉州市文明杯质量奖、市科技先导型企业、市技术创新示范企业等称号。

公司主要产品有：高压开关柜：KYN28-12、HXGN17-12、XGN15-12、XGN2-12、GGX、GG1A、SF6等；低压开关柜：GCK、GCJ、GGD、GGJ、GCS、XL、MNS、PGL、DXW等；YB6、YBM、XBJ Z箱式变电站等；户内外真空断路器等。

平潭综合实验区坛南湾水产食品有限公司

平潭综合实验区坛南湾水产食品有限公司创建于2000年5月，注册资金830万元，位于平潭县澳前镇礑角底村。地理位置优越，三面临海，靠近港口。

公司占地面积4公顷，建筑物面积7800平方米，设有深加工车间、冷冻库、办公楼、晒场等。公司主营带鱼、鲳鱼、鳗鱼等粗加工制品以及熟鱼干、虾仁干、丁香等海洋休闲食品、旅游烧烤。

2009年获评福州市农业产业化龙头企业

2011年获评福建省水产产业化龙头企业

2011年获得全国工业产品生产许可证（QS认证）

2013年获得国家海关进出口货物收发货人报关注册登记证书

2013年获评第八届海峡渔业博览会金奖企业

福建省民爆化工股份有限公司

福建省民爆化工股份有限公司成立于2007年8月，是民用爆炸物品生产、科研、销售、爆破、服务一体化的民爆企业，主要产品为乳化炸药、膨化炸药、多孔粒铵油炸药、工业电雷管、导爆管雷管、塑料导爆管等多个种类，提供工程爆破、民爆器材销售等服务。

公司高度重视新技术、新产品的开发、研究和应用。近两年公司投入3亿多元资金进行技术改造和技术创新，新建了1条国内领先、年产2400万千克高温敏化技术的乳化炸药生产线及配套设施。正在工业化的内标识雷管为国内首创，它能够低成本，实现雷管追溯，为公安机关打击涉爆犯罪发挥重大作用，深受各地公安部门重视和欢迎，年创效1000万元以上。公司被认定为“高新技术企业”、“福建省级企业技术中心”。近年来，公司致力于知识产权体系建设，目前已拥有实用新型专利52件、发明专利3件，被授予“福建省知识产权优势企业”。

为充分调动科技人员科技创新的积极性，公司健全人才培养和使用的激励机制，采用定向培养、委培学习、专题培训、标准宣贯等多种形式，实施多层次专业知识培训。为进一步推动企业转型发展，公司不断加大科技研发和创新力度，从更高层面上进行新技术和新产品的研发，为打造科技型民爆龙头企业而不懈努力。

2号岩石乳化炸药

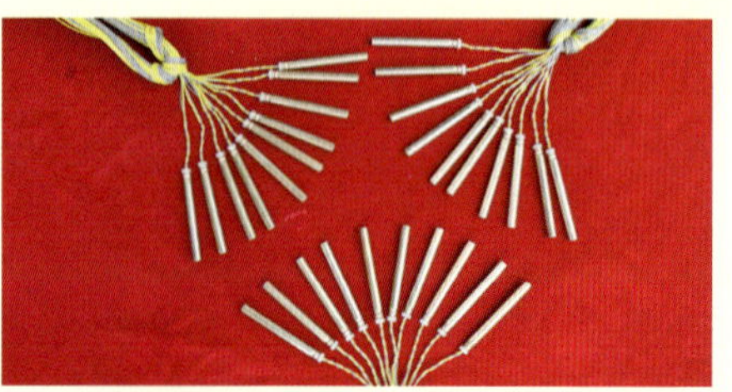
可溯源雷管

应用机器人生产

福建元力活性炭股份有限公司

活性炭炭化、活化生产工序及尾气处理工序

中心化验室

福建元力活性炭股份有限公司创立于1999年，2011年2月在深圳创业板成功上市，是目前国内综合实力最强的木质粉状活性炭生产企业，年活性炭生产能力达6500万千克，产品市场占有率达35%。

公司是国内同行业首家通过ISO9001、ISO14000、OHSAS18001三体系认证的企业。公司在技术上始终保持国内领先地位，并填补了一系列的技术空白，在尾气治理、磷酸回收再利用、无尘包装、颗粒活性炭、电容炭等项目上拥有多项成果。公司建有全国最大的1000万千克自动化磷酸法生产线1条，拥有国家发明和实用新型专利权16件，参与完成多项省级以上课题的研究，曾获国家科学技术进步奖二等奖、省科学技术奖二等奖、南平市科学技术进步奖三等奖等。

公司先后被评为“AA+”等级信用企业、“全国守合同重信用企业”、“省守合同重信用企业”、“省工商信用优异企业（AAA级）”、“省高新技术企业”、“国家林业重点龙头企业”、“农业产业化省级重点龙头企业”、“省企业技术中心”、“省活性炭工程技术研究中心”、“省创新型企业”、“省战略性新兴产业骨干企业”、“省质量管理先进企业”、“省科技型企业”、“中国木质活性炭产业基地领军企业”、“安全生产标准化二级企业”、“南平市首届质量奖”等。

福建菲达阀门科技股份有限公司

福建菲达阀门科技股份有限公司坐落于长泰县兴泰工业区，成立于2004年，是一家专业研发、生产、销售为一体的现代化大型阀门制造企业，产品远销欧美、中东、俄罗斯、东南亚等国家和地区，是目前福建地区最大的高中压阀门制造企业，也是国内最大的阀门出口企业之一。

多年来，菲达阀门一直致力于技术创新及新产品研发，拥有专利18件；被认定为高新技术企业、省级创新型企业；公司“FDV”商标被认定为省著名商标；“FDV”阀门产品被认定为省名牌产品；“高温偏心半球卸料阀”产品获得漳州市及国家创新项目立项；被授予福建省高压阀门企业工程技术研究中心。

近年来，一直致力于OEM、ODM外贸出口的菲达阀门，正式进军中国市场，提出“从欧洲回到中国，打造阀门民族品牌”的战略。2014年公司股票正式在“新三板”挂牌上市，登记的股份总量为5000万股，菲达阀门成为福建省第一家登陆“新三板”的阀门制造业企业。2014年公司获准入网中石化和中海油物资供应商。

福建省闽安机械制造有限公司

福建省闽安机械制造有限公司坐落于福建省南安市，是一家集科研、生产、销售、服务于一体的锻压机床及蚊香生产设备专业生产企业。公司现有一支年轻化、专业化的技术队伍，并与国内高校、科研机构密切合作。拥有完善的加工设备、先进的生产工艺和健全的质量管理体系，产品性能达到国际先进水平。

公司主营三大系列产品：蚊香设备、锻压设备及包装机械。蚊香设备主要有蚊香粉料系统工程、搅拌机、全自动冲压成型机、高效蚊香烘房、收香机、全自动蚊香喷药包装线等。作为国内行业的领先者，公司的蚊香设备以80%的市场占有率覆盖世界各地，得到用户好评。锻压设备主要有液压折弯机、数控折弯机、液压剪板机、数控剪板机、数控转塔冲床等，作为福建首家锻压设备生产厂家，闽安的锻压设备在国内钣金加工业产生了广泛影响，为广大的客户朋友提供了创造财富、创造成功的机会。包装机械主要有全自动枕式包装机、全伺服高速枕式包装机、下送膜枕式包装机、宽体热收缩包装机、多包组合枕式包装机、全自动竖封包装机等，公司的包装机以质量取胜，为客户提供个性化服务，深受用户喜爱。

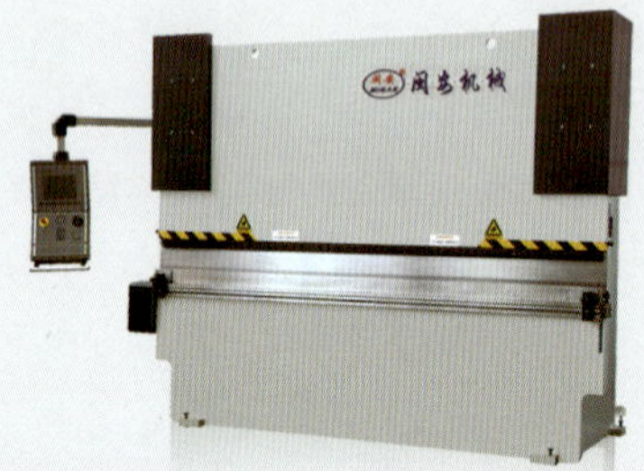

MAHY 电液伺服数控板料折弯机

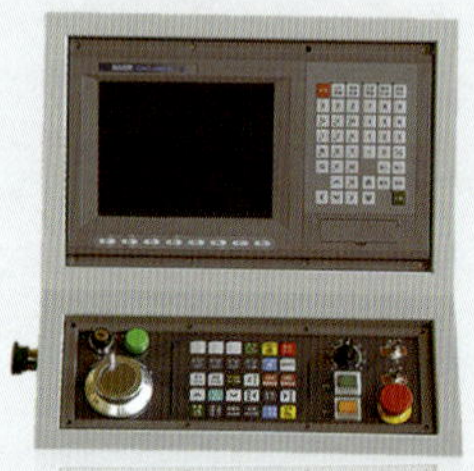
BKS12.5X40B 型数控系统

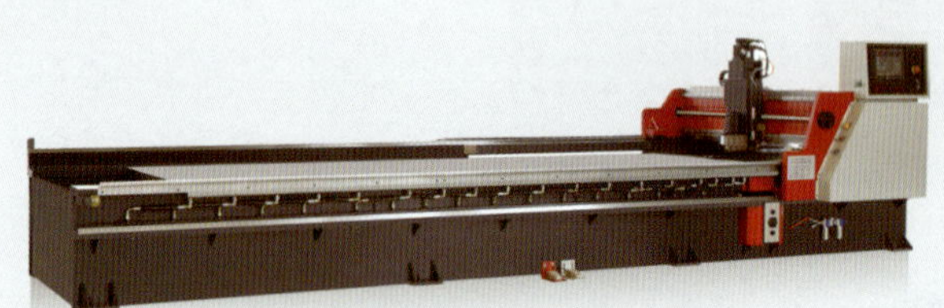
BKS12.5X40A 数控高速刨槽机

现代高优农业示范园一角

福建宁德津田农业发展有限公司

福建宁德津田农业发展有限公司成立于2010年10月，是与台湾明道大学合资创办的一家闽台合作企业，系宁德市农业产业化龙头企业、福建省科技型农业企业。主要从事农作物种植及果树的销售、园林绿化、林木花卉及盆景种植销售、农业休闲观光服务、农业灌溉、农产品初加工等。公司在霞浦县流转荒山和闲置农业用地866.7公顷，建成16个“闽台合作精致农业园区”和1个“有机农业生物药肥厂”。公司连续三年被列入市县重点建设项目，现已完成投资近1亿元。台湾明道大学原精致农业系主任陈中教授长期驻扎霞浦担任项目基地场长兼首席技术顾问，组成强大的技术团队，保证现代农业科技的落实应用，拟重点建设现代农业示范中心、农业技术培训中心、优质苗种供应中心、小型农机具使用推广中心等。公司通过农民专业合作社，推广应用现代农业科技，带动268个农业种植户发展晚熟蜜柚、巨峰葡萄等，产生良好的经济和社会效益。

晚熟蜜柚标准果园一角

台湾技术灯照农业园区近景

闽台合作精致农业示范园区灯照葡萄园一角

福建晋工机械有限公司

福建晋工机械有限公司始创于1979年，坐落于福建省装备制造晋江重点基地安海工业园区，占地面积50多万平方米，员工近千人。是一家集生产“晋工”牌JGM轮式装载机、叉装机、履带式及轮式液压挖掘机及其零部件的专业化工程机械企业。

公司秉承“以人为本、以诚取信、以质求胜”的经营理念，以中国精品工程机械的提供者为宗旨，致力于打造中国工程机械行业的领军品牌。是国内叉装机行业第1强，装载机行业前10强，中国工程机械制造商30强，公司产品销售覆盖全国30个省、市、自治区及海外20多个国家和地区，现有一级代理商100多家，特约服务中心400多家。

公司重视人才培养，恪守质量诚信，着力研发创新。拥有各类专业技术人才568人。拥有专利技术48件，多次荣获福建省、泉州市、晋江市科学技术奖一、二、三等奖。多项技术国内领先，其中叉装机更为国内首创。公司技术中心为省级技术中心、省土石方工程机械企业技术研究中心，多次承担福建省区域重大科技专项和泉州市、晋江市重大科技计划项目。

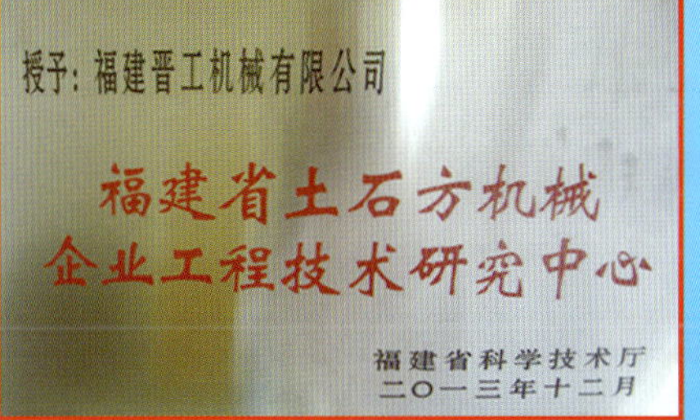

绿康生化股份有限公司

研发中心实验控制室

绿康生化股份有限公司是一家按照GMP标准进行设计建造、生产经营的生物制药企业，国家级高新技术企业、省创新型企业、省第一批战略性新兴产业骨干企业、省质量先进企业。公司专注于微生物发酵类产品的研发和制造，主要产品为：杆菌肽、硫酸黏菌素和纳他霉素等系列产品。目前，公司是杆菌肽系列产品全球产能量大、品种最全、综合实力最强的生产厂家。

公司设有被认定的省级企业技术中心、省级企业工程技术研究中心、省级博士后创新实践基地等技术平台。公司十分重视产、学、研相结合，先后与华中农业大学、福建师范大学等院校和科研单位进行技术合作。公司组建有实力深厚的研发团队，以博士、硕士、学士和技术顾问等为核心，开展生物药品的研究开发；公司建有独立的研发试验大楼，并配备先进检测仪器，现代化的各种检测实验室，同时建立了抗生素活性成分、杂质分析等多种测定技术。公司曾获得国家科技进步奖二等奖、省科学技术奖一等奖。

地　址：福建省浦城县南浦生态工业园19号
邮　编：353400
电　话：0599-2846599
传　真：0599-2827567
网　址：www.pclifecome.com

泉州东山机械有限公司

Quan ZHou Dong SHan Machinery Co., Ltd

泉州东山机械有限公司位于泉州市惠安县黄塘镇台商创业基地，拥有数十年的专业制造蓄电池设备经验，已在福建泉州、印度新德里等地成立了办事服务基地。印度分厂于2012年6月成立。

公司拥有多项国家专利，凭借其13个研究开发项目和14个实用新型专利，成为当地首家台资高新技术企业。通过ISO9001：2008质量管理体系和ISO14001环境管理体系认证，同时积极与各合作单位交流沟通，吸收行业内的新观点、新思想、尊重客户的要求，不断完善自身，务实革新，力争走在铅酸蓄电池设备行业的前沿。

■ 主营产品：

★ 一炉多机

★ ds-148铅零件机

★ ds-150涂板机

★ 各式铸板、零件模具

★ ds-347（新设计）平裁型高炉铸板机

★ ds-149锯板机

★ 包片机

▲ 高炉铸板机

▲ 一炉三机铅零件机

▲ 锯板机

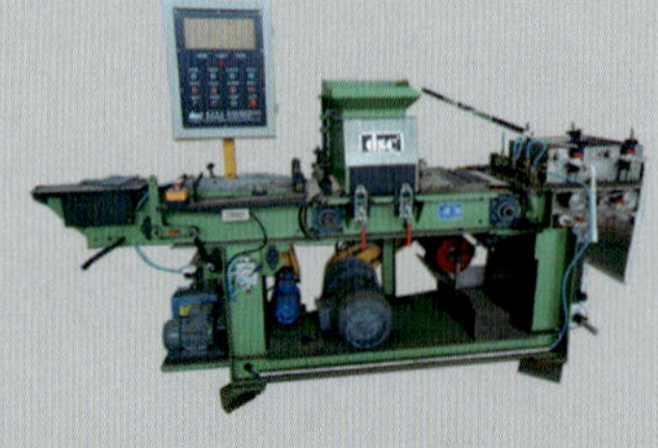

▲ 涂板机

地　址：福建省泉州市惠安县黄塘镇台商创业基地　邮　编：362100　电　话：0595-27656088　传　真：0595-27656099

网　址：www.dsccompany.com　E-mail：sales@dsccompany.com

福建省嘉泰数控机械有限公司是以数字化制造技术为核心，产品渗透到机械加工各个方面；主要面向航空航天、军工、汽车、船舶、风能发电、3C、医疗器械、五金及工装模具等行业提供系列数控机床产品及整体解决方案。

公司创立于1997年，位于泉州市丰泽区。2010年在泉州市洛江区投资建设福建嘉泰产业园，园区占地面积18公顷，一期用地9.33公顷、二期用地8.67公顷；一期工程累计投入3亿多元，已完成近6万平方米的厂房、办公楼和研发中心建设，并于2012年秋季投入使用；二期工程计划2015年投建、2016年投产；力争打造国内最具规模的高端数控机床及核心功能部件的研发制造中心。

公司主营产品有高速钻攻中心系列、高速立式加工中心系列、五轴联动加工中心系列、龙门加工中心系列、刨台式镗铣加工中心系列、卧式加工中心系列、精密功能部件等。其中，门型立式五轴加工中心GL8-V是泉州“数控一代”示范项目，拥有多项专利，属国内首创，技术指标已达到国外先进水平。

车间一角

办公大楼

公司鸟瞰图

科技统计资料

cience and Technology Statistics

科技综合指标

福建省国民经济主要指标统计表

项　　目	单位	1990	1995	2000	2005	2010	2011	2012	2013
年末总人口	万人	3037	3237	3410	3535	3693	3720	3748	3774
年末从业人员	万人	1348.38	1567.09	1660.19	1868.50	2241.59	2459.99	2568.93	2555.86
＃职工	万人	310.86	344.11	318.00	386.99	485.94	538.32	561.29	555.66
地区生产总值	亿元	522.28	2094.90	3764.54	6554.69	14737.12	17560.18	19701.78	21759.64
第一产业	亿元	147.01	464.82	640.57	827.36	1363.67	1612.24	1776.71	1936.31
第二产业	亿元	174.47	882.34	1628.45	3175.92	7522.83	9069.20	10187.94	11315.30
第三产业	亿元	200.80	747.74	1495.52	2551.41	5850.62	6878.74	7737.13	8508.03
人均地区生产总值	元	1763	6492	11194	18353	40025	47377	52763	57856
公共财政总收入	亿元	57.06	184.58	369.67	788.11	2056.01	2597.01	3008.88	3430.35
地方公共财政收入	亿元		117.37	234.11	432.60	1151.49	1501.51	1776.17	2119.45
公共财政支出	亿元	68.45	171.58	324.18	593.07	1695.09	2198.18	2607.50	3068.80
全社会固定资产投资总额	亿元	115.41	681.17	1082.47	2344.73	8273.42	10119.47	12709.66	15526.87
城镇单位职工平均工资	元	2162	5857	10584	17146	32647	38989	44979	49328
储蓄存款	亿元	183.26	794.91	1767.59	3903.05	8101.02	9068.62	10507.39	11847.25
工业总产值	亿元	531.49	2638.52	3994.86	9995.89	23805.32	30330.59	32379.94	36724.66
农林牧渔业总产值	亿元	227.12	738.63	1037.27	1373.01	2307.06	2730.94	3007.40	3281.96
从事科技活动人员	人	20428	24085	68188	86184	179271	216082	239938	242094
企事业单位专业技术人员	万人	50.08	50.96	59.28	58.13	59.94	62.64	63.37	64.88
专利授权数	件	276	933	3003	5147	18063	21857	30497	37511
普通高等学校数	所	36	30	28	66	84	85	86	87
在校学生数	万人	5.56	7.17	13.14	40.70	64.78	67.48	70.14	73.05
专任教师数	人	8926	8354	9779	24919	37733	39747	41119	42905
普通中等学校数	所	103	109	118	391	298	262	251	230
在校学生数	万人	120.69	185.82	269.46	302.74	260.22	260.61	255.09	235.84
专任教师数	人	84535	109879	140769	164888	172901	171636	170041	169245

福建省各设区市部分指标统计表

（2013 年）

项　目	全省	福州市	厦门市	莆田市	三明市	泉州市	漳州市	南平市	龙岩市	宁德市
地区生产总值（亿元）	21759.64	4678.49	3018.16	1342.86	1477.59	5218.00	2236.02	1105.82	1479.90	1238.72
第一产业	1936.31	402.26	25.99	114.58	230.97	171.03	345.53	257.00	177.81	223.65
农、林、牧、渔业	1936.31	402.26	25.99	114.58	230.97	171.03	345.53	257.00	177.81	223.65
第二产业	11315.30	2133.60	1434.79	783.46	771.92	3227.03	1091.71	481.13	796.04	627.59
工　业	9455.32	1654.51	1212.17	639.00	639.42	2892.55	917.31	366.90	642.50	514.64
建筑业	1859.98	479.09	222.62	144.46	132.50	334.48	174.40	114.23	153.54	112.95
第三产业	8508.03	2142.63	1557.38	444.82	474.70	1819.94	798.78	367.69	506.05	387.48
年末总人口（万人）	3774	734	373	283	251	836	493	262	258	284
规模以上工业总产值（亿元）	33853.36	6786.33	4716.21	2008.92	2574.75	9379.11	3259.21	1317.29	1488.43	2323.12
地方财政收入（亿元）	2119.45	453.97	500.56	94.92	89.85	346.91	154.86	71.62	117.21	88.69
地方财政支出（亿元）	3068.80	533.84	534.09	144.16	187.36	422.21	262.25	178.12	199.42	185.95
全社会就业人员数（万人）	2555.85	479.14	257.20	208.81	162.20	578.94	299.68	180.07	186.94	195.08
城镇新增固定资产（亿元）	8380.29	1787.08	468.01	639.73	1137.04	1001.89	1187.18	593.84	925.05	587.39
#科学研究、技术服务和地质勘查业新增固定资产	21.57	8.98	0.47	0.10	2.18	1.42	1.75	2.54	1.89	2.22
城镇职工平均工资（元）	49328	53333	55864	43963	46552	44895	46610	44003	45845	47020
#城镇科学研究、技术服务和地质勘查业职工平均工资	64811	65201	84029	60120	44019	67485	51041	44719	57279	44985
万人国际互联网络用户数（户/万人）	9512.45	10980.93	15281.50	8339.22	7171.31	10000.00	7058.82	7022.90	8023.26	7852.11
百人移动电话用户数（户/百人）	114.02	127.79	163.81	102.12	94.02	116.03	93.51	95.42	106.98	95.77

福建省地方国有企事业单位专业技术人员数统计表

（1978～2013 年）

单位：人

年 份	合 计	工程技术人员	农业技术人员	卫生技术人员	科学研究人员	教学人员
1978	84117	30363	9290	24326	2789	17349
1979	89501	33507	10019	23181	3281	19513
1980	154241	39546	8292	25713	3186	49666
1981	168096	43823	9501	27664	3000	55607
1982	185383	51431	10602	30376	3232	59759
1983	291400	57852	13158	32492	2553	153274
1984	291913	52345	13670	32085	3663	158318
1985	308855	57986	15642	32697	3719	159859
1986	326646	65826	15351	35670	2711	169990
1987	363237	76424	15746	37189	2969	185971
1988	429162	78854	15800	40134	3005	201603
1989	470772	82248	16316	41377	3369	225623
1990	500783	88457	16211	44560	3571	240899
1991	478923	81500	13244	46346	2737	247627
1992	487634	83165	13290	45895	2695	255783
1993	484192	82631	12852	44972	2733	262393
1994	499806	84673	12854	46851	2519	269232
1995	509638	86132	12868	46421	3073	282294
1996	534016	87619	13500	50092	3179	300406
1997	555600	88338	14425	52211	3397	315846
1998	577184	88184	14517	54153	3652	337086
1999	590289	89012	14462	55498	3758	349978
2000	592765	86683	14495	56703	3798	354760
2001	587761	81635	14498	57343	4218	357930
2002	582288	74776	13844	58521	4128	361832
2003	574834	68822	13859	60623	4132	363626
2004	575058	65732	14218	61973	4232	363405
2005	581281	66294	14212	62967	4165	368136
2006	579696	65723	15425	64213	4411	363814
2007	586516	67607	13540	65439	4568	368380
2008	610062	67969	13023	85944	5836	370156
2009	611313	69135	13247	85901	6458	368590
2010	599388	66621	11781	90431	5070	361339
2011	626371	74246	11848	95128	6034	372207
2012	633680	71218	12617	97324	7144	367184
2013	648832	74872	13001	103566	8485	367894

福建省地方国有企事业单位各行业技术人员数统计表

（2005～2013 年）

单位：人

项　　目	2005	2006	2007	2008	2009	2010	2011	2012	2013
合　计	**581281**	**579696**	**586516**	**610062**	**611313**	**599388**	**626371**	**656091**	**648832**
按行业分									
农、林、牧、渔业	25496	27187	25699	23509	23253	22813	20213	20406	21629
采矿业	3233	4106	4295	3589	3546	3635	3926	4051	3411
制造业	16425	14086	12969	13082	13983	13744	14579	14083	13850
电力、燃气及水的生产和供应业	4987	3617	3793	4054	4125	4175	4324	4067	4269
建筑业	10719	10550	9380	8069	7516	8766	10415	12004	11050
交通运输、仓储和邮政业	12918	13783	13648	14832	14484	12670	12705	13965	14940
信息传输、计算机服务和软件业	1772	1238	1307	4360	4547	5261	7290	6768	7452
批发和零售业	6301	5381	5098	4983	5332	5253	5132	5150	5136
住宿和餐饮业	829	812	679	610	633	703	748	823	857
金融业	3690	5202	5823	6096	5633	6641	8129	19342	21606
房地产业	4100	4370	4419	4364	3547	3783	4574	4974	6039
租赁和商务服务业	1936	1690	1979	2019	2151	2052	2437	2538	2318
科学研究、技术服务和地质勘查业	11919	12351	14222	13229	13782	11925	12899	13770	14018
水利、环境和公共设施管理业	8304	8274	8559	8984	8536	7971	8098	8325	9012
居民服务和其他服务业	3220	3560	4986	3565	5193	3674	4162	4913	6203
教育	374351	372279	375080	379778	378552	370279	370305	376404	380675
卫生、社会保障和社会福利业	63307	66040	68892	88840	88623	94348	97615	111191	119990
文化、体育和娱乐业	17116	16174	16135	16379	16580	14193	15731	19448	17272
公共管理和社会组织	10658	8996	9553	9720	11297	7520	23089	13863	12940
按三次产业分									
第一产业	25496	27187	25699	23509	23253	22813	20213	20406	21629
第二产业	35364	32359	30437	28794	21654	30320	33244	34205	32580
第三产业	520421	520150	530380	557759	566406	546255	572914	601480	618458

注：本表中 2012 年按行业及三次产业分的技术人员含劳务（人事）派遣人员。

福建省从事科技活动人员情况统计表

（1987～2013 年）

单位：人

年　份	从事科技活动人员	科研机构	高等院校	大中型工业企业	其他
1987	17893	9052	3557	5284	
1988	17778	8875	3565	5338	
1989	20010	9270	3985	6755	
1990	20428	8796	5392	6240	
1991	21012	9054	4452	7506	
1992	22263	7678	5291	9294	
1993	22305	7399	5516	9390	
1994	22990	6995	5423	10572	
1995	24085	6911	5883	11291	
1996	27621	6656	6051	14914	
1997	30988	6539	6618	17831	
1998	29316	6426	6626	16264	
1999	33621	6127	6563	20931	
2000	68188	5754	6350	17343	38741
2001	70860	4844	7149	26351	32516
2002	67508	4497	7764	25623	29624
2003	71504	4495	8280	28772	29957
2004	79953	4379	9018	30943	35613
2005	86184	4852	8563	37174	35595
2006	101099	5066	9296	46745	39992
2007	112758	5406	10479	53610	43263
2008	131454	5654	11475	65481	48844
2009	167132	5869	27036	77607	56620
2010	179271	5573	28895	86111	58692
2011	216082	5935	28900	118694	62553
2012	239938	6223	29778	130313	73624
2013	242094	6572	31325	135751	68446

注：1. 高等院校科技活动人员不包括教学人员。2. 2000 年起统计范围扩大。3. 其他包括小型工业企业、软件开发单位、农业企事业单位和卫生单位等。4. 2004 年数据为第一次全国经济普查数。

福建省从事科技活动人员分部门、分地区情况统计表

（2012～2013 年）

项　目	有 R&D 活动单位数（个）		科技活动人员（人）		#大学本科及以上学历	
	2013	2012	2013	2012	2013	2012
总　　计	**2642**	**2434**	**242094**	**239938**	**94295**	**88584**
一、按执行部门分组						
科研机构	52	51	6572	6223	5331	5006
高等院校	48	47	31325	29778	28530	26959
大中型工业企业	937	873	135751	130313	42090	38705
其他	1605	1463	68446	73624	18344	17914
二、按隶属关系分组						
中央	30	24	10660	9882	7683	7017
地方	2612	2410	231434	230056	86612	81567
三、按地区分组						
福州市	589	580	68934	70163	34166	33065
厦门市	442	479	68713	70343	24374	23329
莆田市	143	118	9247	7425	3082	2792
三明市	175	147	8241	8300	2601	2508
泉州市	537	469	44651	43247	14292	12775
漳州市	219	215	16412	16370	5875	5093
南平市	100	89	6471	6000	2023	1869
龙岩市	231	191	11396	10692	5238	4653
宁德市	206	146	8029	7398	2644	2500

福建省研究与试验发展（R&D）活动主要指标统计表

（2009～2013 年）

项　目	2009	2010	2011	2012	2013
R&D 人员折合全时人员（人年）	**63269**	**76737**	**96884**	**114492**	**122544**
基础研究	3336	3435	3575	3801	4185
应用研究	7549	8090	8537	8433	9455
试验发展	52385	65218	84772	102258	108904
R&D 经费内部支出（亿元）	**135.38**	**170.90**	**221.52**	**270.99**	**314.06**
按研究类型分					
基础研究	3.27	4.19	4.07	4.85	6.32
应用研究	10.65	9.49	11.77	12.24	14.73
试验发展	121.46	157.22	205.68	253.90	293.00
按执行部门分					
科学研究与开发机构	6.11	6.54	6.82	9.22	10.78
高等院校	5.94	6.94	7.55	7.93	11.08
大中型工业企业	86.12	116.12	161.22	185.42	218.95
其他	37.21	41.30	45.93	68.42	73.25
按支出来源分					
政府资金	14.64	17.61	18.31	21.60	25.92
企业资金	116.59	148.45	197.13	242.56	279.57
国外资金	0.84	1.38	1.30	1.10	0.56
其他	3.31	3.46	4.78	5.73	8.01
R&D 经费内部支出占 GDP 比重（%）	1.11	1.16	1.26	1.38	1.44

注：1. 2004 数据为第一次全国经济普查数。2. 2000 年以来，GDP 数据采用经济普查数据调整后的 GDP。

福建省研究与试验发展（R&D）活动情况统计表

（2013年）

项目	R&D人员折合全时人员（人年）	基础研究	应用研究	试验发展	R&D经费内部支出（万元）	基础研究	应用研究	试验发展	R&D经费外部支出（万元）
总计	**122544**	**4185**	**9455**	**108904**	**3140589**	**63232**	**147321**	**2930036**	**212216**
一、按执行部门分组									
科研机构	3341	825	1278	1238	107754	29210	46799	31746	417
高等院校	7117	2059	4748	310	110845	29703	74152	6990	8562
大中型工业企业	80577	35	218	80324	2189529	513	6017	2182998	125388
其他	31509	1266	3211	27032	732462	3806	20353	708302	77849
二、按隶属关系分组									
中央	4229	1188	1917	1122	158950	41532	71667	45751	10529
地方	118316	2997	7538	107782	2981640	21701	75654	2884285	201686
三、按地区分组									
福州市	38241	1638	4346	32256	803482	33524	60664	709296	51512
厦门市	36443	1619	2380	32444	873662	24029	63670	785962	118595
莆田市	3505	52	158	3295	123159	220	958	121981	2229
三明市	4826	52	311	4463	141055	84	2221	138750	3759
泉州市	18970	420	1054	17496	575903	2466	10538	562899	18639
漳州市	8365	141	224	8000	252813	1974	3277	247561	3205
南平市	3221	114	482	2625	83618	331	2948	80339	1581
龙岩市	5012	57	139	4816	185204	238	1980	182986	9634
宁德市	3963	92	362	3509	101695	367	1067	100261	3061

福建省科技项目（课题）情况统计表

（2013 年）

项　　目	项目（课题）数（项）	项目（课题）参加人员折合全时当量（人年）	项目（课题）经费内部支出（万元）
总　　计	**33860**	**110489**	**2718758**
一、按执行部门分组			
科研机构	2401	2692	66286
高等院校	19501	7112	92673
大中型工业企业	6443	73145	1941884
其他	5515	27540	617916
二、按活动类型分组			
基础研究	8025	3654	44752
应用研究	13309	8371	109014
实验发展	12526	98464	2564992
三、按学科分组			
自然科学	3905	1975	58765
农业科学	1696	1460	25573
医药科学	3001	4899	24472
工程与技术科学	15799	99710	2595116
人文与社会科学	9459	2446	14833
四、按项目来源分组			
国家科技项目	6548	7729	160180
地方科技项目	9553	15379	244262
企业委托科技项目	3626	1844	42149
自选科技项目	13342	82362	2168047
来自国外的科技项目	101	251	7919
其他科技项目	691	2924	96202
五、按项目合作形式			
与境外机构合作	239	1826	61395
与国内高校合作	1474	7495	191769
与国内独立研究机构合作	967	3999	94426
与境内注册外商独资企业合作	75	587	14389
与境内注册其他企业合作	1200	3838	105808
独立完成	29268	89412	2134300
其他	636	3333	116671
六、按地区分组			
福州市	12736	34828	641072
厦门市	10219	32707	794794
莆田市	876	3246	104395
三明市	828	4297	133626
泉州市	4749	17254	493350
漳州市	1403	7171	219040
南平市	674	2833	73132
龙岩市	1403	4563	169990
宁德市	972	3589	89359

福建省研究机构情况统计表

（2013年）

项　目	机构数（个）	R&D人员（人）	R&D经费支出（万元）	科研用仪器设备原价（万元）
总　计	**2187**	**71539**	**1505997**	**1691183**
一、按执行部门分组				
科研机构	93	4382	107754	131038
高等院校	379	2855	26559	246832
大中型工业企业	722	48333	1133804	1049326
其他	993	15969	237880	263986
二、按学科分组				
自然科学	70	2138	69631	170394
农业科学	78	1679	25847	31136
医药科学	205	2307	11990	51933
工程与技术科学	1685	64198	1391081	1431374
人文与社会科学	149	1217	7449	6347
三、按机构类型分组				
政府部门办	112	4597	108604	133307
与境外机构合办	8	43	752	3036
与国内高等学校合办	2	46	340	35
与国内独立科研机构合办				
与境内注册外商独资企业合办				
与境内注册其他企业合办	35	213	3903	27505
单位自办	2029	66617	1392379	1527300
其他	1	23	20	1
四、按隶属关系分组				
中央	164	3438	93372	231154
地方	2023	68102	1412625	1460030
五、按地区分组				
福州市	519	21163	402773	427333
厦门市	516	21587	541033	639085
莆田市	133	2094	45053	42435
三明市	91	2107	33610	34606
泉州市	390	11993	198858	231204
漳州市	162	4969	99232	134074
南平市	66	1436	35708	36043
龙岩市	182	4153	109855	107505
宁德市	128	2039	39875	38899

（省统计局）

福建省公共财政科技支出情况统计表

（2013 年）

单位：万元

地　区	公共财政科学技术支　出	科学技术管理事务	基础研究	应用研究	技术研究与开发	科技条件与服务	社会科学	科学技术普及	科技交流与合作	科技重大专项	其他科学技术
全省	**606228**	**40292**	**12192**	**61262**	**198657**	**73487**	**7553**	**24934**	**1707**	**36705**	**149439**
＃省直（省本级）	96213	3732	9285	28259	13323	16005	5539	4803	890	5071	9306
9 个设区市	510015	36560	2907	33003	185334	57482	2014	20131	817	31634	140133
福州市	86258	10627	48	2413	28120	15572	343	5381	58	4572	19124
＃市直（市本级）	26933	527	11	1487	3097	9774	343	1284	23	40	10347
各县区	59325	10100	37	926	25023	5798		4097	35	4532	8777
厦门市	161909	7643		2431	55921	20188	1047	2204	198	24001	48276
＃市直（市本级）	112400	2066		2431	42377	16737	1030	1184	198	24001	22376
各县区	49509	5577			13544	3451	17	1020			25900
漳州市	40040	1218	413	5970	18228	6768	81	2069	381	50	4862
＃市直（市本级）	6982	131	390	1078	4091	438		816	10		28
各县区	33058	1087	23	4892	14137	6330	81	1253	371	50	4834
泉州市	92275	9626	1734	17403	27882	4445	201	3294	10	491	27189
＃市直（市本级）	18292	1765	1734	58	8147	343	201	1011		16	5017
各县区	73983	7861		17345	19735	4102		2283	10	475	22172
三明市	33911	1891	4	1132	19593	1948	104	2261	60	600	6318
＃市直（市本级）	5747	601		923	946	1590	104	928		300	355
各县区	28164	1290	4	209	18647	358		1333	60	300	5963
莆田市	26022	946	27	1307	14368	1290	10	1013	13		7048
＃市直（市本级）	6647	281	12	1084	3855	979		435			
各县区	19375	665	15	223	10513	311	10	577	13		7048
南平市	17162	1068	8	689	6197	425	66	1168	11		7530
＃市直（市本级）	3457	279	8	449	1031	105	36	154	10		1384
各县区	13705	789		240	5165	320	30	1014	1		6146
龙岩市	35047	1335	618	451	10000	4203	60	1486	60	795	16039
＃市直（市本级）	11028	180	602	115	1986	434	58	344		330	6979
各县区	24019	1155	16	336	8014	3769	2	1142	60	465	9060
宁德市	17391	2206	55	1207	5025	2643	102	1255	26	1125	3747
＃市直（市本级）	6917	172	10	819	1740	2505	59	263		1125	224
各县区	10474	2034	45	388	3285	138	43	992	26		3523

福建省县级公共财政科技支出情况统计表

（2013年）

单位：万元

市、县、区	公共财政科学技术支出	科学技术管理事务	基础研究	应用研究	技术研究与开发	科技条件与服务	社会科学	科学技术普及	科技交流与合作	科技重大专项	其他科学技术
福州市（区、县）	**59325**	**10100**	**37**	**926**	**25023**	**5798**		**4097**	**35**	**4532**	**8777**
鼓楼区	5132	117			2184	16		170	20		2625
台江区	2324	295			220	5		92			1712
仓山区	5233	118		400	3161	9		271	5	125	1144
晋安区	2949	80			2666	2		186			15
马尾区	12155	838			4184	5016		1807	10	165	135
闽侯县	7815	89		162	4512	30		256	-2		2768
长乐市	4502	477		105	3585			335			
福清市	9670	7675		180	1280	26		326		100	83
连江县	5219	119		40	599	20		186		4142	113
罗源县	2387	125		20	1982	15		125			120
闽清县	1113	131			335	504		104	2		37
永泰县	288			19	95	11		138			25
平潭县	538	36	37		220	144		101			
厦门市（区、县）	**49509**	**5577**			**13544**	**3451**	**17**	**1020**			**25900**
同安区	3790	3329			130			74			257
集美区	12912	187			670	1960		149			9946
翔安区	3007				60			19			2928
海沧区	10651	1673			8790		17	107			64
思明区	12900	157			3894	1491		353			7005
湖里区	6249	231						318			5700
漳州市（区、县）	**33058**	**1087**	**23**	**4892**	**14137**	**6330**	**81**	**1253**	**371**	**50**	**4834**
芗城区	3231	53			3017	5		96		50	10
龙文区	2213	103	4		1140	99		33	6		828
龙海市	4483	151	13	22	3971	24		185			117
长泰县	2624	98		1897	257	23		127			222
东山县	3038	130		2600	10	210		88			
南靖县	3156	104	6	167	1430	180		100			1169
平和县	2786	189		50	1373	315		176	330		353
华安县	1147	49		2	1015	5		71			5
云霄县	1471	68			126	1175		102			

续表①

市、县、区	公共财政科学技术支出	科学技术管理事务	基础研究	应用研究	技术研究与开发	科技条件与服务	社会科学	科学技术普及	科技交流与合作	科技重大专项	其他科学技术
漳浦县	6488	120		131	1508	4294	71	176	35		153
诏安县	2421	22		23	290		10	99			1977
泉州市（区、县）	**73983**	**7861**		**17345**	**19735**	**4102**		**2283**	**10**	**475**	**22172**
泉港区	3615	86			389	2622		134			384
鲤城区	2952	245			2447	25		115			120
丰泽区	3768	184			673	32		167		310	2402
洛江区	2076	155		2	1818	4		83			14
惠安县	5718	4579		20	43	28		224		165	659
晋江市	25162	546		16975	521	1089		596			5435
石狮市	8693	471			4054	131		179			3858
南安市	10781	1044		20	1822	100		235	10		7550
安溪县	6279	136		218	3956	33		186			1750
永春县	2251	155		110	1733	20		233			
德化县	2688	260			2279	18		131			
三明市（区、县）	**28164**	**1290**	**4**	**209**	**18647**	**358**		**1333**	**60**	**300**	**5963**
三元区	900	44	4		274			135	10		433
梅列区	1158	182			227			8			741
永安市	9945	324		20	9067	61		141	20		312
宁化县	2084	81			975			111			917
大田县	2423	120		50	2064	10		179			
清流县	1399	68			881			87			363
明溪县	1053	47		39	319	9		116	30		493
尤溪县	2531	202		40	1604	157		150		300	78
沙县	2355	42		40	606	29		114			1524
将乐县	2264	33		20	2034	90		87			
泰宁县	714	57			272	2		88			295
建宁县	1338	90			324			117			807
莆田市（区、县）	**19375**	**665**	**15**	**223**	**10513**	**311**	**10**	**577**	**13**		**7048**
仙游县	3694	107	11	60	1015	145		198	10		2148
荔城区	6139	260		63	794	77		147			4798
城厢区	3763	58		80	3423	7	10	143			42
涵江区	3726	115	4	20	3429	66		43			49
秀屿区	2053	125			1852	16		46	3		11

续表②

市、县、区	公共财政科学技术支出	科学技术管理事务	基础研究	应用研究	技术研究与开发	科技条件与服务	社会科学	科学技术普及	科技交流与合作	科技重大专项	其他科学技术
南平市（区、县）	**13705**	**789**		**240**	**5165**	**320**	**30**	**1014**	**1**		**6146**
延平区	1507	86		40	993	5		150			233
邵武市	2469	130			388	3		127			1821
建阳市	1175	102			119	33		205			716
顺昌县	585	58		60	384	1		81			1
建瓯市	1843	82		20	1353	139		36			213
浦城县	1659	32		20	381	64	30	111			1021
武夷山市	2081	75		80	157	28		159			1582
光泽县	780	48		20	77	42		50			543
松溪县	700	62			578	3		56	1		
政和县	906	114			735	2		39			16
龙岩市（区、县）	**24019**	**1155**	**16**	**336**	**8014**	**3769**	**2**	**1142**	**60**	**465**	**9060**
新罗区	5512	164			871	58		338	30		4051
长汀县	2797	70	16	20	1921	95	2	117		165	391
永定县	3471	135		56	2416	32		169			663
上杭县	4429	236		40	458	3102		145	10		438
武平县	3250	146		20	251	65		134			2634
漳平市	1969	325		200	356	407		115	20		546
连城县	2591	79			1741	10		124		300	337
宁德市（区、县）	**10474**	**2034**	**45**	**388**	**3285**	**138**	**43**	**992**	**26**		**3523**
蕉城区	970	49	45	65	624	59		97			31
福鼎市	1064	245		48	468	9	40	246	6		2
福安市	2116	279		70	619	15		176			957
霞浦县	696	153		20	203	17		167	10		126
古田县	2864	1162		20	603			70			1009
屏南县	324	48		33	128	18		71	10		16
寿宁县	523	39		69	157	10		70			178
周宁县	685	10		24	292	10		29			320
柘荣县	1232	49		39	191		3	66			884

（省财政厅）

福建省技术市场基本情况统计表

（2013 年）

项　　目	合同数（项）	合同金额（万元）	占比（%）
合　　计	**5361**	**539868.35**	**100**
按合同类别分			
技术开发合同	3463	290407.38	53.79
技术转让合同	218	145476.34	26.95
技术咨询合同	1135	12237.16	2.27
技术服务合同	545	91747.47	16.99
按计划来源分			
国家计划	9	369.87	0.07
部门计划	13	40714.29	7.54
省、自治区、直辖市及计划单列市计划	32	2125.26	0.39
地市县计划	32	1030.78	0.19
计划外	5275	495628.15	91.81
按买方构成分			
机关法人	593	41421.18	7.67
事业法人	718	19643.85	3.64
社团法人	15	293.28	0.05
企业法人	3980	473263.99	87.66
自然人	15	93.43	0.02
其他组织	40	5152.63	0.95
按社会经济服务目标分			
环境保护、生态建设及污染防治	399	33431.41	6.19
能源生产、分配和合理利用	79	65471.71	12.13
卫生事业发展	171	17972.95	3.33
教育事业发展	75	2639.76	0.49
基础设施以及城市和农村规划	246	11724.43	2.17
社会发展和社会服务	2895	281013.79	52.05
地球和大气层的探索与利用	27	1406.03	0.26
民用空间探测及开发	122	7666.65	1.42
农林牧渔业发展	389	10556.26	1.96
工商业发展	239	34707.92	6.43
非定向研究	27	1272.33	0.24
其他民用目标	670	70458.56	13.05
国防	22	1546.56	0.29
按技术领域分			
电子信息技术	2957	309909.19	57.4
航空航天技术	12	1667.41	0.31
先进制造技术	128	31547.48	5.84
生物、医药和医疗器械技术	209	20531.36	3.80
新材料及其应用	79	14323.09	2.65
新能源与高效节能	108	65575.30	12.15
环境保护与资源综合利用技术	837	38626.80	7.15
核应用技术			
农业技术	361	9490.04	1.76
现代交通	123	5273.21	0.98
城市建设与社会发展	547	42924.46	7.95
按知识产权分			
技术秘密	1165	196668.60	36.43
专利	104	110981.29	20.56
计算机软件	1736	98379.96	18.22
动、植物新品种	2	161.81	0.03
集成电路布图设计	4	273.30	0.05
生物、医药新品种	9	760.03	0.14
未涉及知识产权	2341	132643.37	24.57

福建省技术合同成交情况统计表

（1990～2013年）

项 目	合 计	技术开发	技术转让	技术咨询	技术服务
合同数（项）					
1990	8397	151	69	1029	7148
1991	3943	262	104	450	3127
1992	6140	354	270	782	4734
1993	4220	355	350	1172	2343
1994	5992	438	158	1010	4386
1995	4266	642	444	1051	2129
1996	6819	605	284	1310	4620
1997	6310	613	326	1812	3559
1998	5698	531	312	1094	3761
1999	6506	1401	404	1653	3408
2000	5597	731	393	1296	3177
2001	4589	688	346	567	2988
2002	4668	868	492	623	2685
2003	5496	1113	242	1149	2992
2004	5656	1191	204	1406	2855
2005	6510	1457	200	1503	3350
2006	5673	1585	122	1059	2907
2007	5047	1752	98	996	2201
2008	5196	1906	135	1173	1982
2009	4799	2265	231	781	1522
2010	5137	2811	290	639	1397
2011	4839	2954	272	575	1038
2012	5390	3654	216	926	594
2013	5361	3463	218	1135	545
合同金额（万元）					
1990	4354	660	181	535	2978
1991	6485	2942	848	407	2288
1992	13545	2935	2472	1124	7014
1993	18758	4058	4437	1313	7150
1994	25118	7629	1938	2783	12768
1995	30550	8960	6404	3914	11272
1996	46206	12635	7766	4477	21328
1997	57459	12924	9836	9066	25633
1998	69363	17323	9228	6063	36749
1999	80868	28268	6888	12477	33235
2000	172601	25411	75045	6701	65444
2001	136941	26488	62482	7752	40219
2002	128988	53778	41271	7399	26540
2003	166778	65108	47015	13001	41654
2004	141395	46021	59653	8989	26732
2005	171959	51837	79761	12574	27787
2006	144122	64191	46261	11288	22382
2007	168662	68989	72069	9696	17908
2008	191223	95052	35414	12954	47803
2009	262349	132945	64562	9691	55151
2010	381217	194219	84986	8519	93494
2011	534130	247146	194359	9176	83450
2012	735768	305585	328475	9120	92588
2013	539868	290407	145476	12237	91747

福建省各设区市技术合同认定登记情况统计表

（2013 年）

设区市	技术合同总数（项）	流向本省的技术合同数（项）	流向省外的技术合同数（项）	技术合同成交总金额（万元）	流向本省的技术合同金额（万元）	流向省外的技术合同金额（万元）
全　省	**5361**	**3912**	**1449**	**539868.35**	**299439.33**	**240429.02**
福　州	2522	2045	477	153378.61	106659.90	46718.71
厦　门	2688	1774	917	311019.20	177323.59	133695.61
莆　田	28	22	6	3232.15	2842.17	389.98
三　明	1	1		6087.00	6087.00	
泉　州	62	28	34	55471.71	2384.53	53087.18
漳　州	26	19	7	7814.60	2603.18	5211.42
南　平	6	6		320.00	320.00	
龙　岩	28	20	8	2545.10	1219.00	1326.10
宁　德						

（省科技厅）

福建省各设区市专利申请授权情况统计表

（2013 年）

单位：件

设区市	专利申请数				专利授权数				发明专利拥有量
		发　明	实用新型	外观设计		发　明	实用新型	外观设计	
合计	**53701**	**9884**	**25769**	**18048**	**37511**	**2941**	**22152**	**12418**	**10429**
福州	9210	3238	4210	1762	6237	1154	3795	1288	4157
厦门	11160	2969	5775	2416	8255	890	5413	1952	3364
莆田	3112	280	653	2179	1705	51	481	1173	155
三明	1082	167	611	304	837	57	602	178	190
泉州	18470	1850	9284	7336	13267	399	7566	5302	1321
漳州	4410	444	1814	2152	3148	129	1550	1469	427
南平	1316	206	502	608	841	61	427	353	225
龙岩	3119	371	1965	783	1882	114	1439	329	332
宁德	1763	338	936	489	1293	81	852	360	243
平潭	52	20	17	15	43	5	26	12	15
※校正值	7	1	2	4	3		1	2	

注：※国家知识产权局只统计各省、自治区、直辖市及计划单列市的申请、授权量数据，各设区市申请、授权量由各省（市、区）根据国家知识产权局提供的专利申请、授权基础数据（含专利权人和专利申请人的地址、名称等信息）进行统计。由于客观原因，上述两种统计数据存在误差，为保持统计数据的一致性，特设置校正值用于校正数据误差。申请（授权）校正值＝全省申请（授权）量—各设区市申请（授权）量之和。

福建省各类型专利申请授权情况统计表

（1985～2013年）

单位：件

年份	专利申请数	发明	实用新型	外观设计	专利授权数	发明	实用新型	外观设计
1985	137	74	63		1	1		
1986	195	67	125	3	23		23	
1987	305	84	206	15	78	3	73	2
1988	420	90	320	10	132	13	114	5
1989	445	90	318	37	203	20	176	7
1990	540	95	374	71	276	25	239	12
1991	672	102	512	58	277	21	206	50
1992	928	171	661	96	352	17	295	40
1993	1271	199	729	343	850	36	697	117
1994	1510	202	725	583	733	22	455	256
1995	1979	200	816	963	933	17	489	477
1996	2626	224	971	1431	1196	15	468	713
1997	3018	226	1113	1679	1547	24	468	1055
1998	3393	201	1071	2121	2318	20	689	1609
1999	3381	240	1099	2042	2934	32	1089	1813
2000	4211	377	1516	2318	3003	93	1074	1836
2001	4971	361	1757	2853	3296	82	1107	2107
2002	6521	562	2233	3726	4001	63	1306	2632
2003	7236	797	2554	3885	5377	137	1658	3582
2004	7498	850	2524	4124	4758	160	1776	2822
2005	9460	1202	3182	5076	5147	242	1793	3112
2006	10351	1437	3445	5469	6412	310	2578	3524
2007	11341	2170	3878	5293	7761	336	3323	4102
2008	13181	2701	5141	5339	7937	530	3921	3486
2009	17559	3842	7844	5873	11282	824	4939	5519
2010	21994	5117	10846	6031	18063	1224	9664	7175
2011	32325	6896	16688	8741	21857	1945	12697	7215
2012	42773	8492	22081	12200	30497	2977	17708	9812
2013	53701	9884	25769	18048	37511	2941	22152	12418

福建省各类申请人专利申请授权情况统计表

（2000～2013 年）

单位：件

项　目	合　计	个　人	大专院校	科研院所	工矿企业	机关团体
申请专利数						
2000	4211	2839	58	34	1271	9
2001	4971	3511	49	38	1361	12
2002	6521	4849	84	85	1493	10
2003	7236	5312	165	69	1677	13
2004	7498	5713	182	56	1536	11
2005	9460	7276	259	105	1812	8
2006	10351	7500	360	95	2376	20
2007	11341	7437	486	141	3249	28
2008	13181	7553	639	295	4632	62
2009	17559	7960	732	257	8552	58
2010	21994	8267	1035	422	12129	141
2011	32325	10625	1470	590	19340	300
2012	42773	14959	1863	650	25093	208
2013	53701	20771	2474	775	29362	319
授权专利数						
2000	3003	1945	30	13	1006	9
2001	3296	2078	38	28	1144	8
2002	4001	2930	35	19	1006	11
2003	5377	3979	58	34	1298	8
2004	4758	3465	82	33	1170	8
2005	5147	3903	87	25	1125	7
2006	6412	4827	146	43	1391	5
2007	7761	5531	177	39	2001	13
2008	7937	5214	275	57	2382	9
2009	11282	6385	376	82	4402	37
2010	18063	7714	535	135	9587	92
2011	21857	7501	703	173	13334	146
2012	30497	10161	652	197	18703	784
2013	37511	13666	1207	408	22106	124

（省知识产权局）

高新技术产业发展情况

福建省高新技术产业主要经济指标情况统计表

（2013年）

项　　目	单位数（个）	从业人员年平均人数（人）	增加值（万元）	主营业务收　入（万元）	利润总额（万元）
总　　计	**14394**	**1727821**	**30862778**	**115620190**	**9508436**
＃工业高新技术产业	5679	1480239	26031682	104919523	8013888
＃科技部门认定的高新技术企业	1638	705545	16110505	61831215	4319583
＃高技术产业	12264	686187	13492542	48182437	3192781
＃高技术服务业	8715	247582	4831096	10700667	1494548
一、按登记注册类型分					
（一）内资企业	12867	942259	14633410	49912978	5010055
＃国有	320	26303	702189	1694105	348370
＃私营	7582	413992	5045288	18004654	1714856
（二）港澳台商投资	847	442033	8237499	32390176	2398119
（三）外商投资	680	343529	7991869	33317036	2100262
二、按所属高新技术园区（开发区）分					
（一）国家级高新技术开发区	652	317910	8013377	33236718	2049574
1. 福州市科技园区	154	65793	1727520	6857899	488249
2. 厦门市火炬高新技术产业开发区	202	148491	4199510	18698035	448943
3. 泉州高新技术产业开发区	175	68117	1422872	5042931	808123
4. 莆田高新技术产业开发区	103	29831	472242	1843273	139885
5. 漳州高新技术产业开发区	18	5678	191233	794580	164374
（二）省级高新技术开发区	128	27199	769700	2988649	381615
（三）非高新技术开发区	13614	1382712	22079701	79394823	7077247
三、按地区分					
福州市高新技术产业	4247	373332	7772165	30464789	1923250
＃高技术产业	3884	197808	3965239	13995311	1030340
厦门市高新技术产业	4048	506878	9768556	37573417	2158690
＃高技术产业	3655	290590	5945962	23491937	1013955
莆田市高新技术产业	560	84708	1211758	3617701	480994
＃高技术产业	446	24209	591383	2012317	126253
三明市高新技术产业	613	63075	1341516	5199972	165082
＃高技术产业	459	13783	277171	702974	49695
泉州市高新技术产业	2376	377683	5880686	19459101	2265508
＃高技术产业	1895	74951	1308980	3468084	500107
漳州市高新技术产业	850	132089	2244354	7813843	1053431
＃高技术产业	667	32835	616106	1950616	222615
南平市高新技术产业	430	57832	684322	2821219	224562
＃高技术产业	365	11871	210701	633110	52136
龙岩市高新技术产业	660	63354	1119282	5008093	787106
＃高技术产业	495	19207	234228	758785	66399
宁德市高新技术产业	610	68870	840140	3662056	449813
＃高技术产业	398	20933	342773	1169301	131281

注：本表中的“利润总额”为规上工业和规上服务业数据。

福建省高新技术工业主要经济指标情况统计表

（2013 年）

项　　目	单位数（个）	从业人员年平均人数（人）	工　业总产值（万元）	工　业增加值（万元）	主营业务收入（万元）	利润总额（万元）	出　口交货值（万元）
总　　计	**5679**	**1480239**	**106039171**	**26031682**	**104919523**	**8013888**	**31412549**
一、高技术制造业	**3549**	**438605**	**37694935**	**8661446**	**37481769**	**1777359**	**18679268**
1. 医药制造业	391	37543	2241902	775935	2234714	262589	206698
#化学药品制造	111	12577	950228	329330	948531	80599	62020
中药饮片加工	34	3437	229544	79623	229307	20607	791
中成药生产	58	8445	527480	182357	525174	94027	29401
兽用药品制造	24	2983	154022	53307	153520	14630	63843
生物药品制造	104	7696	318222	109652	315787	48269	28252
卫生材料及医药用品制造	60	2405	62407	21666	62395	4457	22391
2. 航空、航天器及设备制造业	9	5775	862938	174218	861121	17581	
#飞机制造							
航天器制造							
航空、航天相关设备制造							
其他航空航天器制造							
航空航天器修理	9	5775	862938	174218	861121	17581	
3. 电子及通信设备制造业	2314	304704	24184248	5321118	24041564	1086080	13875254
#电子工业专用设备制造	216	4025	109364	27221	108981	206	5287
光纤、光缆制造	12	516	18243	4979	18216	542	
锂离子电池制造	57	27872	1533322	417052	1525790	140091	339006
通信设备制造	233	26422	3250790	703801	3234100	77506	506036
广播电视设备制造	65	12061	624376	135817	624106	47355	142215
雷达及配套设备制造	3	15	248	43	197		
视听设备制造	77	20637	2546160	552216	2537536	124454	1899985
电子器件制造	465	110775	11769992	2548513	11711910	386165	9919863
电子元件制造	764	86397	3797924	815890	3749584	280331	1001751
其他电子设备制造	422	15984	533830	115586	531140	29430	61111
4. 计算机及办公设备制造业	194	61193	8739928	1913433	8696986	301249	4045426
#计算机整机制造	18	10208	3788126	823823	3785622	109702	880045
计算机零部件制造	52	7568	568710	120435	553422	25568	280991
计算机外围设备制造	26	23767	3213295	697009	3202890	67870	2755080
其他计算机制造	49	10510	542646	115403	530391	53503	14825
办公设备制造	49	9140	627150	156762	624662	44606	114485
5. 医疗仪器设备及仪器仪表制造业	603	26412	1245445	367826	1231700	81761	452658
#医疗仪器设备及器械制造	190	7932	438496	108050	432276	33136	140051
仪器仪表制造	413	18480	806949	259776	799424	48625	312607
6. 信息化学品制造业	38	2978	420473	108916	415683	28096	99233
二、高新技术改造传统产业	**2130**	**1041634**	**68344237**	**17370236**	**67437753**	**6236529**	**12733280**

注：本表中的“利润总额”、“出口交货值”为规上工业数据。

福建省高技术服务业主要经济指标情况统计表

（2013年）

项　目	单位数（个）	从业人员年平均人数（人）	营业收入（万元）	#主营业务收入	增加值（万元）	利润总额（万元）
总　计	**8715**	**247582**	**10902673**	**10700667**	**4831096**	**1494548**
一、按分类分						
信息服务	3973	130579	7334533	7138413	3534758	1467785
电子商务服务	29	437	33938	33900	15630	847
检验检测服务	215	5732	119524	119239	49090	
专业技术服务业的高技术服务	1770	55704	1693882	1693494	697208	
研发与设计服务	1023	14566	369645	369372	164124	
科技成果转化服务	1211	22399	924012	923646	227856	
知识产权及相关法律服务	117	1001	35937	35529	11507	1355
环境监测及治理服务	160	4506	95394	95153	47303	18766
其他高技术服务	217	12658	295808	291921	83621	5795
二、按地区分						
福州市	3270	98122	4538843	4455947	1744680	516300
厦门市	2423	75142	2646090	2596796	1296567	352157
莆田市	247	4786	362388	355773	205521	68996
三明市	364	8406	314473	305432	154333	24344
泉州市	1231	31715	1415810	1399593	799184	310068
漳州市	305	7105	513714	501381	265909	115616
南平市	250	6399	288444	280927	106786	24091
龙岩市	354	9164	382075	373539	132117	40874
宁德市	271	6743	440837	431279	125999	42102

注：本表中的“利润总额”为规上服务业数据。

福建省高新技术产业科技活动人员情况统计表

（2013 年）

项　　目	科技活动人员（人）	#R&D人员	R&D人员折合全时当量（人年）	基础研究人员	应用研究人员	试验发展人员
总　　计	**171468**	**125747**	**100147**	**36**	**326**	**99784**
#工业高新技术产业	156675	118265	93550	36	229	93284
#科技部门认定的高新技术企业	119262	87949	72905	31	49	72824
#高技术产业	57748	41185	35823		154	35669
一、按登记注册类型分组						
内资企业	87768	61366	46771	2	262	46507
港澳台商投资	45020	34332	28216	35	16	28164
外商投资	38680	30049	25160		47	25112
二、按所属高新技术园区（开发区）分						
（一）国家级高新技术开发区	37297	27213	23610		7	23603
1. 福州市科技园区	13976	12513	11721		7	11714
2. 厦门市火炬高新技术产业开发区	12738	7741	7290			7290
3. 泉州高新技术产业开发区	7900	5084	3442			3442
4. 莆田高新技术产业开发区	1358	706	523			523
5. 漳州高新技术产业开发区	1325	1169	634			634
（二）省级高新技术开发区	4033	2941	2257			2257
（三）非高新技术开发区	130138	95593	74280	36	319	73924
三、按分类分						
（一）高技术制造业	42955	33703	29226		57	29169
1. 医药制造业	3908	3106	2252		11	2241
#化学药品制造	1440	1124	633		11	622
中药饮片加工	292	250	234			234
中成药生产	956	729	520			520
兽用药品制造	327	208	167			167
生物药品制造	237	750	685			188
卫生材料及医药用品制造	656	45	14			510
2. 航空、航天器及设备制造业	504					
#飞机制造						
航天器制造						
航空、航天相关设备制造						
其他航空航天器制造						
航空航天器修理	504					
3. 电子及通信设备制造业	25801	19559	16447		41	16405
#电子工业专用设备制造	154	39	34			34
光纤、光缆制造	49	43	24			24
锂离子电池制造	2229	1658	1519			1519
通信设备制造	5308	4527	3920		40	3880
广播电视设备制造	1298	673	268			268
雷达及配套设备制造						
视听设备制造	2854	2156	1475			1475
电子器件制造	7794	6657	5892		1	5891
电子元件制造	4810	3082	2697			2697

续表

项　　目	科技活动人员（人）	#R&D人员	R&D人员折合全时当量（人年）	基础研究人员	应用研究人员	试验发展人员
其他电子设备制造	1305	724	618			618
4. 计算机及办公设备制造业	9857	8776	8452		5	8447
#计算机整机制造	642	641	641			641
计算机零部件制造	603	569	493			493
计算机外围设备制造	3945	3639	3603			3603
其他计算机制造	3682	3237	3218			3217
办公设备制造	985	690	498		5	493
5. 医疗仪器设备及仪器仪表制造业	2684	2082	1908			1908
#医疗仪器设备及器械制造	659	470	428			428
仪器仪表制造	2025	1612	1480			1480
信息化学品制造业	201	180	167			167
（二）高技术服务业	14793	7482	6597		97	6500
1. 信息服务	14573	7394	6515		97	6418
2. 电子商务服务	35					
3. 检验检测服务						
4. 专业技术服务业的高技术服务						
5. 研发与设计服务						
6. 科技成果转化服务						
7. 知识产权及相关法律服务						
8. 环境监测及治理服务	132	73	70			70
9. 其他高技术服务	53	15	12			12
（三）高新技术改造传统产业	113720	84562	64324	36	172	64115
四、按地区分						
福州市高新技术产业	40258	33675	29516		114	29402
#高技术产业	24173	20885	19041		107	18934
厦门市高新技术产业	57106	37519	31858		41	31817
#高技术产业	24076	13613	12128		41	12087
莆田市高新技术产业	6240	4476	2819		12	2807
#高技术产业	1211	830	559		5	555
三明市高新技术产业	5751	4864	3833			3833
#高技术产业	247	214	152			152
泉州市高新技术产业	31384	21861	15709	35	39	15635
#高技术产业	2945	1556	883			882
漳州市高新技术产业	13085	10332	7183	2	30	7151
#高技术产业	2143	1958	1254			1254
南平市高新技术产业	4118	2951	2408		84	2324
#高技术产业	488	366	282			282
龙岩市高新技术产业	7828	5773	3795		3	3793
#高技术产业	631	345	239			239
宁德市高新技术产业	5698	4296	3025		3	3022
#高技术产业	1834	1418	1285		1	1284

福建省高新技术产业 R&D 活动经费支出情况统计表

（2013 年）

单位：万元

项　目	R&D 经费内部支出	按支出用途分			按活动类型分			R&D 经费外部支出
		R&D 经常费支出	#人员劳务费	资产性支出	基础研究支出	应用研究支出	试验发展支出	
总　计	**2580998**	**2225374**	**776637**	**355623**	**572**	**7339**	**2573087**	**184434**
#工业高新技术产业	2491177	2141495	708722	349681	572	6337	2484268	122464
#科技部门认定的高新技术企业	1677041	1473052	535426	203989	544	1068	1675428	125002
#高技术产业	796952	722276	304972	74676	3	2760	794190	113513
一、按登记注册类型分								
内资企业	1178063	994020	353198	184043	61	4817	1173185	96896
港澳台商投资	746140	627934	209622	118206	511	1559	744070	15471
外商投资	656794	603421	213817	53374		963	655831	72067
二、按所属高新技术园区（开发区）分								
（一）国家级高新技术开发区	607939	511418	196486	55663		120	607819	48791
1. 福州市科技园区	199160	158351	84066	13620		120	199040	4984
2. 厦门市火炬高新技术产业开发区	235596	202973	58228	18955			235596	42881
3. 泉州高新技术产业开发区	131933	114834	40327	17099			131933	893
4. 莆田高新技术产业开发区	17849	15701	5002	2148			17849	4
5. 漳州高新技术产业开发区	23401	19559	8864	3842			23401	29
（二）省级高新技术开发区	61634	56299	13940	5335			61634	553
（三）非高新技术开发区	1911425	1657657	566210	294626	572	7219	1903635	135089
三、按分类分								
（一）高技术制造业	707131	638398	237057	68734	3	1758	705371	51543
1. 医药制造业	52801	45062	15076	7739	3	251	52548	6006
#化学药品制造	16519	14630	5373	1889		251	16268	2297
中药饮片加工	2182	1776	671	407			2182	
中成药生产	14424	11923	3681	2502	3		14422	2089
兽用药品制造	2698	1921	1223	777			2698	286
生物药品制造	16839	14675	4075	2165			16839	1334
卫生材料及医药用品制造	138	138	53				138	
2. 航空、航天器及设备制造业								
#飞机制造								
航天器制造								
航空、航天相关设备制造								
其他航空航天器制造								
航空航天器修理								
3. 电子及通信设备制造业	425998	378243	133309	47755		1008	424991	44606
#电子工业专用设备制造	762	707	166	55			762	
光纤、光缆制造	365	178	99	186			365	
锂离子电池制造	22964	16606	7446	6358			22964	769
通信设备制造	69533	66177	26164	3356		975	68558	27188
广播电视设备制造	9634	9326	3340	308			9634	97
雷达及配套设备制造								
视听设备制造	47811	45373	19041	2438			47811	47

续表

项　　目	R&D经费内部支出	按支出用途分			按活动类型分			R&D经费外部支出
		R&D经常费支出	#人员劳务费	资产性支出	基础研究支出	应用研究支出	试验发展支出	
电子器件制造	194064	171303	56359	22761		33	194031	14119
电子元件制造	72859	61033	16933	11826			72859	2337
其他电子设备制造	8007	7541	3762	467			8007	50
4. 计算机及办公设备制造业								
#计算机整机制造	17270	17118	15465	152			17270	26
计算机零部件制造	11594	9372	4289	2223			11594	19
计算机外围设备制造	86010	85924	18697	87			86010	75
其他计算机制造								
办公设备制造	10680	8085	5528	2596		500	10180	6
5. 医疗仪器设备及仪器仪表制造业	43659	40402	10754	3258			43659	356
#医疗仪器设备及器械制造	5658	4893	2312	765			5658	5
仪器仪表制造	38001	35508	8442	2493			38001	351
6. 信息化学品制造业	4360	2553	964	1807			4360	92
（二）高技术服务业	89821	83879	67915	5942		1001	88819	61970
1. 信息服务	88984	83104	67304	5880		1001	87983	61932
2. 电子商务服务								
3. 检验检测服务								
4. 专业技术服务业的高技术服务								
5. 研发与设计服务								
6. 科技成果转化服务								
7. 知识产权及相关法律服务								
8. 环境监测及治理服务	682	621	532	61			682	37
9. 其他高技术服务	154	154	79	1			154	
（三）高新技术改造传统产业	1784046	1503098	471665	280948	569	4579	1778897	70921
四、按地区分								
福州市高新技术产业	616777	538777	229574	78001		1359	615419	42779
#高技术产业	323059	300558	156138	22500		1108	321951	15682
厦门市高新技术产业	768343	692968	242987	75376		898	767445	114457
#高技术产业	349157	316492	113045	32666		898	348259	93133
莆田市高新技术产业	112980	96842	26496	16138		598	112382	1369
#高技术产业	20808	18686	4856	2123		500	20308	478
三明市高新技术产业	122696	113135	32806	9562			122696	3175
#高技术产业	4982	3929	1056	1053			4982	446
泉州市高新技术产业	464526	371973	124962	92553	511	766	463250	13054
#高技术产业	27055	22805	7291	4250		110	26946	424
漳州市高新技术产业	205636	170732	56888	34903	61	1599	203976	3093
#高技术产业	32577	29034	13084	3543	3		32575	1881
南平市高新技术产业	66817	60266	13653	6551		1853	64964	1369
#高技术产业	13893	12787	2324	1106			13893	629
龙岩市高新技术产业	136273	111450	28129	24823		63	136211	2499
#高技术产业	6888	5038	1239	1851			6888	49
宁德市高新技术产业	86949	69232	21142	17717		204	86745	2639
#高技术产业	18532	12948	5938	5584		144	18388	791

福建省高新技术工业科技产出情况统计表

（2013 年）

项　　目	新产品产值（万元）	新产品销售收入（万元）	#出口	专利申请数（件）	#发明专利
总　　计	**34602604**	**34382593**	**9438779**	**16563**	**4695**
#科技部门认定的高新技术企业	23417416	23057458	7991637	11422	3491
#高技术产业	12290817	12236082	5711039	3875	1761
一、按登记注册类型分					
内资企业	12042056	11784255	1567913	10180	2495
港澳台商投资	10889002	11188912	3295616	3469	937
外商投资	11671546	11409426	4575251	2914	1263
二、按所属高新技术园区（开发区）分					
（一）国家级高新技术开发区	9554812	9362192	4126178	3494	1517
1. 福州市科技园区	1425886	1314482	135413	968	685
2. 厦门市火炬高新技术产业开发区	6074387	6050294	3621107	1101	470
3. 泉州高新技术产业开发区	1440879	1424768	85900	1245	330
4. 莆田高新技术产业开发区	255783	231788	24230	79	18
5. 漳州高新技术产业开发区	357878	340860	259528	101	14
（二）省级高新技术开发区	842850	885654	65389	284	71
（三）非高新技术开发区	24204942	24134747	5247212	12785	3107
三、按分类分					
（一）高技术制造业	12290817	12236082	5711039	3875	1761
1. 医药制造业	618653	564063	31171	218	139
#化学药品制造	350839	304249	15161	98	64
中药饮片加工	20962	20179		4	3
中成药生产	95657	96517	1671	64	40
兽用药品制造	23782	22470	7047	32	20
生物药品制造	117106	112719	5439	13	12
卫生材料及医药用品制造	10307	7929	1855	7	
2. 航空、航天器及设备制造业					
#飞机制造					
航天器制造					
航空、航天相关设备制造					
其他航空航天器制造					
航空航天器修理					
3. 电子及通信设备制造业	9190329	9056069	5352552	2679	1127
#电子工业专用设备制造	5808	5808		7	1
光纤、光缆制造	2199	2199		6	
锂离子电池制造	353278	353936	300122	139	56
通信设备制造	2285411	2356880	424565	412	264

续表

项　　目	新产品产　值（万元）	新　产　品销售收入（万元）	＃出口	专　利申请数（件）	＃发明专利
广播电视设备制造	253910	257383	62519	117	38
雷达及配套设备制造					
视听设备制造	1704624	1668520	1219473	255	78
电子器件制造	3576955	3505486	3084711	1261	568
电子元件制造	938111	840622	242930	396	88
其他电子设备制造	70032	65235	18233	86	34
4. 计算机及办公设备制造业	2290607	2421239	281261	531	371
＃计算机整机制造	97922	97922			
计算机零部件制造	49277	264626	13746	98	40
计算机外围设备制造	1675260	1679869	258936	48	26
其他计算机制造	351456	262656	4624	247	219
办公设备制造	116693	116167	3955	138	86
5. 医疗仪器设备及仪器仪表制造业	169498	173204	44529	421	105
＃医疗仪器设备及器械制造	49109	46287	18415	80	13
仪器仪表制造	120389	126917	26115	341	92
6. 信息化学品制造业	21731	21507	1526	26	19
（二）高新技术改造传统产业	22311787	22146511	3727740	12688	2934
四、按地区分					
福州市高新技术产业	7824168	7485766	1246831	2834	1231
＃高技术产业	3006186	2862614	352032	1136	735
厦门市高新技术产业	12734698	12502889	6351564	4756	1531
＃高技术产业	7868976	7807748	4719059	1494	671
莆田市高新技术产业	1063604	1020184	100722	1053	156
＃高技术产业	236351	207567	20090	73	18
三明市高新技术产业	1200303	1163173	95493	209	45
＃高技术产业	84989	83963	4973	17	4
泉州市高新技术产业	6271060	6479264	493964	4406	882
＃高技术产业	237163	441518	45093	714	159
漳州市高新技术产业	2146689	2381893	579602	1127	324
＃高技术产业	404006	384694	269581	189	52
南平市高新技术产业	584427	563396	88751	558	110
＃高技术产业	71810	68573	7047	40	17
龙岩市高新技术产业	1514494	1556918	61677	999	236
＃高技术产业	25882	25076		67	26
宁德市高新技术产业	1263162	1229110	420177	621	180
＃高技术产业	355455	354329	293165	145	79

福建省高新技术工业技术获取、改造和政策落实情况统计表

（2013年）

单位：万元

项　　目	技术改造经费支出	引进国外技术经费支　出	引进技术的消化吸收经费支出	购买国内技术经费支出	研究开发费用加计扣除减免税
总　　计	**711127**	**185860**	**24751**	**148658**	**76226**
#科技部门认定的高新技术企业	395574	100942	13378	73716	65655
#高技术产业	169012	79906	11918	64689	33292
一、按登记注册类型分					
内资企业	408522	46732	11066	62383	35096
港澳台商投资	143298	61130	8710	68077	21649
外商投资	159307	77998	4975	18199	19481
二、按所属高新技术园区（开发区）分					
（一）国家级高新技术开发区	99067	81136	3305	14124	26176
1. 福州市科技园区	17535	273	147	1129	10370
2. 厦门市火炬高新技术产业开发区	49204	71695	2417	10549	13393
3. 泉州高新技术产业开发区	22518	8670	51	251	1859
4. 莆田高新技术产业开发区	7514	297	655	1170	
5. 漳州高新技术产业开发区	2296	200	36	1025	555
（二）省级高新技术开发区	32509	283	266	6215	2412
（三）非高新技术开发区	579552	104441	21180	128319	47638
三、按分类分					
（一）高技术制造业	169012	79906	11918	64689	33292
1. 医药制造业	45524	2172	1619	2534	2698
#化学药品制造	31668			1047	1145
中药饮片加工	152				168
中成药生产	6619	1674		852	801
兽用药品制造	677		14	337	36
生物药品制造	6409	498	1605	299	548
卫生材料及医药用品制造					
2. 航空、航天器及设备制造业		2072			676
#飞机制造					
航天器制造					
航空、航天相关设备制造					
其他航空航天器制造					
航空航天器修理		2072			676
3. 电子及通信设备制造业	84012	73948	9954	61732	20811
#电子工业专用设备制造	157				12
光纤、光缆制造	1		1	1	
锂离子电池制造	945	3133	6366	3234	1440
通信设备制造	4708	390	373	5577	852

续表

项目	技术改造经费支出	引进国外技术经费支出	引进技术的消化吸收经费支出	购买国内技术经费支出	研究开发费用加计扣除减免税
广播电视设备制造	4734			1019	273
雷达及配套设备制造					
视听设备制造	3654	3	60	22997	1892
电子器件制造	47670	63996	161	6763	12404
电子元件制造	19377	6427	2992	22141	3438
其他电子设备制造	2767				501
4. 计算机及办公设备制造业	14274	493	48	115	6808
＃计算机整机制造				26	19
计算机零部件制造	10500				90
计算机外围设备制造	263				3002
其他计算机制造	3166	196	29	89	3284
办公设备制造	345	297	19		412
5. 医疗仪器设备及仪器仪表制造业	23657	1222	297	2	2299
＃医疗仪器设备及器械制造	896	1102	12	2	123
仪器仪表制造	22760	120	286		2176
6. 信息化学品制造业	1545			307	
（二）高新技术改造传统产业	542115	105954	12833	83969	42934
四、按地区分					
福州市高新技术产业	110475	8275	2909	7131	25664
＃高技术产业	24967	273	147	1541	10482
厦门市高新技术产业	224098	151489	5925	85477	29795
＃高技术产业	96030	75598	4300	55500	18472
莆田市高新技术产业	18653	330	3084	4806	2147
＃高技术产业	4354	297	1012	134	514
三明市高新技术产业	115624	1459	1504	2145	1668
＃高技术产业	2178			30	242
泉州市高新技术产业	119407	10982	1462	7489	5954
＃高技术产业	17187	45	50	12	943
漳州市高新技术产业	41839	1492	471	1328	5041
＃高技术产业	7153			108	937
南平市高新技术产业	34413	1010	236	592	1582
＃高技术产业	15022		14	74	249
龙岩市高新技术产业	34898	6789	1619	32037	2906
＃高技术产业	559	560	29	4057	55
宁德市高新技术产业	11722	4034	7542	7654	1469
＃高技术产业	1562	3133	6366	3234	1400

福建省福州市高新技术产业主要经济指标情况统计表

（2013 年）

项　目	单位数（个）	从业人员年平均人数（人）	增加值（万元）	主营业务收入（万元）	利润总额（万元）
总　计	**4247**	**373332**	**7772165**	**30464789**	**1923250**
#工业高新技术产业	977	275210	6027485	26008841	1406950
#科技部门认定的高新技术企业	342	136204	3890241	15075014	871411
#高技术产业	3884	197808	3965239	13995311	1030410
#高技术服务业	3270	98122	1744680	4455947	516300
一、按登记注册类型分					
1. 内资企业	3887	196679	3601345	12113685	915010
#国有	123	16340	600411	1449670	224687
#私营	2566	91825	1472961	5054489	336206
2. 港澳台商投资	177	101374	2432439	10464132	622614
3. 外商投资	183	75279	1738381	7886971	385626
二、按县（市、区）分					
鼓楼区	2128	83948	1563645	4263580	459709
台江区	439	10798	111660	372263	9683
仓山区	482	50091	565360	2417323	147224
马尾区	175	47586	1364283	5493193	422523
晋安区	434	26008	362354	1658577	48414
闽侯县	156	35919	864745	3560209	126851
连江县	34	4974	69559	289810	29002
罗源县	22	4461	157757	821998	16151
闽清县	33	4732	40351	160246	12405
永泰县	20	571	6404	23185	893
平潭县	64	1612	9903	31672	
福清市	175	75941	1434567	6268445	359335
长乐市	85	26691	1221576	5104289	291062

注：本表中的“利润总额”为规上工业和规上服务业数据。

福建省福州市高新技术工业分行业主要经济指标情况统计表

（2013年）

项　　目	单位数（个）	从业人员年平均人数（人）	总产值（万元）	增加值（万元）	主营业务收入（万元）	利润总额（万元）	出口交货值（万元）
总　计	**977**	**275210**	**26887832**	**6027485**	**26008841**	**1406950**	**7957686**
（一）高技术制造业	614	99686	9592164	2220559	9539364	514110	5222816
1. 医药制造业	80	11581	678183	234942	676700	56785	70546
#化学药品制造	33	6477	401430	139053	400549	24848	55105
中药饮片加工	3	1035	70997	24650	70991	10054	
中成药生产	8	1338	118510	41062	118256	9498	
兽用药品制造	2	1022	19581	6799	19581	3250	
生物药品制造	24	993	44412	15303	44072	5472	12542
卫生材料及医药用品制造	10	716	23254	8074	23253	3663	2899
2. 航空、航天器及设备制造业							
#飞机制造							
航天器制造							
航空、航天相关设备制造							
其他航空航天器制造							
航空航天器修理							
3. 电子及通信设备制造业	320	47786	4754851	1056978	4733331	291479	2350369
#电子工业专用设备制造	34	621	18444	4593	18376	227	4599
光纤、光缆制造	3	17	262	72	262		
锂离子电池制造	15	6502	476748	130005	475590	4969	25276
通信设备制造	30	7042	403526	87426	401738	24379	10091
广播电视设备制造	9	1719	107333	23358	107333	2983	44235
雷达及配套设备制造	2	14	248	43	197		
视听设备制造	7	1034	141615	30818	141615	9871	108534
电子器件制造	62	19723	2772167	599389	2755226	156462	2045944
电子元件制造	76	8678	729862	158662	729081	83702	97377
其他电子设备制造	82	2436	104647	22614	103913	8886	14313
4. 计算机及办公设备制造业	58	33116	3874810	843032	3847283	142123	2756251
#计算机整机制造	5	215	8105	1219	5601	192	
计算机零部件制造	17	2262	174597	37763	173530	9588	118030
计算机外围设备制造	13	18553	2997065	650088	2987279	53919	2582789
其他计算机制造	16	9732	518863	110238	506657	52204	4139
办公设备制造	7	2354	176180	43723	174215	26220	51293
5. 医疗仪器设备及仪器仪表制造业	149	6126	263237	80082	260968	18686	33291
#医疗仪器设备及器械制造	52	1257	63277	15733	62942	3463	3993
仪器仪表制造	97	4869	199960	64349	198025	15223	29298
6. 信息化学品制造业	7	1077	21083	5525	21083	5037	12359
（二）高新技术改造传统产业	363	175524	17295668	3806926	16469478	892841	2734870

注：本表中的“利润总额”、“出口交货值”为规上工业数据。

福建省厦门市高新技术产业主要经济指标情况统计表

（2013 年）

项　　目	单位数（个）	从业人员年平均人数（人）	增加值（万元）	主营业务收入（万元）	利润总额（万元）
总　　计	**4048**	**506878**	**9768556**	**37573417**	**2158690**
＃工业高新技术产业	1625	431736	8471989	34976621	1806533
＃科技部门认定的高新技术企业	820	308421	6089071	23087410	1424778
＃高技术产业	3655	290590	5945962	23491937	1013955
＃高技术服务业	2423	75142	1296567	2596796	352157
一、按登记注册类型分					
内资企业	3467	196586	2748487	8373943	813487
＃国有	35	2135	32955	81269	-201
＃私营	2399	64107	515035	1640123	198736
港澳台商投资	279	131624	2192737	8953574	447351
外商投资	302	178668	4827331	20245900	897852
二、按县（市、区）分					
思明区	1719	86564	1483677	3586648	483549
海沧区	292	67337	1210294	4711802	515684
湖里区	1037	141762	3378627	14197794	566708
集美区	404	93765	1358952	5352546	323251
同安区	272	35198	439506	1596394	65582
翔安区	324	82252	1897501	8128234	203917

注：本表中的“利润总额”为规上工业和规上服务业数据。

福建省厦门市高新技术工业分行业主要经济指标情况统计表

（2013年）

项　　目	单位数（个）	从业人员年平均人数（人）	总产值（万元）	增加值（万元）	主营业务收入（万元）	利润总额（万元）	出口交货值（万元）
总　　计	**1625**	**431736**	**35447109**	**8471989**	**34976621**	**1806533**	**16594462**
（一）高技术制造业	1232	215448	21003457	4649395	20895141	661798	12051173
1. 医药制造业	76	6996	289951	99321	286035	40634	28793
#化学药品制造	25	933	28635	9672	27854	298	187
中药饮片加工	5	430	17300	5936	17094	1584	791
中成药生产	7	1900	78558	26985	77714	6319	2385
兽用药品制造	3	98	7026	2440	7026	425	
生物药品制造	20	2616	136294	46605	134219	31477	5938
卫生材料及医药用品制造	16	1019	22138	7684	22128	531	19492
2. 航空、航天器及设备制造业	9	5775	862938	174218	861121	17581	
#飞机制造							
航天器制造							
航空、航天相关设备制造							
其他航空航天器制造							
航空航天器修理	9	5775	862938	174218	861121	17581	
3. 电子及通信设备制造业	866	171772	14828135	3220605	14741386	403728	10453075
#电子工业专用设备制造	84	1447	34160	8484	33940	-120	278
光纤、光缆制造	4	56	3144	852	3118		
锂离子电池制造	6	2385	203958	55682	203808	-883	2139
通信设备制造	64	11981	2547314	551581	2534618	37352	480176
广播电视设备制造	24	1313	54120	11743	53961	-559	3860
雷达及配套设备制造							
视听设备制造	33	13900	1706752	370603	1702989	26128	1347147
电子器件制造	193	77981	8374485	1817515	8351827	181064	7768564
电子元件制造	281	54046	1674077	354411	1628587	152499	818757
其他电子设备制造	177	8663	230123	49734	228539	8247	32154
4. 计算机及办公设备制造业	38	17358	4083984	889127	4082466	132537	1119377
#计算机整机制造	8	9922	3779929	822584	3779929	109510	880045
计算机零部件制造	9	1214	69749	15089	69338	5122	58028
计算机外围设备制造	7	5047	202430	43918	201811	13597	172290
其他计算机制造	10	352	10252	2227	10234	402	588
办公设备制造	4	823	21623	5309	21155	3906	8426
5. 医疗仪器设备及仪器仪表制造业	236	12645	598176	178185	588565	44377	369907
#医疗仪器设备及器械制造	74	4548	180090	43567	174298	21602	127547
仪器仪表制造	162	8097	418085	134618	414267	22775	242360
6. 信息化学品制造业	7	902	340273	87940	335568	22941	80021
（二）高新技术改造传统产业	393	216288	14443652	3822594	14081480	1144735	4543288

注：本表中的“利润总额”、“出口交货值”为规上工业数据。

福建省莆田市高新技术产业主要经济指标情况统计表

（2013 年）

项　目	单位数（个）	从业人员年平均人数（人）	增加值（万元）	主营业务收入（万元）	利润总额（万元）
总　计	**560**	**84708**	**1211758**	**3617701**	**480994**
#工业高新技术产业	313	79922	1006237	3261928	411998
#科技部门认定的高新技术企业	26	9816	238680	899469	54148
#高技术产业	446	24209	591383	2012317	126253
#高技术服务业	247	4786	205521	355773	68996
一、按登记注册类型分					
内资企业	481	47998	782967	2215511	255269
#国有	7	1397	2238	5914	709
#私营	115	4733	77084	288135	31931
港澳台商投资	57	24139	332514	1113825	95246
外商投资	22	12571	96277	288365	130479
二、按县（市、区）分					
城厢区	185	13183	229200	615130	69491
涵江区	175	29672	543306	1742267	145050
荔城区	91	24202	292437	795542	135506
秀屿区	24	8086	27404	84573	88915
仙游县	85	9565	119411	380188	42032

注：本表中的“利润总额”为规上工业和规上服务业数据。

福建省莆田市高新技术工业分行业主要经济指标情况统计表

（2013年）

项目	单位数（个）	从业人员年平均人数（人）	总产值（万元）	增加值（万元）	主营业务收入（万元）	利润总额（万元）	出口交货值（万元）
总计	**313**	**79922**	**3319332**	**1006237**	**3261928**	**411998**	**1108291**
（一）高技术制造业	199	19423	1657925	385862	1656544	57257	106042
1. 医药制造业	11	685	48567	16864	48567	1953	
＃化学药品制造	1	159	19749	6858	19749	782	
中药饮片加工	2	144	5335	1853	5335	273	
中成药生产	1	140	10650	3698	10650	320	
兽用药品制造							
生物药品制造	5	195	11302	3924	11302	578	
卫生材料及医药用品制造	2	47	1531	532	1531		
2. 航空、航天器及设备制造业							
＃飞机制造							
航天器制造							
1. 航空、航天相关设备制造							
其他航空航天器制造							
航空航天器修理							
3. 电子及通信设备制造业	132	10060	991946	216016	991544	34942	37787
＃电子工业专用设备制造	5	179	2042	510	2042		
光纤、光缆制造	1	173	4213	1152	4213	168	
锂离子电池制造	2	53	832	227	832		
通信设备制造	5	511	32256	7019	32256	-162	202
广播电视设备制造	1	69	873	190	873		
雷达及配套设备制造							
视听设备制造	1	285	7773	1692	7773	311	6969
电子器件制造	24	1785	132551	28821	132530	6510	2202
电子元件制造	82	6868	808721	175820	808341	28115	28414
其他电子设备制造	11	137	2685	584	2685		
4. 计算机及办公设备制造业	42	7832	490862	120567	489882	16188	68255
＃计算机整机制造							
计算机零部件制造	13	2231	71957	15458	71032	2522	13489
计算机外围设备制造							
其他计算机制造							
办公设备制造	29	5601	418905	105109	418850	13666	54766
5. 医疗仪器设备及仪器仪表制造业	14	846	126550	32415	126550	4174	
＃医疗仪器设备及器械制造	6	522	116114	29024	116114	3770	
仪器仪表制造	8	324	10436	3391	10436	404	
6. 信息化学品制造业							
（二）高新技术改造传统产业	114	60499	1661406	620375	1605384	354741	1002249

注：本表中的“利润总额”、“出口交货值”为规上工业数据。

福建省三明市高新技术产业主要经济指标情况统计表

（2013 年）

项　　目	单位数（个）	从业人员年平均人数（人）	增加值（万元）	主营业务收入（万元）	利润总额（万元）
总　　计	**613**	**63075**	**1341516**	**5199972**	**165082**
＃工业高新技术产业	249	54669	1187182	4894540	140738
＃科技部门认定的高新技术企业	39	22539	702909	3179834	47397
＃高技术产业	459	13783	277171	702974	49695
＃高技术服务业	364	8406	154333	305432	24344
一、按登记注册类型分					
内资企业	585	58434	1202476	4714475	164203
＃国有	29	1277	15660	46914	
＃私营	371	24912	419038	1537175	82937
港澳台商投资	18	2932	51075	164773	535
外商投资	10	1709	87964	320725	344
二、按县（市、区）分					
梅列区	122	15507	522410	2263387	51690
三元区	79	4940	96054	262864	5842
明溪县	22	1273	59211	190883	20027
清流县	21	1675	28879	110937	2548
宁化县	33	1063	5880	19990	929
大田县	36	2176	36057	130993	10801
尤溪县	34	1775	20715	73424	5182
沙　县	71	12012	299877	1133192	26738
将乐县	49	2491	30975	104839	3727
泰宁县	17	1151	23203	86264	4740
建宁县	29	3829	26354	100585	8990
永安市	100	15183	191900	722612	23868

注：本表中的“利润总额”为规上工业和规上服务业数据。

福建省三明市高新技术工业分行业主要经济指标情况统计表

（2013年）

项目	单位数（个）	从业人员年平均人数（人）	总产值（万元）	增加值（万元）	主营业务收入（万元）	利润总额（万元）	出口交货值（万元）
总计	**249**	**54669**	**4953071**	**1187182**	**4894540**	**140738**	**187824**
（一）高技术制造业	95	5377	397725	122837	397543	25351	31587
1. 医药制造业	41	3187	259426	90066	259383	23047	6621
#化学药品制造	15	2032	188789	65549	188776	18704	6621
中药饮片加工	3	173	8450	2930	8440	141	
中成药生产	1	3	22	8	22		
兽用药品制造	3	416	29229	10149	29229	1873	
生物药品制造	18	556	32936	11430	32916	2329	
卫生材料及医药用品制造	1	7					
2. 航空、航天器及设备制造业							
#飞机制造							
航天器制造							
航空、航天相关设备制造							
其他航空航天器制造							
航空航天器修理							
3. 电子及通信设备制造业	32	1514	107541	23444	107539	1790	21771
#电子工业专用设备制造	6	67	628	157	628		
光纤、光缆制造							
锂离子电池制造	1	18	396	108	396		
通信设备制造	2	53	3588	780	3586	438	
广播电视设备制造	3	59	3199	696	3199	12	
雷达及配套设备制造							
视听设备制造							
电子器件制造	6	132	25430	5534	25430	642	
电子元件制造	9	1010	36826	8013	36822	255	21771
其他电子设备制造	5	175	37474	8155	37474	443	
4. 计算机及办公设备制造业	2	40	241	60	241		
#计算机整机制造							
计算机零部件制造	1	21					
计算机外围设备制造							
其他计算机制造							
办公设备制造	1	19	241	60	241		
5. 医疗仪器设备及仪器仪表制造业	17	526	21124	6805	20990	596	3195
#医疗仪器设备及器械制造	2	58	210	52	210		
仪器仪表制造	15	468	20914	6753	20780	596	3195
6. 信息化学品制造业	3	110	9394	2462	9389	-82	
（二）高新技术改造传统产业	154	49292	4555346	1064345	4496998	115387	156237

注：本表中的“利润总额”、“出口交货值”为规上工业数据。

福建省泉州市高新技术产业主要经济指标情况统计表

（2013 年）

项　目	单位数（个）	从业人员年平均人数（人）	增加值（万元）	主营业务收入（万元）	利润总额（万元）
总　计	**2376**	**377683**	**5880686**	**19459101**	**2265508**
＃工业高新技术产业	1145	345968	5081502	18059508	1955440
＃科技部门认定的高新技术企业	210	125686	2866267	10696244	999490
＃高技术产业	1895	74951	1308980	3468084	500107
＃高技术服务业	1231	31715	799184	1399593	310068
一、按登记注册类型分					
内资企业	2092	220271	3118857	9674879	1176267
＃国有	23	450	5681	13658	
＃私营	1009	129261	1271724	4629379	554555
港澳台商投资	198	111583	2073751	7257554	718530
外商投资	86	45829	688078	2526668	370711
二、按县（市、区）分					
鲤城区	310	34317	871208	3008552	295174
丰泽区	455	27622	727502	1550404	331920
洛江区	84	7380	103865	392499	61634
泉港区	79	9777	302642	1088855	56386
惠安县	118	9695	212322	709826	72956
安溪县	466	26712	222176	735105	112427
永春县	48	15386	90302	318398	73024
德化县	32	20104	76396	237196	13045
石狮市	152	28147	304803	1067283	107232
晋江市	368	144821	2131467	7423945	864072
南安市	264	53722	838003	2927037	277640

注：本表中的“利润总额”为规上工业和规上服务业数据。

福建省泉州市高新技术工业分行业主要经济指标情况统计表

（2013年）

项　　目	单位数（个）	从业人员年平均人数（人）	总产值（万元）	增加值（万元）	主营业务收入（万元）	利润总额（万元）	出口交货值（万元）
总　　计	**1145**	**345968**	**18112028**	**5081502**	**18059508**	**1955440**	**2091852**
（一）高技术制造业	664	43236	2098111	509796	2068492	190039	285111
1. 医药制造业	61	5535	254127	88174	253935	27589	9772
#化学药品制造	14	295	10838	3756	10818	318	
中药饮片加工	10	1293	70028	24316	70028	7083	
中成药生产	11	1042	86027	29812	85855	11621	
兽用药品制造							
生物药品制造	13	2629	81054	28145	81054	8402	9772
卫生材料及医药用品制造	13	276	6180	2146	6180	165	
2. 航空、航天器及设备制造业							
#飞机制造							
航天器制造							
航空、航天相关设备制造							
其他航空航天器制造							
航空航天器修理							
3. 电子及通信设备制造业	500	35153	1582151	362064	1560137	157245	195016
#电子工业专用设备制造	50	1072	41718	10393	41658	83	
光纤、光缆制造	1	1					
锂离子电池制造	14	7713	380757	104082	380757	71430	11870
通信设备制造	108	5730	209586	45130	207383	9312	15567
广播电视设备制造	13	6924	352378	76684	352378	35846	94121
雷达及配套设备制造							
视听设备制造	9	852	59911	13038	59911	7454	10827
电子器件制造	92	5279	209168	41542	190891	25314	38001
电子元件制造	125	5012	236513	51197	235261	-447	24196
其他电子设备制造	88	2570	92120	19999	91897	8253	434
4. 计算机及办公设备制造业	27	954	200908	42153	193593	3541	80158
#计算机整机制造	1	1					
计算机零部件制造	5	668	197120	41312	189834	3541	80158
计算机外围设备制造							
其他计算机制造	18	234	3088	666	3058		
办公设备制造	3	51	700	176	700		
5. 医疗仪器设备及仪器仪表制造业	72	1373	52108	15094	52010	1800	165
#医疗仪器设备及器械制造	22	374	24104	6023	24094	615	
仪器仪表制造	50	999	28003	9071	27915	1185	165
6. 信息化学品制造业	4	221	8817	2311	8817	-136	
（二）高新技术改造传统产业	481	302732	16013917	4571706	15991017	1765401	1806741

注：本表中的“利润总额”、“出口交货值”为规上工业数据。

福建省漳州市高新技术产业主要经济指标情况统计表

（2013 年）

项　　目	单位数（个）	从业人员年平均人数（人）	增加值（万元）	主营业务收入（万元）	利润总额（万元）
总　　计	**850**	**132089**	**2244354**	**7813843**	**1053431**
#工业高新技术产业	545	124984	1978445	7312462	937815
#科技部门认定的高新技术企业	97	54836	1191718	4596636	522453
#高技术产业	667	32835	616106	1950616	301671
#高技术服务业	305	7105	265909	501381	115616
一、按登记注册类型分					
内资企业	735	69271	1131559	3641576	565475
#国有	14	367	2530	6653	
#私营	443	39634	471290	1743697	237584
港澳台商投资	83	53227	957471	3628071	421810
外商投资	32	9591	155324	544196	66146
二、按县（市、区）分					
芗城区	272	45494	901446	3017599	425605
龙文区	90	11910	167930	555518	59888
云霄县	104	13037	119784	426715	39310
漳浦县	86	9982	147510	531890	131939
诏安县	33	2766	39229	135876	15820
长泰县	45	13275	200365	729450	74327
东山县	23	3958	85098	282669	44449
南靖县	61	6328	223562	815809	114642
平和县	18	2287	19792	71299	13115
华安县	8	876	8294	30810	6809
龙海市	110	22176	331345	1216208	127528

注：本表中的“利润总额”为规上工业和规上服务业数据。

福建省漳州市高新技术工业分行业经济指标情况统计表

（2013 年）

项　　目	单位数（个）	从业人员年平均人数（人）	总产值（万元）	增加值（万元）	主营业务收入（万元）	利润总额（万元）	出　口交货值（万元）
总　　计	**545**	**124984**	**7130819**	**1978445**	**7312462**	**937815**	**1584837**
（一）高技术制造业	362	25730	1463257	350196	1449236	186055	530160
1. 医药制造业	32	2515	179037	61802	177985	59329	27016
#化学药品制造	3	164	3112	1080	3110	-263	
中药饮片加工	6	198	16004	5552	15990	395	
中成药生产	12	2062	158518	54683	157483	59197	27016
兽用药品制造	1	12					
生物药品制造	7	42	1102	382	1102		
卫生材料及医药用品制造	3	37	301	105	301		
2. 航空、航天器及设备制造业							
#飞机制造							
航天器制造							
航空、航天相关设备制造							
其他航空航天器制造							
航空航天器修理							
3. 电子及通信设备制造业	259	18849	1119270	244685	1113492	115912	461215
#电子工业专用设备制造	16	409	4814	1203	4814	-87	410
光纤、光缆制造	3	269	10623	2904	10623	374	
锂离子电池制造	7	1071	29158	7946	29068	1702	6556
通信设备制造	17	1038	53986	11748	53986	6189	
广播电视设备制造	10	1246	62404	13556	62293	6789	
雷达及配套设备制造							
视听设备制造	13	4007	600194	129556	595334	79623	426508
电子器件制造	61	4338	158763	34510	158579	12239	3944
电子元件制造	95	4734	141065	30614	140676	5534	9588
其他电子设备制造	37	1737	58264	12648	58120	3549	14209
4. 计算机及办公设备制造业	16	1288	56505	11090	50934	4795	11286
#计算机整机制造	2	4					
计算机零部件制造	5	1161	55088	10776	49517	4795	11286
计算机外围设备制造	3	95	1188	259	1188		
其他计算机制造	3	12	49	11	49		
办公设备制造	3	16	180	45	180		
5. 医疗仪器设备及仪器仪表制造业	51	2803	88978	27546	87388	5860	23790
#医疗仪器设备及器械制造	12	484	11400	2838	11352	356	8511
仪器仪表制造	39	2319	77577	24708	76036	5504	15279
6. 信息化学品制造业	4	275	19467	5074	19436	159	6853
（二）高新技术改造传统产业	183	99254	5667562	1628248	5863226	751759	1054677

注：本表中的“利润总额”、“出口交货值”为规上工业数据。

福建省南平市高新技术产业主要经济指标情况统计表

（2013 年）

项　　目	单位数（个）	从业人员年平均人数（人）	增加值（万元）	主营业务收入（万元）	利润总额（万元）
总　　计	**430**	**57832**	**684322**	**2821219**	**224562**
#工业高新技术产业	180	51433	577536	2540292	200471
#科技部门认定的高新技术企业	19	12092	214381	791549	29914
#高技术产业	365	11871	210701	633110	52136
#高技术服务业	250	6399	106786	280927	24091
一、按登记注册类型分					
内资企业	408	44818	478147	2123455	88496
#国有	35	1012	6192	12976	432
#私营	123	11638	167070	634761	51277
港澳台商投资	7	1640	22302	86890	7058
外商投资	15	11374	183873	610874	129008
二、按县（市、区）分					
延平区	142	23578	375877	1515416	103600
顺昌县	20	958	19119	79584	1783
浦城县	35	2399	43337	170049	12214
光泽县	12	14057	90692	438637	435
松溪县	26	1697	10241	32806	26879
政和县	12	787	4263	15541	3994
邵武市	42	5121	43474	178535	35684
武夷山市	51	2076	42292	169536	9489
建瓯市	36	2658	19297	76898	7306
建阳市	54	4501	35732	144219	23180

注：本表中的“利润总额”为规上工业和规上服务业数据。

福建省南平市高新技术工业分行业经济指标情况统计表

（2013 年）

项目	单位数（个）	从业人员年平均人数（人）	总产值（万元）	增加值（万元）	主营业务收入（万元）	利润总额（万元）	出口交货值（万元）
总计	**180**	**51433**	**2701811**	**577536**	**2540292**	**200471**	**334780**
（一）高技术制造业	115	5472	352689	103915	352182	28045	128470
1. 医药制造业	34	2691	185119	64105	184617	20295	63950
#化学药品制造	6	568	87681	30446	87681	11826	107
中药饮片加工	1	43	9787	3398	9787	45	
中成药生产	3	122	2190	760	2190	1	
兽用药品制造	6	1245	77914	26880	77412	8411	63843
生物药品制造	9	515	3948	1371	3948	-76	
卫生材料及医药用品制造	9	198	3599	1250	3599	88	
2. 航空、航天器及设备制造业							
#飞机制造							
航天器制造							
航空、航天相关设备制造							
其他航空航天器制造							
航空航天器修理							
3. 电子及通信设备制造业	54	1508	121579	26656	121574	4603	60614
#电子工业专用设备制造	5	30	216	54	216		
光纤、光缆制造							
锂离子电池制造	7	146	3440	940	3440	84	
通信设备制造	3	19	51	11	51		
广播电视设备制造							
雷达及配套设备制造	1	1					
视听设备制造	1	67	9517	2071	9517	567	
电子器件制造	7	489	67020	14585	67020	969	60161
电子元件制造	16	555	33513	7293	33512	2930	453
其他电子设备制造	14	201	7822	1701	7818	53	
4. 计算机及办公设备制造业	5	349	9321	2339	9321	814	
#计算机整机制造	1	60					
计算机零部件制造	1	1					
计算机外围设备制造	1	12					
其他计算机制造							
办公设备制造	2	276	9321	2339	9321	814	
5. 医疗仪器设备及仪器仪表制造业	19	752	32761	9790	32761	2226	3906
#医疗仪器设备及器械制造	4	209	11407	2851	11407	1066	
仪器仪表制造	15	543	21353	6939	21353	1160	3906
6. 信息化学品制造业	3	172	3910	1025	3910	107	
（二）高新技术改造传统产业	65	45961	2349121	473621	2188110	172426	206310

注：本表中的“利润总额”、“出口交货值”为规上工业数据。

福建省龙岩市高新技术产业主要经济指标情况统计表

（2013年）

项　　目	单位数（个）	从业人员年平均人数（人）	增加值（万元）	主营业务收入（万元）	利润总额（万元）
总　　计	**660**	**63354**	**1119282**	**5008093**	**787106**
＃工业高新技术产业	306	54190	987164	4634553	746232
＃科技部门认定的高新技术企业	59	19122	554740	2196001	206009
＃高技术产业	495	19207	234228	758785	66399
＃高技术服务业	354	9164	132117	373539	40874
一、按登记注册类型分					
内资企业	626	55515	900954	4135697	685552
＃国有	25	2100	25097	51483	122189
＃私营	281	21691	275399	1024387	75409
港澳台商投资	16	3358	63577	226049	23395
外商投资	18	4481	154751	646347	78159
二、按县（市、区）分					
新罗区	283	27887	548970	2134033	356601
长汀县	62	4738	61395	266894	41230
永定县	46	3999	70644	296112	16885
上杭县	63	9792	300805	1739027	313088
武平县	75	7048	58350	246912	23269
连城县	80	6928	44009	181028	19768
漳平市	51	2962	35108	144087	16265

注：本表中的“利润总额”为规上工业和规上服务业数据。

福建省龙岩市高新技术工业分行业主要经济指标情况统计表

（2013年）

项目	单位数（个）	从业人员年平均人数（人）	总产值（万元）	增加值（万元）	主营业务收入（万元）	利润总额（万元）	出口交货值（万元）
总计	**306**	**54190**	**4172932**	**987164**	**4634553**	**746232**	**211809**
（一）高技术制造业	141	10043	385365	102111	385246	25525	12340
1. 医药制造业	29	2226	131575	45687	131575	11243	
#化学药品制造	5	536	61934	21505	61934	4630	
中药饮片加工	2	32	249	86	249		
中成药生产	12	1443	62599	21736	62599	6519	
兽用药品制造	4	84	4175	1450	4175	94	
生物药品制造	5	121	2573	894	2573		
卫生材料及医药用品制造	1	10	46	16	46		
2. 航空、航天器及设备制造业							
#飞机制造							
航天器制造							
航空、航天相关设备制造							
其他航空航天器制造							
航空航天器修理							
3. 电子及通信设备制造业	83	7190	219555	47861	219511	12895	2241
#电子工业专用设备制造	4	67	2833	708	2833		
光纤、光缆制造							
锂离子电池制造							
通信设备制造	3	46	483	105	483		
广播电视设备制造	5	731	44070	9590	44070	2284	
雷达及配套设备制造							
视听设备制造	13	492	20397	4439	20397	500	
电子器件制造	8	863	26934	5861	26934	2711	1047
电子元件制造	44	4929	124156	27009	124113	7400	1194
其他电子设备制造	6	62	683	149	683		
4. 计算机及办公设备制造业	2	165	10416	2267	10416	898	10099
#计算机整机制造							
计算机零部件制造							
计算机外围设备制造	1	12	120	26	120		
其他计算机制造	1	153	10296	2241	10296	898	10099
办公设备制造							
5. 医疗仪器设备及仪器仪表制造业	18	254	7286	1976	7261	419	
#医疗仪器设备及器械制造	7	111	5135	1277	5110	419	
仪器仪表制造	11	143	2151	699	2151		
6. 信息化学品制造业	9	208	16532	4319	16482	70	
（二）高新技术改造传统产业	165	44147	3787567	885053	4249307	720707	199469

注：本表中的“利润总额”、“出口交货值”为规上工业数据。

福建省宁德市高新技术产业主要经济指标情况统计表

（2013 年）

项　目	单位数（个）	从业人员年平均人数（人）	增加值（万元）	主营业务收入（万元）	利润总额（万元）
总　计	**610**	**68870**	**840140**	**3662056**	**449813**
#工业高新技术产业	339	62127	714142	3230776	449813
#科技部门认定的高新技术企业	26	16829	362497	1309057	163983
#高技术产业	398	20933	342773	1169301	131281
#高技术服务业	271	6743	125999	431279	42102
一、按登记注册类型分					
内资企业	586	52687	668618	2919758	346296
#国有	29	1225	11424	25567	555
#私营	275	26191	375687	1452509	146221
港澳台商投资	12	12156	111632	495308	61580
外商投资	12	4027	59890	246990	41937
二、按县（市、区）分					
蕉城区	192	21954	284636	1200235	207638
霞浦县	23	1314	7194	32430	1310
古田县	22	1347	20499	90699	765
屏南县	25	2264	36034	162009	6495
寿宁县	36	4170	72357	302322	32241
周宁县	17	1275	20191	89648	6994
柘荣县	31	2687	50967	211899	22916
福安市	178	19425	223510	983111	104363
福鼎市	86	14434	124752	589703	67091

注：本表中的“利润总额”为规上工业和规上服务业数据。

福建省宁德市高新技术工业分行业经济指标情况统计表

（2013 年）

项目	单位数（个）	从业人员年平均人数（人）	总产值（万元）	增加值（万元）	主营业务收入（万元）	利润总额（万元）	出口交货值（万元）
总计	**339**	**62127**	**3314239**	**714142**	**3230776**	**449813**	**1341009**
（一）高技术制造业	127	14190	744241	216774	738022	89179	311569
1. 医药制造业	27	2127	215917	74973	215917	21714	
#化学药品制造	9	1413	148060	51411	148060	19456	
中药饮片加工	2	89	31394	10901	31394	1032	
中成药生产	3	395	10406	3613	10406	552	
兽用药品制造	5	106	16097	5590	16097	577	
生物药品制造	3	29	4601	1598	4601	87	
卫生材料及医药用品制造	5	95	5358	1860	5358	10	
2. 航空、航天器及设备制造业							
#飞机制造							
航天器制造							
航空、航天相关设备制造							
其他航空航天器制造							
航空航天器修理							
3. 电子及通信设备制造业	68	10872	459220	122809	453050	63489	293165
#电子工业专用设备制造	12	133	4510	1118	4474	103	
光纤、光缆制造							
锂离子电池制造	5	9984	438033	118062	431899	62788	293165
通信设备制造	1	2					
广播电视设备制造							
雷达及配套设备制造							
视听设备制造							
电子器件制造	12	185	3474	756	3474	256	
电子元件制造	36	565	13191	2871	13191	342	
其他电子设备制造	2	3	12	3	12		
4. 计算机及办公设备制造业	4	91	12881	2796	12850	353	
#计算机整机制造	1	6	92	20	92		
计算机零部件制造	1	10	200	37	170		
计算机外围设备制造	1	48	12492	2718	12492	353	
其他计算机制造	1	27	96	21	96		
办公设备制造							
5. 医疗仪器设备及仪器仪表制造业	27	1087	55225	15933	55206	3623	18404
#医疗仪器设备及器械制造	11	369	26757	6686	26747	1845	
仪器仪表制造	16	718	28468	9248	28459	1778	18404
6. 信息化学品制造业	1	13	998	262	998		
（二）高新技术改造传统产业	212	47937	2569998	497368	2492755	318532	1029440

注：本表中的“利润总额”、“出口交货值”为规上工业数据。

（省统计局）

企业科技活动情况

福建省规模以上工业企业基本情况统计表

（2013 年）

项　目	企业数（个）	#有 R&D 活动	#有科技机构	从业人员年平均数（人）	工业总产值（万元）	主营业务收入（万元）	利润总额（万元）	资产总计（万元）	出口交货值（万元）
总　计	**16115**	**2286**	**1270**	**4239007**	**338533617**	**331110999**	**22249955**	**249593686**	**64468917**
一、按企业规模分组									
大型企业	442	216	154	1129449	97952529	95987892	6240011	82058589	28321833
中型企业	2999	721	446	1635933	114286024	111473141	8380491	87938028	21633814
小型企业	12184	1342	668	1443309	124102307	121500515	7538790	76325855	14156926
微型企业	490	7	2	30316	2192757	2149450	90663	3271214	356344
二、按隶属关系分组									
中央	68	14	8	30864	14988330	14848236	1037588	23080466	69472
地方	16047	2272	1262	4208143	323545287	316262763	21212367	226513220	64399445
三、按登记注册类型分组									
内资企业	**11851**	**1556**	**865**	**2391259**	**200211745**	**196176725**	**13301921**	**144563025**	**18207854**
国有企业	66	10	4	34243	3880998	3770842	289046	4023767	300979
集体企业	140	1		21848	1312996	1299669	72468	550333	46543
股份合作企业	85	3	1	15930	942844	931994	69961	456905	284952
联营企业	18	1		5427	613938	612297	85525	596995	81337
国有联营企业	2	1		795	138466	138466	52597	497910	
集体联营企业	6			2094	78418	78166	5313	16435	9994
国有与集体联营企业	3			204	10998	10633	647	9525	
其他联营企业	7			2334	386057	385032	26969	73125	71343
有限责任公司	3039	452	270	699695	72133857	70149972	4486664	62081217	4366140
国有独资公司	107	18	12	44354	12639739	12615606	495244	15916207	86916
其他有限责任公司	2932	434	258	655341	59494119	57534366	3991420	46165010	4279224
股份有限公司	268	119	91	150614	11839911	12311392	1252402	21151411	1643494
私营企业	8183	967	496	1449609	107988658	105615457	6984101	54551247	11356752
私营独资企业	298	4	3	37874	2556492	2531019	218639	727807	189333
私营合伙企业	91	1		10855	713661	690884	47906	206259	61264
私营有限责任公司	7602	916	469	1342868	100721352	98491154	6355680	51003028	10657632
私营股份有限公司	192	46	24	58012	3997153	3902400	361876	2614153	448523
其他企业	52	3	3	13893	1498545	1485102	61755	1151151	127657
港澳台商投资企业	**2712**	**425**	**237**	**1121894**	**75379181**	**73334559**	**5417570**	**58222339**	**23925561**
合资经营企业（港或澳、台资）	565	129	71	239145	17205236	16528351	1297662	14139201	4825273
合作经营企业（港或澳、台资）	14	4	2	5198	225511	224488	14190	103296	43472
港澳台独资经营企业	2105	284	159	857798	53710124	52528930	3906888	39642399	18606414
港澳台商投资股份有限公司	25	8	5	18940	4197617	4013525	195234	4303247	426483
其他港澳台投资企业	3			813	40693	39266	3596	34197	23918
外商投资企业	**1552**	**305**	**168**	**725854**	**62942691**	**61599714**	**3530464**	**46808322**	**22335502**
中外合资经营企业	438	126	60	204502	25246362	24823101	1050706	19551645	5481507
中外合作经营企业	12	2	2	3792	471693	534823	61480	321020	164477
外资企业	1071	169	99	494469	34405128	33508628	2206596	23650864	15725171
外商投资股份有限公司	25	7	6	21319	2684855	2600196	207837	3183544	944390
其他外商投资企业	6	1	1	1772	134653	132966	3845	101248	19957
四、按工业行业大类分组									
采矿业	**469**	**18**	**10**	**89086**	**5162572**	**5101169**	**381147**	**3166462**	**37872**
煤炭开采和洗选业	159	4	2	45365	1181052	1217080	80728	1054347	
石油和天然气开采业									

续表

项 目	企业数（个）	#有R&D活 动	#有科技机构	从业人员年平均 数（人）	工 业总产值（万元）	主营业务收入（万元）	利润总额（万元）	资产总计（万元）	出 口交货值（万元）
黑色金属矿采选业	81	2	1	11133	1276473	1253468	79108	838542	
有色金属矿采选业	69	4	4	9318	861336	809750	69700	426522	3
非金属矿采选业	160	8	3	23270	1843711	1820871	151611	847051	37868
开采辅助活动									
非他采矿业									
制造业	**15340**	**2251**	**1255**	**4070102**	**312411868**	**305100535**	**20190010**	**211842000**	**64430954**
农副食品加工业	962	146	89	195128	21387578	20841192	1326727	11113624	4373696
食品制造业	525	100	55	138849	9490138	9200873	701583	5439669	1401733
饮料制造业	511	97	44	104484	7066369	7507592	724806	4135460	120489
烟草制品业	6	5	1	4821	2425174	2366631	231299	2304707	1777
纺织业	879	100	51	223291	18409799	17805670	1143972	11958980	1215861
纺织服装、鞋、帽制造业	1211	41	27	393020	15491350	14993812	1301194	10375272	4635968
皮革、毛皮、羽毛（绒）及其制品业	1288	82	67	660480	26725889	26518112	2086346	14686547	8475814
木材加工及木、竹、藤、棕、草制品业	719	33	17	97136	7209042	7047568	429599	2913107	497555
家具制造业	292	14	4	61888	3354117	3295398	218722	2265539	1231537
造纸及纸制品业	444	38	20	98972	8492542	7835183	698609	7414546	316455
印刷业和记录媒介的复制	212	17	7	35381	2171276	2131589	169632	1431324	114854
文教体育用品制造业	870	65	23	210107	11019245	10822152	779110	4949978	4654194
石油加工、炼焦及核燃料加工业	27	8	3	7645	6550837	6509097	-156500	4974889	1200
化学原料及化学制品制造业	678	138	78	94256	13212508	12882211	528501	11878223	963374
医药制造业	118	67	42	30135	2273360	2099804	262583	2263742	206698
化学纤维制造业	92	18	11	35336	7322033	6868533	323941	6608171	388419
橡胶和塑料制品业	695	105	61	172605	13492849	13327340	1269477	9018761	1967073
非金属矿物制品业	1700	105	49	334156	23048877	22763869	1896621	16160769	3128915
黑色金属冶炼和压延加工业	340	29	14	99117	17457002	16728041	562282	11453669	197194
有色金属冶炼和压延加工业	150	33	19	48516	9557606	9509966	568333	9559792	729802
金属制品业	512	67	40	89859	7623205	7483853	484118	4982682	1307278
通用设备制造业	523	126	63	115450	8454746	8241823	669885	6877455	1483437
专用设备制造业	448	145	98	79657	6297955	6438077	406059	6066651	659011
汽车制造业	358	106	50	104765	9411133	9172672	578745	6947308	1206123
铁路、船舶、航空航天和其他运输设备制造业	180	33	18	43397	3449684	3206850	178827	2883901	956414
电气机械和器材制造业	740	243	131	195234	15574698	14778435	1298842	11240803	4180238
计算机、通信和其他电子设备制造业	474	217	133	290822	29985315	29340916	1201885	17988036	17461901
仪器仪表制造业	134	54	28	36067	1554526	1521618	103378	1137882	867477
其他制造业	184	15	11	57056	2263552	2227374	136561	1687989	891928
废弃资源综合利用业	45	3		4019	514300	514978	20271	270180	
金属制品、机械和设备修理业	23	1	1	8453	1125166	1119308	44603	852345	794543
电力、热力、燃气及水生产和供应业	**306**	**17**	**5**	**79819**	**20959177**	**20909295**	**1678798**	**34585224**	**90**
电力、热力生产和供应业	249	11	3	66112	18671215	18610188	1355429	30728335	90
燃气生产和供应业	18	1		4271	1920353	1916628	289237	1775832	
水的生产和供应业	39	5	2	9436	367609	382479	34132	2081058	
五、按地区分组									
福州市	2205	410	147	664244	72666033	69705846	4316305	52159580	14155400
厦门市	1668	393	253	636013	46286579	46947939	2328625	42279419	20426711
莆田市	1029	135	101	266361	19800143	19491586	1525874	11557816	3607396
三明市	1690	152	72	232537	25402508	24917921	791676	12391165	669706
泉州市	4405	507	289	1468464	92203893	89680034	7142150	64110072	16006404
漳州市	1867	201	113	434531	31969824	31547661	2673091	25593641	6018200
南平市	941	84	44	166818	12806761	12166040	733118	8645765	900827
龙岩市	987	212	149	169779	14526165	14779353	1125791	16271486	510347
宁德市	1323	192	102	200260	22871713	21874620	1613326	16584742	2173927

福建省规模以上工业企业 R&D 人员情况统计表

（2013 年）

项目	R&D人员（人）	#女性	#研究人员	按工作性质分		按全时非全时分		R&D人员折合全时当量（人年）	#研究人员	按活动类型分		
				参加项目人员	管理和服务人员	全时人员	非全时人员			基础研究人员	应用研究人员	试验发展人员
总　计	**130227**	**30679**	**31396**	**118286**	**11941**	**87313**	**42914**	**100200**	**23922**	**36**	**279**	**99885**
一、按企业规模分组												
大型企业	58026	15062	13373	53012	5014	42069	15957	48440	10914	35	143	48263
中型企业	44014	10046	10084	39642	4372	27378	16636	32137	7542		75	32062
小型企业	27974	5507	7777	25437	2537	17667	10307	19429	5308	1	61	19367
微型企业	213	64	162	195	18	199	14	194	159			194
二、按隶属关系分组												
中央	1521	198	1018	1477	44	476	1045	935	586		7	928
地方	128706	30481	30378	116809	11897	86837	41869	99265	23336	36	272	98957
三、按登记注册类型分组												
内资企业	**64678**	**14112**	**17759**	**58640**	**6038**	**39318**	**25360**	**46949**	**12946**	**2**	**194**	**46753**
国有企业	336	45	107	318	18	204	132	205	69		1	203
集体企业	38	6	5	30	8	38		4	1			4
股份合作企业	73	18	23	69	4	32	41	72	22			72
联营企业	26	5	18	26		2	24	24	17			24
国有联营企业	26	5	18	26		2	24	24	17			24
集体联营企业												
国有与集体联营企业												
其他联营企业												
有限责任公司	21226	4459	6299	19240	1986	11691	9535	14979	4504	1	107	14870
国有独资公司	1872	300	1204	1768	104	641	1231	1177	707		6	1171
其他有限责任公司	19354	4159	5095	17472	1882	11050	8304	13801	3798	1	101	13699
股份有限公司	14201	3177	4212	12609	1592	9251	4950	11344	3384		12	11333
私营企业	28582	6360	7062	26159	2423	18044	10538	20193	4925		74	20119
私营独资企业	55	7	17	46	9	20	35	27	8			27
私营合伙企业	5		4	5		4	1	4	3			4
私营有限责任公司	25522	5323	6475	23333	2189	15567	9955	17646	4478		65	17582
私营股份有限公司	3000	1030	566	2775	225	2453	547	2516	436		10	2507
其他企业	196	42	33	189	7	56	140	128	25			128
港、澳、台商投资企业	**35627**	**9973**	**7482**	**32266**	**3361**	**24973**	**10654**	**28728**	**6091**	**35**	**17**	**28677**
合资经营企业（港或澳、台资）	9647	2196	2555	8537	1110	6902	2745	6730	1915			6730
合作经营企业（港或澳、台资）	136	29	21	119	17	66	70	123	20			123
港、澳、台商独资经营企业	25108	7592	4854	22903	2205	17359	7749	21216	4118	35	17	21165
港、澳、台商投资股份有限公司	736	156	52	707	29	646	90	659	39			659
其他港澳台投资企业												
外商投资企业	**29922**	**6594**	**6155**	**27380**	**2542**	**23022**	**6900**	**24523**	**4885**		**68**	**24455**
中外合资经营企业	13877	3138	3069	12768	1109	10928	2949	11215	2415		60	11155
中外合作经营企业	260	51	26	216	44	246	14	235	24			235
外资企业	14573	3109	2592	13321	1252	11042	3531	12322	2095		8	12313
外商投资股份有限公司	1101	247	438	967	134	789	312	710	340			710
其他外商投资企业	111	49	30	108	3	17	94	41	11			41
四、按工业行业大类分组												
采矿业	**612**	**47**	**201**	**566**	**46**	**176**	**436**	**344**	**110**			**344**
煤炭开采和洗选业	375	10	92	361	14	36	339	179	35			179
石油和天然气开采业												
黑色金属矿采选业	53	11	24	45	8	30	23	45	21			45
有色金属矿采选业	69	8	20	66	3	42	27	42	9			42
非金属矿采选业	115	18	65	94	21	68	47	78	44			78
开采辅助活动												
其他采矿业												

续表

项目	R&D人员(人)	#女性	#研究人员	按工作性质分		按全时非全时分		R&D人员折合全时当量(人年)	#研究人员	按活动类型分		
				参加项目人员	管理和服务人员	全时人员	非全时人员			基础研究人员	应用研究人员	试验发展人员
制造业	**128820**	**30507**	**30637**	**116983**	**11837**	**86985**	**41835**	**99450**	**23537**	**36**	**272**	**99142**
农副食品加工业	4748	1211	1029	4382	366	2523	2225	2829	609		41	2789
食品制造业	2645	823	842	2296	349	1452	1193	1819	602	1		1818
酒、饮料和精制茶制造业	3790	1022	661	3541	249	2635	1155	2611	452		42	2569
烟草制品业	478	53	339	460	18	44	434	208	131			208
纺织业	4611	1375	969	4345	266	2768	1843	3177	681			3177
纺织服装、服饰业	3576	1289	521	3202	374	2987	589	2944	419			2944
皮革、毛皮、羽毛及其制品和制鞋业	7701	2863	1195	7002	699	5364	2337	5293	749	35	20	5238
木材加工和木、竹、藤、棕、草制品业	817	169	212	732	85	615	202	603	154			603
家具制造业	851	323	143	813	38	599	252	671	124			671
造纸和纸制品业	1523	225	282	1446	77	890	633	1037	201			1037
印刷和记录媒介复制业	605	156	158	497	108	300	305	445	118			445
文教、工美、体育和娱乐用品制造业	2583	540	416	2400	183	1643	940	2113	285		1	2112
石油加工、炼焦和核燃料加工业	272	28	83	236	36	97	175	154	58			154
化学原料和化学制品制造业	3948	825	1131	3581	367	2538	1410	2783	822		31	2753
医药制造业	3106	1257	835	2848	258	1990	1116	2252	554		11	2241
化学纤维制造业	2102	562	406	2039	63	1659	443	1815	342			1815
橡胶和塑料制品业	7013	1576	1414	6270	743	5207	1806	5478	1228			5478
非金属矿物制品业	4782	858	949	4136	646	2665	2117	3526	664		28	3499
黑色金属冶炼和压延加工业	3583	474	1179	3065	518	1725	1858	2620	934			2620
有色金属冶炼和压延加工业	4206	724	1291	3776	430	2811	1395	3559	1074		23	3536
金属制品业	2485	400	689	2248	237	1796	689	1763	538		7	1756
通用设备制造业	5460	867	1411	4861	599	3573	1887	3834	1013		10	3824
专用设备制造业	5823	1015	1791	5400	423	3400	2423	4176	1287		3	4174
汽车制造业	6268	992	2201	5244	1024	4230	2038	4785	1770			4785
铁路、船舶、航空航天和其他运输设备制造业	1819	185	469	1710	109	1078	741	1268	321			1268
电气机械和器材制造业	13296	3344	3007	11765	1531	9866	3430	10611	2296		3	10608
计算机、通信和其他电子设备制造业	25988	5992	6036	24183	1805	19219	6769	22903	5301		42	22862
仪器仪表制造业	3163	958	669	2998	165	2453	710	2628	521		12	2616
其他制造业	1540	397	294	1473	67	842	698	1514	280			1514
废弃资源综合利用业	32	4	14	29	3	12	20	24	12			24
金属制品、机械和设备修理业	6		1	5	1	4	2	6	1			6
电力、热力、燃气及水生产和供应业	**795**	**125**	**558**	**737**	**58**	**152**	**643**	**406**	**276**		**7**	**399**
电力、热力生产和供应业	672	100	479	653	19	109	563	338	238		7	331
燃气生产和供应业	19	4	19	3	16	12	7	7	7			7
水的生产和供应业	104	21	60	81	23	31	73	61	31			61
五、按地区分组												
福州市	29570	6794	7547	27389	2181	20173	9397	25398	6396		35	25363
厦门市	36891	9138	7924	33306	3585	28186	8705	31107	6505		41	31066
莆田市	5645	1146	1239	5217	428	3142	2503	3210	813		14	3197
三明市	5639	996	2308	5082	557	2674	2965	4355	1798			4355
泉州市	25082	6567	4984	22802	2280	16473	8609	17435	3183	35	69	17331
漳州市	11636	2589	2627	10140	1496	7660	3976	7894	1943	2	30	7862
南平市	3449	701	1427	3160	289	2107	1342	2663	1111		84	2579
龙岩市	7386	1453	2175	6642	744	3877	3509	4738	1463		3	4735
宁德市	4929	1295	1165	4548	381	3021	1908	3401	711		3	3398

福建省规模以上工业企业 R&D 经费情况统计表

（2013 年）

单位：万元

项　　目	R&D经费内部支出合计	按活动类型分			按支出用途分		按资金来源分				R&D经费外部支出
		基础研究支出	应用研究支出	试验发展支出	日常性支出	资产性支出	政府资金	企业资金	境外资金	其他资金	
总　计	**2791966**	**572**	**7130**	**2784264**	**2373813**	**418153**	**78595**	**2656171**	**5186**	**52015**	**140618**
一、按企业规模分组											
大型企业	1364131	511	2706	1360914	1192038	172093	24654	1313131	3269	23077	87906
中型企业	825397	3	3311	822084	689158	136240	29433	777981	1518	16465	37482
小型企业	593585	58	1113	592414	484127	109458	24505	556210	399	12473	13456
微型企业	8852			8852	8490	362	3	8849			1773
二、按隶属关系分组											
中央	37207		123	37085	24044	13163	302	36905			5246
地方	2754758	572	7008	2747179	2349769	404990	78293	2619265	5186	52015	135371
三、按登记注册类型分组											
内资企业	**1313933**	**61**	**4501**	**1309371**	**1081501**	**232432**	**47993**	**1238510**	**1035**	**26394**	**50484**
国有企业	16984		4	16980	9432	7552	64	16920			2002
集体企业	1300			1300	1300			1300			
股份合作企业	4450			4450	3297	1153	52	4398			118
联营企业	343			343	343			343			
国有联营企业	343			343	343			343			
集体联营企业											
国有与集体联营企业											
其他联营企业											
有限责任公司	472132	58	2408	469666	380329	91802	16016	441721		14396	14464
国有独资公司	29078		119	28958	22396	6682	863	28215			4847
其他有限责任公司	443054	58	2289	440707	357933	85121	15153	413506		14396	9617
股份有限公司	252254	3	104	252148	229062	23192	11365	236004	33	4853	23849
私营企业	564786		1986	562800	456056	108730	20248	536390	1003	7145	9390
私营独资企业	1013			1013	832	182		987		26	10
私营合伙企业	145			145	117	28	1	144			10
私营有限责任公司	515589		1802	513787	415026	100563	19004	489351	115	7119	8875
私营股份有限公司	48038		184	47854	40081	7957	1243	45907	888		495
其他企业	1685			1685	1682	3	249	1436			661
港、澳、台商投资企业	**775775**	**511**	**1559**	**773705**	**650246**	**125530**	**12043**	**751873**	**1223**	**10636**	**16885**
合资经营企业（港或澳、台资）	206014			206014	170745	35269	4594	197583	972	2866	5781
合作经营企业（港或澳、台资）	4853			4853	3746	1107	587	4092	174		150
港、澳、台商独资经营企业	537722	511	1559	535652	451124	86598	6842	523033	77	7771	10954
港、澳、台商投资股份有限公司	27186			27186	24631	2555	21	27166			
其他港澳台投资企业											
外商投资企业	**702258**		**1070**	**701188**	**642066**	**60191**	**18559**	**665788**	**2927**	**14984**	**73249**
中外合资经营企业	308164		884	307280	280543	27621	12199	294123	1693	149	53532
中外合作经营企业	8426			8426	7086	1340	130	8296			2650
外资企业	360462		186	360276	331002	29461	6082	338310	1235	14836	16982
外商投资股份有限公司	21383			21383	19847	1536	83	21300			74
其他外商投资企业	3823			3823	3589	234	65	3758			11
四、按工业行业大类分组											
采矿业	**5740**			**5740**	**5115**	**625**	**196**	**5544**			**869**
煤炭开采和洗选业	1070			1070	962	108		1070			58
石油和天然气开采业											
黑色金属矿采选业	1051			1051	897	154	50	1001			560
有色金属矿采选业	1537			1537	1458	79	90	1447			126
非金属矿采选业	2083			2083	1798	285	56	2027			124

续表

项目	R&D经费内部支出合计	按活动类型分			按支出用途分		按资金来源分				R&D经费外部支出
		基础研究支出	应用研究支出	试验发展支出	日常性支出	资产性支出	政府资金	企业资金	境外资金	其他资金	
开采辅助活动											
其他采矿业											
制造业	**2773343**	**572**	**7008**	**2765764**	**2357733**	**415610**	**78222**	**2637920**	**5186**	**52015**	**134976**
农副食品加工业	135714		1234	134480	115296	20418	5250	129711		753	2506
食品制造业	64625	58		64566	47659	16965	2848	59652		2124	2127
酒、饮料和精制茶制造业	87643		590	87053	76732	10912	2429	83878		1337	1560
烟草制品业	17817			17817	6940	10877		17817			238
纺织业	104872			104872	74563	30310	2250	100105		2517	989
纺织服装、服饰业	69032			69032	61289	7743	1209	64766		3058	5613
皮革、毛皮、羽毛及其制品和制鞋业	116230	511	19	115700	107053	9177	844	109520		5866	2623
木材加工和木、竹、藤、棕、草制品业	18429			18429	13995	4434	481	17949			472
家具制造业	9126			9126	8709	417	47	9020		59	80
造纸和纸制品业	50442			50442	39345	11097	1448	48844		150	171
印刷和记录媒介复制业	8869			8869	7102	1767	394	7855		620	222
文教、工美、体育和娱乐用品制造业	37309		88	37220	32217	5091	966	35811		532	262
石油加工、炼焦和核燃料加工业	5630			5630	4586	1043	308	4816		505	1150
化学原料和化学制品制造业	88358		546	87812	77124	11234	3151	82257	31	2920	852
医药制造业	52801	3	251	52548	45062	7739	4111	48657	33		6006
化学纤维制造业	80874			80874	56192	24682	146	80728			3907
橡胶和塑料制品业	138843			138843	115329	23514	1256	132751	174	4662	5429
非金属矿物制品业	109407		1143	108265	79918	29489	1587	106827		994	956
黑色金属冶炼和压延加工业	145943			145943	131554	14389	280	145117		546	1691
有色金属冶炼和压延加工业	102903		233	102670	85821	17082	2674	94729		5500	1477
金属制品业	47467		251	47216	39335	8132	1443	45813		211	204
通用设备制造业	113883		645	113238	98990	14892	4242	104140	53	5447	6945
专用设备制造业	117420		23	117398	94465	22955	6244	109227	605	1344	4669
汽车制造业	142722			142722	120686	22036	9597	128928		4197	27006
铁路、船舶、航空航天和其他运输设备制造业	27365			27365	24974	2391	778	26293		294	5990
电气机械和器材制造业	240736		481	240255	205495	35241	6869	230585	108	3174	6159
计算机、通信和其他电子设备制造业	572461		1008	571453	525676	46785	16181	546971	4183	5126	45021
仪器仪表制造业	49763		498	49265	46045	3718	946	48786		31	394
其他制造业	14684			14684	13708	976	195	14443		46	256
废弃资源综合利用业	1471			1471	1452	19	30	1441			
金属制品、机械和设备修理业	505			505	420	85	20	485			
电力、热力、燃气及水生产和供应业	**12883**		**123**	**12760**	**10966**	**1917**	**177**	**12707**			**4773**
电力、热力生产和供应业	8218		123	8095	6338	1879	137	8081			4738
燃气生产和供应业	3480			3480	3480		20	3460			
水的生产和供应业	1186			1186	1148	38	20	1166			35
五、按地区分组											
福州市	602496		974	601522	512003	90493	15747	579734	248	6766	34145
厦门市	762194		898	761295	686125	76069	26557	720014	4850	10773	66544
莆田市	122108		710	121398	105072	17036	4920	114034		3154	2220
三明市	137265			137265	125763	11502	4478	132484		304	3730
泉州市	559385	511	829	558046	451184	108202	10907	533632	24	14823	16558
漳州市	247343	61	1599	245683	203209	44134	5322	237905	31	4085	3205
南平市	81288		1853	79435	72420	8868	2422	78526		340	1559
龙岩市	180404		63	180341	138234	42170	3533	166251		10620	9616
宁德市	99483		204	99279	79804	19680	4709	93591	33	1151	3041

福建省规模以上工业企业全部R&D项目情况统计表

（2013年）

项　　目	项目数（项）	参加项目人员（人）	项目人员折合全时当量（人年）	全部项目经费内部支出（万元）
总　计	**10426**	**118286**	**90997**	**2453011**
一、按企业规模分组				
大型企业	2593	53012	44312	1249262
中型企业	3850	39642	28833	692622
小型企业	3966	25437	17676	502695
微型企业	17	195	176	8433
二、按隶属关系分组				
中央	152	1477	906	30607
地方	10274	116809	90091	2422404
三、按登记注册类型分组				
内资企业	**6059**	**58640**	**42468**	**1128176**
国有企业	58	318	193	15465
集体企业	3	30	3	1300
股份合作企业	10	69	68	3291
联营企业	7	26	24	343
国有联营企业	7	26	24	343
集体联营企业				
国有与集体联营企业				
其他联营企业				
有限责任公司	2068	19240	13517	404034
国有独资公司	207	1768	1099	22754
其他有限责任公司	1861	17472	12418	381280
股份有限公司	1100	12609	10068	233948
私营企业	2801	26159	18471	468410
私营独资企业	7	46	23	916
私营合伙企业	1	5	4	121
私营有限责任公司	2574	23333	16127	429655
私营股份有限公司	219	2775	2318	37718
其他企业	12	189	124	1385
港、澳、台商投资企业	**2585**	**32266**	**26017**	**689002**
合资经营企业（港或澳、台资）	978	8537	5901	171517
合作经营企业（港或澳、台资）	47	119	106	3240
港、澳、台商独资经营企业	1434	22903	19379	492285
港、澳、台商投资股份有限公司	126	707	631	21959
其他港澳台投资企业				
外商投资企业	**1782**	**27380**	**22512**	**635833**
中外合资经营企业	726	12768	10275	267799
中外合作经营企业	15	216	195	7101
外资企业	916	13321	11385	336158
外商投资股份有限公司	84	967	617	20975
其他外商投资企业	41	108	40	3799
四、按工业行业大类分组				
采矿业	**52**	**566**	**314**	**4966**
煤炭开采和洗选业	23	361	172	819
石油和天然气开采业				
黑色金属矿采选业	5	45	39	768
有色金属矿采选业	6	66	39	1488
非金属矿采选业	18	94	64	1892
开采辅助活动				
其他采矿业				

续表

项　目	项目数（项）	参加项目人员（人）	项目人员折合全时当量（人年）	全部项目经费内部支出（万元）
制造业	**10273**	**116983**	**90310**	**2438514**
农副食品加工业	506	4382	2588	114447
食品制造业	248	2296	1575	55902
酒、饮料和精制茶制造业	278	3541	2423	78040
烟草制品业	67	460	199	14559
纺织业	351	4345	2987	71351
纺织服装、服饰业	172	3202	2635	63189
皮革、毛皮、羽毛及其制品和制鞋业	408	7002	4856	104987
木材加工和木、竹、藤、棕、草制品业	119	732	549	16451
家具制造业	42	813	642	7599
造纸和纸制品业	116	1446	980	43672
印刷和记录媒介复制业	44	497	359	7044
文教、工美、体育和娱乐用品制造业	235	2400	1982	31764
石油加工、炼焦和核燃料加工业	30	236	133	5350
化学原料和化学制品制造业	489	3581	2547	76748
医药制造业	558	2848	2054	47314
化学纤维制造业	127	2039	1765	78676
橡胶和塑料制品业	684	6270	4931	116771
非金属矿物制品业	474	4136	3034	88731
黑色金属冶炼和压延加工业	137	3065	2258	135318
有色金属冶炼和压延加工业	311	3776	3190	95258
金属制品业	267	2248	1593	40343
通用设备制造业	523	4861	3335	93238
专用设备制造业	545	5400	3880	95343
汽车制造业	511	5244	3947	122922
铁路、船舶、航空航天和其他运输设备制造业	167	1710	1192	23836
电气机械和器材制造业	1133	11765	9442	212173
计算机、通信和其他电子设备制造业	1347	24183	21257	536537
仪器仪表制造业	302	2998	2505	44912
其他制造业	71	1473	1448	14185
废弃资源综合利用业	10	29	22	1436
金属制品、机械和设备修理业	1	5	5	420
电力、热力、燃气及水生产和供应业	**101**	**737**	**373**	**9530**
电力、热力生产和供应业	83	653	330	4943
燃气生产和供应业	3	3	1	3480
水的生产和供应业	15	81	42	1108
五、按地区分组				
福州市	2016	27389	23545	497078
厦门市	2858	33306	28076	695583
莆田市	483	5217	2957	104006
三明市	494	5082	3908	131284
泉州市	1865	22802	15861	481718
漳州市	957	10140	6729	216149
南平市	340	3160	2464	72170
龙岩市	916	6642	4307	166887
宁德市	497	4548	3149	88137

福建省规模以上工业企业办科技机构情况统计表

（2013 年）

项　目	机构数（个）	机构人员合计（人）	#博士毕业	#硕士毕业	#本科毕业	机构经费支出（万元）	仪器和设备原价（万元）	#进口
总　计	**1448**	**76490**	**1171**	**5283**	**39304**	**1542227**	**1277523**	**292322**
一、按企业规模分组								
大型企业	213	36522	363	2738	18637	847473	635891	162160
中型企业	509	25103	417	1530	12699	461711	413436	101016
小型企业	724	14852	390	1014	7957	232682	228191	29144
微型企业	2	13	1	1	11	362	5	1
二、按隶属关系分组								
中央	9	755	17	164	455	15785	23858	6006
地方	1439	75735	1154	5119	38849	1526442	1253664	286316
三、按登记注册类型分组								
内资企业	**985**	**37100**	**754**	**2614**	**20505**	**615444**	**557955**	**76984**
国有企业	4	111		1	97	2030	813	
集体企业								
股份合作企业	1	36	3	5	28	881	1482	172
联营企业								
国有联营企业								
集体联营企业								
国有与集体联营企业								
其他联营企业								
有限责任公司	312	10420	244	900	5564	212326	182292	33122
国有独资公司	13	1208	32	188	764	21981	31193	7215
其他有限责任公司	299	9212	212	712	4800	190344	151099	25907
股份有限公司	129	10117	135	777	6668	167723	129890	19325
私营企业	536	16309	372	928	8059	231956	243049	24364
私营独资企业	3	33			15	468	309	
私营合伙企业								
私营有限责任公司	507	15019	362	862	7366	215588	228831	23924
私营股份有限公司	26	1257	10	66	678	15901	13910	440
其他企业	3	107		3	89	528	430	
港、澳、台商投资企业	**269**	**20410**	**266**	**975**	**9042**	**452310**	**383443**	**99150**
合资经营企业（港或澳、台资）	76	6453	34	268	3291	115342	72017	10653
合作经营企业（港或澳、台资）	3	88	5	4	30	2712	700	19
港、澳、台商独资经营企业	185	13436	215	663	5481	327384	269962	88352
港、澳、台商投资股份有限公司	5	433	12	40	240	6873	40763	126
其他港澳台投资企业								
外商投资企业	**194**	**18980**	**151**	**1694**	**9757**	**474473**	**336125**	**116188**
中外合资经营企业	67	5769	74	439	3027	154428	165782	69708
中外合作经营企业	3	303		30	181	7593	8683	54
外资企业	117	12046	62	1195	6022	290500	151856	44761
外商投资股份有限公司	6	740	14	27	411	18545	7484	1485
其他外商投资企业	1	122	1	3	116	3408	2320	180
四、按工业行业大类分组								
采矿业	**11**	**212**		**12**	**150**	**4326**	**5670**	
煤炭开采和洗选业	2	18			13	1192	56	
石油和天然气开采业								
黑色金属矿采选业	2	62		2	47	554	4526	
有色金属矿采选业	4	74		7	54	1423	454	
非金属矿采选业	3	58		3	36	1156	635	
开采辅助活动								
其他采矿业								

续表

项目	机构数（个）	机构人员合计（人）	#博士毕业	#硕士毕业	#本科毕业	机构经费支出（万元）	仪器和设备原价（万元）	#进口
制造业	**1432**	**75742**	**1154**	**5134**	**38910**	**1530667**	**1248920**	**286274**
农副食品加工业	95	2704	77	215	1414	61927	39988	3633
食品制造业	60	1528	74	173	830	29783	17863	3219
酒、饮料和精制茶制造业	46	1226	33	78	744	15824	13605	1841
烟草制品业	1	40	1	2	19	724	454	
纺织业	57	2541	45	114	1361	48253	52636	22256
纺织服装、服饰业	27	2289	39	109	1011	49465	16577	6735
皮革、毛皮、羽毛及其制品和制鞋业	70	4955	97	199	1417	56076	29164	4924
木材加工和木、竹、藤、棕、草制品业	20	553	16	51	255	6675	9093	948
家具制造业	11	148	2	5	47	1015	2055	
造纸和纸制品业	20	694	19	31	262	20291	16742	
印刷和记录媒介复制业	8	400	5	7	180	3790	4846	88
文教、工美、体育和娱乐用品制造业	25	1291	14	28	643	22172	6835	327
石油加工、炼焦和核燃料加工业	4	63	2	2	30	2418	1527	
化学原料和化学制品制造业	85	2440	84	179	1348	39213	31696	2061
医药制造业	57	1740	55	217	959	29139	26493	1987
化学纤维制造业	11	1135	10	42	417	18647	122957	50676
橡胶和塑料制品业	70	4495	44	138	2109	83815	107123	45901
非金属矿物制品业	50	2054	36	77	1007	34109	148007	13481
黑色金属冶炼和压延加工业	16	1180	5	116	334	21446	10949	908
有色金属冶炼和压延加工业	24	2453	46	218	1300	70086	60812	1617
金属制品业	41	1732	7	45	879	25547	17351	3495
通用设备制造业	68	3256	27	164	1736	72885	48943	2179
专用设备制造业	117	4824	55	267	3046	81661	54299	3509
汽车制造业	63	3602	50	241	2147	85012	101590	33972
铁路、船舶、航空航天和其他运输设备制造业	22	1143	9	30	680	14776	7484	355
电气机械和器材制造业	150	7813	127	480	3297	124297	90253	12319
计算机、通信和其他电子设备制造业	167	17246	144	1824	10114	465796	193703	65665
仪器仪表制造业	35	1102	24	51	537	32574	10287	785
其他制造业	11	1090	7	31	782	13073	5430	3393
废弃资源综合利用业								
金属制品、机械和设备修理业	1	5			5	180	160	
电力、热力、燃气及水生产和供应业	**5**	**536**	**17**	**137**	**244**	**7235**	**22932**	**6048**
电力、热力生产和供应业	3	427	15	132	212	6112	22580	6006
燃气生产和供应业								
水的生产和供应业	2	109	2	5	32	1123	352	42
五、按地区分组								
福州市	171	15545	160	1459	9092	300061	239317	50954
厦门市	311	24622	235	1688	12822	569805	443089	149247
莆田市	107	2765	79	198	1601	62076	40234	7965
三明市	78	2258	49	225	1244	34874	32673	2410
泉州市	316	15186	295	726	6695	239661	211026	44619
漳州市	143	5950	85	241	2411	108000	131740	17057
南平市	50	1941	52	81	878	44300	35719	4392
龙岩市	155	5568	97	293	3430	136017	105613	11031
宁德市	117	2655	119	372	1131	47433	38112	4647

福建省规模以上工业企业自主知识产权及相关情况统计表

（2013 年）

项目	专利申请数（件）	#发明专利（件）	有效发明专利数（件）	#境外授权	专利所有权转让及许可数（项）	专利所有权转让与许可收入（万元）	发表科技论文（篇）	拥有注册商标数（件）	#境外注册	形成国家或行业标准数（项）
总　计	**18896**	**5475**	**7119**	**350**	**312**	**10329**	**2042**	**16901**	**2390**	**696**
一、按企业规模分组										
大型企业	6483	1769	2450	139	13		655	8228	1542	208
中型企业	6667	2064	2564	139	136	3086	1104	5099	688	319
小型企业	5662	1571	2105	72	163	7244	283	3566	160	169
微型企业	84	71						8		
二、按隶属关系分组										
中央	902	425	218	1			726	700	57	32
地方	17994	5050	6901	349	312	10329	1316	16201	2333	664
三、按登记注册类型分组										
内资企业	**12116**	**3204**	**3711**	**92**	**191**	**6817**	**1645**	**9204**	**859**	**476**
国有企业	140	27	27				85	692	57	2
集体企业								1		
股份合作企业	8	2	1					2	1	
联营企业										
国有联营企业										
集体联营企业										
国有与集体联营企业										
其他联营企业										
有限责任公司	3817	1103	940	39	90	65	980	1673	67	168
国有独资公司	759	394	178	1			586	214	2	20
其他有限责任公司	3058	709	762	38	90	65	394	1459	65	148
股份有限公司	2893	642	1053	16	7		346	3326	424	103
私营企业	5244	1424	1684	37	86	6752	234	3510	310	203
私营独资企业	7		4					6		1
私营合伙企业										
私营有限责任公司	4687	1283	1602	18	86	6752	223	3221	237	160
私营股份有限公司	550	141	78	19			11	283	73	42
其他企业	14	6	6		8					
港、澳、台商投资企业	**3612**	**983**	**1464**	**61**	**97**	**2783**	**135**	**4670**	**1115**	**110**
合资经营企业（港或澳、台资）	1204	331	477	50	12		31	1004	244	32
合作经营企业（港或澳、台资）	23	12	9		1		3	15	2	2
港、澳、台商独资经营企业	2321	606	919	10	84	2783	101	3202	647	69
港、澳、台商投资股份有限公司	64	34	59	1				449	222	7
其他港澳台投资企业										
外商投资企业	**3168**	**1288**	**1944**	**197**	**24**	**730**	**262**	**3027**	**416**	**110**
中外合资经营企业	1021	363	578	94	15	530	193	1846	253	62
中外合作经营企业	37	2	3	1				5	1	1
外资企业	2020	885	1262	102	9	200	53	856	80	30
外商投资股份有限公司	90	38	101				8	319	82	17
其他外商投资企业							8	1		
四、按工业行业大类分组										
采矿业	**9**	**2**	**3**				**115**	**9**		
煤炭开采和洗选业							68	5		
石油和天然气开采业										
黑色金属矿采选业							31			
有色金属矿采选业	7	1					13			
非金属矿采选业	2	1	3				3	4		
开采辅助活动										
其他采矿业										

续表

项　　目	专利申请数（件）	#发明专利（件）	有效发明专利数（件）	#境外授权	专利所有权转让及许可数（项）	专利所有权转让与许可收入（万元）	发表科技论文（篇）	拥有注册商标数（件）	#境外注册	形成国家或行业标准数（项）
制造业	**18209**	**5102**	**6971**	**350**	**312**	**10329**	**1333**	**16892**	**2390**	**693**
农副食品加工业	361	156	149	1	17	15	63	386	6	13
食品制造业	367	129	134	5	4	265	52	984	59	39
酒、饮料和精制茶制造业	421	57	63				29	969	36	16
烟草制品业	197	41	39	1			122	690	57	6
纺织业	425	155	106			1	10	354	58	15
纺织服装、服饰业	132	65	58	1	4		5	1094	205	7
皮革、毛皮、羽毛及其制品和制鞋业	558	202	214	8	4		46	1480	543	23
木材加工和木、竹、藤、棕、草制品业	210	33	80				13	145	4	4
家具制造业	176	11	35	4			1	27	8	3
造纸和纸制品业	194	54	90			50	12	880	15	13
印刷和记录媒介复制业	65	5	7		4		4	26		1
文教、工美、体育和娱乐用品制造业	909	35	69		1		1	389	15	24
石油加工、炼焦和核燃料加工业	18	9	2				1	11		
化学原料和化学制品制造业	631	306	325	1	11	5789	100	646	31	40
医药制造业	218	139	248	12	4		54	738	35	65
化学纤维制造业	173	29	99		5		5	145	3	3
橡胶和塑料制品业	1531	340	499	64	82	1978	26	735	90	23
非金属矿物制品业	1808	216	201	1	11		29	1771	322	53
黑色金属冶炼和压延加工业	67	10	8				113	17		
有色金属冶炼和压延加工业	405	127	138		8		107	401	40	61
金属制品业	512	102	125	26	6		10	178	45	14
通用设备制造业	920	320	535	5	45	288	135	684	170	29
专用设备制造业	1166	367	472	38	23	910	113	548	129	60
汽车制造业	690	87	116		5		42	457	67	9
铁路、船舶、航空航天和其他运输设备制造业	239	24	42	3			16	144	5	20
电气机械和器材制造业	2031	439	745	48	13	500	69	1342	230	78
计算机、通信和其他电子设备制造业	2931	1362	2027	125	59	533	142	1172	146	49
仪器仪表制造业	594	171	196	6	6		12	279	47	19
其他制造业	238	109	149	1			1	200	24	6
废弃资源综合利用业	10	2								
金属制品、机械和设备修理业	12									
电力、热力、燃气及水生产和供应业	**678**	**371**	**145**				**594**			**3**
电力、热力生产和供应业	677	370	145				593			2
燃气生产和供应业										
水的生产和供应业	1	1					1			1
五、按地区分组										
福州市	3821	1679	3098	91	14	15	787	2483	339	102
厦门市	4996	1566	1936	215	164	1912	294	3998	806	121
莆田市	1082	173	101	2		288	53	650	48	34
三明市	283	49	149	2	5	39	183	625	17	45
泉州市	4852	1016	847	13	83	2060	183	5790	897	181
漳州市	1405	384	326	14			86	863	89	41
南平市	588	118	220	5	1	200	23	321	15	46
龙岩市	1109	271	223		40	5785	269	1346	89	45
宁德市	760	219	219	8	5	30	164	825	90	81

福建省规模以上工业企业新产品开发、生产及销售情况统计表

（2013 年）

项　　目	新产品开发项目数（项）	新产品开发经费支出（万元）	新产品产值（万元）	新产品销售收入（万元）	#出口
总　计	**10534**	**2656091**	**34620999**	**34400997**	**9442428**
一、按企业规模分组					
大型企业	2594	1276267	21480834	21291901	7211416
中型企业	3830	795919	8797081	8803881	1436857
小型企业	4091	574873	4332536	4294746	788947
微型企业	19	9032	10548	10469	5209
二、按隶属关系分组					
中央	120	26688	193842	192287	6906
地方	10414	2629403	34427157	34208709	9435522
三、按登记注册类型分组					
内资企业	**6078**	**1225061**	**12060451**	**11802658**	**1571562**
国有企业	60	6733	319264	290216	
集体企业	4	1315	352	332	
股份合作企业	10	1276	28493	28380	182
联营企业					
国有联营企业					
集体联营企业					
国有与集体联营企业					
其他联营企业					
有限责任公司	2036	418338	3833950	3707440	293429
国有独资公司	147	27330	204113	200610	6700
其他有限责任公司	1889	391008	3629837	3506829	286730
股份有限公司	995	243606	3080625	3080098	633772
私营企业	2961	552108	4752888	4658634	644178
私营独资企业	6	1101	7280	6927	
私营合伙企业	1	145	650	640	
私营有限责任公司	2692	501851	4072465	3990514	603282
私营股份有限公司	262	49011	672492	660553	40896
其他企业	12	1685	44879	37559	
港、澳、台商投资企业	**2636**	**785892**	**10889002**	**11188912**	**3295616**
合资经营企业（港或澳、台资）	904	191929	2551600	2807880	799610
合作经营企业（港或澳、台资）	48	5131	10503	10503	607
港、澳、台商独资经营企业	1543	560328	7796165	7875252	2373714
港、澳、台商投资股份有限公司	141	28505	530734	495278	121685
其他港澳台投资企业					
外商投资企业	**1820**	**645138**	**11671546**	**11409426**	**4575251**
中外合资经营企业	718	260581	5179443	5094182	913951
中外合作经营企业	15	8426	80271	80271	39
外资企业	992	355571	5957961	5770153	3653168
外商投资股份有限公司	76	18527	445219	456170	8093
其他外商投资企业	19	2034	8651	8651	
四、按工业行业大类分组					
采矿业	**21**	**1904**	**19361**	**15829**	**270**
煤炭开采和洗选业	6	310			
石油和天然气开采业					
黑色金属矿采选业	1	36	1265	1480	
有色金属矿采选业			6353	6641	
非金属矿采选业	14	1558	11743	7707	270
开采辅助活动					
其他采矿业					

续表

项　目	新产品开发项目数（项）	新产品开发经费支出（万元）	新产品产值（万元）	新产品销售收入（万元）	#出口
制造业	**10460**	**2647722**	**34543566**	**34327251**	**9442158**
农副食品加工业	441	123196	1071206	1049891	206239
食品制造业	232	60933	389985	377127	69520
酒、饮料和精制茶制造业	291	69761	375655	371682	13778
烟草制品业	57	6558	16324	14529	61
纺织业	333	108217	1093023	1080768	101300
纺织服装、服饰业	177	77760	1213026	1157519	62462
皮革、毛皮、羽毛及其制品和制鞋业	454	121884	2048578	2018702	182446
木材加工和木、竹、藤、棕、草制品业	100	15526	233839	218386	69057
家具制造业	46	9020	61006	65645	15865
造纸和纸制品业	98	37260	387285	507888	21665
印刷和记录媒介复制业	34	6877	51303	49826	20852
文教、工美、体育和娱乐用品制造业	291	46773	426827	402353	133647
石油加工、炼焦和核燃料加工业	10	2085	33355	32977	
化学原料和化学制品制造业	463	83855	943641	918375	116677
医药制造业	545	57169	618653	564063	31171
化学纤维制造业	135	97496	1022331	986072	49599
橡胶和塑料制品业	644	128929	1421777	1423078	229248
非金属矿物制品业	416	99596	1167695	1154150	221997
黑色金属冶炼和压延加工业	100	50427	629520	929058	2481
有色金属冶炼和压延加工业	176	85386	954448	939254	24407
金属制品业	281	52602	489386	486749	217831
通用设备制造业	580	124545	1175196	1160866	279815
专用设备制造业	623	126461	1457685	1427095	160375
汽车制造业	544	132823	2343461	2202312	313395
铁路、船舶、航空航天和其他运输设备制造业	155	24882	808678	721740	361325
电气机械和器材制造业	1308	247796	2650300	2617804	1099534
计算机、通信和其他电子设备制造业	1512	583603	11005658	11001700	5329735
仪器仪表制造业	314	44350	253685	256926	88944
其他制造业	88	15565	198693	189608	18733
废弃资源综合利用业	5	659	900	750	
金属制品、机械和设备修理业	7	5728	450	360	
电力、热力、燃气及水生产和供应业	**53**	**6465**	**58072**	**57916**	
电力、热力生产和供应业	48	6354	22806	22650	
燃气生产和供应业					
水的生产和供应业	5	111	35266	35266	
五、按地区分组					
福州市	2090	570355	7842563	7504170	1250480
厦门市	3073	791140	12734698	12502889	6351564
莆田市	489	127266	1063604	1020184	100722
三明市	446	95150	1200303	1163173	95493
泉州市	2012	555638	6271060	6479264	493964
漳州市	853	208633	2146689	2381893	579602
南平市	280	63876	584427	563396	88751
龙岩市	774	147100	1514494	1556918	61677
宁德市	517	96931	1263162	1229110	420177

福建省规模以上工业企业落实政府相关政策情况统计表

（2013 年）　　单位：万元

项　　目	使用来自政府部门的科技活动资金	研究开发费用加计扣除减免税	高新技术企业减免税
总　计	**90783**	**77799**	**191006**
一、按企业规模分组			
大型企业	26053	38525	105381
中型企业	33769	26507	62489
小型企业	30944	11896	23136
微型企业	18	871	
二、按隶属关系分组			
中央	302	2791	786
地方	90481	75008	190220
三、按登记注册类型分组			
内资企业	**57252**	**36508**	**73091**
国有企业	64	28	
集体企业			
股份合作企业	60		
联营企业			
国有联营企业			
集体联营企业			
国有与集体联营企业			
其他联营企业			
有限责任公司	19438	12920	16576
国有独资公司	952	3347	270
其他有限责任公司	18486	9573	16306
股份有限公司	12369	11555	34923
私营企业	25072	11967	21563
私营独资企业	18		
私营合伙企业	168		
私营有限责任公司	23193	9419	14932
私营股份有限公司	1693	2549	6632
其他企业	249	37	28
港、澳、台商投资企业	**13947**	**21667**	**56417**
合资经营企业（港或澳、台资）	5532	6278	11990
合作经营企业（港或澳、台资）	602		
港、澳、台商独资经营企业	7793	14805	43677
港、澳、台商投资股份有限公司	21	585	750
其他港澳台投资企业			
外商投资企业	**19584**	**19624**	**61498**
中外合资经营企业	12861	7540	22116
中外合作经营企业	130		
外资企业	6398	11588	37436
外商投资股份有限公司	130	496	1946
其他外商投资企业	65		
四、按工业行业大类分组			
采矿业	**289**	**118**	
煤炭开采和洗选业			
石油和天然气开采业			
黑色金属矿采选业	100		
有色金属矿采选业	130		

续表

项　　目	使用来自政府部门的科技活动资金	研究开发费用加计扣除减免税	高新技术企业减免税
非金属矿采选业	59	118	
开采辅助活动			
其他采矿业			
制造业	**90299**	**77236**	**191006**
农副食品加工业	6546	1328	2017
食品制造业	3753	2030	1571
酒、饮料和精制茶制造业	3212	228	6986
烟草制品业			
纺织业	2499	1435	1013
纺织服装、服饰业	1265	1433	11809
皮革、毛皮、羽毛及其制品和制鞋业	1057	1124	5896
木材加工和木、竹、藤、棕、草制品业	522	75	11
家具制造业	47		
造纸和纸制品业	1555	162	3264
印刷和记录媒介复制业	404	165	670
文教、工美、体育和娱乐用品制造业	1486	346	1268
石油加工、炼焦和核燃料加工业	308	143	216
化学原料和化学制品制造业	3551	3125	6646
医药制造业	4310	2698	10690
化学纤维制造业	266	5523	7552
橡胶和塑料制品业	1463	3101	13142
非金属矿物制品业	1959	2352	6673
黑色金属冶炼和压延加工业	352	385	22
有色金属冶炼和压延加工业	3286	2883	3830
金属制品业	1683	1923	2851
通用设备制造业	5230	1950	6508
专用设备制造业	7279	4133	12595
汽车制造业	10140	3771	7045
铁路、船舶、航空航天和其他运输设备制造业	783	140	322
电气机械和器材制造业	8516	7403	21151
计算机、通信和其他电子设备制造业	17407	25793	54427
仪器仪表制造业	1032	2604	2337
其他制造业	340	311	494
废弃资源综合利用业	30		
金属制品、机械和设备修理业	20	676	
电力、热力、燃气及水生产和供应业	**196**	**445**	
电力、热力生产和供应业	156	445	
燃气生产和供应业	20		
水的生产和供应业	20		
五、按地区分组			
福州市	16548	26227	23796
厦门市	29990	29795	91762
莆田市	5336	2169	2171
三明市	4892	2397	3164
泉州市	13953	6169	34522
漳州市	5960	5055	15330
南平市	3413	1582	1369
龙岩市	4831	2906	11797
宁德市	5859	1499	7096

福建省规模以上工业企业技术获取和技术改造情况统计表

（2013年）

单位：万元

项　　目	引进技术经费支出	消化吸收经费支出	购买国内技术经费支出	技术改造经费支出
总　计	**228367**	**35244**	**188096**	**1279726**
一、按企业规模分组				
大型企业	155862	16196	102401	460463
中型企业	52189	11204	53969	529029
小型企业	8517	7843	31190	290129
微型企业	11800		536	106
二、按隶属关系分组				
中央	16285	167	18476	165271
地方	212082	35077	169619	1114456
三、按登记注册类型分组				
内资企业	**49390**	**19255**	**83700**	**862914**
国有企业	2491	94	9936	21220
集体企业			5	19258
股份合作企业			63	275
联营企业				
国有联营企业				
集体联营企业				
国有与集体联营企业				
其他联营企业				
有限责任公司	36223	12239	37992	383663
国有独资公司	13578	352	9096	156763
其他有限责任公司	22645	11887	28896	226900
股份有限公司	5154	2316	12158	167806
私营企业	5509	4590	23442	270684
私营独资企业			60	1803
私营合伙企业				360
私营有限责任公司	5100	4545	21082	247984
私营股份有限公司	409	45	2300	20536
其他企业	13	16	105	9
港、澳、台商投资企业	**84848**	**9806**	**73461**	**200323**
合资经营企业（港或澳、台资）	4724	593	5505	48302
合作经营企业（港或澳、台资）				291
港、澳、台商独资经营企业	60913	8203	63863	147450
港、澳、台商投资股份有限公司	19211	1010	4093	4280
其他港澳台投资企业				
外商投资企业	**94130**	**6182**	**30935**	**216490**
中外合资经营企业	30090	3551	25404	80832
中外合作经营企业	351	5	12	325
外资企业	60807	2091	5357	125364
外商投资股份有限公司	1562	536	162	9213
其他外商投资企业	1320			756
四、按工业行业大类分组				
采矿业		**252**	**459**	**63057**
煤炭开采和洗选业		240	102	28923
石油和天然气开采业				
黑色金属矿采选业			186	26196
有色金属矿采选业				2431
非金属矿采选业		12	171	5507
开采辅助活动				
其他采矿业				

续表

项　　目	引进技术经费支出	消化吸收经费支出	购买国内技术经费支出	技术改造经费支出
制造业	**228367**	**34992**	**187571**	**1005016**
农副食品加工业	3635	836	5370	31240
食品制造业	2105	1712	3997	30068
酒、饮料和精制茶制造业	180	136	3647	22249
烟草制品业	16069	166	18813	21881
纺织业	4110	793	2759	47114
纺织服装、服饰业	215	573	1016	7188
皮革、毛皮、羽毛及其制品和制鞋业	537	965	633	25841
木材加工和木、竹、藤、棕、草制品业	580	197	3208	6957
家具制造业			23	1118
造纸和纸制品业		51	2619	48338
印刷和记录媒介复制业	69	32	10	8359
文教、工美、体育和娱乐用品制造业	658	361	2288	13679
石油加工、炼焦和核燃料加工业	9393		9636	18368
化学原料和化学制品制造业	43	102	5052	31581
医药制造业	2172	1619	2534	45524
化学纤维制造业		14	3700	17492
橡胶和塑料制品业	4840	55	5990	56994
非金属矿物制品业	851	985	2888	68983
黑色金属冶炼和压延加工业	5128	1678	1442	90977
有色金属冶炼和压延加工业	3715	10	15910	45610
金属制品业	19210	1021	6494	37155
通用设备制造业	35139	125	5994	34079
专用设备制造业	2670	881	2497	53683
汽车制造业	9449	10103	11536	42541
铁路、船舶、航空航天和其他运输设备制造业	2766	1368	1194	9690
电气机械和器材制造业	31576	7290	8978	57328
计算机、通信和其他电子设备制造业	71011	3616	58611	96966
仪器仪表制造业	143	286	73	24100
其他制造业	32	20	660	9518
废弃资源综合利用业				284
金属制品、机械和设备修理业	2072			110
电力、热力、燃气及水生产和供应业			**66**	**211653**
电力、热力生产和供应业			21	209166
燃气生产和供应业				
水的生产和供应业			44	2487
五、按地区分组				
福州市	28589	4016	11334	269904
厦门市	157197	5925	89395	236838
莆田市	1054	3086	4806	26793
三明市	2459	1605	2781	274384
泉州市	20642	10144	17756	276050
漳州市	5920	852	1658	65815
南平市	1010	236	627	51213
龙岩市	7359	1839	51984	44043
宁德市	4137	7542	7756	34686

福建省规模以上工业企业限额以上 R&D 项目情况统计表

（2013 年）

项　　目	科技项目数（项）	参加科技项目人员（人）	项目经费内部支出（万元）	#政府资金
总　计	**8321**	**101635**	**2363457**	**57413**
一、按项目来源分组				
国家科技项目	232	4098	75986	12948
地方科技项目	678	9409	187156	16400
企业委托科技项目	119	900	13656	319
自选科技项目	6989	83468	1994947	26065
来自国外的科技项目	34	344	6722	583
其他科技项目	269	3416	84991	1098
二、按项目合作形式分组				
与境外机构合作	116	2002	57566	2872
与国内高校合作	734	7892	172550	7301
与国内独立研究机构合作	330	4067	77942	4026
与境内注册外商独资企业合作	56	612	13753	163
与境内注册其他企业合作	274	3674	90375	3163
独立完成	6514	79775	1843883	37807
其他	297	3613	107387	2081
三、按项目活动类型分组				
基础研究	3	32	572	10
应用研究	55	457	5420	528
试验发展	8263	101146	2357466	56875
四、按项目成果形式分组				
论文或专著	102	857	13031	719
新产品原型或样机、样件、样品、配方、新装置	3623	45206	1068436	26421
新技术或新工艺	3948	46508	1137502	27384
发明专利	558	6423	124094	2660
实用新型专利				
外观设计专利				
带有技术、工艺参数规范的图纸、技术标准、操作规范				
基础软件	90	2641	20392	229
应用软件				
其他				
五、按项目技术经济目标分组				
科学原理的探索、发现	30	228	5628	199
技术原理的研究	178	1444	25238	1619
开发全新产品	3730	45817	1081299	25868
增加产品功能或提高性能	3057	38399	872627	20801
提高劳动生产率	308	3424	84495	1866
减少能源消耗或提高能源使用效率	519	6269	177103	4493
节约原材料	109	900	27536	341
减少环境污染	219	1981	46094	1239
其他	171	3173	43438	986
六、按企业规模分组				
大型企业	1871	45122	1220859	16428
中型企业	3079	33640	660763	22906
小型企业	3357	22731	473403	18076
微型企业	14	142	8431	3

续表①

项　目	科技项目数（项）	参加科技项目人员（人）	项目经费内部支出（万元）	#政府资金
七、按隶属关系分组				
中央	144	1363	30437	302
地方	8177	100272	2333019	57111
八、按登记注册类型分组				
内资企业	**5132**	**50159**	**1076826**	**37299**
国有企业	49	317	15249	64
集体企业	3	30	1300	
股份合作企业	10	69	3291	
联营企业	7	26	343	
国有联营企业	7	26	343	
集体联营企业				
国有与集体联营企业				
其他联营企业				
有限责任公司	1638	15381	386972	11738
国有独资公司	152	1450	22331	832
其他有限责任公司	1486	13931	364641	10906
股份有限公司	1011	10819	226459	9041
私营企业	2402	23380	442295	16207
私营独资企业	5	46	854	
私营合伙企业	1	5	121	1
私营有限责任公司	2201	20636	404553	15149
私营股份有限公司	195	2693	36768	1056
其他企业	12	137	917	249
港澳台商投资企业	**1797**	**26822**	**672930**	**9273**
合资经营企业（港或澳、台资）	580	7248	167109	3768
合作经营企业（港或澳、台资）	9	69	2815	111
港澳台商独资经营企业	1119	18881	481174	5374
港澳台商投资股份有限公司	89	624	21833	21
其他港澳台投资企业				
外商投资企业	**1392**	**24654**	**613701**	**10841**
中外合资经营企业	523	11275	264525	5800
中外合作经营企业	15	211	7101	130
外资企业	729	12168	318212	4800
外商投资股份有限公司	84	892	20064	46
其他外商投资企业	41	108	3799	65
九、按工业行业大类分组				
采矿业	**37**	**373**	**4675**	**149**
煤炭开采和洗选业	9	175	684	
石油和天然气开采业				
黑色金属矿采选业	5	44	768	3
有色金属矿采选业	6	66	1448	90
非金属矿采选业	17	88	1776	56
开采辅助活动				
其他采矿业				

续表②

项　　目	科技项目数（项）	参加科技项目人员（人）	项目经费内部支出（万元）	#政府资金
制造业	**8193**	**100582**	**2349475**	**57087**
农副食品加工业	471	3812	107129	4214
食品制造业	225	1984	54384	1592
酒、饮料和精制茶制造业	230	3447	76968	1442
烟草制品业	67	458	14559	
纺织业	282	3742	67411	2066
纺织服装、服饰业	164	3169	62298	510
皮革、毛皮、羽毛及其制品和制鞋业	234	5333	101053	751
木材加工和木、竹、藤、棕、草制品业	101	690	14286	352
家具制造业	26	602	7104	47
造纸和纸制品业	113	1344	43531	1448
印刷和记录媒介复制业	43	484	6143	394
文教、工美、体育和娱乐用品制造业	153	1852	28723	775
石油加工、炼焦和核燃料加工业	30	206	4755	308
化学原料和化学制品制造业	457	3113	74308	2886
医药制造业	442	2526	44374	3260
化学纤维制造业	115	1977	77397	137
橡胶和塑料制品业	334	5413	114068	908
非金属矿物制品业	338	3721	78461	1233
黑色金属冶炼和压延加工业	113	1582	134898	124
有色金属冶炼和压延加工业	256	3128	94443	1612
金属制品业	225	2041	36975	1002
通用设备制造业	435	4356	90200	3062
专用设备制造业	487	4823	90085	4731
汽车制造业	428	4115	118132	3740
铁路、船舶、航空航天和其他运输设备制造业	155	1470	23607	733
电气机械和器材制造业	914	10464	206895	5001
计算机、通信和其他电子设备制造业	1021	21296	516940	13853
仪器仪表制造业	255	2565	44723	668
其他制造业	68	835	14159	195
废弃资源综合利用业	10	29	1436	30
金属制品、机械和设备修理业	1	5	30	15
电力、热力、燃气及水生产和供应业	**91**	**680**	**9306**	**177**
电力、热力生产和供应业	75	596	4719	137
燃气生产和供应业	1	3	3480	20
水的生产和供应业	15	81	1108	20
十、按地区分组				
福州市	1733	23527	484809	13473
厦门市	1930	29890	672010	16970
莆田市	394	3844	96896	4414
三明市	438	3679	130831	3307
泉州市	1352	19073	457679	7737
漳州市	892	8743	207757	4567
南平市	273	2694	66990	1390
龙岩市	865	6041	160835	1962
宁德市	444	4144	85649	3594

（省统计局）

研发机构科技活动情况

福建省县以上政府部门属科学研究与开发机构基本情况统计表

（2013 年）

项　目	单位	政府部门属科技机构					非政府部门属研究与开发机构和综合技术服务业有R&D活动的事业单位	转制机构
		县以上部门属研究与开发机构合计	自然科学和技术领域	社会与人文科学领域	科技信息和文献机构	县属研究与开发机构		
机构数	个	93	77	3	13	77	14	12
职工总数	人	7127	6512	249	366	573	2189	1198
单位在职从事科技活动人员	人	5964	5442	190	332	452	1160	969
大学本科及以上学历	人	4723	4291	164	268	172	821	773
R&D 人员折合全时工作量	人年	3341	3213	96	32	43	214	705
科技活动收入	千元	2037950	1910280	58250	69420	36619	85186	192472
政府拨款	千元	1669544	1546442	55320	67782	32160	68242	41144
科技经费内部支出	千元	1956084	1851365	52668	52051	32561	140621	85042
资产购建支出	千元	604788	597460	4092	3236	2624	11939	23003
R&D 经费内部支出	千元	1077543	1047430	25036	5077	1684	11572	55493
固定资产	千元	2529539	2361657	49163	118719	24098	511749	138495
课题数	个	3420	3170	158	92	78	216	134
课题经费支出	千元	834112	812612	5758	15742	3607	15956	41457
R&D 课题经费支出	千元	662860	655728	4871	2262	836	6837	38059
课题投入人员	人年	3862	3671	75	117	183	286	725
R&D 课题投入人员	人年	2692	2611	64	17	39	178	680
专利申请受理	件	454	450		4		6	25
专利授权	件	247	244		3		8	25
科技论文	篇	3196	2465	661	70	37	251	80
科技专著	种	43	27	13	3		1	

福建省县以上政府部门属科学研究与开发机构情况统计表

（2005～2013 年）

项　目	单位	2005	2006	2007	2008	2009	2010	2011	2012	2013
机构数	个	**99**	**98**	**103**	**102**	**104**	**96**	**97**	**95**	**93**
职工人数	人	**5246**	**5476**	**5778**	**5908**	**6287**	**6437**	**6408**	**6732**	**7127**
1. 自然科学										
机构数	个	83	82	87	86	88	80	81	79	77
职工人数	人	4718	4957	5247	5383	5751	5850	5845	6124	6512
＃从事科技活动人员	人	3890	4128	4429	4569	4846	4618	5015	5147	5442
经费收入总额	万元	62057	75376	93403	122981	143800	151715	167917	225533	262156
＃政府拨款	万元	44249	56466	73885	88431	100854	106849	121083	178071	171863
经费支出总额	万元	57784	62784	74201	107886	129046	133247	154800	203403	253707
2. 社会、人文科学										
机构数	个	3	3	3	3	3	3	3	3	3
职工人数	人	207	206	216	214	214	218	216	255	249
＃从事科技活动人员	人	183	182	183	181	181	189	189	187	190
经费收入总额	万元	2540	2658	3206	4364	4048	5230	5275	5520	6513
＃政府拨款	万元	2433	2642	3148	3581	3572	4256	5205	5323	5549
经费支出总额	万元	2801	2489	2729	3666	4387	4874	5073	5850	6235
3. 科学情报和文献										
机构数	个	13	13	13	13	13	13	13	13	13
职工人数	人	321	313	315	311	322	369	347	353	366
＃从事科技活动人员	人	288	275	276	275	297	326	301	309	332
经费收入总额	万元	4808	4059	4086	5553	6026	6651	7989	7076	8776
＃政府拨款	万元	4266	3678	3418	4846	5226	5482	6428	6356	7083
经费支出总额	万元	4763	4127	3422	4334	5594	5744	6448	7405	8321

福建省县以上政府部门属科学研究与开发机构人员和经费概况统计表

（2013年）

项目	机构数（个）	从业人员总数（人）	科技活动人员	大学本科及以上学历	经费收入总额（千元）	政府资金	经费支出总额（千元）	科技经费支出
总计	**93**	**7127**	**5964**	**4723**	**2774447**	**1844952**	**2682634**	**1956084**
1. 按地域分								
福州市	49	4943	3958	3302	1873870	1086188	1845645	1201124
厦门市	10	1201	1145	861	733635	603518	674503	623940
莆田市	8	149	144	95	18139	17162	18019	17395
三明市	3	116	91	66	19157	14822	19610	18113
泉州市	5	148	147	89	33087	32005	28491	24336
漳州市	6	189	157	119	35947	33828	36108	22511
南平市	3	90	76	43	14567	12675	13411	13011
龙岩市	4	94	78	54	17386	16505	23313	17087
宁德市	5	197	168	94	28659	28249	23534	18567
2. 按隶属关系分								
地方部门属	**89**	**5614**	**4483**	**3516**	**1850633**	**1077514**	**1672083**	**1074911**
省级部门属	50	4463	3459	2820	1621273	870775	1445261	892050
计划单列市部门属	5	132	120	79	49912	38065	48120	30722
地市级部门属	34	1019	904	617	179448	168674	178702	152139
中央部门属	**4**	**1513**	**1481**	**1207**	**923814**	**767438**	**1010551**	**881173**
中国科学院	2	877	855	787	392110	326050	516203	410143
3. 按服务的国民经济行业分								
农、林、牧、渔业	43	2219	1995	1513	610312	560950	554879	469809
采矿业	1	3	3	1	108		105	105
制造业	12	520	386	269	134849	93531	123820	64279
建筑业	1	1082	587	470	494117	2817	491233	114103
批发和零售业								
交通运输、仓储和邮政业	1	175	175	139	64475	3925	39752	37681
科学研究和技术服务业	20	2463	2220	1825	1215303	1001557	1256168	1072966
水利、环境和公共设施管理业	5	255	228	198	100295	46381	75054	71521
卫生和社会工作	7	164	134	93	42609	29263	43679	32014
文化、体育和娱乐业	2	71	61	42	21840	20904	19611	15669
公共管理、社会保障和社会组织	1	175	175	173	90539	85624	78333	77937
4. 按机构所属学科分								
自然科学领域	9	1583	1521	1210	903444	744456	1007578	867711
农业科学领域	36	2099	1859	1407	566640	519344	507894	424283
医学科学领域	7	249	202	153	74047	53565	65062	53734
工程科学与技术领域	24	2555	1842	1506	1066449	390943	946858	496815
社会、人文科学领域	17	641	540	447	163867	136644	155242	113541
5. 按机构中从事科技活动人员规模分								
500～999人	3	2397	1880	1491	1261772	619631	1360820	854708
200～299人	1	302	237	215	171578	164494	125018	119517
100～199人	7	1085	932	814	409123	286760	342615	279181
50～99人	25	1914	1688	1291	533798	434686	462516	410153
30～49人	15	720	621	477	176665	151969	176100	126272
20～29人	9	253	219	159	60253	48679	64589	49527
10～19人	21	358	299	220	142070	120176	136071	103754
0～9人	12	98	88	56	19188	18557	14905	12972

福建省县以上政府部门属科学研究与开发机构人员按工作性质分类统计表

（2013 年）

单位：人

项　目	单位在职科技活动人员	科技管理	课题活动	科技服务	生产经营活动人员	其他人员
总　计	**5964**	**746**	**4171**	**1047**	**519**	**644**
1. 按地域分						
福州市	3958	510	2621	827	468	517
厦门市	1145	140	930	75		56
莆田市	144	21	98	25	2	3
三明市	91	15	65	11		25
泉州市	147	9	79	59		1
漳州市	157	18	123	16	21	11
南平市	76	9	50	17	12	2
龙岩市	78	2	69	7	14	2
宁德市	168	22	136	10	2	27
2. 按隶属关系分						
地方部门属	4483	596	2915	972	519	612
省级部门属	3459	470	2261	728	469	535
副省级城市属	120	23	80	17		12
地市级部门属	904	103	574	227	50	65
中央部门属	1481	150	1256	75		32
中国科学院	855	92	709	54		22
3. 按机构所属学科领域分						
自然科学领域	1521	161	1256	104	9	53
农业科学领域	1859	193	1449	217	51	189
医学科学领域	202	34	129	39	11	36
工程科学与技术领域	1842	277	1006	559	448	265
社会、人文科学领域	540	81	331	128		101

福建省县以上政府部门属科学研究与开发机构科技活动人员的资历和文化程度情况统计表

（2013 年）

单位：人

项　目	科技活动人员	学　历					职　称		
		博士	硕士	本科	大专	其他	高级	中级	其他
总　计	**5964**	**732**	**1578**	**2413**	**755**	**486**	**1887**	**2049**	**2028**
1. 按地域分									
福州市	3958	444	1052	1806	483	173	1289	1321	1348
厦门市	1145	277	341	243	150	134	357	443	345
莆田市	144	1	26	68	22	27	44	43	57
三明市	91	1	18	47	22	3	34	44	13
泉州市	147		23	66	26	32	30	31	86
漳州市	157	5	42	72	19	19	48	66	43
南平市	76		15	28	14	19	16	19	41
龙岩市	78		30	24	6	18	30	36	12
宁德市	168	4	31	59	13	61	39	46	83
2. 按隶属关系分									
地方部门属	**4483**	**217**	**1137**	**2162**	**622**	**345**	**1452**	**1525**	**1506**
省级部门属	3459	200	946	1674	473	166	1155	1179	1125
计划单列市部门属	120	7	19	53	26	15	36	46	38
地市级部门属	904	10	172	435	123	164	261	300	343
中央部门属	**1481**	**515**	**441**	**251**	**133**	**141**	**435**	**524**	**522**
中国科学院	855	355	241	191	35	33	255	299	301

福建省县以上政府部门属科学研究与开发机构经费收入统计表

（2013 年）

单位：千元

项目	科技活动收入	政府资金	财政拨款	承担政府科研项目收入	其他	非政府资金	技术性收入	国外资金	生产经营活动收入	其他收入
总计	**2037950**	**1669544**	**1110906**	**288632**	**79282**	**368406**	**355207**	**236**	**472677**	**263820**
1. 按地域分										
福州市	1211772	964154	658031	178778	37052	247618	241447	236	469050	193048
厦门市	686365	573302	352698	85197	37798	113063	109177		3157	44113
莆田市	16749	16749	14678	2065	6				368	1022
三明市	18051	13716	13600	116		4335	4335			1106
泉州市	32407	32005	27506	1359	3140	402			96	584
漳州市	21274	21020	13436	7488		254				14673
南平市	14257	12371	6067	4653	19	1886			6	304
龙岩市	12126	11593	8034	2292	1267	533	133			5260
宁德市	24949	24634	16856	6684		315	115			3710
2. 按隶属关系分										
地方部门属	1218180	951040	695347	198923	39255	267140	254291	236	470452	162001
省级部门属	1026011	766795	556484	177153	22823	259216	249055	236	467641	127621
副省级城市属	35754	35026	30206	4820		728	728		2341	11817
地市级部门属	156415	149219	108657	16950	16432	7196	4508		470	22563
中央部门属	819770	718504	415559	89709	40027	101266	100916		2225	101819
中国科学院	311190	298796	222417	55000	5779	12394	12044		1880	79040
3. 按服务的国民经济行业分										
农、林、牧、渔业	534185	496108	323506	149064	8234	38077	30204	236	518	75609
采矿业	100					100	100			8
制造业	71411	52262	44497	4633	3132	19149	19112		20358	43080
建筑业	55541	2817	2817			52724	52724		438408	168
交通运输、仓储和邮政业	60071	2270	220	2050		57801	57801		2749	1655
科学研究和技术服务业	1082493	944300	600862	118219	51905	138193	134148		9077	123733
水利、环境和公共设施管理业	96332	42926	23330	5025	12465	53406	52353		26	3937
卫生和社会工作	29865	23515	22667	786	62	6350	6350		898	11846
文化、体育和娱乐业	19913	19722	17596	2126		191			247	1680
公共管理、社会保障和社会组织	88039	85624	75411	6729	3484	2415	2415		396	2104
4. 按机构所属学科分										
自然科学领域	794632	690393	370838	108634	37062	104239	103727		2715	106097
农业科学领域	490732	453161	300825	129734	8215	37571	29860	236	518	75390
医学科学领域	61640	48154	45796	1764	594	13486	13486		898	11509
工程科学与技术领域	553944	345593	274578	37606	31303	208351	206896		461097	51408
社会、人文科学领域	137002	132243	118869	10894	2108	4759	1238		7449	19416

福建省县以上政府部门属科学研究与开发机构经费支出统计表

（2013 年）

单位：千元

项　　目	科技经费内部支出	科技经费日常支出				科研基建	生产经营支出	其他支出
			人员劳务费	设备购置费	其他日常支出			
总　计	**1956084**	**1620007**	**687453**	**268711**	**663843**	**336077**	**416370**	**310117**
1. 按地域分								
福州市	1201124	974717	456243	169557	348917	226407	404892	239566
厦门市	623940	517584	156822	91986	268776	106356	11242	39321
莆田市	17395	17395	9999	289	7107			624
三明市	18113	18113	11438	44	6631			1497
泉州市	24336	23844	13844	633	9367	492		4155
漳州市	22511	22415	11232	1049	10134	96		13597
南平市	13011	11379	9643	235	1501	1632	67	333
龙岩市	17087	17087	6973	3999	6115			6226
宁德市	18567	17473	11259	919	5295	1094	169	4798
2. 按隶属关系分								
地方部门属	1074911	1034608	490686	126339	417583	40303	415438	181671
省级部门属	892050	859419	389527	115334	354558	32631	405968	147180
副省级城市属	30722	30722	17444	1917	11361		9403	7995
地市级部门属	152139	144467	83715	9088	51664	7672	67	26496
中央部门属	881173	585399	196767	142372	246260	295774	932	128446
中国科学院	410143	280725	100466	81721	98538	129418	768	105292
3. 按机构所属学科领域分								
自然科学领域	867711	571287	214520	126243	230524	296424	2327	137538
农业科学领域	424283	409896	189786	24471	195639	14387	4595	79016
医学科学领域	53734	53734	29062	5037	19635		730	10598
工程科学与技术领域	496815	471931	179552	101742	190637	24884	394537	55445
社会、人文科学领域	113541	113159	74533	11218	27408	382	14181	27520
4. 按服务的国民经济行业分								
农、林、牧、渔业	469809	454495	206208	29933	218354	15314	5933	79135
采矿业	105	105	100		5			
制造业	64279	62325	28728	3991	29606	1954	17594	41947
建筑业	114103	93279	58321	2483	32475	20824	376255	875
交通运输、仓储和邮政业	37681	37681	21382		16299		460	1611
科学研究和技术服务业	1072966	777087	303057	196858	277172	295879	14986	168216
水利、环境和公共设施管理业	71521	69415	36118	4042	29255	2106	9	3463
卫生和社会工作	32014	32014	18931	2545	10538		730	10935
文化、体育和娱乐业	15669	15669	6452	5187	4030		7	3935
公共管理、社会保障和社会组织	77937	77937	8156	23672	46109		396	

福建省县以上政府部门属科学研究与开发机构基本建设与固定资产统计表

（2013年）

单位：千元

项　　目	基本建设投资实际完成额			科研基建					年末固定资产原价			
		科研仪器设备	科研土建工程		政府资金	企业资金	事业单位资金	其他资金		科研房屋建筑物	科研仪器设备	
												进口
总　计	**336140**	**162982**	**173095**	**336077**	**190724**	**10**	**145343**		**2529539**	**749305**	**1310381**	**369605**
1. 按地域分												
福州市	226470	66631	159776	226407	90293	10	136104		1509181	453952	694047	269148
厦门市	106356	95283	11073	106356	97609		8747		888469	240337	586899	96123
莆田市									8367	816	1254	453
三明市									14816	2397	1716	
泉州市	492	242	250	492			492		17641	8466	3228	35
漳州市	96	96		96	96				29326	13312	9682	995
南平市	1632	59	1573	1632	1632				22350	10935	2895	90
龙岩市									17243	8509	3364	17
宁德市	1094	671	423	1094	1094				22146	10581	7296	2744
2. 按隶属关系分												
地方部门属	40366	31704	8599	40303	17515	10	22778		1299144	462009	534043	157626
省级部门属	32694	31403	1228	32631	10335	10	22286		1097771	403169	462607	145626
副省级城市属									51014	3498	29356	8653
地市级部门属	7672	301	7371	7672	7180		492		150359	55342	42080	3347
中央部门属	295774	131278	164496	295774	173209		122565		1230395	287296	776338	211979
中国科学院	129418	35995	93423	129418	15600		113818		691835	235061	391806	211979

福建省县以上政府部门属科学研究与开发机构课题概况统计表

（2013 年）

项　　目	课题数合计（项）	R&D 课题	课题经费内部支出（千元）	#政府资金	#R&D 课题经费	课题投入人员（人年）	#R&D 人员	#外聘流动学者	#在读研究生
总　计	**3420**	**2401**	**834112**	**731509**	**662860**	**3862**	**2692**	**102**	**363**
1. 按地域分									
福州市	2222	1507	481926	432358	366120	2573	1846	81	205
厦门市	940	761	313686	267812	276961	692	577	20	156
莆田市	26		1523	1523		111			
三明市	26	16	4171	1564	1979	61	32		
泉州市	15	11	2305	2065	1583	81	61		
漳州市	93	62	9912	8693	6622	119	69		1
南平市	14	2	4583	1848	2314	41	16		
龙岩市	27	12	7042	6682	2981	69	31		
宁德市	57	30	8965	8965	4300	116	61	1	
2. 按隶属关系分									
地方部门属	2283	1312	360251	294634	203548	2813	1688	79	89
省级部门属	2053	1213	322751	263075	188913	2230	1449	79	87
副省级城市属	33	9	8400	8400	257	60	13		2
地市级部门属	197	90	29101	23159	14379	524	226		
中央部门属	1137	1089	473861	436875	459312	1049	1004	23	274
中国科学院	734	686	259189	245213	244640	779	734	23	240
3. 按课题活动类型分									
基础研究	831	831	197525	193818	197525	664	664	20	127
应用研究	916	916	294805	260833	294805	1001	1001	21	165
试验发展	654	654	170530	143837	170530	1027	1027	41	39
R&D 成果应用	436		82859	75285		651		6	11
科技服务	583		88393	57735		519		14	21
4. 按服务的国民经济行业分									
农、林、牧、渔业	1447	870	223459	197831	129584	1723	1050	59	84
采矿业									
制造业	83	62	17932	13257	15996	194	143	1	
建筑业	125	21	14549	1294	10641	52	21		
交通运输、仓储和邮政业	30	10	5292	598	1427	95	39		
科学研究和技术服务业	1244	1098	475033	431791	448800	1318	1132	23	156
水利、环境和公共设施管理业	108	18	38896	38846	4512	137	26		
卫生和社会工作	55	37	9886	6112	9596	77	51		2
文化、体育和娱乐业	13	12	491	491	449	13	11		
公共管理、社会保障和社会组织	315	273	48573	41288	41856	253	220	20	121
5. 按课题所属学科分									
自然科学领域	919	868	423437	388562	401593	858	790	6	105
农业科学领域	1256	818	190666	181608	122206	1604	1007	49	71
医学科学领域	107	88	21585	17765	21249	157	130	1	4
工程科学与技术领域	932	470	186095	131981	110215	1127	686	45	179
社会、人文科学领域	206	157	12328	11593	7598	116	79	1	3

续表

项　　目	课题数合计（项）	R&D课题	课题经费内部支出（千元）	#政府资金	#R&D课题经费	课题投入人员（人年）	#R&D人员	#外聘流动学者	#在读研究生
6. 按课题技术领域分									
非技术领域	502	443	139384	136871	134867	421	376	2	63
信息技术	25	6	10907	10037	3574	44	8		
生物和现代农业技术	1452	1012	253937	238925	186379	1768	1220	58	95
新材料技术	141	114	60608	55058	51906	217	186	3	53
能源技术	31	17	12855	3705	12320	29	24		
激光技术	9	9	5705	5705	5705	13	13		2
先进制造与自动化技术	26	19	9681	8008	7072	89	68		
资源与环境技术	473	305	94160	79393	49807	400	268	19	121
其他技术领域	761	476	246876	193808	211230	881	529	20	29
7. 按课题来源分									
中央政府部门下达课题	1006	860	322535	301566	295521	1177	982	47	113
地方政府部门下达课题	1519	930	287484	267323	185759	1868	1105	32	71
企业委托课题	220	88	57764	3265	32209	193	81	11	26
自选课题	511	391	97792	95368	93367	415	363	10	137
国际合作课题	14	13	5546	5353	4906	16	13		2
其他课题	150	119	62992	58634	51099	193	149	2	14
8. 按课题合作形式分									
与境外机构合作	34	30	8268	7347	7300	41	35	1	5
与国内高校合作	87	60	27146	23515	21568	131	94	4	14
与国内独立研究机构合作	269	161	99373	95471	80571	305	206	8	25
与境内注册的其他企业合作	309	124	45042	31245	21985	417	168	5	18
独立研究	2687	2019	643332	568419	525391	2885	2178	84	301
其他	34	7	10952	5511	6047	83	11		
9. 按课题的社会经济目标分									
环境保护、生态建设及污染防治	496	325	119402	100894	75291	449	312	29	124
能源生产、分配和合理利用	63	24	17253	3093	12674	108	49	1	
卫生事业的发展	67	48	10916	7096	10589	92	66		4
教育事业发展	1	1	80	80	80				
基础设施以及城市和农村规划	23	5	3776	1004	899	38	2	6	
社会发展和社会服务	305	213	35259	24220	24642	446	306	13	1
地球和大气层的探索与利用	429	368	204752	179181	193505	245	230		28
民用空间的探测及开发	2	2	1434	1434	1434	3	3		
促进农林牧渔业发展	1361	894	198056	188364	125689	1690	1049	44	79
工商业发展	353	203	85808	72240	61108	401	287	5	5
非定向研究	314	314	155085	151912	155085	376	376	5	121
其他民用目标	6	4	2292	1993	1864	14	11		

福建省县以上政府部门属科学研究与开发机构课题经费内部支出按活动类型分类统计表

（2013年）

单位：千元

项目	课题经费内部支出	基础研究	应用研究	试验发展	R&D成果应用	科技服务
总计	**834112**	**197525**	**294805**	**170530**	**82859**	**88393**
1. 按地域分						
福州市	481926	149181	94163	122776	59844	55962
厦门市	313686	46739	198371	31851	8592	28133
莆田市	1523				1295	228
三明市	4171			1979	1072	1120
泉州市	2305		237	1346	449	272
漳州市	9912	1405	1381	3836	3082	208
南平市	4583			2314	1566	703
龙岩市	7042		435	2546	3201	860
宁德市	8965	200	217	3883	3759	906
2. 按隶属关系分						
地方部门属	360251	16837	53092	133619	75027	81676
省级部门属	322751	16765	51381	120767	57685	76153
副省级城市属	8400		127	130	5779	2365
地市级部门属	29101	72	1584	12723	11563	3159
中央部门属	473861	180688	241713	36911	7832	6717
中国科学院	259189	147934	80295	16411	7832	6717

福建省县以上政府部门属科学研究与开发机构课题投入人员按活动类型分类统计表

（2013年）

单位：人年

项目	课题投入人员	基础研究	应用研究	试验发展	R&D成果应用	科技服务
总计	**3862**	**664**	**1001**	**1027**	**651**	**519**
1. 按地域分						
福州市	2573	456	608	782	378	349
厦门市	692	180	335	62	29	86
莆田市	111				96	15
三明市	61			32	15	14
泉州市	81		31	30	2	18
漳州市	119	22	16	31	44	7
南平市	41			16	20	5
龙岩市	69		5	26	31	7
宁德市	116	6	6	49	37	19
2. 按隶属关系分						
地方部门属	2813	176	540	971	639	486
省级部门属	2230	174	487	788	388	393
副省级城市属	60		5	8	21	26
地市级部门属	524	2	48	176	230	68
中央部门属	1049	488	461	56	11	33
中国科学院	779	404	282	48	11	33

福建省县以上政府部门属科学研究与开发机构专利情况统计表

（2013年）

项目	专利申请数（件）	发明专利	专利授权数（件）	#发明专利	#国外授权	有效发明专利数（件）	专利所有权转让及许可数（件）	专利所有权转让与许可收入（千元）
总计	**454**	**358**	**247**	**153**	**1**	**607**	**17**	**7230**
1. 按地域分								
福州市	318	238	201	123	1	348	13	6890
厦门市	120	108	35	23		241	4	340
莆田市	4	4	3	3		3		
三明市	1	1	1	1		1		
泉州市								
漳州市	3	2	3	2		3		
南平市								
龙岩市	3		3			5		
宁德市	5	5	1	1		6		
2. 按隶属关系分								
地方部门属	230	155	165	92		312	10	7180
省级部门属	219	149	155	87		299	10	7180
副省级城市属			1	1		3		
地市级部门属	11	6	9	4		10		
中央部门属	224	203	82	61	1	295	7	50
中国科学院	177	157	75	55	1	141	7	50
3. 按国民经济行业分								
农、林、牧、渔业	174	133	99	67		266	4	420
采矿业								
制造业	14	8	11	5		11		
电力、热力、燃气及水生产和供应业								
建筑业	6	2	3	2		2		
批发和零售业								
交通运输、仓储和邮政业						1		
住宿和餐饮业								
信息传输、软件和信息技术服务业								
金融业								
房地产业								
租赁和商务服务业								
科学研究和技术服务业	196	161	116	71	1	316	12	6810
水利、环境和公共设施管理业								
居民服务、修理和其他服务业								
教育								
卫生和社会工作	2	2				1		
文化、体育和娱乐业								
公共管理、社会保障和社会组织	62	52	18	8		10	1	
国际组织								
4. 按机构所属学科领域分								
自然科学领域	171	160	71	59	1	299	6	50
农业科学领域	186	126	132	72		274	4	420
医学科学领域	8	8	4	2		3		
工程科学与技术领域	85	60	37	17		28	7	6760
社会、人文科学领域	4	4	3	3		3		

福建省县以上政府部门属科学研究与开发机构论文、著作及其他科技产出统计表

（2013 年）

项　目	科技论文（篇）	国外发表	科技著作（种）	形成国家或行业标准数（项）	集成电路布图设计登记数（件）	植物新品种权授予数（项）	软件著作权数（件）	新药证书数（件）
总　计	**3196**	**835**	**43**	**22**		**5**	**14**	**2**
1. 按地域分								
福州市	2225	507	33	18		2	10	2
厦门市	693	327	3	3			4	
莆田市	34		3					
三明市	5					3		
泉州市	51							
漳州市	80	1	1					
南平市	9							
龙岩市	26							
宁德市	73		3	1				
2. 按隶属关系分								
地方部门属	2186	52	40	21		5	10	2
省级部门属	1932	46	36	20		2	10	2
副省级城市属	63	6	1					
地市级部门属	191		3	1		3		
中央部门属	1010	783	3	1			4	
中国科学院	780	691	3	1			4	
3. 按国民经济行业分								
农、林、牧、渔业	998	43	21	13		5	7	
采矿业								
制造业	43	2		3				1
电力、热力、燃气及水生产和供应业								
建筑业	93	1						
批发和零售业								
交通运输、仓储和邮政业	20							
住宿和餐饮业								
信息传输、软件和信息技术服务业								
金融业								
房地产业								
租赁和商务服务业								
科学研究和技术服务业	1394	550	20	5			3	1
水利、环境和公共设施管理业	50	1						
居民服务、修理和其他服务业								
教育								
卫生和社会工作	70	2						
文化、体育和娱乐业	203							
公共管理、社会保障和社会组织	325	236	2	1			4	
国际组织								
4. 按机构所属学科领域分								
自然科学领域	723	554	1	1				
农业科学领域	1014	38	22	12		5	7	1
医学科学领域	79	4						1
工程科学与技术领域	641	238	4	9			7	
社会、人文科学领域	739	1	16					

福建省县以上政府部门属科学研究与开发机构R&D人员统计表

（2013年）

项目	R&D人员（人）	女性	按工作量分		按学历分			
			R&D全时人员	R&D非全时人员	博士毕业	硕士毕业	本科毕业	其他
总计	**4382**	**1400**	**2649**	**1733**	**805**	**1405**	**1585**	**587**
1. 按地域分								
福州市	2979	969	1793	1186	521	972	1246	240
厦门市	1007	335	594	413	274	311	172	250
莆田市								
三明市	69	16	27	42	1	17	30	21
泉州市	71	21	71			16	30	25
漳州市	88	29	67	21	5	32	41	10
南平市	48	9	31	17		11	20	17
龙岩市	31	7	28	3		16	12	3
宁德市	89	14	38	51	4	30	34	21
2. 按隶属关系分								
地方部门属	2491	793	1620	871	210	760	1196	325
省级部门属	2140	715	1377	763	203	677	1038	222
副省级城市属	13	3	10	3	5	1	6	1
地市级部门属	338	75	233	105	2	82	152	102
中央部门属	1891	607	1029	862	595	645	389	262
中国科学院	1255	400	691	564	433	425	294	103
3. 按机构所属学科领域分								
自然科学领域	1746	560	913	833	512	636	415	183
农业科学领域	1452	403	927	525	137	471	615	229
医学科学领域	139	82	128	11	8	37	74	20
工程科学与技术领域	859	273	559	300	121	183	411	144
社会、人文科学领域	186	82	122	64	27	78	70	11

福建省县以上政府部门属科学研究与开发机构 R&D 人员折合全时工作量统计表

（2013 年）

项　　目	R&D 折合全时工作量（人年）	按活动类型分			按工作岗位性质分		
		基础研究人员	应用研究人员	试验发展人员	研究人员	技术人员	其他辅助人员
总　计	**3341**	**825**	**1278**	**1238**	**1398**	**1442**	**501**
1. 按地域分							
福州市	2207	537	730	940	863	1065	279
厦门市	807	254	480	73	393	254	160
莆田市							
三明市	38			38	18	13	7
泉州市	71		36	35	24	22	25
漳州市	84	27	19	38	39	31	14
南平市	32			32	15	11	6
龙岩市	31		5	26	19	12	
宁德市	71	7	8	56	27	34	10
2. 按隶属关系分							
地方部门属	2006	199	640	1167	871	872	263
省级部门属	1722	197	580	945	745	771	206
副省级城市属	13		5	8	11	2	
地市级部门属	271	2	55	214	115	99	57
中央部门属	1335	626	638	71	527	570	238
中国科学院	859	477	325	57	346	341	172
3. 按机构所属学科领域分							
自然科学领域	1176	555	529	92	438	574	164
农业科学领域	1157	120	295	742	533	464	160
医学科学领域	131	13	95	23	37	75	19
工程科学与技术领域	749	99	277	373	318	279	152
社会、人文科学领域	128	38	82	8	72	50	6
4. 按服务的国民经济行业分							
农、林、牧、渔业	1199	135	329	735	564	465	170
采矿业							
制造业	171		66	105	44	100	27
电力、热力、燃气及水生产和供应业							
建筑业	38			38	17	17	4
批发和零售业							
交通运输、仓储和邮政业	45		13	32	25	15	5
住宿和餐饮业							
信息传输、软件和信息技术服务业							
金融业							
房地产业							
租赁和商务服务业							
科学研究和技术服务业	1550	565	692	293	553	808	189
水利、环境和公共设施管理业	28		13	15	18	7	3
居民服务、修理和其他服务业							
教育							
卫生和社会工作	57	13	31	13	28	17	12
文化、体育和娱乐业	13	13			13		
公共管理、社会保障和社会组织	240	99	134	7	136	13	91
国际组织							

福建省县以上政府部门属科学研究与开发机构R&D经费支出统计表

（2013年）

单位：千元

项目	R&D经费内部支出	按活动类型分			按来源分					R&D经费外部支出
		基础研究	应用研究	试验发展	政府资金	企业资金	事业单位资金	国外资金	其他资金	
总　计	**1077543**	**292095**	**467992**	**317456**	**869578**	**60477**	**141267**	**214**	**6007**	**4167**
1. 按地域分										
福州市	725884	236440	248589	240855	551694	33153	134816	214	6007	4167
厦门市	305574	53774	214592	37208	272547	27324	5703			
莆田市										
三明市	7860			7860	7860					
泉州市	7462		1579	5883	7462					
漳州市	8207	1629	1654	4924	8068		139			
南平市	8451			8451	7842		609			
龙岩市	7058		837	6221	7058					
宁德市	7047	252	741	6054	7047					
2. 按隶属关系分										
地方部门属	426232	34003	120427	271802	363390	26737	30917	214	4974	4167
省级部门属	382700	33787	115728	233185	320467	26737	30308	214	4974	4167
副省级城市属	2025		1000	1025	2025					
地市级部门属	41507	216	3699	37592	40898		609			
中央部门属	651311	258092	347565	45654	506188	33740	110350		1033	
中国科学院	374728	225338	124236	25154	252615	10730	110350		1033	
3. 按机构所属学科领域分										
自然科学领域	607287	248009	315386	43892	472768	28839	104647		1033	
农业科学领域	211404	14543	41866	154995	207691	1093	2406	214		190
医学科学领域	32778	2445	17584	12749	29004				3774	
工程科学与技术领域	195961	17578	73479	104904	130454	30093	34214		1200	3927
社会、人文科学领域	30113	9520	19677	916	29661	452				50

福建省自然科学研究与开发机构人员和经费概况统计表

（2013 年）

项　目	机构数（个）	从业人员总数（人）	单位在职科技活动人员	大学本科及以上学历	经费收入总额（千元）	政府资金	经费支出总额（千元）	科技经费支出
总　计	**77**	**6512**	**5442**	**4291**	**2621559**	**1718631**	**2537073**	**1851365**
1. 按地域分								
福州市	42	4473	3571	2968	1750811	979256	1730392	1113072
厦门市	8	1156	1107	832	716882	596275	657030	618411
莆田市	7	131	126	82	15880	14903	15980	15356
三明市	2	103	80	58	17780	13445	18260	17154
泉州市	4	115	114	69	28170	27618	24208	20053
漳州市	5	180	148	113	34463	32344	34615	21586
南平市	2	80	66	34	13832	11940	12480	12171
龙岩市	3	84	68	47	15858	15377	21313	15486
宁德市	4	190	162	88	27883	27473	22795	18076
2. 按隶属关系分								
地方部门属	73	4999	3961	3084	1697745	951193	1526522	970192
省级部门属	45	4030	3106	2512	1503905	769534	1335564	808617
副省级城市属	3	87	82	50	33159	30822	30647	25193
地市级部门属	25	882	773	522	160681	150837	160311	136382
中央部门属	4	1513	1481	1207	923814	767438	1010551	881173
中国科学院	2	877	855	787	392110	326050	516203	410143
3. 按服务的行业分								
农、林、牧、渔业	39	2138	1925	1453	593311	544459	538925	456047
采矿业	1	3	3	1	108		105	105
制造业	12	520	386	269	134849	93531	123820	64279
电力、热力、燃气及水生产和供应业								
建筑业	1	1082	587	470	494117	2817	491233	114103
批发和零售业								
交通运输、仓储和邮政业	1	175	175	139	64475	3925	39752	37681
住宿和餐饮业								
信息传输、软件和信息技术服务业								
金融业								
房地产业								
租赁和商务服务业								
科学研究和技术服务业	9	1974	1811	1480	1090277	902308	1136491	988856
水利、环境和公共设施管理业	5	255	228	198	100295	46381	75054	71521
居民服务、修理和其他服务业								
教育								
卫生和社会工作	7	164	134	93	42609	29263	43679	32014
文化、体育和娱乐业	1	26	18	15	10979	10323	9681	8822
公共管理、社会保障和社会组织	1	175	175	173	90539	85624	78333	77937
国际组织								
4. 按机构所属学科领域分								
自然科学领域	9	1583	1521	1210	903444	744456	1007578	867711
农业科学领域	36	2099	1859	1407	566640	519344	507894	424283
医学科学领域	7	249	202	153	74047	53565	65062	53734
工程科学与技术领域	24	2555	1842	1506	1066449	390943	946858	496815
社会、人文科学领域	1	26	18	15	10979	10323	9681	8822
5. 按从事科技活动人员规模分								
500～999 人	3	2397	1880	1491	1261772	619631	1360820	854708
200～299 人	1	302	237	215	171578	164494	125018	119517
100～199 人	5	760	674	578	319918	212892	257636	215921
50～99 人	25	1914	1688	1291	533798	434686	462516	410153
30～49 人	12	591	502	393	146774	123398	148953	103670
20～29 人	7	200	172	126	47830	37185	51286	40476
10～19 人	16	286	233	168	127590	114677	121296	98315
0～9 人	8	62	56	29	12299	11668	9548	8605

福建省自然科学研究与开发机构课题概况统计表

（2013 年）

项　　目	课题数合计（个）	R&D课题	课题经费内部支出（千元）	#政府资金	#R&D课题经费	课题投入人员（人年）	#R&D人员	#外聘流动学者	#在读研究生
总　计	**3170**	**2238**	**812612**	**710666**	**655728**	**3671**	**2611**	**101**	**361**
1. 按地域分									
福州市	1981	1345	467086	417815	359059	2414	1766	80	204
厦门市	939	761	308157	262283	276961	690	577	20	156
莆田市	23		1314	1314		96			
三明市	26	16	4171	1564	1979	61	32		
泉州市	13	11	1855	1615	1583	76	61		
漳州市	92	61	9840	8621	6550	117	67		1
南平市	14	2	4583	1848	2314	41	16		
龙岩市	26	12	6672	6672	2981	65	31		
宁德市	56	30	8935	8935	4300	112	61	1	
2. 按隶属关系分									
地方部门属	2033	1149	338751	273791	196416	2622	1607	78	88
省级部门属	1825	1051	308116	248738	181852	2076	1370	78	86
副省级城市属	32	9	2871	2871	257	58	13		2
地市级部门属	176	89	27765	22183	14307	489	224		
中央部门属	1137	1089	473861	436875	459312	1049	1004	23	274
中国科学院	734	686	259189	245213	244640	779	734	23	240
3. 按课题活动类型分									
基础研究	778	778	195662	191954	195662	636	636	20	127
应用研究	811	811	290054	256380	290054	952	952	20	164
试验发展	649	649	170012	143318	170012	1023	1023	41	39
R&D成果应用	410		74445	67231		617		6	11
科技服务	522		82440	51782		443		14	21
基础研究	778	778	195662	191954	195662	636	636	20	127
4. 按机构服务的国民经济行业分									
农、林、牧、渔业	1392	839	217892	192561	127394	1679	1035	58	83
采矿业									
制造业	83	62	17932	13257	15996	194	143	1	
电力、热力、燃气及水生产和供应业									
建筑业	125	21	14549	1294	10641	52	21		
批发和零售业									
交通运输、仓储和邮政业	30	10	5292	598	1427	95	39		
住宿和餐饮业									
信息传输、软件和信息技术服务业									
金融业									
房地产业									
租赁和商务服务业									
科学研究和技术服务业	1061	978	459550	416667	444306	1182	1077	23	156
水利、环境和公共设施管理业	108	18	38896	38846	4512	137	26		
居民服务、修理和其他服务业									
教育									
卫生和社会工作	55	37	9886	6112	9596	77	51		2
文化、体育和娱乐业	1		42	42		2			
公共管理、社会保障和社会组织	315	273	48573	41288	41856	253	220	20	121
国际组织									
5. 按课题所属学科分									
自然科学领域	914	867	416154	381279	401521	836	788	6	105
农业科学领域	1256	818	190666	181608	122206	1604	1007	49	71
医学科学领域	107	88	21585	17765	21249	157	130	1	4
工程科学与技术领域	888	462	182965	129210	109990	1069	684	45	179
社会、人文科学领域	5	3	1242	804	762	5	3		2

续表

项目	课题数合计（个）	R&D课题	课题经费内部支出（千元）	#政府资金	#R&D课题经费	课题投入人员（人年）	#R&D人员	#外聘流动学者	#在读研究生
6. 按课题技术领域分									
非技术领域	290	280	128191	125975	127734	305	295	1	62
信息技术	17	6	4618	4108	3574	22	8		
生物和现代农业技术	1452	1012	253937	238925	186379	1768	1220	58	95
新材料技术	141	114	60608	55058	51906	217	186	3	53
能源技术	31	17	12855	3705	12320	29	24		
激光技术	9	9	5705	5705	5705	13	13		2
先进制造与自动化技术	21	19	7322	5649	7072	73	68		
资源与环境技术	473	305	94160	79393	49807	400	268	19	121
其他技术领域	736	476	245217	192148	211230	844	529	20	29
7. 按课题来源分									
中央政府部门下达课题	988	847	319891	298923	294874	1151	969	47	113
国家重大科技专项	7	7	6938	6778	6938	21	21	1	4
国家自然科学基金课题	256	256	56314	56314	56314	214	214	12	36
863 计划课题	21	19	8911	8681	8463	28	23	2	3
国家科技支撑（攻关）计划课题	42	31	12951	12930	10877	65	51	7	9
火炬/星火计划国家级课题	9	5	3291	1891	2325	16	10		
国家发改委产业化示范工程	4		372	352		5			
国家 973 计划课题	24	24	15707	15707	15707	37	37	1	4
公益性行业科研专项	185	164	83285	77597	78035	296	252	14	18
其他课题	1	1	5	5	5	1	1		
地方政府部门下达课题	439	340	132118	118669	116210	468	360	10	39
地方自然科学基金课题	1420	891	273590	253789	183476	1758	1082	31	70
地方科技攻关计划课题	281	272	19361	17686	18981	226	214	9	32
地方火炬计划课题	248	160	47679	43218	34410	496	300	10	6
地方星火计划课题	24	7	2305	1965	549	34	14		
地方社会科学基金课题	4	4	488	345	488	5	5		
其他课题	863	448	203757	190576	129048	996	549	12	32
企业委托课题	217	86	57289	3087	31794	189	77	11	25
自选课题	383	282	93754	91330	89579	369	322	10	137
国际合作课题	14	13	5546	5353	4906	16	13		2
其他课题	148	119	62542	58184	51099	188	149	2	14
8. 按课题合作形式分									
与境外机构合作	34	30	8268	7347	7300	41	35	1	5
与国内高校合作	85	59	25574	21943	21496	121	92	4	14
与国内独立研究机构合作	269	161	99373	95471	80571	305	206	8	25
与境内注册的其他企业合作	306	124	44565	30768	21985	407	168	5	18
独立研究	2444	1857	624032	549776	518330	2724	2099	83	299
其他	32	7	10801	5360	6047	73	11		
9. 按课题的社会经济目标分									
环境保护、生态建设及污染防治	496	325	119402	100894	75291	449	312	29	124
能源生产、分配和合理利用	62	23	17245	3085	12666	108	49	1	
卫生事业的发展	67	48	10916	7096	10589	92	66		4
教育事业发展	1	1	80	80	80				
基础设施以及城市和农村规划	20	4	3707	935	890	36	2	6	
社会发展和社会服务	130	92	26909	15870	19723	322	242	13	1
地球和大气层的探索与利用	426	365	204722	179151	193475	245	230		28
民用空间的探测及开发	2	2	1434	1434	1434	3	3		
促进农林牧渔业发展	1317	872	193025	183630	123869	1653	1036	44	78
工商业发展	334	193	77915	64706	60880	374	285	5	5
非定向研究	309	309	154966	151793	154966	375	375	5	121
其他民用目标	6	4	2292	1993	1864	14	11		

福建省科技信息与文献机构人员和经费情况统计表

（2013年）

项目	机构数（个）	从业人员总数（人）	单位在职科技活动人员	大学本科及以上学历	经费收入总额（千元）	政府资金	经费支出总额（千元）	科技经费支出
总计	**13**	**366**	**332**	**268**	**87759**	**70827**	**83211**	**52051**
1. 按地域分								
福州市	4	221	197	170	57930	51438	52903	35384
厦门市	2	45	38	29	16753	7243	17473	5529
莆田市	1	18	18	13	2259	2259	2039	2039
三明市	1	13	11	8	1377	1377	1350	959
泉州市	1	33	33	20	4917	4387	4283	4283
漳州市	1	9	9	6	1484	1484	1493	925
南平市	1	10	10	9	735	735	931	840
龙岩市	1	10	10	7	1528	1128	2000	1601
宁德市	1	7	6	6	776	776	739	491
2. 按隶属关系分								
地方部门属	13	366	332	268	87759	70827	83211	52051
省级部门属	3	192	171	151	53679	47187	48618	31862
副省级城市属	2	45	38	29	16753	7243	17473	5529
地市级部门属	8	129	123	88	17327	16397	17120	14660
3. 按国民经济行业分								
农、林、牧、渔业	4	81	70	60	17001	16491	15954	13762
科学研究、技术服务和地质勘查业	9	285	262	208	70758	54336	67257	38289
4. 按机构中从事科技活动人员规模分								
100～199人	1	129	119	106	36377	30395	33830	18536
30～49人	2	84	76	57	19030	17990	17217	15755
20～29人	2	53	47	33	12423	11494	13303	9051
10～19人	5	72	66	52	14480	5499	14775	5439
0～9人	3	28	24	20	5449	5449	4086	3270

福建省科技信息与文献机构课题概况统计表

（2013 年）

项目	课题数合计（个）	R&D课题	课题经费内部支出（千元）	#政府资金	#R&D课题经费	课题投入人员（人年）	#R&D人员	#外聘流动学者	#在读研究生
总　计	**92**	**32**	**15742**	**15085**	**2262**	**117**	**17**	**1**	**1**
1. 按地域分									
福州市	83	31	9082	8785	2190	84	15	1	1
厦门市	1		5529	5529		2			
莆田市	3		209	209		15			
三明市	2		450	450		5			
泉州市	1	1	72	72	72	2	2		
漳州市	1		370	10		4			
南平市	1		30	30		4			
龙岩市	83	31	9082	8785	2190	84	15	1	1
宁德市	1		5529	5529		2			
2. 按隶属关系分									
地方部门属	92	32	15742	15085	2262	117	17	1	1
省级部门属	82	31	8922	8625	2190	82	15	1	1
副省级城市属	1		5529	5529		2			
地市级部门属	9	1	1291	931	72	32	2		
3. 按国民经济行业分									
农、林、牧、渔业	55	31	5567	5270	2190	44	15	1	1
科学研究、技术服务和地质勘查业	37	1	10175	9815	72	73	2		
4. 按活动类型分布									
基础研究	1	1	72	72	72	2	2		
应用研究	26	26	1672	1375	1672	11	11		
试验发展	5	5	519	519	519	4	4		
R&D成果应用	13		8332	7972		30			
科技服务	47		5148	5148		69		1	1
5. 按课题所属学科分									
自然科学领域	5	1	7283	7283	72	22	2		
农业科学领域									
工程科学与技术领域	37	1	2916	2556	10	56			
社会、人文科学领域	50	30	5544	5247	2180	38	15	1	1
6. 按课题技术领域分									
非技术领域	54	32	5435	5138	2262	41	17	1	1
信息技术	8		6289	5929		22			
先进制造与自动化技术	5		2359	2359		16			
其他技术领域	25		1660	1660		38			
7. 按课题来源分									
中央政府部门下达课题	6	1	2194	2194	198	14	2		
国家科技支撑（攻关）计划课题	1		1500	1500		8			
火炬/星火计划国家级课题	1		300	300		3			
其他课题	4	1	394	394	198	3	2		
地方政府部门下达课题	65	17	12000	11640	1104	90	9	1	1
地方自然科学基金课题	2	2	121	121	121	2	2		
地方科技攻关计划课题	2		397	37		9			
地方火炬计划课题	1		160	160		2			
地方星火计划课题	2		81	81		5			
其他课题	58	15	11241	11241	983	71	7	1	1
企业委托课题	1	1	297		297	2	2		
自选课题	18	13	801	801	664	5	4		
其他课题	2		450	450		5			

福建省社会人文科学研究与开发机构人员和经费情况统计表

（2013 年）

项目	机构数（个）	从业人员总数（人）	单位在职科技活动人员	大学本科及以上学历	经费收入总额（千元）	政府资金	经费支出总额（千元）	科技经费支出
总计	**3**	**249**	**190**	**164**	**65129**	**55494**	**62350**	**52668**
1. 按地域分								
福州市	3	249	190	164	65129	55494	62350	52668
2. 按隶属关系分布								
地方部门属	**3**	**249**	**190**	**164**	**65129**	**55494**	**62350**	**52668**
省级部门属	2	241	182	157	63689	54054	61079	51571
地市级部门属	1	8	8	7	1440	1440	1271	1097
3. 按机构所属学科分								
社会、人文科学领域	**3**	**249**	**190**	**164**	**65129**	**55494**	**62350**	**52668**
艺术学	1	45	43	27	10861	10581	9930	6847
经济学	2	204	147	137	54268	44913	52420	45821
4. 按机构中从事科技活动人员规模分								
100～199 人	1	196	139	130	52828	43473	51149	44724
30～49 人	1	45	43	27	10861	10581	9930	6847
0～9 人	1	8	8	7	1440	1440	1271	1097

福建省社会人文科学研究与开发机构课题概况统计表

（2013 年）

项目	课题数合计（个）	R&D课题	课题经费内部支出（千元）	#政府资金	#R&D课题经费	课题投入人员（人年）	#R&D人员	#外聘流动学者	#在读研究生
总计	**158**	**131**	**5758**	**5758**	**4871**	**75**	**64**		
1. 按地域分									
福州市	158	131	5758	5758	4871	75	64		
2. 按隶属关系分									
地方部门属	**158**	**131**	**5758**	**5758**	**4871**	**75**	**64**		
省级部门属	146	131	5713	5713	4871	72	64		
地市级部门属	12		45	45		3			
3. 按课题活动类型分									
基础研究	52	52	1792	1792	1792	26	26		
应用研究	79	79	3079	3079	3079	38	38		
试验发展									
研究与试验发展成果应用	13		82	82		3			
科技服务	14		805	805		8			
4. 按课题所属学科分									
工程科学与技术领域	7	7	215	215	215	2	2		
社会、人文科学领域	151	124	5543	5543	4656	73	62		
5. 按课题来源分									
中央政府部门下达课题	12	12	449	449	449	11	11		
国家社会科学基金课题	12	12	449	449	449	11	11		
地方政府部门下达课题	34	22	1894	1894	1179	21	14		
地方科技攻关计划课题	2	2	85	85	85	1	1		
地方社会科学基金课题	6	6	150	150	150	1	1		
其他课题	26	14	1659	1659	944	19	12		
企业委托课题	2	1	178	178	118	2	2		
自选课题	110	96	3237	3237	3125	41	37		

福建省转制机构人员和经费情况统计表

（2013 年）

项目	机构数（个）	从业人员总数（人）	单位在职科技活动人员	大学本科及以上学历	经费收入总额（千元）	政府资金	经费支出总额（千元）	科技经费支出
总计	**12**	**1198**	**969**	**773**	**548049**	**63162**	**523770**	**85042**
1. 按地域分								
福州市	10	1146	932	745	533890	54375	511928	81095
厦门市	1	25	25	23	6295	6183	4586	3663
三明市	1	27	12	5	7864	2604	7256	284
2. 按隶属关系分								
地方部门属	**11**	**1172**	**944**	**749**	**539261**	**56268**	**515438**	**78604**
省级部门属	7	955	771	646	498335	51804	476418	68021
地市级部门属	4	217	173	103	40926	4464	39020	10583
中央部门属	**1**	**26**	**25**	**24**	**8788**	**6894**	**8332**	**6438**
3. 按机构服务的国民经济行业分布								
农、林、牧、渔业	1	27	12	5	7864	2604	7256	284
制造业	6	214	151	90	30589	13616	30133	16253
建筑业	1	116	107	53	25497		23457	4453
信息传输、软件和信息技术服务业	1	672	538	482	429977	12493	416294	40530
科学研究和技术服务业	1	26	25	24	8788	6894	8332	6438
卫生和社会工作	2	143	136	119	45334	27555	38298	17084
4. 按机构所属学科分								
自然科学领域	2	53	37	29	16652	9498	15588	6722
医学科学领域	2	143	136	119	45334	27555	38298	17084
工程科学与技术领域	8	1002	796	625	486063	26109	469884	61236
5. 按机构中从事科技活动人员规模分								
500～999 人	1	672	538	482	429977	12493	416294	40530
100～199 人	2	234	218	149	64536	21372	57169	17874
50～99 人	1	77	52	34	9304	2919	8291	6132
30～49 人	1	52	38	35	4711	500	4292	2331
20～29 人	3	81	75	48	22417	19293	20252	11959
10～19 人	3	69	39	19	13596	4785	14348	4301
0～9 人	1	13	9	6	3508	1800	3124	1915
6. 按院所改革的模式分								
2012 年底前进入企业或工商管理局登记为企业法人	**5**	**793**	**615**	**536**	**448284**	**17778**	**434934**	**47162**
进入企业或企业集团	2	692	549	486	432855	13314	419371	41032
转为科技型企业	3	101	66	50	15429	4464	15563	6130
2012 年底前转制到位的事业单位	**6**	**289**	**247**	**184**	**74268**	**45384**	**65379**	**33427**
成为科技咨询、科技中介、技术推广的事业单位	4	146	111	65	28934	17829	27081	16343
并入高校的事业单位	2	143	136	119	45334	27555	38298	17084
因上级主管单位成为企业，本机构随之成为企业	**1**	**116**	**107**	**53**	**25497**		**23457**	**4453**
7. 按机构类型分								
研究与开发机构的转制机构	12	1198	969	773	548049	63162	523770	85042

福建省转制机构课题概况统计表

（2013年）

项　目	课题数合计（个）	R&D课题	课题经费内部支出（千元）	#政府资金	#R&D课题经费	课题投入人员（人年）	#R&D人员	#外聘流动学者	#在读研究生
总　计	**134**	**101**	**41457**	**14292**	**38059**	**725**	**680**	**2**	**35**
1. 按地域分									
福州市	120	89	39680	12862	36381	666	631	2	9
厦门市	12	12	1677	1330	1677	49	49		26
三明市	2		100	100		10			
2. 按隶属关系分									
地方部门属	**106**	**89**	**40088**	**12980**	**37502**	**714**	**676**	**2**	**35**
省级部门属	96	83	37589	11605	36292	671	651		35
地市级部门属	10	6	2499	1375	1210	44	25	1	1
中央部门属	**28**	**12**	**1369**	**1312**	**556**	**10**	**4**		
3. 按课题活动类型分									
基础研究	51	51	3833	3833	3833	74	74		17
应用研究	15	15	1359	932	1359	31	31		15
试验发展	35	35	32867	7836	32867	575	575	2	3
研究与试验发展成果应用	16		1896	1199		28			
科技服务	17		1502	492		17			
4. 按机构服务的国民经济行业分									
农、林、牧、渔业	2		100	100		10			
制造业	14	11	3445	553	2859	54	44	1	1
建筑业	2		1189	750		8			
信息传输、软件和信息技术服务业	10	10	29059	6430	29059	517	517		
科学研究和技术服务业	28	12	1369	1312	556	10	4		
卫生和社会工作	78	68	6294	5147	5584	125	115		35
5. 按院所改革的模式分									
2010年底前进入企业或工商管理局登记为企业法人	**18**	**16**	**30369**	**7055**	**30269**	**552**	**542**	**1**	**1**
进入企业或企业集团	10	10	29059	6430	29059	517	517		
转为科技型企业	8	6	1310	625	1210	35	25	1	1
2010年底前转制到位的事业单位	**114**	**85**	**9899**	**6487**	**7790**	**164**	**138**		**35**
转为政府部门属事业单位	36	17	3605	1340	2205	39	23		
并入高校	78	68	6294	5147	5584	125	115		35
因上级主管单位成为企业，本机构随之成为企业	**2**		**1189**	**750**		**8**			
6. 按课题所属学科分									
自然科学领域	17	8	850	628	520	25	13		

续表

项　　目	课题数合计（个）	R&D课题	课题经费内部支出（千元）	#政府资金	#R&D课题经费	课题投入人员（人年）	#R&D人员	#外聘流动学者	#在读研究生
农业科学领域	12	4	788	788	242	5	1		
医学科学领域	78	68	6294	5147	5584	125	115		35
工程科学与技术领域	27	21	33524	7729	31713	570	551	1	1
7. 按课题技术领域分									
信息技术	13	12	29141	6493	29102	518	517		
生物和现代农业技术	95	75	7763	6266	6434	151	126	1	35
新材料技术	4	4	610	125	610	12	12		
能源技术	1		421	100		3			
资源与环境技术	10	4	958	308	745	8	5		
其他技术领域	11	6	2563	1000	1168	33	19		
8. 按课题来源分									
中央政府部门下达课题	22	19	7879	2958	7600	81	80		20
国家自然科学基金课题	14	14	1468	1448	1468	39	39		17
公益性行业科研专项	3	3	290	290	290	6	6		3
其他课题	5	2	6121	1219	5842	36	35		
地方政府部门下达课题	55	45	28515	8616	26709	565	539	1	8
地方自然科学基金课题	10	8	427	427	333	7	6		1
地方科技攻关计划课题	18	12	20983	5608	20460	459	442	1	3
其他课题	27	25	7105	2581	5916	99	91		3
企业委托课题	15	5	1437	50	727	21	11		3
自选课题	33	29	3228	2271	2763	52	46		2
其他课题	9	3	398	398	260	6	4		2
9. 按课题合作形式分									
与国内高校合作	3	3	103	83	103				
与国内独立研究机构合作	9	4	591	591	275	4	2		
与境内注册的其他企业合作	20	9	2627	425	1617	37	23	1	5
独立研究	100	85	36948	12444	36065	675	654		30
其他	2	0	1189	750		8			
10. 按课题的社会经济目标分									
环境保护、生态建设及污染防治	6	3	251	232	104	2	1		
能源生产、分配和合理利用	1		421	100		3			
卫生事业的发展	77	67	6273	5126	5563	124	114		34
基础设施以及城市和农村规划	9	9	25434	4430	25434	459	459		
地球和大气层的探索与利用	10	4	327	290	152	3	1		
促进农林牧渔业发展	14	5	891	891	300	15	2		
工商业发展	17	13	7859	3224	6505	119	103	1	1

福建省县级政府部门属科学研究与开发机构人员和经费概况统计表

（2013年）

项目	机构数（个）	从业人员总数（人）	科技活动人员	大学本科及以上学历	经费收入总额（千元）	政府资金	经费支出总额（千元）	科技经费支出
总计	**77**	**573**	**452**	**172**	**45368**	**37663**	**42761**	**32561**
1. 按地域分								
福州市	8	39	37	17	4106	4073	3880	3585
厦门市	1	4	4	3	877	877	877	601
莆田市	2	10	10	6	1089	1089	1104	1104
三明市	15	127	97	37	10425	9418	9015	5832
泉州市	3	23	17	7	2676	2634	2713	1694
漳州市	13	47	46	22	2992	2966	2992	2127
南平市	10	159	92	29	7302	6994	6975	5167
龙岩市	13	105	95	32	12004	5830	11255	9035
宁德市	12	59	54	19	3897	3782	3950	3416
2. 按服务的国民经济行业分								
农、林、牧、渔业	55	460	345	117	30106	28512	28586	21893
采矿业	1	20	20	4	1030	1008	670	670
制造业	1	8	5	2	1820	311	1780	148
科学研究、技术服务和地质勘查业	19	69	67	41	6814	6811	6486	4911
水利、环境和公共设施管理业	1	16	15	8	5598	1021	5239	4939
3. 按机构中从事科技活动人员规模分								
20～29人	3	81	65	15	4593	4571	4233	2649
10～19人	5	120	66	22	7706	2708	7459	6767
0～9人	69	372	321	135	33069	30384	31069	23145

福建省县级政府部门属科学研究与开发机构课题概况统计表

（2013年）

项目	课题数合计（个）	课题经费支出（千元）	政府资金	课题投入人员（人年）	研究人员
总计	**78**	**3607**	**2896**	**183**	**52**
1. 按地域分					
福州市	2	65	65	3	1
厦门市	1	296	296	2	0
莆田市					
三明市	23	1229	824	71	16
泉州市	14	382	297	17	3
漳州市	8	324	324	15	3
南平市	17	530	406	33	19
龙岩市	4	488	400	27	6
宁德市	9	293	284	15	4
2. 按机构服务的国民经济行业分					
农、林、牧、渔业	68	2628	2115	144	44
采矿业	2	400	400	20	4
制造业					
科学研究和技术服务业	6	491	381	12	2
水利、环境和公共设施管理业	2	88		7	2

（省科技信息研究所 郑隽毅）

高校科技活动情况

福建省高等院校理工科教学与科技人员情况统计表

（2013 年）

单位：人

分　　类	教职工		教师				其他技术职务系列人员					辅助人员
		女性		教授	副教授	讲师		高级	中级	初级	其他	
合　计	**18286**	**8167**	**9367**	**1681**	**2894**	**3690**	**8919**	**1916**	**3242**	**2847**	**559**	**355**
按从事学科分												
自然科学	4559	1793	3293	701	1069	1232	1266	335	599	248	43	41
工程与技术	6409	2364	4159	552	1236	1829	2250	471	1064	520	133	62
医药科学	5834	3317	1220	268	412	401	4614	911	1277	1881	337	208
农业科学	746	276	517	144	141	162	229	109	82	37	1	
其他	738	417	178	16	36	66	560	90	220	161	45	44
按最后学历分												
博士研究生	3974	1132	3344	987	1192	1092	630	373	204	45	8	
硕士研究生	5801	2707	3345	253	655	1693	2456	311	978	1015	152	
大学本科	6263	2792	2511	421	993	842	3752	1049	1369	935	399	
大学专科	1334	834	116	19	45	29	1218	153	393	404		268
中专	810	653	51	1	9	34	759	30	289	411		29
高中及以下	104	49					104		9	37		58
按年龄分												
30 岁及以下	3341	1922	1110		22	557	2231	4	252	1338	435	202
31—35 岁	4514	2116	2574	20	382	1757	1940	61	1063	701	85	30
36—40 岁	3270	1494	1708	109	730	760	1562	365	722	444	16	15
41—45 岁	2596	1054	1333	259	711	331	1263	529	523	180	7	24
46—55 岁	3687	1425	2070	911	896	248	1617	782	601	163	14	57
56—60 岁	772	151	482	293	152	37	290	159	81	21	2	27
61 岁及以上	106	5	90	89	1		16	16				

福建省高等院校理工科科技活动经费情况统计表

（2013年）

单位：千元

经费名称	金　额	经费名称	金　额
1. 上年结转经费	**2045725**	**3. 当年经费支出合计**	**1898640**
2. 当年拨入经费合计	**1926350**	＃R&D经费支出合计	945941
＃R&D经费拨入合计	1320527	转拨给外单位经费	145855
科研事业费	49073	＃对国内研究机构	28836
＃科研人员工资1	2687	对国内高等学校	25268
科研人员工资2	46386	对国内企业	59511
主管部门专项费	433122	对境外机构	
＃平台建设经费	162310	内部支出经费合计	1752785
人才队伍建设经费	48714	人员劳务费	185422
其他学科建设经费	137086	业务费	1125627
国家发改委、科技部专项费	214026	固定资产购置费	375299
国家自然科学基金项目费	305269	＃仪器设备费	250831
国务院其他部门专项费	146218	上缴税金	6461
省、市、自治区专项费	206796	管理费	59973
企、事业单位委托经费	368897	其他	3
＃进入学校财务	345409	**4. 当年结余经费合计**	**2073435**
当年学校科技活动经费	201471	银行存款	1898437
＃为国家科技计划项目配套	13813	暂付款	174998
金融机构贷款		附：当年科研基建投入	87128
国外资金	1478	当年科研基建支出	68638
其他资金		其中：土建工程	15209
		仪器设备	53429
		在岗人员人均年工资	19

福建省高等院校理工科科技活动机构情况统计表

（2013 年）

分　类	机构数（所）	从业人员（人）	科技活动人员（人年）	高级职称	中级职称	博士毕业（人）	硕士毕业（人）
合　计	**248**	**6811**	**1828**	**783**	**659**	**2931**	**2210**
1. 按是否是 R&D 机构分							
R&D 机构	248	6811	1828	783	659	2931	2210
其他机构							
2. 按机构级别分							
国家级机构	17	1155	157	80	51	437	249
省部级机构	177	4712	1323	570	483	2249	1514
其他主管部门机构	54	944	348	133	125	245	447
3. 按机构的类型分							
本校独办	207	5642	1591	679	554	2566	1806
校际联合	8	125	43	13	18	56	47
与国内企业合办	33	1044	194	91	87	309	357
与国外企业合办							

续表

分　类	培养研究生（人）	内部支出（千元）	R&D 支出	承担课题数（项）	固定资产原值（千元）	仪器设备	进口
合　计	**9076**	**483920**	**369062**	**3674**	**3102399**	**2450956**	**1287992**
1. 按是否是 R&D 机构分							
R&D 机构	9076	483920	369062	3674	3102399	2450956	1287992
其他机构							
2. 按机构级别分							
国家级机构	2080	111686	92222	455	773205	654045	415323
省部级机构	6152	331238	256611	2644	2113415	1624840	810753
其他主管部门机构	844	40996	20229	575	215779	172071	61916
3. 按机构的类型分							
本校独办	8107	392417	291854	3235	2721799	2145569	1113061
校际联合	118	16999	12527	91	32357	30356	22720
与国内企业合办	851	74504	64681	348	348243	275031	152211
与国外企业合办							

福建省高等院校理工科科技项目情况统计表

（2013年）

分类	课题数（项）	当年投入经费（千元）	当年支出经费（千元）	当年投入人员（人年）	高级职务	中级职务	初级职务	其他	参与项目的研究生人数（人）
合计	**11414**	**1469090**	**1017700**	**5216**	**1974**	**2200**	**875**	**168**	**12481**
1. 按活动类型分									
基础研究	1889	261477	194090	847	332	369	120	26	2252
应用研究	7630	932454	634451	3628	1383	1495	651	99	8202
试验发展	754	81449	72253	306	110	151	33	13	589
R&D成果应用	710	129465	75487	217	88	84	29	16	1283
科技服务	431	64245	41419	219	61	102	41	15	155
2. 按学科分类									
自然科学	3409	391293	240224	1204	499	525	133	47	4026
工程与技术	4894	662309	514859	1980	794	898	247	42	4413
医药科学	2175	229215	150123	1689	529	641	449	70	2837
农业科学	936	186273	112494	344	152	137	46	9	1205
3. 按项目来源分									
国家“973”项目	55	49483	26120	26	12	12	2		233
国家科技攻关项目	58	40014	22360	56	25	20	10	1	141
国家“863”项目	39	45563	32326	37	17	16	4	1	138
科技部重大专项项目	23	76780	26483	21	8	10	3		97
国家自然科学基金项目	1523	318932	254275	884	380	362	127	15	2849
主管部门科技项目	1845	88215	68290	795	270	344	131	51	1334
国家部委其他科技项目	438	150824	89546	183	74	73	31	5	782
省、市、自治区科技项目	3400	209022	159302	1750	639	715	347	49	3442
企事业单位委托科技项目	2097	368952	258742	800	300	334	129	38	2139
国际合作项目	10	1388	2464	7	4	3			26
自选课题	1926	119917	77792	657	245	313	92	7	1300
其他课题									

福建省高等院校理工科国际科技交流情况统计表

（2013 年）

项　目	本年度交流情况		
	合　计	国（境）内	国（境）外
合作研究			
派遣（人次）	809	469	340
接受（人次）	899	358	541
国际学术会议			
出席人员（人次）	2381	1683	698
交流论文（篇）	2034	1255	779
特邀报告（篇）	357	191	166
主办（次）	40	39	1

福建省高等院校理工科技术转让与专利情况统计表

（2013 年）

项　目	合同数（项）	合同金额（千元）	当年实际收入（千元）
合　计	**734**	**169165**	**134847**
#专利出售	35	10445	5265
其他知识产权出售	458	124370	95739
国有企业	259	26922	25853
外资企业	35	3326	3019
民营企业	97	36826	24495
其　他	343	102091	81480

续表

项　目	申请数（件）	授权数（件）	专利拥有数（件）
合　计	**1989**	**1168**	**4411**
#国外	9	4	5
发明专利	1557	669	2797
实用新型	423	488	1577
外观设计	9	11	37
其他知识产权		207	277
#集成电路布图设计登记数			
植物新品种权授予数			20
国家或行业标准数		7	23

福建省高等院校理工科科技成果情况统计表

（2013 年）

项　目	发表学术论文（篇）		出版科技著作							
	合计	#国外学术刊物发表	科技专著		国（境）外出版		大专院校教科书		编著	
			部	千字	部	千字	部	千字	部	千字
合　计	**11680**	**4702**	**41**	**7861**	**8**	**906**	**135**	**18130**	**64**	**14271**
自然科学	4250	2174	14	3244	5	812	10	2660	8	3594
工程与技术	3963	1761	15	2848	3	94	53	12236	20	4533
医药科学	2471	437	7	1114			65	2742	20	2272
农业科学	996	330	5	655			7	492	16	3872

续表

项　目	三大检索收录论文数（篇）			国家级项目验收（项）						
	SCIE	EI	ISTP	合计	#与其他单位合作	“973”计　划	国家攻关计划	“863”计　划	国家自然科学基金重点项目	军工项目
合　计	**2513**	**1994**	**448**	**39**	**12**	**14**	**2**		**22**	**1**
自然科学	1382	958	201							
工程与技术	554	949	222							
医药科学	393	45	19							
农业科学	184	42	6							

福建省高等院校理工科科技成果奖励情况统计表

（2013 年）

单位：项

项　目	国家自然科学奖	国家发明奖	国家科技进步奖	省部级奖	其　他
合　计	**2**	**1**	**2**	**37**	**44**
特等奖				1	
一等奖			1	7	
二等奖	2	1	1	29	
三等奖					

福建省高等院校人文、社会科学活动人员情况统计表

（2013 年）

单位：人

项　目	教职工		按职称划分				按最后学历划分			按最后学位划分		其他人员
		女性	小计	教授	副教授	讲师	研究生	本科生	其他	博士	硕士	
合　计	**13039**	**6830**	**13012**	**1417**	**3453**	**5447**	**6871**	**5621**	**520**	**2111**	**5532**	**27**
一、人文、社会科学												
管理学	1913	891	1909	195	417	815	989	782	138	336	759	4
马克思主义	404	177	404	59	152	118	208	193	3	53	211	
哲学	246	86	246	50	89	77	169	68	9	77	100	
逻辑学	11	5	11	2	4	1	8	3		2	6	
宗教学	22	6	22	6	4	10	22			12	10	
语言学	2095	1537	2094	114	502	1056	1090	956	48	153	1050	1
中国文学	666	359	666	113	224	243	416	231	19	195	260	
外国文学	224	163	224	16	70	93	138	85	1	29	115	
艺术学	1353	658	1351	120	306	579	623	701	27	78	620	2
历史学	354	135	354	75	97	124	268	84	2	150	122	
考古学	12	3	12	2	3	3	11	1		5	6	
经济学	1452	723	1451	255	437	556	966	454	31	497	575	1
政治学	250	107	250	31	65	95	147	97	6	58	91	
法学	722	315	722	84	204	330	414	307	1	143	364	
社会学	248	132	248	24	35	121	194	46	8	60	129	
民族学与文化学	25	9	25	4	8	6	24	1		16	8	
新闻学与传播学	198	112	198	18	40	91	146	51	1	50	101	
图书、情报、文献学	750	495	734	32	160	339	144	419	171	16	133	16
教育学	949	480	949	98	208	372	480	446	23	100	453	
统计学	100	51	100	13	26	47	61	33	6	35	27	
心理学	124	94	124	12	29	42	90	32	2	17	76	
体育科学	921	292	918	94	373	329	263	631	24	29	316	3
二、按年龄划分												
60 岁及其以上	106	18	106	100	6		44	56	6	27	18	
55 岁～59 岁	765	213	760	344	278	95	220	407	133	93	121	5
50 岁～54 岁	1214	496	1211	373	547	239	329	778	104	164	183	3
45 岁～49 岁	1925	953	1919	404	937	480	661	1129	129	322	445	6
40 岁～44 岁	2279	1097	2271	156	996	925	1069	1110	92	446	923	8
35 岁～39 岁	2486	1385	2484	34	570	1416	1508	936	40	487	1241	2
30 岁～34 岁	3017	1868	3014	6	107	1922	2024	980	10	459	1694	3
29 岁及以下	1247	800	1247		12	370	1016	225	6	113	907	

福建省高等院校人文、社会科学研究与发展人员情况统计表

（2013 年）

单位：人年

项　目	总计	教授	副教授	讲师	助教	初级	其他人员	研究生（学生）
合　计								
全时人数	167	83	44	34	5	1		
非全时人数	9291	1600	2469	3345	856	155	87	779
非全时折合人数	2170	395	558	742	174	29	14	257
管理学								
全时人数	32	17	8	6	1			
非全时人数	1687	297	452	578	131	33	21	175
非全时折合人数	417	83	111	133	28	6	5	52
马克思主义								
全时人数	1			1				
非全时人数	314	58	99	101	33	3	3	17
非全时折合人数	66	13	21	20	6	1	1	6
哲学								
全时人数	3		1	1	1			
非全时人数	158	27	49	53	13	2	1	13
非全时折合人数	39	7	12	12	3			5
逻辑学								
全时人数								
非全时人数	7	3		1	1			2
非全时折合人数	2							1
宗教学								
全时人数								
非全时人数	103	19	32	32	3	2		15
非全时折合人数	22	4	6	6	1			5
语言学								
全时人数	4	3		1				
非全时人数	580	73	145	270	62	7	2	21
非全时折合人数	131	17	33	60	13	1		7
中国文学								
全时人数	2			1	1			
非全时人数	367	90	103	129	24		1	20
非全时折合人数	89	19	28	29	6			7
外国文学								
全时人数								
非全时人数	192	30	59	71	24	1		7
非全时折合人数	33	5	11	12	3			2
艺术学								
全时人数	7	3	1	3				
非全时人数	516	70	134	206	75	12	6	13
非全时折合人数	119	18	34	46	15	2	1	3
历史学								
全时人数	4	3	1					
非全时人数	267	67	68	90	12	2	1	27
非全时折合人数	64	17	14	20	4	1		9

续表

项　目	总计	教授	副教授	讲师	助教	初级	其他人员	研究生（学生）
考古学								
全时人数								
非全时人数	19	3	7	4	3			2
非全时折合人数	5	1	2	1	1			1
经济学								
全时人数	48	24	14	9	1			
非全时人数	1301	223	333	414	95	7	4	225
非全时折合人数	357	69	83	107	20	1	1	76
政治学								
全时人数	2		1	1				
非全时人数	275	59	78	96	25	6	2	9
非全时折合人数	54	11	15	19	5	1		3
法学								
全时人数	26	16	7	3				
非全时人数	408	66	138	156	14	2	3	29
非全时折合人数	110	18	37	41	4		1	9
社会学								
全时人数	8	4	2	2				
非全时人数	714	142	172	260	67	8	8	57
非全时折合人数	153	30	33	53	14	2	1	20
民族学与文化学								
全时人数	1		1					
非全时人数	247	54	62	85	31	8	3	4
非全时折合人数	45	12	11	15	6	1		
新闻学与传播学								
全时人数	6	3	2	1				
非全时人数	223	29	46	89	33		3	23
非全时折合人数	55	5	14	21	7		1	8
图书、情报、文献学								
全时人数	1		1					
非全时人数	192	38	40	77	10	17	4	6
非全时折合人数	38	8	8	15	2	4		2
教育学								
全时人数	14	7	2	4		1		
非全时人数	1145	159	280	436	155	39	10	66
非全时折合人数	231	35	51	86	28	7	2	23
统计学								
全时人数	1	1						
非全时人数	137	21	29	42	4	1	3	37
非全时折合人数	35	5	5	11			1	13
心理学								
全时人数								
非全时人数	92	9	28	35	13	1	3	3
非全时折合人数	19	2	5	8	3			1
体育科学								
全时人数	7	2	3	1	1			
非全时人数	347	63	115	120	28	4	9	8
非全时折合人数	84	17	27	30	6	1	1	4

福建省高等院校人文、社会科学研究与发展经费情况统计表

（2013年）

单位：百元

经费名称	金　额	经费名称	金　额
上年结转经费	**2071786**	**当年R&D经费支出合计**	**2875550**
当年经费收入合计	**3049631**	转拨给外单位经费	90153
政府资金投入	1502297	＃对国内研究机构支出	
科研活动经费	1133857	对国内高等学校支出	
＃教育部科研项目经费	107104	对国内企业支出	400
教育部其他科研经费	152905	对境外机构支出	
中央其他部门科研项目经费	400400	R&D经费内部支出合计	2785397
省市自治区社科基金项目	87129	＃基础研究支出	1189029
省教育厅科研项目经费	36055	应用研究支出	1587600
省教育厅其他科研经费	80000	试验发展支出	8768
其他各类地方政府经费	270264	＃政府资金	1135228
科技活动人员工资	368440	企业资金	1259932
科研基建费		国外资金	21646
非政府资金投入	1547335	其他	368592
企、事业单位委托项目经费	940692	科研人员费	422682
金融机构贷款		业务费	1654005
自筹经费	544746	科研基建费	
国外资金	17705	仪器设备费	152165
其他收入	44191	＃单价在1万元以上的设备费	48441
＃港澳台地区合作项目经费	2670	图书资料费	253971
		管理费	94588
		其他支出	207986
		当年结余经费	**2245867**
		银行存款	2223303
		暂付款	22563

福建省高等院校人文、社会科学研究课题类型情况统计表

（2013 年）

学科门类	总　数					基础研究				
	课题数（项）	当年投入人数（人年）	＃研究生	当年投入经费（百元）	当年支出经费（百元）	课题数（项）	当年投入人数（人年）	＃研究生	当年拨入经费（百元）	当年支出经费（百元）
合　计	**9228**	**2332**	**257**	**2094001**	**1470981**	**5014**	**1210**	**119**	**934356**	**593611**
管理学	1795	448	52	532394	387115	778	183	27	144763	134481
马克思主义	235	67	6	23588	12209	165	47	4	20448	10168
哲学	132	42	5	12120	13769	108	33	5	10120	11287
逻辑学	6	2	1	670	530	6	2	1	670	530
宗教学	50	22	5	12040	8603	45	21	5	11840	7570
语言学	454	135	7	56619	28724	320	86	4	46564	23066
中国文学	353	91	7	74960	32398	306	81	7	72830	30490
外国文学	131	33	2	23975	14289	114	27	1	23815	14151
艺术学	488	126	3	95745	66077	306	78	3	64277	42419
历史学	286	68	9	81491	53118	221	54	8	72251	46227
考古学	18	5	1	9550	12070	9	3		2350	1270
经济学	1727	404	76	564847	397369	651	131	19	123360	66869
政治学	255	56	3	25914	21428	141	29	1	9839	9999
法学	576	135	9	100755	65637	290	65	4	64144	35734
社会学	703	161	20	141906	85937	373	75	5	57374	43237
民族学	168	46		69440	43206	103	28		25295	12348
新闻学与传播学	216	61	8	40840	23202	105	29	4	30665	13869
图书、情报、文献学	134	39	2	15891	16375	98	30	2	14275	14680
教育学	1051	245	23	133353	141159	635	134	8	102506	53857
统计学	95	36	13	38972	26518	31	22	12	9875	7452
心理学	65	19	1	2650	2607	40	10		1920	1833
体育学	290	91	4	36282	18642	169	47		25175	12073

续表

学科门类	应用研究					试验与发展				
	课题数（项）	当年投入人数（人年）	#研究生	当年拨入经费（百元）	当年支出经费（百元）	课题数（项）	当年投入人数（人年）	#研究生	当年拨入经费（百元）	当年支出经费（百元）
合　计	**4183**	**1118**	**138**	**1152374**	**871998**	**31**	**4**		**7271**	**5372**
管理学	1008	265	25	385331	250866	9	1		2300	1768
马克思主义	70	21	2	3140	2041					
哲学	24	9		2000	2481					
逻辑学										
宗教学	5	1		200	1033					
语言学	134	49	3	10055	5658					
中国文学	47	10		2130	1908					
外国文学	17	7	1	160	138					
艺术学	182	49		31468	23657					
历史学	65	14	1	9240	6892					
考古学	9	2		7200	10800					
经济学	1063	272	57	441487	329807	13	1			693
政治学	114	27	2	16075	11429					
法学	279	69	5	31820	27044	7	1		4791	2860
社会学	330	85	16	84532	42699					
民族学	65	18		44145	30858					
新闻学与传播学	111	32	4	10175	9333					
图书、情报、文献学	36	10		1616	1696					
教育学	414	110	14	30667	87251	2	1		180	51
统计学	64	15	1	29097	19066					
心理学	25	9	1	730	774					
体育学	121	44	3	11107	6569					

福建省高等院校人文、社会科学研究课题来源情况统计表

（2013 年）

项目	课题来源						
	合计	国家社科基金项目	国家社科基金单列学科项目	教育部人文社科研究项目	高校古籍整理研究项目	国家自然科学基金项目	中央其他部门社科专门项目
课题数（项）	9228	442	18	706	5	137	192
当年投入人数（人年）	2332	176	8	279	1	41	58
其中：研究生（人年）	257	52	2	73		4	4
当年拨入经费（百元）	2094001	243410	2020	107104	1550	110860	42560
其中：当年立项项目拨入经费（百元）	1780924	223550	1350	64030	850	89760	24050
当年支出经费（百元）	1470981	159882	2244	103743	333	114157	20510
当年新开课题数（项）	2942	117	3	112	3	44	63
当年新开课题批准经费（百元）	2497182	261500	4500	129800	880	171900	37405
当年完成课题数（项）	2336	40	2	71		20	53

续表

项目	课题来源								
	省、市、自治区社科基金项目	省教育厅社科项目	地、市、厅、局等政府部门项目	国际合作研究项目	与港、澳、台合作研究项目	企事业单位委托项目	学校社科项目	外资项目	其他
课题数（项）	1370	1761	693	17	9	1977	1692	12	197
当年投入人数（人年）	420	446	159	7		287	411	2	38
其中：研究生（人年）	72	10	10	3		24	2		
当年拨入经费（百元）	87129	36055	49624	650	2670	940692	423840	17055	28781
其中：当年立项项目拨入经费（百元）	78999	31155	41009	650	2670	804417	382160	15514	20760
当年支出经费（百元）	83404	40825	30943	480	1531	729322	130794	11673	41141
当年新开课题数（项）	450	540	315	3	6	625	610	5	46
当年新开课题批准经费（百元）	97919	38875	49504	650	3870	1242963	405005	17250	35161
当年完成课题数（项）	296	435	197	6	1	822	365	4	24

福建省高等院校人文、社会科学研究成果情况统计表

（2013 年）

项　目	出版著作（部）					古籍整理（部）	译著（部）	发表译文（篇）	电子出版物（件）
	合计	专著	♯被译成外文	编著教材	工具书参考书				
1. 按学科划分合计	**515**	**285**	**36**	**224**	**6**	**4**	**39**	**8**	**28**
管理学	67	36	6	31			2	1	
马克思主义	15	15	4				2		
哲学	10	7		3			3		
逻辑学									
宗教学	2	2							
语言学	51	20	3	29	2		7	1	
中国文学	67	51	3	14	2	3	2		
外国文学	8	7	1	1			4	1	
艺术学	49	30	11	19			1		28
历史学	25	15		9	1	1	3		
考古学									
经济学	62	24	2	38			2	2	
政治学	15	12		3			1		
法学	46	25	5	21			5	1	
社会学	8	5	1	3			1		
民族学与文化学	6	4		2			2		
新闻学与传播学	7	4		3					
图书、情报、文献学	4	3		1					
教育学	45	16		28	1		1	2	
统计学	5	1		4					
心理学	7	3		4					
体育科学	16	5		11			2		
2. 按项目类型划分合计	**279**	**168**	**17**	**108**	**3**	**3**	**21**	**6**	**1**
国家社会科学规划、基金项目	58	36	2	21	1	1	2		
国家社科基金单列学科项目								1	
教育部人文社会科学研究项目	50	39	5	11			4		
高校古籍整理研究项目	1			1					
国家自然科学基金项目	9	7	1	2					
中央其他部门社科专项项目	14	6		8			2		
省、市、自治区社科项目	39	31	1	7	1	1	1	2	
省教育厅社科项目	19	13	5	6			3	1	
地、市、厅、局等政府部门项目	15	8		6	1		3		
国际合作项目	1			1					
与港、澳、台合作研究项目									
企事业单位委托项目	18	4		14					
学校和基地社科研究项目	27	17	2	10			2	2	
外资项目									
其他项目	28	7	1	21		1	4		1

续表

项　　目	发表论文（篇）				获奖成果数（项）				研究与咨询报告（篇）	
	合计	国内学术刊物	国外学术刊物	港澳台刊物	合计	国家级奖	部级奖	省级奖	合计	＃被采纳数
1. 按学科划分合计	**7090**	**6789**	**265**	**36**	**250**		**34**	**216**	**295**	**163**
管理学	1042	959	80	3	45		5	40	54	32
马克思主义	293	292		1	14			14	1	1
哲学	158	157	1		8		1	7	6	1
逻辑学	9	9								
宗教学	38	36	2		1			1		
语言学	524	490	28	6	13		2	11	3	1
中国文学	582	574	5	3	24		4	20	4	1
外国文学	139	134	5		4			4	1	
艺术学	581	577	1	3	17		3	14	7	2
历史学	241	229	7	5	12		2	10	2	1
考古学	6	5	1		1			1	2	2
经济学	1040	953	82	5	32		5	27	73	29
政治学	158	152	2	4	4		1	3	44	40
法学	397	372	23	2	20		3	17	10	6
社会学	247	240	6	1	12			12	57	28
民族学与文化学	154	151	1	2	3		1	2	2	2
新闻学与传播学	183	176	7		7			7		
图书、情报、文献学	216	216			1			1	1	1
教育学	690	683	7		13		2	11	20	10
统计学	46	42	4		3		2	1	1	1
心理学	58	57	1		5		1	4		
体育科学	288	285	2	1	11		2	9	7	5
2. 按项目类型划分合计	**3585**	**3409**	**162**	**14**					**232**	**122**
国家社会科学规划、基金项目	482	466	12	4					8	5
国家社科基金单列学科项目	52	51	1						3	3
教育部人文社会科学研究项目	488	465	22	1					7	6
高校古籍整理研究项目	4	3		1						
国家自然科学基金项目	225	145	80							
中央其他部门社科专项项目	81	76	5						13	8
省、市、自治区社科项目	599	590	7	2					25	13
省教育厅社科项目	646	639	6	1					7	6
地、市、厅、局等政府部门项目	226	223	2	1					49	27
国际合作项目	2	1	1						1	
与港、澳、台合作研究项目	6	4	2							
企事业单位委托项目	94	85	9						113	51
学校和基地社科研究项目	513	502	8	3						
外资项目	2	2							1	
其他项目	165	157	7	1					5	3

福建省高等院校人文、社会科学学术交流情况统计表

（2013年）

项目	合计	国际学术交流	国内学术交流	与港澳台地区学校交流
校办学术会议				
本校独立办数（次）	163	23	109	31
与外单位合办数（次）	112	21	65	26
学术会议				
参加人次（人次）	4561	831	2997	733
提交论文（篇）	2952	528	2036	388
受聘讲学				
派出人次（人次）	969	105	688	176
来校人次（人次）	1470	281	917	272
社科考察				
派出人次（人次）	1780	334	1120	326
来校人次（人次）	2107	330	1059	718
进修学习				
派出人次（人次）	1155	143	823	189
来校人次（人次）	740	82	498	160
合作研究				
派出人次（人次）	374	57	233	84
来校人次（人次）	333	41	233	59
课题数（项）	237	26	169	42

（省教育厅）

科普与科技社团活动情况

福建省各级科协及省级学会组织建设情况统计表

（2013 年）

项目	填写报表单位个数（人）	机关从业人员（人）	女性从业人员（人）	直属单位 个数（个）	直属单位 从业人员（人）	直属单位 女性人员（人）	所属学会协会研究会（个）	企业科协 个数（个）	企业科协 个人会员（人）	高校科协 个数（个）	高校科协 个人会员（人）	乡镇（街道）科协 个数（个）	乡镇（街道）科协 个人会员（人）	农技协 个数（个）	农技协 民政部门注册（个）	农技协 个人会员（人）	基层科普员（人）
省市县科协合计	**94**	**605**	**160**	**68**	**494**	**245**	**2330**	**1734**	**119556**	**42**	**17313**	**1109**	**56729**	**2141**	**750**	**166040**	**19408**
省科协	**1**	**53**	**20**	**10**	**250**	**117**	**152**			**26**	**15482**			**1**	**1**	**195**	
市级科协	**9**	**109**	**25**	**19**	**107**	**53**	**534**	**129**	**15634**	**15**	**1751**			**11**	**10**	**1184**	**125**
福州市	1	18	7	4	32	14	76	15	1600	1	100			1	1	135	
厦门市	1	18	5	1	6	5	76	25	2015	11	651						40
莆田市	1	10	2	3	18	8	55	2	105					1	1	55	35
三明市	1	13	2	4	12	5	57	24	5798	2	350			1	1	235	
泉州市	1	14	3	3	27	14	92	2	736					1	1	56	35
漳州市	1	13	2	2	6	5	65	41	2550	1	650			1	1	84	
南平市	1	7	2	1	3		44	10	1700					4	3	550	15
龙岩市	1	11	2				46	5	550					1	1	24	
宁德市	1	5		1	3	2	23	5	580					1	1	45	
县级科协	**84**	**443**	**115**	**39**	**137**	**75**	**1644**	**1605**	**103922**	**1**	**80**	**1109**	**56729**	**2129**	**739**	**164661**	**19283**
福州市	13	62	21	6	20	9	153	152	9072			187	6570	221	61	24732	4120
厦门市	6	22	4	2	14	8	35	194	7933			38	2105	20	19	1973	1099
莆田市	5	23	4	2	4	2	96	181	7324			50	4570	35	8	5076	545
三明市	12	67	16	5	10	3	255	199	15000			142	6356	296	133	26756	3859
泉州市	11	71	26	8	23	12	274	493	49840			161	12447	289	51	19820	2345
漳州市	11	55	12	2	4	2	195	155	4022	1	80	127	8441	285	129	27941	3354
南平市	10	51	12	10	55	34	181	40	2821			141	7439	323	81	23624	1247
龙岩市	7	54	14	1	2	1	191	130	5889			136	5577	334	166	16477	1048
宁德市	9	38	6	3	5	4	264	61	2021			127	3224	326	91	18262	1666

续表

项目	填写报表单位个数（个）	理事会理事人数（人）	常务理事（人）	女性理事（人）	专门工作委员会（个）	所属分科学会（个）	学会个人会员（人）	女性会员（人）	高级（资深）会员（人）	学生会员（人）	外籍会员（人）	港澳台会员（人）	交纳会费会员（人）	学会团体会员（个）	学会从业人员（人）	女性从业人员（人）	社会聘用人员（人）
省级学会合计	**152**	**11924**	**4505**	**1749**	**313**	**500**	**209013**	**79624**	**33847**	**14454**	**21**	**62**	**95058**	**10100**	**641**	**209**	**227**
理科学会	28	1760	664	251	78	55	49288	14115	6925	12065		2	5584	500	131	28	19
工科学会	47	3721	1468	323	108	191	41494	7388	7730	1628	6	29	15413	3281	193	65	86
农科学会	19	1633	633	185	47	45	17556	2690	3856	243	13	25	6430	1583	96	29	35
医科学会	20	1828	551	477	46	178	82964	50495	10129	376			59887	1275	64	26	13
其他学会	38	2982	1189	513	34	31	17711	4936	5207	142	2	6	7744	3461	157	61	74

福建省各级科协及省级学会学术交流活动情况统计表

（2013年）

项　目	主办国内学术会议				主办境内国际学术会议					主办港澳台地区学术会议			
	次数（次）	参加人数（人次）	企业科技工作者（人次）	交流论文（篇）	次数（次）	参加人数（人次）	企业科技工作者（人次）	境外专家学者（人次）	交流论文（篇）	次数（次）	参加人数（人次）	企业科技工作者（人次）	交流论文（篇）
总　计	**757**	**92117**	**18101**	**19924**	**29**	**7246**	**914**	**854**	**3341**	**47**	**12513**	**948**	**3193**
省市县科协合计	**74**	**11030**	**2274**	**1720**	**11**	**2542**	**420**	**120**	**1112**	**3**	**530**	**36**	**53**
省科协	**8**	**1630**	**595**	**164**						**1**	**300**		**46**
市级科协	**35**	**6370**	**474**	**1144**	**11**	**2542**	**420**	**120**	**1112**				
福州市	1	200	100	142									
厦门市					10	2342	420	60	692				
莆田市	1	80	30	10									
三明市	3	290	132	54									
泉州市	26	5000		689	1	200		60	420				
漳州市	1	300	120	120									
南平市	2	270	47	25									
龙岩市	1	230	45	104									
宁德市													
县级科协	**31**	**3030**	**1205**	**412**						**2**	**230**	**36**	**7**
福州市	3	193	95	9									
厦门市										1	120	16	5
莆田市													
三明市													
泉州市	12	1372	525	107						1	110	20	2
漳州市	7	366	104	131									
南平市	4	689	295	36									
龙岩市	5	410	186	129									
宁德市													
省级学会合计	**683**	**81087**	**15827**	**18204**	**18**	**4704**	**494**	**734**	**2229**	**44**	**11983**	**912**	**3140**
理科学会	79	6210	387	2082	2	190	14	50	78	9	306	42	85
工科学会	231	22648	8967	3396	4	1280	150	410	318	10	1193	126	110
农科学会	75	8686	1852	1175	6	730	210	28	178	8	840	119	274
医科学会	220	32142	251	10366	4	1858		49	1341	13	8904	505	2596
其他学会	78	11401	4370	1185	2	646	120	197	314	4	740	120	75

福建省各级科协及省级学会科技期刊情况统计表

（2013 年）

项目	主办科技期刊								
	种类（种）	总印数（册）	发表论文（篇）	#中文学术期刊		#科普期刊		#技术期刊	
				种类（种）	总印数（册）	种类（种）	总印数（册）	种类（种）	总印数（册）
总　计	**71**	**6157916**	**11244**	**50**	**5858516**	**15**	**248100**	**6**	**51300**
省市县科协合计	**8**	**128600**	**1048**	**2**	**40000**	**6**	**88600**		
省科协	**3**	**46000**	**755**	**2**	**40000**	**1**	**6000**		
市级科协									
福州市									
厦门市									
莆田市									
三明市									
泉州市									
漳州市									
南平市									
龙岩市									
宁德市									
县级科协	**5**	**82600**	**293**			**5**	**82600**		
福州市									
厦门市	1	1700	1			1	1700		
莆田市									
三明市									
泉州市	2	6500	244			2	6500		
漳州市									
南平市	1	6000	20			1	6000		
龙岩市	1	68400	28			1	68400		
宁德市									
省级学会合计	**63**	**6029316**	**10196**	**48**	**5818516**	**9**	**159500**	**6**	**51300**
理科学会	9	32600	768	9	32600				
工科学会	29	284920	3946	22	188420	5	90000	2	6500
农科学会	9	207100	1263	5	107300	2	62000	2	37800
医科学会	7	286796	3069	6	284796			1	2000
其他学会	9	5217900	1150	6	5205400	2	7500	1	5000

福建省各级科协及省级学会科学技术普及活动情况统计表

（2013 年）

项目	举办科普宣讲活动							播放科技广播影视节目（分钟）	电台电视台播放科技节目（分钟）	举办实用技术培训		推广新技术新品种（项）	参加科普活动工作人员总数（人次）	专家人数（人次）	覆盖村（个次）	覆盖社区（个次）
	次数（次）	院士科普报告会（次）	专题展览（次）	流动科技馆巡展（次）	开展科技咨询（次）	受众人数（人次）	流动科技馆巡展受众人数（人次）			次数（次）	培训人数（人次）					
总　计	**6347**	**77**	**1118**	**268**	**3511**	**4558642**	**609687**	**404319**	**154392**	**5274**	**419129**	**974**	**81986**	**16507**	**8896**	**2949**
省市县科协合计	**4441**	**50**	**885**	**232**	**2686**	**3252008**	**593527**	**400814**	**152825**	**4236**	**348460**	**815**	**62713**	**10658**	**8043**	**2389**
省科协	**196**	**5**	**8**	**12**	**113**	**676457**	**200000**	**150000**		**32**	**2000**	**26**	**6553**	**420**	**259**	**7**
市级科协	**409**	**11**	**100**	**52**	**184**	**329897**	**154047**	**15435**	**13378**	**308**	**28646**	**25**	**10479**	**2348**	**371**	**243**
福州市	97		25	3	69	52800	45000	6360	6360				440	235	29	90
厦门市	23		7		4	21000							5200	530	11	23
莆田市	58		22		23	36000		900	780	30	4250	10	510	165	28	19
三明市	13	2		9	2	32720	28960	1440	1440	2	96		205	111	12	15
泉州市	69	7	18	26	18	80880	54180	2800	1400	4	390	2	1103	65	44	50
漳州市	57		13	14	30	37497	25907	265	118	26	5050	2	1450	466	196	20
南平市	23	1	1		16	11000		3600	3210	215	11000	11	500	190	30	11
龙岩市	49	1	10		14	13000		70	70	28	7700		711	450	5	6
宁德市	20		4		8	45000				3	160		360	136	16	9
县级科协	**3836**	**34**	**777**	**168**	**2389**	**2245654**	**239480**	**235379**	**139447**	**3896**	**317814**	**764**	**45681**	**7890**	**7413**	**2139**
福州市	701	10	164	23	321	647896	40600	63115	52425	298	27270	80	5897	967	1161	460
厦门市	244	1	68	9	134	66925	13315	24646	8205	293	20484	81	3960	643	134	281
莆田市	133	2	37		83	82290		1830	655	78	8852	29	1528	357	363	115
三明市	720	1	91	3	554	347002	11545	28207	27584	862	78913	178	7967	1341	1265	239
泉州市	364	3	86	67	152	306070	122740	72935	16843	230	23013	135	6524	1076	875	396
漳州市	568	2	114	24	334	177892	11700	6774	3273	533	51542	55	4620	737	1008	235
南平市	411		38	27	342	218770	15580	16292	11482	758	47910	86	5436	887	1002	203
龙岩市	313	11	87		205	143904		11030	10230	275	26372	68	5965	473	878	90
宁德市	382	4	92	15	264	254905	24000	10550	8750	569	33458	52	3784	1409	727	120
省级学会合计	**1906**	**27**	**233**	**36**	**825**	**1306634**	**16160**	**3505**	**1567**	**1038**	**70669**	**159**	**19273**	**5849**	**853**	**560**
理科学会	278	7	62	11	190	85428	10780	1055	1035	34	3201	2	1430	524	128	84
工科学会	647	2	72	18	196	306316	1350	795	30	634	44898	39	5831	1267	164	136
农科学会	533	5	42		260	462155		173	152	311	18817	105	6308	1228	512	127
医科学会	266	4	26	7	133	84265	4030	390	180	17	1794		2812	2224	11	176
其他学会	182	9	31		46	368470		1092	170	42	1959	13	2892	606	38	37

福建省各级科协及省级学会青少年科技教育情况统计表

（2013年）

项目	举办青少年科普宣讲活动			播放青少年广播影视节目	举办青少年科技竞赛			青少年参加国际及港澳台科技交流活动		举办青少年科学营		编印青少年科技教育资料		举办青少年科技教育培训	
	次数（次）	专家报告会（次）	受众人数（人次）	（分钟）	次数（次）	参加人数（人次）	获奖人数（人次）	次数（次）	参加人数（人次）	次数（次）	参加人数（人次）	种数（次）	总印数（册）	次数（次）	培训人数（人次）
总　计	**901**	**322**	**922788**	**67214**	**436**	**565674**	**19198**	**12**	**262**	**153**	**9994**	**209**	**391941**	**653**	**57807**
省市县科协合计	**699**	**232**	**764737**	**66989**	**389**	**423698**	**13905**	**5**	**130**	**135**	**7669**	**197**	**278341**	**600**	**52921**
省科协	**8**	**4**	**406060**		**12**	**113108**	**2095**			**30**	**944**	**3**	**22500**	**195**	**3016**
市级科协	**30**	**17**	**18920**	**3820**	**37**	**91082**	**3200**	**4**	**68**	**11**	**521**	**3**	**10500**	**32**	**3584**
福州市				3120	4	18000	1000	2	41					1	60
厦门市					6	15752									
莆田市	15	10	5000		5	5000	200	1	2	1	116			10	2000
三明市	1	1	190		4	1650	230			1	18				
泉州市	3	1	5500		1	9000	1000	1	25	2	312	2	10000	9	519
漳州市	6	2	230		3	580	170			1	20	1	500	2	340
南平市				700	6	5100	115			2	20			2	45
龙岩市	5	3	8000		8	36000	485			3	30			8	620
宁德市										1	5				
县级科协	**661**	**211**	**339757**	**63169**	**340**	**219508**	**8610**	**1**	**62**	**94**	**6204**	**191**	**245341**	**373**	**46321**
福州市	117	11	64100	14760	60	28840	982			12	680	34	78500	42	3997
厦门市	51	26	7626	10902	59	9693	1092	1	62	33	2098	53	2750	30	3962
莆田市	29	19	42890	662	10	23933	356			2	84	39	16270	14	2185
三明市	74	20	51380	2246	51	24378	767			9	666	15	16421	110	9684
泉州市	103	21	34190	23498	37	60038	2957			5	720	17	29200	30	4743
漳州市	176	59	27086	1121	20	15361	491			16	840	14	12500	34	8091
南平市	21	13	15815	3028	38	11548	173			4	110	7	68900	39	3781
龙岩市	32	25	29170	4982	26	38638	1463			1	30	5	3800	26	6236
宁德市	58	17	67500	1970	39	7079	329			12	976	7	17000	48	3642
省级学会合计	**202**	**90**	**158051**	**225**	**47**	**141976**	**5293**	**7**	**132**	**18**	**2325**	**12**	**113600**	**53**	**4886**
理科学会	76	48	35658	220	14	62251	2953			12	1883	6	106600	6	1230
工科学会	34	14	3219		22	6725	1110	7	132	4	142	4	5500	41	2826
农科学会	20	8	52278	5	1	100	10			1	100			1	100
医科学会	6	5	966												
其他学会	66	15	65930		10	72900	1220			1	200	2	1500	5	730

福建省各级科协及省级学会科普基础设施建设情况统计表

（2013 年）

项目	科技馆						科普活动站（中心、室）		科普画廊（宣传栏、橱窗）	
	个数（个）	建筑面积8000平方米以上（个）	建筑面积（平方米）	展厅面积（平方米）	全年参观人数（人次）	未成年人参观人数（人次）	个数（个）	全年参加活动（培训）人数（人次）	建筑面积（平方米）	全年展示面积（平方米）
总计	**16**	**3**	**72170**	**34145**	**682459**	**352178**	**9695**	**1724625**	**83839**	**248105**
省市县科协合计	**16**	**3**	**72170**	**34145**	**682459**	**352178**	**9695**	**1724625**	**83839**	**248105**
省科协	**1**	**1**	**8000**	**4000**	**140000**	**105000**	**187**	**124995**	**75**	**390**
市级科协	**5**	**2**	**37141**	**20255**	**172130**	**117661**	**172**	**24649**	**317**	**1752**
福州市	1	1	8000	6000	56000	30000				
厦门市							160	17800		
莆田市	1		3500	1000	100	100			100	1200
三明市	1	1	12000	5000	1800	1700				
泉州市	1		7060	3658	59000	47200	3	169	24	24
漳州市	1		6581	4597	55230	38661	1	1680		
南平市							8	5000	45	180
龙岩市									108	108
宁德市									40	240
县级科协	**10**		**27029**	**9890**	**370329**	**129517**	**9336**	**1574981**	**83447**	**245963**
福州市	2		1200	950	6000	4400	2134	486000	21883	53849
厦门市	1		4300	2000	238949	14337	436	37256	3847	7494
莆田市	1		500	300	6700	5500	382	36472	4147	13933
三明市							927	146131	9308	49757
泉州市	1		7099	4000	48000	46000	1907	218730	14248	30668
漳州市	1		230	140	13280	10080	1219	95879	10624	26035
南平市	4		13700	2500	57400	49200	917	184638	5805	5815
龙岩市							607	278475	7660	32819
宁德市							807	91400	5925	25593
省级学会合计										
理科学会										
工科学会										
农科学会										
医科学会										
其他学会										

续表

项目	科普大篷车				全国科普教育基地		省级科普教育基地		农村科普示范基地（个）	科普示范县（市、区）（个）	科普示范街道（乡镇）（个）	科普示范社区（村）（个）	科普示范户（户）
	辆数（辆）	下乡次数（次）	受益人数（人次）	行驶里程（公里）	个数（个）	全年参观人数（人次）	个数（个）	全年参观人数（人次）					
总　计	**11**	**359**	**190237**	**27862**	**45**	**2016761**	**170**	**4448985**	**1089**	**77**	**459**	**2448**	**43948**
省市县科协合计	**11**	**359**	**190237**	**27862**	**45**	**2016761**	**170**	**4448985**	**1089**	**77**	**459**	**2448**	**43948**
省科协					**1**	**140000**	**1**	**140000**	**155**	**61**	**170**	**418**	
市级科协	**3**	**44**	**81907**	**7602**	**12**	**427500**	**27**	**1693460**	**173**	**16**	**82**	**509**	**230**
福州市	1	23	28000	2200	6	400000	10	1600000			42	179	
厦门市									18	4	9	150	
莆田市					1	300	2	3500	5		9	4	230
三明市	1	7	28000	3200	2	5200	4	8960	74			68	
泉州市					2	11000	5	4000	76	11		48	
漳州市	1	14	25907	2202			1	3500				25	
南平市													
龙岩市					1	11000	3	64000		1	11	35	
宁德市							2	9500			11		
县级科协	**8**	**315**	**108330**	**20260**	**32**	**1449261**	**142**	**2615525**	**761**		**207**	**1521**	**43718**
福州市					6	160200	29	407900	99		35	230	10161
厦门市					11	849949	34	1333729	7		13	144	4218
莆田市							7	28000	23		11	109	3775
三明市	3	68	34180	6350	4	188126	10	313556	194		27	229	4809
泉州市					4	68500	17	195410	106		34	273	3429
漳州市	2	147	27500	260	1	2856	11	54034	74		20	166	14036
南平市	2	53	38500	6150	3	92800	16	117000	74		25	60	1090
龙岩市					2	51330	10	90316	68		24	234	1200
宁德市	1	47	8150	7500	1	35500	8	75580	116		18	76	1000
省级学会合计													
理科学会													
工科学会													
农科学会													
医科学会													
其他学会													

福建省各级科协及省级学会科技传播情况统计表

（2013年）

项目	编著科技图书		主办科技报纸		制作科普挂图		制作科技广播影视节目		制作科技光盘		制作科普动漫作品		主办科技网站	
	种数（种）	总印数（册）	种数（种）	总印数（册）	种数（种）	总印数（张）	套数（套）	播放时间（分钟）	套数（套）	张数（张）	套数（套）	播放时间（分钟）	个数（个）	浏览人数（人次）
总计	**160**	**362191**	**7**	**5009000**	**306**	**1019959**	**119**	**13403**	**66**	**103578**	**5**	**970**	**137**	**18289968**
省市县科协合计	**35**	**149160**	**5**	**128000**	**54**	**772450**	**72**	**12023**	**13**	**3382**	**2**	**450**	**81**	**14090138**
省科协	**9**	**65000**			**4**	**728900**							**11**	**10979083**
市级科协	**4**	**10000**	**2**	**45600**	**5**	**5800**	**14**	**3000**	**1**	**2000**			**16**	**694900**
福州市													4	100000
厦门市					3	800							1	21000
莆田市													1	8000
三明市							2	1440					2	163000
泉州市	4	10000	1	24000					1	2000			4	128620
漳州市													1	78000
南平市			1	21600	2	5000	12	1560					1	50000
龙岩市													1	136900
宁德市													1	9380
县级科协	**22**	**74160**	**3**	**82400**	**45**	**37750**	**58**	**9023**	**12**	**1382**	**2**	**450**	**54**	**2416155**
福州市	4	21200			6	4960			1	5			8	180516
厦门市					6	140							6	29956
莆田市	2	960			5	690	12	578	2	127			3	45900
三明市	1	20000					34	1043					9	911170
泉州市	11	18000	2	14000	2	2500	2	38	3	500	2	450	10	241100
漳州市					2	160	6	3120	3	250			10	619196
南平市	4	14000			13	21500	1	2300	1	200			5	106538
龙岩市			1	68400	3	3000	1	1880					3	281779
宁德市					8	4800	2	64	2	300				
省级学会合计	**125**	**213031**	**2**	**4881000**	**252**	**247509**	**47**	**1380**	**53**	**100196**	**3**	**520**	**56**	**4199830**
理科学会	3	8200			15	55090	6	855	10	10430	2	480	7	289703
工科学会	10	13900			123	20069	7	90	6	592	1	40	18	371704
农科学会	11	88900			41	108674	8	155	22	86224			13	2425176
医科学会	95	34131	1	4800000	56	22890	1	30	5	800			8	331250
其他学会	6	67900	1	81000	17	40786	25	250	10	2150			10	781997

福建省各级科协及省级学会科技开放与交流情况统计表

（2013 年）

项　　目	加入国际民间科技组织		参加国际科学计划（项）	促成科技合作项目（项）	引进优质科技资源（项）	参加国外科技活动人数（人次）	参加港澳台地区科技活动人数（人次）	接待国外专家学者（人次）	接待港澳台地区专家学者（人次）
	个数（个）	任职专家（人）							
总　计	**6**	**7**	**7**	**25**	**14**	**149**	**588**	**511**	**1380**
省市县科协合计				**7**	**2**	**11**	**140**	**62**	**502**
省科协				**5**	**1**	**11**	**85**	**37**	**481**
市级科协				**1**			**5**	**17**	**15**
福州市								12	15
厦门市									
莆田市							2		
三明市							2		
泉州市				1					
漳州市								5	
南平市							1		
龙岩市									
宁德市									
县级科协				**1**	**1**		**50**	**8**	**6**
福州市				1	1		6	4	2
厦门市							42		
莆田市									
三明市							1	3	
泉州市								1	2
漳州市									2
南平市							1		
龙岩市									
宁德市									
省级学会合计	**6**	**7**	**7**	**18**	**12**	**138**	**448**	**449**	**878**
理科学会	5	6	5	12	8	44	121	198	166
工科学会	1	1		4	3	34	149	76	117
农科学会			2	2	1	36	100	85	255
医科学会						24	57	52	117
其他学会							21	38	223

福建省各级科协及省级学会科技服务情况统计表

（2013 年）

项目	提供决策咨询报告（篇）	获上级领导批示报告（篇）	举办决策咨询活动 次数（次）	举办决策咨询活动 参加活动专家数（人次）	科技评价 项数（项）	科技评价 科技人才评价（人次）	科技评价 专业技术职称评定（人次）	科普惠农兴村计划 财政奖补资金（元）	科普惠农兴村计划 表彰先进单位和个人 农村专业技术协会（个）	科普惠农兴村计划 表彰先进单位和个人 农村科普示范基地（个）	科普惠农兴村计划 表彰先进单位和个人 农村科普带头人（个）	带动农户数（户）
总　计	**483**	**132**	**413**	**2558**	**147**	**795**	**462**	**4828000**	**85**	**85**	**79**	**133575**
省市县科协合计	**266**	**67**	**75**	**837**	**3**	**90**	**16**	**4828000**	**85**	**85**	**79**	**133575**
省科协	**26**		**13**	**260**	**2**	**89**	**15**	**3200000**	**30**	**24**	**25**	**76000**
市级科协	**35**	**6**	**9**	**31**				**1003000**	**33**	**21**	**27**	**24055**
福州市	20							600000	8	9	9	19000
厦门市	6		5	17								
莆田市												
三明市	2	1										
泉州市	5	4	3	9								
漳州市												
南平市								60000	3	4		2000
龙岩市	2	1	1	5				198000	13	8	7	2300
宁德市								145000	9		11	755
县级科协	**205**	**61**	**53**	**546**	**1**	**1**	**1**	**625000**	**22**	**40**	**27**	**33520**
福州市	12	2	5	70				100000	2	5	1	570
厦门市	1	1	1	15								
莆田市								265000	4	1	1	2378
三明市	36	14	14	90				45000	7	14	13	10920
泉州市	6	2	4	78								
漳州市	14	6	7	60				10000			1	2000
南平市	23	7	6	53	1	1	1					
龙岩市	97	20	7	90				21000	2	2	3	631
宁德市	16	9	9	90				184000	7	18	8	17021
省级学会合计	**217**	**65**	**338**	**1721**	**144**	**705**	**446**					
理科学会	20	2	125	206	12	181	10					
工科学会	159	47	154	1033	18	295	293					
农科学会	15	6	43	233	37	46	34					
医科学会	3		2	17	2	15	15					
其他学会	20	10	14	232	75	168	94					

续表

项目	社区科普益民计划表彰的示范社区（个）	“讲理想、比贡献”活动				专家工作站（服务中心）				专家服务团队	
		开展活动企业数（个）	国有企业（个）	参与活动科技人员（人次）	被采纳合理化建议（条）	个数（个）	经济技术开发区工作站（个）	高新技术开发区工作站（个）	进站（中心）专家人数（人次）	个数（个）	专家人数（人次）
总　计	**107**	**1266**	**93**	**42662**	**4936**	**291**	**21**	**13**	**1483**	**122**	**1680**
省市县科协合计	**107**	**1266**	**93**	**42662**	**4936**	**291**	**21**	**13**	**1483**	**122**	**1680**
省科协	**30**					**104**			**510**	**1**	**40**
市级科协	**16**	**130**	**21**	**17859**	**1409**	**70**	**3**	**1**	**517**	**18**	**179**
福州市	10	16		1000	73						
厦门市		23	8	1900	120	7			47	2	47
莆田市				200	10	8	2		35		
三明市		24	5	3520	190	14	1		62		
泉州市	6	3	1	472	23	17			221	5	25
漳州市			2	1000	480	11			54	11	107
南平市			4	2380	200	8		1	44		
龙岩市		2	1	7	1	5			54		
宁德市		22		7380	312						
县级科协	**61**	**1136**	**72**	**24803**	**3527**	**117**	**18**	**12**	**456**	**103**	**1461**
福州市	11	83	4	681	69	78	12	5	165	66	533
厦门市	5	192	3	3710	371	1		1	10	1	20
莆田市	2	168	1	2570	177	4	1	1	62	3	42
三明市	24	112	24	6397	1480	9	2	1	109	4	349
泉州市	8	312	15	4932	824	10		4	21	9	195
漳州市	2	129	2	954	175	5	3		36	11	104
南平市		36	5	863	151	2			15	2	58
龙岩市	6	68	14	4276	218	1			5	3	84
宁德市	3	36	4	420	62	7			33	4	76
省级学会合计											
理科学会											
工科学会											
农科学会											
医科学会											
其他学会											

福建省各级科协及省级学会为科技工作者服务情况统计表

（2013年）

项目	引进海外高层次人才（人）	反映科技工作者建议（条）	获上级领导批示的建议（条）	答复人大政协代表（委员）提案（件）	看望走访慰问科技工作者（人次）	科学道德与学风建设宣讲活动 场次（场次）	受众人数（人次）	参加宣讲专家人数（人次）	编写科学道德读本（册）	技术创新方法培训班（场次）	继续教育培训 场次（场次）	培训结业人数（人次）	宣传科技工作者人数（人次）	表彰奖励科技工作者（人次）	女性科技工作者（人次）	40岁以下科技工作者（人次）
总　计	**34**	**1062**	**213**	**84**	**4860**	**2**	**1410**	**5**			**308**	**25907**	**2679**	**2598**	**712**	**1112**
省市县科协合计	**29**	**701**	**129**	**67**	**2458**	**2**	**1410**	**5**			**12**	**913**	**164**	**1683**	**439**	**701**
省科协	**2**	**35**		**5**	**891**	**2**	**1410**	**5**			**9**	**811**	**133**	**65**	**18**	**12**
市级科协	**7**	**44**	**5**	**10**	**269**						**3**	**102**	**31**	**115**	**16**	**83**
福州市	5	20			81									20		20
厦门市				3												
莆田市					25											
三明市		5	2		22						1	50	2	17	1	17
泉州市	2			3	41								20	10		
漳州市		10		1	4						1	40		18	3	18
南平市		7	2		18						1	12	6	50	12	28
龙岩市		2	1	3	55											
宁德市					23								3			
县级科协	**20**	**622**	**124**	**52**	**1298**									**1503**	**405**	**606**
福州市	1	40	8	3	389									112	44	40
厦门市	18	21	9	6	31									114	55	
莆田市		36	7	2	75									22	6	
三明市		141	32	6	106									188	51	114
泉州市	1	83	19	5	139									633	137	300
漳州市		39	11	3	209									116	31	53
南平市		74	8	4	130									43	9	12
龙岩市		154	20	18	69									183	55	53
宁德市		34	10	5	150									92	17	34
省级学会合计	**5**	**361**	**84**	**17**	**2402**						**296**	**24994**	**2515**	**915**	**273**	**411**
理科学会	1	19	4		37						30	1523	152	101	27	63
工科学会	1	271	70	1	1731						115	8583	1139	373	89	172
农科学会	1	22	7	2	458						40	3067	189	198	61	100
医科学会	2	2			67						90	9505	930	85	61	37
其他学会		47	3	14	109						21	2316	105	158	35	39

福建省学会、协会、研究会基本情况统计表

（2013 年）

项　目	理事会理　事（人）	常务理事（人）	专　门工　作委员会（个）	所属分科学会（个）	学会个人会员（人）	高级（资深）会员（人）	学生会员（人）	学会团体会员（个）	学会从业人员（人）	社会聘用人员（人）
总　计	**11924**	**4505**	**313**	**500**	**209013**	**33847**	**14454**	**10100**	**641**	**227**
理科学会合计	**1760**	**664**	**78**	**55**	**49288**	**6925**	**12065**	**500**	**131**	**19**
福建省数学会	59	23	2	1	2068	1200		38	4	
福建省物理学会	63	20	5	2	1906	187			1	
福建省力学学会	62	30	1	5	584	169	109	1	3	
福建省光学学会	64	20	3	3	368	76		38	3	1
福建省化学会	76	13			1268	150	138		5	4
福建省天文学会	32	14	4		278	92		3	3	1
福建省气象学会	67	35	6	6	1958	256		14	2	
福建省地质学会	84	30	4	5	1680	12		55	4	1
福建省地理学会	97	35			860	3	305		1	
福建省海洋学会	41	15			329	150		14	1	
福建省地震学会	42	14	5	7	418	47		9	2	
福建省动物学会	47	15			525	242	18		5	
福建省植物学会	46	19			452	390	54		4	1
福建省昆虫学会	46	20	1	1	517	224	106		5	
福建省微生物学会	40	17		6	534	411			1	
福建省生物化学学会	63	23	5		298	10	145	6	1	
福建省细胞生物学学会	34	12	1	1	435	90	315	1	1	
福建省遗传学会	44	17	6		403	239			1	1
福建省心理学会	38	9	9	9	872	105	397		2	2
福建省生态学会	92	40			600	55	19	14	1	1
福建省环境科学学会	112	27	5		3200	539	821	30	6	4
福建省自然资源学会	43	20			360	188			2	
福建省野生动植物保护协会	107	55	9	8	21030	1734	9114	77	4	3
福建省系统工程学会	64	37	3		652	65	483	49	6	
福建省实验动物学会	55	19			351	88		13	5	
福建省生物数学学会	43	20			141	55	41	21	5	
福建省计算机基础教育学会	51	17	3		1			96	51	
福建省初等数学学会	148	48	6	1	7200	148		21	2	

续表①

项目	理事会理事（人）	常务理事（人）	专门工作委员会（个）	所属分科学会（个）	学会个人会员（人）	高级（资深）会员（人）	学生会员（人）	学会团体会员（个）	学会从业人员（人）	社会聘用人员（人）
工科学会合计	**3721**	**1468**	**108**	**191**	**41494**	**7730**	**1628**	**3281**	**193**	**86**
福建省机械工程学会	86	45		11	1162	162	12	156	1	
福建省汽车工程学会	70	45			221	84		76	3	3
福建省农业机械学会	106	41		7	1563	175		95	3	1
福建省农业工程学会	67	24			455	160		47	2	
福建省电机工程学会	128	41	5	14	4595	60		70	6	3
福建省水力发电工程学会	60	29	5	10	1299	528		50	3	1
福建省水利学会	85	48	4	16	2849	860		44	7	2
福建省制冷学会	56	30	7	1	218	98			1	
福建省自动化学会	57	19	3	1	372	108	185	7	1	
福建省计量测试学会	80	26	4	11	1905	102		240	3	3
福建省工程图学学会	47	15			1220	75	960		1	
福建省电子学会	34	16	6	6	1078	303	260		4	1
福建省计算机学会	70	18	9		2030	200	4	50	4	2
福建省通信学会	60	16	4	8	1312	40		23	6	2
福建省测绘学会	103	42	10		933	116		76	2	1
福建省造船工程学会	91	43	3		471	116		46	3	1
福建省航海学会	54	20	2	9	828	145		51	5	5
福建省铁道学会	58	18	5	1	1453	353		8	6	2
福建省公路学会	136	62		7	1159	291		40	8	1
福建省航空学会	48	13	3		460	54	98	23	1	
福建省金属学会	81	36		6	676	277	24	55	5	1
福建省化工学会	69	28	2	4	235	16			7	
福建省核学会	32	10	5	9	385	211		10	1	1
福建省石油学会	15			2	157	28		9	2	
福建省煤炭学会	105	38	1	11	1425	293		32	2	2
福建省能源研究会	51	27	1	9	441	259		23	4	4
福建省硅酸盐学会	56	10			680	122		27	5	
福建省生物工程学会	38	24	5	6	137	48		1	1	
福建省纺织工程学会	110	40	2		995	26			6	3
福建省造纸学会	76	38	5		906	72		60	1	1
福建省印刷协会	149	86	3		170	50		320	2	2

续表②

项　目	理事会理事（人）	常务理事（人）	专门工作委员会（个）	所属分科学会（个）	学会个人会员（人）	高级（资深）会员（人）	学生会员（人）	学会团体会员（个）	学会从业人员（人）	社会聘用人员（人）
福建省食品科学技术学会	62	36			137			41	3	
福建省劳动保护科学技术学会	43	22		1	70	35		50	6	4
福建省烟草学会	89	30	1	6	1165	69		91	10	3
福建省照明学会	32				90	47		38	3	2
福建省电源学会	33	12			360	108	70	27	2	
福建省消防协会	38	22			10	10		169	8	8
福建省港口协会	81	17	2		361	33		77	4	1
福建省家具协会	132	44	2		130	60		134	5	1
福建省分析测试协会	36	18			210	120			3	
福建省交通运输协会	116	49		10				210	6	6
福建省二轻工业协会	106	33						114	3	
福建省遥感学会	53	20			509	122		53	3	
福建省土木建筑学会	214	80	2	20	4963	1625		254	5	3
福建省电力咨询协会	268	53	1		280	15		265	16	16
福建省人工智能学会	60	31	1		136	54	15	23	5	
福建省高速公路学会	80	53	5	5	1283			96	5	
农科学会合计	**1633**	**633**	**47**	**45**	**17556**	**3856**	**243**	**1583**	**96**	**35**
福建省农学会	159	51	6	5	3018	1026		176	26	20
福建省林学会	186	87	3	10	2111	438		186	5	2
福建省水产学会	94	35	8		1118	108		61	4	2
福建省园艺学会	51	22	6		440	55		15	1	
福建省畜牧兽医学会	96	25		7	1116	260		60	5	1
福建省植物病理学会	30	13			238	91	65		1	
福建省植物保护学会	45	17	5		635	380		1	1	
福建省水土保持学会	51	18			608	60	40	39	4	
福建省茶叶学会	78	35	9	6	985	133		127	7	
福建省粮油作物学会	78	31			687	156			1	
福建省养蜂学会	124	37	1	1	446	168	138	10	3	2
福建省食用菌学会	89	33			663	136		55	6	1
福建省工业原料作物学会	27	18			254	74			1	
福建省种子协会	63	21			458	132		172	5	
福建省花卉协会	101	49	1	16	2491	73		57	6	

续表③

项　目	理事会理事（人）	常务理事（人）	专门工作委员会（个）	所属分科学会（个）	学会个人会员（人）	高级（资深）会员（人）	学生会员（人）	学会团体会员（个）	学会从业人员（人）	社会聘用人员（人）
福建省土壤肥料学会	58	20	4		448	185		8	2	
福建省热带作物学会	92	28			602	139		42	12	3
福建省绿色食品协会	74	31			580	105		460	3	1
福建省乡村休闲发展协会	137	62	4		658	137		114	3	3
医科学会合计	**1828**	**551**	**46**	**178**	**82964**	**10129**	**376**	**1275**	**64**	**13**
福建省医学会	230	43	4	57	22000	3234		198	11	5
福建省中医药学会	129	30		24	2713	18		40	2	
福建省中西医结合学会	97	26		33	3735	1900		15	2	1
福建省药学会	156	55	4	9	4820	1275		46	3	
福建省护理学会	73	20	20		34117	120	132	181	2	1
福建省生理科学会	43	21			269	70	35		1	
福建省解剖学会	23	13	1		172	30			2	
福建省生物医学工程学会	43	16	5	4	170	72	36		4	
福建省营养学会	36	17	4		316	52	24	3	6	
福建省针灸学会	126	34		4	664	513		4	1	
福建省防痨协会	73	24			903	210		59	1	
福建省麻风防治协会	35	11			586	46			3	
福建省心理卫生协会	64	15	2	2	1200			50	1	
福建省抗癌协会	105	37		15	2327	682	46	11	2	
福建省体育科学学会	44	14			145	95		13	7	1
福建省康复医学会	96	37		7	1053	98	48	54	3	2
福建省预防医学会	138	44	6	11	4834	1405		476	4	2
福建省超声医学工程学会	80	26			1429	125			3	
福建省口腔医学会	184	55		12	1200	184		125	2	1
福建省药理学会	53	13			311		55		4	
其他学会合计	**2982**	**1189**	**34**	**31**	**17711**	**5207**	**142**	**3461**	**157**	**74**
福建省自然辩证法研究会	66	33			150	7	20	11	5	
福建省技术经济与管理现代化研究会	60	20	5		311	40	60	22	5	1
福建省发展战略研究会	34	18	3		159	80	19	3	1	1
福建省科学技术情报学会	31	15			253	42		24	4	
福建省图书馆学会	70	31	3		1367	285	16	55	4	
福建省工艺美术学会	131	56		3	593	120		15	3	

续表④

项　目	理事会理　事（人）	常务理事（人）	专　门工　作委员会（个）	所属分科学会（个）	学会个人会员（人）	高级（资深）会员（人）	学生会员（人）	学会团体会员（个）	学会从业人员（人）	社会聘用人员（人）
福建省科普作家协会	66	22	4		490	242		1	1	
福建省青少年科技教育协会	66	28	1		1200	300		13	1	1
福建省科技期刊编辑学会	79	19						79	1	
福建省档案学会	42	10		4	1982	142		14	1	
福建省土地学会	84	41	4		715		2	67	4	
福建省老科技工作者协会	70	24	1	17	1955	1056		6	11	10
福建省科学家企业家协会	52	22			87	15			1	
福建省科研院所长协会	52	30			331	260		100	4	1
福建省学会研究会	50	19	1		78	30		108	2	1
福建省珠算心算协会	70	24			1582	19		111	4	2
福建省信息协会	315	99		1	25	12		280	10	1
福建省质量管理协会	55	34	5		87	48		1480	25	23
福建省人才研究会	124	40			124	117			1	
福建省监狱系统科技工作者协会	28	5	3		872	28		18	1	
福建省继续教育协会	37	33			66	40		147	10	10
福建省领导科学研究会	119	48			831	240		12	4	
福建省老教授协会	46	23		1	430	430			1	
福建省互联网协会	58	27	2					157	1	1
福建省科技咨询协会	63	23		5	155	117		34	4	2
福建省无线电管理协会	75	21			204	30		74	1	1
福建省反邪教协会	79	39			80	40		4	3	
福建省地方税收咨询协会	48	12			248	21			9	1
福建省青年科学家协会	60	26			322	320			2	
福建省高科技产业发展促进会	56	20			256	107		256	3	3
福建省闽菜技艺研究会	127	41			276	91			1	1
福建省科学基金研究会	44	23			210	120		36	4	2
福建省知识产权协会	137	73						137	3	3
福建省创意农业研究会	71	29			155	23	25	27	2	
福建省女科技工作者协会	151	70	1		678	668			1	
福建省生态建设促进会	53	14			75	62		67	17	8
福建省农村专业技术协会	114	38			155	55		95	1	
福建省刑事科学技术学会	99	39	1		1209			8	1	1

福建省县（市、区）科协基本情况统计表

（2013年）

项目	机关从业人员（人）	直属单位		所属学会协会研究会（个）	企业科协		乡镇（街道）科协		农技协			基层科普员（人）
		个数（个）	从业人员（人）		个数（个）	个人会员（人）	个数（个）	个人会员（人）	个数（个）	民政部门注册（个）	个人会员（人）	
总　计	**443**	**39**	**137**	**1644**	**1605**	**103922**	**1109**	**56729**	**2129**	**739**	**164661**	**19283**
福州市合计	**62**	**6**	**20**	**153**	**152**	**9072**	**187**	**6570**	**221**	**61**	**24732**	**4120**
鼓楼区科协	5			6	27	3479	10	1010				790
台江区科协	3			7	1	205	10	350				430
仓山区科协	7			2	10	285	13	267	4	4	153	595
马尾区科协	2	1	6	13	16	2100	3	235				65
晋安区科协	4			3	4	200	9	155	8	8	13000	193
闽侯县科协	5			8	10	210	15	317	46	5	1000	290
连江县科协	3	1	1	12	3	30	22	1489	2	2	280	248
罗源县科协	6			18	1	65	11	450	5	5	650	194
闽清县科协	3	1	2	28	8	180	16	32	17	13	1065	260
永泰县科协	3			11	1	1044	21	655	11	11	838	190
平潭县科协	5			11	3	110	15	300	5	5	483	170
福清市科协	9	1	4	21	67	1057	24	887	102	8	4293	438
长乐市科协	7	2	7	13	1	107	18	423	21		2970	257
厦门市合计	**22**	**2**	**14**	**35**	**194**	**7933**	**38**	**2105**	**20**	**19**	**1973**	**1099**
思明区科协	6				51	890	10	360				
海沧区科协	5	1	3	1	34	1980	3	35	1		15	45
湖里区科协	3			6	45	2766	5	750				864
集美区科协	2			3	8	987	6	82				58
同安区科协	4	1	11	19	26	630	8	740	16	16	1702	125
翔安区科协	2			6	30	680	6	138	3	3	256	7
莆田市合计	**23**	**2**	**4**	**96**	**181**	**7324**	**50**	**4570**	**35**	**8**	**5076**	**545**
城厢区科协	4			22	23	256	7	80	6		375	125
涵江区科协	2			21	31	820	12	280	1	1	84	59
荔城区科协	6	2	4	4	43	1760	6	1008	5	5	620	130
秀屿区科协	4			5	21	588	7	302	3	2	297	121
仙游县科协	7			44	63	3900	18	2900	20		3700	110

续表①

项　目	机关从业人员（人）	直属单位		所属学会协会研究会（个）	企业科协		乡镇科普协会		农技协			基层科普员（人）
		个数（个）	从业人员（人）		个数（个）	个人会员（人）	个数（个）	个人会员（人）	个数（个）	民政部门注册（个）	个人会员（人）	
三明市合计	**67**	**5**	**10**	**255**	**199**	**15000**	**142**	**6356**	**296**	**133**	**26756**	**3859**
梅列区科协	4	1	2	32	16	1132	5	394	9	8	1260	53
三元区科协	3			5	5	160	8	310	10	6	2400	2000
明溪县科协	5			13	5	240	9	152	29	3	1120	95
清流县科协	8	1	2	22	3	132	13	427	39	1	2180	183
宁化县科协	8			32	6	231	16	321	32	17	1683	176
大田县科协	2			17	16	216	18	546	16	16	877	226
尤溪县科协	10	1	2	25	21	1126	15	435	10	10	487	343
沙县科协	7			18	59	5639	12	800	23	13	5521	190
将乐县科协	3			20	18	1860	13	1745	48	6	3952	135
泰宁县科协	3			16	15	632	9	123	16	10	1102	112
建宁县科协	7	1	2	29	8	456	9	230	27	25	3614	92
永安市科协	7	1	2	26	27	3176	15	873	37	18	2560	254
泉州市合计	**71**	**8**	**23**	**274**	**493**	**49840**	**161**	**12447**	**289**	**51**	**19820**	**2345**
鲤城区科协	7	1	1	18	133	1995	8	160	3	1	150	200
丰泽区科协	7	1	3	18	46	1450	8	400	15		750	
洛江区科协	4			11	5	280	6	530	11		700	86
泉港区科协	8			5	5	104	7	294	2	2	358	99
惠安县科协	8			37	13	1561	12	75	9	9	772	138
安溪县科协	7			22	5	255	24	2230	36	9	3238	418
永春县科协	3	1	4	35	5	498	22	3156	140	23	9154	236
德化县科协	8			20	2	485	20	295	11		65	210
石狮市科协	6	1	2	25	27	1780	9	462	2	2	200	130
晋江市科协	5	2	11	28	98	5422	19	3270	5	5	560	386
南安市科协	8	2	2	55	154	36010	26	1575	55		3873	442
漳州市合计	**55**	**2**	**4**	**195**	**155**	**4022**	**127**	**8441**	**285**	**129**	**27941**	**3354**
芗城区科协	5			24	21	230	10	576	18	1	600	120
龙文区科协	2			21	13	400	4	85	21	21	2755	76
云霄县科协	3			20	6	200	10	2600	4	4	450	250
漳浦县科协	5	1	2	17	23	187	22	1136	62		1136	285
诏安县科协	2			15	13	803	16	835	21	21	2908	230
长泰县科协	6			13	19	120	10	45	19	19	152	580
东山县科协	5	1	2	17	11	770	7	36	13	13	1226	92

续表②

项目	机关从业人员（人）	直属单位		所属学会协会研究会（个）	企业科协		乡镇科普协会		农技协			基层科普员（人）
		个数（个）	从业人员（人）		个数（个）	个人会员（人）	个数（个）	个人会员（人）	个数（个）	民政部门注册（个）	个人会员（人）	
南靖县科协	5			8	16	457	11	2580	34	3	1767	183
平和县科协	8			24	10	458	15	245	22	13	5596	243
华安县科协	4			14	4	112	9	250	24	24	1228	85
龙海市科协	10			22	19	285	13	53	47	10	10123	1210
南平市合计	**51**	**10**	**55**	**181**	**40**	**2821**	**141**	**7439**	**323**	**81**	**23624**	**1247**
延平区科协	3	1	2	11	5	132	21	21	38		320	323
顺昌县科协	7	1	2	28	5	35	12	1340	100	30	5600	60
浦城县科协	3			30	4	290	21	2789	9	9	1550	296
光泽县科协	3	1	1	18	3	60	8	225	9		1350	87
松溪县科协	4			15	1	30	9	245	7	7	230	25
政和县科协	5	1	2	16	1	20	10	173	12	4	362	36
邵武市科协	6	1	2	12	10	1600	19	730	28		4300	65
武夷山市科协	4	2	2	16	4	389	10	388	42	21	8012	165
建瓯市科协	9	2	42	16	3	125	18	1028	62		1150	80
建阳市科协	7	1	2	19	4	140	13	500	16	10	750	110
龙岩市合计	**54**	**1**	**2**	**191**	**130**	**5889**	**136**	**5577**	**334**	**166**	**16477**	**1048**
新罗区科协	10			23	41	1487	20	85	19	16	1101	228
长汀县科协	5			16	10	270	18	36	22	20	2330	18
永定县科协	12			30	18	1756	24	752	80	56	2690	279
上杭县科协	5			32	15	800	22	60	71	35	4095	220
武平县科协	8			43	15	431	19	448	65	19	3553	208
连城县科协	10	1	2	22	8	180	17	182	25	20	1005	68
漳平市科协	4			25	23	965	16	4014	52		1703	27
宁德市合计	**38**	**3**	**5**	**264**	**61**	**2021**	**127**	**3224**	**326**	**91**	**18262**	**1666**
蕉城区科协	4	1	2	10	4	30	16	160	10	10	1600	36
霞浦县科协	5			32	5	310	14	966	20	14	1162	83
古田县科协	4			29	6	130	14	205	30		3860	500
屏南县科协	3	1	2	24	6	330	11	121	149	15	2175	112
寿宁县科协	3			23	3	180	14	640	6		720	14
周宁县科协	6			18	5	85	9	196	25	7	840	70
柘荣县科协	4			23	6	105	9	108	21	11	1250	116
福安市科协	4	1	1	24	21	731	23	714	48	17	5805	620
福鼎市科协	5			81	5	120	17	114	17	17	850	115

（省科协）

A 附 录

Appendix

科技计划项目

【2013年新上的福建省科技重大专项项目表】

序号	项目编号	项目名称	承担单位	项目负责人	总投资（万元）	计划总额（万元）
1	**2013HZ0001**	**先进装备与制造技术开发与应用**				
	2013HZ0001－1	86米平台供应船核心技术研发	福建省马尾造船股份有限公司	董敬知	2376.7	700
	2013HZ0001－2	石材数控加工设备研发及应用	福建盛达机器股份公司	苏永定	1830	600
	2013HZ0001－3	半固态铝合金快速制浆及成形设备开发应用研究	机械科学研究总院（将乐）半固态技术研究所有限公司	于革刚	1380	600
	2013HZ0001－4	面向生产经营全过程的制造物联集成系统的研发与示范应用	福建省三钢（集团）有限责任公司	江善贤	2640	600
2	**2013HZ0002**	**新一代网络与通信关键技术与应用**				
	2013HZ0002－1	北斗/GPS双模高精度定位技术研发及应用	福建星海通信科技有限公司	商云鹏	2158	600
3	**2013HZ0003**	**海西研究院科技专项**				
	2013HZ0003－1	动力锂电池功能电解液的研制与产业化	中国科学院福建物质结构研究所	王文国	600	300
	2013HZ0003－2	3D打印关键技术及示范应用研发	中国科学院福建物质结构研究所	林锦新	1400	700
4	**2013HZ0004**	**软件与信息技术应用**				
	2013HZ0004－1	用于企业产品设计的云平台关键技术研发与应用	南威软件股份有限公司	游建友	1600	500
	2013HZ0004－2	鞋服生产供应链中物联网关键技术研发与应用	进源（福建）鞋业有限公司	许跃进	1500	500
	2013HZ0004－3	建设行业信息一体化软件核心技术研发及应用	福建省建筑设计研究院	戴一鸣	1500	500
5	**2013HZ0005**	**新材料及器件开发与应用**				
	2013HZ0005－1	PBT合成树脂原位改性及合金化关键技术研发及产业化应用	福建湄洲湾氯碱工业有限公司	姜文峰	2000	600
6	**2013HZ0006**	**新能源与节能技术开发应用**				
	2013HZ0006－1	大型锂电池储能系统的研发及产业化	宁德时代新能源科技有限公司	胡建国	2258	600
7	**2013NZ0001**	**东南丘陵地优质商品林生态林栽培技术集成与示范**				
	2013NZ0001－1	特色林木种质材料选育与高效培育关键技术研究	福建农林大学林学院	郑郁善	1090	500

续表

序号	项目编号	项目名称	承担单位	项目负责人	总投资（万元）	计划总额（万元）
8	**2013NZ0002**	**农业良种选育及集约化种养技术研究与示范**				
	2013NZ0002－1	亚热带名优水果育种技术开发和良种的示范推广	福建省农业科学院果树研究所	叶新福	1200	600
	2013NZ0002－2	水稻种质资源创新利用及新品种选育	福建省农业科学院水稻研究所	谢华安	1200	600
	2013NZ0002－3	茄果类蔬菜新品种选育与种业产业化研究	福建省农业科学院作物研究所	温庆放	1000	500
	2013NZ0002－4	农业科技园区花果良种选育及集约化种植技术研究与示范	漳浦县扬基园艺发展有限公司	潘丽端	1400	500
	2013NZ0002－5	名优海水鱼循环水生态养殖与重大疫病防控技术开发与示范	福建福鼎海鸥水产食品有限公司	郑炜强	4250	650
9	**2013NZ0003**	**海洋生物资源高值化利用技术研究**				
	2013NZ0003－1	海洋生物营养成分和活性物质提取关键技术研究与开发	福州大学精密仪器研究所	石贤爱	900	450
10	**2013YZ0001**	**区域环境保护与资源综合利用技术研究及应用**				
	2013YZ0001－1	九龙江北溪综合治理技术研究与示范	福建省环境科学研究院	张玉珍	1200	600
11	**2013YZ0002**	**重大疾病防治技术研究**				
	2013YZ0002－1	福建省遗传性出生缺陷的早期筛查、诊断与治疗技术研究	福建省妇幼保健院（福建省妇儿医院）	林　元	1000	350
	2013YZ0002－2	胃癌基因特征谱分析与个体化诊治研究	福建医科大学附属协和医院	陈　强	520	260
	2013YZ0002－3	福建省肝癌早期诊断研究	福州市传染病医院	刘景丰	800	390
	合计				**35802.7**	**12200**

【2013年新上的福建省区域科技重大项目表】

序号	项目编号	项目名称	承担单位	项目负责人	总投资（万元）	计划总额（万元）
1	2013H4001	光动能全制式响闹背光电波手表的研发和产业化推广	福建瑞达精工股份有限公司	蒋　莘	745	80
2	2013H4002	新一代高性能、低成本、低功耗桌面云终端GM810	福建升腾资讯有限公司	张　辉	900	100
3	2013H4003	高性能聚酰胺－6切片聚合关键技术及产品研发	福建锦江科技有限公司	陈　飞	2120	80
4	2013H4004	抗菌性微孔改性EVA材料的研制及其在背包中应用	祥兴（福建）箱包集团有限公司	薛行远	1100	100
5	2013H4005	新型磷酸盐非线性光学晶体生长及相关器件开发	福建福晶科技股份有限公司	陈　辉	1200	100
6	2013H4006	移动互联智能家居管理系统	福建省冠林科技有限公司	谢礼龙	850	100

续表①

序号	项目编号	项目名称	承担单位	项目负责人	总投资（万元）	计划总额（万元）
7	2013H4007	具有B.C摆轴的五轴联动加工中心	福建省威诺数控有限公司	翁强	500	100
8	2013H4008	巨型工程子午线轮胎研发	福建省海安橡胶有限公司	朱晖	450	80
9	2013H4009	高频电容测试系统	福建火炬电子科技股份有限公司	蔡明通	350	80
10	2013H4010	集成智能微型逆变器光伏并网发电组件	文创太阳能（福建）科技有限公司	陈文良	1000	100
11	2013H4011	卫星直播系统综合接收解码器（标清卫星地面双模型）	福建神州电子股份有限公司	刘精全	700	100
12	2013H4012	节能环保冷染直喷印花机及其配套技术的研制及产业化	日冠（福建）针纺织机械有限公司	纪荣康	2000	100
13	2013H4013	新型超细纤维合成革研发和产业化	安安（中国）有限公司	顾宇霆	5000	100
14	2013H4014	基于HD－SDI信息融合设备的交通感知系统研发及产业化	福建八达电信技术有限公司	张克翔	900	100
15	2013H4015	高抗震性HRB500E钢筋研制及产业化研究	福建三宝特钢有限公司	林致明	2052	80
16	2013H4016	稻米智能化计量包装系统集成	漳州市佳龙电子有限公司	蔡松华	620	80
17	2013H4017	超声波光催化智能加湿空气净化器	漳州万利达生活电器有限公司	翁同生	500	80
18	2013H4018	建筑用真空绝热板的研发与产业化	福建赛特新材股份有限公司	谢振刚	900	100
19	2013H4019	新型环保圆管带式输送机	福建龙净环保股份有限公司	潘仁湖	850	100
20	2013H4020	低品位硫化铜矿生物堆浸提铜产业化技术研究	紫金矿业集团股份有限公司	陈景河	630	80
21	2013H4021	纳米晶碳化钨钴硬质合金工业化制备技术研发与应用	福建金鑫钨业股份有限公司	吴森德	802	100
22	2013H4022	低滚动阻力轮胎用高分散白炭黑关键技术	福建正盛无机材料股份有限公司	邓一强	800	80
23	2013H4023	半固态技术生产超薄壁铝合金3C类产品的研发	福建省瑞奥麦特轻金属有限责任公司	曹海春	2100	100
24	2013H4024	镶块式高性能柔性材料辊压模	三明市普诺维机械有限公司	郭尚接	1000	80
25	2013H4025	超超临界火电机组汽缸铸钢件的研发	三明市毅君机械铸造有限公司	刘渊毅	1255	80
26	2013H4026	无基材光学感压胶片开发	祐鼎（福建）光电材料有限公司	郑博仁	450	100
27	2013H4027	航空用超强高韧7075铝合金挤压材开发及应用	福建省南平铝业有限公司	李翔	220	100
28	2013H4028	电子级六氟化硫研发及产业化	福建省邵武市永飞化工有限公司	万群平	460	100
29	2013H4029	YZC－132纯电动汽车永磁无刷直流驱动电机及其控制器的研发	福建尤迪电机制造有限公司	林仕供	400	100

续表②

序号	项目编号	项目名称	承担单位	项目负责人	总投资（万元）	计划总额（万元）
30	2013H4030	多工位智能刀剪数控磨削生产线的研制	福建大吉刀剪五金有限公司	陈品观	320	100
31	2013H4031	移动式锂电池储能电站的研发与应用	宁德新能源科技有限公司	黄世霖	1000	100
32	2013H4032	DSP控制便携式数字化高频逆变焊机	寿宁县松燕电器有限公司	苏绍松	640	80
33	2013N3001	基于膨化软颗粒生产方法的功能性大黄鱼配合饲料的开发	福建天马科技集团股份有限公司	张蕉南	300	100
34	2013N3002	用于预防猪传染性胃肠炎、流行性腹泻的二联活疫苗的研发及产业化	福州大北农生物技术有限公司	张渊魁	900	100
35	2013N3003	区域主栽蔬菜可追溯栽培与一体化冷链物流关键技术研究应用	莆田市华林蔬菜基地有限公司	林　强	390	80
36	2013N3004	虾蟹良种繁育与多营养级混合养殖优化技术集成创新与示范	莆田市天然星农业开发有限公司	欧清峰	485	100
37	2013N3005	茄果类蔬菜主要病虫害持续控制关键技术研究与应用	莆田市意达技术开发有限公司	黄章国	210	80
38	2013N3006	乌龙茶连续化智能化精加工技术集成研究与应用	福建八马茶业有限公司	王文礼	1197	80
39	2013N3007	应用生物工程技术研发食品系列专用粉及产业化	福建省南安市华兴面粉有限公司	林金杯	582	100
40	2013N3008	天然植物中香气成分提取分离的生产技术研究	大闽食品（漳州）有限公司	岳鹏翔	400	80
41	2013N3009	茶多酚高效安全提取新技术研究与示范	金绿源（中国）生物科技有限公司	林秀丽	450	100
42	2013N3010	多功能山地（果园）作业管理机系列产品开发及产业化	福建省宇辰农林机械有限公司	陈志坚	800	80
43	2013N3011	生物基新材料——大幅面高强度竹重组材开发	福建省永林竹业有限公司	杨明杰	1000	100
44	2013N3012	丹桂高产培育及桂花干制关键技术集成创新与产业化	浦城县木樨园营养食品有限公司	徐良华	620	70
45	2013N3013	特色蔬菜（菜用大豆、玉米）节本增效安全栽培及冷链保质保鲜技术研究与应用	南平市跃农绿色蔬菜基地有限公司	朱正辉	420	70
46	2013N3014	福鼎白茶深加工——福鼎白茶爽研究开发	福建绿叶茶业股份有限公司	余其招	400	70
47	2013N3015	台湾红肉火龙果产期调节与综合加工技术研究	福建省文德堡食品有限责任公司	翁武斌	238	70
48	2013N3016	平潭水仙花种质资源研究利用和创新	平潭综合实验区森林园林有限公司	林同璋	200	70
49	2013Y3001	抗肿瘤药物胞必佳创新工艺的中间试验	福建省山河药业有限公司	蔡晋平	500	100
50	2013Y3002	食品生产防护、防恐计划及供应链、加工安全关键技术研究应用	福建省闽中有机食品有限公司	林梅西	500	70

续表③

序号	项目编号	项目名称	承担单位	项目负责人	总投资（万元）	计划总额（万元）
51	2013Y3003	九龙江北溪流域畜禽养殖业污染综合治理技术集成与示范	福建龙岩厦林综合养殖有限公司	林仁放	365	100
52	2013Y3004	新药生物源纤维蛋白止血贴的临床前研究	福建南生科技有限公司	黄发灿	330	100
53	2013Y3005	废弃生物油脂（地沟油等）制备工业炸药专用油相材料的研究	福建海峡科化股份有限公司	陈榕光	669	100
54	2013Y3006	武夷山九曲溪上游小流域山地生态修复技术研究	武夷山市绿美竹木制品有限公司	张美林	260	70
55	2013Y3007	灵芝深加工关键技术的研究与开发	福建省健神生物工程有限公司	毛德春	500	70
56	2013Y3008	复方人参皂苷纳米胶束紫杉醇注射液——人参皂苷纳米胶束的分离制备工艺研究	福建南方制药股份有限公司	刘平山	800	100
	合计				**45330**	**5020**

【2013年新上的福建省产业支撑科技重大项目表】

序号	项目编号	项目名称	承担单位	项目负责人	总投资（万元）	计划总额（万元）
1	2013H5001	五万总吨级邮轮概念设计研究	厦门船舶重工股份有限公司	艾国栋	1000	300
2	2013H5002	工业自动化通用技术平台在1000MW发电机组中的应用研究	福州福大自动化科技有限公司	陈新楚	680	300
3	2013I1001	新型IGBT产品的研发	福建福顺微电子有限公司	梅海军	800	80
4	2013I1002	070WP03产品研发和应用	福建华映显示科技有限公司	唐远生	500	100
5	2013I1003	东南汽车DX5车型CAN网络总线开发	东南（福建）汽车工业有限公司	金一峰	670	80
6	2013I1004	海洋活性物质Surfactin在水产饲料中的高效利用技术研发	福建正源饲料有限公司	胡玉水	500	100
7	2013I1005	脉冲重复频率可调皮秒激光器研制	中科中涵激光设备（福建）股份有限公司	陈　忠	350	100
8	2013I1006	高效LED智能驱动模组技术	文创太阳能（福建）科技有限公司	陈文良	1200	80
9	2013I1007	鱼胶原蛋白精深加工系列产品技术开发	石狮海星食品有限公司	胡建兰	600	80
10	2013I1008	LED光电集成一体化技术	立达信绿色照明股份有限公司	蔡志民	2254.15	100
11	2013I1009	智能化LED照明系统	德泓（福建）光电科技有限公司	沈清全	1300	80
12	2013I1010	工业烟气净化装置气流和气固两相流数值模拟研究及应用	福建龙净环保股份有限公司	杨　丁	535	100
13	2013I1011	畜牧场有机废弃物回收再利用高速处理系统	集辰（福建）农林发展有限公司	黄友星	1510	80

续表

序号	项目编号	项目名称	承担单位	项目负责人	总投资（万元）	计划总额（万元）
14	2013I1012	混凝土增强 PVA 纤维研发	永安市宝华林实业发展有限公司	丁晓峰	735.7	80
15	2013I1013	固态发酵生产灵芝活性蛋白技术研究	仙芝科技（福建）股份有限公司	李　晔	680	80
16	2013I1014	环保型木塑家居产品表面 UV 涂装技术研究	武夷山市美华实业有限公司	杨大可	400	80
17	2013I1015	中药太子参茎尖脱毒与种苗繁殖技术研究与应用	福建省力捷迅生物高科有限公司	周厚荣	300	80
18	2013I1016	新能源商用客车动力电池热管理及控制系统研制	福州丹诺西诚电子科技有限公司	吕济晓	650	80
19	2013I1017	基于物联网的汽车装配线 MES 系统开发与应用	福州福大自动化科技有限公司	郑元兴	385	80
20	2013I1018	共轨系统控制器的开发	福建省莆田市中涵机动力有限公司	蔡遂生	300	100
21	2013I1019	工程机械关键工件的加工设备和工艺研究	福建省威诺数控有限公司	康志勇	380	100
22	2013I1020	印染废水处理回用工艺的研发与应用	莆田市华峰工贸有限公司	方　键	672	80
23	2013I1021	用于饮用水处理的改性木质粉末活性炭的研究与应用	福建元力活性炭股份有限公司	缪存标	500	70
	合计				**16901.85**	**2410**

【2013 年新上的福建省高校产学合作科技重大项目表】

序号	项目编号	项目名称	承担单位	项目负责人	总投资（万元）	计划总额（万元）
1	2013H6001	基于有限元的铝挤压仿真技术研发及工业化应用	福建工程学院管理学院	刘国买	320	40
2	2013H6002	薄壁高强铝合金活塞液态挤压铸造关键技术研发及其产业化	福建工程学院机电及自动化工程系	王乾廷	500	50
3	2013H6003	建设项目安全质量三级同步监管关键技术研究与应用	福建工程学院土木工程系	蔡雪峰	230	40
4	2013H6004	植物纤维基超轻质工程材料制备及产业化研发	福建农林大学材料工程学院	谢拥群	450	50
5	2013H6005	竹原纤维增强树脂基复合材料制备关键技术及产业化应用	福建农林大学材料工程学院	邱仁辉	250	50
6	2013H6006	钾长石矿的高值化应用及其示范	福建师范大学化学与化工学院	童跃进	570	40
7	2013H6007	纸塑复合材料（利乐包）清洁回收制备生态复合板的关键技术研发及产业化示范	福建师范大学环境科学与工程学院	陈庆华	250	50
8	2013H6008	集成视觉感知的物联网应用开发实验平台	福建师范大学物理与光电信息科技学院（光电与信息工程学院）	吴庆祥	200	50

续表①

序号	项目编号	项目名称	承担单位	项目负责人	总投资（万元）	计划总额（万元）
9	2013H6009	基于数据引擎技术的神经网络控制器组态元件的研发及其产业化	福州大学电气工程与自动化学院	郑松	300	50
10	2013H6010	高精密矿物复合材料床身数控外圆磨床研究与开发	福州大学机械工程及自动化学院	聂晓根	330	50
11	2013H6011	基于云架构的智慧物流平台研制与产业化	福州大学数学与计算机科学学院	郑相涵	200	50
12	2013H6012	面向公共安全的网络舆情感知云平台研制与产业化	福州大学数学与计算机科学学院	廖祥文	600	50
13	2013H6013	高耐久性防水抗裂环保型隧道防火涂料的研制及工程应用	福州大学土木工程学院	季韬	170	50
14	2013H6014	玻璃钢树脂专用石墨烯微片基增强改性母料研发	华侨大学材料科学与工程学院	陈国华	412	50
15	2013H6015	高性能电液比例溢流阀的研制	华侨大学机电及自动化学院	林添良	200	50
16	2013H6016	染整后整理数字化设计与控制关键技术研究与应用	华侨大学信息科学与工程学院	李平	200	50
17	2013H6017	大型船舶码头靠离泊装备的研究与开发	集美大学航海学院	彭国均	300	50
18	2013H6018	粉体工业锅炉清洁燃烧福建无烟煤技术开发	集美大学机械工程学院	何宏舟	200	50
19	2013H6019	轻质自保温复合墙体材料的研究与产业化	厦门大学材料学院	戴李宗	2000	50
20	2013H6020	新型微波PCB复合介质板的国产化研制及示范应用	厦门大学材料学院	熊兆贤	66.7	50
21	2013H6021	微纳米结构超亲水防雾汽车玻璃	厦门大学材料学院	周忠华	150	50
22	2013H6022	高性能电解液的产业化技术的开发	厦门大学化学化工学院	赵金保	200	50
23	2013H6023	低成本、高可靠的汽车胎压监测模块的研发和中试	厦门大学萨本栋微米纳米科学技术研究院	伞海生	200	50
24	2013H6024	LED全彩屏模组在线自动检测及产业化应用	厦门大学物理与机电工程学院	高玉琳	175	50
25	2013H6025	福建地区海洋环境下高性能混凝土制备关键技术研究	厦门理工学院土木工程与建筑学院（土木工程与建筑系）	陈昌萍	180	40
26	2013N5001	螺旋藻养殖加工新技术集成与示范	福建农林大学林学院	叶舟	110	50
27	2013N5002	长汀稀土矿废弃地植被恢复技术集成与示范	福建农林大学林学院	马祥庆	100	50
28	2013N5003	魔芋高效安全种植及高值化处理	福建农林大学食品科学学院	庞杰	100	40
29	2013N5004	真姬菇（闽真2号）菌包成熟度多尺度生化参数的建立与应用研究及示范	福建农林大学食品科学学院	胡开辉	100	40
30	2013N5005	利用现代微生物工程技术发酵生产超氧化物歧化酶	福州大学生工学院	林娟	90	50

续表②

序号	项目编号	项目名称	承担单位	项目负责人	总投资（万元）	计划总额（万元）
31	2013N5006	猪圆环病毒亚单位疫苗的开发	福州大学生工学院	吕瞰	125	50
32	2013N5007	兽用长效促卵泡刺激素的中间实验	华侨大学生物医学学院（分子药物研究院）	刁勇	300	40
33	2013N5008	低能耗膜法海水淡化技术研究与装置研制	集美大学生物工程学院	方宏达	70	50
34	2013N5009	武夷岩茶品质智能化评控技术研究与产业化应用	武夷学院茶与食品学院（茶学与生物系）	杨江帆	255	40
35	2013N5010	新型渔用抗菌肽饲料添加剂复合制品的研发	厦门大学海洋与环境学院（海洋与地球学院）	王克坚	150	50
36	2013N5011	木薯催化转化制备新型生物燃料乙酰丙酸酯的生产技术研发	厦门大学能源学院（能源研究院）	林鹿	150	50
37	2013N5012	龙柚特早熟株型成果产业化	闽南师范大学生物科学与技术系	张敬虎	120	50
38	2013Y4001	智能心理检测与自我调节系统的产业化研究	福建师范大学教科院	连榕	300	50
39	2013Y4002	可同时进行乙型肝炎病毒 DNA 定量与分型的试剂盒研制	福建医科大学附属第一医院	欧启水	150	50
40	2013Y4003	膝关节炎治疗带的研制	福建中医药大学附属第二人民医院	吴明霞	65	50
41	2013Y4004	中药醒鼻温敏凝胶剂的研制及治疗过敏性鼻炎的药效学研究	福建中医药大学附属人民医院	郑健	80	50
42	2013Y4005	增加骨密度保健食品益节健片及益节健胶囊的研制	福建中医药大学中西医结合学院	洪振丰	120	50
43	2013Y4006	RC 桥梁结构抗震加固关键技术及工程应用	华侨大学土木工程学院	刘阳	450	40
44	2013Y4007	湿法炼锌企业尾矿净化渣中锌、钴的回收利用	三明学院建筑工程学院（土木建筑工程系）	黄晖	110	50
45	2013Y4008	20 种人乳头状瘤病毒基因分型试剂盒的研制	厦门大学生命科学学院	许晔	100	50
	合计				11698.7	2160

【2013 年新上的福建省重点科技计划项目表（工业科技）】

序号	项目编号	项目名称	承担单位	项目负责人	总投资（万元）	计划总额（万元）
1	2013H0001	基于稳健性的东南 V5 车身振动与噪声控制技术研发	福建工程学院机电及自动化工程系	陈益严	100	10
2	2013H0002	仓储机器人的智能调度系统	福建工程学院计算机与信息科学系	张永晖	46	10
3	2013H0003	平压法热压成型轻质木/塑复合板的研究与开发	福建农林大学材料工程学院	饶久平	110	10
4	2013H0004	纳米纤维素多功能造纸助剂研究与开发	福建农林大学材料工程学院	黄彪	30	10

续表①

序号	项目编号	项目名称	承担单位	项目负责人	总投资（万元）	计划总额（万元）
5	2013H0005	基于PPGIS的无障碍设施建设管理平台研究	福建省基础地理信息中心	余丽钰	100	10
6	2013H0006	潮湿多雨地区路基填土压实特性与填筑质量控制标准研究	福建省交通科学技术研究所	陈秀强	43.48	10
7	2013H0007	光导照明系统在隧道中的应用研究	福建省交通科学技术研究所	陈治伙	56.1	10
8	2013H0008	金属闭口拉链三合一生产工艺研究与自动化设备研制	福建信息职业技术学院	何用辉	65	10
9	2013H0009	基于云计算环境的信息安全运维管控关键技术研究	福建省海峡信息技术有限公司	叶　松	75	10
10	2013H0010	保险杠用高强铝合金铸锭研制及应用	福建省南平铝业有限公司	陈　伟	715	10
11	2013H0011	中厚板新一代TMCP——超快冷工艺技术开发	福建省三钢（集团）有限责任公司	何天仁	1980	10
12	2013H0012	磁控管钼支杆组件关键技术的研究	厦门虹鹭钨钼工业有限公司	朱　武	1956	10
13	2013H0013	环保节能型水剂硬质合金混合料产业技术开发	厦门钨业股份有限公司	吴冲浒	105	10
14	2013H0014	铝板带加工企业安全生产预警指数系统的建立及应用	中铝瑞闽铝板带有限公司	李　铁	128	10
15	2013H0015	埋地聚乙烯（PE）燃气管道基于风险的检验与评价	福建省特种设备检验研究院	吴林军	19.3	8
16	2013H0016	三维激光扫描技术应用于岩土与地下工程生产事故防治	福建省建筑科学研究院	陈德立	55	10
17	2013H0017	R－PET改性及其合金的产业化关键技术研发及应用	福建师范大学化学与材料学院（材料科学与工程学院）	肖荔人	100	10
18	2013H0018	单一白光支化高分子材料及器件开发	福建师范大学化学与材料学院（材料科学与工程学院）	林正欢	37	10
19	2013H0019	以十五碳二酸为原料生产（R）－麝香酮的中试工艺开发	福建师范大学化学与化工学院	高　勇	15	10
20	2013H0020	基于计算机视觉的疲劳驾驶检测系统研制	福建师范大学软件学院	曾智勇	10	10
21	2013H0021	适于酶法控制TMP纸浆树脂障碍工艺的复合脂肪酶的开发	福建师范大学生命科学学院	刘艳如	20	10
22	2013H0022	大靶面高分辨远心机器视觉镜头系列	福建师范大学物理与光电信息科技学院（光电与信息工程学院）	林　峰	500	10
23	2013H0023	基于多源政务数据的区域经济态势挖掘平台研发	福建省空间信息工程研究中心	梁娟珠	30	10
24	2013H0024	智能预警型电能质量监测装置研制	福州大学电气工程与自动化学院	邵振国	10	10
25	2013H0025	五轴数控刻楦机研制	福州大学机械工程及自动化学院	范扬波	60	10

续表②

序号	项目编号	项目名称	承担单位	项　目负责人	总投资（万元）	计划总额（万元）
26	2013H0026	服装用超高频 RFID 芯片的低功耗设计与应用	福州大学物理与信息工程学院	樊明辉	144	10
27	2013H0027	功能化季铵盐离子液体催化高酸值油脂一步法快速合成生物柴油关键技术的研发	华侨大学材料科学与工程学院	林金清	18	10
28	2013H0028	客车火灾早期智能探测消防系统关键技术研究与开发	华侨大学机电及自动化学院	杜建华	40	10
29	2013H0029	全集成数字对讲机 RF 芯片的研发	华侨大学信息科学与工程学院	杨　骁	30	10
30	2013H0030	物联网 Z－Wave 标准协议栈及无线指纹锁开发	华侨大学信息科学与工程学院	戴声奎	25	10
31	2013H0031	微结构阵列反光产品工作模关键技术开发	集美大学机械工程学院	杨　光	12	10
32	2013H0032	噪声监测识别与远程控制系统研制及产业化	集美大学计算机工程学院	浦云明	25	10
33	2013H0033	自由立体光栅显示器（3D）的测试技术和标准化研究	集美大学理学院	杨　兰	10	10
34	2013H0034	新型多能源船舶电站关键技术研发	集美大学轮机工程学院	俞万能	20	10
35	2013H0035	卫星通信变频器设计研究与产业化	集美大学信息工程学院	陈朝阳	15	10
36	2013H0036	超细晶稀土硬质合金的研究与开发	龙岩学院化学与材料学院	温德才	15	10
37	2013H0037	高性能全数字永磁同步电机伺服系统关键控制技术研究与装置开发	闽江学院物理学与电子信息工程系	蒋学程	30	10
38	2013H0038	基于 ARM 和多特征融合的视频火灾探测与联动报警器	莆田学院机电工程学院（电信系）	陈学军	23	10
39	2013H0039	大功率 LED 封装在线快速检测平台的研制	莆田学院机电工程学院（电信系）	林振衡	25	10
40	2013H0040	考虑岩土拉压模量不等的三维扩（缩）孔力学模型和解答研究	莆田学院土木工程学院（土木建筑工程系）	高子坤	20	10
41	2013H0041	基于 ZigBee 和数据融合的无线智能火灾报警系统设计	泉州师范学院物理与信息工程学院	陈木生	15	10
42	2013H0042	食药品软包装材料透气性测试装置关键技术研究	泉州师范学院物理与信息工程学院	刘孝锋	10	10
43	2013H0043	腰果壳油改性 Novalac 酚醛树脂及其模塑材料性能的研究	厦门大学化学化工学院	肖宗源	30	10
44	2013H0044	绿色饲料添加剂二甲酸钾的合成与应用研究	厦门大学化学化工学院	孙道华	18	10
45	2013H0045	基于物联网的智能化物流仓储管理平台关键技术研究	厦门大学软件学院	杨律青	26	10
46	2013H0046	硅基三维微型电池的制造关键技术研究	厦门大学萨本栋微米纳米科学技术研究院	李　静	10	10
47	2013H0047	用于塑料光纤入户的光电集成发射芯片的研制	厦门大学物理与机电工程学院	程　翔	10	10
48	2013H0048	基于开放业务平台的泛在融合智能家居系统的研制	厦门大学信息科学与技术学院	黄联芬	20	10

续表③

序号	项目编号	项目名称	承担单位	项目负责人	总投资（万元）	计划总额（万元）
49	2013H0049	高敏度汽车液压制动泵关键技术研究	厦门理工学院材料科学与工程学院	赵 军	15	10
50	2013H0050	基于机器视觉与真空气吸的胡萝卜精量播种关键技术研究	厦门理工学院机械与汽车工程学院（机械工程系）	陈水宣	20	10
51	2013H0051	卫浴出水产品装配自动化关键技术研究	厦门理工学院机械与汽车工程学院（机械工程系）	李志红	15	10
52	2013H0052	面向电梯物联网的安全监测与智能传感设备研发	厦门理工学院计算机与信息工程学院（计算机科学与技术系）	张 念	20	10
53	2013H0053	多功能绿色纳米瓷的开发与应用	闽南师范大学化学与环境科学系	郭鸿旭	90	10
54	2013H0054	基于纳米纤维功能膜的废水重金属减排与回收技术研究	中国科学院城市环境研究所	郑煜铭	20	10
55	2013H0055	持久性有机污染物流通式大气采样器的优化与试制	中国科学院城市环境研究所	肖 航	13.5	10
56	2013H0056	等离子基元增强型 MIS 硅基太阳能电池研究	中国科学院福建物质结构研究所	吕佩文	20	10
57	2013H0057	面向贵金属 Pd 高效利用的新催化技术的研发	中国科学院福建物质结构研究所	黄新松	10	10
58	2013H0058	稀土提炼行业含铅废水的去除原理及工程化应用	中国科学院福建物质结构研究所	洪杨平	20	10
59	2013H0059	长寿命锰基锂电池用添加剂的研发	中国科学院福建物质结构研究所	王文国	50	10
60	2013H0060	稀土上转换纳米荧光探针及其体外检测研究	中国科学院福建物质结构研究所	刘永升	10	10
61	2013H0061	地下停车场、隧道等半封闭空间中的 NOx 常温下净化	中国科学院福建物质结构研究所	王秀云	10	10
62	2013H0062	纳米粒子增强增韧碳纤维复合材料的关键技术研究	中国科学院福建物质结构研究所	吴立新	20	10
63	2013H0063	新型富锂锰基高电压大容量锂离子电池正极材料的研究	中国科学院福建物质结构研究所	关翔锋	10	10
64	2013H0064	用于销毁涉密磁介质载体的新型设备研发	福建省机械科学研究院（福建省农业机械化研究所）	陈红勇	60	50
	合计				**7360.38**	**678**

【2013 年新上的福建省重点科技计划项目表（农业科技）】

序号	项目编号	项目名称	承担单位	项目负责人	总投资（万元）	计划总额（万元）
1	2013N0001	MDRV 感染番鸭免疫抑制病防治关键技术研究	福建农林大学动物科学学院	吴宝成	12	10
2	2013N0002	福建特有珍稀竹种质资源保存评价及快繁技术研究与应用	福建农林大学林学院	荣俊冬	25	10

续表①

序号	项目编号	项目名称	承担单位	项目负责人	总投资（万元）	计划总额（万元）
3	2013N0003	苏云金杆菌防治蕈蚊关键技术及应用研究	福建农林大学食品科学学院	张灵玲	15	10
4	2013N0004	超级杂交糯稻高效选育及高产优质配套栽培技术研究	福建农林大学作物科学学院	黄荣华	15	10
5	2013N0005	台湾海峡重要中上层经济鱼类DNA条形码信息采集及遗传多样性研究	福建海洋研究所	张丽艳	10	10
6	2013N0006	森林资源物联网调查技术研究	福建省科技厅农牧业科研中试中心	张福山	30	10
7	2013N0007	双效功能性红曲保健品的开发	福建省微生物研究所	吴丽云	20	10
8	2013N0008	扶贫开发重点村高效种植模式研究与推广	福建省农村致富技术函授大学	吴旺民	20	10
9	2013N0009	蓝果树种子萌发与育苗的关键性技术研究	福建三明林业学校	黄云鹏	25	10
10	2013N0010	黄枝润楠优异种质资源保存及繁育技术研究	福建省林业科技试验中心	陈孝丑	14	10
11	2013N0011	休闲农场中观赏蔬菜的开发与应用研究	福建农业职业技术学院	陈文胜	10	10
12	2013N0012	福建枇杷气象灾害监测预警技术研究	福建省气象科学研究所	陈　惠	10	10
13	2013N0013	农业面源对水库型饮用水源地氮素污染负荷的影响与调控技术	福建师范大学地理科学学院	陈　莹	10	10
14	2013N0014	甘油单酯富集ω—3多不饱和脂肪酸的工艺研究	国家海洋局第三海洋研究所	何建林	10	10
15	2013N0015	海带下脚料制备高纯岩藻黄质工程化关键技术研究	国家海洋局第三海洋研究所	张怡评	30	10
16	2013N0016	海洋生物源高纯SOD产业工程化关键技术	国家海洋局第三海洋研究所	孙继鹏	10	10
17	2013N0017	海藻糖国家标准样品的研究开发	国家海洋局第三海洋研究所	陈　晖	30	10
18	2013N0018	新型甲醛生物降解剂的制备及其在水产品中的应用研究	国家海洋局第三海洋研究所	李　钫	15	10
19	2013N0019	深海微生物抗茶叶轮斑病用生防菌剂的研制	国家海洋局第三海洋研究所	汤熙翔	10	10
20	2013N0020	海洋贝类下脚料高值化开发利用关键技术研究	国家海洋局第三海洋研究所	陈俊德	20	10
21	2013N0021	九龙江口鱼类DNA条形码数据库的构建与分析	国家海洋局第三海洋研究所	邢炳鹏	10	10
22	2013N0022	水产品下脚料中复合氨基酸的提纯生产研究	华侨大学化工学院	黄惠莉	50	10
23	2013N0023	低值海洋水产蛋白组织化加工关键技术研究与应用	集美大学生物工程学院	陈发河	15	10
24	2013N0024	运用分子标记技术培育速生大黄鱼新品系	集美大学水产学院	王艺磊	20	10

续表②

序号	项目编号	项目名称	承担单位	项目负责人	总投资（万元）	计划总额（万元）
25	2013N0025	基于适配子的水产病原弧菌的应用检测技术	集美大学水产学院	郑　江	12.5	10
26	2013N0026	闽西地区规模化猪场猪瘟抗体监测与分析	龙岩学院生命科学学院	林炜明	15	10
27	2013N0027	蔬菜大棚的智能化改造	闽江学院物理学与电子信息工程系	郑忠楷	10	10
28	2013N0028	新型银耳菌种培养料及产品精深加工技术的开发	宁德师范学院化学与环境科学系	刘春雷	20	10
29	2013N0029	联苯菊酯对近海鱼类的毒理学效应	宁德师范学院生物工程系	李进寿	7.7	6
30	2013N0030	苏云金杆菌防治蔬菜病虫害技术示范与推广	莆田学院环境与生物工程学院（环境与生命科学系）	傅丽君	30	10
31	2013N0031	基于物联网的种猪繁育及健康养殖应用技术开发	三明学院信息工程学院（数学与计算机科学系）	刘持标	20	10
32	2013N0032	畦栽青大豆小型采收机研制	三明学院机电工程学院（物理与机电工程系）	张锐戈	29.5	10
33	2013N0033	武夷山高品质夏暑红茶种质资源的筛选及关键技术的研究与示范	武夷学院茶与食品学院（茶学与生物系）	王飞权	50	10
34	2013N0034	养殖鲍饲用益生菌应用的关键技术研究	厦门大学海洋与环境学院（海洋与地球学院）	赵　晶	10	10
35	2013N0035	畜禽养殖废水处理及资源化利用的新型厌氧膜组合工艺的研发及应用	厦门理工学院环境科学与工程学院（环境工程系）	李元高	50	10
36	2013N0036	洋水仙良种选育及高效栽培技术研究	闽南师范大学生物科学与技术系	卞阿娜	10	10
37	2013N0037	山药良种选育及其组培快繁技术研究	闽南师范大学生物科学与技术系	蔡月琴	10	10
38	2013N0038	以农业废弃物制备生质丁醇的关键技术	中国科学院城市环境研究所	张耿崚	20	10
39	2013N0039	罗非鱼链球菌新型疫苗运载体的研发	中国科学院福建物质结构研究所	张　蕾	20	10
40	2013N0040	尖刀蛏自然海区人工移植技术的研究	福建省闽东水产研究所	毛连环	14	10
41	2013N0041	皱肋文蛤人工育苗技术研究	福建省闽东水产研究所	谢书秋	14	10
42	2013N0042	生姜制剂防治大黄鱼“白点病”的研究	福建省闽东水产研究所	谢友佺	15	10
43	2013N0043	仓山区科技创新服务条件建设	福州市仓山区生产力促进中心	林宗介	30	30
44	2013N0044	福清市科技创新服务体系建设	福清市生产力促进中心	游传福	35	30
45	2013N0045	科技信息化服务网络体系建设	福州经济技术开发区生产力促进中心	郑　杰	30	30
46	2013N0046	新“科技中心”软环境建设	闽侯县生产力促进中心	刘建明	70	30
47	2013N0047	提升涵江区基层科技创新能力建设	莆田市涵江区生产力促进中心	郑新建	45	30
48	2013N0048	城厢区科技综合发展体系建设	莆田市城厢区科技开发咨询中心	何友武	30	30

续表③

序号	项目编号	项目名称	承担单位	项目负责人	总投资（万元）	计划总额（万元）
49	2013N0049	农业科技创新能力建设技术研究与示范	仙游县生产力促进中心	黄元海	38	30
50	2013N0050	县域科技创新公共服务体系建设	福建省安溪县生产力促进中心	许彬彬	100	30
51	2013N0051	丰泽区创新驿站	泉州市丰泽区生产力促进中心	章嵘坚	200	30
52	2013N0052	晋江市科技公共服务系统	晋江市数字晋江建设办公室	陈晋兴	74	30
53	2013N0053	泉州高新区科技创新服务中心建设	泉州市鲤城区生产力促进中心	吕华元	300	30
54	2013N0054	洛江区农业科技信息服务能力建设	泉州市洛江区生产力促进中心	吴子平	300	30
55	2013N0055	南安市科技条件建设	南安市生产力促进中心	梁月清	34	30
56	2013N0056	泉港中小企业科技创新服务体系建设	泉州市泉港区生产力促进中心	连聪明	80	30
57	2013N0057	基本智能手机 APP 的科技信息交流及项目网络评审系统开发与应用	石狮市生产力促进中心	蔡柏林	60	30
58	2013N0058	龙海市科技信息服务创新能力建设	龙海市生产力促进中心	杨淑芬	80	30
59	2013N0059	南靖县生产力促进中心创新能力建设	南靖县生产力促进中心	王盛富	61	30
60	2013N0060	漳浦县科技条件和创新能力建设	漳浦县科技综合信息中心	王春麟	40	30
61	2013N0061	芗城区新材料产业基地服务条件能力建设	芗城区生产力促进中心	赖建河	80	30
62	2013N0062	上杭县科技服务能力建设	上杭县生产力促进中心	罗忠亮	60	30
63	2013N0063	武平县提升科技服务条件及创新服务能力建设	武平县科学技术实验站	聂永增	80	30
64	2013N0064	提升新罗区科技管理与培训的条件建设	新罗区生产力促进中心	陈晓峰	30	30
65	2013N0065	永定县农业产业社会化科技服务体系建设	永定县生产力促进中心	张春龙	60	30
66	2013N0066	沙县科技服务体系建设	沙县生产力促进中心	江先淦	100	30
67	2013N0067	山区科技服务机构条件改善建设	泰宁县生产力促进中心	沈　涌	66	30
68	2013N0068	永安市科技服务体系建设	永安市科技信息所	余伟明	90	30
	合计				**2966.7**	**1196**

【2013 年新上的福建省重点科技计划项目表（社会发展）】

序号	项目编号	项目名称	承担单位	项目负责人	总投资（万元）	计划总额（万元）
1	2013Y0001	一种高效吸附柱的研制及其在饮用水中多种有害成分快速检测中的应用	福建出入境检验检疫局检验检疫技术中心	蔡春平	10	10
2	2013Y0002	基于分子信标的登革热快速诊断试剂盒研究	福建国际旅行卫生保健中心	王宇平	20	10

续表①

序号	项目编号	项目名称	承担单位	项目负责人	总投资（万元）	计划总额（万元）
3	2013Y0003	金柑多糖高效提取技术及功能特性的研究与应用	福建农林大学食品科学学院	张　怡	25	10
4	2013Y0004	食品中主要真菌毒素检测技术和检测试剂盒研发	福建农林大学食品科学学院	庄振宏	20	10
5	2013Y0005	福建省紫菜砷摄入安全性研究	福建农林大学食品科学学院	杨桂娣	15	10
6	2013Y0006	泉州市露天矿区生态修复土壤改良技术研究	福建省197地质大队	罗大富	450	10
7	2013Y0007	城市河流中典型多环麝香的液相色谱分析技术研究与应用	福建华工环境技术咨询有限公司	翁　平	20	10
8	2013Y0008	“延平二号”科考船海洋科普档案系统建设	福建海洋研究所	张　影	10	10
9	2013Y0009	安海湾重金属在海水、水中悬浮颗粒物及表层沉积物中的分布特征研究	福建海洋研究所	陈艳梅	8	8
10	2013Y0010	茯苓产品地方标准制定中农残指标的控制研究	福建省测试技术研究所	陈丹红	20	10
11	2013Y0011	茯苓省地方标准制定中重金属等有毒有害物控制研究	福建省测试技术研究所	黄　熙	20	10
12	2013Y0012	基于三维水动力时空一体化的城市内河防洪控污研究	福建省科学技术信息研究所	洪　凡	17	10
13	2013Y0013	水葫芦分蘖繁殖拮抗微生物的选育及初步应用的研究	福建省微生物研究所	陈　宏	10	10
14	2013Y0014	新型mTOR靶向抗癌药物依维莫司分散片的研究	福建省微生物研究所	陈有钟	10	10
15	2013Y0015	靶向抗癌新药——依维莫司的合成新工艺研究	福建省微生物研究所	谢立君	10	10
16	2013Y0016	盐酸普拉克索原料药和片剂的质量研究	福建省微生物研究所	温耀明	10	10
17	2013Y0017	低品位镍矿镍生物浸出高效菌株的选育及应用初步研究	福建省微生物研究所	聂毅磊	10	10
18	2013Y0018	武夷山黄精属药用植物的分子标记鉴定与指纹图谱研究	福建省武夷山生物研究所	杨　青	14	10
19	2013Y0019	电子识别工业雷管技术与应用	福建省民爆化工股份有限公司	黄友平	460	10
20	2013Y0020	台湾海峡大型海洋气象观测浮标综合利用技术研究	福建省大气探测技术保障中心	李　麟	10	10
21	2013Y0021	福建省雷电灾害风险区划与预警应用平台研发	福建省防雷中心	曾金全	15	10
22	2013Y0022	六手太极功对高血压患者血压水平的影响	福建体育职业技术学院	陈圣平	10	10
23	2013Y0023	视网膜血管定量参数与心血管危险因子相关性及其对亚临床动脉硬化预测价值的研究	福建省立医院	林　帆	10	10

续表②

序号	项目编号	项目名称	承担单位	项目负责人	总投资（万元）	计划总额（万元）
24	2013Y0024	二维超声斑点追踪联合血流向量技术定量评价缺血性心肌病存活心肌及介入治疗的效果	福建省立医院	卢荔红	10	10
25	2013Y0025	骑跨性血管对颅内肿瘤手术影响的分析和对策	福建省立医院	魏　德	10	10
26	2013Y0026	上颌窦外提升不植骨同期种植术的研究	福建省立医院	林　毅	15	10
27	2013Y0027	应用电纺纳米纤维血管支架材料构建组织工程血管的研究	福建省立医院	肖荣冬	20	10
28	2013Y0028	绝经后妇女干眼症相关因素分析及激素替代治疗的效果研究与综合治疗方案设计	福建省立医院	李　青	7	5
29	2013Y0029	光声成像技术联合 PET－CT 和 SPECT 评价急慢性心肌缺血损伤范围和程度的在体研究	福建省立医院	翁国星	20	10
30	2013Y0030	宫颈癌转录组研究及新型生物标志物筛选	福建省肿瘤医院	叶韵斌	15	10
31	2013Y0031	配位调控的量子点荧光编码探针对果蔬中多组分有机磷农药残留的可视化检测	福建省产品质量检验研究院（福建省中心检验所）	刘　飞	30	10
32	2013Y0032	轻型钢结构住宅关键技术研究	福建省建筑科学研究院	甘为民	50	10
33	2013Y0033	闽江口天然湿地氮清除功能的评估技术研究	福建师范大学地理科学学院	仝　川	10	10
34	2013Y0034	富营养化地表饮用水源供水安全应急保障技术研发	福建师范大学环境科学与工程学院	王菲凤	20	10
35	2013Y0035	唇腭裂患者正畸——外科联合治疗的研究	福建医科大学附属第一医院	林　珊	10	10
36	2013Y0036	MRI 兼容性多极射频消融电极针的研制	福建医科大学附属第一医院	林征宇	10	10
37	2013Y0037	应用 DEXA 技术评价绝经后女性高血压和骨质疏松发生风险	福建医科大学附属第一医院	严孙杰	10	10
38	2013Y0038	微创可扩张通道耦合脊柱内镜系统的研发及其在腰椎微创外科中的临床应用研究	福建医科大学附属第一医院	王长昇	10	10
39	2013Y0039	微创上颌窦提升技术在口腔种植治疗中的应用研究	福建医科大学附属口腔医院	吴　东	15	10
40	2013Y0040	福建乳腺癌高危人群风险预测模型的研究	福建医科大学附属协和医院	王　川	15	10
41	2013Y0041	GLP－1 类似物对 2 型糖尿病大血管病变的保护作用	福建医科大学附属协和医院	刘礼斌	15	10
42	2013Y0042	福建地区无症状性颈动脉狭窄患者的筛查及干预研究	福建医科大学附属协和医院	刘昌云	15	10
43	2013Y0043	Double－kissing－mini culotte stenting 技术治疗冠脉分叉病变的临床及实验研究	福建医科大学附属协和医院	陈良龙	55	10

续表③

序号	项目编号	项目名称	承担单位	项目负责人	总投资（万元）	计划总额（万元）
44	2013Y0044	干细胞在柔红霉素所致药物性心肌损害的治疗应用研究	福建医科大学附属协和医院	杨婷	20	10
45	2013Y0045	用于唾液中口腔癌相关标志物快速检测的荧光纳米传感器的研制	福建医科大学药学院	李春艳	12.5	10
46	2013Y0046	益肾降浊方治疗慢性肾衰的剂型优化与疗效机理研究	福建中医药大学附属第二人民医院	张喜奎	10	10
47	2013Y0047	瓜蒌桂枝汤逆转脑卒中神经损伤的临床前药效学研究	福建中医药大学附属第二人民医院	庞文生	10	10
48	2013Y0048	双向运动疗法对于腰椎间盘突出症腰背伸肌群功能的影响及其评价研究	福建中医药大学附属第二人民医院	李长辉	15	10
49	2013Y0049	复方芪灵软胶囊的研发	福建中医药大学附属第二人民医院	纪莎	20	10
50	2013Y0050	个性化颈椎保健枕的开发研究	福建中医药大学附属第二人民医院	蔡树河	10	10
51	2013Y0051	加味柴胡疏肝散联合西药治疗 Hp 相关性十二指肠球部溃疡的疗效观察	福建中医药大学附属人民医院	陈朝元	10	10
52	2013Y0052	针刺干预治疗中风后轻度认知功能障碍（痰瘀型）及对磁共振脑灌注成像和炎症细胞因子的相关性研究	福建中医药大学附属人民医院	刘建忠	10	10
53	2013Y0053	脉管Ⅱ号胶囊治疗肢体动脉硬化闭塞症的临床研究	福建中医药大学附属人民医院	王世军	10	10
54	2013Y0054	艾可合剂转化为艾可胶囊的等效性研究	福建中医药大学附属人民医院	张敏建	10	10
55	2013Y0055	通督强脊三步五法调控颈椎本体感觉功能的临床研究	福建中医药大学康复医学院	王诗忠	10	10
56	2013Y0056	去甲异波尔定口服自微乳给药系统的研究	福建中医药大学药学院	陈建忠	10	10
57	2013Y0057	毛细管电泳——复合高盐富集分离检测手性中药活性成分的技术研究	福建中医药大学药学院	余丽双	10	10
58	2013Y0058	莲房总黄酮抗动脉粥样硬化药效学研究	福建中医药大学中西医结合研究院	吴锦忠	10	10
59	2013Y0059	苁蓉精纳米微粉 GDNF 神经保护药效研究	福建中医药大学中西医结合研究院	蔡晶	30	10
60	2013Y0060	地学知识支持下突发性自然地质灾害危险性建模研究	福建省空间信息工程研究中心	卢毅敏	10	10
61	2013Y0061	水中微囊藻毒素的毛细管电色谱分析技术研究	福州大学化学化工学院	林旭聪	15	10
62	2013Y0062	水产品中重金属汞的快速低成本检测方法研究	福州大学化学化工学院	傅南雁	10	10
63	2013Y0063	基于食品安全需求的海洋微生物杀菌剂研究与开发	国家海洋局第三海洋研究所	徐长安	10	10

续表④

序号	项目编号	项目名称	承担单位	项目负责人	总投资（万元）	计划总额（万元）
64	2013Y0064	耐盐抗污生物的筛选及其在九龙江入海口养殖污染生态修复中应用的研究	国家海洋局第三海洋研究所	林更铭	10	10
65	2013Y0065	农林废弃物与城市污泥共热解制备生物油	华侨大学化工学院	李宝霞	15	10
66	2013Y0066	氨萘非特增效、减毒新方法的研究	华侨大学生物医学学院（分子药物研究院）	解丽娟	10	10
67	2013Y0067	福建土楼夯土结构稳定性加固关键技术研究及其应用	华侨大学土木工程学院	彭兴黔	20	10
68	2013Y0068	基于多时相遥感影像的湿地动态监测与分析评价——以龙岩市为例	龙岩学院资源工程学院	徐志刚	15	10
69	2013Y0069	慢性肾脏病5期患者血管钙化早期防治的临床研究	南京军区福州总医院	余　毅	20	10
70	2013Y0070	抗癌中药复方制剂肺泰胶囊工艺优化及其产业化开发	南京军区福州总医院	余宗阳	20	10
71	2013Y0071	利拉鲁肽减少合并心血管疾病的2型糖尿病患者心血管事件的临床研究	南京军区福州总医院	林忆阳	24	10
72	2013Y0072	基于靶序列捕获的激素耐药型肾病综合征致病基因检测试剂盒的研发	南京军区福州总医院	余自华	20	10
73	2013Y0073	DC细胞联合CIK细胞治疗慢性乙型肝炎的临床研究	南京军区福州总医院	王少扬	20	10
74	2013Y0074	西罗莫司固体自微乳化口服缓释制剂的研究	南京军区福州总医院	宋洪涛	20	10
75	2013Y0075	多种自身抗体快速联合检测试剂盒——（复合斑点胶体金法）的研发	南京军区福州总医院	杨湘越	20	10
76	2013Y0076	废弃石粉和钢渣混凝土的制备技术开发	三明学院建筑工程学院（土木建筑工程系）	王逢朝	20	10
77	2013Y0077	构建以军队卫勤应急分队为基础的模块化地震医疗救援队研究	武警福建总队医院	庄庆仁	20	10
78	2013Y0078	基于色谱光谱分析的燕窝真伪甄别技术及安全性评估	厦门出入境检验检疫局检验检疫技术中心	徐敦明	120	10
79	2013Y0079	用于山体滑坡预警的高灵敏仿生智能传感监测	厦门大学建筑与土木工程学院	雷　鹰	20	10
80	2013Y0080	葡聚糖ELISA试剂盒的研制与应用	厦门大学抗癌研究中心	颜江华	15	10
81	2013Y0081	利用杏鲍菇产业剩余物生产D—氨基葡萄糖盐酸盐产业化研究	闽南师范大学化学与环境科学系	林进妹	18	10
82	2013Y0082	用于城市餐厨废弃油脂转化生物柴油的智能化固定酶催化技术	中国科学院城市环境研究所	胡朝华	20	10
83	2013Y0083	福建省用材林和经济林碳汇功能与成本效益的对比研究	中国科学院城市环境研究所	罗云建	10	10
84	2013Y0084	高压蒸汽及辐照灭菌饲料对大鼠生长发育、生理生化、生殖和行为学影响及远期效应	福建省疾病预防控制中心	林　健	16.61	10

续表⑤

序号	项目编号	项目名称	承担单位	项目负责人	总投资（万元）	计划总额（万元）
85	2013Y0085	福建大气细颗粒物（PM2.5）致机体损伤动物模型建立与评价	福建卫生职业技术学院	邓元荣	15	10
86	2013Y0086	过表达NPM基因的高致瘤K562细胞/NOD-SCID小鼠的白血病模型的建立及对药物敏感性研究	福建医科大学公共卫生学院	吴正财	12	10
87	2013Y0087	高铁高脂膳食诱导大鼠肝纤维化模型建立及其机制探讨	福建医科大学公共卫生学院	何宏星	12	10
88	2013Y0088	钩吻素子动物毒代动力学的差异性研究	福建医科大学公共卫生学院	林　菁	13	10
89	2013Y0089	应用环介导等温扩增技术（LAMP）快速检测SPF级实验动物致病菌的研究	集美大学水产学院	熊　静	10	10
90	2013Y0090	Mindin基因条件性敲除小鼠肠癌模型的构建	厦门大学实验动物中心	贺　颖	10	10
91	2013Y0091	基因修饰模型小鼠胚胎及精子冷冻保存技术的优化与应用	厦门大学实验动物中心	刘　俊	10	10
92	2013Y0092	大规模封闭群比格犬遗传质量控制	福州振和实验动物技术开发有限公司	李锦和	30	10
	合计				**2404.11**	**913**

【2013年新上的福建省重点科技计划项目表（科技合作）】

序号	项目编号	项目名称	承担单位	项目负责人	总投资（万元）	计划总额（万元）
1	2013I0001	福建乌龙茶品种质量智能化识别技术和识别系统研究	泉州出入境检验检疫局综合技术服务中心	韦　航	20	10
2	2013I0002	假体生物膜经超声裂解后细菌培养结合16SrRNA检测诊断人工关节感染	福建医科大学附属第一医院	张文明	20	10
3	2013I0003	基于科里奥利原理的质量流量计技术研究	福州大学物理与信息工程学院	林　伟	30	10
4	2013I0004	基于均温板多透镜新型高光效高功率LED光源模组研发及其应用	华侨大学信息科学与工程学院	郭震宁	50	10
5	2013I0005	食管癌肽适配子药物的筛选和评价	南京军区福州总医院	兰小鹏	40	10
6	2013I0006	盆腔器官脱垂microRNAs表观调控机制及分子靶向诊治转化应用研究	南京军区福州总医院	李宝恒	29.8	15
7	2013I0007	事故工况下核电站辐射监测仿真研究	厦门大学能源学院（能源研究院）	李　宁	60	10
8	2013I0008	出口北美轻便电动汽车综合协同控制器	厦门理工学院机械与汽车工程学院（机械工程系）	方　遒	45	10
9	2013I0009	白光LED用高光效红光发光材料的研发	中国科学院福建物质结构研究所	朱浩淼	20	10
10	2013I0010	基于模糊控制算法的智能型汽车空调控制器	福州丹诺西诚电子科技有限公司	姜　峰	600	10

续表

序号	项目编号	项目名称	承担单位	项目负责人	总投资（万元）	计划总额（万元）
11	2013I0011	环保高效真鲷配合饲料的开发研究	福建大昌生物科技实业有限公司	吴云通	250	10
12	2013I0012	四工位180°转盘双主轴卧式加工中心	福建宏茂科技有限公司	洪清德	1000	10
13	2013I0013	澳大利亚热泵脱水技术的引进和应用研究	漳州农业科技园区研发中心	蓝炎阳	40	10
14	2013I0014	碳酸盐型含铜氧化金矿低成本提金工艺研究	紫金矿业集团股份有限公司	穆国红	100	10
15	2013I0015	高含量、高生物量、耐旱、抗病草珊瑚植株的培育	三明华健生物工程有限公司	余　峰	300	10
16	2013I0016	高端散热器用铝合金型材研制	福建省南平铝业有限公司	李泽贤	248	10
17	2013I0017	甜樱桃品种引进与高效栽培技术种植基地	福建省御皇农业科技发展有限公司	郭云伟	240	10
18	2013I0018	适合加工台湾蔬菜新品种引进与高效栽培示范	霞浦县新世纪农业科技开发有限公司	张永佳	100	10
	合计				**3192.8**	**185**

【2013年新上的福建省重点科技计划项目表（星火计划）】

序号	项目编号	项目名称	承担单位	项目负责人	总投资（万元）	计划总额（万元）
1	2013S0001	四阶段变温脱水技术在蔬菜薯粉面上的应用	福州昌盛食品有限公司	陆昌盛	417	25
2	2013S0002	微型旋耕拆垄烟草拔秆多功能农机具示范推广	福州良正机械有限公司	林福长	305	20
3	2013S0003	浒苔高效制备活性多糖的产业化技术开发	福建海兴保健食品有限公司	陈灿坤	233	25
4	2013S0004	台湾红肉火龙果种苗快繁及绿色栽培关键技术研究与示范	福建省星源农牧科技股份有限公司	潘礼明	81	15
5	2013S0005	冷冻预制加汁花蛤肉产品加工技术产业化示范	福清市贸旺水产发展有限公司	李振安	360	15
6	2013S0006	螺旋藻生产过程中吸收二氧化碳关键技术的研究与开发	福清市新大泽螺旋藻有限公司	郑　行	850	20
7	2013S0007	“北鲆1号”良种养殖模式优化示范与推广	连江县台海高新农业有限公司	颜台银	156	15
8	2013S0008	金针菇新品种工厂化栽培技术示范	福州惠生食用菌有限公司	余宝珍	416	20
9	2013S0009	西芹新品种引进及节本高效栽培技术集成与示范	莆田市东盛现代农业有限公司	卢桂凤	68.5	15
10	2013S0010	露地番茄连作障碍防控技术集成与示范	福建莆田永祯农牧发展有限公司	蒋素平	64	15
11	2013S0011	彩色花椰菜新品种引种及标准化生产技术集成和示范	莆田市丰彩农业发展有限公司	林丽丽	63	15

续表①

序号	项目编号	项目名称	承担单位	项目负责人	总投资（万元）	计划总额（万元）
12	2013S0012	莆田市12396特色果业信息服务体系开发	莆田市科技情报所	林章武	90	25
13	2013S0013	猪安全高效饲料节能减排技术集成及产业化示范	福建省亿生农业开发有限公司	李志强	72	20
14	2013S0014	海带及龙须菜轮养与海参套养关键技术集成示范	莆田市胜德水产开发有限公司	柯尚德	508	25
15	2013S0015	铁观音种植与管理新技术的研究与示范	安溪中闽魏氏生态茶业有限公司	魏贵林	120	20
16	2013S0016	铁观音茶园水肥高效利用技术开发集成与示范	福建省华虹茶业有限公司	高水治	120	15
17	2013S0017	利用分子蒸馏技术制取山茶油工艺开发	德化县祥山大果油茶有限公司	林安娜	163	15
18	2013S0018	斑鰶与匙吻鲟等良种产业化关键技术集成与创新	泉州昌盛渔业有限公司	董朝基	84	25
19	2013S0019	蝴蝶兰新品种“巨无霸”生产示范与推广	泉州市阿波罗园艺科技有限公司	蒋思红	321.15	20
20	2013S0020	泉台农业科技信息服务示范	泉州市科技开发中心	林铭沥	50	25
21	2013S0021	坛紫菜新品种引进与浮筏式深水养殖技术及加工产业化示范	石狮市古浮和源水产养殖专业合作社	蔡和平	130	25
22	2013S0022	南非中间鲍的引种及其规模化人工育苗技术开发	石狮市海丰泰水产养殖有限公司	李灿荣	220	20
23	2013S0023	鱼糕生产关键技术示范	石狮正源水产科技开发有限公司	李天培	450	15
24	2013S0024	大果、优质莲雾新品种“农科一号”及产期调节技术示范推广	长泰县国美果蔬专业合作社	魏秀清	80	15
25	2013S0025	闽南地区罗非鱼专用饲料研发与配套养殖技术推广	福建海大饲料有限公司	李永强	80	15
26	2013S0026	华安乌龙茶业转型升级关键技术集成示范及产业化应用	福建哈龙峰茶业有限公司	刘火城	600	45
27	2013S0027	连续性食用菌培养料冲压装袋机研制与产业化生产	漳州市兴宝机械有限公司	卢国宝	130	20
28	2013S0028	出口花椰菜农药减量控害技术集成示范	龙海市格林食品有限公司	苏庆忠	60	15
29	2013S0029	蝇蛆规模化养殖及其在原生态虫草鸡养殖中的应用	联南强（漳州）生态农业有限公司	王海兴	320	15
30	2013S0030	区域优势品种白芽奇兰的采制多元化模式研究与示范	福建向荣大芹山茶业发展有限公司	曾清玉	200	25
31	2013S0031	哈密瓜集约化育苗及设施栽培配套技术示范	福建省云霄县绿州果蔬开发有限公司	黄卫刚	170	15
32	2013S0032	猪系列饲料开发及健康养殖模式的示范推广	漳州大北农农牧科技有限公司	陆黎明	3330	17
33	2013S0033	“闽真2号”真姬菇新品种工厂化生产及热能循环利用新技术示范推广	福建省远山惠民生物有限公司	饶火火	110	20

续表②

序号	项目编号	项目名称	承担单位	项目负责人	总投资（万元）	计划总额（万元）
34	2013S0034	竹集成材家具生产关键技术的开发与应用	福建茗匠竹艺科技有限公司	李永春	1615	25
35	2013S0035	甘薯小型收获机械及配套农艺研发与集成	龙岩诚德农业机械有限公司	吴乃存	50	20
36	2013S0036	闽西金线莲产业化优质高效栽培示范推广	龙岩市大地生物科技研发有限公司	苏国文	150	15
37	2013S0037	闽西南黑兔标准化高效健康养殖技术示范与推广	龙岩市通贤兔业发展有限公司	丁晓红	92	20
38	2013S0038	竹笋精深加工技术示范	闽西丰农食品有限公司	陈宣年	136	15
39	2013S0039	地方特色良种“龙芋1号”高效安全种植技术示范	龙岩龙津种业有限公司	林水明	50	15
40	2013S0040	山鸡标准化生产技术研究与示范	福建省招宝生态农庄有限公司	蓝招衍	80	20
41	2013S0041	早熟梨山地棚架栽培技术集成与示范	建宁县绿源果业有限公司	傅兴安	78.9	25
42	2013S0042	建莲新品种建选35号高效栽培技术示范	建宁县濉溪镇福民莲子专业合作社	刘子民	78	20
43	2013S0043	水帘控温新技术在茶树菇工厂化周年栽培中的应用	福建省将乐县惠民食用菌有限公司	黄东庆	375	20
44	2013S0044	夏黑葡萄促早栽培技术研究与示范	福建省源丰农业科技有限公司	郑燕生	340	20
45	2013S0045	獭兔产业提升关键技术集成示范	福建鑫鑫獭兔有限公司	谢素贞	690	40
46	2013S0046	提高清流豆腐皮产率及品质的关键技术研究与产业化示范	福建省清流七星岩食品有限公司	黄钊鹏	509	25
47	2013S0047	重要商品鲜切花产业关键技术集成示范与推广	清流县鸿翔农庄农业发展有限公司	丘铠仁	400	40
48	2013S0048	抗稻瘟病早熟恢复系明恢2155选育品种配套技术熟化与示范推广	三明市农业科学研究院	邹文广	60	25
49	2013S0049	西洋甘菊引进筛选及配套栽培技术研究与示范	三明市农业科学研究院	雷伏贵	60	15
50	2013S0050	废弃茶叶中提取制备高品质茶黄素产业化示范	三明华健生物工程有限公司	郑旻雁	600	15
51	2013S0051	产含卵黄免疫球蛋白蛋的蛋鸡养殖技术研究与示范	三明市正华达农牧有限责任公司	陈华美	170	15
52	2013S0052	花（鱼骨）人工繁育及规模化养殖关键技术示范	福建省沙县国营综合农场	胡安栋	158	15
53	2013S0053	大棚蔬菜专用品种引进、集约化育苗技术集成与示范	沙县子涵种植专业合作社	郑　林	226	15
54	2013S0054	新型竹木复合集装箱底板生产关键技术研究与应用	福建和其昌竹业有限公司	俞先禄	289	20
55	2013S0055	小径材制备高档装饰型材关键技术示范	福建省尤溪县三林木业有限公司	周茂友	80	25
56	2013S0056	佛手瓜新品种福佑高效栽培技术示范推广	尤溪县八字桥金柑佛手瓜专业合作社	陈洪均	154	15

续表③

序号	项目编号	项目名称	承担单位	项目负责人	总投资（万元）	计划总额（万元）
57	2013S0057	铁皮石斛仿生态栽培技术示范	光泽县中方润仿野生栽培石斛专业合作社	徐雪琴	100	15
58	2013S0058	毛竹优质笋高产栽培及加工示范推广	建瓯市房道农产品专业合作社	黄铭利	210	15
59	2013S0059	绿壳蛋鸡标准化生态健康养殖技术示范与推广	南平易康生态农业发展有限公司	高亚非	100	20
60	2013S0060	浦城薏米贮藏加工示范及品牌服务体系建设	福建仙芝楼健康菌业有限公司	李　晔	570	40
61	2013S0061	花香红茶产品开发及加工新技术示范	福建亚通绿园茶业有限公司	陈力阳	101	15
62	2013S0062	“热—冷两步法”胶合新技术产业化	福建隆达竹业有限公司	真道明	330	15
63	2013S0063	银华白瓜绿色种植与产业化关键技术研究与推广	福建省松溪县光子农园有限公司	李金明	80	20
64	2013S0064	鲫鱼标准化高效健康养殖技术与示范	南平市延平区欣欣渔业专业合作社	杨运进	130	20
65	2013S0065	闽北高山菜茶资源多茶类利用关键技术集成与示范	福建茂旺茶业有限公司	杨茂旺	160	35
66	2013S0066	红茶粉挤压微细化关键技术集成应用与示范	福建贝吃乐食品有限公司	林宜姿	221	15
67	2013S0067	有机花香白茶加工技术推广与示范	福建品品香茶业有限公司	邵克平	200	15
68	2013S0068	茯苓高产优质栽培技术研究与示范推广	福建省天田中药科技有限公司	郑丁毅	161	15
69	2013S0069	银耳加工综合技术应用示范	福建康旺食品有限公司	苏朝中	150	25
70	2013S0070	黄玫瑰茶树新品种繁育及高效安全生产配套技术研究与示范	宁德市白马山茶叶有限公司	王香艳	140	15
71	2013S0071	高山名优茶综合栽培技术集成及加工示范	宁德市蕉城区霍童镇金源茶叶专业合作社	谢郑生	60	20
72	2013S0072	高胡萝卜素甘薯宁薯10号及其配套栽培技术示范基地建设	宁德市农业科学研究所	潘祥华	61	15
73	2013S0073	米烧兔系列产品深加工技术应用示范	福建乡下厨房食品有限公司	吴治德	665	15
74	2013S0074	福建金银花高产优质规范化栽培技术体系建立与示范	寿宁县沁园金银花农民专业合作社	叶大忠	60	20
	合计				**20361.55**	**1482**

【2013年新上的福建省重点科技计划项目表（创意产业）】

序号	项目编号	项目名称	承担单位	项目负责人	总投资（万元）	计划总额（万元）
1	2013H1001	基于无线互联和云计算技术的互动教学平台	福州锐达数码科技有限公司	陈日良	2000	30
2	2013H1002	3D婚纱摄影创意产业系统	福建三维游软件科技股份有限公司	林　杨	390	40

续表

序号	项目编号	项目名称	承担单位	项目负责人	总投资（万元）	计划总额（万元）
3	2013H1003	虚似化3D演播室系统研发	福州软件园产业服务有限公司	王林辉	200	40
4	2013H1004	三奥新媒体多屏分发互动系统	福建省三奥信息科技股份有限公司	陈云锋	800	40
5	2013H1005	基于云计算的新一代动漫动画数字出版公共服务平台的研发	福建伊时代信息科技股份有限公司	苗忠良	886	50
6	2013H1006	基于HiFi耳机放大器和直插USB设备的平板电脑	福建省新威电子工业有限公司	黄建辉	107.4	30
7	2013H1007	南音数字化系统	南威软件股份有限公司	曾文语	200	40
8	2013H1008	数字家庭网关的研制	福建二菱电子有限公司	陈建旺	400	40
9	2013H1009	福建土楼历史文献数字化应用研究与示范	福建省永定富家文化传播有限公司	邓小兰	180	30
10	2013H1010	闽西客家文化创意设计与3D动漫产品开发	永定县生产力促进中心	林浩岚	190	40
11	2013H1011	3D立体画uv直打印技术的研发与应用	福建省中煌塑胶制品有限公司	李光明	465	40
12	2013H1012	实体文化遗产的全息数字化建模应用研究及示范	福建省云创集成科技服务有限公司	谢建德	150	40
13	2013H1013	武夷山"随身游"软件平台研发	中国移动通信集团福建有限公司南平分公司	丁　玲	128.6	40
	合计				**6097**	**500**

【2013年新上的福建省重点科技计划项目表（对口帮扶）】

序号	项目编号	项目名称	承担单位	项目负责人	总投资（万元）	计划总额（万元）
1	2013Y1001	林芝地区高原水果引进栽培及配套技术研究示范	福建省农业科学院果树研究所	蔡盛华	25	25
2	2013Y1002	万州库区枇杷良种高效栽培技术集成示范	福建省农业科学院果树研究所	邓朝军	65	65
3	2013Y1003	食用菌废菌料循环利用模式推广应用	福建省农业科学院土壤肥料研究所	林陈强	40	40
4	2013Y1004	新疆昌吉市农产品质量安全检测技术平台建设与示范	福州大学化学化工学院	谢增鸿	75	70
	合计				**205**	**200**

【2013年新上的福建省重点科技计划项目表（科技拥军）】

序号	项目编号	项目名称	承担单位	项目负责人	总投资（万元）	计划总额（万元）
1	2013Y5001	适用于海岛气候的多功能晾衣系统的研发与示范	73331部队后勤部	张云峰	100	30
2	2013Y5002	常规设备的修理与维护	福建省军区民兵装备修理所	许仁鹏	125	100

续表

序号	项目编号	项目名称	承担单位	项目负责人	总投资（万元）	计划总额（万元）
3	2013Y5003	海岛部队蔬菜保鲜技术的研究与应用	73331部队后勤部	张云峰	66	40
4	2013Y5004	公共办公自动室建设	福建陆军预备役高射炮兵师后勤部	张志明	129	35
5	2013Y5005	部队标准化猪场建设的关键技术研究	福建省军区副食品生产基地	熊杰伟	125	35
6	2013Y5006	船舶防渗漏研究	福建省军区民兵装备修理所	陈宏成	55	40
7	2013Y5007	碘伏治疗内植物相关感染的临床研究	南京军区福州总医院	王万明	14	10
8	2013Y5008	基于云计算的为部队医疗服务信息系统建设及应用	南京军区福州总医院	陈金雄	146.5	10
9	2013Y5009	福建地区中青年人群近视矫正术后眼外伤与角膜瓣并发症的相关性研究	南京军区福州总医院	王云鹏	20	10
10	2013Y5010	数字化医院交互式科研管理和绩效考核平台的建立	南京军区福州总医院	张胜行	30	10
11	2013Y5011	新型生物标志物在临床造影剂肾病早期诊断中的作用	南京军区福州总医院	郑卫星	30	10
	合计				**840.5**	**330**

【2013年新上的福建省重点科技计划项目表（民生科技）】

序号	项目编号	项目名称	承担单位	项目负责人	总投资（万元）	计划总额（万元）
1	2013Y6001	结扎术后产妇激素水平及婴儿发育状况的研究	福建省妇幼保健院（福建省妇儿医院）	刘光华	12	12
2	2013Y6002	水产品质量安全控制中的同位素检测技术研究及应用	福建省产品质量检验研究院（福建省中心检验所）	黄红霞	30	15
3	2013Y6003	食品中晚期糖基化终末产物羧甲基赖氨酸和羧乙基赖氨酸的检测方法研究	福建省产品质量检验研究院（福建省中心检验所）	郑小严	30	15
4	2013Y6004	福建地区新生儿宫内感染细菌谱建立及耐药性分析	福建医科大学附属第一医院	唐秋雨	15	15
5	2013Y6005	胎儿期肾积水出生缺陷监测与干预技术研究	福建省福州儿童医院	郑伯禄	20	10
6	2013Y6006	福州市鼓楼区可持续发展实验区科技交流条件建设	福州市鼓楼区科先科技咨询部	林　桐	20	20
7	2013Y6007	龙岩市国家可持续发展实验区科技服务条件建设	龙岩市科技开发中心	廖汉福	30	20
8	2013Y6008	漳平市可持续发展实验区科技服务平台建设	漳平市生产力促进中心	连于川	40.3	20
9	2013Y6009	高清卡口人像抓拍技术研究应用	明溪县公安局	叶志铭	132	30

续表

序号	项目编号	项目名称	承担单位	项目负责人	总投资（万元）	计划总额（万元）
10	2013Y6010	永安市可持续发展实验区中小企业公共技术服务体系建设	永安市科技信息所	郭祥桃	20	20
	合计				**349.3**	**177**

【2013年新上的福建省软科学研究计划项目表】

序号	项目编号	项目名称	承担单位	项目负责人	总投资（万元）	计划总额（万元）
1	2013R0001	平潭综合实验区检验检疫监管信息化平台规划与应用研究	福建出入境检验检疫局信息中心	黄传恭	5	3.5
2	2013R0002	知识产权战略实施绩效评价指标体系及其测度研究	福建工程学院管理学院	陈春晖	10	5
3	2013R0003	闽台科技政策比较研究	福建工程学院交通运输系	傅成红	5	3.5
4	2013R0004	知识网络多重嵌入下的集群企业知识创造研究——以福建省产业集群为例	福建江夏学院工商管理学院（工商管理系）	梁 娟	10	3.5
5	2013R0005	低碳经济背景下闽台产业合作及其福利效应研究	福建江夏学院经济贸易学院（经济贸易系）	王 荧	7.5	3.5
6	2013R0006	基于林权改革视角的福建省林业科技成果转化研究	福建农林大学经济学院（农村发展学院）	魏远竹	10	3.5
7	2013R0007	基于两岸产业对接视角的平潭综合实验区科技创新公共服务平台建设研究	福建农林大学经济学院（农村发展学院）	余 忠	10	3.5
8	2013R0008	基于 ECFA 框架下的闽台林业科技合作与转化机制研究	福建农林大学经济学院（农村发展学院）	黄晓玲	10	3.5
9	2013R0009	福建农业技术推广绩效及影响因素研究——基于农户的视角	福建农林大学经济学院（农村发展学院）	王文烂	10	3.5
10	2013R0010	闽台合作提高福建省渔业竞争力的研究	福建农林大学经济学院（农村发展学院）	冯亮明	10	3.5
11	2013R0011	基于 WSR 软科学方法的福建农产品质量安全政府监管体系优化研究	福建农林大学经济学院（农村发展学院）	徐学荣	7	3.5
12	2013R0012	和谐社会构建中福建省公益林生态补偿制度创新研究	福建农林大学经济学院（农村发展学院）	陈 钦	6	3.5
13	2013R0013	闽台入境外国旅游市场发展比较与合作开发研究	福建农林大学旅游学院	黄秀娟	7.15	3.5
14	2013R0014	基于合作社视角的福建农业科技成果转化与推广模式研究	福建农林大学旅游学院	郑少红	8	3.5
15	2013R0015	科学与人文互观视域中的昆虫生态休闲研究——以武夷山为例	福建农林大学马克思主义学院	李 芳	12	3.5
16	2013R0016	“道”与“势”及其科学体系研究	福建农林大学马克思主义学院	黄旺生	10	3.5
17	2013R0017	重大科技成果、高水平研发机构引进落地福建的政策与措施研究	福建农林大学公共管理学院（人文社会科学学院）	陈进寿	16	5

续表①

序号	项目编号	项目名称	承担单位	项目负责人	总投资（万元）	计划总额（万元）
18	2013R0018	福建省企业技术创新团队建设能力评价及支撑体系研究	福建农林大学公共管理学院（人文社会科学学院）	许佳贤	20	5
19	2013R0019	林业专业合作社利益分配研究：福建案例	福建农林大学公共管理学院（人文社会科学学院）	陈建敏	10	3.5
20	2013R0020	促进台湾科技人才来闽就业保障机制研究	福建农林大学公共管理学院（人文社会科学学院）	胡玉浪	10	3.5
21	2013R0021	科研不端行为成因及治理路径研究：以福建政府科研投资项目为例	福建农林大学公共管理学院（人文社会科学学院）	方金华	6	3.5
22	2013R0022	福建省内区域协作与发展重大问题	福建社会科学院	伍长南	10	5
23	2013R0023	城市化背景下福建省城乡与区域协调发展机制研究	福建社会科学院	郑有国	6	3.5
24	2013R0024	动态股权激励视角下高校与企业协同科技创新的激励机制研究	厦门海洋职业技术学院	林存文	3.85	3.5
25	2013R0025	福建木材加工业供应链金融创新实践	福建商业高等专科学校	郑　颖	7.5	3.5
26	2013R0026	福建省项目用海实施情况跟踪调查研究	福建海洋研究所	翁宇斌	10	4
27	2013R0027	福建省创新方法推广应用体系建设研究	福建省科技发展研究中心	陈　霖	20	18
28	2013R0028	完善科技管理机制促进科研诚信建设的对策研究	福建省科技发展研究中心	吴华刚	10	4
29	2013R0029	福建省科技成果评价体系及管理创新研究	福建省科技发展研究中心	罗雪英	9	4
30	2013R0030	福建省重大科技项目研发模式及管理创新研究	福建省科技发展研究中心	包则庆	9	4
31	2013R0031	提高福建县域科技创新服务效能的对策研究	福建省科技发展研究中心	李小稳	9	4
32	2013R0032	台湾纳米科技产业动态跟踪研究	福建省科学技术信息研究所	林瑞明	15	3
33	2013R0033	福建省环保产业专利战略研究	福建省科学技术信息研究所	曾安婷	13	3
34	2013R0034	闽台石化产业技术对接策略研究	福建省科学技术信息研究所	林　甫	13	4
35	2013R0035	公益类科研院所创新绩效评价研究	福建省科学技术信息研究所	赵巧萍	7	3
36	2013R0036	以服务企业创新为导向的福建现代科研组织政策法规研究	福建省科学技术信息研究所	苏绍玉	10	4
37	2013R0037	新时期下福建省科技奖励机制研究	福建省科学技术信息研究所	吴　峰	8	4
38	2013R0038	基于CTI的福建技术转移服务体系研究	福建省科学技术信息研究所	张忠榕	8	3
39	2013R0039	劳务派遣用工研究	福建省劳动保障学会	徐志箴	10	3.5

续表②

序号	项目编号	项目名称	承担单位	项目负责人	总投资（万元）	计划总额（万元）
40	2013R0040	福建农村科技服务体系建设创新研究	中共福建省委党校（福建行政学院）	周　青	5	3.5
41	2013R0041	福建省生态文明经济发展研究	福建师范大学地理科学学院	罗栋燊	5	3.5
42	2013R0042	福建生态县乡村建设中环境保护与绿色经济发展关系研究及政策建议	福建师范大学环境科学与工程学院	甘　晖	8	5
43	2013R0043	福建省科技资源配置效率及其优化研究	福建师范大学经济学院	邹文杰	5	3.5
44	2013R0044	福建省技术经纪服务业发展战略研究	福建师范大学经济学院	王建华	5	3.5
45	2013R0045	基于制度创新视角的福建省农民财产性收入研究	福建师范大学经济学院	陈晓枫	5	3.5
46	2013R0046	海峡西岸经济区创新型城市建设的模式及发展路径研究	福建师范大学经济学院	王珍珍	5	3.5
47	2013R0047	福建低碳物流体系构建研究	福建师范大学经济学院	李碧珍	5	3.5
48	2013R0048	福建省闽南集群企业协同竞争与创新研究——基于生态共生的视角	福建师范大学经济学院	魏国江	5	3.5
49	2013R0049	福建省城镇职工医疗保险统筹基金中长期风险预测研究	福建医科大学公共卫生学院	吴　彬	3.45	3.4
50	2013R0050	福建省公立医院改革模式研究——基于支付方式改革的视角	福建医科大学公共卫生学院	汪雪莲	6.83	3.5
51	2013R0051	福建省 TRIZ 创新方法推广应用模式与策略研究	福州大学八方物流学院	赵永翔	5	3.5
52	2013R0052	我省促进科技成果转化立法完善研究	福州大学法学院	叶知年	10	5
53	2013R0053	福建省科技创新能力的监测与评价研究	福州大学公共管理学院	张良强	15	15
54	2013R0054	福建省科技服务业发展规划（2013～2015 年）	福州大学公共管理学院	朱　斌	5	5
55	2013R0055	福建创新企业年度发展评价与研究	福州大学公共管理学院	陈雅兰	15	15
56	2013R0056	福建省现代服务业竞争力评价与提升对策研究	福州大学公共管理学院	丁　刚	8	3.5
57	2013R0057	福建省港口资源整合研究	福州大学管理学院	张岐山	10	5
58	2013R0058	福建省林业科技推广项目财政支出绩效评价研究	福州大学管理学院	潘　琰	15	5
59	2013R0059	福建省科技计划项目廉政风险控制研究	福州大学管理学院	卢长宝	10	5
60	2013R0060	福建省风险投资与科技成果转化相互促进机制及对策研究	福州大学管理学院	唐振鹏	5	3.5
61	2013R0061	福建省绿色经济发展路径及对策研究	福州大学管理学院	黄章树	10	3.5
62	2013R0062	福建高端装备制造业技术创新效率的评价及其影响因素研究	福州大学管理学院	林迎星	5	3.5

续表③

序号	项目编号	项目名称	承担单位	项目负责人	总投资（万元）	计划总额（万元）
63	2013R0063	福建省区域可持续发展能力评价与监测	福州大学管理学院	陈国宏	10	3.5
64	2013R0064	福建省科技型中小企业信用互助问题研究	福州大学管理学院	邓晓岚	5	3.5
65	2013R0065	优化政府社会管理与公共服务职能的对策研究	福州大学马克思主义学院	商光美	7	3.5
66	2013R0066	福建省 OLED 新型显示产业技术发展研究——基于专利地图视角	福州大学图书馆	刘敏榕	8.5	3.5
67	2013R0067	闽台集成电路产业协同创新实证研究	福州大学物理与信息工程学院	曹乐平	5	3.5
68	2013R0068	台商投资大陆区位选择路径与影响因素实证研究	华侨大学工商管理学院	衣长军	6.5	3.5
69	2013R0069	福建省战略性新兴产业的发展现状评价及对策研究	华侨大学工商管理学院	孙　锐	5	3.5
70	2013R0070	闽台文化创意产业对接研究：基于民间组织平台	华侨大学公共管理学院	徐　晞	5	3.5
71	2013R0071	基于两岸金融合作视角的闽台金融对接的制约瓶颈与对策研究	华侨大学经济与金融学院	林俊国	5	3.5
72	2013R0072	低碳经济与旅游发展——以福建省为例	华侨大学旅游学院	范向丽	5	3.5
73	2013R0073	闽台休闲产业的区域协作研究	华侨大学旅游学院	李洪波	5	3.5
74	2013R0074	福建省绿色住宅建筑综合评价及主导技术推广策略研究	华侨大学土木工程学院	侯祥朝	5	3.5
75	2013R0075	总承包工程交易模式决策机制研究——基于不确定多属性的理论视角	华侨大学土木工程学院	詹朝曦	5	3.5
76	2013R0076	绩效评估、竞合机制与区域竞争力提升——基于福莆宁与厦漳泉的研究	集美大学财经学院	黄阳平	10	5
77	2013R0077	后 ECFA 时代闽台港航产业合作 推动东南国际航运中心建设研究	集美大学航海学院	黄建设	5	3.5
78	2013R0078	闽台高校协同开展“校校企”模式的 IT 教育的策略研究	集美大学计算机工程学院	方泳泽	10	3.5
79	2013R0079	船舶污染清除应急队伍建设规划与管理机制研究	集美大学轮机工程学院	李品芳	9.8	5
80	2013R0080	厦漳泉同城化物联网产业结构与发展战略研究	集美大学信息工程学院	郑佳春	8	3.5
81	2013R0081	闽西革命老区农村基本公共服务均等化研究	龙岩学院经济与管理学院	祝　群	7.5	3.5
82	2013R0082	福建省产学研创新联盟运作模式、评价指标及推进对策研究	闽江学院管理学系	唐锦铨	5	3.5
83	2013R0083	闽东畲村生态特色产业与民企对接互赢新模式研究	宁德师范学院中文系	伊　漪	7	3.5
84	2013R0084	台湾职业证照制度与大陆职业资格制度比较及互认研究	莆田学院管理学院	林喜庆	8.2	3.5

续表④

序号	项目编号	项目名称	承担单位	项目负责人	总投资（万元）	计划总额（万元）
85	2013R0085	妈祖民俗体育文化创意产业开发与利用	莆田学院体育学院（体育系）	朱家新	8	3.5
86	2013R0086	科技创新与区域经济增长研究	泉州师范学院陈守仁工商信息学院	苏天恩	10	5
87	2013R0087	福建省农产品加工业循环经济模式研究——以泉州为例	泉州师范学院陈守仁工商信息学院	王汉斌	5	3.5
88	2013R0088	福建循环经济协同发展的财政政策研究——基于新地理经济理论视角	三明学院管理学院（经济管理学院）	滕剑仑	5	3.5
89	2013R0089	福建省科研诚信法律法规研究	厦门大学法学院	王建学	10	5
90	2013R0090	提升我省就业质量的对策研究	厦门大学公共事务学院	徐延辉	5	3.5
91	2013R0091	加强生物技术评估，促进科技成果转化的实证研究——以宫颈癌疫苗的经济学评价和接种策略研究为例	厦门大学公共卫生学院	方　亚	5	3.5
92	2013R0092	创造性破坏视角下企业科技创新与福建经济增长的关系研究	厦门大学管理学院	李培功	10	5
93	2013R0093	海峡西岸科技服务体系建设理论与实证研究	厦门大学管理学院	唐炎钊	10	5
94	2013R0094	海西经济区大宗商品交易及金融平台研究	厦门大学管理学院	许志端	10	5
95	2013R0095	基于低碳经济视角的福建省绿色旅游发展模式研究	厦门大学管理学院	魏　敏	10	5
96	2013R0096	厦漳泉都市圈发展相关规划中城际交通优化方案的区域影响效应综合分析评估	厦门大学建筑与土木工程学院	王　慧	10	5
97	2013R0097	城市气候问题解决导向下的整合性城市设计工作途径研究——以厦门市为例	厦门大学建筑与土木工程学院	王绍森	5	3.5
98	2013R0098	基于宏观经济变量的金融风险价值模型研究与运用	厦门大学王亚南经济研究院	韩　乾	5	3.5
99	2013R0099	厦漳泉同城化产业集群协同演化机制与升级策略——基于复杂系统视角的研究	厦门理工学院管理学院（管理科学系）	李晓青	5	3.5
100	2013R0100	闽台产业技术对接与产业链整合——基于产业特性和案例的研究	厦门理工学院商学系	纪慧生	15	5
101	2013R0101	闽台农业非物质文化遗产开发与文化产权问题分析	厦门理工学院文化产业学院（文化传播系）	刘芝凤	15	5
102	2013R0102	科研倦怠与科研诚信的结构及其关系研究	闽南师范大学管理科学系	韩小彬	5	3.5
103	2013R0103	优化福建省人力资本配置促进经济增长对策建议	闽南师范大学历史与社会学系	王旭辉	3.5	3.5
104	2013R0104	闽台产业技术对接过程中台商投资区创新型产业集群发展研究——以厦门集美（杏林）台商投资区为例	中国科学院城市环境研究所	叶　红	5	3.5

续表⑤

序号	项目编号	项目名称	承担单位	项目负责人	总投资（万元）	计划总额（万元）
105	2013R0105	福建省光电子晶体材料及器件产业技术创新联盟支撑战略性新兴产业发展的研究	中国科学院福建物质结构研究所	郑发鲲	10	5
106	2013R0106	福建省台资企业创新能力提升研究	福建农林大学公共管理学院（人文社会科学学院）	江化开	15	5
107	2013R0107	福建省科学技术奖励办法及其实施细则研究	福建农林大学公共管理学院（人文社会科学学院）	蔡丽娟	20	5
108	2013R0108	福建省电子信息产业（中小尺寸面板和集成电路领域）的技术需求与发展趋势研究	福建省电子信息（集团）有限责任公司	刘捷明	20	10
109	2013R0109	福建省科技计划项目经费监管问题研究	福建商业高等专科学校	袁新文	10	5
110	2013R0110	加快推进福建省科技厅属事业单位分类改革与发展对策研究	福建省科技发展研究中心	罗雪英	10	5
111	2013R0111	新媒体环境下福建科技宣传策略研究	福建省科学技术信息研究所	姜雪榕	5	5
112	2013R0112	“十三五”期间福建省创新链与产业链融合战略研究	福建省农业科学院	丁中文	10	10
113	2013R0113	福建省现代农业发展现状、趋势及技术需求	福建省农业科学院农业经济与科技信息研究所	曾玉荣	10	10
114	2013R0114	省级科技行政管理部门建立健全惩治和预防腐败体系研究	福州大学公共管理学院	郑　翔	8	5
115	2013R0115	福建创新企业年度发展评价与研究(2014)	福州大学公共管理学院	陈雅兰	15	10
116	2013R0116	福建省科技创新能力的监测与评价(2014)	福州大学公共管理学院	张良强	15	10
117	2013R0117	福建省科技创业人才需求与环境匹配性研究	福州大学管理学院	朱祖平	20	5
118	2013R0118	福建省体外诊断试剂产业技术需求与发展趋势研究	厦门大学福建省医学分子病毒学研究中心	张　军	15	10
	合计				**1036.28**	**534.9**

【2013年新上的福建省自然科学基金计划项目表】

序号	项目编号	项目名称	承担单位	项目负责人	总投资（万元）	计划总额（万元）
1	2013J01001	基于压电传感器相控阵的无损检测机理及应用	福建工程学院土木工程系	毕贤顺	6	4
2	2013J01002	机械零件表面织构协同强化的长期减少摩擦磨损动力学研究	福建船政交通职业学院	林绍义	11	4
3	2013J01003	Banach空间理论和算子理论中的若干问题	福建师范大学数学与计算机科学学院	阮颖彬	6	3
4	2013J01004	复杂网络度分布理论与应用研究	福建师范大学数学与计算机科学学院	陈庆华	6	3

续表①

序号	项目编号	项目名称	承担单位	项目负责人	总投资（万元）	计划总额（万元）
5	2013J01005	利用代数表示论实现李双代数	福建师范大学数学与计算机科学学院	陈正新	6	3
6	2013J01006	浅水波方程的格子玻尔兹曼模型与数值仿真	福建师范大学数学与计算机科学学院	马昌凤	6	3
7	2013J01007	磁性材料表面修饰的锂离子电池材料及其电化学性能的磁调控	福建师范大学物理与光电信息科技学院（光电与信息工程学院）	林应斌	12	5
8	2013J01008	强耦合腔量子电动力学的应用研究	福建师范大学物理与光电信息科技学院（光电与信息工程学院）	杨榕灿	5	4
9	2013J01009	石墨烯的表面修饰：一种新型稀磁半导体的设计	福建师范大学物理与光电信息科技学院（光电与信息工程学院）	郑勇平	5	5
10	2013J01010	微分方程拓扑线性化及其在结构稳定等方面的应用	福州大学数学与计算机科学学院	邹长武	3	3
11	2013J01011	伪概周期函数及其在生物数学上的应用	福州大学数学与计算机科学学院	陈晓星	6	3
12	2013J01012	基于中性里德伯原子系统的量子信息处理器	福州大学物理与信息工程学院	吴怀志	6	5
13	2013J01013	磁流体轴向共振超声行为及机理研究	集美大学机械工程学院	杨　光	6	5
14	2013J01014	连通图的构造与可去边理论	集美大学理学院	徐丽琼	6	3
15	2013J01015	具违约观察期公司债券定价理论的研究	莆田学院数学学院（数学与应用数学系）	林建伟	9	3
16	2013J01016	内燃机和外燃机广义循环模型的性能特性研究	泉州师范学院物理与信息工程学院	郑世燕	5	4
17	2013J01017	软剩余格及其软滤子研究	武夷学院数学与计算机系	刘用麟	6	3
18	2013J01018	顶点代数及高维仿射李代数的若干问题	厦门大学数学科学学院	王　清	6	3
19	2013J01019	多元单指标模型的统计推断及其应用	厦门大学数学科学学院	王海斌	6	3
20	2013J01020	非齐型度量测度空间上的哈代空间及应用	厦门大学数学科学学院	杨东勇	4	3
21	2013J01021	高维反常扩散模型的高精度算法研究	厦门大学数学科学学院	刘青霞	5	3
22	2013J01022	算子集合上的不变量与量子物理中的对称及纠缠	厦门大学数学科学学院	杜拴平	6	3
23	2013J01023	液晶在粗糙表面上铺展的微观机制	厦门大学数学科学学院	吴聪敏	6	3
24	2013J01024	罚样条法（Penalized Splines）在多元非参数回归中的理论与应用	厦门大学王亚南经济研究院	李迎星	6	3
25	2013J01025	深紫外 LED 陡峭量子阱强量子限制效应研究	厦门大学物理与机电工程学院	蔡端俊	6	5
26	2013J01026	研究非晶碳化硅的电子和化学结构对其在光解水制氢应用中的影响	厦门大学物理与机电工程学院	张宇锋	6	5

续表②

序号	项目编号	项目名称	承担单位	项目负责人	总投资（万元）	计划总额（万元）
27	2013J01027	旋转对称的extremal（伪）凯勒度量的研究	厦门理工学院应用数学学院（数理系）	段孝娟	9	3
28	2013J01028	直觉模糊信息系统的粗糙集方法研究及其在多属性群决策中的应用	闽南师范大学计算机科学系	林梦雷	6	3
29	2013J01029	双拓扑空间若干问题研究及其在信息科学中的应用	闽南师范大学数学与统计学院（数学与信息科学系）	李克典	5	3
30	2013J01030	子流形曲率流的若干问题研究	闽南师范大学数学与统计学院（数学与信息科学系）	郭顺滋	4.5	3
31	2013J01031	大豆及豆制品中草甘膦的残留特征与安全性评价	福建出入境检验检疫局检验检疫技术中心	刘正才	9	4
32	2013J01032	细胞分裂素的电化学发光检测技术及在果蔬检测上的应用研究	福建卫生职业技术学院	叶桦珍	8	4
33	2013J01033	二阶校正方法结合HPLC－DAD检测技术研究及应用	福建省产品质量检验研究院（福建省中心检验所）	欧阳立群	15	4
34	2013J01034	改性双极膜及其在电合成丁二酸中的应用	福建师范大学化学与材料学院（材料科学与工程学院）	郑　曦	6	4
35	2013J01035	金属离子型聚丙烯酰胺制备及改善剩余污泥脱水性能的研究	福建师范大学化学与材料学院（材料科学与工程学院）	郑育毅	8	3
36	2013J01036	牺牲空间法分子印迹纳米材料的制备与应用	福建师范大学化学与材料学院（材料科学与工程学院）	关怀民	6	5
37	2013J01037	基于纳米涂层的毛细管电泳方法的蛋白质分离技术研究	福建医科大学药学院	周孙英	6	3
38	2013J01038	Ru@BaO－Ba（OH）$_2$核壳结构的构建及其高效氨合成机理研究	福州大学化学化工学院	倪　军	9	5
39	2013J01039	功能化碳复合载体Pt基催化剂制备及其对醇阳极催化机理研究	福州大学化学化工学院	郭永榔	6	4
40	2013J01040	过渡金属促进三氟甲基化反应的研究	福州大学化学化工学院	翁志强	6	5
41	2013J01041	含硫芳香羧酸水（溶剂）热原位合成、配位组装及性能研究	福州大学化学化工学院	孙燕琼	6	5
42	2013J01042	具有筛孔结构多硼钒/氧簇化合物的结构和光谱关系研究	福州大学化学化工学院	陈义平	6	3
43	2013J01043	新型核酸稀土纳米生物传感器的研究	福州大学化学化工学院	邱　彬	6	5
44	2013J01044	重金属可视化检测传感器的研究	福州大学化学化工学院	郭良洽	6	5
45	2013J01045	饮用水源地水环境健康风险评价技术研究	福州大学环境与资源学院	曾　悦	6	4
46	2013J01046	磁核型配位聚合物笼状分子的制备及其催化性能	华侨大学材料科学与工程学院	钱　浩	6	5
47	2013J01047	微分子印迹传感器的制备及其在疾病早期标识物在线监测的应用研究	华侨大学材料科学与工程学院	连惠婷	6	5

续表③

序号	项目编号	项目名称	承担单位	项目负责人	总投资（万元）	计划总额（万元）
48	2013J01048	可控尺寸自组装纳米酶的分子设计及性能研究	华侨大学化工学院	张光亚	6	5
49	2013J01049	米曲霉转化半纤维素整合生物合成木糖醇的途径工程研究	华侨大学化工学院	陈宏文	6	4
50	2013J01050	手性2,3,5－三取代吡咯烷类生物碱的合成新方法研究	华侨大学生物医学学院（分子药物研究院）	程国林	9	5
51	2013J01051	基于识别重金属离子的荧光受体分子设计合成与研究	龙岩学院化学与材料学院	吴彝华	9	4
52	2013J01052	基于量子点的可脉冲加热——电化学发光传感器研究	闽江学院化学与化学工程系	陈毅挺	4	4
53	2013J01053	纳米磁性多功能催化剂的合成与其在Baeyer－Villiger氧化反应中的应用研究	闽江学院化学与化学工程系	李心忠	4	4
54	2013J01054	“物理肺”水体增氧体系研究	泉州师范学院化学与生命科学学院	陈楷翰	12	4
55	2013J01055	新型多聚多巴修饰温敏型嵌段共聚物制备及性能研究	三明学院资源与化工学院（化学与生物工程系）	黄　葵	6	5
56	2013J01056	磁功能化石墨烯基复合材料的可控制备及其物化性质研究	厦门大学化学化工学院	邓顺柳	6	5
57	2013J01057	纳米碳簇配合物的合成及其在光伏电池中的应用	厦门大学化学化工学院	吴振奕	6	5
58	2013J01058	溶液环境中的分子间相互作用方法研究	厦门大学化学化工学院	苏培峰	6	5
59	2013J01059	生物质还原制备贵金属纳米颗粒的化学与材料学基础研究	厦门大学化学化工学院	孙道华	6	5
60	2013J01060	应用蛋白质组学技术解析裂殖壶菌产DHA的氮源调控分子机制	厦门大学化学化工学院	凌雪萍	6	4
61	2013J01061	有毒有害物质的快速可视化检测新方法研究	厦门大学化学化工学院	朱　志	6	5
62	2013J01062	基于纳米印迹技术的苯胺类物质识别性SPME预处理方法的研究	闽南师范大学化学与环境科学系	张茂升	6	4
63	2013J01063	福建省典型酚类环境雌激素的膳食暴露和健康风险研究	中国科学院城市环境研究所	张　洁	6	5
64	2013J01064	混凝去除高藻水体中溶解性有机氮（DON）的过程特征与微界面作用机理	中国科学院城市环境研究所	魏群山	6	5
65	2013J01065	氨基酸衍生的手性膦酸微孔材料的构筑与其催化性能研究	中国科学院福建物质结构研究所	周天华	6	5
66	2013J01066	基于结构的抗菌光敏剂设计及其抗菌研究	中国科学院福建物质结构研究所	陈锦灿	6	5
67	2013J01067	具有球形阵列结构的新型锂离子电池复合负极材料的研究	中国科学院福建物质结构研究所	关翔锋	6	5
68	2013J01068	GnRH基因在番鸭就巢调控网络中表达模式及功能研究	福建农林大学动物科学学院	吴　旭	12	5

续表④

序号	项目编号	项目名称	承担单位	项目负责人	总投资（万元）	计划总额（万元）
69	2013J01069	PI－3K－Akt/PKB信号通路与番鸭呼肠孤病毒诱导细胞凋亡的关系	福建农林大学动物科学学院	王全溪	5	4
70	2013J01070	福建主要蜜源植物花蜜中寡糖成分的研究	福建农林大学蜂学院	梁　勤	15	5
71	2013J01071	基于知识形式化的竹类植物机器自动识别	福建农林大学计算机与信息学院	李小林	5.98	5
72	2013J01072	常绿阔叶林不同强度采伐后碳储量动态变化	福建农林大学交通与土木工程学院（交通学院）	郑丽凤	6	4
73	2013J01073	崩岗侵蚀区先锋植物类芦根系固土黏结机制研究	福建农林大学林学院	蔡丽平	6	4
74	2013J01074	焦枯病菌侵染后桉树抗病相关基因的克隆与表达	福建农林大学林学院	冯丽贞	6	4
75	2013J01075	杉木林近自然恢复技术及其响应机制研究	福建农林大学林学院	林开敏	10	5
76	2013J01076	NO延缓龙眼果皮褐变分子生理机理的研究	福建农林大学生命科学学院	黄春梅	6	5
77	2013J01077	高温胁迫下水稻小热激蛋白的作用机理研究	福建农林大学生命科学学院	薛李春	6	5
78	2013J01078	苏云金杆菌叶片分离株LLP29在白玉兰植株上的定位分析	福建农林大学生命科学学院	张灵玲	12	4
79	2013J01079	苏云金芽胞杆菌几丁质酶ChBD与几丁质互作分子机制研究	福建农林大学生命科学学院	沙　莉	6	4
80	2013J01080	香菇dsRNA病毒RT－PCR快速检测及传播途径研究	福建农林大学生命科学学院	吴小平	6	5
81	2013J01081	小鼠肝脏AFB1结合蛋白的研究	福建农林大学生命科学学院	杨燕凌	6	5
82	2013J01082	圆果种黄麻叶片全长cDNA文库构建及EST序列分析	福建农林大学生命科学学院	陶爱芬	10	5
83	2013J01083	紫苏富集重金属镉的分子机理研究	福建农林大学生命科学学院	林瑞余	6	5
84	2013J01084	婴幼儿配方奶粉中阪崎肠杆菌预测模型研究	福建农林大学食品科学学院	方　婷	6	4
85	2013J01085	福建优异乌龙茶种质资源离体保存及其分子机制研究	福建农林大学园艺学院	郭玉琼	6	4
86	2013J01086	多寄主种植对小菜蛾的控制效能与机制研究	福建农林大学植物保护学院	黄　斌	6	4
87	2013J01087	核定位信号对水稻条纹病毒NS2和NS3基因功能的影响	福建农林大学植物保护学院	郑璐平	6	4
88	2013J01088	南方马铃薯Y病毒的群体遗传结构研究	福建农林大学植物保护学院	高芳銮	12	4
89	2013J01089	水稻核仁蛋白介导的水稻矮缩病毒致病机制	福建农林大学植物保护学院	吴建国	6	4

续表⑤

序号	项目编号	项目名称	承担单位	项目负责人	总投资（万元）	计划总额（万元）
90	2013J01090	拟环纹豹蛛用于重金属污染稻田土壤环境生态风险评价体系的构建	福建农林大学资源与环境学院	崔喜勤	6	4
91	2013J01091	青花菜萝卜硫素的累积和转运规律研究	福建农林大学作物科学学院	林俊城	6	5
92	2013J01092	脱落酸调控水稻籽粒灌浆的分子机制分析	福建农林大学作物科学学院	陈冬梅	6	5
93	2013J01093	新型免疫抑制剂他克莫司生物合成的营养学研究	福建省微生物研究所	郑军荣	6	5
94	2013J01094	金龟子绿僵菌对油茶象幼虫致病力的研究	福建省林业科学研究院	何学友	8	5
95	2013J01095	缨小蜂与茶树假眼小绿叶蝉间的化学通讯机制	福建省农业科学院茶叶研究所	李慧玲	7	4
96	2013J01096	果蔗组培苗后代种性变异成因的研究	福建省农业科学院甘蔗研究所	林一心	8	4
97	2013J01097	紫背天葵叶片花青素退变相关基因的 cDNA－ AFLP 分析及克隆	福建省农业科学院甘蔗研究所	张少平	7	5
98	2013J01098	福建省龙眼新品种的 DNA 指纹图谱构建及遗传关系分析	福建省农业科学院果树研究所	郑　姗	6	5
99	2013J01099	早熟梨果形偏斜因子研究	福建省农业科学院果树研究所	陈小明	6	3
100	2013J01100	中国野生刺葡萄抗炭疽病基因克隆及功能分析	福建省农业科学院果树研究所	雷　龑	6	5
101	2013J01101	枇杷种质资源叶斑病抗性鉴定及其抗性机理初探	福建省农业科学院果树研究所	张小艳	6	4
102	2013J01102	野菜镉富集型种质资源筛选及耐镉关键基因研究	福建省农业科学院科技干部培训中心	陈永快	7	4
103	2013J01103	沼气厌氧发酵过程混合建模与优化控制机理研究	福建省农业科学院农业工程技术研究所	林　斌	6	5
104	2013J01104	农杆菌介导的蔗糖磷酸合成酶基因转化狼尾草的研究	福建省农业科学院农业生态研究所	陈志彤	9	5
105	2013J01105	饲喂狼尾草属牧草对猪肉肌内脂肪组成及品质的影响	福建省农业科学院农业生态研究所	黄秀声	11	5
106	2013J01106	福建金线莲内生菌文库构建及筛选	福建省农业科学院农业生物资源研究所	陈倩倩	6	4
107	2013J01107	人生长激素（hGH）在双孢蘑菇 AS2796 的表达及其功能活性研究	福建省农业科学院食用菌研究所	蔡志欣	6	5
108	2013J01108	优质稻抗倒伏形态生理特性与主要调控技术研究	福建省农业科学院水稻研究所	赵雅静	12	4
109	2013J01109	直立密穗型籼稻的分子创制及遗传机制的研究	福建省农业科学院水稻研究所	程朝平	9	4
110	2013J01110	福建省蛋鸡禽白血病病毒 gp85 基因的遗传进化研究	福建省农业科学院畜牧兽医研究所	林　甦	6	3

续表⑥

序号	项目编号	项目名称	承担单位	项目负责人	总投资（万元）	计划总额（万元）
111	2013J01111	鸭疫里默氏菌毒力相关因子的鉴定	福建省农业科学院畜牧兽医研究所	陈红梅	6	4
112	2013J01112	茶假眼小绿叶蝉对联苯菊酯抗性代谢机理研究	福建省农业科学院植物保护研究所	李建宇	6	4
113	2013J01113	稻曲病菌抗戊唑醇突变菌系生物学特性及其抗药性机理研究	福建省农业科学院植物保护研究所	阮宏椿	6	4
114	2013J01114	SSR标记的开发及花椰菜遗传图谱的构建	福建省农业科学院作物研究所	林　珲	10	5
115	2013J01115	高效甜椒花药培养育种技术的研究	福建省热带作物科学研究所	张天翔	8	5
116	2013J01116	肢体缺血预适应延迟保护相中多脏器间表达蛋白质组学的差异性研究	福建省立医院	郑晓春	6	4
117	2013J01117	应用蛋白质组学寻找预测鼻咽癌放射敏感性生物标志物的研究	福建省肿瘤医院	何火聪	6	5
118	2013J01118	城市绿地空气负离子来源研究	福建师范大学地理研究所	黄向华	6	4
119	2013J01119	认知诊断分类的广义距离判别法研究	福建师范大学软件学院	杨淑群	6	4
120	2013J01120	盾纤虫营养期与休眠期微管蛋白基因表达的变化及RNA干扰其沉默的研究	福建师范大学生命科学学院	曾　红	6	5
121	2013J01121	番茄对茄二十八星瓢虫胁迫的响应机制	福建师范大学生命科学学院	王国红	6	5
122	2013J01122	珊瑚菌倍半萜的生物合成与子实体发育的关系	福建师范大学生命科学学院	郑永标	6	4
123	2013J01123	铁锰氧化细菌提高商陆对铁毒耐受性的研究	福建师范大学生命科学学院	李凤玉	6	4
124	2013J01124	氧限制对灵芝酸生物合成基因的转录调控作用及调控机理研究	福建师范大学生命科学学院	章文贤	6	5
125	2013J01125	慢性下腰痛患者步行时躯干与四肢运动控制与协调性改变	福建医科大学附二院	吴文华	16	3
126	2013J01126	蛋白质组学筛查食管鳞状上皮癌差异表达蛋白	福建医科大学附属协和医院	康明强	10	4
127	2013J01127	脊髓小胶质细胞P2X4受体在慢性内脏痛中的作用及其机制	福建医科大学基础医学院	焦海霞	7	4
128	2013J01128	正常神经细胞与胶质瘤细胞的代谢耦合	福建医科大学基础医学院	叶祖承	7.5	5
129	2013J01129	工业排放CO_2源微藻生物固碳关键技术	福州大学机械工程及自动化学院	徐新苗	10	3
130	2013J01130	肺炎链球菌PspA蛋白抗原的表位预测及其有效表位噬菌体展示的筛选	福州大学生工学院	林海英	6	5
131	2013J01131	构建无反式、低饱和的超分子油脂液晶网络结构的基础研究	福州大学生工学院	傅　红	10	5
132	2013J01132	食品源抗冻多肽的结构解析与作用机理研究	福州大学生工学院	汪少芸	6	5

续表⑦

序号	项目编号	项目名称	承担单位	项目负责人	总投资（万元）	计划总额（万元）
133	2013J01133	亚热带地区虫疠霉属蚜虫病原真菌的流行及杀虫活性研究	华侨大学化工学院	黄志宏	6	5
134	2013J01134	花青素稳定性构效关系研究	集美大学生物工程学院	熊何健	6	4
135	2013J01135	大黄鱼性别特异分子标记的开发与验证	集美大学水产学院	蔡明夷	6	5
136	2013J01136	复合污染物胁迫藻毒素产生及食物链传递机理研究	集美大学水产学院	谢钦铭	6	5
137	2013J01137	斜带石斑 TRL2 介导的 MyD88 依赖型信号通路对肠道菌群变化的响应	集美大学水产学院	覃映雪	6	5
138	2013J01138	用荧光显微法研究春夏养虾污水排放对九龙江下游微微型浮游生物群落的影响	集美大学水产学院	卢亚芳	6	5
139	2013J01139	中草药抗对虾白斑病综合症病毒（WSSV）机理的研究	集美大学水产学院	黄永春	6	5
140	2013J01140	拮抗巨噬细胞移动抑制因子（MIF）方式治疗大黄鱼炎症疾病研究	集美大学水产学院	徐晓津	6	5
141	2013J01141	银杏叶超细粉对鸡蛋胆固醇含量的影响及机理研究	龙岩学院生命科学学院	何玉琴	7	4
142	2013J01142	巴戟天多倍体诱导研究	宁德师范学院生物工程系	叶祖云	8.6	4
143	2013J01143	PAHs 污染压力下 TonB 依赖型受体蛋白的表达	厦门大学生命科学学院	田　蕴	6	5
144	2013J01144	斑马鱼动纤毛形成的负调控分子机制研究	厦门大学生命科学学院	余娴文	6	4
145	2013J01145	北移引种对外来红树植物无瓣海桑固碳策略的调控机制	厦门大学生命科学学院	陈鹭真	6	4
146	2013J01146	光合细菌 Rhodopseudomonas palustris CN 产氢代谢研究	厦门大学生命科学学院	邬小兵	6	5
147	2013J01147	Cdk5 在神经细胞周期调控中的作用	厦门大学医学院	张　杰	6	5
148	2013J01148	发芽糙米 γ—氨基丁酸富集过程中关键基因的研究	闽南师范大学生物科学与技术系	郑艺梅	6	4
149	2013J01149	双孢蘑菇纯化多糖影响血管生成机理的研究	闽南师范大学生物科学与技术系	林志超	6	5
150	2013J01150	Dok 蛋白与酪氨酸激酶受体特异结合的结构基础及其抑癌功能的研究	中国科学院福建物质结构研究所	石　宁	6	5
151	2013J01151	大钾离子 BK 通道门控机制的结构生物学研究	中国科学院福建物质结构研究所	吴允昆	6	5
152	2013J01152	地基 GPS 遥感大气可降水量及其在海峡西岸气象中的应用研究	福建省气象科学研究所	潘卫华	6	4
153	2013J01153	福建晋江流域新石器沙丘遗址年代学与古环境研究	福建师范大学地理科学学院	靳建辉	6	4
154	2013J01154	“五缘关系”下福建台湾人文化适应与闽台区域身份认同的约束条件和环境机理	福建师范大学地理研究所	王　彬	6	4

续表⑧

序号	项目编号	项目名称	承担单位	项目负责人	总投资（万元）	计划总额（万元）
155	2013J01155	基于情景模拟的晋江西溪流域洪水风险演变分析	福建师范大学地理研究所	陈　芬	8	4
156	2013J01156	南方红壤侵蚀区芒萁散布的突变机理	福建师范大学地理研究所	陈志强	6	5
157	2013J01157	人为干扰活动影响下的自然保护区景观生态修复研究——以武夷山国家级自然保护区为例	福建师范大学地理研究所	陈传明	6	4
158	2013J01158	高重复周期时间序列影像和多平台中等分辨率影像的融合研究	福建省空间信息工程研究中心	汪小钦	6	5
159	2013J01159	公路边坡滚石灾害的运动轨迹模拟及防灾减灾技术研究	福州大学环境与资源学院	王　浩	6	5
160	2013J01160	福建省紫金山铜金矿区花岗质岩浆锆石的原位Hf同位素、微量元素研究及找矿意义	福州大学紫金矿业学院	张文慧	6	5
161	2013J01161	大空腔金属配合物阳离子柱撑膨润土复合材料的超声合成和应用研究	华侨大学材料科学与工程学院	肖子敬	6	5
162	2013J01162	酸雨胁迫下典型农业区土壤中镉的植物有效性及稳定化机理研究	集美大学生物工程学院	曹英兰	7.68	4
163	2013J01163	海底输油气管道导波无损检测技术研究	厦门大学海洋与环境学院（海洋与地球学院）	汤立国	6	5
164	2013J01164	红树植物群落异质性对软体动物多样性的影响	厦门大学生命科学学院	王　瑁	6	4
165	2013J01165	海湾型城市景观格局演变与热环境效应互动机制研究	厦门理工学院空间信息科学与工程系	花利忠	9	4
166	2013J01166	金属纳米物质对水环境氨氧化过程的影响及其作用机制	中国科学院城市环境研究所	罗专溪	8	5
167	2013J01167	反应挤出过程中的混合效果与反应速率的模型化研究	福建工程学院材料科学与工程系	方　辉	12	4
168	2013J01168	基于高阶谱技术的不锈钢再制造件切削机理研究	福建工程学院机电及自动化工程系	张　宁	8.7	4
169	2013J01169	高层磁流变智能层间隔震结构的减振研究	福建工程学院土木工程系	颜桂云	12	4
170	2013J01170	真空加固超软土地基固结机理及细观结构研究	福建工程学院土木工程系	钱晓丽	12	4
171	2013J01171	多模式激振下压实系统非线性滞回动力学特性研究	福建农林大学机电工程学院	郑书河	6	4
172	2013J01172	钒流电池用正电荷表面质子交换膜的制备与性能研究	福建师范大学化学与材料学院（材料科学与工程学院）	丁富传	6	5
173	2013J01173	聚酰亚胺纳米杂化薄膜的制备及耐电晕性能的研究	福建师范大学化学与材料学院（材料科学与工程学院）	童跃进	6	5
174	2013J01174	ZnO纳米线与Cu_2O薄膜异质结发光特性	福建师范大学物理与光电信息科技学院（光电与信息工程学院）	林丽梅	6	4

续表⑨

序号	项目编号	项目名称	承担单位	项目负责人	总投资（万元）	计划总额（万元）
175	2013J01175	含Ru氧化物电极材料的活性点及其精细结构	福州大学材料科学与工程学院	王 欣	12	5
176	2013J01176	大规模风电并网对电网旋转备用的影响及其优化研究	福州大学电气工程与自动化学院	温步瀛	6	4
177	2013J01177	高压直流继电器电弧运动机理及控制方法研究	福州大学电气工程与自动化学院	刘向军	6	4
178	2013J01178	光伏发电并网变流器功率调节和谐波抑制统一控制研究	福州大学电气工程与自动化学院	蔡逢煌	6	3
179	2013J01179	微功率光伏逆变器磁集成技术研究	福州大学电气工程与自动化学院	毛行奎	6	4
180	2013J01180	铁酸钇磁光晶体的导模提拉法生长及掺杂改性研究	福州大学化学化工学院	庄乃锋	6	3
181	2013J01181	H62薄板电磁微冲孔变形机理研究	福州大学机械工程及自动化学院	邓将华	6	4
182	2013J01182	动边界电流固耦合MEMS器件的降阶建模研究	福州大学机械工程及自动化学院	林谢昭	6	5
183	2013J01183	高速硬态干切削温度场分布及刀具磨损机理研究	福州大学机械工程及自动化学院	林有希	6	5
184	2013J01184	高效率低脉动度脉动式无级变速器关键技术研究	福州大学机械工程及自动化学院	刘开昌	6	4
185	2013J01185	基于灰色理论的制造型虚拟企业伙伴选择研究	福州大学机械工程及自动化学院	黄 彬	5	4
186	2013J01186	公路隧道异常事件的流形协同检测方法研究	福州大学土木工程学院	王伟智	10	4
187	2013J01187	具有微型桩耗能体系的抗震型半整体式桥梁的受力性能与设计理论	福州大学土木工程学院	庄一舟	12	5
188	2013J01188	超结构氧化锌柱撑层状化合物异质结光催化剂的构筑及其可见光光催化性能研究	华侨大学化工学院	黄昀昉	6	5
189	2013J01189	新型“细胞致孔剂”构建组织工程化组织研究	华侨大学化工学院	刘源岗	6	5
190	2013J01190	多视觉测量系统融合的全方位三维形貌快速测量关键技术研究	华侨大学机电及自动化学院	林俊义	6	5
191	2013J01191	福建传统建筑生态技术基础及再利用研究	华侨大学建筑学院	杨思声	6	5
192	2013J01192	带门窗洞口节能砌块隐形密框复合墙体破坏机理研究	华侨大学土木工程学院	李升才	6	5
193	2013J01193	福建土楼夯土结构风雨侵蚀理论及其应用研究	华侨大学土木工程学院	彭兴黔	10	5
194	2013J01194	钢板笼混凝土梁力学性能与设计方法研究	华侨大学土木工程学院	曾志兴	6	4
195	2013J01195	海西地区绿色建筑项目风险识别与管理研究	华侨大学土木工程学院	秦 旋	10	5

续表⑩

序号	项目编号	项目名称	承担单位	项目负责人	总投资（万元）	计划总额（万元）
196	2013J01196	考虑摩擦的体外预应力梁静、动力性能分析	华侨大学土木工程学院	方德平	6	4
197	2013J01197	震损可替换钢连梁联肢剪力墙结构抗震性能及设计方法研究	华侨大学土木工程学院	刘　阳	6	5
198	2013J01198	多相电机 PWM 技术及开关损耗优化与谐波分析	华侨大学信息科学与工程学院	郭新华	6	4
199	2013J01199	电冰箱用强对流换热冷凝器的节能研究	集美大学机械工程学院	庄友明	8	4
200	2013J01200	双定子旋转型行波超声电机建模及工作机理研究	集美大学机械工程学院	纪跃波	6	5
201	2013J01201	船舶冷藏集装箱智能故障诊断的关键技术研究	集美大学轮机工程学院	郑超瑜	6	4
202	2013J01202	基于大型船用柴油机气缸油的纳米自修复关键技术研究	集美大学轮机工程学院	戴乐阳	6	5
203	2013J01203	时反 MIMO OFDM 水声通信技术研究	集美大学信息工程学院	郑佳春	6	5
204	2013J01204	永磁同步电机伺服系统模型自适应补偿组合非线性反馈控制研究	闽江学院物理学与电子信息工程系	蒋学程	5	4
205	2013J01205	壳聚糖基环境友好抗菌材料合成及其抗菌机理研究	三明学院资源与化工学院（化学与生物工程系）	罗菊香	6	4
206	2013J01206	微球型聚合物涂层制备新方法及其应用基础研究	厦门大学材料学院	熊晓鹏	6	5
207	2013J01207	内存氯离子和碳化的耦合作用下的钢筋混凝土结构的耐久性	厦门大学建筑与土木工程学院	薛　昕	6	3
208	2013J01208	基于分层协调控制的车辆底盘一体化主动安全性研究	厦门理工学院机械与汽车工程学院（机械工程系）	刘显贵	9	5
209	2013J01209	面向功能需求的特殊齿廓主动设计方法研究	厦门理工学院机械与汽车工程学院（机械工程系）	王　建	9	4
210	2013J01210	城市雨水资源管理与利用的 LID 技术研究	厦门理工学院土木工程与建筑学院（土木工程与建筑系）	朱木兰	9	3
211	2013J01211	全球气候变化背景下流域地表径流水文循环及氮素的响应机制研究	厦门理工学院土木工程与建筑学院（土木工程与建筑系）	王吉苹	9	5
212	2013J01212	原水水华中致嗅次生产物产生机制及控制	厦门理工学院土木工程与建筑学院（土木工程与建筑系）	李青松	9	4
213	2013J01213	核壳量子点修饰 TiO_2 纳米管复合可见光催化剂的可控制备及性能研究	中国科学院城市环境研究所	付明来	12	5
214	2013J01214	城际道路动态拥堵状态自适应判决算法研究	福建工程学院电子信息与电气工程系	廖律超	6	4
215	2013J01215	营运车辆超速感知与安全预警系统的研究	福建工程学院电子信息与电气工程系	陈鲤文	6	4

续表⑪

序号	项目编号	项目名称	承担单位	项目负责人	总投资（万元）	计划总额（万元）
216	2013J01216	基于种群的学习型模拟退火算法及其应用研究	福建农林大学计算机与信息学院	钟一文	6	5
217	2013J01217	基于GIS与GPS技术的福建南亚热带区野生豆科牧草品种资源调查方法研究	福建省农业科学院农业生态研究所	刘　晖	7	4
218	2013J01218	基于人工电磁媒质的电小天线研究	福建师范大学福清分校	吴瑞坤	6	4
219	2013J01219	在线交叉社交网络中链接关联的传播机制和有序化研究	福建师范大学软件学院	肖如良	6	5
220	2013J01220	基于机器学习的老年人早期异常步态检测及鉴别技术研究	福建师范大学数学与计算机科学学院	吴建宁	5	4
221	2013J01221	网络系统故障诊断与定位分析	福建师范大学数学与计算机科学学院	周书明	5	5
222	2013J01222	物联网中基于隐私保护的访问控制和安全路由技术研究	福建师范大学数学与计算机科学学院	许　力	12	5
223	2013J01223	正反演化推理的原理与机制	福建师范大学数学与计算机科学学院	王开军	6	4
224	2013J01224	无线中继蜂窝系统的网络编码关键技术研究	福建师范大学物理与光电信息科技学院（光电与信息工程学院）	林　潇	6	3
225	2013J01225	显微SERS光谱技术用于甲状腺结节病理诊断的研究	福建师范大学物理与光电信息科技学院（光电与信息工程学院）	黄祖芳	6	4
226	2013J01226	互联网机器人系统的预测控制方法研究	福州大学电气工程与自动化学院	陈　丹	5.54	5
227	2013J01227	膝关节肌群动态肌电信号建模与辨识	福州大学电气工程与自动化学院	李玉榕	6	4
228	2013J01228	P2PSIP系统安全模型及其支撑技术研究	福州大学数学与计算机科学学院	郑相涵	6	4
229	2013J01229	基于信号融合模式有向传感器网络覆盖连通性研究	福州大学数学与计算机科学学院	邹长忠	4	4
230	2013J01230	具有复杂结构的动态社交网络聚类方法研究	福州大学数学与计算机科学学院	郭　昆	6	4
231	2013J01231	面向涌现的虚拟网构建智能演化模型研究	福州大学数学与计算机科学学院	余春艳	6	4
232	2013J01232	无线传感器网络多源数据融合若干问题的研究	福州大学数学与计算机科学学院	陈羽中	5	4
233	2013J01233	基于半导体量子点/碳纳米管异质结的聚合物光伏器件界面电荷转移特性研究	福州大学物理与信息工程学院	李福山	16	5
234	2013J01234	基于压缩感知的混合式视频编解码算法研究	福州大学物理与信息工程学院	陈　建	6	4
235	2013J01235	基于压缩感知的无线传感器网络信息获取与传输机制研究	福州大学物理与信息工程学院	郑海峰	6	4

续表⑫

序号	项目编号	项目名称	承担单位	项目负责人	总投资（万元）	计划总额（万元）
236	2013J01236	平栅极图形化碳纳米管场发射阴极的发射特性与机理研究	福州大学物理与信息工程学院	张永爱	10	5
237	2013J01237	新型Cu（Ⅰ）磷光配合物及其在有机电致发光材料中应用的探索	华侨大学材料科学与工程学院	谢奕明	6	4
238	2013J01238	查询处理自动化测试研究	华侨大学计算机科学与技术学院	谢晓东	6	4
239	2013J01239	低质量视频人脸识别研究	华侨大学计算机科学与技术学院	崔　振	6	4
240	2013J01240	绿色计算的无线传感器网络能效优先路由协议及模型评价	华侨大学计算机科学与技术学院	蒋文贤	6	3
241	2013J01241	物联网中几个关键安全问题的研究	华侨大学计算机科学与技术学院	陈永红	6	4
242	2013J01242	高分辨SAR信号处理方法及运动补偿技术研究	华侨大学信息科学与工程学院	谭鸽伟	10	4
243	2013J01243	嵌入式软件的可靠性测试模型与方法研究	集美大学计算机工程学院	浦云明	6	4
244	2013J01244	低相干掺镱光纤宽带光源泵浦产生超连续谱研究	集美大学理学院	王秀琳	10	5
245	2013J01245	视差不连续图像的透视不变配准算法研究	集美大学理学院	蔡国榕	6	4
246	2013J01246	基于单纵模双波长光纤激光器的太赫兹波波产生研究	集美大学信息工程学院	杜　勇	6	5
247	2013J01247	海量信息紧致数据结构设计新模式研究	泉州师范学院数学与计算机科学学院	王晓东	6	5
248	2013J01248	矢量双涡旋光束在大气湍流中水平及斜程传输的研究	三明学院机电工程学院（物理与机电工程系）	方桂娟	6	4
249	2013J01249	非均匀光照以及特殊场景下视频车辆检测跟踪技术研究	厦门大学软件学院	张海英	6	4
250	2013J01250	基于拓扑分类的骨质酥松骨小梁强度评估及其色彩显示方法研究	厦门大学软件学院	段　鸿	6	4
251	2013J01251	基于微波光子晶体传感器的微小间隙动态测量方法研究	厦门大学物理与机电工程学院	颜黄苹	6	5
252	2013J01252	频谱分析和估计的新方法及其在电磁工程中的应用研究	厦门大学物理与机电工程学院	刘颜回	6	5
253	2013J01253	FRFT多载波水声通信方案研究	厦门大学信息科学与技术学院	许　芳	6	5
254	2013J01254	高能量、单纵模Cr：YAG被动调Q Nd：YAG激光器的偏振特性研究	厦门大学信息科学与技术学院	王晓忠	5	4
255	2013J01255	基因芯片图像处理关键技术研究	厦门大学信息科学与技术学院	邵桂芳	6	4
256	2013J01256	基于码复用差分混沌超宽带的协作通信网络关键技术研究	厦门大学信息科学与技术学院	徐位凯	6	4

续表⑬

序号	项目编号	项目名称	承担单位	项目负责人	总投资（万元）	计划总额（万元）
257	2013J01257	基于视觉词空间表示的交通标志快速识别算法研究	厦门大学信息科学与技术学院	曲延云	6	5
258	2013J01258	基于水听器技术的微弱信号检测的关键技术研究	厦门大学信息科学与技术学院	齐 洁	6	4
259	2013J01259	方剂药物重要性度量及新的药物组配规律挖掘研究	闽南师范大学计算机科学系	周忠眉	6	5
260	2013J01260	复杂网络同步中节点和边重要性相关问题研究	闽南师范大学数学与统计学院（数学与信息科学系）	袁正中	5	5
261	2013J01261	合作式农村社区水资源治理制度研究	福州大学公共管理学院	高 明	10	3
262	2013J01262	上下文感知的产品信息自然语言查询模型研究	福州大学机械工程及自动化学院	涂俊翔	6	3
263	2013J01263	人民币汇率变动对国内物价传递效应的实证研究	华侨大学工商管理学院	胡日东	6	3
264	2013J01264	基于 Agent 的供应链自适应驱动流程研究	集美大学航海学院	周建频	6	3
265	2013J01265	覆盖决策信息系统理论及其在复杂系统决策中的应用	闽南师范大学管理科学系	尤 晨	6	3
266	2013J01266	重要吸血蠓 DNA 条形码和系统发育研究	福建国际旅行卫生保健中心	黄恩炯	10	3
267	2013J01267	超排卵周期多囊卵巢综合征患者生长分化因子－9 和骨形成蛋白－15 的表达研究	福建省妇幼保健院（福建省妇儿医院）	林 元	6	4
268	2013J01268	福建省手足口病死亡病例特征及危险因素研究	福建省疾病预防控制中心	吴生根	6	4
269	2013J01269	甘薯膳食纤维预防结直肠癌发病的研究	福建省疾病预防控制中心	袁 平	12	3
270	2013J01270	白芍、苍耳子粗提物对变形链球菌作用的体外实验研究	福建省级机关医院	陈 昶	7	4
271	2013J01271	IDO siRNA 和 TACE 对大鼠肝癌细胞的作用及机制研究	福建省立医院	严茂林	8	4
272	2013J01272	Visfatin 通过 HSP27 影响血管平滑肌细胞迁移的机制研究	福建省立医院	陈海峰	10	4
273	2013J01273	含 hTK1 和 hTIMP1 的基因共表达载体对大鼠心肌梗死后心室重塑的实验研究	福建省立医院	朱鹏立	10	4
274	2013J01274	慢性乙型肝炎恶变过程中细胞内脂组分异常及其与肿瘤信号通道关联研究	福建省立医院	田毅峰	10	5
275	2013J01275	脑缺血再灌注后免疫蛋白酶体变化及其与自噬相关性的研究	福建省立医院	陈兴泳	5	4
276	2013J01276	尿脱落细胞荧光原位杂交技术在上尿路尿路上皮癌诊断及术后随访中的应用研究	福建省立医院	叶烈夫	11	5

续表⑭

序号	项目编号	项目名称	承担单位	项目负责人	总投资（万元）	计划总额（万元）
277	2013J01277	气虚血瘀证心力衰竭患者去甲肾上腺素转运体基因启动子区甲基化状态研究	福建省立医院	骆杰伟	8	4
278	2013J01278	人 uMSCs 移植对百草枯中毒导致肺纤维化的影响	福建省立医院	陈　敏	10	4
279	2013J01279	乳铁蛋白增加骨量及其作用机制的实验研究	福建省立医院	侯建明	10	4
280	2013J01280	胎儿先心病系统化诊治的研究	福建省立医院	谢　琦	8	4
281	2013J01281	胎盘 IL－6、IL－10 与早产大鼠支气管肺发育不良（BPD）的相关性	福建省立医院	朱　慧	6	3
282	2013J01282	PXR 修饰的骨髓间充质干细胞对大鼠肝纤维化损伤的保护作用研究	福建省医学科学研究院	张　韬	6	5
283	2013J01283	EGFR 靶向联合放射治疗食管癌的临床前研究	福建省肿瘤医院	李建成	6	5
284	2013J01284	MoFlo XDP 系统检测肺癌循环肿瘤细胞 EGFR 突变的研究	福建省肿瘤医院	何志勇	9	4
285	2013J01285	调强放疗技术对鼻咽癌患者治疗后的生存质量影响的前瞻性研究	福建省肿瘤医院	马礼钦	6	4
286	2013J01286	核因子 kB 作为 KRAS 突变大肠癌治疗靶点的研究	福建省肿瘤医院	林　根	9	5
287	2013J01287	心理行为干预对鼻咽癌患者情绪反应及免疫功能的影响	福建省肿瘤医院	骆惠玉	9	3
288	2013J01288	福州城市社区老年慢性病患者生命质量及社区卫生服务需求的研究	福建卫生职业技术学院	贾丽娜	8	4
289	2013J01289	姜黄素通过 Nrf2 信号通路抑制 IL－13 诱导的气道上皮细胞 MUC5AC 表达	福建医科大学附二院	林晓萍	9	4
290	2013J01290	小细胞肺癌中 DNA 聚合酶 delta 最小亚基 POLD4 的功能解析	福建医科大学附二院	黄勤森	6	5
291	2013J01291	5－Aza－CdR 对结直肠癌转移抑制基因 Kiss－1 甲基化影响的研究	福建医科大学附属第一医院	陈绍勤	6	4
292	2013J01292	ADSCs 移植对 Fabulin－5 基因敲除小鼠盆底支持障碍的重建与再生机制研究	福建医科大学附属第一医院	吴桂珠	6	5
293	2013J01293	CAV－1 通过调控肝癌细胞迁移参与肝细胞癌的侵袭转移	福建医科大学附属第一医院	张志波	6	4
294	2013J01294	EPA 及 DHA 对食管鳞癌及腺癌细胞恶性生物学特征的影响	福建医科大学附属第一医院	庄则豪	6	4
295	2013J01295	PPARγ 与二甲双胍改善成骨细胞糖毒性的关系研究	福建医科大学附属第一医院	严孙杰	7	4
296	2013J01296	激活非特异性免疫防治真菌性角膜炎的实验研究	福建医科大学附属第一医院	胡建章	6	4
297	2013J01297	毛囊神经分化干细胞参与毛囊周期调控的研究	福建医科大学附属第一医院	程　波	6	5

续表⑮

序号	项目编号	项目名称	承担单位	项目负责人	总投资（万元）	计划总额（万元）
298	2013J01298	帕金森病轻度认知障碍的脑结构网络基础	福建医科大学附属第一医院	康德智	6	5
299	2013J01299	人 bFGF 基因修饰骨髓间充质干细胞体外三维培养条件下向血管内皮细胞分化的实验研究	福建医科大学附属第一医院	张金池	6	4
300	2013J01300	视黄醇 X 受体对 TGFβ－Smad 信号通路的调控及其在心梗后心脏重构中的作用	福建医科大学附属第一医院	柴大军	6	4
301	2013J01301	先天性耳前瘘管家系致病基因的连锁定位分析及鉴定	福建医科大学附属第一医院	王英歌	6	5
302	2013J01302	胰蛋白酶原基因与汉族胰腺癌遗传异质性研究	福建医科大学附属第一医院	刘奇才	6	4
303	2013J01303	原发性手汗症家系致病基因的定位克隆	福建医科大学附属第一医院	陈剑锋	6	5
304	2013J01304	自然杀伤细胞在干扰素－α 抗小鼠肝纤维化中的作用机制	福建医科大学附属第一医院	郑　琦	6	5
305	2013J01305	吡哆胺防治高糖“代谢记忆”致糖尿病视网膜病变的研究	福建医科大学附属第一医院	郑卫东	6	4
306	2013J01306	Pg－LPS 对慢性阻塞性肺病大鼠巨噬细胞的致病机理研究	福建医科大学附属口腔医院	李艳芬	8	4
307	2013J01307	AQP1 和 AQP4 在瑞芬太尼诱发痛觉过敏中的作用	福建医科大学附属协和医院	林鹏焘	9	4
308	2013J01308	调控 Bmi－1 基因 microRNA 分子群的鉴定及其抑制骨髓瘤生长的研究	福建医科大学附属协和医院	战　榕	12	3
309	2013J01309	高分子连接促使肝细胞球形生长的应用性研究	福建医科大学附属协和医院	唐南洪	8	5
310	2013J01310	逆向诱导血细胞产生多能干细胞（iPS）的研究	福建医科大学附属协和医院	祝亮方	6	4
311	2013J01311	人参皂苷 Rg1 对海马长时程增强形成和维持的钙调控机制	福建医科大学附属协和医院	林智颖	10	4
312	2013J01312	人参皂甙 Rb1 对自发性高血压大鼠颈动脉重构时血管平滑肌细胞上瞬时受体电位通道及活化性 T 细胞核因子的影响	福建医科大学附属协和医院	林晓红	6	4
313	2013J01313	色素上皮衍生因子（PEDF）与乳腺癌生物学行为及预后关系的研究	福建医科大学附属协和医院	王　川	6	4
314	2013J01314	脂氧素 A4 应用于治疗口腔粘膜扁平苔藓的可行性研究	福建医科大学附属协和医院	王学莹	10	3
315	2013J01315	IGF－1 基因多态性及生活行为因素与女童中枢性性早熟的关系	福建医科大学公共卫生学院	叶江枫	6	4
316	2013J01316	内质网应激在新生鼠脑缺氧致少突胶质细胞损伤中的作用	福建医科大学基础医学院	周琳英	7.5	5
317	2013J01317	构建 siRNA 表达载体干扰新型隐球菌 cap10 基因的表达及其初步应用	福建医科大学医学技术与工程学院	林　旎	6	4

续表⑯

序号	项目编号	项目名称	承担单位	项目负责人	总投资（万元）	计划总额（万元）
318	2013J01318	俞募配穴法针刺治疗排尿障碍症的逼尿肌 ATP/P2X 通路机制研究	福建省中医药研究院	黄晓卿	6	4
319	2013J01319	畅脉乐胶囊对血瘀证血管内皮细胞功能调节的实验研究	福建中医药大学附属第二人民医院	林建著	6	4
320	2013J01320	葛根汤介导 Fas/FasL 信号转导通路调控纤维环细胞凋亡机制研究	福建中医药大学附属第二人民医院	宋红梅	6	4
321	2013J01321	基于证效反证的心肾综合征阳虚水泛证蛋白质组学研究	福建中医药大学附属第二人民医院	欧阳秋芳	6	5
322	2013J01322	透骨消痛胶囊干预兔骨性关节炎软骨退变的作用机制研究	福建中医药大学附属第二人民医院	洪昆达	6	4
323	2013J01323	PPAR－γ 激动剂 15 d－PGJ2 对移植免疫的调节及其机制研究	福建中医药大学附属人民医院	林　青	6	4
324	2013J01324	TRAIL 联合顺铂诱导卵巢癌耐药细胞株 COC1/ DDP 凋亡机制的研究	福建中医药大学附属人民医院	庄良武	5	3
325	2013J01325	肛瘘挂线的三维有限元分析	福建中医药大学附属人民医院	王　菁	5	5
326	2013J01326	康心饮抗缺血性心肌病心室重构及其对 microRNAs 表达影响的实验研究	福建中医药大学附属人民医院	郭进建	6	4
327	2013J01327	莱菔子贴脐配合腹式呼吸法治疗中风后急性期便秘的研究	福建中医药大学护理学院	王雅青	6	4
328	2013J01328	补肾壮筋汤对兔 OA 软骨细胞 RhoA/LIMK1/Cofilin 骨架信号调控通路作用机制的研究	福建中医药大学康复医学院	梁　杰	6	4
329	2013J01329	针刺大肠下合穴上巨虚治疗内脏痛敏 IBS 模型大鼠的中枢机制	福建中医药大学针灸学院	陈采益	6	4
330	2013J01330	基于表面增强拉曼光谱的骨折愈合中期骨痂组织研究	福建中医药大学中西医结合学院	黄　浩	6	4
331	2013J01331	缺血缺氧海马神经细胞抑制性 PAS 结构域促凋亡机制的研究及丹参注射液治疗作用	福建中医药大学中西医结合学院	朱燕珍	6	4
332	2013J01332	滋阴益气活血法调节 InsR－IRS 介导胰岛素信号转导通路的分子机制	福建中医药大学中西医结合学院	张捷平	6	4
333	2013J01333	半枝莲调节 Wnt 信号通路治疗结肠癌的机制研究	福建中医药大学中西医结合研究院	魏丽慧	6	4
334	2013J01334	基于泛素活化酶－1 芎芍胶囊抗动脉粥样硬化的机制研究	福建中医药大学中西医结合研究院	谭春江	6	5
335	2013J01335	中药复方解毒消癥饮调控肝癌干细胞的研究	福建中医药大学中西医结合研究院	胡海霞	6	4
336	2013J01336	雌激素受体基因甲基化对围绝经期综合征肝郁的影响	福建中医药大学中医学院	沈建英	5	4
337	2013J01337	金线莲提取物 kinsenoside 及其衍生物对糖尿病血管并发症的作用及作用机制研究	华侨大学化工学院	刘　青	6	4

续表⑰

序号	项目编号	项目名称	承担单位	项目负责人	总投资（万元）	计划总额（万元）
338	2013J01338	壳聚糖包裹重组腺相关病毒载体纳米粒的制备和性能研究	华侨大学生物医学学院（分子药物研究院）	邱　飞	6	5
339	2013J01339	CBS启动子区的超甲基化与基因表达及结直肠癌发生发展的相关性研究	南京军区福州总医院	宋京翔	10	5
340	2013J01340	KLF10、KLF15在腹膜纤维化中的作用	南京军区福州总医院	林　沁	12	4
341	2013J01341	Notch信号对肾移植受者Treg/Th17细胞亚群分化的调节机制研究	南京军区福州总医院	郑　凯	6	5
342	2013J01342	REN基因变异与心房颤动遗传易感性及机制研究	南京军区福州总医院	黄明方	15	4
343	2013J01343	骨保护素基因多态性与颈动脉粥样硬化的相关性研究	南京军区福州总医院	罗助荣	6	3
344	2013J01344	骨科内植物术后感染负压吸引生物效应的实验研究	南京军区福州总医院	林松庆	6	4
345	2013J01345	骨髓间充质干细胞对大鼠氨气吸入性肺损伤防治作用的研究	南京军区福州总医院	卓惠长	6	3
346	2013J01346	活性维生素D3对进展性肾脏病中足细胞转分化的干预作用	南京军区福州总医院	庄永泽	12	4
347	2013J01347	间充质干细胞对脓毒症大鼠心脏功能保护作用及机制研究	南京军区福州总医院	张　伟	5	5
348	2013J01348	气管内注药对肺组织损伤的实验与临床研究	南京军区福州总医院	文　文	12	4
349	2013J01349	温热疏密波最佳波段干预软骨细胞凋亡通路RAS/MAPK的研究	南京军区福州总医院	林木南	6	4
350	2013J01350	线粒体融合蛋白在胆汁淤积肝细胞线粒体DNA损伤中的机制研究	南京军区福州总医院	陈永标	12	5
351	2013J01351	血管紧张素转化酶2—血管紧张素（1—7）—MAS—ERK	南京军区福州总医院	王　冰	10	4
352	2013J01352	CD14基因多态性与环境危险因素交互作用对肺结核病复发影响的流行病学研究	莆田学院基础医学院（医学院）	林志萍	7.5	4
353	2013J01353	海峡西岸出入境人员登革热监测模式的建立与防控策略研究	厦门国际旅行卫生保健中心	杨坤宇	16	5
354	2013J01354	MAPK信号通路参与调控苯并（a）芘和滴滴涕联合暴露致DNA损伤的机制研究	厦门大学公共卫生学院	赵　苒	12	4
355	2013J01355	多色探针熔解曲线分析技术快速检测常见G6PD基因突变	厦门大学生命科学学院	黄秋英	6	4
356	2013J01356	早老素（PS1）相互作用蛋白的调节功能研究	厦门大学生命科学学院	刘润忠	6	5
357	2013J01357	Connexin43在肾小球足细胞损伤中的作用机制研究	厦门大学医学院	邹　军	12	5

续表⑱

序号	项目编号	项目名称	承担单位	项目负责人	总投资（万元）	计划总额（万元）
358	2013J01358	HIVTat 诱导 ADC 神经元凋亡的作用机制	厦门大学医学院	邢惠琴	12	5
359	2013J01359	HnRNP A2/B1 蛋白在肝癌中相互作用分子网络研究	厦门大学医学院	刘　凡	6	4
360	2013J01360	叶下珠多糖化学结构及其抗肝炎活性研究	福建农林大学生命科学学院	谢勇平	6	6
361	2013J01361	含季铵盐大黄素衍生物的合成及其诱导癌细胞凋亡机制研究	福州大学化学化工学院	王文峰	10	10
362	2013J01362	锈毛莓抗肝损伤物质基础及作用机制研究	福建农林大学生命科学学院	叶　齐	6	6
363	2013J01363	产新抗肿瘤先导化合物的海洋粘细菌的选择性筛选	福建省微生物研究所	张祝兰	8	6
364	2013J01364	基于活细胞影像技术从土茯苓中筛选尿酸盐转运体 URAT1 抑制剂的活性成分研究	福建省立医院	孙　红	9	6
365	2013J01365	基于整合素调控假说的木犀草素抑制非小细胞肺癌上皮间质转化实验研	福建省立医院	阮君山	6	5
366	2013J01366	草珊瑚优良种源筛选及种质遗传多样性研究	福建省医学科学研究院	邓思珊	6	6
367	2013J01367	雷公藤内酯醇对大鼠生殖系统毒性和抗生育的分子机制及其相关性研究	福建省医学科学研究院	黄郑隽	6	5
368	2013J01368	靶向 LRP6 受体高通量抗乳腺癌药物筛选模型构建与天然产物活性成分研究	福建医科大学附属第一医院	林翠鸿	10	10
369	2013J01369	寡肽配体靶向非病毒纳米基因输送系统的研制	福建医科大学附属第一医院	丁　健	10	10
370	2013J01370	基于群体药动学模型的癫痫治疗个体化给药软件研发	福建医科大学附属第一医院	黄品芳	10	10
371	2013J01371	HSCT 患者白消安个体化给药方案的临床药动学研究	福建医科大学附属协和医院	吴雪梅	6	5
372	2013J01372	靶向干预 Notch1 信号通路提高神经胶质瘤对化疗药物的敏感性及疗效的研究	福建医科大学基础医学院	郑志竑	13	10
373	2013J01373	竹叶青素 RGD 序列的点突变改造及其抗肿瘤转移和血管新生研究	福建医科大学基础医学院	齐元麟	7.5	6
374	2013J01374	钩吻素子微球缓释剂的研究	福建医科大学药学院	苏燕评	7.5	6
375	2013J01375	两亲性阳离子型酞菁配合物异构体的分离及光敏活性研究	福建医科大学药学院	许秀枝	6	6
376	2013J01376	加味补阳还五汤对糖尿病肾病大鼠模型肾小球足细胞影响的实验研究	福建中医药大学附属人民医院	林华阳	6	5
377	2013J01377	基于析因设计的祛斑中药干预黑素合成不同作用途径的主效应中药研究	福建中医药大学药学院	王英豪	6	5

续表⑲

序号	项目编号	项目名称	承担单位	项目负责人	总投资（万元）	计划总额（万元）
378	2013J01378	小续命汤治疗阿尔茨海默病的靶点追踪	福建中医药大学中西医结合研究院	毛敬洁	6	6
379	2013J01379	以 TWIST 为靶的抗肿瘤转移药物筛选方法的建立与应用研究	福建中医药大学中西医结合研究院	廖联明	6	6
380	2013J01380	基于 TLRs/NF－κB 信号通路的千年健抗类风湿性关节炎作用机制研究	华侨大学化工学院	叶　静	6	6
381	2013J01381	scrAAV8－Kal 多途径调控缺氧微环境治疗肝纤维化的疗效及机制初探	华侨大学生物医学学院（分子药物研究院）	吕颖慧	10	6
382	2013J01382	基于药物基因组学优化他克莫司个体化给药方案的研究	南京军区福州总医院	周　欣	12	5
383	2013J01383	胸腺素 alpha 原在肿瘤诊断中的应用研究	厦门大学环境与生态学院	周克夫	10	10
384	2013J01384	NRP－1 单抗介导智能纳米载药系统研制及靶向治疗肝癌研究	厦门大学抗癌研究中心	罗芳洪	10	10
385	2013J01385	靶向 RXR/TR3 受体信号通路的夹氧杂蒽酮类抗癌先导化合物的发现	厦门大学药学院	王光辉	6	6
386	2013J01386	基于 OEA 结构的新型降血脂药物的设计和合成	厦门大学药学院	韩大雄	6	6
387	2013J01387	化学新药“光汰净”的抗菌活性实验研究	中国科学院福建物质结构研究所	陈　卓	20	10
388	2013J01388	基于多元滴定发光体系对手性药物对映体拮抗/协同作用的研究	中国科学院福建物质结构研究所	刘　龚	6	6
389	2013J01389	基于 Bcl－2/Bax 凋亡途径研究独活寄生汤干预骨性关节炎软骨退变的机制	福建省福州市第二医院	王武炼	6	5
390	2013J01390	叉头样转录因子 FOXP3 在肺癌生长和转移中的作用及临床意义	莆田学院附属医院	代文森	12	4
391	2013J01391	基于非线性屈曲分析的股骨骨折预测及生物力学验证	莆田学院附属医院	张国栋	10	4
392	2013J01392	MSCs 对肝癌转移潜能影响的 MRI 研究	中国人民解放军第九五医院	宋　斌	12	4
393	2013J01393	联合 mTOR 和 COX2 信号通路靶向治疗在肾癌的实验研究	福建省漳州市医院	庄志明	12	4
394	2013J01394	氢气降低肠易激综合征内脏痛敏感的肠神经元信号通路机制研究	中国人民解放军第一七五医院	苏军凯	12	5
395	2013J01395	雌激素对骨关节炎软骨细胞中 PTHrP/Ihh 信号轴调节的研究	福建省宁德市医院	黄家谷	8	4
396	2013J01396	间充质干细胞联合组织工程材料在声带成形术中的应用研究	南京军区福州总医院	陈　辉	6	4
397	2013J05001	水合物开采引起的海床变形问题多场耦合分析	福建工程学院土木工程系	赵振伟	4	3
398	2013J05002	二次分配问题的下界模型及其在图匹配问题中的应用	福建师范大学数学与计算机科学学院	郑开杰	4	3

续表⑳

序号	项目编号	项目名称	承担单位	项目负责人	总投资（万元）	计划总额（万元）
399	2013J05003	度量空间的几何	福州大学数学与计算机科学学院	苏延辉	4	3
400	2013J05004	具有不可约性算子类与G－M型空间上算子结构	福州大学数学与计算机科学学院	林丽琼	4	3
401	2013J05005	数据挖掘中Tensor计算问题的数值解法与理论研究	福州大学数学与计算机科学学院	赖降周	5	3
402	2013J05006	图的拓扑指数的若干研究	福州大学数学与计算机科学学院	陈锦松	4	3
403	2013J05007	复杂网络上基于交通输运的病毒传播研究	福州大学物理与信息工程学院	杨涵新	4	3
404	2013J05008	一维次近邻链下的热传导与能量扩散性质的研究	福州大学物理与信息工程学院	熊大兴	4	3
405	2013J05009	三角矩阵DG范畴的若干研究与应用	华侨大学数学科学学院	林增强	4	3
406	2013J05010	铌锌酸铅——钛酸铅系列弛豫铁电单晶机电性能的优化	华侨大学信息科学与工程学院	项　阳	6	3
407	2013J05011	双色分拆的同余性质	集美大学理学院	林丽双	4	3
408	2013J05012	非线性时间序列中的重尾指数估计	闽江学院数学系	袁裕泽	4	3
409	2013J05013	覆盖、包络与内射性	莆田学院数学学院（数学与应用数学系）	曾月迪	6	3
410	2013J05014	基于FPGA的核电站安全级仪控系统及其验证和确认的研究	厦门大学能源学院（能源研究院）	吴一纯	8	3
411	2013J05015	超导体磁化机制的数值模拟	厦门大学数学科学学院	陈竑焘	4	3
412	2013J05016	大波数Helmholtz方程的多水平快速算法研究	厦门大学数学科学学院	陈黄鑫	4	3
413	2013J05017	调和分析在算术曲面上的应用	厦门大学数学科学学院	刘东文	4	3
414	2013J05018	含真空可压缩Navier－Stokes方程及浅水波方程解的研究	厦门大学数学科学学院	罗　珍	4	3
415	2013J05019	自适应三角谱元方法及其应用	厦门大学数学科学学院	容志建	4	3
416	2013J05020	边沿模型的随机加权再抽样方法研究	厦门大学王亚南经济研究院	林媛媛	4	3
417	2013J05021	漂浮基多柔性臂空间机器人柔性振动主动抑制技术研究	厦门理工学院机械与汽车工程学院（机械工程系）	洪昭斌	6	3
418	2013J05022	福建城市电磁环境特征研究	中国科学院城市环境研究所	杨传俊	7	3
419	2013J05023	红外光谱数据解析的新型化学计量学方法于食品掺假鉴别的研究	厦门市产品质量监督检验院	林伟琦	9	3
420	2013J05024	TiO_2基光催化剂的微观失活机理与再生研究	福州大学化学化工学院	张子重	4	3
421	2013J05025	高效Co－Mo系耐硫变换用多元复合纳米催化材料与结构研究	福州大学化学化工学院	曹彦宁	4	3
422	2013J05026	盐效应机理的分子尺度研究	福州大学化学化工学院	郑辉东	4	3

续表㉑

序号	项目编号	项目名称	承担单位	项目负责人	总投资（万元）	计划总额（万元）
423	2013J05027	碳包覆铜系微纳材料的形貌控制合成及在锂离子电池中的应用	化肥催化剂国家工程研究中心（福州大学）	俞 瀚	4	3
424	2013J05028	衍生化聚环糊精固相催化高酸废弃油脂制备生物柴油	华侨大学化工学院	赵 珺	4	3
425	2013J05029	纳米银对鱼类配子发生过程的干扰机制研究	厦门大学海洋与环境学院（海洋与地球学院）	陈仕玺	4	3
426	2013J05030	手性 beta－羟基醛的催化不对称合成	厦门大学化学化工学院	陈洪斌	4	3
427	2013J05031	锂离子电池电解液新型含磷阻燃剂的合成与应用	厦门大学化学化工学院	高玉兴	4	3
428	2013J05032	生物质气化气合成液体燃料功能型催化剂研究	厦门大学能源学院（能源研究院）	王 夺	10	3
429	2013J05033	双酚 A 诱导胰岛细胞氧化损伤的机制研究	中国科学院城市环境研究所	林 怡	4	3
430	2013J05034	CO_2 电催化还原中纳米催化剂的制备及性能研究	中国科学院福建物质结构研究所	陈青松	8	3
431	2013J05035	过渡金属催化的胺氧化偶联反应	中国科学院福建物质结构研究所	吴文亮	8	3
432	2013J05036	过渡金属有机配合物光电功能材料的分子设计和理论研究	中国科学院福建物质结构研究所	王金云	8	3
433	2013J05037	基于 ZnO 单晶的金属——半导体异质结光催化机理研究	中国科学院福建物质结构研究所	颜峰坡	8	3
434	2013J05038	具有中空核壳结构的新型稀土上转换发光介孔复合材料及其光动力学治疗应用研究	中国科学院福建物质结构研究所	卢 珊	8	3
435	2013J05039	新型超分子笼的设计合成与包合性能的研究	中国科学院福建物质结构研究所	温跃红	8	3
436	2013J05040	中远红外二阶非线性光学材料的设计	中国科学院福建物质结构研究所	李巧红	8	3
437	2013J05041	杉木“三剩物”预处理后中高浓酶水解和同步发酵产乙醇作用机制的研究	福建农林大学材料工程学院	罗小林	4	3
438	2013J05042	去甲肾上腺素对铝暴露大鼠腹腔巨噬细胞影响的调节机制	福建农林大学动物科学学院	胡崇伟	4	3
439	2013J05043	果蔗抗病信号传导因子 SoSGT1 与 SoRAR1 的互作蛋白研究	福建农林大学生命科学学院	林 生	6	3
440	2013J05044	辣椒 CaERF5 转录因子抗青枯病功能研究及抗病机制的初步分析	福建农林大学生命科学学院	赖 燕	4	3
441	2013J05045	苋菜试管开花过程中相关 miRNA 的鉴定	福建农林大学园艺学院	刘生财	4	3
442	2013J05046	臭椿抗 TMV 活性成分及作用机理研究	福建农林大学植物保护学院	谭庆伟	8	3
443	2013J05047	中国飞虱科水稻病毒传毒介体分类与传毒能力检测	福建农林大学植物保护学院	刘启飞	4	3

续表㉒

序号	项目编号	项目名称	承担单位	项目负责人	总投资（万元）	计划总额（万元）
444	2013J05048	RPS7与基质金属蛋白酶家族的相互作用及其对乳腺癌转移的调控机制研究	福建医科大学基础医学院	段娟	6	3
445	2013J05049	燕麦β—葡聚糖在水溶液中的分子聚集和运动状态研究	福州大学生工学院	吴佳	4	3
446	2013J05050	植物抗菌抗病毒多肽的结构与功能研究	福州大学生工学院	洪晶	4	3
447	2013J05051	Shh信号通路在化疗引起的脱发中的作用及其机制研究	福州大学生命科学研究所	周桂炫	4	3
448	2013J05052	养殖新种类花鳗鲡（Anguilla marmorata）的病原菌、抗病力和约物敏感性研究	集美大学水产学院	赖晓健	4	3
449	2013J05053	人乳头瘤病毒16型T=1,4,7病毒样颗粒组装机制的分子动力学研究	厦门大学公共卫生学院	俞海	4	3
450	2013J05054	磷酸化调控CUX1蛋白核质分布	厦门大学生命科学学院	林文波	4	3
451	2013J05055	运动疲劳对基底神经节环路mGluRs的表达效应研究	闽南师范大学体育学院（体育系）	苏美华	4	3
452	2013J05056	红壤中产电微生物的筛选、鉴别及其电子传输机制的研究	中国科学院城市环境研究所	王泽杰	8	3
453	2013J05057	应用深度测序技术研究厦漳泉地区污水处理设施中的关键微生物类群	中国科学院城市环境研究所	胡安谊	4	3
454	2013J05058	菜田土壤碳氮养分管理对温室气体排放的影响	福建省农业科学院土壤肥料研究所	陈静蕊	4	3
455	2013J05059	海上震源空气枪子波变化研究	国家海洋局第三海洋研究所	王立明	4	3
456	2013J05060	三维复杂介质中地震波多尺度快速模拟算法研究	厦门大学物理与机电工程学院	黄月琴	4	3
457	2013J05061	城市空间结构表征方法及其演变机理研究	中国科学院城市环境研究所	石龙宇	4	3
458	2013J05062	高温热浪灾害天气的人群健康风险分析与评价——以福州厦门为例	中国科学院城市环境研究所	赵小锋	4	3
459	2013J05063	海峡西岸城市群大气颗粒汞的污染特征研究	中国科学院城市环境研究所	牛振川	8	3
460	2013J05064	含碳气溶胶对海峡西岸地区灰霾污染的影响研究	中国科学院城市环境研究所	邓君俊	4	3
461	2013J05065	沿海城市地区黑碳气溶胶的干湿沉降研究	中国科学院城市环境研究所	赵淑惠	8	3
462	2013J05066	高纯钛酸铝的研制及其分解动力学研究	福建省产品质量检验研究院（福建省中心检验所）	沈阳	17	3
463	2013J05067	微波两步法烧结高热导氧化铝陶瓷基板及其传热机制的研究	福州大学材料科学与工程学院	林枞	4	3
464	2013J05068	基于前景理论的出行行为建模与均衡分析	福州大学管理学院	田丽君	4	3

续表㉓

序号	项目编号	项目名称	承担单位	项目负责人	总投资（万元）	计划总额（万元）
465	2013J05069	厌氧膜——生物反应器及其组合工艺中膜污染控制和微生物分布机理研究	福州大学环境与资源学院	张新颖	4	3
466	2013J05070	RC 空间框架有效翼缘宽度取值研究	福州大学土木工程学院	王素裹	9	3
467	2013J05071	初应力对大跨钢管混凝土拱桥极限承载力的影响研究	福州大学土木工程学院	黄福云	5	3
468	2013J05072	多维多点激励下多塔悬索桥地震响应研究	福州大学土木工程学院	张　超	30	3
469	2013J05073	钢管混凝土构件在往复荷载作用下的剪切力学性能研究	福州大学土木工程学院	王志滨	6.5	3
470	2013J05074	浸矿菌群的构建及其对低品位铜矿的作用机理研究	福州大学紫金矿业学院	刘金艳	4	3
471	2013J05075	BCxN 化合物的合成与纯化研究	华侨大学材料科学与工程学院	李东旭	4	3
472	2013J05076	超稠油的高黏原因探讨及油溶性降黏剂的合成	华侨大学化工学院	张　娜	4	3
473	2013J05077	大行程纳米级一维压电陶瓷驱动控制关键技术与系统研究	华侨大学机电及自动化学院	范　伟	4	3
474	2013J05078	基于 3D－motif 的金刚石砂轮形貌参数评定体系研究	华侨大学机电及自动化学院	叶瑞芳	4	3
475	2013J05079	钙质砂在复杂应力条件下的非共轴特性试验研究	华侨大学土木工程学院	蔡燕燕	4	3
476	2013J05080	矩形空心薄壁双肢箍高墩抗震性能评估及修复方法研究	华侨大学土木工程学院	崔海琴	4	3
477	2013J05081	单级光伏并网逆变器系统控制技术的研究	集美大学信息工程学院	王国玲	4	3
478	2013J05082	闽江下游传统聚落的气候适应性研究	厦门大学建筑与土木工程学院	石　峰	4	3
479	2013J05083	面向柔性电子制造 EHD 喷印闭环控制模型与系统的研究	厦门大学物理与机电工程学院	郑高峰	4	3
480	2013J05084	仿生平面复眼透镜的非接触式可控压印制作技术研究	厦门理工学院机械与汽车工程学院（机械工程系）	谢　丹	6	3
481	2013J05085	基于激光焊接车身镀锌钢锌行为的气孔防止研究	厦门理工学院机械与汽车工程学院（机械工程系）	梅丽芳	6	3
482	2013J05086	基于气动悬浮的板材层冷过程测温方法研究	厦门理工学院机械与汽车工程学院（机械工程系）	陈水宣	6	3
483	2013J05087	饮用水管网生物膜时空分布及其微生物多样性研究	中国科学院城市环境研究所	林惠荣	4	3
484	2013J05088	基于图像内容与网页上下文的海量图像自动标注研究	福州大学数学与计算机科学学院	柯　逍	4	3
485	2013J05089	拉曼辅助相位敏感光纤光学参量放大器的机理与特性研究	福州大学物理与信息工程学院	王少昊	4	3
486	2013J05090	移动环境下基于几何与图像的混合绘制方法研究	福州大学物理与信息工程学院	陈国栋	4	3

续表㉔

序号	项目编号	项目名称	承担单位	项目负责人	总投资（万元）	计划总额（万元）
487	2013J05091	大时延环境下空间机器人遥操作控制方法研究	华侨大学计算机科学与技术学院	张国亮	4	3
488	2013J05092	基于霍夫森林和视频分割的目标跟踪	华侨大学计算机科学与技术学院	钟必能	4	3
489	2013J05093	超辐射机制高功率太赫兹返波管三维粒子模拟研究	华侨大学信息科学与工程学院	张　海	6	3
490	2013J05094	离轴暗核光束的产生及其传输研究	华侨大学信息科学与工程学院	丁攀峰	4	3
491	2013J05095	基于亚波长金属结构激发的等离子体激元的光束控制研究	闽江学院物理学与电子信息工程系	曾夏辉	4	3
492	2013J05096	InGaN量子阱载流子输运及复合机理研究	厦门大学物理与机电工程学院	吕雪芹	4	3
493	2013J05097	基于耦合光栅的表面等离激元聚焦器件研究	厦门大学物理与机电工程学院	王家园	4	3
494	2013J05098	电力系统精确调度与节能控制模型及算法研究	厦门大学信息科学与技术学院	高云龙	4	3
495	2013J05099	关系数据库中基于渐进蚁群优化算法的关键词查询研究	厦门大学信息科学与技术学院	林子雨	3	3
496	2013J05100	基于低空航拍图像的灾害环境下平躺人体检测方法研究	厦门大学信息科学与技术学院	苏松志	4	3
497	2013J05101	基于流量感知的无线设备自适应休眠机制研究	厦门大学信息科学与技术学院	谢　怡	4	3
498	2013J05102	前列腺癌磁共振电阻抗成像技术研究	厦门理工学院电气工程与自动化学院（电子与电气工程系）	刘　阳	6	3
499	2013J05103	基于Contourlet的人脸图像群特征识别技术研究	厦门理工学院计算机与信息工程学院（计算机科学与技术系）	吴　芸	6	3
500	2013J05104	基于氮化镓的高开路电压、高能量密度钷－147微型同位素电池的研究	厦门理工学院应用数学学院（数理系）	程再军	6	3
501	2013J05105	制造系统Petri网模型的化简理论及应用研究	闽南师范大学计算机科学系	岳　昊	4	3
502	2013J05106	紧凑型全固态紫外激光器的研究	中国科学院福建物质结构研究所	王小蕾	8	3
503	2013J05107	基于农户视角的福建省木本粮油产业发展潜力研究	福建农林大学旅游学院	洪燕真	6	3
504	2013J05108	基于系统动力SD模型的医疗费用增长仿真预测与优化控制研究	厦门大学公共卫生学院	曾雁冰	4	3
505	2013J05109	观察学习环境下的信息价值：实验证据	厦门大学王亚南经济研究院	耿　森	6	3
506	2013J05110	miRNA－375低表达与食管鳞癌顺铂耐药的关系及分子机制研究	福建省肿瘤医院	王　镇	6	3

续表㉕

序号	项目编号	项目名称	承担单位	项目负责人	总投资（万元）	计划总额（万元）
507	2013J05111	受者NK细胞在经照射半相合淋巴细胞输注诱发抗肿瘤中的作用	福建省肿瘤医院	赵　珅	6	3
508	2013J05112	上颌后牙区微螺钉种植体植入区域相关解剖结构的测量分析	福建医科大学附属口腔医院	郭建斌	4.5	3
509	2013J05113	ARHI基因对胶质细胞瘤细胞增殖、凋亡、侵袭和化疗敏感性的作用及其作用机制的研究	福建医科大学附属协和医院	陈　靖	10	3
510	2013J05114	PAMAM纳米颗粒介导的LOX－1反义寡脱氧核苷酸在抗动脉粥样硬化中的作用	福建医科大学附属协和医院	赵子文	8	3
511	2013J05115	介孔二氧化硅纳米粒载药系统制备及对紫杉醇的载药释药性能研究	福建医科大学附属协和医院	郑　斌	8	3
512	2013J05116	缺血后适应增强骨髓间充质干细胞移植对大鼠移植肺缺血再灌注损伤的保护作用及其机制	福建医科大学附属协和医院	陈舒晨	8	3
513	2013J05117	应用蛋白质组学技术筛选胃肠道间质瘤Imatinib耐药相关蛋白	福建医科大学附属协和医院	蒋伟忠	8	3
514	2013J05118	钩吻素子的抗焦虑作用及其与大脑海马TSPO关联机制的研究	福建医科大学药学院	陈超杰	8	3
515	2013J05119	应用FMRI、ERP技术研究针刺治疗中风后抑郁症的机制	福建中医药大学康复医学院	韩　平	4	3
516	2013J05120	硫酰氟熏蒸对入境集装箱孳生蝇类携带病原体影响的研究	厦门国际旅行卫生保健中心	贺　骥	4	3
517	2013J05121	MDLC－MS技术平台的建立及其在中药复方体内代谢研究中的应用	厦门大学药学院	刘秀秀	7	3
518	2013J05122	内源性大麻素系统调控脑胶质瘤干细胞机制的研究	厦门大学医学院	任　杰	6	3
519	2013J05123	湿热应激及习服对气道粘液分泌的影响比较及三仁汤干预作用	厦门大学医学院	赖鹏华	4	3
520	2013J05124	新抑癌基因TIPE1促细胞凋亡作用研究	厦门大学医学院	王逸难	8	3
521	2013J06001	复芬斯勒全纯向量丛的若干问题研究	厦门大学数学科学学院	钟春平	30	20
522	2013J06002	高性能铂纳米粒子催化剂的表面结构设计与稳定性研究	厦门大学物理与机电工程学院	文玉华	30	25
523	2013J06003	构建多元指标协同检测的纳米电化学生物传感器用于乳腺癌早期诊断	福建医科大学药学院	陈敬华	30	25
524	2013J06004	前过渡金属氧化物簇模型催化剂的设计模拟与催化活性研究	福州大学化学化工学院	黄　昕	30	25
525	2013J06005	多功能智能纳米药物控释系统的基础研究	厦门大学化学化工学院	高锦豪	30	25
526	2013J06006	碳纳米复合材料在电化学储能的应用基础研究	中国科学院福建物质结构研究所	官轮辉	30	25

续表㉖

序号	项目编号	项目名称	承担单位	项目负责人	总投资（万元）	计划总额（万元）
527	2013J06007	核盘菌诱导的拟南芥和油菜 microRNA 的功能分析	福建农林大学植物保护学院	王爱荣	30	25
528	2013J06008	空心莲子草入侵特性和天敌莲草直胸跳甲的适应性对 CO_2 浓度升高的响应	福建省农业科学院植物保护研究所	傅建炜	30	25
529	2013J06009	植物代谢速率调控机理研究	福建师范大学地理科学学院	程栋梁	40	25
530	2013J06010	抗病毒型抗菌肽 ALFs 高效表达及其初步应用研究	厦门大学海洋与环境学院（海洋与地球学院）	刘海鹏	60	25
531	2013J06011	利用转基因表达 Mst1 变异体研究 Mst1 激酶在 T 细胞活化功能中的作用	厦门大学生命科学学院	周大旺	30	25
532	2013J06012	雌激素降解菌的多样性及其在污水处理中的应用研究	中国科学院城市环境研究所	于昌平	60	25
533	2013J06013	结合主被动视觉技术的物体三维形貌数字化关键技术研究	福州大学机械工程及自动化学院	何炳蔚	30	25
534	2013J06014	模式识别中高复杂性数据处理的若干关键技术的研究	华侨大学计算机科学与技术学院	杜吉祥	30	25
535	2013J06015	Adropin 药物后处理对糖尿病大鼠缺血/再灌注损伤心肌的保护作用及其分子机制	福建医科大学附属协和医院	方　军	30	25
536	2013J06016	厦门地区手足口病病原谱监测及基因进化趋势研究	厦门大学公共卫生学院	葛胜祥	30	25
	合计				**4065.5**	**2531**

【2013 年新上的福建省中小企业创新资金计划项目表】

序号	项目编号	项目名称	承担单位	项目负责人	总投资（万元）	计划总额（万元）
1	2013C0001	大型火电控制系统半实物动态仿真装置研发与应用	福州创华软件有限公司	王龙南	156.2	30
2	2013C0002	新一代矿用时间域瞬变电磁仪	福州华虹智能科技开发有限公司	李培根	540	30
3	2013C0003	环保臭氧发生器专用大功率高频数字逆变器	福州欣联达电子科技有限公司	林　钦	310	30
4	2013C0004	智能强力数控台钻	福州工大台钻有限公司	庄　进	230	30
5	2013C0005	应用高效节能隧道窑技术生产新配方高压电瓷	闽清宏电电瓷电器有限公司	林　峰	450	30
6	2013C0006	抗菌防霉 MDI 记忆聚氨酯泡沫环境友好材料	福建越特新材料科技有限公司	许明洪	225	30
7	2013C0007	半导体激光管芯片底座铜片	莆田市龙腾电子科技有限公司	姚志栋	476	30
8	2013C0008	单面导湿和光致发光双面纺织材料	莆田华峰新材料有限公司	方华玉	520	30

续表①

序号	项目编号	项目名称	承担单位	项目负责人	总投资（万元）	计划总额（万元）
9	2013C0009	仿人发结构假发纤维	莆田市金汉发品有限公司	王汉文	365	30
10	2013C0010	中大尺寸新型多点触控电容屏的研究与制备	福建科创光电有限公司	林玉辉	195	30
11	2013C0011	S型插拔式称重传感器节能绝缘技术	锐马（福建）电气制造有限公司	林金田	210	30
12	2013C0012	缝制装备圆角切带机研发与制造	莆田市坚强缝制设备有限公司	林秀椿	300	30
13	2013C0013	全天候茶青自动处理设备	福建省安溪县韵和机械有限公司	林清娇	500	30
14	2013C0014	精密工业特种陶瓷轴承技术研发	福建省德化福杰陶瓷有限公司	林福文	590	30
15	2013C0015	具有以太网功能PC－BASED控制系统	泉州市桑川电气设备有限公司	吴旭光	1050	30
16	2013C0016	全自动节能型热熔胶上胶机	福建省精泰设备制造有限公司	王小阳	584	30
17	2013C0017	JH－AFCI故障电弧探测装置	福建俊豪电子有限公司	傅加发	1500	30
18	2013C0018	新型无线数字视频对讲机研制	力声（福建）通信股份有限公司	尹力学	700	30
19	2013C0019	微晶粒无限定长旋转靶材的产业化项目	漳州市合纵镀膜材料科技有限公司	虞　辉	967	30
20	2013C0020	高性能环保型水性环氧树脂及其固化剂	漳州市奈特新型建材有限责任公司	阮韶铭	350.72	30
21	2013C0021	超固化汽车漆	漳州鑫展旺化工有限公司	官春生	745	30
22	2013C0022	基于电机驱动的动感高仿真汽车驾训模拟器	漳州惠智信息技术有限公司	陈明德	300	30
23	2013C0023	蓝桉油副产物中r－松油烯的提取	长汀劲美生物科技有限公司	黄金龙	512	30
24	2013C0024	利用工业废弃物生产无石棉硅酸钙板	三明市金宫硅酸钙板有限公司	郑新才	500	30
25	2013C0025	物理法制备纳米氧化锌活性粉体材料	福建中翔纳米科技有限公司	陈明山	500	30
26	2013C0026	采用新的清洁电镀工艺生产金属五金工艺品	南平恒生金属制品有限公司	郑再生	556	30
27	2013C0027	高强度铝合金内燃机活塞	南平华田机械工业有限公司	王宗阳	800	30
28	2013C0028	全合成新工艺制备洋茉莉醛	福建仁宏医药化工有限公司	王国洪	1300	30
29	2013C0029	竹基热固性塑料模板技术集成与产业化	福建隆达竹业有限公司	黄锋华	400	30
30	2013C0030	高效稀土永磁小型风力发电机	福安市华创电机电器有限公司	张春林	400	30
31	2013C0031	JP21S舷外机泵油膜片式化油器	福鼎市佳磐通用部件有限公司	卓劲松	500	30

续表②

序号	项目编号	项目名称	承担单位	项目负责人	总投资（万元）	计划总额（万元）
32	2013C0032	新型导电层浆料的陶瓷臭氧发生管	宁德市德天电子元件有限公司	吕慈玉	350	30
33	2013C0033	灵芝逆流提取工艺研究与开发	福建省健神生物工程有限公司	毛德春	600	26.5
34	2013C0034	新式定子绕线结构的扁铜线汽车交流发电机	福建闽光电机制造有限公司	张兴全	418	30
35	2013C0035	即热式绿色环保多功能折叠式面巾机	福建省星际玛电子科技有限公司	林爱东	200	30
36	2013C0036	基于绿色铸造减排关键技术的高回收生产铸造再生砂	三明市联兴再生资源开发有限公司	姜承荣	990	30
37	2013C0037	黄红麻阻燃非织造布汽车内饰材料	福建长庚无纺新材料有限公司	廖长庚	900	30
	合计				**20189.92**	**1106.5**

【2013年新上的福建省引进重大研发机构资助项目表】

序号	项目编号	项目名称	承担单位	项目负责人	总投资（万元）	计划总额（万元）
1	2012I2001	东南汽车研究院	东南（福建）汽车工业有限公司	金一峰	15153	1000
2	2012I2002	福建奔驰汽车工业有限公司研发中心	福建奔驰汽车工业有限公司	Hari Achmad	50000	1000
3	2012I2003	福建三聚福大化肥催化与净化技术研究中心	化肥催化剂国家工程研究中心（福州大学）	任相坤	11300	450
4	2012I2004	南方医科大学肿瘤干细胞研发中心漳州市分中心	福建省漳州市医院	马旭东	13000	300
5	2012I2005	宁德新能源科技有限公司宁德研究院	宁德新能源科技有限公司	赵丰刚	11954.2	1000
6	2013I2001	机械科学研究总院海西（福建）分院	机械科学研究总院海西（福建）分院	王西峰	14332.4	1000
7	2013I2002	南方路机、寿技研固废资源化装备研发中心	福建南方路面机械有限公司	黄文景	13670.41	650
8	2013I2003	光电集成一体化技术两岸联合研发中心	立达信绿色照明股份有限公司	蔡志民	10667	630
9	2013I2004	宁德市仙洋洋食品科技研究所	福建仙洋洋食品科技有限公司	周绍迁	5947.04	550
10	2013I2005	宁德市富发大黄鱼产业技术研究中心	宁德市富发水产有限公司	郑炜强	5035.42	640
	合计				**151059.5**	**7220**

【2013 年新上的福建省重大科技成果购买补助项目表】

序号	项目编号	项目名称	承担单位	项目负责人	总投资（万元）	计划总额（万元）
1	2012H7001	长纤维增强热塑性复合材料在线成型（D－LFT）整线的开发	福建海源自动化机械股份有限公司	李良光	607.09	182
2	2012H7002	中板厂 ADCOS－PM 系统和工艺技术开发	福建省三钢（集团）有限责任公司	陈冠群	520	156
3	2012H7003	WH344、WH349 产品项目技术	福建兵工装备有限公司	宋有龙	361.66	108
4	2012H7004	新疆齐热哈塔尔水电站水轮机模型开发	福建南电股份有限公司	陈玉宇	235	70
5	2012H7005	风力发电机用高性能烧结钕铁硼永磁材料	宁德市星宇科技有限公司	包小倩	520	156
6	2012H7006	高效节能制冷压缩机开发与产业化	福建雪人股份有限公司	范明升	6300	500
7	2012Y8001	苯丙氨酸分离纯化	福建省麦丹生物集团有限公司	黄祥峰	300	90
8	2012Y8002	一种三氯蔗糖的制备方法	福建科宏生物工程有限公司	李韶雄	350	105
9	2012Y8003	一种适于产业化的红景天苷化学合成方法	福建省闽东力捷迅药业有限公司	吴晓华	300	66
10	2013T1001	利用鱼皮、鱼鳞开发生产胶原蛋白技术转让	福建福铭食品有限公司	杨宗铭	400	60
11	2013T1002	梳状波分复用器的成果购买转化	福州高意通讯有限公司	李伟启	1470	200
12	2013T1003	国家一类抗癌新药 TW9183 的开发研究	福建太平洋制药有限公司	乔风敏	245	50
13	2013T1004	蓝宝石晶体项目技术合作	闽能光电集团有限公司	杭 寅	400	120
14	2013T1005	80 万 t/a 棒材控冷控轧项目合作开发	福建三宝钢铁有限公司	林 军	300	90
15	2013T1006	购买三菱化学高品质荧光粉生产技术	福建省长汀金龙稀土有限公司	陈焕然	1251.5	200
16	2013T1007	N55 系列高磁能积钕铁硼磁体关键技术及产业化	宁德市星宇科技有限公司	包小倩	1500	200
17	2013T1008	高效风冷发电机组	双悦（福建）动力机械有限公司	刘春梁	700	140
	合计				**15760.25**	**2493**

【2013 年新上的福建省科技平台建设项目表】

序号	项目编号	项目名称	承担单位	项目负责人	总投资（万元）	计划总额（万元）
1	2013H2001	福建省鞋类舒适性研发公共服务平台	福建出入境检验检疫局检验检疫技术中心	陈学灿	283	200
2	2013H2002	物联网云计算平台建设	华侨大学工学院	郑力新	500	250
3	2013H2003	材料和热加工领域物理模拟技术平台建设	华侨大学机电及自动化学院	周广涛	500	250

续表①

序号	项目编号	项目名称	承担单位	项目负责人	总投资（万元）	计划总额（万元）
4	2013H2004	闽清县陶瓷科技企业孵化器（二期）及公共服务平台建设	闽清县陶瓷科技孵化器有限公司	林剑云	3000	200
5	2013H2005	福建省寿宁新材料科技创新服务平台建设	寿宁县生产力促进中心	叶林清	700	300
6	2013H2006	福建省知识产权科技创新服务平台（二期）	福建省知识产权信息公共服务中心	林　俊	283	150
7	2013H2007	福建莆田装备制造产业公共技术服务平台建设	莆田产业技术研究院	余　军	400	200
8	2013H2008	福建莆田装备制造产业专业孵化器建设	莆田市高新技术创业服务中心	张金龙	500	300
9	2013H2009	泉州市科技企业孵化器二期建设	泉州市生产力促进中心	柯美婷	900	300
10	2013H2010	泉州科技创新管理服务云平台建设	泉州市生产力促进中心	张秀乙	900	200
11	2013H2011	龙岩市科技创业园二期——科技创业总部建设	龙岩市高新技术创业服务中心	郭建平	30000	300
12	2013H2012	龙岩市南方稀土功能材料公共技术服务平台建设	龙岩紫荆创新研究院	吴新谦	2200	200
13	2013N2001	仙游设施蔬菜创新平台建设	仙游县生产力促进中心	陈明藻	1732	300
14	2013N2002	泉州对台合作引种创新平台建设	泉州市农业科学研究所	李锦泉	1000	300
15	2013N2003	永春农业公共技术服务平台建设	永春县科技开发中心	刘双标	600	300
16	2013N2004	平和农业特色产业公共技术服务平台建设	平和县生产力促进中心	庄孟斌	27110	300
17	2013N2005	连城现代农业公共服务平台建设	连城县生产力促进中心	沈君锋	49912	300
18	2013N2006	漳平农业公共技术服务平台建设	龙岩市漳平台创投资开发有限责任公司	马水清	13400	300
19	2013N2007	永安竹产业技术创新平台建设	永安市生产力促进中心	赖逊毅	4220	300
20	2013N2008	邵武中药材产业技术创新服务中心建设	邵武市生产力促进中心	黄益生	5000	300
21	2013N2009	武夷山农业特色产业技术创新平台建设	武夷山市生产力促进中心	应杭军	660	300
22	2013N2010	政和竹产业技术公共服务平台建设	政和县生产力促进中心	邱信义	816	300
23	2013N2011	宁德海洋养殖与加工技术公共服务平台建设	宁德市生产力促进中心	陈鸿基	605	200
24	2013R3001	福建省交通运输环境监测网络信息处理平台	福建省交通科学技术研究所	李希川	565	76
25	2013R3002	福建港湾海洋环境监测技术研究平台建设	福建海洋研究所	陈　岚	97	76
26	2013R3003	福建省创新方法研究应用推广平台	福建省科技发展研究中心	张明火	55.93	55.93
27	2013R3004	福建省农业物联网技术创新公共服务平台	福建省科技厅农牧业科研中试中心	姚钢鹰	138	50
28	2013R3005	福建省药物制剂技术研发平台	福建省微生物研究所	魏宗有	180	76
29	2013R3006	福建省固体废弃物资源化综合利用研发中心	福建省建筑材料工业科学研究所	郑洪武	280	76

续表②

序号	项目编号	项目名称	承担单位	项目负责人	总投资（万元）	计划总额（万元）
30	2013R3007	加强节能减排创新服务平台	福建省煤炭工业科学研究所	林大荣	132	76
31	2013R3008	福建省绿色建筑创新服务平台	福建省建筑科学研究院	侯伟生	145	76
32	2013T2001	海峡技术转移中心建设（一期）	福建省高新技术创业服务中心	张　华	590	590
33	2013Y2001	福建省计量器具型式评价技术公共服务平台建设	福建省计量科学研究院	池　辉	1500	200
34	2013Y2002	生物化工技术研发与成果转化平台建设	华侨大学化工学院	王士斌	500	250
35	2013Y2003	福建省微生物分析检测技术公共服务平台建设	福建省微生物研究所	江　红	500	100
36	2013Y2004	福州市鼓楼区产学研一体化科技服务平台建设	福州市鼓楼区科先科技咨询部	林　永	200	150
	合计				**150103.9**	**7901.93**

【2013年新上的福建省科技创新平台认定资助项目表】

序号	项目编号	项目名称	承担单位	项目负责人	总投资（万元）	计划总额（万元）
1	2013H8002	福州863软件专业孵化器服务中心	福州863软件专业孵化器服务中心	江　晨	215	50
2	2013H8003	福州金山科技企业孵化器	福州市高新技术产业创业服务中心	赵新飞	133.114	50
3	2013H8006	育成基地科技创新孵化服务平台	泉州育成科技创业促进有限公司	王健明	613.6698	50
4	2013H8008	泉港石化高新技术孵化基地	泉州市湄港湾石化科技孵化基地开发建设有限公司	吴美钦	110.6833	50
5	2013H8010	泉州市高新技术创业服务中心	泉州市生产力促进中心	张阳峰	135.3259	50
6	2013H8012	福建省高新技术创业服务中心	福建省高新技术创业服务中心	张　华	337	50
7	2013J2001	福建省能源计量重点实验室	福建省计量科学研究院	许　航	1721.6	300
	合计				**3266.393**	**600**

【2013年新上的福建省孵化用房补助项目表】

序号	项目编号	项目名称	承担单位	项目负责人	总投资（万元）	计划总额（万元）
1	2013H8001	福州金山科技企业孵化器新增孵化用房补助	福州市高新技术产业创业服务中心	赵新飞	19.0248	11.4
2	2013H8004	福州863软件专业孵化器新增孵化用房补助	福州863软件专业孵化器服务中心	江　晨	8.916	5.3
3	2013H8005	福建工程学院科技创业园孵化器新增孵化用房补助	福建工大科学技术开发有限公司	范红雷	28.5936	17

续表

序号	项目编号	项目名称	承担单位	项目负责人	总投资（万元）	计划总额（万元）
4	2013H8007	泉港石化高新技术孵化基地新增孵化用房补助	泉州市湄港湾石化科技孵化基地开发建设有限公司	吴美钦	21.171	12.7
5	2013H8009	泉州高新区科技创新服务中心	泉州市鲤城高新技术产业开发区管理委员会	吴保忠	12.1755	7.3
6	2013H8011	龙岩市科技企业孵化器新增孵化用房补助	龙岩市高新技术创业服务中心	钟善招	56.46	31
7	2013H8013	福建创意产业科技企业孵化器新增孵化用房补助	福建省科技管理干部学校	王瑞清	5.3	5.3
8	2013H8014	左海科技大厦科技服务业孵化器新增孵化用房补助	福建省科技开发中心	文立鹏	8.2	8.2
	合计				**159.8409**	**98.2**

【2013年新上的福建省股份转让系统补助资金项目表】

序号	项目编号	项目名称	承担单位	总投资（万元）	计划总额（万元）
1	2013C1001	福建锐思软件开发有限公司2013年度进入股份转让系统补助资金	福建锐思软件开发有限公司	20	10
2	2013C1002	福州农博士生物技术有限公司2013年度进入股份转让系统补助资金	福州农博士生物技术有限公司	95	10
3	2013C1003	绿电能源技术开发（福建）有限公司2013年度进入股份转让系统补助资金	绿电能源技术开发（福建）有限公司	70	10
4	2013C1004	福建永信数控科技股份有限公司2013年度进入股份转让系统补助资金	福建永信数控科技股份有限公司	135	10
	合计			**320**	**40**

【2013年新上的福建省创新型企业创新成果后补助项目表】

序号	项目编号	项目名称	承担单位	项目负责人	总投资（万元）	计划总额（万元）
1	2013R2001	参与时钟国际标准——ISO13074《指针式石英钟——机心与指针的配合尺寸》的制定	福建瑞达精工股份有限公司	蒋　维	10	10
2	2013R2002	“一种基于三层架构的系统数据增量更新的优化方法”及其应用	福建星网视易信息系统有限公司	林剑宇	10	10
3	2013R2003	动态有源滤波及无功补偿项目	福建中能电气股份有限公司	汪童志	10	10
4	2013R2004	一种新型波浪型双层结构的鼓式刹车片	福建冠良汽车配件工业有限公司	何希龙	10	10
5	2013R2005	环保型高抗冲改性聚氯乙烯（PVC—M）管材研制	福建振云塑业股份有限公司	莫晨杰	10	10

续表①

序号	项目编号	项目名称	承担单位	项目负责人	总投资（万元）	计划总额（万元）
6	2013R2006	板式氯氧化铋晶体基材的研发	福州坤彩精化有限公司	袁占辉	10	10
7	2013R2007	一种再生瓶片的生产方法	福州隆诚实业有限公司	肖荔人	10	10
8	2013R2008	一种香鱼配合饲料发明专利	福建大昌生物科技实业有限公司	吴云通	10	10
9	2013R2009	非现场一体化电子监管系统	福建锐思软件开发有限公司	高 飞	10	10
10	2013R2010	福建省养殖动物营养与新型饲料企业工程技术研究中心	福建省华龙集团饲料有限公司	曾丽莉	10	10
11	2013R2011	82列平推式票据打印机	福建实达资讯科技有限公司	林艳青	10	10
12	2013R2012	一种超临界CO_2提取和分级纯化灵芝孢子油的方法	福建仙芝楼生物科技有限公司	李 晔	15	15
13	2013R2013	藏文政府办公系统（RJ－TIBGOA）	福建榕基软件股份有限公司	陈明平	20	20
14	2013R2014	单系统全电脑针织横机控制系统	福建睿能电子有限公司	张国利	10	10
15	2013R2015	福州思迈特数码科技有限公司技术中心	福州思迈特数码科技有限公司	王光灿	10	10
16	2013R2016	沼气工程用红泥复合材料	福建思嘉环保材料科技有限公司	张宏旺	15	15
17	2013R2017	基于托管虚拟机技术的嵌入式图形用户系统的研发	福建创频数码科技有限公司	沈少阳	10	10
18	2013R2018	一种实现录音或录像数据真实性的认证方法	福建实达数码科技有限公司	王光灿	10	10
19	2013R2019	系列酱菜及豆蛋制品自动化生产设备的研制	福建省红太阳精品有限公司	严国圣	10	10
20	2013R2020	医用便携式智能输液或输血滴速控制机	福建省仁德医械制造有限公司	黄玉坤	10	10
21	2013R2021	带立体声效系统的LCD液晶显示投影机	福建省新威电子工业有限公司	黄建辉	10	10
22	2013R2022	大豆膳食纤维的技术创新与成果的推广应用	莆田市涵兴食品有限公司	郑建涵	10	10
23	2013R2023	可溶性大豆多糖	福建省泉州市味博食品有限公司	廖劲松	10	10
24	2013R2024	临界氧燃烧技术在陶瓷窑炉上的应用研究项目	福建泉州顺美集团有限责任公司	郑泽洽	10	10
25	2013R2025	小包透明纸自动控制输送装置	福建烟草机械有限公司	傅桂明	10	10
26	2013R2026	基于ANDROID平台及WIFI无线传输技术智能家居系统	泉州佳乐电器有限公司	叶长伟	10	10
27	2013R2027	一种适于草原上使用的GPS定位报警器	泉州时刻防盗电子有限责任公司	洪春生	10	10
28	2013R2028	一种液体状态指示装置	泉州市一鸣交通电器有限公司	戴增实	10	10
29	2013R2029	高抓地力止滑橡胶的研发	安踏（中国）有限公司	李 苏	10	10

续表②

序号	项目编号	项目名称	承担单位	项目负责人	总投资（万元）	计划总额（万元）
30	2013R2030	一种轻便型割草机集草箱草坪割草机	福建省晋江市三力机车有限公司	刘清国	10	10
31	2013R2031	一种石材打蜡机的开发与产业化	福建盛达机器股份公司	苏永定	10	10
32	2013R2032	《纤网——纱线型缝编非织造布行业标准》编写	福建鑫华股份有限公司	王山英	10	10
33	2013R2033	一种高脂肪黑糖话梅糖果的产业化	金冠（中国）食品有限公司	郭海威	10	10
34	2013R2034	劈岩陶瓷砖及其制备方法	晋江腾达陶瓷有限公司	黄宝守	10	10
35	2013R2035	青梅果粒果冻及其制备方法	蜡笔小新（福建）食品工业有限公司	张晓东	10	10
36	2013R2036	无铬复鞣研究与应用	兴业皮革科技股份有限公司	廖秋生	15	15
37	2013R2037	用于卫星数字电视信号测试装置	福建宝通科技有限公司	阮振坛	10	10
38	2013R2038	运动鞋中底结构	福建鸿星尔克体育用品有限公司	吴荣照	10	10
39	2013R2039	一种LED灯具热导管散热技术的研发及应用	福建蓝蓝高科技发展有限公司	吴元芬	10	10
40	2013R2040	一种对讲机天线	福建省泉州华鸿通讯有限公司	陈仁纯	10	10
41	2013R2041	新型对讲机（DMR数字对讲机ATS）	福建省万华电子科技有限公司	傅锦青	10	10
42	2013R2042	一种太阳能植物灯	泉州百来太阳能有限公司	陈光炎	10	10
43	2013R2043	PTT聚合纺丝关键技术及高附加值制品集成开发	泉州海天材料科技股份有限公司	王启明	10	10
44	2013R2044	一种镍氢动力电池的生产工艺产业化	泉州劲鑫电子有限公司	陈端典	10	10
45	2013R2045	新型全密封超薄食品容器	泉州梅洋塑胶五金制品有限公司	张冬阳	10	10
46	2013R2046	成人尿裤包装一体机的研发	泉州市汉威机械制造有限公司	阮慈建	10	10
47	2013R2047	采用线性化前馈、导频信号等关键技术在WCDMA网络直放设备中应用	泉州市协高微波电子有限公司	陈冬梅	10	10
48	2013R2048	新型太阳能灯具	文创太阳能（福建）科技有限公司	陈文良	10	10
49	2013R2049	电热水器的外置式防电墙	福建省江南电器制造有限公司	刘洪禄	10	10
50	2013R2050	高效耐磨V型金刚石刀头锯片	泉州众志金刚石工具有限公司	李　伟	10	10
51	2013R2051	电气信号采集监测装置	福建俊豪电子有限公司	傅哲龙	10	10
52	2013R2052	一种数控多功能平面磨床	福建南美机械有限公司	陈阿奖	10	10
53	2013R2053	一种电力机车自动灭火装置的研发	福建省白沙消防工贸有限公司	庄诸葛	10	10

续表③

序号	项目编号	项目名称	承担单位	项　目负责人	总投资（万元）	计划总额（万元）
54	2013R2054	一种自动磨石机	福建省南安市巨轮机械有限公司	郑远东	10	10
55	2013R2055	砌块成型机的减震装置	福建省卓越鸿昌建材装备股份有限公司	高　梁	10	10
56	2013R2056	热复合用无胶双向拉伸聚丙烯薄膜及其制备方法	泉州利昌塑胶有限公司	吕水抽	10	10
57	2013R2057	发动机油底壳总成	泉州市双塔汽车零件有限公司	王明峰	10	10
58	2013R2058	重载荷（大口径）HDPE 缠绕增强管生产技术及产品开发	福建纳川管材科技股份有限公司	陈志江	10	10
59	2013R2059	竹浆莱赛尔短纤维	福建宏远集团有限公司	叶　敏	10	10
60	2013R2060	福建省视频采集终端企业工程技术研究中心	泉州市东南光电有限公司	何立光	10	10
61	2013R2061	带定位功能的加密直播卫星机顶盒	泉州天地星电子有限公司	魏腾雄	10	10
62	2013R2062	一种射出仿 PU 发泡运动鞋鞋底成果产业化	泰亚鞋业股份有限公司	林松柏	10	10
63	2013R2063	一种按摩鞋底的研发	新协志（福建）有限公司	苏明烽	10	10
64	2013R2064	柚子自动去皮机	福建省国农农业发展有限公司	蔡明哲	10	10
65	2013R2065	一种新型变色钟表的研发	福建吉邦电子有限公司	谢信华	10	10
66	2013R2066	一种脱苦蜜柚果脯及其制作方法的研发	福建南海食品有限公司	林顺发	10	10
67	2013R2067	浮法玻璃专利技术产业化	漳州旗滨玻璃有限公司	邵景楚	10	10
68	2013R2068	全自动刹车系统电动卷帘门机	漳州市长泰新麒麟机械有限公司	林参跃	10	10
69	2013R2069	冷阴极灯管全自动弯管机	德泓（福建）光电科技有限公司	沈清全	15	15
70	2013R2070	家用太阳能热水控制器	福建亿林节能设备股份有限公司	陈建惠	10	10
71	2013R2071	移动式联体垃圾压缩机	福建精艺机械有限公司	高世泽	10	10
72	2013R2072	焊接式旋压皮带轮新工艺的开发及应用	福建威而特汽车动力部件有限公司	黄元平	10	10
73	2013R2073	工业雷管自动装配技术	福建海峡科化股份有限公司	苏明阳	10	10
74	2013R2074	液压载重轮胎定型硫化机	福建华橡自控技术股份有限公司	王县贵	10	10
75	2013R2075	一种造纸废水深度处理方法	福建铙山纸业集团有限公司	詹金春	15	15
76	2013R2076	未处理纸浆粉碎辊	三明市普诺维机械有限公司	郭尚接	10	10
77	2013R2077	窜联式振动压路机	厦工（三明）重型机器有限公司	蔡光春	10	10

续表④

序号	项目编号	项目名称	承担单位	项目负责人	总投资（万元）	计划总额（万元）
78	2013R2078	竹片侧立压制竹板材的应用开发	永安市大地竹业有限公司	丁建安	10	10
79	2013R2079	多路恒电位仪	福建畅联电子有限公司	陈　扬	10	10
80	2013R2080	全铝发动机外园无余量加工汽车缸套成型技术研究	福建汇华集团东南汽车缸套有限公司	张军政	10	10
81	2013R2081	年产500吨三氯蔗糖的产业化开发	福建科宏生物工程有限公司	陈子昂	10	10
82	2013R2082	折射计测定金霉素发酵液总糖含量的新方法	浦城正大生化有限公司	林　贞	10	10
83	2013R2083	灵芝活性多糖的低温提取技术研究	安发（福建）生物科技有限公司	高益槐	15	15
84	2013R2084	新型刀剪及磨削设备的研发	福建大吉刀剪五金有限公司	陈品观	10	10
85	2013R2085	抗乙肝病毒国家一类新药“阿甘定”——阿德福韦酯	福建广生堂药业股份有限公司	陈国华	15	15
86	2013R2086	节能减碳高效电动机开发	福建惠丰电机有限公司	杨良弟	10	10
87	2013R2087	育苗用底栖硅藻培养及其鲍鱼苗培育方法	福建蓝鲸水产有限公司	林秋生	10	10
88	2013R2088	育苗用海水过滤装置设备研发	福建闽威实业有限公司	方　秀	10	10
89	2013R2089	一种太子参冻干饮片及其制备方法	福建省闽东力捷迅药业有限公司	游奶寿	15	15
90	2013R2090	全自动冷热水自吸电泵	福建省银象电器有限公司	丁敏良	10	10
91	2013R2091	低咖啡因茶浓缩液、茶粉中间体制备技术	福建仙洋洋食品科技有限公司	周绍迁	10	10
92	2013R2092	软包装海带鱼肉卷罐头的制备方法	福建岳海水产食品有限公司	石晓明	10	10
93	2013R2093	高密度竖排式鲍鱼养殖箱	宁德市海洋技术开发有限公司	陈胜平	10	10
94	2013R2094	利用乌贼养殖专用网箱培育乌贼亲体的养殖技术研究	宁德市南海水产科技有限公司	谢友亮	10	10
95	2013R2095	新型鱼类加工设备研发与应用	宁德市夏威食品有限公司	蔡述秋	10	10
	合计				**1000**	**1000**

【2013年度验收的福建省科技重大专项专题项目表】

序号	验收文号	项目编号	项目名称	项目负责人	承担单位
1	闽科高验〔2013〕010号	2009HZ0007－1	多功能网络数字媒体终端核心芯片及其应用平台研发及产业化	李诗勤	福州瑞芯微电子有限公司
2	闽科高验〔2013〕063号	2010HZ0006－1	工业自动化IAP新技术研发及其产业化	陈新楚	福州福大自动化科技有限公司
3	闽科高验〔2013〕070号	2010HZ0004－1	“北斗二代”卫星导航终端与核心器件的研制及其产业化	邹金仁	福建星海通信科技有限公司
4	闽科高验〔2013〕071号	2008HZ0003－1	建筑节能关键技术研究和应用示范	赵士怀	福建省建筑科学研究院

续表

序号	验收文号	项目编号	项目名称	项目负责人	承担单位
5	闽科高验〔2013〕091号	2010HZ0002－1	数控机床及其相关功能部件研发	蒋新华	福建工程学院电子信息与电气工程系
6	闽科农验〔2013〕031号	2010NZ0001－2	抗病毒、抗衰老海洋制品研制与中试	洪碧红	国家海洋局第三海洋研究所
7	闽科农验〔2013〕032号	2010NZ0001－5	海洋功能食品技术研究与应用	陈锦权	漳州欧圣食品有限公司
8	闽科农验〔2013〕033号	2010NZ0001－3	藻类高值产品开发技术研究与应用	曹敏杰	集美大学生物工程学院
9	闽科农验〔2013〕034号	2010NZ0001－1	鱼鳞、鱼皮废弃物开发胶原复合膜及医用敷料	张其清	福州大学科技处
10	闽科农验〔2013〕035号	2010NZ0001－4	微藻提取DHA的技术开发	卢英华	厦门大学化学化工学院
11	闽科农验〔2013〕096号	2010NZ0002－1	利用生物技术进行饲料原料预处理的研究及应用	王长康	福建农林大学动物科学学院
12	闽科农验〔2013〕097号	2010NZ0002－2	环境友好型畜禽、水产配合饲料的研究及其产业化开发	陈婉如	福建省华龙集团饲料有限公司
13	闽科农验〔2013〕098号	2010NZ0002－3	动物营养免疫调控技术集成及功能性饲料开发	宋铁英	福建省农业科学院生物技术研究所
14	闽科农验〔2013〕105号	2010NZ0003－1	花卉品种创新与高效栽培技术研究	黄敏玲	福建省农业科学院作物研究所
15	闽科农验〔2013〕106号	2010NZ0003－2	花卉产业化配套技术研发	庄西卿	漳州森晖兰花产业有限公司
16	闽科社验〔2013〕027号	2010YZ0001－3	甘草次酸酯制剂化学一类新药临床前研究	秦怀国	福建天泉药业股份有限公司
17	闽科社验〔2013〕038号	2010YZ0001－1	熊胆粉复方中药治疗脂肪肝的临床前研究	洪振丰	福建中医药大学中西医结合学院

【2013年度验收的福建省科技重大项目表】

序号	验收文号	项目编号	项目名称	项目负责人	承担单位
1	闽科高验〔2013〕006号	2010H4002	基于多网络多业务融合的家庭信息化关键技术研发及产业化	赖克中	福建邮科通信技术有限公司
2	闽科高验〔2013〕007号	2010H4027	近净成型先进铸造技术的研究	何国荣	龙工（福建）铸锻有限公司
3	闽科高验〔2013〕012号	2010H6028	卫浴出水终端产品高光技术产业化研究	黄红武	厦门理工学院机械工程系
4	闽科高验〔2013〕014号	2010H4006	六轴车铣复合加工中心	黄剑锋	福建省金浦机械工业有限公司
5	闽科高验〔2013〕017号	2010H4022	高性能三基色荧光粉的研发	陈焕然	长汀金龙稀土有限公司
6	闽科高验〔2013〕023号	2010H4030	高品质大型铸钢件的技术研发	张滨旭	福建三明三重铸锻有限公司
7	闽科高验〔2013〕029号	2010H6010	毛细管电泳和电感耦合等离子体质谱仪联用接口装置的产业化生产应用研究	付凤富	福州大学化学化工学院

续表①

序号	验收文号	项目编号	项目名称	项目负责人	承担单位
8	闽科高验〔2013〕032号	2011H6018	高清双模数字电视机顶盒研制	凌朝东	华侨大学信息科学与工程学院
9	闽科高验〔2013〕033号	2009H4001	通信后备智能电源系统新技术研发及产业化	陈顺通	飞毛腿（福建）电子有限公司
10	闽科高验〔2013〕036号	2010H6020	固定床连续煤气化技术改进研究	崔国星	三明学院化学与生物工程系
11	闽科高验〔2013〕040号	2010H4026	复杂低品位银多金属矿高效选冶关键技术研究	巫銮东	武平紫金矿业有限公司
12	闽科高验〔2013〕041号	2010H6025	真空隔热板在线微型真空测量组件的产业化研发	冯勇建	厦门大学物理与机电工程学院
13	闽科高验〔2013〕042号	2010H6022	智能化声纹检测技术研究及其产业化应用	童　峰	厦门大学海洋与环境学院（海洋与地球学院）
14	闽科高验〔2013〕047号	2011H4001	云计算数据中心TOR交换设备研发及产业化	陈宏涛	福建星网锐捷网络有限公司
15	闽科高验〔2013〕051号	2010H6027	纳米复合超细晶粒金属陶瓷刀具材料的微波烧结新技术研发	张厚安	厦门理工学院机械工程系
16	闽科高验〔2013〕060号	2010H4029	全氟环氧丙烷下游产品（医药、功能新材料中间体）合成工艺及新型催化剂的研究	张　威	三明市海斯福化工有限责任公司
17	闽科高验〔2013〕061号	2010H6024	烟气中二氧化硫资源化与制取亚硫酸（氢）钠产业化实施	贾立山	厦门大学化学化工学院
18	闽科高验〔2013〕068号	2010H6006	智能型生态瓷壶制水器的研发及其规模化生产	颜桂炀	福建师范大学化学与材料学院
19	闽科高验〔2013〕072号	2010H6008	具有多网络自适应功能的新型无线宽带视频传输系统	吴　怡	福建师范大学物理与光电信息科技学院（光电与信息工程学院）
20	闽科高验〔2013〕073号	2009H4012	龙岩高岭土系统除铁增白技术研发与产业化	陈文瑞	龙岩高岭土有限公司
21	闽科高验〔2013〕074号	2010H6016	高精度数控桥式多功能复合机研究开发	谢明红	华侨大学机电及自动化学院
22	闽科高验〔2013〕078号	2010H6017	基于网络信息交互的智能电网配电监测终端产业化关键技术研究	林长川	集美大学航海学院
23	闽科高验〔2013〕086号	2010H6012	通信运营监控智能分析与数据挖掘系统	叶东毅	福州大学数学与计算机科学学院
24	闽科高验〔2013〕092号	2011H4010	砂岩（矿山）采石机	方千山	福建省华隆机械有限公司
25	闽科高验〔2013〕094号	2010H6014	达到国III、国IV排放要求的柴油乘用车用氧化催化剂的研制及产业化关键技术的研究	肖益鸿	化肥催化剂国家工程研究中心（福州大学）
26	闽科高验〔2013〕095号	2010H4024	环卫车机械液压复合传动装置的研发	陈敬洁	福建龙马环卫装备股份有限公司
27	闽科高验〔2013〕096号	2012H4016	SHZ20全液压扫路机的研发	张桂丰	福建龙马环卫装备股份有限公司

续表②

序号	验收文号	项目编号	项目名称	项目负责人	承担单位
28	闽科高验〔2013〕097 号	2010H4010	动柱式五轴联动龙门加工中心的研究开发	胡高尚	泉州佳泰数控有限公司
29	闽科高验〔2013〕099 号	2011H4014	超仿棉涤纶长丝的开发	叶敬平	福建百宏聚纤科技实业有限公司
30	闽科高验〔2013〕111 号	2011H4004	基于 MIMO 技术的 FDD－LTE 数字直放站	何劲财	福建三元达通讯股份有限公司
31	闽科高验〔2013〕119 号	2011H4009	激光技术应用于千足金复镶首饰艺术雕刻工艺研制	张国王	华昌珠宝有限公司
32	闽科高验〔2013〕120 号	2011H4035	太阳能采光玻璃高透自洁纳米薄膜的技术开发与应用	杜云贵	福建圣元电子科技有限公司
33	闽科高验〔2013〕122 号	2010H6018	并网太阳能电站产业化关键技术研发	林文忠	闽江学院计算机科学系
34	闽科高验〔2013〕123 号	2011H4024	环保无毒型生物酯增塑剂的研发与产业化生产	陈建洪	福建致尚生物质材料发展有限公司
35	闽科高验〔2013〕125 号	2010H6026	面向金融、税控应用的专用信息处理与控制 SoC 芯片的研发	李晓潮	厦门大学信息科学与技术学院
36	闽科高验〔2013〕131 号	2012H4026	陶瓷加热圆棒研发与应用	陈小红	福建闽航电子有限公司
37	闽科高验〔2013〕135 号	2011H4036	多功能起垄机研发与产业化生产	张培坤	福建永顺机械有限公司
38	闽科高验〔2013〕136 号	2011H4017	高密数控双面电脑机	施海恭	福建石狮台帆机械实业有限公司
39	闽科高验〔2013〕137 号	2011H6015	家用电器待机节能控制芯片的研制	施隆照	福州大学物理与信息工程学院
40	闽科高验〔2013〕139 号	2010H4021	太阳能光伏发电系统能量变换设备研制	陈四雄	漳州科华技术有限责任公司
41	闽科高验〔2013〕141 号	2010H6002	铝型材等温挤压技术研究及其产业化	蒋新华	福建工程学院计算机与信息科学系
42	闽科高验〔2013〕142 号	2011H4018	铝基覆铜电路板在 LED 照明灯具上的应用	赖建丰	福建奕全电子有限公司
43	闽科高验〔2013〕145 号	2011H6011	政务信息资源业务协同和信息集成平台的开发及应用	肖桂荣	福建省空间信息工程研究中心
44	闽科高验〔2013〕146 号	2010H4035	智能液晶电量模块的研制及应用	陈志扬	福建顺昌虹润精密仪器有限公司
45	闽科农验〔2013〕006 号	2010N3020	金柑常温及挂树保鲜新技术与果醋酿造工艺增香优化技术研究	王建新	尤溪县金门春生物制品有限公司
46	闽科农验〔2013〕010 号	2010N3010	药用万寿菊种植基地建设与高纯度叶黄素制备技术研发	魏梅娟	阳光国际集团科技发展有限公司
47	闽科农验〔2013〕015 号	2010N3002	带壳禽蛋规模高效前处理成套技术开发	余　劼	福建光阳蛋业股份有限公司
48	闽科农验〔2013〕016 号	2010N3003	海带良种创制与加工技术研发及产业化示范	林哲龙	福建省连江县官坞海洋开发有限公司
49	闽科农验〔2013〕017 号	2010N3025	真姬菇工厂化生产技术及其废弃物综合利用研究	叶　进	福建和意农业发展有限公司
50	闽科农验〔2013〕019 号	2010N5003	高酯型儿茶素含量的速溶茶加工技术研究	林金科	福建农林大学农产品品质研究所

续表③

序号	验收文号	项目编号	项目名称	项目负责人	承担单位
51	闽科农验〔2013〕021号	2010N3001	福州茉莉花茶加工技术及产业化示范	傅天龙	福州春伦茶业有限公司
52	闽科农验〔2013〕024号	2010N5013	"酪氨酸酶抑制剂"生物保鲜剂在果蔬上的应用研究	陈清西	厦门大学生命科学学院
53	闽科农验〔2013〕026号	2010N5012	银耳菌用树种繁殖及配套技术推广示范	彭彪	宁德师范学院生物工程系
54	闽科农验〔2013〕029号	2011N3015	漳州柑橘害虫可持续生物防控关键技术研究与示范推广	梁景华	漳州市英格尔农业科技有限公司
55	闽科农验〔2013〕030号	2010N3012	双孢蘑菇无公害栽培技术研究与开发	王翠娟	漳州市同发食品工业有限公司
56	闽科农验〔2013〕043号	2010N3024	肉兔规模化饲养、标准化屠杀加工技术研究与示范	卢本棋	福建丙午绿洲兔业发展有限公司
57	闽科农验〔2013〕045号	2009N3012	闽西马尾松良种选育及开发利用研究	赵永建	福建省龙岩市林业科学研究所
58	闽科农验〔2013〕060号	2010N3011	无患子精深加工产品研发及产业化示范	陈登龙	泉州青龙生物科技开发有限公司
59	闽科农验〔2013〕062号	2010N5001	中低温固化型重组竹产业化关键技术研究	杨文斌	福建农林大学材料工程学院
60	闽科农验〔2013〕063号	2010N5005	耐热纤维素酶、半纤维素酶工程菌的构建及产业化研究	刘斌	福建农林大学食品科学学院
61	闽科农验〔2013〕064号	2010N3005	龙眼高效生态栽培技术研究与示范	柯炳林	莆田市置业果树有限公司
62	闽科农验〔2013〕065号	2010N3006	沿海围垦地火龙果高效栽培技术研究	袁亚芳	莆田市天成农牧业发展有限公司
63	闽科农验〔2013〕067号	2011N3020	植物基高倍甜味剂——三氯蔗糖的制备工艺研究和产业化	陈子昂	福建科宏生物工程有限公司
64	闽科农验〔2013〕074号	2010N5007	海西特色贝类人工育苗和养殖关键技术	高如承	福建师范大学生命科学学院
65	闽科农验〔2013〕076号	2010N5009	新型健康养殖饲料添加剂——天然虾青素的产业化生产技术	倪辉	集美大学生物工程学院
66	闽科农验〔2013〕077号	2011N3027	闽东蜜饯安全优质生产关键技术开发	黄细忠	福建新味食品有限公司
67	闽科农验〔2013〕080号	2010N3007	台引特色水果（甜柿和橘柚）种植技术研究与示范	陈清西	莆田市山益生态农业有限公司
68	闽科农验〔2013〕084号	2011N3014	缓释抗病生态肥料生产关键技术集成与产业化	黄原平	福建双赢集团有限公司
69	闽科农验〔2013〕088号	2011N3029	鲍多倍体规模化生产及养殖技术示范推广	陈胜平	宁德市海洋技术开发有限公司
70	闽科农验〔2013〕091号	2009N3008	石狮市海洋生态养殖与特色水产品深加工技术	高德友	石狮海星食品有限公司
71	闽科农验〔2013〕092号	2011N3028	福鼎白茶产业提升关键技术研究与示范	林健	福建品品香茶业有限公司
72	闽科农验〔2013〕094号	2011N3002	平潭岛富营养化海区大型海藻生物修复技术开发及产业化	郑怡	福建省平潭县恒祥渔业有限公司

续表④

序号	验收文号	项目编号	项目名称	项目负责人	承担单位
73	闽科农验〔2013〕095 号	2011N5006	武夷名丛茶树种质资源收集保护与利用	孙威江	福建农林大学园艺学院
74	闽科农验〔2013〕101 号	2010N3008	农产品加工废弃物提取蛋白、短肽及多糖等现代生物技术研究与开发	廖劲松	福建省泉州市味博食品有限公司
75	闽科农验〔2013〕109 号	2011N5004	PEF 结合冷冻浓缩集成技术生产浓缩茶工业化装备的研究开发	孙沈鲁	福建农林大学食品科学学院
76	闽科农验〔2013〕110 号	2010N3016	杂交水稻两系不育系福龙 S2 系列组合选育与配套集成技术研究	林金虎	龙岩市龙腾农业生物技术开发有限公司
77	闽科社验〔2013〕003 号	2010Y4007	食品中致癌物检测关键技术及仪器设备研发	谢增鸿	福州大学食品安全与环境监测技术研究所
78	闽科社验〔2013〕004 号	2010Y3012	宁德畲族人群糖尿病流行病学调查与干预研究	林应华	福建省宁德市医院
79	闽科社验〔2013〕008 号	2010Y4008	重组人乳头瘤病毒 16/18 型双价疫苗的研制	顾　颖	厦门大学福建省医学分子病毒学研究中心
80	闽科社验〔2013〕009 号	2010Y4004	治疗心律失常莲心总碱滴丸的药学及其主要药效学研究	褚克丹	福建中医药大学药学院
81	闽科社验〔2013〕011 号	2010Y3005	双孢蘑菇多糖系列产品的研发	洪　绯	漳州片仔癀药业股份有限公司
82	闽科社验〔2013〕015 号	2010Y3001	注射用纳米微乳的临床前研究	陆伟民	福州辰星药业有限公司
83	闽科社验〔2013〕019 号	2011Y3003	废弃软饮料包装材料及铝塑复合膜边废料的综合回收开发利用	王玉灵	漳州市陆海环保产业开发有限公司
84	闽科社验〔2013〕024 号	2010Y3006	闽西矿区污染引发相关疾病的防治研究	黄永清	福建省龙岩市第二医院
85	闽科社验〔2013〕031 号	2010Y4001	基于集水区动态模拟的水库水资源水环境管理平台开发	陈兴伟	福建师范大学地理科学学院
86	闽科社验〔2013〕037 号	2011Y3006	粉煤灰资源化综合利用关键技术研发及产业化	章新喜	福建省龙岩龙能粉煤灰综合利用有限公司
87	闽科社验〔2013〕039 号	2011Y3011	无菌注射级原料药炎琥宁的生产新工艺	游奶寿	福建省闽东力捷迅药业有限公司
88	闽科社验〔2013〕047 号	2011Y3005	土楼科学保护关键技术研究与应用	沈永雄	福建省永定富家文化传播有限公司

【2013 年度验收的福建省重点科技计划项目表】

序号	验收文号	项目编号	项目名称	项目负责人	承担单位
1	闽科高验〔2013〕001 号	2010H0003	一种新型 BiCMOS 电源控制集成电路的研发	林善彪	福建福顺微电子有限公司
2	闽科高验〔2013〕011 号	2010H7007	数字 PPC 直放站关键技术研发	黄海峰	福建三元达通讯股份有限公司
3	闽科高验〔2013〕013 号	2009H0059	LED 路灯的应用及芯片研发	陈元桂	福州市规划设计研究院
4	闽科高验〔2013〕016 号	2011H7013	电力线载波家庭智能控制系统	张瑗玉	冠林电子有限公司

续表①

序号	验收文号	项目编号	项目名称	项目负责人	承担单位
5	闽科高验〔2013〕018号	2009H0003	高压电网故障定位软件开发和大电流测量研究与应用	林　军	福建工程学院电子信息与电气工程系
6	闽科高验〔2013〕020号	2011H7017	圆立柱矿山采石机研发	林天华	福建省华隆机械有限公司
7	闽科高验〔2013〕021号	2010H0015	福建省建设工程项目监控关键技术研究与应用	林　中	福建省建设信息中心
8	闽科高验〔2013〕022号	2011H7037	SMXH1363C强力切削立式加工中心	严积森	福建省三明机床有限责任公司
9	闽科高验〔2013〕027号	2009H0052	高速公路隧道LED照明节能应用技术研究	黄祥谈	福建省高速公路有限责任公司
10	闽科高验〔2013〕028号	2011H7014	高性能复合基CEM覆铜板的研制	李立华	福建新世纪电子材料有限公司
11	闽科高验〔2013〕030号	2011H7003	低成本高性能激光与非线性晶体元器件工程化技术开发	吴少凡	福建福晶科技股份有限公司
12	闽科高验〔2013〕034号	2011H0016	建设从业人员综合服务平台关键技术研发与应用	陈元豹	福建省建设干部培训中心
13	闽科高验〔2013〕035号	2010H7016	医疗设备专用高性能不间断电源系统（UPS）	苏瑞瑜	漳州科华技术有限责任公司
14	闽科高验〔2013〕037号	2009H0044	面向节能减排的循环流化床锅炉优化控制	吉国力	厦门大学信息科学与技术学院
15	闽科高验〔2013〕039号	2011H7004	采用全国集中模式的出版物连锁经营系统	范朝晖	福建国通信息科技有限公司
16	闽科高验〔2013〕046号	2012H0004	三网融合数字影音通用平台的研发及推广应用	陈　风	福建星网视易信息系统有限公司
17	闽科高验〔2013〕048号	2008H0066	智能调光大功率电子镇流器	任志山	福建龙岩京展节能照明有限公司
18	闽科高验〔2013〕049号	2007H0040	企业信息安全支撑系统（E－SSS）	孙克胜	福建长威网络科技有限公司
19	闽科高验〔2013〕050号	2007H0020	液化天然气（LNG）清洁能源汽车加气站系统技术集成与优化	王　硕	中海石油福建新能源有限公司
20	闽科高验〔2013〕052号	2010H7004	非开挖电力电缆用改性聚丙烯套管开发及应用	吴林江	福建亚通新材料科技股份有限公司
21	闽科高验〔2013〕053号	2010H7019	环保型高阻燃熔融密封双壁管	吴良芳	福建陶金峰新材料有限公司
22	闽科高验〔2013〕056号	2010H7009	基于光纤五类线中频技术的无线通信信号拉远系统	许祥政	福建邮科通信技术有限公司
23	闽科高验〔2013〕057号	2011H7015	钢质活塞环油环刮片线材成型技术的研发	谢礼忠	福建东亚机械有限公司
24	闽科高验〔2013〕058号	2010H7005	汽车前挡LOW－E镀膜玻璃	福原康太	福耀玻璃工业集团股份有限公司
25	闽科高验〔2013〕059号	2010H7015	航空自润滑关节轴承PTFE织物衬垫	何两加	福建龙溪轴承（集团）股份有限公司
26	闽科高验〔2013〕062号	2010H7008	光化学氧化“三苯”废气处理系统研发及产业化	姚向阳	福建新大陆科技集团有限公司

续表②

序号	验收文号	项目编号	项目名称	项目负责人	承担单位
27	闽科高验〔2013〕064号	2011H7020	即热式饮水机节能加热技术	邱瑞清	莆田市清华园电器发展有限公司
28	闽科高验〔2013〕065号	2011H7005	新一代安全电话POS终端系列产品开发及其产业化	林宏达	福建联迪商用设备有限公司
29	闽科高验〔2013〕067号	2012H0011	铝挤压模具全流程数控化信息化关键技术开发及应用	许剑银	福建省南平铝业有限公司
30	闽科高验〔2013〕069号	2009H5001	室内空气中有害微生物的净化技术	韩闽毅	福建新大陆环保科技有限公司
31	闽科高验〔2013〕075号	2011H7002	高效制冰机系统研发与产业化项目	黄贤春	福建雪人股份有限公司
32	闽科高验〔2013〕077号	2011H0006	支持远程诊断的GPS车载监控车联系统研发	陈昭胜	福建星网锐捷通讯股份有限公司
33	闽科高验〔2013〕080号	2011H0013	水剂硬质合金混合料制造技术开发	李玲艳	厦门钨业股份有限公司
34	闽科高验〔2013〕081号	2011H0004	省级地理信息共享服务技术研究	袁存忠	福建省基础地理信息中心
35	闽科高验〔2013〕082号	2011H7016	JPL20X数控车削中心	陈益超	福建省金浦机械工业有限公司
36	闽科高验〔2013〕083号	2011H7018	WLCH50－2高速精密型卧式加工中心	陈建武	福建省威诺数控有限公司
37	闽科高验〔2013〕084号	2011H0014	LED铝背板的研发与应用	司开田	中铝瑞闽铝板带有限公司
38	闽科高验〔2013〕087号	2010H7020	高光效长寿命的新光源——无电极金卤灯	陈和平	福建源光亚明电器有限公司
39	闽科高验〔2013〕088号	2011H0023	白光LED氮氧化物荧光粉的结构调控与性能研究	周有福	中国科学院福建物质结构研究所
40	闽科高验〔2013〕089号	2011H0025	大尺寸金红石晶体提拉法生长技术	林新松	中国科学院福建物质结构研究所
41	闽科高验〔2013〕090号	2010H0022	新型红外非线性光学材料AgGaGeS4的晶体生长	曾卉一	中国科学院福建物质结构研究所
42	闽科高验〔2013〕093号	2011H0024	卤化物闪烁晶体及其器件的制备	苏伟平	中国科学院福建物质结构研究所
43	闽科高验〔2013〕100号	2011H0003	利用废活性氧化铝合成优质镁铝尖晶石材料	陈　捷	福建工程学院土木工程系
44	闽科高验〔2013〕101号	2011H0022	隔热、抗污环保涂料纳米添加剂的研发	王元生	中国科学院福建物质结构研究所
45	闽科高验〔2013〕102号	2002H035	固相力化学法制备聚合物/金属隔声降噪复合材料	陈　晓	福建师范大学化学与材料学院
46	闽科高验〔2013〕103号	2011H0009	网站应用安全防护技术的研究与开发	刘志光	福建省海峡信息技术有限公司
47	闽科高验〔2013〕105号	2010H7006	镍钴锰（三元材料）锂电池电动车用动力电池	俞　峰	飞毛腿（福建）电子有限公司
48	闽科高验〔2013〕106号	2011H0033	动漫游戏渲染自助服务平台关键技术研发和系统实现	黄旭明	福州软件园产业服务有限公司

续表③

序号	验收文号	项目编号	项目名称	项目负责人	承担单位
49	闽科高验〔2013〕109号	2011H7019	高性能氧化锆增韧氧化铝陶瓷粉体的研发及产业化	黄晓英	福建省智胜矿业有限公司
50	闽科高验〔2013〕110号	2011H7007	北斗应急通信传输系统在气象行业的应用研究	商云鹏	福建星海通信科技有限公司
51	闽科高验〔2013〕113号	2011H0019	新型大功率超声换能器的研究与开发	曾海泉	厦门理工学院机械与汽车工程学院（机械工程系）
52	闽科高验〔2013〕114号	2011H0005	GM800瘦客户机（云终端）	张　辉	福建升腾资讯有限公司
53	闽科高验〔2013〕115号	2011H7029	切割合金钢专用金刚石圆锯片	汪锦奎	泉州市洛江区双阳金刚石工具有限公司
54	闽科高验〔2013〕117号	2011H0010	联迪终端管理系统（TMS）	陈瑞兵	福建联迪商用设备有限公司
55	闽科高验〔2013〕118号	2011H0021	功率LED集成模块在半导体照明领域中的应用开发	陈焕庭	漳州师范学院物理与电子信息工程系
56	闽科高验〔2013〕121号	2009H0008	福州海峡国际会展中心工程若干关键结构技术研究	陈宇峰	福建省建筑科学研究院
57	闽科高验〔2013〕126号	2011H0037	数字化木雕系统关键技术研究	方　松	莆田市工业技术研究所
58	闽科高验〔2013〕127号	2010H0018	百里酚催化加氢合成薄荷醇及其脂肪酶拆分的放大工艺研究	念保义	三明学院资源与化工学院（化学与生物工程系）
59	闽科高验〔2013〕128号	2011H0038	数字动画虚拟场景再现软件平台	游建友	南威软件股份有限公司
60	闽科高验〔2013〕129号	2011H0002	公众出行主动交通信息服务关键技术研究及其示范应用	赖宏图	福建工程学院电子信息与电气工程系
61	闽科高验〔2013〕130号	2011H0020	铝合金高真空压铸辅助成型技术研究	葛晓宏	厦门理工学院机械与汽车工程学院（机械工程系）
62	闽科高验〔2013〕132号	2011H7023	易去污吸湿速干功能性针织面料技术开发	付春林	福建凤竹纺织科技股份有限公司
63	闽科高验〔2013〕133号	2011H7021	LW－FDS南威行政执法自由裁量系统	高稳仁	南威软件股份有限公司
64	闽科高验〔2013〕138号	2011H7010	住宅用计量表无线远传抄表系统的研发及产业化	庄吓建	福建智恒电子新技术有限公司
65	闽科高验〔2013〕144号	2011H7042	便携式高清晰视频显示目镜	王亦雄	福鼎市一雄光学仪器有限公司
66	闽科高验〔2013〕147号	2011H0042	机械行业中小企业网络协同设计服务平台集成系统研究	陈应明	三明市生产力促进中心
67	闽科高验〔2013〕148号	2011H7006	高抗冲改性聚氯乙烯给水管产业化	李基安	福建祥龙塑胶有限公司
68	闽科高验〔2013〕149号	2011H7043	超低密度石油压裂支撑剂的研制和开发	庄　淇	福建省宁德市俊杰瓷业有限公司
69	闽科高验〔2013〕150号	2011H7032	数字对讲机关键技术研发与应用	林英华	石狮市飞通通讯设备有限公司
70	闽科计验〔2013〕001号	2000Z122	神经旁路移植促进神经再生的实验研究	徐　杰	福建省立医院

续表④

序号	验收文号	项目编号	项目名称	项目负责人	承担单位
71	闽科农验〔2013〕001 号	2010N0028	草珊瑚优良单株选育及道地性研究	邢建宏	三明学院化学与生物工程系
72	闽科农验〔2013〕002 号	2010N6002	建莲产业链延伸关键技术研究及产品开发	张志纯	福建文鑫莲业食品有限公司
73	闽科农验〔2013〕003 号	2009N0012	净化室内环境的花卉植物品质研究	薛秋华	福建农林大学园林学院
74	闽科农验〔2013〕007 号	2008N0055	螯合型大葱专用生物有机肥研制	庄文彬	漳浦县丰收园果菜有限公司
75	闽科农验〔2013〕008 号	2009N1005	进一步推进科技特派员制度持续创新的研究与示范	刘　波	福建省农业科学院
76	闽科农验〔2013〕009 号	2010N0012	抗腹泻杜洛克新品系选育及配套技术研究	阮国荣	福建农业职业技术学院
77	闽科农验〔2013〕011 号	2010N0005	脱毒香菇菌株的研究与示范推广	吴小平	福建农林大学生命科学学院
78	闽科农验〔2013〕012 号	2009N4008	药用植物铁皮石斛组培快繁研究及有效成分提取	李　雪	阳光国际集团科技发展有限公司
79	闽科农验〔2013〕013 号	2009N0049	桦褐孔菌深层培养及功能研究与开发	蔡建秀	泉州师范学院化学与生命科学学院
80	闽科农验〔2013〕014 号	2008N0030	防控高危性柑橘黄龙病美洲种病原入侵的检测技术体系研究	刘利华	福建省农业科学院植物保护研究所
81	闽科农验〔2013〕018 号	2009N0022	匍匐月见草的引种、驯化栽培与推广	徐　炜	福州市园林科学研究院
82	闽科农验〔2013〕020 号	2008N0025	应用分子育种技术培育优质多抗杂交稻新组合	赵明富	福建省农业科学院水稻研究所
83	闽科农验〔2013〕023 号	2009N0045	荔枝产后深加工产业化技术研究	熊何健	集美大学生物工程学院
84	闽科农验〔2013〕025 号	2001Z127	R一藻红蛋白的荧光探针研制及其在肿瘤光动力治疗中的应用	谢联辉	福建农林大学植物保护学院
85	闽科农验〔2013〕027 号	2010N0006	防治假眼小绿叶蝉的丝孢类生防真菌筛选、产孢新技术及其在有机茶园中的应用研究	林成辉	福建农林大学植物保护学院
86	闽科农验〔2013〕036 号	2011N0020	阿魏酸酯酶在饲料预混料中的应用	李夏兰	华侨大学化工学院
87	闽科农验〔2013〕037 号	2011N1006	蜂斗菜新品种选育技术研究	宋秀高	福建省农业区划研究所
88	闽科农验〔2013〕038 号	2009N4005	华南沿海海参集约化养殖技术研究	谢双如	莆田市城厢区太湖现代农业发展有限公司
89	闽科农验〔2013〕039 号	2011N1005	福建省一般发展水平县农村科技创新创业培训	郑回勇	福建省农业科学院科技干部培训中心
90	闽科农验〔2013〕040 号	2010N0024	微米银杏叶粉、银杏叶提取物在断奶仔猪上的应用效果研究	黄其春	龙岩学院生命科学学院
91	闽科农验〔2013〕041 号	2011N0034	中华乌塘鳢良种选育及规模制种技术	丁少雄	厦门大学海洋与环境学院（海洋与地球学院）
92	闽科农验〔2013〕042 号	2007N0012	福建果蔬茶菌栽培适应性与适用技术培训	蔡秋红	福建省妇女干部学校

续表⑤

序号	验收文号	项目编号	项目名称	项目负责人	承担单位
93	闽科农验〔2013〕044号	2011N0038	粘土矿物与生物综合修复重金属复合污染茶叶种植土壤的技术研究及示范	张胜华	中国科学院城市环境研究所
94	闽科农验〔2013〕046号	2011N0036	农业废物制备高性能颗粒燃料的关键技术开发	严 滨	厦门理工学院环境科学与工程学院（环境工程系）
95	闽科农验〔2013〕047号	2012N0010	抗鸡球虫病苏云金芽孢杆菌的选育及应用研究	吴昌标	福建农业职业技术学院
96	闽科农验〔2013〕051号	2012N0031	下河蜜柚特早熟新株型的选育及PAPD分子标记	王 伟	漳州师范学院生物科学与技术系
97	闽科农验〔2013〕052号	2011N0005	光钝感高产抗病杂交红麻新组合的选育与应用	林荔辉	福建农林大学作物科学学院
98	闽科农验〔2013〕053号	2008N0009	白茶的精深加工技术体系建设与保健功效研究	袁弟顺	福建农林大学园艺学院
99	闽科农验〔2013〕054号	2011N0011	油茶主要虫害综合控制技术研究	韩国勇	福州植物园
100	闽科农验〔2013〕055号	2011N0031	马尾松毛虫快速监测预警技术及应用研究	刘 健	三明学院资源与化工学院（化学与生物工程系）
101	闽科农验〔2013〕056号	2011N0018	噬菌体在海水养殖弧菌病害防治中的应用	骆祝华	国家海洋局第三海洋研究所
102	闽科农验〔2013〕057号	2011N0019	海星降糖功能食品的研究与开发	张改云	国家海洋局第三海洋研究所
103	闽科农验〔2013〕058号	2011N0017	海藻寡糖的酶解法制备及其农业应用	曾润颖	国家海洋局第三海洋研究所
104	闽科农验〔2013〕059号	2011N0033	绿鲍的引种与杂交育种	游伟伟	厦门大学海洋与环境学院（海洋与地球学院）
105	闽科农验〔2013〕061号	2010N0027	福建省石杉科植物资源、遗传多样性及其药用内生菌筛选研究	张君诚	三明学院
106	闽科农验〔2013〕066号	2011N6001	新型低温香肠的研制贮藏技术研究	卞智英	福建海壹食品饮料有限公司
107	闽科农验〔2013〕068号	2010N0026	深水网箱及其养殖环境的数字化远程监测	柯跃前	泉州师范学院物理与信息工程学院
108	闽科农验〔2013〕069号	2010N0001	雷公藤主要病害的防控技术及示范研究	郭文硕	福建农林大学林学院
109	闽科农验〔2013〕070号	2010N0025	太子参新品种培育技术研究及应用推广	叶祖云	宁德师范学院生物工程系
110	闽科农验〔2013〕071号	2010N0017	海洋微藻种质资源发掘、保藏与利用	林祥志	国家海洋局第三海洋研究所
111	闽科农验〔2013〕072号	2010N0023	中草药PPARs激动剂提取工艺及其缓解免疫应激引起的仔猪生长抑制的研究	邱龙新	龙岩学院生命科学学院
112	闽科农验〔2013〕073号	2007N0067	香蕉产品质量安全监测及绿色食品生产技术规程	郭建辉	漳州市农业检验监测中心
113	闽科农验〔2013〕075号	2011N0014	爱玉子栽培中小蜂传粉调控技术的研究	吴文珊	福建师范大学生命科学学院

续表⑥

序号	验收文号	项目编号	项目名称	项目负责人	承担单位
114	闽科农验〔2013〕078号	2011N0016	红曲黄酒酿造用菌种库的构建与应用	倪　莉	福州大学生工学院
115	闽科农验〔2013〕079号	2011N1007	油茶皂素的高效提取及其系列新产品的研究与创制	陈剑锋	福州大学生工学院
116	闽科农验〔2013〕082号	2009N0016	新型抗植物病毒农药鸦胆子素结构改造及衍生物活性研究	欧阳明安	福建农林大学植物保护学院
117	闽科农验〔2013〕083号	2012N0037	大黄鱼软颗粒饲料与鲜料对主要环境因子影响的研究	王兴春	福建省闽东水产研究所
118	闽科农验〔2013〕085号	2011N0009	榕树蓟马对不同生防菌剂侵染的响应及其生产示范应用	姚锦爱	福建省亚热带果品花卉技术开发公司
119	闽科农验〔2013〕086号	2010N0011	乌桕种质分子鉴别及综合利用技术研究	李宝银	福建林业职业技术学院
120	闽科农验〔2013〕087号	2009N0033	绿色饲料抗菌添加剂一枯草菌素的研制与开发	施碧红	福建师范大学生命科学学院
121	闽科农验〔2013〕089号	2011N0023	渔业水体绿色抑藻剂的研制	周立红	集美大学水产学院
122	闽科农验〔2013〕090号	2011N6002	高效利用碎米生产高蛋白营养型方便米粉的技术研究	廖珍龙	莆田市东南香米业发展有限公司
123	闽科农验〔2013〕093号	2009N1004	一种WRKY家族的转录因子对水稻库源关系的调控	陈　坚	福建省农业科学院生物技术研究所
124	闽科农验〔2013〕099号	2012N0038	尖刀蛏人工育苗技术研究	林国文	福建省闽东水产研究所
125	闽科农验〔2013〕100号	2011N0006	罗非鱼无乳链球菌病免疫防控技术研究	翁祖桐	福建省水产技术推广总站
126	闽科农验〔2013〕102号	2009N4007	废豆渣中纤维素资源提取可溶性大豆多糖的产业化技术	齐军茹	福建省泉州市味博食品有限公司
127	闽科农验〔2013〕104号	2012N1002	闽东山区特色经济作物高效栽培技术示范	林永群	福建省科技厅农牧业科研中试基地
128	闽科农验〔2013〕107号	2011N6003	低温肉制品食用木薯变性淀粉的研究与开发	覃学江	三明百事达淀粉有限公司
129	闽科农验〔2013〕108号	2011N1004	扶贫开发重点村反季节花椰菜综合配套技术示范与推广	张彩珍	福建省农村致富技术函授大学
130	闽科农验〔2013〕111号	2011N0045	区域特色农业产业——优质加工型花生高产栽培及创新加工工艺的示范推广	曹泽丽	新罗区生产力促进中心
131	闽科软验〔2013〕001号	2010R0092	海峡西岸经济区对台综合通道建设研究	石正方	厦门大学台湾研究院
132	闽科软验〔2013〕002号	2010R0088	关于完善我省创业资本引导基金运作模式的研究	邱崇明	厦门大学经济学院
133	闽科软验〔2013〕003号	2010R0083	县财政科技投入决定因素及其成效研究：以福建省为中心	张　光	厦门大学公共事务学院
134	闽科软验〔2013〕004号	2010R0086	新农村建设发展模式创新研究	镇列评	厦门大学建筑与土木工程学院
135	闽科软验〔2013〕005号	2010R0095	探索建立科技进步目标责任制研究	苏时鹏	福建农林大学人文社会科学学院

续表⑦

序号	验收文号	项目编号	项目名称	项目负责人	承担单位
136	闽科软验〔2013〕006 号	2010R0013	海西经济区创新型产业集群网络绩效培育研究	赵忠华	福建工程学院管理学院
137	闽科软验〔2013〕007 号	2010R0067	海峡西岸大都市圈创新系统要素配置研究	陈　莞	福州大学管理学院
138	闽科软验〔2013〕008 号	2012R0045	福建省科技服务业发展评价与战略研究	江永真	福州大学八方物流学院
139	闽科软验〔2013〕009 号	2009R0055	风险投资与福建技术创新	黄志刚	福州大学管理学院
140	闽科软验〔2013〕010 号	2009R0049	福建产业集群创新生态系统研究	高　群	福州大学公共管理学院
141	闽科软验〔2013〕011 号	2011R0039	计算机及通信技术需求和发展趋势研究	王林辉	福建省软件行业协会
142	闽科软验〔2013〕012 号	2011R0007	闽台农业经贸关系相互依存性及协同发展研究	蒋　颖	福建农林大学经济与管理学院
143	闽科软验〔2013〕013 号	2011R0003	平潭综合实验区开放开发立法保障研究——以福建省地方涉台立法权拓展的空间与限度为中心	林建伟	福建江夏学院法学系
144	闽科软验〔2013〕014 号	2011R0035	平潭综合实验区建设立法研究	林　丛	福建省涉台法律研究中心
145	闽科软验〔2013〕015 号	2010R0042	《福建省专利保护条例》修订	全丹珂	福建省知识产权维权援助中心
146	闽科软验〔2013〕016 号	2011R0062	福建省科技投入结构与技术创新关联度分析及对策研究	林　宫	福州大学管理学院
147	闽科软验〔2013〕017 号	2011R0017	闽江流域农村水环境治理技术路径与政策研究	孙小霞	福建农林大学生命科学学院
148	闽科软验〔2013〕018 号	2011R0014	提高省级重点实验室科研能力与辐射作用研究	黄森慰	福建农林大学人文社会科学学院
149	闽科软验〔2013〕019 号	2011R0022	制造基地到企业总部：两岸产业合作升级与推进研究	蔡雪雄	福建社会科学院
150	闽科软验〔2013〕020 号	2011R0016	现代农业产业技术发展研究	郑逸芳	福建农林大学人文社会科学学院
151	闽科软验〔2013〕021 号	2011R0028	福建省地市科技服务业竞争力水平综合评价及实证研究	梁小红	福建商业高等专科学校
152	闽科软验〔2013〕022 号	2009R0068	生态文明基地建设与发展对策研究	黄金火	莆田学院科研处
153	闽科软验〔2013〕023 号	2011R0023	平潭综合实验区开放开发研究	李鸿阶	福建社会科学院
154	闽科软验〔2013〕024 号	2011R0013	低碳实验区技术体系建设研究	郑　晶	福建农林大学人文社会科学学院
155	闽科软验〔2013〕025 号	2011R0091	面向产业集群培育的科技服务业发展模式研究——基于闽台比较和对接的视角	陈青兰	厦门理工学院管理学院（管理科学系）
156	闽科软验〔2013〕026 号	2012R0051	福建省战略性新兴产业自主创新能力动态组合评价与预测研究	李美娟	福州大学管理学院
157	闽科软验〔2013〕027 号	2011R0065	科技成果转化利益均衡机制研究	陈宝国	福州大学人文社会科学学院

续表⑧

序号	验收文号	项目编号	项目名称	项目负责人	承担单位
158	闽科软验〔2013〕028 号	2011R0085	福建科技政策执行力研究	陈喜乐	厦门大学人文学院
159	闽科软验〔2013〕029 号	2010R0094	文化创意产业的知识产权保护研究	周显宝	厦门大学艺术学院
160	闽科软验〔2013〕030 号	2011R0093	基于网络化分析的福建省生态建设评估指标体系研究	吝　涛	中国科学院城市环境研究所
161	闽科软验〔2013〕031 号	2011R0092	基于 ECFA 框架下闽台区域征信平台对接及其运行机制研究	阮德信	厦门理工学院商学系
162	闽科软验〔2013〕032 号	2011R0021	推进海峡两岸科技产业合作基地建设研究	魏澄荣	福建社会科学院
163	闽科软验〔2013〕033 号	2011R0026	基于自主创新能力增进的福建省科技服务业发展研究	黄丽萍	福建教育学院
164	闽科软验〔2013〕034 号	2011R0005	两岸农业科技合作机制研究	庄佩芬	福建农林大学经济与管理学院
165	闽科软验〔2013〕035 号	2011R0094	低碳城市发展途径及其考核评价方法研究	崔胜辉	中国科学院城市环境研究所
166	闽科软验〔2013〕036 号	2011R0067	加快福建科技服务业发展的政策研究	苏朝晖	华侨大学工商管理学院
167	闽科软验〔2013〕037 号	2011R0070	福建省技术创新的推动因素、实现路径与政策选择研究	许培源	华侨大学经济与金融学院
168	闽科软验〔2013〕038 号	2011R0088	福建省太阳能光伏产业发展研究	吕铁羽	厦门大学物理与机电工程学院
169	闽科软验〔2013〕039 号	2011R0068	海峡西岸经济区转变经济发展方式与跨越发展的协调及控制研究	张向前	华侨大学工商管理学院
170	闽科软验〔2013〕040 号	2011R0040	福建省自然保护区价值评析及其生态补偿机制研究	陈传明	福建师范大学地理科学学院
171	闽科软验〔2013〕041 号	2012R0023	福建省低碳农业发展理论与模式研究	黄　健	福建省水产技术推广总站
172	闽科软验〔2013〕042 号	2011R0069	产业技术创新联盟配套优惠政策研究	曾繁英	华侨大学工商管理学院
173	闽科软验〔2013〕043 号	2011R0087	金融支持科技发展中的作用机制和模式选择研究	陈国进	厦门大学王亚南经济研究院
174	闽科软验〔2013〕044 号	2011R0086	海西科技集聚创新的金融支持研究——基于海西金融发展的视角	郑　鸣	厦门大学王亚南经济研究院
175	闽科软验〔2013〕045 号	2011R0090	福建省北斗二代卫星导航产业技术发展研究	林世俊	厦门大学信息科学与技术学院
176	闽科软验〔2013〕046 号	2011R0030	福建省科技计划项目电子文件归档管理研究	洪源清	福建省科技档案馆
177	闽科软验〔2013〕047 号	2011R0027	福建省推进战略产业跨区域科技协同创新的政策体系研究	庄惠明	福建商业高等专科学校
178	闽科软验〔2013〕048 号	2011R0066	闽台高新技术产品贸易的影响、特征与发展对策——基于“十一五”期间数据的实证研究	詹志华	福州大学人文社会科学学院
179	闽科软验〔2013〕049 号	2002R023	WTO 框架下构建闽台农业经济区的战略对策研究	范维培	福建省农业科学院

续表⑨

序号	验收文号	项目编号	项目名称	项目负责人	承担单位
180	闽科软验〔2013〕050号	2011R0015	福建农民合作经济组织对接科研院所与服务农民增收研究	黄建新	福建农林大学公共管理学院（人文社会科学学院）
181	闽科软验〔2013〕051号	2011R0019	基于两岸产业合作的平潭综合实验区休闲农业开发研究	范水生	福建农林大学作物科学学院
182	闽科软验〔2013〕052号	2005R015	福建产业集群跨区网络构建研究	蔡秀玲	福建师范大学经济学院
183	闽科软验〔2013〕053号	2011R0032	海峡西岸经济区科技合作机制研究	丁中文	福建省农业科学院
184	闽科软验〔2013〕054号	2012R0033	敖江流域典型污染行业生态补偿研究——以古田段石材行业为例	许丽忠	福建师范大学化学与材料学院（材料科学与工程学院）
185	闽科软验〔2013〕055号	2011R0060	产业集群知识整合实现路径及其对创新绩效影响的研究——基于福建省产业集群的实证分析	蔡猷花	福州大学管理学院
186	闽科软验〔2013〕056号	2011R0047	晋江市科技强市惠民经验与推进我省科技支撑县域发展研究	黄陵东	福建行政学院经管所
187	闽科软验〔2013〕057号	2011R0043	以科技创新为依托，提高福建优势传统特色产业产品科技含量和附加值研究	张华荣	福建师范大学经济学院
188	闽科软验〔2013〕058号	2011R0020	福建省农业科技推广体制改革与方式创新研究	刘飞翔	福建农林大学作物科学学院
189	闽科软验〔2013〕059号	2011R0045	实施海洋发展战略研究	陈朝宗	福建行政学院经管所
190	闽科软验〔2013〕060号	2011R0046	平潭对台特区：两岸共建管理模式研究	罗海成	福建行政学院经管所
191	闽科软验〔2013〕061号	2011R0034	海峡两岸丘陵山区农机技术合作机制与对策研究	黄宏源	福建省农业机械鉴定推广总站
192	闽科软验〔2013〕062号	2009R0081	闽南文化与闽台交流合作	林　枫	厦门大学人文学院
193	闽科软验〔2013〕063号	2011R0076	社会主义新农村科普基地建设	游国斌	宁德师范学院经济管理系
194	闽科软验〔2013〕064号	2011R0071	海峡两岸旅游安全预警与突发事件应急处置机制研究	郑向敏	华侨大学旅游学院
195	闽科软验〔2013〕065号	2012R0020	海峡西岸经济区流域生态补偿机制研究	杜　强	福建社会科学院
196	闽科软验〔2013〕066号	2009R0065	海西区域制造业产业设计链创新和发展战略研究	郭士正	集美大学工商管理学院
197	闽科软验〔2013〕067号	2011R0083	网络嵌入性与中小企业技术创新能力构建研究：基于关系与结构的视角	刘雪锋	厦门大学管理学院
198	闽科软验〔2013〕068号	2011R0025	福建国际贸易标准化应用体系研究	黄　斌	福建省对外经济贸易职业技术学院
199	闽科软验〔2013〕069号	2011R0077	台湾专业人才福建就业保障问题研究	潘　峰	厦门大学法学院
200	闽科软验〔2013〕070号	2011R0054	福建省新兴产业科技创新型人才队伍建设研究	李　玲	福州大学公共管理学院

续表⑩

序号	验收文号	项目编号	项目名称	项目负责人	承担单位
201	闽科软验〔2013〕071号	2011R0001	实施ECFA检验检疫政策研究	卢祥华	福建出入境检验检疫局检验检疫技术中心
202	闽科软验〔2013〕072号	2012R0054	产业链整合视角下的福建企业技术创新联盟研究	陈莉平	福州大学管理学院
203	闽科软验〔2013〕073号	2012R0043	平潭综合实验区台胞社保医保政策的探索与实践	肖林榕	福建中医药大学中西医结合研究院
204	闽科软验〔2013〕074号	2012R0010	福建省农民教育供给制度研究	吴锦程	福建农林大学马克思主义学院
205	闽科软验〔2013〕075号	2011R0050	竞争政策与产业政策的法律协调机制研究——反垄断法适用除外与豁免制度	蔡晓荣	福州大学法学院
206	闽科软验〔2013〕076号	2011R0018	福建省茶产业技术创新实证研究	吴成建	福建农林大学园艺学院
207	闽科软验〔2013〕077号	2012R0030	福建省LED外延芯片专利预警研究	林　萍	福建省知识产权维权援助中心
208	闽科软验〔2013〕078号	2011R0048	闽台两地高新技术产业对接模式与机制研究	王　婷	福州大学八方物流学院
209	闽科软验〔2013〕079号	2011R0055	福建创新型企业发展报告（2011）	陈雅兰	福州大学公共管理学院
210	闽科软验〔2013〕080号	2013R0054	福建省科技服务业发展规划（2013～2015年）	朱　斌	福州大学公共管理学院
211	闽科软验〔2013〕081号	2008R0033	福建省青少年科技创新活动之研究	席　扬	福建师范大学文学院
212	闽科软验〔2013〕082号	2012R0041	就业年龄段内智障人士托养服务课程开发与就业促进研究	吴燕丹	福建师范大学体育科学学院
213	闽科软验〔2013〕083号	2012R0062	福建省船舶产业技术发展研究	熊云峰	集美大学轮机工程学院
214	闽科软验〔2013〕084号	2012R0031	基于农户可持续生计的生态补偿模式研究	王成超	福建师范大学地理科学学院
215	闽科软验〔2013〕085号	2012R0055	重大科技成果产业化创新模式研究	王慧红	福州大学管理学院
216	闽科软验〔2013〕086号	2012R0070	福建省创意农业发展研究	李子蓉	泉州师范学院资源与环境科学学院
217	闽科软验〔2013〕087号	2012R0050	福建省科技创新方法公共服务平台建设研究	李梅芳	福州大学管理学院
218	闽科软验〔2013〕088号	2012R0002	公共项目BOT模式下软预算约束形成机制及软化边界研究	刘元芳	福建工程学院管理学院
219	闽科软验〔2013〕089号	2011R0041	科技成果转化的制约因素及其调控政策研究	黄茂兴	福建师范大学经济学院
220	闽科软验〔2013〕090号	2011R0061	技术演化视角下福建培育战略性新兴产业的机制与政策研究	周小亮	福州大学管理学院
221	闽科软验〔2013〕091号	2007R0051	福建省风险投资发展的对策研究——创新投融资实证研究	沈维涛	厦门大学管理学院
222	闽科软验〔2013〕092号	2011R0081	低碳环境下我国企业供应链社会责任构成体系与影响评价研究—从可持续发展的视角	缪朝炜	厦门大学管理学院

续表⑪

序号	验收文号	项目编号	项目名称	项目负责人	承担单位
223	闽科软验〔2013〕093号	2012R0028	福建省实验动物科技宏观管理配套制度推进研究	翁顺太	福建省疾病预防控制中心
224	闽科软验〔2013〕094号	2012R0078	协调发展背景下的福建省区域交通一产业联合发展技术研究	许旺土	厦门大学建筑与土木工程学院
225	闽科软验〔2013〕095号	2011R0031	节能装备新兴产业技术发展研究	林邦初	福建省能源研究会
226	闽科软验〔2013〕096号	2012R0032	福建省引进台湾高层次人才政策实施效果及改进策略研究	张廷君	福建师范大学公共管理学院
227	闽科软验〔2013〕097号	2012R0076	福建省新型电池产业可持续发展策略及其技术创新战略联盟的运行机制研究	高　军	厦门大学化学化工学院
228	闽科软验〔2013〕098号	2011R0082	制造物联技术的集成应用与发展模式研究	韩水华	厦门大学管理学院
229	闽科软验〔2013〕099号	2012R0007	福建休闲农业技术创新路径选择的研究	陈秋华	福建农林大学旅游学院
230	闽科软验〔2013〕100号	2010R0080	非公有制林业激励机制研究——以福建省为例	陈念东	闽江学院管理学系
231	闽科软验〔2013〕101号	2011R0029	福建省装备制造产业技术发展研究	马怀伟	福建省机械工业联合会
232	闽科软验〔2013〕102号	2011R0059	基于研发能力的福建省制造业竞争力研究	杨广青	福州大学管理学院
233	闽科软验〔2013〕103号	2012R0086	海峡西岸经济区主导产业技术创新战略与路径研究	林季红	厦门大学经济学院
234	闽科软验〔2013〕104号	2012R0021	福建省国际服务外包企业技术创新的机制要求及制度安排研究	谢　琼	福建省对外经济贸易研究所
235	闽科软验〔2013〕105号	2011R0009	福建公益性农业科研经费投入的绩效评价研究	石德金	福建农林大学经济学院（农村发展学院）
236	闽科软验〔2013〕106号	2011R0075	基于DPSIR模型的平潭综合实验区生态安全评价指标体系研究	潘　辉	闽江学院旅游系
237	闽科软验〔2013〕107号	2012R0093	吸引海内外创新资源在闽设立研发机构的对策研究	张明火	福建省科技发展研究中心
238	闽科软验〔2013〕108号	2012R0092	加速重大科技成果在福建转移转化的模式、路径及对策研究	吴应宁	福建省科技发展研究中心
239	闽科软验〔2013〕109号	2012R0091	福建省设区市科技进步的监测与评价研究	郑雨苹	福建省科技发展研究中心
240	闽科软验〔2013〕110号	2012R0094	构建福建省企业主导产业技术研发创新的运行机制研究	叶　琳	福建省科技发展研究中心
241	闽科软验〔2013〕111号	2010R0096	深化省属科研院所改革与发展研究	林继扬	福建省科技发展研究中心
242	闽科软验〔2013〕112号	2012R0008	福建林业产业集群中技术创新链的发展环境与绩效优化路径研究	洪燕真	福建农林大学旅游学院
243	闽科软验〔2013〕113号	2012R0006	促进福建重大农业科技成果产业化的机制研究	刘燕娜	福建农林大学经济学院（农村发展学院）
244	闽科软验〔2013〕114号	2012R0011	福建省创新型企业持续创新的动力机制研究	黄腾华	福建农林大学马克思主义学院

续表⑫

序号	验收文号	项目编号	项目名称	项目负责人	承担单位
245	闽科软验〔2013〕115号	2011R0052	福建省产业技术创新实证研究	郗永勤	福州大学公共管理学院
246	闽科软验〔2013〕116号	2011R0010	福建低碳技术创新动力机制及政策研究	余建辉	福建农林大学经济学院（农村发展学院）
247	闽科软验〔2013〕117号	2012R0048	福建科技发展报告（2012）	张良强	福州大学公共管理学院
248	闽科软验〔2013〕118号	2012R0018	茶叶产业链运行绩效的影响因素及整合管理策略研究——以福建省为例	高水练	福建农林大学园艺学院
249	闽科软验〔2013〕119号	2012R0039	福建涉农中小企业研发资金缺口与金融创新研究	祝　健	福建师范大学经济学院
250	闽科软验〔2013〕120号	2012R0042	闽台中药市场发展问题与对策研究	许克祥	福建中医药大学管理学院
251	闽科软验〔2013〕121号	2011R0051	《福建省科学技术进步条例》修订立法论证	张相君	福州大学法学院
252	闽科软验〔2013〕122号	2011R0064	福建发展战略性新兴产业的路径与对策研究	朱祖平	福州大学管理学院
253	闽科软验〔2013〕123号	2011R0004	农业企业技术创新中的校企技术转移模式与机制研究—以福建省为例	林庆藩	福建农林大学经济学院（农村发展学院）
254	闽科社验〔2013〕005号	2010Y0008	福建十种道地中药饮片炮制及质量控制技术研究	黄有霖	福建省药品检验所
255	闽科社验〔2013〕006号	2010Y0021	比较不同时间服用比索洛尔对慢性心力衰竭患者神经内分泌因子昼夜节律及预后的影响	林金秀	福建医科大学附属第一医院
256	闽科社验〔2013〕010号	2012Y6002	福建省科技惠民计划项目实施研究	陈志强	福建省科技开发中心
257	闽科社验〔2013〕012号	2000Z124	bcl－2反义寡核苷酸对急性白血病骨髓基质细胞作用的研究	林艳娟	福建医科大学附属协和医院
258	闽科社验〔2013〕013号	2011Y1004	宁夏珍稀食用菌工厂化栽培技术研究	林新坚	福建省农业科学院土壤肥料研究所
259	闽科社验〔2013〕014号	2010Y0009	福建省常见α、β地中海贫血的筛查、基因类型和产前诊断的研究	徐两蒲	福建省妇幼保健院（福建省妇儿医院）
260	闽科社验〔2013〕016号	2011F7003	设施蔬菜专用型品种引进、筛选及配套技术研究和推广应用	熊杰伟	福建省军区副食品生产基地
261	闽科社验〔2013〕017号	2010Y0013	海岛乡高血压流行病学调查及血压正常高值干预研究	朱鹏立	福建省立医院
262	闽科社验〔2013〕018号	2011Y0007	食用油中己醛的顶空固相微萃取方法研究	黄建立	福建省粮油质量监测所
263	闽科社验〔2013〕020号	2009Y0020	功能磁共振多技术联合应用对非痴呆血管性认知障碍的研究	薛蕴菁	福建医科大学附属协和医院
264	闽科社验〔2013〕021号	2012Y6009	泰宁县可持续发展实验区技术服务条件建设	沈　涌	泰宁县生产力促进中心
265	闽科社验〔2013〕022号	2011Y0048	水环境中多环芳烃荧光快速筛查新技术的研究及应用	蔡其洪	莆田学院药学系

续表⑬

序号	验收文号	项目编号	项目名称	项目负责人	承担单位
266	闽科社验〔2013〕023 号	2011Y0001	食品接触产品中内分泌干扰物高通量快速检测与安全卫生评估系统研究	李小晶	福建出入境检验检疫局检验检疫技术中心
267	闽科社验〔2013〕025 号	2011Y0036	基于光学和雷达遥感数据的福建省滨海湿地资源监测、分析与调控	吴　波	福建省空间信息工程研究中心
268	闽科社验〔2013〕026 号	2012Y6005	永春县可持续发展实验区科技交流条件建设	王大根	永春县科技开发中心
269	闽科社验〔2013〕028 号	2011Y0054	九龙江流域典型村镇生活污水综合治理技术与示范应用	张凯松	龙岩市新罗区铁山镇企业管理站
270	闽科社验〔2013〕029 号	2012Y6006	铁山镇省级可持续发展实验区示范能力建设	刘莲秀	龙岩市新罗区铁山镇企业管理站
271	闽科社验〔2013〕030 号	2012Y0004	车载警务信息系统中央控制器研究与开发	许国忠	福建省公安厅信息安全技术研究所
272	闽科社验〔2013〕032 号	2012Y6010	柘荣县楮坪乡农村已婚妇女生殖道感染现状调查及治疗	郭佑奇	柘荣县楮坪乡计划生育服务所
273	闽科社验〔2013〕033 号	2011Y5001	油气回收治理技术与装置	唐志华	福建省利邦环境工程有限公司
274	闽科社验〔2013〕034 号	2012Y6004	仙游县地震应急预案信息管理系统应用	郑金锋	仙游县生产力促进中心
275	闽科社验〔2013〕036 号	2009Y0042	福建省交通伤预防与一体化救治研究	宋　斌	南京军区福州总医院
276	闽科社验〔2013〕040 号	2011Y1002	万州枇杷良种产业技术研究与示范	章希娟	福建省农业科学院果树研究所
277	闽科社验〔2013〕041 号	2011Y1003	西藏林芝县多布村果树良种引进技术集成示范	叶新福	福建省农业科学院果树研究所
278	闽科社验〔2013〕043 号	2012Y1004	新疆昌吉市农产品质量安全检验检测中心建设与示范	谢增鸿	福州大学化学化工学院
279	闽科社验〔2013〕044 号	2011Y0004	平潭岛沿海赤潮预警与决策支持系统研究	林法玲	福建省海洋预报台
280	闽科社验〔2013〕045 号	2012Y5002	纳豆芽孢杆菌和酶发酵技术在养猪上的应用	毛海军	福建陆军预备役高射炮兵师后勤部
281	闽科社验〔2013〕046 号	2011F7002	无土栽培技术在蔬菜生产上的应用	吴洛新	福建陆军预备役高射炮兵师后勤部
282	闽科社验〔2013〕049 号	2011Y0018	市政污泥蛋白质提取、产氢/产甲烷厌氧发酵多元梯级资源化开发研究	刘常青	福建师范大学地理科学学院
283	闽科社验〔2013〕050 号	2011Y0003	福建地震构造环境深部探测实验	黄　昭	福建省地震局
284	闽科社验〔2013〕052 号	2012Y5004	器材仓库防潮综合整治技术研究	王永春	福建省军区民兵装备修理所
285	闽科社验〔2013〕053 号	2011F7004	空气能热水系统建设	陈长水	福建省军区民兵装备修理所
286	闽科社验〔2013〕054 号	2012Y5001	现代军营生态养猪方法的研究	张云峰	73331 部队后勤部
287	闽科社验〔2013〕055 号	2011F7001	现代军营田园文化建设	张云峰	73331 部队后勤部

续表⑭

序号	验收文号	项目编号	项目名称	项目负责人	承担单位
288	闽科社验〔2013〕056号	2011Y0056	山区县“计生户”茶树品种改良及规范化栽培技术研究	蔡国营	柘荣县生产力促进中心
289	闽科社验〔2013〕057号	2010Y0064	流域—河口—近海系统水环境模型组及其耦合技术研究	洪华生	厦门大学海洋与环境学院（海洋与地球学院）
290	闽科外验〔2013〕001号	2009I0008	TGF—β调节性T细胞在rhPLD2治疗哮喘中的作用	朱　玲	福建医科大学基础医学院
291	闽科外验〔2013〕002号	2010I0002	联合研发植物源蛋白饵剂及再创新	黄居昌	福建农林大学植物保护学院
292	闽科外验〔2013〕003号	2010I0010	利用水产下脚料开发低盐发酵鱼露	翁武银	集美大学生物工程学院
293	闽科外验〔2013〕004号	2009I0019	现代生物工程技术开发营养型海鲜复合调味品的研究	马　英	集美大学水产学院
294	闽科外验〔2013〕005号	2009I0015	基于变胞原理的可重构脚踝康复机器人	姚立纲	福州大学机械工程及自动化学院
295	闽科外验〔2013〕006号	2010I0013	膜法汽油脱硫技术研究与开发	刘庆林	厦门大学化学化工学院
296	闽科外验〔2013〕007号	2010I0015	应用于太赫兹激光技术的双波长激光晶体的研制	涂朝阳	中国科学院福建物质结构研究所
297	闽科外验〔2013〕008号	2009I0009	高速逆流色谱分离纯化名贵药材金线莲活性成分及抗肿瘤作用研究	黄丽英	福建医科大学药学院
298	闽科外验〔2013〕009号	2010I0007	脑卒中认知功能障碍的中医康复治疗	陶　静	福建中医药大学康复医学院
299	闽科外验〔2013〕010号	2010I0006	白介素—10基因治疗对骨质疏松大鼠牙周炎发生的影响	闫福华	福建医科大学附属口腔医院
300	闽科外验〔2013〕011号	2010I0019	台湾水果矮化盆景繁育生产基地	陶俊成	晋江市紫帽常青实验场
301	闽科外验〔2013〕012号	2010I0018	复合植物提取物饲料添加剂的开发及应用	陆　鹏	福建正源饲料有限公司
302	闽科外验〔2013〕013号	2011I0013	微型数控刀具产业化	刘玉莲	福建新世纪电子材料有限公司
303	闽科外验〔2013〕014号	2012I0013	引进台湾石斑鱼苗种培育技术研究	肖懿哲	莆田市水产科学研究所
304	闽科外验〔2013〕015号	2010I0009	新型光电材料超精密加工技术的开发与研究	郭　桦	华侨大学机电及自动化学院
305	闽科外验〔2013〕016号	2010I0005	锂离子电池低廉绿色磷酸亚铁锂正极材料的中试及产业化	童庆松	福建师范大学化学与材料学院（材料科学与工程学院）
306	闽科外验〔2013〕017号	2010I0004	天然珍稀常绿阔叶树种的人工繁育技术研究	钟全林	福建师范大学地理科学学院
307	闽科外验〔2013〕018号	2011I0006	SWP高精度多功能热工参量现场校验仪	张善明	福州昌晖自动化系统有限公司
308	闽科外验〔2013〕019号	2011I0002	福建省科技分团赴港澳重大经贸活动签约项目经费补贴	张　芸	福建省对外科技交流中心
309	闽科外验〔2013〕020号	2011I0012	国家级优秀地方品种莆田黑猪肉供港合作项目	李超雄	福建省莆田市优利可农牧发展有限公司

续表⑮

序号	验收文号	项目编号	项目名称	项目负责人	承担单位
310	闽科外验〔2013〕021 号	2010I0001	福建优质稻蔬良种入台示范种植	郑金贵	福建农林大学农产品品质研究所
311	闽科星验〔2013〕001 号	2010S0085	生物酶解技术在猪皮深加工中的应用	陈祖铅	福建省三明市麦尔食品有限公司
312	闽科星验〔2013〕002 号	2011S0062	风味低糖休闲笋食品开发及产业化示范	邓孝祺	福建省三明市农旺笋业有限公司
313	闽科星验〔2013〕003 号	2010S0090	杉木短周期原料林定向培育与次小薪材炭化集成技术示范	林燕秋	永安永明木业有限公司
314	闽科星验〔2013〕004 号	2010S0025	利用闽中沿海盐碱地推广红麻新品种繁育及改良新垦土壤	郑　龙	福建天兰农业综合开发有限公司
315	闽科星验〔2013〕005 号	2011S0074	中草药饲料添加剂在生猪健康养殖中的示范推广	林兆京	福建省南平市永发畜禽养殖专业合作社
316	闽科星验〔2013〕006 号	2011S0058	清流县南江黄羊圈养技术研究与示范应用	廖海洋	清流县绿园种羊牧业有限公司
317	闽科星验〔2013〕007 号	2010S0011	速生林地仿野生种植灵芝示范与推广	林子金	福建岁昌生态农业开发有限公司
318	闽科星验〔2013〕008 号	2011S0065	毛竹林竹腔施肥技术研究与示范	刘永川	永安市远山林业采育有限公司
319	闽科星验〔2013〕009 号	2011S0093	大黄鱼与条石鲷围网混养技术的示范应用	全汉锋	宁德市登月水产食品有限公司
320	闽科星验〔2013〕010 号	2011S0064	农林废弃物高效综合利用技术示范推广	许光明	永安市小陶镇新农村建设服务中心
321	闽科星验〔2013〕011 号	2011S0012	出口结球甘蓝全程质量安全控制体系示范应用	许伟东	福建莆田永祯农牧发展有限公司
322	闽科星验〔2013〕012 号	2011S0015	中国花鲈淡化养殖技术集成与示范	林　星	莆田产业技术研究院
323	闽科星验〔2013〕013 号	2010S0048	甜玉米闽甜 208 示范基地建设及罐头产品开发	林建新	龙海海昌食品有限公司
324	闽科星验〔2013〕014 号	2010S0010	鲟鱼人工繁育和鱼籽酱开发技术研究与示范	陈明乐	福建省龙翔特种水产养殖有限公司
325	闽科星验〔2013〕015 号	2010S0020	食用菌新种“鲜味菇”驯化栽培技术示范	陈政明	莆田市农业科学研究所
326	闽科星验〔2013〕016 号	2010S0034	营养型青梅整粒果冻产业化关键技术研究	苏德福	蜡笔小新（福建）食品工业有限公司
327	闽科星验〔2013〕017 号	2011S0085	白茶有效成分高效提取技术在茶饮料加工中的应用	黄发珍	福建省福鼎市天地源食品开发有限公司
328	闽科星验〔2013〕018 号	2009S0010	东风螺规模化健康养殖技术	杨章武	惠安县航扬水产养殖场
329	闽科星验〔2013〕019 号	2011S0001	闽台农村现代科技应用专题电视教材研究和制作	王林伟	福建省科学技术信息研究所
330	闽科星验〔2013〕020 号	2010S0101	南酸枣优良品系示范栽培与推广	叶绍友	浦城县三叶果品厂
331	闽科星验〔2013〕021 号	2010S0021	枇杷营养诊断和平衡施肥技术研究与示范	刘国强	莆田市农业科学研究所
332	闽科星验〔2013〕022 号	2011S0094	苦瓜新品种“宁瓜 1 号”及绿色防控技术集成示范	李　锋	宁德市新科农业开发有限公司

续表⑯

序号	验收文号	项目编号	项目名称	项目负责人	承担单位
333	闽科星验〔2013〕023号	2011S0073	抗病高产杂交稻新组合配套技术集成与示范推广	谢冬容	福建科力种业有限公司
334	闽科星验〔2013〕024号	2011S0095	黑凤鸡良种繁育及养殖新技术应用示范	徐　植	柘荣县凤黟养殖专业合作社
335	闽科星验〔2013〕025号	2010S0068	猪场粪便废弃物减量化、资源化分级处理技术的应用示范	周纪新	龙岩市顺添环保科技有限公司
336	闽科星验〔2013〕026号	2011S0047	槟榔芋脆片深加工及产业化研究与应用	卢志兵	福建省亿山农业科技发展有限公司
337	闽科星验〔2013〕027号	2010S0033	有机糖姜制品的研发及产业化	曾佳鑫	晋江鑫贤糖姜菓子食品有限公司
338	闽科星验〔2013〕028号	2011S0031	提高肉干制品品质关键技术的研究与应用	黄秀英	福建省厨师食品集团有限公司
339	闽科星验〔2013〕029号	2011S0050	金姜标准化生产关键技术集成示范	周高山	大田县金绿生姜专业合作社
340	闽科星验〔2013〕030号	2008S0022	山苍子组培快繁与配套栽培技术示范推广	张盛钟	龙岩茂源生态园有限公司
341	闽科星验〔2013〕031号	2010S0070	斑点鳠人工驯养繁殖技术示范	赖洲高	上杭县迪鑫库湾鱼养殖场
342	闽科星验〔2013〕032号	2011S0076	油茶优良品种苗木繁育技术推广	俞秀兰	福建省浦城县龙凌植物油开发有限公司
343	闽科星验〔2013〕033号	2011S0057	非洲菊优良品种引进与规模化繁育技术示范推广	黄宇翔	清流县鸿翔农庄农业发展有限公司
344	闽科星验〔2013〕034号	2010S0030	鲍种质改良优化及生态养殖工程技术示范	郭炳坚	惠安县山霞友兴鲍鱼场
345	闽科星验〔2013〕035号	2011S0036	蝴蝶兰新优品系的规模化繁育与示范推广	庄西卿	漳州森晖兰花产业有限公司
346	闽科星验〔2013〕036号	2011S0084	SPF南美白对虾规模化健康养殖和质量控制技术	王朝新	福鼎朝辉水产开发有限公司
347	闽科星验〔2013〕037号	2011S0037	姜荷花产业化关键技术研究与示范推广	林金水	漳州市金銮园艺有限公司
348	闽科星验〔2013〕038号	2011S0063	铁观音茶树品种加工红茶技术示范	王明金	三明市绿叶子茶业有限公司
349	闽科星验〔2013〕039号	2010S0109	晚熟锥栗优株不同海拔区域适应性试验与示范	陈家誉	政和县白岩农业科技示范场
350	闽科星验〔2013〕040号	2010S0038	闽东南沿海山地用材林优良材料繁育技术及示范推广	陈金章	南安树森速生林发展有限公司
351	闽科星验〔2013〕041号	2010S0041	减缓龙眼肉果冻褐变技术研究及产品开发	吴金川	泉州市天线宝宝食品有限公司
352	闽科星验〔2013〕042号	2011S0078	中药材茯苓规范化栽培技术示范与推广	谭礼荣	邵武市南武夷中药材种植专业合作社
353	闽科星验〔2013〕043号	2010S0015	番鸭健康养殖标准化技术研究与应用	林锋强	莆田广东温氏家禽有限公司
354	闽科星验〔2013〕044号	2011S0025	多酶法生产F42果葡糖浆的生产工艺改造及调控	曾金堤	泉州市金禾生物食品有限公司

续表⑰

序号	验收文号	项目编号	项目名称	项目负责人	承担单位
355	闽科星验〔2013〕045号	2012S0013	莆田特色水果枇杷产业发展应用示范	林国荣	福建省闽中有机食品有限公司
356	闽科星验〔2013〕046号	2010S0039	海岛生态健康养殖技术示范	王初升	泉州市泉港区惠屿海水养殖专业合作社
357	闽科星验〔2013〕047号	2010S0094	杉木第三代种子园良种规模化生产及高效培育技术示范	王强金	福建省光泽华桥国有林场
358	闽科星验〔2013〕048号	2011S0079	竹荪高效栽培与产品保鲜技术示范	高允旺	福建省顺昌新菌都菇业发展有限公司
359	闽科星验〔2013〕049号	2010S0045	牡蛎和刺松藻海洋生态混养技术应用项目	宋传福	石狮市顺盛水产养殖专业合作社
360	闽科星验〔2013〕050号	2011S0038	漳州市农村星火科技信息服务体系建设及应用	王永兴	漳州市科技情报研究所
361	闽科星验〔2013〕051号	2011S0027	樱桃番茄新优品种种苗集约化繁育与示范	林　涛	泉州市农业科学研究所
362	闽科星验〔2013〕052号	2011S0069	珍稀食用菌良种繁育及产业开发	巫仁高	建阳村菇菌业专业合作社
363	闽科星验〔2013〕053号	2011S0068	茶树良种繁育推广及配套低碳生态茶园建设示范	刘明香	福建省京泰茶业有限公司
364	闽科星验〔2013〕054号	2010S0014	枇杷产期调节技术应用与推广	蔡宗启	福建省桂花香农果开发有限公司
365	闽科星验〔2013〕055号	2011S0072	葡萄良种苗木繁育与示范推广	詹小敏	建瓯市葡萄协会
366	闽科星验〔2013〕056号	2011S0046	龙岩市斜背茶种质资源保护与开发	张恋芳	龙岩市新罗区江山斜背茶专业合作社
367	闽科星验〔2013〕057号	2011S0087	猴头菇良种引进与高优栽培技术示范推广	高益彪	古田县回回菌果药材研究所
368	闽科星验〔2013〕058号	2011S0070	降低建阳橘柚粒化率栽培技术示范	周长发	建阳市沃野水果专业合作社
369	闽科星验〔2013〕059号	2011S0013	适应滨海盐碱地蔬菜品种筛选、繁育及应用推广	方梅芳	莆田市丰彩农业发展有限公司
370	闽科星验〔2013〕060号	2011S0020	铁观音品种母本园保护与种苗规模化繁育示范	魏月德	福建安溪歧山魏荫名茶有限公司
371	闽科星验〔2013〕061号	2011S0092	柘荣茶产业优质、高效、安全关键技术示范与推广	黄福生	福建省柘荣县天康茶业有限公司
372	闽科星验〔2013〕062号	2011S0060	竹柳快繁及规范栽培技术示范与推广	潘标志	三明市林科所花卉苗木试验场
373	闽科星验〔2013〕063号	2011S0056	适宜贫瘠山地油茶良种筛选及配套栽培技术示范推广	吴轩毅	福建省山珍源油茶开发有限公司
374	闽科星验〔2013〕064号	2011S0048	葡萄保鲜贮运技术应用与推广	林龙辉	龙岩市新罗区铁山葡萄产业协会
375	闽科星验〔2013〕065号	2011S0029	茶叶高效栽培技术示范推广	林雄毅	漳州光照人茶业有限公司
376	闽科星验〔2013〕066号	2011S0098	闽东中高海拔山区梨树良种的引进与示范	谢思惠	福建省好思惠农业发展有限公司
377	闽科星验〔2013〕067号	2011S0021	铁观音低碳栽培技术示范	许荣德	福建省安溪科创茶业发展有限公司

续表⑱

序号	验收文号	项目编号	项目名称	项　目 负责人	承担单位
378	闽科星验〔2013〕068 号	2011S0091	茶叶综合技术应用示范与产品开发	陈翠英	福建省天禧御茶园茶业有限公司
379	闽科星验〔2013〕069 号	2011S0067	竹木加工废弃物的热化学转化技术研究	刘月蓉	福建省光泽县旺众竹业有限公司
380	闽科星验〔2013〕070 号	2011S0016	降香黄檀等珍贵树种产业化技术集成与示范	林如青	莆田市绿源名贵植物开发有限公司
381	闽科星验〔2013〕071 号	2011S0075	闽北绿色葡萄标准化栽培示范	陈虞晖	南平市俱丰果蔬专业合作社
382	闽科星验〔2013〕072 号	2012S0005	高效环境友好型卵形鲳鲹配合饲料的产业化开发	陈庆堂	福建天马科技集团股份有限公司
383	闽科星验〔2013〕073 号	2011S0051	软包装笋干二次乳酸发酵技术的研究及产业化应用	廖品贵	福建建宁孟宗笋业有限公司
384	闽科星验〔2013〕074 号	2011S0089	青蛤规模化育苗技术示范与推广	周万安	宁德市官井洋大黄鱼养殖有限公司
385	闽科星验〔2013〕075 号	2011S0011	生猪养殖排泄物低碳资源化处理技术集成与推广示范	方　静	莆田市涵江区江口畜牧兽医站
386	闽科星验〔2013〕076 号	2011S0044	紫薯的规模种植与加工利用	梁金平	连城县绿康紫地瓜种植专业合作社
387	闽科星验〔2013〕077 号	2011S0059	优质恢复系双抗明占配制的系列组合配套技术熟化与示范推广	黄显波	三明市农业科学研究院
388	闽科星验〔2013〕078 号	2011S0097	葛高效栽培与深加工技术示范	兰陈斌	霞浦县畲乡农业专业合作社
389	闽科星验〔2013〕079 号	2011S0007	双孢蘑菇新品种 W2000 示范推广	肖淑霞	闽侯县竹岐乡蘑菇生产专业合作社
390	闽科星验〔2013〕080 号	2011S0045	倒刺鲃类鳗池与网箱健康养殖关键技术集成与示范	钱丽琴	龙岩市科技开发中心
391	闽科星验〔2013〕081 号	2011S0043	水稻药肥混剂研究与生产	傅超富	福建豪德化工科技有限公司
392	闽科星验〔2013〕082 号	2011S0041	水稻栽培全程农业机械化服务示范	傅木清	长汀县清荣农机专业合作社
393	闽科星验〔2013〕083 号	2011S0071	建瓯笋竹科技特色产业基地笋竹精深加工技术开发示范与推广应用	戴亚青	建瓯市科技开发中心
394	闽科星验〔2013〕084 号	2011S0054	山苍子优株快繁及配套栽培技术示范推广	张祖铭	福建万芳生态农林科技有限公司
395	闽科星验〔2013〕085 号	2011S0022	新型烘焙类食品生产技术集成与示范	吴松青	福建省晋江福源食品有限公司
396	闽科星验〔2013〕086 号	2011S0033	金线莲工厂化育苗与栽培及加工技术产业化研究与示范	林三睦	福建省荆龙生物科技有限公司
397	闽科星验〔2013〕124 号	2010S0092	湿加松无性繁育与速生丰产培育技术推广	林长青	尤溪县绿欣种苗繁育有限公司

【2013 年度验收的福建省科技型中小企业创新资金计划项目表】

序号	验收文号	项目编号	项目名称	项目负责人	承担单位
1	闽科创验〔2013〕001 号	2009C0001	不含树脂高性能染料型喷墨打印墨水	黄新书	福州奥博兹科技有限公司
2	闽科创验〔2013〕002 号	2006C0023	PUSHDESKTOP 移动协同办公平台	蔡滨海	福州开发区中迅网络科技有限公司
3	闽科创验〔2013〕003 号	2010C0028	基于 MotionJPEG 格式高清网络视频监控系统	郑荣宗	泉州市隆泰电子科技有限公司
4	闽科创验〔2013〕004 号	2010C0048	单件式步进组合模的开发与应用	黄元平	福建威而特汽车动力部件有限公司
5	闽科创验〔2013〕005 号	2010C0063	高效智能电线电缆成圈机	许火盛	南平市强盛电气机械有限公司
6	闽科创验〔2013〕006 号	2009C0008	SupMonitor 信息安全运行保障集中管理系统	吴学清	福建省力禾电子工程有限公司
7	闽科创验〔2013〕007 号	2010C0041	光固化聚酯薄膜新材料关键技术研究与开发	黄朝东	福建易而美光电材料有限公司
8	闽科创验〔2013〕008 号	2010C0046	多功能船载预警信息终端	郭凌宏	漳州市芗城华润电子有限公司
9	闽科创验〔2013〕009 号	2011C0032	圆创无线业务审批系统	林宝宗	福建圆创软件有限公司
10	闽科创验〔2013〕010 号	2011C0019	配电网馈线故障区段定位系统	郭谋发	泉州科力电气有限公司
11	闽科创验〔2013〕012 号	2010C0033	利用废 PTA 残渣工业化生产绿色环保型的主增塑剂 DOTP	郭滨南	涅普敦（福建）塑胶助剂有限公司
12	闽科创验〔2013〕013 号	2011C0012	W5V320 五轴联动钛合金结构件加工中心	翁　强	福建省威诺数控有限公司
13	闽科创验〔2013〕014 号	2011C0031	色选机可调光调色 LED 光源	吴世忠	福建大晶光电有限公司
14	闽科创验〔2013〕015 号	2011C0010	超高频多层印制线路板的研制	张　志	福建莆田南华电路板有限公司
15	闽科创验〔2013〕016 号	2011C0011	CNCM6 数控铣床	陈益超	福建省金浦机械工业有限公司
16	闽科创验〔2013〕017 号	2011C0037	自动调焦数控激光切割器	邱禄魁	龙岩理尚精密机械有限公司
17	闽科创验〔2013〕018 号	2010C0024	WSM951T16－Ⅱ叉装车	肖自能	福建省威盛机械发展有限公司
18	闽科创验〔2013〕019 号	2011C0026	水性聚氨酯泡沫涂层面料研发	罗　彬	华韩（泉州）新型面料开发有限公司
19	闽科创验〔2013〕020 号	2011C0062	用于烧结机机头烟气处理的新型电除尘器	傅长辉	龙岩市五环环保设备有限公司
20	闽科创验〔2013〕021 号	2011C0027	GPS 导航接收机及通信的开发与应用	林财谋	石狮市精飞电子技术有限公司
21	闽科创验〔2013〕022 号	2011C0057	高效环保节能生活垃圾焚烧炉	兰　赫	泉州市鲤城黄石机械有限公司
22	闽科创验〔2013〕023 号	2011C0065	NLF－GL－1 型能立方固硫消烟脱硝剂	李燕玲	福建圣永业能源科技有限公司

续表

序号	验收文号	项目编号	项目名称	项目负责人	承担单位
23	闽科创验〔2013〕024 号	2011C0040	莲藕渣中水溶性多糖和膳食纤维的高效提取	黄书英	福建文鑫莲业食品有限公司
24	闽科创验〔2013〕025 号	2011C0022	水性防水透湿涂层剂及耐低温涂层织物	刘祖荣	晋江龙之族工贸发展有限公司
25	闽科创验〔2013〕026 号	2010C0037	隐形拉链头全自动装配机	傅志荣	泉州中机自动化科技有限公司
26	闽科创验〔2013〕027 号	2010C0032	节能型双层近红外线制鞋烘干成型流水线	苏文朴	南安市永隆机械制造有限公司
27	闽科创验〔2013〕028 号	2011C0046	西索霉素清洁生产工程技术研究	周　剑	福建和泉生物科技有限公司
28	闽科创验〔2013〕029 号	2010C0003	JY－C 新型有机废气净化处理设备研制	李泽清	福建恒嘉环保设备有限公司
29	闽科创验〔2013〕030 号	2010C0001	YX 生产法底座铁件	曹象钦	福清市伊鑫机械有限公司
30	闽科创验〔2013〕031 号	2011C0045	基于废润滑油再生利用生产的环保高效复合肥防结剂	杨建斌	福建达安能源实业有限责任公司
31	闽科创验〔2013〕032 号	2011C0023	站场平面调车无线数字通信系统	林光咏	泉州市铁通电子设备有限公司
32	闽科创验〔2013〕033 号	2011C0030	长玻纤增强高结晶聚丙烯复合材料研发	丁家德	福建奥峰科技有限公司
33	闽科创验〔2013〕034 号	2011C0013	超快激光高精密数控机床	杨小君	中科中涵激光设备（福建）股份有限公司
34	闽科创验〔2013〕035 号	2011C0034	纤维板 PLC 自动施胶系统	蔡金辉	漳州捷龙自动化技术有限公司
35	闽科创验〔2013〕036 号	2010C0006	SY－AFSR－12 故障区间自动负荷开关	郑　敏	福建山亚开关有限公司
36	闽科创验〔2013〕038 号	2011C0051	新型交流液晶汉显电工仪表	张　强	福建顺昌虹润精密仪器有限公司
37	闽科创验〔2013〕039 号	2011C0043	环保型油墨植物油基连结料	潘青良	福建省宁化县利丰化工有限公司
38	闽科创验〔2013〕040 号	2010C0055	UUI 型线圈类电感器件	林金城	清流县鑫磁线圈制品有限公司
39	闽科创验〔2013〕041 号	2011C0063	铜萃取剂的产业化研究	彭钦华	福建紫金选矿药剂有限公司
40	闽科创验〔2013〕042 号	2011C0056	溶剂汽油废气吸附回收装置	陈后美	福建省利邦环境工程有限公司
41	闽科创验〔2013〕043 号	2010C0049	自动化节能监控系统	李建军	龙岩市方圆经济技术开发有限公司
42	闽科创验〔2013〕044 号	2012C0008	超节能健康百度机	刘庆捷	莆田市清华园电器发展有限公司
43	闽科创验〔2013〕046 号	2011C0020	新型对筒针织大圆机	陈财宝	晋江宏基机械有限公司

【2013年度验收的福建省自然科学基金项目表】

序号	验收文号	项目编号	项目名称	项目负责人	承担单位
1	闽科基验〔2013〕001号	2010J01296	岩石光滑表面高效环保磨削工具的制备新技术研究	于怡青	华侨大学机电及自动化学院
2	闽科基验〔2013〕002号	2010J01274	无伸缩缝斜梁桥简化计算模型研究	陈朝慰	福建省交通科学技术研究所
3	闽科基验〔2013〕003号	2010J01110	羽毛肽粉营养价值评价	姚清华	福建省农业科学院中心实验室
4	闽科基验〔2013〕004号	2009J01236	桥梁船撞结构损伤识别与安全快速评价体系研究	林建凡	福建省交通科学技术研究所
5	闽科基验〔2013〕005号	2010J01337	基于流行学习的视频头部姿态估计方法研究	陈锻生	华侨大学计算机科学与技术学院
6	闽科基验〔2013〕006号	2009J05151	PIN结构4H－SiC紫外光电二极管一维阵列的研究	陈厦平	厦门大学物理与机电工程学院
7	闽科基验〔2013〕007号	2009J01091	一个水稻CCCH型锌指基因的分子调控机制研究	周淑芬	福建省农业科学院生物技术研究所
8	闽科基验〔2013〕008号	2011J01341	基质的内源性二次谐波信号用于肿瘤早期诊断的基础研究	卓双木	福建师范大学物理与光电信息科技学院（光电与信息工程学院）
9	闽科基验〔2013〕009号	2010J05131	快速可调谐滤波技术在光谱成像中应用的关键问题研究	张春光	福建师范大学物理与光电信息科技学院（光电与信息工程学院）
10	闽科基验〔2013〕010号	2010J05129	非线性光学材料中的光速可控研究	王　号	福建师范大学物理与光电信息科技学院（光电与信息工程学院）
11	闽科基验〔2013〕011号	2010J01319	最佳离散信号设计中若干问题的研究	柯品惠	福建师范大学数学与计算机科学学院
12	闽科基验〔2013〕012号	2010J01315	饮用水管道生长环超声导波检测技术研究	张胜华	中国科学院城市环境研究所
13	闽科基验〔2013〕013号	2009J01128	枯草芽孢杆菌代谢抗菌物的结构与功能研究	施碧红	福建师范大学生命科学学院
14	闽科基验〔2013〕014号	2009J01094	水稻长粒显性主效QTL的精细定位	方珊茹	福建省农业科学院水稻研究所
15	闽科基验〔2013〕015号	2011J01312	壳聚糖基抗菌材料的结构与功能关系研究	辛梅华	华侨大学材料科学与工程学院
16	闽科基验〔2013〕016号	2010J01141	爱玉子与其传粉小蜂共生系统的修复与维系	吴文珊	福建师范大学生命科学学院
17	闽科基验〔2013〕017号	2009J01131	p－eIF4E、MCL－1、EF1α及ZNF217在病理性瘢痕组织中作用的研究	吴文艺	福建医科大学附二院
18	闽科基验〔2013〕018号	2009J06021	基于Axin的多蛋白复合体决定细胞命运的机理	李勤喜	厦门大学生命科学学院
19	闽科基验〔2013〕019号	2009J06022	新基因FG01在老年痴呆症中的作用研究	张云武	厦门大学生物医学研究院
20	闽科基验〔2013〕020号	2009J01193	EDF诱导铜绿微囊藻细胞程序性死亡的研究	徐　虹	厦门大学生命科学学院

续表①

序号	验收文号	项目编号	项目名称	项目负责人	承担单位
21	闽科基验〔2013〕021号	2010J05145	滑动数据重心理论及其在科技创新投入与经济增长关联的应用研究	张积林	福建工程学院数理系
22	闽科基验〔2013〕022号	2010J01067	红树植物耐盐蛋白表达谱分析及抗盐基因克隆与表达	陈　伟	福建农林大学生命科学学院
23	闽科基验〔2013〕023号	2011J01018	原子测量对耦合腔QED系统的量子特性影响研究	卢道明	武夷学院电子工程系
24	闽科基验〔2013〕025号	2011J01132	调节自噬表达对卵巢癌耐药细胞株化疗敏感性的影响及相关机制研究	孙　阳	福建省立医院
25	闽科基验〔2013〕026号	2010J01358	基于灰色方法的隐私保护数据流挖掘研究	张岐山	福州大学管理学院
26	闽科基验〔2013〕027号	2010J01335	基于本体论和知识空间的自适应企业知识融合方法研究	缑　锦	华侨大学计算机科学与技术学院
27	闽科基验〔2013〕028号	2010J05112	羟基磷灰石纳米晶自组织定向生长及取向调控有序排列的研究	陈景帝	福州大学科技处
28	闽科基验〔2013〕029号	2011J05151	基于网络流媒体的多维融合隐蔽通信理论与方法研究	田　晖	华侨大学计算机科学与技术学院
29	闽科基验〔2013〕030号	2010J01039	基于仿生识别的蛋白质印迹固相微萃取整体柱制备方法及应用研究	林子俺	食品安全分析与检测教育部重点实验室（福州大学）
30	闽科基验〔2013〕031号	2009J06007	花角蚜小蜂生境适应性研究和种群衰退原因探析	张飞萍	福建农林大学林学院
31	闽科基验〔2013〕032号	2011J01212	莲房种内变异和品质评价研究	吴岩斌	福建中医药大学中西医结合研究院
32	闽科基验〔2013〕033号	2011J05022	凝聚相中蛋白质模型分子的结构动力学特性研究	蔡开聪	福建师范大学化学与材料学院（材料科学与工程学院）
33	闽科基验〔2013〕034号	2011J01032	基于功能化修饰PAMAM的有机一无机复合膜的制备及其对燃料电池阳极电催化性能	林　深	福建师范大学化学与材料学院（材料科学与工程学院）
34	闽科基验〔2013〕035号	2011J05020	基于碳纳米角等碳基组装体的电化学、电致化学发光传感器研究	戴　宏	福建师范大学化学与材料学院（材料科学与工程学院）
35	闽科基验〔2013〕036号	2010J01152	改良胃旁路术治疗2型糖尿病机制的研究	翁山耕	福建医科大学附属第一医院
36	闽科基验〔2013〕037号	2011J01374	覆盖粗糙集在语言动力学中的应用	祝　峰	漳州师范学院计算机科学系
37	闽科基验〔2013〕039号	2010J01196	基于透骨消痛胶囊网络药效模型的指纹特征研究	郑春松	福建中医药大学中西医结合研究院
38	闽科基验〔2013〕040号	2010J05009	变分数阶波动方程的数值方法	陈景华	集美大学理学院
39	闽科基验〔2013〕041号	2010J05015	幂等元剩余格的代数理论	陈　伟	漳州师范学院数学与信息科学系

续表②

序号	验收文号	项目编号	项目名称	项目负责人	承担单位
40	闽科基验〔2013〕042号	2010J01078	应用SSH和RACE技术克隆甘蔗抗黑穗病关键基因	阙友雄	福建农林大学作物科学学院
41	闽科基验〔2013〕043号	2010J05157	基于高分辨率遥感影像的城市主干道信息提取方法的研究	孙小丹	福州职业技术学院
42	闽科基验〔2013〕044号	2011J01375	1.5微米波段声光调Q脉冲固体激光器件研究	陈雨金	中国科学院福建物质结构研究所
43	闽科基验〔2013〕045号	2010J01105	沿海耕作风砂土水——钙耦合及其对花生钙吸收的驱动效应	王　飞	福建省农业科学院土壤肥料研究所
44	闽科基验〔2013〕046号	2010J05078	非病毒载体诱导iPS细胞分化为胰岛样细胞的研究	路　君	南京军区福州总医院
45	闽科基验〔2013〕047号	2009J01204	红壤水稻土长期施肥下有机碳、氮组分差异及其空间变异规律	李清华	福建省农业科学院土壤肥料研究所
46	闽科基验〔2013〕048号	2010J01320	VANET体系结构及相关通信协议的研究	吴　怡	福建师范大学物理与光电信息科技学院（光电与信息工程学院）
47	闽科基验〔2013〕049号	2010J01147	福建省奥运优秀后备举重（轻量级）运动员体能选材模型的研究	陈海春	福建师范大学体育科学学院
48	闽科基验〔2013〕050号	2010J01273	基于氧化沟工艺的低碳源城市污水反硝化除磷关键影响因素研究	陈益明	福建省环境科学研究院
49	闽科基验〔2013〕051号	2010J01066	红麻光钝感雌性不育突变体光温反应及特异蛋白表达	林荔辉	福建农林大学生命科学学院
50	闽科基验〔2013〕052号	2009J01119	吉非替尼治疗对西妥昔单抗耐药肠癌的机制探讨	施纯玫	福建省肿瘤医院
51	闽科基验〔2013〕053号	2009J05048	水稻条纹病毒胁迫下的水稻代谢轮廓分析	丁新伦	福建农林大学植物保护学院
52	闽科基验〔2013〕054号	2010J01136	多光子显微镜在胃肠道肿瘤即时诊断中的应用基础研究	严　俊	福建省肿瘤医院
53	闽科基验〔2013〕055号	2010J01213	基于微卫星分子技术的长毛明对虾群体遗传学的研究	黎中宝	集美大学水产学院
54	闽科基验〔2013〕056号	2010J01212	鲫鱼肌原纤维结合型丝氨酸蛋白酶（MBSP）抑制剂的基因克隆及表达	杜翠红	集美大学生物工程学院
55	闽科基验〔2013〕057号	2009J01117	SDF－1/CXCR4对结直肠癌肝转移瘤形成的影响	杨春康	福建省肿瘤医院
56	闽科基验〔2013〕058号	2011J01005	基于OCI的血糖多参数检测原理与技术	李志芳	福建师范大学物理与光电信息科技学院（光电与信息工程学院）
57	闽科基验〔2013〕059号	2010J01250	亚热带富营养化水库沉积物中微囊藻复苏机制研究	苏玉萍	福建师范大学化学与材料学院（材料科学与工程学院）
58	闽科基验〔2013〕060号	2009J01112	高密度脂蛋白（HDL）的氧化修饰及其在动脉粥样硬化诊断中的研究	潘　棱	福建省立医院
59	闽科基验〔2013〕062号	2010J05005	图的拉普拉斯谱及其相关拓扑指标	刘剑萍	福州大学数学与计算机科学学院

续表③

序号	验收文号	项目编号	项目名称	项目负责人	承担单位
60	闽科基验〔2013〕063号	2010J01252	3DGIS拓扑数据结构研究与应用	吴萍莉	福州大学环境与资源学院
61	闽科基验〔2013〕064号	2011J05123	莲子低聚糖对双歧杆菌发酵增菌效能研究	田玉庭	福建农林大学食品科学学院
62	闽科基验〔2013〕065号	2009J05065	IL－10基因靶向治疗大鼠肝纤维化的体内外研究及其机制探讨	陈运新	福建医科大学附属协和医院
63	闽科基验〔2013〕066号	2010J01084	新型免疫抑制剂子囊霉素生物合成及其新同系物的研究	罗　婷	福建省微生物研究所
64	闽科基验〔2013〕067号	2011J05014	图的拉普拉斯谱及其应用若干问题的研究	李建喜	漳州师范学院数学与信息科学系
65	闽科基验〔2013〕068号	2010J01327	医学图像分割算法的研究	刘金清	福建师范大学物理与光电信息科技学院（光电与信息工程学院）
66	闽科基验〔2013〕069号	2010J01074	小菜蛾对苯基吡唑类杀虫剂的抗药响应蛋白及其功能研究	谢　苗	福建农林大学植物病毒研究所
67	闽科基验〔2013〕070号	2010J01340	基于信号不变特征的自适应视频水印技术研究	冯　桂	华侨大学信息科学与工程学院
68	闽科基验〔2013〕071号	2010J05101	纳米结构材料非线性光限幅性能的形状和尺寸效应研究	郑　婵	福建工程学院材料科学与工程系
69	闽科基验〔2013〕072号	2010J05057	单组分高效低毒脱羟甲基米多霉素的组合生物合成	李　力	福建师范大学生命科学学院
70	闽科基验〔2013〕073号	2010J01030	漆酚金属聚合物多孔膜材料的研究	徐艳莲	福建师范大学化学与材料学院
71	闽科基验〔2013〕074号	2009J05044	人参皂苷合成关键酶SQS基因的克隆及功能分析	郑亚凤	福建农林大学农产品品质研究所
72	闽科基验〔2013〕075号	2010J01123	microRNAs对过敏模型鼠骨髓肥大细胞激活的调节	王　滔	福建省立医院
73	闽科基验〔2013〕076号	2010J05017	基于配合物前体后合成修饰的新型金属有机功能液晶材料	李小菊	福建师范大学化学与材料学院（材料科学与工程学院）
74	闽科基验〔2013〕077号	2009J01064	荔枝花性分化的分子机理研究	王　平	福建农林大学园艺学院
75	闽科基验〔2013〕078号	2009J05106	海水微表层对持久性有机污染物干沉降的影响	吴水平	厦门大学海洋与环境学院
76	闽科基验〔2013〕081号	2010J01059	猪精液NAGase同工酶特性及酶活力调控	黄小红	福建农林大学动物科学学院
77	闽科基验〔2013〕082号	2010J05043	福建省中华蜜蜂种群分布和种群进化研究	朱翔杰	福建农林大学蜂学院
78	闽科基验〔2013〕083号	2009J01072	雷公藤毛状根生产雷公藤甲素的诱导调控及其机制研究	封　磊	福建农林大学资源与环境学院
79	闽科基验〔2013〕084号	2009J05049	新型吡啶并嘧啶类化合物的合成与抗植物病毒活性研究	任青云	福建农林大学植物保护学院
80	闽科基验〔2013〕085号	2010J01265	福建米草盐沼的演化与其控制因素	陈一宁	厦门大学海洋与环境学院（海洋与地球学院）
81	闽科基验〔2013〕086号	2010J01086	福建省松树枯萎病的病原学研究	丁　珌	福建省林业科学研究院

续表④

序号	验收文号	项目编号	项目名称	项目负责人	承担单位
82	闽科基验〔2013〕087号	2009J01199	Connexin43不依赖细胞间隙连接通讯抑制肺癌发生发展机制研究	张永兴	厦门大学医学院
83	闽科基验〔2013〕088号	2008J0298	中医推拿结合A型肉毒毒素干预中风上肢痉挛的研究	秦　茵	南京军区福州总医院
84	闽科基验〔2013〕089号	2011J01071	珍稀濒危植物长苞铁杉林倒木基础特征与更新流形成机制研究	何东进	福建农林大学林学院
85	闽科基验〔2013〕090号	2010J01298	闭合预应力钢绞线加固RC框架节点抗震性能试验研究	黄群贤	华侨大学土木工程学院
86	闽科基验〔2013〕091号	2009J01224	养殖青蟹大规模死亡致病性病原生物的调查研究	朱小明	厦门大学海洋与环境学院
87	闽科基验〔2013〕092号	2009J05103	一种新的车载导航地图匹配模型研究	刘友文	闽江学院地理科学系
88	闽科基验〔2013〕093号	2012J05085	绿色溶剂法纤维素纤维用浆粕的研究	蔡　涛	福建省纤维检验所
89	闽科基验〔2013〕094号	2010J01253	地质雷达资料去噪处理方法的研究与应用	黄真萍	福州大学环境与资源学院
90	闽科基验〔2013〕095号	2010J05118	液压挖掘机工作性能数字化开发平台研究	王云超	集美大学机械工程学院
91	闽科基验〔2013〕096号	2010J01022	氯碱企业节能减排关键技术集成研究	赵　扬	福建省环境科学研究院
92	闽科基验〔2013〕097号	2006J0444	延续传统居住文化的住宅类设计模式研究	关瑞明	华侨大学建筑学院
93	闽科基验〔2013〕098号	2010J05065	线粒体渗透性转换孔在丹参酮ⅡA药物后处理减轻大鼠心肌缺血/再灌注损伤中的作用	方　军	福建医科大学附属协和医院
94	闽科基验〔2013〕101号	2010J05135	基于块数字滤波器的高阶两通道时间交织ΣΔ调制器的研究	杨　骁	华侨大学信息科学与工程学院
95	闽科基验〔2013〕102号	2010J05125	低阈值高效1.5微米波段激光晶体材料研究	黄建华	中国科学院福建物质结构研究所
96	闽科基验〔2013〕103号	2010J01054	ZnO光催化降解机理的研究	王永好	中国科学院福建物质结构研究所
97	闽科基验〔2013〕104号	2010J01056	具有非心及手性结构的新型多元金属硫属化物的合成与性能研究	冯美玲	中国科学院福建物质结构研究所
98	闽科基验〔2013〕105号	2010J01055	间接格氏反应在醛酮不对称加成中的研究	宋　玲	中国科学院福建物质结构研究所
99	闽科基验〔2013〕106号	2010J05038	表面调控下MnS纳米半导体材料的相变研究	王永净	中国科学院福建物质结构研究所
100	闽科基验〔2013〕107号	2010J01083	抗肿瘤新药雷帕霉素类mTOR抑制剂新先导化合物的探究	杨国新	福建省微生物研究所
101	闽科基验〔2013〕108号	2011J01123	福建省农业旱涝灾害风险评估及区划	王加义	福建省气象科学研究所
102	闽科基验〔2013〕109号	2010J05040	联咪唑衍生物配体及其配位聚合物的设计合成与性能研究	桑瑞利	中国科学院福建物质结构研究所
103	闽科基验〔2013〕110号	2010J05041	纳米碳/金属氧化物复合材料的制备及其在锂电池负极材料的应用	官轮辉	中国科学院福建物质结构研究所

续表⑤

序号	验收文号	项目编号	项目名称	项目负责人	承担单位
104	闽科基验〔2013〕111号	2010J01166	光动力疗法（PDT）制备的小鼠L1210淋巴细胞白血病瘤苗抗白血病免疫的实验研究	黄慧芳	福建医科大学附属协和医院
105	闽科基验〔2013〕112号	2006J0370	p53在肺癌诊断及治疗中作用的研究	柳德灵	南京军区福州总医院
106	闽科基验〔2013〕113号	2007J0246	复合生物工艺处理小区污水研究	苏鸿洋	福建农林大学资源与环境学院
107	闽科基验〔2013〕114号	2010J01215	CAⅨ调控鼻息肉中嗜酸性粒细胞募集的作用机制	林　海	南京军区福州总医院
108	闽科基验〔2013〕115号	2010J01089	基于cDNA－AFLP技术的乌龙茶种质抗蚜基因表达谱差异分析	高香凤	福建省农业科学院茶叶研究所
109	闽科基验〔2013〕116号	2010J01352	双馈风力发电系统电机参数辨识及调节器参数自整定研究	彭彦卿	厦门理工学院电气工程与自动化学院（电子与电气工程系）
110	闽科基验〔2013〕117号	2011J01124	乙型肝炎病毒父婴垂直传播危险因素病例对照研究与干预	陈起燕	福建省妇幼保健院（福建省妇儿医院）
111	闽科基验〔2013〕118号	2011J05120	城市轨道交通无砟轨道与桥梁纵向作用力研究	陈小平	福建工程学院土木工程系
112	闽科基验〔2013〕119号	2011J05086	不结球白菜抗菌核病相关基因BcMPK4的诱导表达分析	马景蕃	龙岩学院生命科学学院
113	闽科基验〔2013〕120号	2011J01221	Ⅱ型抗癌伴孢晶体蛋白的氨基酸组成与其抗肝癌活力之间的内在联系	林　毅	华侨大学化工学院
114	闽科基验〔2013〕121号	2010J01108	胡瓜钝绥螨抗阿维菌素种群应用的基础研究	陈　霞	福建省农业科学院植物保护研究所
115	闽科基验〔2013〕122号	2010J01017	自转黑洞吸积的相对论流体力学研究	薛　力	厦门大学物理与机电工程学院
116	闽科基验〔2013〕123号	2010J01189	玳玳果总黄酮口服自微乳给药系统的研究	黄庆德	福建中医药大学药学院
117	闽科基验〔2013〕124号	2010J01361	非线性视角下中国利率动态的理论建模和计量研究	郑挺国	厦门大学王亚南经济研究院
118	闽科基验〔2013〕125号	2010J01064	香樟优良无性系精油稳定性及变化机制的研究	张国防	福建农林大学林学院
119	闽科基验〔2013〕126号	2010J05035	等离子体强化芬顿试剂降解水中持久性有机污染物的机理与应用研究	王　蕾	厦门理工学院土木工程与建筑学院（土木工程与建筑系）
120	闽科基验〔2013〕127号	2010J01311	电力配电系统短路故障及其电流峰值的预测	陈丽安	厦门理工学院电气工程与自动化学院（电子与电气工程系）
121	闽科基验〔2013〕128号	2010J05138	氧化锌非极性面的生长及其在紫外探测的应用研究	王惠琼	厦门大学物理与机电工程学院
122	闽科基验〔2013〕129号	2010J01303	船舶变频液压舵机系统建模及控制研究	朱　钰	集美大学轮机工程学院

续表⑥

序号	验收文号	项目编号	项目名称	项目负责人	承担单位
123	闽科基验〔2013〕130号	2010J05110	玄武岩纤维高性能混凝土的增强机理及力学性能研究	陈　峰	福州大学环境与资源学院
124	闽科基验〔2013〕131号	2010J05123	工程车辆侧翻/倾翻规律与预测方法的研究	祝青园	厦门大学物理与机电工程学院
125	闽科基验〔2013〕132号	2010J01052	植物还原制备钯纳米催化剂及其加氢性能研究	贾立山	厦门大学化学化工学院
126	闽科基验〔2013〕133号	2010J05122	大口径光学元件智能化抛光关键技术研究	杨　炜	厦门大学物理与机电工程学院
127	闽科基验〔2013〕134号	2010J01107	半番鸭羽色性状差减 cDNA 文库构建及差异表达基因研究	郑嫩珠	福建省农业科学院畜牧兽医研究所
128	闽科基验〔2013〕135号	2010J05014	无汞荧光灯用新型高效荧光粉研究	熊飞兵	厦门理工学院应用数学学院（数理系）
129	闽科基验〔2013〕136号	2010J01230	核受体 PPARγ 对内源配体识别的结构测定和功能研究	李　勇	厦门大学生命科学学院
130	闽科基验〔2013〕137号	2010J05039	超轻气体载体材料的设计合成	王　飞	中国科学院福建物质结构研究所
131	闽科基验〔2013〕138号	2010J01050	以氮杂半缩醛为底物的自由基偶联反应及应用	郑　啸	厦门大学化学化工学院
132	闽科基验〔2013〕139号	2010J05121	城市污泥两阶段生物合成 PHAs 的转化过程及机理研究	王远鹏	厦门大学化学化工学院
133	闽科基验〔2013〕140号	2010J05136	钛硅基层叠结构栅介质研究	徐文彬	集美大学信息工程学院
134	闽科基验〔2013〕141号	2010J01048	基于质子转移反应的新型手性光致变色分子设计、合成与变色性能研究	林丽榕	厦门大学化学化工学院
135	闽科基验〔2013〕142号	2010J01226	ApoAI 在赤点石斑鱼天然免疫体系及脂类代谢中的调控作用	丁少雄	厦门大学海洋与环境学院（海洋与地球学院）
136	闽科基验〔2013〕143号	2010J01015	基于多晶硅的镍－63 同位素核电池高效能量收集结构的研究	伞海生	厦门大学物理与机电工程学院
137	闽科基验〔2013〕144号	2011J05062	两株尖孢镰刀菌拮抗菌的生物学特性和生态安全性研究	林茂兹	福建师范大学福清分校
138	闽科基验〔2013〕145号	2010J05071	CYP2E1 基因 3’端非翻译区上两个与乳癌易感性相关的 SNP 位点对基因表达影响的研究	廖凌虹	福建中医药大学中医学院
139	闽科基验〔2013〕146号	2010J05037	兽用抗生素在禽畜粪便与养殖场周边环境中残留研究	刘　锋	中国科学院城市环境研究所
140	闽科基验〔2013〕147号	2010J05012	Lipschitz 映射的可微性研究	张　文	厦门大学数学科学学院
141	闽科基验〔2013〕148号	2010J05036	活性炭纤维负载纳米氧化钛的结合性和光催化活性研究	石建稳	中国科学院城市环境研究所
142	闽科基验〔2013〕149号	2010J01271	制浆造纸白泥/聚乙烯（PE）共混复合材料的研究	陈礼辉	福建农林大学材料工程学院
143	闽科基验〔2013〕150号	2011J05163	农民权益保护视角下福建省集体建设用地利用政策研究	陈玲芳	福建师范大学经济学院
144	闽科基验〔2013〕151号	2010J05127	基于冗余字典的压缩感知及其与纠错码级联性能的研究	陈国泰	福建师范大学福清分校

续表⑦

序号	验收文号	项目编号	项目名称	项目负责人	承担单位
145	闽科基验〔2013〕152号	2009J05010	无色散可积系统的多分量推广、求解及其应用研究	吴红霞	集美大学理学院
146	闽科基验〔2013〕153号	2010J01111	NCED基因的表达在ABA信号积累中的作用及对草莓果实成熟的调控	朱海生	福建省农业科学院作物研究所
147	闽科基验〔2013〕154号	2010J01092	外源乙烯胁迫保鲜对枇杷果肉硬度及相关酶活性的影响	林晓姿	福建省农业科学院农业工程技术研究所
148	闽科基验〔2013〕155号	2010J01046	多功能SERS纳米探针的设计及其超灵敏生物分子检测	周　樨	厦门大学材料学院
149	闽科基验〔2013〕156号	2010J01254	节理岩体边坡在高速列车荷载下的动力响应及其疲劳失稳研究	简文彬	福州大学环境与资源学院
150	闽科基验〔2013〕157号	2010J01312	前驱体对陶瓷过滤膜性能的影响及其机理研究	李元高	厦门理工学院环境科学与工程学院（环境工程系）
151	闽科基验〔2013〕158号	2011J01255	SERPINA3K治疗眼碱烧伤的作用机理	周跃平	厦门大学医学院
152	闽科基验〔2013〕159号	2010J01098	水稻OsMGA1基因的克隆及其在花粉发育过程中的功能分析	杨绍华	福建省农业科学院农业遗传工程重点实验室
153	闽科基验〔2013〕160号	2010J01229	广州管圆线虫病疫源地病原TaqMan荧光定量多重PCR检测方法的研究	罗大民	厦门大学生命科学学院
154	闽科基验〔2013〕161号	2011J01116	外来入侵生物大豆疫霉病菌群体遗传变化监测研究	兰成忠	福建省农业科学院植物保护研究所
155	闽科基验〔2013〕162号	2011J01092	从海洋稀有放线菌中筛选对氨基苯甲酸生物合成抑制剂	聂毅磊	福建省微生物研究所
156	闽科基验〔2013〕163号	2010J01207	rAAV介导Survivin启动子调控共表达sTRAIL和eDR5/iFas治疗肿瘤的研究	李招发	华侨大学生物医学学院（分子药物研究院）
157	闽科基验〔2013〕164号	2010J05074	对虾白斑综合症病毒极早期蛋白与对虾蛋白的互作研究	王　蔚	国家海洋局第三海洋研究所
158	闽科基验〔2013〕165号	2010J01008	图的匹配结构理论	林　泓	集美大学理学院
159	闽科基验〔2013〕166号	2009J01080	福建省蝴蝶兰齿舌兰环斑病毒（ORSV）的致病机理研究	郭　莺	福建省亚热带植物研究所
160	闽科基验〔2013〕167号	2010J05032	微生物非酶还原法制备纳米Au/菌体催化剂的基础研究	黄加乐	厦门大学化学化工学院
161	闽科基验〔2013〕168号	2010J01353	基于SVM的三维脑电数值头颅建模关键问题研究	朱顺痣	厦门理工学院计算机与信息工程学院（计算机科学与技术系）
162	闽科基验〔2013〕169号	2010J05100	基于GIS分析厦门市癌症高发区形成的环境因素	李新虎	中国科学院城市环境研究所
163	闽科基验〔2013〕170号	2011J05034	新型纳米催化材料的可控制备及对挥发性有机化合物的环境友好消除	何　炽	中国科学院城市环境研究所

续表⑧

序号	验收文号	项目编号	项目名称	项目负责人	承担单位
164	闽科基验〔2013〕171号	2010J01044	淡水鱼主要过敏原的分子及免疫识别研究	曹敏杰	集美大学生物工程学院
165	闽科基验〔2013〕172号	2010J05095	九龙江口沉积物中硫酸盐还原速率空间分布及环境控制因素	尹希杰	国家海洋局第三海洋研究所
166	闽科基验〔2013〕173号	2010J01206	海岸带石油降解微生物资源的初步研究	单大鹏	国家海洋局第三海洋研究所
167	闽科基验〔2013〕174号	2011J05073	油茶中角鲨烯的富集纯化及其抗缺氧活性研究	谢　勇	福建中医药大学药学院
168	闽科基验〔2013〕175号	2010J01095	迟缓爱德华氏菌侵染鳗肝细胞后蛋白质组的差异分析	方勤美	福建省农业科学院农业遗传工程重点实验室
169	闽科基验〔2013〕176号	2010J05088	嗜水气单胞菌多重耐药与AmrB的关系研究	张丹凤	漳州师范学院生物科学与技术系
170	闽科基验〔2013〕177号	2011J01024	具梁式TMD系统桥梁结构的非线性动力学特性及振动控制研究	陈昌萍	厦门理工学院土木工程与建筑学院（土木工程与建筑系）
171	闽科基验〔2013〕178号	2010J01318	双正交非均匀B样条小波及多分辨率曲线曲面造型研究	潘日晶	福建师范大学数学与计算机科学学院
172	闽科基验〔2013〕179号	2010J01308	有机化硼磷酸盐纳米材料的制备及其在多功能阻燃环氧树脂中的应用	黄雅熙	厦门大学材料学院
173	闽科基验〔2013〕180号	2010J05096	闽江流域沉积物中铅同位素组成研究及示踪意义	徐勇航	国家海洋局第三海洋研究所
174	闽科基验〔2013〕181号	2010J01186	从Wnt/β－catenin、NF－κB信号通路探讨薯蓣皂苷元抗人骨肉瘤的作用机制	洪振强	福建中医药大学骨伤学院
175	闽科基验〔2013〕182号	2010J01137	基于锥形束CT的在线计划设计在鼻咽癌适应性放射治疗中的临床及基础研究	陈传本	福建省肿瘤医院
176	闽科基验〔2013〕183号	2010J05139	基于被动相位共轭镜的水声通信关键技术研究	苏　为	厦门大学信息科学与技术学院
177	闽科基验〔2013〕184号	2010J01116	福建省耐多药肺结核病现状调查及基因分型与耐药性相关基因突变情况的研究	陈求扬	福建省疾病预防控制中心
178	闽科基验〔2013〕185号	2010J01372	MTDH为抗原的基因疫苗诱导免疫抑制肿瘤转移及增加肿瘤细胞化疗敏感性的机制研究	李惠长	宁德市闽东医院
179	闽科基验〔2013〕186号	2008J0011	超高压电网线路故障精确定位技术与光电互感器研究	林　军	福建工程学院电子信息与电气工程系
180	闽科基验〔2013〕187号	2010J05115	柔性固态染料敏化太阳电池的研究	兰　章	华侨大学材料科学与工程学院
181	闽科基验〔2013〕188号	2010J01114	益精汤对少弱精子症男性IVF－ET治疗结局的影响	许金榜	福建省妇幼保健院（福建省妇儿医院）
182	闽科基验〔2013〕189号	2010J01309	用于土木工程监测的超敏感仿生次声传感方法与技术研究	雷　鹰	厦门大学建筑与土木工程学院

续表⑨

序号	验收文号	项目编号	项目名称	项目负责人	承担单位
183	闽科基验〔2013〕190号	2010J05124	新型电子封装用碳纳米管/钼铜复合材料的制备及热传导行为研究	许龙山	厦门理工学院机械与汽车工程学院（机械工程系）
184	闽科基验〔2013〕191号	2010J01099	一个水稻胚乳特异表达寡肽转运蛋白的功能研究	胡昌泉	福建省农业科学院农业遗传工程重点实验室
185	闽科基验〔2013〕192号	2010J01023	黑麦草根系对土壤中多环芳烃胁迫的响应及根际修复机制研究	蔡顺香	福建省农业科学院土壤肥料研究所
186	闽科基验〔2013〕193号	2010J01291	天然多糖、聚乙烯醇及羟基磷灰石的可控共价杂化研究	肖聪明	华侨大学材料科学与工程学院
187	闽科基验〔2013〕194号	2011J05029	全自动在线固相萃取—毛细管电泳食品安全分析平台研究	严丽娟	厦门出入境检验检疫局检验检疫技术中心
188	闽科基验〔2013〕195号	2010J01249	人促天然更新不同阶段森林土壤 CO_2 排放的微生物学机制	郭剑芬	福建师范大学地理研究所
189	闽科基验〔2013〕196号	2010J01289	可见光响应型纳米多孔磁性 $BiFeO_3$ 的可控制备及其光催化性能研究	黄妙良	华侨大学材料科学与工程学院
190	闽科基验〔2013〕197号	2010J01209	新型捕光超分子LH2的吸光色素结构表征与仿生膜组装	杨素萍	华侨大学化工学院
191	闽科基验〔2013〕198号	2010J01042	极性金属间化物Zintl分子合金材料的合成与研究	戴劲草	华侨大学材料科学与工程学院
192	闽科基验〔2013〕199号	2010J05075	豢养条件下南宽吻海豚的行为谱构建	王先艳	国家海洋局第三海洋研究所
193	闽科基验〔2013〕200号	2010J01193	从“TLR－ILR/NF－κB”信号通路研究痛风宁颗粒对急性痛风性关节炎抗炎、镇痛的作用机制	苏友新	福建中医药大学中西医结合研究院
194	闽科基验〔2013〕201号	2010J01198	闽产泥胡菜抗乳腺癌活性成分的谱效关系研究	林　珊	福建中医药大学中西医结合研究院
195	闽科基验〔2013〕202号	2010J05070	活性氧在血府逐瘀汤诱导血管内皮细胞迁移中的作用及机制研究	林　凡	福建中医药大学中西医结合学院
196	闽科基验〔2013〕203号	2010J05108	盘状共轭化合物的合成及其高分子化的研究	白卫斌	福建师范大学化学与材料学院（材料科学与工程学院）
197	闽科基验〔2013〕204号	2010J01218	采用脂质纳米技术促进难溶性药物口服吸收的研究	宋洪涛	南京军区福州总医院
198	闽科基验〔2013〕205号	2010J01187	原发性痛经针刺治疗时机选择的机理研究	李　沛	福建中医药大学海外教育学院
199	闽科基验〔2013〕206号	2010J01009	子流形几何若干问题研究	吴炳烨	闽江学院数学系
200	闽科基验〔2013〕207号	2010J01106	δ－氨基乙酰丙酸对动物铁代谢调控的机理研究	张龙涛	福建省农业科学院畜牧兽医研究所
201	闽科基验〔2013〕208号	2010J05080	基于SELEX技术的新型免疫抑制剂的筛选及其应用研究	王开宇	南京军区福州总医院
202	闽科基验〔2013〕209号	2010J05085	福建省道地药材厚朴的抗癌化学成分研究	陈全成	厦门大学生物医学研究院

续表⑩

序号	验收文号	项目编号	项目名称	项目负责人	承担单位
203	闽科基验〔2013〕210号	2010J01248	亚热带森林土壤黑碳的来源及稳定性研究	尹云锋	福建师范大学地理科学学院
204	闽科基验〔2013〕211号	2010J01246	环境减灾卫星 HJ1A/1B 和 Landsat－5TM 影像的交互比较及其应用研究	李春华	福建师范大学地理科学学院
205	闽科基验〔2013〕212号	2010J01287	基于结构易损性的斜拉桥结构多灾害防治问题研究	谷　音	福州大学土木工程学院
206	闽科基验〔2013〕213号	2010J01142	芥子碱抗肿瘤血管生成的分子机制	吴国欣	福建师范大学生命科学学院
207	闽科基验〔2013〕214号	2010J05148	海西农业非点源污染控制与管理的主体行为及其政策构思	杨小山	闽江学院管理学系
208	闽科基验〔2013〕215号	2010J01192	石斛合剂调控 GLP－1 促进胰岛细胞增生的机制研究	施　红	福建中医药大学中西医结合学院
209	闽科基验〔2013〕216号	2010J01194	粗叶悬钩子总生物碱治疗肝损伤的 TLR4/NF－κB 通路研究	赵锦燕	福建中医药大学中西医结合研究院
210	闽科基验〔2013〕217号	2010J05106	新型哑铃形截面钢管混凝土拱桥的相关理论研究	盛　叶	福建农林大学交通学院
211	闽科基验〔2013〕218号	2010J05093	福建宁化天鹅洞全新世高分辨石笋记录研究	姜修洋	福建师范大学地理科学学院
212	闽科基验〔2013〕219号	2010J01019	坩埚密闭法生长一维自旋链磁性材料	何长振	中国科学院福建物质结构研究所
213	闽科基验〔2013〕220号	2010J01351	引入自动填补缺失机制的弱指导关系抽取模型研究	陈锦秀	厦门大学信息科学与技术学院
214	闽科基验〔2013〕221号	2010J01197	解毒消癥饮协同 APRILsiRNA 基因沉默效应对肝癌细胞凋亡机制的研究	刘志臻	福建中医药大学中西医结合研究院
215	闽科基验〔2013〕222号	2010J01135	EGFR 野生型的老年非小细胞肺癌分子靶标指导下个体化治疗的前瞻性研究	黄　诚	福建省肿瘤医院
216	闽科基验〔2013〕223号	2010J01261	海洋球石藻病毒（Coccolithovirus）外壳蛋白的克隆表达、抗体制备及应用	刘静雯	集美大学生物工程学院
217	闽科基验〔2013〕224号	2010J01024	基于血清三维毛细管电泳指纹图谱技术的雷公藤内酯醇代谢谱与肝毒性相关性研究	林文津	福建省医学科学研究院
218	闽科基验〔2013〕225号	2010J01182	宫颈上皮内瘤变 LEEP 术后残留/复发的危险因素研究	吴冬梅	福建中医药大学附属第二人民医院
219	闽科基验〔2013〕226号	2010J05007	复杂系统的非广延性及其相关问题研究	欧聪杰	华侨大学信息科学与工程学院
220	闽科基验〔2013〕227号	2010J05119	FRP 锚杆新型灌浆材料作用机理及耐久性研究	刘纪峰	三明学院建筑工程学院（土木建筑工程系）
221	闽科基验〔2013〕229号	2010J01347	基于物理层信息的无线网络的认证算法及其应用研究	肖　亮	厦门大学信息科学与技术学院

续表⑪

序号	验收文号	项目编号	项目名称	项目负责人	承担单位
222	闽科基验〔2013〕230号	2010J01221	小鼠胸腺T细胞淋巴瘤模型改进及趋化因子MIP－1α和共刺激因子B7－1联合基因治疗	余英豪	南京军区福州总医院
223	闽科基验〔2013〕231号	2010J01018	多小波的理论、推广及应用	冯晓霞	漳州师范学院数学与信息科学系
224	闽科基验〔2013〕232号	2010J01043	闽南地区浅水湖库水体颗粒物对浮游生物生态过程的影响及其响应	郭沛涌	华侨大学化工学院
225	闽科基验〔2013〕233号	2010J01200	透骨消痛颗粒对成骨细胞成骨功能的调控作用研究	黄云梅	福建中医药大学中西医结合研究院
226	闽科基验〔2013〕234号	2010J01313	内嵌式碳纳米管/二硅化钼复合材料的制备及其强韧化机制	张厚安	厦门理工学院机械与汽车工程学院（机械工程系）
227	闽科基验〔2013〕235号	2011J05093	线截抽样理论及其在森林资源综合监测中的应用	罗仙仙	泉州师范学院数学与计算机科学学院
228	闽科基验〔2013〕236号	2010J01280	聚合诱导相分离法制备沥青基炭微球及结构与性能研究	林起浪	福州大学材料科学与工程学院
229	闽科基验〔2013〕237号	2011J01027	电磁场对半导体低维系统内自旋电子及量子比特性质影响的研究	李子军	漳州师范学院物理与电子信息工程系
230	闽科基验〔2013〕238号	2011J05171	新型乙烯受体抑制剂对台湾青枣果实采后品质劣变的调控作用及机理的研究	陈　莲	漳州职业技术学院
231	闽科基验〔2013〕239号	2010J01146	阳离子脂质体－DNA纳米复合物导致细胞自噬的研究	毛　宁	福建师范大学生命科学学院
232	闽科基验〔2013〕240号	2010J01290	上转换剂掺杂层状钙钛矿的可控制备及可见光催化制氢研究	魏月琳	华侨大学材料科学与工程学院
233	闽科基验〔2013〕241号	2010J05030	锗酸盐纳米光催化材料的制备及光降解污染物研究	黄建辉	莆田学院环境与生命科学系
234	闽科基验〔2013〕242号	2010J05142	面向智能机器人的时空认知逻辑及其算法实现	江　敏	厦门大学信息科学与技术学院
235	闽科基验〔2013〕243号	2010J01245	长汀退化生态系统恢复过程服务价值动态特征研究	林惠花	福建师范大学地理科学学院
236	闽科基验〔2013〕244号	2010J01002	量子态集合的非定域性	叶明勇	福建师范大学物理与光电信息科技学院（光电与信息工程学院）
237	闽科基验〔2013〕245号	2011J05028	铁观音茶叶中糖苷类香气前体成分及香气形成机制研究	耿　頔	华侨大学化工学院
238	闽科基验〔2013〕246号	2010J06006	可循环回用的环保处理纳米材料的制备、污染物作用机制及应用	林　璋	中国科学院福建物质结构研究所
239	闽科基验〔2013〕247号	2012J01249	角度传感器特性自动测试研究	李瑜芳	福建信息职业技术学院
240	闽科基验〔2013〕248号	2009J06025	十年间南大洋碳吸收变化及其对全球变化的响应	高众勇	国家海洋局第三海洋研究所
241	闽科基验〔2013〕249号	2010J01138	南方红壤侵蚀区景观斑块尺度土壤呼吸空间变异研究	曾宏达	福建师范大学地理研究所

续表⑫

序号	验收文号	项目编号	项目名称	项目负责人	承担单位
242	闽科基验〔2013〕250号	2010J05132	内核改进的支持向量机在结构监测中的数据融合技术研究	黄宴委	福州大学电气工程与自动化学院
243	闽科基验〔2013〕251号	2011J05162	LED路灯光学及热学一体化系统的研究应用	陈焕庭	漳州师范学院物理与电子信息工程系
244	闽科基验〔2013〕252号	2010J01214	鳗鲡病原菌外膜蛋白交叉保护性抗原的克隆表达及其免疫保护作用	冯建军	集美大学水产学院
245	闽科基验〔2013〕253号	2010J05025	新型钒系锂离子电池材料的制备和基础研究	费海龙	化肥催化剂国家工程研究中心（福州大学）
246	闽科基验〔2013〕254号	2010J01247	基于中文分词的图文自动匹配方法及其在灾害事件时空数据库构建中的应用	林广发	福建师范大学地理科学学院
247	闽科基验〔2013〕255号	2010J05059	TAT介导的Ngb蛋白转导对脑缺血的保护作用及机制研究	林 毅	福建医科大学附属第一医院
248	闽科基验〔2013〕256号	2010J01075	叶蝉细胞中水稻矮缩病毒专化性受体的鉴定	魏太云	福建农林大学植物病毒研究所
249	闽科基验〔2013〕257号	2010J05060	慢性神经病理性疼痛中枢疼痛网络之静息态功能核磁共振研究	陈富勇	福建医科大学附属第一医院
250	闽科基验〔2013〕258号	2010J05097	深海热液区和福建近海温泉嗜热微生物资源的研究开发	曾 湘	国家海洋局第三海洋研究所
251	闽科基验〔2013〕259号	2010J01349	连续拉曼倍频579nm黄光激光器关键问题研究	卜轶坤	厦门大学信息科学与技术学院
252	闽科基验〔2013〕260号	2010J05053	RNA干扰mTOR调节T细胞分化诱导大鼠小肠移植的免疫耐受	游 燊	福建省立医院
253	闽科基验〔2013〕261号	2010J01151	动脉粥样硬化性脑卒中二级预防他汀和抗血小板药物基因学研究	方 玲	福建医科大学附属第一医院
254	闽科基验〔2013〕262号	2010J01102	稻瘟病抗性近等基因系的构建及其蛋白质组学分析	朱永生	福建省农业科学院水稻研究所
255	闽科基验〔2013〕263号	2010J05058	C－IAP2在胰腺癌中的表达及其与胰腺癌吉西他滨化疗的关系	张 帆	福建医科大学附属第一医院
256	闽科基验〔2013〕264号	2010J01297	建筑外表相变隔热节能技术及其应用研究	冉茂宇	华侨大学建筑学院
257	闽科基验〔2013〕265号	2010J05141	六自由度动载体稳定平台的多模式递进智能学习控制研究	仲训昱	厦门大学信息科学与技术学院
258	闽科基验〔2013〕266号	2010J01259	深海耐嗜压菌细胞毒次生代谢产物与环境适应性机理初步研究	汤熙翔	国家海洋局第三海洋研究所
259	闽科基验〔2013〕267号	2010J01156	转Nanog基因对6－羟基多巴胺帕金森病大鼠黑质NF－κB表达的影响	陈施艳	福建医科大学附属第一医院
260	闽科基验〔2013〕268号	2010J01065	柑橘缺硼响应蛋白组研究及相关基因的克隆	陈立松	福建农林大学生命科学学院
261	闽科基验〔2013〕269号	2010J01216	Th17细胞功能异常在系统性红斑狼疮心脏损害中的意义	李忆农	南京军区福州总医院

续表⑬

序号	验收文号	项目编号	项目名称	项目负责人	承担单位
262	闽科基验〔2013〕270 号	2010J01345	高维类属数据的聚类及其特征选择算法研究	吕艳萍	厦门大学信息科学与技术学院
263	闽科基验〔2013〕272 号	2009J01053	中生代孑遗植物水松恢复评价及濒危机制研究	郑世群	福建农林大学林学院
264	闽科基验〔2013〕274 号	2009J01227	混合励磁稀土永磁同步发电机的研究	刘仲恕	福建工程学院电子信息与电气工程系
265	闽科基验〔2013〕275 号	2010J01093	二轴旋转栽培植物模拟微重力效应研究	陈　敏	福建省农业科学院农业生态研究所
266	闽科基验〔2013〕276 号	2010J01129	缺氧诱导因子－1 在心肌细胞缺氧复氧损伤中的作用、分子机制及药物干预研究	沈晓丽	福建省立医院
267	闽科基验〔2013〕277 号	2010J05046	甘薯侯选广谱抗病基因 SGT1 和 RAR1 的克隆与功能分析	陈观水	福建农林大学生命科学学院
268	闽科基验〔2013〕278 号	2010J01012	概率型算子的分析与几何特征及在曲面造型的应用	曾晓明	厦门大学数学科学学院
269	闽科基验〔2013〕279 号	2010J01101	安全转耐储藏 lox3 基因籼稻的遗传学研究	蔡秋华	福建省农业科学院水稻研究所
270	闽科基验〔2013〕280 号	2010J01051	应用于细胞内一氧化氮及次氯酸精确定量测定的荧光比率探针研究	郑　洪	厦门大学化学化工学院
271	闽科基验〔2013〕281 号	2010J01268	超声电机接触界面非线性现象研究	郑　伟	福建工程学院机电及自动化工程系
272	闽科基验〔2013〕282 号	2010J01132	真核翻译延长因子 1A1 在急性 T 淋巴细胞白血病细胞 Jurkat 中的作用及机制探讨	黄　毅	福建省立医院
273	闽科基验〔2013〕283 号	2011J01139	福建省畲族人群药源性聋病的分子机制研究	郭舜民	福建省医学科学研究院
274	闽科基验〔2013〕284 号	2010J05103	长周期建筑的瞬时耗能需求与结构破坏机制研究	吴　琛	福建工程学院土木工程系
275	闽科基验〔2013〕285 号	2010J05063	不同构象 Aβ（1－42）对小胶质细胞功能的差异性影响及其机制	潘晓东	福建医科大学附属协和医院
276	闽科基验〔2013〕286 号	2010J01350	若干图与组合优化问题的体内分子计算模型的研究	刘向荣	厦门大学信息科学与技术学院
277	闽科基验〔2013〕287 号	2010J05082	PES1 在胃癌发生发展中作用的研究	李杰萍	武警福建总队医院
278	闽科基验〔2013〕288 号	2010J05120	Si－M（金属）合金中杂质分凝行为的研究	李锦堂	厦门大学材料学院
279	闽科基验〔2013〕289 号	2011J01072	桉树生长与光合参数对模拟 N、S 复合沉降的响应规律研究	吴承祯	福建农林大学林学院
280	闽科基验〔2013〕290 号	2010J01130	围绝经期综合征气郁体质与雌激素受体 α、β 基因多态性的关联研究	李　红	福建省立医院
281	闽科基验〔2013〕291 号	2010J01205	生物活性肽 LH7 诱导白血病细胞凋亡的作用机理研究	李　昊	福州大学生工学院

续表⑭

序号	验收文号	项目编号	项目名称	项目负责人	承担单位
282	闽科基验〔2013〕292号	2011J05103	人工湿地中抗生素抗性基因的多样性及四环素压力对脱氮微生物和抗性基因的影响	黄栩	中国科学院城市环境研究所
283	闽科基验〔2013〕293号	2009J06029	聚合物纳米多孔材料的制备及其器件应用	李磊	厦门大学材料学院
284	闽科基验〔2013〕294号	2009J06026	极地海域生源要素循环及其物理调控机制的同位素示踪	陈敏	厦门大学海洋与环境学院（海洋与地球学院）
285	闽科基验〔2013〕295号	2010J06027	邮政综合营业信息系统	张钦榕	福建国通信息科技有限公司
286	闽科基验〔2013〕296号	2010J06012	蟹类过敏原的糖基化改性研究	刘光明	集美大学生物工程学院
287	闽科基验〔2013〕297号	2010J06016	坛紫菜应答高温胁迫的表达谱分析及相关候选基因克隆	谢潮添	集美大学水产学院
288	闽科基验〔2013〕298号	2010J05073	耐高温纤维素酶生产菌株的选育及其酶学性质研究	严芬	福州大学生工学院
289	闽科基验〔2013〕299号	2010J01305	室温Ge基磁性半导体材料的制备与研究	王锋	泉州师范学院物理与信息工程学院
290	闽科基验〔2013〕300号	2010J01238	白介素IL－1受体Ⅱ异源二聚体在免疫性心肌炎中的作用研究	王焱	厦门大学医学院
291	闽科基验〔2013〕301号	2010J01031	DNA电化学生物传感器快速检测乳腺癌转移特异性基因的研究	许雄伟	福建医科大学附属第一医院
292	闽科基验〔2013〕302号	2010J01277	基于铁磁形状记忆合金的复相多铁材料的逆磁电效应研究	陈水源	福建师范大学物理与光电信息科技学院（光电与信息工程学院）
293	闽科基验〔2013〕303号	2010J01154	碳水化合物饮食对心脏和脑18F－FDG摄取的影响及机制研究	缪蔚冰	福建医科大学附属第一医院
294	闽科基验〔2013〕304号	2010J01079	杂交稻米直链淀粉含量高效调控技术体系的建立与应用	黄荣华	福建农林大学作物科学学院
295	闽科基验〔2013〕305号	2010J05054	EphB4及其配体EphrinB2在食管癌中表达及其与血管生成的关系	郑庆丰	福建省肿瘤医院
296	闽科基验〔2013〕306号	2010J01097	闽江流域病原性大肠杆菌整合子的研究	陈彬	福建省农业科学院农业遗传工程重点实验室
297	闽科基验〔2013〕307号	2010J01185	基于sEMG的易筋经训练对非特异性下腰痛的取效机制研究	李天骄	福建中医药大学附属第二人民医院
298	闽科基验〔2013〕308号	2010J01167	黄芩苷逆转白血病HL－60/ADR细胞多药耐药的实验研究	郑静	福建医科大学附属协和医院
299	闽科基验〔2013〕310号	2010J01063	杉木自毒物质邻羟基苯甲酸对杉木的遗传损伤	丁国昌	福建农林大学林学院
300	闽科基验〔2013〕311号	2010J05113	钢—混凝土混合结构中半刚性组合连接的性能与设计	吴兆旗	福州大学土木工程学院
301	闽科基验〔2013〕312号	2010J01307	含铁聚碳硅烷合成机理、结构及在吸波碳化硅纤维中的应用	唐学原	厦门大学材料学院

续表⑮

序号	验收文号	项目编号	项目名称	项目负责人	承担单位
302	闽科基验〔2013〕313 号	2010J01013	沿低维集的奇异积分及应用	伍火熊	厦门大学数学科学学院
303	闽科基验〔2013〕314 号	2010J01150	阿托伐他汀预防造影剂肾病机制的基础研究	苏津自	福建医科大学附属第一医院
304	闽科基验〔2013〕315 号	2010J01125	骨髓间充质干细胞对退变椎间盘细胞因子表达的影响	徐　杰	福建省立医院
305	闽科基验〔2013〕316 号	2010J01131	血管内皮生长因子固定化对内皮细胞和胶原支架细胞相容性影响的研究	肖荣冬	福建省立医院
306	闽科基验〔2013〕317 号	2010J01153	肝脏脂肪变性及其相关疾病的3.0T1HMRS 定量研究	曹代荣	福建医科大学附属第一医院
307	闽科基验〔2013〕318 号	2010J06001	IC 工艺条件下高频软磁薄膜的制备及与电感整合的关键问题研究	李山东	福建师范大学物理与光电信息科技学院（光电与信息工程学院）
308	闽科基验〔2013〕319 号	2010J01121	EPO，OXC，mNGF 和小青龙汤对实验性癫痫大鼠各脑区脑保护的研究	陈　琅	福建省立医院
309	闽科基验〔2013〕320 号	2010J01103	受稻瘟病菌诱导表达的 bZIP 类转录因子的功能分析	王颖姮	福建省农业科学院水稻研究所
310	闽科基验〔2013〕321 号	2010J01264	湿地土壤重金属异化还原与 Geobacteraceae 种群分布及功能组成的关系	董国文	三明学院资源与化工学院（化学与生物工程系）
311	闽科基验〔2013〕322 号	2010J01324	基于关键字检索的数据清洗和模糊检索关键技术的研究	洪　亲	福建师范大学物理与光电信息科技学院（光电与信息工程学院）
312	闽科基验〔2013〕323 号	2010J01241	植物修复甲醛生理与周期性的研究	林丽仙	福建省亚热带植物研究所
313	闽科基验〔2013〕324 号	2012J05017	压力容器残余应力评价及优化方法研究	张朱武	福建省锅炉压力容器检验研究院
314	闽科基验〔2013〕325 号	2010J01037	基于微乳液原位聚合及表面修饰的氨基酸分子印迹膜制备新方法的研究	李　晓	福州大学化学化工学院
315	闽科基验〔2013〕326 号	2010J01118	A20 转染预防肾脏缺血再灌注损伤实验研究	魏立新	福建省立医院
316	闽科基验〔2013〕327 号	2010J01360	流域营养盐污染削减最优成本研究	彭本荣	厦门大学海洋与环境学院（海洋与地球学院）
317	闽科基验〔2013〕328 号	2010J01035	沸石分子筛对特定分子高效降解的光催化作用本质及其对复杂体系的选择性研究	员汝胜	福州大学化学化工学院
318	闽科基验〔2013〕329 号	2010J05022	从非手性到手性，手性金属一有机骨架的设计合成及应用	吴舒婷	福州大学化学化工学院
319	闽科基验〔2013〕330 号	2010J05024	新型金属有机微孔分子筛二氧化碳还原光催化剂的设计合成及其光催化作用机制研究	龙金林	福州大学化学化工学院

续表⑯

序号	验收文号	项目编号	项目名称	项目负责人	承担单位
320	闽科基验〔2013〕331号	2010J01362	具有复杂约束的集装箱装载问题研究	王周敬	厦门大学信息科学与技术学院
321	闽科基验〔2013〕332号	2010J05126	稀土掺杂氟化物 $MLnF_4$（M=Li，K；Ln=Y，Gd）纳米荧光标记材料及其生物应用	刘丽琴	中国科学院福建物质结构研究所
322	闽科基验〔2013〕333号	2011J01222	柑橘丛枝菌根对抗癌活性物质吖啶酮的作用机理研究	王明元	华侨大学化工学院
323	闽科基验〔2013〕334号	2011J01244	福建省东山省级珊瑚自然保护区岩礁鱼类物种多样性和生态结构的研究	刘　敏	厦门大学海洋与环境学院（海洋与地球学院）
324	闽科基验〔2013〕335号	2010J01239	益气化痰方抗抑郁不同作用途径的效应中药研究	周海虹	厦门大学医学院
325	闽科基验〔2013〕336号	2010J01034	电色谱微流控芯片关键技术研究	王　伟	福州大学化学化工学院
326	闽科基验〔2013〕337号	2010J01058	菜豆象、四纹豆象和绿豆象的快速鉴定技术研究	林阳武	福建出入境检验检疫局检验检疫技术中心
327	闽科基验〔2013〕338号	2010J05016	茶叶中多种痕量农药残留的同时快速灵敏测定研究	韦　航	福建出入境检验检疫局检验检疫技术中心
328	闽科基验〔2013〕339号	2010J01122	PTEN在七氟烷后处理减轻大鼠脑缺血再灌注损伤中的实验研究	刘荣国	福建省立医院
329	闽科基验〔2013〕340号	2010J01124	uPA、NF-κB在不同侵袭力的大肠癌细胞中的表达及其与PS-341的关系	薛芳沁	福建省立医院
330	闽科基验〔2013〕341号	2011J01349	基于人脸图像非负稀疏特征描述的年龄属性分类方法研究	杜吉祥	华侨大学计算机科学与技术学院
331	闽科基验〔2013〕342号	2011J01350	采用条件技术设计内模结构中的抗饱和控制器	李钟慎	华侨大学机电及自动化学院
332	闽科基验〔2013〕343号	2011J01353	微结构聚合物光栅核酸适体生物传感器研究	庄其仁	华侨大学信息科学与工程学院
333	闽科基验〔2013〕344号	2010J01295	螺旋曲面相对统一数学模型构建及基于“三模型比较法”与“随机加权法”的虚拟检测系统研究	顾立志	华侨大学机电及自动化学院
334	闽科基验〔2013〕345号	2010J01155	小鼠胚胎干细胞同种移植修复子宫内膜损伤的实验研究	曲军英	福建医科大学附属第一医院
335	闽科基验〔2013〕346号	2011J05134	钢管混凝土拱桥温差作用取值及实用算法研究	刘振宇	华侨大学土木工程学院
336	闽科基验〔2013〕347号	2010J01300	损伤结构的整体弹塑性动力稳定性数值分析	黄庆丰	华侨大学土木工程学院
337	闽科基验〔2013〕348号	2010J05116	三维金属体积成形无网格伽辽金方法计算机仿真研究	路　平	华侨大学机电及自动化学院
338	闽科基验〔2013〕349号	2010J01288	金属杯芳烃的合成、主客相互作用及其结构与非线性光学性能研究	吴文士	华侨大学材料科学与工程学院

续表⑰

序号	验收文号	项目编号	项目名称	项目负责人	承担单位
339	闽科基验〔2013〕350 号	2010J01014	APGD 放电等离子体能效之影响因素研究	林　麒	厦门大学物理与机电工程学院
340	闽科基验〔2013〕351 号	2010J01354	计算机网络的并行性与容错性问题研究	陈宝兴	漳州师范学院计算机科学系
341	闽科基验〔2013〕352 号	2010J05150	海峡西岸经济区科技人力资源竞争力研究	林喜庆	莆田学院管理学院
342	闽科基验〔2013〕353 号	2010J05028	中药巴戟天中多糖的纯化及其结构和免疫活性研究	何传波	集美大学生物工程学院
343	闽科基验〔2013〕354 号	2010J01260	厦门海域营养盐结构变化压力及浮游植物群落的响应研究	陈宝红	国家海洋局第三海洋研究所
344	闽科基验〔2013〕355 号	2010J01355	3 微米波段掺 Er^{3+} 钨酸盐激光晶体的研究	龚兴红	中国科学院福建物质结构研究所
345	闽科基验〔2013〕356 号	2010J05023	氮化硼纳米管反应性的曲率结构调控理论研究	陈　勇	福州大学化学化工学院
346	闽科基验〔2013〕357 号	2010J05099	基于 BIM 的三维语义室内网络模型与寻径导航方法	李　渊	厦门大学建筑与土木工程学院
347	闽科基验〔2013〕358 号	2009J01314	关于汇率预测和期权定价理论方法、模型及应用研究	孟　力	厦门大学管理学院
348	闽科基验〔2013〕359 号	2010J05010	非代数流形上向量丛结构的研究	甘　宁	集美大学理学院
349	闽科基验〔2013〕360 号	2010J01060	蜜蜂体内抗白垩病细菌的筛选与鉴定	李江红	福建农林大学蜂学院
350	闽科基验〔2013〕361 号	2010J05134	阻变纳米线合成与性能研究	赖云锋	福州大学物理与信息工程学院
351	闽科基验〔2013〕362 号	2010J01006	线性光学方法在量子纠缠态制备中应用的理论研究	夏　岩	福州大学物理与信息工程学院
352	闽科基验〔2013〕363 号	2010J05107	荔枝果肉中非酶促糖基化蛋白分离与表征	项雷文	福建师范大学福清分校
353	闽科基验〔2013〕364 号	2010J05087	蟾毒配基对核孤儿受体 Nur77 介导的细胞凋亡作用研究及其结构改造	邱鹰昆	厦门大学医学院
354	闽科基验〔2013〕365 号	2011J05081	川陈皮素介导 GC/GR－TPH/TH/MAO－ERK 通路调控抑郁症的研究	易立涛	华侨大学化工学院
355	闽科基验〔2013〕366 号	2010J01333	双屏结构高动态范围视频显示中的时空连续性研究	姚剑敏	福州大学物理与信息工程学院
356	闽科基验〔2013〕367 号	2010J01331	隐写图像通用半监督检测中的核方法研究	钟尚平	福州大学数学与计算机科学学院
357	闽科基验〔2013〕368 号	2010J01220	丹参多酚酸盐对肾脏缺血再灌注损伤的保护作用及其代谢组学研究	刘建华	南京军区福州总医院
358	闽科基验〔2013〕369 号	2009J01105	白纹伊蚊种群遗传结构与登革热传播风险评估研究	张山鹰	福建省疾病预防控制中心

续表⑱

序号	验收文号	项目编号	项目名称	项目负责人	承担单位
359	闽科基验〔2013〕370号	2010J01165	白介素10对肝纤维化大鼠星状细胞凋亡信号通路的研究	张莉娟	福建医科大学附属协和医院
360	闽科基验〔2013〕371号	2010J01016	受限量子体系的尺度效应及其应用	苏国珍	厦门大学物理与机电工程学院
361	闽科基验〔2013〕372号	2008J04017	新型磁粉离合器及其无级调速特性研究	陈祝平	集美大学机械工程学院
362	闽科基验〔2013〕373号	2011J01292	碳原子的高饱和固溶对新型高强韧合金铸铁切变组织及力学性能的影响	朱定一	福州大学材料科学与工程学院
363	闽科基验〔2013〕374号	2010J01005	无限时滞随机泛函微分方程解的估计及稳定性研究	魏凤英	福州大学数学与计算机科学学院
364	闽科基验〔2013〕375号	2010J01278	低场高静/动态特性磁耦合RGMF双面膜振动元件的设计与模拟	周白杨	福州大学材料科学与工程学院
365	闽科基验〔2013〕376号	2010J01332	静电组装多元金属氧化物复合定向纳米丝/纳米管气敏传感器研究	杨尊先	福州大学物理与信息工程学院
366	闽科基验〔2013〕377号	2009J05146	适用于高性能高稳定OTFT的有源层/绝缘层界面改性与优化研究	陈金伙	福州大学物理与信息工程学院
367	闽科基验〔2013〕378号	2010J01334	Prony模型最优解非线性预测特性的研究及其应用	谢维波	华侨大学计算机科学与技术学院
368	闽科基验〔2013〕379号	2009J01152	高致瘤HL60细胞蛋白质差异表达的比较研究	刘合焜	福建医科大学基础医学院
369	闽科基验〔2013〕380号	2010J01068	黄曲霉毒素B1胁迫下与肝脏癌变相关线粒体比较蛋白质组学研究	庄振宏	福建农林大学生命科学学院
370	闽科基验〔2013〕381号	2010J01157	FZD2、FZD3基因与涎腺腺样囊性癌侵袭转移的关系	丁林灿	福建医科大学附属口腔医院
371	闽科基验〔2013〕382号	2010J01210	癫痫脑电场空间分布的研究	游荣义	集美大学理学院
372	闽科基验〔2013〕383号	2010J01170	rhPLD2对哮喘中特异性高敏反应性T细胞的作用	朱　玲	福建医科大学基础医学院
373	闽科基验〔2013〕384号	2011J01265	基于支持向量机复合模型的高光谱影像农作物类型信息提取与应用研究	林志垒	福建师范大学地理研究所
374	闽科基验〔2013〕385号	2010J01179	大叶盘果菊中具有抗肿瘤活性的天然萜类化合物研究	张永红	福建医科大学药学院
375	闽科基验〔2013〕386号	2010J06007	座壳孢起源、分化和系统发育重建	邱君志	福建农林大学生命科学学院
376	闽科基验〔2013〕387号	2010J05156	镧系稀土钒酸盐$LnVO_4/TiO_2$纳米异质结构材料的构筑及其可见光光催化性能研究	黄汉杰	福建省莆田市计量所
377	闽科基验〔2013〕388号	2010J05029	手性药物对映体毛细管电泳在线富集方法的研究	黄　露	闽江学院化学与化学工程系
378	闽科基验〔2013〕389号	2010J01302	凸轮机构新构型的分析综合理论/可视化软件/实物样机	常　勇	集美大学机械工程学院

续表⑲

序号	验收文号	项目编号	项目名称	项目负责人	承担单位
379	闽科基验〔2013〕390号	2010J01211	莲雾果实采后果肉絮状绵软发生机理及其调控研究	陈发河	集美大学生物工程学院
380	闽科基验〔2013〕391号	2009J01154	微粒体前列腺素E合酶1对原发性肝癌生物学行为的影响	臧盛兵	福建医科大学基础医学院
381	闽科基验〔2013〕392号	2010J01364	DNA损伤修复基因XRCC1、XPD基因单核苷酸多态性与铅毒性遗传易感性的研究	张　忠	福州市疾病预防控制中心
382	闽科基验〔2013〕393号	2010J01069	苏云金杆菌肠毒素活性调控与风险	黄必旺	福建农林大学生命科学学院
383	闽科基验〔2013〕394号	2010J01208	可生物降解的缓释栓塞给药系统的研究	王立强	华侨大学生物医学学院（分子药物研究院）
384	闽科基验〔2013〕395号	2010J05098	大型海藻生物吸附剂对典型多环芳烃的吸附作用研究	陆志强	集美大学水产学院
385	闽科基验〔2013〕396号	2010J01072	稻瘟病菌Rab5和Rab7基因功能的研究	鲁国东	福建农林大学植物保护学院
386	闽科基验〔2013〕397号	2010J01175	眼内微量注射L－多巴治疗实验性帕金森病的研究	林　玲	福建医科大学基础医学院
387	闽科基验〔2013〕399号	2010J01301	基于污水余热资源的沼气热泵系统优化配置研究	吴集迎	集美大学机械工程学院
388	闽科基验〔2013〕400号	2011J01046	还原响应性星形嵌段聚合物纳米药物载体的“绿色”合成及药物释放研究	熊兴泉	华侨大学材料科学与工程学院
389	闽科基验〔2013〕401号	2010J01276	原位固相接枝改性调控聚丙烯/碳酸钙复合体系的界面结构	生　瑜	福建师范大学化学与材料学院（材料科学与工程学院）
390	闽科基验〔2013〕402号	2011J05146	基因表达式程序设计的时间复杂性	杜　欣	福建师范大学软件学院
391	闽科基验〔2013〕403号	2010J01204	PXR竞争性结合RXR核受体抑制细胞炎症的机理研究	孟　春	福州大学生工学院
392	闽科基验〔2013〕404号	2010J01032	基于新型纳米生物传感器用于胰腺癌相关基因超敏感特异性检测	林丽清	福建医科大学药学院
393	闽科基验〔2013〕405号	2010J05067	HBV感染、脂质代谢基因多态性与非酒精性脂肪肝关系的研究	彭仙娥	福建医科大学公共卫生学院
394	闽科基验〔2013〕406号	2010J01174	褪黑素抗阿片类物质依赖戒断后心理渴求及其机制	魏义明	福建医科大学基础医学院
395	闽科基验〔2013〕407号	2009J01155	阻断EPO表达抑制肿瘤生长的实验研究	晋　雯	福建医科大学基础医学院
396	闽科基验〔2013〕408号	2010J05109	基于FNET的电力系统广域监测关键技术研究	金　涛	福州大学电气工程与自动化学院
397	闽科基验〔2013〕409号	2010J05104	钢管混凝土格构柱力学性能研究	郑莲琼	福建工程学院土木工程系
398	闽科基验〔2013〕410号	2011J01151	视黄醇结合蛋白4（RBP4）在运动影响胰岛素抵抗机制中的作用	张明军	福建师范大学体育科学学院
399	闽科基验〔2013〕411号	2008J0063	青花菜富硒能力对Sulforaphane代谢的调控机制研究	黄　科	福建省农业科学院作物研究所

续表⑳

序号	验收文号	项目编号	项目名称	项目负责人	承担单位
400	闽科基验〔2013〕412号	2010J06005	化学吸附法表面修饰纳米TiO_2在芳香族污染物分析及治理中的应用	李顺兴	漳州师范学院化学与环境科学系
401	闽科基验〔2013〕413号	2010J01004	桥区通航船舶操纵运动建模研究	罗伟林	福州大学机械工程及自动化学院
402	闽科基验〔2013〕414号	2011J01302	新型复合旋流分离装置的开发研制及应用研究	刘晓敏	福州大学机械工程及自动化学院
403	闽科基验〔2013〕415号	2010J01159	粪肠球菌根管再感染动物模型的建立及其致病机理和PAD治疗研究	黄晓晶	福建医科大学附属口腔医院
404	闽科基验〔2013〕416号	2011J05109	南方丘陵地区农地整理生态效应研究	刘　辉	福州大学环境与资源学院
405	闽科基验〔2013〕417号	2010J05019	基于纳米粒子的高灵敏LSPR传感芯片的研制及其在生物分子相互作用研究中的应用	雷　云	福建医科大学药学院
406	闽科基验〔2013〕418号	2010J01181	新抑癌基因WWOX与白血病相关性的实验与临床研究	林东红	福建医科大学医学技术与工程学院
407	闽科基验〔2013〕419号	2010J01045	基于纳米金功能膜土壤中农药的检测研究	胡文英	莆田学院环境与生命科学系
408	闽科基验〔2013〕420号	2011J01308	软土基坑毛竹土钉加毛竹排桩支护机理的研究	戴自航	福州大学土木工程学院
409	闽科基验〔2013〕421号	2010J06020	中药糖苷酶抑制剂金糖宁精制工艺研究	洪　绯	漳州片仔癀药业股份有限公司
410	闽科基验〔2013〕422号	2010J01370	山药种质资源亲缘关系鉴定及其杂交结合胚培养育种研究	李齐向	福建省三明市农业科学研究所
411	闽科基验〔2013〕423号	2012J01115	柔嫩艾美耳球虫的生物学与分子生物学特性的研究	吴昌标	福建农业职业技术学院
412	闽科基验〔2013〕424号	2010J01020	水产品中砷的快速检测技术及形态分析研究	钱卓真	福建省水产研究所
413	闽科基验〔2013〕425号	2012J05109	LD泵浦Yb：YVO_4/YVO_4晶体全固态～560nm生物医学用黄光研究	羊富贵	福建江夏学院电子信息科学学院（电子信息科学系）
414	闽科基验〔2013〕426号	2010J01134	闽江口地区微量元素引起胃癌的机制	马振菁	福建省医学科学研究院
415	闽科基验〔2013〕427号	2009J01159	结肠手术后疼痛大鼠模型建立及中枢肾素血管紧张素系统的变化	蔡宏达	福建医科大学医学技术与工程学院
416	闽科基验〔2013〕428号	2010J01365	疣状表皮发育不良家系易感基因的定位研究	黄剑清	福州市皮肤病防治院
417	闽科基验〔2013〕429号	2009J01109	肺癌细胞与树突状细胞融合疫苗体内抗癌效应的研究	林　兴	福建省立医院
418	闽科基验〔2013〕431号	2011J01017	基于自准直效应的硅基光子晶体滤波器研究	陈曦曜	闽江学院物理学与电子信息工程系
419	闽科基验〔2013〕432号	2011J01061	基于超分子水凝胶信号放大效应的环境化学毒素识别与传感	沈江珊	中国科学院城市环境研究所

续表㉑

序号	验收文号	项目编号	项目名称	项目负责人	承担单位
420	闽科基验〔2013〕433号	2011J05169	新型快速土壤检验方法研究及其在法庭科学中的应用	宣　瑜	福州市公安局刑事科学技术研究所
421	闽科基验〔2013〕434号	2012J06022	多重压力下福宁湾尖刀蛏资源调查与适应策略的研究	单秀娟	宁德市鼎鑫水产科技有限公司
422	闽科基验〔2013〕435号	2009J05007	杂交反演识别技术与软材料界面力学性能表征	林雪慧	福州大学机械工程及自动化学院
423	闽科基验〔2013〕436号	2009J05115	乳制品中持久性有机污染物多溴联苯醚同系物气相色谱一串接质谱检测技术研究及应用	戴　明	福建省产品质量检验研究院（福建省中心检验所）
424	闽科基验〔2013〕437号	2010J01088	利用SRAP技术评价小果油茶亲缘关系及遗传多样性	黄　勇	福建省林业科学研究院
425	闽科基验〔2013〕438号	2012J05065	多重PCR和实时荧光PCR同时快速检测多种贝类寄生虫病	郭书林	厦门出入境检验检疫局检验检疫技术中心
426	闽科基验〔2013〕439号	2011J01389	生物恐怖真菌Rho族蛋白调控的信号网络解析	郑　武	福州市公安局刑事科学技术研究所
427	闽科基验〔2013〕440号	2006J0465	彩超、MVD和VEGF对乳腺癌血管生成、淋巴结转移的判定及相关研究	郑建华	莆田学院附属医院
428	闽科基验〔2013〕441号	2011J05135	全氟烷基表面活性剂厌氧生物降解特性及降解机理研究	李　飞	华侨大学土木工程学院
429	闽科基验〔2013〕442号	2011J05141	非极性聚偏氟乙烯功能膜材料及关键调控因素研究	叶　茜	厦门理工学院环境科学与工程学院（环境工程系）
430	闽科基验〔2013〕443号	2011J05167	气体纯化用负载型纳米金催化剂的研究	张凤利	福州市产品质量检验所
431	闽科基验〔2013〕444号	2010J05151	基于游客数据库的武夷山旅游决策支持系统构建	郭进辉	武夷学院旅游与管理系
432	闽科基验〔2013〕445号	2011J05165	企业战略性风险识别能力及其对组织健康与绩效影响机制的实证研究	曹红军	福州大学管理学院
433	闽科基验〔2013〕446号	2011J05148	云存储服务中保障数据安全的关键技术研究	陈兰香	福建师范大学数学与计算机科学学院
434	闽科基验〔2013〕447号	2011J05118	研发基于聚N－异丙基丙烯酰胺水凝胶的水土界面重金属原位监测技术	胡朝华	中国科学院城市环境研究所
435	闽科基验〔2013〕448号	2011J01016	带有延迟项的随机微分方程的波形松弛法及其优化方法和稳定性分析	范振成	闽江学院数学系
436	闽科基验〔2013〕449号	2011J05160	一种多目标软件体系结构度量方法研究	崔建峰	厦门理工学院计算机与信息工程学院（计算机科学与技术系）
437	闽科基验〔2013〕450号	2009J01150	壬基酚诱发大鼠前列腺增生及大豆异黄酮的保护效应	朱建林	福建医科大学公共卫生学院

续表㉒

序号	验收文号	项目编号	项目名称	项目负责人	承担单位
438	闽科基验〔2013〕451号	2012J05163	垃圾填埋气焚烧炉内再燃降低NOx试验研究	陈国艳	福建省丰泉环保控股有限公司
439	闽科基验〔2013〕452号	2011J01153	鼻咽癌细胞株放射敏感性的拉曼光谱研究	欧　琳	福建师范大学物理与光电信息科技学院（光电与信息工程学院）
440	闽科基验〔2013〕453号	2011J01340	基于多通道视觉神经网络的乳腺癌识别算法研究	吴庆祥	福建师范大学物理与光电信息科技学院（光电与信息工程学院）
441	闽科基验〔2013〕454号	2011J05126	福建地区节地型居住建筑优化设计中的可拓方法研究	周成斌	福州大学建筑学院
442	闽科基验〔2013〕455号	2011J05013	模糊集理论在系统稳定性分析与属性决策中的应用	黄韩亮	闽南师范大学数学与统计学院（数学与信息科学系）
443	闽科基验〔2013〕456号	2011J01363	膝骨性关节炎患肢膝关节近红外光特征的研究	陈延平	厦门大学物理与机电工程学院
444	闽科基验〔2013〕457号	2010J01144	生物质能源微藻高产油脂藻株的筛选及产脂特性研究	庄惠如	福建师范大学生命科学学院
445	闽科基验〔2013〕458号	2008J0170	基于变胞原理的新型节能高效螺旋桨机构的设计机理研究	周水庭	厦门理工学院机械工程系
446	闽科基验〔2013〕459号	2010J01091	中国水仙水杨酸甲酯合成酶基因的克隆、鉴定和功能分析	戴艺民	福建省农业科学院甘蔗研究所
447	闽科基验〔2013〕460号	2010J01275	食用菌多糖的免疫鉴别技术研究	郑恒光	福建省农业科学院农业工程技术研究所
448	闽科基验〔2013〕461号	2010J01173	肺动脉平滑肌细胞TRPC－Ca^{2+}－NFATc信号通路在肺动脉高压发病过程和药物治疗中的作用	林默君	福建医科大学基础医学院
449	闽科基验〔2013〕462号	2010J01001	Abel范畴的若干问题研究	陈清华	福建师范大学数学与计算机科学学院
450	闽科基验〔2013〕463号	2010J01090	多效唑诱导中国水仙差异表达基因的克隆与分析	林江波	福建省农业科学院甘蔗研究所
451	闽科基验〔2013〕464号	2010J01258	闽西南地区晚中生代地层格架、火山岩系列、构造演化与成矿作用关系研究	彭向东	福州大学紫金矿业学院
452	闽科基验〔2013〕465号	2007J0042	以鹌鹑干细胞为载体制作转人血清白蛋白基因鹌鹑的研究	张文昌	福建农林大学动物科学学院
453	闽科基验〔2013〕467号	2011J01036	PEMFC燃料电池体系“双功能”型高效变换催化剂载体材料制备及增强效应研究	江莉龙	福州大学化学化工学院
454	闽科基验〔2013〕468号	2011J01393	以三明显性核不育为载体转导水稻目的基因的方法	唐江霞	三明市农业科学研究院

续表㉓

序号	验收文号	项目编号	项目名称	项目负责人	承担单位
455	闽科基验〔2013〕469 号	2011J01051	含氟硅聚合物/梯度纳米复合防污涂料的研究	于庆杰	华侨大学化工学院
456	闽科基验〔2013〕470 号	2011J01026	极值图论的一些问题	赖春晖	闽南师范大学数学与统计学院（数学与信息科学系）
457	闽科基验〔2013〕471 号	2011J01122	福建省野牡丹属野生种质资源亲缘关系分析	郑　涛	福建省热带作物科学研究所
458	闽科基验〔2013〕472 号	2010J01357	森林资源的资产化管理影响因素及其系统运作机理研究——福建案例分析	魏远竹	福建农林大学经济学院（农村发展学院）
459	闽科基验〔2013〕473 号	2012J01252	无线传感器网络生存性演化机制设计	陈志德	福建师范大学数学与计算机科学学院
460	闽科基验〔2013〕474 号	2011J05094	甘蔗中一个 WRKY 转录因子基因的克隆及其功能解析	刘金仙	武夷学院茶与食品学院（茶学与生物系）
461	闽科基验〔2013〕475 号	2011J01288	载金属离子多酚抗菌剂的研制及其在抗菌纸中的应用	卢玉栋	福建师范大学化学与材料学院（材料科学与工程学院）
462	闽科基验〔2013〕476 号	2011J05044	森林资源经营管理的知识获取技术研究	胡欣欣	福建农林大学计算机与信息学院
463	闽科基验〔2013〕477 号	2011J05156	不确定性环境下传感器网络复合事件检测技术研究	赖永炫	厦门大学软件学院
464	闽科基验〔2013〕478 号	2010J05084	黄嘴白鹭 MHCⅡ基因的种群保护遗传学研究	周晓平	厦门大学生命科学学院
465	闽科基验〔2013〕479 号	2010J01062	雷公藤内生真菌对宿主植物自毒效应的调控作用研究	宋　萍	福建农林大学林学院
466	闽科基验〔2013〕480 号	2011J01339	应用于无线网络虚假数据过滤的半脆弱水印技术研究	姚志强	福建师范大学软件学院
467	闽科基验〔2013〕481 号	2012J01159	基于 CFD 的沿海台站风速序列重建方法研究	游立军	福建省气候中心
468	闽科基验〔2013〕482 号	2008J0153	汽车用高强度钢板冲压成形性能的研究	詹艳然	福州大学机械工程及自动化学院
469	闽科基验〔2013〕483 号	2010J01117	食源性疾病辅助诊断软件的研究	薛春洪	福建省疾病预防控制中心
470	闽科基验〔2013〕484 号	2010J01231	饥饿激素 Ghrelin 在贪食肥胖遗传病 Prader－Willi 中对进食调节的机制	丁　凤	厦门大学生命科学学院
471	闽科基验〔2013〕485 号	2010J01366	18F－Acetate 对高低转移行为肝癌 PET/CT 显像的实验研究	李天然	中国人民解放军第九五医院
472	闽科基验〔2013〕486 号	2012J06023	钢质异型整体控油环线材成型技术的研发	谢礼忠	福建东亚机械有限公司
473	闽科基验〔2013〕487 号	2011J06024	温和安全氨基酸型系列表面活性剂	张步宁	福建科宏生物工程有限公司

续表㉔

序号	验收文号	项目编号	项目名称	项目负责人	承担单位
474	闽科基验〔2013〕488号	2010J06009	人为干扰对中亚热带常绿阔叶林土壤碳吸存的影响	陈光水	福建师范大学地理研究所
475	闽科基验〔2013〕489号	2010J06004	肿瘤的早期诊断新方法研究	杨朝勇	厦门大学化学化工学院
476	闽科基验〔2013〕490号	2010J01094	香蕉枯萎病内生生防菌H4－3抑菌基因的克隆表达及活性分析	周先治	福建省农业科学院农业生物资源研究所

【2013年度验收的福建省青年人才项目表】

序号	验收文号	项目编号	项目名称	项目负责人	承担单位
1	闽科基验〔2013〕024号	2001J030	硅基光电子材料的微观结构设计与性能预测研究	吴丽清	华侨大学信息科学与工程学院
2	闽科基验〔2013〕061号	2008F3029	IFN－γ转染骨髓间充质干细胞治疗喉部疾病的实验研究	陈　勇	福建省立医院
3	闽科基验〔2013〕079号	2008F3087	女性压力性尿失禁及盆底脱垂阴道组织的神经学及蛋白组学研究	王凤玫	南京军区福州总医院
4	闽科基验〔2013〕080号	2007F3007	基于弯管内流的无网格方法研究	薛　雷	福建工程学院土木工程系
5	闽科基验〔2013〕228号	2008F3003	基于嵌入式双核智能视觉监控系统的设计与实现	陈　敏	福建工程学院计算机与信息科学系
6	闽科基验〔2013〕271号	2008F3021	树干注射印楝素对柑橘全爪螨的控制作用与机理	曾兆华	福建省农业科学院植物保护研究所
7	闽科基验〔2013〕273号	2008F3112	文蛤活性成分的抗癌作用研究	冷　波	漳州师范学院生物科学与技术系
8	闽科基验〔2013〕398号	2008F3045	肝选择性未知基因LOC91614的生物学功能研究	廖之君	福建医科大学基础医学院
9	闽科基验〔2013〕430号	2007F3015	油木奈山梨醇脱氢酶（NAD＋－SDH）cDNA的克隆及其在果实生长发育过程中的表达	郭志雄	福建农林大学园艺学院

【2013年度验收的福建省科技平台建设计划项目表】

序号	验收文号	项目编号	项目名称	项目负责人	承担单位
1	闽科财验〔2013〕002号	2010L0002	福建省转基因与基因剔除小鼠培育与研究共用技术服务平台	杨云青	厦门大学生命科学学院
2	闽科成验〔2013〕001号	2010H2003	福建省纺织技术经纪服务平台	林　进	福建省纺织工业研究所
3	闽科高验〔2013〕003号	2010H3014	连城县生产力促进中心建设	童庆明	连城县生产力促进中心
4	闽科高验〔2013〕004号	2010H3017	龙岩市新罗区生产力促进中心建设	陈晓峰	新罗区生产力促进中心
5	闽科高验〔2013〕008号	2010H3001	福州市仓山区生产力促进中心建设	林宗介	福州市仓山区生产力促进中心
6	闽科高验〔2013〕009号	2010H3003	福州经济技术开发区生产力促进中心建设	李祖强	福州经济技术开发区生产力促进中心

续表

序号	验收文号	项目编号	项目名称	项目负责人	承担单位
7	闽科高验〔2013〕015 号	2010H3031	宁德市蕉城区生产力促进中心建设	颜怡雯	宁德市蕉城区生产力促进中心
8	闽科高验〔2013〕019 号	2010H3004	闽侯县生产力促进中心建设	卞坚利	闽侯县生产力促进中心
9	闽科高验〔2013〕024 号	2010H3029	福安市生产力促进中心建设	林顺清	福安市生产力促进中心
10	闽科高验〔2013〕025 号	2010H3030	福鼎市生产力促进中心建设	林守无	福鼎市生产力促进中心
11	闽科高验〔2013〕026 号	2010H3032	寿宁县生产力促进中心建设	叶　兴	寿宁县生产力促进中心
12	闽科高验〔2013〕031 号	2010H3013	漳浦县生产力促进中心建设	郭镇东	漳浦县生产力促进中心
13	闽科高验〔2013〕054 号	2010H3002	福清市生产力促进中心建设	游传福	福清市生产力促进中心
14	闽科高验〔2013〕055 号	2006H0105	鲤城无线通信科技公共服务平台	王　玮	泉州市鲤城区生产力促进中心
15	闽科高验〔2013〕134 号	2010H3006	仙游县生产力促进中心建设	陈明藻	仙游县生产力促进中心
16	闽科基验〔2013〕038 号	2010J1004	福建省肿瘤转化医学重点实验室	陈　强	福建省肿瘤医院
17	闽科基验〔2013〕099 号	2010J1002	福建省农业科学研究野外观测站（续建）	刘　波	福建省农业科学院
18	闽科基验〔2013〕100 号	2009J1002	福建省农业科学研究野外观测站	刘　波	福建省农业科学院
19	闽科农验〔2013〕005 号	2010N2002	福建省南方麻类种质资源共享平台	方平平	福建农林大学作物科学学院
20	闽科农验〔2013〕048 号	2010N2003	福建省丘陵地区循环农业工程技术研究中心	翁伯琦	福建省农业科学院农业生态研究所
21	闽科农验〔2013〕049 号	2010N2001	福建省油茶工程技术研究中心	陈　辉	福建农林大学作物科学学院
22	闽科农验〔2013〕050 号	2009N2001	福建省蜂产品工程技术研究中心	缪晓青	福建农林大学蜂疗研究所
23	闽科农验〔2013〕103 号	2009N2005	福建省农作物品种抗性工程技术研究中心	陈福如	福建省农业科学院植物保护研究所
24	闽科社验〔2013〕035 号	2010Y2007	福建省滨海湿地保护与生态恢复工程技术研究中心	林光辉	厦门大学生命科学学院
25	闽科社验〔2013〕042 号	2009Y2004	福建省光动力治疗药物与诊疗工程技术研究中心	薛金萍	福州大学化学化工学院
26	闽科社验〔2013〕051 号	2010Y2006	福建省干细胞应用工程技术研究中心	谭建明	南京军区福州总医院

【2013 年度验收的国家科技项目备案项目表】

序号	验收文号	项目编号	项目名称	项目负责人	承担单位
1	闽科农验〔2013〕004 号	F2006AA100101－8	高产优质抗病水稻新品种分子创制	张建福	福建省农业科学院水稻研究所
2	闽科农验〔2013〕081 号	F2006BAD01A06－4	高产优质专用甘蔗育种技术研究及新品种选育	林彦铨	福建农林大学甘蔗综合研究所

索 引

使 用 说 明

一、本索引采用内容分析索引法编制，主要将具有检索意义的关键内容予以标引，方便查找。

二、本索引基本按汉语拼音的音序排列，首字相同时，以第二个字排序。若数字开头的，排在最前面。

三、索引标目后的数字，表示检索内容所在页码；页码后字母 a、b 分别表示所在页码的左、右栏。

四、为反映索引标目间的隶属关系，对二级标目，采取在上一级标目下退 2 格的形式编排。

五、黑体字为类目或栏目名称。带有连接号的复合标目，其后面的词是指该标目所处栏目位置。

六、“特载”、“大事记”、“科技文献法规”、“附录”，不列入索引范围。

0～9

A

B

C

D

E

F

G

K

L

M

T

Y

Z

CONTENTS

华侨大学 科技成果选介

项目名称：石材高效加工用金刚石磨粒工具关键技术及应用

完成人员：徐西鹏、黄辉、李远、郭桦、沈剑云、黄国钦等

获奖情况：2013 年度国家科学技术奖二等奖

该成果属于机械工程中的工具、工艺与装备制造技术领域。项目从基础研究出发，寻找到石材加工中金刚石磨粒失效的主要根源和解决方法；以保证单颗磨粒最佳切削载荷为约束，研发了一系列具有自主知识产权的金刚石磨粒工具制备新技术；开发成功一系列基于新型金刚石工具的石材加工新工艺与新技术。项目成果在国内外石材加工领域得到广泛应用，实现了石材的高效率、低成本、低岩屑排放和低能耗加工，推动了国内石材加工整体技术水平的提升。

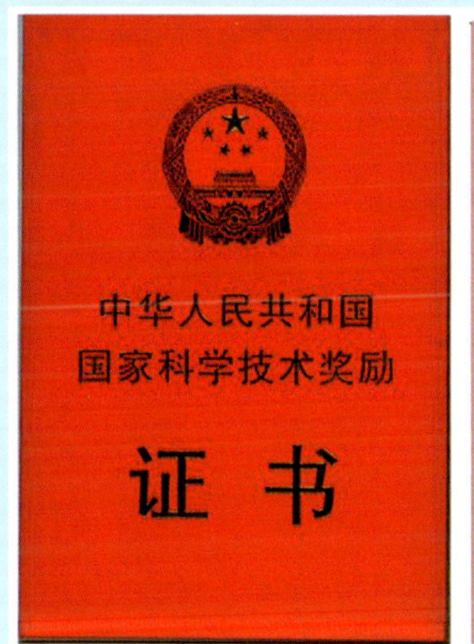

国家科学技术进步奖

证 书

为表彰国家科学技术进步奖获得者，特颁发此证书。

项目名称：石材高效加工用金刚石磨粒工具关键技术及应用

获 奖 者：华侨大学

奖励等级：二等

2013年12月25日

证书号：2013-J-216-2-01-D01

金刚石串珠绳及绳锯切割加工

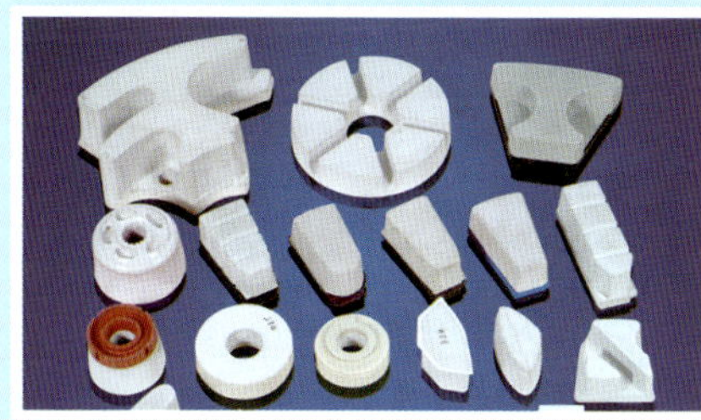
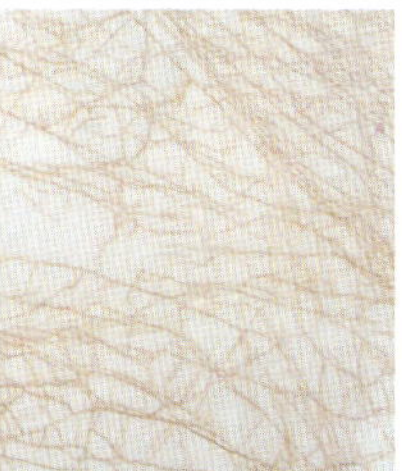

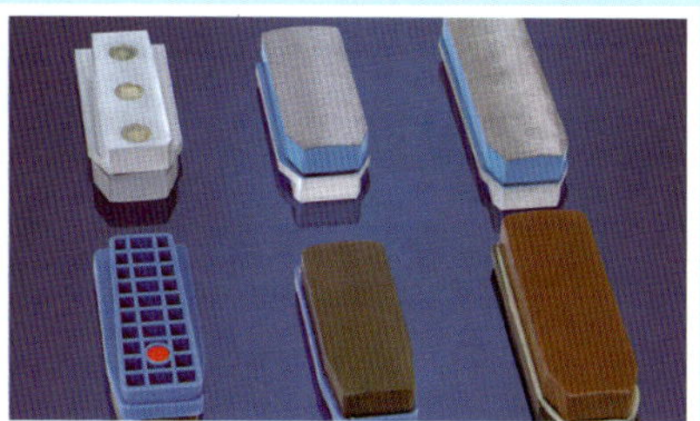

金刚石磨抛工具及磨抛后石材

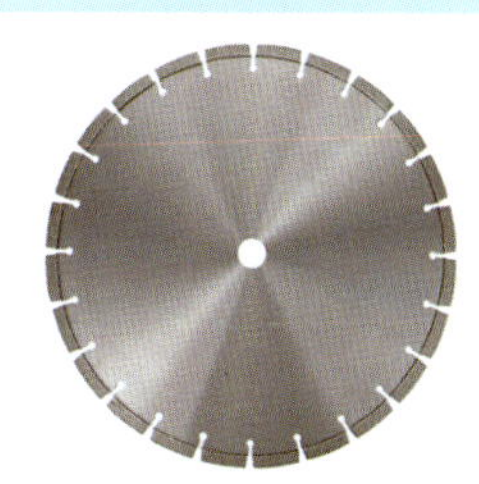

金刚石锯片及多片锯片切割加工

集美大学水产学院 科技成果选介

项目名称：红树植物无瓣海桑北移种植的适应及其控制互花米草的技术研究

完成人员：李元跃等

该项目通过在漳浦、厦门、泉港、连江和霞浦的近海滩涂进行红树植物无瓣海桑种植试验，获得漳浦、厦门、泉州和连江等地无瓣海桑生长的形态学和生理学数据，使无瓣海桑引种地从福建九龙江口北移至连江，北移范围的纬度约1.5°。同时，该项目研究出利用无瓣海桑、秋茄等红树植物控制互花米草的生物——物理方法的防控技术，已在泉州和漳州滨海湿地治理互花米草中进行应用，建立示范基地2个，成功治理互花米草约151公顷，取得明显的生态、社会和经济效益。该技术已获国家发明专利。

红树植物无瓣海桑北移种植的适应及其控制互花米草的技术研究

项目名称：海藻浒苔用作水产饲料添加剂的研究与开发

完成人员：黎中宝等

浒苔属绿藻门浒苔属，自然繁殖能力特别强，产量巨大，仅福建沿海每年天然产量（鲜重）达35亿千克以上。浒苔营养丰富，经发酵等处理后，是一种优质的水产动物饲料添加剂。黎中宝教授领导的项目组制定了浒苔饲料添加剂加工工艺和生产流程。使用浒苔添加剂养殖石斑鱼、花鲈、罗非鱼、凡纳滨对虾等可以显著的促进其生长（生长速度提高7～10%以上）、提高免疫力和消化酶活力，养殖饲料成本下降5%以上。

发酵工艺组与超微粉碎工艺

福建工程学院 科技成果选介

包边玻璃注塑设备

塑料包边汽车玻璃生产线

项目名称：汽车玻璃塑料包边精密高品质成型关键技术及应用

完成人员：王乾廷等

获奖情况：2013 年度省科学技术奖一等奖

该项目紧抓精密高品质汽车塑料包边玻璃制造的核心技术，开发了新型的汽车玻璃塑料包边模具，有效提高了包边玻璃的品质和成品率，具有如下的特点：①引入"柔性夹持"思想，通过磁场和磁路设计，开发配备双囊强磁柔性夹持的包边模具；②利用"变间隙分布"设计原理，结合熔体速度场分布，提出根据熔体压力衰减来设计包边流道技术；③通过控制熔体粘弹体的流动场分布，突破脆硬的玻璃材料和柔软的塑料在受限空间内异质粘合难题；④创新开发精密高品质包边玻璃系列配套加工装备及技术，形成包括设备、材料、工艺在内的系列制造技术，实施产业化工程。该项目获授权专利7件。近3年来，新增产值超12亿元，利税2.5亿元，创汇1亿多美元，节约成本3000多万元。

福建医科大学附属第一医院 科技成果选介

项目名称：臂丛损伤对脊髓运动神经元的影响及促进神经再生的研究
完成人员：张文明、苏焕兴 、张立群、林建华、吴朝阳、吴武田、朱维钦、涂致远、柳明忠、黄灿阳
获奖情况：2013 年度福建省科学技术奖二等奖、福建省医学科技奖三等奖

该项目在国内率先将胚胎脊髓来源的神经干细胞移植到损伤的臂丛神经内，使神经干细胞存活并分化为运动神经元，促进神经再生及再支配远端肌肉；在国际上首次应用氯化锂保护移植的神经干细胞并促进臂丛神经再生；同时将损伤的臂丛神经根直接回植和远端神经移位寄养的方法联合应用，预防远端肌萎缩并促进损伤后神经肌肉功能的恢复。本项目阐明了将神经干细胞移植至外周存活并分化及氯化锂在臂丛神经再生中的影响和机制，在应用基础研究水平指导构建臂丛神经再生的方法。不仅解决了如何保护臂丛损伤中受损运动神经元存活及再生能力，以及预防远侧端神经变性及肌萎缩的问题，为临床应用神经干细胞、手术及药物治疗臂丛神经损伤提供了重要基础研究数据，为临床治疗外周神经损伤疾病开辟新的治疗途径。本系列研究成果在国内外杂志上共发表20篇文章，其中SCI文章4篇，被引用25次；国内文章16篇，其中中华医学系列杂志等国家级杂志8篇，被引用96次，多次被国内外学术会议录用大会交流，获得同行专家好评。本项目为国家培养骨科博士研究生1人、骨科硕士研究生4人。研究成果在省内数家医院得到不同程度的推广应用，取得了良好的经济效益和社会效益。

项目科研团队进行学术研讨

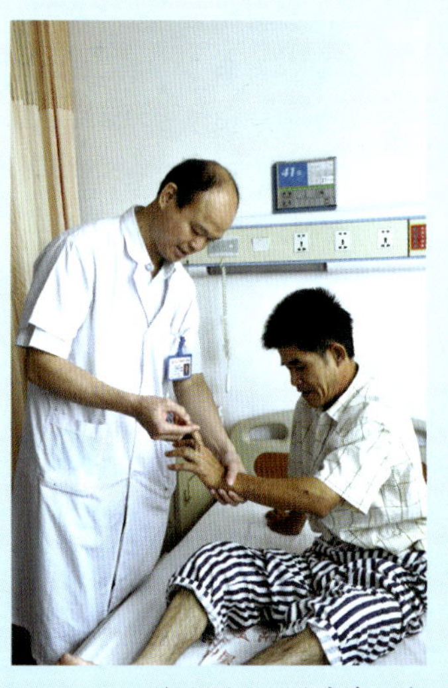
张文明主任为患者检查

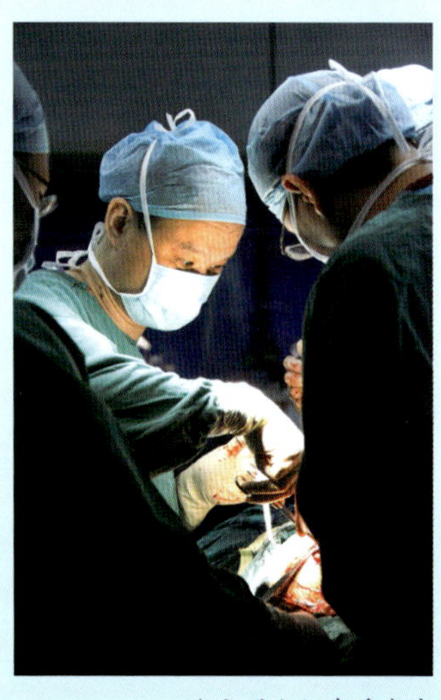
张文明主任在手术中

该项目学科带头人张文明主任医师（副教授、硕士研究生导师）为福建医科大学附属第一医院骨科副主任、关节外科主任，中华医学会骨科学分会青年委员会委员、髋关节委员会委员，中国骨科医师协会委员、关节外科委员会委员、髋膝关节委员会委员。近年来多次承担省自然科学研究基金以及省科技厅、省教育厅的重点科研课题，发表论文30多篇。张文明主任从事骨科临床20多年，具有丰富临床经验，擅长骨关节疾病、人工关节置换、人工关节感染、平山病、臂丛神经损伤诊断治疗，其领导的关节外科技术力量雄厚，集临床、教学和科研为一体，关节置换水平处于福建省领先地位，是福建省人工关节置换质量控制中心挂靠单位，每年举办多期关节置换培训班，并成立了香港大学–福建医科大学关节置换合作中心。

人工关节置换合作中心

福建医科大学附属第一医院 科技成果选介

项目名称：基于毒力因子的新型隐球菌感染的诊断及免疫学机制研究

完成人员：欧启水、江凌、杨滨、林旎、苏晓霁、戴琳孙、李雯、肖玉鹏、杨福坤

获奖情况：2013 年度福建省科学技术奖一等奖、2013 年度福建省医学科技奖二等奖

该项目以Vad1/Cap10为靶点，对新型隐球菌感染的诊断、干预和免疫学机制进行了全面深入的研究，系统性强。首次建立毒力决定因子Vad1和Cap10基因mRNA的实时荧光定量PCR体系；首次建立了RNA干扰技术用于新型隐球菌感染的控制，通过体外吞噬试验证实RNA干扰Cap10基因抑制了荚膜的形成，促进吞噬细胞的吞噬作用；创新性地将Vad1引入新型隐球菌感染的免疫学机制研究。研究密切结合临床实际问题，研究成果在省内外20多家医院得到了应用，具有广泛的产业化和市场前景。研究成果在SCI源期刊和国家级核心期刊上发表论文11篇，论文均被多次引用，获得同行专家好评。

欧启水教授参加省科学技术奖励大会

该项目由检验科承担完成。检验科现有高级职称9人、博士2人，1人次入选“福建省百千万人才”、福建省高等学校新世纪优秀人才等支持计划。检验科主任欧启水教授担任中华医学会检验分会委员兼临床免疫学组副组长、省检验学会主任委员及多家杂志的编委，检验科副主任杨滨主任技师任省医学会检验分会、省医学会微生物与免疫学分会常委，多名骨干在省级学会中担任常委和委员。科室于2012年在省级医院中率先通过国际医学实验室ISO15189认可。连续多年获得全省检验质量检查第一名，拥有省内一流、国内先进的检验设备。HBV感染、多发性骨髓瘤、自身免疫病等疾病的实验诊断水平居全省领先、国内先进。每年开展检验新项目10多项，多次获得医院的新技术新项目奖。

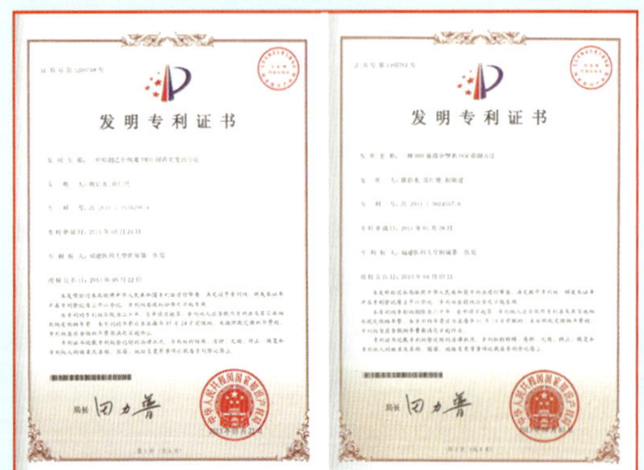

近年来检验科承担国家自然科学基金等课题10多项；在国家级杂志上发表论文60多篇，论文被SCI收录20多篇；获得省科学技术奖一等奖1项、三等奖3项，省医学科技奖二等奖2项。主编（译）或参编了《临床免疫学检验》、《临床微生物学检验》、《实验诊断学》（八年制）、《分析前变量对检验结果的影响》等10多部教材和专著。

项目名称：体外诱导骨髓间充质干细胞分化为视网膜细胞的研究

完成人员：徐国兴、谢茂松、郭健、郑学栋、王婷婷、杨娟、徐巍

获奖情况：2013 年度福建省科学技术奖二等奖

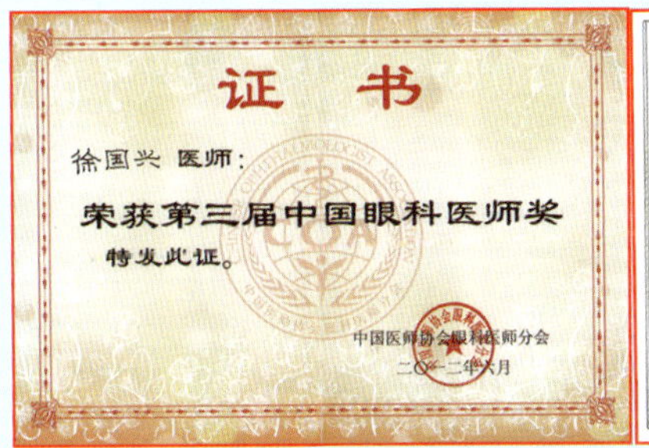
证书

徐国兴 医师：

荣获第三届中国眼科医师奖

特发此证。

中国医师协会眼科医师分会

二〇一二年六月

中国眼科医师奖证书

Asia-Pacific Academy of Ophthalmology

2011

PRESENTS THIS

Distinguished Service Award

TO

Guoxing Xu

Prof. Frank J. Martin

APAO 杰出贡献奖

为表彰福建省科学技术进步奖获得者，特颁发此证书。

获奖项目：体外诱导骨髓间充质干细胞分化为视网膜细胞的研究

获奖者：徐国兴，谢茂松，郭健，郑学栋，王婷婷，杨娟，徐巍

奖励等级：二等奖

奖励日期：2014 年 1 月 25 日

证书编号：2013-J-2-055-1

省科学技术奖二等奖

该项目率先在国内外采用多种条件诱导骨髓间充质干细胞分化成视网膜细胞，进而应用物质结构分析技术检测不同诱导微环境间的蛋白差异，阐明各种蛋白在诱导骨髓间充质干细胞分化为视网膜细胞中的作用，指导构建体外诱导分化的微环境，体外诱导骨髓间充质干细胞定向分化成视网膜样细胞。这不仅解决了直接将骨髓间充质干细胞体内移植分化方向不确定的问题，避免发生增殖性玻璃体视网膜病变；也解决了体外诱导时人视网膜来源匮乏问题，以及应用异体的人视网膜片诱导时可能引发排斥反应等问题。为临床应用骨髓间充质干细胞移植治疗视网膜变性疾病和视神经损伤疾病提供重要的基础研究数据，为临床治疗视网膜变性疾病和视神经损伤疾病开辟新的治疗途径。研究成果在SCI源期刊和国家级核心期刊共发表论文11篇，多次被国际眼科学和视光学学术会议等国内外学术会议录用大会交流，获得同行专家好评。本项目部分研究成果和理论在多家医院得到推广应用，为国家培养眼科学博士研究生2人、眼科学硕士研究生4人。本项目研究取得良好的社会效益及经济效益，具有广阔的推广应用前景。

由于项目带头人徐国兴教授在干细胞技术治疗视网膜变性疾病和视神经损伤疾病领域的系列研究和突出贡献，他于2011年获得亚太眼科学会杰出贡献奖，2012年获得第三届中国眼科医师奖，2013年当选为中国中西医结合学会眼科专业委员会副主任委员，2014年当选国家卫计委全国防盲技术指导组副组长、第六届全国优秀科技工作者。

徐国兴教授在编写国家规划教材

徐国兴教授在全国眼底病学术大会上作研究报告

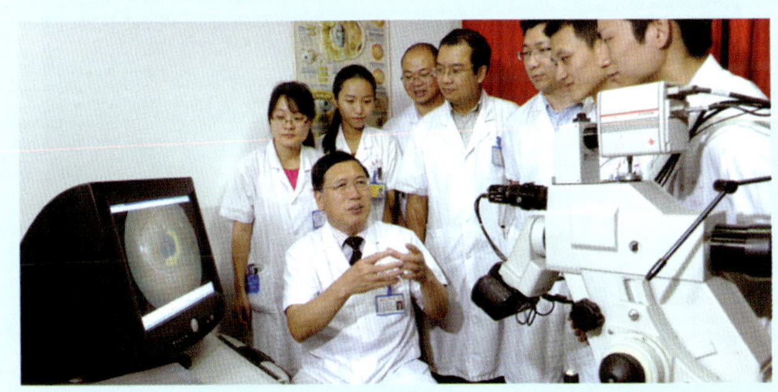
徐国兴教授主持和指导科研团队开展国家自然科学基金课题研究

徐国兴教授指导眼科学博士研究生开展课题研究

福建省妇幼保健院 科技成果选介

项目名称：早产儿动脉导管未闭发病机制及防治研究
完成人员：陈涵强、杨长仪、杨文庆、林新祝、林云峰、石惠英、任艳丽、郑直、方凌毓
获奖情况：2013 年福建省医学科技奖二等奖

动脉导管未闭（PDA）是早产儿常见并发症，胎龄越小，发生率越高。PDA的发生与早产儿的预后密切相关，是影响早产儿存活率和后遗症发生率的主要原因之一。目前对早产儿PDA的发病机制和防治尚存诸多问题。为此，课题组历时5年，对早产儿PDA的发病机制及防治进行系列研究。采集大宗早产儿病例，应用流行病学调查、临床观察、血清免疫学和心脏超声心动图检查等方法，揭示早产儿PDA的部分发病机制，发现早产儿动脉导管未闭危险因素，出生时血清皮质醇水平与早产儿PDA发生关系，以及孕母产前应用硫酸镁与早产儿PDA发生的关系。深入探究了关于早产儿PDA的一些防治方法，提出极低出生体重早产儿PDA的适宜治疗方案选择，动态检测血清心肌损伤标志物在早产儿PDA防治中的意义，同时提出影响消炎痛治疗早产儿动脉导管未闭效果的围产期因素，对临床上提高药物关闭动脉导管成功率有较大帮助。本研究项目发表论文12篇，被国内引用60篇次，含他引43篇次，取得8项重要发现和创新，通过参加或举办各种省内外及国际性的学术活动以及对全省新生儿救护网络单位工作指导等多种形式在省内外广泛推广应用，对提高早产儿存活率和降低后遗症发生率发挥了重要作用，取得重要的社会效益和间接的经济效益。

主任医师陈涵强在领奖

项目名称：子痫前期脂质代谢异常的临床应用研究
完成人员：颜建英等
获奖情况：2013 年度福建省科学技术奖三等奖

该项目从临床、细胞、分子及基因水平分析脂质代谢异常与子痫前期（PE）关系；分析早发型重度PE患者的临床特征、围产结局及脂质代谢变化；探讨妊高病型肾病综合征（NSP）的临床特征及其与不良妊娠结局关系；分析不同靶器官中多种脂肪细胞因子与临床指标相关性；探讨不同靶器官中多种脂肪细胞因子的表达及其临床意义；分析不同靶器官相应指标表达水平的相关性。研究发现采取综合措施，规范诊疗早发型PE，有效改善母儿结局；NSP患者适时终止妊娠有利于改善母儿预后；PE患者脂质代谢异常，血脂及肾功等指标可作为预测、评估、随访病情的依据。项目成果已被多家医院借鉴推广应用，为临床早期预测PE的发生、评估和随访病情等采取综合防治策略提供理论实践依据，有效改善母儿结局，取得良好疗效。易于推广应用，具有广阔前景。已发表论著10篇，其中被中华系列杂志收录6篇，Medline收录2篇，CSCD收录7篇，多次被国内外同类研究引用。该研究成果达到国内领先水平。

主任医师颜建英和课题组成员在一起

项目名称：促进自然分娩与分娩安全的研究
完成人员：江秀敏、戴丽玉、徐玉英、陈起燕、金丽珠
获奖情况：2013 年度福建省护理科学技术奖三等奖

该项目针对国内剖宫产率逐渐上升的社会问题，围绕产妇产程中不同体位指导、分娩过程情感支持及产房安全管理对自然分娩、分娩安全的影响进行了临床大样本的定量比较和定性分析，研究提出分娩第一产程采用自由体位明显缩短了产程，降低了催产素静滴率、减少产程中使用镇静药，明显降低了剖宫产率；报道了分娩晚活跃期采用自制的专用椅坐式体位，加速了胎先露下降，促使异常胎位转正常，明显提高自然分娩率。研究通过分娩过程全面的情感支持，导乐式分娩等措施，明显降低母婴并发症、剖宫产率、新生儿窒息率及新生儿发病率。提出了阴道指诊代替传统的肛门指诊方法的可行性、安全性；并提出产房安全管理的关键环节及对策，为保障产妇分娩安全提供依据。本研究发表论文7篇，被引用88篇次。研究成果已在本单位广泛应用于临床，并通过进修人员及举办的省级培训班向全省推广应用，通过产程中不同体位指导、分娩过程情感支持及产房安全管理等措施，降低剖宫产率，促进自然分娩，对降低母婴产时并发症，提高围产保健质量产生良好的经济效益和社会效益，成果在临床具有广阔的应用前景和推广价值。

主任护师江秀敏在领奖

项目名称：福建省青少年健康状况调查及青春期保健一级预防措施的探讨
完成人员：陈起燕等
获奖情况：2013 年度福建省护理科学技术奖三等奖

该项目以维护和促进青春期人群健康为目的，一是对福建在校学生进行青春期健康状况调查，经分层整群抽样后，在全省调查青少年4067人，男性1914人（47.1%），女性2136人（52.5%），年龄（15.9±2.6）岁，深入探讨青春期人群健康状况；二是开展青春期保健一级预防措施的探讨，开设群体讲座及青少年保健门诊：按青春早、中、晚期编制教材，在福州市6所学校进行健康知识分层次实验传播28场，课后即向听众发放无记名调查问卷，收回问卷2036份；三是召开5个专题小组访谈，每组10人，对五方面讲座内容深入评价。项目以研究结果为依据，协助福建省卫计委制定了福建省二级妇幼保健机构评审方案中开展青春期保健的二级科室建设标准与评审要点以及检查方法等规范性评审方案，对基层17家创建二级甲等妇幼保健机构开展青春期保健工作进行指导和评审；举办省培训班，获益人员300多人；研究与应用相结合，举办群体讲座39场，受益人数8000多人；在福建省妇幼保健院开设青春期保健特色门诊，科学地实现该群体身心健康问题的二、三级预防，取得了显著的社会效益。发表学术论文11篇，8篇被CBM、CMCC、万方收录，11篇被同方和维普收录。该项目填补了省内空白，部分研究达到国内先进水平。

主任护师陈起燕作主题讲座

福建省水文水资源勘测局 科技成果选介

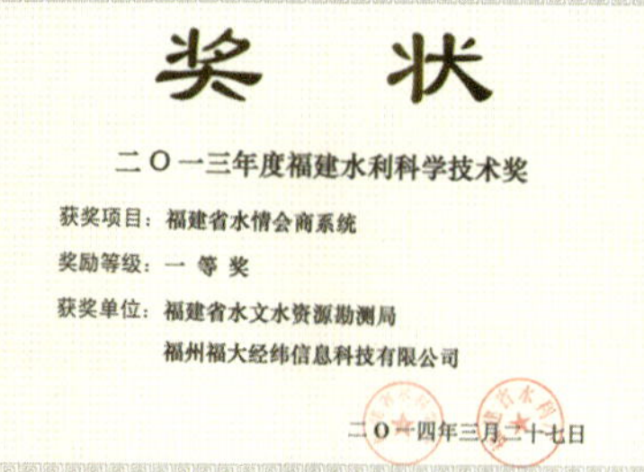

奖　状

二〇一三年度福建水利科学技术奖

获奖项目：福建省水情会商系统

奖励等级：一等奖

获奖单位：福建省水文水资源勘测局
福州福大经纬信息科技有限公司

二〇一四年三月二十七日

项目名称：福建省水情会商系统

获奖情况：2013年度福建水利科学技术奖一等奖

福建省水情会商系统综合了水文情报预报、防汛指挥等业务需求多元化的特点，采用计算机网络技术、GIS技术，基于“水文一张图”理念，实现了水文站网的空间分析与可视化展示，对大量自动报送的水情数据实现实时监控、管理及统计，并以短信等方式实时告警，确保数据的完整、可靠；对水文核心业务报表采用“可订制自动化”生成，提高数据处理的效率；同时，搭建“蓝、黄、橙、红”四色洪水预警信号发布平台，在国内首次实现省级“四色”洪水预警信息的实时空间可视化表达及发布。该系统功能强大、使用便捷、实用性强，在实际应用中极大地提高了雨情、水情、旱情分析速度，提高了水文预报精度、工作效率和洪水预警发布的时效性，在防汛减灾中发挥了重要作用，效益显著。该成果获得2013年度福建水利科学技术奖一等奖。

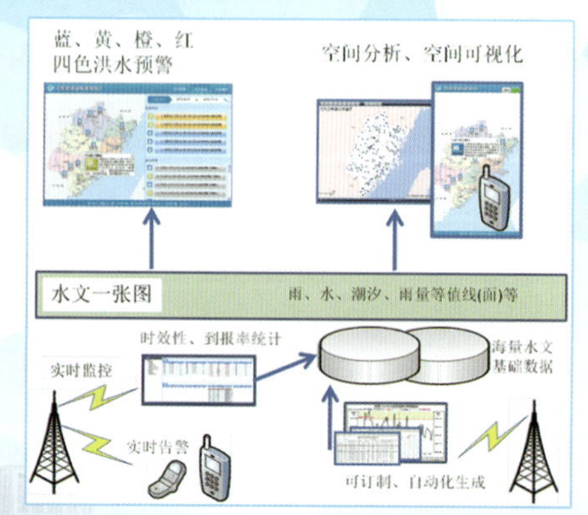

系统结构图

福建省农业科学院植物保护研究所 科技成果选介

项目名称：重要植物有害生物快速检测技术及试剂盒的研发与应用

完成人员：翁启勇、陈庆河、李本金、邱思鑫、范国成、黄蓬英、兰成忠、赵 健、陈 涵、陈 军

获奖情况：2013年度福建省科学技术奖一等奖

该研究项目以福建省重要植物有害生物及检疫性外来有害生物为研究对象，利用现代分子生物学及免疫学技术，研发了包括植物病原真菌（香蕉枯萎病菌、番石榴焦腐病菌、番茄枯萎病菌）、卵菌（大豆疫霉菌、马铃薯晚疫病菌、辣椒疫霉菌、瓜疫霉菌）、细菌（西瓜细菌性果斑病菌、杨桃细菌性斑点病菌、茄科青枯病菌）、病毒（黄瓜绿斑驳花叶病毒）、昆虫（米尔顿姬小蜂）等5类12种有害生物的快速检测技术。

该项目首次在国内外建立了香蕉枯萎病菌、番石榴焦腐病菌、杨桃细菌性斑点病菌及米尔顿姬小蜂等4种重要外来有害生物的快速检测技术；多位点开发出具有特异性更高的番茄枯萎病菌、西瓜细菌性果斑病菌、辣椒疫霉菌及香蕉枯萎病菌等4种有害生物检测新的靶标位点；首次建立了果斑病菌荧光染料与巢式PCR相结合的检测技术，有效消除了检测过程中死菌DNA扩增造成的假阳性；研发了香蕉枯萎病菌、番石榴焦腐病菌、瓜疫霉菌及辣椒疫霉菌的环介导恒温扩增可视化检测技术以及黄瓜绿斑驳花叶病毒试纸条；建立了5类有害生物的检测技术平台。

该项目获得授权国家发明专利8件；发表论文32篇（其中被SCI收录5篇）；制定地方及行业标准6项；获得登录Genbank数据库序列30多条；建立12种有害生物快速检测技术；研制出有害生物的快速检测试剂盒16套及试纸条1套。

该项目研发的检测试剂盒及试纸条大量应用于国内出入境检验检疫局、植保植检部门、农业生产推广部门及农业生产企业，近三年累计推广面积20多万公顷，共创经济效益5.6亿元，降低农药使用量，增加了出口创汇，取得了显著的经济、社会与生态效益。

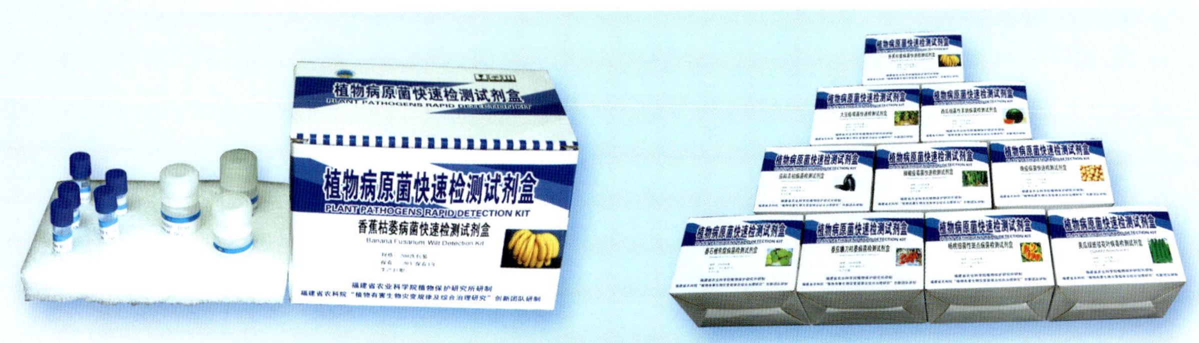

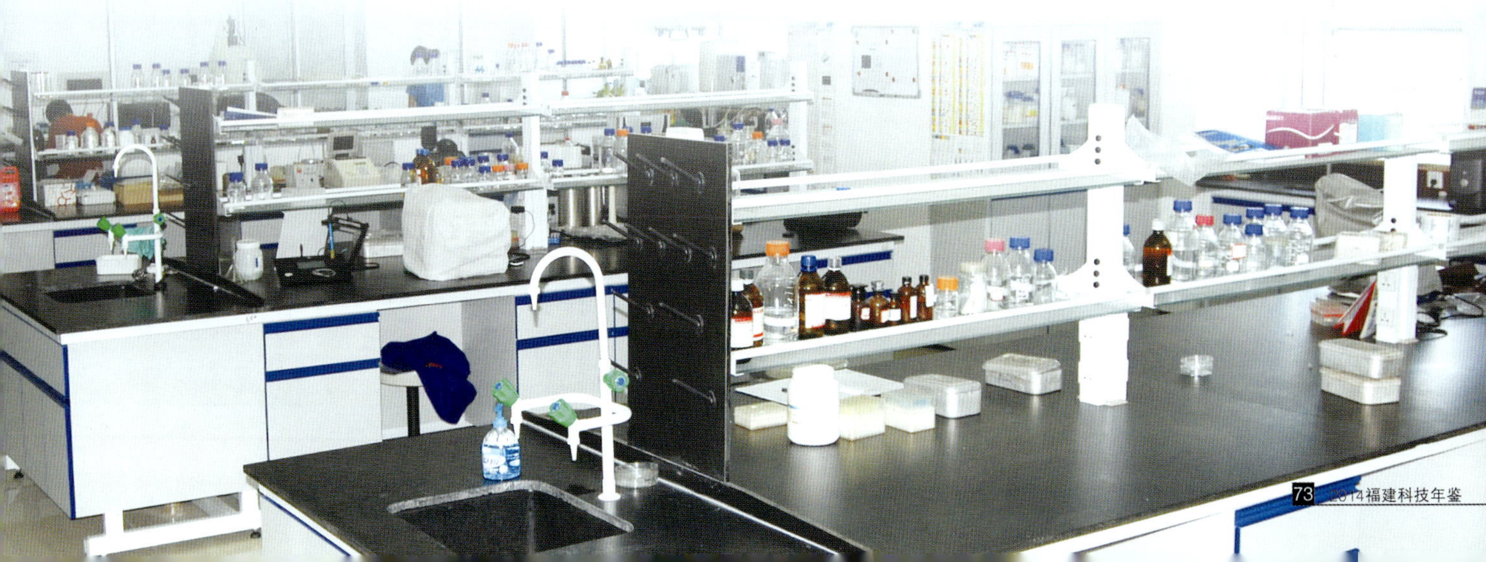

福建省气象信息中心

——福建气象高性能计算中心项目

福建气象高性能计算中心是省气象预测预报能力建设工程重点项目，是国家气象局与福建省政府深化省部合作的重要举措。该项目于2013年1月启动，由福建省气象信息中心负责建设，2014年3月，福建气象高性能计算系统建成运行。

福建气象高性能计算系统是数值预报业务应用系统工程的核心平台，该系统运算速度80万亿次每秒、存储容量320T，该系统性能指标和运算能力目前在全国省级气象部门名列前茅。系统重点保障数值预报业务应用系统的运行，同时兼顾科研和部门间合作。2014年5月，海峡数值预报模式等业务相继在平台运行，WRF、WRF-RUC两个模式的运行时间均缩短至不到原来的50%，大幅度提高了数值预报的时效性。

福建省气象科学研究所

——人工影响天气的研究

人工影响天气是指在适当条件下，通过人工方式对局部大气的云物理过程施加影响，达到增雨、消雹和净化空气等减灾趋利之目的。目前，省内形成飞机、地面火箭和烟炉3种播撒方式相结合的人工影响作业体系。2013年，全省有地面火箭装置147套，地面燃烧烟炉3部，租用飞机1部；地面作业1123次，发射火箭弹6326枚，燃烧吸湿性烟条83根，增雨量2.48亿立方米；飞机增雨作业3架次，飞行2000千米，播撒碘化银烟条40根，影响面积6万平方千米，增雨量约1亿立方米。同时，人工影响天气科研继续深化，参与申报公益性行业1项，主持省部级课题1项，厅局级2项，均获得立项。

飞机增雨作业

发射火箭弹

泉州市东海片区开发建设指挥部

——东海隧道工程项目简介

东海隧道地处泉州市区，是连接中心城区与东海新区、实现两区域快速互通的重要交通通道。隧道全长2.2千米，按双向四车道城市Ⅰ级主干道标准进行建设，属典型的市政隧道工程。隧道建设规模虽不属特长，但其建设环境异常复杂，主要表现在：①长距离穿越居民密集区：经统计，工程沿线施工影响范围内地表建筑物分布数量多达29座，且居民数量众多；②局部地段临近下穿既有水库：具有相临距离短（约20米）、水压高（水深约5～6米）、覆盖层浅（仅为6米）、围岩透水性强（全风化破碎围岩）等特点。因此建设中地表建筑物破坏、爆破震动扰民、水库大坝与隧道开挖间相互作用影响等问题突出。鉴于国内外相关设计施工经验匮乏，由福建省住房和城乡建设厅立项开展联合科技攻关，主要研究内容包括施工爆破震动对建筑物及居民心理影响及对策研究、施工地表变形对建筑物影响及对策研究、临近下穿水库段水库大坝与隧道开挖间相互作用影响及对策研究。

主要技术指标 本项目系统地解决了施工爆破震动对建筑物及居民心理影响及控制、施工地表变形对建筑物影响及控制、水库大坝与隧道开挖间相互作用影响及控制等关键技术，最终形成复杂城市环境下隧道修建技术。取得的技术创新主要包括：①提出了以满足居民心理承受能力为目标的施工爆破震动控制值（1.1cm/s）；②形成了以满足居民心理承受能力为目标的减震爆破施工方法，即下导坑先行+电子雷管掏槽+普通雷管周边扩挖方法，并制定了主要减震爆破参数；③通过水库大坝与隧道开挖间相互作用影响关系研究，提出了防止水库水流失的工程措施，即超前周边预注浆+径向注浆对策；④分析了复杂地质及建筑环境下隧道开挖变形对建筑物的影响规律，提出了建筑物地表变形控制值及工程措施。经省住房和城乡建设厅组织国内著名专家鉴定，技术成果总体达到国际先进水平，其中以居民心理承受能力为目标的施工爆破震动控制的研究成果达到了国际领先水平。项目成果对进一步提升国内市政隧道工程建设技术水平起到了积极的推动和促进作用。

应用推广及效益分析 项目成果成功应用于东海隧道设计与施工，保证了东海隧道顺利建设及安全运营，取得了显著的社会、环境和经济效益。成果同时对国内后续类似工程建设具有重要的借鉴和参考意义，随着国家市政隧道工程建设热潮的掀起，其应用推广前景必将十分广阔。

新型中空纤维膜组件及其系统项目简介

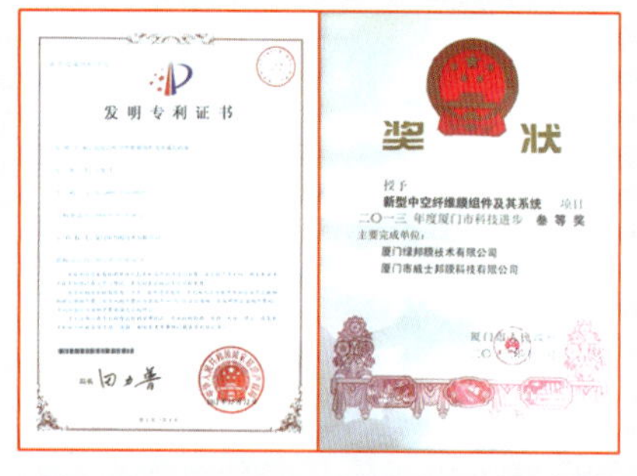

厦门绿邦膜技术有限公司和厦门市威士邦膜科技有限公司根据市场的需求，合作开发了“新型中空纤维膜组件及其系统”。该产品包含国家专利技术，主要分膜制备技术、膜组件结构设计两大块。其中制备技术中创造性地采用纳米“云分散”技术和“纤维丝增强复合”技术；膜组件结构上采用中心为支撑管的环形设计、U型漂悬式结构设计、罐体型一体化设计。本技术产品通过国家海水及苦咸水利用产品质量监督检验中心的权威检测和厦门市科技计划验收，并被列入国家火炬计划产业化示范项目，通过了厦门市新产品投产鉴定，获2013年度厦门市科技进步奖三等奖，相关行业专家一致认为本产品的综合性能达到国内领先水平。

该产品主要用于城市污水、工业废水的深度处理及资源化利用。产品已在上百家企业的中水回用工程中得到应用，应用结果表明，采用该项技术产品的系统或工程运行稳定、状况良好，多项工程获评为国家级重点环保示范工程。

中空纤维膜架

福建省 12316 农业服务三位一体模式成果介绍

“12316”是全国农业公共服务统一号码。近年来，福建省农业厅积极运用信息化手段，拓展12316服务方式和服务领域，形成了“三位一体”服务模式。即在电话热线服务的基础上，开通电脑网络服务和手机农务通服务，并将服务系统整合于一个平台上；三种方式优势互补，为农民提供“多手段、低成本、全方位、高效率”的服务，提升了农业部门服务能力和服务水平。目前，语音电话呼叫服务全省全覆盖；电脑网络服务在32个市县（区）的387个乡镇（村）开通；手机农务通服务16个板块46个功能模块，6万多用户安装使用。2014年5月农业部在福建省南安市召开了全国信息服务进村入户现场会予以肯定和推广。

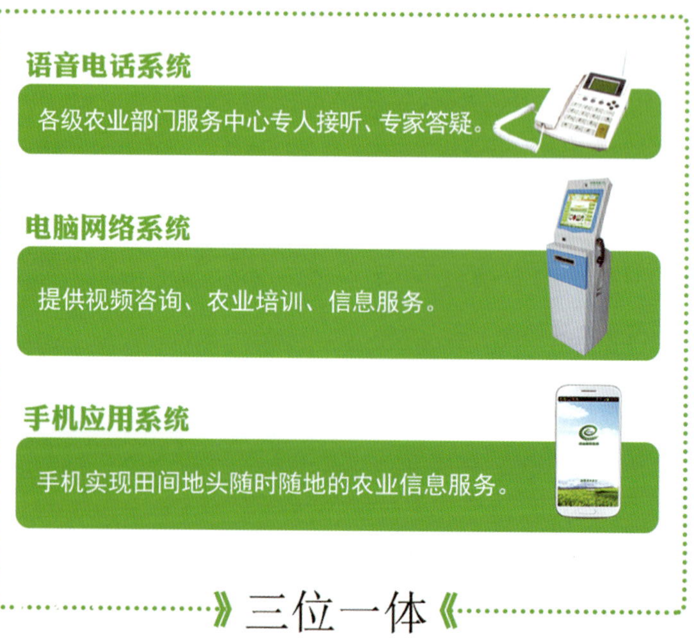

福州科技

副省长洪捷序出席2013年福建省暨福州市科技·人才活动周启动仪式，并现场指导工作

2013年2月20日，省科技厅领导深入福州市仓山科技园调研

福州科技局党组书记朱光华出席福州软件园成立知识产权服务工作站授牌仪式

2013年，福州市以“国家创新型试点城市”和“国家知识产权示范城市”建设为标准，不断完善科技创新和公共服务体系建设，大力发展高新技术产业，扶持科技型中小企业的技术创新活动，连续第十次蝉联“全国科技进步先进市”。

2013年，福州市共有高新技术企业342家，占全省（除厦门外）的41.81%，实现工业总产值达1095.67亿元；经核定有225家科技型企业的研发费用所得税前抵扣额达10.28亿元；共完成技术合同认定登记2522项；合同总金额15.34亿元；共获得国家和省级科技计划项目103项，获扶持经费6402万元，其中国家级27项，获得扶持经费1690万元；省级76项，获得扶持经费4712万元；共获得国家创新基金立项27项，国家级扶持资金1690万元；省创新资金立项8项，省级扶持资金180万元；市创新资金立项40项，市本级扶持资金399万元。全市研究与实验发展（R&D）经费支出74.3亿元，占GDP的1.81%，居全省第二位。

2013年，共评出福州市科学技术进步奖60项，其中一等奖4项、二等奖14项、三等奖42项；有2件外观设计专利获得第十五届中国外观设计优秀奖。据统计，仅2010年～2012年，累计新增产值831780万元，新增利润126794万元，新增税收54388万元；同年有13项科技成果获福建省科学技术奖，其中：二等奖4项、三等奖9项。全市专利申请量9262件，其中发明专利申请量3258件；专利授权量6280件，其中发明专利授权量1159件；每万人有效发明专利拥有量达5.7件，提前完成示范城市5件工作目标。全市拥有231家市级以上农业产业化龙头企业，其中省级以上34家、国家级8家，总销售收入（含交易额）达573亿元，比增12.3%；福州市共有79个项目获得国家、省、市农业科技立项支持，扶持金额1528万元。

福州市省级企业技术中心主任清华行项目对接会

2013年度福州市科技进步奖评委会会议

泉州科技

省委书记尤权调研泉州科技企业

省长苏树林考察泉州数控企业

召开泉州“数控一代”示范工程现场推进会。中国工程院院长周济，省长苏树林，科技部党组书记、副部长王志刚出席会议并讲话。副省长洪捷序主持会议

中国工程院院长周济，科技部党组书记、副部长王志刚，副省长洪捷序等领导到泉州市“数控一代”科技创新中心考察

国家数控系统工程技术研究中心泉州分中心揭牌

召开“泉州制造2025”发展战略报告会

举行中国科学院百项新材料科技成果推介对接会

举办国家科技计划项目申报专题培训

太空种子交接仪式

闽侯科技

2013年，闽侯县开拓创新，充分发挥科技在加快县（市）转变经济发展方式，推进工业化、信息化、城镇化和农业现代化同步发展中的作用，各项科技工作取得良好成效，为全面建设小康社会和创新型国家做出了重要贡献。

突出科技在县（市）经济社会发展中的地位。①县委县政府高度重视科技工作,多次召开专门会议，听取汇报和研究决定优惠措施，先后出台一系列配套政策措施，促进科技经济社会发展。②依托资源优势，构筑发展平台。注重闽侯经济技术开发区、海峡高新产业园、海峡汽车城、生态农业示范区的提升和发展，为科技发展构筑主要平台。

发挥科技在县（市）经济社会发展中的作用。①以科技促进县（市）主导产业发展。加大对汽车产业的政策升级的科技项目扶持力度，共对汽车产业10多个项目获得县级科技立项，总下达科技经费300多万元。加大对机电企业的扶持力度，机电产业是闽侯县支柱之一，县委县政府着力发展壮大的重点产业，县级科技计划项目重点围绕支柱产业的发展需求，促进科技成果转化，增强县城创新能力和产业竞争力。增强计算机辅助设计在工艺品企业的应用能力。主要依托福州大学数学与计算机科学学院研究开发的计算机辅助设计(CAD)技术，在全县的工艺品企业应用推广。②以科技促进创业就业和科技服务体系建设。围绕农村基层需要，邀请相关专家在相关乡镇举办农村实用技术培训；开展专利申请、高新技术企业申请、知识产权保护等内容培训；加强省、市科技特派员基地建设，建立3个省级科技特派员基地和7个市级科技特派员基地。③广泛开展企业技术创新和产学研合作。加快企业技术创新体系建设，促进企业提高技术创新能力，增强企业核心竞争力，以技术需求征集会、中国海峡项目成果交易会为平台，同时利用上街大学城优势，先后解决机械制造、机电、工艺品、污水处理、食品加工、农作物种植培育等40多项技术需求。

闽侯籍的原中国运载火箭技术研究院副院长、中国载人航天工程火箭系统总指挥黄春平与闽侯县县长严金官交接太空种子

经过太空遨游的种子

国家知识产权强县验收会议

晋安科技

2013年，福州市晋安区科技工作在区委、区政府的正确领导下，在上级主管部门关心支持下，认真贯彻党的十八大精神，牢固树立科学发展的理念，进一步解放思想，创新思路，开拓进取，加强综合协调服务，扎实推进各项科技工作的开展。

科技发展 大力宣传国家、省、市各项鼓励自主创新政策，同时全面落实本区鼓励自主创新政策，采取领导抓点、专家指导、项目扶持、专题培训、政策激励等举措，促进全区企业自主创新能力提升、产业结构升级。2013年全区专利申请量866件（其中发明专利268件、实用新型465件、外观设计133件）。

农业创新基地建设 区农业科技专家大院、中试基地组织实施了区级农业科技计划项目16项，围绕果蔬、茶叶、花卉、中药材等特色产业。

2013年知识产权宣传周座谈会

"爱在北峰"科技科普进校园活动

永春科技

永春绿源柑桔苗木繁育场

球型智能温室外部戏水图

2013年，永春县科学技术局紧紧围绕县委、县政府"推进跨越发展、建设美丽永春"目标，深入实施创新驱动发展战略，以深化科技体制改革为根本动力，以服务推动企业加快升级为重要抓手，增强知识产权意识，齐心协力谋创新，千方百计促转型，圆满完成了各项目标任务。特别是，永春省级农业科技园区获得省科学技术厅批准立项建设，是全省9个省级农业科技园区之一。以此为契机，永春县加强科技创新驱动，注重农业品牌建设，充分发挥科技引领作用，园区申请了农业专利项目3个，致力打造具有地方特色的农业产业。

鲤城科技

科技合作共建签约仪式

全国数字微波通信创新型产业集群发展工作座谈会在鲤城区举行

2013年，泉州市鲤城区科技局以增强自主创新能力为着力点，充分发挥科技对经济社会发展的支撑和引领作用，为推动鲤城区产业结构优化升级和经济跨跃式科学发展做出积极的贡献，取得良好成效：以各项综合指标第一的优异成绩被评为“全国科技进步先进区”，4人被评为“全国科技进步考核先进个人”；被列为“国家知识产权强县工程试点县（区）”，推动泉州市鲤城高新技术产业开发区成为国家知识产权试点园；举办全国数字微波通信创新型产业集群发展论坛，成立全省首个国家级技术创新战略联盟；与福州大学共建科技公共服务平台1个，成功签约项目5个，设立企业助学金2个、教学实践基地５个；4家研究院获评泉州市认定的首批新型科研机构（占全市的三分之二）；认定及复审高新技术企业12家（总数达38家）、省级创新型企业12家（总数达17家，占全市1/5强）、省级科技型企业备案50家；组织实施各级科技项目97个，落实扶持资金2421万元；区科技局获得“鲤城区政府系列2013年度绩效综合指标目标管理考评先进单位（第三名）”、“鲤城区民主评议政风行风先进单位”、“平安先行单位”、“机关党建工作先进单位”、“创先争优先进基层党组织”等荣誉称号。

泉港科技

2013年，泉州市泉港区项目申报量和获批量创历史新高，共获得国家级项目立项7项（为历年之最）、省级科技项目6项、市级项目11项，全年共获国家、省、市项目资金扶持达1394.26万元，同比增长超1000万元，增长189.9%。2013年1月“福建师范大学泉港石化研究院”正式签约落地。泉港高新技术孵化基地于2013年10月份被省科技厅认定为重点扶持的10个“省级科技企业孵化器”之一。全区2013年专利申请量678件，同比增长141%；专利授权量428件（发明专利8件），同比增长208%。2013年，泉港区获“全国科技进步先进区”荣誉称号；泉港区科技局获评泉州市“文明单位”、泉州市科技系统“政风行风评议先进集体”、泉港区政府部门绩效评估工作“争先进位奖”（前进17个位次），在年度万人评议效能作风满意度测评中位列政府组成部门和直属机构第七名；还被区委、区政府授予“社会管理综合治理工作先进单位”称号，被区直党工委授予“先进‘五好’党支部”称号。

泉州市聚氨酯产业技术创新战略联盟成立

成功引进福建师范大学泉港石化研究院

晋江科技

晋江市科技与信息化局以推进科技进步与经济跨越发展为工作主线，着重在优化科技创新环境、推动产业转型升级、提高产学研协作创新水平等方面下功夫，科技工作取得新的突破。2013年，认定省创新型企业7家、省创新型试点企业38家、省科技型企业215家，新增国家级高新技术企业1家（累计7家）、省高新技术企业7家（累计80家）。引导和鼓励企业加大科技投入，获认定省企业重点实验室1家、省（企业）工程技术研究中心5家。组织科技成果评审36项（其中达到国际先进3项、国内首创1项、国内领先26项、国内先进6项）。构建需求对接平台，引进多家科研机构入驻生产力促进中心，充实、拓展中小企业服务平台功能。加强与哈工大机器人研究所、福大机械与自动化学院产学研合作，组织高校专家教授深入基层服务企业。加强企业知识产权工作，2013年全市专利申请量和授权量分别为5986件、4012件，同比增长66.18%和66.47%，重点围绕专利权质押贷款方式支持科技型中小微企业发展，促成企业与晋江农商银行签订了专利权质押授信合同。

中共晋江市委书记陈荣法到市生产力促进中心调研科技公共服务平台建设情况

晋江市科技与信息化局局长陈恩典与市农商银行行长苏德胜在晋江市中小企业投融资会议上签署科技金融战略合作协议

安溪科技

2013年，安溪县科技局认真贯彻党的十八大、十八届三中全会和各级科技创新大会精神，科技创新取得新成效，科技综合实力显著提升。获省科学技术奖2项，新增省级高新技术企业2家、省创新型企业1家、省工程中心1家；市级工程中心1家。获批建设福建泉州国家农业科技园区（茶叶园）。民生、公益服务等各领域科技创新工作得到较大发展，科技创新服务能力逐步增强。扣紧安溪县委、县政府“5+5”战略产业体系发展部署，引导3个项目申报国家高新技术研究“863”和科技支撑农业领域项目，列入市级以上科技计划项目40项，经费541万元。实施“省级知识产权强县”战略，全县专利申请受理1733件，专利授权1003件。发放2012年度专利授权资助163件，经费74.8万元。获省专利三等奖1件，市专利奖2件。安溪县荣获2013年“全国科技进步考核工作先进县”称号，安溪县科技局被中共安溪县委、县政府评为2013年度绩效评估良好单位。

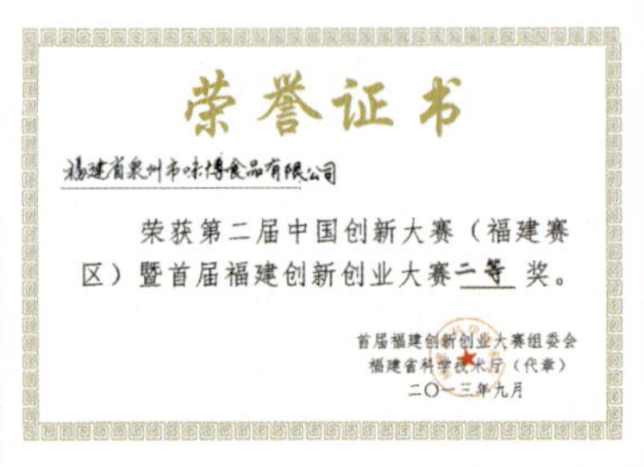
荣誉证书

福建省泉州市味博食品有限公司

荣获第二届中国创新大赛（福建赛区）暨首届福建创新创业大赛二等奖。

首届福建创新创业大赛组委会
福建省科学技术厅（代章）
二〇一三年九月

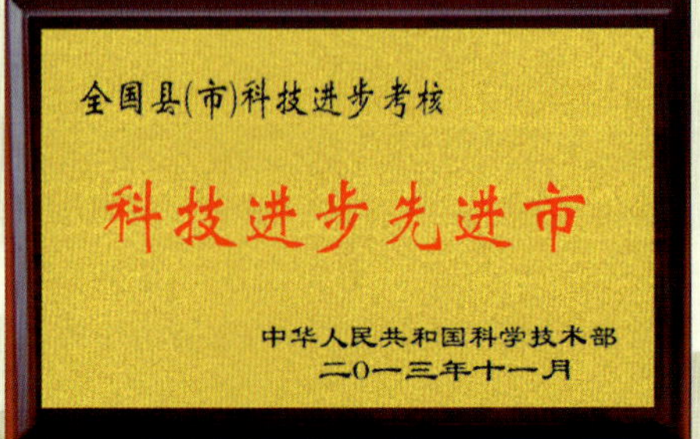

南安科技

2012年1月28日，第三届福建（南安）光电信息博览会在南安隆重举行

2012年3月7日，省政协教科文卫体委调研组到南安开展专题调研

2012年1月28日，省科技厅领导到南安调研

2012年8月7日，省科技厅领导到南安调研

2012年4月25日，举办"南安市企业知识产权培训及专利和科研成果推介会"

2012年3月31日，"世纪之村"落实省委省政府2012年为民办实事项目暨信息员培训大会启动仪式隆重召开

2012年9月19日，南安市人大常委会副主任陈文举率队专题调研科技创新工作情况

南安市科学技术局获评省级文明单位。图为授牌仪式

沙县科技

在2013年全国科技进步考核中，沙县荣获2011～2012年度全国科技进步考核科技进步先进县。近年来，沙县科技工作紧紧围绕县域经济社会发展大局，以提高自主创新能力为首要任务，实施项目带动战略，强化企业主体地位，推进科技创新体系建设，为县域经济的发展提供了科技支撑，经济实力不断壮大，进入全省“十强”县行列。目前，全县拥有高新技术企业12家、省级创新型（试点）企业12家、省级科技型企业26家、省知识产权优势企业3家、省级企业工程技术中心8家、省级科技公共服务平台2家，机械科学研究总院海西分院落户沙县省级高新区金沙园。

沙县政府与中国科学院过程工程研究所签订合作框架协议

机械科学研究总院海西分院在沙县举办百项科技成果对接会

长泰科技

2014年，长泰县科技工作围绕“厦漳泉生态型核心区”建设，突出创新、发展，自行研发一套集企业技术需求、人才需求、高校专家等信息为一体的产学研合作管理系统，在校企之间实现“无缝”对接；聘请中国工程院吴澄院士等专家为政府科技顾问，与多所高校共建研究生实习实践基地、科技创新服务平台及“海西春雨行动”。先后与清华、北大、浙大、厦大、北京林大等16所著名高校对接，引进150多名院士、教授、博士与企业对接，促成35家企业与高校签订产学研合作协议，开发新工艺、新产品80多项。长泰县科技局荣获第七届中国技术市场“金桥奖”先进集体，乐丫丫食品获第三届中国创新创业大赛一等奖。以被确定为“福建省知识产权强县”为契机，积极引导企业开展专利申请工作，截至11月专利申请量479件，专利授权量251件，万人拥有发明专利2.46件。拥有高新技术企业19家，省级企业工程技术研发中心5家，省级创新型企业及省级知识产权试点企业15家，组织实施国家、省、市各级科技项目20项，争取科技扶持资金1215万元。

聘任科技顾问签约仪式

百名专家博士服务企业启动仪式

深入企业调研，为企业发展服务

平和科技

召开中国工程院院士邓秀新平和琯溪蜜柚考察座谈会

召开科技大会，表彰先进单位和个人

成立院士专家工作站

近年来，平和县科技工作以促进科学发展、实现率先发展为主线，坚持“自主创新、重点跨越、支撑发展、引领未来”的方针，以“创新、创业、产业化”为抓手，积极探索建立以企业为主体，以市场为导向，以产学研合作为平台，有力地促进了科技成果的落地转化。

平和县立足主导产业（琯溪蜜柚、白芽奇兰茶），大力推进科技创新，科技工作取得新成效。一是于2013年创建了福建省平和农业科技园区，依靠科技进步做优做强主导产业，推动主导产业提质增效；二是利用上级科技部门挂钩帮扶芦溪镇的契机，探索科技扶贫新途径；三是积极实施科技部富民强县专项项目，促进农业增效，农民增收；四是加大企业与高校、科研院所产学研合作力度，推动企业建设技术创新中心、院士专家工作站，有力地促进了平和蜜柚深加工产业的快速发展。目前，全县已有9家蜜柚深加工企业，深加工年产值上亿元，有六大系列产品，品种40多个；五是省市科技部门与平和县共建平和科技孵化基地，其中科技企业孵化器大楼占地面积0.53公顷，建筑面积10000多平方米，投资2500万元，为新创办的科技型中小企业提供发展平台，促进科技型中小企业成长。

近年来，平和县科技局积极组织企业申报科技项目，共承担国家、省、市科技计划项目30多个，获得省、市科学技术奖3个，获授权专利300件，10多项科研成果在平和落地转化，福建省琯溪蜜柚深加工企业工程技术研究中心、邓秀新院士专家工作站、中科院上海光机所院士专家工作站等相继在平和建立。

科技企业孵化器大楼

桃源洞风景区全景

永安科技

城市全景

竹天下文化广场全景

2013年，永安市再次荣获全国科技进步先进县（市）称号，已连续14年通过国家科技进步考核，四次荣获“全国科技进步先进县（市）”称号，是三明地区唯一获此殊荣的县（市）。永安市还被列为全国“科技富民强县”示范县、国家级海峡西岸星火产业带和省级可持续发展试验区、省知识产权强县（市）。

近年来，永安市深入实施创新驱动战略，县域经济实力连续19年保持全省“十强”，提出了建设“森林永安”来改善环境、惠及民生，打造区域性职业教育中心、健康管理中心等“两个中心”来集聚人气、增强活力，建设汽车制造、输变电高端装备制造、新材料生产、水泥产业、竹产业和纺织产业等“六大基地”来集聚项目、壮大产业的发展战略目标。

泰宁科技

近年来，泰宁县科技工作取得显著成绩，先后荣获2005~2006年度、2007~2008年度及2013年全国科技进步先进县，成为三明市首家省级可持续发展实验区，先后获得国家科技支撑计划项目、国家富民强县专项行动计划试点县等国家、省、市科技项目支持。科技对经济贡献率大大提高，科技进步促进县域经济发展取得良好成绩。

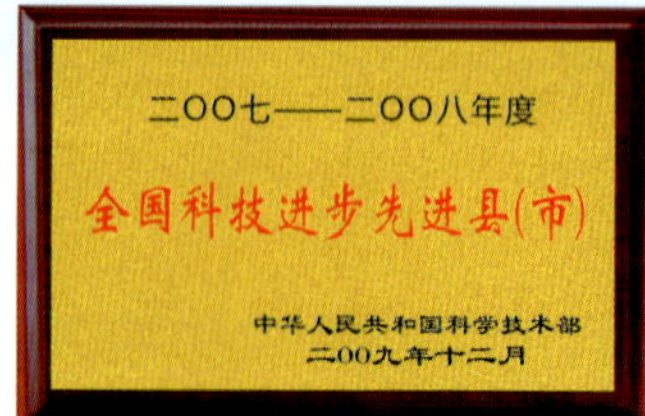

泰宁县省级可持续发展实验区验收会

新罗科技

2013年，龙岩市新罗区科学技术局以实施科技创新驱动战略为主线，以推进产业科技创新为重点，以加快产业转型升级为目标，切实履行科技部门职能，科技工作取得显著成效。新罗区荣获“国家知识产权强县工程示范县”、“全国科技进步考核先进区”称号；完成市级文明单位初评工作，2013年民主评议行风工作被区列为“优胜单位”；争取国家、省、市项目39项、资金1638万元，完成20项到期项目的验收工作；福建侨龙专用汽车有限公司参加“第二届中国创新创业大赛（福建赛区）”获成长组决赛二等奖，并参加深圳赛区暨第五届中国（深圳）创新创业大赛决赛，荣获成长企业组二等奖；5项成果荣获2013年度省科学技术奖，1项成果获省年度专利奖二等奖；全年专利申请775件，授权625件，其中，发明专利授权71件。目前，全区共有高新技术企业27家，省级创新型企业21家，省级（企业）工程技术研究中心11家，博士后科研工作站5家，省知识产权优势培育企业4家。

深入企业调研，为企业排忧解难

深入木槿花基地调研，扶持基地发展

永定科技

★**项目工作再获突破** 永定富家文化传播有限公司的“福建土楼科学保护与文化传承的研究与示范”项目获得国家科技支撑计划立项。德泓（福建）光电科技有限公司的“适应福建地理气候的LED道路照明产品开发”项目在龙岩市首届科技创新创业大赛中获得一等奖，成为本次大赛仅有的3个一等奖项目之一。

★**创新体系不断完善** 龙岩成龙机械有限公司、福建龙基机械设备制造有限公司被确定为省级创新型企业，好日子食品有限公司被确定为省级创新型试点企业，威龙铝塑制造有限公司被认定为高新技术企业，德泓光电公司被确定为省级创新方法试点工作企业，龙岩盛丰机械制造有限公司汽车桥壳企业工程技术研究中心被认定为省级企业工程技术研究中心。

★**孵化器建设开始起步** 卫东投资集团公司、永定县、永丰新区等各方合作，共同创建永定县首家科技企业孵化器龙腾新能源汽车研究院，并顺利通过省级科技企业孵化器备案评估。

★**知识产权强县试点工程稳步推进** 有序开展全国知识产权强县试点工作，富华日用品有限公司等3家企业被确定为市级知识产权试点单位，卫东实业股份有限公司等4家企业被确定为全省知识产权管理规范贯标试点企业。“植物醇溶提取生产技术产业化示范”等一批专利产业化项目顺利实施。

召开科技项目协调会

开展“三下乡”活动

金沙园总体鸟瞰

三明高新技术产业开发区金沙园

三明高新技术产业开发区金沙园是2002年7月经省政府批准设立的高新技术产业开发区。位于三明市沙县城区北部，交通物流条件便利。距离动车三明北站、陆地港3公里，三明（沙县）机场8公里，福银、长深、厦沙三条高速公路穿园区而过，融入省内沿海2.5小时经济圈，交通物流条件便利。

金沙园区位图

园区规划面积26.37平方千米，完成基础设施建设投资22亿元，现有入园项目190多个，投产企业140多家，形成装备制造、新能源材料、轻工纺织、林产加工和生物食品等产业。2014年规模以上企业实现产值235亿元，引进机械科学研究总院海西分院、厦工三重、双轮化机、金杨科技、大亚木业、宏光实业等一批知名企业，拥有国家驰名商标2个、中国名牌产品2个，高新技术企业13家。

近年来，园区大力实施“科技立园”战略，出台科技创新奖励扶持政策，鼓励企业加大科研投入，对通过高新技术企业认定、建立技术中心和研发中心等项目给予奖励；国家级示范生产力中心、国家级知识产权维权中心、省级院士工作站、博士后工作站、机械装备虚拟研究院、科技企业孵化器等平台逐步完善；三明（金沙园）国家大型机械装备高新技术产业化基地获科技部批准成立；金沙园被确定为全省首批6个“福建省新型工业化产业示范基地”。2012年，机械科学研究总院在园区设立海西分院，按照“一个园区、一个平台、一个孵化器、一个研究所”的建设方案，在金沙园设立“高端装备产业园”、“装备制造技术创新服务平台”、“精密制造企业孵化器”。

在发展经济的同时，园区注重环境建设，为入园企业营造良好的创业环境。建有40公顷的龙湖公园，绿化面积100多万平方米；开通环城公交，设立学校、警务室、消防队、专家楼和廉租公寓等配套设施齐全。园区被评为省级和谐劳动关系工业园区、省级绿化先进单位。

海西高端装备产业园

装备制造行业服务平台

□ 建成快速成型制造服务中心、无模铸造服务中心、虚拟现实设计系统等10个子平台。具备虚拟现实、3D打印、便携式三坐标测量、检测加工等技术服务能力。

公共服务平台

海西智造3D打印工作室

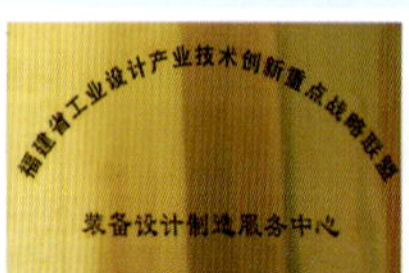

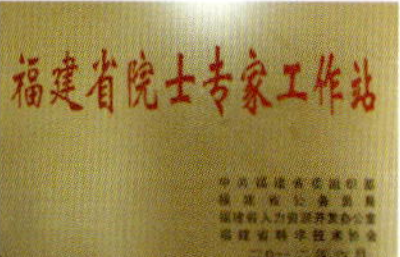

金沙园龙湖全景

仙游县省级农业科技园区

省领导亲临园区调研

★园区的所在地 莆田市仙游县度尾镇、赖店镇、大济镇、钟山镇、龙华镇、鲤南镇。

★主要产业特色 设施蔬菜栽培、水肥一体化、智能化种苗工程及建构农产品（蔬菜）冷链物流。

★园区建设主要内容 根据园区产业布局设计，园区将按“一心两基地五示范区”的功能结构进行规划。“一心”即农业科技孵化及服务中心，“两基地”即设施蔬菜综合生产示范基地和设施蔬菜种苗培育工程基地，“五示范区”即蔬菜水肥一体化精准农业示范区、设施蔬菜有机物基质栽培示范区、反季节设施蔬菜大棚栽培示范区、农业（蔬菜）科技休闲旅游体验区和农产品（蔬菜）冷链接物流服务区。

★园区品牌推广 通过建立仙游省级农业科技园区网站，推广仙游省级农业园区品牌，增加园区知名度。

★农业科技成果转化 园区与省农科院作物所合作建立市级蔬菜工程研发中心，并与国内5家以上的农业高校或科研机构建立长期技术合作关系，确保农业科技成果落地转化。

★预期目标 园区年争取或合作争取国家、省部级科技项目2个以上。建设期内，预计园区年引进蔬菜新品种50个以上，新技术5项以上；年培育2个以上品种通过蔬菜新品种审定，年申请专利1件。预计到2015年，基地蔬菜产业“五新”入户率达95%以上，科技进步贡献率达70%以上。新增10个蔬菜品种获得中国绿色食品认证中心绿色产品认证，农产品品牌率达80%以上，大幅提升园区农产品的市场竞争力和经济附加值。园区科技企业孵化器年孵化企业或农民合作社2个，年开发蔬菜新产品3～5个。园区将基本建成完善的信息服务平台，并与福建省农科院“双百”行动、农村远程培训、农业“110”专家服务等实现对接。园区年带动推广当地发展设施蔬菜33.3公顷以上，解决当地剩余劳动力200人以上，增加农民收入500万元。同时，通过技术培训、辐射带动，培育当地蔬菜生产专业户30户以上。

仙游省级农业科技园区（意达基地）

- ★ 建设目标：农业科技孵化服务中心、设施蔬菜种苗培育工程基地
- ★ 主导品牌：茄果类、叶菜类、瓜类系列品种
- ★ 主推技术：钢架大棚标准生产、水肥一体化、无公害菜栽培技术、甜椒高产栽培技术、番茄嫁接技术、集约化育苗技术、病虫害绿色防控技术等
- ★ 基地负责人：黄章国
- ★ 承担和责任单位：仙游县人民政府
- ★ 组织和管理单位：福建省科学技术厅

仙游省级农业科技园区（利农基地）

- ★ 建设目标：设施蔬菜水肥一体化精准农业示范区及农产品（蔬菜）冷链物流服务区
- ★ 主导品牌：甜椒、番茄、叶菜、瓜系列品种
- ★ 主推技术：钢架大棚标准化生产、水肥一体化、数控温室育苗大棚、无土栽培、绿色栽培等
- ★ 基地负责人：严生仁
- ★ 承担和责任单位：仙游县人民政府
- ★ 组织和管理单位：福建省科学技术厅

厦门市思明网上知识产权交易平台

厦门市思明网上知识产权交易平台于2013年10月18日正式开通，是厦门思明区推动技术创新服务体系建设、培育技术交易电子商务平台的重要举措。平台实现了技术、政策及机制的三大创新，一是创造性实现技术转移的电子商务化，构建从资源集聚、供需对接、技术定价到在线交易的网上技术转移全流程服务体系；二是出台国内首个技术交易市场专项政策，按进场技术交易额的8%、1%、1%比例分别给予企业、中介机构、平台运营商奖励，实现过程管理、过程服务、过程跟踪，以服务推动交易，以交易促进繁荣；三是大胆改革，采取“科技局主管、专业机构主营”的运营管理机制，引入基础服务提供商——科易网及厦门市“双百人才”项目企业——厦门科易通宝网络科技有限公司，让专业机构做专业的事。

经过一年的积极探索及实践，思明平台取得了阶段性运营实效：服务企业5249家，成功促成61个技术项目落地思明，实现在线技术交易额2255.48万元。

“平台+政策”获得了全国各地科技系统的肯定和学习，被誉为“思明模式”。科技部部长万钢对以“思明模式”为代表的区域技术市场模式做出重要批示，科技部计划司、火炬中心、致公党中央多次就此进行联合调研。目前，该模式已在海宁、西安、高淳等地应用实施，下一步，思明区将大力支持“思明模式”在全国各地的推广应用，打造交易规模超千亿元的技术交易电子商务平台，培育现代技术服务新业态。

福建中博模具科技孵化器

福建中博模具科技孵化器隶属福建中博机械城发展有限公司，位于福建海西模具产业集聚区的将乐经济开发区，总规划占地面积21.4公顷，总投资3亿元人民币，于2013年开工建设，预计于2016年建成。由模具加工贸易区、模具生产制造区、生活配套服务区、科技研发中心、综合服务中心五大功能区构成。拥有新产品开发设计中心、重点实验室、检验检测中心、培训实训基地、电子商务平台、技术咨询中心和投融资服务中心。利用孵化器的服务职能，为进入模具科技孵化器的企业提供技术咨询、管理培训等一条龙全方位服务。目前，福建中博模具科技孵化器已通过省科技厅科技孵化器备案，首期建设10800平方米孵化器用房，一批签约的模具研发、加工企业已陆续入驻，二期16500平方米的综合科技开发及公共技术服务中心也已规划建设，届时将能更好地满足模具企业模具设计、模具技术研发、模具标准检测等需求。入驻的企业不但能享有省级开发区的政策、税收、科研、人才培养等优惠，还能同时享有省级模具集聚区的专项政策以及科技部门对孵化器的特殊政策。针对入园在孵企业的特点，展开企业个性化服务，通过项目跟踪服务小组，开展专业咨询与培训等专业化服务，及时解决企业遇到的难题，促进企业快速成长。

地勘科技

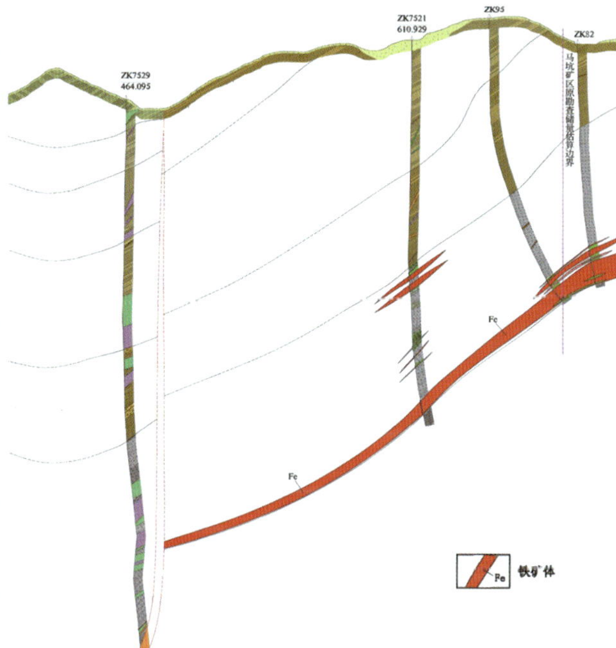

2013年，省地矿局第八地质大队在马坑外围石岩坑铁矿普查中，圈定铁矿石资源量1.43亿吨，平均品位全铁37.4%，达大型规模

2013年12月12日，省地矿局与同济大学海洋与地球科学学院签订人才培养与项目合作协议，拉开双方在海洋地质等方面的合作序幕

2013年12月28日，中国科学院多吉院士率专家考察团到漳州调研地热，漳州是全省地热资源最有潜力的地区。图为钻孔打到最高温度121℃的温泉，为华东之最

2013年8月29日，省地矿局与紫金矿业签订“矿产资源勘查开发合作协议”，按照“优势互补、互利互惠、合作共赢、共同发展”的原则，以技术加资本的方式，在地质矿产资源勘查、开发等方面开展多层次、多领域的合作

由省地质调查研究院承担的福州城市地质调查项目，完成对福州市两江四岸、地铁规划沿线、地热资源、海岸带及闽江口冲淤变化、城市水土环境等调查，建立了三维可视化城市地学信息管理服务系统，已陆续应用于福州城市规划、建设、管理的有关方面

背景为漳州乌山风景区

国家海洋局海岛研究中心

国家海洋局局长刘赐贵到海岛中心调研

国家海洋局海岛研究中心（简称“海岛中心”）是2012年获中央编办批准设立的正司级事业单位，隶属于国家海洋局，位于福建省平潭综合实验区，是国内唯一以服务海岛保护与开发管理为核心的国家级业务支撑单位。主要从事国家海岛法规规划与标准、发展战略与管理配套制度、资源调查与开发利用、特殊用途海岛保护、海岛权益维护、海岛防灾减灾与生态保护、海岛文化等方面的研究。

海岛中心南依平潭坛南湾田美澳沙滩，用地总面积约6.56公顷。一期工程科研楼（5000平方米）已建设完成，二期工程也已完成项目规划和设计招标工作。二期工程的科学实验场馆包括海岛科学展示馆、海岛海岸保护物理实验馆以及海岛物种保护与生态修复实验馆。建成之后，将三馆结合打造“全球一流的海岛博览馆”，旨于将科学研究、科普教育与海岛旅游完美融合，建设成为平潭岛上独树一帜的特色基地，实现“不出平潭岛，博览天下岛”的目标。

在团队建设方面，海岛中心现有员工38人，其中：享受国务院政府特殊津贴专家2人、副高级职称以上科技人员6人、博士12人、硕士8人。涵盖了海岛政策法规、海岛经济、海岛空间规划；海洋地质、生态、遥感、测绘、海洋数值模拟、海岸物理模型；海岸工程、海岛地形地貌、生态保护等领域。

在业务发展与方向上，海岛中心以国家海洋局赋予的九大职责和五大业务方向（海岛经济、海岛政策、海岛生态、海岛权益、海岛文化）为支撑，在形成自身优势学科和业务重点的基础上，打造国内服务与支撑、国际交流与合作两个平台。海岛中心将立足国内、放眼世界，努力建设世界一流的海岛研究机构，为国家海洋强国战略的实现贡献力量。

福建省地震局

福建省数字地震科普馆视图

2013年，福建省不断提升地震科技创新能力，提高应急救援和震害防御水平，创新地震科普宣传与教育形式。2013年7月～9月，省地震局科技人员进行了震源船系统测试及海上气枪震源实验性探测，全面检验了气枪震源系统的各项性能，初步掌握海洋震源激发技术，熟悉和掌握物探平台各个部分的工作流程和操作规程，出色完成2013年度台湾海峡西部海洋地震探测工作；为了提高华东区地震联合救援能力，在中国地震局、武警总部和福建省政府的领导和支持下，省地震局于2013年5月组织并参加在福州举行的“华东联动—2013”地震应急救援协作演练；为进一步扩大“福建省数字地震科普馆”的受众面，省地震局在门户网站和官方微博上建立数字地震科普馆链接，网民登录浏览量已超过3万人次。

“华东联动—2013”地震应急救援协作演练

科技人员投放海底地震仪

福建省大气探测技术保障中心

福建省大气探测技术保障中心成立于1993年5月，是福建省气象局直属正处级事业单位。中心下设6个科室，在职干部职工36人（其中，编外人员6人）。中心主要承担全省气象综合观测系统的方案编写、选型论证、安装建设、设备监控、维修保障、远程技术支持和新产品研发等工作；负责全省气象装备器材、备件的动态管理和最优配置；负责全省气象计量检定及管理工作；承担省内或特定区域内气象设备保障的快捷反应及重大灾害性天气的应急保障任务。

中心负责建设维护的天气观测的大型遥感遥测设备主要有新一代天气雷达、高空L波段探空、风廓线雷达、三维闪电系统等。

天气雷达站夜景

应急保障，随时候命

南京军区福州总医院

2013年5月，国家卫生与计划生育委员会在其网站上公布了经批准开展人类辅助生殖技术机构名单，中国人民解放军南京军区福州总医院以试运行开展植入前胚胎遗传学诊断技术（preimplantation genetic diagnosis，PGD）等项目位列其中。2014年，该院通过了正式运行PGD项目评审，标志着福建在临床遗传学学科建设方面跨入全国先进行列。

福州总医院是福建最早开展临床遗传检测和研究的单位之一，临床遗传服务有着长期的积累。早在上世纪八十年代初，该院就率先开展了以染色体检查和核型分析为主的细胞遗传服务，累计发现新的人类异常核型104个，并与福州熊猫中心合作，在国际上最早将该类技术应用于国宝大熊猫新生儿的性别鉴定。近十年来，福州总医院结合细胞遗传技术，相继开展染色体原位荧光杂交（FISH）试验、Y染色体微缺失检测、标记染色体鉴定、特殊遗传病SNP芯片分析等一批国内领先技术，为上万例不育不孕和遗传病患者明确了临床诊断，其代表性成果——“对导致生育缺陷的染色体断裂、缺失、重组分析和定位研究”获2011年度军队医疗成果奖二等奖。

二十多年前，已故著名医学检验专家朱忠勇教授就领衔了福州总医院的遗传病分子诊断（基因诊断）研究，成果发表在国际血液学领域顶级杂志《BLOOD》等SCI期刊，并获国家科技进步奖二等奖。后来，在兰风华教授的带领下，该院分子诊断病种数不断增加，涉及肾上腺-脑白质营养不良、儿童脊肌萎缩症、脆性X综合征、先天性无痛无汗症、多发性骨软骨瘤、神经纤维瘤病、雄激素不敏感综合征、先天性成骨不全等20多个病种，涵盖神经内科、血液科、消化内科、骨科、肝胆外科、儿科等多个临床学科，求诊者来自全国23个省市自治区，共检测到近90种人类基因突变，其中35种属国际首报。开展了全国首例肾上腺脑白质营养不良产前分子诊断，并在国际上率先将亲子鉴定实验引入产前分子诊断，建立了以“羊水培养前后结果相互佐证、两种不同方法结果相互佐证”为特点的遗传病产前分子诊断新方案。研究论文发表在美国《JOURNAL OF MOLECULAR DIAGNOSTICS》等SCI期刊，并在第20届国际遗传学大会上作口头发言交流，成果获2014年度军队医疗成果奖二等奖。

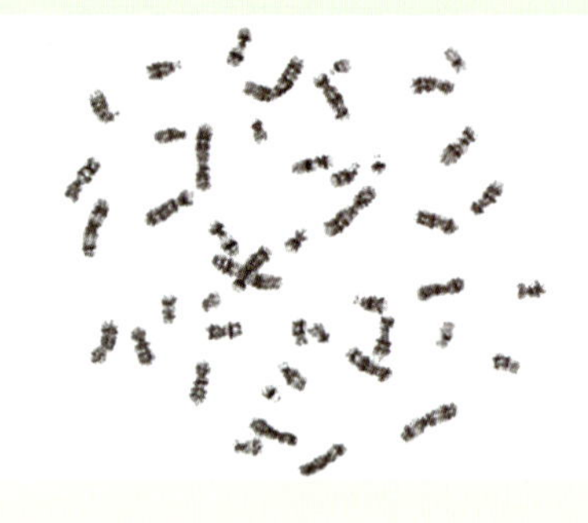
Docu1

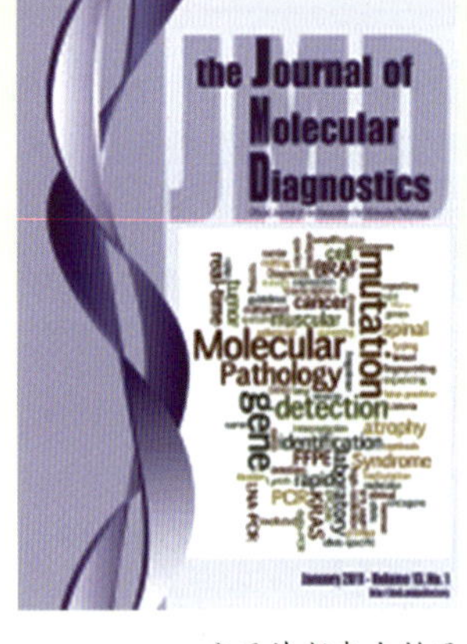

分子诊断杂志封面

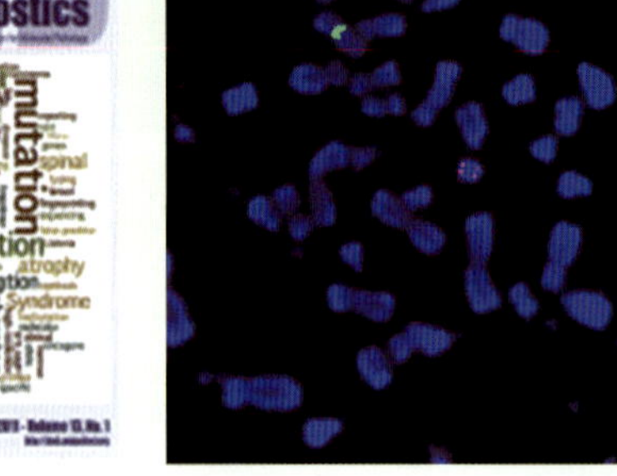
SRY

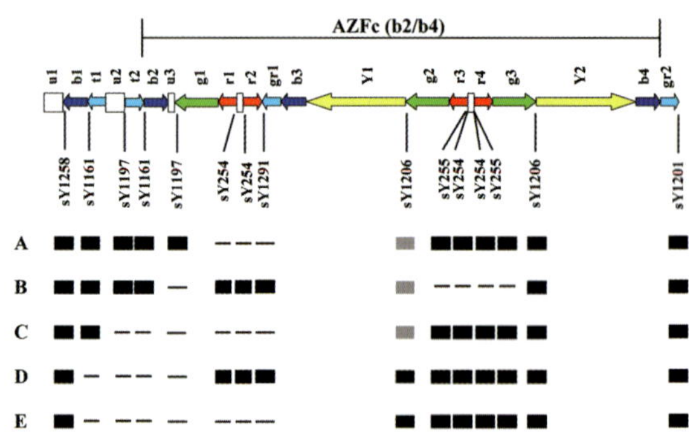

AZFc

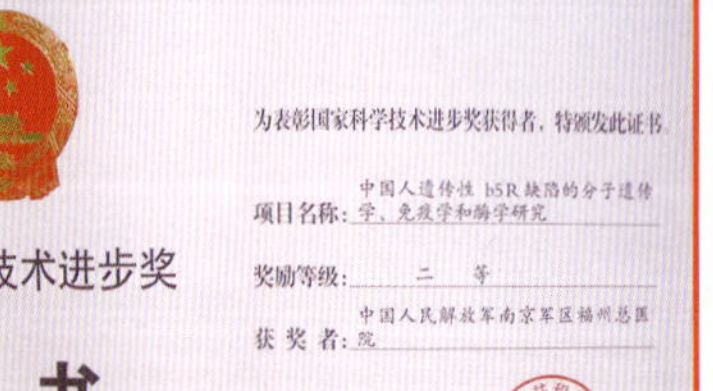

获国家科技进步奖二等奖

病房大楼

武警福建总队医院

武警福建总队医院位于福州市北二环西路159号，创建于1947年，是一所集医疗、教学和科研为一体的综合性三级甲等医院，是福建医科大学非直属附属医院，拥有福建省住院医师规范化培训内科、外科、妇产科三个基地。

医院展开床位650张，年门急诊量40多万人次，收治住院病人1万多人次，开展各类手术1万多台。拥有西门子大C臂X光机、核磁共振、多排螺旋CT、全身超级伽玛刀、直线加速器等大批先进设备，总值达2亿元。长期的学科建设使医院形成了高素质的人才队伍，拥有医务人员600多人，其中高级职称85人，研究生以上学历占28.7%，享受军队特殊岗位津贴5人，1人被评为武警部队“学习成才先进个人”。

近年来，医院先后荣获武警部队和福建省科学技术奖、医疗成果奖32项，其中武警部队科技进步奖二等奖2项、科技进步及医疗成果奖三等奖28项，福建省科学技术奖二等奖1项、三等奖1项，承担国家自然基金项目1项、福建省科技计划重点项目5项、武警部队科技计划项目1项。

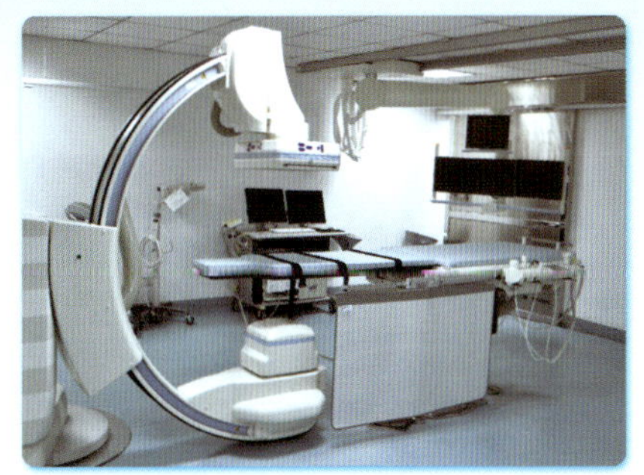

西门子大C臂X光机

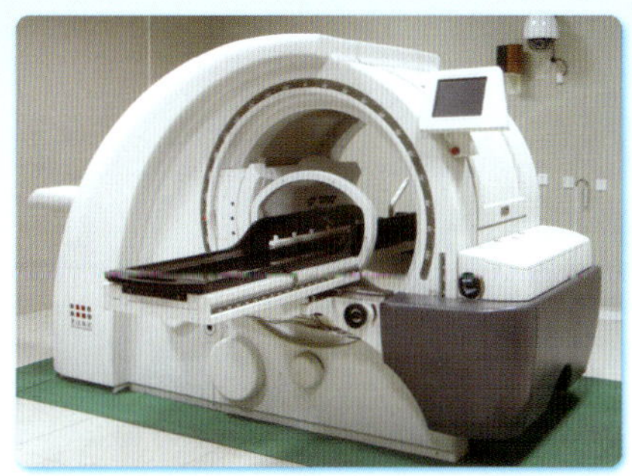

全身超级伽玛刀

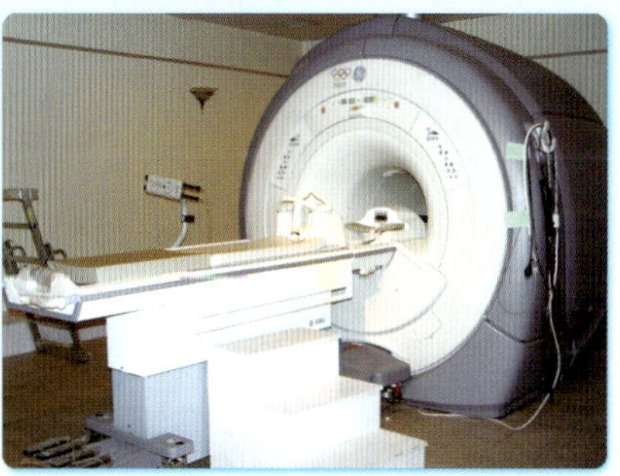

美国 GE 核磁共振

医院全景

全国文明单位、国家临床重点专科建设单位

福建省肿瘤医院

院长应敏刚

福建省肿瘤医院是省内唯一的集医疗、科研、教学、预防、康复和培训于一体的三级甲等肿瘤专科医院，同时也是福建省肿瘤研究所、省癌症中心、省肿瘤防治研究办公室、省抗癌协会、省核学会等挂靠单位。拥有卫生技术人员1595人，其中高级职称204人，中级职称419人，博士学历31人，硕士学历214人。医院编制床位1600张，设有28个临床科室、23个病区、10个医技科室和14个肿瘤基础研究室，2014年收治病人49572人次，门急诊量213227人次。1997年被卫生部评为三级甲等肿瘤专科医院，2007年通过复审。拥有1个国家临床重点专科建设项目——肿瘤科，2个省级临床重点专科建设项目——放射治疗科、中西医结合科。病理科是福建临床住院医师规范化培训基地。目前，肿瘤放射治疗科、病理科获批成为全省首批国家住院医师规范化培训基地。拥有省科技厅批准的2个省级重点实验室（福建省肿瘤转化医学重点实验室和福建省肿瘤生物治疗重点实验室）。

2014年医院院长应敏刚教授荣获国家卫计委临床医生科普项目突出贡献奖、副院长潘建基教授入选福建省第一批特支人才“双百计划”科技创新领军人才、副院长郑雄伟教授荣获2013~2014年度福建省卫计委系统有突出贡献中青年专家。

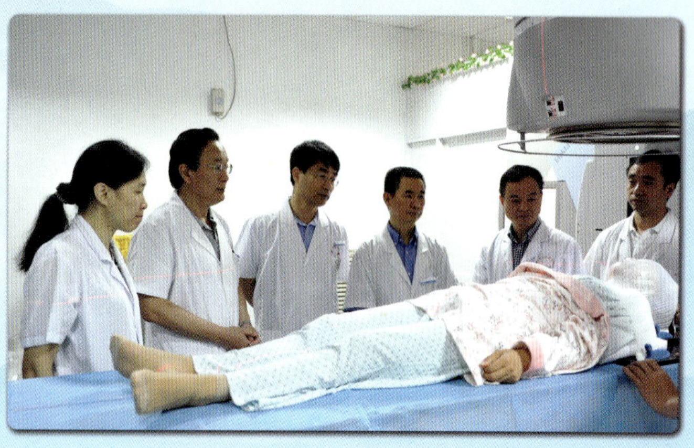
放疗科

医院具备成熟的腔镜微创手术治疗技术，拥有先进的IMRT、IGRT、VAMT等肿瘤精确放疗新技术及肿瘤分子标志物指导下肿瘤个体化诊疗、肿瘤免疫生物治疗技术。同时，充分发挥与港台及高校联合开展基础与临床研究的优势，近3年来，医院承担国家级、省部级及厅级科研项目76项。其中，国家自然科学基金项目14项，资助经费360万；省级重点项目4项及卫生部（省部共建）项目3项，资助经费102万。作为课题负责单位承担国家“十二五”科技重大专项重大新药创制项目2项。荣获省科学技术奖、中国抗癌协会科技奖等各类奖项10项。医院承担Ⅱ、Ⅲ期临床试验的国家1.1类新药甲磺酸阿帕替尼片获批准上市。

省急救中心全体人员合影

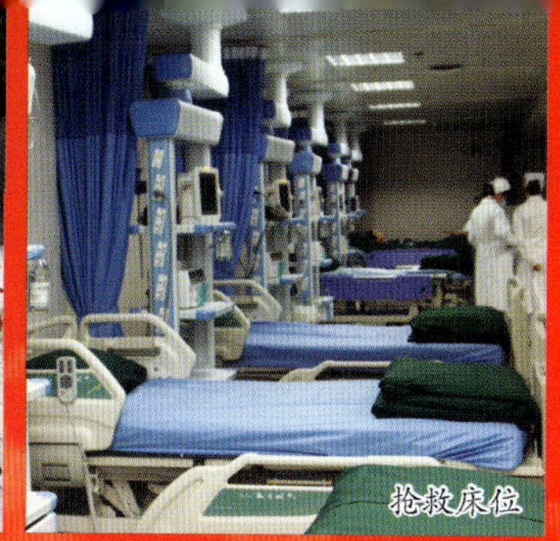
抢救床位

福建急诊医学，国内领先

福建省急救中心

在国内著名急诊医学专家、中华医学会急诊医学分会副主任委员、中华医学会灾难医学分会副主任委员林才经教授的带领下，福建省急救中心秉承“精于医术、诚于医德”的院训，遵循“高速、高效、高度责任感，一切为了病人”的急救宗旨，始终走在学科发展的最前沿，引领全省急救事业的发展。继2012年省立医院、省急救中心急诊医学科入选国家级临床重点专科建设项目，2013年省急救中心荣获全国群众满意的医疗机构之后，2014年省急救中心院前急救部、抢救室、观察室、输液厅完成升级改造，喜迁新址，院内抢救、急诊各科、输液厅、观察室、救护车管理面貌焕然一新，标志着省立医院急诊医学事业又迈上了一个新的台阶。

省急救中心先后荣获全国青年文明号、全国职工职业道德建设“百佳班组”、福建省防治非典工作先进集体、全国卫生系统护理专业巾帼文明岗、共青团福建省委青年文明号“集体嘉奖”、抗震救灾重建家园“工人先锋号”、全国卫生应急先进集体、全国卫生系统护士岗位技能竞赛金奖等。

急救车队

中国人民解放军第一八〇医院

体检中心成为首批全国健康管理示范基地

全军眼科创伤救治中心成立

中国人民解放军第一八〇医院位于历史文化名城泉州，是一所有着70年革命光荣传统的综合性三级甲等医院，展开床位1400张，2014年门急诊量近96.49万人次，年收容病员5.12万人次，年住院手术2.54万例次，是南方医科大学非直属附属医院；是第四军医大学、福建医科大学等多所知名院校的教学医院；是卫生部腔镜培训基地；是科技部“中国肿瘤微创治疗技术战略联盟示范中心”；是全国首批健康管理示范基地。

医院学科齐全，专业特色明显，设有39个临床医技科室，45个专业。现有中高级职称300多人，聘请解放军总医院符小兵教授、第二军医大学夏照帆教授、第三军医大学王正国教授、中国工程院副院长樊代明教授、解放军南京总院黎介寿教授等5位院士为医院专家组首席顾问；拥有PET-CT、3.0MRI、64排螺旋CT、伽玛刀、直线加速器等总值5亿元的医疗设备。现拥有全军眼科创伤救治中心，南京军区肝病、肝移植、烧伤骨科、颅脑创伤、信息化等7个全军、军区专科中心，代表技术有肝脏移植、介入治疗、重度烧伤、骨创伤、颅脑外伤、肿瘤综合治疗、阴式子宫切除治疗、超声乳化白内障、玻璃体视网膜手术、小儿斜视弱视治疗均达到国内先进水平。

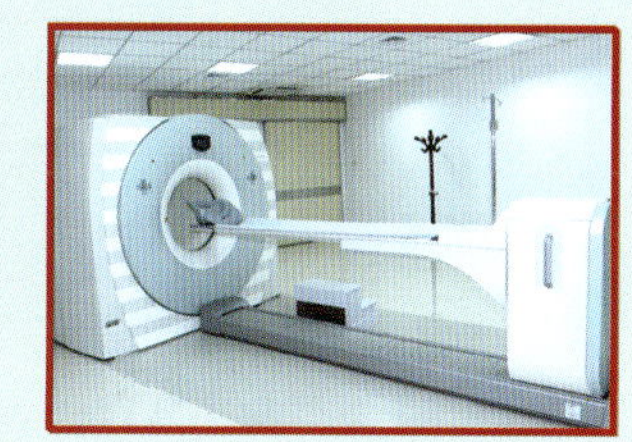
拥有泉州地区首台PET-CT

病房大楼全景

福建医科大学附属第二医院

福建医科大学附属第二医院获得国家"863"计划子课题(人体维生素检测关键技术与产品开发主题项目临床研究实验室)。

眼视光学与低视力康复专项技术达国际先进水平。眼科胡建民博士作为中国唯一代表当选为国际低视力研究与康复学会执行委员。

支气管封堵术专项技术达国际先进水平;

心血管疾病的胎儿起源研究专项技术达国际先进水平;

过敏免疫风湿病学处于国内先进水平;

胎儿和介入性超声处于国内先进水平;

骨质疏松性骨折预防处于国内先进水平;

粒子植入处于国内先进水平;

骨科生物力学处于国内先进水平;

PICC 等技术处于国内先进水平。

医院被授予国家卫生部脑卒中筛查与防治基地、卫生部骨质疏松性骨折二级预防项目协作单位、卫生部和中国残联认定的低视力康复工程试点单位、福建省医学会变态反应学分会挂靠单位、全国综合医院中医药工作示范单位,中医科正在争创福建省中医重点专科。医院在国家级呼吸内镜培训基地评审中高居全国第三名。

肿瘤科、普通外科、骨科等多项腔镜手术视频先后在全国比赛中获奖。

医院设立"内训师"岗位,创立护理优质服务培训体系,编写24个剧本,并将其中的8个拍摄成教学视频分别在呼吸内科、骨科二区等12个示范科室推行演练,多家媒体对此次活动进行详细报道,取得良好社会成效。

高锦团教授在2014年全国变态反应学习班(泉州站)上发表讲话

在澳大利亚墨尔本国际低视力研究与康复学会全体学会会员会议上,胡建民博士作为中国唯一代表当选为执行委员

国家863计划

人体维生素检测关键技术与产品开发主题项目

临床研究实验室

林惠通博士参加第二十界世界妇产科超声大会

李毅中教授获泉州市科学技术奖三等奖

曾奕明院长被选为中国抗癌协会肿瘤介入专业委员会呼吸内镜分会第一届副主任委员

宁德市医院

门诊大厅宽敞明亮

门诊布局突出不同群体的需求，注重方便、保护隐私和人文关怀，就医环境温馨、舒适

儿科门诊突出童趣

住院楼采用错位工字型布局，病房采光和通风良好

宁德市医院创建于1972年，是一所集医疗、教学科研、预防保健及康复为一体的三级甲等综合医院。医院现有编制床位1000张，实际开放1030张，2013年医院年门急诊病人98万人次，年出院病人5.1万多人次。现有员工1800多人，卫技人员中高级职称126人，中级职称308人，博士8人，硕士107人；享受国务院政府特殊津贴专家3人，全国名老中医药专家1人；教授25人，副教授36人，讲师19人；入选福建省"百千万人才工程"2人。

医院蕉城院区占地面积1.87公顷，建筑面积54850平方米；东侨院区占地14.88公顷，设计床位1500张，分二期建设，一期投资6.61亿元，建筑面积15.07万平方米，开放床位1300张，每天接纳门诊5000人次，2014年全面投入使用。项目结构布局合理，就医环境优良，按"园林医院"规划建设，带动作用明显，是闽东地区规模最大、设备先进、技术力量雄厚的三甲医院，并且功能将辐射到闽北、浙南地区。

医院坚持"人才立院、科技兴院、管理强院"的发展理念，树立"以人为本、优质服务"的意识，注重医疗质量内涵建设和人才培养，不断引进国内外先进设备与技术，拓展优势、创新特色，以保持在全市医疗服务行业的领先地位和带头作用。医院目前有5个重点专科，7个市级医学质量控制中心和3个市级医学研究所挂靠医院。医院中心实验室为福建省中西医结合分子细胞学一级实验室。医院多项医疗项目全市领先，部分项目达到省级先进水准，肝硬化门脉高压、食道胃底静脉曲张破裂大出血的双介入治疗技术系省内首家开展，达到国内先进水平。

医院目前是福建医科大学非行政隶属附属医院，被卫生部指定为"国际紧急救援中心网络医院"，被省政府指定为闽东地区唯一一所"对人身伤害的医学鉴定有争议进行重新鉴定的医院"，是"福建省道路交通事故伤员救治定点医院"、"福建省新生儿急救网络宁德分中心"、"宁德市儿童救治分中心"、"外籍船员医疗定点医院"、"台湾同胞定点医院"、"福建省高等医学院校临床教学基地"、"住院医师规范化培训基地"、"全科医学临床培训基地"，是福建中医药大学、莆田学院等高等医学院校的教学医院。

按"园林式"规划建设的东侨院区，院前的3.33公顷土地全部用于绿化、患者休闲活动、停车场等公共设施建设

南京军区福州总院四七六医院神经外科

南京军区福州总院四七六医院神经外科为南京军区神经外科中心、医院重点发展专科。目前拥有两个病区及高压氧治疗中心、床位96张（神经外科一区51张、神经外科二区45张），拥有独立的专科ICU病床15张，医护人员71人，专科设备国内先进。

科室医生及部分护士合影

技术特色

复杂颅脑损伤的救治 神经外科每年收治各类颅脑损伤患者1300多人，脑外伤开颅手术500多例，手术数量及抢救成功率均列省内前茅。

独具特色的功能神经外科 ①三叉神经痛（包括面肌痉挛及舌咽神经痛）的微创手术治疗：2007年神经外科在省内首创开展反戴立体定向头架射频治疗三叉神经痛，该方法效果显著，全过程仅需10分钟，住院一天即可出院，已成功施术800多例，目前全省仅该科能开展该项治疗。微血管减压手术治疗三叉神经痛，每年手术200多例，省内领先。②难治性癫痫的微创手术治疗：神经外科是目前福建唯一和北京宣武医院神经外科建立同步脑电视频会诊的癫痫中心，拥有省内最先进的视频脑电诊断设备，已成功施行微创手术治疗难治性癫痫320例。③帕金森病的立体定向微创手术治疗：神经外科2007年采用细胞刀治疗帕金森病，已成功完成300多例手术，省内名列第一。为进口及国产脑起搏器DBS（脑深部刺激术）手术定点单位，病人可在一周内症状消除出院。④难治性精神病的立体定向微创手术治疗：2005年开展福建省首例，目前已成功治疗各类难治性精神病患者（精神分裂症、双向情感障碍、躁狂症、抑郁症及强迫症等）2100多例，规模及疗效居国内前列。

脑血管病的微创手术治疗 ①高血压脑出血：神经外科每年微创手术治疗高血压脑出血约150例，死亡率仅10%，远低于同类三甲医院神经外科平均30%的死亡率，疗效国内领先。②脑动脉瘤和血管畸形：脑动脉瘤和血管畸形的介入治疗及显微外科夹闭术已常规开展多年，尤其是动脉瘤介入治疗具有不用开颅、安全、损伤小、恢复快的特点，科室是省内少数能开展此项治疗的单位。③颈动脉内膜剥脱术治疗脑缺血疾病：科室在省内最早开展颈动脉内膜剥脱术（CEA）治疗颈动脉内膜增厚并颈动脉斑块，目前例数全省第一。

开展微创颅脑手术

中国人民解放军第一七四医院

中国人民解放军第一七四医院是一所集医疗、教学、科研、保健为一体的三级甲等综合性医院、全军优质护理服务示范医院。现为厦门大学附属成功医院，是安徽医科大学、福建医科大学、第四军医大学、南昌大学医学院临床学院，是福建省首批交通事故救治伤员定点医院、厦门市首批城镇职工医疗保险定点医院、工伤救治定点医院和医保定点单位。

320排CT

医院拥有全军计划生育优生优育技术中心1个，南京军区医学专科中心5个，厦门市医学重点专科1个、规划重点专科3个，厦门市糖尿病健康教育中心1个，分部重点培育学科2个。近年来，医院共获各类科研项目69项，其中国家自然科学基金项目5项；获各类科研成果奖30多项，其中军队省部级科技进步奖、医疗成果奖二等奖5项。

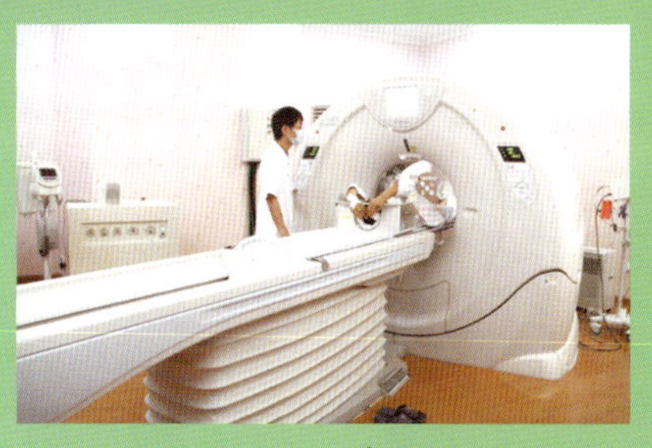
莆田地区首台320CT

社区义诊

卫勤演练

南京军区福州总医院第一附属医院(九五医院)

南京军区福州总医院第一附属医院(九五医院)成立于1945年，坐落在妈祖故乡莆田境内，历经抗日战争、解放战争、抗美援朝战争，是一所集医疗、教学、科研、预防、保健为一体的综合性三级甲等医院，被授予首批中国医院信息化示范单位和全军数字化医院建设示范单位。医院拥有设备总值2.76亿，技术力量雄厚，人才结构优化。形成骨科、妇产科、烧伤整形科、影像中心等优势学科，其中骨科及烧伤科分别为军区级研究所及专科中心，妇产科年分娩量稳居莆田第一、省内前列。“十二五”以来，承担军地课题30多项，获军队科技成果奖二等奖2项、三等奖3项，医疗成果奖三等奖2项。

莆田市第一医院

莆田市第一医院创建于1959年，是一所集医、教、研为一体的现代化三级甲等综合医院。医院现有干部职工2000多人，其中副高以上职称262人，博士7人、硕士213人，12个市级医学会分会及质控中心挂靠在医院。

近年来，医院坚持科技强院，坚持改革创新服务，以专科技术进步作为医院发展的突破口，以优质服务让群众满意。在发展妇产科、神经外科、骨科、胸心外科、消化内科等传统优势学科的同时，积极引进优秀人才，新开设乳腺影像、肿瘤精确放疗、心脏及大血管外科等专科专业，各类微创手术、腔镜诊疗、介入技术紧跟国内学术前沿。肿瘤外科主任许燕常获得中国中青年医师胃癌手术视频决赛腔镜组冠军，部分专科已达国内、省内先进水平。医疗与教学相得益彰，医院先后获评首批国家全科医生规范化培养基地及首批国家住院医师规范化培训基地。医院改革发展成就得到了健康报的大力宣传，院长王国荣获“全国医院服务改革创新人物”荣誉称号。

为改善诊疗环境，医院开通南大门，新建消毒供应楼，建设现代化门诊大楼及扩建病房大楼，引进3.0T磁共振、直线加速器等现代化医疗设备，积极构建医院信息化管理系统，科技化、智能化的莆田市第一医院已初见雏形。

肿瘤外科主任许燕常获中国中青年医师胃癌手术视频决赛腔镜组冠军

院长王国荣参加上海华山医院院士专家工作站的签约仪式

莆田学院附属医院

莆田学院附属医院创建于1896年，前身系“莆田圣路加医院”、“莆田医院”，2003年经市政府批准升格为“莆田学院附属医院”，2012年成立“莆田学院附属医院医疗集团”，是一所集医疗、教学、科研、急救、预防、康复、保健为一体的大型综合性三级甲等医院。

医院占地面积近20公顷，总建筑面积近20万平方米，开放床位2000张。现有职工2400多人，年门诊量150万人次，年出院病人7.5万多人次，年手术例数2.5万多例，居莆田市之首。

医院拥有3.0T核磁共振、西门子双源螺旋CT、直线加速器、DSA、SPECT、乳腺钼靶机、移动CT、超声胃镜、彩超、DR等大中型医疗设备200多台（件），设备总值近4.5亿元。目前能开展多种大型高难度手术及显微外科手术、微创手术、内窥镜、介入治疗等新技术，整体诊疗技术市内领先，部分项目达国内、省内先进水平。医院先后有80多项科研项目获市级以上科技进步奖。

成立福建省院士专家工作站

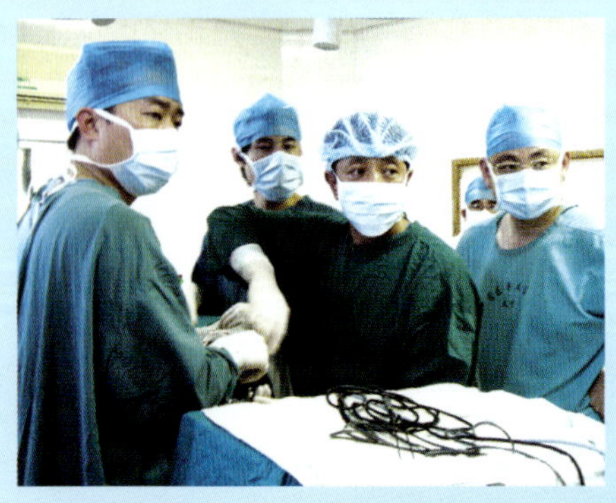
院长林海滨（右二）在全省率先开展显微椎间盘镜手术

地　址：莆田市东圳东路999号　　网　址：www.ptxyfsyy.com.cn
办公室电话：0594-2293910　　传　真：0594-2330980

石狮市医院
——公立医院改革成果简介

自2012年以来，石狮市作为全省县级公立医院改革试点县之一和全国第二批改革试点，不断探索，敢于突破，积极创新，全面推进公立医院改革，取得初步成效，医院能力建设得到显著增强，急诊重症服务体系、人性化优质服务体系、对外公共关系及文化传播体系等综合能力均有很大提升。改革成果得到了国务院副总理刘延东、省委书记尤权的批示肯定。医院院长钱家强两次应邀在全国县级医院能力建设培训班交流，受到与会人员的广泛赞誉。

2014年，国务院医改办工作督查评估组一行莅临医院，对石狮市开展公立医院综合改革试点情况进行现场专项督查。泉州市副市长周真平以及石狮市领导张桂森、庄宝玲等参加督查活动，并汇报了石狮公立医院改革工作。

督查组一行在门诊大厅、急救中心等地进行实地考察，随后与石狮有关领导和相关部门负责人进行座谈，详细了解石狮市进一步深化医改工作，尤其是公立医院综合改革情况。督查组表示，石狮市在公立医院改革工作中，领导重视，整体推动，四医联动，工作扎实，措施有力，取得较大成绩，创下很有推广价值的石狮模式。

国务院医改办领导莅临调研

石狮市委书记张永宁、市长张贻山出席医院年度工作会议

医院总体布局鸟瞰

福州伟达中医肿瘤医院

郑伟达教授荣获第六届全国优秀科技工作者称号

福州伟达中医肿瘤医院于1994年7月经福州卫生局批准成立，是农工党中央委员、福建省政协委员、农工党中央医药卫生工作委员会副主任、中华中医药学会肿瘤分会副主任郑伟达教授创办的一所以中医药防治恶性肿瘤和研制抗癌中成药为主要特色的中医肿瘤医院。作为国际中医药抗癌学会理事单位和中国医促会中医肿瘤防治专业委员会的临床基地，福州伟达中医肿瘤医院依托伟达医药集团完善的管理体系和北京伟达中医肿瘤医院的资源整合，形成较强大的医疗技术力量和核心专家团队。全国政协原副主席卢嘉锡、全国人大常委会副委员长蒋正华、卫生部原部长崔月犁分别为医院题写院名。

医院现有医护人员20多人，设有住院部、门诊部等，并设有放射科、B超室、心电图室、检验科等医技科室。由医院自主研发的天癀丸、茵陈双白丸、灵芝益气胶囊、甘芫逐水胶囊、复方莪术胶囊、柴苓消癀丸（原名症消癀）、龙鹤丹胶囊等系列抗癌中成药已顺利通过国家有关部门及医学权威专家的审评，并已投入临床使用。医院结合现代医学与传统医学，采用中医特色疗法治疗恶性肿瘤。

郑伟达教授研制发明的抗癌药“慈丹胶囊”（国药准字Z2006-3914）和双向免疫调节剂（中药干扰素）“参灵胶囊”，被列入《国家中药保护品种》并获得国家发明专利证书，荣获1999年第十二届中国发明展览会金奖、2000年香港国际发明展览会金奖、2001年度福建省科技进步奖三等奖。抗癌新药“慈丹胶囊”已进入全国医保目录，与上海东方肝胆外科医院共同申报的“原发性肝癌术后中医综合治疗”国家“十二五”科技支撑计划课题已顺利通过。

医院奉行“以人为本、科学抗癌”的服务宗旨，将继续加大科研投入，增强医疗力量，打造以中医肿瘤为主要特色的专科医院。

“十二五”国家科技重大专项“重大新药创制”慈丹胶囊IV临床研究课题启动会在上海召开

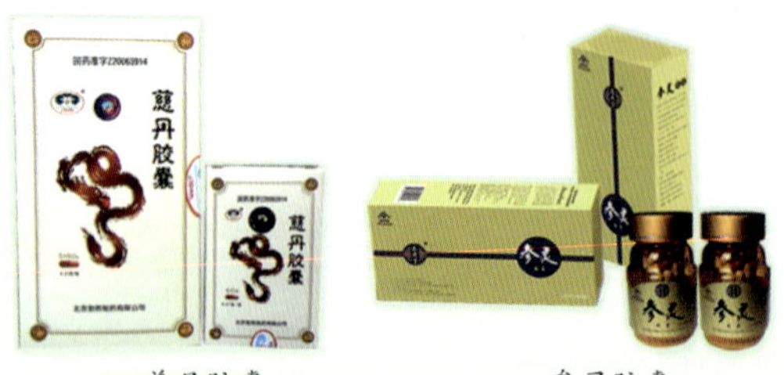

慈丹胶囊　　参灵胶囊

第二届全国中西医肝胆肿瘤医学论坛

暨“十二五”国家“重大新药创制”科技重大专项慈丹课题汇报推进会

“十二五”国家科技重大专项“重大新药创制”慈丹胶囊课题汇报推进会召开

图书在版编目（CIP）数据

福建科技年鉴．2014 / 福建省科学技术厅编．— 北京 ：科学技术文献出版社，2015. 7
ISBN 978-7-5189-0450-1

Ⅰ. ①福… Ⅱ. ①福… Ⅲ. ①科学技术－福建省－2014－年鉴 Ⅳ. ①G322.757-54

中国版本图书馆 CIP 数据核字（2015）第 154730 号

福建科技年鉴2014

策划编辑：丁坤善　责任编辑：李　蕊　丁芳宇　责任校对：赵　瑗　责任出版：张志平

出 版 者　科学技术文献出版社
地　　址　北京市复兴路15号　邮编 100038
编 务 部　（010）58882938，58882087（传真）
发 行 部　（010）58882868，58882874（传真）
邮 购 部　（010）58882873
官方网址　www.stdp.com.cn
发 行 者　科学技术文献出版社发行 全国各地新华书店经销
印 刷 者　福建省金盾彩色印刷有限公司
版　　次　2015 年 7 月第 1 版　2015 年 7 月第 1 次印刷
开　　本　889 × 1194　1/16
字　　数　1152千
印　　张　43
书　　号　ISBN 978-7-5189-0450-1
定　　价　220.00元